U0540239

歷代名臣奏議

（五）

征伐

宋太祖乾德元年。侍中平章事范質諫伐河東奏曰。臣氣疾發動。近將兩月不面天顏。攀戀聖慈。深負憂責。臣今有芻蕘上聞睿聽。內量僭越。甘伏罪譴。後來臣雖疾病在假。便聞陛下有親征河東之意。半月以來。顯然外議皆云必行。固無改易。臣切料河東劉鈞自潞州奔敗之後。乃數年遭天軍討蕩。即日困蹙。藏肘腋之間。自有翻變。契丹削弱。不能援助。鑾輿若到城下。攻取少時。必是成功。然須十分之中七八分則料其必取。三二分料其未得者。何若大軍三數月間在賊城下。料草不接。即須抽退。雖無損軍勢。且虛困自家一二十州百姓。枉費朝廷事力。近聞般運糧草。才第一轉。所在鄉村甚有逃戶。蓋是晉絳蒲陝汝洛懷孟及沿山諸州人民頻年以來秋夏不熟。陛下八年令免供輸。尚自逃走。若是更有差遣。自然難為駐足。百姓般運艱難。更不一一敷陳。又聞所般運糧草且至潞府晉州。將來又駕到河東城下。三五十萬糧草潞府晉州百姓無多。不知更差何人津置。此事須掛宸衷。請陛下子細勘筭軍馬糧草些備之數。必若有備。則更復何憂。臣竊見七八處大藩方皆要害之處。即日並未有主帥。皆是儒士懦弱。權輕力小。若是四方無事之時。大駕不離京闕。則必無憂慮。若是兵戈稍動。烽煙未弭之間。須憂宄豪不逞之徒。生心冀望。緣此輩無識無知。不筭道理。遇便即發。視死如歸。萬一有之。陛下出軍在外。爭得安心。中間。世宗親征河東之時。近畿小小兵士亦有姦謀者。賴尉氏兵馬監押擒獲。事雖不大。人心可知。願陛下稍掛宸衷。臣切見河東物力軍勢百倍不及大朝。窮困危迫。日憂亡滅。乃是本分。朝廷強盛。軍馬天下無敵。北至燕。東至海。南至五嶺。西至隴右。百六

七十州之地無不慴服。陛下即位四年。有此基址。以前開基創業之主。三五十年尚未如此。又何必須為河東六七州險阻窮困之地。此時躁聖懷。更俟三二年時歲稍熟。收拾糧草。諸事有備。賊界漸困。此時動未為遲晚。臣切料河東六七州孤危如是。不計幾時必無霸盛。且劉崇乘世宗即位之初。假契丹雄盛之力。全軍南來。一戰大敗。將校軍士十分去九。此天不助一也。陛下初有天下。李筠以方州之地歸投河東。陛下才登太行。並平寇賊。劉鈞愴忙奔走不暇。拋棄兵刃甚於高平。此天不助者二也。天意人事不言可知。即日尸居餘氣。苟延歲月之命。必無與大朝爭衡。願陛下以生靈為念。所貴資洪福益聖壽。以社稷為重。端坐鎮靜。未輕舉動。則天下幸甚。臣位居上相。受國深恩。國家大事。動繫安危。苟或不言。是辜天地。惟陛下詳察。

開寶二年。太祖親征太原。夜半傳呼辟外劉繼元降。太祖令衛士擐甲將開辟門。八作使趙遜曰。受降如受敵。詎可中夜輕出。太祖使伺之。果諜者也。太常博士李光贊上言曰。臣竊惟陛下應天順人。體元御極。戰無不勝。謀無不臧。四方恃險之邦。僭竊帝王之號者。昔日與中國為隣。今日與陛下為臣。蠢爾晉陽。豈須親討。重勞飛輓。結怨黔黎。況天之命天子也。猶父之任子也。其或不由父命。奪我以時。則必有非常之災。陛下豈不畏天命乎。且太原得之未足為多。失之未是為少。國家貴靜。天道惡盈。所慮向來恃險之邦。近日歸明之國。聞是役也。竭府庫之財。盡生民之力。其心踴躍。各有覬覦。傳曰。鄰之厚。君之薄也。豈若迴鑾浚都。乞兵上黨。使夏取其麥。秋取其禾。既寬力役之勞。便是蕩平之策。惟陛下裁之。況時屬炎蒸。候當暑雨。儻或河津泛溢。道路艱阻。輦運稽遲。恐勞宸慮。

太宗太平興國四年。始議伐太原。宰相薛居正曰。昔周世宗舉兵太

原倚契丹之援。堅壁不戰。以至師老而歸。及太祖破契丹於鴈門關南。盡驅其民。分布河洛之間。雖巢穴尚存。危困已甚。得之不足以闢土。舍之不足以為患。願陛下熟慮之。太宗曰。今者事同而勢異。彼弱而我強。昔先帝破契丹。徙其人而空其地者。正為今日事也。朕計決矣。卿勿復言。

五年。翰林學士李昉諫北征奏曰。臣等竊以北虜微妖。自古為寇。乘時犯塞。往往有之。一昨輒率羶腥來擾疆場。陛下櫛風沐雨。衝冒嚴凝。親御戎衣。以攘民患。蠢茲醜類。畏威而逃。困而翦之。易於拉朽。況幽薊之壤。久陷匪人。慕化之心。倒垂斯切。今若擁百萬橫行之衆。弔一方徯后之民。合勢而攻。指期可定。其如大兵所聚。轉餉是資。且河朔之區。連歲飛輓。近經蹂踐。尤極蕭然。雖荐偶於豐穰。恐不堪其調發。屬茲寒冽。益復罷勞。況今虜寇宵奔。邊陲寧肅。若親巡塞下。震耀威容。固是懾彼殘妖。亦恐勞於大舉。伏望申戒羽衛。旋旆京都。善養驍雄。精加訓練。嚴勅邊郡。廣積軍儲。講習武經。繕修攻具。俟府藏之充溢。洎閭里之富全。期歲之間。用師未晚。

雍熙三年。參知政事李至諫親征奏曰。臣伏以幽州早陷胡塵。久隔皇化。方屬混同之運。獨為叛渙之方。國家士馬精強。戈甲犀利。府庫羨饒。菽粟紅腐。以陛下文武雄略。聖謨天討。雖太山壓卵。烈火燎毛。未足以喻其易也。然而兵者凶器。戰者危事。用之之理。必務萬全。且幽陵之郛。虜之右臂。王師既擊。彼必拒張。攻城之人。不下數萬。兵多費廣。必須大備糇糧。假令一日剋平。必作十旬准擬。未知邊庾可充此乎。又賊城之傍。垣無陵阜。去山既遠。取石尤難。金湯之堅。非石莫摧。未知飛砲之用。將安得乎。儻有闕如。臣願陛下且務繕修。更資訓練。以養銳觀釁。以伐謀。縱涉歲年。未為稽晚。所冀長策之裁斷

在不疑。封豕之誅。義無再舉。必也聖心獨斷。睿算已成。則京師天下之根本。願陛下不離京闕。恭守宗廟。示敵人以閑暇。慰億兆之衆多。策之上也。大名河朔之咽喉。或暫駐鑾輿。揚聲自將。以張兵勢。壯軍威。策之中也。至於遠提師旅。親幸邊陲。北則戎夷可虞。南則中原可慮。則曳裾之懇切。斷鞅之狂愚。臣雖不才。亦恥在二賢之後也。

武勝軍節度使趙普乞班師奏曰。臣自二月中伏覩忽降使臣差般粮草及詳敕命。知取幽州。既奉指揮。尋行料配。非時舉動。莫測因由。爾後雖聽捷音。未聞成事。稍稽剋復。俄及炎蒸。飛芻輓粟以猶繁。擐甲持戈而未已。民疲師老。漸恐有之。臣自此月以來。轉增疑慮。潛思陛下萬機在念。百姓為心。聖略神功。舉無遺算。至于平取浙右。力取河東。垂後代之英奇。雪前朝之憤氣。四海咸歸於掌握。千年將致於雍熙。唯彼蕃戎。豈吾敵對。蓋遷徙鳥舉。自古難得制之。前代聖帝明王。無不置於化外。任其隨逐水草。皆以鳥獸畜之。此際官家何銷御意。必是有人扶同諂佞。誑惑聰明。因興不急之兵。稍涉無名之議。非論曲直。且覺淹延。將成六月之征。頗有千金之費。以此忖度。深抱憂虞。竊念臣雖寡智謀。粗親墳典。千古興亡之理。得自簡編。百王善惡之由。聞於經史。其間禍淫福善。莫不如影隨形。煥若丹青。明如日月。常為大訓。歷代寶之。臣讀史記。見漢武帝時。主父偃徐樂嚴安輩所上長書。及唐明皇時。宰相姚元崇直奏十事。可以坐鎮患害。立致昇平。唯慮至尊未能留意。醫時救弊無出於斯。又聞前事為後事之師。古人為今人之則。據其年代雖則不同。量彼是非必然無異。輒思抄錄尋具奏呈。伏望聖慈特垂披覽。伏念臣謬以庸材。叨居顯位。幸偶千年之運。深承二聖之知。從白屋而上青霄。非由智略。出卑寮而登極品。只是遭逢。恩私何啻於豚魚。報荷不知於犬馬。粗懷性識。常積

兢皇所根者齒髮衰殘精神減耗既不能獻謀關下又不能效命軍前唯有微誠書章上奏今者伏自朝廷大興禁旅遠伐山戎驅百萬之生靈咸當輦運致數州之土地半失耕桑則何異為鼷鼠而發機持明珠而彈雀所得者少所失者多只於得少之中猶難入手更向失多之外別有關心全未見於便宜可重興於詳酌臣又聞聖人不凝滯於物見可而進知難而退理貴變通情無拘執故前書所謂事苦則慮易兵久則變生臣之愚誠深懼於此秦始皇之拒諫終累子孫漢武帝之回心轉延宗社若或遲晚恐失機宜而況旬朔之間便為七月切慮內地先困邊廷早涼北狄則弓硬馬肥漸難擒制中國則民疲師老應悞指平臣今獨興沮衆之言深負彌天之過輙陳狂瞽抑有其由竊以臣暮景殘光能餘幾日酬恩報義正在今時恐勞宵旰之憂寧避僭踰之罪庶希聖聽早議抽軍聊為一縱之謀別有

萬全之策伏望皇帝陛下安和寢膳惠養疲羸長命外戶不扃永使邊烽罷警自然殊方慕化率土歸仁既四夷以來王料契丹而焉往又何必勞民動衆費櫝買刀有道之事易行無為之功最大如期弔伐是為萬全臣又竊料陛下非次興兵恐因偏聽其奈人多獻佞事失防微大凡小人難保始終但務身謀誰思國計或承宣問皆不實言盡解欺君寧憂敗事得之則奸邪為利失之則社稷懷憂昨者直取幽州未審誰為謀者必無成算俱是狂言其於虛實之間此際總應彰露臣緣不知頭主無以指射姓名伏望官家尋其尤者特正奸八之罪免傷聖主之明所貴詐偽悛心忠良盡力共畏三千之法同堅八百之基臣此時欲吐肺肝先寒毛髮驚疑猶豫數日沉思往哲臨終尚能尸諫微臣未死爭忍面謾明知逆耳之言不是全身之計但緣恩由卵翼命直鴻毛將酬國士之知豈比衆人圖報投荒棄市甘當此日之誅竊祿偷安不造來生之業唯祈明聖特賜察量更有細微別具劄子條奏冒犯旒冕臣無任傾心瀝懇憂國忘家涕泗傍惶激切屏營之至

一臣以濫守藩方聊知稼穡見當州界承前多是荒涼戶少民貧程遙路僻量其境土五縣中四縣居山驗彼人家三分內二分是客昨來差配甚覺艱辛伏緣在此直至莫州來往四千餘里或是無丁有稅須至雇人般粮每斛雇名之資賤者不下五百元配二萬石數約破十萬貫錢直如本戶自行費用無多所較乃是二萬家之貧戶出此十萬貫之見緡所以與桑賣牛千間六七其間兼有鬻男女者亦有棄性命者仍如善誘偶赴嚴期自從起發去來已及二十餘日近知內有人戶衷私却到鄉村皆云裝起軍粮未有送納去處緣無口食再取盤纏既莫辨其

真虛又難行於考覆訪問街坊竊議前後說得多般稱彼契丹圍却軍都兼被刼却粮草及令尋勘皆却隱藏蓋緣臣無以知軍前事宜只聽得外面消息況九重嚴密事應不泄於朝廷柰百姓流言已相傳於道路詳其住滯必有艱難伏望聖慈早令停罷更或遲久轉費粮儲潛思今日人情未可再行差配如或再行徭役決定廣有逃移假令收下幽州轉慮干戈未息忽然生事未見理長必因僭濫之徒姦邪之黨但說契丹時逢暗昧地有災星以此為詞曲中聖旨殊不知蕃戎上下幽州俱置生涯土宿照臨外處不可征討若彼能同衆意縱幼主以難輕不順群情無災星而亦敗誠宜守道事貴無私如樂禍以貪功慮得之而不武此蓋兩省少吕言之士憲臺無有勢之人而況補闕拾遺合專思於規諫天文曆筭須預定於吉凶成茲誤失之

內各負踈遺之罪若無懲誡何戒後來

一臣緣久居近職備見人情至於後殿三班前朝百辟文武雖異是非略同纔奉委差便思僥倖雖詢利害各避嫌疑而況毀譽生心貪求恣意狀同誑妄率以為常其間久歷事者明知而佯作不知初為官者不會而仍兼詐會多非當實少得純良而又凡關宣敕委差便是帝王心腹方資視聽切要精詳就中用軍不同閑事必料㝵使沿邊相度往彼參詳不知能有幾人應得當時言語如今比較並見直虛乞誅罔上之輩流便作抽軍之題目自此則潛銷媚佞免誤朝廷唯此區分以為激勸

一唯有勾抽不同舉發一則我無鬭志一則彼有讎心而況契丹懷禽獸之情恃胡馬之力乘茲怨恨即慮追奔須作過防免輸姦便伏乞皇帝陛下密授成算遴宣睿謀但令硬弩長槍周施禦捍前歌後舞亦作程塗縱遇交鋒何憂乏力只應信宿尋遠城池便可使戰士解鞍且作防邊之旅耕夫歸舍重為樂業之人是多難興王已垂芳於往昔從諫則聖宜傾美於當今此事施行天下幸甚

一臣今將本末細具敷陳常思發跡之由實有殊常之幸其於際會近代無倫伏自宣祖皇帝滁州不安之時臣蒙召入卧內昭憲太后在宅寢疾之日陛下喚至床前念以傾心皆曾執手溫存撫諭不異家人唯懷竭節輸忠以至變家為國慙虧德望有以遭逢先皇開創之初尋居密地陛下纂承之日將入中書蒙二聖之深知當兩朝之大用不唯此世應係前生禮雖限於君臣恩實同於骨肉是以凡關啓沃罔避危亡蓋緣每思陛下本是天人暫來塵世是以生知福業性稟仁慈潛闢內裏看經盤

中戒內今者願忍一朝之忿常隆萬劫之因如或未止干戈必恐漸多殺害即目民愁未定戰勢方搖仍於夢幻之中大作煩勞之事是何微類誤我至尊乞明驗於茲人情不容於首惡興言及此涕淚交流又念臣雖寡智謀實同榮辱都緣意切不覺詞繁冒犯宸嚴不勝戰灼

淳化初帝遣使至定州答諭觀察使李繼隆若契丹復入寇朕當親討繼隆上奏曰自北邊肆[illegible]邊邑多虞陛下不知臣不材任以疆事臣敢不講求軍實震耀戎容恭揚天聲以遏外侮然臣奉辭之日曾瀝愚衷誠以蜂蟻之妖必[illegible][illegible]之機臣子之分死生以之望不議於親巡庶靡勞於天步今[illegible][illegible]諭將決親征且一人既行百司景從次舍驅馳郡縣供饋勞費滋甚殄此微妖當責將帥臣雖駑弱誓死為期是歲契丹不入邊議遂止

淳化中呂蒙正入相因對論及征伐上曰朕比來征討蓋為民除暴苟好功黷武則天下之人熸亡盡矣蒙正對曰隋唐數十年中四征遼碣人不堪命煬帝全軍陷沒太宗自運土木攻城如此卒無所濟且治國之要在內脩政事則遠人來歸自致安靜上韙之

真宗咸平四年張齊賢乞進兵解靈州之危奏曰臣伏見遷賊包藏兇逆招納叛亡建立州城創置軍額有歸明歸順之號務且耕且種之基仍聞潛設中官全異羌夷之體曲延儒士漸行中國之風覩此作為志實非小況靈州自遷賊為逆以來危困殊甚五鎮連陷奸威益張道路阻難音耗迨絕當城鎮堅全之日磧路未梗之時大凡中外常人言合棄者已衆矧清遠軍近遭攻陷青崗寨輒自焚燒兵勢人心傷沮數倍即今來所議棄者甚多靈州斗絕一隅旁無援助南去鎮戎約五百餘里東去環州僅六七日程如此畏途不須攻奪則

城中之民何由出城中之兵何以婦欲全軍民理須應援少發兵則復虞邀劫多發兵則廣費資粮與其應援以出兵爲名若用奇而取勝小勝則軍民可出大勝則形勝復全匪惟禽討之有方抑亦進退而獲利與其虛勞甲卒枉敎齊民示弱稔奸萬萬相遠也果能更益精兵合西邊見屯田卒雜以對替之衆使其兵力有餘量分師徒與原渭鎭戎合彼中與山西熟戶從東亦擇穩便處入界右嚴約師期兩路齊進苟或繼遷敢来援助彼則分兵而應敵我則乘勢而易攻且奔命道途首尾難衛千里趍利不遁則禽臣謂兵鋒未交靈州之危自解矣因取靈州軍民置於蕭關武延以来據險就水建立一寨僑置靈州羈係蕃漢土人之心裁候平寧却歸然後縱蕃漢之兵伺便奮擊我則按重兵而觀利度賊勢以設謀臣謂破賊成功十有八九矣

五年侍御史知雜事田錫論輕用兵奏曰臣竊惟國家斷徒以上罪皆須勘鞫子細案牘圓備斷官録問然後行刑其大辟罪將決斷即給與酒食命他官監決慮有稱寃及斷訖即録案申奏奏下大理寺寺司點檢送至審刑院院吏披詳如案未圓理未盡即罪有司所謂王者之心重用刑而惜人命也及至北狄騷邊西戎犯境不先計而後出兵不先謀而後決戰失利則士卒陷歿者既多人民俘虜者不少不知斷徒以上罪至用刑於大辟一何用心精審之如彼而不先計而後出兵不先謀而後決戰致陷歿士卒者衆俘虜人民者多一何用心麄疎之如此用心精審之如彼者是帝王重人命也用心麄疎之如此者由將帥輕人命也州郡戮一死罪不當即罪州郡大理寺審刑院點檢披詳漏落各罪官吏洎至士卒陷歿人民俘虜則宰相不過罷免歸班爲尚書將帥不過黜降其官爲庶人此乃朝廷用刑輕重之相遠也

景德元年契丹大入急書一夕凡五至兵部侍郎同平章事寇準不發飲笑自如明日同列以聞帝大駭以問準準曰陛下欲了此不過五日爾因請帝幸澶州同列懼欲退準止之令候駕起帝難之欲還内準曰陛下入則臣不得見大事去矣請毋還而行帝乃議親征召羣臣問方畧既而契丹圍瀛州直犯貝魏中外震駭參知政事王欽若江南人也請幸金陵陳堯叟蜀人也請幸成都帝問準準心知二人謀乃陽若不知曰誰爲陛下畫此策者罪可誅也今陛下神武將臣協和若大駕親征賊自當遁去不然出奇以撓其謀堅守以老其師勞佚之勢我得勝筭矣奈何棄廟社欲幸楚蜀遠地所在人心崩潰賊乘勢深入天下可復保耶遂請帝幸澶州及至南城契丹兵方盛衆請駐蹕以覘軍勢準固請曰陛下不過河則人心益危敵氣未

懾非所以取威決勝也且王超領勁兵屯中山以扼其吭李繼隆石保吉分大陣以扼其左右肘四方征鎭赴援者日至何疑而不進衆議皆懼準力爭之不決出遇高瓊於屏間謂曰太尉受國恩今日有以報乎對曰瓊武人願效死準復入對瓊隨立庭下準厲聲曰陛下不以臣言爲然盍試問瓊等瓊即仰奏曰寇準言是準曰機不可失宜趣駕瓊即麾衛士進輦帝遂渡河御北城門樓遠近望見御蓋踴躍懽呼聲聞數十里契丹相視驚愕不能成列時準議澶淵事宜狀曰臣伏奉聖旨擘畫河北邊事及將来駕起與不起如起當至何處者

一臣伏覩邊奏犬戎游騎已至深州以来竊緣三路大軍見在定州魏能張凝楊延昭田敏等又在威虜軍等處東路深趙貝冀滄德等州别無大軍駐泊必慮虜騎近東南下寨輕騎打劫不

唯老小驚騷兼便賊盜團聚直至天雄軍以來人戶驚移若不早張軍勢必恐轉啓戎心臣欲乞先那起天雄軍兵馬一萬人往貝州駐泊令周瑩杜彥鈞孫全照部轄若是虜騎在近即仰近城覓便掩殺兼令間道將文字與石普閻承翰照會掩殺蕃賊及召募強壯入賊界燒蕩鄉村劫殺人口仍乞照管南北道路多差人探報蕃賊次第聞奏及報天雄軍一則貴安人心二則張得軍勢以疑敵人之謀三則石普閻承翰等聞王師北來壯得軍威四則與邢洺地里不遠張得犄角之勢

一隨駕兵士衛邑寢居固不可與犬戎交鋒原野以爭勝負天雄軍至貝州兵馬車駕未起以前不過三萬人萬一犬戎至貝州已南下寨游騎漸更南來即須那起定州兵馬三萬人騎令呼延贊等結陣南來鎮州及令河東雷有終手下兵士出土門路

與定州兵馬會合相度事勢緊慢那至洺州以來方可聖駕順動假萬乘之天聲令數路之兵勢更令王超等在近城排布照應魏能張凝楊延昭田敏等處兵馬令作會合次第及前來累降指揮牽拽候抽移得定州河東兵馬附近始得幸大名

一或恐萬一定州兵馬被犬戎於鎮定間下寨抽那不起邢洺之北游騎侵掠天雄軍東北縣分老小大段驚移須是分定州三路精兵差在彼將帥等會合及令魏能張凝楊延昭田敏等兵馬漸那向東傍城下寨牽拽如此則犬戎必有後顧之患亦未敢輕議引軍深入若是車駕不起轉恐蕃賊殘害生靈或是鑾輅親征亦須過大河即且幸澶淵就近卽為會合兵馬兼控扼津梁

右臣叨列宰司忝無奇略即承清問合罄鄙誠伏覩皇帝陛下睿智淵深聖猷宏遠固已坐籌而決勝尚猶虛己以詢謀蕞彼犬戎[illegible]之粮糗唯恃腥羶之衆必懷首尾之憂豈敢不顧大軍但圖深入然亦慮其凶狡須至過有防虞煩瀆天聽伏增戰懼

真宗時議親征契丹樞密使王顯言盛寒在序敵未犯塞鑾輿輕舉宜抵窮邊寇若不逢師乃先老況今繼遷未滅西鄙不寧儻北邊部落與之結援則中國之患未可量也誠若乃於此時請復幽薊非計之得也凡建議大事上下叶力舉必成功今公卿士大夫以至庶人尚有異同未可謂為萬全之舉若能選擇將帥訓練士卒堅城壘而繕甲兵亦足以待敵矣必欲復燕薊舊地則必脩文德養勇銳伺時之利以奉行天討而後可也顯徙知天雄軍府又言祖宗以來多命近臣統領軍旅今後宣徽使宜於文武羣臣中擇曉達邊事者為之蓋位高則威名著識遠則勳勞立故也武臣以罪黜者宜加容貸不

以一眚遂廢苟用之有恩必得其死力故曰使功不如使過也至若臨敵命將則貴專任出師應敵則約束將校使相應援全是數者則軍威倍壯人心增勇矣既而上表請赴行在從之既還鎮契丹入寇上議親征顯復陳三策謂大將軍方在鎮定契丹必不南侵車駕止駐澶淵詔鎮定出兵會河南軍合擊之可也若契丹母子虛張聲勢以抗我師潛遣銳兵南攻駕前諸軍則令鎮定之師直衝戎帳攻其營砦則沿河遊兵不戰而自屈矣否則遣騎兵千步兵三千於濮州渡河橫掠澶州繼以大軍追北掩擊亦可出其不意也已而契丹請盟趙德明遣使脩貢稱藩朝廷加賞錫且許通青鹽以濟邊民從顯之請也

仁宗慶曆元年陝西路經略安撫判官田況上奏曰臣伏見昨夏竦等為累奏詔以師老費財慮生它變令早為經畫以期平定[illegible]

等入奏畫攻守二策以稟聖筭其守策最備可以施行不意朝廷便用攻策今一旦稟命不敢持兩端非有夙定之謀必勝之勢倉卒萃合殊無紀律昔繼遷屢擾邊陲太宗親部分諸將五路進討或遇賊不擊或戰衂而還又嘗令白守榮馬惟忠護送糧餉於靈州諸將多違詔自奮浦洛之敗死者數萬人今將帥士卒素已懦怯未甚更練又知韓琦尹洙所建之策恐未皇稟復臨事進退有誤大舉請以事驗之且行師有期便須協力今鄜延路總管司葛懷敏等須索百端料必不能應副足以為辭此不可者一也議者以謂賊嘗併力而來我嘗分兵以禦衆寡不敵多貽敗衂今若全師大舉必有成功此思之未熟爾夫三軍之命係於將帥之材材有小大智有遠近以漢祖之善將不若淮陰之益辦況庸人乎苟徒知大衆可以滅敵而不思將帥之材否此禍之大者也兩路之入十餘萬人庸將驅之若為舒

卷賊若據險設伏邀截衝擊首尾前後勢不相援則奔潰可憂今邊臣近歿者朱觀葛懷敏爾近於鎮戎軍界劉璠定川等兩川西賊城中一聚牛羊皆遷徙遠去惟空族帳守者二三百人輒來抗敵諸將奔走錯亂幾不自免部隊前後不復可齊兵甲械用大為攘奪今兩路齊入併擊劇賊若有不利則邊防莫守別貽後患安危之計決於一舉此不可者二也自西賊叛命以來雖屢乘機會然不敢深寇郡縣以饜其欲者非筭之少也蓋以中國之大賢俊之盛甲兵之衆未易以測今我師深入若無成功大國威靈盡為彼輕況或別墮奸計以至它虞此不可者三也議者又云將帥之間雖未足倚下流勇進或有其人自劉平石元孫陷沒士氣挫怯未易勇奮今兵數雖多疲懦者衆以庸將驅怯兵入不測之地獨下使臣數輩干賞圖利欲必奇功未見其利此不可者四也議者又云非欲深絕沙磧以窮夫巢但淺入山界以挫賊氣如襲白豹城之比臣謂乘虛襲掠既不能破戎首拉兇黨但殘戮孥弱以厚怨毒誠非王師弔伐招徠之體然事出無策為彼之所為亦當雷震電逝往來輕速以掩其不備今興師十萬鼓行而西賊已巧為計謀盛設隄備清野據險以待我師何襲挫之有此不可者五也自其寇邊人皆知其誅賞明計數黠今未有間隙之可窺而暴為此舉計事者但欲決勝於一戰幸其或有所成否則顧自比王恢以待罪勇則勇矣其如國事何此不可者六也昨延州范仲淹奏乞朝廷開包荒之量存此一路令諸將勒兵嚴備賊至則擊但未行討伐容示以恩意歲時存問或可招納令尹洙到延州商量仲淹堅執前奏未肯出師若使涇原一路獨入則孤軍進退憂患不淺今諸處探刺事宜多言昊賊嫉我師諸路入界則併兵一處以拒敵與招來人杜文廣所說一同此正陷賊計中此不可者

七也以臣所見夏竦韓琦尹洙同獻此策今若奏乞中罷則是前後自相違異殊無定筭欲果決進討則又仲淹執議不同或失期會乞召兩府大臣定議但令嚴設邊備若更有侵掠則須出兵邀擊以摧賊勢如復怯懦容賊殺掠當以軍法從事或探得賊界謹自守備不必先有輕舉恐落奸便如此則全威制勝有功而無患也然自議攻討以來賊中呼集醜類廣為防守遷移勞擾未嘗少安至今卻有通款意亦不為無益至於驢畜軍須之物虛煩調發卻欲罷兵亦是事之小者臨時分擘處置亦不為難所顧者安危大計爾乞密降朝旨下總管司

陝西轉運使龐籍論出界攻討未便奏曰臣伏以元昊父子受國大恩一朝反叛今朝廷定議討伐以正逆順實合大義然此時興舉須為萬全之策臣謂用兵之道必先度我將既良我士既銳然後料敵

之虛實乘其釁隙而一舉滅之去秋鎮戎之戰依城壁據根本以主待客而諸將或傷中而退或閉城不出其士卒既無用命赴敵之心使賊殘毒人命剽劫財物從容進退如入無人之境可謂將不良士不銳矣元昊君臣之間未有釁隙又間諜阻絕無由知其虛實而便出界攻討此不可不為朝廷憂也去春劉平等陷歿之後邊城人心日夕惴慄幸即時更張軍政比來士卒之氣漸振儻復一出不利則衆意愈懼必難再奮也況出界之後山川道路我軍素未經涉須以蕃部為鄉導則其姦詐不可不防若至險隘之處部伍輜重尾首遙遠忽有伏兵鈔掠則必至潰散況黃德和敗手下潰兵不少至今招集未獲若數萬衆更潰而散不敢歸益生邊患不細臣切度廟謨以大兵屯聚已久上費國力下困生民欲決於攻取之計其餘將佐士卒未能如意或且為歲月持守之備汰去冗兵只留精銳在邊數少

則費用日寬兵精則足禦捍賊地所產之物嚴法以絕之使不得與邊人市易既劫掠無所得兼貨利無所通其勢必日蹙如更益練將卒候其釁隙可乘然後大舉庶幾有萬全之策也

慶曆間元昊僭號議出兵討之羣臣曰元昊小醜也旋即誅滅矣供諫職吳育獨建言元昊雖稱藩臣其尺賦斗租不入縣官且服叛不常請置之示不足責且已僭輿服勢必不能自削宜援國初江南故事稍易其名可以順撫而收之不報育又言漢通西域諸國斷匈奴右臂諸戎內附雖有桀黠不敢獨叛唐太宗嘗賜回鶻可汗并其相手書納其貢奉厚以金帛真宗命潘羅支攻殺李繼遷而德明廼降元昊弟見朝廷比年與西域諸戎不通朝貢乃得以利啗隣境固其巢穴無肘腋之患跳梁猖獗彼得以肆而不顧矣請募士諭嗢厮囉及他蕃部離散其黨與使併力以攻而均其恩賜此伐謀之要也

蔡襄請誅保州叛卒奏曰臣伏見保州兵士近為罷却沿邊巡檢發怒逐殺官吏閉城而叛以邀朝廷議者更去他謀便用招安之策方今天下處處兵驕若徤兒殺官吏而叛朝廷即日招安則今後主將性命生死全由徤兒國家威令干戈不行境內矣朝廷苟要藉將吏守城捍邊則叛卒更無可赦之理若只苟保州目下無事臣恐自此有兵之處叛亂日生是顧一州之苟安而不慮天下之皆亂今招既出已不可追然叛卒尚有可誅之理臣今願乞速降勅旨與王果命以勁兵數千伏於保州之側候招牓入城隨而突入除百姓外逢兵即殺彼二三千叛卒方得朝廷姑息乘其疑惑懈怠之間我兵卒至擊其不意可以盡誅仍宜先諭軍中每一首級錢賞十千以我器甲被具貪賞之兵而擊倉皇空手懈怠之卒乘此機便無不勝之理

若慮其燒劫倉庫殺戮人民此乃閉城之所為耳今既開門我兵卒至彼將救死不暇安能復為劫殺之謀朝廷若必為過慮更當別用救兵隨後策應縱使拒死而鬬傷人民乃是一城之患以天下叛亂之禍較之則又不足顧矣朝廷深念安危之本力絕禍亂之萌當此事機決於睿斷

翰林學士胡宿論征蠻奏曰臣竊見前代征討蠻寇所以為難者以其保據巢穴寇害邊境興師深入則有山林之阻久屯則有瘴霧之毒兵不得戰人多疫死此其所以為難也今者儂土蠻賊盡率支黨遠棄窟穴頓於廣州堅城之下平地之上已六十餘日矣退則歸路至遠進則大軍已集以臣料之賊氣必沮或聞廣州雖有山林不至深險賊久留不去者此天亡之機也今涼風方至瘴氣已息賊處平象堅城士衆相依弓弩得用天時肅殺宜行誅討江西等路雖

苦水旱計其小熟及茲西成猶足以調發贍軍助國討賊臣以此觀天時地利人事之形王師誅逆宜及秋冬不可逗留更無機會楊畋譏默不伐深沉有算兼其忠孝出於天性誠堪屬以南伐總茲師律陛下宜申敕諸將稟其節制則軍衆有所統一號令得以施行令因賊亡之機與天時之利參定滅賊之策勿貪一時之功戒之以在和訓之以持重多方設巧燒其船艦使賊不得下海賊若下海攻陷瓊管以為窟穴即介在海外王師無由致討矣乘間竊發入寇腹心則嶺南諸州被害無有已時更復遷延使至春夏或誘合盜賊或扇動群蠻則江西諸路疲轉漕之役失耕稼之業大軍有疫死之懼懷思歸之心久則變生一切可慮當發生之候用誅伐之威則逆天時虧地利失人和三者舉事之忌也臣愚狂妄輒謂方今之計宜先料賊之多少計兵之衆寡若賊有萬人王師須有三倍之勢料擇精卒習用長技品配其衆番休與戰彼寡我衆彼勞我逸利則督士苦戰不利則斂兵且止如此者三四待其衰困各懷去就乃可申購募之典赦脅從之罪則人思效順衆必離散然後合勢大舉以圖殄滅若失機會恐逆黨愈盛而後患滋大昔者食藿之人猶憂疆埸負薪之語或益廊廟狂夫之言聖人擇焉

嘉祐元年知制誥劉敞請罷五溪之征奏曰臣聞舜為天子禹為司空伯益贊之君臣之盛自古未有也以伐三苗曾不能得咫尺之地因班師振旅而歸晉郤缺率諸侯之師八百餘乘挾公子捷菑以攻邾婁邾婁斥候不設城門不閉以帛通語言諸侯皆罷故曰非吾力不能攻義實不爾克也此二者皆不可謂善戰矣然舜禹不以其故貶聖伯益郤缺不以其故損賢理有逆順義有曲直也今武溪諸彭父子結怨而邊臣輒發兵為子討父得非春秋王伯之略乎臣以謂過

矣智者欲騁其巧勇者欲用其力矯箭累弦勵翎負戟以深入為事甚非治天下之大體臣聞古者三王之征伐不貢討不朝今彭氏父子所以爭一旦之命者乃自以失職不得朝貢也臣以謂可聽以休邊民此舜禹之策益郤之義所以明於典謨春秋也往年歲星在鶉尾則宜厚仁義以應之而始誅五溪逆父子之節難以得天今盛夏動衆下潦上霧多毒蛇惡草之害雖以得地天地之道者自古五帝三王之所以務通而順也雖有聖辯莫之能變其說而況縱欲貪功徼一時之勝者乎恐此為人臣之利而非國家之福也臣願朝廷謹之

熙寧元年知雜御史劉述論不可伐喪疏曰臣伏覩夏國諒祚死亡遣使人來告哀朝議擯其恩禮以其納款之後曾犯大順城及擅殺傷楊定等所以貶之也今風聞欲遣使責問其國不修賀登極拜正旦等事及聞邊臣建議欲乘其喪禍飢困之際以重兵深入討虜不知果然否以臣愚思之恐非所以哀喪恤災綏懷夷狄之道也夫夷狄者豈可以禮義責之哉弱則畏服強則侵叛從古以然也今諒祚既死將責何人不若因而撫之為得策也真廟景德初繼遷死其子德明尚幼因邊臣奏報即降詔慰諭由此德明遣使奉誓書歸順爾後邊事寧粹垂三十年關右之人無科率轉餉之勞安耕織生養之業公私富實朝野歡娛當是時真宗皇帝非不知乘其喪禍微弱之際用兵窮討蓋以金革之事勝敗不常匪唯耗蠹貨財亦復殺傷士卒於是推天地父母之心務以德懷不以力伏是以終德明之身不敢有負朝廷乃前事之明驗也以當時之事力視今日之虛實萬相遠矣當時尤不欲為而今日復欲為之豈不誖哉臣伏願

陛下追鑑前世用兵和戎之利害深察今日兵威財力之強弱憂惜生靈之命保固祖宗之業丁寧二府檢討景德年趙德明故事仍先遣一介之使慰撫其國人存問其嗣子仍諭之云如朝廷推封爵之恩即須別納誓欵方可乞行制命彼既孤弱且貪賜予則欣然聞命矣乃可以救前日种諤擅興之失使知非朝廷之意則曲不在我矣若用邊臣之言以重兵壓境乃為權謀之事欲彼懼而速盟可也若作深入之計則為無策矣今諒祚之斃不在先後而適在今日乃上天之靈擁佑聖德俾於斯時除去邊患昭然可議矣陛下可不順承天意撫柔夷狄以安中國乎事之機會正在此時一失其冥蕩不可捄惟陛下留神省覽天下幸甚

三年武寧軍節度使富弼諫西師奏曰臣竊知陝西用武諸路入討至今已是數月調發輸斂不無勞費陛下躬親萬務勤於訪逮臣所恨未能一効死力少寬陛下西顧之憂且念靈夏數州自太宗割賜之後幾百年所存者唯是空壘而已今所得城壁切恐未償所費既已克下又須守禦自此勞費卒無已時伏緣西夏與北虜常為掎角之勢葢北虜山前後十八州每恐朝廷有復取之意慶曆初因元昊叛仁宗不免討伐而北虜遂有嫚書與割地之隙其書大意自謂我與西夏是甥舅之國南朝不合加兵臣不能盡記其辭惟記一句云殊無忌器之嫌此大可見其意也臣其時兩使虜廷每見元昊遣人在彼密令詗問云來借兵此皆臣始末親經目覩不是剽聞以昔校今不敢謂必無此事今北虜亦須疑朝廷既平西夏即移兵北伐必有借助西夏之謀不可不過慮及此也設或二虜相應兩邊起事即

國用人力如何枝梧其間軍情民心須常加防察不可使至於此極也況今天威已振王師已捷或且令退循邊備講守禦之策更俟表裏安集別圖後舉以為萬全之計亦為未晚伏乞陛下特賜詳擇而審處之

四年司馬光諫西征疏曰臣以不材誤承朝廷委用待罪長安兼領一路十州兵民大柄朝辭之日伏蒙陛下面諭以凡邊防事機及朝廷得失有所聞見令一一奏聞臣受命以來且愧且懼所愧者聖知深厚責任至重所懼者智識淺短無以堪稱夙夜疚心不敢寧居臣自入境以來見流移之民道路相望詢訪閭里皆云今夏大旱禾苗枯瘁河渭以北絕無所收獨南山之下稍有所存而入秋霖雨經月不霽禾雖有穗往往無實雖有實往往無米雖有米率皆細黑一斗之粟舂簸之後不過得米三四升穀價踊貴民間累年困於科調素無積蓄不能相贍以此須至分房減口就食西京襄鄧商虢等州或庸債客作或燒炭採薪或乞匄剽竊以度朝夕當此之際國家惟宜鎮之以靜省息諸事減節用度則租稅自輕徭役自少逋負自寬科率自止四患既除民力自足民財自饒閭里自安流亡自還固不待陛下憂勤於中宰相劬勞於外然後人人得其所也苟或不然國家雖欲輕租稅寬逋負其所費之財何由可得雖欲少徭役止科率其所營之事何由可成四患不除雖日下恩澤之詔民猶不免於流移轉死也蓋欲止沸者莫若絕薪欲安民者莫若省事此目前之驗非難知也臣到官以來伏見朝廷及宣撫等司指揮分義勇作四番欲令以次於緣邊戍守選諸軍驍銳及募閭里惡少以為奇兵造乾糧皴飯布囊力車以備饋運悉取歲賜秉常之物散給緣邊諸路又竭

內地府庫甲兵財物以助之且以永興一軍言之所發人馬甲八千副錢九萬貫銀二萬三千兩銀盆六千枚其餘細瑣之物不可勝數動皆迫以軍期上下相驅急於星火官吏狼狽下民驚疑皆云國家將以今春大舉六師長驅深入以討秉常之罪臣以蹤跡賤不得預聞廟堂之議未知茲事為虛為實昨者親承德音以為方今邊計唯宜謹嚴守備俟其入寇則堅壁清野使之來無所得兵疲食盡可以坐收其弊臣退而思念聖謀高遠深得王者御戎狄之道實貫天下之福及到關中乃見凡百處置皆為出征調度臣不知有司在外不諭聖意以致有此張皇將陛下默運神筭不令愚賤之臣得聞其實也臣不勝惶惑晝則忘食夜則廢寢心寒股栗竊為陛下危之夫兵者凶器聖人不得已而用之自古以來國家富強將良卒精因人主好戰不已以致危亂者多矣況今公私困竭將愚卒懦乃欲驅之塞外以捕狡悍之虜其無功必矣豈惟無功兼後患甚多不可盡言也若朝廷初無出征之意則何為坐散府庫之財疲生民之力此說無分毫之事萬一將來虜騎入寇府庫已竭民力已困將何以禦之臣先任御史中丞日朝廷將興綏州之役臣嘗上言國家先當舉百職脩庶政安百姓實倉庫選將帥立軍法練士卒精器械八事皆備然後可以征伐四夷今此八事未有一者勝於曩時而況關中饑饉十室九空為賊盜者紛紛已多縣官倉庫之積所餘無幾乃欲輕動大衆橫挑猛敵此臣之所大懼也或者又云國家未討秉常先欲試兵誅一小族若果如此尤為不可何則今者竭關中之財力大興師衆乃擒有罪之強寇誅無辜之小種勝之不武不勝為笑將無以復號令戎狄矣此二策者皆為不可伏望陛下深鑒安危之機消之於未萌救之於未形速下明詔撫諭關中之民以朝廷不為出征之計其義勇更不分番於緣邊戍守亦不選募奇兵凡諸調發為餽運之具者悉令停罷愛惜內地倉庫之儲以備春深賙救飢窮之人如此豈惟生民之幸亦社稷之福也臣不勝憂迫直輸赤誠惟陛下裁察

十年蘇軾代張方平諫用兵書曰臣聞好兵猶好色也傷生之事非一而好色者必死賊民之事非一而好兵者必亡此理之必然者也夫惟聖人之兵皆出於不得已故其勝也享安全之福其不勝也必無意外之患後世用兵皆得已而不已故其勝也則變遲而禍大其不勝也則變速而禍小是以聖人不計勝負之功而深戒用兵之禍何者興師十萬日費千金內外騷動殆於道路者七十萬家內則府庫空虛外則百姓窮匱飢寒逼迫其後必有盜賊之憂死傷愁怨其終必致水旱之報上則將帥擁衆有跋扈之心下則士衆久役有潰叛之志變故百出皆由用兵至於興事首議之人冥謫尤重蓋以平民無故緣兵而死怨氣充積必有任其咎者是以聖人畏之重之非不得已不敢用也自古人主好動干戈由敗而亡者不可勝數臣今不敢復言請為陛下言其勝者秦始皇既平六國復事胡越戍役之患被於四海雖拓地千里遠過三代而墳土未乾天下怨叛二世被害子嬰被擒滅亡之酷自古所未嘗有也漢武帝承文景富溢之餘首挑匈奴兵連不解遂使侵尋及於諸國歲歲調發所向成功建元之間兵禍始作是時蚩尤旗出長與天等其春戾太子生自是師行三十餘年死者無數及巫蠱事起京師流血僵尸數萬太子父子皆敗班固以為太子生長於兵與之終始帝雖悔悟自克而歿身之恨已無及矣隋文帝既下江南繼事夷狄煬帝嗣位此心不衰皆能誅滅彊國威震萬里然而民怨盜起亡不旋踵唐太宗神武無敵尤喜用兵既已破滅突厥高昌吐谷渾等猶且未厭親駕遼東皆志在立

功非不得已而用其後武氏之難唐室淩遲不絕如綫蓋用兵之禍物理難逃不然太宗仁聖寬厚克己裕人幾至刑措而一傳之後子孫塗炭此豈為善之報也哉由此觀之漢唐用兵於寬仁之後故其勝而僅存秦隋用兵於殘暴之餘故其勝而遂滅臣每讀書至此未嘗不掩卷流涕傷其計之過也若使此四君者方其用兵之初隨即敗衄惕然戒懼知用兵之難則禍敗之興當不至此不幸每舉輙勝故使狃於功利慮患不深臣故曰勝則變遲而禍大不勝則變速而禍小不可不察也昔仁宗皇帝覆育天下無意於兵將士惰偷兵革朽鈍元昊乘間竊發西鄙延安涇原麟府之間敗者三四所喪動以萬計而海內晏然兵休事已而民無怨言國無遺患何者天下臣庶知其無好兵之心天地鬼神諒其有不得已之實故也今陛下天錫勇智意在富彊即位以來繕甲治兵伺候鄰國羣臣百寮窺見此指多言用兵其始也弼臣執國命者無憂深思遠之心樞臣當國論者無慮害持難之識在臺諫之職者無獻替納忠之議從微至著遂成厲階既而薛向為橫山之謀韓絳効深入之計陳升之呂公弼等陰與之協力師徒喪敗財用耗屈較之寶元慶曆之敗不及十一然而天怒人怨邊兵背叛京師騷然陛下為之旰食者累月何者用兵之端陛下作之是以吏士無怒敵之意而不直陛下也尚賴祖宗積累之厚皇天保祐之深故使兵出無功感悟聖意然淺見之士方且以敗為恥力欲求勝以稱上心於是王韶構禍於熙河章惇造釁於橫山熊本發難於渝瀘然此等皆戕賊已降俘纍老弱困弊腹心而取空虛無用之地以為武功使陛下受此虛名而忽於實禍勉彊砥礪奮於功名故沈起劉彝復發於安南使十餘萬人暴露瘴毒死者十而五六道路之人斃於輸送貲粮器械不見敵而盡以為用兵之意

必且少衰而李憲之師復出於洮州矣今師徒克捷銳氣方盛陛下喜於一勝必有輕視四夷陵侮敵國之意天意難測則臣實畏之且夫戰勝之後陛下可得而知者凱旋捷奏拜表稱賀赫然耳目之觀耳至於遠方之民肝腦屠於白刃筋骨絕於餽餉流離破產鬻賣男女熏眼折臂自經之狀陛下必不得而見也慈父孝子孤臣寡婦之哭聲陛下必不得而聞也譬猶屠殺牛羊刳臠魚鼈以為膳羞食者甚美死者甚苦使陛下見其號呼於梃刃之下宛轉於刀几之間雖八珍之美必將投筯而不忍食而況用人之命以為耳目之觀乎且使陛下將卒精強府庫充實如秦漢隋唐之君既勝之後禍亂方興尚不可救而況所在將吏罷軟凡庸較之古人萬萬不逮而數年以來公私窘乏內府累世之積掃地無餘州郡征稅之儲上供殆盡百官俸廩僅而能繼南郊賞給久而未辦以此舉動雖有智者無以善其後矣且飢疫之後所在盜賊蠭起京東河北尤不可言若軍事一興橫斂隨作民窮而無告其勢不為大盜無以自全邊事方深內患復起則勝廣之形將在於此此老臣所以終夜不寐臨食而歎至於慟哭而不能自止也且臣聞之凡舉大事必順天心天之所向以之舉事必成天之所背以之舉事必敗蓋天心向背之迹見於災祥豐歉之間今自近歲日蝕星變地震山崩水旱癘疫連年不解民死將半天心之向背可以見矣而陛下方且斷然不顧興事不已譬如人子得過於父母惟有恭順靜思引咎自責庶幾可解今乃紛然詰責奴婢恣行箠楚以此事親未有見赦於父母者故臣願陛下遠覽前世興亡之迹深察天心向背之理絕意兵革之事保疆睦鄰安靜無為固社稷長久之計上以安二宮朝夕之養下以濟四方億兆之命則臣雖老死溝壑瞑目於地下矣昔漢祖破滅群雄遂有天下光武

百戰百勝祀漢配天然至白登被圍則講和親之議西域請吏則出謝絕之言此二帝者非不知兵也蓋經變既多則慮患深遠今陛下深居九重而輕議討伐老臣庸懦私竊以為過矣然人臣納說於君因其既厭而止之則易為力迎其方銳而折之則難為功凡有血氣之倫皆有好勝之意方其氣之盛也雖布衣賤士有不可奪自非智識特達度量過人未有能勇於奮發之中舍己從人惟義是聽者也今陛下盛氣於用武勢不可回臣非不知而獻言不已者誠見陛下聖德寬大聽納不疑故不敢以衆人好勝之常心望於陛下且意陛下他日親見用兵之害必將哀痛悔恨而追咎左右大臣未嘗一言臣亦將老且死見先帝於地下亦有以藉口矣惟陛下哀而察之

軾於元豐五年又代滕甫論西夏書曰臣素無學術老不讀書每欲披竭愚忠上補聖明萬一而肝肺枯涸卒無可言近者因病求醫偶

悟一事推之有政似可施行惟陛下財幸臣近患積聚醫云據病當下一日而愈若不下半月而愈然中年以後一下一衰積衰之患終身之憂也臣私計之終不以一日之快而易終身之憂遂用其言以善藥磨治半月而愈初不傷氣體力益完因悟近日臣僚獻言欲用兵西方皆是醫人欲下一日而愈者也其勢亦未必不成然終非臣子深愛君父欲出萬全之道也以陛下聖明將賢士勇何往不克而臣尚以為非萬全者俗言彭祖觀井自係大木之上以車輪覆井而後敢觀此言雖鄙而切於事陛下愛民憂國非特如彭祖之愛身而兵者凶器動有存亡其陷人可畏有甚於井故臣願陛下之用兵如彭祖之觀井然後為得也臣竊觀自古善用兵者莫如曹操其破滅袁氏最有巧思請試為陛下論之袁紹以十倍之衆大敗於官渡僅以身免而操斂兵不追者何也所以緩紹而亂其國也紹歸國益驕

忠賢就戮嫡庶並爭不及數年而袁氏無遺種矣向使操急之紹既未可以一舉蕩滅若懼而修政用田豐而立袁譚則成敗未可知也其後北征烏丸討袁尚袁熙尚熙走遼東或勸操遂平之操曰彼素畏尚等吾今急之則合緩之則自相圖其勢然也遂引兵還曰吾方使公孫康斬送其首已而果然若操者可謂巧於滅國矣滅國大事也不可以速譬如小兒之毀齒以漸搖撼之則齒脫而兒不知若不以漸一拔而得齒則毀齒可以殺兒故臣願陛下之取西夏如曹操之取袁氏也方元昊強時謀臣猛將盡其智力十年而不敢近今者主弱臣強其國內亂陛下使偏師一出斬名王虜偽公主築蘭會等州此真千載一時天以賊授陛下之秋也兵法有之同舟而遇風則胡越相救如左右手今秉常雖為母族所篡以意度之其世家大族亦未肯俯首連臂為此族用也今乃合而為一堅壁清野以抗王師

如左右手此同舟遇風之勢也法當緩之令天威已震臣願陛下選用大臣宿將素為賊所畏服者使鎮師五路聚重兵境上號稱百萬蒐乘補卒牛酒日至金鼓之聲聞於數百里間外為必討之勢而實不出境多出金幣遣間使辨士離壞其黨與且下令曰尺土吾不愛一民吾不有也其有能以地與衆降者即以封之有敢攘其地掠其人者皆斬不出一年必有權均力敵內自相疑者人情不遠各欲求全及王師之未出爭為先降以邀重賞陛下因而分裂之即用其酋豪命以爵秩棊布錯峙務使相仇如漢封呼韓邪通西域故事不過於要害處築一城屯數千人置一將以護諸部可使數百年面內保境不煩城守餽運豈非萬全之至計哉臣願陛下斷之於中深慮而遠計之夫為人臣計與為人主計不同人臣非攘地效首虜無以為功為陛下計惟天下安社稷固耳陛下神聖冠古動容舉意皆是功

德。但能措太山之安與天地等壽。則竹帛不可勝紀。而堯舜禹湯不足過也。議者不知出此。爭欲急於功名。履危犯難以勞聖慮。臣竊不取。古人有言。省功不如省事。省事不如清心。劉洎諫唐太宗曰。皇天以不言為貴。聖人以不言為德。老子稱大辯若訥。莊子言至道無文。且多記則損心。多語則損氣。心氣內損。形神外勞。初雖不覺。後必為累。須為社稷自愛。人臣愛君未有如洎之深切者也。臣竊慕之。雖謫守在外。不當妄言。然自念舊臣。譬之老馬。雖筋力已衰。不堪致遠。而經涉險阻。粗識道路。惟陛下哀憐其愚而恕其意。不勝幸甚

元豐三年。時伐夏不得志。李憲又欲再舉。帝以訪輔臣王珪曰。向所患者用不足。朝廷今捐錢鈔五百萬緡以供軍食有餘矣。尚書左丞王安禮曰。鈔不可噉。必變而為錢。錢又變為芻粟。今距出征之期纔兩月。安能集事。帝曰。李憲以為已有備。彼宦者能如是。卿等獨無意乎。唐平淮蔡。唯裴度謀議與主同。今乃不出公卿而出於閹寺。朕甚恥之。安禮曰。淮西三州爾。有裴度之謀。李光顏李愬之將。然猶引天下之兵。力歷歲而後定。今夏氏之強。非淮蔡比。憲材非度匹。諸將非有光顏愬輩。臣懼無以副聖志也。帝悟而止。

歷代名臣奏議卷之二百三十

歷代名臣奏議卷之二百三十一

征伐

宋神宗元豐四年。判河南府太尉文彥博論西事奏曰。近聞西師已還。中外但知時暫歇泊。而未有分屯解甲之旨。人情憂疑。皆慮王師必有再舉之計。老臣受國恩深。義同休戚。齒髮如此。無復覬望。唯有區區欲報之意。不能緘默。輒為陛下言之。臣竊觀陛下臨御以來。選拔將校。訓齊師徒。備治器械。儲峙糗糧。皆衆智所不及。近世所未有。比者夏人昏亂。自致天討。陛下赫然命將出師。以伐其罪。師行以來。捷音屢上。雖未能覆其巢穴。係其君長。而師行有紀。所遇輒克。羌人逭逃。莫敢抗堂堂之鋒。天威神武震慴四夷。戰功之多。近世未有。然而數路進軍。興動大衆。彌歷累月。饋輓不貲。諸路之民疲於供給。將士盡忠竭力。為朝廷奮不顧身。間關死亡。衝冒寒苦。備極勤勞。臣以謂國威既已振矣。將士之力亦已殫矣。百姓供餽亦已竭矣。為陛下今日之計。正當勞徠將士。安拊百姓。噢咻其疾痛。補完其瘡痍。使得蘇息。按甲養威。以全前日之勝。如此則外足以懾艾夷狄。內足以愛養軍民。乃宗社無疆之休也。今若師徒暫還而復出。士氣已衰而再鼓。民力已困而調發復興。諸路深入而轉餉益遠。如此則師之勝負恐未可知。而前功或喪。此天下之深憂也。兼臣在洛中。津遣陝西軍須不少。亦聞陝西事體頗詳。皆言百姓亦已流離。菽粟之價騰踴。今冬二麥多不下種。將春農事方興。又復調發不已。必恐應副不前。有誤大計。臣而不言。孰當言者。伏望陛下以天下為度。以蒼生為心。不以盡敵然後為功。亟詔班師。分屯諸路。使朝廷恩威並行。軍民和附。以小羌昏亂如此。可以坐待其滅亡矣。臣不勝大願。老臣愚忠憂國之心。不能自已。僭易冒聞。不任隕越。

五年陝西轉運使范純粹論西師不可再舉疏曰臣伏見朝廷聚兵一道以俟西討將脩築堡寨聚積芻粮為進攻必取之計臣以非才職專餽餉雖前後累與同職官條具事狀仰煩聖聽然其所論皆區區餽運職事之所當言者至于攻討得失之勢城堡利害之實師期之緩急民情之戚休所以繫朝廷天下之體者則非臣之職而前此未之言也臣愚以謂畎畝不忘君者蓋臣子之常守況臣世荷國恩久叨器使今事有所覩而心有所懷詎當以非職為間而隱默自欺此臣所以自信不疑而欲言者也臣切聞去年邊事之初議者謂夏人悖亂囚辱其長衆怨親叛席卷可平朝廷大治兵師諸道並進所向力戰而賊巢不拔則是與夫議者之言有間矣今朝廷會兵涇原欲為且城且戰之計臣以謂精騎二十萬聚于一方聲勢重大彼必清野以避我鋒決於他路犯邊以為牽制萬一乘虛入寇則事可憂兼涇原進築之衆所食粮米日將萬斛所築城堡不過一二而地里漸遠餽運無可繼之策時日漸久丁夫有奔潰之虞當此之時勢必中罷豈不孤陛下興舉之意而繫夷狄觀望乎矧所城堡障深在賊疆存守久長豈敢自保此又不可不慮者也朝廷休養民力充實府庫久矣去歲兵師一出而公私困弊若此其甚今者再議大舉人氣事力夫非去歲之比若今歲事功不就即來歲又將如何國財民力將何以繼此臣所謂攻討得失之勢城堡利害之實者也臣准制置司牒坐到調發時諸路兵馬之期皆在六月切計出兵之日決是初秋去歲涇原環慶兩路各以九月出兵比至中冬漸以還塞然猶士卒疾凍十亡四五今七月行師方是苦暑以二十萬之衆冒犯炎[illegible]或被堅禦寇或負重力役渴飲難周瘴痢多有復當大雨時行之月豈無霖潦之虞臣恐疾病傷殘有甚前日內外重兵上繫國體此臣所謂師期之緩急者也臣切見去年調夫出界其上等人戶有至獨出數十夫之家其貧下人戶亦頁數戶共出一夫每夫雇直至百貫文又諸路轉運司接續調發至于再三其間凍餒艱辛若遇賊被害死亡凋弊久未可復今茲再籍百姓已諳事勢人必駭畏頗有逃散難麥在隴秋禾將耘妨奪農時適於此日緣軍興大計動須人力臣等蒙朝廷試以軍法責令趣辦若人戶大段流移關內騷動根本之地事有可憂異日言者必以臣等為歸咎之地一身之責無足自愛其如國事何此臣所謂民情之戚休者也臣切謂朝廷興計當萬全而不當幸一時之無事發而無成前車可鑒臣切與老于邊事之人曲折講議事可寒心而中外之臣妄意朝廷謀身畏禍無有為陛下言者臣獨何人特以忠義所激不復以職事為間寧受盡言之罪于今日而不忍被不言之罪于他時故敢以所得衆人之論昧死以聞。

晁補之上言曰臣聞杜牧曰國家大事牧不當言實言之有罪則自以其書為罪言安南之舉賤臣輕言之亦罪也夫以仁懷義率智謀信結而出之以勇闞然而鼓堂然而陣身被堅執銳奮臂大呼以先三軍使三軍之士進旅退旅始驅群羊始視嬰兒與之往與之來莫知所之若是者臣不能布策挾龜逆日計月望雲占風觀星候氣[illegible]雨沐虹垂霧横暈珥光怪背建向破從孤擊虛六窮三刑[illegible]以察害凶以明利吉使三軍之士逆之以止順之以行不厭不疑[illegible]死無所災若是者臣不能畫地聚米指險度夷左青右白前烏後[illegible]無當天牢無[illegible]前高陵知逆背丘知向林木之隰蔽蔚之阨一[illegible]一直一曲一遲一[illegible]使三軍之士所由以入所從以[illegible]交挂圮絕不[illegible]宜若是者臣不能馳一乘之車掉三寸之舌不[illegible]不兵以行賊營[illegible]

以禍福諭以利害使賊交臂受事屈膝請和可以無戰而屈人之兵若是者臣不能深溝高壘清野以待示以所害欲戰不可三時務農一時習武百姓家給人足鷄犬相聞使賊不敢南下而獵於嶺東出而漁於海徼關棄傳內外為一若是者臣不能臣負不能之才五且少孤不幸墮在荊棘泥塗之中荒莽幽纖不得預聞下士之議而私慕庶人所以傳語者是以不勝犬馬心願效一言雖然凡所言者亦非曰能之得其理勢之然否可道者也自交趾犯順侵軼郡縣溪嶺騷然檄書日聞陛下仁愛遠民若保赤子憂勤宵旰患所以禁止安集者臣雖不備行列有目有趾莫非王臣故忘其怯懦以自試鈇鉞之誅謹參古驗今先論其所宜勝與所為未可取者而次條愚計於後以備執事者擇焉傳曰不先時而起不後時而縮又曰敵加於己不得已而應之謂之應兵應兵者勝陛下以父道育四國四國所宜

歡欣戴以子來而交趾不道乃干大順陛下謀於心謀於卿士以逮庶民設壇授鉞應而討之兵應者勝此其理勢必勝一也兵起之初五管莫備賊至城下帝合不知而邕州刺史蘇緘家世儒者不識金革汗馬之勞猝遇大變乃能奮不顧身閉城乘壘連鬬死特以嬰賊鋒兵敗不屈血染砧几妻子女婦駢頭為戮將吏偕死者至數十人遠近聳動爭欲伏節前驅者此其理勢必勝二也陛下即位以來精意武備設監置官以董軍器金鐵皮革筋幹膠漆精良百選乃稍矛槍戟柝蔽櫓矢弩冑鎧鼓旗笳角凡軍之須一切素具比益黃河之水以蒲隋渠南盡豫章之木以為舩一船所載當中國車數十量舳艫相銜以濟南師此其理勢必勝三也交趾之地不過中國一大郡叫呼跳梁不足以越千里疲弊空窶不足以支數歲陛下神武天旋雷動莫不蠢然況此小寇制之得術捐五管一城足以當賊有餘何

至曉曉以煩執事者今析中國之衆五一以伐之如舉岱山壓鳥卵此其理勢必勝四也陛下謀臣計士布列中外適一事命一將皆試可乃遣而比歲更武舉之科親延於廷諏以計策天下小兒孺子莫不踴躍憤悱爭試鉤馳馬指畫論議以希功名其作新振起亦勇氣百倍矣交趾徼外小國其人腥臊雜處非素知兵能出奇合變也乍聚乍散非有常性鈔掠奪攘與邊人爭一旦之命此如擾鳥逸獸雖角牙爪皆輕利足奮而不知人能以機械罔罟獲之此其理勢必勝五也雖然勝可萬全而有未可取者此事之情不可不察也陛下方招西疆指圖授算以取熙河六城始探懷中物虜逃遁不敢窺境上將狃近功之士飽新賞帶甲十萬乘勝南指有輕交趾心臣以謂姑無謂交趾小蜂蠆有毒不可忽也傳曰鳥窮則啄獸窮則搏人窮則詐昔魯人與邾人戰魯卑邾不設備而禦之邾人敗魯使我軍不知察此

交趾亦弱以堅我我迫其窮使姦謀得恃此其理勢或未可取一也中國陰陽之中土氣和適其生物如之故極寒甚熱皆是傷病百越之地少陰多陽其人疏理鳥獸希毛故性能暑三月五月春草黃茅嵐霧瘴氣上炎下潦颶風之所扇鼓且土多毒蟲蚺蛇沙虱過而踣者猶十三四焉今以舉大軍宿之其間久而不召強者病弱者死奚暇爭功利哉此其理勢或未可取二也古者興師十萬日費千金故軍無輜重則亡無委積則亡無粮食則亡臣請以漢賈捐之所論羌軍質之暴師曾未一年兵出不踰千里費四十餘萬大司農錢盡乃以少府錢續之今交趾之遠非特羌軍也且畿內禁卒及調河北京東戍兵五六萬以伐之倍道兼行三月而後至以臣計之人日糒二升則五萬人之費日千石也行三月日千石舍未畢隙未定而十萬石之粟去矣使其淹回未有成績其為費可勝言哉孫子曰智將

務食於敵食敵一鍾當吾二十鍾萁秆一石當吾二十石此計平地千里之法也今以京師直交趾五倍而言之則何啻二十鍾二十石而後可以當賊之一斛其俗又非專以五穀為養也木實草根魚鼈蚌蜃之為餔且其土之所出足以給其人安坐而待我若此雖十年不病闕食也傳曰粟不如者勿與持久持久非遠行之利此其理勢或未可取三也平陸之軍習於車攻閑於騎鬬蹈蹂厚土大步疾走左旋右折出入往來蕩蕩坦坦不可障阨而以之入於東南之幽前則重山後則複溪左則大阜右則深谷積石叢篠車以摧輪馬以敗蹄擇土計地若不容足縱行則絕首尾衡行則絕兩翼往不知所返而賊生死其地其人如猱狖下上坂險筋力百倍於華人倏起忽止適去已至從之如搏景不可得也傳曰不用鄉導不能得地利地利者兵之助故孟子所記亦先地利而後天時而將士非素知此其理

勢或未可取四也畿內禁卒固天下之材選賞罰素信約束素明拳勇亦當百矣然臣竊計之設比營而擇或取左遺右或取右遺左參差不齊聚為一軍則少非同巷長非並舍賚賜不偕受調發不俱行雖一之以旗鼓晝戰目不能以相識夜戰聲不能以相知則臨事雖濟而河北京東之卒又半雜新軍尫孱貧窶不任田畝徒博飲酒計窮力盡之人乃起而為兵一旦遂驅之戰不惟不足勝戈甲為病而其往也皆有慼慼羇旅之懷夫戰勇氣也氣不盈不可必勝此其理勢或未可取五也凡此數然易見雖五尺童子能道之而臣所以獨不自已區區為國私憂過計者非以交趾果能為足拇病也以謂遠勞王師戰久不決則事將不能無弊不可不察也夫交趾實古揚州之南境自三代盛時列荒服之外不及以政秦并天下略定揚粵以謫戍守五嶺與越雜處以至漢而任囂尉陀亦數以其地叛當是時

有閩越東越南越東甌西甌謂之百越交趾古越之徼也其國距洛陽南萬一千里人皆雕題文身項髻徒跣俗相習以鼻飲父子男女同川而浴今其地負海倚山阻險僻迂師行之道可以為正為奇為伏者非特一途而已也蓋漢初遣王恢韓安國擊越亦一出豫章一出會稽時唐蒙亦使越越人食蒙以蜀枸醬蒙歸因又上書通夜郎浮船牂柯以出越人不意其後路博德為伏波將軍出桂陽下湟水按圖湟水蓋出於連州楊僕為樓船將軍出豫章下湞浦按圖湞浦蓋出於廣州故歸義越侯二人為戈船下瀨將軍出零陵下灕水按圖灕水蓋出於桂州馳義侯發巴蜀罪人下牂柯牂柯即唐蒙所通道趣夜郎者也於是五將軍咸會越人或降或亡南越平為九郡至建武中交趾女子側貳叛馬援將平之援始自合浦緣海而行隨山刋道蓋千餘里如浪泊禁溪無功居風下雋盡頭之路凡圖記可見

往往援所行也今其計謀之長不可得而知所可知者其出入往来死生之地勢鄰具在師行所從不可不察也臣又以今言之居後踵前固不必皆出前人之舊而其大槩瀕湖以南要害之地朝廷因以分屯迭進至於明越餘杭海上諸郡負海無障塞中國所素不虞者臣願亦粗修守禦備游寇凡此非特以待交趾而已臣又以今料之使賊能為狂計固不出於三若外有合交據關守隘以老我師我頓兵絕徼之下曠日遲久欲戰不可引去則賊又復至回軍轉陣返而赴之賊又入保如初如是數年則邊人未有息肩之期此計上也若開關闢戶誤我以利誑我以弱設計誘我且戰且却我易而不戒乃亟入之以墮賊計中賊度我歸遠以奇兵斷後我進無所得欲退不能此計中也若棄關不守鼓行出隘唐突侵軼疾戰自快輕勇悍鷙分散四擊大則劫城小則掠也其入吾之地恐不深其爭吾之利恐

六只我主彼客彼輕我重我衆彼寡雖強可虜此計下也賊出上計利在賊出中計利害半出下計魚爛亡矣臣又以今料之賊必不能出上計何則海外遠國固非交趾之弱所能恃雖近有群獠又非固為交趾後也況敢侮王國乎意者輔車相依脣亡齒寒有不自安之心今臣姑置遠者而不論論群獠之近者則亦不可無所以恃之今見朝廷舉大兵欲滅交趾彼其中能無介然疑似之心哉臣獨計以謂誠能擇使者如酈食其司馬相如陸賈班超等輩乘馹持節以寬大鎮之旨以朝廷誅叛逆賊即伏行罷兵矣能從中國討賊及反間致頭首者計所得以賞以身從者賞以身以家從者祿以家以鄉從者封以鄉以縣從者侯以縣縱不能悉從可以少定其志則是不戰而賊之形已窘矣臣又料之賊無他助其上計不能悉用或者猶參上計而雜中計參上計據關守隘以老我師我雖衆無所用之請以大

軍當其衝虛張形勢以疑賊而陰擇精兵為三四間道絕徑或薄其左或突其右設奇取之兵法所謂攻其所不守也昔蜀姜維拒劍閣鄧艾乃潛自陰平行無人之地七百里鑿山通道崎嶇險絕以氈自裹輪而下士卒皆緣崖攀木魚貫而進卒降劉禪此設奇者也雜中計開關闢戶以誘致我我雖衆亦無必入請留大軍包其後而以驍銳佯從之輕足利兵以為前行分屯析隊伏於兩傍勿薄勿迫遠而挑之偶勝無追不勝疾歸棄金遺鼓拔衆以馳賊貪吾獲苟邀於阨卒前遇伏其衆必覆兵法所謂引而去之令敵半出而擊之利者也昔北戎侵鄭公子突曰使勇而無剛者嘗寇而速去之君為三覆以待之戎勝不相推敗不相救先者見獲必務進進而遇覆必速奔從之遂破戎師此設伏者也賊出上中而不利將悉衆偕出以徼幸於其下計是固中國之利也請尅日而取之昔魏祖伐關中賊每一部

至魏祖輒喜破賊諸將問其故魏祖曰關中道遠賊若依險阻征之不一二年不可下也今皆來集衆雖多軍無適主一舉可滅諸將皆服語曰連雞不俱棲可離而解賊衆之謂也此三說者譬之丸不能出於盤其大槩如此然兵無常數故隨所動而應之前必有滅寇之說而後繼之者得以起添寇之智願為陛下將者何如耳賊出下計而又不利將大走遠遁亡海絕道以保窟穴臣請按甲勿從或曰按甲勿從何以立威於天下曩士卒所以犯晨夜冒白刃者懼不勝使幸勝奈何幾舉而棄之且賊窘窮無所知此如兩鼠鬬穴中將勇者勝臣則以謂不然兩鼠鬬穴中將內鼠勝且欲搏賊大海之間其勢必與之相從於舟楫夫使吾三晉齊魯之人失夷曠而為樓船鬬艦浮之狂瀾之中平居無事自亂心悸而況乘以倉猝微風搖櫓一夫蕩櫓我衆駭矣又何暇與之校強弱勝負哉蓋前世語水戰以謂越

人能入水負舟而杜牧所傳鄭年者能沒海履其地五十里不噎今海上賈人亦往往遇水寇鑿舟況焉此其詐中國所用以取勝故也故臣請按甲勿從而更設策修備以待之且陛下富有天下地漸日月之窟府龜山海之藏非以交趾羸陋安定勾漏靡零幽陽壯帶稽徐西于龍編朱鳶封溪望海卑陬不毛方尺圍寸之地為足有也又非以交趾生犀馴象古貝文螺琥珀翡翠鼊皮鮫革蕉紵桂蠹訣奇不法殫瑣極細之物為足寶也不得已而問其罪是以威懾小寇使之悔過効順歸命中國而已賊既定臣請循古更選仁厚方略堪任將帥者以為五管諸州刺史太守以歲月鎮撫其民而因其家之可任者置土兵如保甲以時教習土兵之外乃募游軍而就擇將吏其地平居無事謹養而善別之以周知其心有故王臣失勢欲復見其功者聚為一卒有死事之人昆弟欲為之報仇者聚為一卒有貧窮

忿怒將使其志者聚為一卒有故贅壻人虜欲胎迹揚名者聚為一卒有故罪罷負犯之人欲逃其恥者聚為一卒加賜而時慰焉使之居其地服其俗安其水土便其械用因其糧食得以無煩執事而坐制其弊乃可以得志此百世之計也臣身非安南將吏民庶又不親與交趾接也安能周知其虛實短長利害所在曰今日出某道取某屯明日出某道取某聚某道可以為正某道可以為奇某道可以為伏意者其大槩理勢之所在故臣得以臆計胷度而妄議焉若夫知己知彼每舉不殆與敵變化循環無窮提軍挈衆動於九天之上此則大將軍之任非臣所得而前知也臣愚踈外不知事體昧死陳愚計

哲宗即位守門下侍郎司馬光請革弊劄子曰臣伏見陛下自臨政以來夙夜孜孜以愛百姓安國家為事蓋善治疾者必究其所來攻

其所急救之欲速去之欲盡臣竊觀今日公私耗竭遠近疲弊其原大槩出於用兵夫兵者凶器天下之毒財用之蠹聖人除暴定亂不得已而用之耳自有唐中葉藩鎮跋扈降及五代羣雄角逐四海九州瓜分廱潰兵相吞噬生民塗炭二百餘年太祖受天明命四征弗庭光啓景祚太宗繼之克成厥勳然後大禹之迹悉為宋有於是載戢干戈與民休息或自生至死年及期頤不見兵革吏守法度民安生業雞鳴狗吠煙火相望可謂太平之極致自古所罕侔矣及神宗繼統材雄氣英以幽薊雲朔淪於契丹靈夏河西專於拓跋交趾日南制於李氏不得悉張置官吏收籍賦役比於漢唐之境猶有未完深用為恥遂慨然有征伐開拓之志於是邊鄙武夫窺伺小利敢肆大言祇知邀功不顧國患爭賈餘勇自謂衛霍不死白面書生披文按圖狃習陳迹不知合變競獻奇策自謂良平更生聚斂之臣掊拾財

利剖析秋毫以供軍費專務市息不恤殘民各陳遺利自謂研桑復出相與誤惑先帝自求榮位於是置提舉官強配青苗多收免役以聚貨泉又驅畎畝之人為保甲使捨耒耜習弓矢又置都作院調筋皮角木以多造器甲又養保馬使賣耕牛市駔駿而農民始愁苦矣部分諸軍無問邊州內地各置將官以領之自知州軍總管鈐轄都監監押皆不得關預捨祖宗教閱舊制諸射法效胡服機械陳圖競為新奇朝晡上場罕得休息而士卒始怨嗟矣置市易司強市推取坐列販賣增商稅色件及菜果而商賈始貧困矣又立賒貸之法誘不肖子弟破其家又令民封狀增價以買坊場致其子孫鄰保籍沒貲產不能備償又增茶鹽之額賤買貴賣強以配民食用不盡迫以威刑破產輸錢又設措置河北糴便司廣積糧穀於臨流州縣以備饋運教兵既久積財既多然後用之而承平日久人已忘戰將帥愚懦

行伍驕惰加以運籌決勝者乃浮躁巧偽之士不知彼已妄動輕舉是以頓兵靈武力疲食盡自潰而歸執兵之士荷糧之夫暴骨塞外且數十萬築堡永洛怠忽無備縱寇延敵闔城之人翦為魚肉當未足以威服戎狄而中國先自困矣先帝深悔其然厭截截諞言思畜良士及下哀痛之詔息兵富民奄棄天下此臣所為痛心疾首泣血追傷者也伏惟皇帝陛下肇承基緒太皇太后同聽庶政首戒邊吏毋得妄出侵掠俾華夷兩安今契丹繼好夏常納貢乾德拜章征伐開拓之議皆已息矣則此置提舉官散青苗斂免役錢點教保甲置都作院養保馬置將官市易司封狀買坊場增茶鹽額措置河北糴便司皆為虛設陛下幸詔臣民各言疾苦其已至者千有餘章未有不言此數事者足以為天下公患衆人所共知非臣一人之私言也利害著明皎如日月何所復疑而羣臣循習常安故憚於更張雖

頗加裁損而監司按堵將官具存保甲猶教閱保馬猶養飼邊州屯戍不減軍器造作不休茶鹽新額尚在差役舊法未復是用兵雖息而公私勞費猶未息也如此因循不知改轍數年之後萬一遇水旱大飢盜賊羣起其為國家憂患豈敢盡言哉伏願陛下斷自聖志凡王安石等所立新法果能勝於舊者則存之其餘臣民以為不如舊法之便者痛加釐革雖非一日可行之事欲乞陛下宣諭執政令因臣民上封事熟議利害進呈以聖鑒裁決而行之昔夏遵禹訓商用湯法周循文武之典蓋創業垂統之王貽厥孫謀後世所宜謹守不可失也若凡百措置率由舊章但使政事悉如熙寧之初則民物熙熙海內太平更無餘事矣議者必曰弊不可倉猝當徐徐有漸此何異使醫治疾而曰勿使遽愈且勿除其根原使盡也其為醫者誅則善

矣其為疾者誅矣利哉

李廌上慎兵論曰臣聞兵不可好好兵者嗜殺人者也戰不可忘忘戰者棄民者也臣嘗原兵之理我克敵敵克我要之各有相傷為民父母柰何使民兩自相傷中道無罪而賈生哉萬一正不獲意則權必用武乃濟然後哀矜惻惻而用之以犯難難平即止非復可玩此以殺止殺以戰去戰之術也司馬法曰不違時不歷民病所以愛民也不加喪不因凶所以愛夫民也冬夏不興師所以兼愛其民也後之人君豈卿是哉爭城則戰矣爭地則戰矣爭長則戰矣爭利則戰矣小忿則戰矣違言則戰矣代翁代張代存代亡民不加多率以戰死獨何辜哉今日暴原野之白骨乃昔日暴原野白骨之子孫也人君當視人猶己以己推人則好戰之心自平夫士卒之痛忠己之痛士卒之傷忠己之傷矢石在前白刃在左右法令在後萬死一間幸於一生其危心如何彼貴賤雖異位而喜懼好惡之心無二況復殺一人則父母妻子失所而無依者數人或至於殺其子孫則嗣續遂絕者夫推愛物之心猶不忍暴殄天物況人乎不戰而屈人兵者正慎於此故觀無衣之詩然後見興師之情觀揚之水之詩然後見屯戍之思觀葛生之詩然後見戰歿之感迨夫民日益寡國日益削力日益屈財日益殫於是惻然哀憫其前非殆矣主父偃曰務戰勝窮武事未有不悔者豈特悔而已禍亦隨之夫三世為將道家猶且忌之況好兵之主乎故禍莫大乎好兵好兵之心有二曰幸曰侈孔子曰不仁者不可以長處樂不可以久處約惟樂與約處之實難自匹夫至於天下國家其召禍之漸均生於有餘不足有餘則侈心生不足則幸心生幸心

之禍在厥身侈心之禍在子孫今夫國迫小而鮮長慮財褊急而多妄計貪而無謀勇而無禮惟試僥倖於一戰冀一償志於是乎幸心生矣幸心一生故不量力不度德而所較非其敵志徒大心徒勞而所求非其道如卵投石如指撓沸自求危難屠其城夷其社覆其宗絕其嗣者踵相及孟子所謂緣木求魚必無後災以若所為求若所欲後必有災是也不足為有天下者道若夫燕安閒暇財豐力富旁視四顧無一不可惟外事四夷然後快意於是侈心生矣侈心一生故好大喜功而不以生息元元為念窮兵黷武惟以無伐功為愧自求憂患困役傷財得寸損尺怨滿天地而禍及子孫衆仲所謂兵猶火也不戢將自焚者是也前王既以此致凶咎後王當以此為龜鑑古之好兵無功而其主非賢者不足道好兵而賢且有功者莫若漢孝武

唐太宗夫奉武帝高祖文景之餘仗太宗有紅腐之粟內府有
貫朽之錢故放心肆欲玩兵耀武以事疆場內則有期門羽林
孤兒佽飛騎士之兵外則有六郡良家材官之士總御制以統
軍則有衛將軍之智謀將軍以深入則有若霍驃騎之勇又有
李廣程不識蘇建貳師安國嚴助李息徐自爲之徒以帥偏
師楊僕路博德李蔡王恢李陵李沮公孫賀公孫敖之徒以將
別部擊匈奴放東甌平南粵誅昆邪平西羌伐朝鮮征大宛乃
置朔方滄海武威儋耳牂牁樂浪等二十四郡厥勛偉哉太宗
以英雄神武戡定禍難以基王業自偏裨小校至於爲帝大小
戰無慮累百未嘗挫衄有若李勣李靖柴紹衛孝節薛萬徹之
徒以平突厥有若道宗道彥樊興宗段志元高甑生之徒以平
吐谷渾有若侯君集薛萬均之徒以平高昌有若李襲譽李大

亮之徒以平延陀有若牛進達之徒以平吐蕃有若郭孝恪之
徒以平焉耆有若李子和齊善張士貴張德寶上官懷仁之徒
以平諸獠有若契苾何力阿史那社爾之徒以平龜茲邦國既
底寧諸盜既勦絕其餘勇敢氣猶未肯寧晚命馬周李勣張儉
張亮爲將統十六總管之兵復遠駕遼海親征高麗厥勛偉哉
以漢武唐太宗之伐功度越前世所殺敵人固不可億數然士
卒物故亦已多矣故君子曰戾太子父子庶人承乾兄弟之釁
實由於此臣故曰兵不可好禍莫大於好兵好兵之禍既無近
殃則慎用兵而重民命者其得福必永矣或曰子論兵而以好
兵之禍爲先奈何爲驚人主心兵可去乎臣曰知戰可慎民可
愛兵可整而不可玩禍可去福可就然後可以用兵矣書所謂
知稼穡之難乃逸之意歟故曰仁者愛人惡人之害人義若循

理衆人之亂紀以兹爲兵意是乃仁術又安可去太祖皇帝昭
受天之成命市不易肆兵不血刃與漢唐百戰以得天下固
已異道五宗相承奉之以德雖閒用兵兵出有名未嘗有漢唐
之侈心則基福而遠禍也其已久矣陛下紹大統繼大烈可垂
拱無爲以荷天休然內寧必戒外居安必慮危故戰不可忘兵
未可去戰雖不可忘當念民命之可重兵雖未可去當念好兵
之貽禍鑒昔漢唐之侈心緝熙祖宗之多福故有曰今太平可
恃四夷無虞宜毀兵革銷鋒鏑者自弊之論也願陛下勿聽或
有曰今太平有餘四夷可討除宜興師旅闢土地是召禍之論
也願陛下勿聽臣願陛下妙選將帥必求其良訓練士馬必致
其精謹烽候繕甲械積芻粟完城壘以待四圍不害中國之爲
強脫若嬰吾寇吾以逸待勞以直待曲真天子之兵也

欽宗靖康元年兵部侍郎李綱上言曰臣伏領御札降付臣僚
所上奏劄不知何人所陳皆與臣意暗合乃知今日不爲無人
在陛下擇其說斷而行之而已唐韓愈有言不敵不疑惟天子
明凡此蔡功惟斷乃成正謂此也易於謙之上六稱利用行師
征邑國於師之上六稱大君有命開國承家小人勿用蓋謙之
極非利用行師不足以濟功師之成非戒用小人不足以保治
今陛下之於金人卑辭厚幣靡不順從其謙極矣然金人驕悖
愈甚其勢非用師不能有濟以臣料之不得已而用兵其功必
成然功成之後在陛下以小人爲戒而已臣愚伏望聖慈深考
聖人之言斷自淵衷無爲浮議所動則大功一成中國數十年
可以無夷狄之患不然憂未艾也所降奏劄更容臣來早將上
面稟聖訓謹錄奏知

御史中丞許翰上言曰。臣聞虜方駐營朔野。闚兵太行。而种師道兵距河未渡。此挫師之銳而示敵以弱。臣以為非便。昔董卓自言討先零日。留司馬劉靖屯兵安定以為聲勢。虜欲斷卓歸道。小擊輒開者。以安定有兵故也。虜謂安定當數萬人。不知但步騎四千而已。故知兵之勢要恃聲援。非必實加之也。今我控扼狼車而大兵渡河。號十萬衆。此足以震敵人之心而增諸鎮之氣。欲戰則可以及事。欲和則易與之講。此賢於老師不用。而縱敵猖獗。何啻萬萬也。願陛下下臣之言。詔大臣與种師道熟議其便。然臣累論种師道今不可廢。已蒙聖慈許令師道制置河北。戎事之機。間不容髮。而逮今十三四日。未聞施行。今雖用師道言。恐亦未必能盡其心。以朝廷任之不專。信之不一故也。要望睿斷。早圖任之。

翰又論戰曰。臣伏見金狄退師以來。朝廷搢紳上恬下嬉。幸於無事。恃以為安。而臣獨竊終夜不寐。方以為憂。夫以戎狄之性貪婪無厭。而我既示之以弱。開之以利。不過一二歲。勢必復來。自所割三鎮。疾馳三日。則突騎犯都城。飛塵入宮闕矣。當此之時。金帛不可復得。地土不可復割。道鄙之師不可復召。智能之士不可復圖。萬世之變可勝言哉。今聞姚古等兵已次國郊。切謂陛下可以閫外之事制於將帥。若遣一介之使可下下之。使不可下。則用兵不疑。臣嘗熟計我戰而勝。則蒙福無窮。戰而不勝。則北阨井陘。西斷太行。內守大河。國固無患。虜以殘弊將歸之兵。力必不能取三鎮。故我勝亦利。不勝亦利。此可決戰一也。虜欲既盈。將驕卒懈。時益暄濁。人馬喘汗。以我方銳擊其墮歸。此可決戰二也。我衆彼寡。以十當一。反顧者誅。旋踵者斬。使威

令既必。則羸弱者奮。況於關陝百戰之士。外誘以金繒。而內激以憤恥。破賊必矣。此可決戰三也。种師道持重名將。今雖老病。智略足恃。議者見其木訥。若無策畫。此蓋不以口擊賊者。昔趙括論兵。其父奢不能難也。而奢謂括將必敗趙師。宋文割據江左。聞王元謨論兵。飄飄有伊洛間意。及使之。望風奔潰。用師道自少沉毅。蓋自天性。介冑之士瞻目諮嗟。自古所然。未可遂疑。況今濟以姚古。必能相與成功。此可決戰四也。陛下仁聖誠動萬姓。義感三軍。人人思為國死。以滌中原之恥。而發七廟之憤。夫天時易失。而人心難收。陛下今不乘此利勢。後必悔之。此可決戰五也。今全軀保妻子之臣。務在張虜聲勢。虛喝恐劫。苟安目前。遺患萬世。此其意亦無他。不過慮戰不勝。則咎歸議者。使身不利。今一主和。可保無患。明年盛秋。胡騎復來。則必諉曰國家事狄不至。不得歸咎和者。姦回自營。孰便於此。非復有為陛下宗廟社稷長慮卻顧者也。夫一勝一負。兵家常勢。要觀大計如何爾。議者以姚平仲前日妄動小衄。以謂王師不可復用。傳曰。凡此蔡功唯斷乃成。故願陛下斷之而已矣。

翰又論三鎮曰。臣伏見王師既行。而廟算未定。此疑事也。古今蓋未有能以疑事成功者。故朝廷之意惑。則將帥之心不一。將帥之志分。則士卒之氣不銳。斷而必行。鬼神避之。此精誠之力也。陛下欲斷今日之議。當究為和與戰。卒將如何而已矣。其中小小利鈍。非大計之所繫也。昔漢高帝蜀先主皆號聰明神武為一代之英雄。考其用兵。敗北無數。然其志氣挫而愈厲。紐而更揚者。大計已定於中。斯其所以為英雄者也。陛下欲決和議則臣願陛下取太史公記虞卿傳覽其往復。此古之鑒也。方

今若失三鎮二十州之地則天下之勢已斷西北無河東則陝西不可守無河朔則汴不可都計不過謀渡江南臣考永嘉渡江能為東晉者乃有王導謝安英賢相繼扶危救傾僅能立國而中原丘墟遂陷胡貊使世無王導謝安之才或有而不見施用則東晉割據猶恐未易為也借使能為東晉宗廟可復立也社稷可復建也盜入陵寢取一抔土則將若何言而至此可流涕陛下永念方來之艱則今日雖復勞動天下猶不得已何者擇禍莫若輕也或者以為太祖即位以來未有江南晉蜀而卒能混一區宇臣以為不然太祖生長兵間非若陛下繼體守文建隆將士百戰精銳非若方今將不素養兵不素練也虜在掌握縱而不取使益張大復何以敵不得以太祖言故凡守和之計以國與人者也陛下欲決戰議則臣之所陳可戰者五已具于前奏矣今使虜不犯城則渡河之

師當戰戰則必有漕運之役有應援之兵有犯據之要皆當素治不計小卻但責成功而後將帥志一而士卒氣奮三鎮之守有死無二若我以疑遣將帥以苟行則精銳已亡矣何以取勝凡今為和議者苟取目前之無事則又未必可取臣聞西北之民人人相語曰吾屬與其為虜則寧南向作賊死且為中原鬼使三鎮之衆發忿怨懟入為寇攘非小變也故姑息目前亦未為得況又方來之患未知所稅駕歟自古用兵必有異議成王之時周公東征民獻有十夫予翼而已其他罔不反曰艱大晉武與杜預謀取江南大臣賈充等皆力爭之獨一張華贊定大計唐憲宗用武元衡裴度謀討淮西盜殺元衡朝廷震恐請罷裴度以安諸鎮憲宗大怒討蔡益急君之威令自是復振周世宗初即位漢引契丹入寇河東世宗自將宰相馮道固爭不得周之功烈自是遂興書曰惟克果斷乃罔後艱陛下所以

疑者慶衆必以姚平仲前日之無功自持其說臣近問种師道平仲所以不利者師道為臣言劫寨之法不用大兵當小擾之使自蹂藉而後可乘又地勢入橫河中慶兵隘橋此利誘使出戰不利以兵入鬬也臣是以知師道之有謀故前日之功失在不用老將而用驍勇不恃謀將而恃辭說非兵不當用也昔石晉開運之變契丹始入敗不窮追冬復大來遂陷都城國朝景德契丹入寇澶淵之後亦不窮追而虜和親夫開運景德驅逐之策同而成敗之效異者何也開運之時中國方弱而示之以畏故虜復來景德之間中國正強而受之以和故虜遂定今議者不鑒開運縱敵之患而欲為景德之寬大則可謂不知時矣陛下何不試使議割地者身任數年虜不復入臣知議者必將難之夫為國不保數年之安而欲定萬世之策必不然矣願下臣章使有定議

晁說之出狩議曰居其所而衆星拱之者北辰也乃一夕不居其所隨衆星以流焉天將無四時也商詩不云乎邦畿千里惟民所止肇域彼四海非邦畿以止民也實止民以為邦畿也其能止千里而近者斯能域彼四海之遠也若夫千里不為我畿則四海將為他人域矣周詩亦曰价人維藩大師維垣大邦維屏大宗維翰懷德維寧宗子維城無俾城壞無獨斯畏厲王失是道也民不懷德而城壞矣焉觀文武成康之績哉是故國君死社稷者禮也後世有以身保一州勇捍一城者為希世偉烈無他焉不學禮之過也聞之國君死社稷矣而大王去邠詩人不刺焉何也曰大王去邠以與周也時則商之衰世也紀侯大去其國春秋又不貶焉何也曰紀侯去其國以存其祀也時則周之衰世也若使當商周之治君盛世則紀侯者玉帛朝貢之不暇寧論於其國去不去耶春秋於紀侯信不貶矣而於周王

則有讖焉書曰天王狩於河陽蓋天王無出出則自絕於天下也天子之孝在天下諸侯之孝在一國所任不同所責亦異也漢文帝時老上單于自將十四萬騎入蕭關燒回中宮候騎至雍烽火通甘泉宮可謂危矣帝乃躬擐甲胄思親征焉其後匈奴復大入帝親勞軍至霸上及棘門而在細柳則乘輿屈而不得驅矣未聞其輕出狩也既而景帝立一日中七國同反帝命周亞夫大將軍將三十六軍以伐之有張羽之力戰韓安國之持重韓頹當之功冠諸侯而趙涉劇孟鄧都尉輩為之謀畫七國王侯之首可指日而旋之也惟帝之斷足以誅御史大夫晁錯其勢足以使太常袁盎使吳其明足以容周亞夫之不奉詔以梁委吳亦未聞其輕出狩也唐明皇有始無卒昏淫不道固非文景之比而國家之盛不減文景時也一旦安祿山以范陽平盧河東之師率同羅奚契丹室韋十五萬衆反范陽取河北陷東

京克桃林而潼關失守則不告宗廟不顧九族不諭百官身與宮宦數十人揭衣而奔才行四十里而無食飲與征徒並飢寒越明日軍士不肯行則斬宰相縊妃子僅行中道散亡者衆賴劍南騾綱至以甘言強之而前不敢言騎驟之疲也受辱於饋食之田父許誠於獻酒之微臣悲歌酸鼻若悔而不悔唐室自是傾矣其後肅宗幸岐代宗幸陝德宗幸奉天皆脩明皇故事也未有僖昭之出則春秋之不貶也昔祿山之初叛也四方郡縣有不從賊者皆倚東平太守嗣吳王祇以起兵其終賴太子即位於靈武以固天下之基業則民心於帝豈不願其留而無出哉梁武帝區區好無益之名竊無實之利專以登叛人為謀末納侯景十有四州之地自謂坐獲非常之大功也不知其相朱异納景之賂其子王德通景之謀長江不足以為險而朱雀航石頭城與浮苴等也景逼帝坐白刃交前而景徒能焚宮室辱

妃主殺百官曾不自保其首領也梁室不碎於景之手者武帝坐朝如故而未嘗識及奔亡苻堅之秦軍聲國勢據中原以威百戎非江左可擬也銳氣以攻衰微之晉戎卒六十萬介馬二十七萬下蜀漢之舟師擁幽冀之陸騎軍實萬里齊聲並進晉謝石之師不足以當其十二之一而石琰幼度伊輩風流清談之師不足以當苻融張蚝慕容暐垂姚萇輩熊虎百戰之將而融陣退淝水從幼度之誘一動而奔潰不可制止融擒而堅僅以身遁姑得道洛陽而入長安曾不安席而復出五將山姚萇執之幽于新平別室而縊死斬傳國寶以陳義問尹緯以憐才於時垂與子寶中道叛而燕復以興乞伏父子繼以隴右叛而秦以立句町王以河南叛姚萇以萬年叛慕容沖兵起於帳下慕容暐變發於會中誠可懼矣向使堅收散卒不去長安任權翼苻越之忠謀督張蚝石越毛當苻飛龍之力戰則何遽有五

將之辱新平之禍使秦遂亡乎執事者鑒漢文景不出而隆盛唐明皇出而衰亡梁武不出而存苻宣昭出而亡則一反覆手間天下之利害斷可知矣又有往古實迹可按而為執事言者燕太祖文明帝以新造之邦出師小勝而激石虎之趙大陣以臨之一日亡其二十餘城於趙趙兵將逼所都之棘城皝懼欲出亡其帳下將慕輿根諫曰王一舉足則成彼趙之王業中趙之計矣今國家固守堅城其勢百倍事之不濟不失於走奈何望風委去為必亡之理乎元菟太守劉佩曰事之安危繫於一人大王當自強以厚將士不宜自弱也其謀臣封奕曰虎凶惡已甚鬼神共疾禍敗之至何日之有今空國遠來攻守勢異戎馬雖強無能為也頓兵積日釁隙自生但堅守以俟之耳燕乃以劉佩之力戰大敗趙師終為大國視石虎不義以死也是尤宜今日之所當知者也所謂黏罕斡離不者非石虎之儔也其

凶淫不道則過之我不可一舉是以自弱而成賊計惟堅守以成百倍之勢而覘其明神誅殛可也况我祖宗基業之固宗廟社稷之靈今天子之勤儉圖治固非新造之燕可同日語也亦竊有可懼者今之謀臣視封奕如何其戰將視劉佩又如何執事者未宜忽於斯也又如燕幽帝慕容暐屢敗於晉大司馬温之師矣温棄勝至枋頭暐懼焉與大傅評謀奔龍城賴吳王垂請出戰曰若其不捷走未晚也果大破温於襄邑而得晉之壽春焉此則危甚矣無足為執事者陳之也今之謀臣必不為慕容評而我將視慕容垂又如何執事者復宜念之也是二者蓋有前比矣光武初在河北得邯鄲信都二郡之助而兵衆未合議者多言可因信都兵自送西還長安獨邳彤曰若明公無征伐之意則雖信都之兵猶難會也明公既西則邯鄲城民不肯捐父母背城主而千里送公其離散亡逃可必也光武不復西

而卒因二郡以一天下也方光武創業之初猶不肯散亡二郡之衆而固守河北執事者謂今累聖重光之基業可不以京師之衆散亡而固守天下乎嗟夫虢去棘城歸奔龍城則燕雖不亡而復亡也光武輕去河北則不能中興而漢不得復有天下也執事者幸少念之也或曰晉元帝之亡也保江東而興王業胡為而不可曰元帝以琅邪王渡江而即帝位非驅黃屋以東巡也其所以即帝位者又豈特藉江山之固哉中原名德之士王導周顗之屬不忘中原之故國相與慷慨垂涕而立宗廟於荊棘之中耳是時東晉之地南抵壽春北極彭城東至洛陽如使元帝居洛陽之舊都收中原之遺英則彼劉淵石勒輩果何有哉請以二事明之東晉之初興也弱矣劉琨遙奉朝廷之威命無日不戰於劉石間幾興而敗且使琨不死則滅劉以興晉陽殺石勒以固河北而洛陽長安皆晉之歸也祖逖志在中原琨

之所畏也其在豫州百姓襁負而至將士樂為致死力胡寇不敢窺兵石勒遣吏護其母墓黃河以南復為晉有略地千里復戶萬計惜逖不能自成其渡江之志而卒也晉之末尤衰矣大司馬温之師猶足以至霸上劉裕之師又足以入長安况在元帝初興乎其初則未有定分爭先破竹之勢也其後則強箭之末飲羽之勢也琨逖二人者元帝可用而不能用之以一天下者也温裕二人者不生於元帝之時使之効忠佐王者也執事者當念琅邪王渡江失計如此况以天子之尊為江東之舉乎豈不惜哉昔人所謂日前可驗天下共知之事區區所陳往事是也其在本朝則章聖皇帝因契丹犯入河北不西狩蜀不南狩金陵上有畢士安之深謀下有高瓊之竭忠而成之於寇準之決策不復徘徊而往幸澶淵其流福天下至今賴之也是則不待說之之言而執事者宿知之矣

說之又上負薪芻曰臣伏惟今上即位元年正月初金賊以犯疆場之臣無狀斥候不明遂敢突河北蛇結河東直抵京師城下金賊非漢老上單于之比也其兵亦無老上單于十四萬之衆也彼時烽火照甘泉宮望長安猶踰百里而遠今何為使我直有城下之師犯孔子春秋之大禁矣其或者警懼漢文帝者猶淺淺焉負薪其九失而有三策皇帝陛下初下親征之詔遠邇聞之靡不思奮咸曰是我太祖皇帝之舊章也今皇帝真似之也太祖皇帝受天眷命即位之四月昭義軍節度使李筠叛君五代之餘孽自恃其兵馬之勇可稱其河山之壯太祖親征倍道兼行其勞至於聖躬親負石焉上使太行不得以為險即日城破筠投火以死蓋是舉也據以建祚為太祖獻策曰宜出師擊之西京向拱曰陛下宜速濟大河踰太行精銳之則使賊熾矣控鶴左廂都校馬全義亦於澤州城下進言同儀之適足以

資其姦便。全家中矢拔矢被血以先士卒。筠不得不與火俱滅之速也。是歲九月。揚州李重進自謂周室之勳舊。繼以叛聞。太祖親征。復如澤潞。介馬不脫鞍。重進復如李筠與火灰燼。筠則北結劉旻。重進亦南通李景。其禍心不淺。而不及掩耳於迅雷。則奈何嗟夫。金賊之勢逼於前日。而鑾輿之出異於前日者。陛下無謀臣如廷祚如拱。而將無如全斌者乎。如其有能成陛下之初志者。天地為之威怒。風雷為之震驚。跛者起而喑者呼。寧論女子童稚奮袂之勇哉。或曰。如陛下即位之初何。曰陛下即位之初。孰如太祖當宋之為宋方四月之初哉。或曰論兵則我寡彼衆。曰戰之勝負不在兵之衆寡而在將之能否。有古以來。不可勝言也。莫若以今事著明之。太祖在周時以百騎卻虜梟將高模翰之兵數萬於瓦橋關之北。開寶初。太祖命田欽祚以兵三千於定州背城以破虜六萬。于時軍中有三千打六萬之

謠。至今塞上兒童猶以此語為戲不忘也。借曰兵寡。豈無三千背京城而陣。當見人人如田將軍也。闞北百騎則待陛下之臨戎。復如真宗皇帝改元之二年。秉六龍幸大名。北虜不及望天戈而大敗遁去。越五年再御龍鑾幸澶淵。北虜纔及望天戈。不及戰自敗而請和。是我不速於和。而既和則能久者也。于時上相畢士安開其謀。次相寇準堅其行。殿前高瓊効控馬渡河之力。皆賴上意先定於前年之征也。太祖再出征。真宗亦再出征。而其間罪河東。則太祖太宗皆一出征。陛下不一出征乎。其失之一也。圖功以威克愛者政典也。政典者軍政之與也。治國之常道。則威與愛均也。方有事時。漢景帝能誅晁錯。則天子之威令申。而七國之兵不足平也。晉武帝不能黜賈充。則天子之威令不申。而晉室亡。六胡之亂已肇也。唐肅宗之威令不申而有郭子儀李光弼為將。不能平幽薊。武宗之威令申。以石雄張仲

武為將。而足以討澤潞。近者周世宗即位之三月。親征劉旻及契丹于上黨。其愛將樊愛能何徽敗績。世宗立取而斬之。將校股慄思用命。而劉旻在太原亦為之破膽失據。世宗之師由是出無不勝。而四方僭叛相顧失色。中國之威一日而振。實為我有宋之驅除也。國家不幸。有敗國傲亂之日為萬世之羞。非戰將一日失律之比者。曰京曰蔡曰黼曰攸曰方。金賊在城下時。宜梟以視之。又醢以賜之。因有詔。勑曰。此醢非他物也。為人臣而不忠者。不度事之利害。不慮國之安危。天命予一人戮之。凡食者誡焉。無忘彼金賊雖非人類。而犬豕亦有掉尾怖恐之號。顧弗之懼哉。捨此而不為。其失之二也。兵出無名。事故不成。明其為賊。敵乃可服。古兵法之言也。唐高祖時。薛仁貴為蘇定方討賀魯而言之。遂克成功。今國家於金賊曾不遣一介之使問其所以來者何名也。彼素臣事契丹。乃一日滅契丹之國。自建

隆以來臣事我有宋。復一日舉烏合之衆。頓於堅城之下。果何名哉。設如我與國也。玉帛初陳。車傳未息。相與之新。當如是乎。無乃疆埸相侵乎。請責之疆場之臣。否則將帥失信乎。請責之將帥之臣。今日果何名也耶。執事者既不責金賊之無名。又不明其所以為賊者。重可惜也。何則。自古兵之大禁。垂車深入則敗。猖狂不制則亡。貪人金幣則滅。有所恃而驕則衆相瞀。淹時而兵老。則下必圖其主帥。金賊俱犯此五者。我取而殲焉可也。執事者似未之明也。苟不明乎此。則敗亡反在中國矣。可不念乎。金賊之君。不知何人。恐非冒頓之梟勇頡利之狡謀。可與為比也。其謀臣郭藥師者。唯能與我闘貫為謀。而貪墨無恥。如中華借以資其身取富貴爾。恐亦不可比祿東贊之辭婚。奇以動唐太宗。尚結贊之狂謀。幾能擒渾瑊。如俾郭藥師就一粗曉邊情部隊將議之。不過一二言而嗤叱之矣。刑餘而又刑之。貫實

在部隊將之下者也大抵不知其君則視其將不知其衆則視其國
不知貧富則視其器械不知其所爲則視其所好金賊之將如郭藥
師則其君可知也其國之東西幾何南北又幾何朝臣高麗暮臣契
丹介於奚霫室韋鞑靼之間實彼群族帳之所賊者今亟乞師奪馬
而南則其衆可知也器械必資銅鐵竹箭膠漆之上品舉非彼之所
産宜其窳鈍不剛惟中國之器是求則其貧富可知也金賊之嗜好
大在金幣子女細及耳目翫物則其所爲可知也凡百亡國滅身之
具何其備耶昔侯景所與同惡無非驁才其黨自嘆曰乖僻至是安
得不敗金賊似景皆暴起而滅必速也苟明乎此則何憚而不取以
殲焉既此之不明其失之三也金賊不避利 割地以河爲界執事
者不盡河以賜之姑賜高陽府中山府太原府暨其郡縣無慮名城
將百數自以爲有謀也不知今天下者太祖之天下也孰敢以一寸

土不在王會圖我高陽中山者我太祖太宗暨周世宗躬冒矢石艱
難而得之者乃一日談話而棄之耶太原則太祖太宗相繼親征冒
矢石甚於河北其艱難則久於河北真宗自謂先帝竭四海之力以
得太原嶺弗重耶又忍如墮甑而棄之耶執事可不重諭之曰彼初
稱女真時在我太祖朝嘗盜我白沙塞三馬適爾貢馬之使在闕下
太祖命執之不遣明年渤海之使爲女真以表謝過則釋之其在太
宗時女真困於契丹之三柵控告乞援亦卑恭甚矣不謂敢睥睨中
國之地於今日也此其失之四也金賊其何厭敢肆求黃金重幣不
知其幾何但聞國家府庫空竭下括於公卿大夫士家細不遺乎閭
里民庶其上逮宮幃供奉之器則苟有人心者不忍言也方唐吐蕃
縱橫淩轢時入京城劫掠黃金則必有之亦不聞明言求金於王城
也其在鹽州夏州則嘗求金矣是吐蕃施於鹽州夏州者金賊敢施

於京城也不已甚乎執事者何不諭之曰府庫者祖宗之府庫也國
家於經費之外未嘗敢以一毫賞無功也且國家初未嘗相聚斂之
臣亦無事於府庫之富也又安得有金以滿谿壑之欲哉在我國家
之初女真歲以市馬於中國而資富其後女真服事契丹則中國但
知有契丹之馬而不知有女真之馬也女真之名馬遂亦絕種得非
天以其馬畀中國而不畀契丹乎女真又安得而私耶以故不逞而
南唯以無馬爲恨塗路剽掠而未知已也彼窮餓不得吾市民之金
乃無名而金之求耶夷狄皆貪而多詐唯女真之貪而多詐高麗猶
賤之薙濼間嘗爲吾使者詐之也以黃金棄之溪壑此其失之五也
春秋重信盟生於不信春秋是以誅盟中國諸侯之盟固在所誅況
以中國盟夷狄乎又況於王人與盟乎隱二年唐之盟會與戎盟也
此春秋始隱之一端也僖八年洮之盟二十九年翟泉之盟王人與

盟也此春秋責齊晉之重者也兵而不已至於盟盟而不已至於質
子則又春秋之所不誅也在漢唐時但聞夷狄有質子於中國不聞
中國有質子於夷狄禮則然也金賊一日於王城下盟誓而質子苟
有明春秋之大臣則其責當如何無乃失中國之所以尊者乎彼如
有求質子而及親王也何不諭之曰親王者上皇之子也陛下方如
堯親九族忍棄上皇之子於胡虜乎如質陛下之子則就外傳未任
武部之事也彼雖犬羊亦未必忘父子兄弟之親也聞此言恐亦聳
然自失矣又如求質宰相則當諭之曰宰相者陛下之股肱也何可
一日而不相與以成一體乎邦昌者雖不知爲何等人既命之爲宰
相則當待之以宰相也彼亦號有君臣則宜知宰相之重矣亦聞此
言而得安乎雖然質果何有哉曹公因韓浩私呂布不顧夏侯惇之
被質著令有持質者皆并擊勿顧由是劫質者遂絕此曹公所以能

排戚中國也中國不得其所以為尊者其失之六也然金賊一日得吾瀛定并門重鎮未必能為其強其得吾金幣無慮數十萬未必能為其富何則夷狄喜相吞併鬬爭是其犬羊猜吠咋嚙之性也惟其富者最先亡古今夷狄族帳大小見於史冊者百十今其存者一二皆以其財富而自底滅亡者也今此小醜不指日而滅亡是無天道也唯有一事大可懼者又特遺之以謀臣也遂將使此小醜得以其強者為強富者為富可不懼乎國家以契丹歸朝官悉遣歸於此小醜無乃執事者未之思乎蓋此色人布滿州郡無慮萬數遠者十數年近者三四年且嘗預官聯臨局務亦有喜讀書通吏事者其便弓馬多膂力喜戰鬬則又其性習然也且其中國之事體人物靡有不知其孰強孰弱孰能孰否與夫道里而遠而近而險而易皆得以為此賊之謀其害一也此色人在中州初頗喜自陳其曾高之家世曰

此大家者吾之同祖也曰此郡縣者吾墳墓猶存也幸今復為王民亦頗買田種藝與人家婚姻其意不淺矣亦頗有惜中國不用賢多遺才為司馬公而嘆息者今一旦阻其慕王風之心投之於犬羊猜獍之群則以其苦心為彼孽謀其害二也且彼與金賊亦有平日怨嫌不相能者或當南北戰鬬時兵刃相殘之酷者今又一旦快彼賊心其害三也彼携老幼慟哭駕胡車彀弓露刃而行籍籍道路間言曰投彼死爾孰若死在此以故所過之處閉戶避之既宿而去則居者相賀始其為彼用也亦可慮哉其害四也金賊陸梁於城下時此輩亦有請質妻孥願與之格鬬者廟堂之謀曾不知出此而州縣固不敢上聞矣矣此一大便而資以為彼小醜之用其害五也彼歸自契丹而乃復歸之於金賊不知為何名也無乃示怯於金賊者過甚乎其害六也使彼顧盼之間襪中國之衣冠復夷狄之態度弱者益

惡強者怨恨道路為之咨嗟非王者無外之度非天無不覆之義其害七也明有此七害而議者不過曰廟堂有從我之論為日久矣適此持而從之不貽中國他時之害也請復之曰如可從也豈無異日執事者幸少待之從之金賊孰若待我國家廟堂之議成復疆理幽薊之舊土使彼復有仕於彼乎且諸葛亮於南蠻四郡皆因其土人而任之矣借此萬餘人皆無所知解直以增彼馳突之數固亦不可彼小族實難得生齒所以汲汲是求也昔朱克融輩方飢寒於京師時彼宰相乞一飽之日而不可得安知後有幽燕故巢不忝其祖緒之風終為唐室之害哉如不用宣和七年以前都盡徙存之於中國其失之七也此賊蟻聚於城下時大臣不知盡誅不知一日縱敵百世為害戰士不肯盡力留賊以累君父圍人養虎自貽患不勝責也傳曰無伏節死難之臣孔子傷焉可不信乎設不能有鍾鼓喋血而殲

之尚可震而逼之什而圍之使鳥不得度馬不得嘶此賊不忿而相搏以死則無食而餓死矣柰何既不得攻又不得圍縱其遊騎散卒或百或十朝出而殘一邑又明日出而殘一邑王畿根本之地富室最多適足以資其流血成溝也王畿蕩滅將盡遂及輔郡諸縣鎮走官吏如雞犬取故相家孫女姊妹縛馬上而去挑侍帳中遠適腥落不暇寒心然非金賊戕之也實官軍戕之也方賊入一邑時未聞官軍一人襲而求救咸謂彼出不意而我適不為之備也繼而日日相繼破一邑碎一鎮亦莫有官軍一人來禦之者乃知彼肆縱以行我初未嘗為之備也以故知閹貫前日燕底河之敗士卒死者十餘萬四賊臧永洛之酷朝廷莫得而聞也貫脅熙河經略使劉法出師迎賊掩而殺之如摯童稚朝廷受百官班賀西師之捷也近而劉延慶於雄州北殭尸百餘里而棄金帛軍實於亂尸之中不可稱數并取雄

州弓手天下稱為梟勇而契丹素所畏者貫悉殺之朝廷既不正典刑於延慶而貫尋封王矣法制之兵當如是乎其失之八也或曰國家徵兵於方鎮而未至也前與之和矣曰城下之盟有以國斃不能從也是春秋之法也敢不守而行之韓信之伐齊先有酈食其與齊和矣李靖之滅頡利唐儉深入虜廷而和矣薛仁貴之取九姓先受其降而知彼降者為賊則不若悉坑之之威也是皆春秋之法也何獨古人以縱金賊失之無乃天下之士惡言乎子春秋之弊乎雖然徵兵於方鎮而不急奔命者其故何也漢陳豨反於代高祖以羽檄徵天下兵未有至者高祖乃躬選壯士於邯鄲蓋豨之罪未白於天下也唐代宗有吐蕃党項京師之危詔諸道兵四十日無一人入關者吐蕃党項雖為天下所嫉而程元振李輔國凶闇之不君復為天下之所惡也天下豈不曰元振輔國者吾家之吐蕃党項也塞上之吐蕃党項吾力可及而吾家之吐蕃党項吾力之不可及也今閹貫之凶燄出元振輔國上既未梟而驅之猶為天下之所忌也然實因兵制驅之而然者何則兵在州郡則兵制而州郡重兵專命將則兵驕而州郡輕蓋將重則州郡不得不輕將驕則兵不得不驕惟州郡輕則帥府輕帥府輕則京師輕此天下之勢也祖宗之兵寓於州郡命其守臣曰知州軍以其軍重某州也其將則州都監是也州郡都監平日事其守臣卑且謹則其兵無自肆也此祖宗之兵制也開寶之兵三十七萬是謂必勝之兵至道之兵六十六萬是謂威武之兵天禧之兵九十一萬是謂太平之世保大之兵慶曆之兵一百二十五萬是謂災賊之後應變之兵皆以根柢京師而枝葉四方宜其百世莫得而如損於一日也乃有大臣喜變更祖宗之法度兵制亦不得而在合數州之兵以為一將將重而州郡輕矣州雖有兵之營寨而

寄於月食時衣其號令之所加進退之所繫則在將而不在守臣以都監而領剩員廂軍之外不知將司一事也將兵視州民如胡越將官待守臣如寇讎又有大可懼者幸宗廟社稷之靈無回戈吞噬之變則昧者未之諭也唯司馬溫公熙寧中在洛下見留守前宰相韓絳以十數老弱之卒奉旨禱雨中岳而將兵有出城之禁奏疏論之曾布帥太原躬自不勝將司之無禮而終不以將法為非也此者不幸有金賊之役如徽舊州制之兵則詔至一州之日則一州之兵奔命而東上不必待於他州坊恐州之我先也州兵之急於用也今徽新法之將兵而將兵分隸數州必合而起之又各仰其州之錢糧以資之是州兵一日之事為將兵累日之事也將兵之不可急用也如此國家承平既久人材不甚相遠都監之材武未知視將官果如何唯闒懦之役商旅之族乃得超授將官而都監孤寒以考第平進者不敢與之比也此州郡兵制之失使其赴援不時之弊也若其京師兵制之失使其寡弱不足以為京師之重而威乎天下者亦其自變更祖宗之舊制也祖宗知漢唐都雍與洛以河山為險而河山之險人可更而有也今都汴陽無河山為險而唯以人為固乃屯重兵於京城之下或分粮於京畿之邑他人莫得而重輕之唯我以之為用是本朝以兵設險險於雍洛之河山也奈何喜變更之大臣銷去祖宗傳城之兵營曰坐縻太倉無用也曰闕額之金因得以為利也闕地可以利室廬也大臣而淺且陋一至於此安知百世之安危哉宋守約自以併營為功鬧於一時矣使我翊衛京城之兵營十無一存者矣今之貴臣強宗則為別館園圃與夫道宮釋宇者皆昔之營地也後生但誇今日遊觀之椎孰知昔者宿兵之椎哉倘如祖宗之舊制城外之兵營基布相望而聲欬之音日夜徹乎數百里之間使四

夷來朝貢者遠而望之於鬱葱佳氣之外有森然不敢仰首之威尤則彼金賊雖欲喘息於城下而無以留旦暮也祖宗以兵為險而城不必高池不必濬也吾之京師是謂天邑是謂神皐其守唯在四夷也由是觀之祖宗京師之兵制優於唐之府衛多矣唐之府衛違而不若我之近也唐之府衛勤於命將而我初不命將以私之也內外兵制繫國安危其失之九也幸而有三策焉曰命威望之大臣以守魏而高陽可保也命威望之近臣以守鎮而中山可保也在唐則魏博重於鎮冀鎮冀重於幽燕魏博鎮冀合而制幽燕者也祖宗於河北建四鎮而河東唯太原一鎮其旨微矣今不得已於晉於潞或擇建一鎮或各建一鎮則太原可保也此重鎮之策也於河北河東揀擇守臣文武並用待之則厚委之則專於轉運使提點刑獄之外無繁碎旁午之使者以蹂踐之搏噬之則金賊雖得吾州縣而無懲乎

人者安能一日而居哉夫要如太祖時郭進於邢州李漢超於關南何繼筠於鎮定賀惟忠於易州李謙溥於隰州姚內斌於慶州董遵誨於通遠王昇於原州不滅唐李抱真於澤潞馬燧於太原雖曰崎嶇於劇賊之中而威震於華戎之上吾民既安矣何恤乎小醜夫然後於民給復者五年未之猶二年明詔曰山澤之利與爾共之吾不禁也鹽食之貨爾專有之吾不與也爾無糧糗則吾給之爾無牛犢則吾畀之爾無農器則吾鑄之於是乎十數年流轉四方之民不約而無遠邇來歸矣唐宣宗何德以復累世所亡河湟之地哉而能以恩惠顧於既歸之後猶不失春秋重民之道也此內治之策也遠交而近攻者范雎之謀唐太宗為能用之也王者之師不必出而以夷狄攻夷狄則王者之師不戰也國家之制遷賊命于藩羅支其制元昊亦命乎嗢厮囉是世効忠順以報朝廷者一旦滅之為郡縣今熙

河是也無日無烽燧之警今因金賊陸梁之後丕然大變其政得重使如唐賈林韋朝曹利用之類以告室韋奚霫靺鞨諸蕃鳴金賊之罪而四攻之金賊何地以苟活哉若高麗則金賊素所臣事者我之厚高麗者如何其為我緩急之役當如何將見金賊雖欲苟活不可得也春秋之功莫大乎存亡國孔子猶書衛人立晉不與齊侯之專封而大天子之命也今天子為能命韓昉輩訪耶律之後禮而立之則九夷八蠻罔不仰中國之至仁服陛下之丕德非特為耶律氏再生肉骨之恩也仁之所施者深則誠之所歸者廣於是乎耶律氏為我藩離蚕虱金賊而湯櫛之凡厥涿薊諸郡恐却之而必以歸也漢光武不肯從臧宮馬武之謀因匈奴衰亂而取之乃立南單于以御北單于唐太宗雖曰滅頡利而立突利可汗使率其故部亦不滅人之國也故曰兵所以存亡繼絕救亂除害也今何憚而不為此外交之

策也唐代宗有郭子儀為將吐蕃內侵相繼五年德宗有李晟為將而吐蕃內侵相繼三年則今日之憂未易以一冬一春必也廟堂之上可遽緩滯乎借如三鎮之地已無及而三鎮之餘猶可及也今日之師以無補而明日之師或尚可補也皮膚之疾愈而却醫可也心腹之疾猶存而醫未易却也

歷代名臣奏議卷之二百三十一

征伐

宋高宗建炎元年。開封尹宗澤上奏曰。臣契勘河北西路真定懷衛濬等處。見有番賊占據。今又分留賊馬於洺州四向劄寨。密栽鹿角。意欲攻打。若河西諸州不守。即賊之姦計包藏不淺。京師雖為備禦。未易可居。臣為見有上件事宜。已於今月初七日統押人馬自游家渡過河。會約河西忠義統制等商議。隨宜措畫。若事理可行。即一面招集同心叶力。以圖收復。安集流移為久遠利。若賊勢厚重。不可施行。即具所見利害的確便宜畫一敷奏。伏望聖慈體念河北繫天下根本。河北不守。則干戈弓矢未易櫜戢。臣每思前日之失。蓋由將相恃賴太平。恬不為恤。朝進一言。暮入一說。惟以講和乞盟為意。今更沿襲不修武備。臣竊憂之。兵法曰。先為不可勝。以待敵之可勝。臣不揆衰薾無能。見過河相度。別具奏聞者。

三年。張浚論自治之策曰。臣輒有區區管見。冒瀆聖聰。退省狂愚。不勝戰慄。臣伏自國家多故以來。每於軍旅之事。私竊留意。蓋嘗深思熟慮。求所以致勝之方。大要不出古語所謂上策莫如自治。何則。人心不服。不可以戰。將士不相熟。不可以戰。卒伍烏合。不可以戰。步騎不相敵。不可以戰。有是四者而欲驅以求戰。是謂暴兵。暴兵之敗。未有不喪國亡家者。是以古之明君賢臣。知自治之不可忽。必先修身正己。以率羣下。信號令。明賞罰。簡稅斂。節儉。親君子。遠小人。使賢者處上。不肖者處下。舉國之人。方且愛之若父母。畏之若神明。知吾君之為可歸。知鄰國之為我讎。人心既服。然後可以言戰矣。於是擇將命帥。因之以久任。使士卒之心有所屬。分正隊伍。嚴之以紀律。使烏合之弊無所容。蓄財賦。通商賈。使精兵銳騎填溢國中。有所不戰。其戰必克。臣嘗恭對咫尺之間。屢言及此矣。大抵欲致中興之治。未可輕率圖之。況兵政之壞。積有歲年。而朝廷綱紀政事。有不便於民心者。其來亦久。風俗侈靡。士風凋弊。非一大改革。人心不歸。陛下踐祚以來。兢兢業業。惟自治是圖。臣雖不才。早夜奉承聖訓。思所以服人心。擇將士。治烏合。募騎兵。亦不敢少怠。謂今日之事。決可以有為者。其理昭然。金人侵犯中原。殺戮無辜不知幾千萬計。虜婦女。劫財寶。其名雖強。其實賊也。陛下但急於自治。而緩於求戰。事無不濟。臣所以縷縷及此者。臣竊觀行在之兵。率多烏合。將士未相諳。步騎未相敵。臣恐爪牙之臣欲圖一旦近功。妄有興舉。既遇堅敵。勢必潰散。自此江浙多事矣。願陛下明詔大臣。使各類為一軍。如京師之兵聚而為一。京東河北亦然。屯駐要害之地。犬牙相制。擇善撫循者。時其衣糧以養蓄之。俾不為中國之患。陛下如以陝西之衆。扈蹕西來。早據形勢。益究自治之策。天下事大定矣。願陛下留意。毋忽。臣荷眷遇之厚。盡言無隱。僭越之罪。死無所逃。臣無任皇恐之至。

浚又上言曰。臣不避斧鉞之誅。輒以狂瞽之說。昧冒天聽。惟陛下留神省察焉。臣聞兵者國之大事也。社稷安危。於此乎決。生民休戚。於此乎分。臣雖愚庸。固嘗深考熟究。早夜以思。揆其大要。亦本人情。臣竊謂今日之勢。賊虜非有爭天下之略。特其部族堅忍。士馬強盛。以數萬精銳騎卒驅數十萬亡命無歸之人為大盜於四海耳。若關中勁兵。養而後用。一戰而勝。天下可復。苟惟不然。一戰而敗。天下亡矣。何則。兵家急務。不出乎彼己之說。錙銖考較。勝敗自分。臣觀我國家之名義與彼之為不道。為孰正。我之朝廷與彼之偽為官府。孰治。我之人材與彼之所用之人。孰賢。我之行事與彼之行事。孰得。我之將士與彼之將士。孰勇。我之兵卒與彼之兵卒。孰練。我之甲馬與彼之甲馬孰多我之行陣與彼之行陣孰整我之賞罰與彼之賞罰孰明我之法令與彼之法令孰行參稽博採每每比類有所不戰戰無不克王者之師未戰先勝者彼己之道素明故也陛下念父兄之恥思宗廟之辱特發詔書俾臣任中興之責所以委遇甚厚所以期望甚大臣非木石安敢愛身以負眷知惟宗廟社稷大計有不可不為陛下敷陳者陛下欲秉戰勝之銳氣效宣王之北征非徒陛下之所願為亦臣之所願為非徒臣之所願為亦天下之所願為也然臣嘗考宣王為政之迹則其施設有漸如詩所謂內修政事外攘夷狄修車馬備器械復會諸侯於東都因田獵而選車徒此恐非一朝一夕之積故鴻鴈之安集離散采芑之養育人材庭燎之勤於政事惟當其無事之時施設素著故用於行師之際戰勝可期又六月之詩明言薄伐之舉至於太原是直抵其巢穴也今則不然金虜之巢穴遠過雲

燕大兵一舉必興數十萬之衆然後可以鼓行使虜之善計者收其精甲銳士寘之極邊休息牧養益滋銳氣以彼之逸待我之勞王師將何所為不過攻吾之城邑殘吾之土地師老疲困勢必須師退有尾襲之憂進有乏糧之患遂至秋高馬肥彼然後乘我困弊卷甲而來天下大事去矣蓋自兵政之壞不啻三十餘年雖有堅甲利器之具殊無壯馬健兵之實寖及靖康勢已衰弱當是時有避無戰而一時用事大臣皆太平書生不知兵事或專請求戰而不知時勢之未宜或有意避敵而不知治己之所務一戰而陷城下之師再戰而失太原之地其後望風逃遁束手無策勢使然也今朝廷根本獨在陝西要當審知彼知己之說為必戰必勝之謀整治軍旅以當大敵借使竭國而來亦可與之抗禦苟能取勝於此時然後因利乘便疾進渡河天下不勞而可定矣臣受陛下重寄苟有所見不敢緘默若夫機會之來則固有不容聲息者臣當以身任之亦不敢輕淬少筭致敗大計唯陛下少寬聖慮

浚辯和議利害奏曰臣近嘗以淺陋之說仰瀆聖聰區區私憂過慮誠以今日之事上干國家大計臣雖退處休戚實同輒罄愚忠更乞洞照臣竊惟陛下回駐臨安甫閱歲序聖心之所經營朝論之所商確專意和議庶幾休息莫不幸其將成矣臣嘗不寐以思屈指而計虜人於我讎釁非一端詭詐非一事其設心措意果欲存吾之國乎抑顧我委靡而遂亡也臣意力弱未暇姑借和以怠我之心勢盛有餘將求故以乘吾之隙理既甚明事亦易見然則紛紛異議可端拱而決矣陛下進而有為人心順士氣振國立勢強其權在我可戰則戰可守則守可和則和無適而不如陛下志者何則權在我也陛下退而不為人心離士氣沮國微勢弱其權在敵欲戰則不能勝欲守

則不能固欲和則不能久無適而如陛下之志者何則權在敵也臣竊謂陛下新盛德以服海內推至誠以御人材勉勵壯猷恢張大業以戰守為實事以和好為虛名如是則祖宗之基不墜既成天下之民復見至治若乃偷一時之安滋異日之禍偃兵不用適以遺兵遇患不除終致大患且虜之畏懼請和在我朝抑可考矣澶淵之役萬乘親征兵刃未交大酋先斃於是惴惴知畏歡好可成繼而西夏有警泛使踵至請關南之地興幣帛之求賴當仁宗皇帝時賢材輩出天下富盛卒不能逞其私志不然事亦危矣陛下以今日之和為可信乎為可恃乎臣年數奇窮養親是急徒能為陛下敘陳曲折分別利害仰冀聖心獨斷無惑近效天下幸甚

浚議行師奏曰臣嘗讀易至謙之上六曰鳴謙利用行師征邑國至復之上六曰迷復凶有災眚用行師終有大敗以其國君凶至于十

年不克征夫鳴謙而虛己則善日益以進過日益以聞四海歸仁上天眷佑故用師為得之若乃迷復而不反則遂非恣欲寖失天下之心矣故終有大敗臣讀易至此始知兵家大要持在夫人君之一身今陛下修己進德孜孜不倦上可以通於天下可以格於人臣知夫大功可立中興可期矣更願陛下勉之謹之悔吝自省無使驕怠之意少生於中帝王之治豈難成哉

浚論江淮形勢奏曰臣以庸陋之才荷陛下委任夙夜憂思不敢少忽獨患智識止此無以補稱試畢愚慮為陛下詳陳之臣聞用兵之道所貴在專故備前則後寡備左則右寡無所不備則無所不寡今江淮形勢表裏連亘數千里之間為襟喉扼制之地者不過承楚襄漢合肥耳承楚北通清河舟行甚便其在形勢最為要衝襄漢下徹武昌糧運可出則為次之合肥旁通大湖自湖抵江輕舟所行則又次之若大兵連屬盤據要害閒道之來似無所施曩以兵勢不張望風奔潰虜之所向如踐坦塗或整陣而來或乘閒而至緩急如意誰其禦之陛下講武訓戎頗為精銳方且以數路之兵直臨敵境尚慮夫閒道或有突入者耶至於先示弱以啖我後出強以用奇此在兵法固亦有之當求所以破敵制勝之策不當謂其計出於此而但已也臣不量力輙負陛下兵戎之寄比以地震為變已上章待罪區區之心誠恐仰玷聖主知人之明願乞退閑庶息公議止欲緘默引去又恐利害不明重誤國事伏望聖慈明詔大臣更賜詳議

浚奏楊沂中破劉猊疏曰臣伏奉十四日親筆處分臣已恭依聖訓施行楊沂中於十日大破劉猊全軍勦除淨盡麟勢甚窮自為遁計劉光世已發大兵方茲乘勝之後慮有困獸之虞理須量其才力戒以持重庶幾可收全功無復差跌伏望聖慈上寬顧慮臣竊惟用兵

之道辟諸弈棊方兩家爭戰思慮必戒立志不專自須疑貳一着苟失勝負遂分方其急時要以靜應寧當持子未下不宜數有更易今岳飛之軍控制上流利害至大儻使之全軍而來萬一虜叛出沒此處何以支捂其為患害與淮西同非惟川陝隔絕大江之南無日奠居矣卻欲進兵攻取不亦甚難已乎臣已具奏聞乞委臣從宜措置伏冀早賜指揮淮東之寇非竭國而來不肯輕舉況韓世忠士馬精銳地利得宜縱其深入我必有利區區淺見未識當否伏望聖慈曲垂訓諭

浚論邊事利害奏曰臣聞忠臣去國不忘憂君之心臣雖至愚數敗國事而其拳拳憂主之義竊慕前脩敢畢其說伏冀留神觀覽不勝幸甚臣竊惟用兵之道以氣為主氣勝則強氣衰則弱故雖有數十萬之敵而古人率以少取勝變危為安其術無他氣足以吞之故也晉有淝水之捷吳有赤壁之勝皆其君臣上下議論不移謂夫迎降畏避之策終不能求全以立國故斷然鼓而作之卒以定難使其計不出此禍有不可勝言者矣今歲虜人舉動未見大入之形惟是逆麟狂謀借虜援以幸萬一此容有之臣所過憂者恐探報之閒有所未審而我之措置或至輕搖外敵未來內患先起事至於此追咎無及以陛下之明聖加以講論邊事不忘聖懷此固非臣所憂獨臣既以罪戾之著不得已而遠去聖躬又慮夫後之過計失事者卑以歸罪於臣是用畧嫌疑之跡冒雷霆之威輒瀆宸聽皇懼之情殆無所容伏惟聖慈俯賜照貸不勝幸甚

浚論戰守利害奏曰臣契勘承楚諸軍家屬錢糧傳聞盡徙內地聖意必以虜議大入先伐其謀未為失策惟戰守之備益當嚴備蓋通泰一失則江浙不能安居而歲失鹽司一千三百萬緡所繫利害非

細。且虜以淮東有戰無掠。則必窺川陝荆襄。為上流攻討之計。當委大臣總治以壯形勢。兼使南下之師不得一意江浙。其勢必分。夫兵之聚散不在形迹之間。在於精神心術運動之際。苻堅王莽之兵非不聚也。一戰而潰。漢高駐軍京洛。韓信出山東。彭越往來梁楚之墟。黥布用兵於南方。相去千里之遠。而兵勢如常山之蛇。楚以困弊卒之期會於垓下而敗焉。其事可以為法。

浚又議間諜曰。自古用兵莫先於料敵。而間諜之發。本以為之輔耳。故能察見虛實。分別情偽。莫有失者。若夫今日聞某處聚兵。即發兵以應之。明日又聞某處聚糧。即又發兵而應之。是惑於聞聽。而常制命於敵矣。臣願異時邊警有急。當先料之於心。無或輕出號令。則失誤鮮矣。

浚又論用兵曰。用兵之道。貴在專一心。有所害不憂中制。則雖敗而

能勝。雖弱而能強。自古見於行事。典類非一也。若夫號令改易。進退猶豫。則未戰而先敗矣。臣曩為富平之舉。不能擇將而任之。然紛然徒事約束。是以終至於敗。今日之事。朝廷當以為戒也。

紹興間。浚進王朴平邊策故事奏曰。周世宗謂宰相曰。朕每思致治之方。未得其要。寢食不忘。又自唐晉以來。吳蜀幽并皆阻聲教。未能混一。宜命近臣著為君難為臣不易論及開邊策各一篇。朕將覽焉。比部郎中王朴獻策。以為中國之失吳蜀幽并。皆由失道。今必先觀所以失之之原。然後知所以取之之術。其始失之也。莫不以君暗臣邪。兵驕民困。姦黨內熾。武夫外橫。因小致大。積微成著。今欲取之。莫若反其所為而已。夫進賢退不肖。所以收其才也。恩隱誠信。所以結其心也。賞功罰罪。所以盡其力也。去奢節用。所以豐其財也。時使薄斂。所以阜其民也。俟羣才既集。政事既治。財用既充。士民既附。然後舉而用之。功無不成矣。彼之人觀我有必取之勢。則知其情狀者。願為間諜。知其山川者。願為鄉導。民心既歸。天意必從矣。凡攻取之道。必先其易者。唐與吾接境。幾二千里。其勢易擾也。擾之當以無備之處為始。備東則擾西。備西則擾東。彼必奔走而救之。奔走之間。可以知其虛實強弱。然後避實擊虛。避強擊弱。未須大舉。且須輕兵擾之。南人懦怯。聞小有警。必悉師以救之。師數動則民疲而財竭。不悉師則我可以乘虛取之。如此。江北諸州將悉為我有。既得江北。則用彼之民。行我之法。江南亦易取也。得江南則嶺南巴蜀可傳檄而定。南方既定。則燕地必望風內附。若其不至。移兵攻之。席卷可平矣。惟河東必死之寇。不可以恩信誘。必當以強兵制之。然彼自高平之敗。力竭氣沮。必未能為邊患。宜且以為後圖。俟天下既平。然後伺間一舉可擒也。今士卒精練。甲兵有備。羣下畏法。諸將効力。朞年之後。可以

出師。宜自夏秋蓄積實邊矣。上欣然納之。時羣臣多守常偷安。所對少有可取者。惟朴神峻氣勁。有謀能斷。凡所規畫。皆稱上意。由是重其器識。未幾。遷左諫議大夫知開封府事。

臣竊觀王朴所論。大率先求自治。次圖進取。世宗聽之。遂能奄有淮甸。旋下關南。其効驗甚明也。雖然。此猶雜霸道於其間耳。乃若王者以天下百姓為心。脩德立政。治其在己。必使大邦畏其力。小邦懷其德。天下之人捨我將安所歸。初不僥倖於近績也。陛下襲祖宗積累之德。躬睿知不世之資。固將行王者之事以大有為於天下。要當正心誠意。思所以格天心。召和氣。自然國勢日隆。國勢日隆。則彊虜自服。彊虜既服。則天下自歸。不用急急於闢邊之計也。臣愚欲望聖慈特取朴之所陳。時賜觀覽。恐於時事或有所補。至於爲回天下。則臣願以王者之心為心焉。臣不勝繫望之至

浚又進王朴練兵策曰。初宿衛之士。累朝相承。務求姑息。不欲簡閱。恐傷人情。由是羸老者居多。且驕蹇不用命。實不可用。每遇大敵。不走即降。其所以失國。亦多由此。周世宗因高平之戰。始知其弊。癸亥謂侍臣曰。凡兵務精。不務多。今以農夫百未能養甲士一。奈何竭民之膏澤。養此無用之物乎。且健懦不分。衆何所勸。乃命大簡諸軍精銳者。升之上軍。羸弱者斥去之。又以驍勇之士多爲諸藩鎭所蓄。詔募天下壯士。咸遣詣闕。命太祖皇帝選其尤者爲殿前諸班。其騎步諸軍。各命將帥選之。由是士卒精彊。近代無比。征伐四方。所向皆捷。由練之有方也。臣竊惟治兵之道。莫過於精擇厚養嚴訓。且擇之不精。雖多無益。養之不厚。人不爲用。訓之不嚴。難以必勝。祖宗以數萬之旅。西下川蜀。北取太原。南平江淮。蓋知此道耳。臣故願陛

下姿深思而力行之。

浚又論戰守利害疏曰。臣聞先聖之言。謂我戰則克。祭則受福。蓋得其道矣。祖且戰陣之事。聖人深研其故。所不敢忽。其必協天人之心。終有感格。始得其道。臣知識不足以測聖人用意。而老馬知道。似或經歷。竊惟兵家之事。至誠爲主。要在先物而臨機應變。其始不常。大率以守爲本。以不戰爲先。而或設權以誘之。多方以誤之。不可執一。今日之事。國勢不張。將士誠弱。民力誠困。財用誠匱。臣若不更自激昂。以身率衆。或臨之以虛聲。或示之以不恐。內激軍旅之心。外應中原之望。使蕃漢諸國。知虜不可恃。各有離心。虜亦不敢輕舉南來。長蕃漢之釁。其後。而但欲區區角力戰鬪之間。事固有難爲者矣。自今恐萬一有得於臣言諂文移。妄生臆度者。伏望陛下覽臣此奏。定志於內。以息浮議。幾惟臣幸一見聖主。仰窺聖學高明。雄略大度。況幾先物非臣之愚所得而知。臣敢用是輒布智臆。上瀆天聽。

趙元鎭論防江民兵奏曰。臣聞有益於時者。不計其所損。有利於國者。不卹其爲害。非常之元。黎民懼焉者。凡以此故。若於時無益而所損則多。於國無利而爲害則大。不爲可也。審量損益之宜。明計利害之實。變而通之。以成天下之務而已。臣竊見近降措置防江民兵旨揮。條具詳悉。粲然有理。然以臣觀之。特文具。非實效也。點配科差。搔動閭里。拘留往返。奪其農時。既失民心。有累于育元元之德。重斂民怨。必生意外不測之虞。此皆所損之大者。則其爲害可勝言哉。雖然。有益於時。有利於國。則民間禍患。有所不顧。於今之時。爲國之計。將如之何。恃此長江。以保宗社而已。若指民兵爲防江之用。則非也。臣願擇守臣。重其

事權。選大將。嚴其號令。凡關津緊要。分立寨柵。輪差別將。領兵巡邏。大江限隔之遠。不能馳突。舟楫風水之虞。不能畢濟。如將能率衆。兵不潰亡。據地利之宜。崎牽制之勢。雖有彊敵。未易遽前。然而太行天險。非不關防。大河要津。豈無隄備。而卒致都城之禍者。以將不能率衆。而兵多潰亡也。今之所患正在於此。苟能作新士氣。恢張國威。不特防江。可以防淮。不特防淮。可以長驅深入。收復兩河不難也。於此未得其術。而欲以區區疲悴之民。爲防托禦寇之策。臣竊惑之。四方之俗。勇銳好武。莫如西民。而太平之久。流於驕惰。使之運餉築城。猶可驅之而去。責之防托禦寇。則望風而遁矣。臣不知江湖之民得與西民而比乎。西民且不可用。而欲以責江湖柔弱之民。可乎。今以人丁點差。擺布鋪分。遇有警急。馳報縣官。縣官各有地

分馳至本界躬親守禦防江民兵的確利便獨在於此臣不知沿江村民曾習戰否乎沿江縣官曾統兵否乎今之縣官非學校士人則衣冠子弟使之率疲悴柔弱之民以捍彊敵雖立軍法日斬萬人臣知其必不為用矣灼知其不可用而徒爾紛擾欲何為乎臣所謂特文具非實効也流離失業遠近驚疑雖有免稅之文而自齎糧糗自辦器甲以至勾追點集之費未足償萬分之一江湖風俗輕浮易為搖動方臘青溪之變可不念哉有損而無益有害而無利於茲可見議者或曰民兵防江本非戰鬬但令執幟近岸列為疑兵而已臣謂不然平日無事不必設此萬一賊至中流鼓噪而進吾之正兵堅立不動能復有幾良善鄉民將救死不暇其能成列不退乎蹂亂正兵因而失利者或有之矣若夫選委土豪召集忠勇乘危據險保護鄉閭雖未足為防江捍敵之用不猶愈於丁點而差不擇彊弱不問貧

富取充數而已鄉臣僻陋書生不習用兵之利陛下試以臣言詢諸大將沿江之民可用以為捍禦之兵乎今之縣官可用以為統兵之將乎如其不可臣願陛下速賜罷去選委土豪召集忠勇各為保護鄉閭之計毋使怨嗟之餘潛生變亂乘間而起重貽陛下之憂臣故不避煩言極陳其弊惟陛下省察

元鎮論親征奏曰臣竊聞陛下徑欲巡幸浙西道路傳言人情震懼臣在温台屢貢愚懇及每因奏事未嘗不開陳利害欲朝廷遠布耳目俟浙西寧靜及建康之寇盡已渡江然後回蹕徐議所之今聞朝廷遽有此舉必以韓世忠之報虜騎窮蹙可以剪除陛下欲親總六師為親征之計萬一世忠所報不實及建康之衆未退狼子野心變詐百出或為回戈衝突之勢陛下何以待之勝敗兵家之常雖有萬全之策猶不免蹉跌況欲僥倖於意外邪兼[illegible]信魔賊未除王瓔潰

軍方盛陛下遽捨之而去或結連窺伺寧無回顧之虞茲乃社稷存亡之幾至危之道也臣願陛下少加睿察益嚴探報俟胡騎渡揚子乃幸浙西此亦聖慮所及前日訓諭之語臣嘗親聞之者若謂虜已窮蹙決保無他即遣將襲之可也何至親煩車駕以蹈不測之禍設若有成未足言功或萬有一失非如將佐可以脫身而遁事或至此悔無及矣惟幸留神省覽

元鎮又論親征奏曰臣今日扈從車駕登舟出餘杭門竊見道旁觀者無問老幼皆以手加額咨嗟流涕以陛下冒犯風雨親總師徒激勵將臣抗禦強虜為宗廟生靈之計自靖康用兵以來未嘗有此舉措故得民心如此雖然千金之子坐不垂堂知命者不立巖墻之下陛下以萬乘之尊履兵戎至險之地苟懷愛君之心莫不憂之而臣待罪揆路實負此責是以不寒而慄當食忘味臣非不欲被堅執銳

摧鋒陷陣為士卒先而書生怯懦之質未閑戰鬬之事又事不素備勢難遽為府庫無半歲之儲關津乏控扼之具隨宜經理取辦倉皇徒有過慮無補毫末所願陛下憫憐駑鈍慮致於乖方開廣聰明兼收於衆智下哀痛之詔捐内帑之金唯至誠足以感動於羣情唯勸賞足以激揚於士氣堅惻怛難虞之念革偷安苟且之風則功業之成曾無難者此帝王之事在陛下神謀睿斷思而勉之而已存亡所係安可忽諸故於進發之初輒貢區區之懇庶少裨於萬一而臣亦預有榮焉臣不勝萬幸

元鎮又上奏曰臣竊觀古者用兵以謂國之大事至重至慎不敢少忽告之宗廟卜之蓍龜謀之卿士然後授以成算所請必聽所欲必得纖悉曲折無不周緻信任既篤乃始責以成功此將帥所以竭忠而士卒所以用命也秦欲伐楚王翦須兵六十萬人一旅一卒不可

闕陳平間楚君臣用漢金三十萬斤唯意所出入高帝不問也郭子儀幕府之盛至將相者六十餘人當時不以為過所以成就其功固當如此陛下軫念西陲宵衣旰食以圖勞來安集之方故遣大臣往將使旨是宜上下戮力以寬君父之憂汲汲皇皇協濟厥事若但為僥倖之圖姑行嘗試之說一切苟且恬不介意號曰出師其實何補令臣備員督府近在閫庭施置之間已多齟齬請兵於諸軍非為臣之使令也將以備出戰入守也請給於公帑非為臣無資財也將以勸功賞士也辟士於幕府非為臣私親舊也將以得人為用也然所謂兵者不滿數千半皆老弱不勝甲冑疲癃跛倚可笑可憐所齎金帛至為微少猶控顏澀懇纔同乞丐薦舉士人皆憚遠適面得睿旨令除京局以重觀望薦章甫上彈奏已行使臣意氣憂沮舉措畏忌退視賓僚有靦面目士大夫間或笑其單弱或憂其無成皆謂事大

體輕有名無實顧臣一身亦何足道顧國事安危不知安在今孤蹤遠去君門萬里若或更加沮抑臣亦何能自辯伏望陛下察此行之重輕憫微臣之拙直凡有所請略賜主張無使臣茫然遐徼之外欲自訴於陛下則不可從盡載之紙筆則不能悉焉自失莫之為計也臣詞意迫切不覺至此惟陛下矜察

元鎮又上奏曰臣聞戰不必勝不苟接刃攻不必取不苟勞衆帝王之兵以全取勝貴謀而賤戰蓋謂此也臣觀漢宣帝時趙充國伐先零羣臣上攻戰之謀求速務快議論蠭起充國以謂非素定廟勝之冊不可用方且審料敵情圖上方略墾闢田土會計米鹽積結器用之具郵亭畎澮之飾無所不備優游安靜不求近功雖薄責之使輩至問狀之詔日聞守其成謀卒不可破卒能沮群議而克彊敵國無大費功遂名立臣竊慕之然自惟念臣本書生不閑軍旅陛下聖度兼容無所求備徒知臣愚不謀身襲不避事付以重任責其所難義不得辭黽勉承命惟狂虜寇蜀于今累年侵軼之兵歲深一歲始者接鋒五路其後直抵梁洋既已棄和尚原尋又失饒風嶺蜀勢之危迫於累卵所恃者吳玠一軍忠勇可仗守關則僅足出戰則無餘設或吳玠不能支吾即是四川更無存理若今冬末幸虜不來則臣至蜀之日宣陛下恩信問百姓疾苦勸課農桑蠲削浮費協和將士簡練師徒謹守關梁密行間探取謀問計養銳蓄威凡智慮所逮無不竭盡以副陛下委寄之意此則愚臣之所能也或吳玠之兵聲勢大振四川財賦移用有餘雖深入秦川盡還故壤於臣志願豈不欲之或兵威不加於前虜勢無損於舊雖曰蜀道險難固亦未易保守況欲及其他哉若大言無實輕舉妄動僥倖成功於萬一此則非愚臣之所能也今者明天子謂臣為可使軍民謂臣為可行蜀人喜廟堂輒

遣大臣或伏聞朝廷再開督府內外觀望事體非輕而兵將單弱無以壓蜀兵驕悍之氣金帛鮮少無以省蜀民饋餉之勞雖自治之術猶未知攸濟乃欲勉強其所不能多見其不知量矣曩張浚之行也謀欲恢復秦晉漸定中原卒之失五路喪梁洋坐此被譴原浚用心豈不偉壯而議者謂浚不得無罪以其自信太重許陛下者太過而功名不能副其初議是乃昧於自知而勉強所不能者也臣竊惜之臣今行有日矣竊意宸衷之所經營執事者之所講究必有成算如趙充國所謂素定廟勝之冊者幸舉以見授臣當度德量力奉命而行尚或覬覦薄效歸報陛下儻不賜矜察而責臣以必能臣恐異時紛紛之論亦族不足以塞責浚有大功迫於物議猶不能免況如臣者哉故自受命以來日夕夙　莫知為計雖然量能授官者人君之職陳力就列者人臣之義也　依違隱忍卒使陛下有失望之歎豈

若以其所能及其所不能者明以告於陛下尚庶幾獲免欺君之罪惟聖明憐察。

樞密院編脩官胡銓上奏曰臣聞古之論兵者或比之毒藥或比之養虎或比之淵冰或比之火或比之蠹或比之蝮或比之井比之毒藥者以其可以殺人比之養虎者以其終自遺患比之淵冰者以其深而危懼比之火者以其不戢必焚比之蠹者以其財用之蠹比之蝮者以其殘物之命比之井者以其陷人可畏是以聖王重焉設戒於詩則以薄伐為美設戒於書則以班師為善設戒於易則云以此毒天下而民從之設戒於春秋則曰兵民之殘也而前哲亦有彭祖觀井之諭夫彭祖之觀井也自係大木加之以車輪覆井而後敢觀其畏如此近日道路之議皆謂逆亮之敗機不可失宜一舉而空朔庭然後為快臣竊以為過矣夫王者之師必萬全而後動不輕舉也

不得已而後應不先發也機雖不可失然虜亦未可輕雖先人有奪人之心然必有以善其後臣願陛下練兵選將蒐乘補卒張皇六師聲言大舉而實不出境陰拱以觀其釁以待其衰十年生聚十年教訓密戒諸將務為持重如彭祖之觀井則社稷之福也昔子路問子行三軍則誰與子曰暴虎馮河死而無悔者吾不與也必也臨事而懼好謀而成者也此誠今日之至計間不容髮願陛下毋忽

銓又上奏曰臣自聞大行太上皇帝及寧德皇后諱問竊見軍民不勝憤惋皆願一舉而空朔庭以還梓宮於沙漠此誠臣子義不戴天之秋然朝廷隱忍含垢尚守和議謂可庶回封豕薦食之心軍民失望正墮虜計夫醜虜虐我父子兄弟亦既大甚是義有不同天之讎而虜負天下不義神人共憤之名自古豈有不義而得志於天下者哉我若仗大義詔天下曰梓宮不復痛貫心骨朕誓不與虜俱存軍皆縞素悉發諸道兵以討不義應三關四鎮之兵民不忘我國家者願皆激厲共雪大憤則吾三軍之氣已可挫百萬之師而兩宮之冤亦可以少伸矣如此則陛下之孝何加焉廟謨當自有處也

紹興二年兵部侍郎綦崇禮論進討固守利害奏曰臣伏奉親筆處分召至都堂令條具進討及固守利害者臣伏見金人自靖康以來無歲無兵及乘輿南渡己酉之冬直寇江浙遂其歸師齟齬謂可以休矣乃又移兵以寇關陝乘我富平之敗遂窺巴蜀幸吳玠一勝稍挫其鋒然其圖我蓋未忘也今偵諜所傳皆言虜人併兵以趣川陝可以知其情矣蓋以向來江表用兵非虜形勢之便故二三歲來悉力窺蜀其意以謂蜀若不守江浙自搖故必圖之不置非特報前一敗而已則是今日利害在吾蜀兵之勝負吾兵若勝而虜不得近蜀則必氣索而衆離若乘其敗而西自褒漢東自淮海進兵以攻討則

我必大得志而中原定矣雖然川陝之地遠在數千里外行在諸軍力不足以應援若坐待其勝負之報勝固可喜苟為不勝豈不寒心以兵家之勢言之則彼向隴蜀我當出淮漢以牽制之然而朝廷初不為此策將相初不為此行雖臣知之亦不敢妄有所進說焉者蓋以我師事力之未足耳何以言之自南渡後兵無所增募而士卒之老疾死亡者歲歲有耗諸軍苟利其廩給則多張虛籍或因降盜有所簡汰旋各招取以補其闕名數雖多非皆精練而可用也猶賴去歲以來一二大將皆能盡力破滅劇賊士稍知戰然臣舊聞諸將之論以謂盜賊雖彊大已必能勝若金人之兵則非所可敵其論如此不知今日厥意又復如何願張浚一軍士卒最為簡練器甲最為整飭猶可驅而用之韓世忠驍勇無前蓋嘗抗虜於江上今復屢以群盜虜其果敢亦必不肯辭難其下如岳飛皆可賴以為用第不[illegible]

卒果能齊力一心無所畏避以當金人否答是三將則其餘無足倚者緩急掎角應援徒無可使又況中州之地利於用騎吾之諸軍大率乘馬若徒以步兵馳逐於平原廣野之間以當金人之鐵騎得乎不如守長江之有險阻也復有最所患者財用之不豐糧糗之不繼雖平居無事猶難取給況興師動衆以深入敵境哉今若欲乘賊未來我先進討彼中原之民聞王師大舉庶幾響應然一勝一負兵家常勢吾以一大將將兵深入恐彼亦不為無備臣之所慮萬一有所不捷一軍失利則我便難於後無繼人情必為之震動適足以致師而來寇不如緩舉之為愈耳臣愚以謂姑守長江之險以俟敵釁顧虜禍已窮天將悔禍則賊必敗于隴蜀在今日之勢隴蜀既固則吾之氣全而入心亦壯虜之破敗又如去冬然後徐為之圖不然虜師尚彊則我素弱之兵可輕舉哉臣豈不知坐守江表中原何時而定益以事力不足要圖必勝乃可以動姑亦爾吾師徒厲吾將帥息吾民力去吾冗官豐吾財用敵至則力戰而應之儻或以彼一失則乘勝逐利遂取中原亦未可知非謂漠然無意於恢復而區區僅以自守而已若淮上積粟則吾未有因糧深入之計謂可致敵人闌入燔其所聚以伐敵情如近海諸處亦可陰使范溫徐文之徒若以盜賊鈔劫而攘取之斯亦無害於守戍之防者也臣知識短淺不能遠圖無以上副聖問臣不勝昧死謹錄奏聞

四年提舉西京崇福宮李綱上言曰右臣伏覩進奏院報今月初二日三省同奉聖旨敵入窺伺承楚如別有警急當親總六師往臨大江臣子之情中外同切憂憤況臣世受國恩晉家眷遇擢寘近司雖以罪戾退伏海濱猶保全之大德未嘗食息少忘朝廷安危休戚實與國家同之敢竭愚戇以今日捍禦賊馬事勢陳為三策以獻庶幾

千慮一得仰裨廟筭之萬一伏望聖慈特垂省覽赦其狂瞽而取其區區之忠臣不勝幸甚臣竊以偽齊劉豫以蛇豕之姿挾金人虎狼之勢僭竊名號盜據舊都踰五年矣包藏禍心久而未發今者輒敢遣其孽子率叛將驅遺民借助彊敵與之南牧侵擾淮甸睥睨江左雖兵之衆寡謀之淺深難以遙度而預料然吾之所以捍禦之策不可不用其至恭惟陛下天錫勇智洞照事機毅然出自英斷將親總六師以臨大江則翠華所幸保據形勝號令諸將使相應援信賞必罰將士樂從貔貅之師百倍其氣虜之退屈已在目中睿謨克壯其計得矣然臣竊謂解雜亂紛糾者不控拳救鬬者不搏撠批亢擣虛形格勢禁則自為解耳昔人用兵多出於此魏趙相攻齊師救趙田忌引兵以趨大梁則魏兵釋趙而自救齊師大破之於馬陵兵家形勢從古已然今偽齊悉兵南下其境內必虛而岳飛新立功於襄漢其威名已振亦既班師屯于武昌偽齊必不虞其再至也陛下儻降明詔遣岳飛以全軍間道疾趨襄陽更摘湖南北驍將鋭兵為之繼援命信臣總統乘此機會擣潁昌以臨畿甸電發霆擊出其不意則偽齊必大震懼呼還醜類以自營救王師追躡必有可勝之理此舉非惟牽制南牧之兵亦有恢復中原之兆此上策也朝廷或以茲事體大饋餉之費調發之煩倉卒未能辦集則鑾輿駐蹕江上勢須號召上流之兵如岳飛王𤫊及湖南北諸將部曲除留屯外各摘精鋭軍馬盡集官私舟船遡路應副錢糧命將統率順流而下旌旗金鼓千里相望以助聲勢則敵人雖衆豈敢南渡仍詔韓世忠劉光世帥其全師進屯淮南要害之地設奇邀擊絶其糧道賊必退遁保全東南徐議攻討此中策也萬有一僭親征之名為順動之計委一二大將捍敵于後則臣恐事機既遠號令不行諸將無應援協濟之謀卒

伍有潰散摽掠之勢。士氣既索。人心不固。控扼一失。其守賊得乘間滲入州縣。望風奔潰。其為吾患有不可勝言者矣。此最下策也。或謂臣曰。往歲金人南渡。以退避得計。今胡為而不可。臣應之曰。不然。金人南渡。利在侵掠。既得子女玉帛。而時方暑。則勢必還師。朝廷因得收復殘破州縣。還定安集。嶄成區宇。故在當時為退避之計則可。今為是役者。偽齊也。使之渡江而南。必謀割據。得一縣則占一縣。得一州則占一州。得一路則占一路。師不徒還。而姦民潰卒見利忘義。幸災樂禍者。徒而附之。聲勢鴟張。則將何以為善後之策哉。故在今日為退避之計則不可。況偽齊所驅脅而來。皆京東西關陝之民。非金人比。借有虜騎。勢必不多。朝廷措置得宜。將士用命。則安知此賊非送死於我。昔苻堅以百萬之衆侵晉。而謝安以偏師破之。顧一時機會所以應之者如何耳。臣愚伏望聖慈特降臣章與二三大臣熟議

之。臣自經憂患以來。衰病交攻。志氣凋落。加有重腿之疾。步履艱難。方國家多事之秋。既不能執干戈以衛社稷。又不獲陪鵷鷺而扞牧圉。夙夜憂歎。辜負大恩。死不瞑目。徒有拳拳之誠。不能自已。故敢以芻蕘之說。上瀆天聽。傳曰。狂夫之言。聖人擇焉。願陛下無以人廢言。非特臣之幸也。實天下之幸也。

綱為江西安撫制置大使。時上言曰。臣竊觀自古用兵者相持既久。則非出奇不足以取勝。曹操袁紹官渡之事是也。王師與虜偽相持於淮泗間。幾半年矣。前日岳飛之舉。我出奇也。惜乎以錢糧不繼而勾回幹事軍馬未能成功。今日賊馬渡淮。彼出奇也。若能設策破之則奇反在我。臣願陛下速遣得力兵將。自淮南前來。斷黃閘。約岳飛兵相為掎角。以夾擊之。期於必勝。以復陳蔡。則淮泗之師亦自當解大功可成。至於江南兵控扼以捍衝。自是一段不可闕也。伏望聖慈。特賜睿察。

綱又上奏曰。臣今月十日准御前金字牌。降到樞密院劄子。奉聖旨以臣奏陳防秋利害。切中事機。命學士院降詔獎諭。劄送臣照會。仰荷聖恩。第深感懼。伏念臣窾啓寡聞。初無智畧。徒以誤膺知獎。嘗同安危。故敢每以瞽言干冒睿聽。伏蒙皇帝陛下。天地容納。日月照臨。不惟恕其狂愚。又復獎以優詔。顧臣何人。可以當此。惟知自竭以報鴻私。臣竊見國家與虜偽相持累年以來。未有如今日之捷也。原其所以致此。蓋緣六飛親臨。將士用命之故。儻非車駕在近。威令可行。則淝水之師。安能既退而復進。變敗而為成哉。前年親臨。則虜騎宵遯。今年親臨。則偽齊奔北。其效昭然可見。臣願陛下乘時稍進。以臨鎮江。號令王師。士氣益振。則雖黠虜陰遣援兵。未必不聞風而退屈。昔漢祖親臨垓下。而西楚以亡。真廟親臨澶淵。而北戎以服。自古創

業中興之主。未有不履危而求安者。惟陛下斷以不疑。布昭聖武。以定大業。天下不勝幸甚。

綱又上言曰。臣近者伏蒙聖恩。許令入覲。特御內殿。三賜引對。踈遠之跡。得望穆穆清光於咫尺間。從容移時。仰聆玉音。俯竭愚悃。臣子之情。不勝忻幸。然進對之久。恐勞聖躬。加以言詞拙訥。敷奏迂踈。猶有未能盡其底蘊者。敢昧死以聞。臣本書生。初不知兵。自靖康以來。竊見朝廷軍政不修。致有夷狄之禍。夙夜以思。欲振起中興之業。為自治自彊之計。非兵不可。昔蘇軾當熙寧元豐間著論。深戒用兵。使軾生於今日。則必以兵為先務。何則。所遇之時異也。然兵家多故。千緒萬端。有奇有正。變動無方。能讀其父書者。未必能施於行事。不讀古兵法者。未必不暗合孫吳。顧所以用之者如何耳。臣嘗推原古人用兵之意。比較今日主兵者之失。大畧有四。夫兵貴精不貴多。多而

不精。及以為累。故昔之善用兵者。料簡至精。率能以少擊衆。如千將鏌鎁。迎刃而斷。莫之敢攖。其與頑鐵豈可同年而語哉。王邑百萬而破於光武之三千。苻堅百萬而敗於謝玄之偏師。用此道也。又况將兵如將將。多多益辦。唯韓信能之。自餘各有分量。今之諸將貪多務得。見他人之兵。則垂涎以務幷吞。初不自量其智力果能節制運動如身之使臂。臂之使指乎否也。况食既多。坐耗國用。疲劣弗簡。遇敵先奔。二大將連十萬之衆。未聞有敢深入而建奇功者。此不務精而務多之過也。將貴謀不貴勇。勇而無謀。適為敵擒。故昔之善將兵者。或深謀於己。或廣謀於人。韓信背水而陣。示以大將旗鼓。使敵趨利。拔趙幟而奪其城。遂以破趙。將士皆莫能知此深謀於己也。得李左車西向而師事之。遂傳檄而定燕齊。此廣謀於人也。周亞夫亦然。其謀於己。則堅壁不戰。以困七國之師。志慮一定。雖梁孝王不能奪者是也。其謀於人。則聽趙涉遮說。走藍田出武關。抵洛陽。首入武庫擊鳴鼓而駭諸侯者是也。善將者莫不如此。而今之大將號為出群帥之右者。不過勇猛敢進。未聞長慮却顧。虛心下士以謀為先者。求其據形勢。中機會。料敵制勝。不戰而屈人之兵。豈可得哉。此不務謀而務勇之過也。陣貴分合。合而不能分。分而不能合。皆非善置陣者。諸葛亮以石布八陣圖於蜀江水中。晉大司馬溫見之曰。此常山蛇勢也。擊首則尾應。擊尾則首應。擊其中則首尾皆應。非能分能合。何以至此。自金人憑陵以來。未聞諸將有與之對壘而戰者。率皆望風奔潰。間有畧布行陣。為其突騎所衝。一散而不復合。於古人置陣之意豈不相遠哉。魚麗偃月。平銳曲直。陣形雖殊。其欲能分合一也。合而不能分。則非所以適變。分而不能合。則潰而已矣。古之陣法。皆能制敵於部伍曲折之間。故諸葛亮以之擒縱孟獲。李光弼以之大破史思明。而今之陣法。徒為文具而不適用。此不務分合之過也。戰貴設伏。不設伏而直前。使敵無中斷邀擊之虞。皆非善戰者。北戎侵鄭。鄭公子突謀為三覆以待之。衷戎師前後擊之盡殪。皆古之善戰者未嘗不以設伏為先。山川林莽。蓊翳深密。皆可伏兵。或誘之以利而使前。或示之以怯而使遂薄於險阻之地。擊其首尾而不得相援。斷其腹心而不能相支。如猛虎陷於機穽之中。麕駭狼顧。鮮有不甚敗者。今之諸將或有與敵相遇。惟務力爭。未求謀勝。雖小有所獲。未聞大殲醜虜者。此戰不設伏之過也。是四者。今日諸將之失。願陛下明詔之。使知古人用兵之深意。則於折衝禦侮。致果殺敵之方。非小補也。昔高祖駕御韓彭英盧。如指縱獵狗而得獸。光武駕御寇鄧耿賈。所向無不成功。陛下十數年來委任諸將。不愛高爵重祿以得其心。分以堅甲利兵以作其氣。駕御之術固非愚臣之所能測識。然竊見朝廷近來措置恢復有未盡善者五。有宜預備者三。有當善後者二。臣荷恩之深。嘗蒙聖慈特降親筆。有宜因疾置時告嘉猷之語。苟有所見。其敢隱藏。請試為陛下詳言之。何謂有未盡善者五。夫興師十萬。日費千金。聚人必以財。理財必以義。以朝廷之威。擅天下之利。勢而欲措置財用。使養兵不乏。何施不可。善制國用者。有生財之道。有節用之法。有救弊之說。有覈實之政。有懋遷之術。有闔闢之權。審此六者。則雖養兵之多。何患乎財用之不足。而朝廷初不留意於此。唯取於民之為務。降官告。給度牒。賣戶帖。理積欠。折帛。博糴。預借。和買。名雖不同。其取於民一也。上戶竭產。未足以供買官資之數。配下戶絕食。不足以應科斗升之誅求。物力耗屈。人心驚疑。如居風濤洶洶靡定。夫民為邦本。本固邦寧。基址薄則棟宇有傾危之憂。水泉涸則魚鱉無生養之理。為父母而日削其子。飽腹心而自戕其肌。欲求久安其

可得乎昔唐德宗急於用兵而有除陌稅間架之令遂致奉天之
變今日誠不可不以為鑒此未盡善者一也夫千里餽糧士有饑色
樵蘇後爨師不宿飽軍旅之興糧餉為先而去年自江以南緣地數
千里適有旱災粒米惟艱穀價翔踊飢民餓殍相望於路雖湖西號
為豐稔然以一路而供江湖數路之求勢亦安能有餘朝廷糴買數
目雖多亦必未能豐衍王師一動運漕飛輓何以能給議者謂當因
粮於敵臣竊以為不然使敵人聚粮或有敗北焚蕩而去必不使為
我有粮道不繼為患甚大若欲取於偽地之民則官軍抄掠甚於寇
盜有違弔伐之義失民望而堅從賊之心非計之得此未盡善者二
也金人專以鐵騎勝中國而吾之馬少特以步兵當之飄暴衝突勢
必不支平時不務有可以制鐵騎之術而亟欲興舉夫工欲善其事
必先利其器況於戰陣之際國家安危所繫豈可忽哉此未盡善者

三也夫用兵如奕棊先能自固乃能殺敵根本之地當以重制輕乃
能安全臂指之勢當以大用小乃能運動今朝廷與諸路之兵悉付
諸將外重內輕指大臂小平居已不能運掉則緩急何以使之捍患
而却敵哉兵猶博也本多乃勝善博者徐出以待時今乃罄所有以
事一擲其可乎此未盡善者四也臣於陛辭日竊聞麻制以韓世忠
岳飛為京東京西路宣撫使聖意可謂斷矣然兵家之事多行詭道
鷙鳥之搏必戢其翼猛獸之攫必匿其爪藏殺機也今者不得已而
用兵不知欲敵人之知乎欲敵人之不知乎欲敵人之為備乎欲敵
人之不為備乎事固有先聲而後實者然既有其實乃可先其聲昔
韓信虜魏王禽夏說不旬朝破趙二十萬衆誅成安君於泜水上故
能發一乘之使奉咫尺之書使燕齊從風而靡有其實故也今吾軍
初未嘗有其實而遽以先聲臨之其可乎此未盡善者五也何謂宜

預備者三中軍既行宿衛單弱肘腋之變不可不虞此行在不可不
預備者一也江南東西荊湖南北兵將盡行屯戍鮮少敵人或有乘
間擣虛之作則將何以待之此上流不可不預備者二也海道去京
東不遠乘風而來一日千里蘇秀明越全無水軍則下流不可不預
備者三也何謂當善後者二夫勝負兵家常勢有勝必有負勝之非
難持勝為難而況於負乎藉使王師克捷能復京東西一地則當屯以
何兵守以何將金人來援當何以待之兩路之民懷戴宋之心有來
蘇之望久矣既得其地而吾之力足以覆護之此當善後者一也萬
一得其地而不能守得其民而不能保兩路生靈虛罹屠戮而使兩
河之民絕望於本朝則恢復之功難為力矣昔宋武帝長驅以復關
中而卒不能有惟其善後之策不先定故也善奕者其置子之意乃
在於數十著之先豈臨事而後慮哉勝猶如此則所以圖為善後之

計者宜何如哉此當善後者二也陛下天縱英武念二聖於漠北出
自睿斷圖此武功事勢既然必不得已臣願獻愚計軍政既修莫若
小試勒兵於山東夫山東天下之陸海也賊豫賴之以為根本之地
與吾淮南境土相接河渠相通士馬易行粮餉易致宜令韓世忠率
師先臨繼遣劉光世為之策應張浚分兵以防江岳飛重兵且屯襄
陽勿輕動以牽制其師使不得應援募敢死將士由海道以擣其腹
心擇要害之地控扼以斷金人來援之路京東郡縣必有起而應者
撫綏料理務盡其術京東可保乃可徐事京西此今日之至計也臣
蒙陛下面諭以數十年來訓練士卒今方可用臣退而詢之士大夫
咸以為然區區愚慮尚有可疑者以謂吾之士卒初未嘗與大敵力
戰則欲保其臨敵用命無奔潰之虞猶未易也金百練則為精金卒
百戰則為精卒故臣欲試之山東者使戰得一勝則士氣百倍乘破

竹之勢所向無前矣惟陛下財幸昔周宣中興北伐則夷玁狁南征則平淮夷宜乎意氣勇銳飈舉電發然常武之序曰有常德以立武事因以為戒然則知有此武功未嘗不以誠一之德為主也夫其進銳者其退速物理之自然兵威方殭志慮太銳一有挫衂遽自退屈豈可謂之常德哉高祖與項籍戰其喪師跳身者屢矣然卒以此勝堅忍而有常故也昔魏相之告宣帝曰救亂誅暴謂之義兵兵義者王敵加於已不得已而起者謂之應兵兵應者勝爭恨小故不忍憤怒者謂之忿兵兵忿者敗利人土地貨寶者謂之貪兵兵貪者破恃國家之大矜民人之衆欲見威於敵者謂之驕兵兵驕者滅相之論可謂切當夫兵以義起以應動而不忿不貪不驕是謂常德此帝王之所當盡心也伏惟陛下留神幸察臣昨在靖康中興聞國論當是時豈不願和但欲和得其是則兩國生靈皆賴其利今日朝廷之議

臣雖不得而與然聞之士大夫亦頗得其梗槩矣臣素以治兵為然豈不願戰但亦欲戰得其是則中興之業自茲以始夫天下士民凡有知識者孰不願陛下以戰則勝以守則固而早致中興之功獨謂和者不然袖手旁觀惟覬一有差失以售其說臣願陛下以持重用兵以多算取勝而無為議和者之所幸天下不勝幸甚

歷代名臣奏議卷之二百三十二

歷代名臣奏議卷之二百三十三

征伐

宋高宗時直龍圖閣李光乞車駕親征劄子曰臣聞能扶天下之危則據天下之安能除天下之憂則享天下之樂能救天下之禍則獲天下之福故聖人不畏多難畏無難蓋多難之世懷戒懼怵惕之心無難之世有宴安鴆毒之累自昔有為之君或開基創業或撥亂中興身遭艱阨而能奮然特起者未易槩舉以漢高之英雄身居項王掌握中數矣然城破復收兵散復合彭城之敗至推墮二子而不顧窘亦甚矣卒能滅楚以有天下者忍小耻以成大功也光武北徇燕薊困於王郎蒙犯霜露面皆破裂惶惑不知所之然卒能破郎以興漢祚者因危難以恢帝業也恭惟陛下以慈儉之德當艱阨之運維揚之變起於倉卒人心緣此而震恐將士因是而驕惰近年以來議論之臣各懷顧避上下一律莫肯慨然以持危扶顛為已任者今翠華駐蹕會稽首尾三載自去秋迄今虜騎無復南渡之意淮甸咫尺了不經營長江千里不為限隔惴惴然日為乘桴航海之計謂之萬全臣所未諭也以區區晉元草創建國於基緒既絕之際猶能立宗社脩宮闕興學勸農保有江淛劉琨祖逖與逆胡拒戰於并冀兖豫司雍諸州未甞陷没也以石季龍之強大兵叩歷陽命王導都督中外諸軍事以禦之周世宗當五代之末取淮南攻隴右下三關皆御軍親行威震戎虜未聞專主避狄之謀如今日也况陛下英武命世以真主之勢而臨偽邦以中國之尊而抗夷狄天人助順軍人士庶孰肯甘心委質被髮左袵終身為汙偽降夷之人哉今將非不武兵非不衆陛下儻整兵順動則簞食壺漿以迎王師者扶相屬也患在陛下無其志耳臣愚欲望陛下明詔三省樞院大臣分命將士守禦

江津。力為保境之謀。徐決親征之策。庶幾經畧中原。衛謀興復。以副海內生靈顒顒之望。天下幸甚。

光又論守禦大計狀曰。臣以孤蹇無能之身。蒙陛下起之流落放棄之中。更歷內外。寖冒端使。十稔于茲。布衣衡茅之士。遭遇如臣者果幾人哉。顧惟天地父母之恩。雖碎首屠肝。豈能稱塞。臣到任未幾。恭聞大駕移蹕平江府。將親御戎輅。誓師兩淮。此臣捐軀效命之秋。念方拘縻郡紱。留滯海濱。上之不能吐奇策以佐軍謀。下之不能執干戈以衛宗社。乞扈從則貽干進之譏。獻謀議則興空言之誚。夙夜憂憤。莫知計之所出。臣聞忠臣不以出處貳其心。正士不以險夷易所守。臣豈敢預憂小人不根之言。遽有所畏避哉。況臣陛辭之日。陛下嘗許臣以言。儻有所見。其忍緘默。臣伏覩關報劉光世張俊捍禦大敵。三捷繼聞。海寓流傳。孰不慶幸。然臣聞強虜擁兵淮陽。宿亳之間。坐觀勝敗。此其志不淺。趙充國之擊虜。以殘滅為期。孫權每戒江上諸將不貪小利。臣是以未敢以諸將奏捷為喜。而方以金人大隊深入為憂。昔楊琁問朱伺曰。將軍前後擊賊。何以每勝。伺曰。兩敵共對。惟當忍之。彼不能忍。我能忍。以是勝耳。漢祖與項羽對壘。晉宣與諸葛亮相持。方形勢未便。孤軍遠來。未嘗與之爭鋒。周亞夫深壁以却吳軍。光武堅營以降銅馬。此皆已事之驗。臣觀今日虜偽布置。必有主謀。願陛下勿輕此賊。今朝廷所恃獨一韓世忠。彼必以精銳當之。而劉麟輩出沒光黃廬壽間。以牽制諸將而分吾力。金人必自淮陽以入楚泗。若社稷之靈。世忠足以禦之。則無復事矣。萬一衆寡不敵。便有瓦解之勢。昔楚屈完謂齊公曰。楚國以方城為城。漢水為池。雖君之衆無所用之。魏文帝至廣陵。見波濤洶湧。歎曰。此天所以限南北也。兵法謂善守者。敵不知所攻。今陛下已據東南形勝之勢。敵人萬

里遠來。投兵死地。利於速戰。而不利於遲久。今不務重兵誘一時之巧決一旦之命。臣恐正墮賊計。非策之得也。臣極[illegible]之言遠備數從列方蘇閭進對造膝之語。所謂萬全之策者。嘗為陛下陳之矣。金人往年入寇無所得。去冬又無所得而去。士馬折傷固已太半。幾時雖欲復驅犬羊之衆以[illegible]孰肯為用者。此乃坐制強虜之術。臣愚伏望陛下戒敕諸將。各務持重。不過隱忍三兩月間。彼師老食盡。然後廣設方畧。出兵追擊。或邀其歸途。我得勝算矣。偽地恃虜為強。虜騎既退。則劉豫父子豈能立國乎。復祖宗之故疆。還二聖於沙漠。當在此舉。惟陛下特加聖慮。

光又進裴度平蔡故事曰。臣聞古之善用兵者。必有正有奇是也。唐太宗問李靖曰。曹公云奇正旁擊。卿謂若何。靖曰臣愚謂大衆所合為正。將所自出為奇。烏有先後旁擊之拘哉。臣觀李愬之入蔡。蹈不測之險。以邀非常之功。可謂用奇矣。當是時。吳元濟勁兵皆聚於洄曲。宰相裴度為宣慰招討使。馬總副之。韓弘為都統。李光顏烏重胤為大將軍。賊兵雖衆。勢足以抗之。愬之勝敗。不係朝廷之安危也。愬自文城柵襲張柴。疾馳二百里。夜半到蔡。黎明擒元濟。其摧大敵。不啻反覆手之易。一何神哉。今議者不盡歸功於愬。曰平淮蔡者裴度也。不盡歸功於度。曰成蔡功者憲宗也。蓋愬雖出奇。其實功狗耳。而排衆論以主伐蔡之謀者。度也。度雖主謀議。而獨斷不疑者。憲宗也。故韓愈頌曰。凡此蔡功。惟斷乃成。嗚呼。社稷之計。安危之機。有間不容髮者。與衆智慮之。一庸人足以撓之。故謀之欲廣。斷之在獨。斷而後行。鬼神避之。非人主灼見禍福利害之源。孰能成其功哉。

章誼乞親征奏曰。臣觀金寇之侵中國。七年於茲矣。陵廟都邑殘毀殆徧。衣冠士庶殺虜無遺。神怒民怨。負幽明之責。窮兇黷武。咎自契

之災然猶谿壑貪殘未有止極戈甲紛紜時作不靖此誠天亡醜虜之時也陛下以聰明英武之姿承祖宗積累之業傾否以泰代虐以寬克定禍亂不為難能然勤勞已久而大功未集者竊意陛下謙冲退避未能應天順人決機兩陣之間是以腥膻小醜得以遊魂假息尚延歲月之命以臣觀之陛下兵將非不多財用尚未匱士大夫可以奉令承教者亦不乏於時也陛下誠能因任群臣之材控扼險阻嚴設守備簡練卒伍選任將臣水有舟師陸有鬭士一朝有警舉江南之衆為百姓請命于天則猖狂之寇垂手可平泰定之期指日可復陛下無憚乎金寇之强而莫之抗也昔光武以昆陽數千之衆破尋邑百萬之師數刻之間大業遂定使光武怯於大敵不能躬擐甲冑以寡制衆則漢祚未易興也唯我真宗澶淵之役黃繖登陴人百其勇坐制黠虜流慶萬年前事不遠實可鑒哉陛下若不躬自指授

而委之將相大臣則士氣不振兵力必分號令不嚴賞罰不信掃蕩妖氛未有日也陛下時於暇日總帥六師親御近郊嚴金鼓之奏勤步騎之數按勤惰勇怯之實以明黜陟誅賞之政則知軍事之可為矣唯陛下留神大幸

誼乞息兵愛民奏曰臣聞帝王之師有征而無戰如堯攻叢支胥敖啟攻有扈皆國為虐厲身為刑戮蓋救民於水火之中不得而緩是以奮揚武怒而天威立決豈復有戰哉若夫犬羊之狠鯨鯢之暴令之則不從懷之則不服必欲與尸血刃殃民於鋒鏑以幸一日之戰則聖人有所不忍故舜之格有苗高宗之伐鬼方皆裴回退避增脩於德而後有之所以兼愛乎吾民也今陛下當虜偽叛亂之餘恢祖宗積累之業德施既普政事既脩武備既嚴然而奉辭伐罪之師屯於境上者累捷矣而昏迷者未從舊國舊都之民疲於奔命者累年

矣而徭役之未已彼其神怒人怨偷生假息亦何待戰而後取之乎若申飭邊吏益戒不虞宣布詔音稍緩師期明示息兵愛民之意以待應天順人之舉此計既下遠近俱安然後回鑾浙右勸耕兩淮收攬群策為徯后之民請命于上帝如是則盛德愈隆而大業易集矣有征無戰宜在於此

誼乞遣將助張俊掎角李成奏曰臣聞用兵之法正如獵獸或角其前或掎其後則獸雖善逸無所逃矣比者李成怙亂於淮北馬進猖獗於江南陛下指授將臣一舉而破馬進收筠州捷書來上士氣百倍威罰行矣然李成方據江州之險外恃淮南之援而聞張俊欲提孤軍就攻其營旁無掎角之助又無首尾之應乃一頓兵堅城之下相持未決情見力屈則賊復得志矣伏望睿斷乘張俊破竹之勢更遣一二將臣擣其巢穴出其不意攻其無備一舉而疾決實萬全之

策也古語有之兵聞拙速未覩巧之久也伏惟聖主留神幸甚

誼又上奏曰臣近聞金人正月有南渡之意已嘗略具事情乞朝廷俯從臨安守臣李光所請參用諸州土豪以為備禦疏奏累日未聞施行議者決以陝西宣撫使司屢有收復關陝之報兼諸處探報金人困於契丹之兵呼索酋領前去自衛決無南渡之事遂欲奠枕臣伏思之審如所傳則來年正月決須南渡蓋劉豫既以貪生失節盜據京東河北之地則金人必與之紀綱之僕待以侵襲之事劉豫來春若不遣兵南渡何以塞責然而兵則非金人之兵乃驅劫中國之民也騎則非金人之騎乃中國駑弱之馬也其侵也決無必進之心其戰也決無死鬬之志此最易與也朝廷誠因此時作勵將士參用土豪諭以金人敗亡之端明言劉豫易與之狀除去州郡退保之令有能斬首捕虜者重為賞格使人有忿心士有鬭志則江南將吏

效死自奮唯恐虜兵之不相遇也中興之業在此一舉今不設備萬一有聲又復奔走前有盜賊之虞後有追兵之急雖有智勇不能為謀矣且虜兵徘徊江北又已數月若築室反耕浚隍堅壁尚恐自為持守之計今乃按兵不動潛備舟檝其情豈易測哉願陛下不以臣言為可忽捻會前奏併賜施行不勝大幸

誼又上奏曰臣竊見近者淮南探報金人發兵聲言前去漢上與李橫牛皐相攻擊其前後相繼傳聞不一其人馬頭項頗多觀此事勢不止為襄漢而起必為川峽與師明矣今李橫所鎮之地正在金房川峽之間使李橫可破則金人必盛兵歸峽入四川若四川擾則王似盧法原控制關陝之間决望風自潰矣使李橫不可破則金人必分兵以綴李橫而盛兵由金房趨梁洋安行而入蜀矣觀此二端則救李橫乃可以存川陝若棄而不恤非唯四川立破關陝亦不可保也又況襄陽重鎮中國得之可以扞蔽江淮全上流之勢敵人得之可以窺伺荊湖有建瓴之順萬一李橫不守而襄陽為敵人所據則荊湖江浙之禍未有既也近者探報隨州已破行及德安則是李橫方且自救之不暇其不能庇他郡明矣使隨郢德安諸郡盡為敵人所有則襄陽孤城不攻而自破李橫全軍不戰而自潰天下事勢將如之何竊謂李橫不可以不援也朝廷近者劄付王𤫊解潛使援李橫矣解潛見治荊南去李橫為最近然不聞有可發之兵王𤫊見補揚么雖有兵萬餘然與李橫疆界絕不相接無指臂之勢此二人者兵力孫遠未能應援李橫必矣朝廷知其不能救而謾為此言以張李橫之軍聲則可也使李橫不解此意而日夜與敵人相持恃應援以守孤危之城豈不殆哉湖南去襄陽不至甚遠有韓京任士安吳錫孫儀湯尚之孫渥步諒七項兵共二萬三千餘人湖北亦有杜湛一將淮

蔡之兵誠就江西湖南北選一重臣總帥諸軍水陸並進駐師荊南則李橫之勢振矣李橫自十月中旬有出兵之報是時已與敵人相接今之援兵比至其地固已後時然此非救急之兵自是扞邊之策耳度朝廷果為日下發兵亦須兩月而後及其境當是時李橫戰勝則可以相與追躡敵人入蜀之兵李橫不勝則此兵自可進據襄陽以固吾圉比之坐視而不救豈不相遠哉

誼又上奏曰臣伏聞舒蘄鎮撫使李成之將馬進圍犯江州屯兵廬山刼掠南康軍朝廷見遣池州安撫大使呂頤浩統兵討擊臣竊惟李成稔惡基禍自干天誅大兵問罪有征無戰自宜奉命之將計日奏功悔過之人稽首請服無可疑者矣唯是師行即次賊當授首而震怖斧鉞之誅貪戀朝廟之命敢舉螳臂以抗我師破竹之勢迎刃未解則廟堂之上又將不得快意於此賊矣臣輒條陳六事奪賊腹心冀收不戰之效一曰要結四隣之援以破其輔車之勢二曰多遣撫諭之使以收其將士之心三曰密用間諜以離其同惡之黨四曰廣備舟師而絕其往來之援五曰壓以重兵而受其來歸之人六曰遠設伏兵而禦其奔衝之患伏望聖慈留神聽察臣謂要結四隣之援以破其輔車之勢者今淮西有趙霖史康民淮東有岳飛劉綱王林郭仲威湖北有解潛陳規湖南有孔彥舟京西有馮長寧各宜遣使賚以溫詔告以馬進侵叛之事使之慎守封疆屯據要害繕甲治兵勿與交通若有師期相為犄角其或交通資給坐視越逸當受同惡之罰如此則四隣之援絕矣臣謂多遣撫諭之使以收其將士之心者今李成所以不敢自歸者以其擁兵自衛遷延不朝歲月已久以范瓊為戒也若其將士則皆吾人何罪之有朝廷數遣重使絡繹撫諭哀其流離憐其暴露恤其老幼失業之久而許其分屯就食之

所明其忠義自堅之意而別其不與盜賊同惡之情形於溫詔許其來歸如此則將士感奮知君臣之義而畏服李成之心可奪矣臣謂容用閒諜以離其同惡之黨者今李成身在淮西而侵盜之兵間在江左朝廷罪其侵盜則曰叛將實然伐其叛將則陰爲濟師是李成雖有爲盜之心而猶知惡其名也臣願明降詔書使訓督馬進收奪其兵而陰遣辯士說客諭其黨與寵以高爵啗以厚利許之分鎮使得自歸如此則李成部曲必生疑異而黨與離矣使李成能制叛將而休兵息戰則我之命令行矣又將何求使其不能制叛將或陽收其兵而陰督之戰則我之間諜可用也李成豈能久安哉臣謂廣備舟師而絕其往來之援者李成受命爲淮南鎮撫自蘄黃越一江至南康自南康又越一江乃至池饒今其將馬進之兵實在南康也於廬山則既越一江矣彼必朝暮往來探伺應援互爲聲勢以恐我師願密詔江西湖南多爲戰艦教習水軍分遣智將總偵師期順流而下斷其歸路則南康廬山之賊絕無後援可不戰而擒矣擒其前軍則淮西之師震恐敢不聽命哉臣謂壓以重兵而受其來歸之人者馬進之兵將本皆朝廷之兵將豈願拒抗王師哉特劫於威強服耳又況彼方乏食我飽而彼飢我逸而彼勞與其事李成而取危亡孰若歸朝廷而就安逸若遣重兵與之對壘而不接戰曠日持久馬進之兵必扶老攜幼棄甲投戈求歸者衆撫而用之善而後之隨其才而官使之李成不走則擒矣臣謂遠設伏兵而禦其奔衝之患者今李成見在淮南與南康池饒對境將來問罪之師進至江東逼壓賊壘若湖南有舟師之備則下流諸州太平建康宣州等處皆宜設備以防奔逸蓋自大江而下此數州者風利水駛數日而至彼將出奇以擣我虛則腹背驚顧江浙繹騷賊得志矣今若密令數郡戒嚴設

伏待其衝至則成擒矣此六事者如有可採伏乞斷自宸衷與執政大臣議其緩急容賜施行

高宗時幸建康起居舍人呂本中奏曰當今之計必先爲恢復事業求人才恤民隱講明法度詳審刑政開直言之路俾人人得以盡情然後練兵謀帥增師上流固守淮甸使江南先有不可動之勢伺彼有釁一舉可克若徒有恢復之志而無其策邦本未強恐生他患今江南兩浙科須日繁閭里告病倘有水旱乏絕姦宄竊發未審朝廷何以待之近者臣庶勸興師問罪者不可勝數觀其辭固甚順考其實不可行大抵獻言之人與朝廷利害絕不相侔言不酬事不濟則脫身而去朝廷施設失當誰任其咎鷙鳥將擊必匿其形今朝廷於進取未有秋毫之實所下詔命已傳賊境使之得以爲備非策也

提舉臨安府洞霄宮葉夢得上奏曰臣伏見逆臣劉豫侵犯淮南久未退師中外憤鬱莫不願效忠欵共圖剪滅臣竊忝近輔久尸榮祿雖屏伏田野莫詳事宜敢不以管穴所窺少陳萬一竊惟虜自陛下即位以來猖獗南牧於今七年前此皆當中國全盛之時州縣俱未殘破師出其境即因糧於我金帛子女是以誘其衆人民器械是以資其用故所向無不濟今自河以南搶攘未復豫既不量力妄興吾民以求援於彼則調度百色皆自爲之所今出沒境上已五十餘日秋毫未見獲而先已坐困豈計之得哉度其用意但以久負僭逆之罪懼我見討累年聚兵種糧私自爲計未知我所欲爲故妄意先發憑藉虜人假其酋帥張大虎威以覘我應之者如何有間可乘則衝突過江以冒前日之利無間則規取淮南之地次第侵陷至江以爲藩籬然虜如前日長驅自來以圖神啞於我與今爲豫來爲之

形援其勢萬萬不同今陛下赫然力鑒遷避之失不憚親撫六師二三大帥布列在前出賊不意固已壞散木謀顛沛失措而議者或謂大隊在後以俟之或謂請師於虜而未至臣以謂虜前能迫我若皆以倉猝遷至如飄風驟雨之不可禦也其肯以偏師先見其形使我得以為備理無是矣若其濟師則越數千里入人之國見敵而旋為謀就令有之亦豈能為必勝豫之情實臣往時待罪江東粗得其要領豫年踰七十初無遠畧其子麟狂悖輕躁素不為其下所伏自行什一法重斂於民外以奉虜歲幾三百萬緡又遠事關陝竭內地虜所留兵散處諸郡通不滿萬人所用以為爪牙者王彥先胡斌皆屠沽黠卒民困貪暴怨入骨髓日夜引領以望王師之至其告於吾人或曰天兵速來過今年則人心慢或曰但以大兵主張得我無不歸順況又稔惡至今而方驕然挾豺狼無厭之徒以重虐之其誰以

為然古者審敵之形而後可應敵盡敵之情而後可制敵豫之形已略可見陛下深伐其謀其聽之者亦可謂得其道則制而斃之在深察其情而已臣度豫計不過有四果濟師遠來必以精騎間道無行徑至江上一也散掠舟船創造排栰雜出淝泗以疑駭我衆二也以輕兵侵掠郡邑分我勢以緩其詭謀三也知其無所付施但隨所得固為城守徐以窺我四也今去中春尚有三月賊滅之則當國萬全臣愚竊謂賊之重兵既聚而南纖內必空淮南京東西浙壯者為兵弱者科斂其志必怨倘擇健將勇而有謀者卷甲疾趨直抵京師收所必救以震蕩其心亟下明詔慰撫淮甸之民厚推德意以招徠之降以州者授以州降以邑者授以邑以攜貳其心趣大將巡江各據要害使為三策以待之若賊鋒尚強士心猶固則堅壁勿動明遠斥堠勿與之爭無取近利無貪奇功以損威重若審見間隙則兩路迭

進或入承楚以擣其左或入濠壽以蠹其右乍出乍入更為犄角使奔命不暇若師老財匱進無所得退未有歸腹心內離肘腋外叛則兼督兩路一舉而驅逐之以我之三待彼之四更命鎮江建康帥臣各團結其舊寨為山寨水寨之人使分守其地時出於瀕江以為大將聲援盡集諸將水軍專立童領布列兩州而日習之應淮江舟師所可至處皆嚴設控扼仍為游軍往來策應以示之警備南北相望聲實並著苟吾將帥協和士卒奮勵謹守成筭不為前却臣未知豫終將何為昔晉石勒遂入壽春元帝集諸將相持三月勒幾不得還其下至有勸之降者而王導畏怯不能察其虛實縱之使去苻堅以百萬之師舉國來寇謝安分授諸將逆於淝水一舉而敗之制敵之道前事可見恭惟陛下睿明英武果斷不疑含容妖孽亦既有日屈伸操縱之道宜無遺策臣衰鈍淺陋何足少裨塵露徒以身荷大恩

圖報無路分義所迫不能自已干冒天威臣無任惶懼隕越之至

夢得乞下劉錡等討賊奏曰臣近以虜騎侵犯河南二十四日具嘗見奏陳伏覩手詔顯暴虜渝盟失信之罪國雖中原無已之惡一伸王威宣達衆憤中外呼舞遠近同辭柏繼大號起劉光世招撫三京以壞散賊謀攜貳其黨劉錡復立功順昌軍聲士氣鼓勇百倍天下幸甚臣濫守陪都外當一面主憂臣辱不敢不盡死節少佐旰食數日來博採人情以聽輿論皆以虜詭詐憑陵人人懷怨蓄銳有必殉殄滅之意與前數歲不同此乃天啓中興虜惡貫盈自取覆亡之日非人力所能為也錡既首挫其鋒其兆已見議者皆謂錡孤軍遠立將士用命所以能先諸將立功須朝廷極力主張激勵使得盡其心不惟可令虜望風沮屈國勢當亦自此遂振竊聞朝廷已遣李世輔王德往應援世輔虜所深忌如其用李成酈瓊等誠為得策無其

人驍勇沉厚深達敵情備類多所推稱以為朝廷用之得人但頗領多與之兵略與錡相當使與錡更為形勢錡駐順昌世輔駐泗州夾淮東西犄角相望更敕韓世忠張俊各以精騎巡所部境上以為之殿王德一軍往來游擊於錡世輔之間虜近所下諸郡皆不過百餘騎傳檄得其降書即去百姓向背無所與責如景祥王彥充輩前此本非歸我皆虜留為腹心潜相窺覘者故聞變盡甘心虜命其所守既無備王德可以坐擒虜固不能發兵往救又不能分兵並守則故疆自已收復我擒其守長厚撫其民亦可就食糧斛絕其後計虜所保者惟在京師探報虜兵至京師者不滿三萬人非叛兵即簽軍正兵無幾若錡世輔斥堠明遠伺得其便即命鼓行而前世忠後繼之直薄城下自不妨劉光世一面招撫兇悍者誅滅柔順者歸附虜無所恃必懼而遁去若閉城固守捉追兵國中當此時暑疾驅遠來

人疲馬困我迎擊河上可以必得虜乃在吾腹中此萬世一時不可失之機會也少有稽緩使虜得整兵而來或劉錡力不能持退舍則虜復得志計將難諧臣衰懦不武素不閑習軍事歷考載籍自古用兵凡大勝敗未有不因士氣所向士氣所向未有不順人心所欲臣前所論奏以虜犯境之初未見其兵厚薄我未整飭軍伍故且乞專其儲積無守舊轍矯前日畏避之過張皇六師過為隄備以待其釁今虜形已見正乘機必計之時此之所陳蓋得於人心同欲非臣狂妄之私不敢隱默伏望聖慈更命大臣參考熟議少留聖聽

夢得論漢高帝破秦項三策劄子曰臣伏見陛下赫然威斷盡改和議分命三將進討兩河聖謀深遠誠非群臣所能及夫兵無常勢敵無常形非達古今之變者不能察成敗之機非盡彼己之情者不能決勝負之實今成算既定宜圖萬全臣不自揆度嘗參考敵情究觀時事敢借秦漢之事以論今日之計頗有獻焉秦自孝公以來雄視中國合六諸侯相與連衡不能抗始皇卒有天下而漢高帝起沛中收子弟三千人振臂一呼遂以滅秦誅項羽此其故何也六國當強暴興起之初望風畏慄而不敢爭高帝屢亢淵怨憤之極決策必取而無所憚也雖勢所當然而高帝所以必成其志者蓋有三而兵強不預焉一曰善誘降二曰善用間三曰善制敵非此三者秦雖有必亡之隙漢雖有決勝之勇未易以歲月定也何以言之夫敵眾不可以力相加人各為其主守者未必皆誠心向背惟利所在而已始高祖入關南陽守齮堅保宛其舍人陳恢說高帝與約降因封而與之郡高祖從之齮果降封為商侯於是引兵而西無不下者其後取關東遂為令使將掠地拔隴西以萬人若一郡降者封萬戶故隋何說英布以九江叛楚酈食其說田廣罷守兵與漢和此高祖之善誘降

者也兵不出於一則心不齊本非其所有則信不固項羽初與其所與謀者一范增爾函谷既破不能用增計高祖知其可撓故與陳平金四萬斤間楚君臣增果疑不用則其腹心必有從而反側內自攻者內無與為主則外惟我所欲為故有紀信之詐而不知有周苛之辱而不悟雖拔滎陽高祖得以跳去此高祖之善用間者也兩軍相當必以力相較則久必弊惟多方以誤之使不得專則我可以全勝滎陽之圍高祖亦甚危矣及入關再收兵而東項羽之力尤強勝敗未可知也高祖用轅生計舍滎陽出武關以致羽深壁相持而使韓信輯河北趙地連燕齊以裂其肘臂用鄭忠計使盧綰劉賈渡白馬進入楚地佐彭越焚楚積聚下楚十七城羽果奔命不暇兵少食盡為中分之約而張良陳平得定大業此高祖之善制敵者也此三者高帝非皆以力得之也今金賊不道雖荐食上國不減於秦項陛下

智勇憂勤席祖宗二百年之業四分天下有其三則過於漢豈高帝
能滅秦項而吾將帥反不能為陛下取金賊乎今日之舉正高祖入
關滅秦後出東向與羽決戰之時也比者特降詔旨立為賞格自使
相節鉞而下以求奇功不待欲至策勳不拘遷轉止法雖足以激三
軍之士而不及於敵人臣愚竊有疑焉願復下令懸榜拜附虜者能
各殺其守長以縣降者授以縣以州降者授以州山寨與河北之民
若盜凡自相結集不從虜人願歸我者千人則授其官萬人則授其
官其昏迷不恭恃賊而不悛者軍至皆討焉則孰不革心而效順此
高祖誘降之道也虜今所驅用者皆我之叛將亡卒其初皆非仇我
而慕虜蓋亦有迫不得已僅以逃死既絕於我則不得不用於彼然
酈瓊始奔虜嘗散其衆不用則今客主未必終相信上下未必皆相
服權勢相軋嫌隙易生苟能使以身歸我者授以舊官以衆歸我者

加以顯秩能殺併虜人而歸我者隨其多寡而為之等差益募辯士
重與金帛口舌游說其間以動搖其心而眩亂其聽則必紛然自相
屠戮以幸一時之獲此高祖用間之道也自淮而東韓世忠主之自
淮而西張俊主之劉錡王德李世輔雷仲之徒擇形勢便利往來游
擊於兩間虜兵分則不能並立合則我四面俱至即使岳飛出漢上
以擣陳蔡之虛賊兵若盡窺兩淮飛繞出其後期同會於京師虜腹
背受敵欲當前則後必困欲拒後則前必弱指日可使坐斃此高祖
制敵之道也夫攻而破一邑不過得一邑戰而擒一將不過得一將
孰若無攻而拓地不戰而屈人乎區區之愚惟陛下擇焉

夢得又乞休兵養銳奏曰臣聞兵不盡其威故能有餘武而天下無
以敵其威將不盡其勇故能有餘力而天下無以敵其勇自古帝王
之師百戰百勝以保萬全此道也伏見逆虜敗盟陛下赫然獨斷一
仲王燮命三大將討兩河中外歡呼士氣百倍無不盡欲彎弓北向
擒兀朮以致闕下傳檄兩河盡還故疆今劉錡首能以順昌孤城拒
兀朮數萬衆前後五戰無不勝兀朮即敗走軍聲遂大振相繼淮東
西湖北三大將捷書繼上凡從偽州縣或殺或降以次效順自古
以來未有今日之舉也兀朮既挫其技已窮理宜遁伏然詭詐不測
竊恐尚懷姦謀以圖後舉今暑氣方盛去秋涼尚遠我師雖屢捷不
無暴露傷殘之困若更乘勝攻取不已竊恐賊得暫休撫養其衆濟
師於七八月之間盡力復來則我師勞疲或恐不能相當昔唐武宗
既用李德裕討回鶻平澤潞無不如志德裕即以曹操破袁紹官渡
自謂所獲已多恐傷威重為言援養由基之事請以兵為戒以保成
功臣愚願詔諸將亦且令還屯益勵士卒今夏多雨暑濕之餘乘此
秋氣瘧痢將作使過為調護明遠斥堠當處撥會預為定計相為犄

角因時乘間一舉直前後不再籍仰稱陛下恢復土宇報雪深讎之
意不勝幸甚臣備員守藩輒敢妄議軍事而恃眷予之重區區小忠
不能自已越職犯分罪當萬死惟陛下矜照

夢得又乞下諸大帥臨陣審度賊情無落姦便奏曰臣自去歲以來
體探得虜人用兵之謀與前不同務要出我不意以取奇効皆云其
兵見分為三等其一等淮甸京畿之民當先多用鮮潔衣服及偽以
鉛錫作器物稍帶亦有婦女在其間其次即用河朔簽軍少給兵器
裝列隊伍先以兩軍當我若初為我師所敗必爭取器物婦女鞍馬
即其次河朔之兵再進俟我師轉戰力疲然後以女真番兵甲馬一併
向前以取必勝乘勢衝突過江人言頗同契勘以我下駟與彼上駟
以我上駟與彼中駟以我中駟與彼下駟此孫臏之馬說也而周訪
討杜曾亦嘗分其兵為三甄先以兩甄餌之始用精銳出其後遂以

破帥若賊或出於此竊慮諸將不知落其姦便伏望聖慈特賜詳酌審切行下大帥更令審度賊勢不可欲速見小利乘鋭貪功若果前脆後堅難與爭鋒則須謹守險隘或且阻江務以持重不戰困之以伐其謀使彼無所用其巧然後我徐觀變而進庶幾可保萬全也

御史中丞張守乞措置捕盜李成劄子曰臣竊見朝廷紀綱未立威令不行將士惰驕盜賊猖獗乃欲制禦四夷其不可豈不明甚李成近在泗州前後叛服不常最為桀黠名為附順實肆姦謀非他賊之比也今聞舉兵輒犯鄞楚其包藏之意已復露見不可不討者有五臣試為陛下陳之成謂泗州形勢要害為咽喉之地故必欲得之則其用心固可知矣朝廷不得已而授之遂據要害扼吾咽喉不可不討者一也昨史亮之破宿州實出其謀聲言亮叛自行襲逐而實助其虐然猶鼓行而西不敢南牧今據淮壖遂通行在略無忌憚之意

不可不討者二也或謂姓名合於圖讖或謂相貌異於常人脫或乘吾微弱之勢逞其窺伺之謀不可不討者三也或謂金人已與之通許以淮南授以封爵審或如此秋冬虜至與為道地則吾中國豈復枝梧不可不討者四也陛秋在邇淮南為要衝而賊盜未除何所設備治兵積粟成必沮撓不可不討者五也有此五事使其未叛亦當圖之況其跡狀已著可復緩乎或謂彼衆我寡未能必捷臣以為不然師以順為武以直為壯在和不在衆顧所以用之如何耳朝廷昨遣劉光世擊之奏功甚衆第賞甚厚今日之事光世當任其責儻或光世兵少不能辦此賊則朝廷亦當悉吾重兵北結杜充併力勦除又況此去淮甸不過數舍固非勞師以襲遠也剪滅此賊然後一意以防外侮庶幾宗社可保而中原可復伏望睿斷早賜施行

虞允文上奏曰臣起自寒鄉技能淺薄陛下一見賜以不凡之遇清班顯級實緣冒居日夜憂懼不能自立有玷陛下知人之明日者采石之捷皆明天子威令諸將士功力臣伏自惟念未能身先卒伍亟俘逆亮以獻實有餘恨敢謂陛下隆天地之施命宰相賜臣以書以嘉歎之旨曲垂宣諭臣下拜恩私敢不九殞以報比者臣嘗面奏自古用兵好合而惡分蓋合則力厚厚故多勝分則力薄薄故多敗自然之理也臣既力微而群議不一未有以效其平生之忠今日伏准處分差成閔淮東制置使李顯忠淮西制置使如此不患兵力不合既合不患虜兵不破聖神之筭酌見今日事宜宗廟生靈不勝幸甚臣自到鎮江措置上下流據整築隄橫鋪鹿角皆已就緒但鎮江戰船不多比與諸將共議改修馬船使用臣已措置到江上及軍中木筏十萬餘條并鐵炭之類並已是用見令鎮江及馬軍司併工力龍畢應副防托庶幾官軍之力有餘可取必勝臣照得諸處間探及活

捉到人稱虜酋於十二月一日遣發人馬取三日渡江臣今日同諸軍詣江口踏行戰場見得沿江水落其岸口泥沙深闊丈餘假令虜船及岸步騎登戰即是天亡之日官軍極力勦除在此時矣臣見又措置於泥沙盡處廣立木柵以為官軍之蔽又為虜兵奔突之防虜知我守禦得人豈肯輕犯臣竊料若得瓜洲一戰之後虜必遁去兩淮必可收復嘗於前劄累具奏知臣日夜更竊廣詢群策與諸將共議續具畫圖進呈決不致稍失機會欲乞陛下特寬惡人頓臣不勝惓惓之誠

允文又論江上事宜奏曰臣伏惟陛下孝德仁恩遠希堯舜之聖天意順助避殿之詔初下將士無不感泣思奮況臣孤蹤實叨希世非常之遇欲報之心神實臨之方江介多憂陛下宵旰未復常膳臣仰首霄漢之上豈勝憤惋此身如葉恨不糜捐比者采石之戰臣與統

劄官大破虜軍俘斬既衆遂走完顏亮而盡焚其舟實皆宗社之休陛下威令神筭之所及臣不勝幸甚嘗兩具本末奏知必已仰塵睿覽及臣還建康沿江之北百餘里無復一人一騎虜之氣索矣臣在采石探知逆亮引兵會於淮東見開河於第二港決艾陵之水通出船筏以窺京口因李顯忠到軍即與之商量令移時俊軍於馬家渡而顯忠兼守之轍李捧一全軍又分采石戈船百艘來援京口督府又留楊存中郘宏淵同力防托庶保萬全蓋臣以諸處探報知虜兵不多於官軍但彼合而我分故強弱之勢遂若相異自虜得兩淮其兵力漸分而粮草乏絕人馬多病死故急急於采石之戰既已大敗又將徼幸於瓜洲今我之精兵聚於京口持重以待之一戰而勝逆亮遁歸無疑矣臣每聞士夫之論謂采石渡硐砂夾馬家渡大城堽皆為可憂臣因親行江上知其說有不然者蓋虜自和州可以出舟於

大江者止有一楊林河與采石河相對而已餘皆下流別無河道可與大江相通近李顯忠遣人深入探得楊林河中見今別無虜船又官軍戰艦皆守河口則下流諸渡非所憂也方逆亮住和州窮日夜之力以造船意謂必有大過人者故采石初戰時官軍所用船纔五之二以其三寘上流及天色垂暮虜敗而走又不敢大段追襲者防其戰艦或出於不測也今乃止百十小舟殊無籠蓋遮掩如州縣渡口所用者便欲以當官軍戈船臣知其伎倆已盡無能為矣初虜涉淮未旬日直抵大江之北臣詢之將士質之道路之言皆云劉錡王權未嘗敢與大敵相接逡巡引避有一日走數百里者非戰而不勝之罪也以此月八日之戰當諸軍扶傷奪氣之餘而舊將已去新將未至正人情危疑中尚能大破賊軍亟走虜酋使建康蕪湖閭民皆奠居者士卒竊倚王人為重得以肆力於一戰也自李顯忠到軍臣

與之歎知其忠義敢前無彼我心往時見士夫憂其反覆以臣觀之能立大功以報陛下者必此人也臣願以身保之今淮西之地雖云不守而廬濠等州山水寨民兵多存近又漸復無為軍巢縣一帶已令池州官軍分屯守之則裕溪大信口無虜船可入池黃之境可固而采石上下必保無虞臣竊料之只得京口一捷則江介之憂可去而兩淮之後虞可不至甚費兵力矣臣聞千金之子尚不垂堂況於萬衆之尊而可履險臣嘗兩次面奏乞車駕且駐臨安亦蒙聖慈采録其說今願陛下特審宸慮少緩六飛之發以須逆亮之奔北而徐圖之天下幸甚臣不勝惓惓憂君之誠惟陛下財察

允文又上奏曰臣竊見虜酋自采石大敗弃遁之後徑往瓜洲為渡江之計臣以江上事勢急迫忘其疎遠於今月十二日再具事宜敷奏抵冒宸聰日俟誅斥今准入內內侍省公文坐奉聖旨特許收接

臣遞角投進臣伏惟聖恩不以臣狂僭采納其言願未知所以報塞臣於十三日自采石回至建康以虜酋駐維揚虜兵進據瓜洲探報不一當日起發於十六日午後再到京口與諸將共議防托之策除第二港探得虜所開河以沙漲不成已罷開掘之役見止量留官軍人馬巡綽外有三處河道與大江相通最為緊要合行隄備一滁河口自真州下連瓜步虜兵最多河口亦寬通大船出入已行措置於南岸一帶開三重壕壘三重隄横鋪三重鹿角有民兵萬餘人防守緣官軍不多竊慮未可倚仗與楊存中等商量於二十日那移下蜀張深人馬於滁河口南岸青沙夾等處駐劄夾在近南岸水中可以射虜使不得登岸不利於出船却差苗定人馬於下蜀駐劄以為策應決保萬全二瓜洲渡虜見築塞渡口造三閘以儲水探得目今水深數尺又探得於洪澤役人力從陸路扛船入運河伎倆百出然虜其

船必不大。不足以當官軍戈船。比又蒙朝廷追回成閔人馬。令成閔單騎於二十日已到鎮江。將帶鄂州戰船二十隻前來。我師既大會京口。可以必勝。但泰州兵薄。虜見今有遊騎到城下。今日本州亦來告急。臣與楊存中商量。於十九日再發王剛兩將人馬先行。二十一日又令王剛以所管兵親往。虜見官軍既到。必是不敢深入。其餘乚下流無河口可通大江處。亦與諸將議逐日分馬軍往來巡綽防虞不測。以臣料之。虜必不敢輕動。動即破之無疑矣。臣初抵鎮江。親到劉錡家卧內見之。氣息奄奄。乍醒乍迷。即與其家子弟醫官說。令於臍心着艾。兩日來稍納粥藥。其安與否。特未可必。而今時戰守所用諸將。不可不素定。臣聞倉扁不世出。天下未嘗廢醫。韓彭不世出。天下未嘗廢將。自古中興之君。如夏少康有衆一旅。如漢光武起於側微。其所用之將。何嘗皆有素望。臣於今年夏因直前奏事。嘗以此說

仰塵睿聽。亦蒙聖慈深賜嘉納。臣之區區。欲望陛下不以劉錡存亡為憂。但審擇人材。分授諸軍。使之各當其地。戮力戰守。不患大功不立。臣觀完顏亮。采石大敗之後。其氣已索。雖名為聚兵維楊。窺我京口。而實欲遁歸。必不出臣所料。臣見留鎮江。措置守江。先為不可勝之計。仍與楊存中等共議。若一旦虜退。亟圖興復。不令少失機會。臣雖書生。陛辭之日。嘗面奏決不敢以賊遺君父憂。臣伏惟陛下特寬遠顧。無輕為避敵之計。天下幸甚。

權中書舍人張孝祥進故事曰。曹操符堅。以數勝之勢。擁百倍之衆。曰利乘便。長驅而前。傴然有吞并之心。然吳與晉卒能以單寡之士。談笑走敵。操堅號為善用兵者。及茲智勇俱困。鳥駭鼠竄。僅以身免。而其國遂以不競者。何也。吳晉之君臣。能以靜制動。以逸待勞。以直應曲。而又有周瑜謝玄為之將帥也。夫兵不欲多也。兵多而不精。則

志不一而易潰。曹操符堅之衆是也。是故兵不可以不練。將欲專也。將得其人。則兵雖不多。亦足以取勝。赤壁合肥之役是也。是故將不可以不擇。夫兵已練而將已擇。則吾飭邊備。遠斥堠。峙糗糧。省不急。籌於帷幄以待之而已耳。雖狼子野心。不義而強。吾何畏焉。

右正言陳淵論用兵必先脩政奏曰。用兵中興之一事耳。然事有相待而後成者不一而足。而今之言兵者。勇於必進。不恤其他。故不得不為之慮也。臣嘗讀詩至周之小雅。觀文武成王所以致太平之效。與夫宣王所以成中興之業。其迹可得而言者。蓋自鹿鳴以至魚麗。文武之詩也。自南有嘉魚以至菁菁者莪。成王之詩也。自六月以至無羊。宣王之詩也。孔子嘗以其世之先後而次第之。其意若曰。作於前者不如是。不足以為文武。繼於後者不如是。不足以為成王。後之為君者。得此則治。失此則亂。六月之序曰。小雅盡廢。四夷交侵。中國

微矣。則失乎此者也。車攻之序曰。宣王能內修政事。外攘夷狄。復文武之境土。則得乎此者也。夫自文武至於成王。其詩亦多矣。一詩廢則一事闕。苟有所闕。已不純乎文武之政。而況於綱紀文章蕩然大壞乎。彼宣王中興。非能舍文武之政以自為也。補其闕而已。自六月至於無羊。補其闕之道也。蓋復境土。必本於攘夷狄。攘夷狄。必本於修政事。政事既修。然後兵可用。未有政事不修而先於用兵者也。臣故曰事有相待而後成者不一而足。為是故耳。今姑以兵之一事言之。而明其所以相待者。如器械之備。餽餉之煩。賞給之費。與夫修城浚池。選將練卒之故。是皆不可闕者。一有不至。兵不可出矣。亦安得不為之慮乎。蓋古者用兵。能發之。必思所以勝之。能勝之。必思所以守之。發而不勝。不如不發。勝而不守。不如不勝。故臣願陛下上思祖宗之所畀付。下念生靈之所愛戴。大修政事。使在我者無可乘之

隙而在彼者有來蘇之願則天戈所指宜無不承順者矣宣王中興之道蓋出於此是謂萬全之策惟陛下留意幸甚

曹勛議淮上事宜狀曰嘗謂主當持重而客利急攻亦兵法也今虜冦兩淮殆踰一月我之諸將屢報小捷而虜全師實未嘗動客當務速戾若無意於戰疑虜以羸兵驕我而伺我之怠且耗吾之軍鋒然其驅烏合猋起之衆不能乘銳氣數道並進俾我不暇為謀乃遷延復却曠日持久師行千里情狀易見我之諸將得以從容成備既經累捷膽氣益壯聚謀蓄力務以全制其後虜之敗北在理不疑所慮諸將持重太過反類畏怯或貪少利不顧大計今若命淮東堅壁不戰以搤其膺淮西由廬壽擣睢亳以攻其背舒蘄二將連旗深入朝廷方追馬軍之師俾佐兩淮宜促其期以速其至自光入蔡去汴最邇宜出其不意急詔鄂渚由此進兵以傾其巢穴水軍自淮入海以邀其餉道是皆昔人師行捷徑况諸將皆朝廷素所寵厚臨危宜無愛死今纔衆充塞江北實繁有徒屢折不退有盤據淮右之意願朝廷毋輕此虜毋惑不根之言號令之出務加積密前代漏泄禁中語猶不免其死况成敗安危所繫乎儻能堅守此策斷然不疑非獨可以卻敵而已虜將懲艾可數十年無疆埸之憂僭易干冒惟在威斷

翰林學士汪藻乞分張俊軍馬策應狀曰臣昨自三月末得之傳聞云金人在建康築城為度夏計臣雖幸其不然然心竊憂之以為中國困於腥羶而得少休息者正賴其不能觸熱故常以寒方至未暑先歸吾於半年間汲汲措畫猶每歲奔命不暇今若縱其度夏則長為巢穴無所忌憚不知朝廷何以枝梧洎到行在聞韓世忠列戰艦江中遮其歸路日有所獲且言金人窮蹙之狀臣竊欣幸以為三月所傳誕妄耳續觀黃榜備錄韓世忠捷奏又以為朝夕必可掃除今近二十日矣其耗寂然議者頗疑世忠奏報未必皆實纔數日人自常潤來者皆云虜於蔣山雨花臺兩處各劄大寨抱城開河兩道以護之及穴山作小洞子以為避暑之地陸增城壘水造戰船而采石金人已渡復回者纍纍不絕今且五月矣比常年去已月餘乃反去而復回其欲留建康明甚如此則與三月所傳又似符合臣聞金人動設詭詐尤喜為窮蹙之狀以欺我師我師墮其計中者前後非一今安知其本為度夏計而陽為窮蹙者特以欺誤我師耶建康為東南咽喉國之門戶也天下委輸朝廷號令未有不由此而通者若金人果據此為巢穴則東南饋餉遂絕如此人扼其咽喉守其門戶果得高枕而卧乎不知羣臣日至上前亦嘗有反復及此者否豈遂以為無事而所當講者承平之先務乎抑揣陛下非所樂聞而不以聞也不惟是而已人既扼我咽喉守我門戶則群盜亦將視我緩急以為向背國家果有力能使之退聽屏息乎况又有意外之憂所難言者不得不慮臣愚以為此事所係非細廟堂若救焚拯溺然朝夕在念及五六月間我師便利之時會諸將與韓世忠一舉掃除非特去目前之患將使懲創終身不敢復南其利害豈不相萬哉雖聞近遣張俊提兵過江節制浙西人馬逐還前去以為策應此固陛下長筭也不知張俊果能為陛下有慨然立功之意乎臣愚欲乞專差得力使臣數人齎陛下宸翰星夜兼程自襄鄧荊湖以來迎張俊軍令分數萬人順流而下仍於上流自計置糧斛載以自隨彼張俊軍既皆新人必精銳可用且敵人見上流之師突然而至莫知其數必破膽奔潰此制虜之奇也如其不然八九月間氣候稍涼彼得時矣幾會一失雖悔何追伏望睿慈不以臣言為愚輕此賊忽此事特加採納不勝幸甚

金人犯塞。上名宰執對便殿。將浮海避之。左僕射陳康伯持不可。揚存中言敵空國遠來。已闖淮甸。此正賢智馳騖不息之時。臣願率先將士北首死敵。帝喜。遂定親征之議。下詔進討。有欲遣使詣敵求緩師者。集英殿修撰胥幾上疏言增幣請和無小益有大害。爲朝廷計。正當嘗膽枕戈。專務節儉。經武外一切置之。如是雖北取中原可也。且前日詔諸將傳檄數金君臣如叱奴隸。何辭可與之和也。帝壯之

紹興三十一年。王之道上奏曰。臣昨奉聖旨。令諸路都統制并沿邊帥守監司。照應今來事體。隨宜應變。疾速措置。務要不失機會。仍先具知稟聞奏。不下所司。并錄白到備劄內事件。臣讀之痛憤感泣。莫能自已。至於寢食俱廢。以謂虜人入寇。殆今三十七年。專用詭詐。愚弄朝廷。求無不獲。而皇帝陛下天性仁孝。

上念父兄。下憐赤子。不憚屈己講和。雖中外臣庶有所不堪。而陛下篤於守信。冀與天下休息。德至渥也。而狼子野心。邇來離其巢穴。狂犇浪走。直抵西京。今使人之來。所奏不一。包藏非淺。其用意殆與苻堅之寇晉無異。揆之以天時人事。似是滅亡之日。而況淮北之民。蒙被國家二百年涵養之賜。昨自淪陷塗炭且復苦於殘虐。其謳吟思漢。不翅飢渴之望飲食。蓋前後聞探類言彼民日夜延頸跂踵以待王師北來。倒戈內應。觀其所爲如此。實今日之機會也。臣愚欲乞因今來使人之請。特賜宸斷仰承天心。俯順人心。下哀痛罪己之詔。以叛盟之惡明告中外。使天下之人扼腕切齒。咸起不共戴天之憤。然後舉兵北伐。將見自淮以北必有戡其首以獻者。豈特簞食壺漿以迎我師。而扶老攜幼望風降附哉。臣某以疎遠小臣。輒緣忠憤。所激採輿人之言。上干天聽。死有餘責。

歷代名臣奏議卷之二百三十三

征伐

宋孝宗隆興二年張浚上言曰臣伏奉今月十八日午時親筆處分臣已恭稟聖訓王之望等言泗州利害所當講明今欲且令謹守俟至秋初專責主事者俾權歸於一聖諭切當事機臣見遵依施行向北斥堠緣馬軍極少差使不敷泗上地勢平坦恐步卒當彼馬騎不能遽還近陳敏等建議欲於臨淮縣築堡屯步兵三百人為斥堠庶幾緩急可以相應臣見審度措置又舟檝尚少誠如聖慮臣見委劉寶打造一百隻發運使黃仁榮應副材料工匠臣望陛下因宰執奏事宣諭令仁榮一到鎮江躬親應副臣見别具奏聞次他日舟船既辦分差忠勇軍駕放自不關人每舟以強弓弩手二十人載其上施放火箭足可禦敵伏乞睿照臣伏蒙聖訓諸將見和議成與不成之

問語言反覆此正中其病臣即以宣示劉寶吳超劉光時范榮等莫不悚懼知愧然而以臣觀之將帥難得英偉之才況人情之常不免觀望以此語言不一理當戒敕惟陛下示以好惡明正表儀俾各悉心奉公不求偷合苟容以報國家夫死者人之所難陛下以天下爲念不肯自求一己之安表而率之猶恐習成舊態各不盡力矧夫朝廷上下導之以和孰不捨難就易以幸一日安全也此是社稷大計在陛下爲重在羣臣爲輕自非陛下毅然獨斷與天同心申之以號令齊之以賞罰舉天下之大制命在我誰爲陛下出力者至於挺身任事盡節向前一有差跌則衆口交攻禍患不測而以貫結託平生畏避碌碌度日者例獲大官且無後悔茲望陛下深察必使賞罰之間上當天心下合人情即後來諸將易於遣使伏望陛下更致聖思幸甚臣又伏蒙聖諭虜人八九月之間必竭力而來在陛下以社稷宗廟之重理宜過爲之備臣聞太公佐周以伐紂伊尹相湯以伐桀彼皆深通天人之際審桀紂之無道知其民之思治有所不動動無不成又況湯武之君德備于己而二臣用心上達於天計策圖謀若有神相蓋非偶然也臣學識駑下探事度變安足以望前賢萬一臣竊觀金虜無道弑主再世天怒人怨破滅無疑而臣所憂有大焉者今風俗習成上下相蒙惟知富貴不知有他上違天理下虧臣節此風不改借使金賊已亡內患外變且將相仍而起矣而其責實在陛下臣故願陛下正心脩己急收人才以應天心以活萬姓使事事誠實感格天人聖德日新兵革自息理之決然更無可疑詩曰鼓鍾于宮聲聞于外惟陛下敬之謹之天下幸甚臣子栻過蒙聖慈奬借臣不勝感激之至惟是臣父祖皆以賢良方正科出身臣以艱難之時勉強事功不謂讒謗交攻幾至亡身以及家族獨荷陛下眷遇之隆

父子感涕恨無以報惟望陛下察三至之言終始保全使免大戾

浚又奏邊事曰臣今月行次常州約十四五日間可以渡江臣自離行闕內外之議及以書抵臣者多欲臣只於維揚暫駐無至極邊竊恐虜人因此舉兵或至生事大率世俗所見是非顛倒往往如此仰惟陛下聖智高明卓越群倫不待臣言固已洞照而臣嘗所經歷敢畢陳之臣聞漢兵利於夏是以宣帝有六月之師胡兵利於冬是以夷狄率秋高而舉方初冬時虜以虛聲臨我使我調發謹備不得休息及至春夏我得天時遂欲歛兵藏跡使彼一無可虞安居養牧以俟深秋復來侵擾此豈計我今日之事陛下以人才未得財用未備未能恢張聖略親總六師蓋亦出於不得已也至於備之以聲示之以勢使彼明檄交馳使命奔走羣情疑恐多設備具增兵益馬虛糜糧食逮至秋高不能措置舉動庶幾立國之計要不可忽也臣故願

陛下汲汲夫人才之用，合志同心，以待機會。臣到維揚，歇泊三兩日間，即一到楚泗，謹先密具奏知，伏乞睿照。

浚奏川陝事宜曰：臣竊惟自昔三國鼎立，惟吳蜀相與為唇齒，故魏擊吳則蜀應，擊蜀則吳應。今二國之勢，我盡得之，而川陝之師，倚以接戰，亦既幾年。陛下慨然軫念，屢發詔旨，使之措置牽制，偶舟師稽遲，張子蓋復以久病事容齟齬，然而自今以往，圖之安可緩也。且夫蜀人之不欲吳璘出師於陝，猶吳人之不欲王師輕越江淮也。彼各以鄉里家屬為重，勢有不得不然，而事機之來，緩急輕重，利害甚大，非審思力斷，順天人之心，其安能有濟哉。兵家之事，難以遙度，臣日或有處分，至吳璘只望詳述利害，令璘隨宜措置，蓋恐遠地所傳未信，或至違誤，伏乞睿照。

浚論東西牽制奏曰：臣仰荷陛下委任至重，不敢愛死，庶報萬分，顧臣雖愚，非不知坐保江淮，固安目前為可以免戾，而區區每思牽制此虜於東方者，非有他也，顧以虜萃精兵於關陝，東方空虛，不及茲時有以撓之，用觀人心之變，而坐待賊虜回師併力以事兩淮，竊恐國家之悔為無及矣。臣日近奏稟山東海舟利害，亦非敢冒昧為之，蓋欲先張聲勢，屯泊於海州一帶，招收壯勇，窺伺機會，庶幾此虜有後顧之憂，而人心易離，不能深入，其與束手不為，俟虜勢之張為有間矣。臣衰老多病，豈復僥倖萬一功名之心，惟是受國厚恩，朝思夕惟，不忍只為目前之計，以貽後禍。伏惟聖慮高遠，灼見事機，如以臣所慮為有可采，即乞特賜親筆處分，令臣執守措置，不然，亦乞明以諭臣，使之遵守，伏乞聖慈特賜睿旨，不勝幸甚。

浚又奏虜勢及海道進取等事疏曰：臣契勘虜人南向之兵在靈壁、虹縣、逆於泗宿州、南京者無慮數千騎，雖姦詐百出，情未可量，要之

勁兵多在陝西，而宿亳、南京一帶不過近四萬餘人，潁昌、襄城亦不過二萬餘人。比聞復出文榜，欲以三月及八月因草地茂盛來窺淮南。以臣度之，虜若無西北牽制之患，則今歲秋成，糾合大兵，圖我淮甸，理無可疑。臣日夜思所以待之之計，私以為虜之事力素強，倘非出奇搗虛，乘其不意，使各有懷顧巢穴之心，則攘卻之功未易可為也。臣自去冬即具奏乞東西相應之舉，與故鎮江都統張子蓋反復計度，當時 仕將佐，所差舟楫，所募忠義之人，議已素定。會子蓋臥病連月，而福建海舟踰期不來，致使川陝之師獨當一面，失此機會，誠可歎息也。今虜兵疲弱，非往昔比，而民心懷宋日甚一日，山東虛實可坐而料。三月以後南風順便，海舟之發，適當其時，因東人思奮之心而用之，事可圖矣。伏奉二十三日處分，令臣以逸待勞，觀釁而動，敢不遵稟。臣愚見以為淮上大兵當務持重，獨海道之舉，不可不亟為，不然，彼將無所顧忌，秋高馬肥，得以驅脅蕃漢，一肆所為矣。陛下圖之，天下幸甚。

浚又論牽制事宜奏曰：臣等誤膺重寄，夙夜恐懼，思有以報稱萬一，況事關利害，一失機會，後悔難及，臣等不敢隱默，顧望上負聖知。伏惟聖慈特賜鑒察。臣等竊惟兵家之事，必以謀勝，古人用師，彼出則我守，彼歸則我入，故晉悼公三駕而楚不能與爭，漢高祖用轅生之說，出兵宛葉，以分楚力，卒勝垓下，諸葛亮祁山之師，連歲數出，竟以困魏，而王朴安邊策亦曰：備東則擾西，備西則擾東，奔走之間，可以知其虛實。蓋敵人事力之強，必左制右牽，以乘其弊，而後可圖也。若欲拱手不為，制命於敵，雖幸目前之安，終必貽患於後，矧勢陵事格，有不得而暫安者乎。臣等受命以來，首惟當此財匱兵疲、民困力弱之際，第當審擇險要，以守為主，而事貴權時，理難固執，矧今日有

不得而但已者。竊聞陝西吳璘之師，留未幾月，與虜人大戰者已至于再。臣等私以為此不可不為之深思。蓋使此虜得志於西，則氣焰必熾，脅制番漢，張兵邊陲，迫我臣屬，事固難處。使虜脫有敗衂，則必形勢支離，上下攜貳，幾不可失。使虜留屯列守，求以困我，則磨以歲月，變故多端。然則虜之勝負與夫持久不決，皆有大利害存乎其間。倘坐視不問，貽憂異時，恐非計之得也。臣等愚慮欲先發舟師，奄出海道以擣山東，而命張子蓋駐兵盱眙楚泗之間，李顯忠駐兵壽春花靨之間，蓄銳休卒，用觀其變，先立不敗之地，俾賊虜首尾奔命之不暇，見利則趨，知難則守，而潜遣忠義結約中原，機會蓋有可言者。虜聞我重師臨邊，其精銳往關陝者，又不敢輙呼之使還，人心憂懼，必致疑惑。而我師之在德順者，知吾有牽制之舉，將士之情孰不奮作，益堅鬭志。若皇天悔禍，虜之弱勢卑露無餘，則豪傑響應，理無可

疑。陛下徐御六飛，來臨建業，力圖恢復，誠千載一時也。議者或謂此虜若復能竭國而來，吾將何以應之。惟完顏亮十年圖謀，一旦舉十萬之衆，深涉吾地，身殞衆潰，士馬物故甚衆，使亮復生，亦必不能再舉全師於今日。況葛王北有契丹之擾，西有陝右之敵，分兵州郡，處處屯守，其不能遽以全師復來明矣。今我諸軍久屯淮上，耳目所接，斥候固明。萬一此賊或冒昧一來，小則率衆抗禦，是遏其鋒；大則斂兵清野，以伺其便，其權固常在我，而初無所損也。仰惟太上皇帝嘗衣旰食，屈己為民，而狼子野心終不自革。太上皇帝肅將天命，夬駕順動，兌渠就隕，天之佑德，蓋已可見，而親舉大器授之聖子。恭惟陛下體太上付託之重，慨祖宗王業之艱，卹生民塗炭之苦，念金虜雠恥之大，未嘗一日而忘于心。事幾至此，誠不可忽。臣等中有所見，倘若隱默，則其欺天負君之罪，雖死奚及。惟是智識淺短，安敢自以為

嘗。伏望陛下默思宸筭，特賜處分，不勝幸甚。

孝宗時，起居郎胡銓進此事曰：隋文受周禪，令賀若弼吞江南，禽陳叔寶。先是，弼請沿江防人交代，必集歷陽，大列旗幟，陳人以為大兵至，既知防人交代，其衆復散，後不復備。及是，弼以大兵濟江，陳人弗覺，遂平陳。

臣聞兵法曰：兵出詭道。又曰：兵以奇勝。何謂詭？變詐百出，以計取敵曰詭，弼請沿江防人交代必集歷陽是也。何謂奇？出其不意，使人莫測曰奇，弼以大兵濟江陳人弗覺是也。中國由正道，夷狄由詭道；中國以正勝，夷狄以奇勝。由正道者常不得志，由詭道者常得志；以正勝者常少，以奇勝者常多。此自古及今中國所以多見陵於夷狄也。建炎戊申，虜人請和，聲言提兵百萬有事河北，初無窺維揚意，宰相黃潛善、汪伯彥真以為不吾襲也。既而以精兵萬

人直擣揚州，而汪黃安坐中書，初不知虜兵之至也。一旦六飛之麾蒼皇出奔，幾不免虎口。自靖康迄今凡四十年，虜人未嘗不由詭道，未嘗不以奇勝，而我終不悟也。前車覆，後車戒；前事之失，後事之師。竊聞道路之言，虜人欺我以和，潜師窺伺，或言多造戰艦由海道以進，或言實粟塞下由間道以來，雖未必可信，然弼之沿江防人必集歷陽，前事之驗也。醜虜之計，安知不出於此乎？陛下前日奮然下詔，謂和决不可成，有識咸鼓舞，以謂聖神遠慮，洞見犬羊之情，有如蓍蔡。近者邊臣遣兵官孫造往返境上，疲於奔命，竟不能得虜人要領，其懲期爽約亦可見矣。臣願陛下堅守前日和不可成之詔，力脩政事，十年生聚，十年教訓，如越之圖吳，則社稷幸甚，生靈幸甚。

虞允文上言曰：臣被奉元降指揮，委臣體訪事宜。臣據吳璘及諸處

探報多言虜酋追使督責陝西監軍合喜又益以兵使必爭[illegible]河秦
鳳涇原三路新復州縣此亦理之必然蜀士大夫多以今歲防秋官
軍分戍皆在新邊數百里之外地廣兵稀入寇之路不一與去歲守
蜀口險隘事體大段不同萬一虜騎奔衝或有透漏則官軍在遠救
應不及而內無扞禦之備意欲退守蜀之舊疆臣竊以為不然蓋虜
中方亂虜兵在中原者不多合喜不過資諸州百姓以為軍勢爾人
皆有不得已之心而無久練必勝之用亦何足深畏也三路之地取
之既難棄之或易則新附之民必大失望異時進兵深入何以責西
人徯望而響應也臣見與吳璘商量措置拘收姚仲人馬別立陣隊
并教習興元義士以待用又於成都府等路蒐集威強兵以待緩急
調發而臣之愚慮乃以鞏州一城未下為憂蓋腹心之疾未去則秋
深寇至其於戰守必至相妨臣屢三貽書吳璘而璘之意亦與臣合

比日分中軍人馬二千遣其子挺初抵城下虜識認是官軍一城
皆震擾即其日有四甲兵白晝縋而下具言城中飢虛皆有求哀乞
降之意約旦夕可復此州則官軍得以全力而保險隘可仰寬西顧
之憂也才俟鞏州捷至別具事宜奏知伏乞睿照

允文又論今日事機可戰奏曰臣愚無當世之用誤蒙陛下號召凡
今日事機所不能盡曉謹博詢賓客步裨萬一我今與虜又非特古
所謂中國與四夷有內外首足之辨而已也女真與我乃真不共戴
天之讎其當必報乃天地之大經春秋之大義自建炎以來四十年
間天下之人有口者類能言之不待臣復縷析而索言之矣所甚切
者群士夫之言曰陛下英武沈毅料敵制勝出於天授而虜酋[illegible]
權移於臣下一可戰也二聖禪授之德升聞而逆虜篡弒之禍相接
天命不貳二可戰也逆虜衆叛親離有夷狄相攻之禍而吾四封之

內無盜賊嘯聚之憂三可戰也中原百姓咸思祖宗德澤身在[illegible]
心在本朝四可戰也自前年逆亮用兵中原豪傑無逐鹿之心而率
衆內附今皆居吾境上聚為市落棄其墳墓田業不去五可戰也朝
廷自收復陝西三路得兵得馬得糧得形勢之地六可戰也虜中管
軍酋領絕不知兵所至浪戰而國家宿將尚有可用之人七可戰也
虜中去歲久旱蝗飛蔽野而梁洋秦鳳之間蝗不入境歲事大熟可
以卜見天心八可戰也彼久盛當衰此久弱當振天道自然之理今
逵其時九可戰也臣觀天人之會誠有可戰之機但朝廷規摹未定
議論未一措置未當未有可戰之實爾如張空拳以戰則後日之禍
將有不可勝言者伏願陛下與二三大臣熟議而深思之盡力於戰
備無為因循之計而後可以萬全天下幸甚

允文又應詔論進討勝勢兵糧將帥奏曰臣准金字牌遞賜臣及王

彥御劄一封伏蒙聖恩諭以虜勢衰弱將來必有機會可乘命張浚
作書與臣等預定籌畫天開聖哲天啓淵衷此宗社生靈無疆之休
也臣既非其才亦非其任不足以窺遠圖奉明詔而清問下及千載
之遇臣何敢無說以自獻臣竊觀今日天下之勢豈無可乘之機虜
兵雖多而其心已離官軍雖少而其用常分離固可圖而分亦未容
取勝此三數年來楚漢之雌雄所以未決也自古帝王圖回天下其
兵之用必有先後重輕之序漢高祖起山東而未嘗與羣雄爭山東
光武起南陽而未嘗以其身一日留南陽唐太宗起太原而未嘗分
其勝兵以守太原各因其時各順其勢以取關中以取河北者天下
勝勢所在也勝勢得而天下定矣其間不過遣一偏一裨分餘兵以
畧地而其勝兵終合為一勢全力圍餘兵得以倚重而成功方策歷
歷可考也臣不知士大夫之論以今日之勢當孰先今日之兵當孰

重。且自陝而西。自山以東。綿亘數千里之地。如將曰諸道並進。鼓行而前。浸浪一戰。僥倖一勝。或容有之。然相去遼絕。首尾莫應。若差跌一敗。則進退倉皇。危疑之論錯出。而一人之心。有不能自保者。蓋非常之才。知之者少。非常之功。急之者衆。倘朝廷之上。或是或非。將帥之間。或進或退。則誤國大計。其禍有不可勝言者。比年之事。可以鑑矣。識者之論。以為恢復之圖。當先定其規摹。然後從而審擇。無旦是而夕非。一勝不為之喜。一敗不為之懼。浮言莫搖。羣讒莫毀。則萬全之功。庶幾其可立也。今虜兵之在境上。雖或聚或散。去來不常。而邊巡累月。委曲求和。則虛弱之形可以畢見。當西師收復三路。所得之糧以五六十萬計。吳璘之兵在德順。蜀無一粒之粟過河池。王彥之兵在商虢。蜀無一粒之粟過上津。今河南汝蔡。襄鄧之間。虜之積粟亡慮十數萬。亦何患無可因之糧。若官軍以全力而進。則或取汝取蔡。或由商虢以擣河東。或由嵩鄧以窺河洛。以虜驕之實。處張我之虛聲。以虜惑之虛。處爲我之實事。則何攻不克。何取不獲。若兵力不全。臣謂雖克之。必不能守。雖獲之。必不能有也。至於諸將之才。互有短長。貴當使之。則使過使廉使貪。參備以待用。其怯而誤身者。雖通顯必棄。其勇而徇國者。雖單賤必用。如倚辦一二人。而責其進取。則氣必驕。假寇自重。安我之事不一。而功必不就矣。臣愚欲望陛下先與腹心大臣熟計之。以臣之說而審究之。議論一則規摹定。規摹定則事功立。此宗廟生靈無疆之休也。抵突天威。伏深震懼。

祕書省正字趙汝愚乞力行自治之計奏曰。臣竊惟祖宗創業之艱難。再二百年。雖胡虜之亂。神州陸沉。有識之士。言之切齒。陛下天錫勇智。慨然發憤。勞形苦心。志在恢復。誠社稷生靈之幸。然臣竊觀天下之勢。以謂國家之與胡虜。未必強弱不同。盡可以德攻。而未易以力取也。今夫興師動衆。鼓行以北。自一邑取一州。自一州取一道。精闢而前。是以力戰天下也。胡虜來襲。必將驅逃犬羊之衆。以與我爭其勢。不奪不饜。往年唐鄧海泗之戰是已。萬一智均力敵。曠日持久。我力外竭。資儲內虛。加以水旱洊臻。盜賊乘之。而勢蓋有甚可憂者。陛下不可謂必無是事也。然法曰。先為不可勝。以待敵之可勝。臣愚伏願陛下含忿忍恥。力為自治之計。於是虛懷納諫。以輔其德。任賢使能。以治其政。開布大信。以繫中原固結之心。務農訓兵。以隆根本不拔之勢。國既富矣。兵既強矣。方且能而示之不能。用而示之不用。嚴飭邊將。俾毋以小利數驚動邊境。使虜不猜不懼。自成驕惰苟且之政。然後觀時俟釁。以順而動。乘破竹之勢以取之。其為力易矣。臣所懼者。將有大言無實之人。不量事勢。竊窺陛下之意。迎合取寵。爭言速戰之為利。臣愚誠不足以明勝敗之數。或者虜更懼而脩德。則陛下之所欲。愈遠而愈緩矣。臣不勝惓惓。

參知政事史浩條具弊事奏曰。臣今月十六日午刻。恭領聖旨。下詢臣曰。前日集議宰執獨無奏章。侍從臺諫所言孰為至當。令臣條具。臣祗奉威命。震懼于心。倉卒之間。未知所措。臣竊觀聖問。仰見淵衷。既定宏規。復咨羣議。此實帝王之度。豈容蠡管之測闚。臣頃因陛下即位之初。嘗陳今日禦戎之計。謂藩籬不可不固。扃鑰不可不嚴。藩籬固。則內之政事可脩。扃鑰嚴。則外之姦細難入。先為守備。是乃良規。若夫議戰與議和。則亦在彼不在此。彼戰則戰。彼和則和。和不忘戰。姑為雪恥之後圖。戰不忘和。乃欲緩師而自治。此度今年之事力。故立一時之權宜。既匪成謀。未為定論。第當堅壁力禦。攻衛謹候。乘機以圖恢復。倘聽淺謀之士。時興不教之師。寇去則論賞以徼功。寇至則斂兵而遁迹。使彼無辜之赤子。皆為橫死之游魂。取快一朝。

含怨萬世，謂之恢復，豈不痛傷。然念祖宗版圖，久污腥羶之俗；祖宗陵寢，鞠為荊棘之場。為人子孫，可忘食息。正須勵志於名實，賞罰責成於將相。公卿假以歲時，復其境土，鋒衆破竹，勢順建瓴。是為弔民伐罪之師，不作鼠竊狗偷之態。此陛下之素志，亦愚臣之舊聞。彼侍從臺諫之流，真議論文章之粹；蘭菊有春秋之異，藥石俱砭劑之良。固匪能言而不能行，實皆可敬而不可慢。雖衛多君子，知國勢之愈隆；然楚有得臣，念敵情之未係。是宜練兵而選將，常若拯溺以救焚。臣願陛下求其所陳，亟為之備。臣適當短晷，素乏長謀，姑以狂辭，仰酬清問。觀因一得，少補萬分。

浩論用兵劄子曰：臣昨晚恭領御筆，論僞境元帥所咨張浚書，誠如聖訓。然以臣愚見，陛下經變他之後，目今兵力寡弱，財賦單匱，若歲歲設備，虜人聲東擊西，長淮千里，大江綿亘，皆是敵境，處處用備，人人不得休息。譬如兩虎共鬭，勢不俱生；二寇相擊，薄者先穿。若不因其衆精加思慮，臣恐自此無時寧息。臣觀虜情，彼亦厭兵，但以本朝時縱無謀之將前去侵伐，不得已來應我。若能因其厭苦，乘勝逐北，掃清中原，是一機會；若猶未也，須當料吾甲兵如何，財用如何，取之當自何處，守之當用何人，使吾備不弛，吾力益壯，他時觀釁而動，有何不可？蓋夷狄未有長盛之理，破滅有期，但當小忍，以俟之爾。以陛下之英明神武，豈患不得天下？但顧今日兵力未壯，民力未甦，財力未足，而遽措內以事外，雖得天下，未見其利也。宜因此徐召張浚來議此事。臣之識淺，不過如此，不足以仰裨聖算，惟陛下恕之。

浩又上奏曰：臣恭覩陛下將發英斷，進討山東，以為恢復故疆、牽制川陝之謀。臣復侍清光，親承睿旨，不勝欣抃。然亦有惓惓之愚，不敢隱默。竊以傳聞之言，多謂虜兵困於西北，不復顧山東，加之苛虐相承，民不堪命，王師若至，可不勞而取。審如此說，則弔伐之舉，本不在衆，偏師出境，百城自下，不世之功，何患不成？萬一未至盡如所聞，虜人尚敢旅拒，遺民未能自拔，則我師雖衆，功亦難必。而宿師于外，守備先虛，我猶知出兵山東以牽制川陝，彼獨不知警動兩淮、荊襄以解山東之急耶？為今之計，莫若戒敕宣撫司，以大兵及舟師固守江淮，控制要害，為不可動之計。俟有餘力，方可遴選驍勇有紀律之將，使之以奇制勝，若徐、鄆、宋、亳等以次撫定之。兩淮無致敵之虞，然後漸次那大兵前進。如此則進有闢國拓土之功，退無勞師失備之患，實天下至計也。蓋山東去虜巢萬里，彼雖不能守，未害其強；兩淮近在畿甸，一城被寇，盡地陷沒，則朝廷之憂，復如去歲，此臣所以夙夜憂懼，寢不能暝，而為陛下力陳其愚也。且富商巨室，未嘗不欲利也，然貿于遠者，卒不肯以多貲付之，其意以為山行海宿，要不可保。若傾囊而付之，一有所失，悔其何及哉！此言雖小，可以喻大。願陛下留神察焉。臣比者誤蒙聖慈，使樞事樞究攻守大計，實任其責，伏惟陛下槩其愚忠，速降處分。

知烏程縣余端禮上言曰：謀敵決勝之道，有聲有實。敵弱者先聲後實，以讋其氣；敵彊者先實後聲，以俟其機。漢武乘匈奴之困，親行邊陲，威震朔方，而漢南無王庭，蓋讋其氣而服之，所謂先聲而後實也。越謀吳則不然，外講盟好，內脩武備，陽行成以種蠡，陰結援於齊晉，教習之士益精，而獻遺之禮益密，用能一戰而霸者，伺其機而圖之，所謂先實而後聲也。今日之事，異於漢而與越相若，願陰設其備，而密為之謀，觀變察時，則機可投矣。古之投機者有四：有投隙之機，有擣虛之機，有乘亂之機，有承弊之機。因其內釁而擊之，若匈奴困於三國之攻，而宣帝出師，此投隙之機也；因其外患而伐之，若夫差爭於黃沙之役而越兵入吳此擣虛之機也敵國不道因其離而舉之若晉之降孫皓此乘亂之機也敵人勢窮躡其後而蹙之若高祖之追項羽此乘弊之機也機之未至不可以先機之已至不可以後以此備邊安若太山以此應敵勢如破竹惟所欲為無不如志

知信州王師愈奏曰臣竊謂定天下雖不可憚用兵保天下亦不可輕用兵二者唯審其勢爲可也昔者漢之高祖光武唐之太宗皆倔起草昧艱難故奮不顧身以爭一旦之命其勢不得不日夜淬礪擊搏進取以定大業天下之人亦厭於亂離不惜肝腦塗地出力以佐上之人蓋覬一旦功業成就息肩乎平治也是以留侯勸高祖必從思歸之士還定三秦且曰民志已定則難用者此也及事勢已定人民樂生則非有萬全不可輕舉矣昔者宋元嘉自恃富强且曰河南我之故地橫挑强魏當時群臣雖知其不可不敢言惟沈慶之言之

而不見信至王玄謨輩皆誕謾欺罔至有聞其言欲封狼居胥之意卒之三大舉皆無成先之以到彥之次之以王玄謨三之以蕭思話使二十餘年元嘉富庶之盛淮南赤地千里人無遺育禍有不可勝言者此不可不鑑也夫妄自菲薄引喻失義諸葛亮固深言於蜀橫挑强胡經營分表蔡謨亦深垂戒於晉二者皆當今所當念也為今日恢復之計不可一息忘恢復之師不可一朝舉臣恐群臣獻計有誤陛下謂今日可以用兵者故願陛下審處其勢也夫以祖宗二百年經理封疆淪入於羶腥兩朝北狩不返天下切齒五十年矣有志之士孰不願叱死而一洗之然時異事變南北之勢已定民庶之志戀生彼無必取之形我無必勝之勢若釁隙一開兵連禍結力竭手內民不聊生其變故固多端矣昔者寶元慶曆之間當天下全盛之時以中國全力制一元昊小夷西鄙數年不解甲兵威方震而民力已困京東西盜賊紛起卒元昊納欵不暇與之嚴正名分遂屈意從之務以息民救內當時英賢滿朝戰士如林豈不能因時乘利以伸中國威靈誠勢有所不可也今夷狄雖犬豕難信然我既與之約誓矣犬豕背棄信義猶有天殃況以中國禮義之所從出豈可自棄信以始禍階縱一舉能遂滅之聖哲猶以為重況以今日兵力未必能制其死命耶若彼自欲送死則我所以待之固有辭矣故臣願陛下審處其勢無輕開兵端則社稷生靈幸甚

翰林學士承旨洪遵論制敵定計劄子曰臣嘗謂自昔大有為之君與其謀臣規摹舉措必有一定之說類非嘗試萬一僥倖為之故其大功之成若合符節無毫釐差者臣敢以一二言之漢高帝之用韓信也其志見於登壇之初至於北舉燕趙東擊齊南絕楚之糧道而西會於滎陽無一不如其志者光武之用耿弇也其志見於從幸舂

陵之時至於先定漁陽取涿郡收富平東平齊地無一不如其志若高光之能用忠謀而信弇之自信其說蓋如此天下後世徒見其功成志得殊不知其規摹先定非一旦偶然者臣竊謂國家攻守之計宜有定論姑以兩淮言之前此督糗糧運芻秣調器仗汲汲然以恢復為念及得虜諜則倉皇奔適焚室廬驅士女為清野計則是今日之論未一也臣愚欲望聖慈與帷幄大臣深謀遠慮凡所以固圉制敵者先為之備無恃敵之不至恃吾有以待之規摹既定備禦既固緩急之際誠足以致勝矣惟陛下留神天下幸甚

司農卿李椿上奏曰臣竊觀易之六十四卦惟既濟一卦六爻皆相應剛柔正而位當可謂至善矣故曰既濟而聖人之戒則曰思患而豫防之蓋居安慮危之意也傳曰重門擊柝以待暴客蓋取諸豫豫者有備無患之謂也臣竊謂兩敵相對强弱大小譬之奕者之有高

低爲奕之高者之著則低者應之不足低者之著則高者應之有餘此則勝負之可料也然則低者自知則先數著爲高者後著則適相當矣若著數多高者雖高亦不勝矣又或高低相若又能先著則取勝必矣奕者見其先著之多自料不能敵則亦不敢下著矣兩敵相對豈不然哉此聖人之或所以貴乎豫也臣竊聞今春虜中加無禮於使人未知朝廷何以備之伏惟廟謨神筭必有所處固不當宣泄于外然則虜試我也彼必有定論在應之如何耳

侍御史王十朋上疏曰臣聞宿州之師全軍退守觀時識變深得進退之機然而異議小人與聖意素不合者往往幸災樂禍倡爲浮議以動搖大計以離間陛下素所委任之臣使其說果行殆非宗社之福昔唐憲宗伐蔡戰數不利群臣爭請罷兵錢徽蕭俛之徒言尤確苦會高霞寓戰却宰相猶常厭兵欲赦賊以探上旨帝曰一勝一負兵家常勢若師常利則古何憚用兵耶今但論帥臣勇怯兵強弱措置如何詎可一敗便沮成計乎於是左右不能容其間斷然用一裴度卒能成平蔡之功臣願陛下以剛大爲心毋以小衂自沮察小人之意勿爲浮議所搖敕遣中使慰勞將士且令解甲休息養銳俟時大臣如裴度者益加委任以固其心勿使異議如錢徽蕭俛之徒得以肆其讒間況陛下今日之師爲祖宗陵寢而舉爲徽宗欽宗復讎而舉爲二百年境土而舉與古之帝王好大喜功開邊生事者萬萬不同陛下隱之於心俯仰無怍小人異議亦何足卹哉投機而進知難而退側身脩行任賢使能政事益加脩軍旅益加治財用益加蓄以待天時人事之至可也顧在陛下斷之如何耳

王質上書曰臣觀陛下即位以來初欲繫單于而獻之廟社今乃坐困於二偽帥而不能抗初欲焚庭犂瀆復秦漢全盛之幅員今乃併淮南而失之初欲驟奮雄張立乎漢武帝唐太宗之上今乃國勢有南唐之蹙陛下試還慮回思則平日施設舉措爲是爲非爲當爲否至此可見富國有捷法強兵有要術管仲吳起商鞅諸葛亮王猛略得區區之訣皆能以歲月取効今未暇亟言亦未能遽行直謂虎狼不可守門戶宜速驅使去虜帥比擁窩斡數十萬之衆南却宿州七八萬之師不旬月而獲海泗唐鄧廬壽濠楚數千里之地殆非庸人所度劉寶郭振之流皆非其對陛下勿輕信人言謂無能爲臣往還淮南久聞邳州汴京大治舟船知其圖水陸兼進之舉而東阻海北阻泗清口潁河之利不全長淮之勢不通不敢輕出移書三四移文六七使介兩三往來輕削臣禮望失海泗必欲得而後和其意在此朝廷不深探其情便謂誠然倉卒委棄既得之則水利快便自清口而下者入淮浦自潁河而下者入洪澤我無力以捍淮陰蔽山陽退

保真揚之間彼舟船得淮河運渠之利騎兵占天長清流之勝吾真揚之師何以能立彼徘徊展轉列保據要而未肯深進者冬深旱久淮水低運河涸舟船不得以迫江面雖得真揚徒睥睨而不能徑渡去巢穴愈遠致糧餽愈艱何益又復遣人議和迤邐往來是特延引日月以待春水生運河深江潮應開口通則騎兵徑驅蹙真揚之戍舟楫隨進迫真揚之間與我爭長江之利淮西之虜不能久留淮東之虜資水利之便無糧道之憂可以持久弊我要當亟求驅逐之策完顏亮提百萬之師長江在前舟楫不具敗格於采石頓於揚州慮懲前日之失是以有今日之爲今朝廷有二幸幸其不入幸其自去且彼據形勢之地有可圖東南之理何憚而不入戍師以出一戟不頓而坐制吾命何虞而自去朝廷若謂其本無用兵之意特欲見脅以成和恐遂定疑誤有如臣之所料今制虜之本實在荊襄一自唐

州擣潁昌以趣汴。一自鄧州擣汝州以趣洛。往者完顏亮盡萃其徒於潁江。吳拱李道成閔合十萬之師端坐荆漢。曾不能少制其後。而成閔倉皇奔歸赴救。道耗死者太半。宿州之長驅。德順之深入。荆襄空屯數萬之旅。飽食竟日。終不能出汴洛之舉以分宿州德順之勢。故揭喜得專志以感德順。紇石烈得併力以退宿州。今虜專嚮淮南瞰江而以窺國都。又虛荆襄之力而弗應。方且強驅民丁迫守江岸舉烽於樓。設砲於竿。築壘而建女墻。掘壕而施鈎板。發坑以陷馬。植櫓以礙舟。其形狀可恥。堂堂之國。不作丈夫之規。而常事小兒之戲。使敵見之。愈足納侮。安能亦感。蓋揭喜將士部曲其巢穴多在河中。儻紇石烈將士部曲其巢穴多在汴宋。汴洛一動。關河震驚。淮南之虜回顧。而有後顧。其勢必退。不退則必邀迹掎擊之。可以得志。臣不復引兵法。陳史傳。蓋攻其所必救。奪其所必爭。此用兵之勝策。自

完顏亮南侵。淮東之師敗於瓜洲。淮西之師衄於楊林。去歲又狼狽於宿州。惟荆襄之師邀當劉蕚之鋒。屢得虜人之利。士氣全軍具備王宣之猛。趙撙之審。相濟所長。皆可以為善將。宿州之役。荆襄有掎角之令。二師鼓舞。三軍踴躍。既而止之。咸相顧失色。今虜盛兵以疑荆襄。蓋亦慮有腹心之擣。勝兵多從偽帥以趣淮南。唐鄧陳蔡之屯未必皆精。揚聲十餘萬亦未必滿數。往徵汝蔡之備。有憚荆襄之意。用吾全氣。乘彼憚意。今吾荆襄之衆不下萬人。留三分之一以備諸要。其餘徑擣直驅。不獨可以退淮南之虜。恐因可以成河南之事。政使未有大功。能擊之使退而後議和。則辭令有氣而禮節有筋骨。不至於厚幣遣使。雖去而弗納。陛下有此奇而不發。非陛下不知。亦非陛下不能。臣竊料未有任事之人。肯承陛下之意。虜事不捷。則已有禍。蓋自張浚無成。廢罷朝廷。皆以言兵為亂人。撤藩仆闕。蕩然亦之

以無有。而坦然交之以不疑。夫是以至此之憑陵。今日刃侵於胷。尤逼於膚。死中求活。法當尋出奇之計。而況理有必然。勢有必中。非妄舉輕擲。如前日之比。陛下若以臣言為然。則斷自宸衷。勿搖浮議。行之。何惜擊虜之奇。投於無用之地。臣非不能緣飾巧語。鋪張繁文。陛下何所用此。且以危情迫。有所不暇。惟陛下憐其忠而赦其簡陋。幸甚。

戶部侍郎王之望上奏曰。臣聞人主之論兵與將相不同。審虛實。量彼己。運奇正之略。定攻守之計。法令備明。威信兼舉。使士卒用命。常畏我而侮敵。此將帥之事也。察時變之宜。講自治之術。選授將帥。明信賞罰。收群策。用善謀。而不惑於是非同異之際。此宰相之任也。人主則不然。惟奉承天意而已。乾之九五曰。聖人先天而天弗違。後天而奉天時。天且弗違。而況於人乎。況於鬼神乎。此人主之道也。春秋

書王。或曰天王。或曰天子。必繫王以天者。言王者行事。必當稟之於天。是以傳稱帝堯曰。惟天為大。惟堯則之。詩稱文王曰。不識不知。順帝之則。凡天下之事。未有違天而能濟者。況於兵邪。臯陶曰。天討有罪。五刑五用哉。此之謂也。自用兵來。或戰或和。或攻或守。論議多矣。亦有以天意為陛下言之者乎。國無小大。逆天則危。兵無強弱。順天則捷。是故帝王之兵。必觀天意。湯誓曰。夏王有罪。天命殛之。予畏上帝。不敢不正。湯誥曰。天道福善禍淫。降災于夏。肆台小子。將天命明威。不敢赦。武王伐商。作泰誓曰。商罪貫盈。天命誅之。予弗順天。厥罪惟鈞。又曰。天有顯道。厥類惟彰。今商王受自絕于天。尔奉予一人。行天之罰。以湯武而攻桀紂。決勝何疑。而猶必察天。天意順矣。然後敢舉。人知湯武之師為不可敵。而不知其所以然者。是實與之也。天之所與。孰能抗之。故易曰。湯武革命。順乎天而應乎人。漢高祖起於匹

夫身滅秦項宜其以威武自任然常曰吾以三尺劍取天下豈非天哉其征冒頓上天見異月暈七重高祖不悟困於平城者七日高帝知天意之所在終身不議匈奴漢業遂安武帝用王恢之謀伏三十萬衆於馬邑以致單于單于入塞百里幾為漢擒適鴈門尉巡邊卒與虜遇係於亭下單于攻亭得之知漢有謀亟遁而免曰吾之得尉天也以為天王唐莊宗為晉王時討叛文禮于鎮州契丹救之晉敗其師于新晉是歲沙河冰薄虜皆陷溺天大雨雪人馬多死阿保機指天而言曰天未使我至此乃引而去以此觀之中國夷狄或勝或負事之成不成固有不由於天者周世宗南征北伐威震海內兵不血刃略取三關方乘破竹之勢謂幽燕不日可得人謀善矣而事竟不就太祖御極深達天意雖悉平諸國而終置北虜於度外非智勇之不足也及太宗因太原之克進討幽薊失利而歸虜始有輕中國

心至真宗時遂傾國入寇為澶淵之役是時承平既久武備不脩虜勢盛強中外震恐而天發一矢斃其酋帥豈人力也哉臣請以天意論今日之事自靖康以後神州陸沈大駕南巡三十餘年矣誰不欲報父兄之讐復祖宗之土以光堯皇帝之聖武當天下樂推之初徘徊淮泗間不忍南渡者久之馴致維揚之敗於是始幸江表立中興之基曷嘗一日忘中原哉勢未可也虜人挾百勝之強窮其兵力欲包舉南夏而犬羊之衆屢衂於我卒不得已而受盟是非愛我而存全之也亦勢有所不能耳臣竊觀天意南北之形已成矣未易相兼我之不可絕淮而北猶虜之不能越江而南也在東昏時漸有敗盟之端未幾自斃逆亮凶悖決意并吞氣淩風雲衆如山海較其強弱可為寒心然欲取蜀則困於散關欲涉漢則敗於襄陽欲渡江則折於采石釁起蕭墻一夕灰燼虜之南侵其禍如此我師數十萬東西

並舉豈不可以制敵守疆圉則粗安圖攻取則必衂川陝之師殲於德順江淮之衆潰於符離我之北伐其禍又如此虜之克我也固無先勝之謀我之破虜也亦非素定之策皆其自敗事出偶然若有鬼神陰制其變此無他殆皇天之意不與其相侵軼也且文臣如張浚一世所宗武臣如吳璘諸將莫及其所謀畫未必皆非卒至於幾成而壞亦可以言天矣天意既爾陛下得不奉承之乎然臣所謂奉承天意者不必曰與虜和也和不和權不在我胡可必乎為今之計不和不戰自守而已移戰攻之力以自守何患不固自守而固然後隨機制變擇利而應之可戰則戰戰無不克可和則和和無不久惡所往而不善豈欲汲汲然求合於虜以偷歲月之安哉或曰如此則中原何時而復耶臣曰孟子有云成功則天強為善而已聖人稱祈天永命則天命固有可回之理陛下誠能脩德以動天天心悔禍何患

恢復之無時苟非其時不可為也唐太宗受禪之初頡利將百萬衆奄至渭上帝以六騎逆折其鋒而與之盟謂蕭瑀曰突厥衆而不整可汗在水西而酋帥皆來謁我我若醉而縛之設伏於前以大軍躡其後取之如反掌耳顧我新即位為國者要在安靜一與虜校殺傷必多彼敗未及亡懼而脩德與我為怨其可當耶後聞其盛夏降霜赤氣滿野五日並出三月連明以為天亡之兆遂命李靖等討之捷書踵至帝謂群臣曰往國家初定太上皇跪而臣之朕常痛心疾首思刷恥於天下今天誘諸將所向輒克朕其遂有成功乎俄而靖俘頡利以獻拓境至於大漠初虜至渭上有可攻之勢帝務安靜縱之使還待其天怒惡稔乃一舉而滅之時貞觀已四年帝即位蓋五稔矣陛下英明睿斷無愧太宗而仁孝恭儉過之實皇天之所眷佑若屬精嘗膽要之以持久之誠貞觀之功不難致也何遲數年而急於

進取以失萬全之利哉雖然唐太宗猶未足為陛下道也臣請言舜禹之事有苗弗率舜咨禹且征禹乃誓師以行而苗民逆命益贊于禹曰惟德動天無遠弗屆滿招損謙受益時乃天道帝耕于歷山祗載見瞽瞍夔夔齋慄瞽亦允若至誠感神矧茲有苗禹拜昌言曰俞班師振旅帝乃誕敷文德舞干羽于兩階七旬而有苗格方苗民之逆命也伯益贊禹不曰濟師不曰講武而遠引天道又稱舜事瞽瞍以至和而感于神明其說頗類迂闊然禹拜昌言而為之振旅舜敷文德而寢其徂征七旬之間有苗自格天道可信其效如此仰惟陛下堯父舜子孝慈交洽光於有虞萬萬曰者憤逆胡之猾夏赫然興師則有苗弗率咨禹徂征之意也文武大臣宣其忠力奮共致討則伯禹誓師之舉也時事不利虜益猖獗則苗民逆命之比當此之時在朝廷之臣若有能如伯益之贊禹者則大臣當法伯禹之義受其

昌言陛下當師虞舜之仁脩其文德轉禍為福因敗為功將相一心中外輯睦導迎善氣以致至和之感彼區區之虜焉有不格者乎格不格未可知但吾先為不可勝以待敵之可勝則在我者固已有泰山之安矣陛下復何疑乎臣蒙聖知再塵法從覯逢不世之主其畢陶益稷之所以事舜者不敢不陳黼座之前惟陛下采其千慮之愚而審處之天下幸甚

光宗時周南上論曰臣聞以兵之勝負為國之強弱不知為國者也善為國者不以兵其次因兵之不可用而能見強弱之實自中原失守我以偏方一隅當虜之衆大率衆不如其多土地不如其大財力不如其盛六七十年矣中間養兵息民幾三十年未有敢犯也形而虜亦不能盡得我之虛實往往過計以待我故比者兵出之初虜境亦為之響振及一敗塗地形見勢屈至於誅戮首事頭行萬里遣使行成然則積三十年之休養一出而喪之而遂成今日單弱不振之形非其舉動輕率之故歟繼自今以往世有言兵者必唾且罵或遂以為妖誕不祥之人必矣嗟夫已事之失圖是則然矣亦孰知夫一出之不審亦未可以終弱我歟夫使為國者一出而遂至於終為人之下則亦無具甚矣方紹興之末年虜之弱我甚矣及宿師再出而衂我又徼氣於是虜以重兵壓我我不免撤備而就和則弱之勢又甚於前日矣然而卒正尊名卒損歲幣卒為兄弟之國何耶蓋虜之弱我者特在於兵出無功之一事而吾國之君臣舉措與夫孝宗皇帝之政德如日方升較然而不可欺者虜固不得而揣量其輕重也嘗惟夫宋元帝誤聽人言北伐不勝而遂不可收拾也夫到彥之輕舉妄動之失是固然矣然使元帝因此而究見天下強弱之實則兵之損耗者不過一事而已自江左與元魏對立而為南北其間民生

之得所法令之必行其不逮北方遠甚者尚多有之一敗之後徐思南北賦役取於百姓者孰為輕重刑賞之施於臣庶者孰為當否人才之收蓄於上者孰為少多教化禮樂之墜失於民俗者孰為失得是則雖碻磝滑臺相繼不保汲汲為之未為無再振之地也奈何以兵籍口一敗不勝則君臣上下氣折消沮甘心為萎弱之國遂無復自強之意而卒至於不可復為也是雖誅戮王玄謨到彥之之徒亦何益哉夫遇跌而加畏者惷也因敗而為功者智也古之善為國多在於失策之後今日大勢使徒以已事之失推之於勝負之末則智者亦何以措其巧夫惟因兵之不可用而知強弱之實則始有可得而論者矣

蔡戡論和戰奏曰臣聞國之大事和與戰而已好媮者必曰和可安也而不知和不可久恃好進者必曰戰可勝也而不知戰不可輕舉

是故人無一定之謀國無至當之策以和則苟安以戰則幸勝二者國之大事而漫浪如此宜其陛下宵衣旰食群臣朝思夕惟而不置也且以前事言之若和可久安耶既盟之後自宜息兵偃革講信脩睦為夷夏無疆之休雖卑辭厚幣有所不惜然而逆亮之來侵擾淮甸睥睨長江人心憂惶國勢危蹙幸而上天垂祐虜酋授首不然安危之機未可知也若戰可必勝耶王師所指自當長驅中原恢復土宇以紓祖宗在天之憤雖勞師費財在所不顧然而符離之役大臣不審事機諸將多違節度成師以出棄甲而來幸而賊勢自弱凶逵方潰不然成敗之勢亦未可知也戰也和也率漫浪而為之自非九廟之威靈兩宮之神聖德動天地恩結人心寧有今日乎臣竊為今日之計當以戰為實務以和為權宜和非誠和也必陰為可戰之備戰不徒戰也宜先為必勝之資戰固不可速亦不可緩以中原人心

觀之太緩則恐失可乘之機以今日事勢言之欲速則未有必勝之道臣區區管見如此不得不為陛下盡言也臣在華流中最蒙陛下親擢臣感慨發憤思有以報萬一伏自入閩山南號為重寄然事權則歸宣司兵馬則隸諸將雖有二千里方面之責實不得有為於其間臣聽理民事之餘亦不敢仰辜陛下使令之意唯是多捐金帛密詢虜情凡能言敵人之虛實中原之向背與夫虜日出師之得失者莫不委曲誘之使言博采審聽頗得其要臣所謂以中原人心觀之戰不可緩者蓋女真本一小國并有契丹中原之地類多契丹中原之人遺種所存蓋亦無幾後來生於中原者父雖虜種母實華人袞狀之情視其母尤親恥其父為虜驕縱懦弱習與性成非復昔日女真也女真向者恃強憑凌大國盡滅契丹而籍其地虐其民契丹之人怨之至骨則契丹非我敵矣而況中原赤子苦於苛政上下睽離

日懷聖化至云朝廷豈不念我輩國家二百年之民而使久陷偽虜至於此極也凡有此中間探往往相與隱蔽通情告之每恨王師之不出雖前此出師失律干紀無所不至亦未嘗怨及朝廷唯俟王師再舉人自為戰誓滅此虜其間通於事變者乃云以多寡論之豈是中原陷虜乃是虜陷中原言之及此人心可知矣若不因中原愛戴之誠乘機制勝萬一草間豪傑蜂起恐不復為我臣所謂戰不可緩者此也臣前所謂以今日之事勢言之戰不可速者蓋戰之所恃者將也將之所恃者兵也將之能否三軍之存亡係焉兵之強弱一國之利害係焉故將帥不可不擇而軍士不可不精也今之所謂將者或拔於行伍而驟用或取其家世而因任或以積日累月次第而遷或以片言一長偶合而得未聞有尺寸之效積素之威可以服人心而叶衆論甚者懵不曉兵機漫不治軍政惟知刻剝軍人聚斂財賄

內以供庖傳之費外以充苞苴之資凡可以久兵權便私計者無不為也尺籍伍符虛實相半老弱居其一工匠居其一俳優居其一輿隸胥吏居其一詭名冒籍者無所不有則是朝廷養兵萬人所可用者數千人而止耳至於軍籍刓缺往往掠市人而刺之非其本心唯去是計其間不逞無賴之徒利於所得朝應募而夕逃遁為主將者無以誰何姑任其去來而已治兵如此將何所用之它日豈不悞陛下大事臣所謂戰不可速者此也臣願陛下甘言厚禮外示和親選將厲兵內脩武備凡自治之道汲汲而為之唯恐其不速出師之期徐徐而計之不嫌其少緩分遣二三大臣盡護諸將擇久經事任洞達兵機者付之閫外之寄綜覈軍實無使老弱無用之人竄名其間將帥既擇軍士既精紀律既明教閱既熟度可用而用之更宜密遣間諜諭中原之民以朝廷未嘗一日忘之之意撫乃戴其心分散其衆

使華夏相疑。上下相咎。許之城邑以堅其志。察其好惡以順其心。彼勢既睽。我衆可用。王師一舉。固當所向無前。譬之破竹之勢。數節之後。迎刃自解。若更如前日輕付之閫外之寄。不謀而用之。不知事機漫浪之人。臣未見其可也。兵法曰。先為不可勝。以待敵之可勝。今敵人有可勝之機。而我未有必勝之理。日月難得。機會易失。惟陛下亟圖之。

歷代名臣奏議卷之二百三十四

歷代名臣奏議卷之二百三十五

征伐

宋寧宗嘉定九年。禮部侍郎兼侍讀袁燮上疏曰。臣聞用兵之道。有難有易。知其為難而求夫所謂易者。斯無敵矣。故兵法曰。古之善戰者勝於易勝者也。湯武之師。東征西怨。南征北怨。自古用兵未有若是之易者。此所謂王者之兵有征無戰也。今邊事方興。一時士大夫不曰堅守則曰進取。皆自以為易。而為之。而實未嘗知所謂易也。故為堅守之說者。則曰兵凶戰危。毫釐之差。勝負分焉。不若守之為易也。真宗咸平中。固嘗專用此策矣。申勑諸將。堅壁清野。毋與虜戰。不得已而出。止許城下布陣。亦不得戰。固以為萬全之安矣。然虜師至於堅壁之下。過而不顧。長驅以至澶淵。厥後富弼言於仁宗。深以是為戒。然則堅守之說。豈真易哉。言進取之說者。則曰北虜失其巢穴。游魂假息。棄信背盟。我以大義臨之。勢如拉朽。可謂易矣。然王師所指。翕然響應。乘此機會。鼓行而前。其亦可也。天時人事。苟或未至。而畢力戰攻。期於必勝。縱得一州一縣。未能固守。終必棄之。而我師已不勝其疲矣。何以善其後。然則進取之說。亦豈真易哉。臣竊以為當今之計。縱不能如湯武之師。沛然若時雨之降。亦當求其差易者為之。臣之所謂差易者。非有他術也。見可而進。知難而退。以漸圖之而已。今夫捕大魚者。非能於吞餌之初。一舉而獲之也。必少緩之。隨其所往。俟其氣衰力竭。而後取焉。昔者伍員教吳王闔廬以潄楚之策。請為三師以肄焉。一師至。彼必皆出。彼出則歸。彼歸則出。亟肄以罷之。多方以誤之。既罷而後以三軍繼之。必大克之。此策既行。楚於是乎始病。唐安祿山之變。稱兵犯闕。所向無前。其勢張矣。李泌陳困賊之謀。亦欲互出而擊之。彼救首則擊其尾。救尾則擊其首。使賊數千罷疲於奔命我常以逸待勞至則避其鋒去則乘其弊然後大軍四合而攻之必成擒矣周世宗之興也王朴獻開邊之策謂唐與我接境幾二千里其勢易擾也擾之當以無備之處爲始備東則擾西備西則擾東彼必奔走而救之奔走之間可以知其虛實强弱然後避實擊虛避强擊弱未須大舉但以輕兵擾之唐人聞警必出兵師數動則兵疲財竭我可以乘虛而取夫伍員李泌王朴皆一時英傑深於謀國者也而三人之言皆欲先困之而後取之其功雖若少緩而十全無失適所以爲甚速也今之言兵者非怯於應敵則勇於輕敵其失均焉間有稍知兵者則欲伏土豪以集事土豪誠可用也然無以大服其心亦豈遽爲吾役結以恩信厲以忠義如家人父子親密無間時出而用之毋僥倖於一勝庶乎其有功矣此臣所謂差易之失也惟陛下亟圖之

寧宗時衞又上便民策曰臣聞天下之利害有若不相及而實相關者兵荒之餘强狡竊發雖非臣之所治然古語有之城門失火殃及池魚臣亦豈得不爲之慮哉夫兵凶戰危決機於俄頃之間小不如意敗衄隨之故曹公敗於周瑜劉先主敗於陸遜關羽敗於呂蒙杜曾敗於周訪彼皆一時之傑未免乎敗可不謂難乎既難矣精思熟講求夫所謂易者斯可矣書曰思其艱以圖其易非兵說也而可用於兵孫武曰古之善戰者戰於易勝者也此則兵家之格言察其虛實計其强弱必可克也而後接刃必可取也而後進攻從容指麾莫之能禦是謂易勝根未揺而拔之果未熟而取之無必勝之筭而僥倖以成功不旣戞戞乎昔者七國叛漢周亞夫提三十六將軍仗大義以伐之可必克矣乃堅壁不戰以梁委之絕其糧道待其飢困乙甚人無鬭志渙然而散也始以勁兵躡之趙充國解散虜謀邀極乃擊先零竟以破降而罕开不煩兵而服王國圍陳倉董卓欲救之皇甫嵩不許及賊攻之不拔疲敝解去嵩乃進兵擊之此皆明乎易勝之說堅忍以待機會者如此彼不達兵要者悶然遲之不知夫少遲者乃所以速而速者未必不愈遲也今潢池弄兵我以大軍壓之勿與交鋒而待其斃何慮不克擣其巢穴而徼倖於一勝豈萬全之策哉軍志曰先人有奪人之心後人猶待其衰所謂先人者乘其無備發於不測若前史所載來陳而薄之半濟而擊之是也若夫敵衆集矣營壘固矣氣勢盛而備禦周矣則當舒徐以待其衰豈可輕哉或問臣曰覆其巢穴自古有之何故不可臣應之曰賊衆在外餘兵在內其守必弱乃可擣其虛亦番禺者盧循之巢穴也循悉師以抗宋武故孫處得以擣番禺之虛蔡城者吳元濟之巢穴也元濟聚精卒抗李光顏故李愬得以擣蔡城之虛今賊勢未衰聚兵積糧據險以拒

我師而可擣乎先朝西師之興也范仲淹韓琦爲之統帥仲淹深於知兵未始接戰惟築城以逼之庶乎所謂不戰而屈人兵者琦勇於集事任福葛懷敏之徒又皆輕敵夏人誘之深入其中腹背攻之師徒撓敗可以爲鑒矣雖然今所募死士皆生長於盜發之鄉其勇悍善鬭與賊相若其習於險阻與賊相若以是擣之庶其可乎曰兵法諸侯自戰其地爲散地言其家不遠急則潰歸故謂之散未見其可恃也唐李元平募工徒以治城李希烈潛遣壯士數百入應之未幾賊兵突至其黨納之縛元平爲士亦豈易募哉雖然不募則不可要在精審而已審擇其人果可倚伏而後取之據要害之地以爲壘張犄角之勢以相援伺賊之出或衝其膺或擣其脊或攻其脅賊心疑懼四顧無敢輕動而吾民得耕種於其間是足以待其衰矣吾威日壯彼勢日削祈哀請命則許其降困獸猶鬭則與之戰在一舉手間亦

此臣所謂易勝之業敢以為今日獻

衞涇進故事奏曰乾德二年王師伐蜀太祖設氈帷於講武殿紫衣貂裘帽以視事忽謂左右曰我服如此體尚覺寒念西征將帥衝犯霜露何以堪處即解所衣貂裘遣使馳驛賜王全斌仍諭諸將以不徧及也全斌拜賜感泣

臣竊謂用兵重事也師旅之行聖主常有惻怛怵惕之心故其暴露勞苦雖在將校士卒之身聖主每若以己臨之是以隆冬而察其祁寒皸瘃之患大夏而念其溽暑瘴熱之煩惻焉有所不安是以天下知人君用兵謹重之意而忠臣義將聞其言而感發則說以忘勞孰不奮身而致命趨事而圖功哉六月之詩曰戎車既安如輊如軒當此之時民無疲困之嗟者蓋用是物也我太祖皇帝興念西征將士之艱難序其情而閔其勞至仁

之心對越天地寒燠之變其謹其重不敢忽易如此則其激勵王師豈區區所謂挾纊投醪可以髣髴其萬一乎不特是也其興討澤潞詔旨諄然有曰當九夏之炎蒸念六師之勞苦太宗皇帝幷汾之詔亦曰冒著天之炎酷涉山路之險巇深以勞師動衆為念大哉斯言此其所以成汛掃宇內之功歟夫舉至難之事者必懷無易之心處至尊之極者當體至勞之役蓋烈祖興邦之丕憲今日之所宜取法者也

涇又進故事曰後周顯德元年北漢入寇周世宗大敗漢兵于高平初馬軍都指揮使樊愛能步軍都指揮使何徽與北漢兵遇輒引騎兵先遁至是世宗欲誅樊愛能等以肅軍政猶豫未決以其事訪殿前都指揮使張永德對曰愛能等素無大功忝冒節鉞望敵先逃死未塞責且陛下方欲削平四海苟軍法不立雖有熊羆之士百萬之衆安得而用之世宗稱善即收愛能徽及所部軍使以上七十餘人悉斬之世宗以何徽先守晉州有功欲免之既而以法不可廢遂幷誅之自是驕將惰卒始知所懼不行姑息之政矣又賞高平之功將校遷拜者凡數十人士卒有自行間擢主軍廂者

臣謂國家之廢興繫乎紀綱紀綱之脩壞在乎刑賞古今未有舍是物而能立其國者也嘗讀夏商之書誓軍之法嚴厲若此與其他憲度凜然不同誠以嚴於用衆者乃所以不輕用其民也易曰師出以律而其象以正與剛為主蓋非正不能以用律非剛不可以行律晉文公克城濮之功必正顛頡祁瞞舟之僑之罪以徇于師君子謂文公三罪而民服不失賞刑之謂也淺淺霸業猶知紀綱之必肅

況有天下之大乎周世宗雖叔世之事而振媮革惰亦足以興起國人之心高平之役將驕士玩望風輒遁幾敗國事樊愛能何徽皆以先朝宿將無所容貸而後紀綱可舉所謂軍法不立雖有熊羆之士百萬之衆安得而用之誠哉至言也夫用衆臨敵法令必明者蓋能使將士畏我則不畏敵苟不畏我則皆畏敵矣若人人皆畏敵則緩急豈不大可慮乎自古敵國相持士卒之衆寡未論也甲兵之利鈍未論也紀綱一整一玩則整者勝法令一嚴一弛則嚴者勝我藝祖皇帝汛掃天下精兵不過數萬常以少擊衆蓋謂此爾觀其治王全斌討蜀不能戢師之罪正行營諸將交州失律之誅戮石進等汾州不效命之失威令剛斷之必行則紀綱之肅可睹矣成憲昭然周世宗之事又

未是多論也

熊資善堂直講韓侂胄建開邊之議以堅寵固位已而邊兵大衄詣在位言事起居郎史弥遠上疏曰今之議者以為先發者制人後發者制於人此為將之事施於一勝一負之間則可以爭雄而捷出若夫事關國體宗廟社稷所係甚重詎可舉數千萬人之命輕於一擲乎京師根本之地今出戍既多留衛者寡萬一盜賊竊發誰其禦之若夫沿江屯駐之兵各當一面皆所以扞護行都尤當整備繼今勿輕調發則内外表裏俱有足恃而無可伺之隙矣所遣撫諭之臣止令按歷邊隣招集逋寇戒飭將士固守封圻毋惑浮言以撓吾之規毋貪小利以滋敵之釁使民力愈寛國勢逾壯遲之歲月以俟大舉實宗社無疆之福

楊簡上疏曰臣聞比使不恭國家不遽進討而猶養威持重廟謨深長非小臣所敢窺測而區區有不能自已于中者輙敷陳之以助成大美以助成萬全之功臣竊惟當今急務有二其一曰國家舉大事必上當天心上帝以為可戰則戰上帝之心以為未可戰則勿戰何以知上帝之心可不可易曰天地之大德曰生上帝視南北之民一也惟無道之甚者則誅之未至於甚人心猶未盡離則猶有敵者苟亟戰則使南北無罪之民肝腦塗地豈上帝之心哉必彼無道至甚民心盡離如獨夫紂則帝乃震怒前徒倒戈矣是為湯武之師是為萬全之功故古志曰行一不義殺一不辜而得天下有所不為公羊九世復讎之論非春秋本旨臣私憂過計懼書生執公羊之說以進急於戰而猶未當乎上帝之心陛下自有湯武之心臣顧陛下成湯武之事業其二曰將如父卒如子而後可以成功竊聞軍帥多刻剝諸軍怨讟溢于聽聞又聞有軍衆大會當聲喏而忽不聲喏旁觀大駭以為變在頃刻矣僅幸而免臣聞此不勝為國家恐懼猶恐傳聞失實未必有是果有是事則豈可不亟罷其帥陛下近施行其偏裨之刻剝者其軍帥當少警然軍心積怨恐終未平危哉措火薪下雖未及然豈不大可懼陛下何不亟罷刻剝之帥乃擇不以官職為意不受私謁之人使詣彼集軍衆而點摘其人至前辟左右而問之曰軍中何人可以為帥如此點問于再于三至于十百其所言同則其人可用矣用斯人為帥則豈不大勝舊帥則三軍鼓舞士氣百倍矣又得元帥大賢大智習知將略者訓治諸軍數年後庶其可用然又有大患二其一曰内外官司猶未盡得其人得其人又當久其

任久任而後有事功今官司如傳舍小民窮困思亂者多今盜或起雖關沿邊守禦脩治吾守令與其屬未皆賢智設皆賢智而不久任則何暇治安民事業何以治民兵使固守以禦大敵他日何以助成大功其二曰國初用兵取一大國行賞不過人數百緡者都督張浚厚賜諸軍大踰常度浚財用不繼至於說厚積之家使之獻納計亦窮矣雖軍情大悦到于今思之不忘而後人不可繼苟賞不速則軍心已不滿矣必也訓之以義使諸軍明知國家財用有限賞賚漸復典常以正理開諭則軍心久而自服乃肯用命臣區區愚朴惟陛下財幸

理宗時翰林學士知制誥真德秀上奏曰臣一介迂疏蒙陛下寘諸禁林清切之地蓋歐陽脩所謂官為學士職在論思者而供職以來五閱旬浹未有秋毫裨益聖政私自慚負無所措躬然夙宵憂念惟

在國事輒以區區愚管冒昧有陳臣竊惟今日不幸當權臣積壞未易理之朝廷又不幸值濫大崛起未易勝之鄰敵又無故先挑不可開之邊隙而欲以東南一隅之力守江淮以北千百里之故疆此勢之所甚難而時之所未可者也士大夫苟忠於國孰不危之然知其危而不圖所以安是徒知訾前之失而不思今之衍也臣謂前日之失在於輕敵今若懲之而一於畏敵則其失將有甚焉者昔越王勾踐蓄范蠡之諫驟舉伐吳以取夫椒之敗而有會稽之棲然能懲前忿而輕發亦不憚禍而自沮養剛強果銳之力於安徐重固之中韜之失所以自謀者益深而謀敵者益密動心忍性二十餘年未嘗遽憤切讎疾之意於柔炎卑詘之際卒以報吳而稱霸於中國唐德宗繼肅代委靡之後銳於削平僭叛征伐四出謀勤亦謀一遭涇原之變棻然沮喪姑息蓄縮甚於肅代之時自是主威下陵終其身不復

振二君之始輕於舉事則同而持之於末則異所以有勝負強弱之分也昨者王師之出爭議盈庭一不暇顧邊諜寡謀視昔何異天胙宗室使偏師挫銳而歸欲聖心昭然覺寤知敵之未易圖而功之未易就也知敵之未易圖而為謀益深知功之未易就而用力益倍強勉砥礪不肯苟安則勾踐之功猶有望於後日若曰敵不可圖而委之不復圖功不可就而安於無所就頹惰廢弛不復自奮臣恐其患不獨如德宗而已也何者讎人讎我之深其思報也必力舉兵愈緩則其為計愈工而我方靡然創艾前事幸其真有愛我之情冀和好之亟就豈不誤哉靖康之初國勢尚可強也徒以一時群臣類多委諛怯懦之儔豢於富貴安佚之久一聞金賊之名則魂褫魄喪不能自持曰此如雷電鬼神之不可測也不惟畏虜抑且譽虜故遂返強而為弱紹興之初國勢非不弱也惟我高宗崎嶇跋履之餘熟知虜

情非懾怯請和之可以弭患也淬厲軍政蒐拔將材宰臣如呂頤浩趙鼎張浚更迭用事皆以整戎經武為己任而諸將若韓世忠岳飛吳玠張俊楊沂中劉錡之徒分控要衝敵至輒破不惟憤虜且欲吞虜故能轉弱而為強方其始也祈哀請命之使相尋於穹廬甌脫之間未有得其要領者而驕騎朝馳邊烽夕警則數數然也及王師累捷虜威積挫而和議之端乃自彼發之以是知戎狄之情可以威制難以禮結由來尚矣為今之計功雖未可遽圖而剛毅奮發之姿在陛下則當自勉兵雖未可再舉而戰攻扞禦之備在廟堂則當亟謀君臣之間相與策勵必如勾踐之自強毋若德宗之自沮懲靖康畏敵之失而法紹興制虜之謀則國勢之振且有日矣臣不勝惓惓

德秀又奏曰臣載惟今日必先深為制敵之圖然後能不蹈畏敵之失然制敵之事固亦多端而臣所欲言其大者有二一曰經武二曰

博謀臣觀方今之勢非可以承平無事治也其必振厲威武如創業中興之時然後能轉弱為強以底泰山四維之固何者彼雖戎之暴固已憑陵函夏蹂躪河徼而欲甘言以啗我狡謀以窺我我方崇飾文治雍容暇豫如平時深恐無以杜覬伺之萌而折陸梁之氣也昔我藝祖肇造區寓而北狄尚強四方未一故聚驍勇於京師壯爪牙於宿衛今日幸造船池以習戰也明日幸飛山營以閱礮也武事之精近世無匹用能方行四表而坐服醜虜及我孝宗躬受付託之重欲成復讎之勳亦於軍政極意簡練今年大閱于白石明年大閱于茅灘躬御戎服震慴天威而鐵騎之射紛自聖意偏校小卒皆得奏技於萬乘之前以希一命之賞當時將士莫不競勸雖值虜方張勳未克集亦以大慰王室使醜孽不敢渝盟者垂四十年詩曰王赫斯怒爰整其旅又曰武王載旆有虔秉鉞如火烈烈則莫我敢遏此古

聖人之神武也。藝祖孝宗實有焉。臣願陛下考兩朝之故實。肇自新
歲而講行之。以昭聖武。以振戎容。以作士氣。或謂審爾則勞師之費
殆且不少。臣曰。祖宗內庫之儲。夫固為講武設也。聖明在上。躬履節
儉。無横恩。無濫予。獨不可舉之以備武講乎。況以國勢積弱之餘。不
若是無以奮張而興起之。此制敵之要一也。昔三國鼎峙。蜀名義最
正。而地最褊。兵最弱。諸葛亮以區區一隅。當中原全力。迄能自立者。
由其集衆思廣忠益。不以己之智為智。而兼衆人之智為智。故其言
曰。違覆而得中。猶棄敝蹻而獲珠玉也。異時兵少失利。則命其僚勤
攻己缺。不以為諱。維此盛心。千載可仰。前日之怙權顓制者。是已自
任。養成深患。不可追已。今廊廟大臣。謙虛無我。休休焉有亮之心。獨
於軍旅事宜。務從秘密。往往弗暇僉謀。故不惟朝列莫知。而宰府樞
庭之掾屬亦鮮知之者。不惟掾屬莫知。而二三執政。亦或有不與知

者。毫釐之差。動關成敗。其可忽諸。紹興初。嘗詔邊防兵機事體稍大
者。三省密院共議奏陳。兩府屬官亦通書檢。蓋重其事而公共之。此
今日所當按以為法者也。然中書門下後省。與尚書六曹之官。亦皆
宰府之屬。而舉朝文武。孰非願效廟堂之任使者。儻於其間遴柬通
明詳練者數人。以備咨訪。凡兩淮荊蜀山川之險易。將帥之能否。士
卒之衆寡。糧儲之虛實。分委討論。畫之為圖。著之為録。俾三邊利病
了然在目。事關邊鄙者。僚屬僉議之。執政審裁之。然後折衷於宰臣
而奏行焉。如此。則朝廷得操約御詳之體。疆場無失機誤事之悔。而
又明詔在廷百執事各思治兵禦戎之策。許以非時陳獻。輪對轉對
必先當務之急。眡其所論之當否而為陞黜焉。草茅韋布之士。有言
邊事可用者。稍獎録之。則彼將輕千里而來告矣。或謂與聞兵議者
豈無機事宣洩之虞。臣曰不然。一介之士必有密友。況朝廷之大。

寧無十數忠謹沉實之臣。可與帷幄之秘者乎。夫有烏獲之力者。可
以舉百鈞。力苟不逮焉。則合衆人而共舉之。是亦烏獲也已。況天下
重器。非百鈞之比。而危機交急。又非平時之比。廣謀從衆。庶幾有濟。
此制敵之要二也。惟陛下不以臣迂且繆。而忽其言。則凡智識之高
於臣者。且將交進忠益。愚者一得。聖明其擇焉。

貼黃。臣謹按建隆三年十一月。大閱于西郊。帝謂近臣曰。自頃禁
兵雖多。未嘗訓練。朕昨蒐去冗弱。遂為精兵。故因時而教習。此
藝祖之故事也。乾道二年十一月大閱于白石。四年十月于茅
灘。六年十二月又于白石。淳熙四年十二月又于茅灘。十二年
十一月于龍山。此孝宗之故事也。今近而可考者莫如乾淳。方
其時。上有兩宮之奉。下有遺虜之須。又於二十八年之中。五舉
大閱。而鐵簾之射。創於十三年春。優加賞賚。又不與焉。蓋節儉

不妄費之效也。先是犒士之費。出於左帑南庫。及己巳大閱。宰
臣以故例請。上曰。慶分已定。止合內庫支可也。朕樁積此錢。初
無他用。是歲犒賜凡見鏹三十六萬緡。都城會子為之增貴。今
內帑之儲。豐耗饒乏。非臣所得聞。然當此用師之時。惟撙節他
用。一以助軍旅之費可也。近者臺臣李鳴復。郎官鄭寅。因對有
陳。各已詳悉。願明詔大臣。推行其言。置局委官。速加考覈。舉凡
浮冗不急之費。悉蠲除之。早行一日。則有一日之效。若上欲崇
飾私奉。下欲顧徇人情。以浮費為不可鐫。以武備為不必講。臣
恐一旦事至。將有不可勝窮之悔。惟聖明垂意。

洪舜俞進故事奏曰。周世宗擊北漢主劉崇於高平之南。樊愛能何
徽引騎兵先遁。帝欲誅愛能等以肅軍政。猶豫未決。張永德曰。愛能
等望敵先奔。死未塞責。且陛下方欲削平四海。苟軍法不立。雖有熊

羅之士。百萬之衆。安得而用之。帝擲枕於地。大呼稱善。即收愛能徽及所部軍使以上七十餘人悉斬之。自是驕將惰卒。始知所懼。不行姑息之政矣。

臣聞軍國之綱紀。莫大於賞罰。有賞而無罰。則惠褻而威不振。白刃在前。誰肯委命。此軍法所以[illegible]也。近年以來。僨軍之將。未嘗有顯罰。間鐫其階。隨即尋復。曾無損於毫毛。故皆以棄甲曳兵避死趨生為得計。朝廷姑息將帥。將帥姑息士卒。未戰即潰。既潰即招。望風欻奔。恬不為怪。於是兵律壞。國勢微矣。英主欲大有為。宜以世宗高平之事為法。

舜俞又進故事曰。魏世祖東如許昌。大興軍伐吳。親御舟。循蔡潁浮淮。如壽春。至廣陵。吳徐盛為疑城。自石頭至江乘。一日而成。又大浮舟艦于江。時江水盛長。帝臨望歎曰。魏雖有武騎千群。無所用之。未可圖也。帝舟遇暴風漂蕩。幾至覆沒。乃旋師。

臣聞江流湯湯。萬古一天險也。而飛渡者有之。曹操之至赤壁。曹丕之至廣陵。佛狸之至瓜步。逆亮之至采石。皆望洋奪氣。或且送死。豈長江隨時而為險夷耶。天險在勢。人險在德與政。君無闕德。天人交助。夫誰敢犯之。其次朝無闕政。紀綱立。賞罰明。號令信。任賢使能。各當其材。則人謀咸贊。國勢增彊。坐有以制勝矣。丕之再飲江窺吳。輒自廢而返。非特川后之効其靈。孫權為國。靡政不舉。謀臣勇將。咸樂為用。疑城相望。巨艦相銜。而丕膽落。天限南北。宜其不敢以一衣帶水易視之也。是知天險待人險而固。德政增脩。勝勢在我。東南有太山之安矣。

許應龍進故事曰。真宗朝平契丹。其將曰李繼隆。馬知節。高瓊。契丹既請和。召宰相樞密宴於行宮。時李繼隆石保吉預焉。保吉曰。臣荷驅策。俾遏寇戎。雖動遵聖略。然布陣使人。皆繼隆指畫。繼隆曰。契丹敗蹶。皆出宸謀。然分憂用心。躬率將士。不如保吉。上曰。將士如此協和。共圖勳業。軍旅之事。朕復何憂。以巨觴賜之。高宗朝。劉光世韓世忠等朝辭。上曰。有告朕。光世與世忠有小嫌。意不釋然。朕知決無此。烈士當以氣義相許。先公家之急。而私讎小嫌。何足校。縱有睚眦。今日朕為分之。宜釋前憾。二人感泣再拜。

臣聞天下之事。成於自同。而敗於自異。況師克在和。而不在衆。為將帥者苟不戮力一心。互相傾軋。則[illegible][illegible]勢扞格勳業。何由而成。然同功則相忌。雖廉頗之賢。猶不能免。況其下者乎。惟忠於衛上者。則先國家之急而後私讎。如藺相如之用心。則并謀合智。尚何強敵之足慮哉。柰何人心多私。惟欲求勝。賢者妬之。能者嫉之。應援則蓄縮而不前。獲捷則攘奪以為功。甚至變易是非。旨訐譭毀。惟患其成。而幸其敗。既無同舟共濟之意。遂至

形單勢弱。大敵莫當。敗衂之患。大率由此。漢武之世。兵數大出。元朔元年。衛青以三萬騎有功。元狩四年。青以五萬騎無功。夫兵有多寡之不同。而功乃成敗之相反。豈前勇而後怯耶。蓋元朔之役。諸將校力戰。公孫敖從大將軍獲虜。韓說從大將軍獲虜。李蔡趙不虞公孫戎奴又從大將軍獲虜。元戎與列校和協如此。是以兵雖三萬。亦能取勝。元狩之行。霍去病始寵。青之眷始衰。分兵異出。而敢戰之士皆屬去病。青由是不平。廣願先當匈奴。而青并出東道。廣固辭之。青固遣之。廣卒以失期敗。而青亦以不見敵不封。是知將帥不和。兵雖五萬亦不能成功。由此觀之。則師克在和不在衆。真至當之論也。肆我真宗。因繼隆保吉更相推遜。深嘉而屢獎之。謂將士如此協和。共圖勳業。軍旅之事。朕復何憂。高宗因劉光世韓世忠有小嫌。丁寧戒諭。令以氣義相許。先公家之急。而無校私讎。今日朕為分之。遂皆感泣

竟能協力以成紹復之功。今日疆埸未寧。正賴將帥同心合謀。緩急之際。當慮脣亡則齒寒。亟於救援。庶幾首擊而尾應。易於成功。倘以祖宗成訓。昭示將帥。必能仰體上意。無間彼此。以圖恢復之勳。然而惟賞無常。眂功輕重。苟功多者賞不厚。則宣力者有不滿之心。無功者不辨別而例加褒擢。則用命者懷不平之念。既不滿而不平。必相傾而相忌。戒飭雖至。豈能強使之和哉。必處置得宜。能服其心。如裴度所言。則感激思奮。相與協謀。戰必勝而守必固。中興之功。日月可冀矣。惟陛下與大臣亟圖之。

龍圖閣直學士知江陵府李曾伯上疏曰。臣不避天威。輒有關奏。臣粗習為吏。本非知兵。正以守邊之罔功。顧致為臣而俾去。不當再有陳述。嘗緣舊歲。因襄樊之新復。不得不並用征繇之策。近者因淮寇之未去。未免復畧調峯帥之師。大槩皆用寡以襲虛。初非敢動衆而

黷武。幸無頹失所向。捷聞皆宗社之有靈。與將士之僇力。屢俘酋首。稍懾戎心。前後並已奏陳。廝聽外。惟是襄均守倅累以兵用來告。謂河南惟鄧為大賊兵所屯。去襄纔百八十里。鄧不去則襄樊均郢皆不得安。程進屢有結約。欲以兵取王登。相與商榷。每贊其決。臣自度無爭枯陸邀之才。且懼犯蔡譚孫綽之戒。與之論難反覆。非止一次。臣始語之以端平前我有襄。金人未嘗無鄧。不必去鄧。而襄自可立。進等則曰。金人有鄧。不足憂。韃人在鄧。不可玩。臣又語之以襄我舊物。得之尚慮難久。鄧陷虜已幾年。縱得之豈為我有乎。進登等則曰。得之非為能守。止欲平其城。毀其巢。使賊不得藉資糧以為我患。臣又語之以平其城。係其不復立乎。雖鄧無資糧。豈敵他無資糧乎。進登等又曰。賊城之毀者多不復立。賊糧之遠者則未易致。臣又語之以襄我當復仇。尚以挑敵言。鄧乃勞外。求幾深結敵憤。徒厚其毒乎。

進登等又曰。取之賊至。不取賊亦至。取則賊有所畏而無所資。不取則賊有所資而無所畏。賊能以春冬撓我。我豈不能以暑月撓敵。臣又語之以復襄。上命也。師出猶為有名。取鄧非上所命。師出安得常勝。進登等又曰。將在外。大夫出使。事有當為。專之可也。豈可先以利鈍二其心哉。臣又語之以襄復未久。元氣未固。果欲有志于此。猶當稍待歲月。視吾力有餘。而後可及。進登等又曰。機會難得易失。智慧不如乘勢。鄧遼人心離。兵戎虛。失此不取。異時賊添重屯。不可取矣。臣又語之以兵家知彼知己者勝。不知彼知己者敗。今鄧之諜傳雖備。安知賊不匿其大馬壯士。多詐以誤我。且宜謹譏於士氣。未可輕用於國威。進登等以此其議稍沮。乃若不過俾之應勢酬應。從事攻撓。姑翦其枝以攻其心。此策蓋亦不可廢。若近因程進等全師告捷。將士為之踴躍思奮。臣已即行下諸郡諸軍。並仰休息。且當養威持

重以備秋防。豈敢再有它議。今月二十五日。忽得王登覩劉。具言鄧有可勝者十。欲於六月間襄用三千人攻其南。均用二千人撓其北。尅期併力齊集城下。杜其城門。若有內應則納其降而夷其城。若無內應則掠其野而俘其衆。往來之間。不過十日。鄧不降則走耳。臣詳讀其書。如登亦可謂忠於謀國。勇於任事。其言固未必皆是。其策亦不可盡非。臣周旋邊疆三十年。亦嘗屢為人幕客。覩登議論。委所不及。所請固非有甚高難行之舉。但以六月出師。士卒未免於勞動。兩軍對壘。利鈍不能以逆知。雖邊臣有志之可成。恐成議無故而輕舉。從之固不敢當此責。止之又無以塞其言。昔諸葛亮不用魏延之謀。趙奢能用許歷之策。一取一舍。成否係焉。用敢以登覩劉繳塵睿覽。臣已報之。緣見乞休致。今登需聽宸算。伏望聖慈當示輔臣。詳議可否。如其說可行。乞徑劄京西安撫副使高達斟酌調遣。其一行錢糧

命王登覲往軍前任責應辦。只許限以往來旬日。保無疎失。乃可發用。如其說難從。伏乞留中。免賜施行。仍劄本司遵守。

度宗咸淳九年。起居舍人高斯得進故事曰。曹劌曰。夫戰。勇氣也。一鼓作氣。再而衰。三而竭。彼竭我盈。故克之。

臣聞軍旅之事。以氣爲主。然而氣不自昌也。養之使壯。厲之使剛。則由乎上之人焉。養之使壯者。平居之時。訓之以孝弟忠信。導之以尊君親上。在上者恤其飢寒。無使有歎息愁恨之心。爲將者同其甘苦。無使有椎剝侵寃之患。厲之以剛者。有事之時。勸之以醲賞厚利。切之以信誓明威。含血吮瘡以結其心。釃酒椎牛以快其欲。夫如是。則居也不餒。其動也不懾矣。其或平日空乏其體膚。凍餓其妻子。賞罰不公以激怨。陞黜不當以召怨。臨戰。恩意不足以鼓舞其心。號令不足以聳動其聽。臨之以巽耎之帥。將之以逗撓之夫。大敵在前。其不葸然懼。渙然離。奉頭而竄。厥角而降者鮮矣。臣竊觀今日沿邊將士氣之索也甚矣。敵築城於我疆。視之如不見。敵掠民於吾境。聽之如不聞。俘馘之而不耻。係累之而不怒。棄君父如弁髦。赴異域如歸市。以此衆戰。而望其北首死敵。蔽遮江淮難矣哉。春秋傳曰。子瑕卒。楚師熸。說者謂火滅爲熸。軍主喪亡。故其軍人無復氣勢。李陵之敗也。夜半時擊鼓起士。鼓不鳴。臣謂今日疆埸之氣象似之。曹劌曰。彼竭我盈。故克之。臣不知彼盈我竭。其當如之何也。秋風一瞬。奄奄氣象。未之有改。若之何不汲汲於改紀軍政。以取覆敗乎。雖然。三軍之氣不振。固可懼也。士大夫之氣不昌。尤可憂也。上作而下不應。君命而臣不承。安獨輕重。徘徊觀望。其可憂可懼又非三軍衰竭之可比也。臣憂愛之深。過慮妄發。惟陛下與帥臣深念而亟圖之。天下幸甚。

遼聖宗統和二十八年。謂群臣曰。高麗康肇弑其君誦。立誦族兄詢而相之。大逆也。宜發兵問其罪。群臣皆曰可。國舅詳穩蕭敵烈諫曰。國家連年征討。士卒抗敝。況陛下在諒陰。年穀不登。創痍未復。島夷小國。城壘完固。勝不爲武。萬一失利。恐貽後悔。不如遣一介之使。往問其故。彼若伏罪則已。不然。俟服除歲豐。舉兵未晚。時令已下。言雖不行。識者韙之。

金煬王將伐宋。太醫使祁宰欲諫不得見。會元妃有疾。召宰診視。既入見。即上疏諫。其略言國朝之初。祖宗以有道伐無道。曾不十年。蕩遼戡宋。當此之時。上有武元文烈英武之君。下有宗翰宗雄諸勇之臣。然不能混一區宇。舉江淮巴蜀之地。以遺宋人。況今謀臣猛將。異於曩時。且宋人無罪。師出無名。加以大起徭役。營中都。建南京。繕治甲兵。調發軍旅。賦役煩重。民人怨嗟。此人事之不脩也。間者晝星見於牛斗。熒惑伏於翼軫。巳歲自刑。害氣在揚州。太白未出。進兵者敗。此天時不順也。舟師水涸。舳艫不繼。而江湖島渚之間。騎士馳射不可驅逐。此地利不便也。言甚激切。

宣宗貞祐四年。尚書左丞胥鼎上言。近偵知北兵駐同耀。竊慮梗吾東西往來之路。遂委河中經畧使陁滿胡土門領軍赴援。今兵勢將叩關矣。前此臣嘗奏聞北兵非止欲攻河東陝西。必將進取河南。雖已移文陝州行院及陝西鄰境俱令設備。恐未即遵行。乞詔河南行院統軍司議所以禦備之策。上以示尚書省。宰臣奏兵已踰關。惟宜嚴責所遣帥臣趍迎擊之。及命鼎益兵渡河以掣其肘。制可。既而鼎聞大兵已越關。乃急上章曰。臣叨蒙國恩。擢列樞府。凡有戎事。皆當任之。今入河南。將及畿甸。豈可安據一方。坐視朝廷之急而不思自奮以少寬陛下之憂乎去歲頒降聖訓以向者都城被圍四方無援為恨明勅將帥若京師有警即各提兵奔赴其或不至自有常刑臣已奉詔先遣潞州元帥左監軍必蘭阿魯帶領軍一萬孟州經畧使徒單百家領兵五千由便道濟河以趨關陝臣將親率平陽精兵直抵京師與王師相合又奏曰京師去平陽千五百餘里倘俟朝廷之命方圖入援須三旬而後能至得無失其機邪臣以身先士卒倍道兼行矣上嘉其意

宣宗命鼎選兵三萬五千付陀滿胡土門統之西征至是鼎馳奏以為非便畧曰自北兵經過之後民食不給兵力未完若又出師非獨饋運為勞而民將流亡愈至失所或宋人乘隙而動復何以制之此繫國家社稷大計方今事勢止當禦備南邊西征未可議也遂止

鼎為平章政事封莘國公奉詔伐宋且令勿復有言以沮成筭鼎已分兵由秦鞏鳳翔三路並進乃上書曰竊懷愚懇不敢自默謹條利害以聞昔泰和間蓋嘗南伐時太平日久百姓富庶馬畜軍銳所謂萬全之舉也然猶亟和以偃兵為務大安之後北兵大舉天下騷然者累年然軍馬氣勢視舊才十一耳至于器械之屬亦多損弊民間差役重繁浸以疲乏而日勤師旅遠近動搖是未獲一敵而自害者衆其不可一也今歲西北二兵無入境之報此非有所憚而不敢也意者以去年北還姑自息養不然則別部相攻未暇及我如聞王師南征乘隙併至雖有潼關大河之險殆不足恃則三面受敵首尾莫救將無貽後悔乎其不可二也凡兵雄于天下者必其士馬精強器械犀利且出其不備而後能取勝也宋自泰和再脩舊好練兵峙糧繕脩營壘十年于茲矣又車駕近汴益近宋境彼必朝夕憂懼委此為防況聞王師已出唐鄧必徙民渡江所在清野止留空城使我軍無所得徒自勞費果何益哉其不可三也宋我世讎比年非無恢復舊疆洗雪先耻之志特畏威力不能窺其虛實故未敢輕舉今我軍皆山西河北無依之人或招還逃軍脅從歸國大抵烏合之衆素非練習而遽使從戎豈能保其決勝哉雖得其城內無儲蓄亦何以守不練烏合之軍深入敵境進不得食退無所掠將復逃遁嘯聚為腹心患其不可四也發兵進討欲因敵糧此事不可必者隨軍轉輸則又非民力所及沿邊人戶雖有恒產而賦役繁重不勝困憊又凡失業寓河南者類皆衣食不給貧窮之迫盜所由生如宋人陰為招募誘以厚利使為向導伺我不虞突而入寇則內有叛民外有勍敵未易圖之其不可五也今春事將興若進兵不還必違農時以誤防秋之用此社稷大計豈特疆埸利害而已哉其不可六也臣愚以為止當遴選材武將士分布近邊州郡敵至則追擊去則力田以廣儲蓄至于士氣益強民心益固國用豐饒自可恢廓先業成中興之功一區區之宋何足平乎詔付尚書省宰臣以為諸軍既進無復可議遂寢既而元帥承裔等取宋大散關可保則保不可則焚毀而還於是鼎奏臣近遣官問諸宰臣皆曰散關至鳳關諸隘其地遠甚中間保壘相望如欲分屯非萬人不可而又有恒州虢縣所直數關宋兵皆固守如舊緩急有事當復分散關之兵餘衆數少必不能支而鳳翔恒隴亦無應援恐兩失之且比年以來民力困于調度今方春農事已急恐妨農墾不若焚毀此關但屯邏隘以張其勢彼或來侵互相應援易為力也

時元帥內族承裔移剌粘何伐宋所下城邑多所焚掠於是鼎上言承裔等奉詔宣揚國威所謂弔民伐罪者也今大軍已克武休將至興元興元乃漢中西蜀喉衿之地乞諭帥臣所得城邑姑勿焚掠務

慰撫之誠使一郡帖然秋毫不犯則其餘三十軍將不攻自下矣若
拒王師乃宜有戮上甚是其言
大元兵越潼關而東詔尚書省集百官議右司諫兼侍御史許古上
言曰兵踰關而朝廷甫知此蓋諸將欺蔽罪也雖然大兵駐閿鄉境
數日不動意者恐吾河南之軍逆諸前陝西之衆議其後或欲先命
覘者伺趨向之便或以深入人境非其地利而自危所以觀望未遽
進也此時正宜選募銳卒併力擊之且開其歸路彼既疑惑過敵必
走我很從而龍之其破必矣
古以朝廷欲舉兵伐宋上疏諫曰昔大宗初宋人犯宿州已而屢敗
世宗料其不敢遽乞和乃勅元帥府遣人議之自是太平幾三十年
泰和中韓侂冑妄開邊釁章宗遣駙馬僕散揆討之揆慮兵興費重
不能久支陰遣侂冑族人賫乃祖琦畫像及家牒僞為歸附以見丘

崇因之以好振旅而還矣以世宗章宗之隆府庫充實天下富庶猶
先俯屈以即成功皆之祖廟書之史册為萬世美談今其可不務乎
今大兵少息若復南邊無事則太平不遠矣或謂專用威武可使宋
人屈服此殆虛言不究實用借令時獲小捷亦不足多賀彼見吾勢
大必堅守不出我軍倉猝無得須還以就糧彼復乘而襲之使我欲
戰不得欲退不能則休兵之期殆未見也况彼有江南蓄積之餘我
止河南一路征斂之弊可為寒心願陛下隱忍包容速行此策果通
和則大兵聞之亦將斂跡以吾無掣肘故也河南既得息肩然後經
畧朔方則陛下享中興之福天下賴涵養之慶矣惟陛下畧近功慮
後患不勝幸甚
貞祐五年朝議欲復取會州尚書右丞左副元帥把胡魯上言臣竊
計之月當費米三萬石草九萬稱轉運丁夫不下十餘萬人使此城

一月可授其費已如此況未必耶臨洮路新遭劫掠瘡殘未復所須
芻糧決不可辦雖復取之慶陽平涼鳳翔及邠涇寧原恒隴等州亦
恐未能無闕今農事將興沿邊常費已不暇給豈可更調十餘萬人
以餉此軍果欲行之則數郡春種盡廢矣政使此城必得不免留兵
戍守是飛輓之役無時而已也止宜令承裔軍于定西鞏州之地護
民耕稼俟敵意怠然後取之
貞祐中主兵者不能外禦而欲取償於宋故頻歲南伐有言之者不
謂之與宋為地則疑與之有謀至於宰執他事無不言者獨南伐則
一語不敢及禮部尚書兼侍讀楊雲翼乃建言曰國家之慮不在於
未得淮南之前而在於既得淮南之後蓋淮南平則江之北盡為戰
地進而爭利於舟楫之間恐勁弓良馬有不得騁者矣彼若扼江為
屯潛師於淮以斷饟道或決水以瀦淮南之地則我軍何以善其後

乎及時全倡議南伐宣宗以問朝臣雲翼曰朝臣率皆謏辭天下有
治有亂國勢有弱有強今但言治而不言亂言強而不言弱言勝而
不言負此議論所以偏也臣請兩言之夫將有事於宋者非貪其土
地也第恐西北有警而南又綴之則我三面受敵矣故欲我師乘勢
先動以阻其進借使宋人失淮且不敢來此戰勝之利也就如所料
其利猶未可必然彼江之南其地尚廣雖無淮南豈不能集數萬之
衆伺我有警而出師耶戰而勝且如此如不勝害將若何且我以驕
當彼之步理宜萬全臣猶恐其有不敢恃者蓋今之事勢與泰和不
同泰和以冬征今我以夏往此天時之不同也冬則水涸而陸多夏
則水潦而塗淖此地利之不同也泰和舉天下全力驅紅軍以為前
鋒今能之乎此人事之不同也議者徒見泰和之易而不知今日之
難請以夏人觀之向日弓箭之手在西邊者一遇敵則搏而戰袒而

射彼已奔北之不暇。今乃陷吾城而虜守臣。敗吾軍而俘主將。曩則畏我如彼。今則侮我如此。夫以夏人既非前日。柰何以宋人獨如前日哉。願陛下思其勝之之利。又思敗之之害。無悦甘言。以貽後悔。

元太宗時。攻汴梁將下。大將速不台遣使來言。金人抗拒持久。師多死傷。城下之日。宜屠之。耶律楚材馳入奏曰。將士暴露數十年。所欲者土地人民耳。得地無民。將焉用之。帝猶豫未決。楚材曰。奇巧之工。厚藏之家。皆萃于此。若盡殺之。將無所獲。帝然之。詔罪止完顏氏。餘皆勿問。

憲宗即位。大舉攻宋釣魚山。命諸將議進取之計。木速忽里言於帝曰。川蜀之地。三分我有其二。所未附者。巴江以下數十州而已。地削勢弱。兵粮皆仰給東南。故死守以抗我師。蜀地巖險。重慶合州。又其藩屏。皆新築之城。依險為固。今頓兵堅城之下。未見其利。曷若城二

城之間。選鋭卒五萬。命宿將守之。與成都舊兵相出入。不時擾之。以牽制其援師。然後我師乘新集之鋭。用降人為鄉導。水陸東下。破忠涪萬夔諸小郡。平其城。俘其民。俟冬水涸。瞿唐三峽不日可下。出荊楚與鄂州渡江諸軍合勢。如此則東南之事一舉可定。其上流重慶合州孤危無援。不降即走矣。諸將以其言為迂。卒不用。

世祖在潛邸。方圖征雲南。以問徐世隆。對曰。孟子有言。不嗜殺人者能一之。夫君人者不嗜殺人。天下可定。況蕞尒之西夷乎。世祖曰。誠如卿言。吾事濟矣。

世祖即位。千戶郭侃上疏陳平宋之策。畧曰。宋據東南。以吳越為家。其要地則荊襄而已。今日之計。當先取襄陽。既克襄陽。彼揚廬諸城彈丸地耳。置之勿顧。而直取臨安。疾雷不及掩耳。江淮巴蜀不攻自平。後皆如其策。

世祖時。乃顏叛北邊。詔李庭出師討之。而將校多用國人。或其親暱。立馬相鄉語。輒釋伏不戰。逡巡退卻。帝患之。浙西道儒學提舉葉李密啓曰。兵貴奇。不貴衆。臨敵當以計取。彼既親暱。誰肯盡力。徒費陛下糧餉。四方轉輸甚勞。臣請用漢軍列前步戰。而聯大車斷其後。以示死鬬。彼嘗玩我。必不設備。我以大衆踣之。無不勝矣。帝以其謀諭將帥。帥果奏捷。

中統間。取宋襄陽。遂議取宋。昭文館大學士姚樞上言曰。陛下降不殺人之詔。伯顏濟江。兵不踰時。西起蜀川。東薄海隅。降城三十。戶踰百萬。自古平南。未有如此之神捷者。今自夏徂秋。一城不降。皆由軍官不思國之大計。不體陛下之深仁。利財剽殺。所致揚州焦山淮安人殊死戰。我雖克勝。所傷亦多。宋之不能為國審矣。而臨安未肯輕下。好生惡死。人之常情。蓋不敢也。惟懼吾招徠止殺之信不堅耳。宜

申止殺之詔。使賞罰必立。恩信必行。聖慮不勞。軍力不費矣。

至元六年。世祖召總管萬戶擢伯衡問以征南之策。伯衡對曰。襄陽乃江陵之藩蔽。樊城乃襄陽之外郛。我軍若先攻樊城。則襄陽不能支梧。不戰自降矣。然後駐兵嘉定。耀武淮泗。事必有濟。帝善其計。

十八年。命左丞范文虎參政李庭以兵十萬航海征倭。颶風大作。士卒十喪六七。帝震怒。復命行省左丞相塔海征之。一時無敢諫者。江南諸道行臺御史大夫相威遣使入奏曰。倭不奉職貢。可伐而不可怒。可緩而不可急。向者師行迫期。戰船不堅。前車已覆。後當改轍。今為之計。預脩戰艦。訓練士卒。耀兵揚武。使彼聞之。深自備禦。遲以歲月。俟其疲怠。出其不意。乘風疾往。一舉而下。萬全之策也。帝意始釋。遂罷其役。

二十三年。將伐交趾。吏部尚書劉宣上言曰。連年日本之役。百姓愁

威官府擾攘今春停罷江浙軍民歡聲如雷安南小邦臣事有年歲貢未嘗愆期遣帥生事興兵彼因避竄海島使大舉無功將士傷殘今又下令再征聞者莫不恐懼自古興兵必須天時中原平土猶避盛夏交廣炎瘴之地毒氣害人甚於兵刃今以七月會諸道兵于靜江比至安南病死必衆緩急遇敵何以應之又交趾無糧水路難通無車馬牛畜馱載不免陸運一夫擔米五斗往還自食外官得其半若十萬石用四十萬人止可供一二月軍糧搬載船料軍須通用五六十萬衆廣西湖南調度頻數民多離散戶令供役亦不能辦況湖廣密邇溪洞寇盜常多萬一姦人伺隙大兵一出乘虛生變雖有留後人馬疲弱衰老卒難應變何不與彼中軍官深知事體者論量萬全方畧不然悔儗蹐前撤矣及再征日本宜又上言其畧曰近議復置征東行省彝畢[illegible]本之師此役不息安危繫焉唆都建伐占城而

海牙言平交趾三數年間湖廣江西供給船隻軍須糧運官民大擾廣東群盜並起軍兵遠涉江海瘴毒之地死傷過半即目連兵未解且交趾與我接境蕞尔小邦遣親王提兵深入未見報功唆都為賊所殺自遺羞辱況日本海洋萬里疆土闊遠非二國可比今次出師動衆履險縱不遇風可到彼岸倭國地廣徒衆猥多彼兵四集我師無援萬一不利欲發救兵其能飛渡耶隋伐高麗三次大舉數見敗北喪師百萬唐太宗以英武自負親征高麗雖取數城而還徒增追悔且高麗平壤諸城皆居陸地去中原不遠以二國之衆加之尚不能克況日本僻在海隅與中國相懸萬里哉帝嘉納其言

左丞昂吉兒亦上疏其畧曰臣聞兵以氣為主而上下同欲者勝比者連事外夷三軍屢衄不可以言氣海內騷然一遇調發上下愁怨非所謂同欲也請罷兵息民不從既而師果無功

二十八年王師征交趾失利復謀大舉平章政事不忽木曰島夷詭詐天威臨之寧不震懼獸窮則噬勢使之然今其子日燇襲位若遣一介之使諭以禍福彼能悔過自新則不煩兵而下矣如或不悛加兵未晚帝從之

趙天麟上策曰臣聞武貴止戈兵貴靖亂聖人不得已而用之我朝誕膺天命撫待御宇歷代之所不服者莫不稽顙效節傾心歸命奉正朔以貢篚因信便以上書雖或有拒命苟安而不至者亦已希矣原其所致蓋有由焉人皆謂聖祖神宗英武以得之殊不知皆由累葉積仁施義殺一拯萬之德陰為之本也傳及陛下更化革弊稽古治今萬機之條綱猶根之於枝葉風之於草木舉寡而見衆篤近而及遠以臣之狹見觀之聖朝之疆宇固如金甌平如衡權三代以來罕能同議然而安不忘危者聖人之常戒武定文綏者王人之大計

臣今請借漢唐以諭之在昔漢唐之時亦嘗合天下為一家其所以致弊者皆因希功倖賞之人下輕一介之軀上干九重之聽肆議邪說以為可以計取遐陬力闢土宇世主從而信之襲太平富厚之資忍在下無罪之民委之於不毛之地驅之虎狼之口至有不習風土疫癘橫生鋒鏑之交糜軀碎首孤魂無依於萬里之外冤血浸漬於窮遐之沙孀妻痛夫老父泣子野祭巷奠悲辛凉哉為民父母夫何使民至於此極也設如王師小却兵人失氣上怒下懼又乃繼以卒伍厲其甲伏復讎為名勝而後已幸而得儁則財力已竭民心已怨而天氣已失和矣計其所得安能補其所費哉於是世主不念無辜之濫死不慮國財之耗蠹喜獲無用之地獻俘于祖薦歌于廟殊不知天生烝民樹之司牧將以安之也反以其所以養人者害人豈天之心哉國以民為基民以財為本地雖廣而無所益崇虛名而受實

禍亂之者功倖賞者方且紓朱懷金榮妻蔭子以成其志矣彼漢唐之所謂良將聖人之所謂民賊也夫人君豈不欲國安民富坐享榮華但邪說既行欲心遂啓以至于是焉大槩漢唐天下之弊皆希功倖賞之人之罪而漢唐之君亦失之於過聽故也是以王者之臨下未平右武已平右文屬兵戈而不黷積粮儲而自因優游無事則繕治以備無虞之師至于用之則雷奔電激雲騰雨施濟之以天神行之以仁義將有不陣而自服因壘而來降者矣又何須血項漸襟委人溝壑然後爲無敵之師哉今國家推不忍人之心有罪以陷禁網者猶或赦之況元元赤子未嘗有罪寘諸死地臣知陛下尤不忍行如此之事也伏望陛下鑒觀漢唐之大弊勿從在下之倖說令軍士嘗切自勉儆戒無虞因田效穀順時講武若遇姦强罪顯則聲其罪以討之方其境內獲安境外無寇則樂吾民之業盡國家之備以全

之如是則財豐民足而社稷延於無窮矣

成宗大德六年江南行臺御史中丞陳天祥上章論征西南夷事曰兵有不得已而不已者亦有得已而不已者惟能得已則已可使兵力永强以備不得已而不已之用是之謂善用兵者也去歲行省右丞劉深遠征八百媳婦國此乃得已而不已之兵也彼荒裔小邦遠在雲南之西南又數千里其地爲僻陋無用之地人皆頑愚無知取之不足以爲利不取不足以爲害深欺上罔下帥兵伐之經過八番縱橫自恣恃其威力虐害居民中途變生所在皆叛深既不能制亂反爲亂衆所制軍中乏粮人自相食計窮勢蹙倉皇退走土兵隨擊以致大敗深棄衆奔逃僅以身免喪兵十八九棄地千餘里朝廷再發陝西河南江西湖廣四省諸軍使劉二霸都總督以圖收復叛地湖北湖南大起丁夫運送軍粮至播州交納其正夫與擔負自已粮食者通計二十餘萬正當農時興此大役驅愁苦之人往回數千里中何事不有或所負之米盡到固爲幸矣然數萬之軍止仰今次一運之米自此以後又當如何比向西征敗卒及其將校頗知西南遠夷之地重山複嶺陡澗深林竹木叢茂皆有長刺軍行徑路在於其間窄處僅容一人一騎上如登天下如入井賊若乘險邀擊我軍雖衆亦難施爲也又其毒霧烟瘴之氣皆能傷人群蠻既知大軍將至若皆清野遠遁阻其要害以老我師或進不得前旁無所掠士卒飢餒疫病死亡將有不戰自困之勢不可不爲深慮也且自征伐倭國占城交趾爪哇緬國以來近三十年未嘗見有尺土一民內屬之益計其所費錢財死損軍數可勝言哉去歲西征及今此舉亦復何異前鑒不遠非難見也軍勞民擾未見休期只深一人是其禍本又聞八番羅國之人向爲征西之軍擾害捐棄生業相繼逃叛怨深入於

骨髓皆欲得其肉而分食之人心既惡天意亦憎惟須上承天意下順人心早正深之罪續下明詔示彼一方以聖朝數十年撫養之恩仍諭自今再無遠征之役以此招之自有相續歸順之日使其官民上下皆知未須遠勞王師與區區小醜爭一旦之勝負也昔大舜退師而苗民格充國緩戰而羌衆安事載經傳爲萬世法爲今之計宜且駐兵近境使其水路遠近得通或用鹽引茶引或用實鈔多增米價和市軍粮但法令嚴明官不失信可使米船蔽江而上軍自足食民亦不擾內安根本外固邊陲以我之鎮靜御彼之猖狂布恩以柔其心畜威以制其力期之以久漸次服之此王者之師萬全之利也若謂業已如此欲罷不能亦當慮其關繫之大審詳成敗筭定而行彼溪洞諸蠻各有種類今之相聚者皆烏合之徒必無久能同心敵我之理但急之則相救緩之則相疑以計使之互相離怨待彼有可

乘之隙我有可動之時徐命諸軍數道俱進服從者恩之以仁拒敵者威之以武恩威相濟功乃易成若舍恩任威以蹈深之覆轍恐他日之患有甚於今日也

至大元年月赤察兒遣使奏曰諸王禿苦滅本懷携貳而察八兒游兵近境叛黨素無悛心倘合謀致死則垂成之功顧為國患臣以為昔者篤娃先衆請和雖死宜遣使安撫其子欵徹使不我異又諸部既已歸明我之牧地不足宜處諸降人於金山之陽吾軍屯田金山之北軍食既饒又成重戍就彼有謀吾已擣其腹心矣奏入帝曰是謀甚善卿宜移軍阿荅罕三撒海地

歷代名臣奏議卷之二百三十五

歷代名臣奏議卷之二百三十六

任將

趙孝成王立七年秦與趙兵相距長平時趙奢已死而藺相如病篤趙使廉頗將攻秦秦數敗趙軍趙軍固壁不戰秦數挑戰廉頗不肯趙王信秦之間秦之間言曰秦之所惡獨畏馬服君趙奢之子趙括為將耳趙王因以括為將代廉頗藺相如曰王以名使括若膠柱而鼓瑟耳括徒能讀其父書傳不知合變也趙王不聽遂將之將行其母上書言於王曰括不可使將王曰何以對曰始妾事其父時為將身所奉飯飲而進食者以十數所友者以百數大王及宗室所賞賜者盡以予軍吏士大夫受命之日不問家事今括一旦為將東向而朝軍吏無敢仰視之者王所賜金帛歸藏於家而日視便利田宅可買者買之王以為何如其父父子異心願王勿遣王曰母置之吾已決矣母因曰王終遣之即有如不稱妾得無隨坐乎王許諾

魏樂羊為將而攻中山其子在中山中山之君烹其子而遺之羹樂羊坐其幕下而啜之盡一杯文侯謂覩斯贊曰樂羊以我之故食其子之肉贊對曰其子之肉尚食之其誰不食樂羊既罷中山文侯賞其功而疑其心

漢高祖為漢王時入蜀韓信亡楚歸漢滕公言於漢王拜為治粟都尉漢王未之奇也信數與蕭何語何奇之至南鄭諸將行道亡者數十人信度何等已數言上上不我用即亡何聞信亡不及以聞自追之人有言上曰丞相何亡上大怒如失左右手居一二日何來謁上上且怒且喜罵何曰若亡何也何曰臣不敢亡也臣追亡者上曰若所追者誰何曰韓信也上復罵曰諸將亡者以十數公無所追追信詐也何曰諸將易得耳至如信者國士無雙王必欲長王漢中無所事信必欲爭

天下非信無所與計事者。顧王策安所決耳。王曰。吾亦欲東耳。安能鬱鬱久居於此乎。何曰。王計必欲東能用信。信即留。不能用信。終亡耳。王曰。吾為公以為將。何曰。雖為將。信必不留。王曰。以為大將。何曰。幸甚。於是王欲召信拜之。何曰。王素慢無禮。今拜大將如呼小兒耳。此乃信所以去也。王必欲拜之。擇良日齋戒。設壇場具禮乃可耳。王許之。諸將皆喜。人人各自以為得大將。至拜大將乃韓信也。一軍皆驚。

漢文帝十四年。馮唐為中郎署長事文帝。文帝輦過。問唐曰。父老何自為郎。家安在。唐具以實對。文帝曰。吾居代時。吾尚食監高祛數為我言趙將李齊之賢。戰於鉅鹿下。今吾每飯意未嘗不在鉅鹿也。父知之乎。唐對曰。尚不如廉頗李牧之為將也。上曰。何以。唐曰。臣大父在趙時為官卒將。善李牧。臣父故為代相。善趙將李齊。知其為人也。上既聞廉頗李牧為人。良說而搏髀曰。吾獨不得廉頗李牧時為吾將。吾豈憂匈奴哉。唐曰。主臣。陛下雖得廉頗李牧。弗能用也。上怒起入禁中。良久召唐讓曰。公奈何眾辱我。獨無閒處乎。唐謝曰。鄙人不知忌諱。當是之時。匈奴新大入朝那。殺北地都尉卬。上以胡寇為意。乃卒復問唐曰。公何以知吾不能用廉頗李牧也。唐對曰。臣聞上古王者之遣將也。跪而推轂曰。閫以內者（此郭門之閫也門中橛曰閫）寡人制之。閫以外者將軍制之。軍功爵賞皆決於外。歸而奏之。此非虛言也。臣大父言李牧為趙將居邊。軍市之租皆自用饗士。賞賜決於外。不從中覆也。委任而責成功。故李牧乃得盡其智能。遣選車千三百乘。彀騎萬三千。百金之士十萬（謂直百金）。是以北逐單于。破東胡。滅澹林。西抑強秦。南支韓魏。當是之時。趙幾霸。其後會趙王遷立。其母倡也。王遷立。乃用郭開讒。卒誅李牧。令顏聚代之。是以兵破士北。為秦所禽滅。

今臣竊聞魏尚為雲中守。其軍市租盡以饗士卒。私養錢五日一椎牛。饗賓客軍吏舍人。是以匈奴遠避。不近雲中之塞。虜曾一入。尚率車騎擊之。所殺甚眾。夫士卒盡家人子。起田中從軍。安知尺籍伍符。（吏卒斬首以尺籍書亦什伍之符約節度也）終日力戰。斬首捕虜。上功幕府。一言不相應。文吏以法繩之。其賞不行。而吏奉法必用。臣愚以為陛下法太明。賞太輕。罰太重。且雲中守魏尚坐上功首虜差六級。陛下下之吏。削其爵。罰作之。由此言之。陛下雖得廉頗李牧。弗能用也。臣誠愚。觸忌諱。死罪死罪。文帝說。

成帝時。光祿大夫執金吾辛慶忌坐小法。左遷雲中太守。後徵為光祿勳。時數有災異。丞相司直何武上封事曰。虞有宮之奇。晉獻不寐（晉獻公欲伐虞。以宮之奇在虞不寐也）。衛青在位。淮南寢謀。故賢人立朝。折衝厭難。勝於亡形（厭抑也。未有禍難之形。豫勝之也。厭音葉反）。司馬法曰。天下雖安。忘戰必危。夫將不豫設。則亡以應卒（卒讀曰猝）。士不素厲。則難使死敵。是以先帝建列將之官。近戚主內。異姓距外。故姦軌不得萌動而破滅。誠萬世之長冊也。光祿勳慶忌行義修正。柔毅敦厚。謀慮深遠。前在邊郡。數破敵獲虜。外夷莫不聞。廼者大異並見。未有其應。加以兵革久寢。春秋大災未至而豫禦之。慶忌宜在爪牙官以備不虞。

東漢光武時。更始大司馬朱鮪等盛兵據洛陽。又并州未安。光武難其守。問於鄧禹曰。諸將誰可使守河內者。禹曰。昔高祖任蕭何於關中。無復西顧之憂。所以得專精山東。終成大業。今河內帶河為固。戶口殷實。北通上黨。南迫洛陽。寇恂文武備足。有牧人御眾之才。非此子莫可使也。乃拜恂河內太守。行大將軍事。光武謂恂曰。河內完富。吾將因是而起。昔高祖留蕭何鎮關中。吾今委公以河內。堅守轉運。給足軍糧。率厲士馬。防遏他兵。勿令北度而已。

時赤眉延岑暴亂三輔郡縣大姓各擁兵衆大司徒鄧禹不能定乃遣馮異代禹討之車駕送至河南賜以乘輿七尺具劍勑異曰三輔遭王莽更始之亂重以赤眉延岑之酷元元塗炭無所依訴今之征伐非必略地屠城要在平定安集之耳諸將非不健鬭然好虜掠卿本能御吏士念自修勑無為郡縣所苦異頓首受命引而西所至皆布威信弘農羣盜稱將軍者十餘輩皆率衆降異

馬援在交阯常餌薏苡實用能輕身省慾以勝瘴氣南方薏苡實大援欲為種軍還載之一車時人以為南土珍怪權貴皆望之援時方有寵故莫以聞及卒後有上書譖之者以為前所載還皆明珠文犀馬武與於陵侯侯昱等皆以章言其狀光武怒援妻孥惶懼不敢以喪還舊塋裁買城西數畝地槀葬而已（權葬稾葬故）賓客故人莫敢弔會前雲陽令同郡朱勃詣闕上書曰臣聞王德聖政不忘人之功採其一美不求備於衆故高祖赦蒯通而以王禮葬田橫大臣曠然咸不自疑夫大將在外讒言在內微過輒記大功不計誠為國之所慎也故章邯畏口而奔楚燕將據聊而不下（燕將攻下聊城人或讒之於燕燕將懼誅因保守聊城不敢歸）豈其甘心末規哉悼巧言之傷類也（末規猶下計也）竊見故伏波將軍新息侯馬援援自西州欽慕聖義間關險難觸冒萬死孤立羣貴之間傍無一言之佐馳深淵入虎口豈顧計哉（謂援使隗囂也）寧自知當要十郡之使徼封侯之福邪八年車駕西討隗囂國計狐疑衆營未集援建宜進之策卒破西州及吳漢下隴冀路斷隔唯獨狄道為國堅守士民飢困寄命漏刻援奉詔西使鎮慰邊衆乃招集豪傑曉誘羌戎謀如涌泉埶如轉規遂救倒縣之急存幾亡之城兵全師進因量敵人隴冀略平而獨守空郡（守音式救反）兵動有功師進輒克誅鋤先零緣入山谷猛怒力戰飛矢貫脛又出征交阯土多瘴氣援與妻子生訣無悔吝之心遂斬滅徵側克平一州間復南討立陷臨鄉師已有業未竟而死吏士雖疫援不獨存夫戰或以久而立功或以速而致敗深入未必為得不進未必為非人情豈樂久屯絕地不生歸哉惟援得事朝廷二十二年北出塞漠南渡江海觸冒害氣僵死軍士名滅爵絕國土不傳海內不知其過衆庶未聞其毀卒遭三夫之言橫被誣罔之讒（韓子曰龐共與魏太子質於邯鄲謂魏王曰今一人言市有虎王信乎王曰否二人言王信乎王曰否三人言王信乎王曰寡人信之龐共曰夫市之無虎明矣然三人言而成虎今邯鄲去魏遠於市議臣者過三人願王察之）家屬杜門葬不歸墓怨隙並興宗親怖慄死者不能自列生者莫為之訟臣竊傷之夫明主醲於用賞約於用刑高祖賞與陳平金四萬斤以間楚軍不問出入所為豈復疑以錢穀間哉夫操孔父之忠而不能自免於讒此鄒陽之所悲也（魯聽季孫之說而逐孔子）詩云取彼讒人投畀豺虎豺虎不食投畀有北有北不受投畀有昊此言欲令上天而平其惡惟陛下留思竪儒之言無使功臣懷恨黃泉臣聞春秋之義罪以功除（公羊傳曰夏滅項孰滅之齊滅之曷為不言齊滅為桓公諱也以桓公嘗有繼絕存亡之功故君子為之諱也）聖王之祀臣有五義（禮記曰夫聖王之制祀也法施於人則祀之以死勤事則祀之以勞定國則祀之能禦大菑則祀之能捍大患則祀之）若援所謂以死勤事者也願下公卿平援功罪宜絕宜續以厭海內之望臣年已六十常伏田里竊感欒布哭彭越之義（前書曰彭越為梁王欒布為梁大夫使於齊越以謀反梟首洛陽詔有收視者捕之布使還奏事越頭下祠而哭之）冒陳悲憤戰慄闕庭

南陽太守杜詩自以無勞不安久居大郡求欲降避功臣乃上疏曰陛下亮成天工克濟大業偃兵修文羣帥反旅海內合和萬世蒙福天下幸甚唯匈奴未譬聖德威武二垂陵忕中國邊民虛耗不能自守臣恐武猛之將雖勤亦未得解甲櫜弓也夫勤而不息亦怨勞而不休亦怨怨恨之師難復責功臣伏覩將師之情功臣之望冀一休足於內郡然後即戎出命不敢有恨臣愚以為師克在和不在衆陛

下雖吾念北邊亦當頻泄用之昔湯武善御衆無故忿鷙之師陛下起兵下有三年將帥和睦士卒皂藻今若使公卿郡守出於軍壘則將帥自厲士卒之復比於宿衞則戎士自百何者天下已安各重性命大臣以下咸懷樂土不離其功而厲其用無以勸也陛下誠宜延缺數郡以俟振旅之臣重復厚賞加於久役之士如此緣邊屯戍之師競而忘死乘城拒塞之吏不辭其勞則烽火精明守戰堅固聖王之略必因人心今猥用愚薄塞功臣之望誠非其宜臣詩伏自惟忖本以史吏一介之才遭陛下創制大業賢俊在外空乏之間超受大恩收養不稱奉職無效久竊祿位令功臣懷愠誠惶誠恐八年上書乞避功德陛下殊恩未許放退臣詩蒙恩尤深義不敢苟冒虛請誠不勝至願願退大郡受小職及臣齒壯力能經營劇事如使臣詩必有補益復受大位雖析珪授爵所不辭也惟陛下哀矜帝惜其能遂不許之

章帝時中郎將鄭衆為耿恭已下洗沐易衣冠上疏曰耿恭以單兵固守孤城當匈奴之衝對數萬之衆連月踰年心力困盡鑿山為井煑弩為糧出於萬死無一生之望前後殺傷醜虜數千百計卒全忠勇不為大漢恥恭之節義古今未有宜蒙顯爵以厲將帥及恭至雒陽鮑昱奏恭節過蘇武宜蒙爵賞於是拜為騎都尉以恭司馬石修為雒陽市丞張封為雍營司馬軍吏范羌為共丞餘九人皆補羽林

靈帝時鎮賊中郎將朱儁與荊州刺史徐璆及南陽太守秦頡合兵萬八千人圍黃巾賊帥趙弘自六月至八月不拔有司奏欲徵儁司空張溫上疏曰昔秦用白起燕任樂毅皆曠年歷載乃能克敵儁討潁川以有功效引師南指方略已設臨軍易將兵家所忌宜假日月責其成功帝乃止儁因急擊弘斬之

魏明帝時司馬懿將伐遼東散騎常侍何曾上疏曰臣聞先王制法必全於慎故建官受任則置副佐陳師命將則立監貳宣命遣使則設介副臨敵交刃又參御右蓋以盡思謀之功防安危之變也是以在險當難則權足相濟隕缺不豫則才足相代其為國防至深至遠及至漢氏亦循舊章韓信伐趙張耳為貳馬援討越劉隆副軍前世之迹著在篇志今太尉奉辭誅罪精甲銳鋒步騎數萬道路迥阻且四千里雖假天威有征無戰寇或潛遁消引日月命無常期人非金石遠慮詳備誠宜有副今北軍諸將及太尉所督皆為寮屬名位不殊素無定分統御之尊卒有變急不相鎮攝存不忘亡聖達所戒臣愚以為宜選大臣名將威重宿著者成其禮秩遣詣北軍進同謀略退為副佐雖有萬一不虞之變軍主有儲則無患矣帝不從

吳周瑜病因上疏曰當今天下方有事役是瑜乃心夙夜所憂願至

尊先慮未然然後康樂今既與曹操為敵劉備近在公安邊境密邇百姓未附宜得良將以鎮撫之魯肅智略足任乞以代瑜瑜隕踣之日所懷盡矣

烏程侯建衡元年陸禕初為黃門侍郎出領部曲拜偏將軍凱亡後入為太子中庶子右國史華覈表薦禕體質方剛器幹彊固董率之才魯肅不過及被召當下徑還赴都道由武昌曾不迴顧器械軍資一無所取在戎果毅臨財有節夫夏口賊之衝要宜選名將以鎮戍之臣竊思惟莫善於禕

晉武帝時劉元海於魏已為任子在洛陽文帝深待之泰始以來王渾又屢言之於武帝帝召與語大悅之謂王濟曰劉元海容儀機鑒雖由余日磾無以加也濟對曰元海儀容機鑒實如聖旨然其文武才幹賢於二子遠矣陛下若任之以東南之事吳會不足平也帝稱

善。孔恂楊珧進曰。臣觀元海之才。當今懼無其比。陛下若輕其衆。不足以成事。若假之威權。平吳之後。恐其不復北渡也。非我族類。其心必異。任之以本部。臣竊為陛下寒心。若舉天阻之固以資之。無乃不可乎。帝默然。後秦涼覆沒。帝疇咨將帥。上黨李憙曰。陛下誠能發匈奴五部之衆。假元海一將軍之號。鼓行而西。可指期而定。孔恂曰。李公之言。未盡殄患之理也。憙勃然曰。以匈奴之勁悍。元海之曉兵。奉宣聖威。何不盡之有。恂曰。元海若能平涼州。斬樹機能。恐涼州方有難耳。蛟龍得雲雨。非復池中物也。帝乃止。

東晉元帝太興二年。著作郎虞預以寇賊未平。當須良將。上疏曰。臣聞承平之世。其教先文。撥亂之運。非武不剋。故牧野之戰。呂望杖鉞。淮夷作難。召伯專征。玁狁為暴。衛霍長驅。故陰陽不和。擢士為相。三軍不勝。拔卒為將。漢帝既定天下。猶思猛士以守四方。孝文志存鉅

鹿。馮唐進說。魏尚復守。詩稱赳赳武夫。公侯干城。折衝之佐。豈可忽哉。況今中州荒弊。百無一存。牧守官長。非戎貊之族類。即寇竊之幸脫。陛下登阼。威暢四遠。故令此等。反善向化。然狼子獸心。輕薄易動。羯虜未殄。益使難安。闇撫陳川。粗係背叛。徐龕驕黠。無所拘忌。放兵侵掠。罪已彰灼。昔葛伯違道。湯獻之牛。吳濞失禮。錫以几杖。惡成罪著。方復加戮。龕之小醜。何足不滅。然豫備不虞。古之善教。矧乃有虞。可不為防。為防之術。宜得良將。將不素簡。難以應敵。壽春無鎮。祖逖孤立。前有勁虜。後無係援。雖有智力。非可持久。頃陛下諮之群公。博舉於衆。若當局之才。必允其任。則宜獎厲。使不顧命。旁料冗猥。或有可者。厚加寵待。足令忘身。昔英布見慢。恚欲自裁。出觀供置。然後致力。禮遇之恩。可不隆哉。誠知山河之量。非塵露可益。神鑒之慮。非愚淺所測。然匹夫嫠婦。猶有憂國之言。況臣得廁朝堂之末。蒙冠帶之榮者乎。

後魏明元帝時。并州胡數萬家南掠河內。遣將軍公孫表等率師討之。敗績。太宗問羣臣曰。胡寇縱暴。人衆不少。表等已不能制。若不早誅。則良民大受其禍。今既盛秋。不可為此小盜而復興衆。以廢民業。將若之何。玄伯對曰。表等諸軍不為不足。但失於處分。故使小盜假息耳。胡衆雖盛。而無猛健主將。所謂千奴共一膽也。宜得大將軍為胡所服信者。將數百騎就攝表軍以討之。賊聞之。必望風震怖。壽光侯建前在并州。號為威猛。胡醜畏服。諸將莫及。太宗從之。

孝明帝時。四中郎將兵數寡弱。不足以襟帶京師。任城王拓跋澄奏宜以東中帶滎陽郡。南中帶魯陽郡。西中帶恒農郡。北中帶河內郡。選二品三品親賢兼稱者居之。省非急之作。配以強兵。如此則深根固本。強幹弱枝之義也。靈太后初將從之。後議者不同乃止。澄又奏

曰。固本宜強。防微在豫。故雖有文事。不忘武功。況今南蠻仍獷。北妖頻結。來事難圖。勢同往變。脫暴勃忽起。振動關畿。四府羸兵。何以防援。平康之世。可以寄安。遺之久長。恐非善策。如臣愚見。郎將領兵。兼總民職。省官實祿。於是乎在。求還依前。增兵益號。將位既重。則念報亦深。軍郡相依。則表裏俱濟。朝廷無四顧之憂。姦宄絕窺覦之望矣。卒不納。

孝武帝時。天下多事。尚書右民郎路思令乃上疏曰。臣聞國之大事。唯祀與戎。戎之有功。在於將帥。三代不必別民。取治不等。五伯不必異兵。各能剋定。有湯武之賢。猶須伊望之佐。堯舜之聖。尚有稷契之輔。得其人也。六合唾掌可清。失其人也。三河方為戰地。何者。動之甚易。靜之至難。竊以比年以來。將帥多是貴寵子孫。軍幢統領。亦皆故義託附。貴戚子弟。未經戎役。至於衒杯躍馬。志逸氣浮。軒眉攘腕

便以攻戰自許。及臨大敵。怖慴交懷。雄圖銳氣。一朝頓盡。乃令羸弱在前以當銳。強壯居後以衛身。兼復器械不精。進止不集。任羊質之將。驅不練之兵。當負險之衆。敵數戰之虜。欲令不敗。豈有得哉。是以兵知必敗。始集而先逃。將又怖敵。遷延而不進。國家便謂官號未滿重。爵賞屢加。復疑賞賚之輕。金帛日賜。帑藏空虛。民財殫盡。致使賤徒更增驕氣。益盛生民損耗。荼毒無聊。主歎臣哀。尙心寢食。臣雖位微竊不遑舍。臣聞孝行出於忠貞。節義率多果決。德可感。義夫恩可勸死士。今者捨上所輕。求下所重。黜陟幽明。賞罰善惡。搜徒簡卒。練兵習武。甲堅弩強。弓調矢勁。謀夫既設。辯士先陳。曉以安危。示其禍福。知其大候。以我義順之師。討茲悖逆之豎。豈異礪蕭斧而伐朝菌。鼓洪爐而燎毛髮。雖愚者知其不旋踵矣。敢以愚短昧死陳誠。

唐高宗儀鳳中。吐蕃數盜邊。太學生魏元忠上封事洛陽宮言命將

用兵之要曰。天下之柄有二。文武而已。至制勝御人。其道一也。今言武者先騎射。不稽之權略。言文者首篇章。不取之經綸。臣觀魏晉齊梁。才固不乏。然何益治亂哉。養由基射能穿札。不止鄢陵之奔。陸機識能辨亡。無救河橋之敗。斷可見已。夫才生於世。世實須才。何世而不生才。何才而不資世。故物有不求。未有無物之歲。士有不用。未有無士之時也。志士在富貴與貧賤。皆思立功名以傳於後。然知己難而所遇罕。士之懷琬琰。就煨塵。抱棟幹。困溝壑者。悠悠之人。直覩此士之貧賤。安知其方略哉。故漢拜韓信。舉軍驚笑。蜀用魏延。羣臣觖望。此富貴者易為善。貧賤者難為功也。昔漢文帝不知魏尚賢而因之。知李廣才而不用。乃歎其生不逢時。夫以廣之才。天下無雙。時方歲事匈奴。而卒不任。故近不知尚、廣之賢。而遠想廉頗、李牧。馮唐是以知其有而不能用也。此身為時主所知。不得盡其才也。晉羊祜謀舉吳。賈充、荀勗沮之。祜歎曰。天下事不如意十常七八。以二人不終不大舉。此據立功之地。而不獲展其志也。布衣之人懷奇抱能者望朝奏夕召。豈易得哉。臣願歷訪文武五品以上。得無有智如羊祜武如李廣而不得騁其才者乎。使各言其志。毋令久失職。又言人無常俗。政有治亂。軍無常勝。將有能否。兵為王者大事。存亡繫焉。將非其任。則殄人敗國。齊段孝玄有言。持大兵如擎盤水。一致蹉跌。求止可得哉。周亞夫堅壁以挫吳楚。司馬懿閉營而困諸葛亮。此皆全軍制勝。不戰而卻敵。是知大將臨戎以智為本。今之用人。類將家子。或死事孤兒。進非幹略。雖竭力盡誠。不免於傾敗。若之何用之。且建功者。言其所濟。不言所來。言其所能。不言所藉。若陳湯、呂蒙、馬隆、孟觀。悉出貧賤。而勳伐甚高。不聞其家世將帥也。故陰陽不和。擢士為相。蠻貊不廷。擢校為將。今以四海之廣。億兆之衆。豈無卓越之士。臣恐未

之思乎。又賞者禮之基。罰者刑之本。禮崇則謀夫竭其能。賞厚則義士輕其死。刑正故君子勗其心。罰重則小人懲其過。賞罰者軍國之綱紀。政教之藥石。吐蕃本非彊敵。而薛仁貴、郭待封至棄甲喪師。脫身以免。國家寬政。罪止削除。網漏吞舟。何以過此。雖陛下顧收後効。然朝廷所少豈此一二人乎。夫賞不勸。謂之止善。罰不懲。謂之縱惡。臣誠疏賤。干非其事。豈欲間陛下君臣生薄厚哉。正以刑賞一虧。百年不復。故國無賞罰。雖堯舜不能為治。今罰既不行。賞復難信。故議者皆謂比日征行。虛立賞格而無其實。蓋忘大體之臣。恐賚勳庸竭府庫。留意錐刀。以為益國。所謂惜毫氂失千里者也。且黔首雖微。不可以欺。安有寓不信之令。設虛賞之格乎。自蘇定方平遼東。李勣破平壤。賞既不行。勳亦淹廢。歲月紛淆。真偽相錯。臣以吏不奉法。慢官京師。偽勳所由。主司過也。其則不遠。近在尚書省中。然未聞斬一臺郎

戕一令史。使天下知之。陛下何照遠而不照近哉。神州化首。文昌政本。治亂攸在。臣故昌死而言。夫明鑑所以照形。往事所以知今。臣請借近以為諭。貞觀中。萬年尉司馬玄景。舞文飾智。以邀乾沒。太宗棄之都市。後征高麗。總管張君乂不進擊賊。斬之旗下。臣以為僞勳之罪。多於玄景。仁貴等敗。重於君乂。使早誅之。則諸將豈復有負哉。慈父多敗子。嚴家無格虜。且人主病不廣大。人臣病不節儉。臣恐陛下病之於不廣。大過在於慈父。斯日月一蝕也。又今將吏貪暴。所務口馬財利。臣恐戎狄之平未可旦夕望也。凡人識不經遠。皆言吐蕃戰前隊盡。後隊方進。甲堅騎多。而山有氛瘴。官軍遠入。前無所獲。不積穀數百萬。無大舉之資。臣以為吐蕃之望中國。猶孤星之對太陽。有自然之大小。不疑之明暗。夷狄雖禽獸。亦知愛其性命。豈肯前盡死而後進哉。由殘迫其人。非下所顧也。必其戰不顧死。則兵法許敵能鬪。當以知算取之。何憂不克哉。向使將能殺敵。橫屍蔽野。斂其頭顱以為京觀。則此虜聞官軍鐘鼓。望塵卻走。何暇前隊皆死哉。自仁貴等覆師喪氣。故虜得跳梁山谷。又師行必藉馬力。不數十萬不足與虜爭。臣請天下自王公及齊人挂籍之口。人稅百錢。又弛天下馬禁。使民得乘一大馬。不為數限。官籍其凡。勿使得隱。不三年人間畜馬可五十萬。即詔州縣以所稅口錢市之。若王師大舉。一朝可用。且虜以騎為彊。若一切使人乘之。則市取其良。以益中國。使得漸耗虜兵之盛。國家之利也。高宗善之。

玄宗天寶六載。李林甫欲杜邊帥入相之路。以胡人不知書。乃奏言文臣為將怯當矢石。不若用寒族胡人。胡人則勇決習戰。寒族則孤立無黨。陛下誠以恩洽其心。彼必能為朝廷盡死。上悅其言。始用安祿山。

天寶十四載。安祿山請以蕃將三十二人代漢將。常見素因極言祿山反已有迹。所請不可許。上不悅。竟從祿山之請。楊國忠見素後復言於上曰。臣有策可坐銷祿山之謀。若除祿山平章事。召詣闕。以賈循。呂知誨。楊光翽分領范陽。平盧。河東節度。則勢自分矣。上從之。已草制而不發。

玄宗時。特進蓋嘉運破突騎施還。詔為河西隴右節度使。因令經略吐蕃。嘉運以新立功。日酣遨未赴屯。尚書左丞相裴耀卿言於帝曰。嘉運精勁勇烈。誠有餘。然臣見其誇言驕色。竊憂之。恐不足與立事。今盛秋防邊。日月已薄。當與軍中士卒相見。若不素講。雖決在一時。恐非制勝萬全之義。且兵未及訓。未能知法。士未懷惠。不可共心。使幸而有功。非師出以律之善。又萬人之命。倚於將。示不得已。故鑿凶門而出。今酣呶朝夕。肆自安。非愛人憂國者。不可不察。苟不易帥宜嚴詔申約。以督其行。帝乃促嘉運詣部。卒無功還。

代宗大曆六年。副元帥李抱玉上言。凡所掌之兵。當自訓練。今自河隴達于扶文。綿亘二千餘里。撫御至難。若吐蕃兩道俱下。臣保固汧隴。則不救梁岷。進兵扶文。則寇逼關輔。首尾不贍。進退無從。願更擇能臣。委以山南。使臣得專備隴坻。詔從之。

大曆十四年。崔寧在蜀十餘年。至是入朝。吐蕃與南詔合兵三道入寇。諸將不能禦。州縣多陷。上憂之。趣寧歸鎮。楊炎言於上曰。蜀地富饒。寧據有之。貢賦不入。與無蜀同。若其有功。則義不可奪。是蜀地敗故失之。勝亦不得也。不若留寧。發范陽戍兵雜禁兵往擊之。何憂不克。因得納親兵於其腹中。蜀將必不敢動。然後更授他帥。使千里沃壤。復為國有。是因小害而收大利也。上遂留寧。

德宗時。翰林學士陸贄上奏曰。曲環所領一軍。悉是朱泚部曲。或傾在鳳翔所管或本從河朔同來後因汴宋用兵權抽赴彼應援所以行營將士猶舉幽隴為名今之元兇乃其舊帥岐下則楚琳助亂薊門則朱滔黨姦獨此偏師標然河上其營幕則寄于他土其家屬則陷於匪人又偪汴路姦虜浚城陷覆糧餉屢絕資裝久殫士卒常情固難安處是宜潰歸舊管否則散適樂郊而曲環撫之悉無離叛孤軍自守亦不苟從處危能安臨難輒赴甚推齊肅累著功勳近日將帥之中罕有如環之比考其才節絕有過人但緣羇寓多時窮匱轉甚纔陳章奏言極酸辛告急朝廷則力未能救求哀郡府則人莫見憂覽其辭情可謂流涕若失於應接則終以危亡良將義從實在深惜願陛下不以常人遇之不以常事遣之方今勢可相資唯有江左完實懇須密勅韓滉均令贍恤此軍器甲衣糧咸使周足因賜劉洽手詔亦委加意保持若得自存必有成績非艱難無以表特操非英

聖不能全異才有功見知人必悅勸臣不勝區區為國獎善極危之意謹啓事以聞謹奏

贄又論兩河及淮西利害狀曰內侍朱冀寧奉宣聖旨緣兩河寇賊未平殄又淮西兇黨攻逼襄城卿識古知今合有良策宜具陳利害封進者臣質性凡鈍聞見陋狹幸因乏使謬組昇朝薦承過恩文學入侍每自奮勵思酬獎遇感激所至亦能忘身但以越職干議典制所禁未信而言聖人不尚是以循循默默尸居榮近日日以愧自春徂秋心雖懷憂言不敢發此臣之罪也亦臣之分也陛下天縱聖德神授英謀明照八表思周萬務猶慮闕漏下詢芻蕘此堯舜舍己從人好問而好察邇言之意也臣每讀前史見開說納忠之士乃有泣血碎首牽裾斷鞅者皆以進議見拒懇誠激忠遂至發憤踰禮而不能自止故也況今勢有危迫事有機宜當聖主開懷訪納之時無背人逆鱗顛沛之患儻又上探微旨慮匪悅聞傍懼貴臣將為訕議首尾憂畏前後顧瞻是乃偷合苟容之徒非有扶危救亂之意此愚臣之所痛心切齒於既往是以不忍復躬行於當世也心蘊忠憤固願披陳職居禁闈當備顧問承問而對臣之職也寫誠無隱臣之忠也謹具件如後惟明主俯省而備慮之豈有微臣獨荷容納之恩實億兆之幸社稷之福也臣本書生不習戎事竊惟霍去病漢將之良者也每言行軍用師之道顧方略何如耳不在學古兵法是知兵法者無他見其情而通其變則得失可辯成敗可知古人所以坐籌樽俎之間制勝千里之外者得此道也臣才不逮古人而頗窺其意是敢承詔不默輒陳狂愚伏以克敵之要在乎將得其人馭將之方在乎操得其柄將非其人者兵雖眾不足恃操失其柄者將雖材不為用兵不足恃與無兵同將不為用與無將同將不能使兵國不能馭將

非止費財翫寇之弊亦有不戢自焚之災自昔禍亂之興何嘗不由於此今兩河淮西為叛亂之師者獨四五凶人而已尚恐其中或有傍遭詿誤內蓄危疑蒼黃失圖勢不得止亦未必皆是處心積慮果為姦逆以僭帝稱王者也況其餘眾盡並脅從苟知全生豈願為惡若招攜以法悔禍以誠使來者必安安者必久斯道積著人誰不懷繼有野心難馴臣知其從化者必過半矣舞干格苗豈獨虛言假使四五兇渠俱稟梟鴟之性其下同惡復有十百相從是皆卒伍庸流闒茸下品其志好不過聲色財貨之樂其材用不過蹴踘距躍之能其約從締交則迭相侮詐以為智謀其御眾使人則例質妻孥以為術數斯乃盜竊偷安之伍非有姦雄特異之資以陛下英神志斯平寇君臣之勢不類逆順之理不侔形勢之大小不倫師徒之眾寡不敵然尚曠歲持久師老費財加算不止於舟車徵卒殆窮於閭閻管肉

搖背呻吟里閭。送父別夫。號呼道路。杼軸已空。甚者發已殫。而為將帥
者尚曰財不足兵不多。此微臣所以千慮百思而不悟其理也。夫審
陛下嘗徵其說。察其由乎。股肱之臣日月獻納。復為陛下察其事乎。
臣愚無知。竊所深惑。遂乃過為臆度。輙肆討論。以為剋敵之要在乎
將得其人。馭將之方在乎操得其柄。將非其人者兵雖衆不足恃。操
失其柄者將雖材不為用。今以陛下効其明聖。群帥畏威。雖萬無此
虞。然亦不可不試省察也。陛下若謂臣此說盡虛體耳。不足徵。焉臣
請復為陛下效其明徵。以實前說。田悅唱亂之始。氣盛力全。恒趙青
齊。迭為脣齒。陛下特詔馬燧委之專征。抱真李芃聲勢相援。于時士
吏畏法。將帥感恩。俱蘊勝殘盡敵之誠。未有爭功邀利之釁。故能累
摧堅陣。深抵窮巢。元惡幸脫於俘囚。兇徒幾盡於鋒刃。臣故曰剋敵
之要在乎將得其人。馭將之方在乎操得其柄。此其明效也。田悅旣

敗。力屈勢窮。且皆離心。莫有固志。乘我師勝捷之氣。躡亡虜傷夷之
餘。比於前功。難易百倍。而大軍遂駐。遺孽復安。其後魄運日增。師
徒日益。了無將総。竟不交鋒。量兵力則前者寡而今者多。議軍資則
前者薄而今者厚。論氣勢則前者新集而今者乘勝。度攻具則前者
草創而今者繕完。討兇黨則前者盛而今者殘。揣敵情則前者銳而
今者挫。然而勢因時變。事與理乖。當易而反難。當進而中止。本末殊
趣。前後易方。順理之常。必不如此。臣故曰將非其人者兵雖衆不足
恃。操失其柄者將雖材不為用。此自昔必然之效。但未審今茲事實
得無近於此乎。在陛下熟察而亟救之耳。圖不在益兵以生事。加賦
以殄人。無紓目前之虞。或興意外之患。人者邦之本也。財者人之心
也。兵者財之蠹也。其心傷則其本傷。其本傷則枝幹顛瘁而根柢蹶
拔矣。惟陛下重慎之。憫惜之。今師興三年。可謂久矣。稅及百物。可謂

繁矣。陛下為之宵衣旰食。可謂憂勤矣。海內為之行齎居送。可謂勞
弊矣。而寇亂有益。翦滅無期。人搖不寧。事變難測。是以兵貴拙速。不
尚巧遲。速則乘機。遲則生變。此兵法深切之誡。往事明著之驗也。夫
投膠以變濁。不如澄其源而濁變之愈也。揚湯以止沸。不如絕其薪
而沸止之速也。是以勞心於服遠者。莫若脩近而其遠自來。多方以
救失者。莫若改行而其失自去。若不靖於本而務救於末。則救之所
為。乃禍之所起也。脩近之道。改行之方。易於舉毛。但在陛下然之與
否耳。儻或重難易制。姑務持危。則當校禍患之重輕。辯攻守之緩急。
臣謂幽薊恒魏之寇勢緩而禍輕。汝洛滎汴之虞勢急而禍重。緩者
宜圖之以計。今失於屯戍太多。急者宜備之以嚴。今失於守禦不足。
何以言其然也。自胡羯稱亂。首起薊門。中興已來。未暇芟蕩。因其降
將。即而撫之。朝廷置河朔於度外。殆三十年。非一朝一夕之所急也。

田悅累經覆敗。氣沮勢羸。偷全餘生。無復遠略。武俊蕃種有勇無謀。
朱滔卒材多疑少決。皆受田悅誘陷。遂為猖狂出師。事起無名。衆情
不附。進退惶惑。內外防虞。所以纔至魏郊。遽又退歸巢穴。意在自保
勢無他圖。加以洪河太行禦其衝。并汾潞澤壓其腹。雖欲放肆。亦何
能為。又此郡兇徒。互相劫制。急則合力。退則背憎。皆是苟且之徒。必
無越軼之慮。此臣所謂幽薊恒魏之寇勢緩而禍輕。希烈忍於傷殘
果於吞噬。據蔡許富全之地。益鄧襄鹵獲之資。意殊無厭。兵且未衂。
東寇則轉輸將阻。北窺則都城或驚。此臣所謂汝洛滎汴之虞勢急
而禍重。代朔邠靈之騎士。自昔之精騎也。上黨盟津之步卒。當今之
練卒也。悉此疆勁委之山東。勢分於將多。財屈於兵廣。以攻則曠歲
不進。以守則數倍有餘。各懷顧瞻。遞欲推倚。此臣所謂緩者宜圖之
以計。今失於屯戍太多。李勉以文吏之材。當浚郊奔突之會。哥舒曜

以為合之衆扞襄野豺狼之群陛下雖連發中使以為繼援累勑諸鎮務使協同睿旨殷憂人思自效但恐本非素諳令不適從奔鯨觸羅倉卒難制首鼠應敵因循莫前此臣所謂急宜備之以嚴令失於守禦不足陛下若察其緩急審其重輕便懷光帥師救襄城之圍李芃還鎮為東都之援汝洛既固梁宋亦安是乃取有餘救不足罷闕右賦車籍馬之擾減山東飛芻輓粟之勞無擾則禍亂不生息勞則物力可濟非止排難於變切亦將防患於未然徵發既停守備且固足得徐觀事勢更選良圖此於紓亂解紛抑亦計之次也議者若曰河湖群盜尚未殲夷儻又減兵必更生患此蓋好異不思之說耳臣請有以詰之前歲伐叛之初唯馬燧抱真李芃三師而已以攻必剋以戰必強是則力非不足明矣洎逗留不進乃請益師於是選神策銳卒以繼之而李晟往矣猶曰未足復請益師於是徵朔方全軍

以赴之而懷光往矣幾遣加半之戍竟無分寸之功是則師不在衆又明矣然而可託以為解者必曰王師雖衆賊黨亦增曩獨田悅寶臣今兼朱滔武俊臣請再詰以塞其辭曩之田悅寶臣皆蓄銳養謀劇賊之方強者也尋而田悅喪敗寶臣殲夷雖復朱滔武俊加於前亦有孝忠日知乘其後是則殘勢不滋於曩日王師有溢於昔時又明矣曩以太原澤潞河陽三將之衆當田悅朱滔武俊三寇之兵今朱滔遁歸武俊退縮唯此田悅假息危城設使我師悉歸彼亦纔能自守況留抱真馬燧足得觀釁討除是則減兵東征勢必無患又明矣留之則彼為宂食從之則此得長城化危為安息費從省舉一而兼數利惟陛下圖之謹奏

贄又奏曰賊泚稽誅保聚宮苑勢窮援絕引日偷生懷光總仗順之師乘制勝之氣鼓行芟翦易若摧枯而乃寇奔不追師老不用諸帥每欲進取懷光輒沮其謀據茲事情殊不可解陛下意在全護委曲聽從觀其所為亦未知感若不別務規略漸相制持唯以姑息求安終恐變故難測此誠事機危迫之秋也固不可以尋常容易處之今李晟奏請移軍適遇臣銜命宣慰懷光偶論此事臣遂汎問所宜懷光乃云李晟既欲別行某亦都不要藉臣猶慮有翻覆因美其軍盛強懷光大自矜誇轉有輕晟之意臣又從容問云昨發行在之日未知有此商量今者從此却迴或恐聖旨顧問事之可否決定何如懷光已肆輕言不可中變遂云恩命許去事亦無妨要約再三非不詳審雖欲追悔固難為辭伏望即以李晟表出付中書勑下依奏別賜懷光手詔示以移軍事由其手詔大意云昨得李晟奏請移軍城東以分賊勢朕緣未知利害本欲委卿商量適會陸贄從彼宣慰迴奏云見卿論敘軍情語及於此仍言許去事亦無妨遂勑本軍允其所

請卿宜授以謀略分路夾攻務使叶齊尅平寇孽如此則詞婉而直理順而明雖蓄異端何由起怨臣初奉使諭旨未緣糧賜不均偶屬移軍事相諧會又幸懷光詭對且無阻絕之言機宜合并若有幽贊一失其便後何悔追伏望聖聰速垂裁斷謹奏

贄又奏曰懷光當管師徒足以獨制兇寇逗留未進抑有他由所患太強不資傍助比者又遣李晟李建徽楊惠元三節度之衆附麗其營無益成功秪足生事何則四軍接壘群帥異心論勢力則懸絕高卑據職名則不相統屬懷光輕晟等兵微位下而忿其制不從心晟等疑懷光養寇蓄姦而怨其事多凌己端居則互防飛謗欲戰則遞恐分功齟齬不和嫌釁遂構俾之同處必不兩全強者惡積而後亡弱者勢危而先覆覆亡之禍翹足可期舊寇未平新患方起憂歎危切實堪疚心太上消慝於未萌其次救失於始兆況乎事情已露禍

難垂成委而不謀何以寧亂李晟見機慮變先請移軍就東逮微
元勢轉孤弱為其吞噬理在必然他日雖有良圖亦恐不能自拔拯
其危急唯在此時今因李晟願行便遣合軍同往託言晟兵素少慮
為賊泚所邀藉此兩軍迭為犄角仍先諭旨密使促裝詔書至營即
日進路懷光意雖不欲然亦計無所施是謂先人有奪人之心疾雷
不及掩耳者也夫制軍馭將所貴見情離合疾徐各有宜適當離者
合之則召亂當合者離之則寡功當疾而徐則失機當徐而疾則漏
策得其要契其時然後舉無敗謀措無危勢今者也兵而不肯為用
聚將而罔能叶心自為鯨鯢變在朝夕留之不足以相制徒長厲階
析之各競於擅能或建勳績事有必應斷無可疑解鬭不可以不離
救焚不可以不疾理盡於此惟陛下圖之
贄又奏曰欽漵奉宣聖旨省卿所奏審軍退歸及關中體勢理皆切

當甚慰朕懷然渾瑊李晟等諸軍須有商量規畫令其進取朕見欲
遣使宣慰卿宜審細條疏速奏來者臣聞將貴專謀兵以奇勝軍機
遙制則失變戎師稟命則不威是以古之賢君選將而任分之於閫
誓莫干也授之以鉞俾專斷也夫然故軍敗則死眾戰勝則策勳不
用刑而師律貞不勞慮而武功立其於委任之體豈不博大哉其於
責成之利豈不精覈哉自昔帝王之所以夷大艱成大業者由此道
也其或疑於委任以制斷由己為大權昧於責成以指麾順旨為良
將鋒鏑交於原野而決策於九重之中機會變於斯須而定計於千
里之外違令則失順從令則失宜失順則挫君之嚴失宜則敗君之
眾用捨相礙否臧皆凶上有掣肘之譏下無死綏之志其於分畫之
道豈不兩傷哉其於經綸之術豈不都謬哉自昔帝王之所以長亂
繁刑喪師蹙國者由此道也茲道得失兵家大樞當今事宜所繫尤

切蓋以寇盜充斥與播遷人心有覬變之萌王室無自固之亟尤
深迴繚千里而遙臨之以威則力勢不制授之以策則阻遠不精須
者驟降詔書敕諭群帥事無大小悉為規裁及乎章表陳誠使臣復
命進退遲速率乖聖謀豈皆樂於違忤哉亦由傳聞與指實不同懸
算與臨事有異故也設使其中或有肆情奸命者陛下能於此時戮
其違詔之罪乎臣竊恐未能也陛下復能奪其兵而易其將帥乎臣
亦恐未能也是則違命者既不果行罰從命者又未必合宜徒費空
言秖勞睿慮匪唯無益其損實多何則時方艱屯下陵上替凡在執
干戈而衛社稷者皆自謂勳業由己義烈發心安於專行病於羈制
陛下宜俯徇斯意因而委之遂其所安護其所病敦以付授之義固
以親信之恩假以便宜之權待以殊常之賞其餘細故悉勿關言所
賜詔書務從簡要慎其言以取重深其託以示誠言見重則君道尊

託以誠則人心感尊則不嚴而眾服感則不令而爭成其勢當令智
者騁謀勇者宣力小大咸極其分賢愚各適其懷將自効忠兵自樂
戰與夫迫於驅制不得已而從之者悉氣何啻百倍哉夫君上之權
特異臣下者唯不自用乃能用人其要在順於物情其契在通於時
變今之要契願其於茲儻蒙究思或有可取謹奏
憲宗元和四年上令左軍中尉吐突承璀統神策軍討王承宗節制
諸道兵馬翰林中纔陳從古無令中人統鎮師徒諸道受其節制者
師出不律軍必無功前後諫論一十八度後宰相論亦不允遂依上
旨乃令學士李絳撰白麻其日絳又進狀稱事實不可遽有進旨召
學士梁守謙上手執一紙文書云宰相悉言可任承璀而學士不肯
如何遂令中書出敕諭歲承璀果無功旋師更寵授開府儀同三司
依前中尉絳謂諸學士曰絳謬蒙恩獎超越諸公當愁報恩未碩獲

罪。今吐突啓用兵之端。無擒敵之効。傷人費財。賠國大恥。虧損聖德。汚辱史策。此事須上論。不敢迴避。履危之際。絳自上疏。不敢有累諸公。遂上疏極諫。其畧曰。且其擾改師徒。陷沒將校。衆請群議。必謂陛下于此有典懲之。後來今返極寵榮。重加崇秩。已後更有敗軍失律之將。踰利干賞之夫。則何以處之。若誅之。則罪同而罰異。王法之不一也。若捨之。則保身而翫敵。國典之不行也。伏望心割不忍之恩。舉不刊之典。責無功之罪。追不次之榮。使備邊之將。有所懲勸。當危之士。無復頑望。實天下幸甚。

翰林學士白居易上奏論吐突承璀職名曰。自昨日來。臣與李絳等已頻論奏。又奉宣令依前定者。臣實深知不可。豈敢順旨便休。伏望聖慈。更賜詳察。臣伏以國家故事。每有征伐。專委將帥。以責成功。近年以來。漸失舊制。始加中使命為都監。頃者韓全義討淮西之時。以

賈良國為都監。近日高崇文討劉闢之時。以劉貞亮為都監。此皆權宜。且為近例。然則興王者之師。徵天下之兵。自古及今。未有令中使專統領者。今神策軍既不置行營節度使。即承璀便是制將。又充諸軍招討處置使。即承璀便是都統。豈有制將都統。而使中使兼之。臣恐四方聞之。必輕朝廷。四夷聞之。必笑中國。王承宗聞之。必增其氣。國史記之。後嗣何觀。陛下忍令後代相傳云。以中官為制將都統自陛下始。伏乞聖慮以此思之。臣又慮恐劉濟茂昭。及希朝從史。乃至諸道將校。皆恥受承璀指麾。心既不齊。功何由立。此是資承宗之計。而挫諸將之勢也。伏乞聖慮又以此思之。臣伏以陛下自春宮以來。則曾驅使承璀。歲月既久。恩澤遂深。望陛下念其勤勞。貴之可也。陛下憐其忠赤。富之可也。至於軍國權柄。動關於治亂。朝廷制度。出自於祖宗。陛下寧忍徇下之情而自隳法制。從人之欲而自損聖明。何

不思於一時之間。而取笑於萬代之後。今臣忘身命。瀝肝膽。為陛下痛言者。非不知逆耳。非不知危身。但以螻蟻之命至輕。社稷之計至重。伏乞聖慮。又以此思之。陛下必不得已。事須用之。即望改為都監。且循舊例。雖威權尚重。而制度稍存。天下聞之。不甚驚駭。如蒙允許。伏望速宣與中書改為諸軍都監。臣不勝憂迫懇切彷徨之至。

吐突承璀率師出討王承宗。既而兵老不決。居易又上言。陛下討伐本委承璀。外則盧從史范希朝張茂昭。今承璀進不決戰。已喪大將。希朝茂昭數月乃入賊境。觀其勢似陰相為計。空得一縣。即壁不進。理無成功。不亟罷之。且有四害。以府帑金帛齊民膏血助河北諸侯。使益富彊。一也。河北諸將聞吳少陽受命。將請洗滌承宗章一再上無不許。則河北合從。其勢益固。與奪恩信不出朝廷。二也。今暑濕暴露。兵氣熏烝。雖不顧死。孰堪其苦。又神策雜募市人。不忸于役。脫奔

逃相動。諸軍必搖。三也。回鶻吐蕃常有游偵。聞討承宗歷三時無功。則兵之彊弱。費之多少。彼一知之。乘虛入寇。渠能救首尾哉。兵連事生。何故蔑有。四也。事至而罷。則損威失柄。秖可逆防。不可追悔。亦會承宗請罪。兵遂罷。

憲宗時。白居易又論孫璹狀曰。伏以鳳翔右輔之地。控壓隴蜀。又近國門。最為重鎮。從前已來。多擇有功勲德望者為之節使。昨者孫璹忽除此官。臣緣素未諳知。不敢輕議可否。及制下之後。甚不愜人心。孫璹雖久從軍。不聞有大功効。自居禁衛。亦無可稱。至於姓名。衆未知有。縱有才略。堪任將帥。猶宜且試於小鎮。不容便授此重藩。豈唯公議之間以為過當。亦恐同類之內皆生倖心。況今聖政日明。朝綱日舉。每命一官一職。人皆側耳聽之。則除授之間。深宜重慎。今孫璹已受成命。未可遽又改移。倘到鳳翔。觀其可否。已後未可不審。伏恐

聖聰要知

居易又論張奉國狀曰奉國當徐州用兵之時已有殊效及李錡作亂之日又立大功忠節赤誠海内推服近來將校少有比倫已蒙聖恩授金吾大將軍以示獎勸以臣所見更宜與一方鎮以感動天下忠臣之志以推懾天下姦臣之心何者奉國之事無人不知方鎮之榮無人不愛若奉國更得節度使天下聞知人皆為貪寵榮誰不爭效忠順萬一若一方有事一帥負恩則麾下偏裨競為奉國亂臣賊子亦敢不息一則明勸忠貞一則闇銷禍亂聖人機柄正在於斯今奉國閑已有年亦宜速用事不可失臣深惜之然以奉國未曾為理人官恐未可便授大鎮若近邊次節度有要替處奉國最為得宜謹具奏聞謹奏

敬宗寶曆元年朝廷得劉悟遺表議者多言上黨内鎮與河朔異不可許李絳上疏曰兵機尚速威斷貴定人情未一乃可伐謀劉悟死已數月朝廷尚未處分中外人意惜此事機所幸劉從諫未嘗久典兵馬而昭義素貧必無優賞其衆必不盡與從諫同謀但速除近地一將令兼程赴鎮使從諫未及布置新使已至潞州則軍心自有所繫矣今朝廷久無處分彼軍不曉朝廷之意猶豫之間若有姦人為之畫策虛張賞設軍士覬望尤難指揮伏望速下明敕當示軍衆獎其從來忠節賜新使繒五十萬匹使之賞設續除從諫一刺史必無違拒臣常熟計利害決無即授從諫之理時李逢吉王守澄計議已定竟不用絳等謀

宋太宗淳化三年李惟清遷給事中充鹽鐵使遂以帳式奏御太宗曰費用若此民力久何以堪如何減省即便裁度惟清曰比開寶軍興之際其數倍多蓋以將帥未得其人邊事未寧也兵至廣也臣聞漢有衛青霍去病唐有郭子儀李晟西北望而畏之如此則邊[illegible][illegible]而支用減矣望慎擇將帥以有威名者俾安邊塞庶節費用上曰彼一時此一時也今之西北變詐與古不同選用將帥亦須深體今之機宜韓彭雖古之名將以彼時之見測今之敵亦恐不能成功今縱得人未可便如古委之此乃機事卿所未知也

真宗咸平元年右司諫孫何上奏曰臣遠祖武有言曰將者人之司命國家安危之主蓋得其人則用無弱卒戰無堅敵失其人則禍有不測宗社收寄黎民所賴其委任而尊崇之也故有築壇告廟而授者有推轂分閫而遣者軍功爵賞皆決於外參佐僚屬許之自辟昔趙衰舉郤縠於晉侯曰說詩書而閱禮樂晏嬰薦穰苴於齊侯曰文能附衆武能却敵非謂彎弧擘鉤蒙輪拔棘矜匹夫之勇決一旦之命也歷代將帥多出儒者臣不敢援引三代請以炎漢之後言之光武有鄧禹劉備有諸葛亮西晉有羊祜杜預東晉有祖逖謝元苻堅則有王猛後魏有崔浩梁則有謝艾隋則有高熲至於唐室儒將尤多若郭元振之鎮隴右狄仁傑之帥河北裴度之平淮蔡溫造之定興元此數臣者皆有尊主庇民之功善始令終之德一時武臣未有出其右者朱梁後唐以馬上為治文武之柄離為二文者專治筆硯恥言軍旅之事武者狃習戈戟罕有帷幄之謀交相是非坐觀成敗今塞北有未賓之狄河西有強項之羌偶未成擒病在此耳夫善師不陣上將伐謀事權宜專號令貴一古者元戎之外餘皆偏裨悉授指蹤且無顧望近代加以副貳參以監臨事有嫌疑動相牽制而為將者又多武人崛起軍候稍遷恩不足以懷雜虜威不足以御群校鮮有司馬之兵法韓信之謀畫亞夫之持重關羽之勇敢或逗遛而[illegible]寇或險果而輕敵黷虜假息事皆由此歷觀前代之備邊也或振

旅薄伐或整兵深入或取贍於軍市或因粮於敵境或以屯田周給
或以輕齎自隨而士皆宿飽師出無敵亦有旁招小國近撫諸蕃或
厚賂以結其心或反間而收其効不困已之士卒不竭已之饋餉計
中術內使之挫衂鼂錯有言曰用蠻夷攻蠻夷中國之長筭故陳湯
因烏桓而郅支滅任延藉西域而匈奴敗未聞空荒之地使者旁午
動息之間巖粮景從臣嘗竊筭國家士人之衆土地之廣已百倍於
羗虜而戎戈屢動未能畢禁街之首華運交馳未能撤榆塞之警其
故何哉蓋選將之術任人之道或有所未盡之也今之節度使昔之
大行臺今之都部署昔之大總管將帥列銜至今猶帶度支營田等
使者蓋元戎之任無不統攝也原其責成之道欲使民不告勞師有
必勝且耕且戰足食足兵也爰近代始有供軍粮料之名隨軍轉運
之目使額既衆適從無所司計者不知尺籍伍符之數握兵者不恤

奏議卷之二百三十六　三十六

飛芻輓粟之苦群口交沸互相督責託稱上旨而實庚成筭動必中
覆而大費官帑陛下何惜上將之旗鼓通侯之印綬不於文資大臣
擇訪委以節制而使此二虜時聳邊方唯祀與戎斯為大事唯名與
器必在得人改而更張正在今日伏願陛下洞開城府妙選公卿勿
俾武人擅其權勿使中使撓其事閫外之漕輓一以付之境內之租
賦推利一以輿之使其有牛酒而犒軍有黃金而傾敵舊所謂監隊
先鋒之類咸取偏將為之仍令禀其節度果用是道臣見幽薊之故
地河湟之舊墟三年之內皆為國家郡縣與夫列校齊驅近臣迭往
不可同年語矣難者或曰利器不可以示人大柄不可以歸下此又
膠柱之常談也夫為國者患賢之不得不患權之分保民者患邊之
不寧不患將之重苟得其人則可以寄社稷之事況疆埸之任乎苟
非其人則州縣之職亦不可委況貔貅之衆乎陛下若謂今之武臣

宣力已久不可勃然改革自可伺其秩滿候其員缺互以儒將代之
統兵醻其前勞改授近地況文武參用典故具存亦非聖朝創立此
制太祖以不殺之畧降巴蜀平昇潤下荊湖太宗以非常之謀取并
汾朝吳越來漳泉豐功厚利炳在信史天其或者留此二虜啓發神
武待陛下而盪平翦滅之不可稽誅如此之久也斯事機要非小臣
所當議然備位諫列受詔讜言苟此際不能罄竭狂瞽即尸祿曠官
甚矣瀝懇章奏惟陛下特達而行之
真宗時李迪為翰林學士召對龍圖閣命迪草詔徐謂迪曰曹瑋在
秦州屢請益兵未及遣遽辭州事第怯耳誰可代瑋者迪對曰瑋知
唃廝囉欲入寇且闚關中故請益兵為備非怯也且瑋有謀畧諸將
皆非其比何可代陛下重發兵豈非將上皇聖號惡兵出宜秋門邪
今關右兵多可分兵赴瑋帝因問關右兵幾何對曰臣向在陝西以

奏議卷之二百三十六　三十七

方寸小冊書兵糧數備調發今猶置佩囊中帝令自探取目黃門取
紙筆具疏其處當留兵若干餘悉赴塞下帝顧曰此真所謂頗牧在禁
中矣未幾唃廝囉果犯邊秦州方出兵復召迪問曰瑋此舉勝乎對
曰必勝居數日奏至瑋與敵戰三都谷果大勝帝曰卿何以知瑋必
勝迪曰唃廝囉兵遠來使諜者聲言以某日下秦州會食以激怒瑋
瑋勒兵不動坐待敵至是以逸待勞也臣用此知其勝帝益重之
時議者欲以金繒啗契丹使攻元昊御史中丞賈昌朝曰契丹許我
有功則責報無窮矣力止之乃上言曰太祖初有天下監唐末五代
方鎮武臣土兵牙校之盛盡收其威權當時以為萬世之利及太宗
時將帥率多舊人猶能仗威靈禀成算出師禦寇所向有功近歲恩
倖子弟飾廚傳釣名譽多非勳勞坐取武爵折衝攻守彼何自而知
哉然邊鄙無事尚得自容自西羗之叛士不練習將不得人以屢易

之將馭不練之士。故戰則必敗。此削方鎮太過之弊也。況親舊恩倖出即為將。素不知兵。一旦付以千萬人之命。是驅之死地矣。此用親舊恩倖之弊也。今楊崇勳李昭亮尚任邊鄙。望速選士代之。方鎮守臣。無數更易。刺史以上。宜慎所授。以待有功。此救弊之一端也。

歷代名臣奏議卷之二百三十六

歷代名臣奏議卷之二百三十七

任將

宋仁宗景祐元年。通判絳州冨弼上奏曰。臣聞漢拜韓信舉軍驚笑。蜀用魏延。群臣觖望。蓋冨貴易為善。貧賤難為工也。北齊段孝元云持大兵者如擎盤水。傾在俛仰間。一致蹉跌。求止豈得哉。魏元忠曰。今朝廷用人。類取將門子弟。亦有死事之家而蒙抽擢者。此本無幹略。趙奢之子括少時學兵法。以天下莫能當。嘗與其父奢言兵事。奢不能難。然不謂為善。其母問奢何故。曰。死地也。而乃易之。趙若以為將。破趙軍必此兒也。後果有長平之敗。而趙遂弱。今不預選將以備不虞。臨事而遣。是易之甚也。古者命將。君跪而推轂曰。閫以內寡人制之。閫以外將軍制之。又賜以斧鉞。使得專政。且用兵之道。主於威而輔以權變。若不得專。則威挫而權變滯矣。且君不可制。況令閹寺之賤監督之。使舉動不舒翺於俯仰。而望成其功。雖甚愚者亦知其難矣。古之識良將者亦問以策。夏商時只命六卿。未聞卒然命介冑武夫。可以集事者也。王者治天下。唯二柄。文武之謂也。大槩文以飾治平。而武以靖禍亂。然亦相交為用。故孔子曰。有文事者必有武備。國家文既富矣。武未甚備。臣請為陛下陳之。臣聞歷世為天下所患者。外夷狄。而內姦雄。三代以降。歷秦與二漢。南北十朝。唐及五代。其危亡宗社。無不出乎夷狄與姦雄也。今北虜結好。西戎請吏。譬若皎日藏在天府。夷狄之患姑未慮也。若夫姦雄則無世不有。但視世事何如爾。政教宣達。民心和樂。天時豐茂。國用充實。則姦雄不得志。於是蓄銳而退。或在畎畝。或在商賈。或在戎卒。或入仕宦。或薄游四方。政教虧損。民心離貳。天時凶殺。國用匱乏。則姦雄得志。乘釁而動。出農賈。奮戎卒。棄仕宦。起薄游。橫戈一呼。羣怨嘯聚。陵斥郡邑。擾亂區夏。小則有割據之患。大則致傾亡之禍。然禦之有備。救之有術。未始不由兵也兵之勝敗國之存亡未始不由將也將得其人則安國常安危國復振失其人則安國致危危國遂滅故孫武曰將者人之司命國家安危之主也司馬法曰將不預設無以應卒太史公曰且欲興聖統惟在擇任將相晁錯曰君不擇將以其國與敵也伏惟陛下承累聖之業撫久安之運謂兵已戢謂將無用謂天下不足憂臣甚惑焉故敢以上之四事為請昔者莊獻太后稱制明不外照蔽於近習庶政大壞紛然無紀莊獻既往陛下一更大變逐宦寺罷女謁邪路既絕群綱漸整求讜直之士納諫諍之說臣謂革莊獻時弊事則美矣若夫紹祖宗之遺範考治世之徽烈則陛下試自審政教果無虧損者乎此一也國家用度至廣規求無節賦稅過太半之暴徭役有竭作之苦民本無求於公蓋自出貨力耕田鑿井以養父母妻子而百計歛之攘肌刺骨及有不足窘於飢凍則未聞開倉廩以賑卹不惟賑

卹無所又從而鞭扑以求苛殘之賦縱或假貸多不及時皆流徙餓殍之餘是有假貸之名而無其實四方愁怨别求生路則億兆民心果無離貳者乎此二也前二年江淮蟲旱水泉皆竭民十死八九今年京東西河北河東關右西川蟲旱一如江淮但死者差少然至今未息是舉海內盡罹其害荒儉之極近世以來未之有也城邑虛落荆棘徧野物價翔貴人無穀色天時如此陛下以為果無凶殺者乎此三也古者國有九年之畜曰足無六年之蓄曰急無三年之畜曰謂國非其國今天下郡邑除備邊數郡其餘率無三年之蓄甚者不能備一二年國家居常小有費用必命主計者斡旋移用始可以足今年京東大歉發使詣江淮括三十萬糧以賑之江淮凶歉固已窘甚彼自不足安有羨利以及於它哉今幸天下寧敉無干戈之費徑賑救飢殍尚已求穀於空虛之地若不幸干戈暫擾舉十萬之衆日

費千金即不知使執事者何從而得之國用如此陛下以為果無匱乏者乎此四也臣謂四者既如是則隙開釁露今之姦雄已得志矣但未動尔設或一旦有出畎畝捨商賈奮戎卒棄仕宦起薄游乘凶荒之歲率怨咨之民也結山林焚蕩邑屋陛下宜於此時始欲遣卒命將與宿謀之寇驅不教之士當必死之鋒臣為陛下危之萬一西北二邊棄信叛約姦雄侮於內夷狄撓於外雖伊呂復生臣恐亦不能為陛下計矣為今之計莫如選將預備之今選將之道雖粗有律令或列制科或設武舉然皆法度齷齪必未能致特起之士何則應制科者必樂為賢良方正材識兼茂恥為將帥邊寄之名蓋今人重文雅而輕武節也又考試者欲使難其對必求艱奥煩碎之事為問故令所習不專為有用之學既又限以日刻責以文多設有應者視日足文之不暇其暇究極韜畧運動謀猷哉武舉者蹶張馳射儕於

卒伍所得庸妄鄙淺固不敢望得異士但稍能警勵有廉恥則爲肯為卒伍之事乎臣不知國家立此二道始欲示風采耶必欲得將帥耶示風采則可如必欲選奇傑為將帥藩翰四方則非臣所知陛下求相臣即自布衣考文藝試於州縣然後升之朝廷列於臺省館閣及群有司驗其行實才効為最者則擢之為相至於求武臣自三班及諸軍敘補崇者為步騎都督殿前帥以至登樞府亦自有次第二者頗為得術而獨於將帥不知術焉豈不謂武臣者便可為將帥焉苟如是卒然委以重兵托以安危則立明所云可謂寒心賈誼所云可謂痛哭者也臣請詔近位及藩鎮大臣於文武官中各舉明兵法有威果習練武畧堪任將帥者一二人仍請不限品秩不責罪過限品秩則下位有才者遺矣責罪過則負譴有才者亦遺矣爵祿要高齷齪守細行者於事無益於急難無用既而召置闕下量與邊任隨

其品位任於邊塞重難之地使其磨勵且以觀其能否焉或有警急則取之有處遣之不疑與夫臨事而命命而不果曼相遠也雖然備令一時之用則有餘必欲垂永久為不易之制臣復有愚策宜於太公廟建置武學許文武官與白身歲得入補聚自古兵書置於學中縱其討習勿復禁止朝觀夕覽無一日離乎兵戰之業雖曰不果臣不信也夫習武者讀太公孫吳穰苴之術亦猶儒者治五經捨之則大本去矣今陛下設制科武舉求將帥之才而反禁其所習之書令學者何所師法若禁其所習而冀其所立是由縶韓盧而求其獲絆騏足而望其騁也不亦難乎且國家所禁者蓋恐生變臣歷觀自古倡亂如秦末陳勝吳廣及隋末十餘輩皆崛起農畝而卒亂天下其凶謀姦計蓋順民好亂之心尔豈盡曉兵法哉況雖欲禁止今舊書之家往往皆有假使廢私室熟習如韓彭蘇李陛下何由知之是禁之適足自禁不能禁人不若不禁之愈也必未能行於天下且可行於學中亦命雜讀史傳命博知古今勝敗之勢以輔助兵術昔晉文公謀元帥以郤縠閱禮樂敦詩書乃命將中軍漢明帝時期門羽林之士悉令通孝經孫權謂呂蒙蔣欽曰宜學問自開益蒙曰軍中日苦多務不及讀書權曰孤豈用卿治經為博士耶涉獵見往事爾蒙乃就學自餘儒將固亦不少焉兵術既精史傳既博然後中年一校三歲大比當雜問兵術史傳之策才者出試之不才者尚許在學是國家常有良將布於四方夷狄姦雄知我有大備安敢輕動動則威之軍志所謂無恃其不來恃吾有以待之又曰不戰而屈人兵此其要也

仁宗時張方平上論曰臣聞馭將之道置兵之機繫天下安危為國之大事臣實陋儒寧識其術竊按前代之載用觀英主之立制較其

輕重之勢考其得失之迹最為得策惟在漢唐漢定天下置材官於郡國京師有南北軍之屯後平百粤更增七校其有四夷之事旋授中府之甲入鄉出將無文武之常位因事立號無名職之定稱故五營六郡之旅事畢解散貳師下瀨之官功成輒罷而將軍奉朝請矣是以終漢之世無弄兵內侮之禍東都之後四方分裂重兵在邊驍將總戎強臣執權國從外理故叛亂接踵顛危相逐唐氏一統乃因隋制內設諸衛以處武臣外布府兵以隸諸衛四方有變遣將于朝調兵于府建牙而出凱歌而旋將軍就第兵郡縣有守禦之備朝廷無權重之臣不耗帑財不費廩給國力克實民用家足本末相稱表裏相託誠天機神筭平康之道也至于景雲之初始立節度之號以雄邊鎮以寵勳臣行則建節府樹六纛得以軍事專殺而方面始大及明皇天寶之末昏惑不事邀功競進之將獻謀於恢拓當國執政之臣務專乎寵利兼道開鎮地逾四履銳卒殲於沙磧邦財空乎上林蓋中原無擊柝之虞而北兵排乎函谷矣由是憤兵悍將連衡接勢東擊西應朝降暮叛更相侵獵以自營逐生民焦灼勦絕耗斁肅代之後中官得政行軍始於輔國軍容自乎朝恩暨德宗之興元置中尉於神策兵權國命盡在北司矣蘭錡虎臣皆其子舊方岳戎帥率自賄成至有市井賈販之夫臺輿廝養之賤析券而取千里諂附而得通都至于蹈利干賞壞法侵紀姑息假借養成驕孽君位天祿始從其貸債以居焉故唐氏之基因終為藩臣所傾且古之賢臣在國則為相在軍則為將商則阿衡佐升陑之伐周則尚父領渡盟之師姬旦東山之征以剋淮奄孔子夾谷之會以折齊萊漢高文之朝命相於諸將之列武宣之後將軍為執政之官留侯漢祖之謀臣未嘗親矢石高密光武之元勳本則理俎豆孔明處士也西據荊州建蜀

一分之勢元凱書生也東平吳會成晉一統之基江左五朝兵官尤重二衛四軍五校七帥皆選朝廷清重之士搢紳名望之流介冑武人非所預也唐初大臣入為三公八座出為行臺總管故自三代而至唐氏莫不合兵農而議政通文武以命官是故苟有制勝之術何必擊刺之伎乃為勇苟有經邦之道何必章句之學乃為文若夫積恩澤以稍遷階奔走之勤舊以敢死為武以引強為材竊股肱而決射御裎軀幹而角健捷此所謂匹夫之敵一隊之長又豈將之云乎又若樞密之名近由大曆置於宮闈不列朝伍凡中外臣庶上計議事干軍國秘未宜行則謂之樞密兵亂之際機務煩多乃用中人使專掌職五代後唐已來始更崇重與宰司分總文武謂之兩府嗚噫夫欲論致理之要講太平之策是必先在乎一政事通文武合兵農而後天下之務可成矣如曰未能則漢唐之盛終不至況曰三代之道歟臣策事迂鄙衆必謂其難用然通識遠慮知治道之本者必有是乎臣言者也

張方平又上疏曰昨戎使蕭英等回朝廷處置北鄙雖增兵飾壘事為之備然所遣將率未盡推擇臣聞之軍志善待敵者無恃其不來也當為不可勝恃我有以待之故城雖堅兵雖衆財困誠給苟將率非其人無足恃已故將者人之司命國家安危之主惟陛下念茲戎茲即戎騎敢越封略使楊崇勳在鎮定夏守贇在瀛州劉渙在滄州張耆在河陽陛下得高枕乎雖愚夫童子亦知其必敗事也蓋朝廷非不知崇勳等之不足使也迫於用人之常體憮然而遣之爾必欲上寬倚注之憂下為衆論所信自非已試之効者不足賴也勢不得已莫若且取陝西偏裨之知名者如狄青范全輩每路輒徙一兩人況自西鄙用兵已來三年于茲立功將士如青等未嘗得一到京輦仰望天顏若以此為名召之赴闕量其材器稍遷用之追崇勳等使奉朝請議者必謂西北事均若青等被奪必恐西師有辭且陝西四路各據千里之地連城數十官吏將佐以千計勝兵衆矣豈不能選練偏裨日以為用一旦天子登一小校于朝而辭焉愛君體國者義不如是及茲盛夏邊未有虞奇速致之比富弼使歸幸而盟好未渝即各還之本路若犬羊南向且使分捍北方事機所縣乞賜裁察

知諫院司馬光論張方平狀曰臣竊聞近者秦鳳路經略安撫使知秦州張方平承信邊人虛稱西夏點兵侵犯邊境惶擾失度閉門乘城移牒隣路索兵自救永興以西軍馬皆被抽發使近邊之民轉相驚動關隴騷然仍飛奏上聞致朝廷憂疑已而按省皆無事實方平身為元帥繫一方安危舉措施為衆所瞻倚今乃怯懦輕易一至於此萬一疆埸實有警急使方平當之豈不敗事臣竊恐戎狄聞之得以闚將帥之淺深益有輕中國之心非所以壯皇威鎮殊俗也伏望朝廷治方平之罪嚴加譴謫更擇明智沈勇之人以代其任庶幾國家藩屏得禦侮之臣可以高枕矣

司馬光又論張方平第二狀曰臣先於今月十四日上言秦鳳路經略安撫使張方平怯懦輕易乞更擇良將以代其任未蒙朝廷采納臣聞將者成敗之機安危之本固不可以任非其人今方平舉措輕脫震駭一方傳笑天下不才之跡章灼如此而朝廷猶掩覆包含一無所問臣恐戎狄聞之皆有窺窬之志吏士覩之皆有輕侮之心是國家重惜方平而輕棄秦隴也凡將帥能否患在不知既知其不能而任之如故臣誠愚戇深所未達議者或以為方平雖失於倉猝然止於過為備禦若從而罪之恐自今守邊之臣聞有寇至皆不敢為備也臣竊以為不然所謂為備者當平居無事之時簡其將佐訓其

士卒嚴其壁壘利其器械審其間諜遠其斥堠使朝夕之間常若寇
至如是則雖有猛鷙之敵不能犯也為一犯之可以安坐而制之耳
何至狼狽如是哉臣聞方平在秦鳳專以貴倨自處下情壅而不通
自門牆之外皆可欺也況於兵民之休戚戎狄之情僞方平安得而
知之是以一旦承信虛聲惶惑失據內驚諸郡上動朝廷此而不責
典刑安用臣所以區區獻言不已者乃責方平之無備非責其為備
也伏望朝廷察臣前後所言明治方平之罪謫之遠方以儆封疆之
臣使皆豫為備禦不敢驕傲懈弛如方平所為也

光又論張方平第三狀曰臣先曾上言秦鳳路經畧安撫使張方平
怯懦輕易乞更擇人至今未蒙朝廷施行臣竊聞拓拔亮祚年齒寖
長倡狂好兵常分之外邀求無厭董氊凶悍狡獪超其父兄朝廷官
爵不滿其意頗懷怨懟與契丹結婚陰相表裏此朝廷所當旰食而

憂也秦州居二虜之交為陝西四路之首軍馬民夷最號繁富而以
怯懦輕易之人守之是委羔豚於虎狼之蹊也臣竊為國家危之況
方平其佗材識素無所長止以文辭致位至此姦儉貪猥士論共知
今不可使之守邊事狀昭然而朝廷掩覆其過曲加保全愛一人而
失一方臣竊以為過矣伏望陛下不以邊事為細而忽之速治方平
之罪嚴加譴謫更擇沈勇曉兵之人以代其任不然必待有烽燧之
警然後易之則寇已深矣

寶元二年右司諫韓琦乞許邊臣過闕朝見狀曰臣竊見朝廷近來
每於外任就移臣寮往沿邊委寄任使內有路由京師經過者多是
陳乞朝見例各不蒙允許豈非朝廷以乞朝見者只是欲陳乞恩澤
希求錫賜遂一例不允其請只今將所見入遞以聞臣竊以臣寮久
在外任必有素蘊冀得一望清光開陳本末理既周盡事必易行陛
下若因而勉之責其效命則必挺身忘死思有以報陛下寵遇之厚
若或別有陳乞亦在朝廷詳其可否必不容其僥倖況今西陲設備
之際以此移赴邊任臣寮自當詔令入對慰而遣之豈有邊臣到闕
不面天顏使其自陳猶行沮遏甚非國家撫御將帥之術也臣欲今
後就移邊任委寄臣寮因經過到京乞朝見者並賜恩許若因此妄
有陳乞即繫在朝廷斷在不行豈可防小故而失於大體臣兼聞見
有新差知渭州張元經過到京累狀陳乞朝見未見俞旨亦望特賜
允可

康定元年殿中侍御史文彥博奏曰臣聞穰苴出師首誅莊賈孫武
教戰先斬愛姬當事而行未嘗稟命蓋將權不可以不專軍法不可
以不峻茲所以攻必克而戰必勝者用法嚴也自古有將權不專軍
法不峻而行師必勝者未之聞焉臣切聞去歲以來用兵西鄙或有

禁軍小校臨陣而先退邊壘偏師望敵而不進而統師之臣即時不
行軍令悉以事狀上聞皆令鄰郡置獄取勘下法寺詳案定刑臣以
謂夫閫外之制隳軍中之令臨事不斷稟命不威豈曰軍容同夫兒
戲復恐推劾之際援引枝蔓萌其苟免之心奏報之間淹延時日啓
其幸生之路縱不至此亦慢令稽誅無以勵衆乃老師驕兵之弊也
臣不知朝廷所用將臣必欲不令專制悉上稟於宸筭乎復不知將
臣不能用軍法皆取則於朝廷乎儻朝廷用將而不令專制則臣所
謂失閫外之制矣古之遣將也君推轂而命之曰閫以內者寡人制
之閫以外者將軍制之此非徒然也蓋委任責成之道不得不重今
而輕之故臣所謂失閫外之制矣苟將臣不能自用軍法則臣所謂
隳軍中之令矣人之常情孰不畏死敺億萬之衆冒矢石之衝刑之
不嚴何以督戰兵法曰畏我者不畏敵畏敵者不畏我豈非嚴刑故

對敵而伍中有不進者伍長殺之伍長不進什長殺之夫以什伍之長尚得專殺而統帥之重不能誅一小校以厲士卒故臣以謂臨軍中之令矣議者或曰今所遇之寇未為大敵所興之師未至深入軍中之法未可專用將校有犯所宜奏裁苟如議者之言臣以為過矣寇非大敵兵未深入尚且狼狽先退逗撓不進儻遇大敵深入而將校有犯必須上聞則穰苴之戮莊賈非大敵也止於會軍而後期孫武之斬美人非深入也惟以習戰而衆笑戮其君之寵臣愛姬亦未嘗素禀而先啓於齊師勝晉與吳入郢孫武穰苴皆為名將者蓋任專而法素行也以區區霸國猶知任將之道豈巍巍聖朝不及乎是且國朝著令凡禁軍將校有犯奏裁此則施於平居無事之日邊州守戍近郡屯駐則用之可矣今昊賊亂常蜂蠆有毒防邊之兵逾數十萬將權不專軍法不峻則何以御之臣伏望陛下出自宸斷稍假將權凡有偏裨小校臨陣先退望敵不進如此之類罪犯灼然但合該軍法者不須置獄並許本部統帥對衆便行軍令訖然後奏聞如此則師旅畏威進退從令或守或戰必有殊功兵者國之大事陛下於廟堂之上與宰輔大臣計之審矣豈容疎賤輒有輕議然臣忝乏憲署職在司聰苟有見聞安可緘默陛下勿以臣之此言徒習老生之常談耳遂忽而不省臣熟思之任將治兵之術何莫由此道也愚者之慮幸賜采擇干冒旒冕

文彥博又奏合邊帥練兵約束諸將曰臣切見自慶曆初陝西四路之兵逐路始分數將每將馬步不下三二千人各自訓練務要精熟庶得兵將相諳使喚之際盡知人人所能則鮮敗事近聞諸將多不和同大帥罕能統制教閱部分各立異見寬猛之節不得中道循情觖怨由此而生師克在和肯異於是伏乞嚴戒逐路大帥講求軍法精加訓練約束諸將務在和同兵聲稍振邊寇自畏

慶曆三年知諫院歐陽脩上奏曰臣伏見國家自西鄙用兵累經敗失京師勁卒多在征行禁衛諸軍全然寡少又無將帥以備爪牙方今為國計者但務外憂夷狄專意邊陲殊不思根本內虛朝廷勢弱事有萬一無以枝梧今軍帥暗懦非其人禁兵驕墮不可用朝廷自以為患不待臣言而可知也臣亦歷考前世有國之君多於無事之際恃安忘危備患不謹使禍起倉卒而至敗亡者有矣然未有於用兵之時而反忘武備如今日者兵法曰將者民之司命國家安危之主也外以李昭亮王克基軍當契丹內以曹宗李用和等衛天子如當今之事勢而以民之司命國之安危繫此數人安得不取笑四夷遭其輕侮臣謂去歲北虜或興狂悖今年元昊妄有請求若使朝廷有一二人中材之將叩頭効死奮身請戰誓雪君恥少增國威則戎狄未敢侵凌朝廷未至屈辱奈何自中外都無一人既無可恃以力爭遂至甘心於自弱夫天下至廣遂無一人者非真無人也但求之不勤不至耳臣伏思自用兵以來朝廷求將之法不過命近臣舉朝士換武官及選試班行方略等人而已近臣所舉不過俗吏才幹之士班行所選乃是弓馬一夫之勇至於方略之人尤為乖濫試中者僅堪借職縣尉參軍而已於此求將而欲捍當今之患此所以困天下而敗於夷狄者也臣不知朝廷以此數事為求將之術果是乎果非乎以為是則所得何人知其非則盍思改革又不知朝廷以將為易得乎為難得乎為易則數歲未見一人知其難得則當多方用意早賜采擇俟其臨患何可得乎伏望陛下特詔兩府大臣別議求將之法盡去循常之格以來非常之人苟非不次以用人難彌當今之大患臣亦常有愚見欲條陳若必講求庶可參用臣伏見唐及五

代。至于國朝。征伐四方。立功行陣。其間名將多出軍卒。只如西鄙用兵以來。武將可稱者。往往出於軍中。臣故謂只於軍中自可求將。試略言求將之法。謹條如左。

凡求將之法。先取近下禁軍。至廂軍中年少有力者。不拘等級。因其伎同。每百人團為一隊而教之。較其伎精而最勇者。百人之中必有一人矣。得之以為隊將。此一伎勇實能服其百人矣。以為百人之將可也。合十隊將而又教之。較其伎精而最勇者。十人之中必有一人矣。得之以為裨將。此一人之伎勇。實能服其千人矣。以為千人之將可也。合十裨將而又教之。夫伎勇出千人之上。而難為勝矣。則當擇其有識見知變通者。千人之中必有一人矣。得之以為大將。此一人之伎勇。乃萬人之選。而又粗知變通。因擇智謀之佐以輔之。以為萬人之將可也。幸而有伎勇不足。而才識出乎萬人之外者。此不世之奇將。非常格之所求也。臣所謂只於軍中自可求將者也。誠能如此。得五七萬兵。隨而又得萬人之將五七人。下至千人百人之將。皆自定。然後別立軍名而為階級之制。每萬人為一軍。以備宿衛。有事則行師出征。無事則坐威天下。比夫以豐衣厚祿。養驕惰無用之卒。而遞遷以補至于校帥。皆是凡愚暗懦之人。得失相萬矣。若臣之說果可施行。候成一軍。則代舊禁兵萬人。散出之。使就食于外。新置之兵。便制其始。稍增舊給。不使大優。常役其力。不令驕惰。比及新兵成立。舊兵出盡。則京師減冗費。得精兵。比之為利又遠矣。

右臣所陳。只是選勇將訓衛兵之法耳。如捍邊破賊。奇才異略之人。不可謂無。伏乞早賜留意精求。

歐陽脩又論李昭亮不可將兵劄子曰。臣伏見朝廷近自河東移李昭亮為鎮定高陽三路都部署。竊以北戎險詐。必與國家為患。北面之事。常須有備。此一事。陛下聖心久自憂之。執政大臣非不知而憂之。天下之人共為朝廷憂之。李昭亮不才。不堪為將帥。不可委兵柄。此一人。陛下聖心久自知之。執政大臣非不知之。天下之人亦共知之。不審因何遽有此命。大凡朝廷行事不當者。或為小事而忽略。容有不知。致誤施行。而至乖錯者有矣。未有以天下大可憂患。而上下共知之事。公然乖繆任以非人。如此者。臣料兩府之議。必因施昌言等近奏三路闕都部署。而目下無人。以昭亮塞請。而欲徐別選擇。不過如此而已。然臣竊見朝廷作事。常患因循。應急則草草且行。纔過便不復留意。只如今秋用郭承祐於鎮定。尋以非才罷之。當時應急且以常（一作德）與為鈐轄闕都部署一職。本待徐擇其人。臣初意朝廷必能自此精於選任。經今數月。何曾用意求人。一旦昌言奏來。又遣昭亮且去。今平時無事之際。尚如此不能選人任用。若一旦倉皇事動。更於何處求人。故臣謂朝議欲徐擇人而代昭亮者。乃虛語爾。方今天下至廣。未可謂之無人。但朝廷無術以得之耳。寧用不材以敗事。不肯勞心而擇材。事至憂危。可為慟哭。臣思朝廷所以乏人任用之弊。蓋為依常守例。須用依資歷級之人。不肯非次拔擢。所以無人可用。古人謂勞於擇賢而逸於任使。今人既難得求之。又不勤。待其自來。何復可得。臣累曾上言練兵選將之法。未賜施行。又曾言乞於沿邊十數州且選州將。亦不蒙聽納。豈可公選不材之人。委以大兵之柄。一旦誤事。悔何及之。伏望聖慈出於睿斷。其李昭亮早令兩府擇人替換。仍早講求選將之法。若大將難卒然而得。即乞於沿邊州軍選擇州將。近下資淺人中。庶乎易得。北使姓名稍遲始日。中外之士已共憂疑幸其未動之間宜作先[illegible]之備兵法曰無恃其不來恃吾有以待之惟陛下為社稷之計深思而行之則天下幸甚

歐陽脩又論郭承祐不可帥真定奏曰臣伏聞朝旨用郭承祐為真定部署臣自聞此除改夙夜思惟國家用兵已五六年未有纖毫所得挫盡朝廷威勢困卻天下生靈細思厥由其失安在患在朝廷狗守常例不肯越次擇材心知小人付以重任後雖敗事亦終不悔今每有除擬人或間於大臣則曰雖知非材捨此別無人甚者欲塞人言則必曰爾試別思更有誰可用乎臣亦嘗聞此言每退而嘆息夫所謂別無人者豈是天下真無人乎蓋不力求之耳今不肯勞心選擇越次而用但守常循例輕用小人寧誤大計一誤不悔後人復然至如葛懷敏頃在西邊天下皆知其不可當時議者但曰捨懷敏別未有人難為換易及其戰敗身亡橫屍原野懷敏既不復生亦須別

求人用臣謂今日任承祐亦猶當時用懷敏也況如承祐者凡庸奴隸之才不及懷敏遠甚頃在澶州只令築城幾至生變豈可當此一路臣謂朝廷非不知承祐非才議者不過曰例當敘進別更無人此乃因循之說爾方今賊虜狂謀禍端已兆中外之士見國家輕忽戎患弛武北方人皆獻言願早為備忽見如此除改誰不驚憂前六符之來朝廷忍耻就議蓋為河朔無可自恃難與速爭須至屈意苟和少寬禍患今幸得此自紓之計所宜多方汲汲精意將以先為禦備猶恐不及豈是因循守例輕任小人之日也其郭承祐欲乞早移與一不用兵處知州或召還別與一閑慢職秩若欲錄其勳舊優其戚里之恩閑官厚祿足可養之不必須令居此要任伏願陛下深思大計不憚改為則天下幸甚

脩又論趙振不可將兵劄子曰臣風聞河東近日累奏事宜探得昊賊點集兵馬伏緣昨來張延壽議和之際尚有朝廷未許事節深慮狂賊因怒出兵即三路邊防皆合設備伏見河東都部署明鎬雖是材臣未諳戰陣副部署趙振人品庸劣全不知兵只是好交結沽買聲譽所以不因功業擢至將帥前在延州遂致敗誤雖行責降未及朞年却授兵權全無報效其人少壯尚不堪用今又年老病患全然不堪戰鬬一旦臨事必誤國家臣聞將者國之司命今陛下安危之機繫於將帥而河東一路無一戰將只有趙振老病一人而已細思此事大可寒心苟有誤事憂在朝廷其趙振伏乞速下本路體量如或實老病不任即乞罷歸散秩別委將臣竊以河東一路兵馬極多豈是畜養病將之處西北二虜為患如此亦非趙振可當若使臨事敗誤悔恐不及伏望聖慈深思大計無惜一老病敗事之人

仁宗時歐陽脩知諫院又上疏曰臣訪聞岢嵐軍昨於四月中捉獲

逃走萬勝長行張季虎翼張貴李德等三人並係禁兵本軍勘正法司檢用編勑禁軍料錢滿五百文逃走捕捉獲者處斬訖奏其張貴等並依法處斬訖本路轉運司檢會先降令勑春夏不行斬刑合決重杖處死紀駮本軍不合斬見差嵐州團練判官劉述取勘岢嵐軍使臣宋光濬等竊緣岢嵐軍地接西北二虜正是秋冬大屯軍馬之處若管軍將率斬一逃軍却遭勘罰則無由統眾漸啓兵驕況重杖與處斬俱是死刑無所失入運司守令勑紀案雖執常科兵官以軍令斬人亦是常事況宋光濬等勘成公案亦不過得違制失刑名論情定罪所犯至輕沮將率以長兵驕其損不細伏乞朝廷只作訪聞此事特降聖旨與免勘劾所貴沿邊將率知朝廷委遇之恩盡心效用兵戎畏肅不致驕恣生事謹具狀奏

歐陽脩又論乞不勘狄青侵公用錢劄子曰臣風聞邊臣張亢近為

使過公用錢。見在陝西置院根勘。其勘官所取干連人甚衆。亦聞狄青曾隨張亢入界。見已勾追照對。臣伏見國家兵興以來五六年。所得邊將惟狄青种世衡二人而已。其忠勇材武。不可與張亢滕宗諒一例待之。臣料青本武人。不知法律。縱有使過公用錢。必不似葛宗古故意偷謾。不過失於點檢。致誤侵使而已。方今議和之使。正在賊中。苟一言不合。則忿兵為患。必至侵邊。謹備邊防。正藉勇將。況如青者無三兩人。可惜因些小公用錢。於此要人之際。自將青等為賊枸囚。使賊聞之。以為得計。伏望特降指揮元勘官。只將張亢一宗事節依公根勘。不得枝蔓勾追。其狄青縱有干連。仍乞特與免勘。臣於邊臣本無干涉。豈有愛憎。但慮勘官只希朝廷意旨。不顧邊上事機。將國家難得之人。與常人一例推鞫。一旦之人誤事。則悔不可追。伏乞朝廷特賜寬貸邊臣。知無功之將犯法必誅。要藉之人以能贖過。則人人自勵。將見成功。

慶曆四年。參知政事范仲淹奏曰。臣竊聞國家置武學以來。若未有人習藝。或恐英豪隱晦。恥就學生之列。儻久設此學無人可教。則慮外人窺覘。謂無英材。於體非便。欲乞指揮國子監。不須別立武學之名。如學生中有好習兵書者。令本監官員保明。委是忠良之人。即密令聽讀。臣切見邊上甚有弓馬精強。諳知邊事之人。即未曾習學兵書。不知為將之體。所以未堪技擢。欲乞指揮陝西河東逐路經略司於將佐及使臣軍員中揀選識文字的有機智武勇。久遠可以為將者。取三五人。令經略部管諸司參謀官員等密與講說兵書。討論勝策。所貴邊上武勇已著之人。更知將略。或因而立功。則將來有人可任。即不得虛張多數人數。

仁宗時范仲淹又奏乞減武臣充提刑及令樞密院三班選人進呈疏曰。今西北二方交困中原。驕盛如此。國家禦捍實在三邊。不惟戰將乏人。其知州知軍并駐泊都監大寨寨主。常要有心力人。勾當方可主兵馬。安緝蕃部。嚴治城寨。體探事機。今來諸路提點刑獄多占卻心力使臣。或邊上倉卒要人。終是怯懦不堪任使。欲乞特降聖旨。諸路提點刑獄除川廣福建路依舊差文臣武職相兼外。其餘路分只令文資勾當。卻留武職揀選少壯有精神者並與三路邊上差遣。令慣習邊事。或年甲雖高。素有心力。未至衰老者。亦可充邊上知州軍駐泊都監勾當。頗濟事務。如無精神心力。則是不材之人。豈堪為按察之官。澄清部下。因此便可退入閑慢差使。庶免取笑四方。仍乞委樞密院除選揀上項提點刑獄使臣外。更常切於武臣中選人。及令三班院亦常選人。逐月一度具選到人姓名聞奏引見。與沿邊次邊差遣。所貴邊上多得有精神心力之人。既久於其事。則漸增膽勇

緩急可用。此乃養育將材。禦備戎寇之要也。至於川廣荊湖近蠻之處。亦乞重選知州軍都巡檢等。以鎮撫邊界。存活生民。

范仲淹時為陝西經略安撫使。又奏曰。臣等竊見用兵之處。諸軍內若有指揮使員寮得力。則不唯訓練齊整。兼臨陣之時。各能將領。其下士卒方肯用命。若人員不甚得力。則向下兵士例各驕惰。不受指蹤。多致退敗。顯是軍氣強弱繫於將校。今來邊上諸軍人員甚有年老病患。全不得力之人。兼更有見闕人數不少。若不早行選擇。則恐將來依前悞事。臣等欲乞朝廷於都知押班及近上內臣內選差諳歷邊事者三員。內二員往陝西路。一員往河東路。計會逐處經略部署司。集管下屯駐駐泊就糧諸軍人員。同共揀選。如內有年高腳手沉重。并疾患尪弱不堪披帶及愚戇全無精神不能部轄者。並開坐申奏。內屯駐駐泊人員一面發遣赴闕。別與安排。所有就糧指揮

人員即更於逐人名下各令指射願管廂軍去處聞奏仍勒在本營聽候朝旨候揀選畢即據指揮見闕人數便於諸軍十將以上揀選曾有功勞者并武藝高强得力之人升一兩資給帖權管候將來轉員却依本資敘遷所貴將校得人士卒增氣

仲淹又奏陝西主帥帶押蕃使疏曰臣竊見環慶路熟戶蕃部約及二萬人內只蕃官一千餘人各有請受每人惟有料錢亦無月糧衣賜所費少於養驍長行兵士皆能辛苦熟於戰鬬如撫馭之間恩威得所尤可防托邊界減得兵馬今來環州种世衡原州蔣偕撫馭蕃部宻有恩愛緩急可以呼集使喚欲乞朝廷先授此二人兼管轄蕃部使所貴激勸邊臣於熟戶用心專加統領緩急使喚漸可減得戍兵萬數其四路主帥亦令依舊時節度並帶蕃部使

皇祐四年直集賢院劉敞奏曰臣聞朝廷以狄青宣撫荊湖經制盜

賊而議不置副臣以謂不便或曰置副而使中人為之臣又以為不便臣聞上古王者之遣使命將也必為之設介二參佐非獨思紀綱廣謀策而已亦所以謹大事備不然也今擁數萬人之衆連四路之廣節制萬里吉凶所繫而單車臨之孤拱獨立猝有疾病不意之虞無所仗托莫相維持非計之全也狄青起於行伍而遷樞近天下誠未見其義方以盜賊之急擁兵而出故人人想望風采願聞成功宜得正固幹略之臣參職其事設以中人為之必大失事望足以示隆非朝廷之光也臣故曰議不置副不便置副而使中人為之亦不便此臣所以拳拳也蓋先事而言者常若迂闊後事而言者常若不及惟陛下留意焉覺謹重軍旅之任

仁宗時蔡襄上奏曰臣切見唐代宗德宗朝吐蕃屢侵邊境是時唐帝在長安勢大力衆大臣如郭子儀李抱玉渾瑊繼總大兵已鎮近畿猶命馬璘李元諒守涇州張獻甫楊朝晟守邠州郝玼守渭州分扞虜勢是邠涇兩路自古為西虜之扼而長安之所恃以為屏蔽也今事之勢與唐不侔而涇原邠寧朝廷命帥雖以永興延州二帥遙領西路安撫之名萬一邊郡有警豈能遙制事機應變以破虜乎臣請邠涇二路當擇帥臣使其勢若鄜延環慶之重勵兵訓卒待虜之至而破之此制勝之術也

蔡襄又奏曰臣伏見數年以來北虜觀我事勢資負固陵脅之驕廟堂失於計謀抱屈意依隨之辱然契丹貫盈自任當極盛必衰之期若朝廷處置得宜能反弱為强之勢方今虜衆於雲州點集河北繫天下安危深思作備之方盡在得人而已臣切見河北鎮定都部署李昭亮鎮州張存雄州王德基澶州李昭述等或居要郡或總重兵假使智能盡厭服於人猶恐計慮或見輕於虜而況指數名姓知委

任非人尚令列在邊防得不取笑夷狄李昭亮張存李昭述王德基伏乞速行差替朝廷若以皆無顯過不欲非時改移是惜數人之顏情不顧生民之禍患若以無人可使廷日苟安侍從文武之班同國家休戚之計處才委任必濟艱危伏望聖慈決於睿斷

知制誥范鎮上奏曰伏見寶元慶曆間用兵伐元昊而兵之積於陝西者數十萬人天下英才皆聚關中然未嘗有尺寸功者橫山為之限也元昊大入則大勝小入則小勝每戰得意者橫山之人為之用也橫山之人為之用終之以厚利而盟之又如其號為國主豈得已哉此忠臣義士嘗膽而不可忘者則前日种諤之舉發於忠義也提兵二千得其衆數萬馬牛二十萬拓地百餘里至綏州而城之不旬月間壘壁樓櫓倉敖府庫凡戰之具無不皆備亦可以言才矣而議者以其不中覆一言輕之今謂下吏事在不測臣有所懷不敢不陳

且横山之人苦諒祚虐政不為之用欲內附者久矣昔先帝嘗欲經營之其志未就陛下悼先帝之志未就也屢召邊臣與之計議則謂鄙不中覆可無罪也議者又以為待夷狄不可以失信興時山遇詣延州告元昊反知州郭勸執而還之可謂不失信矣而元昊殺山遇卒反無敗是夷狄不足以信待之也近者諒祚寇渭州掠邊民拒使者而不納又寇大順反迹明矣朝廷絶其歲賜以困弊之乃卑辭稱臣謝過伏罪是豈真稱臣哉直以其國中飢而未能發耳使謂不受其降衆亦反受之亦反然受之已足雪寶元慶曆之恥快邊人之心且夷狄之性畏勝而侮敗今謂已可使之畏矣而議者乃欲赦之是沮邊臣之立功者而為諒祚執仇也世之論者常病無將非無將也但御將之術太拘耳陛下試觀寶元慶曆間事則謂今日可以為將矣昔者魏尚嘗有罪於漢矣文帝感馮唐之言而赦出之尚終立功願陛下奮文帝之心感臣之言赦諤使護領其衆以捍塞下必能立魏尚之功於此世使臣得為馮唐幸矣

監察御史包拯論邊將上奏曰臣近者累曾上言以河北沿邊將帥未甚得人將乞精選其代州九不可輕授緣代州與雲應等州相去至近路又坦平古今最是難控扼之所太宗朝以驍將楊業守之業殁繼以給事中張齊賢守之其慎重用人如此自後邊鄙無事然亦用武臣中有材略者今朝廷委任郭承祐必恐敗事按承祐累任無狀朝野共知物議喧然以為不可且北虜請命歷年多矣然恐遇則生驕安久則忘備理之常也況西北二寇自古嘗惡其連盟協勢以為中國之患以今觀之釁端已兆廟堂之上所宜寬之未萌而為國家銳意而遠慮也今天下不患乏人患在不用用人之道不必分文武之異限高卑之差在其人如何耳必當考以應敵制勝之畧詢以安邊禦衆之宜觀辭氣之瓌奇舉動之方重者擢而用之則取人之要無大於此況河北河東同時地震變異如此不可不懼臣先進劄子言之頗詳其承祐欲乞早令召還別用能者沿邊守將畏懦不勝任者亦乞速賜移易若不預為之具緩急圖之則無及矣惟陛下特留聖意則天下幸甚

諫議大夫夏竦上奏曰臣聞將者人之司命國家長城將帥之任非材不居求材之道斯為難哉若以頒首胼肋為壯則秉鉞非角觝之戲以巨觴大炙為勇則建牙非飲食之場以彎弧提劒為彊則上將非一人之敵以遭逢故舊為忠則三軍非恩澤之任在觀其器能察其性情輕者易恐躁者易撓狠者易激疑者易動驕者易誘弱者易詘剛者易誤況其材不同而其任復異任文儒則懼其畏懦任英武則防其跋扈任剛勇則慮其寡謀任庸鄙則恐其敗事是則幅員萬

里殆無將業豈其選任殫之良規但赳赳之夫良多客氣既昧今古孰知成敗春秋郤縠為將敦詩閱禮戰國孫吳論兵文動辭采漢興曹參趙充國祭遵盧植魏晉諸葛武侯杜預羊祜唐李靖郭元振裴度或立戰功或為名將觀其武略抑資文術以是而觀可否自分前事元龜後之法則但能精選文臣材兼智勇若多識前賢事跡必資通變機籌授之斧鉞臨事可裁然旁選英雄列為裨佐以勇佐謀紓急相濟謀者足以制敵勇者足以冠軍二者有方則師律正矣

夏竦時為陝西經略安撫使又上奏曰臣聞古者將帥受命於廟受賑於社王者遣之則跪而推轂曰自閫以外將軍制之賜以斧鉞示專殺戮故三軍弭伏克捷相仍後代自疑多輕兵柄恐其末大本小臨事難為制禦斯皆流議頗昧遠圖蓋昔者皇綱解紐擢任非人內多讒賊之臣致有跋扈之將若朝廷有序邪佞不生雖使舉國出師

孰敢潛圖不軌。稽夫往事。足有成範。樂羊伐中山。魏文侯示其謗書三篋。條侯屯細柳。漢太宗為之按轡徐行。在君臣相契。故功業易成。將以軍法行師。王命有所不受。制敵變化無方。難可授之成筭。兵有遠如風雨。不測如神。三軍趣利而行。豈當千里請戰。用將之道。歷代攸難。今則邊臣武師。祿厚責輕。俸給之費。月差千萬。歌舞鞍馬。樂極品流。邊鄙之上。戰陣之前。外示彊毅。內多畏懦。不知奇正要害之略。解交伐謀之計。攻分戰守之利。紆直遲速之勢。苟有所施。躬循繩墨。先咨中貴之官。次訪參謀之臣。鳴鼓而行。控弦而列。勝則逐北。敗則嬰城。以是制戎。終無奇效。近年二將端坐邊城。頗失國威。故縱胡寇。而大者不及誅夷。小者尚分麾寄。雖令後人無懼死之變。柰使蒼生有無告之冤。誠當選任賢良。絕其疑問。法漢高之將將。推光武之赤心。委以駿權。責之成效。聽以古禮用兵。使宜從事。功成速賞。要以帶礪之盟。注意不同。開以丹青之信。是則百萬之衆可以恩齊。荒服之君可以威制。

侍御史趙抃上言曰。臣聞吉之先見。聖人所以知幾。豫備不虞。治世因而無悔。朝廷之設外臺帥府之握重兵。不唯用政術以安吾民。抑亦修武事以制他寇。苟曰稱職。則一方何憂。或非得人。則為國生事。伏見京東路青鄆二州知州。各帶安撫使。其地控山盜淵。兵民一有失所。易為作過。近年差兩制及前兩府臣寮以鎮撫之。今曹佾知青州。李端懿知鄆州。素匪勳舊。俱緣戚里。威名未著。勢力且輕。萬一屬部有不測事宜。則人心動搖。何所倚賴。兼亦曾有臺官上言。謂其不便。臣欲乞聖旨特賜檢會。改差青鄆二州安撫使。選有才謀經任使兩制以上臣寮充之。以安京東人心。亦先見豫備之一端也。

英宗初即位。殿中侍御史司馬光上奏曰。臣聞趙滋為人剛愎。不可管軍。朝廷不以為信。臣亦自恐聞聽未審。不敢復有所陳。自後又聞滋對契丹人使禮貌驕倨。不遵舊式。近者又聞本路帥臣奏滋任意行事。恐致引惹。竊以景德以前。契丹未和親之時。戎車歲駕。疆場日駭。衆與暴露於澶淵。虜騎憑陵於齊鄆。兩河之間。暴骨如莽。先帝深惟安危之大體。得失之至計。親屈帝王之尊。與之約為兄弟。歲捐金帛以餌之。聘問往來。待以敵國之禮。陛下承統。二遵故約。夫豈以此為不辱哉。志存生民故也。是以兵革不用。百姓阜安。垂六十年。今契丹所以事中國之禮。未有闕也。為邊臣者。當訓卒乘。繕器械。以戒不虞。厚饔餼。慎威儀。以待使者。內不失備。外不失好。以副朝廷之意而已。今滋數乘客氣以傲使人。爭小勝以挑彊胡。苟為夸大於目前。以求一時之聲名。而不顧國家永久之患。臣恐釁隙一開。則朝廷未得高枕而卧也。昔孫蒯毀餅而曹衛構難。鄶人漚菅而魯國喪邑。涉佗捘手而晉失諸侯。女子爭桑而吳師入郢。故禍常起於細微而事或生於所忽。凡二國所以相交之道。不可以不慎也。雄州當虜之衝。平居則行李之所往來。有事則戎馬之所出入。典州之將。不可不精擇其人。滋稟性狂狠。恐不可久寘於彼。乞落軍職。徙之內地。毋使邊將相效。為國生事。實天下幸甚。

司馬光又上奏曰。臣累曾上言趙滋剛愎狂妄。不可管軍及守邊。必將敗事。近聞朝廷益加寵任。令再知雄州。臣愚瞽之言。誠無足采。然竊聞歸時本路都轉運使唐介安撫使彭思永皆曾言滋罪狀。今朝廷使之再任。彼三人者。必不肯同心協力以利公家。但更相違戾。窺伺得失。雖容貌語言外相包容。其中心豈能坦然全無猜惡。是朝廷欲使之交鬭也。若監司將帥互相猜惡。而欲使之安下民。扞外敵。臣竊以為難矣伏望朝廷念河北一路繫國家安危綦滋所為皆考誕不實按滋別路一閑慢差遣使上下之情各獲自安不唯邊境保無他虞亦滋一身之福也

治平元年光知諫院言程戡施昌言劄子曰臣竊聞近者夏國屢起事端邊境之變不可不備為備之要在於擇帥伏見鄜延路經略使程戡資性姦回涇原路經略使施昌言老病昏昧皆以斗筲猥懊之才當折衝禦侮之任平居之時未見有闕一旦警急必敗大事譬如開門揖盗以肉餧虎臣竊為國家危之伏望陛下早擇智勇之將以代其任二人並除致仕以安邊境之民戒偷祿之臣

二年侍御知雜事呂誨論差中官為陝西鈐轄狀曰臣近聞陝西四路各差中官一員充鈐轄專管蕃部公事及支公使庫錢千貫仍每歲入奏邊事權勢甚重驕驁群聽臣不識聖筭之遠但聞群臣之議

不以為便亦恐為陛下之謀者思之未至耳但有唐以來舉兵不利未有不自於監軍者我朝因循前弊尚多久未更革奈何又增置此員如走馬承受官品至卑一路已不勝其害況今鈐轄寄重其實已均安撫使之權矣原朝廷之意必為昨來熟户背叛弓箭手逃亡使之以時犒設專行姑息何其疎也臣嘗見熟户耕佃官田並無征徭遇戰鬭方出一人一騎茲外更無侵擾熙熙安業界外生户羨慕不足常苦諒祚誅求頗為漢民不可得爾有以知熟户無背漢之心明矣但為諒祚誘之以厚利刼之以重兵邊臣坐視殺戮不為救護將逃死豈得已也若威加邊外戎人不敢內侵熟户自然安堵不[illegible]雖豐牛酒日為犒設徒有損費尚益於事哉至如士卒久不訓練兵官不務協同借若五將軍中有一員內臣不喜教閱動為姑息由此卒伍驕惰他將稍嚴紀律則怨謗競起帥臣畏懼唯恐生事上下因循苟簡軍旅無餘精鋭斯中官姑息之効也疆場之事果只如此廢置未知其利而但見其害藩籬不日隳壞將盡藩籬墮則邊城危矣臣前奏上乞於無事時整齊熟户弓箭手大臣合議終不以為然臣觀今日廢置誠未為便嘗默不言則負任使所謂鈐轄四人者臣欲乞朝廷省罷精擇帥臣凡事一切付委庶幾閫外之權專制則於責重矣惟聖智擇焉

侍御史趙瞻論五路置帥不當更以馮京為安撫狀曰臣伏見陝西置永興秦延慶渭五路安撫經略使各開帥府以制西戎今又忽差馮京安撫諸路風聞士論莫測所謂不知朝廷以諸帥臣皆不能安撫本路邪是國家欲深究邊事而專委近臣經畫之也帥臣非才自當更置直欲經畫暫至豈能究知是皆未有以補疆場之萬一而足以愧邊帥擾戍兵矣犒師勞將遷易卒伍浮費百出虛聲交至關陝

之民必大恟動臣愚固以為無益至有損也昔杜預使王濬先入石頭避其親受節制裴度為韓洪已為都統遂不更稱招討深達國體共成邊功古之用人今悉相疾以臣所見乞罷馮京之行苟欲精求利病即有文彥博孫沔新付兵柄未出國門授以聖謨廟筭彼皆元老可以仰成臣愚不識事機頗進區區之慮

趙瞻又論差中官為陝西鈐轄狀曰臣伏聞古者天子推轂遣將則曰自閫以外將軍制之蓋明委任之專也故唐於諸道行軍而置總管節度以至領押諸蕃部落及近界諸蠻之類率入階銜遂成定制國朝自起西師分置戎府外有四路以扼虜境然招討經略安撫總管之司責任至重故未嘗不選文武賢明之臣以領其柄內則數州之軍民外則諸部之蕃落威恩刑賞廢置制宜敢於纖微有不振舉比者戎事稍息人自謀安繒絮飲食失於侈靡藩籬族聚不復頓邮

向即已稱兩面今遂絕為匪人去歲西夏兵勢壓邊思順酋豪既為
統率諸族離弱固自歸投中國不為救營熟戶隨亦翻叛致此疆埸
蕩無斥堠賊若犯境徑至城下固宜朝廷熟慮更制近乃特以內臣
王昭明四輩各當一路招撫近蕃雖留神則甚勤在制宜則殊失竊
觀唐室興兵最多更用宦人率致敗事如觀軍容及宣慰等名常為
切齒之患今招集蕃部鎮安方隅悉皆大將之權豈容偏帥所撓一
委斯柄將襲往弊兵機牽制統帥何安臣愚所見不若以此等事盡
付帥臣是其官守誰執其咎既塞分權生事之隙又明委任責成之
專即罷閹官無侵軍政足以前鑒史戒而後息亂原矣臣以久居關
陝寖識事宜比自西來兼訪道路邊人議士率言此失願陛下特留
神斷不憚改更隨意招懷以安攜貳
趙瞻又論差中官為陝西鈐轄狀曰臣伏蒙陛下特出聖意擢在言

職犬馬猶知報效臣子豈忘奮勵況聞輿論敢自循默近日於垂拱
殿轍已具劄子敷奏以內臣王昭明等四人分制邊任侵撓帥權乞
賜更置更責大將至今未蒙采聽是臣所負言責之未塞者也此事
一書國史已玷陛下元年之大政今又不察臣言遂為國家異日之
遺恨苟能遽追前命慰快群情即於返掌之間更彰納諫之德故人
人莫不為陛下深惜之也且如帥府處置蕃部乃是邊事萬分之一
今以一事偶失即為添置中官將來復有事生又欲何以為計況彼
各受密旨歲入朝謁邊臣疏遠自慮傾危軍政異同孰能主執外未
制敵內先壞事昔程元振誣來瑱之罪魚朝恩間子儀之功故穆質
諫用宦人為將而吐突承璀終無功于鎮定裴度奏罷諸軍監陣而
李愬遂賊于淮蔡至如本朝鄜延敗事則斬德和于河中麟府喪師
則流元道于海裔豈非古今得失之明效哉然猶使議者惓惓疑宸

衷之未斷怪輔臣之依違斯可謂事機之切不可不亟諫也臣至微
賤愚忠所激義忘後害殊不知有一身一門之私計亦不知有群閹
群邪之勢力上冒天威死有餘戮臣愚不勝激切之至
參知政事歐陽脩上奏曰臣伏見諒祚猖狂漸違誓約僭叛之迹彰
露已多年歲之間必為邊患國家禦備之計先在擇人而自慶曆罷
兵以來至今二十餘年當時經用舊人零落無幾惟尚書戶部侍郎
孫沔尚在西事時沔守環慶一路其人磊落有智勇但以未嘗出兵
又不遇敵故未有臨陣破賊之功然其養練士卒招撫蕃夷恩信著
於一方至今邊人思之雖世不乏材朝廷方務推擇若求曾經西事
可用之人則臣謂無如沔者沔今年雖七十聞其心力不衰飛鷹走
馬尚如平日況所用者取其智謀藉其威信前世老將彊起成功者
多沔雖中間嘗以罪廢棄瑕使過正是用人之術臣今欲乞朝廷更

加察訪如沔實未衰羸伏望聖慈特賜擢用庶於擇材難得之時可
備一方之寄

歷代名臣奏議卷之二百三十七

任將

宋英宗時知諫院傅堯俞上奏曰風聞有朝旨令中外臣僚選舉班行漸擇堪充將領者實朝廷經遠禦備之急務也臣輒有短見蕪裨萬一惟陛下詳擇臣伏以小廉小謹或非壯夫所長使貪使愚固亦兵家舊說故古人取跅弛之士信史紀不羈之材若使論薦者保其清廉深慮豪勇者有所遺落欲望將來所降指揮只取材武縱有痕累不甚重者皆得充舉仍但云若不如舉狀甘當降黜更不云如犯正入己贓甘當同罪則推擇益廣而可以盡人之材力或有可取乞賜施行

堯俞又上奏曰臣聞有備無患古之善經今則不然宜患至而後為之耳臣向聞涇原路數奏邊事於是易置官吏為備頗急近日書奏

稍上即不聞更有張皇黠虜之心頗不窺揣輕重向若訴詐猝然長驅又豈容遽為之備哉況其姦詭未易可量今朝廷之慮轉而在鄜延矣臣竊料狂賊若不遽為寇者亦將威熁邊吏以逞其無厭之欲其所以待之者苟為未具則又將徇其求矣臣謂宜及其未然講脩戒備凡將吏之輕易老疾罷駭未更事者一切換去虜賊至足以待而無恐有請得以拒而不疑則庶幾其可矣儻因循且已他日又或倉黃猝遽恐遺悔遂大至於臨事易帥兵家常忌昨知渭州施昌言之罷人不謂之非者以為猶愈於必敗事耳此豈獨昌言之過固亦付授之失宜今慶州孫長卿頗知錢穀材非將帥輕易寡識西道共知平居固已乖方緩急豈能辦事未敢盡一條其跡伏望陛下置之他處姑任其長毋俾異時為邊防之誤臣又聞董氈諒祚屢有解仇之約賴天之力姦好未成傳聞相攻莫審虛實見利忘義戎狄之常萬一翻然改圖合從東向則為患不測惟陛下數謀於大臣思所以間離之而務為維御之術則天下幸甚

神宗熙寧元年殿中侍御史裏行錢顗乞擇將久任狀曰臣竊以朝廷之患莫患於無將帥也蓋承平日久中外臣寮唯能孜孜講及文法不及於武備豈所謂安不忘危之意也而況北虜猶梗西戎未賓非朝廷無事之時也陛下試環視中外可為將者誰耶可為帥者誰耶陝西河東河北三路九十餘州軍見邊任有謀略有果勇威望可以壓服夷狄者復何人哉此宜為國者預謀而深慮也臣聞祖宗之時外多名將皆委之久任而責其成效若李漢超之守關南趙贊之守延安皆十餘年倚若長城著立功勳無西北之患者將帥得人也國家求將之心雖切選將之路不廣近臣雖曾奉詔舉將領奈何限以資品武勇智略之在下位者無由而進雖有頗牧之才焉得而

用之今之命帥則唯用侍從貴官遣將則多以閥閱子弟素不諳練兵術一旦委之要地授以重柄前日橫山之謀為國生事蓋失於不久任也臣願陛下詔二府大臣兩制近侍及中外文武監司知州已上各舉堪充將領者二人不以官職高下果敢有武勇者為一等沉厚有方略者為一等籍其名而用之分布三略法祖宗之久任責其成效有功則不次遷擢厚加賞賚激將帥之心沮蠻夷之氣天下久安之策不過此也朝廷裁擇施行

哲宗元祐元年侍御史劉摯論祖宗不任武人為大帥用意深遠狀曰臣昨者去年十一月二十四日訪聞有旨除劉昌祚知渭州臣竊聞劉昌祚嘗以小功先朝用之管軍知延州中外不以為允先朝升遐召入宿衛物議稍以慰愜今者渭州之命群議復駭臣竊聞祖宗之法不以武人為大帥專制一道必以文臣為經略以總制之武人

為總管領兵馬號將官受節制出入戰守唯所指揮國家承平百有二十餘年內外無事以其制御邊臣得其道也臣常伏念禦邊禦戎深得上策所以為後世者久而不可以改此其一也唐先天開元中薛訥郭元振張嘉貞王晙張說蕭嵩杜暹李適之自節度入相李林甫疾儒臣以邊勞至大任欲杜其漸以固己權說明皇曰以陛下雄才國家富強而夷狄未滅者由文吏為將憚矢石不身先不如用蕃將彼生長鞍馬矢石間陛下用之必盡死力明皇然之以安思順代李林甫領節度擢安祿山高仙芝哥舒翰等為大將林甫利其夷虜無入相之資故安祿山得兼三道勁兵卒稱兵蕩覆天下唐室遂微臣切謂祖宗之法不任武人為大帥用意深遠非淺見者所能測之如昌祚人材未為難得誠使卓然過人可以付屬而祖宗之法由此廢矣伏願選內外文臣從官可以守邊者使之帥守則祖宗之法常

存而不廢不幸後世有引此時為比使武人帥邊而不虞之禍如前世之甚者豈可不預防其漸乎

右諫議大夫孫覺乞麟河選將如折氏世守狀曰臣竊聞麟河困陝西以及天下幾十五餘年矣臣聞其歲費數百萬略以十年計之為四千萬以朝廷本為麟河舉西師不能斷羌人之臂徑可以復靈夏而包賀蘭前日大舉西師不得羌人一級而坐費數百萬於黠羌兵馬馱乘死者不可勝數器仗弃捐如山邊人至今為國寒心自朝廷開麟河以來負罪官吏無賴游客冒名入仕與擁高資為富人者不知其幾百家矣吮啜生靈之膏血以厭飫無賴之人何歟臣愚習聞祖宗時河西折氏置之最為得策今天下一百三十餘年而折氏祖父子孫相繼皆忠順勁勇為國捍守此實措置得其道也今麟河之地使帥守得人為朝廷無窮之計蕃將之中如折氏者得一人或兩

人漸為措置三五年後擇其可付屬者付之計朝廷不愛官爵以寵之但為我守能捍外寇則世世如折氏可也其他經營久遠之策密院臣寮必有能為朝廷謀者

一年孫覺為給事中又論帥臣當使便宜行事狀曰臣竊聞陝西諸帥臣皆朝廷夙所選擢及被邊稍有警急事事聞於朝廷從來倉猝又須應副臣恐委任帥臣之道為未盡也臣以為諸路帥臣之中唯陝西五路朝廷之所留意萬一有警帥臣自有所處則朝廷無事矣今御帥臣之法太急不敢以便宜行事故帥臣凡邊事不以大小悉聞於朝廷臣謂宜稍略其法使帥臣便宜於邊境之間然後責以邊事事之小者不以聞于朝廷稍習用祖宗禦邊之道則帥臣悉心朝廷無事矣

貼黃臣聞定州韓忠彥時有請於朝廷不敢以邊事為任帥臣之

中不任責朝廷又不責之如此則帥臣虛設矣

五年中書舍人王岩叟論不可以走馬一言輕易元帥狀曰臣伏覩初六日除目延安趙卨太原滕元發皆進職臣當行制忽得指揮收還臣不知所以固已疑之今日乃以潁昌范純仁易元發切聞用本路走馬奏章遂有此除臣謂朝廷進退大帥固當重謹不可輕用一人之言而行之或其言出於愛憎喜怒之私意而欺罔公議豈不損主上之明誤國家之事果若可疑自當令本路監司公共體量信如其言行之未晚況聞元發在河東頗有顯效為士大夫所稱按本路每歲入秋即自近裏州發馬兵往戍河外涉春乃還坐耗芻粮於難得之地不知幾萬計前此帥臣雖知無事未有敢不遣戍者去秋元發獨能不遣為國惜費其利甚博蓋其明見事機以身任責故為之不疑衆論莫不嘉元發有大帥之略臣計陛下必不知之知之宜不遽

易也。今言者蔽其所長而不以告。摘其所不足而暴之。則其愛憎之情自已可見。夫有顯效不錄。而言亟行。四方聞之。又誰為陛下盡心者。既以走馬一言易元帥。元帥將人人畏憚。此曹有不自保之憂。此曹將人人侵侮其帥。有驕橫之勢。陛下不可不察也。此風浸長。非朝廷美事。昔季布為河東守。孝文常召至京師。留邸一月而罷。還布進曰。臣待罪河東。陛下無故召臣。此人必有以臣欺陛下者。今臣至無所受事罷去。此人必有毀臣者矣。陛下以一人譽召臣。一人毀去臣。恐天下有識者聞之。有以窺陛下。孝文謝焉。臣願陛下思季布之言。察元發之事。勿蹈孝文之失。以為識者歎惜。臣愚忠不勝惓惓。

貼黃。一元發不足惜。所惜者朝廷進退帥臣之事體爾。如臣言可採。伏望指揮少留告命。速召大臣別加詳議施行。陛下以方面屬人。毀譽之聽不可不審。善惡之實不可不考。若其人材畧足以當事。雖小有疾。何苦害於卧理。如其無能。雖壯安用。

八年。御史中丞李之純上奏曰。臣伏以西戎未附。邊鄙用兵。守土之臣不宜屢易。蓋欲責其實效。必須假以歲月。況帥臣總握中權。措授規畫。日久而後士心信服。料敵折衝。立威制勝。日久而後虜心知畏。未有歲月淺近。施設尚踈。而可立武事也。近者慶渭二帥召還移替。皆未成資。若以護邊有功。猶宜增秩以久任。若以備敵亡狀。豈當免過而優遷。欲望精選才臣。付以閫外。應機制變。得以專行。明示三載考績之限。非以功進以罪黜。更不先期除代。庶幾邊事整備。而戎人款服。

紹聖三年。陝西路轉運使張舜民請內外臣寮各舉堪任將帥狀曰。臣伏見近年以來。宿將凋零。今歲為甚。雖其詢人才固有精粗。是皆自英考神宗識拔。切磨收養。出生入死之人也。使其分有脩短。何獨至於今日推類剝落之為甚也。臣雖愚昧。陰以為懼。臣竊觀自古守邊選將。未必專以攻戰為事。要在精神折衝而已。如必欲戰而取勝。則是兵家之下策。故有中朝而興歎。側席而為憂。在趙則強秦不敢加兵。在漢則鮮卑不敢南牧者。此豈皆戰之功。其聞望精神有以服人者也。其聞望精神有此服人。豈一朝一夕之事哉。必有素養乃可至此。方今孽胡未殄。疆場屢騷。天怒未加。而爪牙先缺。此何理也。傳云。內無良將。外有敵國。此秦之君臣猶以為憂。況以天下之大者乎。臣竊惟天之降才。地之生物。其杶幹栝栢何時而乏。然自毫末以至凌雲。培之植之以充梁柱。又非一朝一夕之事也。唯其先幾有備之實。能免倉卒不及之患。臣今欲乞聖慈詳酌指揮。內則侍從臺諫管軍臣寮。外則帥臣監司。各舉所知堪任帥者三兩人。不限出身。要在人才實有謀勇。然後朝廷面加審擇。其所降指揮。乞嚴立條式。以示朝廷必用之意。非若常舉之汎汎。臣之瞽言若蒙采聽。然其驗猶在十數年之後。

貼黃。臣今所言若蒙朝廷采納。其所舉人已經選任。若路分都監已上。更不在奏舉之限。所貴人才在下者皆得上達。近日蘭州种宜身亡。臣常默計其代者兩日而無所得。竊惟廟堂遴選之際。亦已為難矣。當平時擇一邊州守臣。猶爾難得。況一旦應急任人。從而可知。臣所以出位進言。其在於此。

哲宗時。翰林學士范祖禹論曹誦劄子曰。臣伏見樞密副都承旨曹誦權馬軍司事。俟姚麟回日依舊。雖非正授。止是暫權。然於事理有二不可。祖宗制兵之法。天下之兵本於樞密。有發兵之權。而無握兵之重。京師之兵總於三帥。有握兵之重。而無發兵之權。上下相維。不得專制。此所以百三十餘年無兵變也。自唐室衰季。以及五代。樞密之權偏重動為國患由手握禁旅又得興發也今副都承旨為樞密屬官權任管軍是本兵之地又得握兵合而為一非祖宗制兵之意其不可一也自英宗以來不用外戚管軍蓋以管軍之臣止有三人而外戚素非將領又無勳勞止緣恩澤遂為統帥豈得將上心服哉神宗時曹佾雖為中書令封郡王止奉朝請而已今陛下初聽政而開外戚管軍之漸示人以私非所以為後法其不可二也臣無言責然備位侍從國家事有未便無所不當言與其言之於大不若言之於小言之於著不若言之於微伏以先太皇太后九年之中內外無毫髮之私天下未嘗有間言陛下總攬庶政四海方屬耳目臣之愚誠不欲使有識之人指某事不善曰此先太皇太后時無之今陛下有之恐某事善曰此先太皇太后時有之今陛下無之所以拳拳而不能已也伏望聖慈特降指揮改正庶不違祖宗故事

時御史中丞蘇轍論張頡不可用疏曰臣伏見朝廷以置渠陽軍為不便議欲棄之者久矣然自去年以來欲棄而不得群蠻猖獗南邊至今為梗者何也任非其人而棄之無術故也唐義問文俗吏耳無他才略昔被朝命直入群蠻之中欲棄此城既為蠻衆所圍用胡田之計詐欺群蠻苟脫性命既歸不敢以其實聞凡有寇盜皆指揮邊城不得申報朝廷不察其實而任之不替則既一失之矣及今夏以來蠻寇大作以至覆軍殺將臣屢以為言而朝廷屬任義問之意不衰訪聞大臣但以臨敵不可易將為詞終欲庇義問不卹邊人肝腦塗地之苦及今已將半年則既再失之矣今者朝廷除張頡知荊南頡自瀛徙荊誠不為超遷然近降朝旨令單馬赴任外人始知朝廷欲以頡代義問蓋義問之所以敗者闇而自用狠而失衆今頡猜嶮闇愎又甚於義問而朝廷復加委任則又三失之矣臣竊悲湖北之人外遭群蠻騷擾不安其居內蒙用人三失未知息肩之所是以不避煩瀆冒進瞽言昔元祐二年朝廷除頡戶部侍郎臣時為諫官前後具頡罪惡八事乞行罷免時雖不從然用頡未逾年知其不可卒黜之外任及今未幾而遂付以邊事邊事重害又與戶部不同蓋臨敵統衆兵民性命所係不可不慎竊聞大臣謂頡本貫鼎州意其習知蠻事是以遣之然不知人才各有短長未必生於其鄉必善其事臣但恐頡任情恣行出於天性老而不改必致敗事頡昔為桂州經略使始因靳各小費終以措置乖方遂致宜州夷人背叛賊殺本州兵官頡尋遣費萬王奇二將繼往攻討卒皆陷沒先帝震怒差官取勘遂落職奪官降知均州又元豐三年除頡知熈州是時臣僚上言頡天資褊躁動多猜忌頃在廣南忿爭互論州郡官吏爲之不安乞賜追寢新命尋奉聖旨令依舊知滄州然則頡之不可付以邊事著

自先朝非獨今日臣言之矣所有臣昔具頡八事皆非虛言並有案據謹別具開錄奏聞乞命大臣看詳罷頡新命或但無令預聞邊事別揀諳練用兵之人責之成效

貼黃張頡資任已深除知荊南不為遐當臣今所言但以頡為性猜嶮所至不得衆情不可令管邊事

李燾上論曰臣聞牛羊欲其茁壯也必其善牧車馬欲其習服也必其善御矧軍旅之事將帥之職畀之以師律付之以疆埸內欲重吾國外欲克吾敵顧不慎哉不可以三軍之元帥姑且備其員兩國之民命聊且試其技不攷其可必為國禍不求其良必為民殃故當築壇告廟之始必觀是人果足以稱此禮乎至推轂授鉞之際又觀是人果足以勝吾任乎昔在戰國之紛紛不惟君可以擇臣而臣亦可以擇君當時英雄挾其長游眎諸侯能用我者然後仕之故欲求將

不可邀得。今天下為家。四海為畿。罔匪臣僕。英雄盡入於彀中。多士咸在。衆拔自獻。惟君王所擇。所謂能稱築壇告廟之禮。能推轂受鉞之任者。固亦有之。在所選而已。昔之論將者。其材有五。曰勇。曰智。曰仁。曰信。曰忠。將何以貴乎勇。蓋直以養氣。威以克愛。剛以致其敢。義以致其必。蔑視敵國。而砥礪三軍。吾之所指。曷敢不從。死吾之所麾。曷敢不從移。非勇則不可犯矣。將何以貴乎智。蓋使貪使愚。各求其所須。使勇使智。各効其長技。俾敵常為客。而不足。我常為主。而有餘。我常致人。而人必應。人不可致我。而我自如。為勝敗之政。如神人默運。制奇正之術。如環無端。非智不能也。智則不可亂。將何以貴乎仁。蓋以慈養其惠。以惠養其威。寬以御衆。衆罔不盡其心。悅以使民。民罔不盡其力。忘勞而供武服。犯難而圖戰。多欲與之可赴深溪。必自我視之如嬰兒。欲與之可俱死。必自我視之如愛子。則非仁何以懷之。仁則能愛人故也。人不可無信。而將之信為重。蓋方其涖師也。國不自外理。國容於是乎不入軍。軍不從中御。軍容於是乎不入國。將軍之權專矣。如之何交厥孚於上下。布至誠於遠邇。故貴乎信。信則不欺人故也。事君皆以忠。而將之忠為大。蓋方其用師也。上不制於天。中不制於地。下不制於人。將軍之志自用矣。如之何惟君是圖而忘其身。惟國是憂而忘其家。故貴乎忠。忠則無二心故也。夫有爵有僇。士心所嚮。可安可危。君應所隨。士心所屬。以賞刑之柄繫焉。賞刑之所繫。成敗如轉掌。君應所隨。愛憎之變係焉。愛憎之所會。禍福如發機。惟信惟忠。乃為建立勛名之權輿。杜塞危疑之關鍵也。以是五材泛觀于朝。如持度以揆長短。如操量以較多寡。其分別差等。殆無遺形。大材如罍。小材如盃。以盃受罍過則溢。以罍受盃綽乎兼容。故古之人論將。有妻子之將。有十人之將。有百人之將。有千人之將。

有十萬人之將。有百萬人之將。其材相去遠甚。然不離乎五者之間也。雖然材必適其用。用必適其宜。執方而無權。守一而不變。雖用良材。覆為累德。故太公之論將有十過。孫武之論將有五危。觀其過之所生。究其危之所自。其初皆五材之良。其失皆五材之蔽。有材而不能用。至於軍敗國辱。家殘身僇。吁。可哀也。故為將之道。既有五材以御三軍。欲攬英雄之心。則又當行之以三禮。斷之以三至。欲重廟堂之勝算。則又當持之以五慎。審之以五權。達事宜則有九變。能通九變則寘敵于全囚。泥法制則有九拘。毋執九拘。則立我於全勝。古之人論良將。有曰剛則法天。可望而不可干。柔則像淵。可觀而不可玩。去如收電。可見而不可追。留如丘山。可瞻而不可動。有將如此。則築壇告廟之禮。推轂受鉞之任。為不愧矣。故初作三軍。欲謀元帥。惟郤縠閱禮樂而敦詩書。於是用於晉。秦伐阿鄄。而燕侵河上。惟穰苴文附衆而武勝敵。於是用於齊。孫武十三篇之說。闔閭試之以婦人。卒以强吳。吳起七十六戰之功。魏武始於論兵器。卒以强魏。先軫以下軍之佐而超將中軍。不以卑踰尊為疑。郤氏狐氏以族入從軍。不以親同職為間。韓信奮於亡虜。魏尚拔於囚徒。克國自舉。任之而不違。伏波來用。試之而不拒。謝安薦姪。而不沮其挾親。竇憲請行。而曲聽其補過。所用者材也。材可用焉。不當牽左右近習之好惡。不當徇士卒國人之議論。挺然不疑。斷以已意。夫賢將之徒。類皆英雄豪傑之士。觀入君用已如此其重。當如之何圖報哉。谷永曰。楚有子玉得臣。文公為之側席而坐。趙有廉頗馬服。强秦不敢窺兵井陘。國有賢將。所恃如此。惟陛下注意焉。陸賈曰。天下安。注意相。天下危。注意將。必至天下危然後注意將。則不亦晚乎。惟天下安。乃注意將之時。是謂治不忘亂。安不忘危。

李㤪又上言曰臣聞有君子將有小人將君子將天下之將也小人將亡國之將也古之賢將原兵之意可以為仁術察武之用可以廣德心故以殺止殺非所以好殺以戰去戰非所以好戰司馬法曰殺人安人殺之可也攻其國愛其民攻之可也孫子曰全國為上破國次之全軍為上破軍次之何古人終始以愛存心歟故君子之將能師古人之意不以戰屈人兵為心小人之將違古人之意以嗜殺人為事以不戰屈兵之為心以天下為心者也非天下之將乎以嗜殺人為事亡國而不卹者也非亡國之將乎夫尉繚當梁惠王之時為兵之說曰善用兵者能殺士卒之半其次殺十之三其次十之一能殺其半者威加海內能殺其十之三者力加諸侯能殺十之一者令行士卒信此說也則興師二十萬可自誅其十萬興師十萬可自誅其五萬矣且夫將軍心也士卒支指也心誠則支指應心危則支指衛士樂附則將威令歐無罪之人以犯難悅以使之猶恐不得其心忍羅置罪咎以快意於刑戮乎誅其半欲其半之用命孰若全軍撫愛皆使之親其上死其長乎殺半用半雖勝何益孟子曰不仁哉梁惠王也糜爛其民而戰之爭地以戰殺人盈野爭城以戰殺人盈城嗚呼慘酷至此尉繚有以啟之歟臣於是於古之君子善撫士卒而愛之者私竊慕焉其惟戰國之李牧蜀之諸葛亮唐之李靖乎臣請言其用兵之意夫李牧之居鴈門也罄軍市之租以饗士力椎牛犒饗以養士心謹烽燧多間諜以養嚴入保示怯佯伏致人以養氣謀熟勇於全皆願一戰於是選車餘千選騎餘萬百金之士五萬穀者十萬一舉而滅襜襤走單于破東胡降林胡向使自誅其士卒之半則莫不怨毒矣孰肯自獻其勇以求一戰乎諸葛亮之禦張郃郃之衆號四十萬而亮之衆不滿一軍衆寡既不敵而強弱又相遠而軍既

陣而龍兵適交亮以用兵行師大信為本乃悉遣之且曰去者束裝以待期妻子企踵而計日則原其情而閔其勞懷以仁而厲以義可謂周矣故去者感激願留一戰住者憤怒人百其勇殺郃走懿以成其功向使自殺其士卒之半則聞聲而還矣孰肯忘死衛思以決一戰乎李靖之與太宗論兵也太宗以嚴刑峻法使人畏我不畏敵為疑靖以卒未附而罰不行不可用為說太宗以愛克威威克愛為問靖以愛設於先威設於後為對則君臣之心何視卒如嬰兒乎又曰頃討突厥總蕃漢之衆出塞千里未嘗戮一楊干斬一莊賈夫衛公於艱難草創之初剪刈兇渠以掃攙槍備延陀於關內伐突厥於定襄虜吐渾於西海夷蕭銑於江陵向使自殺其士卒之半則危國亡師之不暇況宣威信於異域乎嗚呼安得今日守邊之將愛育士卒如此三子者乎夫天子之兵以仁為本以義為御天下之將以慈為主以勇為決郤視尉繚之說非亡國之兵小人之將乎秦以殘忍虎狼之思務殺伐屠戮以強天下又有殘忍虎狼之將能殺伐屠戮以快其意蒙驁王翦父子世為秦人之民賊攻城克敵固已衆矣然未若白起之甚夫白起之為將也戰必勝攻必取誠莫可及以書考之凡攻某國拔之伐某所取之不言斬首若干坑卒若干者置而勿論論其直書斬首若干坑卒若干而計之凡殺敵國之兵八十四萬人然起戰卒死於敵者又當幾十萬總兩國供軍之民其誅求衰斂因以失業而死者又當幾十萬矣何晏曰白起降趙卒而坑之豈徒酷暴之謂乎後亦難得志矣又曰裁四十萬之命而適足以強天下之戰要一日之功而更堅諸侯之守又曰殺降之禍大於劇戰然則兵勝未幾而被戮國強未幾而為墟良以此乎臣於是乎求於古之君子能制閫外而懷柔者私竊慕焉其惟戰國之荀吳晉之羊祜唐之郭元

振乎。臣請言其用兵之說。夫荀吳之伐鮮虞而圍鼓也。鼓人欲叛其君而附己矣。曰。吾不可以欲城而市姦。所喪滋多。鼓人請降而有食邑。吳曰。吾焉用邑以賈怠。不如完舊。食竭力盡。克鼓而還。不戮一人。賢哉。羊叔子之為荊州也。慨然有平吳之心。開布大信。專修德義。緩俘釋虜以示至仁。歸禽償穀以示不擾。潘景來寇。追斬而厚葬之。美其死節。陸抗對壘。抗病而饋之藥。抗飲不疑。內則援良謀於張華。外則付成算於杜預。卒能平吳。賢哉。郭元振之鎮西域也。撫馭諸蕃。專尚忠義。走吐蕃之衆。開涼州之圍。會兵百萬以集湟川。分兵十道以進青海。贊普屈膝而請和。突厥畏威而入貢。跪質勒而至于賣身。吊婆葛而為之流涕。賢哉。嗚呼。安得今日守邊之將綏撫敵國如此三子者出乎。夫天子之兵至信為主。至公為輔。天下之將附衆以文。威敵以武。卻視白起之功。非亡國之兵。小人之將乎。夫為政至用兵棘

矣。用兵至於殺人可哀矣。以可殺而以殺為事。乃嗜好也。嗜殺人者其心何如。孟子曰。始作俑者其無後乎。為其象人而用之也。懼後世以象人為未足。有徇之以人者矣。故必推原其理而深罪之。奈何尉繚之法使後世籍口以殘忍乎。孟子曰。盡信書不如無書。吾於武成取其二三策而已。何其流血之漂杵也。懼後世以漂杵則忍心於屠殄矣。故必推原其書而深詆之。奈何白起之事。誘後世快意於殺伐乎。陛下以仁政為重。孝治為先。則將之心術亦可戒矣。彼一夫向隅而泣。滿堂為之不樂。東海殺一孝婦。天降累年之旱以罰之。惟人命為可重也。陛下念哉。

徽宗時。左正言任伯雨上言曰。臣風聞外議。皆言朝廷以西北諸帥闕人。議欲盡以武臣。紛紛累日。事雖未詳。臣為諫官。敢不先慮。萬一果如此行。今日雖未有害。異日便為禍階。此唐室方鎮之患所由起也。唐自開元以前。諸邊帥多用儒將。綏懷附內。外帖然。及至李林甫作宰相。欲久其位。惡儒臣有勞入為輔弼。乃建議悉用蕃將武人。遂召祿山之亂。肅代以後。大盜略平。武夫悍將皆已有力。強藩巨鎮以次分授。既有其土地。又有其人民。又有其甲兵。重權在手。啓齒相依。跋扈自恣。遂不可制。終唐之世以此亂亡。本朝太祖太宗時四方未平。西北未服。乃用武臣分主要地。時勢所係。不得不然。及至太宗已後。遂還悉用儒將。至於並邊小郡始用武人。此祖宗深思遠慮鑒唐室藩鎮之弊。以為子孫萬世之計也。今若因闕帥。且遂用武人。自此已後。人人皆有作帥之望。苟其才不相上下。功不相先後。有得有不得。則內有怨心。外有懟色。悻悻不服。以朝廷輕己。及其臨事。豈肯用心。如其已得。則位尊權重。𢡟然自大。有貪功名之心。則生事邀功。有黷貨財之心。則侵剝夷漢。跋扈驕蹇。不循法度。朝廷若不體問。則

養成其惡。為禍愈深。若便體問。則畏禍懼罪。必不順命。或有移徙非其所欲。脅衆留己以干朝廷。從之則損威。違之則生亂。彼此視效。結黨相庇。伸縮進退。莫不掣肘。翫習既久。人人以為當然。則方鎮之患自此成矣。況朝廷闕帥自可於省寺卿少郎官外路轉運使副有才望資序深者權試其才。平時守邊。苦無大事。萬一不任。亦止一時外患。若用武臣。漸成方鎮之勢。則國家內患非止一朝一夕之故也。或謂朝廷盛強。雖用武臣。未必為患。前此間有武臣為帥矣。臣謂不然。且前此雖有乃卓然有才。非同輩所敢比者。是以人不僥倖。且規事建議。必圖萬世之固。預防未然之禍。方李林甫建議不用儒將。豈知後世有方鎮之患耶。臣願陛下深思遠慮。鑒前代之事。遵祖宗之制。慎所處置。以安萬世無窮之基。天下幸甚。

中書舍人兼崇政殿說書袁甫經筵進講論李允則疏曰。臣聞帥閫以

真才為重以善謀為主有才而無謀不足以為真才矣李允則之守邊也胷中之謀愈出愈奇懼虜人疑已而揚言護嶽祠修城築也引水作石梁聚舟為競渡寓水戰也撤樓焉阬而植榆塞下設險固也上元舊不然燈特結山張樂使民縱遊陷虜將也不救火災密運器甲以補所焚安衆心也此猶易能耳未足以見允則之奇謀虜遣間謀刺我兵數而能使謀者轉為我用此一奇也虜毆吾民將以為質驗而我能反其鋒而用之又一奇也雲翼卒伍之逃虜以不知所在為辭而允則指言某處運智如神又一奇也天下多事之秋使得任閫外之寄者善謀如此可以寬顧憂矣雖然設謀易用謀難自信易為上所信難李牧縱匈奴數侵趙邊而終不肯出戰謀則善矣然其迹似乎養寇陸抗與羊祜逊境交和謀亦善矣然其迹似乎賣國必也上之人寬洪大度聽其所為而無掣肘之患則謀成而功立不然

信任不專讒間入之則所以撓其謀者多矣臣是以深取李允則之善謀而又三嘆真廟之善聽也

欽宗靖康元年中書舍人胡安國論四道置帥狀曰臣准中書省兵房送到錄黃一道臣僚上言天下之勢治平則宜重內遭變則宜重外乞分置四道帥臣以都總管為名付之一面為衛王室禦狂虜之計以臣愚見自古及今內外之勢適平則安偏重則危昔東漢季年王室多故劉焉建議以為四方兵寇由刺史威輕宜改置州牧及焉求益郡劉表出襄陽袁紹得冀曹操取兖爭相割據自此不復有王室矣唐僖宗時黃巢入寇用高駢為都統意令討賊及巢入長安詔駢舉兵而駢恃甲兵財賦之強終不奉詔自太祖鑒觀前弊削奪藩鎮之權行至于今州郡太輕理宜通變然一旦據以數百州之地二十三路之廣分為四路各統一面事得專決財得通用吏得辟置兵得誅賞其事權太重又非特州牧之比也使此四人者果皆盡忠君父心在王室倉卒之際合從救援則固善矣假令萬一抗衡跋扈號召不至如劉焉袁紹高駢之所為又何以待之乎五大在邊古人所戒以身使臂於理乃宜臣之愚計欲乞只據見今二十三路所置帥司選擇重臣付以都總管之權專治軍旅之事每歲終按察其部內或有警急京城戒嚴即各帥所屬守將遂急應援如此則既有捍衛王室之勢又無尾大不掉之虞一舉兩得伏望聖慈更賜裁酌特降聖旨施行

右諫議大夫楊時上疏曰臣比聞粘罕三月中自太原分兵入汾州界至四月復還太原往來二州之間如在無人之境所經縣鎮焚劫屠戮殆無孑遺王師坐視不救若非己事至四月半賊離汾州還太原統制林良器等四人方至汾州入城十餘日坐糜廩粟無敢向敵

者姚古節制諸將擁重兵躬自逗遛不進且諸將皆無肯用命也臣嘗論姚古逗留以軍法從事久未蒙施行今太原圍閉累月危急甚矣訪聞大兵尚在威勝軍無一人一騎入太原境者惟范瓊不受姚古節制獨能引兵稍進諸將逗留古實為之也奈何惜一姚古不誅坐視要害之地而不救乎萬一太原之民以王師不救必謂朝廷棄之別生異心則禍起肘腋非金人之比不可不慮也自金人殘滅契丹人人知其必有南窺之意郭藥師逆賊也包藏禍心亦人人知其必反王安中見禍亂已形覬幸脫歸不復以告蔡靖抗章論奏而白時中李邦彥蔡攸蔡懋等蔽蒙苟安恬不加恤浸成大患今太原危急如此朝廷當以前事為監不可緩也一失太原則大事去矣臣願陛下明詔大臣悉力措畫速正姚古逗留之罪誅之以肅軍政遴柬有武畧可任者代之偏裨猶有不用命者一以軍法從事庶幾士氣

稍振。使敵人有所忌憚。若朝廷未欲遽誅大將。姑用唐故事盡行削奪。俾白衣從軍。以責後效。猶之可也。不亦則秋冬之交。風勁草衰。強寇長驅而南。益無忌憚。悔無及矣。惟陛下留神而幸聽之。

御史中丞許翰上言曰。臣伏見宣制罷樞密宣撫使种師道。提舉中太乙宮。中外聞之。悵然失色。按師道名將。況毅有餘。山西將士人人信服。臣以臺制不得身見師道。然素聞其賢如此。兵興以來。臣所詢訪數十百人。皆言師道雖已老疾。智慮不衰。而獨聞諸朝廷以為老無討策。不可復用。異於國人。臣考古進賢之法。在易之晉。其六三曰。衆允之志上行也。夫人各有私。合衆則公。故必衆允。其賢也而後可進。此孟子所謂國人皆曰賢。而後察之者。人君之所聽察如此。可謂較且易矣。是以用無不當。後世不稽於衆。而欲恃一己之明。以周知人之所蘊。是以技十得五。尚曰比肩。謂其顯闇艱難矣。人之多也。陛

下欲求知人之術。則觀諸易象。而質諸孟子。其亦可矣。臣恐左右諸大夫之一旦論种師道不如國人素信之審也。昔秦始皇老王翦。而用李信。兵辱於楚。乃自馳見王翦謝之曰。將軍雖病。獨忍棄寡人乎。其後王翦卒以持重破楚軍。略定荊地。漢宣帝老趙充國。使問充國誰可將者。對曰。無踰於老臣者矣。充國與羌相拒。堅守不戰。羌豪相數責曰。語汝無反。今天子遣趙將軍來。年八九十矣。善為兵。今請一鬭死可得耶。後終漢之世。無西戎之患者。充國之力也。前世自呂望以來。用將收功如此者。難一二數。至於趙用趙括。蜀用馬謖。宋用王玄謨。皆見其平日論兵。智略縱橫。使之當敵。制變卒皆折北。不救。以古揆今。則師道之老而不訥。未當謂不可用也。今師道復統河朔之師。委制閫外之重。將吏素服。士卒素信。夷狄素畏。易以定功。此上策也。處之樞府。選將將兵。威名方略。可以折衝。此次策也。今無故解其

兵權。委之道館。使士氣消沮。民心疑惑。臣竊恨之。金賊此行。存亡所繫。舍一大創。使失利去。則中原可保。四夷可服。失此機會。則非特方來再舉。必有不救之憂。臣恐西戎南夷。共知中國大弱。爭圖深入。為金賊之所為。則我困於奔命。必不支矣。廷臣間憤憤不曉者。固不足道。至於僅有識者。多能知之。然知之者莫肯力言。言之者莫肯疏奏。是何人也。人為身謀。畏執其咎。一有疏奏。形迹可接。不如容容成敗不與。鄙夫事君。自古而然。臣遭陛下休明之運。銜陛下知遇之恩。自頂至踵。已許國矣。又當言責。不敢不盡。切聞臺臣諫官屢劾宇文虛中。朝廷重去虛中。而輕罷師道。此非特臣所不喻也。或謂師道足不良行。害於馳驅朝謁奏事。此與國之安危孰為重輕。若孫臏坐輜車中為齊軍師。田千秋得小車至漢殿。貪賢尚能。古有之矣。伏望聖慈哀臣拳拳憂國之計。更與大臣參之。不憚改命。天下幸甚。

許翰又上言曰。臣聞耕當問奴。織當問婢。老馬識道。巢鳥知風。此言物各有所習也。是以金革之事。必資宿將。臣累言种師道知慮未衰。夷狄素畏。藉其威名。猶可折衝。今縱未能置之樞府。謂宜使之領制置司。示不間廢。俾得盡心。虎豹在山。藜藿不採。非虛語也。臣既論兵之不可不用。故亟論將。不憚喋喋上瀆聖聽者。誠以為兵待將而後勝。又謂方多故時。國之虎臣未宜投閑。急而求之。非所以明朝廷也。今虜行已遠。遣議三鎮之使尚未發軔。臣恐將帥牽制。使指曠日持久。遂失事機。今日之勢。當如救火。不得少緩。緩則無及。望先明告將帥使得閫外便宜制勝。委任而責成功。此自古用將之法也。兵交使在其間。盟亦何害。且料兵威未振。虜情未饜。遣使禮請未易下也。故今日之事。恃兵之力多。而恃使之謀少。乃可為矣。

翰又言曰。臣伏見艱難以來。用將不專稟命朝廷。故使大帥節制難

一。機會屢失。虜勢益張。欲苟典事而變更愈繁。欲姑休息而息有無日。此忠憤憂國之士所以中夜慨歎撫枕而興也。今既明示天下以弱。是以河東之兵滲入而不忌。陝西之寇內侮而方興。情勢至此。亦已棘矣。若不一大變前所為。恐不復可濟。為今計者。獨有起种師道聽以大計。朝廷但責成功而已。昔漢高帝取魏。但問大將騎將步將為誰。知非韓信等敵。遂決不疑。以是知用兵之法。要在論將。而議者以种師道姚古有怨。故罷師道而用古。然臣竊觀漢高祖始用陳平護軍。諸將不服。更使盡護諸將。諸將乃不敢言。韓信初拜大將。一軍皆驚。高祖不恤也。光武之時。賈復常欲手殺寇恂。光武躬譬解之。曰天下未定。兩虎安得私鬬。今朕分之。卒使二人結歡而去。今陛下欲正天下。則宜如高祖。欲和調將帥。則宜如光武。方乏材時。諸將臣至少。豈得使之一廢一植。至於勤王之師雖已罷遣。今恐事棘不免復

召。但使河朔賊破。則河東賊勢自絀。要之非一大勞。恐無休息之時。伏願陛下更與大臣反覆熟慮。早定大計。今日之事已難於前日。安知後日不又難於今日也。而議者猶欲循前之姑息。前之得失。亦可鑑矣。

高宗紹興四年。王之道上奏曰。臣聞自古良將用兵。其謀定於數年之前。其功成於數年之後。與其始之所言所為。莫見少異者。故在國無屈力殫貨之患。在已有料敵制勝之名。若漢之趙充國。晉之羊祜。可謂得此道矣。充國之制先零也。專以先計後戰為事。今年上書曰善戰者致人而不致於人。明年上狀曰。帝王之兵以全取勝。故先為不可勝。以待敵之可勝。其後乃以屯田金城。益積蓄省大費。而遂破先零。羊祜之討孫皓也。專以開布大信為事。今年有略吳二兒為俘者。遣而歸之。明年有禽獸先為吳人所傷而為晉兵所得者。封而與之。其後吳遂罷守石城。故祜得以分其戍卒墾田八百餘頃。而遂禽孫皓。不知今日之所用以待敵者果出何策。其所委以制敵人之命者果屬何人。惟陛下日夜焦勞。不忘嘗膽。以刷二帝北狩之恥。固當有萬全之至計。然以臣觀諸將之所施設。未見其髣髴也。為今之策。莫若擇三大將寘之三路。東屯揚楚。中屯廬壽。西屯襄漢。俾其勢如常山之蛇。擊其首則尾應。擊其尾則首應。擊其中則首尾俱應。一切取法趙充國之制先零。羊祜之討孫皓。屯田境上。務在先計後戰。開布大信。期於一舉而空朔庭。然後為勝。傳曰。陰陽不和。拔士為相。疆埸不寧。拔卒為將。臣前所謂擇三大將寘之三路者。要不可以文武資格為限。其詔中外侍從將帥之臣有才略絕倫者各舉二人以聞。召赴都堂。命二三大臣窮之詭道以觀其謀。試之危事以觀其勇。然後陛下親擇而用之。曰誰為我守揚楚。誰為我守廬壽。誰為我守襄

漢。如漢高之用韓信。晉武之用馬隆。授以方略。令其自效。如是將見人人輸忠奮力為國家用。陛下垂拱仰成。而中興之功可日月以冀矣。

紹興間。張浚議堅忍立事曰。臣嘗觀漢祖因思歸之兵與項籍力戰滎陽成皋間。大小七十餘戰。身困兵潰者數矣。然則良平之計謀曾不預其敗乎。是不然也。夫高祖東嚮以爭天下。良實啟之。平多奇畫。高祖數賴之以免。至於不幸而用兵未利。則亦上下同心。姑為善後之圖耳。何至紛紛然自為離間乎。此其所以能終有天下也。燕退樂毅。秦用孟明。可以為鑑。而況不為樂毅孟明者耶。

浚又上言曰。論者謂人主之御將。當結之以恩。待之以禮。此固是也。然臣竊以為服將帥之心。莫若一循理道。而加以至誠。則何事不濟。若一有不歸於正。彼雖遜順伏從。而其心已窺測懷望矣。唐自肅宗

之後藩鎮跋扈。終至於亡。豈非有以啓其心者乎。

張浚又上言曰。甚矣明皇之於祿山也。寵而親信之也。雖妃子之貴為之執爵以飲之。豈非欲得其誠心。而託其捍禦疆場耶。然其終也不能免其不叛。至使六龍蒙塵。四海肇亂。其故何哉。御之不以心也。嗚呼。人主以一身而臨億兆衆庶之上。所恃以承祖宗之業。建百世之基者。惟道理所在耳。得之則治。失之則亂。儻惟此之行。如圭玉之純。略無瑕污。如日月之明。曾無掩蔽。王道不難成也。夫今日之為將帥者。忠義之質。出於天性。蓋天實生之。以佐陛下中興。且夫與書生從處。於古是非得失之計。亦耳聞而心熟之。臣願陛下待之以正禮。遇之以直道。不復少有間隙。俾之或得而窺伺。則君臣享福垂美無窮。豈不為千載之盛事乎。

浚又上言曰。臣契勘韓世忠每以恢復自任。慷慨負氣。不許同輩之

出其右。今諸帥列屯並進。實自世忠發之。欲望陛下因召問之際。曲加撫勞。以駐軍承楚。始自世忠。淮東鹽利之贍給諸軍者。歲不下千萬。向非世忠力為此行。則諸帥因循玩日。安肯渡江。自來凡遇虜兵率多望風而遁。惟世忠力破精銳。以少擊衆。與時中興之功。當責望世忠。臣每與之欵言。世忠亦深以此自負。故願陛下委曲及之。干冒天威。不勝惶懼之至。

浚又上言曰。臣嘗謂握重兵被隆委者。其過失常聞於天下。而事不任責。言可惑衆者。未有不獲美名。此何故耶。人情惡人之在已上。而患己之不能有所成立。凡有血氣者皆然也。是以紛紛之論莫可究正。豈獨將帥哉。然則人主何從而辨之。要當學古之道。酌今之情。苟於吾心未見有所見之實。勿輕以畀付也。知之而後用之。用之而勿疑。天下之事可不勞而定矣。

浚又上言曰。臣輒具危懇。上瀆聖聰。區區至情。仰祈睿照。再念事干大計。利害非輕。臣而言之。惟恐違拂朝廷之意。微臣孤遠之蹤。無所逃責。臣而不言。終致上誤國家。非臣捐身以事陛下之意也。臣近奉聖旨。差王似充宣撫處置副使。臣伏思聖意高遠。所以為天下之計者至厚。慮臣一有犬馬之疾。或誤使命。遠方無副將士失歸。此蓋甚善計也。然臣熟知王似平生最詳。鎮重寬厚。於民不擾。似之所長。於駕御將帥。裁處機事。不為身謀。以圖事功。緩急之間。恐未可仗。若臣蒙陛下聖恩。得請而去。事有不可勝言者矣。此其一也。臣又伏思陛下之意。欲委似招徠未附之人。臣竊惟天下之患。獨在金虜。虜未退聽。雖將不已。何暇撫叛。又況似任環慶日。嘗為制置使。行檄諸路。皆不奉從。如張中孚之徒。昔有深隙。今又安能懷之使來乎。此其二也。臣被命川陝。外而劉子羽吳玠之徒。蹈萬死一生之地。與虜為讎。內

而張深程唐日夜謀議。此輩皆以侍從高選。嘗立破虜之功。其意各望陛下天日照知。寖加任用。今事將就緒。一旦以無功侍從驟處副任。人情謂何。此其三也。臣去歲差似知興元府兼節制吳玠王彥。彥與玠各有論列。遂復以劉子羽代之。今似為副使。必不安職。此其四也。臣最單微。獨荷陛下知遇。屢經大謗。悉荷保全。凡所委任。莫非親付。今似未嘗得對天日之表。有此除擢。恐自此臣之過失日聞于陛下之前矣。此其五也。臣之區區肝膽畢露于此。伏乞陛下念臣嘗有微績。曲賜保全。俾之退歸。遂養疾。臣之未死。尚當圖後日之報。臣無任祈懇之至。

貼黃。契勘臣所陳事理。上干國家。臣非不知含糊苟且自為身謀。特慮劉子羽張深程唐吳玠王彥之徒。必自引去。而似之才能庸常。終至敗事。臣雖萬死。無以塞責。兼事之利害又有至切者。

伏見蜀之士大夫。及流寓侍從官以下貼書至臣。及朝廷執事。皆以自守安靜為言。彼非為陛下國家計。乃自為家屬及一身計者也。曾不知將士所以捨偽從正數至十五餘萬。彼於臣何有哉。特以上念祖宗恩德之厚。次戴陛下養育之仁。各欲奮力以來平定。今若按兵自固。能保其不離散而為亂乎。此特其一耳。又況虜為不道。必欲傾搖我社稷。翦除我民人。而我乃委靡自困。終必為虜所滅。為此說者。蓋不思之甚也。臣每與劉子羽吳玠王彥等日夜治兵。儲糧食。備器械。其一蓋欲張大聲勢。使虜知我必與為敵。不敢萌意南行。其二亦欲激勵將士。講明戰陣。為陛下興大利除大害。奉迎車駕以福中原。而或者區區獨為身謀。遂起怨謗。相為朋黨。求撓臣權。在臣去就利害甚輕。而國家之計恐有未便。伏望陛下謀之於心。斷之於己。以惠天下。臣之此言。天日鬼神實所照知。伏望陛下留臣章疏于中。恐大臣不安其職。求為進退。益煩聖慮。臣無任懇切之至。

安撫制置大使李綱上言曰。臣伏覩陛下駕馭將帥。恩禮兼隆。不遠千里召赴行闕者。燕射錫與優渥。此誠足以得其心而用之也。將帥荷眷遇之厚。爭先望天光而聆玉音。踴躍造朝。惟恐居後。此亦臣子之至情。然臣聞古之善為將帥者。非有大事不去屯所。文帝欲勞棘門灞上細柳之軍。則親臨之。凡以三軍之命係於主帥。機事之來。間不容髮。使帥不在軍。敵人覘而知之。卒有警急。何以應敵。今將帥既輕千里而入覲。又有進對燕犒之留連。邊境有虞。誠不可不慮。伏望聖慈留神深念。自今非有大謀議。未必遠召將帥。如有燕賜之恩。遣近臣即其軍中可也。庶幾將帥得以畢精盡慮。為陛下敵愾禦侮。以圖恢復。將來武功告成。中國又安之後。合功賞勞。出於曲賜。朝夕進見。體貌有加。鍾鼓不作。則遣使以訪之。惟陛下所幸耳。恩慮所及。冒昧以聞。死有餘罪。惟陛下裁察。

知洪州趙元鎮上奏曰。臣契勘襄陽府在江淮上流。當川陝襟喉之地。自三國用武之際。未嘗不先留意於此。晉武帝平吳。羊祜杜預亦由此以成大功。昨以李横為襄陽府路鎮撫使。蓋因其衆據此要害。增重荊襄之勢。誠為得策。緣朝廷方遣使和議。已曾戒飭邊臣不得用兵。今據探報李横牛皐約起兵往東京。以來收復州縣。又聞偽齊亦會合金人。及遣李成領衆西去。切慮緣此紛擾不定。遂有并吞之意。是時豈李横烏合之衆所能備禦。不能備禦。則襄陽決至失守。襄陽不守。則川陝路絕。荊湖震動。自江以南。皆順流可至之地。其利害有不可勝言者。近有人自襄陽來。臣因詢訪横用兵之狀。云止是軍中闕乏。兼冬寒在近。欲擘畫些少冬衣。然則横之出兵。固非得已。臣竊思朝廷既以襄陽為上流要害之地。以横忠義曾有勞効。遂付以一路鎮撫之權。不可使窘急如此。以至引惹重生邊患。臣愚欲望陛下特詔有司。時有以資給之。使横衣糧足備。不假他圖。即嚴降詔旨。丁寧約束。責其謹守疆埸。繕脩城壘。休兵牧馬。養銳待敵。為持久之計。自非敵人侵犯。及奉朝廷旨揮。不得輒因小利出兵生事。臣以不才。誤蒙委寄。而上流利害實有相關者。今茲所陳。亦臣之職。併乞聖聰加察。

吏部侍郎洪遵薦劉汜狀曰。臣准紹興二十九年四月十九日勅節文。令侍從各歲薦智謀深遠。鎮靜嚴明。兼通儒學。可充將帥者。武藝超絕。驍勇猛鷙。爭先敢死。可率士衆。大小使臣以上貳員。臣伏見閤門宣贊舍人充荊湖北路兵馬副都監兼荊南駐劄御前効用統領劉汜。西州將種。克副家聲。勇鷙能謀。濟以儒雅。使當一隊。必有可觀。

處之偏裨。未究其用。欲望聖慈特賜陞擢。

邊為中書舍人。又薦李寶狀曰。臣等伏見武功大夫貴州團練使兼閤門宣贊舍人兩浙西路兵馬副都監李寶。尺籍奮身。屢書功最。雙刀賈勇。冠出輩流。仁足以撫摩師徒。嚴足以訓齊紀律。置之散地。實為非宜。欲望聖慈特賜陞擢。

邊又薦劉澤奏狀曰。臣竊見武功大夫侍衛馬軍司後軍統制劉澤。昨從劉錡在順昌立功最多。馭衆有恩。治軍有律。公忠廉直。無毫釐取於下。繼在太平州屯駐。緣都統制王進忌其能。遂罷兵職。離軍之日。部曲不忍其貧。欲斂衆供億。澤誼不肯受。獨與其子徒步造朝。徑赴吏部注擬。會侍衛馬軍辟為統制。其治軍馭衆。與在順昌太平等。不置回易以剝下衰利。所部窘乏。則已俸賙之。為之下者感悅。誓死樂為之用。中外士大夫皆知其賢。不獨倖倖於武夫之間而已。臣於今年五月內嘗與給事中周麟之等列銜保薦。乞賜擢用。續於六月間面奏聖訓。欲遣往江州將屯未蒙施行。間今來又准前項詔旨。臣與劉澤素不相識。而聞其為將著績章章可考。高可以為萬夫之長。下可以當一隊之用。於上二者擇一處之。方太平無事。固不失為安邊良將。一有緩急。決可倚仗。伏望睿慈特加旌擢。以示明詔求人不為虛設。則英傑之士為時而出。將不可勝用。實為今日急務。

歷代名臣奏議卷之二百三十八

歷代名臣奏議卷之二百三十九

任將

宋高宗時章誼奏曰。臣近見闕報湖南西路主管安撫司公事程昌禹奏乞俯從湖南士庶之請。令馬友充湖南東路副總管。朝廷罪其越職奏事。特降兩官。顧惟將帥之任。威柄所繫。不欲遠外之臣。擅為取予。遂行薄罰。誠非過舉。至於事情曲折。朝廷別有所聞。難以顯露褫徹。止從公坐。臣亦不得而知也。然臣竊見湖南帥府係在潭州。自去年二月金人殘破。守帥監司逃避之後。孔彥舟領其部曲留屯外邑。請命于朝。是時執政撫御失策。卒致携貳。又本路帥臣初除向子諲。彌年不到。再除吳敏。已復經時。及今一年。民社無寄。盜賊侵陵。朝不及夕。是以馬友得以便宜權時安輯。觀其迎請帥臣。撫宇百姓。不失恭順。又嘗摧破孔彥舟之兵。已有勞效。一方之人。倚為暫安之計。以待朝命之行。非得已也。本路監司不為申請。朝廷歷時未有措置。程昌禹郡境相鄰。安危所係。弗為顧避。騰表上聞。論其侵官越職之言。誠為出位。原其憂國愛民之意。似無它腸。今若降黜官資。傳播遠近。不唯四方利害守帥坐視。懲艾不言。兼恐馬友將士聞此行遣。亦復驚疑。伏望睿慈更賜斟酌。追寢程昌禹降官指揮。以來群策。如或程昌禹別有可坐之罪。亦乞正名行下。庶解衆情之惑。

章誼又奏曰。臣聞陝西宣撫處置使張浚自去年八月奏報文字至朝廷之後。絕不聞問。近來頗傳五路兵馬亦漸收集。軍聲復振。甚慰衆情。切惟張浚之在陝右。實東南之扞蔽。西川之帷幄。雖未能攘除醜類。盡收關中之土疆。而可以控扼河山。牽制南侵之夷虜。其為朝廷屏翰。蓋亦匪輕矣。然聞自趙哲退散。曲端逗留。二將或誅或貶。以來事任已重。處斷太專。夫事任重則人情壅塞而不接。處斷專則謀慮踈闊而不周凡在軍中者非其幕屬則皆封部之將帥也既有利害當共商榷而將吏畏威不復盡言此最軍旅之大患而成敗安危之幾也朝廷如欲久其事權必收成功則當除副貳使之自助令能臣之在川陝而可與共事者不乏其人伏望睿慈早賜措置夫以陝西天下勁兵之郊有一二大臣共籌軍旅之事則外之夷狄內之盜賊聞風知懼眞禦侮敵愾之任也其可緩乎昔漢高祖與項籍相持鞏洛之間命韓信平齊下燕而必以張耳輔行當是之時項氏奔走自救不得專意攻漢者兩人之力也以韓信之才猶資副助則將將之語豈虛言哉惟聖主留神幸甚

誼又上奏曰臣伏見朝廷近遣辛企宗爲福建路制置使交割謝嚮所招范汝爲之衆就近招捉一路盜賊陛下隱恤元元不異遠方其措置若此固已備盡然臣聞汝爲之衆尚有萬人企宗之兵不及三

千若企宗能牢籠役使以寡制衆俾之聽命固爲善矣萬一懷疑未釋或彊不可令役之則頑戀巢穴而不肯行散之則根株盤結而不可去在企宗亦未易處也朝廷果欲消難於未形則莫若命謝嚮爲企宗之副正兵新兵同共教習庶幾汝爲之兵恃謝嚮而不疑謝嚮之衆畏企宗而爲用俟以旬月情好既接威信已行然後別與謝嚮差遣但令企宗特將亦一時之幾會也唯聖主留神裁幸

誼又奏曰臣伏覩朝廷近降指揮張用除舒蘄鎮撫使命下之日縉紳之通達治體者莫不咸有憾志蓋李成素非張用之敵今李成敢爲變亂而張用頗效忠力李成既已削奪官爵張用乃蒙胙以茅土仰見拔任忠勤貶黜反覆此誠立國之大計也然而舒蘄之地累經兵火素無耕織其城郭官府邑屋州閭戶口之息耗倉庫之盈虛比之鄂岳固當有間如此則舒蘄雖是新命然且方資經營又李成尚

在巢穴亦須力行追捕切恐張用老幼未易遷遷淮南錢糧未易運辦其鄂岳舊治亦未易遷罷宜俟其協力進兵擒獲李成之後方可舉軍赴鎮此固朝廷委任之本懷亦人情事勢所當然也臣恐張用未曉今來寵遇之意萬一輒辭新命或有請于朝然後許兼舊治則不足以明恩遇之厚欲望睿慈詳酌明降指揮張用鎮撫舒蘄權兼鄂岳二州舊治庶使兩路之人並受惠澤早得寧帖

章誼又奏曰臣竊見馬進之兵南侵袁撫東侵洪饒北侵池州其本根之在淮南者既有舒蘄光黃四州之衆矣今之渡江者復有江州南康興國筠州四郡之地利則出攻敗則退保兵食有餘也據要害非復如去年飢窮之時可以利誘也朝廷兵將方之賊徒則不衆多軍政方之賊徒則不專一加之計謀不精心力不齊是以進不能攻退不能守日削月朘浸微浸弱今不激昂早自振勵財殫而兵散力

屈而地蹙閫外之將形格勢禁而不得相救長慮之臣身危謀沮而坐以歎息當是之時雖有伏節死難之心莫展持危扶顛之效矣臣觀馬進恃李成之援而出兵者三路恃李成之地而爲巢穴者八州陛下誠能擇其三路之守將而謹據形勝之地任大臣爲數路統帥而遏其東侵之勢則猶可爲也若復優游更如前日則蹙削之禍其可既乎臣謂擇三路守將者江東之池饒信撫州江西之洪州袁州荊湖之鄂州此三路受敵之地鄂州最可乘間擣虛而李允文張用見有其憂筠袁去潭州近才數百里而孔彥舟可藉以守此兩州之地急遣信使付此兩軍使之堅守自餘池饒洪撫信五州州非健將不足以自衛將非萬兵不足以勝敵愼擇守將各任一州則三路形勝庶可保矣臣所謂任大臣爲數路統帥者今呂頤浩雖治江東實兼兩路之任朱勝非已失江州未有置司之府頤浩固未可以歸鎮

勝非亦不可無兵。採之衆論。勝非長於謀。顥浩勇於斷。誠使兩人共護諸將。兼江南荊湖四路之地。而張俊精兵為之副。凡此四路兵將財用官吏。賞罰不從中御。聽其措置。然後密為師期。擇利而進。則馬進可却而東侵之勢遏矣。夫三路分兵以守。兩帥統兵以戰。號令專一。計謀精審。心力必齊。國勢自競矣。若夫分遣奇兵以為牽制之策。客用辯士以為離間之謀。招來携貳以成內潰之變。多備舟師以絕往來之援。則皆統帥之事。廟堂委任而責成功可也。臣又聞顥浩久掌邦計。熟於財賦。今之四川二廣江南荊湖移用之外。常賦之應輸於朝廷者。仍委顥浩別兼一使。運至行在。蓋兵權已返。無不聽命。則諸路財用莫敢截留擅用者矣。武之七德。豐財居其一。未聞殫財用武也。臣不勝區區之誠。伏望留神察幸。

章誼又奏曰。臣伏觀自古撥亂之主。未嘗不資佐命之臣。內盡智謀。外宣勞力。共濟大業。其一時感會風雲者。豈皆修潔規矩之士歟。但其才能足以赴事功。謀慮足以審機會。壯勇足以敵王愾。有能端一心而無他腸。則收而用之。利其銜策。俾入駕馭。是以人材不勝其衆也。昔周稱十亂。而所與同心者三千。漢用三傑。而樊酈絳灌之流不可勝紀。光武中興。其雲臺所錄三十有二。唐室開基。凌煙功臣二十有三。皆建畫於中。宣威於外。是以群策兼舉。群力悉屈。人主從容指顧而天下定矣。仰惟聖主。維持大統。招延豪俊。累年于茲。然夷狄未賓。邊疆猶警。士伍雖多。職守未固者。良由求將之路未廣。而置將之名猶狹也。誠能略倣前古置將之名。如建威驃騎虎牙橫野之稱。列為數等。以旌武略之臣。推廣前古求將之路。如軍謀宏遠翹關負重之稱。列為數選。以來英偉之士。則群雄入馭。彊敵自服矣。如臣所諫。或有可採。乞付外廷措置施行。

蘇緇上劄子曰。臣恭惟陛下仁聖慈武。駕馭積賢之符。天人顯相。故能服強敵。安土宇。四方又寧。右文興化。士生斯辰。操觚挾翰者罔不競勸。咸以無文為恥。步趨光後。圓冠方屨。溢於中外。丕平極治。禮樂具備。漢隆盛矣。臣愚竊見近世干戈之際。武力常恨不振。今雖平康。豈遽弛焉。恭惟本朝藝祖之武。太宗之文。列聖重其光。所課試區別。盡天下之才。致太平。防患難。文武二柄未嘗偏用。天生五材。闕一不可。書曰。帝德廣運。乃武乃文。今之識權武士。不若用文士之易。天下之事莫難於用兵。中國文明冠帶之俗。士間習於辭藝。不足者武也。盜賊蠻獠之微。何日無之。今三府有按瑣之吏。外臺有饋運之臣。皆所以振兵也。英奇驚果。倜儻猒難之才。或不肯由場屋。誠別有以籠罩之。亦多途矣。古人有言曰。物有不求。求有無物之歲。士有不用。求有無士之時。萬一江海飄淪。往而弗返。異域之人尚或招來之以為

我用。況在吾邦者哉。允修政當修之於可修之時。今國家閑暇。理宜致意。一旦倉猝乃求。恐非備豫之策也。昔漢高帝總攬天下英傑。而歎曰。安得猛士兮守四方。此蓋帝王之度不得不然。登壇受鉞。非太平事。旌擢觀省。儲蓄優遇。亦欲補夫戎閫禦符乘障被羽之任也。今之宿將。例各休老。後輩威名著者幾人。勇智可用之輩。偶至失於甄錄。或況埋軍中。嫉於驕將。或汨於賤遠。無以自達。或觸犯文法。武人常理。寬之以容。索之以出。養之而成。其可已耶。夫斯民豢於太平之樂。游娛飲博。心志恬嬉。軍中投石超距之氣索矣。可無猛烈之士倡率之哉。膏粱華屋之性習。至若衝霜雪。冒炎埃。飢渴驅馳。趨死不悔。惟山澤辛苦之士有以為焉。萬夫之望。殆此者也。今之軍伍既無出戰捕虜可賞。科舉粗收策略弓馬之名。此外莫若明詔邇緻。公卿與戎帥統督監司。歲薦所知武勇傑出之人。朝廷置籍甄品。時加召擢

絕出倫類如祖宗時郭進李漢超削平之後曹瑋李允則种世衡之流奇略高才不易得矣古人未能遠過也書曰載采采歷言其事狀也詩曰南有嘉魚烝然罩罩言勤取之必獲也庶幾復得如此之流守邊臨敵永不乏人臣無任私憂過計拳拳越職上言

李光進高祖與韓信論將故事論任將狀曰臣聞自古帝王欲創業中興未有不先收攬威權駕御英傑者故楊雄曰御得其道則狙詐咸作使御失其道則狙詐咸作敵高祖不善將兵而善將將故韓彭之流咸為我用卒破秦項以有天下者盡駕御之術也今陛下所與圖中興摧大敵者不在張韓劉岳吳玠等數大將乎陛下欲盡駕御之術則於此數人者當使恩威並行其心悅服然後可以制其死命得其死力也臣觀諸將各有所長不可偏任如張劉之持重韓岳之驍勇政在陛下區處駕御之耳韓世忠岳飛其實未立尺寸之功寵

任之專恩數之隆錫賚之厚莫與為比而陰拱傍觀者惟幸其不成功其勢不得不重彼重而我輕一旦有急勢必偃蹇況張劉二軍士馬器甲實精銳犀利光世宜稍加任用與世忠相肘腋動則分路而進急則畫疆而守兵聲既廣則勢張虜所備多則力分而我得勝算矣張俊雖若畏懦其實有謀陛下嘗委以宿衛矣今所謂中軍者獨巨師古數千人皆烏合之衆神器所在寡弱如此豈所謂防微杜漸折衝消萌者哉臣愚欲望陛下深詔大臣別議萬全之策使韓劉吳岳分諸路以守邊疆張俊擁全師以衛王室庶幾爪牙心膂各盡其用委任之際無偏重之患時出異恩使大臣過望此漢祖將將之術也

喻汝礪上奏曰臣聞天下之勢莫重於制兵人主之權莫大於御將近者諸將之兵皆總於朝廷以隆內重之威以銷未萌之患其於制兵可謂得天下之勢矣至於御將之權陛下英睿天縱必有深術非臣愚闇所能測識然區區之忠苟有所懷不敢不盡臣觀自古撥亂反正之君皆善於御將而任使之故能有成功而無後憂臣不敢遠引以煩聖聽獨以本朝太祖皇帝之事告於陛下臣聞太祖之御將也結之以恩豐之以財小其名而重其權少其兵而久其任諸將守邊每來朝必命之坐賜予優厚撫而遣之所謂結之以恩者如此西北邊軍市之租分賜諸將不可坐入所謂豐之以財者如此郭進李漢超之徒所居不過巡檢使之名終不以大將處之然得便宜從事此小其名而重其權也李漢超屯關南郭進控西川姚內斌董遵誨之徒所領兵皆不過五六千人然任之久者多至二十餘年少亦不減十餘年此少其兵而久其任也結之以恩則其德深豐之以財則其力足小其名而重其權則其人爭奮於功名少其兵而久其任則人得竭其智勇故夷狄服邊鄙無事今北虜議和陛下欲偃武脩文休息南北

誠天下之幸

龍圖閣直學士汪藻奏曰臣竊惟人君當承平之時中原無犬吠之警人臣以未見未然之事自下劘上甘心蹈鈇鉞之誅義士猶不以為難今國家之危如坐燒屋之下漏船之中陛下宵旰憂勤未知所以拯救之術而求言於臣等儻猶狃習故態用猥并之辭取塞詔旨而已豈臣等事君之義而陛下所以望臣等之意哉況陛下詔臣等以當今保民弭盜遏寇生財之要而卒曰當盡己而力行之此正臣等惓惓効忠於陛下之時也臣昨邑踔溫州嘗蒙陛下賜以條對臣以為方今所急者唯馭將一事更無他說譬禦飢者當用食捨食之外皆非所急也已疾者當用醫捨醫之外皆非所急也陛下不以臣為愚雖不施行然頗加採納臣今日區區之愚猶守前見故再為陛下陳之古之進說者曰人君恭儉愛人清心省事建立法度制禮作

樂豈非甚盛之舉而至美之談歟是數者固人君不可須臾而忘然
今日用此則未足以解紛何則虜騎充斥於中原群盜跳梁於諸路
陛下專於恭儉寡欲清心省事而已為足以卻之乎建立法度制禮
作樂而已為足以卻之乎是必陛下能使諸將諸將能使士卒為足
以卻之而陛下諸將爵祿已極家貲已盈習成悍驕無復闘志一方
有警輒狐疑相伏無一人奮然為國請行者或敦迫不得已而行則
邀例外之賞肆無名之求上不恤國下不恤民使朝廷為之黽勉曲
從不啻如奉驕子是豈為國家平禍亂立功名之人哉臣於此有馭
將之說三焉惟陛下留神省察一曰示之以法二曰運之以權三曰
別之以分何謂示之以法古者人君之於將帥未嘗一日廢賞亦未
嘗一日廢刑如冬夏寒暑然相須而成豈有獨恩無威漫然略不繩
治如今日之甚者哉識者謂承平之時朝廷尊榮操縱在我故武夫
提兵者可予可奪可生可殺今溥天僉壤國難未已方藉此曹為腹
心孜孜拊循猶懼不濟奈何欲咈其心將雖肯前死且今諸將悍驕
已成雖朝廷有法未能一一治之乎此言是也然臣所謂治之以法
者豈欲明主自親其文哉古者人君以恩結人必有人臣為朝廷任
其責者肅宗在靈武廣平王以兵二十萬復長安其權可謂重矣先
驅不肅顏真卿劾之王為之不敢當闕而舉李祐夜入蔡州縛吳元
濟其功可謂大矣違詔進馬溫造劾之祐曰今日膽落於溫御史夫
先驅不肅違詔進馬於軍政未有害也而二臣已不貸如此蓋小過
不貸則惡之大者知朝廷有人不復敢萌於胸中矣今諸將雖驕然
臣得之傳聞亦尚知畏朝廷之法而陛下群臣方平居時聚談切齒
無不以諸將負國為言及進言陛下不過撝撫目前為這貴進身之
資而已至此事則未嘗有一言及之者豈以為細故而不足言也哉

撝陛下非所樂聞而不以告耳殊不知陛下專於用恩恩過而驕有
司時一警焉是使陛下結其心者愈固而愈深也何不樂聞之有哉
何謂運之以權臣聞馭將如馭馬必馭者之力足以勝馬然後周旋
曲折唯我之聽不然竊銜詭轡毀首碎胷雖跬步之間不能使之前
矣漢高祖之諸將其梟雄而難制者莫如韓信方其圍於滎陽漢固
危甚人人懷去就之心高祖一旦入其軍中自稱使者即臥內奪其
印符麾召諸將易置之信蓋不知也及信下魏代輒收其精兵以距
楚既項羽死垓下則又盡奪其軍徙為楚王以信之材而周旋曲折
惟高祖之聽者豈不以其智足以勝之故耶故信嘗曰陛下不善將
兵而善將將是信自知其材惟高祖足以制已故甘心俛首為之用
而不辭也大抵人君之於將帥必有得其要領而使之心畏誠服若
謂解衣推食便足以得其驩心者果非也唐憲宗時劉闢叛蜀宰相
杜黃裳度惟高崇文足以破之而崇文素憚劉澭使人謂曰公不奮
命者當以澭代崇文懼盡力縛賊以獻是以澭代崇文者黃裳得其
要領也高祖之用韓信其術豈亦出此哉今陛下諸將倉卒之時可
收其精兵而用以自衛乎於立大功之時可奪其全軍而使之歸鎮
乎臣有以知陛下不能矣幸今諸將皆齷齪常才固不足深忌萬一
有如韓信者不知陛下何以待之如此則平居之時亦當深察其好
惡如以劉澭代崇文之術不可不知也何謂別之以分漢高祖謂功
臣曰諸君知獵乎夫獵追殺獸者狗也而發縱指示獸處者人也今
諸君徒能走得獸耳如蕭何則發縱指示者也蓋古者用兵謀臣坐
於帷幄之中以出籌策而將帥則聽命於前為之役使此命之所以
一而功之所以成也高祖所與謀者蕭何張良陳平而已黥彭之徒
不得而與也蜀先主所與謀者諸葛武侯而已關張之徒不得而與

也唐太宗所與謀者房喬杜如晦而已英衛之徒不得而與也今謀臣之任宰相執政是已陛下以為謀之不臧慎擇而易之可也獨不可使武夫參預其間竊覩陛下對大臣不過數刻而諸將皆得出入禁中是大臣見陛下有時而諸將無時也臣非不知艱難之時陛下欲得其心姑與之無間然此曹何所知識必不能上補聰明不過入則希求恩澤出則憑藉權勢而已比道路流傳遂以為陛下進退人材諸將或與焉以陛下英睿擇善而從碩於此曹何有然致是言者恐必有可疑之迹不可不慎也又廟堂者具瞻之地大臣為天子建立政事以號令四方者也今諸將率驟謁徑前便衣密坐視大臣如僚友百端營求期於必得而後已朝廷豈不憪卑哉祖宗時武臣莫尊三衙見大臣必執挺趨庭肅揖而退非文具也以為等威不如是之嚴不足以相制以今觀之一何陵夷之甚耶兼國家出師遣將

詔侍從集議者所以慎之重之博衆人之見也而諸將必在焉夫諸將者聽命於朝廷而為之使者也乃使之從容預謀彼既各售其說則利於公而不利於私者必不肯以為可行便於己而不便於國者必不肯以為可罷欲責其冒鋒鏑趨死地難矣臣愚以為自今諸將當律以朝廷之儀每有奏陳必使之如有司之式毋數燕見其至政事堂亦有祖宗故事且毋使參議論之餘庶名分不至混淆而可以責其功効是三說者果行足以駕馭諸將矣何憂乎保民何艱乎弭盜何患乎遏寇哉若夫國財之生則臣願陛下毋以生財為言也自五六十年來士大夫喜操生財之說民窮至骨矣今四方莽為盜區國家所有不過數路數十州而已所謂生者必生之於此數十州之民古者以暴賦橫斂為背尚有賦斂之名也今則直奪而已耳古者以收太半之賦為非尚有其半也今則直盡而已耳南畝之民寒耕

暑耘黎面塗足終歲勞苦而不厭糟糠者陛下不得而見也胥吏坐門朝莫不得休息愁歎之聲日與死比者陛下不得而聞也貼妻買子至無地可容其身者陛下不得而知也尚何以生財為哉惟有痛加裁損庶幾乎其可耳外之可以裁損者軍中之冒請內之可以裁損者禁中之泛取何謂軍中之冒請朝廷不得已而取民之財當一銖一縷一粒以養戰士今一軍之中非戰士者率三居其二有詭名而請者一人而挾數人之名是也有以使臣之名而請者一使臣之俸實兼十人戰士之費而行伍中使臣太半是養兵十萬而止獲萬兵之用也有借補官資而請者異時借補須申稟朝廷謂之真命今則一軍之出四方游手者無不竄名軍中既得主帥借補便參支行祿廩與命官一同無有限極訪聞岳飛軍中如此類者幾數百人州縣懼於憑凌莫敢訶詰其盜支之物蓋不可勝計不惟是而已自軍興

以來州縣貪殘之吏惟患盜賊之不來一聞入境則便置軍期司率斂民財無復稽考恣為侵漁與盜無異此而不治雖財賦日生於國家果有秋毫之益哉何謂禁中泛取臣竊覩國家軍兵之餉百官之廩乘輿之奉悉在有司而禁中時有須索如戶部銀絹以萬計禮部度牒以百計者月有進焉以陛下清心寡慾必無嬪嬙橫給宴游侈費也以陛下恭勤節儉必無營繕浮耗使令妄予也然人主用財要須有名使有司與聞用而無名是取民膏血擲而棄之溝中耳至於度牒則國家以虛名而權天下之實利陛下用之以重則重陛下用之以輕則輕免一時掊斂之瘡痍而實濟軍興之用誠非小補幸毋以為方寸之紙捐以予人而不之惜也若內外並加裁損犬農之計雖未至有餘其視不知節用而專務生財者有間矣陛下所以詔臣者臣固已畢陳於前矣而臣有私憂過計者敢復言之臣聞坤之初

六曰履霜堅氷至象曰履霜堅氷陰始凝也馴致其道致堅氷也蓋患之不可不預防者如此自古以兵權屬人久而未有不為患者豈不以予之至易收之至難不蚤圖之後悔無及耶晉以六卿帥師而卒於分晉者六卿也魯以三家帥師而卒於弱魯者三家也漢自元成兵在外戚而漢由是以亡唐自中葉兵在神策而唐由是以亂古今一同此必然之理也國家以三衙管軍而一兵之出必待樞密院之符祖宗於茲蓋有深意今諸將之驕密院已不得而制矣臣恐寇平之後方有勞聖慮孔子所謂吾恐季孫之憂不在顓臾而在蕭牆之內也臣嘗觀自古偏方霸國提兵者未嘗乏人豈以國家四海之大雖曰多故而將帥之材遂至寥寥如此哉意偏裨之中必有英豪特為二三大將抑之而不得伸耳臣以為及今之時當用漢建諸侯之法衆建之而少其力精擇偏裨十餘人人裁付兵數千直隸御前

而不隸諸將合為數萬以漸銷諸將之權此萬世計也惟陛下毋以臣人微而忽其言不勝幸甚

汪藻為翰林學士又奏曰准行在御史臺告報正月三十日三省樞密院同奉聖旨將來虜騎北歸或盡數過江或於建康杭越等州留兵占據各當如何措畫及當於何處駐蹕除已令侍從官條具外可更令隨行在職事官各條具以聞者右臣竊惟金人為中國患雖已五年而自陛下即位以來祖宗土宇日蹙一日生靈塗炭歲甚一歲臣嘗稽之載籍自古夷狄強盛固有之矣未聞有如今日之肆中國陵夷固有之矣未聞有如今日之極雖至微弱之邦垂衰闇之主敵人臨境猶能使其國人勉彊一戰未聞以堂堂中國之大州縣所存者太半陛下英明之資勵精求治無失德於天下而犬羊長驅去巢穴萬有餘里如入無人之境至山東則破山東至淮南則破淮南至江浙則破江浙嘻笑而來飽滿而去坐令原野厭人之肉川谷流人之血宗社不絕如綫以萬乘之尊至於乘桴入海倀倀然未知稅駕之所其所以至此者何哉將帥不得其人而陛下所以馭將帥者未得其術也今陛下所謂將帥者誰乎臣知之矣不過曰劉光世韓世忠張俊王𤫊之徒是也論其官則膺節鉞之除兼兩鎮之重視執政之班有韓琦文彥博所不敢當者其寵可謂極矣論其家則金帛充盈所衣者錦衣所食者玉食奢豪無所不至雖輿臺廝養皆得以功賞補官至一軍之中使臣反多卒伍反少其志可謂驕矣平時飛揚跋扈不循朝廷法度所至焚掠驅虜甚於夷狄者陛下不得而問也擁重兵居閫處邀犒設錫賚者陛下不得而吝也然天下之人猶謂陛下寬之至此者防秋之時責其死力耳及敵人之來是數人者曾不能為陛下施鏃矢之勞獨張俊明州僅能少抗若更堅守數日待虜再

來乘其幾會極力勦除虜必終身懲創不敢復南此則俊忠於陛下也其利害豈直為今日計哉奈何敵未退數里間遽狼狽引軍而行其引軍而行也雖三尺童子知其不可以為虜性彊悍不嬰其鋒猶懼屠戮況已致怨而去既不增兵益戍反旋軍空城以挑之是前日至小之捷乃莫大之禍也未幾果殘明州無噍類是殺明州一城生靈而陛下再有館頭之行者張俊使之也臣嘗痛念自秋以來陛下為宗社大計懼敵人之侵宵旰焦勞未嘗頃刻少安以建康京口九江皆要害之地當宿重兵故杜充守建康韓世忠守京口劉光世守九江而以王𤫊隸杜充其措置非不盡善也若虜騎渡江杜充韓世忠王𤫊并力扼其前劉光世掩其後可使奔北不暇而世忠八九月間已掃鎮江所儲之貲盡裝海船焚其城郭為遁逃之計其比肩諸將聞朝廷欲倚世忠為杜充之援者無不竊笑是世忠初無為陛下

拒敵之心也洎杜充力戰于前世忠王瓊卒不爲用劉光世亦偃然坐視不出一兵方與韓梠朝夕飲宴賊至數十里間不知則朝廷失建康虜犯兩浙乘輿震驚者韓世忠王瓊使之也失豫章太母播越六宮流離者劉光世使之也嗚呼諸將已負國家罪惡如此謂須少畏陛下之威憚臺諫之言日夜惶恐席藁負質請罪有司謝數州生靈之死亦知尚有朝廷之法而張俊方且以萬人殺獲數十人之功冒朝廷不貲之賞自明引軍至溫道路雞犬爲之一空居民聞來奔進山谷數百里間寂無人煙韓世忠逗留秀州放軍四掠浙西爲之騷然至執縛縣宰以取錢糧平江府自城而外無不被害周望僅能守其城中而已雖陛下親御宸翰召之三四而不來元夕取民間子女張燈高會君父冒不測之險而不恤也王瓊自信州入閩所過州縣邀索動以千計公然移文曰無使枉害生靈其意果安在哉方國

家危急之時所恃者諸將而諸將所爲如此不知何以立國臣竊憤之此事人皆知之而無爲陛下言者豈以爲不急之務哉以天步艱難正藉此曹爲重而不敢言耳然臣竊有懼焉臣聞王者所以得天下者以得民也得民者以得其心也茲者陛下南巡可謂播遷之極矣而百姓尊君親上之志略不少衰豈非祖宗德澤結人之深而恃陛下爲之主耶所謂爲民主者平日取民財力以養兵緩急之時排難解紛而使民安業也今諸將聞敵人之來則望風遁逃反汲汲內相攻殘以爲民害車駕所過一路則一路罹其烖所過一州一縣則一州一縣罹其烖今江淮兩浙已如此矣萬一幸湖湘幸蜀則虜人從其前而無人以拒官軍殘其後而無法以繩是復爲江淮兩浙無疑矣古者天子所臨曰幸言所過人以爲幸也豈今日之謂哉臣恐人心一離而陛下無所恃也持此將安歸乎臣又聞張俊離明之時

士卒頗有願留擊賊者俊聲言陛下召之臣知其說矣陛下諸將皆本無鬬志方無事時例先取赴行在指揮以備警急警急則引去曰朝廷召我矣其實自欲遁而又假上詔令以欺其欲戰之人使歸非於上又用事之至此尤可罪臣比至黃巖聞陛下使李擇也兵縣中降旨麾云候金人至台州則前來温州是諸將既欲遁而陛下又令之使遁也夫士驅之使鬬猶懼不前況令之使遁耶然則敵人長驅無所忌憚者適其宜耳何足怪哉臣竊觀今日諸將在古法皆有秩然不可盡誅也唯王瓊本隸杜充充敗于前而瓊不救此不可赦當先斬瓊以令天下其他以次重行貶降使以功贖過如張俊之軍獨可賞其有功將士耳所以移軍避者俊也罪亦何逃如此庶幾國威少振昔周世宗承五代之衰將士習爲驕惰河東之敗一日而斬大將樊愛能等三十餘人然後東征西討無不如志白起於秦可謂

有功矣一不受命賜死杜郵郭元振唐之勳臣也明皇怒軍容不整坐之纛下盍威克厥愛允濟愛克厥威允罔功是數君者其知之矣何則人之欲無窮恩有時而既惟吾威足以制之然後恤焉足以爲恩況此曹平時厭飫於虜掠之貨矣用幾何錫賚而能滿其意哉如有賞而無刑是姑息之政耳自古有能以姑息而成功者乎且漢高祖之興所將者韓信黥布彭越也以今諸將之材視之何如哉所就者布衣而取天下也以今諸將之功視之何如哉然而高祖於是數人者欲王則王之欲誅則誅之曾不少貸此其所以爲高祖也故韓信曰陛下不善將兵而善將將豈非將將者人主之職耶今陛下當以將將爲職熟視諸將悍驕如此而無以治之異時張浚集西兵而來則又靡靡相效成風矣不知生靈何時息肩國家何時興復以臣觀之今日之兵今日之將玩習至此陛下已不得而用已不得而制矣

非特無以責其至誠徇國所至人心震恐動有意外之憂有之不如無之臣愚以為虜退之後正朝廷大明賞罰再立紀綱新人耳目之時莫若擇有威望大臣一人盡護諸將雖陛下親軍亦聽其節制稍稍以法裁之凡軍輒敢擅移屯以護駕為名者主將將佐僚屬並論如法仍使於偏裨中擇人材可用者聞付以方面之權待其有功加以爵秩陰為諸將之代以天下之大豈無數人將帥之材哉特為諸將所抑而不得伸耳若陛下馭諸將如臣所陳則虜或盡數過江或於建康杭越等州留兵占據守亦有功戰亦有功車駕回臨安或平江徐議所向留江浙亦可幸湖湘亦可如其不然雖大臣忠貫白日謀臣如雨言利之臣能使錢流地上何益於事哉譬之藥飢者當用食捨食之外皆非所急也已疾者當用醫捨醫之外皆非所急也今日所急在於馭兵馭將其他皆非先務惟陛下與大臣熟議斷而行之

臣愚狂瞽不知忌諱罪當萬死謹錄奏聞伏候勅旨

試中書舍人李彌遜上奏曰臣聞天下危注意將方今國家恢復中原當務之急莫先於擇將而將之材能非倉卒所可知必使眾薦精選屢使屢試然後智愚勇怯無所逃緩急用之則卻敵鬭士無不如意竊見朝廷文臣每薦引賜對尋加識擢而武臣獨未及此臣愚欲望睿旨命諸大將於所統本軍偏裨中諸帥臣於所轄路分官吏中薦舉武臣智勇忠義可任將帥者不以官職高下名赴行在內殿便坐賜以宴見稍略禮儀使得自盡觀其志意詢以謀慮如或可採即加試用俟功效顯著受以統帥之任庶幾能者咸得竭節事上以待拔擢無所妨蔽而朝廷折衝禦侮之材眾多共成中興之績

孝宗乾道六年周必大上言曰臣伏見陛下選將練兵大修邊備深謀遠略固非外庭所能窺測然臣私憂過計以謂諸路帥臣有其名而無其實將副有其官而非其人萬一用師于外而寇擾乘間掣肘于內安得不為之慮也哉願詔三省樞密院稽考諸路帥府除本州禁軍外安撫司實有兵馬幾何隨其閑劇遠近立為定數已足者令精加訓練不足者令疾速招填既只在本路駐泊計亦不難辦集仍於見今副總管鈐轄路分都監中選有勇略經行陣之人就兼統制戎容既壯姦謀自折至於擇帥加詳諭以文任其在今日尤為急務如此則稍有帥臣之實矣昔神宗皇帝初置將副其選甚重比年小使臣不經邊任者往往得之軍情兵法懵然不曉但知諂詞媚色以奉守帥勇夫壯士專充工匠雜役之用本路一有調發豈徒無益頤遵舊制參以宏舉詳於擇人革此積弊如此則稍復將副之舊矣二者一定它日朝廷專意外禦必無掣肘之患

淳熙二年必大為敷文閣待制又上言曰臣聞懷遠圖者不可要近效立大功者不可守常格竊見陛下自臨御以來宸心之所經度謀臣之所計慮常以兩淮為急然歲月浸久欲固壘則壘未固欲屯田則田未闢版曹有饋邊之費邊民無定居之心其故非他特在於要近效守常格太過耳蓋要近效則攸久之計有不暇為守常格則遠大之謀有不容施今陛下以郭逵守惟揚郭剛守歷陽殆將專付閫外之事稍革二者之弊也臣謂若只如尋常所用守臣而不假以事權示以久任則不過年歲間又將更易望其懷遠圖立大功難矣昔李牧為趙將居邊軍市之租皆自用饗士賞賜不從中覆狀乃盡其知能選車千三百乘騎萬三千疋百金之士十萬遂單于抑彊秦支韓魏趙幾以霸晉羊祜鎮襄陽綏懷遠近降者欲去聽之減戍邏之卒墾田八百餘頃其始軍無百日糧季年乃有十年之積本朝太祖太宗以李漢超守關南郭進巡檢西山賀惟忠守易州李謙溥守隰

州姚內域守慶州。董遵誨守通遠軍。遠者二十年。近者猶十餘年。是以乞兵甚少。用度自足。內平僭偽。而外無邊塵之警。布在方冊。可覆視也。臣願陛下遠稽前代。近守家法。如郭剛華既審知其可用。莫若盡以二州之事畀之。使其條境內之利害。具施設之先後。明示久任之指。責以必成之效。毋掣其肘。毋代其斷。有治績則且增秩賜金。勿遽移改。彼知朝廷委寄既專。異時無可推避。必將悉其知略。不敢萌苟簡之心。而陛下之憂顧寬矣。

孝宗時。虞允文上言曰。臣准御前降到金字牌子遞。伏奉御筆。以臣再奏乞號召李獲等赴行在面賜考覈。如有可采。乞寘之淵衷。爲他日將帥之儲。曲蒙聖恩。特加宣諭。以臣公忠明識。其李獲輩令臣一面任用之。奬貸加寵。信任逾篤。臣下拜感泣。益知萬死不足以報非常之遇。臣伏自惟念。稟生愚暗。豈有明識。可以仰當聖詔。至於公忠

是臣平生所學。日夜勉此。以効報於陛下者。且人臣勸求人材。而天子逸於任使。古之道也。孟軻氏謂諸侯能薦人於天子。不能使天子與之諸侯。是薦之者雖在人臣。而用不用在君上。理甚明也。況將帥關國家安危。邊境利害。不爲細事。而主握兵馬之官。自古人臣避薦舉之嫌。如避刀鋸。何敢自擢而用之也。蕭何能追韓信之亡而薦之。登壇之拜。必漢王也。方未拜而人人自以爲得大將。是何薦信之密。一軍皆不知之。非獨一軍不知。信亦不自知也。觀武涉說信。使背漢與楚。信謝曰。漢王授我上將軍印。我背之不祥。以信在危疑中。祇知爲漢王之恩。而不忍携貳。是何終身未嘗以語信。信亦不自知也。臣固無何之明。而獲等未必有信之用。此擬非倫。但古之君臣於人材薦與用之間。其謹如此。故能於經營四方之時。上下無可疑之迹。而大功之所以垂成也。臣至庸昧。不足以與此。如使臣竊用人之私以示之將帥。則不曰公矣。擅用人之權。不歸之君父。則不曰忠矣。睿獎臣甚懼焉。伏惟陛下大明委照。察臣不移之愚。終賜保全之恩。臣之孤迹苟安。則尺寸之功。或可効於未死之前。以圖報大恩也。抵突當誅。伏紙殞越。伏乞睿照。

虞允文又奏論蜀中大將曰。臣伏准御前金字牌子遞。曲蒙聖恩。以御筆賜臣。拜手伏讀。感懼交極。仰惟陛下眷遇之意。古所謂知而用之。用而信之矣。臣自顧不足以堪此也。臣自入蜀來。首以將材爲急。詢問所及。不問於貴賤賢愚。皆以籍而記之。如曰某人爲某人所稱薦。既書於籍矣。他日又爲某人所稱薦。則又書之。如此而不一書。則求與之款語。而審察之。又迹其素守。較以武藝。而考覈之。臣之用心亦勞且悉矣。而日夜不勝才難之嘆也。蓋蜀之宿將。或更練邊事。或勇於戰鬭。或有一長爲人所稱者。如吳方。孫政。劉典。趙撙。盧瓘。老且

憊矣。如梅彥。張廷惠。遂李諒。劉海。姚志。病且廢矣。其次雖有十數人。而未爲人所服。其後一輩。亦有二三十人。而方在下列。未嘗親閱其一戰。親試以一事。未得爲大將之選也。其敢輙信而舉之。輕舉而用之乎。自古養才非一日之積。而數十年來無事。則置而不問。臨敵則抑而不申。今一旦欲搜索而求。如繫風捕影。無下手處。蜀群士夫莫不以爲嘆也。然古帝王勃興。所用將帥。何嘗一一皆有素望。如光武之二十八將。咸起於匹夫田野間。特因功乃見爾。如使今日有盜賊竊發。四夷干犯。以蜀十萬之衆。豈無傑出之才。挺然而見。仰副陛下簡注識拔乎。如吳玠。吳璘在紹興初起於小校。皆以累戰而後見功名爵位。訖至於此。此其驗也。伏奉聖訓。臣累日深思。今之蜀將。誠未有當選者。若臣憂後日繆舉之罰。緘默求免。則何以分陛下憂顧。而上承清問。亦非臣平生之素心矣。臣歷思東南將帥。皆淵衷深知。而

未欲遽用者猶有李顯忠英主駕馭之術固自有本末也日前陛西
奉密旨陛下亦謂顯忠肯為臣用矣但好議論者往往疑其反側若
用一靜重沈謹者為之副浮議當自定蓋如某人皆以異產久在群
疑之中陛下發宸斷而並用之中外之心始大和悅蜀將士未有識
之者亦莫不以為當也三軍之士智者少而愚者衆因虛名而心誠
服者古尚多有之況顯忠冠軍之勇臣為陛下所知乎累年以來錫
予勞問無虛歲顯忠之欲報又當如何也利州西路人馬號七萬自
江淮湖襄之屯未有如此之衆者誠不可以輕授如顯忠之說未嘗
聖意臣愚嘗求之輿言謂若將河池之外階成西和鳳州所屯為一
軍仙人關之內興利諸州所屯為一軍擇二將而授之不獨兵數少
則將才易辦亦易推擇而兵分易制無尾大之勢賈誼衆建諸侯而
少其力之微意也如只欲求之蜀將中今群言所與惟某人某人可

以備陛下采擇以二人者治軍皆有紀律軍中多稱之某之短在怯
而濟以某人之勇某之短在疎快而濟以某之細密短長相資表裏
相應庶乎其或可也事急則可應目前之急事緩則於一二年間審
擇而徐圖之未至大繆誤也臣聞知臣莫若君而陛下聖明天縱知
人之哲遠法堯舜臣之愚昧無識誠不足以上承眷遇信用之意伏
乞睿慈更賜裁酌

允文又上言曰臣比准三省樞密院劄子坐奉聖旨令臣銓量四川
諸軍統制統領將佐癃老疾病之人卻將退下員闕精選有材略為
衆所服人具姓名聞奏臣除已遵依施行外臣自入蜀以來審察得
統制統領官老憊病廢不任軍事之人當具前劄子奏知後已節次
擇其最甚者給據離軍若出戍在遠即須候尋訪得一可用者遣往
代之既經臣親閱然後敢加銓量其所遣代之人雖各為人所稱舉
舊降指揮亦許宣撫司制置司一面選差給劄奏乞降宣臣已差李
獲往閬州彈壓胡洪知鳳州郝嗣祖知西和州王中正知階州止是
以本職兼權須試之以事若果有可采然後敢具姓名聞奏蓋邊方
要衝一軍一將所係不敢輕易況養材之術非一日之力知人之難
亦千古所載先朝范仲淹宣撫陝西嘗建言謂方今將帥少精方略
或因門地巧於結托以取虛名或出軍班昧於韜鈐以致敗事宜於
沿邊及諸處使臣軍員中搜訪智勇之人如資地至淺勳勞未著先
使權領職任俟其有功即時進擢庶得可用之才以補將帥之乏仲
淹為名臣當祖宗盛時偶將帥乏材其措置尚如此今之西鄙自部
隊將而上既多老病又子弟雜流之人冗居之一旦欲以次第而升
則人材不可倚任欲躐次而用則人言未可盡信必須因言試事因
事閱實庶幾後日或可寡悔臣頃蒙陛下特紆宸翰以九事付臣命

臣置之坐右內第五事選擇將材功在精審臣朝夕仰觀如親咫尺
之威一心祗畏誠不敢少忽也欲望聖慈察臣區區俾得以少緩月
日續具聞奏次伏乞睿照

允文又奏謝曰臣先日伏奉御筆令臣精擇將材以名來上臣累
月之間詢究考覈僅得李獲等五人冒昧以聞尤懼智識淺闇不足
以副明天子汲汲選用將帥之意今准御前降到金字牌子遞函蒙
聖恩親御翰墨特垂宣諭以臣所舉想必詳審不須召對可一面精
擇而任之臣伏惟陛下委付信任之意天地不足以比其大感激震
恐無以自容照得西路中軍管馬步二萬餘人諸軍皆所不及而統
制官吉　方年踰七十軍律不修臣以李獲代之冝以濟任天錫之懦
西和鳳州最為極邊利害至切臣差郝嗣祖胡洪以本職兼權州事
責其撫輯邊民訓齊戍兵見今下工備治堡壘以為平川必守之計

其次仙人關殺金平舊號險要而山上城壁頹壞樓櫓朽廢因王承祖本管兵屯隨日脩治又閬州一軍二萬餘人比年往往夜聚作過如統制官吳勝之貪李諒之病臣不免罷遣之移梁炳爲右軍統制官彈壓本州一軍凡此皆以軍政所關邊防所繫不得已用宣撫制置司已獲指揮公行選差臣尚一一面與之約須竢見成効方敢具奏乞降宣命蓋軍中易置兵官非人臣所宜專也至於二三大將未厭人望他日恐誤陛下使令臣累嘗具本末奏知又慮東南諸將未可以輙遣而聖意只欲就蜀軍選擇故臣前奏乞陛下以次召李獲等不獨天光所臨帝覽所識賢愚自分用舍皆當而慶賞之權出於至尊被慶賞者亦得以爲榮爲耀爲三軍重也況臣至愚無知人之明而盜主威擅兵柄臣子之大戒伏望睿慈察臣忱誠檢照前奏特頒號召面賜審覈或有可采寘之淵衷以爲他日將帥之儲不勝中外之幸

允文又奏論差東路兵帥曰臣准御前降到金字牌子遞伏蒙聖恩賜臣御筆以某人雖之智略亦是宿將頗有名望比之東路帥差勝耳不知可以代某人否專竢奏來詔旨宣明曲盡二臣之優劣顧臣顓蒙何足以上承清問而副虛心委付之意伏惟陛下駕馭英雄眞古所謂善將將者而知人之哲雖堯舜氏可以遠希其蹤也臣竊觀堯舜之命九官蓋亦深知其賢必咨必詢而後用盛德之舉陛下庶幾同符矣至有欲用共工堯以爲不可而姑試之工師又有欲用鯀者堯曰不可而姑試之以鴻水其後二臣迄無成功臣嘗以謂堯之明旣知共工鯀之不足用因廷臣之言而心有疑疑故試之而非堯之心也陛下畀以某人爲可用必發睿斷而用之今焉下問豈聖心亦有所疑乎臣生逢可以爲堯舜之君在惓惓之忠其忍有所隱也

臣蚤歲從群士夫論蜀將帥甚久如某人之所以知名者以其勇也中年之後既貴而失其勇之名故德順之攻閱五十餘日而不克原州之戰軍中議其才一敗而先遁年今垂老縱能改往自新作其餘勇臣竊意其筋力之已衰福文之不足歲月之無多也大將當以智爲主而往時蜀士之論以某之勇可以役於人而非可役人者見謂頗之智略誠如陛下之聖詔也利州東路人馬近以三萬計武休諸關所繫甚重如某者敢戰視其齒髮亦視其而較其愚闇中爲差勝則又誠如陛下之聖詔也然某人在興元久其持身臨事三軍百姓皆熟其人矣臣累年留班行見東南多有稱某者或因東南之望付以萬人之軍如某州等處以試其能臣切意旬歲之間毀譽自定士夫游言自息矣某之子某臣嘗薦於陛下至今蒙恩錄用臣於某可見無他但竭愚忠仰荅聖明耳如某如某蜀士夫皆言非大將之用咸亦爲蜀師之憂臣既久病已累上章匄罷而所憂亦無急於此者累嘗具奏伏乞睿慈早賜留神中外幸甚

允文又奏論蜀大將非材乞別選用曰臣誤以非才叨被遠使遵奉聖訓兵財之政粗已脩明至於蜀事之蠹如預借民賦最爲重害陛下至捐金錢百萬與州縣對補命下之日西蜀之民戴德歸仁與天無極今日已往民政亦裕矣臣來之興言尚有一事係國安危將士休戚蜀人日以爲憂者三大將是也臣緣久病不能支持已累上章乞宮觀差遣必蒙聖恩特垂矜允臣於將去之日無所嫌避敢布愚忠上干天聽伏自臣去年入蜀到金州之初盡得一二大將營私之目悉以上聞乞陛下一振威令以大革軍中之惡習亟蒙聖明出賜開納上緣西垂無事將材難於考任致小人無知乃以爲朝廷闊略寖違軍律稍循宿弊若置不問久必如初甚可慮也其人年垂七十

精力有限而天姿暗懦治軍無律縱令子弟私役諸軍織繡雕畫雜作奇巧又公然置正賜庫分明貨賣勸部曲群飲為自營之計臣所揀汰老弱輒將指揮使都虞候大請受使臣詭名綰繫存留四十餘人臣裁減諸軍吏額以去三軍之蠹故為隱占亦不發遣此雖細故而浸淫不已金州數百萬之取當有甚焉某人雖未有顯惡而惷愚無識無以服衆比於教場立一淫祠臣即日下某處毀拆將軍兵二名託神為奸者盡行斷配其無知識類此竊慮緩急之際二人之才必誤國事臣去年冬嘗被御筆謂某多營私某至愚暗又皆常材不能任職亟當及蚤別議易置伏惟陛下知人之明洞見二將於萬里之外此堯舜氏之所甚難也臣雖節次具奏而西邊將材絕無卓然者可以副陛下大用日復一日坐縻歲時報國之心有所未盡臣退伏山林抱媿沒地矣欲望陛下特留神念於東南諸將中選擇三兩人蚤賜輟遣或不得已求之於廢放中如李顯忠者猶足以加於西師之上而庶幾其心服也至如某人議論術數雖有可取而巧於營利終不免於人言又某州是其積年治生之地恐須更得一軍之長然後可免後日之慮也臣智識淺短豈能知人材之當否但念陛下恩遇之久委付之專日夜皇皇於此一事不能自已博詢並聽察其迹狀求所以報陛下者惟有不欺與不隱爾伏乞裁察早賜睿斷施行。

允文又上言曰臣比嘗具蜀口二三大將上干天聽必蒙睿明察納其說大抵某人愚而無謀某人懦而多欲不獨部曲無所畏服而刻剝私役之弊浸浸復作若一有調發二人者難以責其成功今幸邊方帖然虜於秋冬決無動息臣愚欲望陛下於此暇時蚤賜推擇若見今主兵將帥官不可輟遣臣詢之輿言求之廢放中而舊嘗為陛下之所大用者如李顯忠邵宏淵（二人或可用於西路）員琦劉源（二人或可用於東路及金州）或蒙赦其大愆責以來效必能洗心自新輸忠報國其次求之西師中吳拱以紀律嚴靜軍士畏愛可以委任其次如李穫之剛勇王承祖之沈鷙洪炳之明練皆有軍中之譽或可仰備采擇若東南大將之材皆未可選用姑置其副如金州以妹番織而精選之聖鑒自無遺照也臣至闇至愚非不自知其言之繆妄而晝之所問夜之所思如前八人者視今所用則有間矣某人已具前奏伏乞睿察

允文又上言曰臣比蒙聖恩許令帶李横皇甫倜前去量材差使臣雖已具申朝廷未敢便發文字付李横實欲見横更加審察及抵建康横來訪臣其趨走甚健視聽如故手足亦不戰動臣已一面帶行然其人在京湖間四十餘年素著威望兵民皆所信服緩急易於結集比者王炎發行在日面與臣說亦欲得之臣到前路與炎會議炎若必欲得横臣亦當輟留為荊襄之用又臣在建康方滋葉衡韓元吉兩訪臣數言横舊為建康統制官自臨財至廉治軍有恩至今軍中人猶說服之故横為將為郡三四十年諸處無寸土囊中蕭然實今時將帥所無者故留之於此時時資給之今其勇力尚在功名之念未息比聞江州一軍不過五六千人茍定令赴闕若不再回乞依臣數奏差横主管必著成効滋與衡又云各已薦横之材於陛下矣臣不敢隱默容具奏知伏乞睿照

允文又上言曰臣比者恭奉聖訓以虜帥驕愎今秋必戰令臣以所見利害不時奏來臣伏惟陛下以睿智英武之資坐策虜於數千里之外前後幾無遺筭可謂天縱之聖不世出之主矣方且下問於孤迷之臣使得盡其所見以仰裨萬分此大舜善與人同成湯捨己從人之甚盛德而臣幸覩逢於今日也臣据近日採報虜退伏內郡所

屯駐處皆高壘深溝引水自衛既以防我暑月不測進討比歲川陝兩河山東之丁又漸趨移陝西人馬來戍汝號之間科鐵炭於民間以集工匠打造軍器潛為入寇之計今秋必戰當如聖慮所及無疑臣謂自古攻取戰勝必以大將得人為本而一軍之中不可以無其副蓋疾病死亡人所不免如使倉卒之際四顧無人豈不上誤國事臣於紹興辛巳冬被旨差至江上措置陛辭之日臣亦嘗以此奏知蒙太上皇帝問臣誰可臣以張子蓋田晟對蒙太上皇帝宣諭云極是在今日使功使過皆可命臣退諭葉義問帶張子蓋同行併令樞密院發文字往江西取田晟而義問不以臣之說為然其後抵鎮江劉錡自楚州那回稱疾不出既無人任大將之責不三數日間遂有瓜洲之敗前後無救應者近事所當鑑也比年江淮諸軍置副都統制士大夫共識朝廷之遠慮而荊襄去朝廷尤遠緩急赴訴不及又邊面賒闊無大江重山之限其利害比江淮尤重在三國時吳之名將如周瑜魯肅呂蒙陸遜之徒悉萃於荊漢之間以能成功臣謂今日此最為先務之急伏望睿慈加惠留神特依江淮例蚤賜處分施行庶幾將帥與兵共相安諳臨事可以倚伏

任將

宋孝宗時虞允文奏曰臣不佞無當世之用而於軍旅之事實未嘗知其彷彿誤蒙陛下知遇異等付以荊襄一面臣之欲報朝夕寸心凡邊事所關既兼群言之來又盡一己之思謂今日之所急者莫急於將帥之用若臣以人微嫌於踰分之僭緘默固位不以干至聰之聽不獨臣負陛下而異時緩急或戰或攻實係國安危又係臣成敗之責有不容但已也竊見今之名將帥已大搜旁求盡列於江淮之間為國經營固當如此臣若不收拾遺餘以告於君父陛下縱不加責臣視江淮諸軍獨不媿於心乎士大夫多與臣言李顯忠劉光輔員琦皆有罪當黜有才可用實江淮之遺餘也臣於去年七月陛辭之日密奏顯忠敗事本末乞陛下特示寬恩置之湖襄近地一旦緩急臣或能用之以報陛下未幾果蒙睿慈令於長沙居住意者陛下不以臣人微既察納其說矣今襄陽見闕守帥臣固不敢以顯忠乞朝廷便加錄用止密具稟奏乞自聖意裁之而已顯忠勇常冠軍虜中亦知其姓字去年冬鄂督府劄下探報屢及符離之役虜兵能言顯忠事跡至今猶甚畏之如使之移京西以示復用藉其虛名以奪虜氣於京西邊防亦一助也劉光輔員琦在陝西淮東嘗書破賊之功臣數與語皆有敢戰之用或可以為趙撙王宣之副如朝廷未欲依江淮例增置員闕即乞於均房二邊付以郡寄不獨可當鄉州賊衝而緩急不測可以抽摘使喚皆所以為不可勝之備也臣比見朝廷起王權之廢於海外如三人者功過尚各相半倘錄用於罪棄之餘必自悔勵圖所以報國臣聞臣之事君惟本於不欺古之薦才必求於有効惓惓之忠惟陛下幸察

允文又上言曰臣准御筆以東西二帥皆非其才事不可緩速具奏來照得臣於七月十三日并二十五日因回金字牌遞具二人慾惡貪鄙之狀聞奏乞陛下別選宿將臣之冒昧方切戰兢不謂愚慮偶合聖意必蒙睿斷已賜施行伏念臣自去年入蜀之初即以親所聞見縷縷具奏欲乞朝廷一振威令大洗堅久之惡習亟蒙睿明察納其說但以去一大將必先得一將材然後一軍有所分付臣嘗乞之於東南度未可以輟遣日夜汲汲然詢之西帥於衆短中以吳拱李獲等五人姓名於正月初二日聞奏乞賜號召亟蒙聖恩令臣一面選用臣於二月二十四日具奏以謂擢用將帥非人臣所當專因又論二三大將未厭人望他日恐誤陛下使令若東南諸將未有可遣乞以次召吳拱李獲等又蒙御批封還臣章帝眷加厚臣既不敢當又慮所奏姓名未當聖意日益皇皇徒積憂憤實不能少安其職蓋

命西垂庶務惟易帥一事最大不獨臣因病求罷無所嫌避敢言之於將去之日如使不易二帥而臣不病臣亦何敢久留也故臣於乞祠之第三章謂聖恩必賜矜允用敢併具中外將臣姓名乞自睿斷發賜裁酌臣之區區欲去二繆帥前後所奏與聖意惟一但自古軍中廢置大將誠不敢專爾臣聞作威作福其害與凶及于家國人臣之大戒也況主兵在遠其敢使威福之權着見於將帥之間乎漢衛青不敢自擅專誅於境外卒不斬蘇建必歸之天子其言曰使天子自裁之於以風人臣不敢專權不亦可乎蘇建嘗勸衛青薦士青曰招賢黜不肖人主之柄也人臣奉法守職而已史臣至引其事為贊且書云為將當如此青奴僕材也尚能知此臣乃書生陛下過聽使待罪行伍其敢青之不若也至敢以將帥姓名容聞於陛下則是臣貪報大恩不敢默默為自全之計陛下聖明超古必察之於始終之

際矣又蒙聖諭若宣司奏劾便可即行臣自當遵奉睿旨別具劾章從疾置以聞伏乞睿照

允文又奏曰臣契勘四川邊面關隘屯駐御前軍馬萬數浩大都統制之職委寄非輕必得公忠智謀有守之人然後可以服三軍之心壯本朝之勢內備兵政外寢敵謀而責以他日之功名今利州東西路置將不善一切反是臣備位本兵舉使西垂事關安危休戚敢不聞上臣竊見其人儒而不武貪而多欲所至以營利為先如在金州私役部曲修蓋廨房營建第宅以至採柴燒炭割漆伐木傳坊磨坊盡役諸軍之力而諸軍折估月給以小會子銅錢遞換減剋幾半凡諸軍之戍行錢回軍御甲錢激犒錢兌請錢之類未嘗散給又將朝廷降到招軍銀并度牒以和糴為名公然盜取民間和糴本錢多以茶鹽布帛折支及移帥西路將金州安撫司金銀錢引載行並名支

破計其入己之財百十鉅萬緣臣未將命入蜀之前依所獲聖旨盡除其罪姑置不問為其人者固宜秖畏聖訓亟自改悔力圖報效而容縱手下刷盡諸軍工匠雕畫織繡雜作奇巧又置正賜酒庫違法醞造科賣部曲臣所揀汰老弱軍兵撇將指揮使都虞候大請受人四十餘人依舊存留臣裁減諸軍吏額以去軍中之蠹乃委曲隱留泛不發遣私役刻剝之害寖寖復作縱而不治久必如初又某人雖無顯惡而愚庸無知不嚴軍律多徇人情將入隊人差出借使統兵官私役出戍人解板負販略不懲治保明陛差將佐解發到宣撫司率多庸懦究其所以半是親戚又信憑兩兵於教場建立淫祠鼓惑三軍投牒於神憑神決遣其繆妄大抵類此臣照得二人委非大將之才無以服衆緩急之際必誤國事欲望睿斷將某人重賜竄責某人亦從罷免別選名將授以帥權庶幾軍政修明士心誠服陝蜀一

面可寬憂顧西垂幸甚

允文又上言曰臣伏蒙聖恩遣中使賜臣御筆以蜀口謀帥事咨與臣議命臣以所見具奏臣有以仰見陛下西顧之眷至厚嘗饋之嘆甚切雖聖鑒無遺淵衷素定而廣詢博采又有取於臣之朴忠也臣伏見利州西路與秦鳳相接自皁郊界首至於河池邊面闊遠路皆平夷戍守之兵餘七萬父子西人久練可用國家以之而守則固以之而進取則可以必其成功非他軍比也必得奉公有智略沈厚練達明於軍政熟於地形有威望可以服衆者為之主帥然後一路之兵有必勝之用自建炎紹興以來吳玠兄弟前後主兵幾四十年今璘已病宜陛下之憂不釋也臣竊見陛下兩降指揮召某人等五人異時賜對或有可以備選擇若璘目下未有疾革之報即乞趣召五人者以俟審議若王權者臣不知其忠與智但知其貪而狡他日必誤事爾今若於官職素貴極中拔而用之効忠用命圖大功慕顯爵必能深自勉勵朝廷亦易於責任是一軍雖在萬里外陛下可御之於掌握中也臣誓言疏陋不足以仰荅清問或聖意有疑欲望睿慈特賜宣諭

允文又上奏曰臣據諸處探報虜兵掩至隴州見秦州之故關有備即起發去華亭進與德順之虜合吳璘於二十三日二十五日遣銀牌來兩與臣書前書約臣來河池原上臣見已起發若秦隴德順尚可前去臣不敢辭後書引疾欲令臣選官保守川陝顧念蜀去朝廷萬里使事有指豈敢妄作一事重取孤危之憂又臣竊見吳璘軍前除李師顏外委無曉練軍政可以倚仗之人而師顏年已七十有三至今亦未肯領利州東路職事自吳璘要發河池臣四與劄子止令發官守六盤摧沙諸處山險身只且留秦州務為不可測之勢臣嘗兩具奏知蓋知吳璘忠勇敢前而每事自任無為之助者今虜勢方急而書辭乃如此臣竊料之一是兩戰之後虜又添生兵頭勢頗重璘兵力有限以他事為辭一是璘素有奇疾每歲至秋深疾必發作臣今起發前去若如前所料臣不過以好語開諭之與之共力措置以取必勝若事勢不敵勢漸危迫不免且守舊關以待朝廷大軍進發有所牽制別為後圖若如後所料而璘果病如王彥在商州相去既遠李師顏年已衰暮姚仲傳忠信皆非璘比不足任大事臣先日乞歸班面奏事正謂蜀去朝廷遠有此等事不一利害至重緩急無以支梧委非餘路之比所有璘真書本謹具封進欲望陛下速與大臣共議早賜處分臣才力綿弱智識淺闇而蹤迹孤遠累奏不報必速愆尤伏望睿慈速選重臣付以川陝大寄庶幾智慮所及料敵無遺事權不分成功可冀有以副真主恢復之遠圖天下幸甚

允文又奏曰臣在興元道中聞士夫說吳璘自今年正月來宿病日瘉自破德順之虜精神愈健臣既到河池與之相見其自敘說亦如此臣於三日內反復共語前後皆不差誤問其諸將周旋之間亦無忿爭妄作之事逐日止乘馬來見臣其上下馬亦有筋力臣方敢信其言具以聞於四聰之聽此殆天所以相陛下恢復之遠圖使吳璘得保餘年而務其報國之誠也臣因知吳璘決無大段心疾與朝廷向所傳聞甚異伏乞睿照

時紅巾賊張福莫簡叛詔以安丙為保寧軍節度使兼知興元府利東安撫使丙奏臣不辭老以報國但事不任怨難以圖成將恐騰謗交攻使臣獨抱赤心無從上白昔秦使甘茂攻宜陽至質之以息壤在彼魏使樂羊攻中山至示之以謗書一篋君臣之間似不必爾然自古及今謗以疑間而成禍以忌嫉而得況臣已傷弓於既往豈容不

懲沸於方來。

編脩官胡銓上言曰。昔周世宗為劉旻所敗。斬敗將何徽等七十人。軍威大震。果敗旻。取淮南。定三關。夫一日戮七十將。豈復有將可用。而世宗終能恢復。非庸懦者去。則勇敢者出耶。近宿州之敗。士死于敵者滿野。而敗軍之將。以所得之金賂權貴以自解。上天見變招然。陛下非信賞必罰以應天。不可。

吏部侍郎韓元吉進故事曰。國史郭從義傳。從義守中書令。為河中尹。護國軍節度使。改左金吾衛上將軍。太祖召於便殿。使擊毬。從義易衣跨驢。馳驟殿庭。周旋擊拂。曲盡其妙。既罷。上召坐。謂之曰。卿之此技精絕矣。然此非將相所為也。從義大慙而退。臣聞選將固多術矣。然將帥之才。以智畧為上。技勇為次。擊毬者。軍士之一技也。作其馳逐而試其便捷。使馬之疾速隨人。而人之搏擊應手。非敏妙無央

者不能爾也。設欲將帥並習。則運籌決勝。不自用。剱者何人哉。若從義者。蓋以此自名也。其在國初。出藩入衛。不為不顯。藝祖眷之。俾試于殿庭。曲盡其技。賜坐歎賞。以為精絕矣。復慮諸將恥於不及也。故以非將相之事。警諭之。大哉。書乎。真得帝王御將之法。雖漢高之待信布。不是過也。昔韓愈嘗論擊毬於張建封矣。弟以危墮之憂。激射之虞。馬之與人。顛頓馳騁之患為言。宜建封猛銳之志所忽也。惟藝祖皇帝以將相之事一詰。從義簡重而有體。故從義羞縮知戒。聖人之言與書生之論。信不侔哉。故臣以為選將固多術。竊願器使諸將留神萬機之暇。不深取其技。而貴其謀。實藝祖皇帝之遺意也。

王之望上言曰。臣在河池時。吳璘以王彥軍馬不到。頗懷忿恚。每言及之。聲色甚厲。臣常與調護其間。已而二人各得御札。聞有所訓敕正存意甚自得。臣問曰。手詔云何。王彥曰。但褒獎耳。臣曰。可得觀乎。乃出相示。臣曰。聖恩待將帥可謂厚矣。然詔意自有抑揚。人臣當居寵思危。公不可以不知。因指詔中德順連兵煩卿一往之語告之曰。如煩卿二字。豈可教至尊再道。彥不覺悚然。臣又曰。公頗知古今。亦記得郭子儀李光弼事乎。李郭同為朔方節度使安思順牙門都將。甚不相能。及安祿山叛。其時唐以子儀代思順。光弼欲亡去。計未決。有詔令光弼持節分子儀軍出趙魏。光弼惶恐入請曰。一死固甘。乞免妻子。子儀趨下。持手上堂。偶坐曰。今非公不能東討。豈懷私忿時邪。遂授以兵。泣涕言別。相勉以忠義。訖平劇盜。惟光弼之命出於天子。而能降下子儀。固能使子儀釋宿憾而共成功名。公今待詔書。更宜引咎加恭。異於宣威。則上下俱善矣。此亦聖朝之意也。彥不復有矜色。起謝曰。謹受教。臣又於吳璘處。因事寬解二人。既奉明詔。皆已無事。伏恐聖聽亦欲聞知。須至奏聞者。

王之望又上言曰。臣伏準省劄。蒙恩除臣同都督江淮軍馬。臣聞命震驚。罔知所措。臣待罪政府。疆埸有警。出董師徒。職所當任。陛下倚注之重。權參將相。所以用臣亦云至矣。臣豈敢有辭。但於今日事宜有所未允。不得不為陛下言之。朝廷於兩淮前以大將二人為招撫使。後以從臣二人為宣諭使。非不可以集事。惟憂其緩急之際。不相統攝。故以宰相為都督。則都督之置。正欲事權之歸一也。宰相未出之間。又置同都督。使先往視師。猶有說也。及宰相翌日朝辭。忽改差臣為督視。則於都督之外又添一司。今以其稱謂不同。改督視為同都督。名雖同矣。而於實無異。且所以用宰相為都督者。本欲事權歸一。今不用宰相。而分同都督為二。則與向宣諭何異哉。湯思退開府兩月。忽一旦改命。則思退固自難處。楊存中既已一面措置號令諸將。調發軍馬。而又添一同都督。則存中又不敢專。是臣之此行。外則

兼督帥之心。內則損宰相之體。臣但見其害。未見其利也。存中官為三帥。臣備員二府。而同為都督。權勢既敵。不能相統。議論之際。誰敢先發。人之所見。豈能一一皆同。相異則或至紛爭。相推則有失機會。使諸將帥何所稟承。甚非元初置都督之意也。臣謂楊存中在殿巖三十年。為兩朝宿將。陛下擢於閒散。使副宰相。必有以取之。都督置副。固以備其長之空乏。今長既不行。而專任其副。乃陛下之素畫。何必別置一人以貳其任。武臣之愚意。為今日計。就其所宜而處之。則莫若選材能侍從官二人為存中之佐。則名體俱順。權任歸一。同異可否。事無嫌疑。庶幾協濟。臣非為身謀。辭難避事。安危所係。不敢不盡其愚。陛下必欲臣行。臣敢不奉命而去。但恐他日必誤陛下大事。臣雖誅戮。不足以謝天下。然陛下亦豈得高枕而卧也。時事至此。豈容更錯。臣之所陳。不為無理。惟陛下為宗社熟慮。勿以人廢其言。天下幸甚。

袁說友上言曰。臣仰惟陛下屬意武功。寤寐戎事。整舉軍政。細大畢舉。然臣竊觀今日軍旅之事。猶有可以為陛下言者。曰將是已。自鄉者辛巳之擾。今閱十五年。宿將舊人。逝者過半。其幸而僅存者。亦皆迫於遲暮。筋力智勇。要已不逮於壯歲。而新進後輩。足以為上用者。又皆抑遏於偏裨下伍。邈無路以自達。儻日復一日。不思有以因其舊而圖其新。以為緩急倉猝之備。臣恐未免於遺材也。陛下累歲以來。蓋知舊將浸以淪落。凡近日之所進用者。往往皆重勞聖慮。旁搜曲取而得之矣。以內外諸軍之衆。訓練校尉偏裨行伍。數至繁夥。其間豈可便謂無人。今若預為蒐收並蓄之術。得其人於閒暇之時。庶幾一旦有警。不至仰煩睿算。可以漸次而收用矣。故臣謂莫若行薦舉之法。臣謹畫為四條。以備薦目如後。一曰忠勇。謂氣槩軒雄。膽略

沉銳。誓於報國。奮不顧身者。二曰武藝。謂騎射擊刺。行陣出沒。悉皆精熟。莫當其鋒者。三曰謀略。謂智慮深遠。機畫精當。料敵必中。變態百出者。四曰兵法。謂習熟韜略。精於兵法。博古通今。能見於用者。右臣欲望睿斷。令內外諸軍將帥。以臣前所陳四條。不拘偏裨行伍遠地屯戍。有應得上項條目者。各令薦舉一人。須盡心體國。不得少徇私意。廣行物色。委得其人。然後結罪保明申奏。陛下賜以召對。徐觀其人。而熟察能否。如見得委應上項條目。即與留寘三衙。不時宣召詳問曲試。浸以任使。如所舉不應元薦條目。或粗有寸長而本不足薦者。其舉官重與黜責。始所舉得人。或將來因事立功。却一一優與推賞。庶使軍伍之內。凡抱有用之材者。皆得稍稍呈露。而緩急之際可以倚仗。其於軍政。誠為要務。

趙汝愚被旨薦將帥奏曰。臣伏見國家休兵以來。垂二十年。舊勳宿將。寥落幾盡。今尺籍之內。豈無奇才異能。堪備器使者。又往往陸沉於下。無以自見。臣區區之愚。竊謂朝廷將帥有闕。與其不次擢用資望未著之人。莫若簡拔四方稍著勳勞之士。非惟具孚羣聽。亦以獎勸有功。臣伏覩武經郎閤門祗候權發遣復州軍州事王去惡。勇鷙有謀。夙著忠節。去歲黎州變起倉卒。去惡遂能一時撫定。今朝廷付以專城之寄。寵任不為不厚。然恐未足究其所長。又秉義郎添差靜江府兵馬鈐轄沙世堅。驍勇敢鬭。且識機權。屢平劉[illegible]。備著勞績。今猶在遠外。抱負才畧。無繇展盡。欲望聖慈特加録用。如將來不如所舉。臣甘坐謬舉之罪。

王十朋代王尚書上疏曰。臣聞天下安。注意相。天下危。注意將。又聞四夷不恭。拔卒為將。今夷狄外侮。正是注意將帥。拔擢行伍之時。臣竊觀朝廷宿將固亦有人。顧所用如何耳。賢而有重望者可用為大

帥以總天下之兵權如唐用李郭之徒賴之以為安危輕重不可止合為一藩帥以泯沒其才其次驍勇善戰者可使當一面如漢用黥彭之類亦可責其捍禦之功不可置之閑處至於駕馭之術尤不可驕之爵賞所加必俟有功而後可若任用之初先為之極他日立功其將何爵以加昔藝祖皇帝許曹彬節度使而不遽與其後彬再立大功方加節鉞卒保富貴為國勳臣臣近聞宰執傳聖旨除某人為淛東總管令臣待之加厚者如某人亦當令之名將可備急難之用所謂宜當一面者也陛下固已得之矣其他如某人比者尚或有之咸宜拔擢以為閫外之寄至於駕馭之術更乞如臣所陳如漢高之馭黥彭量才而任使藝祖之待曹彬富貴以俟異日庶可望其立大功亦所以保全之也

中書舍人崔敦詩上奏曰臣歷觀自古明君捐疆埸之務委忠實之

臣任之以專待之以久是以功無不成事無不立若夫上以邊應之未有能濟者也臣仰惟陛下總攬權綱憂勤治道秉要責成克濟治功之盛然而邊防大寄不過委於將臣細大悉取於聖裁安危動關於宸慮平居無事謹繩墨俟詔報是以無虞萬一有羽書烽燧之憂豈無煩陛下盡護諸將者歟當此之時而旋議付委雖有忠國之臣常時邈然不習其事臨事率爾必失其宜求其成功不可得也臣伏見仁宗皇帝朝韓琦范仲淹建河北備邊之策請遣近臣為都轉運使委以密為經制蓋方邊陲安靖之際專命使臣則事體張皇有所不宜付責守臣則職任拘礙有所未盡是以二臣所請最為得宜伏望陛下酌用前言講明舊制選擇通練持重中外從臣三四員假以峻職悉沿邊路都轉運使凡是邊防之寄悉資經制之宜要在以陛下邊事為家計而為之遇軍興則正宣撫之名或用兩府大臣宣撫則俾以判官參貳其事是則事任有所專責則計慮必不苟人情有所素嚮則條教必易孚且無驚於敵無動於民而事皆舉矣

崔敦詩又上奏曰臣聞易服而難保者夷狄之常情有常而不變者聖人之武德臣仰惟陛下臨御歲久威德日新竊聞敵國君臣竦然增畏茲因道路之所傳而必有聞於陛下者也向者和與戰在敵敵人常得執其權而相遞今者和則和戰則戰我返得執其權以臨之向者士氣沮弱言兵事則口呿今者皆有奮厲之心向者風俗軟委聞夷狄則心悸今者人皆有果鋭之氣茲皆陛下圖回作成以至于此也然而敵人雖畏宜守之以謙人心雖鋭宜居之以重蓋人之常情一汰于易則必有所輕一習於常則必有所玩書曰若虞機張往省括于度則釋所以戒於習且玩爾昔章聖皇帝澶淵之會親駕却敵有此俊功然而議者猶謂以萬全之業而付之一擲也竊觀陛下

規模先定固非一日臣之所懷欲告之陛下者蓋平居暇日深計遠慮正宜至審至重無所不盡以陛下之志度陛下之事深仁厚德人心維城不患無城壁緩急之際捐府庫傾帑藏富者出財勇者出力不患無財用陛下自初迄今練兵卒葺器械其所圖回至矣亦非所患也今之大患特在無將爾臣嘗聞太宗皇帝一日內出幽州圖示宰相趙普普詳觀嘆曰此圖唯曹翰能之但得幽州後不知遣何人代帝默然持圖入內臣又聞神宗皇帝朝夏人幽其主秉常議興兵伐之樞密呂公著曰夏人固有罪今欲興吊伐之師未知以何人為元帥帝曰正為難得蓋帝王規圖首先論將此成敗之本安危之基國家之至計人主之大務未有過此也向使有兵有財有城壁有器械若無將則是舉四者而棄之也臣竊見近時虎臣宿將零落殆盡經行陣歷險艱者絶少雖陛下拔尤取穎不無智勇之士然其他往往

以應對詳明為敏以扶摘苛細為公以區別條理為整以繕修趣辦為能若其下則通貨賂結稱譽以誤明聽一有緩急誠恐未能盡副陛下之意臣竊惟聖鑒高遠天德清明所以搜求之道固無所不盡矣臣獨怪天子宰相執政日見天下之士陳牋奏記擁門填爲而偏裨將校未嘗一得登門雖有材略不能自達且韓信之微亦蕭何與之數語而後奇之大臣與國同體宜為陛下搜選奇才今若許之時見三衙統制統領將官三二人既周則復見如初其有因事至闕亦許接見要使從容延納款密習熟叩其方畧審其才氣詳擇其人以告陛下此一塗也前宰執侍從出師方面其於將帥之才亦宜為國搜求昔韓琦范仲淹帥邊條上將佐材勇姓名分為二等如狄青种世衡皆在其中蓋帥臣守邊日接將佐最為詳審況宰執侍從義同安危必能公心為國求材此又一塗也其次侍從臺諫初除許薦平昔所知勇畧之士一人籍記姓名留于禁中時加省閱因賜訪問此又一塗也又其次在內三衙在外都統制管軍半年以上許薦所部偏裨勇畧之士二人籍記選用亦如侍從臺諫之法此又一塗也又其次諸路總領官到任半年以上許薦軍中偏裨勇畧之士二人籍記選用亦如三衙都統制之法此又一塗也陛下總攬衆傑網羅異能秉至鑒以照之振長轡以馭之未用者付事任以試其才已用者異光寵以作其氣萬一一方有盜賊之警時出一二未有聞之士責其成功以觀其臨事應變蓋不謀之小臣而謀之大臣不求之偏聽而求之公聽臣見陛下之將將有真才實能出而為用矣臣不勝拳拳惟陛下裁赦

知南劍州羅頎奏曰臣竊惟方今國家閑暇正是脩明軍政之時軍政之要在知士卒之情而撫以恩戢行伍之驕而訓以義蓋士卒之

家有餘不足惟將知之國家俸賜有限故軍中別蓄辦錢物如古軍市租弘養錢之類賙其人有疾病宜軫死喪宜恤及口累重大不能自給者稍取以佐之又軍中小小費用不欲煩有司者計亦於此取給近軍即有寬剩為主帥者謂宜指之列將使上下優裕不見急缺之態所以為天子撫養士卒得其歡心而用其死力也前世為大將者猶出所賜金陳廊廡下軍吏過輒令取為用況其非私財者乎正當深體上意輕財重士但使士卒素飽樂戰即為稱職臣所謂知士卒之情而撫以恩謂此也軍旅之設本以藩衛百姓而主帥或廢律不用以負任屬之意昔春秋列國之臣猶能訓諸御知義訓群騶知禮是則主兵者不但教之坐作進退乃當以忠義開導其心使尊君親上畏法而不敢犯又當不忌不克賙部曲中有方略膽勇材藝可望者提挈長養與共圖報國之效臣所謂戢行伍之驕而訓以義謂此也天下賴陛下神武中外晏然深惟今日大體固不待與鄰國較細故以相夸又不可玩其燕安而忘備正宜有常于事益廣文武之用蓋漢武帝猶令郡國舉可為將相者唐憲宗亦命裴度舉一節度使而中外相賀將得其人士氣自百然後從容戒諭俾加意於撫養訓戢毋得循習士卒感上之恩畏將之威庶幾緩急可以倚仗一介小臣不勝惓惓憂國之心

知建康府洪遵論選擇將帥劄子曰臣聞居無事之時而為有事之備此策之上也夫將帥者備有事之用者也然無事之時常若有餘一旦有事缺然若不足於用何也是不講之於無事之時也國家今日不可謂無事矣然已用之將帥不過遞遷於行伍等級之間未用之豪傑不過三年一試於筆墨弓馬之際夫三年一試所得者幾何人而等級遞遷又豈能脫然而出拔然而上居不次之位立非常之

功者哉韓信拜大將出於亡虜葛亮立軍帥起於草廬漢高帝蜀先主二人蕭何徐庶之言而用之大則席卷四海小則鼎峙一方夫何世不生才何才不資世今之天下亦古之天下也先民有言將相無種故或出於奴僕或出於軍卒或出於盜賊惟能不次而用之乃為名將耳方今伍符尺籍之衆不可盡識臣願陛下命偏裨以上更迭入覲陛下時御便殿躬閱能否審其辭氣之英果選其面貌之豐厲察其技藝之泛濫拔尤取穎彼將人人獻狀唯恐居後而又使侍從臺諫隨其人之所長而舉之其得人失人而殿最與之同臣將見頗牧革出英衞相望矣故選將任將之道無他術焉在陛下一人而已古詩云君王自神武駕馭必英雄惟陛下留神省察

敷文閣待制四川置制使范成大上奏曰臣伏見諸路將兵部轄官自總管鈐轄而下則有正副將部隊將教押軍隊等官及沿邊主兵

窠闕於法應以材武人充者皆須事藝可觀膽勇可仗方為稱職其次亦須稍知弓馬略識行陣或人材身手真是武臣者乃可為之除總管至州鈐皆係朝廷選差別有格法外竊見諸州將官以下窠闕或以出職雜流及私家給使之人為之而西蜀尤甚於弓馬行陣懵然不知使吾選士拔卒俛首於下聽驅役而受鞭箠尋常不平於心緩急寧肯共力此不待智者而知其不可也伏覩近降聖旨今後正將差曾經從軍立功或曾任兵官并沿邊巡尉及經捕盜有勞之人仰詳審分除合事宜但今來新格未及副將以下者豈非以正將得人則副將以下為可容其濫吹耶臣竊謂若正將統副將以下同在一處則可只嚴選正將一員以為表率今姑以蜀中諸州論之則大不然蓋副將以下多分屯別州名為副隊其實各當一面與正將了不相關而責任一同皆難以用有名無實之人緩急誤事悔之恐晚臣愚欲望聖慈應副將以下官令分屯處並依今來正將已得指揮其沿邊主兵窠闕應以材武人充者亦不得以雜流出職及給使無武藝人虛占員闕及不許時暫差權内或有傑然自奮武藝智略者從帥臣保明以聞特與差注及許一面權攝以防遺材仰副陛下整軍經武之實上肅軍政下厭士心

直煥章閣王師愈上奏曰臣聞立武事者莫先於脩軍政脩軍政者必在乎責將帥將帥之任稍久則上下之情通號令之有素或懷其恩或畏其威歡然協從如臂指之用無事之時固足以脩軍政一旦有警斯能制敵以決勝亦顯然之理也方今內而三衙外而兩淮荆襄遠而四川數年以來易將無定雖能消尾大之勢杜跋扈之萌然而前之規模始立後之施設已更為將帥者自知其不久於任也姑為苟且之計不恤其下士卒亦知其將之不久於任也敢萌慢易之

心挫撼其上一旦有警其不誤事者幾希殆非御將之術也將帥之任固不可不稍久又觀其人如何耳得其人而久任之斯善矣苟非其人去之猶恐不速何況於久乎欲稍久任將帥者要當擇之於其先擇之於宿望乎宿望之威名固可以折衝矣然而位高志滿鮮有效死之心擇之於行伍乎行伍之年少固能自奮以集事矣然而氣銳貪功多犯輕敵之戒二者不可不察也擇將之法非謂其技藝精絕非謂其膂力過人也非謂其利口而善論兵也必也沉毅而有謀忠實而不欺慷慨而敢為恢廓而有容而後濟之以勇決以此五者求之或取之於宿望或拔之於行伍然後稍久其任假其事權勿惑於浮言勿指其小過俾得以効其所長凡今日軍中之宿弊如所謂剝削交結冒請營私之類想其必能革矣宿弊革則軍政脩而大功不立者未之聞也嗟乎任將固不可不稍久然亦不可以太久任之

太久則跋扈尾大之禍有難救者又不可不深察也。惟陛下省覽幸甚。

楊萬里上疏曰。臣聞聖人之所以鼓舞天下使之奔走淬礪以爭先於為用。長治而不亂者急而不可乘者。蓋聖人不視天下以其可窺而作天下以其不自止。如此而已矣。果不可窺也。宜乎天下之不自止也。天下之所以作之不起。未起而復廢者。吾之可窺者見。而彼之自止者隨之。今天下之所以患於無才。而才尤患於無將。其病在此。方邊事之興。芒芒然以求將也。天下則亦芒芒然以趨之。天下趨之。而朝廷不求將矣。非不求將也。邊事息而無所事將也。無所事將。則天下亦弛然曰。無所事我。則亦棄而之他。剛者柔。勇者怯。而柔怯者有不勝其柔怯矣。高者趨文科以售其身。而下者伏於農商矣。其精銳果敢者有所挾而莫之用。則去而為盜矣。天下弛矣。而邊事又動也。而無將也。則又芒芒然以求天下。而天下莫之趨也。夫前日之無所事也。所以為今日之莫之趨也歟。夫如是。焉得將。昔者成王周公承文武平定之業。誅三監。征弗庭。而天下服矣。於是酌堯舜夏商之禮樂法度。補葺成就。以至於大備。當此之時。文物煥於朝。頌聲被於野。太平之美。天下之所甚樂。成王周公之所甚懼。非懼夫太平也。懼天下之竊吾君臣之樂夫太平。而彼亦樂之。以至於亂也。則有大司馬之官。日夜選將閱戎。如是而為車。如是而為徒。如是而為鼓鐸鐲鐃。如是而為坐作進退。後至者誅。不用命者斬。夫大閱者。非真臨陣而應敵也。而後至者何至於誅。不用命者亦何至於斬哉。而其法如此。蓋其所以儆暇裕之日與儆三監未誅之時無異也。則天下何以窺上之無所事我。而我不為也哉。是故文武並用。而莫知其孰先。莫知其孰後。不見其所甚好。不見其所不好。才素備而無一旦之憂。後之君臣狃

於治。而謂天下不復亂也。則曰汝不逢高帝時。萬戶侯何足道哉。而羽林子弟授經於學校。與夫將軍不好武。而其子皆能文。則君臣相慶以為太平之盛觀。而腐儒曲生又從而諛之曰。兵寢者。二帝三王之極功也。不知夫二帝三王之不如是也。諛說之誤時世也。諛說盛於下。君臣急於上。而天下以兵為諱。以武為憝矣。棘門霸上之無人。而開元天寶之末狼狽大敗者無恠也。非天下之無人也。上之人示之以其可窺。而弛之使其自止也。今日之事。邊息矣。天下將曰朝廷無所事兵矣。此可慮之機也。臣願天子增重武事。未敗於有事之時。訪求將才。不嘗如有事之初。而宰相大臣亦折節以下才略武勇之士。毋責其鄙野之狀。而毋怒其桀岸之氣。時賜之燕閒而延見之。探之於其中。而試之於其外。以陰求天下之奇傑。待之異而養之久。此所謂不示天下以其可窺。而作天下以其不自止者也。則緩急之際。亦何至於芒芒然以求。而求又不得哉。

楊萬里又曰。臣聞今之議者曰。選將莫若宿望。而新進者未足用也。臣竊以為不然。選將之與相相似。而大不同。是故相不厭舊。而將不厭新。擇相不以舊。不足以壓天下之望。選將不以新。不足以激天下之才。蓋天下之相。必道隆而德重。名節全而才略高。天下之人曉然服其可以相也。或既相而去。天下恨其有所不盡。而望其再有所盡也。如此者。未相而天下願之。既相而天下悅之。既去而天下留之。是惟無相。相之而天下無異論。故曰相不厭舊。至於將則不然。夫所謂宿將者。功業熟矣。名位高矣。富貴極矣。腴田甲第。金玉寶貨。克乎其家。歌童舞女。酣安沈浸。汩乎其心。昔之精明之謀者將暗然。而勇果之氣者將廢然矣。天下無事。則曰朝廷苟有事。不使我則不濟。及其有事也。使之舍其所甚樂。而任其所甚憂。取其甚愛之身而捐之必

死之地。彼則畏矣。以今之畏。合前之驕。焉往而不敗。故曰將不厭新。蓋富人有作室者。有楹而未有棟。有棟而未有梁。則徧國中以求大木。三年而後得之於千里之外。蓋千百年之松楠豫章也。室成而富人者疾。有愚醫焉。見其鵂之求木之意也。則獻其百年所藏之天雄烏喙焉。曰此可已病也。不知夫木者不老則不堅。而藥者不新則不功。今歲之藥。來歲已陳且槁矣。而百年之天雄烏喙。則與朽壤何擇。而尚伐病之能哉。此將相新舊之辯也。李廣之在漢。驍雄傑出。其君知之。天下知之。匈奴亦知之。廣之心翹然以無人視天下。自以爲漢將非我則不可也。然衛青霍去病崛起於戚里之中。與單于角勝負。深入大幕。直擣龍庭。而廣乃以失期無功死。開元之後。王忠嗣哥舒翰。威名邊功。天下第一。天下之人以爲一日不可無忠嗣與翰也。及幽陵盜起。廟堂失措。忠嗣則不存。而使翰則又敗。復兩京平安史者

乃一未有功之子儀。而忠嗣部曲中之一光弼也。當廣之盛時。忠嗣與翰有大功名之日。天下豈知有衛霍李郭哉。然則宿將之與新進。未易以相輕重也。且人之有才者。孰無自喜之心。而人之於富貴功名。孰無願欲之志。自喜其才。則必求所以自試。志乎富貴功名。則必求所以自取。此如善書者樂於爲人書。而嗜酒者可以得酒則無不爲也。不因其自試之心。而激之以自取。而曰吾必得宿將。亦惑矣。故臣以爲今日之取將。莫若以新儒士之通敏沈雄者。行陣之嘗有聞者。武舉之有所蘊而不徒虛文者。士卒之有能而自異者。卑賤有挾持而不自達者。豪猾有過而其才可贖者。君相留意焉。不測而識之於稠人之中。無故而置之萬衆之上。庶幾乎如高帝之得韓信者。又何患天下之無將也哉。

侍觀文殿大學士兼侍讀史浩上奏曰。臣聞左書方而右畫圓。並運不能合規矩。目司視而耳司聽。兩用不能爲聰明。是以乘田委吏不可以兼爲抱關擊柝。各勤於一職。事無鉅細。任貴精專。鎮江大軍。中興巨屏。北望瓜洲。只一葦南趨。行闕不十程。其在諸屯最爲重地。欲使宣威於大敵。必須謀帥若長城營壘之周防。戈甲之犀利。在於主者。豈屬他官。朝夕不在其間。孰施軍政。甘苦不知。與共掌得士心。又況市井連甍。或有火災之警。軍民聚首。或多矛盾之嫌。一有蹤虞。必將紛擾。主帥既已在遠。副帥安敢自專。蓋兵在江南。而帥居江北。儻使關白而待令。眞同揖遜以救焚。雖駕馭有方。不至於此。然僥倖無事。豈可爲常。故使爲國遠慮之人。皆有私憂過計之語。儻陛下知其才可以牧民。而御衆欲其效見於治郡與理兵。何不俾鎮江之守。莅維揚。維揚之帥歸京口。任雖兩易。事歸一途。聽訟之餘。可以整飭其卒伍。閱士之暇。可以撫摩其人民。卒伍既熟。主帥之威容。人民又樂

守將之善政。則斯一舉是謂兩全。若曰維揚之城壁未堅。淮楚之決防未固。姑留鎮守。無復更張。臣恐稍經掣肘之虞。必有噬臍之悔。願遣偏將。竟其版築之功。就求長材用作武鋒之貳。事既專一。而有緒時可往來而提綱。陛下深略沈幾。聖資英武。運獨智於帷幄之內。宣諸將於股掌之中。必有神機。非臣蠡測。若或少加聖慮。俯聽臣言。斷自宸衷。側求賢牧。俾各專於所事。庶幾盡其所長。此在聖意之勇爲。固非愚臣所敢望。臣官非言責。職在經筵。祗荷寵靈。每慙尸素。昨降中批而委諭。許令隨事以直言。苟有見聞。敢不敷露。伏乞聖慈赦臣萬死。

光宗時。蔡戡上奏曰。臣聞有大將。有裨將。走及奔馬。射中飛鳥。敵敢前攻。壘敢先乘。裨將也。戰必勝。攻必取。無窮如天地。不竭如江河。大將也。蓋裨將以勇力爲先。大將以智謀爲主。世之論將者必曰勇力。

不知勇力者裨將之所長爲大將役者也今之所謂大將挍於行伍之中加諸士卒之上其才智碌碌無以異於偏裨蓋有懵不曉兵機漫不治軍政者一旦邊鄙有急以數萬之衆付一庸人悍夫之手不知奇正之術攻守之筞或可乘而不乘或當斷而不斷勇者輕敵而進怯者望風而奔豈不失機會而悞大事其不敗者蓋天幸也夫孫吳之書皆權要機密謀祕計出入鬼神自古用兵者舉以爲師雖臨機應變出奇制勝存乎其人然未有不祖其遺法者也凡今之將問之以孫吳則不知爲何人叩之以孫吳之書則不知爲何書如此者十人而九夫用兵危道也智往神來一日萬變差之毫釐失之千里而吾欲專以勇力勝之勇有時而怯力有時而殫自非運無窮之智何以應無窮之變乎此孫吳之書不可廢也雖然按譜而奕非善奕據方而醫非神醫亦未聞舍譜而學奕棄方而學醫者然則學用兵

者非兵法何以哉孫吳遠矣時君世主有志於四夷者莫不拊髀而思恨不與之同時今其餘智故論載之方冊者尚可用也冠帶之儒慷慨談兵纚纚可聽然不習行陣未必能將介胄之士勇力絕人糾糾可喜然不知兵法未必能勝是孫吳之書終不見用於世或者又曰霍去病不學古兵法顧方略如何夫去病用兵與孫吳合者多矣豈眞不學兵法耶其言大而夸特以激武帝耳後之爲將者往往以此藉口曰我善爲戰我善爲陣孫吳之法紙上空言不足觀也然則儒者必曰吾能正心脩身詩書禮樂可束之高閣也詩書禮樂正心脩身之具自非聖人未有不學而得者也況大將者三軍之司命一國之存亡係焉可不重哉不敎而戰聖人以爲棄民不學而將其害如何臣愚欲望聖慈命武學官知兵法者直解七書不必過爲文言使人人可曉仍取古名將用兵出師馭衆行己大略著爲一書徧賜

諸將他日或因奏對或至廟堂設問以觀其言議論可采則旌異之如此則人知兵法之可學名將之可師心志益明識慮益精馭衆當有法行己當有方自然名將輩出而國勢無敵矣豈曰小補之哉

蔡戡又上奏曰準紹熙五年九月二十四日樞密院劄子九月二十四日奉聖旨老將宿師比年以來消磨殆盡豈無其才可儲以備選擇深慮淹伏偏裨行伍上下嫉蔽不容奮達可令諸路帥臣總領管軍采之衆論疏列所長各以十名限兩月聞奏當下樞密院詢其尤者召赴審察果應公舉隨才拔擢有能趨事赴功之人併旌舉者或至敗事罰亦如之臣所準前項聖旨指揮事理臣除已恭稟施行外臣於淳熙十一年待罪湖廣總領得旨薦舉將帥嘗以六人應詔內四人已蒙朝廷擢用臣自後所歷任即與軍政無相干涉諸軍偏裨將校不曾往來臣多不識其人姑以舊所知者冒昧聞奏竊見江州

駐劄御前右軍統制李汝翼天資驍勇騎射精絕臣任湖廣總領汝翼爲鄂州都統司中軍將官嘗因集射以察其能汝翼每發無不中的觀者歎服又能訓齊軍士紀律嚴明委有將略江陵府駐劄御前前軍統制王犇臣名將王宣之子隆興乾道間宣帥京西深得江漢人心至今思之犇沉毅果銳頗有父風自幼隨侍宣在軍中練達邊事諳曉戰陣武藝精熟才略優長士卒推服臣任京西漕臣犇爲江陵府左軍正將已嘗薦之樞臣王藺從臣章森張杓又皆以將帥薦此二人者臣所素知其所不知不敢泛論充數以塞明詔自貽謬舉之罰謹錄奏聞伏候敕旨

戡又上奏曰臣六月二十七日準樞密院劄子備奉聖旨指揮令諸路總領各密舉偏裨佐校可爲將帥者臣頃任京西漕臣前任淮西總領今任上件差遣每因職事與諸軍統制統領相見察其人物叩

其議論。或因焦射以觀其藝能。又詢其律已治軍之詳。頗得一二。久欲具錄奏聞。反覆思唯。不敢越職犯分。仰干天誅。今既遵奉聖旨。輒舉所知以應明詔。謹具如後。

鄂州駐劄御前選鋒軍統制武經大夫李思孝。蚤服戎行。備諳軍務。老成詳練。處事和平。治軍嚴而不苛。為人通而有守。向詢於衆論。郭剛每稱其人可任將帥。嘗與臣言欲舉為代。難以自陳。臣亦不敢越職論薦。侍衛馬軍後軍統制敦武郎吉肇。生長軍中。自行伍間積日累勞。以至偏裨。習知軍戎之情。甚得士卒之譽。為人精明。處事不苟。使之管軍。必能簡練訓齊。以稱厥職。

趙汝愚論軍制疏曰。臣伏讀國史職官志。殿前司侍衛馬軍司侍衛步軍司。各置都指揮使一人。以節度使充。副都指揮使都虞候無定員。以刺史以上充。備則通治。闕則互攝。非惟平居無事可以儲蓄人材。至於臨敵制變。則亦名位素定。力足相濟。惟我祖宗聖謨神筭。防慮深遠。故承平百餘年。海內晏然。歷數秦漢以來。國家安靜無事。未有如本朝之盛者也。洎至中興。庶事草創。一時諸將。乘時崛起。故內外諸軍。例不除副佐。雖近歲稍復置之。亦十纔一二爾。恐非所以盡謀慮之功。而防安危之變者也。臣愚欲望聖慈詳酌舊制。明詔諸軍各置副帥。仍漸復馬軍一司。以補三衙之闕。庶幾軍制全復。可圖久安。天下幸甚。

趙汝愚又上疏曰。臣伏覩紹興二年二月十五日指揮。今後侍從官到任半年以後。必舉材堪將帥者三人。臣竊見武功大夫忠州刺史添差權發遣廣南西路馬步軍副總管權知宜州沙世堅。屢平劇寇。而小心畏謹。不伐已能。嘗歷邊任。而留意撫綏。舉無闕事。武節郎充殿前司護聖軍統領郇元。刻意功名。常有運甓自厲之志。其持已廉儉。衆情自服。秉義郎兩浙東路兵馬鈐轄盛雄飛。武勇過人。亦有智畧。雖嘗有負累。而其才實高。如蒙聖慈特賜擢用。而後不如所舉。臣甘坐謬舉之罪。

起居舍人兼中書舍人陳傅良繳奏率逢原除都統制狀曰。臣昨具論奏率逢原方以自劾放罪。不當遽遷都帥。臣之愚見。以為朝廷勸懲宜有次第。不應功罪混為一區。今率逢原以總領鄭湜按其偏將捂克士倨驕廢軍政。於是稍知嚴憚。務自刻責。而陛下為之覆護。特從宥免。此陛下善將將之道。而率逢原感激思奮。以功補過之時也。若乃信宿之間。遽有遷擢。臣恐逢原麤人。昧於禮義。妄窺朝廷意出姑息。却復專橫。愈無悛心。故敢瀆犯天威。乞寢新命。不惟為陛下惜此舉措。亦所以全逢原也。至於逢原為帥無狀。事迹非一。前後臣寮屢有文字。臣不欲因此悉數暴逢原之惡。正以事關軍衆。慮傷事體。區區欲望聖慈特從所乞。必須知改。然後除授。所有錄黃。臣未敢書行。謹再錄奏聞。伏候勅旨。

歷代名臣奏議卷之二百四十

任將

宋寧宗時知成都曹彥約上奏曰臣以樸樕小才誤蒙親擢度越常等厠迹禁路曾未兩月復玷異恩寵以次對之美職分以西土之閫寄臣實何人而當此選聞命以來日夜憂懼不敢常人自視以異數爲喜亦不敢典故自比以辭免爲高心誠求之思所以仰副聖主眷遇之意竊以立功立事之世非可以祿位決進退也朝廷淸明四方無事自一命以上皆得以行其志菽水可以奉其親吏事可以振其職及紛紜之餘國論不一司馬光爲樞密副使猶不受命种師道盡護諸將訖無成功世變愈下艱難愈急家國之事有不可勝言者有志之士猶尚以祿位言哉直當論可否耳自古閫外之臣得以盡其所學非謂一己之見足以盡知天下之事一夫之力足以盡制諸將之勇也恃朝政以爲根本假威令以爲事權執賞罰以爲勸懲資佐屬以爲輔助又須在王所之善士以爲之主妬功嫉能之士不撓其政如此而見義不勇可以坐不任責之罪矣爲司寇於魯者不若乘田委吏之爲省事爲卿於齊者不若抱關擊柝之爲專職國論之所繫則守官者猶得以守道也若事關大體與國論相表裏有文王之令聞而後中國可以守有宣王之脩政而後玁狁不足慮當艱難之時宵衣旰食一日萬幾君以惰墮責其臣臣以叢脞戒其君開心膽以延見士民惜日晷以響應奏報則傳導於下者無媿辭呼號於外者有近効謂閫外之臣恃朝政以爲根本者此也若使法令變更衆木俱病處置失宜軍民胥怨發爲播告者厥指或匿形於論疏者曠日不報則所當恃者無所恃矣郭進誅御馬直謂之專殺可也而太祖不責張美強取民女謂之無檢可也而太祖不問恐閫外之權於此少沮也況於公事之所當行緩急之所倚重居閫外之職者謂之節制行閫外之事者謂之便宜人才出類者可以承制用將佐失律者可以逗撓誅已奏者不必待報未奏者不必詰問謂閫外之臣假威令以爲事權者此也若使將帥跋扈漆自交結州縣輕率不相關白互有申請者尚決於勝負轉相詬詈者或俟於調停則所當假者無所假矣賞當其功雖唱轉十官者不以爲僭罰當其罪雖戮及全隊者不以爲濫居閫外之職正當視國事如家事惜官物如已物不以一毫彌縫親舊不以睚眦報復讎怨勢要之力所不能移關節之書所不能奪閫外之不得其人逐之可也假賞罰以行其私罪之可也不逐不罪則其說必所當行其來必所當與謂閫外之臣執賞罰以爲勸懲者此也若乃高爵授之而以不肖之心疑之聞唱轉則舉朝伸舌行法令則旁觀失色官命未改蹤跡搖動則所當執者無所執矣唐方鎭全在幕屬不必一一參軍事也或議論宏偉可以助名教或文采雄壯可以草表檄勇能專將者可以備策應才堪應變者可以廣智慮謂閫外之臣資佐屬以爲輔助者此也若使如今世舉剗與今世權局發書者稱有舊而已不問其才具投誠者求寸進而已不稽其能否則所資者無所資矣孔子入衛主於顏讎由而後進孟子入魯居於臧倉而見沮勿謂聖賢行志直情獨立而無所附麗也顏讎由之徒誠未易得彼臧倉者世常有之不可不察也士大夫有志事功已畏其少若又痛加沮格誰肯任事往時事變尚淺蹤跡尚秘雖詭辭浸潤不過繫一二士大夫出處比年兩軍相加肝腦塗地戰死驍將指爲降番親獲酋帥譏曰虛詐變亂人心絕滅天理萬一山東忠義識破事體兩端首鼠有翻然事新虜之意此何時也旁觀膽落獨欲以閫外之事責辦於閫外之臣不其難哉臣蒙恩所領郡只

是一路安撫且又與西南夷為界不近比邊事不相關不應遽啓此
論然念富平之敗援及果閬興元之潰絰至遂普設使江淮有警則
蜀道豈可安迹閫外有警則劍南豈得高臥而況吐蕃部落連及威
茂雲南遺種漸迫黎雅臣頃年嘗轉漕閫外討論四蜀事體知成都
脆弱之卒不足以有用漢中單寡之兵不可以獨立制帥之與總所
位置非宜將來職事間必有抵捂官軍之與忠義勇悍無禮將來調
發處必有不遜以至兵財遞鋪間探等事所當改絃者不一而足嘗
作病夫議以告當路以為同此思慮而後可以同所見同此忠赤而
後可以同所行若以為不可而欲擇其中一二事間行之或過時失
事而欲取已陳之舊說徐行之二者皆不及事而欲責建議者之非
計非所聞也今四年矣事變已見而臣適當是選謄合於過時失事
之說臣實懼焉用敢詳其說以告陛下昔張詠之守益州也逾半歲

而不行知當道未定未可以遽進也太宗以面對許之以便宜從事
諭之知蜀事難決未可以揣度也又敢倣是說以復于陛下惟陛下
留神
秘書省著作郎楊簡上奏曰臣聞慶曆之末有親從卒夜入禁中之
變是時士大夫殊不少省其所以致此者何由亦無所改為循循仍
仍至高宗初又有苗劉之變士大夫又不省其所以致此者何由又
無所改為而循循仍仍至近者又有吳曦之變幟沉胥之變士大夫
又不省其所以致此者何由又循循仍仍臣今告陛下以所由致節
節禍變者為夫不循古制也古者六軍軍將皆命卿今諸將率從事
武勇未熟復乎古先聖王之訓典未踐脩乎詩書禮樂之實德則其
訓齊諸軍亦不過射刺擊戰之術爾罕能訓以禮義夫授以殺人之
器日習乎殺人之術可畏哉可畏哉古者赳赳武夫皆可以為公侯

腹心執訊言言攸馘安安其有德見諸容氣若如此今陛下宜精擇
文武俱通之儒法古司馬之官以尹正之訓導之責諸卒之孝者忠
者善者則惡者潛化愈久愈化愈化愈安祈天永命鞏國祚于泰山
之安在此而已今不改為是措火積薪之下火未及燃又將有慶曆
及佗胄之變悔將無及臣日夜長慮無路告陛下今得一見吐露白
此何時再見惟陛下念之不忘今文武通儒至不易得然不可謂無
其人殿司十三軍太盛宜析小半益以馬司餘卒以備三司則其勢
均可以防後患慮患當重複維擇賢儒立法自亦不過於此
樞密院編脩官葛洪上疏言今之將帥其才與否臣不得而盡知惟
忠誠所在凡為人臣者斯須所不可離則不可不以是責之耳今安
居無事必奮不顧死冒水火蹈白刃而後謂之忠也第職思其職謂
之忠公爾忘私謂之忠純實不欺謂之忠且拊循士卒帥之職也朝

廷每嚴掊克之禁竊營運之逋其倣之者至矣今乃有別為名色益
肆貪黷視生理之稍豐者而誣以罪辜動輒估籍攘廩給之稍優者
而強以庫務取辦芻粟抑配軍需於拊循何有哉訓齊戎旅亦帥之
職也朝廷每嚴點試之法申階級之令其倣之亦切矣今顧有教閱
視為具文坐作僅同兒戲技勇者不與旌賞怯懦者未嘗勸懲士日
驕橫類難役使於訓齊何有哉況乃有沉酣聲色之奉溺意田宅之
圖而不恤國事者矣又有營營終日專務納交書幣往來道路旁午
而安希升進者矣自謂繕治器甲脩造戰艦究其實則飾舊為新而
已爾自謂撙節財用聲稱羨餘原其自則剝下罔上而已爾乞嚴飭
將帥上下振厲申繳軍實帑者有冠至之憂磨礪振刷以求更新亦
庶乎其有用矣帝加納之
侍御史兼侍講李鳴復奏曰臣嘗觀殽陵既戰秦伯猶用孟明孟明

增脩國政重耗於民故秦雖敗而猶可以自強街亭既戰諸葛亮上疏自貶蜀主以為右將軍亮於是引咎責躬布所失於境內故蜀雖敗而猶足以有立蓋敗軍之將雖不可語勇苟因其敗而痛自懲創則轉禍為福易危為安英明之主猶不忍盡棄也邇者王師既出版圖漸歸襄詔方頒軜音繼至析北奔潰者固所當罰發縱指示者亦豈容逃陛下悉從輕典復取其任大責重如趙范者湔洗而委之臣知聖恩寬大恕之於今日將以望之於後日也抑不知范果能如孟明之所以報秦諸葛之所以佐蜀乎臣切惟范有所當戒者三一曰去私二曰禁暴三曰懲忿能持此三戒則陛下所以責任之意庶乎其無負矣范之在黄也大建弘宇日役萬夫片瓦寸釘竹頭木屑皆索之列郡號曰軍需先世之祠堂後庭之燕寢無一不備千仞之樓且巍然摩空於倥傯不暇給之時直為是騷動不遑安之舉古人匈

奴未滅何以家為似不作此等舉措也今易臨峴首號襄世官儻不封蔽芾之甘棠而惟愛紛奢之麗屋則民將不敢言而敢怒今而後皆失望矣此所當戒者一也范之在合淝也以一萬五千之夫數而責之一縣以數百里之遠地而限以三日臣曩嘗言之闕其以軍法從事而死於鋒鏑以軍期窮迫而斃於道路者又不知其幾也今之淮非昔之淮矣倉廩竭府庫空而郡縣不如昔戶口減耗雖太深冢而鄉井不如昔富者憔悴貧者轉徙而百姓不如昔身喪於接戰氣喪於奔潰而壯士健馬亦不如昔此皆范實為之儻復移其所以用淮甸者用京襄則國之元氣愈耗矣此所當戒者二也范垂涎襄閫久矣向欲藉襄兵取關陝而史嵩之各執其說近欲移隨將過樊城而揚恢弗從其令志雖憤悶猶未容發也今事任既正誅戮自由城池雖昔日之舊遊蕃漢乃今時之雜處御得其道狙詐作使御失其道狙詐作敵況主帥新易人情懷疑倘不開誠心布公道而或以私忿臨之則士氣摧挫意外之變不能保其不作矣此所當戒者三也臣於范無纖芥之隙向者韃寇犯蜀蜀之仕于朝者日扣政府乞以范為襄帥藉襄之力以紓蜀之難于時臣實與焉繼為武部貳卿臣復以列屬事之見其撫掌談兵捐軀許國未始不擊節嘉歎也今范建牙帥閫而臣偶待罪臺端為所當為以無負陛下之臨遣者范之責言所當言以無負陛下之擢任者臣之責臣之所論非但憂國亦所以愛范也願陛下下臣此章以示范范果以臣言為戒脩政恤民如秦孟明引咎責躬如蜀諸葛則京湖一面可寬陛下宵旰矣否則未也惟陛下加察

貼黄臣覩馬謖諸葛亮客友也祁山之役督諸軍為先鋒一敗街亭論罪至死蔣琬以為天下未寧而戮智計之士豈不可惜亮

曰孫武所以能制於天下者用法明也四海分列兵交方始若復廢法何用討賊亮之見遠識高如此比者楊義棄軍而走徐敏子棄軍而潰此猶為韃騎所迫也況距戰場二百餘里且有一郡之隔趙葵全子才各擁數萬兵建大將旗鼓正當整陣以接諸將一聞風聲鶴唳皆舉頭鼠竄矣此何等舉措聞諸敵境謂中國有人乎范於無罪之民則用其慘於有罪之將則用其恕按章來上此殆具文耳以析北不支為殲賊精銳以狼狽反國為歸護根本以望風先潰為急於全師彼固謂朝廷為可欺安知天下公論不可欺乎昔太祖以南方之事委曹彬且授以匣劍曰副將而下不用命者斬之潘美等失色不敢仰視范何足以語此此臣所以深為國家惜也

理宗時監察御史吳昌裔論趙范失襄陽疏曰臣聞街亭之役咎由

馬謖而諸葛亮以為咎皆在臣宜祿之敗罪由渾瑊而郭子儀以為罪實在我夫非人是己人之常情而今乃責躬自咎如此亮與子儀之盛心真可為萬世將帥之法哉臣竊見虜犯襄漢以來唐鄧首降均安繼叛光以圍破峽以燬空襄陽之陷死者幾十四萬人沙市之擾殁者以二十萬計八州殘破千里蕭條主帥是當趙范何所逃責然范時以襄州孤壘適被重圍督勵三軍迭退強虜功過相補猶有辭也近閱荆鄂所申乃知襄事大謬克敵首叛忠衛繼之糧械積聚掃蕩無遺搢紳民居被禍尤慘雖探報互有不同而證狀則不可掩矣漢水峴城金湯堅壯軍儲守具根本富強蓋自紹興名將岳飛營屯至嘉定帥臣趙方從治鏟金虜屢寇而江面不撼險以人守故也范方之子遂世其官將略帥謀耳濡心授正宜謹固封守牧御軍民以報國恩以紹先業而乃勞於驚遠闇於知人輕信狼子之心失御

祖詐之道養癰遺患引董庇身遂使變起蕭墻自貽伊戚以百年之生聚而莽為灰燼以中興之樓櫓而視為棄遺退保荆州望實俱喪人言縱不之及范視厥考能無愧於心乎臣衆之公論咸謂趙范之罪合賜褫謫別選時彥以代其軍然荆襄為天下喉襟襄州既失江陵尤為要地趣急經理卒未有人如范之才未可終棄欲援春秋責帥之誼乞賜睿斷鐫秩三等申儆諸軍使之收拾散亡以規復襄陽自效庶幾邊疆俶擾之際猶知有朝廷紀綱可杜姦萌可紓狄難謹具覺察以聞

貼黃臣自聞襄報即草劾范之章或有謂臣者曰今廟堂倚趙范以自安趙范倚北軍以自固若臺諫論列不惟招大臣之忌亦具啓邊臣之疑內外交憎禍在不測臣沈吟累日反復再思竊以為不然炎興初年國事草創張呂諸臣當國於上韓劉諸將擁兵於下功在社稷人孰敢言而趙鼎之為御史也今日而論劉光世明日而論韓世忠風采凜然曾不少恕亦未聞當時將相以為疑忌也況今戎首實在北軍趙范已正王旻之誅廟堂當議趙范之罰亟圖改紀斯乃其時若謂光將本無叛心襄城猶為我守況痼舊見覆護前非日引月深遂成再誤恐非計也用敢具錄前奏復以繳聞惟陛下亟賜睿斷施行

貼黃臣竊惟本朝三百年所與立者國法臺綱也方今事勢俱無可恃獨有憲法一脉尚存近來邊臣師師非度則併舉其綱與法而廢之矣趙范襄守退保江陵臣已具列前疏其知荆門軍朱揚祖被命乘障有城可守而乃委棄民社擅離本軍是無國法也前京湖制機趙楷以罪被劾謫官居永而乃久稽朝命未離沙津是無臺綱也方茲艱危之會正當紀綱脩明若此二人

豈容佚罰欲望聖慈將揚祖罷黜以謝軍民將楷更與鐫降押赴貶所庶幾懦者有所畏而懼兇者無所恃而侮伏候勅旨

昌裔又論趙范召命不當疏曰臣近以克敵之變焚蕩襄陽償軍之罰責在趙范欲乞貶秩三等以正邦刑且令規復舊城以責來效此蓋前代之故實本朝之彝章如諸葛亮街亭之貶韓琦秦州之罰張浚富平失律之罪載在往諜可復考也陛下亟賜俞允褫職鐫官仍其使名責以收復邊閫深識之士咸以為當但襄州一失已閱四旬而進復無期有睽衆望或謂叛亡餘卒竊據城中游哨虜兵侵軼境上京西五叛將至連衡漢東諸城皆欲徙治淮襄戶口日夜絕江人搖不寧事變叵測豈襄事蹉跌之後財殫力匱未易遽進耶抑趙范經變之餘心摧膽怯不可語勇耶臣方欲再上封章以督厥咎今月初二日伏覩邸報趙范除赴行在奏事又聞因其弟葵有請欲令代

師淮東而以己副之其於兄弟相友之情公朝叙情之意可謂曲盡矣然今事會方來正以賞刑為急方且責范經理則姑欲示以薄懲今既將范易置則所當明正嚴罰儻或釋其重負而予以召還脫諸破壞之織而置之安全之地則是功過未白賞罰無章不惟趙范苟逭刑誅亦恐邊臣聞之解體非所以宣昭國法而畏服人心也臣近見別之傑所申虎翼舊軍統制劉廷美力戰叛卒收復樊城則事勢猶有可為苟能授任得人趣急經理收拾餘燼圖復故疆則戶牖既牢上流恃以無恐不然易趙范於安地置襄陽於荒墟知以三海八櫃為防而不知以漢水方城為固唇齒寒而不問喉襟絶而不憂保障單殘藩籬淺薄無襄陽則江陵危無江陵則吳蜀中斷脫有一騎闖我長江風景日殊人心震擾其關係存亡不止一方痛二而病而已淮淝之却秦師由廟堂處分已定河北之稟唐令在朝廷處置得宜臣觀今日襄事撫御失當咎在帥臣而區處非宜則又有任其責者昔紹興初酈瓊之叛固非小變然朝廷一時處置動中事機高宗下詔罪己則曰由朕委任非人致一軍懷疑反側張浚見上引咎有曰是臣非才誤國以致上貽聖慮於是薦趙鼎居樞路而朝政舉命劉錡帥淮西而軍律張可以感動天人轉回事變益固中興百年之業只在君臣一念之間也今陛下憂形玉色而未覩撥亂之英規大臣躬率百為而未有康屯之奇策罪己之詔踰時不下何以感武夫悍卒之心引咎之章曠日無聞何以解衆難群疑之惑翫愒歲月坐失良圖蹙國殘民禍至無日臣未知其所終也臣憂深家國一再冒言而復以高宗君相之事為陛下告惟望聖慈奮赫英斷而亟圖之宗社幸甚

昌裔又論安癸仲疏曰臣竊見高宗紹興二十八年禮部侍郎孫道

夫言成都帥不可不擇宜求可以制置四川者二三人置之聖度上口當儲人以待緩急之用孝宗淳熙十年太府寺丞勾昌泰奏蜀制置使任六十州安危願於從臣中常儲一二人作安撫使上曰須是選擇可以備制置使之用者蓋蜀去天遠帥當豫儲在鄉人先事而力言之在朝廷加意而急圖之在君上申命而臨遣之此我祖宗慮遠儲材之規模寔萬世子孫之所當法也臣以蜀人待罪言路若鄉有急證而不言則為有負於鄉國朝有令典而不舉則為有欺於朝廷昨於二月妄論四事備言蜀之危狀而尤以儲帥為先伏蒙聖慈俯加容納特勅侍從出帥成都臣謂陛下此心即高宗孝宗之心也然命既頒而適反使已遣而復回議論數更臣竊未喻請惟蜀自二十年以來私意橫流人情障礙帥非奉己者不久總非挾故者不安幕府非所薦引者不得充數上下殺痛牢為一詞故民有疾病而上不知兵有飢寒而遠不達戰鬪有上功而賞不及潰敗有顯狀而罰不加若非得有威風識大體者爲將明命改紀而更新之則剝爛蠹壞之證無日而可革矣今臣遂既已罷行事往豈敢論列但儲帥一事所宜亟留聖意趙彥吶老病交侵智勇俱竭屢上祠請難以倚靠秋防臣於前疏已嘗言之況今虜兵侵犯麥積時當可殁潰兵肆橫江油賀請病事勢岌岌民不遑安而鄉人之在列者無有以道夫昌泰之言告陛下深可嘆也近聞前總領安癸仲以臣論奏擊其姦貪畏懼驅磨經營復用近則炒趙彥吶薦代于朝遠則令其子恭行交結于內甚至嗾利州士民以列功狀啖遠方布衣以助游談遣幹人李眞蒲午蒲恭以財物請求結大程官童炳魯永等以關節搬送專欲撼動言路攘竊帥權如紹興間錢良臣之事鄉評藉藉皆能言之臣與癸仲初無宿仇但見其為總餉則暴斂之興軍民胥怨為撫諭

則侵權奪利。郡縣騷然。彼為一使之任。尚且不可。況以當專征重寄。豈不誤陛下事哉。且往者辛卯之變。癸仲以漕臣先走合陽。乙未之變。癸仲以總臣舟至閬州上下。利州之民。怨入骨髓。所列功狀。決非情實。是皆假托撰造。欺罔公朝。若誤入其言而輕加信用。則蜀事去矣。此臣所以痛心疾首為陛下熟數之。欲乞睿慈特命大臣早擇帥材。臨朝親遣。以慰蜀民倒垂之望。仍將癸仲更與鐫斥。以為罔上嘗進之戒。所有幹人李真浦恭蒲午等揚言交通貨賂。汙衊清明之朝。仍乞下臨安府密加捜捕。痛行根治。追押歸。亦足以肅吏奸而昭國法。謹錄奏聞。伏候敕旨。

貼黃。臣竊見王沂公曾當國。嘗曰。恩欲歸己。怨使誰當。聞者歎服。以為名言。蓋謂大臣事業。不當欲恩避怨也。臣論安癸仲之貪。至于三矣。每蒙陛下付外從行。而政事堂中特筆不下。及下檢

正都司。又復累日不呈。不知治一貪吏。逐三五幹人。有何恩怨。而上下覆護至于此哉。臣言不行。何以分察。欲望聖慈檢臣累疏。將癸仲亟與鐫罷。并將幹人李真等根治押發施行。

淮東制置使李曾伯上奏曰。照對臣準尚書省劄子。五月十八日三省同奉聖旨。令內而侍從臺諫給舍。外而制閫各舉帥材二人者。臣竊惟薦材難。薦帥材尤難。古者方召遠矣。今夫誅三軍之帥。將以備一時之選。睿旨誕頒。猥令薦進。豈不謂觀臣以其所主。惟善能舉其類乎。顧臣本無材略。忝任藩翰。揆已不足。安能知人。為之踰月議圖。其位望之已著者。固不待微言之推轂。其聲名之未達者。則有得於共事之更歷。今有二人焉。竊見朝奉郎前知建昌軍事余鑄。自任高郵尉而留淮幕。臣見其諳軍民利害。得將士心。顒顒昂昂。有遠到器。議論本乎正大。趨向不為卑汙。臣命夏臯備泗上。承下接皆鑄贊之

最一事尤有識。往時鑄初擢第。值遣使諭蜀。道拉鑄偕行。恥於依憑。廿以吏事自見。臨節而不可奪。於此可占。今稍更霜露。才氣殆益老矣。宣義郎通判襄陽府兼京湖制機王登。昨以秭歸尉而留荊幙。臣見其曉兵家韜略。通當世務。磊磊落落。無罷軟習。政事多所規益。言議不為依阿。臣命高達復襄。左撐右拄。實登佐之。最一節尤可書。往時登以勇敢罔獲冠。詣荊閫怒。登不拜。飜然舍去。卒以儒科自奮。有志事竟成。於此可觀。今久在風寒。文理浸加密矣。是二人者。臣察之已熟。故敢為之不疑。抑又有說焉。馬廐金懷之無取。則可以臨羗。桑株田頃之弗多。則可以慕亮。如鑄如登。臣嘗與之講論及此。使遂展布。必可保其能自廉飭。臣愚欲望聖慈下有司籍記姓名。特加旌擢。以為事任之儲。如後不如所舉。臣甘坐謬舉之罰。

洪舜俞進故事曰。晉謝安以荊江二州並缺。亘石虔有沔陽之功。慮其驍猛在形勝之地。終或難制。乃以亘石民為荊州。亘伊為中流。石虔為豫州。既以三亘據三州。彼此無怨。各得所任。其經遠無競類皆如此。

臣聞御得其道。則天下狙詐咸作使。御失其道。則天下狙詐咸作敵。御之為言。以馬喻也。詭銜泛駕之馬。跅弛而難制。使王良造父御之。則鳴和鸞。逐水曲。進退伸縮。無不如意。否則駻不受羈矣。謝安之用三亘。人徒知其經遠無競。而不知駕御之術默寓乎其間。蓋石虔趫捷絕倫。既奪之上流。而石民與伊非所患。是時荊江豫三州軍事皆在安都督之下。而兵權實操於內。此首重則彼尾輕也。苟朝廷無以操其權而制其命。王彪之所謂兵權萃於一門。非深根固蒂之宜。安烏得不為之深慮哉。知此。則知八柄馭臣。雖王者有所不敢忽。

禮部尚書魏了翁進故事曰。唐憲宗時裴度上疏云。淮西盪定。河北底寧。承宗斂手削地。韓弘輿疾討賊。豈朝廷之力能制其命哉。直以處置得宜。能服其心耳。

臣謂憲宗承唐綱積弛之餘。藩臣阻兵。帥不庭授。蓋自夏蜀山東澤潞易定魏博貝衛澶相朝廷之令。所不能加。視今日之事難易絕不侔。而淮西之役。處置得宜。遂能使頑悍革心。梗強效順。信知折衝禦侮。不盡在於國勢之強弱兵威之衆寡。顧吾所以處之耳。邇來邊帥不和。朝廷但知委曲覆護。聽其相傾相軋以養成亂本。而不知所以處之。始焉淮西制閫治黃州。匪但控阨要害。實以燕總黃陂克敵一軍也。既命楊恢分閫。恢而可任邪。則軍未潰以前。其戕叛將范青。不必付之湖廣總領何元壽。軍既叛以後。其招來陳溫等。又不必付之荊鄂都統王旻。今舍

制閫不付。而付之他司。臣所未諭也。觀楊恢之詞。謂旻有誘叛之迹。繼而旻之告諭陳溫。許其來德安境內劄寨。是旻果使之矣。孟珙招納備據叛酋陳溫之詞。謂若斬楊恢。用孟馬帥為制置。則我輩就招。此何語也。而珙公然見之公狀。不以為嫌。殆有嘗試朝廷之意。是珙亦可疑者矣。恢之不能綏御以至於此。坐以虎兕出柙之罪。恢尚何詞。然使旻以誘叛而獲厚賞。珙以述叛酋之悖語而獲遷除。則是唐末藩鎮諸軍自擇主帥之風成矣。於朝廷不問可否。而一切聽之。尚謂之處置得宜乎。苟幸無事。養癰護疾。不如誘叛而受賞。襲跡而動。則長此安窮。惟陛下與二三大臣力圖之。

魏了翁又進故事曰。寇恂復拜潁川太守。執金吾賈復在汝南。部將殺人於潁川。恂捕得繫獄。戮之於市。復以為耻。還過潁川。謂左右曰。今見恂必手刃之。恂聞其謀。乃敕屬縣盛供具儲酒醪。執金吾軍入界。一人皆兼二人之饌。恂乃出迎於道左。稱疾而還。賈復勒兵欲追之。而吏士皆醉。遂過去。恂以狀聞。帝乃召恂。恂至引見。時復先在坐。欲起相避。帝曰。天下未定。安得私鬬。今日朕當分之。於是極歡。結友而去。

臣謂先儒謂賈復不戢部將。致恂戮之。使復明達。必且謝過。乃更蓄憤欲手刃之。殊無責己之意。帝當先以曲直曉之。使復慚謝。然後慰勉。聽其自釋則善矣。臣嘗謂天下之事。至理而止。理之所至。雖強暴凶狡。有不容不弭耳而帖服。苟惟無所可否。務為包含。是姑息苟且之政也。何以慰服人心邪。慶曆四年。韓琦為陝西四路招討。鄭戩為四路都部領。尹洙知渭州。狄青為涇原副都統。先是韓琦乞罷脩水洛城。鄭戩固請終役。琦還自陝

西罷役。而戩命劉滬董士廉督役如故。尹洙檄滬士廉罷役不從。遣人代滬又不受。洙怒。命狄青領兵行邊。追滬士廉械送德順獄。成詔釋滬士廉令卒城之。而洙與青不服也。善乎歐陽脩之論曰。宜命中使密諭狄青曰。滬城水洛非擅役衆。不可加罪。若臨陣而違節制。自當臨以軍法。然後又諭滬曰。汝違大將自合有罪。今以城水洛有功故赦爾。爾宜卒事以自贖。城成則又戒青不可失城以遂己。臣謂如脩之論處置得宜。君臣之情分盡矣。紹興六年。張浚以宰相都督江上。命韓世忠屯承楚。命張俊屯建康。先是浚在淮上謀渡淮北向。惟倚世忠為用。世忠辭以兵少。欲摘張俊之將趙密為助。浚以行府檄。俊不受令。浚奏乞降聖旨。而俊亦稟於朝。甲可乙否。朝廷難之。善乎趙鼎之論曰。浚以宰相督諸軍。若號令不行。何以舉事。然俊亦不可拒。乃

責浚當職行府命。不應尚稟於朝。復下浚一面專行。不必中明。慮失事幾。臣謂如鼎之論周旋曲當。則上下之體統正矣。襄黃二帥比肩事主。各效已見以圖補報。比乃聞二帥不和。幾有私鬬之慮。審其如此。則所關甚大。此在朝廷所當諭以賈寇之事。俾各釋前疑。共濟多艱。否則脉絡不通。緩急不相倚助。如國事何。惟陛下留意。

淳祐間。徐元杰進故事曰。唐德宗陸贄論淮西事宜狀曰。克敵之要在乎將得其人。馭將之方在乎操得其柄。將非其人者。兵雖多不足恃。操失其柄者。將雖材不為用。將不能使兵。國不能馭將。非止費財玩寇之弊。亦有不戢自焚之災。

臣聞人主之用天下。惟明與斷而已。明足以有別。則知人而善任使。臨事不至於乏才。斷足以有為。則操縱予奪莫不在我。舉天下英雄豪傑之士。亦莫不奔走鼓舞於籠絡駕馭之中。必如是。則將得其人。而敵國外患非所憂矣。其或平居暇日。咨訪之不廣。體認之不親。有才而不能致其用。能用而未必當其才。而況依違牽制。或昧於折姦宄之萌。姑息含容。浸失其所謂牢制之道。其始不有以杜憑陵之漸。其卒未有不至於橫潰四出而不容遏者。此春秋之季。漢唐之末。八代紛紜之際。其證具存於方冊者。不可以不察也。唐德宗猜疑多忌。有將而不能馭將。操失其柄久矣。當時九節度之師。初未嘗不惟上之令。自朱希烈、懷光之徒一失於制馭。他日之患不待智者而後知。陸贄忠於德宗者也。因論淮西事宜而告帝以克敵之要實在乎將得其人。繼之曰。馭將之方在乎操得其柄。又斷斷然反其辭曰。將非其人。則兵雖多而不足恃。馭失其柄。則將雖材而不為用。極言其弊以為不止於費財玩寇而已。諄諄然語之以不戢自焚之災。吁。贄之言亦切矣。惜乎明不足以知李晟之忠勳。斷不足以止懷光之鐵券。奉天紛擾之患有不可勝禦者。至今令人掩卷三嘆而已。吁。有明謨斜斷之光武。然後二十八將之才各隨其志。能而有以厲其中興之功。有剛明果斷之憲宗。然後善用裴度之忠。而李愬、韓弘之徒亦各得以勉其克復之效。曾謂半千載間出之真主。而俾光武、憲宗專美於漢唐之間哉。臣故於陸贄之言益惓惓焉。

寶祐二年。起居郎牟子才上奏曰。臣比者蜀事孔棘。嘗進苦言。謂宜用李曾伯鎮蜀。而以蒲擇之、呂文德佐之。則選威望重臣為荊閫以應援之。又謂宜召余晦以釋群疑。此皆順人心而為是急着。聞陛下亟賜采領。緘達大臣以待處分。陛下憂顧在西。一聞人言。即與大臣

慮之。真不翅如救頭然也。大臣自獨相以來。未嘗召臣謀一事。昨忽召臣至相府議論。反覆數刻乃罷。而指意所在。大槩只以隃制為是。大臣曰。蜀力屈矣。非通荊蜀為一。而借荊州事力以援蜀則不可。臣謂荊事力既耗於襄樊。安得更有餘力以及蜀乎。大臣又謂曾伯既受節制。事急則必須進至夔門控制。臣謂曾伯既是荊湖制置大使。豈有捨本職公事而越足過夔門之理。藉令欲往。萬一襄樊有事。曾伯將趨襄樊乎。趨西蜀乎。大臣又謂曾伯不過夔門。必遣呂文德代往。臣謂此處分終是隃制。不若曾伯正除宣撫使之專心一意經理西事。而呂文德既為曾伯所任。必與曾伯俱西也。大臣又謂曾伯節制四川。當不容辭。臣謂以制置節制制置。則受節制者自無事權。若未即召晦。則曾伯亦未肯受也。大臣又謂曾伯且未肯受節制。若正除宣撫使。豈肯受。臣謂曾伯忠義人也。使人主推誠以任之。溫詔以趣之

彼非木石。豈不能感激思奮以報上恩耶。大臣又曰。韓宣以城築未就。不欲往閬州。清叟亦有奏。令且了城築。今且命楊大淵則專任楊大淵。不可二三其說。大臣又謂今且令曾伯節制。却令曾伯自求一人留司重慶。曾伯必委蒲擇之。擇之既在劒閣。且令黃應鳳主留司。臣謂此等處分。太似繚繞。終不脫隃制規摹。恐如此施行。重慶根本之地。無重臣以鎭壓之。則事終渙散也。大臣又謂余晦嘗召曾伯未受節制。未可出命。臣謂不召余晦。曾伯決不肯受命。統兵者亦且疑惑。其爲妨礙非一端而足也。大臣又謂若召余晦而出李曾伯宣撫之命。曾伯必飄然而歸。是一日而失二帥也。臣謂余晦狼狽至此。失之何損。曾伯負當世重望。蜀之三軍百姓願得之以爲司命。曾伯忍孤人心耶。又忍孤上意耶。臣非敢與大臣辯論也。事勢至此。大臣乃一切坐斷。自以爲廟謨高深。非小臣所可及。臣至是亦不得不辯也。

然豈得已哉。或曰。大臣憂邊思職。日夜盡瘁。不可誚之不以西事爲念也。而子之言急切如此。豈大臣果有不憂蜀之過耶。臣謂大臣之過非不憂蜀也。其過在於任已見而不受盡言。好順上意。而每咈公議。此即是過而又有大過者。在於自詭知兵也。且兵豈易知也哉。如韓琦范仲淹出入邊陲。尚不能周知。今足不出廟堂之上。而謂洞知軍戎萬里情狀。隃制之說。所以牢不可破也。且兵不中御。古之道也。軍中聞將軍之令。不聞天子之詔。今軍中無鉅細悉制廟堂之上。而徒以書尺慰勞諸將。使諸將知有廟堂而不知有制閫。則知兵之說臣所未喻也。趙充國曰。兵難隃度。臣願至金城圖上方略。今西事壞爛。而使曾伯節制數千里之外。諸將下禀令於節制。上禀命於廟堂。繚繞回曲。坐失事機。則知兵之說臣所未喻也。晉侯作三軍謀元帥。趙衰曰。郤縠可。乃使郤縠將中軍。今不謀帥而謀節制。分左右三距。而無元帥以任中軍之寄。尊欲倚伏於節制。則知兵之說臣所未喻也。師六五。長子帥師。弟子輿尸。凶。今長子帥師於數千里之外。而欲使蒲擇之在邊。黃應鳳留司。既使韓宣總統。又使楊大淵代韓宣總統。則知兵之說臣所未喻也。大臣雖諳熟科條。彌縫將帥。固識兵家之節度。而自詭知兵。此則大臣之過也。昔程顥每與司馬光說話不魯放過。范純仁十件事只爭得三四件事便已。程顥曰。光只爲能受盡言。儘人忤逆終不怒。便是好處。今大臣能如光不怒人以忤逆乎。昔又有言范祖禹於司馬光必能協濟國事。光正色曰。爾謂祖禹見光有過不言乎。今大臣能如光樂聽人之攻己過乎。程顥光之所薦也。祖禹光之屬也。而辯論不少恕。有過必盡言。臣於二臣無能爲役。然不敢不取法以致臣區區愛助之微忠。欲望陛下丁寧宣諭使大臣以司馬光之心爲心。勿遂前非。勿貳後過。盡改隃制規摹。一從公

論。以救吾蜀。則尚可爲也。若辨論之間。是已見。屈羣策。而自謂如此足以隃制四蜀。則輕用余晦。以成一年之誤。若召晦不速。用曾伯又遲。其爲誤蜀將有不可勝諱者矣。惟陛下亟圖之。

度宗咸淳九年。起居舍人高斯得奏言。匈奴冒頓大入圍信。信數使使胡求和解。上賜信書責之曰。專死不勇。專生不任。寇攻馬邑。君王力不足以堅守乎。安危存亡之地。此二者朕所以責於君王。（出前漢書韓王信傳）

李廣爲將軍。出鴈門擊匈奴。匈奴兵多。破廣軍生得廣。廣得脫至漢。漢下廣吏。吏當廣亡失多。當斬。贖爲庶人。（出前漢書李廣傳）

臣聞爲將之道。能勇而持重。則進無輕脫之憂。退無逗撓之失矣。蓋將帥之病。常患於恃勇。而尤患於無勇。恃勇者輕敵取敗。固能爲國生患。然其志猶可取也。無勇則鋭氣銷沮。日淪於偷。其爲國家之禍。可勝言哉。常武之詩曰。震驚徐方。如雷如霆。徐

方震驚言貴乎能勇也出車之詩曰彼旗旐斯胡不旆旆憂心悄悄僕夫況瘁言貴乎持重也王者之師以剛屬柔以柔濟剛動而萬全所向無敵抑由此之故乎漢高帝時匈奴冒頓大入圍韓王信於太原信不能力戰而反求和於虜故高帝責之曰專死不勇專生不任謂為將之道專持必死之心則傷而反不得為勇專持必生之心則不足以任軍事信蓋持必生之心而無必死之意者宜乎虜入不支卒以敗亡也文帝時李廣擊匈奴恃勇輕敵屢為匈奴生得出鴈門則軍亡失多出右北平則一軍幾沒雖號名將所至多敗輕敵之過也雖然將者軍之司命也與其選懦寧其果銳與其為信寧其為廣擇將者可不加衡於此乎臣竊見襄陽之圍曠日持久命將救援擇非不至然氣索志偷惰見力屈大勞未艾拂清無期豈非將不勝任之所

致乎淮西之寇併擾諸郡巢穴既近倏去忽來其有能懲閉門之失者似強人意而邊遣大將自取敗衂非旁郡一捷則敵得氣去患日益深豈非將不持重之所致乎襄失之弱淮失之輕懲勸之道不可偏廢今喪師失律者既加之罪矣彼蓄縮頋望不發一矢者可不申嚴師律以少警之乎臣瑣瑣陋儒不達兵事妄陳所見少效涓塵惟陛下財擇

金宣宗時左諫議大夫張行信奏曰言自兵興以來將帥甚難其人願陛下令重臣各舉所知才果可用即賜召見褒顯獎諭令其自效必有奮命報國者昔李牧為趙將軍功爵賞皆得自專出攻入守不從中覆遂能北破大敵西抑強秦今命將若不以文法拘繩中旨牽制委任責成使得盡其智能則克復之功可望矣上善其言時方擢任王守信賈耐兒者為將皆鄙俗不材不曉兵律行信懼其誤國上疏曰易稱開國承家小人勿用聖人所以垂戒後世者其嚴如此今大兵縱橫人情恟懼應敵興理非賢智莫能往乎庸流猥衆技擢參預機務甚無謂也於是上皆罷之

元世祖時東平趙天麟上策曰臣聞剛柔並用定鴻鈞坱圠之功文武雙行為國家久長之計事兼生殺雖任于人權在聖明不宜歸下粵自理分天地位正君臣仁為文之實義為武之幹至如陰陽不測躰用無方振義武以拯人仁亦在其中矣布仁文而蕭政義其可以忘乎故仁者義之元而義者仁之宜文者武之宗而武者文之助也自黃帝以來始用弓矢帝王一揆秦漢尚功三国以至隋唐五季以及金宋四千餘載未聞一日而停兵億兆夷民常頓一人之有慶其間亦有人主自專而開泰否之門亦有委於將帥以啟興衰之變原其所致可得而言夫權者天子之神器事者在下之所行權維輕重

故非臣下之當持事各分科故非天子之宜務今國家立樞密院以維中外之軍兵以定武臣之官爵而又紫垣春色榮照六軍丹闕神威凜班諸衛而又元帥統軍招討奥魯之官萬千百十夫長之職熊羆貔虎八鎮方維騏驥鷹鸇一遵約束又如武庫武器設署于京師弓箭甲局分工于隨處此皆事行于下也凡諸事務皆申樞密以奏聞此蓋權歸于上也欽惟國家處置權事甚為明切臣竊以為將兵者將也將將者君也將兵之道有四而行之者八何謂四一曰忠二曰計三曰勇四曰果何謂八見敵勤王之謂忠聞敵制勝之謂計飽直恃力之謂勇進戰期克之謂果此蓋攻戰將兵之將也勸主上以先之謂忠嚴軍律以養素之謂計坐帷幄以折衝之謂勇不生事以希倖之謂果此蓋太平將兵之將也而將將之道亦有二焉一曰分統二曰專委當其天下已定將帥優游以備爪牙之用乃方方殊掌

位位各司無使一員獨為魁首。於是有分統之道焉。寔萬世之計也。如或邊塵暫起。命將興師。須立名將以總之。乃面告之去。閫以內寡人制之。閫以外將軍制之。於是有專委之道焉。但一時之事也。出征而不專委則節制難齊。太平而不分統則久生異事。高爵以寵之。厚祿以餌之。二術以御之。舉無遺策矣。伏望陛下立樞密院使一員。使與行省首官品秩相同。其餘員位以次班之。今適太平事無大小須得同議。無或敢專。若夫衛府司營已有蒙古監軍。不須別議。此即分統之道也。設或動兵。則暫行專委之道焉。更望陛下於中外衛府司訓亦以愚臣所述攻戰將兵太平將兵之四德。如是則事常謹於下。而權常歸於上矣。權歸于上。則人無覬覦。而民得安矣。

趙天麟又上策曰。臣聞兵者凶器也。戰者危事也。既不可不慎動矣。將軍者國家之爪牙。人命之關係。尤不可不慎選也。上古以來民無定志。聖人既作。夫統由分。自黃帝用弓矢以擒蚩尤之後。周有方叔召虎尹吉甫之徒。漢有淮陰條侯霍嫖姚之輩。趙之廉頗。燕之樂毅。楚之吳公。齊之孫子。矯矯然樹四方之英氣。昂昂然振百世之風聲。或有搴旗斬將之功。或有轉地回天之技。或有助伐罪弔民之德。或有懷佐君匡世之才。莫不感會風雲。契合魚水。休光日月。垂名竹帛。以至尚父之鷹。孔明之龍。吳漢之敵國。李勣之長城。斯皆將軍之善戰善勝者也。彼有視人如草菅而刈之。御衆如蜂蟻而驅之。行伍不整。疾徐無節。三令五申而其令不行。耀材陳策而其材不中。營壘輕而可抱襲也。甲仗利而徒無益也。故慎子為魯將軍。一戰勝齊猶且不可。白起勝趙長平坑死之人四十餘萬。柏直乳臭挂魏王之師。轅門兒戲。致李文之誚。此雖為將者之曠官。抑亦有司選將者之失也。所謂良將者。剛則法天。可望而不可干也。柔則法淵。可觀而不可入也。

去如收電。可見而不可追也。留如丘山。可瞻而不可動也。此之所謂良將。不亦大哉。然後龍韜豹略。蓄于胷中。霧卒雲師。領于麾下。赫然一怒。乘風送款者將接踵而來矣。復豈有爭鋒延刃之敵哉。是以選大將者。固非餘將之比也。驊騮騏驥。奮迅乎千里。驤騁乎九州。非噉芻數倍于常。不足以盡其能全其力。而役之以取效也。良將亦然。方其國家無事之時。遴選英雄。高爵以寵之。厚祿以食之。加之以殊禮。褒之以閑職。一旦卒然有急。則行專委之道焉。於是乃有折衝于樽俎之間。制勝於疆埸之際。心口相誓。而委命自甘。肝腦塗地。而赤心無吝者。豈非王者善將將之所致而然耶。光帝之平江南。由此故也。若夫無事之時。儼然不慮。一旦有急。則任夫肉食之流。設或犯皇家之大戒。虧冊闈之威嚴。雖復噬臍。倚嗟及矣。伏望陛下深符祖意。愛徠宏材。下詔林泉。飛書營壘。凡德足以鎮服人心。能足以超越倫類。計足以坐消變故。勇足以深入敵陣者。縣次續食。與計偕至于京師。館于上室。申之以天鑒。接之以優禮。褒之以無事之崇班。寄之以不時之大用。昔者唐有郭子儀。而身為安危者二十餘年。更望陛下凡武臣宿將功高望重德顯才清者。宜加殊遇。以勵將來。臣非不知聖朝與天齊福。啓運正隆。但宜柔遠以文。尚矣。賴於將軍之力哉。然而審事務。防變故者。聖人戒慎之。至不得不如此也。

趙天麟又上策曰。臣聞至重者將也。至險者兵也。雖係於將。而其原皆在于君也。君之任將得人。則用之如神。守之如山。馳之如風。整之如網之在綱矣。設或任非其人。則空有不可勝言者焉。故翦商魁卿乃渭水之漁公。伐夏大臣。即莘郊之農父。又豈但將門方有將哉。采葑采菲。無以下體。建官惟賢。位事惟能。詩書之言信不誣矣。若謂其累世遺業。多習其事。因而用之加諸上位。亦當因其名而驗其實。斯可也。不然。則亦猶舉渭水漁翁之手。命作太師。求莘郊農父之族。升為右相。與伊呂之姓雖同。而伊呂之才則否。求其實効。不亦難乎。非徒無益。而又害也。今國家統兵之臣子承父職。乃有不閑武藝之流。不讀兵書之輩。或充副倅。或鎮方維。或非甲以遐征。或橫戈而懸敵。幸而殊方納欵。窮寇消聲。斯皆社稷之靈威。皇王之洪福。奚有將軍之智力哉。不幸而不勝。則既損天光。又使功臣之子孫骨委邊塵。魂飄異域。士卒之命。石火風燈。流血成河。僵屍蔽野。不亦哀哉。究而言之。皆不審於用將故也。況於兵有六險。一天。二地。三敵。四間。五使。六卒是也。夫祁寒暑雨。疾風迅雷。捲屍塞之沙。飛熒陽之氛。或鬱積之氣蒸為霧靄而蔽天。或愁恨之情騰為水雹而截路。此天之險也。夫長山峻嶺。深谷茂陵。或九折以升天。或千盤而入井。卒徒罷倦。輜重艱難。伏百萬之敵於數步之間。降三六之軍於九天之上者。此地之險也。夫佯奔詐北。驟趨行。或當前而就後相襲。或在左而於右夾出。彼衆我寡。彼強我弱者。此敵之險也。夫縱橫之子。捭闔之徒。術惑之言。迷冥之語。似忠而復佞。似實而還誑者。此間之險也。夫交兵之際。行人在中。出言一失。而難救其端。奉簡誤投。而遂形其釁。至有泄吾機事。諜彼逆流者。此使之險也。夫狹風偶扇。孽事由興。機不定兮兵事危。令不行兮人意離者。此卒之險也。冒六險而行。尚非良將。誰能當之。夫良將有四術。一曰定心。二曰飽氣。三曰策勝。四曰身鬬。故疾雷破山。飄風振海。而不驚。駕士鼓卒。覩衆猶寡而不懼。隨賈不能說。廉李不能攻。見小利而不趨。存大端而自厲。所謂定心之術也。養威蓄銳。飲直行仁。承王命。徂征。禦奸風而坐鎮。其英可以上凌紫氛。其信可以下孚敵國。所謂飽氣之術也。檄至而風從。旗指而草靡。洞穰苴之方寸。吐陳平之奇。所謂策勝之術也。挾匹夫之勇。而氣肅勍敵。踴七尺之軀。而威加殊域。着仁貴之三箭。庚公之乘矢。所謂身鬬之術也。臣謂得此四術之將。而六險不足以為險矣。非此四術之將。而未有不險之地也。伏望陛下惜禁衛九重之威。保功臣子孫之命。無致外敵之得利。勿令中土之罹殃。凡武臣九品以上子孫弟姪。當承襲者。皆令樞密院試其實能。然後量加以職。若然。則天威永固。民命更生。下無趙括之危。上享軒皇之逸。抑使武臣之子孫。知天官之不可濫得。則盡心習其家業矣。

歷代名臣奏議卷之二百四十一

歷代名臣奏議卷之二百四十二

馬政

宋太宗端拱元年國子博士李覺上奏曰臣聞冀北燕代馬之所生胡戎之所恃也故制敵之用實資騎兵為急議者以為欲國之多馬在啗戎以利使重譯而至焉然市馬之費歲益而厩牧之數不加者蓋失其生息之理也且戎人畜牧轉徙馳逐水草騰駒游牝順其物理由是浸以蕃滋也暨乎市易之馬至于中國則縶之維之飼以枯槁離析牝牡制其生性玄黃虺隤因而減耗宜然矣又不同中國之馬服習成性食枯芻處華厩率以為常故多生息日無耗失古者用賦之法六十四井出戎馬四疋車一乘牛十二頭天子畿方千里提封百萬井除山川城池邑居苑囿三十六萬井不輸賦外六十四萬井出戎馬四萬疋兵車萬乘此賦馬之數也諸侯大者馬四千疋車

千乘故稱千乘之國卿大夫者馬四百疋兵車百乘故稱百乘之家則天下之廣諸侯之衆戎馬之賦多矣是以唐堯暨晉皆處河北而北虜不能為患由馬之多後世戎馬悉從官給是以匈奴歷年為患由馬之少也故晁錯說文帝勸農功令民有車騎馬一疋者復卒三人詔免三人甲卒之賦也至武帝七十年間衆庶街巷有馬千百成羣聚牝者擯而不得會聚此則馬皆生於中國不關市之於戎也今軍伍中牡馬衆多而孳息之數尤鮮者何也皆云官給秣飼之費不充又馬多產則羸弱駒能食則侵其芻粟馬毋愈瘠養馬之卒有罪無利是以駒子生乃令飲灰而死其後官司知有此蠹於是議及養駒之卒量給賞緡其如所賜無幾而尚習前弊今切揣量國家所市戎馬直之少者疋不下二十千往來資給賜予復在數外是貴市於外夷而賤棄於中國非理之得也國家縱未暇別擇牝馬以分畜牧宜且減市馬之半直賜畜駒之將卒增為月給俟其後納馬即止焉則是貨不出國而馬有滋也大率牝馬二萬而駒收其半亦可歲獲萬疋況復牝又生駒十數年間馬必倍矣昔猗頓窮士也陶朱公教以畜五牸乃適西河大畜牛羊于猗氏之南十年間其息無筭況以天下之馬而生息乎

仁宗慶曆四年知諫院余靖上奏曰臣伏覩國家自來於河東陝西沿邊等處估買蕃馬近自西賊不庭已來買馬數少不足國用此蓋中國久癈馬政不能蕃息至于專仰戎狄之馬以成此弊臣謹按詩書已來中國養馬蕃息故事乃知不獨出於戎狄也秦之先曰非子居犬丘好馬及畜善養息之周孝王召使主馬於汧渭之間馬大蕃息犬丘今之興平汧渭今之秦隴州界也周官校人之職春執駒以養血氣夏攻以防蹄齧衛文公居河之湄以建其國而詩人歌之曰

騋牝三千不言牡而言牝則牝為蕃息之本也衛則今之衛州也詩人又頌魯僖公能遵伯禽之業亦云駉駉牡馬魯今屬兖州左氏云冀之北土馬之所生即今鎮定并代皆其地也月令季春之月乃合累牛騰馬遊牝于牧仲夏之月遊牝別羣則縶騰駒亦秦人之馬政也漢之太原有家馬厩一厩萬疋又樓煩胡北皆出名馬即今之并嵐石隰界也武帝出攻匈奴官私馬十四萬疋於漢之馬最為多矣唐以沙苑監最為宜馬即今之同州也又案唐自正觀至麟德中國馬四十萬疋開元中置七坊四十八監半在秦隴綏銀則知古來牧馬之政脩之由人不在於地臣切見今之同州及太原已東相衛邢洺皆有馬監其餘州軍牧地七百餘所伏乞特降敕旨於羣牧使副都監判官等內差一員往監牧舊地相度水草豐茂去處揀擇孳生堪牧養馬專差人員牧于四遠牧放一依周官月令之法務令蕃息

別立賞罰以明勸沮。庶幾數年之後。馬畜蕃盛。
嘉祐五年。羣牧使宋祁上劄子曰。河北孳生監馬母數少。逐年有妨
孳配。勘會麟府州馬最宜孳生。催先降條貫。買其馬作五等收買。第一
等一十八疋端。至第五等各減一疋。後來宣命於逐等上例各減絹
二疋。第一等馬見今只有十六疋端。蕃漢興販人戶別無利潤。致騍
馬轉少。竊恐諸監每年漸見孳茂闕額。有誤將來支配諸軍。本司今
相度其麟府州所買五等騍馬。欲乞權於舊條未經減絹收馬五等
價內。將第三等以上各特添絹二疋。第四第五等各特添一疋。仍令
逐場買馬。及三五十疋旋計綱上京。赴估馬司交割。從本司再行揀
選。堪為好馬雜馬兩等。轉送孳生諸監。添助蕃息。臣等又見漢武帝
時為將軍騎馬少。乃令天下諸亭養馬。歲課孳息。即知權宜立法。古
今一體。如將來諸監母馬數足。即卻依元降條貫施行。一則招來興
販人戶。將好馬中官。二則三數年內孳生駒口漸多。準備緩急支塡
戰馬無闕。取進止。
宋祁又上奏曰。臣頃年為羣牧使。其時曾擘畫欲於諸監市母馬。合
見馬共成五七萬疋。二歲大約得駒五萬。不出五年。得二十五萬。就
中破死損十分之二。得駒二十萬。於二十萬中選出負馱馬十分之
五。得戰馬十萬疋。以為中國有此馬。可與夷狄相馳逐。使聞風畏威。
不敢有闚邊境意。是時西事已定。朝廷求安便。忽略此事。有司指擿
臣奏以為迂闊。但言放牧之地。侵損民間膏腴田疇。有損無益。於是
寢廢。且馬者兵之本。倉卒求之不可得。若無事時歲月孳養。臨事乃
無闕乏。臣欲乞選左右名臣。議羣牧養馬法。收還牧放舊地。多列廄庠。
檢詳新舊條約。擇取便宜。如臣所請。具為新制。及罷河東陝西馬禁。
許民間與蕃落自相貨買。及許天下民養馬。敕州縣不得計在貨財
之限。其牧馬臣且以十年為期。若歲歲孳養。當得二十萬疋。而天下
百姓所養馬亦益多。假令西北二邊敢為風塵。則我兵足馬健。與之
角戰。誠不足畏。今天下馬軍大率十人無一二人有馬。而所習伎藝
與步兵不同。緩急不堪移充步人使喚。今軍人無馬。是國家虛養此
兵。有名無實。臣舊知牧馬數不多。於中選取戰馬。即又數目益少。此
事最為用兵切務。伏乞朝廷深以為意。
宋祁又上奏曰。西北二虜所以能抗中國者。惟以多馬而人習騎。此
二虜之長也。中國馬少。又人不習騎。此中國之短也。每至賊來作過。
則朝廷常以所短敵所長。是以十戰十負。罕有勝理。今議者但欲益
兵破賊。不知無馬且不能為兵也。用兵七年。終不聞講牧馬之制。此
寧朝議未之思乎。今羣牧司管河北凡十監。其五監畜孳生馬。五監
畜大馬。然未嘗有數登十萬疋者。何其弱也。今河北洺衛相北京五
監之地。皆水草甘涼。可以蕃息。但官非其人。不能盡法牧養。何者。馬
數雖增未之賞。馬數雖耗未之罰。急則括買民馬。苟以充數。既不可
用。徒有芻秣之費。臨之邊境。未戰而凍死者十八九矣。又聞河北洺
州廣平舊有三監。今惟一監存焉。欲望朝廷差有智識近臣。援求舊
地。復為三監。澶州舊有東平監。水草地氣與洺相一體。亦可與復。此
二監以合河北六監。通為十監。每監以一萬疋為定額。如國家牧養得
人。則五年之間可以自養。及額餘數。則可以分入河南鄭許西京三
監。及在京騏驥院天駟天廄諸監坊矣。同州沙苑一監。地尤宜馬。今
卻只畜大馬。不令孳育。殊乖所宜。欲望朝廷許將父草馬五千。就沙
苑分左右兩監。委官益占官地。謹加牧放。五年之間。亦可得數萬。七
年之後。可支陝西緣邊諸州戰馬之闕矣。
歐陽脩上奏曰。臣所領羣牧司。近準宣差吳中復王安石吳陶等同

共相度監牧利害事竊以國馬之制置自祖宗歲月既深官司失守積習成弊匪止一時前後因循重於改作今者幸蒙朝廷因言事之官有所陳述選差臣寮相度更改臣以謂監牧之設法制具存條目既繁弊病亦衆若祇坐案文籍就加增損恐不足以深革弊源如欲大為更張別立制度則凡於利害難以遥度必須目見心曉熟於其事然後可以審詳裁制果決不疑蓋謀於始也不精則行於後也難久况此是臣本職豈敢辭勞欲乞權暫差臣仍於吴中復等三人内更差一人與臣同詣左右廂監牧地頭躬親按視至於土地廣狹水草善惡歲時孳牧吏卒勤惰以至牝牡種類各隨所宜棚井溫涼亦有便否將何以致馬之耗減今何以得馬之蕃滋既詳究其根源兼旁采於衆議如此不三數月間可以周遍然後更將前後臣寮起請與衆官參詳審處與其坐而遥度倉卒改更其為得失不可同日而

論也臣又竊思今之馬政皆因唐制而今馬多少與唐不同者其利病甚多不可悉舉至於唐世牧地皆與馬性相宜西起隴右金城平凉天水外暨河曲之野内則岐豳涇寧東接銀夏又東至於樓煩皆唐養馬之地也以今考之或陷没夷狄或已為民田皆不可復得惟聞今河東嵐石之間山荒甚多及汾河之側草地亦廣其間草軟水甘最宜牧養往時河東軍馬常在此處牧放今馬數全少閑地極多此乃唐樓煩監牧地也可以興置一監臣以謂推迹而求之則天池三監之地尚冀可得又臣往年因奉使河東嘗行威勝以東及遼州平定軍見其不耕之地甚多而河東一路山川深峻水草甚佳其地高寒必宜馬性及京西唐汝之間久荒之地其數甚廣欲乞更下河東京西轉運司差官就近於轄下訪求草地有可以興置監牧處如稍見次第即乞朝廷差官與羣牧司官員同共往彼踏行擘畫若可以興置新監則河北諸監内有地不宜馬處却可議行廢罷惟估馬一司利害最為易見若國家稍捐金帛則券馬利厚來者必多於其多中時得好馬若有司惜費則蕃部利薄馬來漸少兼亦好馬不來然而招誘之方事非一體亦須知其委曲欲乞特差羣牧司或禮賓院官一員直至秦州以來體問蕃部券馬利害凡此三者雖暫差官比及吴中復檢閱本司文字講求商議未就之間已各來復可以參酌相度庶不倉卒輕為改更如允臣所請乞賜施行

六年歐陽脩為樞密副使又上奏曰臣為學士日蒙充羣牧使朝廷以馬政久弊差吴中復等與臣共議利害欲有改為未見得牧地善惡多少難為廢置欲乞差官先且打量牧馬草地次臣遽蒙恩擢在樞府所有牧馬利害商量未了事件臣有愚見方欲條陳今聞諸監所差官各將前去竊緣監牧帳舊管地甚多自來界至不明官私作弊

積久為民間侵占耕種年歲已深昨已差高訪等根括打量人户多稱父祖世業失却契書無憑照驗但追呼搔擾而已今若更行根究必亦難明徒為追擾未見其利民先被害臣欲乞令差去官只據見在草地逐段先打量的實頃畝明立封標界至因便相度其地肥瘠宜與不宜牧馬其廢置更改候逐官回日令相度牧馬所據利害擘畫申奏其已為民間侵耕地土更不根究蓋以本議欲以見在牧地給與民耕豈可却根究已耕之地重為搔擾至於民間養馬等事利害甚多臣當續具奏聞其不根究侵耕地土一事伏乞先賜指揮

仁宗時中書舍人丁度言祥符天聖間牧馬至十餘萬其後言者以天下無事不可虛費遂廢八監然猶秦渭環階麟府文州火山保德岢嵐軍歲市馬二萬二百匹補京畿塞下之闕自西鄙用兵四年所收三萬而已馬少地閑坊監誠可罷若賊平馬歸則不可闕今河北

河東京東西淮南皆籍丁壯為兵請令民畜一戰馬者得免二丁仍不計資產以升戶等則緩急有備而國馬蕃矣

神宗熙寧五年樞密使文彥博論監牧上奏曰臣聞國之大事在祀與戎戎事之中馬政為重馬之有牧其來尚矣禹貢之萊夷作牧周官之牧田任遠郊之地宣王中興之主則有考牧之詩僖公遵伯禽之法則有在坰之頌蓋日中而出所以遂物性而生息也漢唐之盛苑監實繁祖宗以來修舉甚至七八十年蒐補取用源源不絕熙寧元年陛下特降詔旨剏置南北監牧使設官振職其制益嚴若有未至自當增修而近時議者多不深究本末熟詳利害乃欲賦牧地與農民斂其租課散國馬於編戶責其孳息即不知所賦之地肥瘠皆可畊乎所斂租課豐凶皆可得乎復不知戶配一馬縶之維之皆可蕃息乎既不蕃息則後將可繼乎或謂監牧之馬率多少弱既非齊

力難勝具裝且馬既蕃庶必有駑良量材用之所得不少張萬歲典牧最為盛多以至馬直一縑若計所直豈皆良馬又謂緣牧所費殆將不貲歲月計之有損無益臣嘗謂計河北監戶歲入牧地之租可充吏兵之費所不足者亦無幾焉唯河南諸監所入尚少漸增地利亦可自充如此則仰給度支者不多所收馬課亦不少大率草馬二萬歲收六課為駒一萬二千三歲之中若失其半猶得六千駑良相參直十五千是歲獲九萬貫此就小計之所得不少矣今若取一時浮淺之議則廢之甚易他時却欲復祖宗之制則興之甚難坊監廐庫棚庌井泉官廨營房已八十年經營成就若廢罷之後蕩然一空却欲復之功費愈大如向時廢罷茶法自後議欲復故而園戶彫殘場務破壞言者雖衆竟不能復必若采發置之言即乞委詳練典故素知馬政臣寮博求利害而審處之利百則變乃無後悔臣總領

國馬于今八年雖未及蕃息而頗究利病伏望聖慈裁察

六年文彥博又論保馬曰諸州郡坊郭第四等戶縣郭第三等鄉村第二等以上戶生計從容皆須養馬以代徒步之勞其物力高則養馬愈多此皆不待官中勸率召募固已家有而戶畜矣若先時更使等第畜馬足以匹數須壯嫩及格尺者居常任民騎出入歲時亦不得勾點煩擾一旦官中須要給以元契之直可旦暮而集人自樂輸比之急暴而科買利害不侔矣今四等以上人戶類出役錢所出役錢之多悉在上等人戶今若蠲減上等租稅則下等戶所出不充顧役之用必見闕事民既知緩急必取馬於民安得不家牧戶畜以應一日之督責哉丁產簿法以三歲一造今非其時又頻歲災傷民流徙者衆今若非時重造徒成搔擾若伺候至豐年行之未晚

哲宗時陳次升奏曰臣伏覩近降朝旨給牧地召人戶情願養馬事

條約雖已詳備然元初只緣知邢州張赴同任縣堯山縣知縣等起請指揮河北東西京東西京西北河東路提刑司府界提舉司逐有此施行更不令轉運提刑司相度及只是因邢州以謂置監養馬不便其餘路並依此施行馬為國用所繫甚大措置之始宜在詳審今赴之所見只是一州利害其他路分或有不同今朝廷不令提轉立定條制令河北河東西五路依此施行臣切慮諸路各有利害為是朝廷不令監司相度又是已行之命不敢申禀兼赴既有申奏以人戶請佃牧地為官養馬人戶或有不願赴以州郡之勢須令投狀則法行之始或有不便必為民害臣聞輿議以謂牧地鄰近人戶若得膏腴之地必有願者若去牧地稍遠雖得其地難以往彼耕種必非所願兼一頃之地所直不多馬或倒死其馬及官格尺者不下四五十緡此恐人又非所願兼牧地先是已有人承佃今不願養馬遽然

奪去必致失所。臣欲望朝廷明降指揮。令諸路若有利害不同。許令申禀州縣。若抑令人户作情願投狀養馬者。令監司按劾施行。法行之後。永久無弊。

高宗建炎元年。尚書右僕射李綱上言曰。臣竊以馬之於軍旅。其用大矣。而馬政之不修。未有如近年者。自監牧之法廢。而為給地牧馬。州縣行文具以塞責。民間養飼。瘠以充數。而茶馬司惟以博易珠玉為事。無良馬焉。燕山陷沒。比邊之馬又皆為夷狄所得。夫金人專以鐵騎取勝。而中國之馬耗亡如此。何以禦之。臣頃在密院。嘗獻言請括買天下之馬。及許客人結攬陝西綱馬赴京師。其說謂凡養馬者。必是上户及吏人醫官僧道之流。立三等價下州縣括買之。未為厲民。而旬月之間。數萬之馬可具。足以濟一時之乏。又陝西綱馬管押至京。餵養不時。死損過半。令客人結攬。則違者必多。又請復監牧之

制。而朝廷許令相視監牧。結攬綱馬。如所言。獨不行括買之令。靖康末。金人既破京城。首下令取馬。違者誅族。凡得馬萬餘疋。而京師之馬為之一空。是吾所有者不能用之。而反以資敵。得不為失計乎。今行在之馬不滿五千。可以披帶者無幾。權時之宜。以奮張軍容。非括買不可。宜先下令。非品官將校。不許乘馬。然後詔州縣籍有馬者。以三等價取之。嚴隱寄之法。重搔擾之禁。奉行有緒。稍激勸之。則數萬之馬尚可得也。又命陝西四川茶馬司益市馬。而廣西鄰特磨道。亦有可市者。募客人結攬送納。以給諸軍及分給沿河江淮間帥府要郡。然後舉行祖宗監牧之制。擇官委之。待以歲月。則馬不患乎不蕃。庶可以足軍旅之用。

紹興六年。翰林學士朱震上言。乞諭廣西帥臣。凡市馬當擇謹厚者任之。毋遣好功喜事之人以啓邊釁。蓋異時南北路通。則漸減廣西市馬之數。庶幾消患於未然。詔從之。

高宗時。呂頤浩奏曰。臣世為北人。聞諸宿將皆曰。平原淺草可前可卻。乃用騎之地。騎兵之一。可禦步兵之十。山林川澤。出入險阻。乃用步之地。步兵之一。可禦騎兵之十。自金人南牧以來。中原之兵與金人相持。未交鋒而輒奔潰者。以平原曠野。虜人騎兵衆而中國騎兵少故也。昔馬伏波於交趾得駱越銅鼓。乃鑄為馬式。因表曰。行天莫如龍。行地莫如馬。遂鑄銅馬式於魯班門外。號曰金馬門。又西漢元狩年以後。不復擊匈奴者。以漢馬少故也。恭惟陛下臨御以來。留意馬政。然關陝諸州半陷戎虜。四川道路通塞不常。戰馬難到行在。惟廣西一路。與西南諸蕃接連密邇黎雅等州。日近綱馬節次到來。諸軍頗以調撥備出入行陣。欲望明詔有司。於邕州置買馬司。差有風力臣僚一員充提舉官。收買綱馬。契勘四川秦鳳路祖宗以來以茶

易馬。故川路各有茶馬司。竊聞西南諸蕃貴重中國綃帛。每歲不惜十萬縑。可以買馬數千匹。今欲禦捍彊敵。經理中原。較量輕重。十萬縑或可輟那。所有起發綱馬事。乞命有司採訪秦鳳路茶馬條法參酌施行。

中書舍人洪遵論買馬博易劄子曰。臣攝承密旨。竊見川路西和階文州買馬。以歲計之。凡七十五綱。為馬三千七百五十疋。十數年來茶馬司以茶綃博易珠犀等物。以致歲計價乏。不免低價買馬。不擇駑驥。惟務足額。發綱之時。已有病者。況於陸行萬里。經涉歲月。比其至此。太半瘦瘠。曾不旋踵。即有損斃。不惟押綱吏卒空靡俸賜。徒有買馬之名。而無實效。雖近降指揮。住罷博買他物。竊慮循襲未革。臣愚欲望聖慈戒飭茶馬司。今後專一收市騏駿。臨當發時。常切察視。無令胥吏並緣為姦。以病馬充數。庶幾上駟沓來。可備廄閑。不致[illegible]

費官錢。盧增道路供億之煩。所有黎叙長寧南平等州及廣西邕州應干買馬去處。徑撥赴諸軍者。亦乞一例施行。

洪遵繳羅殿蕃進馬指揮。又上言曰。臣竊見比年以來。川廣收市騏駿以給內外諸軍。未嘗有闕。今來羅殿蕃刱乞貢馬。於祖宗故事元未之有。此固陛下聖德休明。遠人慕化。樂輸方物。以示懷德。書之史策。誠為太平盛事。然臣悾悾愚見。竊有所疑。敢摭其五事為陛下言之。邕州舊與交人為市。每歲得馬。分給江上諸軍。雖於諸道頗為煩費。然循習既久。民以為常。今若刱於宜州受羅殿馬。又須於邕馬不經由處。合置新驛。州縣受弊。其事一也。臣詢之知馬者。云馬出夏國者為上。部落者次之。茶馬司所買熙河馬又次之。川產杜生馬為下。至於南蕃所產。雖外貌權奇。其實昂首而不能俯。每行三數十里。輒已喘乏。徒為觀美。則可以之戰陣。則又遠出川馬之下。其事二也。邕

州所市交馬。積有歲年。金帛酬之。不為不至。然蠻人無厭。小不如意。則愆期邀價。多以物貨濫惡為辭。今羅殿蕃自云。遂年亦賣馬於橫山。近與毗那國為仇。道路梗塞。遂由宜州。此一偏之說。固不可信。安知其非交趾屬部。或與之有隙。借重中國以自救解。或交人欲生釁詭為此計。異日得以歸曲於我。其事三也。呂愿忠帥廣西。貪功生事。招誘南丹州莫氏使之納土。當時朝廷醲賞。過於軍功。而種類未補官者。尚百餘峒。至今紛紜不已。今羅殿蕃欲入貢。乃因南丹遣山子效用曉報。則獻馬之計。豈其素心。將來恃恩望報。恐非莫氏之比。其事四也。邕州守臣例於銜內帶安撫都監及提點買馬公事。置司設屬。每歲買馬。帥司又遣幹官同涖其事。所費不貲。宜州守光盛志在倖賞。若遂此請。將來必乞與邕為比。又增遠方之害。其事五也。且羅殿所稱。曾於咸平二年。元祐二年以來。自南平軍入貢。臣恭考國朝會要及實錄。是二年間。只有張羅二蕃入貢。初無羅殿之事。臣竊詳今來指揮。令廣西帥憲司共議。如於邊界不致生事。及宜州置場委有利便。方許保明。可謂洞究利病。然臣竊恐邊隅之吏。不務遠慮。乘朝廷指揮。傾嚮其說。必遣人深入蕃界。啗以厚利。今日以往。馬必踵至。將來雖欲為之限約。固不可得。宜州多事。必自此始。正使歲得千馬。何足以為天廐重輕。而令南方久安之地。遂貽無窮之弊。此臣所以私憂過計不能自已。伏望聖慈特軫宸抱行下宜州。只依廣西經畧司所陳。今後遇羅殿蕃馬入界。如願中賣。則令就邕州橫山寨貿易。或係進貢。則須令齎祖宗以來所獲告勑牌印之類。辯驗即許照舊例從南平軍路入貢。所有前件錄黃。臣未敢書名行下。謹錄奏聞。

孝宗時。四川宣撫節度使虞允文上言曰。臣聞用兵不可以無馬。市馬不可以非其地。有百萬之兵。無馬以壯軍勢。而用其勝力於追奔

逐北之際。與無兵同。有十數萬之馬。不生其水土。不馴知其人心。服習其道里。與無馬同。臣嘗考古驗今。而得其明効者。如漢任尚之討西羌。屯兵二十萬。曠日無功。虞詡以為兵法走不逐飛。而虜皆用騎。來如風雨。去如發弦。我以步追之。勢不相及。若市馬萬騎。則追尾截疾。而大功可立。尚用其計。以有丁奚城之勝。如秦晉用鄭小駟。慶鄭以為乘異產以從戎事。及懼而變。將與人易。晉侯弗聽。以有韓原之敗。況今日之事。虜以多馬為強。我以無馬為弱。強弱之所以異。三尺之童皆知之。馬政其可以不議哉。國家盛時。陝西買馬歲以四萬匹為額。自失熙秦之地。始措置於文黎二郡。蓋用不得已之策也。以二十年計之。銀幣茶錦之費。无慮數千萬。而馬之出蜀。未死者有幾。至分隸諸軍。而存者今又有幾。自去年夏秋盡得熙秦故地。而蕃戶之馬可誘而致。矧人相陛下恢復之機也。若歲得一二萬匹以佐軍用。

其視文黎所得孰優孰劣。馬綱之所歷道路孰遠孰近。而馬之死於半途者又孰少孰多也。臣愚以為若損文黎州馬額之半。而藉其全幣之費。而盡力於西邊之馬。則文黎之責輕。而可以揀擇熙秦之得多。而可以為百戰百勝之實用。昔唐魏元忠謂胡虜恃馬力以為強。君增價市之。乃是損彼之強。為中國之利。王忠嗣為河西隴右節度。高估馬價。而諸胡爭賣馬。由是胡馬少。而唐兵益強。如二臣者。可謂知重輕矣。臣比聞虜載銀二十萬買馬於西邊。伏望聖慈特出睿斷。早賜施行。不獨本朝兵勢賴以盛強。而亦潛消西北二虜之患也。

荊湖北路安撫使張孝祥上奏曰。臣竊惟中興以來。馬政不脩。歲歲博買。其費巨億。而諸軍之馬愈更乏少。此則牧養之道未得其宜故也。今朝廷方議置監。欲還祖宗之舊。若措置得宜。則省國用。振軍威。制夷狄於是乎在。蓋政事之大者。不可苟且。當試而為之也。今若諸

軍分養。則與前日之撥綱馬略同。諸軍苟於得馬。不復為經久之計。一二年後。稍有折閱。則又將以辭自解。謂荊襄非宜馬之地。如此。則東南長無牧養之利。必資諸蠻而後可耳。臣愚欲望聖慈特出睿斷。於近臣中不問文武。擇知馬者一二人。令行荊襄淮南境中。與諸軍帥守臣。察深圖地土水草之宜。國朝以來所置監牧已行故事。參酌去取。具以上聞。取自聖裁。專置一司。付以事權。嚴為黜陟之科。責其成功。如此。則宣撫司所買四千匹。不為虛費。假以歲月。朝廷真得牧馬之用。須至奏聞者。

敷文閣待制四川置制使范成大奏曰。臣勘會趙掞劄子。乞綏黎州一年馬額。令臣相度以聞。臣自到官以來。蜀人言黎州買馬利害者甚多。大抵與趙掞今來所陳相類。事理明白。衆論如一。委是可行。但慮議者必謂祖宗時西北馬多。不賴西南夷馬為用。故止以為羈縻蠻夷之術。與今日事勢不可。臣稽之蜀人之論。則以為權免之額。亦以不急。使蠻人不得快以為重。反邀中國。而蠻人所須茶絲之類。皆是朝夕急須。其所產馬。不賣之中國。將安所用。故不患其馬之不來。正如趙掞之說。臣竊謂衆論既皆如此。不若且用其說。容諭提舉買馬官權與不拘歲額。若蠻馬自如常年而至。有司既不怵於殿最。可以揀擇良駿。其價亦可少平。恐亦未必不及額也。年歲之外。果見成效。則遂可久行。邊州稍重。外侮漸消。於制御彊壓蠻夷之術。至為利便。萬一緣此馬不時至。別議改法。亦不為晚。更合取自睿斷施行。

知夔州王十朋奏狀曰。准樞密院劄子。樞密院奏知夔州張震申。所有四川宣撫司措置川蜀馬綱改移水路事件。委有未便去處。申乞詳酌施行。奉聖旨除打造舟船外。其餘事件並令吳璘管辦。其舟船令王某疾速應副。臣與勘馬綱利害。前知夔州張震及諸司論列已

詳。其中利害之大者。莫過於財與力。二者皆出於民。臣自入境以來。切見夔峽之間。土狹民貧。面皆菜色。衣不蔽體。非江浙荊湖諸路之比。為監司守令者。儻能皆勞心撫字。無一毫之擾。猶恐不能活之。況令馬綱之害極重。財力必當大困。臣濫居牧民之任。不敢不以實聞。今來茶馬司及宣撫司所買馬。每歲計一萬八百餘匹。約計二百一十六綱。本州若循環起發。合用船三十餘隻。每隻打造約費八百餘千。馬船易壞。勢須一年一易。計一歲之費。為錢二萬六千緡。自夔至歸水路二百四十里。每綱梢工水手約九十人。較一歲之終。為工一萬八千人。每人口食顧錢約五百文。上下水約一十五日。通一歲計之。當費錢十二萬貫。草料批劵亦不下二萬餘緡。較一歲之間。費於馬綱者。蓋十五六萬貫矣。本州三縣所管梢工水手。不滿四五百人。若循環不替。所少猶半。必當役農民而為之。而夔之民力既困如此

若又從而役之。必有流離轉徙之患。本州每年財賦之入。不滿二十萬。合起上供折估經總制及官兵請給。皆在其內。今馬綱之費。併於所入之賦。雖曰令吳璘管辦。豈能償所費十之一二。財非天降地出。又必取之於民。而夔之民貧如此。財何自而出耶。以一州推之。則一路諸路之困。又可知矣。况水路正行瞿塘灔澦之險。又有惡灘二十餘節。水勢湍急。濆漩頗多。馬性善驚。聞灘聲洶湧。必致跳躍不可控馭。撼動舟船。必有覆溺之患。臣昨在饒州親見馬綱經過涉咫尺之渡。中流遇風。十死八九。况千里之至險耶。若舍舟用陸。則自夔至峽。皆重崗複嶺。上倚絕壁。下臨斷崖。行人攀緣。鼓慄汗下。遇雨泥滑。尤不可行。非特有害於人。兼亦非馬之利。若欲削平險阻。便馬之行。非惟重困民力。又恐有害控扼之險。非所以保護全蜀也。臣所論利害。皆是目見。苟坐視一路生靈之困。不以奏聞。則上孤陛下任使之意。

將負不忠之罪矣。伏乞聖慈特降睿旨。令馬綱復行舊路。以安遠人。不勝大幸。

十朋又上疏曰。臣伏蒙聖恩。頒賜御劄。謂軍機之務。馬政為先。臣仰見陛下居安慮危。不忘武事。修車馬而備器械。其欲如周宣復古之時。又謂撐駕之役。並用廂禁軍。貼以吳璘正兵。皆不科擾於民。臣又仰見陛下仁心愛民。如武王之不忘遠也。又謂回船泝流。頗費程限。須多作番次。免致稽滯。又令臣身率以先。共圖成效。又足以見陛下雖居九重之深。洞見四方萬里之遠。閭閻疾苦。無不備知。不以臣為愚不肖。不足以備使令。戒敕丁寧。俾輸犬馬之效。况臣蒙誤恩。擢居帥閫。固當身先卒伍。不憚勤勞。然臣螻蟻之誠。不敢隱默。馬綱改行水路。為巴蜀之病。臣前已具奏。及監司帥臣皆已力言之。不敢再瀆天聽。若夫撐駕之役。易民以兵。道路皆知陛下之仁心。以臣愚見參酌與議。則亦有未便者。蜀江號天下之至險。與其他水路大不相侔。瞿塘灔澦及諸惡灘。密如竹節。巴峽之民。生長於水者。以舟楫為家。捎濆撇漩。欹傾側拖於波濤洶湧之間。習知水道之曲折。操舟若神。猶不免時有覆溺之患。彼卒伍輩自少長縣湼。坐食軍門。與水性素不相諳。一旦強以牽挽。必至觸石破碎。人馬俱斃無疑矣。又三峽東江。斷崖絕壁。挽舟者無所寘足。攀緣而過。如猿猱然。兵卒豈能為之。况宣司正兵皆西人。尤不善操舟。雖貼無益。馬綱之來。急若星火。州縣既無可以牽駕之卒。官吏以獲罪為懼。其篙工水手必不免役民以充之。雖聖旨不欲科擾於民。其勢不得不至於科擾。又夔峽為四川門戶。長江上游。正賴此曹守禦控扼。以壯天險之勢。然土狹人稀。廂禁軍類多缺額。諸州每以招塡不足為憂。重以出戍於夷陵。防秋於諸處者非一。所存無幾。若又役以撐駕。疲於往來。以無幾之卒。任

應無窮之馬綱。非惟耗費錢糧。妨廢教閱。正恐州郡空虛。因致意外之患。非細事也。况茶馬司歲發馬一百六十綱。而宣司不與焉。除自五月至八月江流泛溢。瞿塘不可上下。舟航當戒謹之住夏。一歲之間。可發歲額之馬者凡八月。每月計二十綱。每綱用三船。每船用十五人。十綱為一番。則用四百五十人。上下二番則倍之。為三番更替則又倍之。臣所論者一州。乃馬綱已經過。而目所親覩者爾。馬綱過夔府一路者凡六州。通而計之。則每番計二千七百人。上下番計五千四百人。三番更替計八千一百人。若更欲多作番次。非惟兵不足用。而舟艦亦無。臣所治者夔州也。夔為帥府。係屯兵之地。而數猶不足。其他如涪忠萬等州廂禁軍多者不過四五百人。少者二三百人。歸州所管止百餘人。其間又有剩員半分癃老疾病者。居其半。若盡驅而為梢工水手。為一番且猶不足。况欲多作番次耶。臣愚以為不

若且行舊路舍危就安或以山險馬瘠為慮宜於鄂渚漢陽諸處置監以休息之壯者發至行在病者留以牧養水草既便馬必蕃育亦可以為江淮荊襄警急之備固亦無害其為馬政之修也臣非不欲率先奉行以荅知遇實以馬綱行水利少害多他日或致生事上貽陛下西顧之憂則臣誤國欺君之罪不容誅矣況此事干數路所繫非輕伏望聖慈出臣此奏令兩府大臣議之參酌施行不勝大幸

貞與宗議國馬曰臣聞因國之方在於置衛置衛之實在於市馬使四邊得才幹之吏有司有責實之政馬何由而不至衛何由而不備雖因古之法時增損之臣亦以為有餘矣蓋五代之末監牧多廢官市多闕國馬遂不蕃庶自我國家之興遂大葺治每歲遣使多方命官太宗皇帝興國之初詔市一十七萬咸平已後其政大脩諸坊諸軍積至二十餘萬飼馬兵校多至萬有六千遍至錫糞亦近七十餘

萬標占坊監亦總四萬餘頃檢示牧事纖悉至此可謂備矣雖周之初設養校之官多牧庾之職亦不敢望吾祖宗之世也恭惟陛下豐德大業隨弊指顧應時寧一只如川秦牧事尤切加意務選清強之吏遠以涖之此乃國政總核之實也臣固蜀人曾吏敗司市馬西方躬見其事敢為陛下言之蓋川秦所分市馬之地陝西則階文西和等州四川則黎敘南平等處每處置務每務置官內陝西只就宕昌博易至要至便然臣觀川秦博馬之物不過數四有錦有茶又有紬絹陝西則多用茶而少用錦四川則多用錦而少用茶隨其所需有無相濟是宜良駟來者接踵然招誘無方嚮不得人蕃客不至馬額漸闕何也市馬者數病未去也陝西買馬之物惟仰茶貨蕃部既已中馬一旦得茶或乏旅費依舊以茶當繪前此監吏漸與收茶支錢時亦稱提自重其貨遂來不能矣茶貨一輕何從致馬此一病也茶自蜀中出關經興利等州然後漸至宕昌蓋近二千餘里鋪兵沿路摘葉代茶雖有明禁無由遏止以至博馬之際蕃部多方退難此二病也市馬必置門户之人蓋猶中國之牙儈也假如良馬一駟直一百五十餘千則必中賣二百以上費門户之人及本務吏胥之徒四分取一官失其貨私取其利此三病也馬司下賣引所市絲織錦分支機户及其市錦分科三等馬司出上等之錦價多得中等之錦色蓋胥吏與錦户有無相通暗相貲取錦物既惡折博艱難此四病也市馬之初雖曰羈縻遠人見馬支物然而不至如近時監買不職以病為壯以短為長以齒多為齒弱如黎雅等州至馬司未滿千里每遇送綱不乘不騎道死相望況更萬里綱運其可保乎此五病也臣愚伏望陛下亟詔上項川秦市馬五病嚴諭牧司自今四川胥吏牙儈鋪兵之類一復犯此乞罪不貸使折博之物無不良監買之吏無

不職則蕃部之馬無不至矣臣又聞議者且欲更張從夔路水運小臣未知信否也其大利害小臣固所難窺然天行莫如龍地行莫如馬今欲水行似違其性也昔歐陽脩嘗言蜀中珍貨貢物多不出三峽蓋峽水春夏湍悍有仆溺之憂惟麁惡之物則輕從三峽人亦多視為棄物也馬政國家之本官吏其敢視為棄物乎或者謂國家近時輕齎綱運尚從此路不知綱運或擔或橐盤灘避險臨時般出措置非一經從鳥道亦似無害羣馬之來其積如山固不可由犖埆之徑灘險又終可保乎又夔路深山最為窮薄錢糧草料未易常足驛廄皂棧未易創置兵人牧卒遇小州縣未免擾潰恐約束未定慮在歲月之後也臣不知其說矣小臣無知竊以為荊襄之路未有大害未易更易臣願朝廷紬繹而察之臣愚知貢誠天閽因言川秦市馬五病其終敢輒及此惟陛下裁赦

理宗時守漢陽黃榦奏曰臣竊見馬政國之大事也騋牝三千衛國以興思馬思徂魯人頌之則其關繫誠為不輕國家所用之馬西取於蜀南取於廣皆在數千里之外博易之費道里之費一馬之入動數百千其所得甚艱所費甚巨一有緩急無馬可用開禧年間虜騎壓境旋行收買駑駘下乘亦以備數平居暇日可不思所以處之乎竊見漢陽管內有馬監一所馬之自蜀來者憩息於此五日而後行守臣亦預點檢之責臣嘗親至其地見馬監之前有所謂孳生監者乃鄂州大軍昔日所創方其盛時馬之蕃息可以足軍中之用今監皆頹敗不復有馬矣漢陽為郡土壤甚廣風氣甚勁水草甚饒若委之守臣使之興復舊監以為牧馬之地給降本錢收買江北所產之馬而蕃息之差撥兵卒使任牧養之責數年之間生息蕃盛猝有緩急即可為用與夫求之於至遠之地買之於倉卒之際其利害相去遠矣如臣之愚未必深曉世務更乞行下總領所同鄂州都統司相度施行

金宣宗時張行信為涇州管內觀察使上嘗諭宰臣曰自張行信降黜卿等遂緘默自今宜各盡言毋復畏忌行信始至涇即上書曰馬者甲兵之本方軍旅未息馬政不可緩也臣自到涇聞陝右豪民多市於河州轉入內地利蓋百倍及見省差買馬官平涼府判官烏古論桓端市于洮州以銀百鋌幾得馬千疋云生羌木波諸部蕃族人戶畜牧甚廣蓋前所遣官或抑其直或以勢陵奪遂失其和且常患銀少所以不能多得也又聞蕃地今秋薄收鬻馬得銀輒以易粟冬春之交必艱食馬價甚低乞令所司輦銀粟于洮河等州選委知蕃情達時變如桓端者貿易之若捐銀萬兩可得良馬千疋機會不可失惟朝廷亟圖之

元世祖時趙天麟上策曰臣聞昔者聖人之開天也去其害人者而已驅猛獸而遠之服畜獸而役之故角者能觸而拘之以楅衡蹄者能踶而馭之以紲絆以盡天下之力以全天下之才夫中人之產未踰十金於是恐所用之有闕旁思而周慮之懼臨時之或歉設備而預防之豈有過哉皆其宜也況乎應千年之河水居巍然之神器立萬世子孫之業詎宜無備云乎哉臣竊以名鷹俊犬異毛鳥獸國家之所宜棄也反以收之駝羊牛馬其用甚重此皆國家之所宜廣也反不廣之豈愛駝羊牛馬之不及鷹犬哉亦由於襲太平之世而因循弗慮故也武王勝殷放牛於桃林之野歸馬於華山之陽然與方今其勢有不同也方今四征不息粮餉未停就使橐弓矢而不用戢干戈而不起則安知他日無罰罪之事哉則牛馬之不可暫闕也明矣至元癸巳括士民之馬而拘之郡出榜文稱上司之語而謂官酬其直也馬既頒軍直又不酬士民失望臣非但以國家之棄信而傷之抑亦由國家之不修馬政臨急取士民之御者故傷之也謹按唐太宗時有馬千匹太僕少卿張萬歲掌之自貞觀至麟德四十年間馬七十萬六千匹以致八坊之田千二百三十頃募民耕之以給芻秣八坊之馬分為五十六監及明皇時國馬益耗乃以空名告身市馬於遠方纔復二十餘萬匹命王毛仲領內外閑廐至開元十三年乃有四十三萬匹牛羊稱是由此觀之畜牧之多寡但以留意故也伏望陛下精思護息之務灼明備用之源凡鷹犬之類可縱者縱之凡鷹坊等職可罷者罷之凡駝羊馬牛宜以御府繒帛及空名告身於四遠之地及中華之境市而收之凡所市之馬諒宜倣古制立天駟監以孳育之凡牛羊駝等諒宜立群牧所以蕃殖之凡芻秣之具諒宜擇良地募民耕以給之若然則可以富國可以強兵可以脩宣

王考牧之詩而小之。可以思漢武伐宛之事而笑之矣。

順帝至順二年。監察御史陳思謙上言軍站消乏。僉補則無殷實之戶。接濟則無羨餘之財。倘有征行。必括民間之馬。苟能修馬政。亦其一助也。方今西越流沙。北際沙漠。東及遼海。地勢高寒。水甘草美。無非牧養之地。宜設置群牧使司統領十監。專治馬政。并畜牛羊。數年之後。馬蹄蕃盛。或給軍以收兵威。或給站以優民力。牛羊之富。又足以給國用。非小補也。

歷代名臣奏議卷之二百四十二

歷代名臣奏議卷之二百四十三

荒政

殷王成湯為天子。大旱七年。太史占之曰。當以人禱。湯曰。吾所為請者民也。若必以人禱。吾請自當。遂齋戒剪爪斷髮。素車白馬。身嬰白茅。以身為犧牲。禱于桑林之野。以六事自責曰。政不節歟。民失職歟。宮室崇歟。女謁盛歟。苞苴行歟。讒夫昌歟。言未已。大雨方數千里。

漢武帝即位。汲黯為謁者。東越相攻。上使黯往視之。不至。至吳而還。報曰。越人相攻。固其俗然。不足以辱天子之使。河內失火。延燒千餘家。上使黯往視之。還報曰。家人失火。比屋延燒。不足憂也。臣過河南。河南貧人傷水旱萬餘家。或父子相食。臣謹以便宜持節發河南倉粟以振貧民。臣請歸節。伏矯制之罪。上賢而釋之。

宣帝時。丞相魏相數條漢興以來國家便宜行事。及賢臣賈誼晁錯董仲舒等所言。請施行之。奏曰。臣聞明主在上。賢輔在下。則君安虞而民和睦。臣相幸得備位。不能奉明法。廣教化。理四方。以宣聖德。民多背本趨末。或有飢寒之色。為陛下之憂。臣相罪當萬死。臣相知能淺薄。不明國家大體。時用之宜。惟民終始。未得所繇。竊伏觀先帝聖德仁恩之厚。勤勞天下。垂意黎庶。憂水旱之災。為民貧窮發倉廩。振乏餧。遣諫大夫博士巡行天下。察風俗。舉賢良。平寃獄。冠蓋交道。省諸用。寬租賦。弛山澤陂池。禁秣馬酤酒貯積。所以賙急繼困。慰安元元。便利百姓之道甚備。臣相不能悉陳。昧死奏故事詔書凡二十三事。臣謹按王法必謹於農而務積聚。量入制用。以備凶災。亡六年之畜。尚謂之急。元鼎二年。平原渤海太山東郡溥被災害。民餓死於道路。二千石不豫慮其難。使至於此。賴明詔振救。乃得蒙更生。今歲不登。穀暴騰踊。臨秋收斂。猶有乏者。至春恐甚。亡以相恤。西羌未平。師旅在外。兵革相承。臣竊寒心。宜叅圖其備。惟陛下留神元元。率由先帝盛德。以撫海內。上施行其策。

後漢明帝時。王望遷青州刺史。甚有威名。是時州郡災旱。百姓窮荒。望行部。道見飢者。裸行草食五百餘人。愍然哀之。因以便宜出所在布粟給其廩糧。爲作褐衣。事畢上言。帝以望不先表請。章示百官。詳議其罪。時公卿皆以爲望之專命。法有常條。鍾離意獨曰。昔華元子反楚宋之良臣。不禀君命。擅平二國。春秋之義。以爲美談。今望懷義忘罪。當仁不讓。若繩之以法。忽其本情。將乖聖朝養育之旨。帝嘉意議。赦而不罪。

魏文帝欲徙冀州士家十萬戶實河南。時連蝗民飢。群司以爲不可。而帝意甚盛。侍中辛毗與朝臣俱求見。帝知其欲諫。作色以見之。皆莫敢言。毗曰。陛下欲徙士家。其計安出。帝曰。卿謂我徙之非邪。毗曰。

誠以爲非也。帝曰。吾不與卿共議也。毗曰。陛下不以臣不肖。置之左右。廁之謀議之官。安得不與臣議邪。臣所言非私也。乃社稷之慮也。安得怒臣。帝不答。起入內。毗隨而引其裾。帝遂奮衣不還。良久乃出。曰。佐治。卿持我何太急邪。毗曰。今徙既失民心。又無以食也。帝遂徙其半。

晉武帝咸寧三年詔曰。今年霖雨過差。又有蟲災。潁川襄城自春以來。略不下種。深以爲慮。王者何以爲百姓計。促處當之。鎮南將軍杜預上疏曰。臣輒思惟今者水災東南特劇。非但五稼不收。居業并損。下田所在停汙。高地皆多磽塉。此即百姓困窮。方在來年。雖詔書切告長吏二千石爲之設計。而不廓開大制。定其趣舍之宜。恐徒文具。所益蓋薄。當今秋夏蔬食之時。而百姓已有不贍。前至冬春。野無青草。則必指仰官穀。以爲生命。此乃一方之大事。不可不豫爲思慮者

也。臣愚謂既以水爲困。當恃魚菜螺蚌。而洪波汎濫。貧弱者終不能得。今者宜大壞兗豫州東界諸陂。隨其所歸而宣導之。交令饑者盡得水產之饒。百姓不出境界之內。旦暮野食。此目下日給之益也。水去之後。填淤之田。畝收數鍾。至春大種五穀。五穀必豐。此又明年益也。臣前啓典牧種牛不供耕駕。至於老不穿鼻者。無益於用。而徒有吏士穀草之費。歲送任駕者甚少。尚復不調習。宜大出賣以易穀。及爲賞直。詔曰。孳育之物。不宜減散。事遂停寢。

後魏明元帝神瑞二年。秋穀不登。太史令王亮。同華陰公主等言。讖書國家當治鄴。應大樂三十年。勸太宗遷都。博士祭酒崔浩與特進周澹言於太宗曰。今國家遷都於鄴。可救今年之飢。非長久之策也。東州之人。常謂國家居廣漠之地。民畜無算。號稱牛毛之衆。今留守舊都。分家南徙。恐不滿諸州之地。參居郡縣。處榛林之間。不便水土。

疾疫死傷。情見事露。則百姓意沮。四方聞之。有輕侮之意。屈丐蠕蠕必提挈而來。雲中平城。則有危殆之慮。阻隔恒代千里之險。雖欲救援。赴之甚難。如此。則聲實俱損矣。今居北方。假令山東有變。輕騎南出。燿威桑梓之中。誰知多少。百姓見之。望塵震服。此是國家威制諸夏之長策也。至春草生。乳酪將出。兼有菜果。足接來秋。若得中熟。事則濟矣。太宗深然之。曰。唯此二人。與朕意同。復使中貴人問浩澹曰。今既糊口無以至來秋。來秋或復不熟。將如之何。浩等對曰。可簡窮下之戶。諸州就穀。若來秋熟。年隨更圖也。但不可遷都。太宗從之。於是分民詣山東三州食。出倉穀以廩之。來年遂大熟。

孝文帝太和十一年。京都大饑。韓麒麟表陳時務曰。古先哲王經國立治。積儲九稔。謂之太平。故躬藉千畝。以勵百姓。用能衣食滋茂。禮教興行。逮於中代。亦崇斯業。入粟者與斬敵同爵。力田者與孝弟同

賞寶百王之常軌為治之所先今京師民庶不田者多遊食之口三分居二蓋一夫不耕或受其飢況於今者動以萬計故頃年山東遭水而民有餓終今秋京都遇旱穀價踊貴實由農人不勸素無儲積故也伏惟陛下天縱欽明道高三五昧旦憂勤恩恤民瘼雖虞帝一日萬幾周文日昃不暇食蔑以為喻上垂覆載之澤下有凍餒之人皆由有司不為明制長吏不恤其本自承平日久豐穰積年競相矜誇遂成侈俗車服第宅奢僭無限喪葬婚娶為費實多貴富之家童妾侈服工商之族玉食錦衣農夫餔糟糠蠶婦乏短褐故令耕者日少田有荒蕪穀帛罄於府庫寶貨盈於市里衣食匱於室麗服溢於路飢寒之本實在於斯愚謂凡珍玩之物皆宜禁斷吉凶之禮備為格式令貴賤有別民歸朴素制天下男女計口受田宰司四時巡行臺使歲一按檢勤相勸課嚴加賞賜數年之中必有盈贍雖遇災凶

免於流亡矣往年較比戶貫租賦輕少臣所統齊州租粟纔可給俸略無入倉雖於民為例而不可長久脫有戎役或遭天災恐供給之方無所取濟可減絹布增益穀租年豐多積歲儉出賑所謂私民之穀寄積於官官有宿積則民無荒年矣

十四年秋七月尚書中書監高閭上表曰奉癸未詔書以春夏少雨憂飢饉之方臻愍黎元之傷瘁同禹湯罪己之誠齊堯舜引咎之德虞災致懼詢及卿士令各上書極陳損益深恩被於蒼生厚惠流於后土伏惟陛下天啓聖姿利見纂極欽若昊天光格宇宙太皇太后以叡哲贊世稽合三才高明柔克道被無外七政昭宣於上九功咸序於下君人之量逾高謙光之旨彌篤脩復祭儀宗廟所以致敬飾正器服禮樂所以宣和增儒官以重文德簡勇士以昭武功慮獄訟之未息定刑書以理之懼蒸民之姦宄置鄰黨以穆之究庶官之勤劇班俸祿以優之知勞逸難均分民土以齊之甄忠明孝矜貧恤獨開納讜言抑絕讒佞明訓以體率土移風雖未睹殘去殺成無為之化足以仰答三靈者矣臣聞皇天無私降鑒在下休咎之徵咸由人召故帝道昌則九疇敘君德衰而彝倫斁休瑞並應享以五福則康于其邦咎徵屢臻罰以六極則害於其國斯乃洪範之實徵神祇之明驗及其厄運所纏世鍾陽九數乘於天理事違於人謀時則有之矣故堯湯逢歷年之災周漢遭水旱之患然立功脩行終能弭息今考治則有如此之風計運未有如彼之害而陛下殷勤引過事邁前王從星對雨之徵指辰可必消災滅禍之符灼然自見雖王畿之內頗為少雨關外諸方禾稼仍茂苟動之以禮綏之以和一歲不收未為大損但豫備不虞古之善政安不忘危有國常典竊以北鎮新徙家業未就思親戀本人有愁心一朝有事難以禦敵可寬其往來頗

使欣慰開雲中馬城之倉以賑恤之足以感德致力邊境矣明察畿甸之民飢甚者出靈丘下館之粟以救其乏可以安慰孤貧樂業保土使幽定安并四州之租隨運以溢其處開關弛禁薄賦賤糴以消其費清道路恣其東西隨豐逐食貧富相贍可以免度凶年不為患苦又聞常士困則濫竊生匹婦餒則慈心薄凶儉之年民輕違犯可緩其使役急其禁令宜於未然之前申敕外牧又一夫幽枉王道為虧京師之獄或恐未盡可集見囚於都曹使明折庶獄者重加究察輕者即可決遣重者定狀以聞罷非急之作放無用之獸此乃救荒之常法且以見憂於百姓論語曰不患貧而患不安苟安而樂生雖遭凶年何傷於民庶也愚臣所見如此而已

孝文帝時祕書丞李彪上封事曰記云國無三年之儲謂國非其國光武以一畝不實罪及牧守聖人之憂世重穀殷勤如彼明君之恤人

勸農而相切若此。頃年山東飢，去歲京師儉，內外人庶出入就豐，既廢營產，疲困乃加。又於國體實有虛損。若先多積穀，安而給之，豈有驅督老弱餬口千里之外。以今況古，誠可懼也。臣以為亟析州郡常調九分之二，京都度支歲用之餘，各立官司，年豐糴於倉，時儉則加私之二糶之於人。如此，人必事田以買官絹，又務貯財以取官粟，年登則常積，歲凶則直給。又別立農官，取州郡戶十分之一以為屯人，相水陸之宜，料頃田之數，以贓贖雜物餘財市牛給科，令其肆力，一夫之田歲責三十斛，蠲其正課并征戍雜役。行此二事，數年之中，則穀積而人足，雖災不害。

隋文帝開皇三年，度支尚書長孫平見天下州縣多罹水旱，百姓不給，奏令民間每秋家出粟麥一石已下，貧富差等，儲之閭巷，以備凶年，名曰義倉。因上書曰：臣聞國以民為本，民以食為命，勸農重穀，先王令軌。古者三年耕而餘一年之積，九年作而有三年之儲，雖水旱為災而人無菜色，皆由勸導有方，蓄積先備故也。去年亢陽，關內不熟，陛下哀愍黎元，甚於赤子，運山東之粟，置常平之官，開發倉廩，普加振賜，少食之人，莫不豐足。鴻恩大德，前古未比。其強宗富室，家道有餘者，皆競出私財，遞相賙贍。此乃風行草偃，從化而然。但經國之理，須存定式。於是奏令諸州百姓及軍人勸課，當社共立義倉，收穫之日，隨其所得勸課出粟及麥，於當社造倉窖貯之。即委社司執帳檢校，每年收積，勿使損敗。若時或不熟，當社有飢饉者，即以此穀振給。自是諸州儲峙委積。

唐太宗貞觀初，上入苑中，見蝗，掇數枚，祝之曰：民以穀為命，而汝食之，寧食吾之肺腸。欲吞之，左右諫曰：惡物或成疾。上曰：朕為民受災，何疾之避。遂吞之。是歲蝗不為災。後關中大飢，上謂侍臣曰：水旱不調，皆朕失德，朕之不脩，天當責朕，百姓何罪而多遭困窮。聞有鬻男女者，朕甚愍之焉。乃遣御史大夫杜淹巡檢，出御府金寶贖之，還其父母。

高宗儀鳳二年夏四月，江南旱，遣御史中丞崔謐等分道賑給。侍御史劉思立上疏曰：麥秀蠶老，農事方殷，聚集參迎，妨廢不少。既緣賑給，須立簿書，本欲安存，更成煩擾。伏望且委州縣賑給。疏奏，謐等遂不行。

中宗時，兵部尚書韋嗣立建言曰：臣聞國無九年之儲，家無三年之蓄，家非其家，國非其國也。故知立國立家，皆資於儲蓄矣。夫水旱之災，關之陰陽運數，非人智力所能及也。堯遭大水，湯遭大旱，則知仁聖之君亦所不免。當此時，百姓不至於困弊者，有積也。今陛下倉庫之內，比稍空竭，尋常用度，不支一年。儻有水旱，人須賑給，徵發時動，兵要資裝，則將何以備之。其緣倉庫不實，妨於政化者，觸類而是。臣竊見食封之家，其數甚眾。昨略問戶部，云用六十餘萬丁，一丁兩匹，即是一百二十萬已上匹。臣頃在太府，知每年庸調絹數多不過百萬，少則七八十萬以來，比諸封家，所入全少。儻有蟲霜旱澇，曾不半在國家，支供何以取給。臣聞自封茅土，裂山河，皆須業著經綸，功白草昧，然後配宗廟之享，承帶礪之恩。皇運之初，功臣共定天下，當時食封纔只三二十家，今以尋常特恩，遂至百家已上。國家租賦，太半私門，私門則資用有餘，國家則支計不足。有餘則或致奢僭，不足則坐致憂危。制國之方，豈謂為得。封戶之物，諸家自徵，或是官典，或是奴僕，多挾勢逞威，陵突州縣，凡是封戶，不勝侵漁，或輸物多索裹頭，或相知要取中物，百姓怨歎，遠近共知。復有因將貨易，轉更生舉，徵打紛紛，曾不寧息，貧乏百姓，何以克堪。若必限丁物送太府，封家但於左藏請受，不得輒自徵催，則必免侵漁，人冀蘇息。

代宗時，關輔旱，河東租庸鹽鐵使裴諝入計，帝召至便殿，問榷酤利歲出內幾何。諝久不對，帝復問，曰：臣有所思。帝曰：何邪。諝曰：臣自河東來涉三百里。而衆人愁嘆。穀麥未種。誠謂陛下軫念元元。先訪疾苦。而乃責臣以利。孟子曰。治國者仁義而已。何以利為。故未敢即對。

帝曰。微公言朕不聞此。拜左司郎中。

德宗時。中書侍郎同中書門下平章事陸贄請遣使臣宣撫諸道遭水州縣狀曰。右頻得鹽鐵轉運及州縣申報霖雨為災。彌月不止。或川瀆泛漲。或溪谷奔流。淹沒田苗。損壞廬舍。又有漂溺不救。轉徙乏糧。喪亡流離。數亦非少。臣等任憂台輔。職調陰陽。一物失冝。尸曠斯在。五行愆度。黜責何逃。陛下德邁禹湯。恕人咎己。臣等每奉詞旨。倍益慙惶。所以僶俛在公。不敢頻煩請罪。前者面陳事體。須遣使撫綏陛下尚謂詢問來人。所損殊少。即議優恤。恐長姦欺。臣等旬日已來。更審借訪。類會行旅所說。悉與申報符同。但恐所聞。聖聰或未盡陳事實。凡流俗之弊。多徇諂諛。揣所悅意者則侈其言。度所惡聞者則小其事。制備失所。恒病於斯。切聞諸道水災。臣等屢訪朝列。多云無害於物。以為不足致懷。退省其私。言則頗異。霖潦非可諱之事。搢紳皆有識之人。與臣比肩。尚且相媚。況乎事或曖昧。人或瑣微。以利己之心。希至尊之旨。其於情實。固不易知。如斯之流。足誤視聽。所頼事皆覆驗。則冀言無詐欺。大明照臨天下之幸也。昔子夏問於孔子曰。何如斯可謂人之父母。孔子對曰。四方有敗。必先知之。斯可謂人之父母矣。蓋以君人之道。子育為心。雖深居九重。而慮周四表。雖恒處安樂。而憂及困窮。近取諸身。如一體之於四支。其疾病無不恤也。遠取諸物。如兩曜之於萬類。其鑒照無不均也。故時有凶害。而人無流亡。恃天聽之必聞。知上澤之必至。是以有母之愛。有父之尊。古之聖王。能以天下為一家。中國為一人。用此術也。今水潦為敗。綿數十州。奔告于朝。日月相繼。若哀其疾苦。固冝降旨優矜。儻疑其詐欺。亦當遣使臣巡視。安可徇往來之浮說。忘惠卹之大猷。失人得財。是將焉用。況災害已甚。申奏亦頻。縱不蒙恩復除。自當准式蠲免。徒失事體。無資國儲。恐須速降德音。深示憂憫。分道命使。明勅弔災。寬息征徭。省察冤濫。應家有溺死及漂沒居產。都盡父子不存濟者。各量賜粟帛。使委使臣與州府。以當處官物給付。其損壞廬舍田苗者。亦委使任與州府據所損作分數等第。聞奏量與蠲減租稅。如此。則沒者蒙瘞酹之惠。存者霑煦嫗之恩。霈澤下施。孰不欣戴。所費者財用。所收者人心。若不失人。何憂乏用。臣等已約支計。所費亦不甚多。儻蒙聖恩允從。即具條件續進。臣又聞聖人作則。皆以天地為本。陰陽為端。慶賞者順陽之功。故行於春夏。刑罰者法陰之氣。故用之秋冬。事或愆時。人必罹咎。是以月令所載。夏行秋令。則苦雨數來。丘隰水潦。夏行冬令。則後乃大水。敗其城郭。典籍垂誡。言固不誣。天人同符。理當必應。既有繫於舒慘。是能致於災祥。頃自夏初。大臣得罪。親黨坐累。其徒寔繁。邦憲已行。宸嚴未解。畏天之怒。中外竦然。若以月令推之。水潦或是其應。雖天所降沴。不在郊畿。然海內為家。無論遐邇。伏願滌瑕以德。消沴以和。威惠之相濟合冝。陰陽之運行自序。臣等不勝覩災慙負之至。謹奉狀陳請以聞。

贄又論淮西管內水損處請同諸道遣宣慰使狀曰。右奉進止。淮西管內貢賦既闕。所經水損。簡擇宣慰使。此道亦不要遣去者。臣聞聖王之於天下也。人有不得其所者。若已納之於隍。故夏禹泣辜。殷湯引罪。蓋以率土之內。莫非王臣。或有昏迷不龔。是由教化未至。常以善救則無棄人。自希烈亂常。汴溱淮甸。職貢廢闕。責當有歸。在於編甿。豈任其咎。陛下息師含垢。宥彼渠魁。惟茲下人。久罹脅制。想其翹望聖化。誠亦有足哀傷。倘加善救之心。當軫納隍之慮。今者遣使宣

命本緣卹患弔災諸道災患既同朝廷弔卹或異是使怨咨聲教若絲
望懷反側者得詞棄人而固其寇讎恐非所以為計也昔晉飢乞糴
于秦大夫百里奚曰天災流行國家代有救災卹鄰道也行道有福
丕豹則請因而伐之穆公用百里奚之言拒丕豹之請且曰其君是
惡其人何罪遂輸粟以救之其後秦飢乞糴于晉晉大夫虢射曰無
損於怨而益於寇不如勿與慶鄭曰幸災不仁貪愛不祥怒鄰不義
不如與之惠公信虢射之謀違慶鄭之議遂閉糴以絕焉是歲晉國
復飢秦伯又饋之粟曰吾怨其君而卹其人終於秦穆霸強晉惠擒辱
是知棄怨而施惠者可以懷敵計利而忘義者罔不災人此乃列國
諸侯猶務卹鄰救災矧君臨天下而可使德澤不均被者乎議者多
謂淮右荐飢國家之利臣等愚見以為不然必若興有征之師問不
廷之罪因災幸濟已爽德政儻又難於用兵望其艱窘自斃利害之
勢或未可知夫悍獸之情窮則搏攫暴人之態急則猖狂當其迫阨
之時尤資撫馭苟得招攜以禮便可底寧備慮乖方亦是生患竊以
帝王之道頗與敵國不同懷柔萬邦唯德與義寧人負我我無負人
故能使億兆歸心遠邇從化猶有凶迷不復必當人鬼同誅此其自
取覆亡尚亦不足含怒今因供稅有闕遂令施惠不均責帥及人恐
未為允伏惟聖鑒更審細裁量其所擇諸道使並未敢宣行伏候進
止

贄又請依京兆所請折納事狀曰京兆府先奏當管蟲食豌豆全然
不收請據數折納大豆奉勑宜依處支續奏稱時估豌豆每斗七十
價已上大豆每斗三十價已下京兆府所請將大豆替豌豆望令據
估計錢數折納則冀免損官司者求獲救災國之令典求瘼在知其
所患救災在卹其所無昌如螟蠹為殃豌豆全損檢覆若非虛謬詎

稅固合免徵直道而行大體斯在府司折納充數已為剋下從權度
支準估計錢乃是幸災窺利所得無幾其傷實多傷風得財非謂理
道且豌豆為物久用甚微舊例所支唯充畜料準數迴給大豆請司
誰曰不然計價剩徵義將安在理無所據事不可從望依前勑處分
未審可否

監察御史韓愈上論天旱人饑狀曰右臣伏以今年以來京畿諸縣
夏逢亢旱秋又早霜田種所收十不存一陛下恩逾慈母仁過春陽
租賦之間例皆蠲免所徵至少所放至多上恩雖弘下困猶甚至聞
有棄子逐妻以求口食拆屋伐樹以納稅錢寒餒道塗斃踣溝壑有
者皆已輸納無者徒被追徵臣愚以為此皆群臣之所未言陛下之
所未知者也臣竊見陛下憐念黎元同於赤子至或犯法當戮猶且
寬而宥之況此無辜之人豈有知而不救又京師者四方之腹心國
家之根本其百姓實宜倍加優卹今瑞雪頻降來年必豐急之則得
少而人傷緩之則事存而利遠伏乞特勑京兆府應今年稅錢及草
粟等在百姓腹內徵未得者並且停徵容至來年蠶麥庶得少有存
立臣至陋至愚無所知識受恩思效有見輒言無任懇款慙懼之至

謹錄奏聞

憲宗時翰林學士白居易上奏曰右伏以聖心憂軫重降德音欲令
實惠及人無如減放租稅昨正月中所降德音量放去年錢米伏聞
所放數內已有納者縱未納者多是逃亡假令不放亦徵不得而旱
損州縣至多所放錢米至少百姓未經豐熟又納今年稅租疲乏之
中重此徵迫人力困苦莫甚於斯却是今年伏望聖恩更與宰臣及
有司商量江淮旱損州作分數更量放今年租稅當疲困之際降惻
隱之恩感動人情無出於此敢竭愚見以副聖心

信宗乾符元年。關東旱饑。翰林學士盧攜上書曰。國家之有百姓。如草木之有根柢。若秋冬培溉。則春夏滋榮。今關東旱灾。所至皆饑。人無依投。待盡溝壑。其蠲免餘稅。實無可徵。而州縣督趣甚急。動加捶撻。雖撤屋伐木。雇妻鬻子。止可供所由酒食之費。未得至於府庫也。朝廷倘不撫存百姓。實無生計。乞勅州縣一切停徵。仍發義倉。亟加賑給。較從其言。而有司竟不能行。

宋太宗端拱二年冬。京城旱。左諫議知制誥王禹偁上疏云。臣聞一穀不收謂之饉。五穀不收謂之饑。饉則大夫以下皆損其祿。饑則盡無祿。廩食而已。今旱雲未霑。宿麥未茁。既無積蓄。民飢可憂。望下詔直云。君臣之間。政教有闕。自乘輿服御。下至百官奉料。非宿衛軍士。邊庭將帥。悉第減之。上答天譴。下厭人心。俟雨足復故。臣朝行中家最貧。奉最薄。亦願首減奉以贖耗蠹之咎。外則停歲市之物。內則罷

工巧之伎。近城掘土。侵冢墓者瘞之。外州配隸之衆。非賊盜者釋之。然後以古者猛虎渡河飛蝗越境之事。戒敕州縣官吏。其餘軍民刑政之弊。非臣所知者。望委宰臣裁議須行。但感人心。必召和氣。

真宗時。楊億上奏曰。臣本州自去年已來。秋稼薄熟。時物雖至騰踊。人戶免於流離。爰自今春雨水調適。粟麥倍稔。蠶績頗登。餱糧漸充。菜色稍減。然以山越之俗。陸種甚微。所仰者水田。所食者秔稻。矧又地勢斗絕。塗潦不停。仍歲亢旱。泉源罄竭。儻旬浹不雨。即溝瀆揚塵。稻畦焦枯。善苗立死。非三數日一降膏澤。無以望於秋成。伏自夏至後。絕少時雨。烈日流爍。炎風數興。高仰之田。殆至枯槁。卑濕之地。如沸如羹。比戶嗷嗷。大命近止。臣遂率軍州僚吏。精意祈求。閩境之名山及大川。近郭之玄宮梵剎。廟貌之列祀典者。罔不徧走。湫潭之底水族者。亦用致祠。造龍於壇。率遵古法。徙市於野。克體前經。而雲漢昭回。蘊隆彌甚。尋於前月十六日。相次降雨。不及寸餘。清塵有餘。沃焦無益。臣夙夜憂慄。罔敢遑寧。編列之民。殆於殞穫。比至今月將半。旱氣益加。一郡之中。靡神不禱。精誠備盡。靈貺蔑然。臣忽記憶往年在院供職日。遇值歲旱。學士承旨宋白為臣言。今御史中丞魏庠三十年前。嘗薄遊關輔。寓居佛舍。會天久不雨。村民數十輩。詣寺祈禱。僧有善胡法者。捕蜥蜴十數枚。置一瓮中。漬之以水。蒙之以雜樹葉。取童男數人。衣青衣。青塗面及手足。人持柳枝。沾水散灑。且祝曰。蜥蜴蜥蜴。興雲吐霧。雨令滂沱。放汝歸去。如是者無晝夜環繞而言。明日大雨。遠近告足。臣潛跡於牘背。至是檢閱得焉。即以十二日初旭。與知麗水縣事殿中丞甄旦詣城北集福院。如其法請禱。少頃。臣與甄旦出自北門。各遵歸路。忽有微雲自東北起。良久彌漫。至午未間。暴雨及寸餘。由是陰結未解。至十三日大雨。連晝夜約及三四尺。溪谷

漲滿。溝塍流溢。禾黍之葉然者。芃芃而發秀。草樹之瘁然者。欣欣而向榮。村民荷臺笠以謳。耕夫奮襏襫而舞。萬室之安堵如故。百姓之邪心不生。民之幸也。陛下之賜也。臣忝備守吏。獲遇有年。慶抃之誠。萬萬常品。臣又念嗚吠之候。前哲不遺芻蕘之言。上聖斯採。所陳祈請之術。親獲感應之徵。理近怪神。事不經見。頗為猥鄙。有黷高明。蓋小道之可觀。表事君之無隱。昔東方朔有言曰。謂之為龍又無角。謂之蛇又有足。跂跂脈脈善緣壁。是非守宮即蜥蜴。雄亦云孰蝘蜓而螭龜龍。又故刑部侍郎張洎嘗謂臣言。昔使高麗。泛海忽陰晦。舟人譁言龍見。洎亟起視之。見垂尾於雲間。正如蝘蜓之狀。良久雨大作。即知蜥蜴者亦能之類也。臣既獲嘉應。敢不上言。干冒宸嚴。伏增戰越。

翰林學士李迪嘗歸沐。忽傳詔對內東門。真宗出三司使馬元方所

上歲出入財用數以示迪時頻歲蝗旱問何以濟迪請發內藏庫以佐國用則賦歛寬民不勞矣帝曰朕欲用李士衡代元方俟其至當出金帛數百萬借三司迪曰天子於財無內外願下詔賜三司以示恩德何必曰借帝悅

集賢院權管幹通進銀臺司田錫上奏曰臣今月二十五日所進實封為霸州乾寧軍死傷人戶等首二十六日至今又據莫州奏飢死一十六口滄州奏全家飢死一十七戶雖有指揮下轉運司相度及減斗斛價賑糴即未見別行指揮若有司只如此行遣實未稱陛下憂勞之心也陛下為民父母使百姓飢死乃是陛下孤負百姓也宰相調燮陰陽啓導聖德而惠澤不下流王道未融明是宰相孤負陛下也今陛下何不引咎如禹湯罪己畧降德音下飢餓殺人處州府民心知陛下憂憫然後振廩給貸以救其死若倉廩虛而饋運邊備

未是即日無可給貸則是執政素不用心所致昔伊尹作相恥一夫不獲今餓殺人如此所謂焉用彼相今陛下可將此事以理道畧面責宰臣以下觀其何辭以對視其有無怍色有無憂色待三日而後或旬浹以來不上表待罪不拜章求退是忍人也何良相之為乎既非良相而猶用之則是陛下不以百姓心為心也若不別進用賢臣恐危亂之萌將來滋蔓難圖也語曰十室之邑必有忠信況今皇家富有萬國豈無人焉可於常參官自來五日一轉對中觀其所上之言有遠大謀畧經綸才業者可非次擢用若有其言而無其實退之以禮亦合理躰不然則臣恐國家未能早致太平也豈唯太平之未能致其憂患不獨在邊防而叛亂在內地也此是陛下纘嗣先帝萬世基業之急務也所急之務莫先於此惟聖聰睿鑒詳徵臣之言陛[illegible]一以[illegible]因循者終有大患今若因循不早為謀則慮大患至矣今臣所奏且可先降德音以禹湯責躬之意以謝天以彰聖仁之心以待下使飢餓地分知陛下憂恤之心也臣職在深嚴目有聞見不敢不奏

仁宗明道二年詔議復義倉不果景祐中集賢校理王琪請復置令五等已上戶隨夏秋二稅二斗別輸一升水旱減稅則免輸州縣擇便地置倉貯之領於轉運使計以一中郡正稅歲入十萬石則義倉可得五千石推而廣之則利博矣明道中飢歉國家欲盡貸飢民則軍食不足故民有流轉之患是時兼并之家出粟數千石即補吏是豈以官爵為輕歟特愛民濟物不獲已為之爾且兼并之家占田常廣則義倉所入常多中下之家占田常狹則義倉所入常少及水旱㮣濟則兼并之家未必待此而濟中下之民實先受其賜矣事下有司會議議者異同而止

景祐二年御史中丞杜衍乞詳定常平制度疏曰臣聞農者國之本不可不勸其業穀者民之命不可不為之儲蓋歲有豐凶穀有貴賤計本量委欲及其時散滯取贏宜究其術前志曰欲人務農人有所利粟有所歸謂官以法收之也今豪民富家乘時賤收柮業之人旋致罄竭及穡事不興小有水旱則稽貸不出須其翔踴以謀厚利農民貴糴纔充口腹往復受弊無復窮已雖勸課之官家至日見亦奚益於事哉管子曰今有緩急物有輕重人君不治則蓄賈游市乘人不給百倍其利矣又曰萬室之邑必有萬鍾之藏藏鏹千萬千室之邑必有千鍾之藏藏鏹百萬由此言之則平糴常平之制其來久矣非始於漢宣之世也國家列郡置常平倉所以利農民備飢歲也然而有名無實者制度不立耳臣以謂立制度在乎量州郡之遠邇計戶口之衆寡取賤出貴差別其飢熟信賞必罰責課於官吏出納無

斂增減有制本息之數勿假以供軍斂導之時禁其爭利六斛四斗曰鐘萬室之邑萬鍾則今萬戶郡常平倉可收六萬四千斛已上也俟本息地羨即加其元額歲有大中小飢亦有大中小數常謹察以出入之節令欲立制度而無賞罰則法不得行以其外計諸州縣官吏宜立功過之差以示必行無赴時收糴應急出糶無令所司壅遏則利可及人也歲豐則增市價而糴所增錢每斗不得過一十文飢則減市價而糶到數三分支一分與告官人糴畢則不禁至於蜀漢狹境交廣寬鄉或通川易地之殊或邊郡巖邑之異各立條教以節盈虛限田易之歲時度其損敗制立典之侵刻嚴以嚴科則瘠瘵可充飢饉有備也今則不然凡穀散於穰歲而不能儲峙兆民困於凶年而無以振業饑贍之道固君斯乎誠嚴敕州郡據本處有無見管常平倉錢斛令後漸令隨戶口趁類收糴轉運司等不得以運軍須

為名奏乞假借其逐處合備貫石數目若有缺少令多方計度供給倘有全然少本無可圓融之處伏乞霈然下詔出府庫乳香犀象真珠之類相度隨處減價出賣添備倉本凡此珍異之物飢不可食寒不可衣常時則曠日可以漸次出賣速賣則雖減價數倍人亦不可取也宜及平歲為之以為豐國惠下之本上以章去奢崇儉之仁下以成殺本惠民之道俟州郡有本息增羨之處令外計遠近均融各足其額除邊遠之郡及山險之地難貯不得過定額外沿路州府亦許紐賤多糴仍先乞指揮有司將見行常平倉條貫并臣此劄子重別詳定具為條件務令精密經久為例并立定逐州軍合糴額數盡一開坐聞奏朝廷更為裁酌頒行此法之設蓋以抑兼并惠貧弱苟行之必信守之必堅本息漸增則公私獲利矣比之義社之制別生賦斂官吏侵削急遽假借害大利小創於隋時而唐藏胄者猶請復之願得其利刹兼惠農末救塞利孔之術可沒其名而不務乎議者若云聖朝不當以出息為名此又不稽其實者也周公制民貸者以國服為之息又貸萬泉者入息五百亦取之以其道耳必也倉儲充羨國用富強雖有凶荒不至捐瘠則仁聖域民之道莫大於此也臣以任贊轄効涓埃冒瀆威顏伏深殞越

慶曆二年右正言歐陽脩論乞賑救飢民劄子曰臣伏見近降大雪雖是將來豐熟之兆然即日陝西飢民流亡者衆同華河中尤甚往往道路遺棄小兒亦乞早降指揮令長吏收卹仍聞京西東大雪不止毀折桑柘不少切慮向去絲蠶稅賦無所出致貧民起為盜賊亦乞特降指揮體量臣切見國史書祖宗朝每奏一兩州軍小有災傷亦隨多少賑卹或蠲免稅租蓋以所放者少不損國用又察民疾苦微細不遺所以國恩流布民不怨嗟不必須待災傷廣闊方行賑救

也方今人貧下怨之際不廢頻推恩惠伏望聖慈特賜矜憫

脩又論救賑雪後飢民劄子曰臣風聞京城大雪之後民間飢寒之人甚多至有子母數口一時凍死者雖豪貴之家往往亦無薪炭則貧弱之人可知矣蓋京師小民例無蓄積只是朝夕旋營口食一日不營求則頓至乏絕今大雪已及十日使市井之民十日不營求雖中人亦乏絕矣況小民哉雪於農民雖為利澤然農畝之利遠及春夏細民所苦急在目前日夕已來民之凍死者漸多未聞官司有所賑救欲乞特降聖旨下開封府或分遣使臣遍錄民間貧凍不能自存者量散口食并各於有官場柴炭草處就近支散救其將死之命至於諸營出軍家口亦宜量加存卹以示聖恩所散不多所利者衆仍令兩府條件應有軍士在外辛苦及民人支移稅賦殘零輸送艱辛等處並與擘畫早加存卹若使戍兵愁苦道路怨嗟飢凍之尸列

于京邑。則大雪之澤。其利未見。而數事之失。所損已多。伏乞聖慈特賜留意。

脩又論救賑江淮飢民劄子曰。臣伏見近出内庫金帛賜陝西以救飢民。風聞江淮以南。今春大旱。至有井泉枯竭。牛畜瘴死。雞犬不存之處。九農失業。民庶嗷嗷。然未聞朝廷有所存䘏。陛下至仁至聖。憂民愛物之心。無所不至。但患遠方疾苦。未達天聰。苟有所聞。必須留意。下民疾苦。臣職當言。昨江淮之間。去年王倫驚賊之後。人戶不安生業。倫賊纔滅。瘡痍未復。而繼以飛蝗。自秋至春。三時亢旱。今東作已動。而雨澤未霑。此月不雨。則終年無望。加又近年已來。省司屢於南方歛率錢貨。而轉運使等多方刻剝。以貢羨餘。江淮之民。上被天災。下苦賊盗。内應省司之重歛。外遭運使之誅求。比於佗方。被苦尤甚。今若不加存䘏。將來繼以凶荒。則飢民之與疲怨者。相呼而起。其患

不比王倫等偶然狂叛之賊也。臣以為民怨已久。民疲可哀。因其甚困。宜速賜恩。不惟消弭盗賊之患。兼可以悦其疲怨之心。伏望聖慈。特遣一二使臣。分詣江淮名山。祈禱雨澤。仍下轉運并州縣。各令具逐處亢旱次第奏聞。及一面多方擘畫賑濟窮民。無至失時。以生後患。

右正言余靖論借支常平本錢疏曰。臣聞天下無常安之勢。無常勝之兵。無常足之民。無常豐之歲。由是古先聖王守之有道。御之有術。倘有緩急。不可無備。伏覩真宗皇帝景德中。詔天下以逐州戶口多少量留上供錢。起置常平倉。付司農寺係帳。三司不問出入。每年夏秋兩熟。準市價加錢收糴。其出息本利錢。只委司農寺主掌。三司轉運司不得支撥。自後每遇災傷。賑貸使國有儲蓄。民免流散者。用此術也。前三司使姚仲孫今春以來。於京東等處借支司農常平倉以給和買。雖然借支官錢以充官用。循常視之。似無妨礙。若於經遠之謀。深所未便。臣切惟真宗皇帝聖慮深遠。臣敢梗槩言之。當今天下金穀之數。諸路州軍年支之外。悉充上供。又別路經費。見在倉庫。更無餘羨。所留常平本錢及斛㪷等。若以賑濟飢荒。此固常所及矣。萬一不幸。方隅小有緩急。賞給資糧。言卒可備。豈非先皇暗以數百萬之資。蓄於四方者乎。今若先為三司所支。則天下儲蓄盡矣。伏乞特降指揮。三司先借支常平本錢。去處並仰疾速撥還。今後不得更支撥。並依景德元降敕命施行。

三年。靖又乞寛租賦防盗賊疏曰。臣伏覩春夏以來。旱勢至廣。陛下憂勞勤恤。躬行祈禱。雖獲佳應。而夏田先已損矣。臣以古者三年耕。必有一年之蓄。九年耕。必有三年之蓄。無三年之蓄。曰國非其國。故雖堯水湯旱。民無菜色者。有備災之術也。方今官多冗費。民無私蓄。

一歲不登。逃亡滿道。蓋上下皆無儲積故也。臣切謂當今備災之術。宜急者寛租賦。防盗賊而已。誠知國家邊甲未解。經費日廣。不宜更減民賦。自窘財用。其如農收有限。當量民力而取之。雖或差減。尚有數分之入。今若同取。一旦不堪其求。必致流亡之患。則永失常賦矣。今天府之民。九重不遠。其訴旱者。尚或半得申明。半遭抑退。況遠方之人。其無告必矣。陝關已西。尤須撫之。伏望朝廷特降詔命。應遭旱州軍。委清強官躰量實旱損夏苗去處。特與量減夏稅分數。不得容有僥倖。此乃惠民之實效也。若待有逃亡。然後賑救。將無及矣。臣又聞衣食不足。雖堯舜在上。不能使民不為盗賊。若水旱之後。盗賊滋長。勢之常也。近聞解州鄜州羣賊入城。劫掠人戶。此乃都監押巡檢不得其人之所致也。似此啗漸。不宜滋蔓。伏乞朝廷申明捕捉之科。嚴賞罰之典。其不獲強盗賊人。不得將竊盗比折。特行勒停替降之

法無能戮力同心以折盜賊之勢。

慶曆中陝西經畧安撫使范仲淹奏乞差官陝西祈雨䟦曰臣今月五日至華州華陰縣入西嶽廟燒香切見本廟有老醫官一員監當其廟廷闊遠舍屋甚多只有剩員一十四人盡是老年病患使應洒掃不前在國家崇奉五嶽之意似非嚴謹今來關中大旱永興同華陝虢以來無二三分秋苗粟米每𣂷一百五十文足無鄉村無可收糴人心嗷嗷賊盜不少欲乞聖慈選精謹使命至西嶽廟專行祭告并於陝西靈湫等處祈雨澤以救生民仍乞委轉運使一員赴西嶽廟點檢廟貌祭器法物并添差兵士洒掃防護所貴崇奉之禮不至廢墜。

皇祐四年集賢殿修撰知梓州何郯上奏曰臣伏聞近日累差內臣往諸路監督州郡官吏捕蝗緣內臣是出入宮掖親信之人以事勢量之州縣必過有迎奉往來行李亦須要人州郡猶有兵士給使至於縣邑即須差貧下人戶蟲蝗未能除去人民被此勞役已先起一害矣如去歲遣內臣入蜀祈雨所至差百姓五七十人擔擎行李蓋外方不知朝廷恤民本意苟見貴近之臣即嚮風承迎不顧勞擾非必使人自要如此也況捕蝗除害本繫民事乃郡縣守宰之職今捨守宰不任而朝廷為之遣人監捕即是容官司之慢而不責其職業也伏乞特降敕命應有蝗蟲生長處專責知州通判督促屬縣官吏速行打捕委本路轉運司嚴切提舉部內州郡候撲除盡日具實以聞如經奏報後却致滋長為害其知州通判知縣主簿並行停殿轉運使黜降差遣如此嚴行督責官司必自能究心除害聖意如何即乞速降指揮其見在逐處內臣仍乞抽回。

五年右司諫賈黯乞立民社義倉䟦曰臣伏以天下無事年穀豐熟則人民安樂父子相保一遇水旱則流離死亡捐棄道路發倉廩以賑之則雖不給課粟富之則力不贍轉輸千里則不及事移民就粟則遠近交困朝廷之臣郡縣之吏倉卒不知所出則民飢而死者已過半矣夫水旱之災雖堯湯所不能免今不思所以備災之術而歲幸年穀之熟則是求出於堯湯之所不可必者也臣嘗讀隋史見所謂立民社義倉者取之以時而藏之於民下足以備凶歲而上實無利焉願做隋制詔天下州軍遇年穀豐熟立法勸課蓄積以備災此孟子所謂樂歲粒米狼戾多取之而不為虐者也況取之以為民非䟦既上上下其說司農寺且命李允與黯合議以聞乃下諸路度可否而以為可行者纔四路餘或謂稅賦之外兩重供輸或謂恐招盜賊或謂已有常平以賑給或謂置倉煩擾於是黯復上奏曰臣嘗判尚書刑部見天下歲斷死刑多至四千餘人其間盜賊率十六七蓋

愚民迫於飢寒因之水旱枉陷重辟故臣請復民社義倉以備凶歲今諸路所陳類皆妄議若謂賦稅之外兩重供輸則義倉之意乃教民儲積以備水旱官為立法非以自利行之既久民必樂輸若謂恐招盜賊蓋賊利在輕貨不在粟麥今鄉村富室有貯粟數萬石者不聞有劫掠之虞且盜賊之起本由貧困臣建此議欲使民有貯積雖遇水旱不憂乏食則人人自愛而重犯法此正消除盜賊之原也若謂有常平足以賑給則常平之設蓋以準平穀價使無甚貴甚賤之傷或遇凶飢發以振救既已失其本意而費又出公帑今國用頗乏所蓄不厚近歲非無常平小有水旱輒流離餓莩起為盜賊則是常平果不足仰以振給也若謂置倉廩斂材木恐為煩擾則今州縣修治郵傳驛舍皆斂於民豈於義倉獨畏煩擾人情可與樂成不可與謀始願自朝廷斷而行之然當時牽於衆論終不果行

仁宗時。秘閣校理吳及言春秋有告糴。陛下恩施動植。視人如傷。然州郡官司。各專其民。擅造閉糴之令。一路飢。則鄰路為之閉糴。一郡飢。則鄰郡為之閉糴。夫二千石以上。所宜同國休戚。而坐視流離。豈聖朝子兆民之意哉。遂詔鄰路鄰州災傷而輒閉糴論如違制律

監察御史包拯請救濟江淮飢民疏曰。臣聞天以五星為府。人以九穀為命。五星紊於上。則災異起於下。九穀絕於野。則盜賊興於外。天之於人。上下相應。故天變於其上。則人亂於其下。是天人相與之際甚可畏也。若變異上著。則恐懼脩省以謝於下。年穀不登。則振貸已責而恤其困。豈不使天有大變。而民有飢色。則人獲富壽。而國享安寧矣。方今災異之變尤甚。臣近已論列詳矣。惟江淮六路連歲亢旱。民食艱阻。流亡者比比皆是。朝廷昨遣使命安撫振貸。以救其弊。而東南歲運上供米六百萬石。近雖減一百萬石。緣逐路租稅盡已蠲復。則糧斛從何而出。未免州縣配糴以充其數。由是民間所出。悉輸入官。民儲已竭。配者未已。縱有米價。率無可糴。父子皇皇。相顧不救。老弱者死於溝壑。少壯者聚為盜賊。不幸姦雄乘間而起。則不可制矣。當以何道而卒安之哉。且國家之患。未有不緣此而致。可不熟慮乎。欲望聖慈特降指揮。應江浙六路災傷州縣。凡是配糴及諸般科率。一切止絕。如敢故犯。並坐違制。庶幾少釋疲民倒垂之急。其上供米數。若不敷元額。即俟向去豐熟補填。仍令州縣官吏多方擘畫救濟飢民。不得失所。兼委逐路提轉專切提舉。如不用心救濟。以致流亡。及結成羣黨。即乞一例重行降黜。

拯又請支義倉米賑給百姓疏曰。臣訪聞江浙荊湖等路。自去秋亢旱。田苗一例災傷。即目米價甚高。民食不足。若不速令救濟。必致流亡。強壯者起為盜賊。老弱者轉死溝壑。因此生事。為患不細。緣逐州

除軍糧常平倉外。別無大段斛斗準備。切知王琪見起義倉所在見管米數稍多。州縣未必敢專輒支用。若一一取俟朝廷指揮。往復數月。則此艱食之際。恩無所及。欲望特降指揮逐路轉運司勘會轄下元係災傷州縣。如委實人戶闕食。即令盡時將義倉米速行賑給。以濟貧民。如允臣所奏。即乞早賜指揮。

拯權三司使請免江淮兩浙折變疏曰。臣切見淮南江浙荊湖等州軍數年以來。例皆薄熟。去秋亢旱尤甚。可熟三二分。當年夏稅見錢一例科折。內第一等折納小綾每匹一貫六百六十文省。官絁每匹二貫八百五十文省。其第二等已下至客戶。並折納小麥每斗三十四文省。續據發運司准中書劄子據三司奏。乞將慶曆三年上供額斛斗六百萬石內。特小麥一百萬石。大豆十五萬石。折納見錢。發運司逐相度。小麥每斗并耗添估九十四文省。大豆每斗并耗八十八文省。比逐處見糴價例兩倍已上。應該小麥一石。納見錢九百四十文省。尋又准五月九日中書劄子據發運司奏。切慮豆麥價高。人戶難得見錢。奉聖旨宜令本司疾速指揮逐路州軍。據合折夏稅豆麥。令人戶如願納見錢者。即仰逐處依起納日在市價例錢數送納。如只願納本色斛斗。亦聽從便。雖有前件聖旨指揮。本處官吏並不遵稟。但一面抑令人戶納元估價錢。不許納本色斛斗。以致豆麥踴貴。錢貨難得。下等人戶。尤更不易。發運司但務歲計充盈。不慮民力困竭。上下相蒙。無所訴告。為國斂怨。莫甚於此。且民者國之本。財用所出。安危所繫。而橫賦暴取。不知紀極。若因此流亡。相應而起。塗炭郡邑。則將何道可以卒安之。況已萌之兆。不可不深慮耳。兼自淮以南及兩浙荊湖。從去秋至今春。並未得雨。二麥不秀。耕種失時。民心熬熬。日懷憂懼。欲望聖慈特降詔勅。委逐路轉運提刑不住巡歷躬量

應是諸雜科率。權且停罷。若向去蚕麥稍熟。今年夏秋諸色錢等。除第一第二等戶。各令依舊折納外。其第三等已下。并客戶。特與免諸般支移折變。只令各納本色。庶使重困之民。稍獲蘇息。

拯爲三司戶部副使請差災傷路分安撫疏曰。臣切聞江淮兩浙荊湖南北路近歲旱澇相繼。粒食踴貴。淮南西路蘄黃等州尤甚。去秋霖雨殞霜損害苗稼。今夏大水。飄流居人。兼又官中配糴民間之蓄盡輸入官。官糴既多。迨今五月不雨。秋苗悉已枯槁。米價斗二百文。縱江淮稔時米雖賤而民有飢者。況遇凶年。亦何卒歲。爲其無備故也。今則民間之蓄盡爲軍儲矣。民失其賴。流亡日衆。故賊盜充斥。聚集成羣。大者近百人。小亦不下數十人。所在剽虜。官司不能禁。自光壽以南距江亦皆如是。州縣上下遞相蒙蔽。不以上聞。使朝廷無繇知之。況今秋苗稼既槁。則望在來夏。而凋殘之民。朝不謀夕。豈能及來夏乎。且天之降咎。必在於凶年者。蓋年凶則民飢。飢則盜起。盜起則姦雄出。姦雄出則不可制矣。豈可不深懼而豫防之哉。伏望聖慈申命執政大臣。應江淮兩浙荊湖等州軍。自去夏至今秋災傷甚處。選差臣寮。遍令躬量安撫。從便宜而振貸之。夫救災卹患。國之常也。若忽而不顧。寖成大患。得不爲朝廷之深憂乎。

歷代名臣奏議卷之二百四十三

歷代名臣奏議卷之二百四十四

荒政

宋仁宗時。起居舍人同知諫院司馬光論荒政劄子曰。臣竊惟淮南兩浙今歲水災。民多乏食。往往羣輩相聚。操執兵仗。販鬻私鹽。以救朝夕。至有與官軍拒鬬。相殺傷者。若浸淫不止。將成大盜。朝廷不可不深以爲憂。蓋由所司權之太急。故抵冒爲奸。臣聞周禮以荒政十有二聚民。近者朝廷畧以施行。惟舍禁除盜賊二者似未留意。今亦子凍餒瀕於溝壑。柰何尚與之爭錙銖之利。豈爲民父母之意哉。臣謂陛下宜戒諭轉運司使明體朝意。稍弛鹽禁。而嚴督盜賊。緩課利不充之罰。急羣行剽劫之誅。廢告捕私鹽之賞。推討捕强暴之功。弃聚歛之小得。保安全之大福。除患於纖介。銷亂於未形。最策之得者也。

張方平上倉廩論曰。臣聞古者民三年耕。則餘一年之食。九年耕。則有三年之畜。通三十年。而有九年之積。豐年補敗。雖累凶年。民弗之病。然後德化流洽。禮樂興焉。此三代之盛。平土分民。富庶而教之本也。周衰經界失叙。生業不平。則有權謀之臣通變之士。調盈虛之數。脩輕重之術。以制國用。均民財。若管吾之準平。李悝之平糴。漢桑弘羊之均輸。耿壽昌之常平。下至隋氏義租。唐人社倉之制。是皆便物利民。濟時合道。安人之仁政。爲國之善經也。孟子曰。犬彘食人之食而不知檢。野有餓殍而不知發。人死。則曰非我也。歲也。是何異於刺人而殺之。曰非我也。兵也。是知蓄委者國之大本。斂發者政之大平。饑穰者天之常行。備預者人之所及者也。故萬室之邑。必有萬鍾之藏。千室之邑。必有千鍾之藏。而人君御之以準。然後民有所恃也。國家之承平六十年矣。漕引東南之粟。以輸太倉。卷地無餘。常若不逮。而僅充兵食邊塞之積。鮮及兼年。强家之藏。舊不接新。貧人之餉。朝不繼暮。不幸而有凶旱水溢之災。民立匱竭。國無以振救。老弱轉死相枕溝壑。方驗而圖之。雖發私廩。千里轉餽。重為勞費。官民皆擾。不亦謀之未乎。比者敕書有諭州縣。使立義倉之言。徒有空文。而無畫一之制。于茲三年。天下皆無立者。凡今之俗。苟且因循。嚴令旣約。猶復遷慢。爲民興利。豈易其人。有位者無心。有心者無位。在上可行者務懷遲而從苟且。在下欲行者或牽束而不得專。以故民間利不弃。時興害不得時去。積成弊蠹。以及喪敗。又凡事躰興立實艱。隳壞孔易。或謀以爲利。而轉以爲害。彼義租社倉者。齊隋唐氏旣嘗爲之矣。始爲百姓儲備之道。終爲僻君滋侈之費。是於籍外更生一調也。誠國家規前代之善策。爲齊人之大計。明立條式。權其斂出。令天下之縣。各於逐鄉築爲囷廩。於中戶已上爲之等級。課入穀麥。其輸入之數。視歲豐厚爲之三品。縣掌其籍。鄉吏守之。遇歲之饑。發以振給。小饑則約小熟

之所斂。中饑則約中熟之所斂。大饑則約大熟之所斂。皆自縣鄉檢校之。無使州郡計司侵取雜用焉。此則收自優戶穰歲之有餘。散於貧人凶年之不足。不使兼并賈人。挾輕貲蘊重積。睨其利以豪奪於吾人。此其惕於大易衰多益寡稱物平施之義。符於周官黨使相救州使相賙之法。契詩人京坻之頌。應時令振乏之理。使民足而知順讓。益歸於本業。誠爲國之大事也。謹論。

起居舍人知諫院范鎮論民力困敝劄子曰。臣竊聞陛下每遇水旱。或時變異。必露立向天。痛自刻責。盡精竭慮。無所不至。堯舜用心。亦不過是。然願陛下稍推廣之。推廣之術。在於使官吏稱職。民力優裕而已。今民力困甚。而朝廷取之不已。是官吏不稱職。使陛下憂勤於上。而人民愁苦於下也。伏見國家用調責之三司。三司責之轉運使。轉運使責之州。州責之縣。縣責之民。至民而止。民竭其力以佐公上。而自用不得足。則怨嗟之氣。干戾天地。此水旱變異所以作也。願陛下推前憂勤之心。明詔中書樞密大臣。使考求祖宗朝及天聖中兵數。與官吏之數。與天下賦入之數。斟酌損益。立爲條章。上下遵守。則國用有常。國用有常則民力有餘。陛下雖尚拱深居無所事。而天地之和至矣。又何憂水旱災變之患。而躬自刻責如此其勞乎。臣居嘗念此至熟。今蒙陛下選任。不敢不自竭盡。然亦不敢遠引前古難行之事。所陳惟祖宗時及天聖中陛下躬親之政。伏惟留神采擇。

鎮又奏流民乞立經制狀曰。臣伏見今歲無麥苗。朝廷爲放稅免役。及以常平倉軍儲賑貸存恤之恩。不爲不至矣。然而人民流離。父母妻子不能相保者。平居無事時。不少寬其力役。輕其租賦。歲雖大熟。使民不得終歲之飽。及一小歉。故雖加重施。固已不及事矣。此無它。重斂之政在前也。今特一穀不熟。爾而流民如此。就使九穀皆不

熟。朝廷將如之何。臣竊以水旱之作。由民之不足而怨。民之不足而怨。由有司之重斂。有司之重斂。由官冗兵多與土木之費廣而經制不立也。又聞許汝鄭等處蝗蝻復生。蝗蝻之生。亦由貪政之所感也。天意以爲貪政之取民。猶蝗蝻之食苗。故頻年生蝗蝻以覺悟陛下也。春秋魯宣公十五年秋初稅畝。冬蝝生。說者以爲緣稅畝而告此所謂貪政之感也。國家自陝西用兵。增兵以來。賦役煩重。及近年不惜高爵重祿假借匪人。轉運使復於常賦外進羨錢以助南郊。其餘無名斂率。不可勝計。此皆貪政也。貪政之發。發於掊克暴虐。此民所以怨也。所以干天地之和也。水旱之所以作也。臣前此言官冗兵多民困者屢矣。未蒙報下。伏乞陛下勑大臣檢臣前所上章。考今官數兵數與賦入之數。立爲經制。又罷土木之費。使民得足食而少休息。則天地之和至矣。古人言太平者。止於民之足食也。今誠能立經制。

省官與兵。節土木之費。使民足食。陛下高拱深居。而太平可坐致。願
陛下責任大臣何如耳。
知制誥劉敞上奏曰。臣伏見城中近日流民衆多。皆扶老携幼。無復
生意。問其所從來。或云久旱。耕種失業。或云河溢田廬蕩盡。竊聞聖
慈憫其如此。多方救濟。此誠陛下爲民父母之意。足以感動羣心。臣
猶謂但可寬眼前之急而已。非救本之術也。譬如良醫療疾。必先審
其病。病源不除。强食無益。今百姓之病已可見矣。父子兄弟不能相
保。鰥寡孤獨不能自存。强者流轉。弱者死亡。所以致此者。其源在水
旱也。所以致水旱者。其本在陰陽不和也。所以致陰陽不和者。其端
在人事不脩也。然則三公之職。主和陰陽。而議臣之任。主明天人。陛
下何不責三公以其職。使之陳陰陽不和之理。詢議臣以其學。使述
天人相與之際。參之聖心。以觀今日政事。若陛下所委任皆已得人。

所施爲皆已應天。則水旱者蓋無妄之灾。不足憂矣。若天人之際少
有不合。豈得安然坐視其病。忍知其源不思救之哉。臣言似迂。其理
實切。今羣臣爲陛下謀者。未過賣粥糶米。名爲救濟。其實止欲欺聡
明自解免而已。非謀國之躰也。又今天氣當暑反寒。率多常風。雨澤
愆伏。秋成不可必。願陛下速思所以救其本者。召致和氣。無令聖心
重增焦勞。則天下幸甚。
敞知永興軍。又奏曰。臣奉勑知永興兼一路安撫使。竊聞関中今歲
頗旱。百姓艱食。已有流移入汝鄧諸州者。若不多方賑恤。恐成凋瘵。
欲乞契會諸州倉廩量留三年軍儲外。儘與貸下百姓。命逐縣結保
等第支借。候歲熟日。准數還官。一則接濟困乏。免令逃散。二則以新
易陳。不乏軍儲。三則流布恩惠。固結民心。又聞同華諸州。向來雖旱。
近稍得雨。所種宿麥皆已在地。但此至麥熟日月尚遠。恐百姓闕之。

不能待之。所以急須賑濟。救其性命。伏乞斷自聖衷。行之不疑。其已
流散入汝鄧諸州者。亦乞下所屬州縣特加存卹。或簡別護送。令各
還鄉里。則貧下無失業之恨。緣臣赴任在近。若蒙開允。乞降指揮付
臣施行。
宋祁上奏曰。竊聞山東關中京西河北去冬無雪。宿麥稀種。居者愁
困。去者流離。緣春踰夏。搏手無望。朝廷雖切勑長吏。漕運糴粟。然而
財用久屈。倉廩半空。僅能濟軍。何暇及物。今州縣惟中戶以上。尚且
懷土以待。有秋而繇役百端。科率千計。必不可損。須出於人。以臣料
之。私蓄有涯。官用無際。歲既未足。民胡得安。陛下若不曠然垂恩有
以大慰其意。則蚩蚩之衆。饑弱者就死。强悍者爲盜。盜賊既廣。討捕
必嚴。兵盜相拏。邦國深患。臣愚以爲方今艱食之際。其灾傷州縣且
詔豫蠲今年秋夏二稅。安集居民。無令力農更失生業。推主上之惠。

慰黎人之心。群心苟和。不逞自息。權救時急。深適事宜。
祁又上奏曰。去年江淮二浙稻收七八。而淮南饑疫之後。戶口寖衰。
縣無完村。村無全戶。總是自贍。罔能及它。惟有江浙二方。天下仰給。
臣以爲京師禁旅近數十萬。三年之蓄不可不備。去年國家垂閔南
土。遣發存饑。減漕粟之常科。軫斯人之艱食。上恩雖美。邦計未充。且
足食足兵。乃可治國。我食我庾。所以爲人。今江淮漕運之司。輸米上
供。已有定數。若更多取。則官司不供。故臣願陛下明下詔書。募民能
入米京師者。倍價而糴三分。其價一分給錢二分。則以方權參準其
直而與之。商旅利於化居。吏卒緩於程督。如此則倉廩實。京師盛。邦
國安矣。如允所請。乞付外詳議。
英宗治平元年。知諫院司馬光又言蓄積劄子曰。臣聞國以民爲本。
民以食爲天。國家近歲以來。官中及民間皆不務蓄積。官中倉廩大

率無三年之儲。鄉村農民。少有半年之食。是以少有水旱。則公私窮匱。無以相救。流移轉徙。盜賊並興。當是之時。朝廷非不以為憂。及年穀稍豐。則上下之人。皆忘之矣。此最當今之深弊也。先帝時。臣曾上言。乞將諸路轉運使及諸州軍長吏官滿之日。倉廩之實。比於始至增減多少以為黜陟。又令民能力田積穀者。皆不以為家貲之數。欲為國家力救此弊。自後不聞朝廷施行。今歲開封府界南京宿亳陳蔡曹濮濟單等州。霖雨為災。稼穡之田。悉為洪荒。百姓羸弱者。流轉他方。餓死溝壑。強壯者。起為盜賊。吏不能禁。朝廷欲開倉賑貸。則軍儲尚猶不足。何以贍民。欲括取於蓄積之家。則貧者未能賑濟。富者亦將乏食。又使今後民間。不敢蓄積。不幸復有凶年。則國家更於何處取之。此所以朝廷雖寒心銷志。亦坐而視之。無如之何者也。臣竊思之。蓋非今日有司之罪。乃曏時有司之罪也。往者不可及。來者猶

可追。陛下不於今日特留聖心。速救此弊。豐凶之期。不可豫保。若向去復有水旱螟蝗之災。飢饉相仍。甚於今年。則國家之憂。倚所不至乎。臣又聞平糴之法。必謹視年之上下。故大熟則上糴三而舍一。中熟則糴二。下熟則糴一。使民適足。價平則止。少飢則發小熟之所斂。中飢則發中熟之所斂。大飢則發大熟之所斂而糶之。所以取有餘而補不足也。今開封府及京東京西水災之處。放稅多及十分。是大飢之歲也。官吏往往更行收糴。所給官錢既少。百姓不肯自來中糴。則遣人編欄搜括。無以異於寇盜之鈔劫。是使有穀之家。愈更閉塞。不敢入市。穀價益貴。人不聊生。如此。非獨天災。亦由吏治顛錯之所致也。臣愚欲望朝廷檢會臣前次及今來所奏事理。更加詳酌。擇其可者。少賜施行。指揮開封府界及京東京西災傷州軍。見今官中收糴者。一切止住。其有常平廣惠倉斛斗之處。按籍置曆。出糶賑貸。先

救農民。告諭蓄積之家。許行出利。借貸與人。候豐熟之日。官中特為理索。不令逋欠。其河北陝西河東及諸路應豐稔之處。委轉運司相度穀價。賤者廣謀收糴。價平即止。如本路闕少錢物。即委三司於他處擘畫那移應副。仍自今以後。乞朝廷每年謹察諸路豐凶之處。依此施行。臣竊料有司必言官無閑錢可以趁時收糴。臣伏見國家每遇凶荒之歲。緣邊屯軍多處。常用數百錢糴米一斗。若用此於豐稔之歲。可糴一碩。不知有司何故於凶荒之歲。則有錢供億。至豐稔之歲。則無錢也。此無他故。患在有司偷安目前。以俟遷移進用。不為國家思久遠之計而已。故臣惟願陛下深留意。

二年。光又言錢糧劄子曰。臣近蒙恩給假至陝州焚黃。竊見緣路諸州倉庫錢糧。例皆闕絕。其官吏軍人料錢月糧。並須逐旋收拾。方能支給。竊料其餘諸州。臣不到處。亦多如此。臣聞國無三年之蓄。曰國非國。

今窮竭如此。而朝廷曾不以為憂。若不幸有水旱蝗蝻方數千里。如明道康定之時。加之邊鄙有急。興兵動眾。不知朝廷何以待之。臣伏見陳許潁亳等州。止因去秋一次水災。遂致骨肉相食。積尸滿野。此非今日官吏之罪。乃曏時官吏之罪也。何則。曏時豐稔之歲。其人但務偷安。不為遠慮。粟麥至賤。不能儲蓄。及至凶荒之際。官私俱竭。上下狼狽。何由相救。雖使桑羊劉晏復生。亦無如之何也。今春幸而得雨。麥田有望。朝廷已置饑饉之事於度外。不復以儲蓄為意矣。萬一天下州縣復有災傷。則何以異於陳許潁亳之民也。若饑饉相繼。盜賊必興。此豈可不早為之深慮乎。臣愚伏望陛下於天下錢穀常留聖心。特降詔書。明諭中外應文武臣寮有熟知天下錢穀利害能使倉庫充實。又不殘民害物者。並許上書自言。陛下勿以其人官職之疎賤。文辭之鄙惡。一一略加省覽。擇其理道稍長者。特賜召對。從容

訪聞以方今食貨俱乏。公私皆困。何故而然。如何籌畫可使上下豐
足。著其言無可取者則罷遣而已。有可取者。即為之施行。仍記錄其
姓名置於左右。然後選其材幹出羣者。以為轉運使副判官。及三司
使副判官。仍每至年終。命三司振計在京府界及十八路錢帛粮草
見在都數聞奏。以之比較去年終見在都數。若增羨稍多。即命勘會
如別無奸巧欺謾及非理賦歛而致增羨。其當職之人。宜量行褒賞
累經褒賞者。即別加進用。若減耗稍多。即命詰問。如別無大故災傷
及添屯軍馬而致減耗。其當職之人。宜量行責罰。累經責罰者。即未
從黜廢。誠能如此行之不懈。數年之後。可使天下倉皆有餘粟。庫皆
有餘財。雖有水旱蝗螟之災。及邊鄙有急。皆不足憂也。
英宗時。起居注韓維論救濟飢民劄子曰。臣竊聞今春畿甸及京西
州郡百姓飢死者甚衆。訪聞蓋是州縣官不早為賑察存養。致百姓

流去本土。轉更失所。所至州縣。既無儲蓄之備。比至勸誘人戶及奏
聞朝廷得物救濟。流民已是飢困。又處置散給飯粥。或失所宜。便致
枉害人命。近聞河北京東兩浙諸郡被水災者不少。若止因循舊躰
必定百姓復罹此禍。伏望聖慈特降詔書。丁寧戒勅諸路轉運提刑
及州縣官吏上下公共詢問飢困之人。早為振贍。毋令流散。不幸轉
從者。轉運提刑為差官引道。令就州軍多方救養。仍具施行次第聞
奏。朝廷至時遣使察視。其當職官吏有善設術略。使居者不至於流
徙。流者不至於殍亡。仍議以戶口人數量立賞格。不如詔者議罰之
准之。所冀勸督官吏。宣力為民。拯其艱危。以副陛下好生之意。
維又乞覩諭使人救濟飢民狀曰。臣竊聞去年開封府界并陳蔡許
潁等州例各不熟。入春以來民困尤甚。朝廷雖發倉廩轉米穀以加
振贍。而死者不可勝數。其甚者至於遺棄幼穉。號哭道路。骨肉之間

自相噉食。殭尸暴骸。所在狼籍。聞之可為酸痛。臣日夜思念。蓋振救
之道有所未盡。以及於此。州縣未較之不積。一也。官吏無恤民之心
二也。飼養失處置之宜。三也。朝廷雖發倉廩。而陛下未嘗親諭惻怛
之意。遣使臨視。四也。群議籍籍。竊惟陛下勤政愛民。日昃不倦。至於
細務莫不曲加慮分。而於此事未聞德音有所矜卹。意者陛下未知
其詳歟。臣聞群議且久。每欲上聞。以越職為懼而止。今前去二麥尚
有數月。而死者日廣。臣誠不忍陛下赤子遭遇仁聖之君。不得蒙被
其澤而無告以死。臣雖越職得罪。猶不敢避也。伏望聖慈特詔執政
擇憂民幹事之吏十數輩。召見便坐。喻以憂勞愍傷之意。令分使州
縣察視流民。先具見存及死亡之數與即今救濟之狀以聞。然後與
轉運提刑知州通判等同共疾速商量。如何處置救養可以全活民
命。也至麥熟合用米粮幾何。如何營救不至乏絕。不幸死者。所在官

為掩瘞。毋得暴露。凡此諸事。皆許入馬鋪馳奏。陛下與二府大臣朝
夕圖議。苟國家之力可及之者。無不為也。如此則庶幾斯民漸有生
路。不然三四十萬之衆。至四五月之間。皆填溝壑矣。臣聞天之所以
祐命人君者。將以牧民也。君之所以享尊極者。以有民為之下也。民
之所以欣戴其上者。以能保安己也。陛下即位之初。宜有以固結天
下之心。而副天之所以祐命者。無急於此也。臣願陛下力行之。干冒
天威。臣無任涕泗激切之至。
知河陽縣陳襄乞抛降和糴小麥價錢狀曰。臣伏為本縣民田瘠薄
屢經災旱。今年夏秋闕雨。五穀不收。雖已依條檢覆減放稅租。然中
產之民已闕歲計。待糴而食十有八九。例以小麥青苗生舉錢物。一
斛之直只得二十餘文。兼并之家已獲倍利。尚被艱難。舉貸不得。深
慮來年起發春夫之際。穀價騰湧。貧窘之民轉見不易。臣竊見本州

每歲抛降和糴小麥萬數。多是過時收糴。每一斗官支價錢不下九十文以上。至一百二十文。比之民間麥熟之時。所直市價。常多三四十文。且以一州言之。每歲所糴小麥一萬餘石。即大支價錢三千餘貫。若京西一路枉費官錢。亦為不少。率無拯救之利。秖益商販之民。臣今擘畫欲乞轉運司。先於隔年抛降和糴小麥價錢數目。下本州縣。依諸路放買紬絹條例。於來年正月半已前。預支與五等人戶。每小麥一斗。依麥熟時民間價例。放六十文。仍命十戶結為一保。各以上等人戶充作保頭。連名具狀遞相保委。請領官錢。至時只命戶長依夏稅期限催納。如此。則不惟拯濟貧匱之民。兼亦省得和糴官錢不少。臣所起請。委是官民兩利。別無妨礙。如允臣所奏。乞下本路州軍。合係和糴斛斗去處。一例施行。謹具狀奏聞。

神宗即位初。御史中丞司馬光乞訪四方雨水疏曰。臣竊見陛下近以久旱為灾。分命使者。徧祈嶽瀆。靡神不舉。精誠感通。甘雨降集。誠中外之大慶。然暑月暴雨。多不廣遠。臣竊慮四方州縣。尚有未霑足之處。王者以天下為家。無有遠邇。當視之如一。不可使惻隱之心。止於目前而已。今者京城雖已得雨。伏望陛下不可遽以為秋成可望。急於憂民。凡內外臣寮有新自四方來者。進對之際。皆乞訪以彼中雨水多少。苗稼如何。穀價貴賤。閭閻憂樂。互相參考。以驗虛實。既可以開益陛下聰明。日新盛德。又使遠方百姓皆知陛下燭見幽遠。無所遺忽。銜戴上恩。傾心歸附。又使州縣之吏皆知陛下憫恤黎元。留心稼穡。不敢自恃僻遠。殘民害物。陛下一發德音。而收此三善。非獨可以行之今日。亦願陛下永久行之。誠天下幸甚。

光又乞選河北監司賑濟飢民疏曰。臣竊見朝廷差官支撥糧米。於永泰等門。遇有河北路流民逐熟經過。即大人每人支與米一斗。小人支與米五升。仰子細告諭。在京難以住泊。令速往近便豐熟州軍存活者。臣切思之。如此處置。欲以為恤民之名。掩人耳目。則僅可矣。其實恐有損無益。何以言之。鄉者或聞河北有人訛傳京師散米者。遂襁負南來。今若實差官散米。恐河北飢民聞之。來流移者。因緣誘引。皆來入京。京師之米有限。而河北流民無窮。既而無米可給。則不免聚而餓死。如前年許潁二州是也。今來苗既傷於旱蝗。日益滋生。秋田豐歉。殊未可知。一斗五升之米。止可延數日之命。豈能濟飢饉之厄哉。凡民之情。見利則趨之。見害則避之。若京師可以住泊。雖驅之亦不肯去。若外州不可以存活。雖留之亦不肯止。固非數人口舌所能告諭。故臣以為有損無益也。臣聞民之本性。懷土重遷。豈樂去鄉里。捨其親戚。弃其丘壠。流離道路。乞丐於人哉。但以豐稔之歲。粒食狼戾。公家既不肯收糴。私家又不敢積蓄。所收之穀。隨手靡散。春指夏熟。夏望秋成。上下偷安。姑為苟計。是以稍遇水旱蝗螟。則餱糧已絕。公私索然。無以相救。仰食縣官。既不能周。假貸富室。又無所得。此乃失在於無事之時。不在於凶荒之年也。加之監司守宰。多不得人。視民之窮。曾無矜憫。增無名之賦。興不急之役。吏緣為奸。蠹弊百出。民搏手計窮。無以為生。則不免有四方之志。大意謂他處必有饒樂之鄉。仁惠之政。可以安居。遂伐其桑棗。撤其廬舍。殺其耕牛。委其良田。累世之業。一朝破之。相攜就道。若所詣之處。復無所依。使之進退失望。彼老弱不轉死溝壑。壯者不起為盜賊。將安歸乎。是以聖王之政。使民安其土。樂其業。自生至死。莫有離散之心。為此之要。在於得人。以臣愚見。莫若謹擇公正之人。為河北監司。使之察災傷州縣。守宰不勝任者易之。然後多方那融斛斗。令使賑濟本州縣之民。若斛斗數少。不能周徧者。且須救土著農民。各據版籍。先從下等次第賑濟。則所給有限。可以預約矣。若富室有蓄積者。官給印曆。聽其舉貸。候豐熟日。官爲收索。示以必信。不可誑誘。則將來百姓。爭務蓄積。夫如此。飢民知有可生之路。自然不棄舊業。浮遊外鄉。居者既安。則行者思返。若縣縣皆然。豈得復有流民哉。臣曾上言。王者以天下爲家。不可使惻隱之心止於目前而已。此特河北流民路過京師者耳。切聞其它災傷之處。流民亦爲不少。若臣言可采。伏望聖慈依此行之。

熙寧元年。殿中侍御史裏行錢顗上奏曰。臣聞國之所以爲國者。以有民也。民之所以爲民者。以有穀也。國無九年之儲。不謂之有備。家無三年之蓄。必謂之不給。有國有家者未始不先於儲蓄也。故管子曰。倉廩實知禮節。衣食足知榮辱。此之謂矣。臣竊見諸處農民。雖力田疇。不務蓄積。一有水旱。遂至狼狽。深可惻憫。臣謹按隋文帝開皇中。曾令天下之人節儉輸粟。名爲社倉。行於當時。民無飢饉。此實濟衆之良策也。以臣愚欲乞於天下州縣逐鄉村各令依舊置社倉。當豐年秋成之時。只於上三等有田人戶。量出斛斗以備賑濟。第一等不過三石。第二等不過二石。第三等不過一石。或以鄉。或以村爲額。仍令衆人選擇有物力一戶。充社倉甲頭。一年一替。以所聚斛斗藏置其家。即具衆戶實數中報所屬官司判押爲據。或有損失。亦仰甲頭陪塡。貴免侵欺之弊。若遇荒歉。即盡數依借於下等貧民。聽將來歲稔日。官爲索還。依前入社倉收貯。候聚及三年。或無水旱。即具存留。所貴常有三年之備。或無水旱。一方之民。且穀有貴賤。歲有凶豐。所斂至輕。所濟至博。歲月稍久。蓄積亦多。縱值水旱之災。免致流亡之患。伏乞指揮下諸路轉運辭酌施行。

二年。判汝州富弼論河北流民到京西乞分給田土劄子曰。臣昨在汝州。切聞河北流民來許汝唐鄧州界。逐熟者甚多。旦以朝廷前許請射係官田土。後却不令請射。盡須發遣歸還本貫。臣訪知流民必難發遣。待田既已流移至此。又却不得田土。徒令狼狽道路。轉見失所。遂專牒本州通判張恂並便往州界。諸縣流民聚處。一一相度口數。給與田土。或自令樵漁採捕。或計口支散官粟。諸般拯濟。庶幾稍可存活。內只有給田一項。違著朝廷後來指揮。比欲奏候朝旨。及爲流民來者日益多。深恐救卹稍遲。轉有死損。遂且用上項條件施行去後。方具奏聞。尋准中書劄子奉聖旨一依奏陳事理。其後來者。即數不得給田。候春暖勸諭令歸上路。後方知其餘州軍所到流民。不拘新舊。並只用原降朝旨。盡不許給與田土。臣其時以急於赴召。不及再有奏陳。自襄城縣至南薰門共六程。臣見沿路流民大小車乘及驢馬馳載。以至擔仗等相繼不絕。臣每逢見逐隊老小。一一問[illegible]

及命逐旋抄劄。只路上所逢者約共六百餘戶。四千餘口。其逐州逐縣鎮以至道店中已安下。臣不見者并臣於許州驛中住却一日。路上之人臣亦不見者。止臣嘗見之數。恐又不下一二百戶。三二千口。唐鄧約及八九百戶。七八千口。其前後已過并今未來及有住唐鄧等州等處臣所不見者。又不知其數多少。扶老攜幼。纍纍滿道。寒飢之色。所不忍見。亦有病而死者。隨即埋於道傍。骨肉相聚。號泣而去。臣親見而問得者。多是鎮趙邢洛磁相等州下等人戶。以十分爲率。約四五分並是鎮人。其餘五六分即共是趙州與邢洛磁相之人。又十中約六七分是第五等人。三四分是第四等人及不濟戶與無土浮客。即絕無第三等已上之家。臣逐隊徧問因甚如此離鄉土遠來它州。其間甚有垂泣告者曰。本不忍拋離墳墓骨肉及破壞家產。只爲災傷物貴。存濟不得。憂慮餓殺老小。所以須至趂斛斗處逃命。又問得其全家起離來更不歸者。亦有減人口暫來逃熟。後彼中無災傷。斛斗稍賤。即却歸者。亦有去年先令人來請射。或買置田土。亦有無准備望空來者。大約稍有准備無一二。餘皆諳然。並未有所歸。只是路上逃從。問人斛斗賤處便去。臣切聞有人聞朝廷須令發遣。却歸本貫。此說蓋是其人只以傳聞爲詞。不曾親見親問。但只却有車乘行李次第頗多。便稱是上等之人。臣每親見有七八兩大車者。約及四五十家二百餘口。四五兩大車者。約及三四十家一百餘口。一兩兩大車者。約及五七家五七十人。其小車子及驢馬檐伏之類。大抵皆似大車。並是彼中鄉村相近鄰里。或出車乘。或出驢牛。或出繩索。或出搭蓋之物。遞相併合。各作一隊起來。所以行李次第如上等人戶也。今既是貧窮之家。決意離去鄉土。逃命逐熟。而朝廷須令發遣却回。必恐有傷和氣。臣亦子細說諭云。朝廷恐你拋離鄉井。欲擬

發遣。却歸河北。不知如何。其丈夫婦人皆向前對曰。便是死在此處。必更難歸。兼一路盤纏已有次第。如何歸得。除是將來彼中有可着業。方有歸者也。此已上事。並是臣親見親問所得。寂爲群愚與夫外面所差點量之人。薄尉幕職官畏怯州府。州府畏懼提轉。提轉畏懼朝省。而不敢盡理而陳述。或心存諂妄。不肯說盡災患之本。或不切用心。自作鹵莽。申不實者。蓋不作也。伏望聖慈早賜指揮京西一路。如流民到處。且將係官荒閑田土。及見佃人剩占無稅地土。差有心力徇公官員。四散分俵。各令往佃。更不得逼逐發遣却歸河北。其餘或與人家作客。或自能樵漁採捕。或支官粟計口養之之類。更命中書檢詳前後條約。疾速嚴行指揮約束。所貴逃此日月尚淺。未有大段死損之人。可救即得及。

七年。監京師安上門鄭俠進流民圖狀曰。臣伏覩去年大蝗。秋冬亢旱。迄今不雨。麥苗焦枯。黍粟麻豆皆不及種。旬日以來。米價暴貴。群情憂惶。十九懼死。方春斬伐。竭澤而漁。大營官錢。小求升米。草木魚鱉亦莫生遂。蠻夷輕肆。敢侮君國。皆由中外之臣輔相陛下不以道以至於此。臣竊惟災患有可致之道。無可試之形。其致之有漸。而其來也如疾風暴雨不可復禦。流血藉尸。方知喪敗。此愚夫庸人之見古今有之。所貴於聖神者。爲其能圖患於未然。而轉禍爲福也。當今之勢。猶可救。願陛下開倉廩。賑貧乏。諸有司斂掠不道之政。一切罷去。庶幾早召和氣。上應天心。調陰陽。降雨露。以延萬姓垂死之命。而固宗社億萬年無疆之祉。夫君臣際遇。貴乎知心。以臣之愚。深知陛下愛養黎庶。甚於赤子。故自即位以來。一有利民便物之政。靡不毅然主張而行。陛下之心。亦欲人人壽富而躋之堯舜三代之盛耳。夫豈區區充滿府庫。盈溢倉廩。終以富衍強大。夸天下哉。而中外之臣。

略不推明陛下此心。而乃肆其叨懫。剝割生民。侵肌及骨。使大困苦而不聊生。坐視其死而不恤。夫陛下所存如彼。群臣所爲如此。不知君臣際遇。欲作何事。徒只日超百資。意指氣使而已。況臣又惟何世而無忠義。何代而無賢德。亦在乎人君所以駕馭之如何耳。古之人在山林畎畝。不忘其君。務堯舜其君。匹夫匹婦咸欲自盡以贊其上。今陛下之朝。臺諫默默具位而不敢言事。至有規避百爲。不肯居是職者。而左右輔弼之臣。又皆貪猥近利。使夫抱道懷識之士。皆不欲與之言。不知時然耶。陛下有以使之然耶。以爲時然。則堯舜在上。便有夔稷。湯文在上。便有伊呂。以至漢唐之明君。我祖宗之聖朝。皆有忠義賢德之臣。布在中外。君臣之際。若腹心手足。然君倡於上。臣和於下。主發於內。臣應於外。而休嘉之息。下浸于昆虫草木。千百世之下。莫不慕之。獨陛下以仁聖當御。撫養爲心。而群臣所以和之者如此。

夫非時然抑陛下所以駕馭之道未審爾陛下以爵祿名器駕馭天下忠良而使之如此甚非宗廟社稷之福也夫得一飯於道傍則遑遑圖報而終身饜飽於其父則不知感此庸人之常情也今之食祿往往如此若臣所聞則不然君臣之義父子之道也故食其祿則憂其事凡以移事父之孝而從事於此也若乃思慮不出其位尸祿不代危人各以其職不相侵越至於邦國善否知而不言豈有君憂國危群臣乃飽食厭觀若視路人之事而不救曰吾各有守天下之事非我憂哉故知朝廷設官位有高下臣子事君忠無兩心與其得罪于有司孰與不忠於君父與其苟容於當世孰與得罪於皇天臣所以不避萬死深冒天闕以告訴于陛下者凡以上畏天命中憂君國而下念生民耳若臣之身使其粉碎如一螻蟻無足顧愛臣切聞南征西伐者皆以其勝捷之勢山川之形為圖而來獻料無一人以天

下之民質妻賣兒流離逃散斬桑伐棗拆壞廬舍而賣於城市輸官販糶遑遑不給之狀為圖而獻前者臣不敢以所聞謹以安上門逐日所見繪成一圖百不及一但經聖明眼目已可嗟咨涕泣而況數千里之外有甚於此者哉如陛下觀圖行臣之言十日不雨即乞斬臣宣德門外以正欺君謾天之罪如稍有所濟亦乞正臣越分言事之刑

是時俠監京師安上門以疏及圖詣閤門投進不納遂於本門勾馬遞於銀臺通進司奏為密急事疏入上覽畢反覆觀圖長噓者數四袖歸維對延和殿上曰久不雨朕夙夜焦勞奈何維曰陛下憂閔旱災損膳避殿此乃舉行故事恐不足以應天變書曰惟先格王正厥事願陛下痛自責己下詔廣求直言以開壅蔽大發恩令有所蠲放以知人情至是維又言近日畿內諸縣督索青苗者甚急往往鞭撻取足至伐桑為薪以易錢貨旱災之際重罹此苦夫動甲兵危士民匱財用於荒夷之地朝廷處之不疑行之甚銳至於蠲除租免寬格逋負以救愁苦之良民則遲遲而不肯發望陛下自奮英斷行之過而養之猶愈於過而殺人也上感悟即命維草詔二十八日詔出人情大悅三日大雨自俠上疏至雨纔及浹辰四月初七日早朝群臣既賀雨上出俠所進圖宣示宰執且責之曰卿等每言法度脩明禮樂興行民物康阜雖唐虞三代無以過今以外事如此丞相以下各謝罪是日有旨放俠擅發馬遞之罪安石因遷定力寺求出其黨不勝爭言於上或以為心狂以為非毀良法或以為擅發馬遞驕御乞追逮所司劾罪御史臺直請以俠付臺推劾遂有旨下開封取勘

熙寧中龍圖閣直學士韓維乞省末事憂飢民劄子曰臣伏見累月以來氣令舛逆寒暄不常暴風數興雨不得下傳聞諸道州軍頗多旱暵蝗蝻遊生變難撲滅百姓聚食至有啖木皮者流離轉徙未有自生之路言之可為流涕陛下嗣位之初群下翕然稱頌聖明人情既悅天道隨應日光清潤嘉澤屢降今者天道人情頓與始初不類意者竊恐陛下言思視聽之間有所未當惟陛下端靜誠一思惟天戒專以百姓困窮為念君臣協心講畫惠政以救此急至於繁文浮議無益天下者且可一切罷置上以申陛下恭默思道之志下以撫安元元仰荅天意

元豐元年河北路轉運使吳大忠上奏曰臣伏見朝廷比修常平之法將以抑兼并振乏絕可使民富而無離散失所之憂然行之累年雖豪貸助之惠猶粒米狼戾而無歲月之備一有凶災散亡道路臣

嘗究其然矣。時平日久，文法闊疏，小民不知謹身節用之道，以惰為樂，以侈相驕，膳飲必精，有一人而兼數人之食，服御必華，有一日而用數日之費，況飲酒般樂，游蕩無度，略無法禁，安得不貧。臣聞古者大夫無故不殺犬豕，七十者始食雞豚狗彘之肉，今則庶人日以宰羊豕為食，不緣賓祭，不為養老，安得芻豢而共之。古者庶人五十可以衣帛，黼黻絺繡，以彰有德，今則朱紫之飾，不問府史，美錦文綺，達于臧獲，安得女工而共之。至於宮室輿馬器皿之奢，率皆稱是，而又釋老之徒，齋薦塔廟，神祠巫祀，鼓舞祈賽，所費益以不貲，故田野之民，不安其業，臧、穀鹵莽從事於農，所獲既以不足，則不免貸於私家，私貸不足，又以貸於公府，常平之息誠薄，民貸於公者誠頗然，一入其手，侈費者十有六七，若博奕飲酒，又不止此，此殆法禁有所未具也。臣愚伏願陛下深詔有司，申明法令，略立制度，禁侈費以為用財之法。民間無職者，皆書于籍，任之以九職之事，不能任則轉移執事，又不能，則給以常餼，以共公上之役。如是，則游手有歸，財不妄費，富足之道，是以馴致，助成良法。其防禁條目，已具別奏。伏望詔下有司，詳擇立法，推行天下。

神宗時，監察御史裏行彭汝礪上奏曰：臣聞天地萬物之數，皆麗於五行，故旱荒凶札，饑饉疾疫，雖盛世或有焉，而人君者，仰有以相之，俯有以安之，故民雖不幸，猶不至於捐瘠也。古者有鄉里之委積，以恤民之艱厄，門關之委積，以養老孤，縣都之委積，以待凶荒，未能食之，已足矣，又各有所積焉。蓋如此，所以為仁政之周也。今雖有常平廣惠之制，而所有不能供歲月之不足，平時未嘗為計，至於已迫而后為之，其計不過強富人出粟而已，富人之粟未集，而饑饉之氣已聚而為疾疫，怨呼疾痛之聲也，復感而為旱氣矣。人皆曰：堯有水，湯有旱，此不足為陛下憂也，為此言者，非忠臣也。堯、湯蓄積，洗旱故水旱雖久，而民不散。今一方不稔，而民之骨肉至於相殘，而強者白晝殺人於市以食，今曰此無害，此所謂罪歲也。以臣所聞，比年東南疫病，浙東西旱荒為甚，蘇州又其甚者也。陛下以張諤安撫，以陳愷賑濟，以沈紳知州，諤乖謬取笑於人多矣，愷以違法不廉聞，紳以疲軟罷，以一事推之，則知陛下雖有不忍人之心，安能及民也。夫人勞苦倦極，未嘗不呼天，疾痛慘怛，未嘗不呼父母，今天下之民，戴陛下如天，愛陛下如親，及不得則亦望於陛下而已。臣聞大兵之後，必有凶年，蓋其親傷愁怨，有以感之也。今江淮雖薄稔，然久飢已困之民，種藝不及者衆，瀕江之田，又苦水潦，米價益貴矣，秋不雨，冬少雪，以卜料之，春夏之交，將復有饑疫之憂，願陛下申飭有司，使早為之計也。今官賣戶絕田產，所得者至薄，而所失者甚厚，以數百石之田而所得不過千緡，冀再歲之收，則已足以當千緡矣。此非有難見也。臣欲乞罷賣官田，盡收以待賑濟，以戶絕田產振民之老孤凶札，亦理之所宜也。隋唐之制雖不足語，如義倉法，非可廢也。臣願取廣惠米散畜於里社，而民助之。其所斂以戶之上中下與歲之豐耗為差。大飢則發大熟之所斂，小飢則發小熟之所斂而賑之。取於彼，散於彼，於我無與也，民亦無辭矣。比之於已迫而後圖之者，其利豈止於倍蓰哉。惟陛下裁幸。

貼黃：臣訪聞江南逃處科富民出粟有至千餘石。民間有不能應副，及至送納，亦不及時矣。

臣觀民家治生，雖有闕乏，亦不肯出賣物產，蓋田利久長，非止歲月之計。今官中出賣，實為失策。義倉法本於民社，立之頗如周官鄉里門關之制，民有飢餓，在處即與口食，不至流徙。今立

於民社。切恐貴人守護。如秖於逐處僧寺及驛舍置倉。則於事

肴徑。亦不至勞於民矣。

鄭獬論河北流民劄子曰。臣切見河北之民。自去秋以來。相携老幼皆徙于南方。纍纍道途。迄今不絕。不知幾萬戶。茲非細事也。臣詢得其緣。或云以歲飢無食。或云地震不得寧居。或云河決失耕業。或云以避塞河之役。臣參考以計之。若以歲飢。則百十年來豐凶常事。何昔之凶年猶得安居。而今遽為去計乎。若以地震。則震有時而必止。雖暫有不寧。猶宜未至棄本土而去。若以河決。則恩冀德博罹害者宜遷。而鎮定邢趙非河所累。則又何為而輙去。若以河役。則朝廷已有詔罷而還者至今不已。由是言之。蓋其原起於唐州之開擴古而成於河北之謠言。何者。唐州官吏。冒賞貪功。遣牙校齊牓於三邊招誘戶民。十有餘年。於是三邊始有遷民。及去秋地震。其父老皆言真廟

時地震。遂有澶淵之役。今地復震。北虜又將擾邊矣。如何不為引避。加以歲凶河決。於是相牽連而大去之。夫民故愚而無知。一人搖之。百人酬之。一鄉之間。但見南徙者衆。故相隨而亦遷。即詢究其所以遷之理。則不出前之所言。是彼亦未能熟較利害。但云南方穀賤有曠土可為生耳。冒然者豈得縱其流亡而不為禁止乎。河朔去歲雖被災。而諸郡亦有秋穫處。民間未至橫衢路而餓死。易嬰兒以食。借使令之有寒餓不能自活者。雖縱而之南無害也。至於中戶以上。乃連車牛。負橐篋。驅僕躍馬其資。是以為養者。又何為而不禁止。端使流離而南徙乎。屬者朝廷雖屢敕本道安集。而至今去者如故。此蓋刺史縣令有不能者。無方略以安之耳。朝廷誠能深責刺史縣令。俾之從便宜。務令安集。勿令中戶以上隨衆而遷。刺史縣令有不能者。則亟令監司舉劾。別選有能者代之。刺史縣令知懼。則庶乎有為可以禁止矣。或云遷者不可止。止則餓死。或急而為盜。為患浸深。臣以為寒餓者聽之去。可以自資者留之。今河北亦有常平粟。未嘗賑發。宜舉以貸民。今冬宿麥得雪。尚去收成。則民復安堵矣。兼聞河北便糴。官價殊高。豪民亦有藏粟邀價者。及官配糴甚急。而粟價愈貴。若便糴配糴宜一切罷之。如又貸以常平粟。則民間得賤粟可以自存矣。或者又謂河北之民。久離兵戰。生息既繁。遂不能相養。譬之舊為家十口。有田二頃。今田不加多而增口為二十。遇值凶年。故析其食口。就粟南方。適得其宜矣。此又非通論。二十口之息。豈能一日而具。何前日猶能相養。而今日遂不能乎。夫民者重遷。如刺史縣令有安集之術。則孰肯棄墳墓去親戚鄉井而輒為流民乎。以此又知刺史縣令不為朝廷養民也。北方之人。乍入南地。不習水土。向春必生癘疾。伏願陛下嚴立科罪。下提刑轉運司責在刺史縣令隨宜處畫。必

令存留。無得縱令流移。庶幾河朔不為墟矣。幸冀陛下留神。特賜裁察。

獬又請罷出祈雨劄子曰。臣竊以首冬已來。久愆雨澤。旱氣相薄。屢發火災。兼此春溫。恐生癘氣。雖陛下焦心引咎。夙夜祇懼。天地四方。靡神不禱。霈發德音。解釋纍囚。貽饗無應。未見嘉澤。下民嗷顒。實亦不寧。臣欲望陛下暫飭鑾駕。近幸神祠。躬自虔祈。以表誠至。必有美證。期於旦夕。况陛下宅憂踰年。不出禁闥。京都士民。想望天表。俾之一聞清蹕。瞻見威顏。民心感悅。天意自解。甘霈之來。或可符應。臣不勝拳拳。

右司諫蘇轍論久旱乞放民間積欠狀曰。右臣伏見陛下以久旱憂勞。禱請勤至。自冬歷春。天意未答。宿麥枯瘁。災害廣遠。民自近歲。皆苦於重斂。儲積空匱。若此月不雨。飢饉必至。盜賊必起。保甲之餘。民

習武事。猖狂嘯聚。爲患必甚。而陛下所以應天動民。未有其實。臣竊見去年赦書。蠲免積欠。止於殘零而税。至於官本債負出限役錢。皆不得除放。民有破蕩家產。父子流離。衣食不繼。有死而不可得者。買撲酒坊。先因實封投狀。爭氣務勝。競設高價。既得之後。利入微細。不能出辦。違限不納。加以罰錢。至於籍沒家產。枷械坐獄。興而不得脫者。臣願陛下降哀痛之書。應今日以前民間官本債負出限役錢。及酒坊元額罰錢。見今資產耗竭。實不能出者。令州縣監司保明除放。使民得再生。以養父母妻子。朝廷棄捐必不可得之債。以收民心。民心悅附。甘澤可致。雖使天道幽遠。而不時應。而仁澤流溢。亦可以化服强暴。消止盜賊。臣謹按漢書文景宣元之間。憂民之疲病。每歲輒弛租税。減算賦。自損以厚下。民戴其澤。中遭王莽之變。皆謳吟思漢。漢已絕而復續。夫漢世平安之日。猶蠲必得之常賦。以惠民。而况當

今旱勢未止。災害方作。而件欠負皆勢不可得。奈何靳而不與哉。伏願陛下斷自聖心。特賜手詔。無使有司吝於出納。以廢格聖澤。則天人不遠。宜有善應。謹錄奏聞。

蘇又乞賑救淮南飢民狀曰。臣訪聞淮南久旱。雨全未足。二麥亞已枯死。浙中米價雖賤。而運河無水。客旅不至。米斗直一百七十以來。民間闕食。甚覺不易。而所在官吏。並未見賑濟。及奏請別作處置。臣竊見頃立義倉。至今已將十年。所聚雜斛數目甚多。每遇災傷。未嘗支散一粒。民情深所不悅。臣欲乞指揮淮南官司。先將所管義倉米數隨處支與闕食人戶。兼將常平米減價出賣。及取問監司州縣因何並不曾申請擘劃。兼乞體訪諸路。如有似此闕食去處。一例施行。謹錄奏聞。

轍又言淮南水潦狀曰。臣竊見淮南春夏大旱。民間之食。流徙道路。朝廷哀愍饑饉。發常平義倉及上供米以濟其急。淮南之民。上賴聖澤。不至飢殍。然自六月大雨。淮水汎溢。泗宿亳三州大水。夏田既已不收。秋田亦復蕩盡。前望來年夏麥。日月尚遠。勢不相接。深可憂慮。訪聞見今官賣米猶有未盡。然必不能支持久遠。臣欲乞朝廷及今未至闕絕之際。速行取問本路提轉發運司。令具諸州災傷輕重次第。見今逐州各有多少糧食。可以賑濟得多少月日。如將來乏絕。合如何擘劃施行。立限供報。所貴朝廷得以預先處置。小民不至失所。謹錄奏聞。

淮南轉運使蘇頌奏乞糴官米濟民疏曰。臣竊聞日近甚有近北災傷人民。流移往隣路州軍逐熟。尋有朝旨下諸路。令州縣常切存恤。恭惟聖恩溥施。靡所不逮。然恐州縣拘文。不能上副仁憫之意。何則其流民所之。惟是歲豐物賤。便爲安居之地。今並淮諸郡。雖稍登稔。

若食口既多。必是物價騰踊。萬一將來秋成失望。漂泊之民。未有歸業之期。坐食貴穀。便見失所。彼時須煩縣官賑救。爲惠差遲。則其敝益甚矣。臣以謂存恤之法。莫若先平物價。欲物貨之平。則莫若官爲糶給。使之常食賤價之物。則不覺轉移流徙之爲患也。臣欲望特降朝旨應有流民所聚州縣。權將上供或軍糧米斛。比見今在市實直量減分數。估定價例。將來更不得添長。每差强幹官一員。置場出糶直候流民歸業日即罷。其約束事件。並依昨來在京糶場施行。收到價錢。却委轉運司和糴斛斗充數。如此擘畫。比之出粟賑濟。所費寡而所惠博。惟朝廷垂意幸甚。

知諫院陳襄乞振恤大名等州被水災之民劄子曰。臣訪聞黃河近自許家港決潰東流。經歷大名恩冀静滄德博數州軍之地。水勢瀰漫五百餘里。居民田廬縣鎮淹沒蕩盡。自滄而北。災害尤甚。死者不

知其數而存者已無生業伏望聖慈特降指揮下本路轉運使副及提點刑獄司分頭詣水災州軍多方存恤被災之民放免稅租及振貸糧食庶不致失所仍乞先次計度修復自河以南一帶堤岸防備來年夏秋漲溢爲德博之患

歷代名臣奏議卷之二百四十四

歷代名臣奏議卷之二百四十五

荒政

宋哲宗元祐元年門下侍郎司馬光論賑濟劄子曰臣竊惟鄉村人戶播植百穀種藝桑麻乃天下衣食之原比於餘民尤宜存恤凡人情戀土各願安居苟非無以自存豈願流移它境國家若於未流移之前早行賑濟使糧食相接不至失業則比屋安堵官中所費少而民間實受賜若於既流移之後方散米煮粥以有限之儲蓄待無窮之流民徒更聚而餓死官中所費多而民實無所濟伏覩近降朝旨令戶部指揮府界諸路提點刑獄司體量州縣人戶如委是闕食據見在義倉及常平米穀速行賑濟仍丁寧指揮州縣多方存恤無致流移失所此誠得安民之要道然所以能使民不流移者全在本縣令佐得人欲使更令提點刑獄司指揮逐縣令佐專切體量鄉村人戶有闕食者一面申知上司及本州更不候回報即將本縣義倉及常平倉米穀直行賑貸仍據鄉村五等人戶逐戶計口出給曆頭大人日給二[illegible]小兒日給一升令各從民便或五日或十日或半月一次齎曆頭詣縣請領縣司亦置簿照會若本縣米穀數少則先從下戶出給曆頭有餘則并及上戶其不願請領者亦聽候將來夏秋成熟糧食相接日即據簿曆上所貸過糧令隨稅送納一斗只納一斗更無利息其令佐若別有良法簡易便民勝於此法者亦聽從便要在民不乏食不至流移而已仍令提點刑獄司常切體量逐縣令佐有能用心存恤闕食人戶雖係災傷並不流移者保明聞奏優與酬獎其全不用心賑貸致戶口多流移者取勘聞奏乞行停替庶使吏有所勸沮百姓實霑聖澤

光又乞趁時收糴常平斛斗劄子曰臣勘會諸常平倉法以豐歲穀

賤傷農。故官中比在市添價收糴。使蓄積之家。無由抑塞。農夫須令賤糴。凶歲穀貴傷民。故官中比在市減價出糶。使蓄積之家。無由邀勒貧民。須令貴糴。物價常平。公私兩利。此乃三代之良法也。嚮者有因州縣闕常平糴本錢。雖遇豐歲。無錢收糴。又有官吏怠慢。厭糴糶之煩。雖遇豐歲。不肯收糴。又有官吏不能察知在市斛斗實價。只信憑行人與蓄積之家。通同作弊。當收成之初。農夫要錢急糶之時。故意小估價例。令官中收糴不得。盡入蓄積之家。直至過時。蓄積之家倉廩盈滿。方始頓添價例。中糴入官。是以農夫糶穀。止得賤價。官中糴穀。常用貴價。厚利皆歸蓄積之家。又有官吏雖欲趁時收糴。而縣申州。州申提點刑獄。提點刑獄申司農寺。取候指揮。比至回報。動涉累月。已是失時。穀價倍貴。是致州縣常平倉斛斗有經隔多年。在市價例。終不及元糴之價。出糶不行。堆積腐爛者。此乃法因人壞。非法之不善也。熙寧之初。執政以舊常平法為不善。更將糴本作青苗錢散與人戶。令出息二分。置提舉官以督之。豐歲則農夫糶穀十不得四五之價。凶年則屠牛賣肉。伐桑賣薪。以輸錢於官。錢貨愈重。穀直愈輕。朝廷深知其弊。故罷提舉官。令將累年蓄積錢穀財物。盡椿作常平倉錢物。委提點刑獄交割主管。依舊常平倉法施行。令歲諸路除有水災州軍外。其餘豐熟處多。今欲特降指揮下諸路提點刑獄司。兼有此糴本之時。委豐熟州縣官各躰察在市斛斗實價。多添錢數。廣行收糴。如闕少倉敖之處。以常平倉錢添蓋。仍令少糴麥豆。多糴穀米。其南方及川界卑濕之地。有斛斗難以久貯者。即委提點刑獄相度。逐州縣合銷數目。拋降收糴。纔候將來在市物貨價比元糴價稍增。即行出糶。不得令積壓損壞。仍令州縣各勒行人。將十年以來在市斛斗價例。比較立定貴賤酌中價例。然後將逐色價分為三

等。自幾錢至幾錢為中等價。幾錢以上為上等價。幾錢以下為下等價。令逐處臨時斟酌加減。務在合宜。既約定三等價。仰自今後州縣每遇豐歲斛斗價賤至下等之時。即比市價相度。添錢開場收糴。凶年斛斗價貴至上等之時。即比市價相度。減錢開場出糶。若在市見價只在中等之內。即不糴糶。更不申取本州及上司指揮。免有稽滯失時之患。仍委提點刑獄常提舉覺察。若州縣斛斗價及下等而不收糴。價及上等而不出糶。及收貯不如法。變轉不以時。致有損壞。并監官不逐日入場。致壅滯糶糴人戶。並取勘施行。若州縣長吏及監官能用心及時糴糶。至得替時。酌中價錢與斛斗通行比折。與初到任時。增剩及十分中一分以上。許批書上曆子。候到吏部日。與升半年名次。及二分以上。許指射家便差遣一次。所貴官吏各各用心。州縣皆有儲蓄。雖遇荐饑。民無菜色。又得官中所積之錢。稍稍散在民間。可使物貨流通。其河北州縣有糴便司斛斗見多。沿邊州縣轉運司見糴軍糧處。更不糴常平倉斛斗。若今來指揮內有未盡未便事件。委提點刑獄司逐旋擘畫申奏施行。

侍御史王巖叟乞常平不分立三等疏曰。臣伏覩昨降朝旨。文雖詳而未通。四方來者。更言其未便。臣按常平舊法。但遇年豐物賤。即與市價上添錢收糴。如年儉物貴。即度在市實直價例。特減錢出糶。此所以為常平。今既限以價賤至下等方許收糴。價貴至上等始得出糶。乃是必待豐歉十分而後行法。稍不及等。即官司拘文。束手坐視。而不敢糴糶。臣恐久之天下救災之備寡。而傷農之患多。失常平本意遠矣。臣乞依舊法不分立三等。仍更不申取本州及上司指揮外。餘約新降朝旨。別行修定頒降。

巖叟又請依舊法賑濟免河北貸糧出息疏曰。臣伏以救災恤患。惟

恐有所不至以傷其仁先王之用心也隨施以有求兼危以論利蓋不忍焉臣按祖宗賑濟舊法災傷無分數之限人戶無等第之差皆得借貸但令隨稅納元數而已未嘗有息也故四方之人霑恩者溥銜恩者深郡縣倉庾以陳易新者多其後刻薄之吏陰改舊法必待災傷放稅七分以上方許貸借而第四等以下方免出息殊非朝廷本意緣災傷放稅多是監司以聚斂為急咸脅州縣州縣又承望風旨不復躰心朝廷以災傷的實分數除放若放及七分者災傷已是十分況少肯放七分又六分之與七分相去幾何毫釐之間何以辨別幸而得為七分則有借貸不幸而為六分則無借貸但繫檢災官吏一言之高下而被災百姓幸不幸相遠如此不可不察也三等而上均為赤子均遇天災豈容因災偏令出息計其所得則甚少論其所損則實多乖陛下平一之心虧朝廷光大之施臣乞復如舊法不限

災傷之分數並容借貸不拘民戶之等第均令免息庶幾聖澤無間感人心於至和天下幸甚如允臣所奏其河北京西淮南等路昨來水災州縣乞先次指揮施行

二年十二月著作郎范祖禹乞不限人數收養貧民劄子曰臣伏見陛下以今冬大寒異於常年聖心憂軫救恤小民無所不至近又出禁中錢十萬貫以賜貧民此誠博施濟衆堯舜之仁也禮記曰財聚則人散財散則人聚臣知此財一散而人心皆聚於朝廷矣古之聖人未有不矜恤孤窮者堯命舜舜命禹皆以四海困窮為說書稱不虐無告不廢困窮惟帝堯能之蓋置而不恤則是虐之矣棄而不養則是廢之矣伊尹稱湯曰先王子惠困窮周公曰文王懷保小民惠鮮鰥寡孟子曰文王發政施仁必先鰥寡孤獨夫聖人養天下之民使貧者不至失所則不貧者自安是故古者為政必先恤困窮之民國

朝祖宗以來惠恤孤貧仁政非一每遇大雨雪則放公私房錢以至糶米賣炭散錢死者則賜錢瘞埋惠及存沒近日朝廷無不舉行而又發內帑之錢降非常之恩惠澤之厚無以加矣陛下勤恤小民如此而臣忝在左右竊思有可以少補聖政之萬一者豈默而不言哉古者鰥寡孤獨癈疾皆有養既養之則不至於凍餒而死朝廷自嘉祐已前諸路有廣惠倉以救恤孤貧京師有東西福田院以收養老幼癈疾至嘉祐八年十二月又增置城南北福田共為四院此乃古之遺法也然每院止以三百人為額臣竊以為京師之衆孤窮者不止千二百人又朝廷每遇大冬盛寒則臨時降旨救恤雖仁恩溥博然民已凍餒死損者衆矣救飢於未飢之時先為之法則人不至於飢死救寒於未寒之時預為之備則人不至於凍死今每歲收養與臨時救濟二者等為費用不若多養之為善也臣愚以為宜於四福

田院增蓋官屋以處貧民不限人數並依舊法收養委左右廂提舉使臣每至冬月多設方略救濟或給米豆或設糜粥不必專散見錢其使臣存活到人數書為課績量與酬獎死損多者亦立殿罰如四廂使臣提舉難遍即委吏部臨時更選差使臣四員相兼提舉量與添給仍理為重難短使存活死損殿最亦依四廂使臣法其天下廣惠倉竊慮州縣不以為急乞更申明成法每歲以時舉行委逐路監司丁寧行下所屬州縣及因巡歷案視或於逐州別差官點檢使知朝廷掛意令官吏用心振恤須要實惠及貧民不得輕易以為末事畿內諸縣亦乞令擘畫官屋依京師收養無令遠者聚於都下重立條禁以絕主掌支散之人減剋之弊如此則物不虛費而所活益多矣國家富有四海每歲用係省錢一二萬緡於租賦之入無異海水之一勺而飢窮之人日得十錢之資升合之米則不死矣此乃為國者

所當用。王政之所先也。況朝廷幸不惜費。唯更增備舊法。推廣祖宗仁政。以副陛下惨怛愛民之意。夫何難哉。臣竊惟陛下近日所行。萬萬於此。而臣之所陳事乃至微。然古之聖人莫不以此爲先務。所以拯生民之性命。其法不可不備也。如臣言稍有可采。伏乞詳酌施行。祖禹又論常平劄子曰。臣竊以當今天下之患。在於公私俱無蓄積。無以待水旱凶歉。一時不雨。則民饑饉流亡。昨春夏旱。京西陝西艱食尤甚。唐鄧人民相食。遺棄男女。流離道路。其存者食犬彘之食。飢民群行劫米。坐法配流者係纍相屬。幸而得麥。民復有生望。故大盜不作耳。然轉於溝壑與配隸遠方者。已不可勝數。仁聖在上。豈不哀憫而爲之計慮哉。夫以數月不雨。適當青黃不接之際。民已如此。若不幸復有方二三千里之水旱。將何以救之。自中夏以來。雨水不至過多。秋成可望。諸郡雖有被水災之處。然約計之。收熟之處必多。年

穀稍登。則公私逋負督迫。民間速欲得錢。無由貯積。必至甚賤。此農民所以豐凶皆困也。自非朝廷廣謀收糴。以時發斂。則無以平糴濟民。今諸路提刑司積常平錢猶多。竊恐自罷散青苗錢以來。常平之法尚未修復如舊。臣愚欲乞速降指揮諸路提刑司。乘今秋豐稔穀賤之時。盡以所有之錢。增價收糴。使不至於甚賤傷農。來春穀貴。則減價出糶。使不至於甚貴傷民。若止以常平錢收糴。恐亦未廣。陛下誠能出內庫金帛數十萬以爲糴本。專以備水旱凶荒。發斂以時。則官本常存。而民被惠澤無窮。濟民之命。無大於此。祖宗置內藏庫。本以備軍旅非常之用。仁宗嘗出錢一百萬緡以助常平糴本。此仁恩所以深結於民心也。夫財出於民。復以濟民。但使民存不至流亡。則今年散之。明年復有。何患乎無財也。前年冬大寒。陛下出錢十萬緡散之窮民。民苦於寒。陛下不忍坐視其死。稍以與之。誠知民爲國本。

不可不愛惜也。況糴本常不動。而可以利民。止是以內庫之錢借之外路。又有先朝故事。何憚而不爲乎。如以臣言爲然。乞早賜施行。祖禹又論常平劄子曰。臣竊以爲國之本在於務農。務農之本在於貴穀。舜咨十二牧曰。食哉惟時。洪範八政。以食貨爲首。孔子曰。所重民食。蓄積者。邦國之大本。生民之大命也。臣伏見累年以來。天災流行。年穀不熟。昨春夏之交。天久不雨。陛下憂勞昃食於上。大臣惶恐請罪於下。豈非以倉廩空虛。民無所食。盜賊並起。將有不可知之變哉。一朝得雨。報賽神祇。則君臣釋然相慶。不復以民食爲念矣。夫歲之豐凶。天之常也。豐年常少。凶年常多。水旱之災。堯湯所以不能免。然而國不困民不亡者。有蓄積以爲之備也。昨春夏未雨之時。民已無復生理。幸而得麥。出於望外。豈可常恃僥倖天災之不成也。臣訪聞諸路今秋可望大熟。民間不唯速欲得錢。必至甚賤。又小民不爲

遠慮。一熟則輕賤五穀。粒米狼戾。古之聖王知其如此。是故操斂散之術以權之。管子曰。民有餘則輕之。故人君斂之以輕。民不足則重之。故人君散之以重。輕重之權在上。則其利不入於兼并之家。而農民常得其平。此所以家給人足也。至於衰世。豐不知斂。凶不知散。故其政荒。其民流。孟子曰。狗彘食人食而不知檢。塗有餓莩而不知發。如此者。其國幾何而不亡也。今天下背本趨末。民惟視上之所好。若朝廷以農爲急。乃可使民務本。黃金珠玉。飢不可食。寒不可衣。然而人貴之者。好之者衆也。誠使貴五穀而賤金玉。則民豈有不以穀爲重者哉。布帛不可一日而闕。然皆人力所爲。至於五穀。天不告地不長。則非人力所能致也。昔梁武帝享國幾五十年。江南久安。風俗奢侈。不務蓄積。侯景之亂。連年旱蝗。富民皆懷金玉。衣錦綺。相枕籍而死。唐末高駢亂淮南。揚州米斗至直錢五十千。皆史冊所載。古有此

事。安知來世之必無此。今夫夏則畜炭。冬則藏冰。凡民皆能知之。至於豐年則不知爲凶歲之備。蓋以五穀爲常有而輕之耳。古人旱則備水。水則備旱。豐登則備凶歉。知天時之有必至也。惟陛下留意於務農貴穀。備常平之政。以厚天下。

六年七月。祖禹爲給事中。又封還臣寮論浙西賑濟事狀曰。準中書省錄黃。臣寮上言。竊聞浙西州軍近以災傷。朝廷選差轉運副使岑象求。運判楊瓌寶。仍賜米百萬斛。錢二十餘萬緡。俾救其患。州縣自亦依條發倉廩。作粥飯救濟。行將少蘇矣。細民習爲驕虛。以少爲多。其弊已久。欲乞明詔本路監司。并州縣。詳具災傷分數賑貸。行遣次第。各行申奏。徐考其虛實。而懲責其尤甚者。候勅旨。又臣寮上言。訪聞兩浙水災。惟蘇湖秀三州爲甚。外常杭二郡絕爲輕小。其三州之地。亦有高下不等。今傳言者或謂水災至大。無

可種之田。或謂高田無水。下田水退。有可種之處。以謂本因風駕海水。江湖壅遏。加之雨多。遂有漲涌之患。風退水落。此患自弭。可以種作。人言異同如此。誠不可以不察。乞下本路鈐轄轉運提刑及蘇湖等五州。令各開具逐州水災所及。凡幾縣幾村。有無漂蕩廬舍。溺死人口。及高田無水與水退可耕之地各約若干。並令詣實申奏。不得相關。稍涉謬妄。即乞重行降黜。兼朝廷近日別遣使者支撥斛斗一百萬。見錢度牒約計二十萬貫。不爲不多。若見今未種。今秋無穫。則向去乏食。賑濟之期。甚爲長遠。所差去官。當相度事勢措置。凡此皆繫官吏能否。而一有失當。其害非輕。乞如賑濟官司凡措置稍大事件。並申取朝廷指揮。其急切不可待報者。雖許一面施行。亦須便具畫一奏知。所貴朝廷察其中否。緩急來便可以救止。候勅旨。七月二十二日。三省同奉聖旨。並依奏者。

右臣謹按唐代宗大曆中。霖雨損稼。渭南縣令劉藻獨稱縣境不損。御史按覆。損三千餘頃。帝三思久之曰。縣令字人之官。不損猶應言損。何不仁如是乎。貶渭南令爲南浦尉。德宗貞元中。江淮大水。宰相陸贄請遣使賑恤。帝曰。聞所損殊少。即議優恤。恐生奸欺。贄上奏曰。流俗之弊。多徇諂諛。揣所悅意。則侈其言。度所惡聞。則小其事。制備失所。常病於斯。又曰。所貴者財用。所收者人心。苟不失人心。何憂乏用。乃遣使宣撫水災。憲宗元和中。南方旱饑。遣使賑䘏。將行。帝戒之曰。朕宫中用帛一匹。皆籍其數。唯賙救百姓。則不計費。卿輩當體此意。七年。又謂宰相曰。卿輩屢言淮浙去歲水旱。近有御史自彼還言不至爲災。事竟如何。李絳對曰。臣按淮南浙東奏狀。皆云水旱。人多流亡。求設法招撫。其意似恐朝廷罪之。豈肯無災而妄言有災耶。此蓋御史欲爲奸諛以悅上意耳。願得其主名。案致於法。帝曰。卿言是

也。國以人爲本。聞其有災。當亟救之。豈可尚復疑之耶。朕適者不思而言耳。命速蠲其租賦。古之人君聞有災害。唯責人不言。其救災唯恐人惜費。又恐不及於事。陸贄李絳賢相也。亦專信守臣奏報。患言者之小其事。以緩君心之憂也。今國家建都于汴。實航漕挽東南之利。京師億萬之口所食。贍軍養民。皆出於一淛。此乃國之根本。豈可不思其所從來。今陛下二方之赤子。嗷嗷然有倒垂之急。如嬰兒之絕乳。其死可立而待也。方呼天赴愬。開口待哺。以延朝夕之命。爲之父母者。忍惜力而不救乎。臣竊詳臣寮所言。朝廷已賜米百萬。錢二十餘萬。州縣亦自依條發倉廩。作粥飯救濟。人行將少蘇矣。臣竊以作粥救飢。最此下策。夫民已至相聚食粥。則疾疫將起。飢困已甚。死者必衆。此乃災傷之極。正當憂恤。豈得便爲少蘇。又言細民習爲驕虛。以少爲多。其弊已久。臣竊謂常年小有旱澇。板詐災傷。僥倖之民

或容有此。今浙西災害甚大，民已流散，乞食迫於死亡，方且疑其習為驕盧而不加信，何其忍哉。又言乞詔監司州縣鮮具災傷分數、賑貸行遣次第，各行申奏，而總責其尤甚者。臣竊謂朝廷以侍從之臣為一路鈐轄，又選差監司以往，行來及境，未及設施，朝廷既不憑信鈐轄司之言，又戒約監司州縣如此，臣恐官吏束手，不能有所施為，上下觀望，各求苟免。夫奏災傷分數過實，賑濟用物稍廣，此乃過之小者，正當闊畧不問，以救人命。若因此總責一人，則自今官司必以為戒，將坐視百姓之死而不救矣。又臣察言入言異同，不可不察。乞下鈐轄提轉及蘇湖等五州，各令開具逐州水災所及凡幾縣幾村，並令諳實申奏，不得相關，稍涉糢糊，乞重行降黜。臣伏見近日浙西申奏，自今年正月大雨至六月，太湖泛溢，蘇湖秀等州城市並遭水渌，田不布種，廬舍漂蕩，民弃田賣牛，散走乞食。臣謂朝廷聞此，當令官司如救焚拯溺，猶恐不及。今若降此指揮，逐縣逐村須遣人抄劄廬舍人口田土數目，飢荒之際，此等行遣必為煩擾，一事不實，即憂及罰，闔境皆死，未必獲罪。如此，則賑濟卻為闊慢，百姓愈無濟矣。又言近日別遣從者支撥斛斗百萬貫錢度牒約二十萬，不為不多。若見今未種，今秋無穫，則向去賑濟之期甚遠，所差去官當相度事躰措置之。有失當，其害非輕。今所差去官與時暫遣使不同，若向去賑濟期日長遠，此乃本司職事，在彼自當任責，當且委以措置，不須約束，免有疑惑觀望。臣竊以今水潦方降，秋田殊未有望，審如臣寮所言，今秋無穫，本路必更奏請，朝廷亦當接續應副，則前日所賜未足為多。況斛斗上命出糶，官不損直。常平倉本無給散之法，唯廣惠倉許賑濟，不足，方許通支常平，放稅及五分處，仍不得過所限之數兩倍。

浙西鈐轄內近方奏乞不限石斗，尚未降朝旨。又發夏田元未放稅。以此觀之，官司守法，止有賑救不及之事，必無過當之理。臣寮又言乞令賑濟官司措置稍大事件，並申取朝廷指揮，其急切不可待報者，雖許一面施行，亦須便具畫一奏知，所貴朝廷察其中否緩急。未便可以救止。臣伏見英宗時，臣叔祖鎮出知陳州，辭日，英宗宣諭：陳州累年災傷，卿到彼悉心賑撫。臣鎮至州，方值春種，即發常平倉貸民種糧，提刑司奏劾官吏，詔釋不問。陳州至京不數日可以往返，然猶不先奏而行，恐不及於事也。神宗時，西京大水，遣郎官一人、御藥院內侍一人賑恤，多方救濟，北京亦然，朝廷未嘗先為條約以防之也。今兩浙在二千里外，事稍大者若須申奏，比及得報，即已後時，雖急切許一面施行，若官司畏避，事無大小，一皆奏請，不敢專行，則此法豈不為害。臣伏覩浙西鈐轄轉運司前後申奏累年災傷，今歲大水，以至結罪保明，奏乞斛斗度牒。又云父老言四十年無此水災。近奏蘇州飢民死者日有五七百人，飢疫更甚於熙寧時。又湖州奏貧人入城死者相繼，道棄男女，官為收養。據此，則災傷輕重亦可知矣。今詳臣寮所言大意，唯以朝廷所賜錢斛不少，恐災傷不至如所奏，故欲考察虛實，懲責謬妄。然臣之愚慮，竊謂朝廷已賜錢斛百二十萬，德深澤厚，又遣監司以往，況更臨遣專使，令監司方出國門，錢斛纔至本路，即降此指揮約束，百姓必謂朝廷重惜錢斛，輕棄人命。百二十萬已費甚多，將來乞食日遠，復何所望。所存者財物，所失者人心。況本路有鈐轄司、轉運提刑司、發運司互相監臨，而轉運司主財，不欲多費，故祖宗以來賑濟委提刑司，蓋恐轉運司惜物也。監司州縣有凶年饑饉，皆不得已而上聞，亦豈肯於無災之地振不飢之民，耗散倉廩，坐失租稅，以取不辨之責哉。今唯當戒飭官司多為方畧。

存活人命。寬其約束。責以成效。庶幾餘民。早獲安堵。唯是紛散無法。枉耗官廩。賑救不及貧弱。出糶反利兼幷。措置乖方。所宜約束。然此乃監司使者之事。朝廷亦難遙為處畫也。若監司得人。此弊自少。誠使有之。則人言相傳。亦豈可掩。臺諫是以風聞彈奏。朝廷還以考察案劾。未為晚也。今先降此指揮。徒能牽制撓亂其所為耳。伏願聖慈以遠方生靈性命為念。無以官司賑濟過甚為憂。其臣寮所言。伏乞更不施行。所有錄黃。謹具封還。

祖禹為翰林學士。又上恤民劄子曰。臣伏見陛下即位以來。惻怛愛民。出於誠心。一有災傷。則遣使振救。倉廩府庫。無所愛惜。十年之間。凡兩出內庫錢十萬緡。以賜京師寒凍之民。祖宗之時。唯是蠲放欠負。未聞賜錢如此之多。陛下德澤深厚。乃古聖帝明王之用心也。然而天災流行。民食猶難。臣訪聞河北諸郡。聚飢民所在以數萬。若今歲夏秋更一不熟。不知國力何以繼之。臣願陛下更與執政大臣圖救民之術。朝廷政事。宜務安靜。無所作為。專聽於民。左右從之。未有民安而國不安。民和而天不應者也。陛下養民如子。視民如傷。今民方飢困。尤當以安之為急。唯陛下深留聖思。以固邦本。天下幸甚。

元祐二年。知潞州梁燾上奏曰。臣伏見去冬苦寒。今秋大旱。被災之民。如臥焦灼。日望睿澤。滌濯瘡痍。陛下祗懼天戒。惻怛民隱。誠意內脩。政事外飭。求損靜治。願寬聖憂。但當采用公言。講求仁術。坐致明恩實惠。徧及四海。則降監昭昭。還受嘉福矣。臣以謂人已久困。歲復將飢。今來凍餒。已足深憂。向去流離。尤為大患。正在朝廷救食拊循。固結其意。以父母妻子為愛。以墳墓閭井為戀。相扶而不貳。相死而不去。不貳則盜賊不起。不去則田野不曠。固本寧邦。其要在此。臣聞天下倚閣稅賦。編敕以限年催理。雖催理之令行於豐年。而多值災傷。間獲小稔。官曹執法。督迫期會。縱得十分豐熟。亦隨百色分外。故民間愁怨。紛紜常以欠負為言。官中所入既有限數之內。往往不足。至有嚴刑峻令。僅獲無遺。官帑小補而民室大空矣。三年一遇大禮。竟用赦恩蠲免。在公徒有理欠之名。在私乃有刻剝之弊。是存空名於公家。而行實斂於私門也。為害如此。何益治體。臣欲乞聖慈特降旨揮。勘會災傷路分。自元祐二年以前。有見在倚閣稅賦。一切除放。以救百姓今日目前之急。如此則明恩實惠。下及幽遠。感激歡欣。咸歸聖慈。若郡縣得人。欽躰詔旨。更求勞徠安集之方。免凍餒流離之苦。前播麥熟。終保安全。和氣既充。陰陽自順。四時協序。百穀用成。數年之間。稅賦之入。可以加倍倚閣之數矣。陛下必欲救全百姓。此事最為切當。伏望斷自宸衷。無容回奪。使中外明知非常之恩出自兩宮。則天下幸甚。

四年二月。左司諫劉安世與右諫議大夫朱光庭同乞更張常平之弊疏曰。臣等聞國無九年之蓄曰不足。無六年之蓄曰急。無三年之蓄曰國非其國。蓋先王之制。三年耕必有一年之食。以三十年通之。則可以有十年之備。故堯湯之水旱。至於累歲而無捐瘠之民者。用此道也。三代而下。井田廢缺。利民之法。無善於常平。由漢迄今。莫能變易。惟自近世。有名無實。凡所以養民之具。月計不足。何暇議三年之蓄哉。是以歲或不登。民輒菜色。強者轉而為盜賊。弱者不免於餓殍。保民之術如此。亦以疏矣。臣等竊謂自罷青苗錢後。天下州縣皆有積緡。朝廷雖更立常平之制。條目甚詳。而上下因循。未嘗留意。既無統屬以糾其乖繆。又無賞罰以為之勸沮。加之轉運司尚紓目前之急。多端借貸。日朘月削。殊無償足之期。非有懲革。將不勝弊。臣伏望聖慈特降睿旨。取今日以前應干常平敕令。嚴責近限。專委戶部。刪為一書付之有司。悉俾遵守。仍先行旨揮。將天下見在常平錢粟。今秋豐稔之時。命五路糴粟一色。其餘路分並相度。逐處可以久留斛斗。廣行收糴。仍以本司錢備蓋合用倉廒。將一路所有錢穀同應副一路之中。不得偏聚一州。一州之積。不得偏聚一縣。各隨戶口之多寡。以置糴入之大數。每遇凶歉。依法出糶。糶糴之法。常以市價增減。如此。則官本常存。而物價不能翔踴。或遇旱乾水溢之災。則民有所濟。不至流散。朝廷之恩澤可継而無乏絕之患。相因日久。漸至九年之蓄。太平之業。莫大於此。惟陛下推至誠惻怛之意。明詔執路協力施行。所有官吏殿最。亦乞參酌修定。將來須降之後。或有違犯州縣委監司。監司命戶部御史臺覺察參劾。庶使二聖卹民之仁心不為徒善之政。傳之萬世。天下幸甚。

安世又奏乞振貸鳳翔府界飢民疏曰。右臣伏聞京西關陝去歲時穀不登。農民艱食。兩路郡邑。已行賑貸。而鳳翔永興。實為接境旱災分數。大略畧同。物價翔踴。民多菜色。臣聞秦鳳路諸郡。各放五分。惟是岐下。實所不及。然而轉運司牽於隣州之例。放稅止於五分。拘礙常法。不該賑濟。今方中春。民已窮困。若俟夏麥。必致餓殍。比聞雍縣鎮白晝攘劫。愚民急迫。豈有常心。與其[illegible]於溝壑。不若亡命為盜。以幸萬一之免。竊恐因此飢饉。寇賊充斥。使關中之民。不得安堵。非細故也。臣愚欲乞朝廷專委秦鳳路提刑司疾速躰量。若鳳翔境內委實荒歉。則一面命本司依永興軍路災傷州縣。特行賑貸。更不候朝旨。如此。則非惟千里之人得免轉死之患。至於寇盜。亦當衰息。伏望聖慈詳酌早賜旨揮。

安世又為歲旱乞講荒政疏曰。臣伏見去年經冬。時雪愆候。今春涉夏。益苦亢旱。二麥將槁。秋種未布。民已艱食。歲事可憂。雖兩宮焦勞祠禱備至。應祈之澤。終未霑足。臣嘗觀國朝故事。太祖建隆元年。以揚泗民多飢死。郡中軍儲尚百餘萬斛。即命發廩賑貸。乾德二年。嘗詔諸州長吏。視民田旱甚者。即蠲其租。不必俟報。太宗或遇旱歲。必蔬食減膳。品三之二。得雨。乃復常膳。真宗祥符八年。以京東物價稍貴。命有司出常平粟減價糶。用濟貧民。九年。詔江淮發運司歲留上供米五十萬。以備賑濟。今東旱勢闊遠。事宜前慮。至於散利緩刑弛力蕃樂。索鬼神。除盜賊。皆聖人救荒之政。亦宜先事而講。伏望聖慈上法二聖之意。下考成周之典。凡可以救災恤民者。次第施行。

五年七月。知杭州蘇軾乞預備來年救饑之術。上奏曰。臣聞事豫則立。不豫則廢。此古今不刊之語也。至於救灾恤患。尤當在早。若灾傷之民。救之於未飢。則用物約而所及廣。不過寬減上供。糶賣常平。官無大失。而人人受賜。今歲之事是也。若救之於已飢。則用物博而所及微。至於耗散省倉。虧損課利。官為一困。而已飢之民。終於死亡。熙寧之事是也。熙寧之災傷。本緣天旱米貴。而沈起張靚之流。不先事奏聞。但立賞閉糶。富民皆爭藏穀。小民無所得食。流殍既作。然後朝廷知之。始敕運江西及截本路上供米一百二十三萬石濟之。巡門俵米。欄街散粥。終不能救。飢饉既而繼之以疾疫。本路死者五十餘萬人。城郭蕭條。田野丘墟。兩稅課利。皆失其舊。勘會熙寧八年。本路放稅米一百三十萬石。酒課虧減六十七萬餘貫。略計所失。共計三百餘萬石。其餘耗散。不可悉數。至今轉運司貧乏。不能舉手。此無它。不先事處置之過也。去年浙西數郡先水後旱。災傷不減熙寧。二聖仁智聰明。於去年十一月中。首發德音。截撥本路上供斛斗二十萬石賑濟。又於十二月終。寬減轉運司元祐四年上供斛斗米三分之一。為米五十餘萬斛。盡用其錢買銀絹上供。了無一毫虧損縣官。而命下之日。所在歡呼。官既住糴。米價自落。又自正月開倉糶常平米。仍免數路稅場所收五穀力勝錢。且賜度牒三百道以助賑濟。本路帖然。遂無一人餓殍者。此無他。先事處置之力也。由此觀之。事豫則立。不豫則廢。其禍福相絕如此。洪惟二聖。天地父母之心。見民疾苦。匍匐救之。本不計較費多少。而臣愚闇無識。但知權利害之輕重。計得喪之大小。以謂譬如民庶之家。置庄田。招佃客。本望租課。非行仁義。然猶至水旱之歲。必須放免欠負。借貸種糧者。其心誠恐客散而田荒。後日之失。必倍於今故也。而況有天下子萬姓而不計其後乎。臣自去歲以來。區區獻言。屢瀆天聽者。實恐陛下客散而田荒也。去歲杭州米價每斗至八九十。自今年正月以來。日漸減落。至五六月間。浙西數郡大雨不止。太湖泛溢。所在害稼。六月初間。米價復長。七月初。斗及百錢。足陌。見今新米已出。而常平官米不敢住糶。灾傷之

勢。恐如去年。何者。去年之灾。如人初病。今歲之灾。如病再發。病狀雖同。氣力衰耗。恐難支持。又緣春夏之交。雨水調勻。浙人喜於豐歲。典賣舉債。出息以事田作。車水築圩。高下殆遍。下本已重。指日待熟。而淫雨風濤。一舉害之。民之窮困。實倍去歲。近者將官劉季孫往蘇州披敎。臣密令季孫沿路體訪。季孫還為臣言。此數州不獨淫雨為害。又多大風。駕起潮浪。堤堰圩埠。率皆破損。湖州水入城中。民家皆尺餘。此去歲所無有也。而轉運判官張璹自常潤還。所言略同。云吳江平望八尺間。有舉家田苗沒在深水底。父子聚哭。以舡栰撈摝。云半米猶堪炒喫。青稈且以喂牛。正使自今雨止。已非豐歲。而況止不止又未可知。則來歲之憂。非復今年之比矣。何以言之。去年杭州管常平米二十三萬石。今來已糶過十五萬石。雖餘八萬石。而糶賣未已。又緣去年災傷。放稅及和糴不行。省倉闕數。所有上供常平米八萬石。只了兌撥充軍糧。更無見在。惟糶米錢近八萬貫。而錢非救飢之物。若來歲米益貴。錢益輕。雖積錢如山。終無所用。熙寧中。兩浙市易出錢百萬緡。民無貧富。皆得取用。而米不可得。故曳羅綺。帶金玉。橫尸道上者。不可勝計。今來浙東西大抵糶過常平米見在數絕少。熙寧之憂。凜凜在人眼中矣。臣材力短淺。加之衰病。而一路生齒憂責。在臣。受恩既深。不敢別乞閑郡。日夜思慮。求來年救飢之術。別無長策。惟有秋冬之間。不惜高價多糴常平米。以備來年出糶。今來浙西數州米既不熟。而轉運司又管上供年額斛斗一百五十餘萬石。兩司爭糴。米必大貴。飢饉愈連。和糴不行。來年青黃不交之際。常平有錢無米。官吏拱手坐視人死。而山海之間。接連甌閩。盜賊結集。或生意外之患。則雖誅殛臣等。何補於敗。以此須至具實聞奏。伏望聖慈。備錄臣奏。行下戶部及本路轉運提刑兩路鈐轄司。疾早相度來年

合與不合準常平斛斗出糶救飢。如合準備。即具逐州合用數目。臣已約度。杭州合用二十萬石。仍具逐司擘劃合如何措置。今來價不至大段翔踴。收糴得足。如逐司以謂不須準備出糶救濟。即令各具保明來年委得不至飢殍流亡結罪聞奏。緣今來已是立秋。去和糴月日無幾。比及相度往復取旨。深慮不及於事。伏乞詳察。速賜指揮。

貼黃。臣聞之道路。閩中災傷尤甚。盜賊頗衆。或云邵武軍有强賊。人數不少。恐是廖恩餘黨。轉運司見令衢州官吏就近體訪。雖未知虛實。然萬一有之。不可不預慮也。

貼黃。臣謹按唐史。憲宗謂宰臣曰。卿等累言吳越去年水旱。昨有御史自江淮按察回。言不至為灾。此事信否。李絳對曰。臣見淮南浙江東西道狀。皆云水旱。且方隅受任。皆朝廷信重之臣。苟非事實。豈敢上陳。此固非虛說也。御史盲果選擇非其人奏報

之間。或容希娼。況推誠之道。君人大本。苟一方不稔。當即日救濟其飢貧。況可疑之耶。帝曰。尚書不思而有此問。朕言過矣。絳等稽首再拜。帝曰。今後諸道被水旱飢荒之處。速宜賑貸之。又按本朝會要。太宗嘗詔宰臣曰。國家儲蓄。最是急務。蓋以備凶年救人命。昨者江南數州。微有災旱。朕聞之。急遣使往彼分路賑貸。果聞不至流亡。亦無餓殍。亦無盜賊之患。苟無積粟。何以拯救飢民。臣近者每觀邸報。諸路監司。多是於三四月間。先奏雨水調勻。苗稼豐茂。及至災傷。須待餓莩載塗。然後奏知。此有司之常態。古今之通患也。豐熟不須先知。人人爭奏。災傷正合預備。相顧不言。若非朝廷廣加採察。則遠方之民。何所告訴。

軾又狀奏曰。右臣近者伏見二聖遇災而懼。憂勞四方。所以拯救飢民者。可謂至矣。兩浙淮南蒙賜度牒六百道。而杭揚二州。各得百道。

使民鼓舞歌詠聖澤。曾未數日。而淮西提刑申戶部。本路常平斛斗足用。不須上件度牒。兩浙轉運提刑亦申本路今年豐熟。別無流民。是致戶部申都省。却乞拘收度牒錢斛。以備別時支用。都省更不奏稟聖旨。便行下本路提刑司。依戶部所申施行。臣勘會自來聖恩以災傷特賜錢物賑濟。即無似此中變。却自都省行下追收體例。深駭物聽。淮浙兩路。去歲災傷之甚。行路備知。便使今年秋穀大稔。猶恐未補瘡痍。而況春夏之交。稻秧未了。未委逐路提轉。如何見得今年秋熟。便申豐稔。顯是小臣無意卹民。專務獻諂。而戶部都省。樂聞其言。即時施行。追寢二聖已行之澤。百姓聞之。皆謂朝廷不惜飢民。而惜此數百紙度牒。中路翻悔。爲患不細。臣忝備禁從。受恩至深。不忍小臣惑誤執政。使出反汗。虧汙聖德。惜毫毛之費。致丘山之損。是以冒昧獻言。伏望聖慈察臣孤忠。留中省覽。更不降出。只作聖意訪聞。

戒飭執政。令速降指揮。更不得拘收。一依前降聖旨。盡用賑濟。所貴艱食之民。始終被惠。亦免二聖已行恩命反覆追收。失信天下。至不勝區區謹錄奏聞。

七年二月。軾爲龍圖閣學士知揚州。又奏曰。臣已具積欠六事及舊所論四事上奏。臣聞之孟子曰。以不忍人之心。行不忍人之政。若陛下初無此心。則臣亦何敢必望此政。屢言而屢不聽。亦可以止矣。然臣猶孜孜强聒不已者。蓋由陛下實有此心。而爲臣子所格沮也。竊觀即位之始。發政施仁。天下欣然。望太平於朞月。今者八年。而民益貧。此何道也。願陛下深思其故。若非積欠所壓。自古至今。豈有行仁政八年而不蘇者哉。臣前所論四事。不爲不切。而經百餘日。略不施行。臣既論奏不已。執政乃始奏稱初不見臣此疏。遂奉聖旨。命臣別錄聞奏。意謂此奏朝上而夕行。今又二年於此矣。以此知積欠之事。

大臣未欲施行也。若非陛下留意痛與指揮。只作常程文字降出。仍却作熟事進呈。依例送戶部看詳。則萬無施行之理。臣人微言輕。不足計較。所惜陛下赤子。日困日急。無復生理也。臣又竊料大臣必云。今者西邊用兵。急於財利。未可行此。臣謂積欠之在戶部者。其數不貲。實似可惜。若實計州縣催到數目。經涉歲月。積欠之在戶部者。絲毫何足以助經費之萬一。臣願聖主特出英斷。早賜施行。臣訪聞浙西飢疫大作。蘇湖秀三州人死過半。雖積水稍退。露出泥田。然皆無土可作田塍。有田無人。有人無糧。有糧無種。有種無牛。殍死之餘。人如鬼腊。臣竊度此三州之民。須是朝廷加意存養。仍須官吏得人。十年之後。庶可完復。書曰。制治于未亂。保邦于未危。浙西災患。若於一二年前。上下同心。同力救濟。其勞費必不至如今之甚也。臣知杭州日。預先奏乞下發運司多糴米斛。以備來年救濟飢民。聖明垂察。支賜緡錢百萬收糴。而發運使王覲堅稱米貴不糴。是年米雖稍貴。而比之次年春夏。備爲甚賤。縱使貴糴。尚勝於無。而覲執所見。終不肯收糴顆粒。是致次年拯濟乏備。上下共知。而不詰問。小人淺見。只爲朝廷惜錢。不爲君父惜民。類皆如此。淮南東西諸郡。累歲災傷。近者十年。遠者十五六年矣。今來夏田一熟。民於百死之中。微有生意。而監司爭言催欠。使民反思凶年。怨嗟之氣。必復致水旱。欲望聖慈救之於可救之前。莫待如浙西救之於不可救之後也。臣敢昧死請內降手詔云。訪聞淮浙積欠最多。累歲災傷。流殍相屬。今來淮南始獲一麥。浙西未保凶豐。應淮南東西浙西諸般欠負。不問新舊。有舊官本。並特與權住催理一年。使久困之民。稍知一飽之樂。仍更別賜指揮。行下臣所言六事四事。令諸路安撫鈐轄司推類講求。與天下疲民一洗瘡痏。則猶可望太平於數年之後也。臣伏覩詔書以五月十

六日冊立皇后。本枝百世。天下大慶。孟子有言。詩曰。古公亶父。來朝走馬。率西水滸。至于岐下。爰及姜女。聿來胥宇。當是時也。內無怨女。外無曠夫。此周之所以王也。今陛下膺此大慶。猶不念積欠之民。流離道路。室家不保。鬻田賣子。以輸官者乎。若觀盛德。肯力行此事。所全活者。不知幾千萬人。天鑒不遠。必爲子孫無疆之福。臣不勝拳拳孤忠。昧死一言。

元祐五年。文彥博上奏曰。臣於四月二十九日至西京。見本京進奏官申狀錄報皇帝太皇太后詔書。以愆時災旱。宿麥幾盡。秋稼未立。上軫聖念。引咎歸己。特減常膳。有以見聖心焦勞。得堯湯罪己應天之義。然臣向在都下。每見比來使命。詢其雨澤稼穡次第。多云近已得雨。苗稼滋茂。臣既出京。到洛。見緣洛民田。宿麥秋稼。悉如聖詔所及。深慮向去小民艱食。即聚爲寇盜。伏望嚴敕監司。覺察守令。勸恤民隱。勿致煩擾。及督責巡檢縣尉。屏除賊盜。令境內清肅。人戶安居。救荒之政。各在疚心。諸事預防。庶無後患。

殿中侍御史上官均乞復義倉疏曰。臣聞賊盜之多。常起於凶歲。凶歲不登。常生於無備。備災卹患。常平義倉之設。最爲良法。熙寧十年。始講隋唐之舊。興置義倉。令人戶於正稅斛斗一石別納五升。準備災傷賑濟。不得移用。法頗周密。蓋所斂至少。所聚至多。蓄之郡縣而散之於民。斂之少則民易以輸。聚之多則上足以施予。蓄之郡縣。則凶歲有備。散之於民。則人情無怨。此隋文皇唐太宗嘗行於治平之世。已試之效也。元豐八年。指揮諸路義倉一切罷。議者至今惜之。又若以爲擾民。則所出纔二十分之一。若患亡用。則當時已有著令。又況水旱不常。飢饉間有。發倉廩則每苦不足。行勸誘則不免強取。與其施之於倉卒。不若備之無事。今平糴之法。既而修復。唯義倉之制

尚未興舉。臣以爲義倉貯積在近民居。則飢歲賑濟。無道路奔馳之勞費。而人受實惠。隋開皇中。就社置倉。蓋以此也。臣欲乞興復義倉之法。令於村鎮有巡檢廨舍處。建立倉廩。以便斂散。其餘倂令有司更加修整。以備飢歲。誠非小補。

哲宗時。戶部侍郎蘇轍因旱乞許羣臣面對言事劄子曰。臣伏見二年以來。民氣未和。天意未順。災沴荐至。非水即旱。淮南饑饉。人至相食。河北流移。道路不絕。京東困弊。盜賊羣起。二聖遇災憂懼。傾發倉廩以救其乏絕。獨此三路所散已僅三百萬斛矣。與時振恤。未見此比。然而民力已困。國用已竭。而旱勢未止。夏麥失望。秋稼未立。數月之後。公私無繼。羣盜蜂起。勢有必至。臣未知朝廷何以待此。臣竊見太皇太后陛下清身奉法。與物無私。皇帝陛下恭默靖慎。動由禮義。皇天后土。照知此心。而和氣不應。深所未喻。陛下嘗究其說否。臣聞

天氣下降。地氣上騰。陰陽和暢。雨澤乃至。君廣聽以納下。臣盡言以奉上。上下交泰。元氣乃和。今二聖居幃箔之中。所與朝夕謀議者。上止執政大臣。下止諫官御史。不過數十人耳。其餘侍從近臣。雖六官之長。皆不得進見。而況其遠者乎。臣以謂羣臣識慮深淺不同。其心好惡各異。故須兼聽廣覽。然後能盡物情而得事實。今陛下聽既不廣。則所行之事不得不偏。聽狹事偏則陰陽乖隔。和氣不効。必然之理也。臣觀祖宗故事。百官有司皆得以職事進對。從容訪問。以盡其情。今二聖臨御四方。顧人主之位。而謙恭退託。疏遠羣臣。不行人主之事。遂使百官不敢以職事求見。臣謂宜因此時明降詔書。許百官面奏公事。上以盡羣情之異同。下以閱人才之賢否。人心不壅。天道必從。則久旱之災庶幾可息。臣蒙國厚恩。忝聞詔書引咎自責。避正殿損膳。分命臣僚并走羣望。私心踧踖。不敢遑寧。輒推天意人事影響之應。庶幾有補萬一。惟陛下恕其愚僭。幸賜采擇。

右司諫王覿奏乞稍貴京師常平倉米疏曰。臣伏見在京諸倉糶常平米每斗六十文至六十五文者。有以見朝廷不惜虧損官本。而惟以利民為務也。然臣竊慮賤糶如此。於小民足為一時之利。於國計乃非長久之策。何以言之。夫京師者衆大之居也。生齒之繁。何可勝計。民所食者軍糧之外。則皆商賈所運自外而至也。今官糶甚賤。非所以致商賈也。彼商賈所販雖新米。其價乃與陳米相視而低昂者也。京師之民。舊多食麥而今多食米。以米賤故也。使旁郡之米麥入京師者浸少。豈長久之策哉。常平米固有限而不常糶也。雖有時而不糶。商賈亦必以為疑而不肯多致。恐一旦常平官之也。夫物價不獨甚貴之為害。而甚賤之亦所以為害。故所謂常平者。不欲其甚貴甚賤而已。今賤常平之米為小民一時之利。以疑商賈。使民間無高廩

陳粟。以為長久之備。孰為得計哉。臣愚以謂不若稍貴常平之米。使無定價。著以為令。而示信於商賈也。假如著令曰。京師常平米一斗。其價以百錢為定。毋輒增損。糶者若干斗以下勿拒也。行之既久。商賈信之。則稔歲必厚畜以待價。使旁郡之米麥入於京師者浸多。而京師可實也。

貼黃。京師米價稍貴。則不惟可以致四方之米麥。又可使京師諸軍所請月糧不出於京城并畿甸。諸軍所請月粮米出於畿甸。而入於京師也。自去歲京東淮南不稔。小商爭糶軍糧。順流而下。以邀厚利。豈所以實京師哉。夫賤糶有限之米。而外拒商賈。內虛京師矣。一旦罷糶。則米必踊貴。而益為小民之害。其故何也。商賈失利。而民間無積粟也。故去冬已嘗罷糶。而價遂騰踊。朝廷不得已。乃復糶米。是其驗也。豈有京師生齒之繁如此。而必待賤糶官米以為常。而後可以致其足。則為術亦疎矣。故臣以謂不若稍貴常平之米。使無甚貴甚賤之弊。乃京師長久之利也。

貼黃。勸農莫如貴粟。今雖未能貴天下之粟。而京師賤糶何可常也。臣竊聞京師軍儲僅支三年。不可謂有蓄積矣。不幸有數千里之水旱。三二年之災傷。而上供不繼。何以為謀。方且賤糶常平凶歲之備以虛京師。非計也。京師自去歲以來。民不覺饑饉。惟近日河北流民入唐鄧者。路由京師。已於城門賑濟矣。今糶常平米者。即非饑饉之民也。

覿又上疏曰。臣伏聞河北水災。郡縣民多失業。合用義倉及常平斛斗賑濟。深恐數少。難以遍及闕食人戶。竊知措置糴便司甚有積粟。見已差官變轉。乞於上件斛斗內先將陳次堪充喫用斛斗。廣行賑濟。其賑濟事。仍乞自據提舉司糴便官與轉運提刑司同共管勾。所

貴那移斛斗之類遽相照應易為辦集兼聞甚有河防城壁合行修築若差急夫稍多即雖非水災人戶亦須困弊臣欲乞朝廷委遂司相度如內有可以召募水災人戶工役之處即亦將上件措置糶便司斛斗優與糧食召募應役其器用等依條官給庶不至多差急夫仍令水災之民得食其力伏望聖慈詳酌特賜指揮施行

觀又奏為河北流民乞指揮賑濟䟽曰臣近見道路頗有流民每令人問當皆是河北百姓往京西逐熟亦有乞丐於路者今春耕是時而民之轉徙者不得耕種則秋成無望况新陳不接之際災傷之民尤宜存恤臣欲乞朝廷指揮下京城門抄劄流民如委是人數稍多即乞差官就城門量給口食并指揮河北監司多方賑濟及借與種糧免令更有流移致河北人戶減耗

貼黃流民不自京城中過者亦必不少緣河北百姓既頻經水災

又每年夫役重大故歲稍不稔則輕去田閭無安土樂業之意以此若遇災傷尤宜厚加賑恤去歲朝廷雖累有指揮賑濟臣竊慮郡縣官吏或未能推廣聖恩致流轉者不止伏望聖慈申飭本路監司督察郡縣存恤災傷之民無令失所

曾鞏上救災議曰臣聞河北地震水災隳城郭壞廬舍百姓暴露乏食主上憂憫下緩刑之令遣持循之使恩甚厚也然百姓患於暴露非錢不可以立屋廬患於乏食非粟不可以飽二者不易之理也非得此二者雖主上憂勞於上使者旁午於下無以救其患塞其求也有司建言請發倉廩與之粟壯者人日二升幼者人日一升主上不旋日而許之賜之可謂大矣然有司之言特常行之法非審計終始見於衆人之所未見也今河北地震水災所毀敗者甚衆可謂非常之變也遭非常之變者亦必有非常之恩然後可以振之今百姓暴露乏食已廢其業矣使之相率日待二升之廩於上則其勢必不暇乎它為是農不復得修其畎畝商不復得治其貨賄工不復得利其器用閒民不復得轉移執事一切棄百事而專意於待升合之食以偷為性命之計是直以餓殍之養養之而已非深思遠慮為百姓長計也以中戶計之戶為十人壯者六人月當受粟三石六斗幼者四人月當受粟一石二斗率一戶月當受粟五石難可以久行也則百姓何以贍其後久行之則被水之地既無秋成之望非至來歲麥熟賑之未可以罷自今至於來歲麥熟凡十月一戶當受粟五十石今被災者十餘州州以二萬戶計之中戶以上及非災害所被不仰食縣官者去其半則仰食縣官者為十萬戶食之不遍則為施不均而民猶有無告者也食之徧則當用粟五百萬石而後可以辦此又非深思遠慮為公家長計也至於給授之際有淹速有均否真僞有會

集之擾有辨察之煩措置一差皆足致弊又羣而處之氣久蒸薄必生疾癘此皆必至之害也且此不過能使之得旦暮之食耳其餘屋廬構築之費將安取哉屋廬構築之費既無所取而就食於州縣必相率而去其故居雖有頹牆壞屋之尚可完者故材舊瓦之尚可因者什器衆物之尚可賴者必棄之而不暇顧甚則殺牛馬而去者有之伐桑棗而去者有之其害又可謂甚也今秋氣已半霜露方始而民露處不知所蔽蓋流亡者亦已衆矣如不可止則將空近塞之地空近塞之地失戰鬭之民此衆士大夫之所慮而不可謂無患者也空近塞之地失耕桑之民此衆士大夫所未慮而患之尤甚者也何則失戰鬭之民異時有警邊戍不可以不增爾失耕桑之民異時無事邊糴不可以不貴矣二者皆可不深念歟萬一或出於無俚之計有窺倉庫盜一囊之粟一束之帛者彼知已負有司之禁則必鳥駭鼠

竄竊弄鋤梃於草茅之中以扞游徼之吏強者既嚻而動則弱者必隨而聚矣不幸或連一二城之地有枹鼓之警國家胡能晏然而已乎況夫外有夷狄之可慮內有郊祀之將行安得不防之於未然銷之於未萌也然則為今之策下方紙之詔賜之以錢五十萬貫貸之以粟一百萬石而事足矣何則今被災之州為十萬戶如一戶得粟十石得錢五千下戶常產之貲平日未有及此者也彼得錢以完其居得粟以給其食則農得脩其畎畝商得治其貨賄工得利其器用閒民得轉移執事一切得復其業而不失其常生之計與專意以待二升之廩於上而勢不暇乎它為豈不遠哉此可謂深思遠慮為百姓長計者也由有司之說則用十月之費為粟五百萬石由今之說則用兩月之費為粟一百萬石況貸之於今而收之於後足以振其艱之而終無損於儲偫之實所實費者錢五鉅萬貫而已此可謂深

思遠慮為公家長計者也又無給授之弊疾癘之憂民不必去其故居苟有頹牆壞屋之尚可完者故材舊瓦之尚可因者什器服物之尚可賴者皆得而不失況於全牛馬保桑棗其利又可謂甚也雖寒氣方始而無暴露之患民安居足食則有樂生自重之心各復其業則勢不暇乎它為雖驅之不去誘之不為盜矣夫飢歲聚餓殍之民而與之升合之食無益於救災補敗之數此常行之弊法也今破去常行之弊法以錢與粟一舉而賑之足以救其患復其業河北之民聞詔令之出必皆喜上之足賴而自安於畎畝之中負錢與粟而歸與其父母妻子脫於流轉死亡之禍則戴上之施而懷欲報之心豈有已哉天下之民聞國家措置如此恩澤之厚其孰不震動感激悅主上之義於無窮乎如是而人和不可致天意不可悅者未之有也人和洽於下天意悅於上然後玉路徐動就陽而郊荒夷殊陬奉幣

來享疆內安輯里無囂聲豈不適變於可為之時消患於無形之內乎此所謂審計終始見於眾人之所未見也不早出此或至於一有枹鼓之警則雖欲為之將不及矣或謂方今錢粟恐不足以辦此夫王者之富藏之於民有餘則取不足則與此理之不易者也故曰百姓足君孰與不足百姓不足君孰與足蓋百姓富實而國獨貧與百姓饑殍而上獨能保其富者自古及今未之有也故又曰不患貧而患不安此古今之至戒也是故古者二十七年耕有九年之畜足以備水旱之災然後謂之王政之成唐水湯旱而民無捐瘠者以是故也今國家倉庫之積固不獨為公家之費而已凡以為民也雖倉無餘粟庫無餘財至於救災補敗尚不可以已況今倉庫之積尚可以用獨安可以過憂將來之不足而立視天民之死乎古人有言曰剪爪宜及膚割髮宜及體先王之於救災髮膚尚無足愛況外物乎且

今河北州軍凡三十七災害所被十餘州軍而已它州之田秋稼足望今有司於糴粟常價斗增一二十錢非獨足以利農其於增糴一百萬石易矣斗增一二十錢吾權一時之事有以為之耳以實錢給其常價以茶荈香藥之類佐其虛估不過捐茶荈香藥之類為錢數鉅萬貫而其費已足茶荈香藥之類與百姓之命孰為可惜不待議而可知者也夫費錢五鉅萬貫又捐茶荈香藥之類為錢數鉅萬貫而足以救一時之患為天下之計利害輕重又非難明者也顧吾之有司越拘攣之見破常行之法與否而已此時事之急也

侍御史陳次升奏陝西旱乞行賑濟疏曰臣竊聞陝西路今夏亢旱秋收最薄物價騰踴民食頗闕緣本路州軍并監司先以秋間雨澤得時遂奏年稔今日人戶闕食不敢以聞誠為未便且國以民為本民以食為天陝右之民今既闕食豈能安土弱者必散而之它路强

者必嘯聚而為盜。矧今邊庭未寧。兵在竟。沿邊人民。若有流亡。外寇之敵。實深可憂。臣欲乞睿旨下本路勘會。如人戶委是闕食。即行賑濟安存。無令流移。若本路斛㪷不足。即多方擘畫轉移他路物斛應副支用。不勝幸甚。

時吳中大饑。方議振恤。以民習欺誕。敕本部料檢家至戶到。左諫議大夫鄭雍言此令一布。吏專料民。而不救災。民皆死於飢。今富有四海。柰何謹圭撮之濫。而輕比屋之死乎。哲宗悟。追止之。

時大旱。著作佐郎司馬康上疏言比年以來旱暵為虐。民多艱食。若復一不稔。則公私困竭。盜賊可虞。自古聖賢之君。非無水旱。惟有以待之。則不為至害。頃及今秋熟。令州縣廣糴民食。所餘悉歸於官。今冬來春。令流民就食。候鄉里豐穰。乃還本土。凡為國者。一絲一粟皆當愛惜。惟於濟民。則不宜吝。誠能捐數十萬金帛以為天下大本。則天下幸甚。詔從之。

歷代名臣奏議卷之二百四十五

歷代名臣奏議卷之二百四十六

荒政

宋徽宗宣和中。監察御史許景衡論賑濟差官跡曰。臣伏覩常平令諸災傷緣賑濟事應差官。而州縣闕者。聽監司於鄰近選差。不足則選轄下得替待闕官。逐州不得過兩員。竊聞淮南東路去歲災傷應賑濟處。其常平司不問州縣官闕與不闕。亦不次第選於鄰近。而槩差得替待闕官。逐州兩員。夫子惠困窮。在有司至誠惻怛。為陛下施實德于民。今於賑濟萬分未有一。而差官先已徇私。失陛下良法本旨矣。其所差人自謂監司屬官。端坐而役州縣。無事而費廩祿。增置吏卒。擾擾行市。災傷之餘。尤不堪也。臣愚欲望特降睿旨。其淮南東路賑濟所差官。並行罷遣。如賑濟未畢。尚合差官。一遵故令施行。然臣所聞者淮東一路爾。竊恐他路亦然。伏望聖慈特賜戒勅。其已差官不應法者。亦乞並罷。

高宗建炎中。尚書右丞許景衡乞和糴米劄子曰。臣竊見今秋大稔所在米粒狼戾。糴價廉平。茲實天相陛下。再造區夏。以安下民。以成中興之業。獨未聞朝廷措置廣糴。以應天意。此有司之過也。夫豐歲不可為常。幸而一遇。而不知實倉廩以為凶荒之備。亦可謂失計矣。況今夷狄不庭。盜賊紛作。軍興所須。尤以糧餉為急。欲望聖慈特降指揮所在速行措置和糴。使有儲蓄。則不難於戰守也。

紹興七年。試中書舍人李彌遜乞寬恤劄子曰。臣照對紹興五年七月指揮。因江西運判逢汝霖等申請。昨因金人殘破。群盜燒劫。歸業人戶。已經放免稅賦。及五年十料之外。並令輸納全稅。契勘除歸業已經開墾人戶自合輸納外。其間有累經殘破被害至重未曾開墾去處。委是難以出備官吏百姓。上下重困。人情不安。伏覩近降指揮。

巳將夏稅合納紬絹今年且依舊數送納自來年令提刑司覈實具巳未開墾數催理切慮秋稅合納全稅指揮亦合依此改正施行庶使四方之民霑被實惠

高宗時翰林學士葉夢得奏乞復置常平使者播告中外劄子曰契勘常平之法起自西漢本以惠民祖宗行之巳久熙寧初緣例推廣附以青苗免役市易抵當坊場河渡農田水利等事其意亦在寬恤民力只緣創法之始急於功利委任非人觀望捂克遂致議論不一紹聖初再行修定巳稍增損但拘守紹述之說必於盡行故如青苗斂散追呼搔擾市易物貨苛細事奪農田水利之官誕謾欺罔之類明知其弊不能革去所以民至于今以為病其後應奉花石取以資不急之用遂失創法本意僅有存者又緣軍興調發諸司或許借貸於是移易侵漁掃地殆盡建炎霈恩首罷青苗法蓋得之矣然未幾併罷常平使者以他司兼領吏無專責漫無統紀舊法雖存不能修舉臣實惜之今朝廷復置常平使者命官討論竊詳聖意非是再欲盡行熙寧本法及別有創立正為法本惠民於此艱難民力困弊之後務欲寬繇役省科斂通有無濟乏絶使得博採群議與時變通擺去拘礙之議應干害民之事盡行刪除存其經久利便者使有司專一持守以遺將來實為美意尚慮中外不能究知妄有測度或謂欲根刷巳放債欠或謂欲營求非理羨餘為是國之計動搖民聽不無疑礙欲乞明降詔旨先次播告使上下通知然後於實歷州縣人內慎選通曉世務習知民事篤厚忠信之人以充使者使之奉行官修政舉則上可以廣惠民之實下可以明革弊之意

夢得為兩浙西路安撫使奏乞免嚴州遂安等三縣二稅和買狀曰臣契勘本路見討嚴州兇賊倪從慶賊發係在遂安縣與淳安縣相去不遠其次壽昌縣昨自去年十二月內賊初發本路弓兵兩經起發勤王之後所在揀殘人數多不堪用偶臣自到任即行下所部州縣應係內外居民並團結為伍專一幾察捍禦盜賊倉猝之際遂盡起三縣與賊隣近地分團結之人分布要害出入之路招募土豪部領寅夜守把遠近相援內外限絶因此遁伏巢穴不敢衝突州縣在外四傍姦民亦不敢趨附獲免猖獗防托至今皆三縣保甲之力自去年冬末至今年春初屢經大雪甚於常年正月半後即陰雨連併兩月之間晴霽不過數日人衆暴露晝夜不得休息備見勤苦今來緣為陰雨未晴進兵猶緩巳係耕田養蠶之時兼嚴州產茶浩大居民例以採摘為衣食今亦是時皆失常業雖旦夕賊滅養蠶採茶二事巳不能及耕種下秧亦不無妨廢況此兩月餘日守禦之勤臣愚竊謂陛下涵養生民天覆地載不欲一物失所今必不忍以此小醜重勞良民反使終歲衣食所仰過時失業無所優恤欲望聖慈特降睿旨下本路轉運司取會三縣與賊隣近地分把隘保甲人戶賊平之後並令特與蠲免今年夏秋二稅及和買庶幾深山窮谷之間無知細民皆識陛下勤恤其隱不忘幽遠之意異時或有嘯聚竊發無不竭力自奮可以暗消姦萌懷保善良干冒宸嚴臣無任惶懼激切屏營之至巳於二月十六日具錄奏聞去訖竊慮道路艱阻或有遺墜

夢得為江南東路安撫大使奏乞江北無遏糴劄子曰臣竊見近因人言東州艱食二浙商賈轉販入京東諸州收息數倍又京東桑柘不熟收繅者多皆欲往乞行禁止奉聖旨依奏告捕獲人支賞錢三千貫白身與補承信郎有官人取旨推恩犯人並依軍法如巡捕官失覺察令帥臣監司覺察施行契勘京東州軍雖見屬偽境然本吾

民也。朝廷方議收復。必將與天下爲一家。不可自爲爾疆彼界。及曰其艱食與桑柘不熟。遂欲從而困之。坐視其飢寒而不救。是棄之矣。今從僞之人。日夜不忘本朝。來歸者相繼。而我反棄之。無乃重失其心乎。昔魯飢。臧孫辰告糴于齊。宋饑。諸侯歸宋粟。春秋皆以爲美。而齊小白葵丘之會。猶曰無遏糴。若秦飢而晉閉之糴。則君子以爲罪矣。又況京東聞去歲種麥自廣。未必皆艱食。而二浙產絹不多。縱令興販。亦復幾何。未必真能困彼。而我亦未見其利。徒示不廣於四方。非特有傷王政大體。恐敵人或得爲辭。以激怒吾民。則所害爲不細矣。其餘官吏乘間捕捉。阻絕商旅。騷擾姦弊。利之所在。人難遽止。重以軍法。刑辟滋多。此等猶不暇論。伏望聖慈更賜詳酌施行。

夢得又奏乞措置江浙夏旱狀曰。臣伏聞江浙夏旱。陛下勤恤民隱。憂形于色。禱祈百神。精意備盡。至於釋囚禁。罷工役。賚賑糶。止屠宰。

苟可以得雨者無不至。近者臨安雖應。而州郡未霑足處尚多。大軍之後。必有凶年。此物理之常。惟人事應之者當。則飢殍之困。流亡之患。盜賊之變。三者可以預消。周官荒政十有二。先王成訓具在。臣忝帥一道。本路饒信等州。皆是闕雨地分。將來不免須有災傷。於法本司合行體量被災輕重。措置關監司施行。竊致自古救災之術無他。惟慮之於早。行之以實。二言而已。祖宗設法。累世講明。纖悉皆具。雖欲別爲措置。豈能更加毫末。若官吏深惻民病。通曉法意。先事預備。緩急各當其節。上下協心。不爲文具。則匹夫匹婦。孰有不被其澤。今八月將終。披訴限滿。九月初即當檢放。若待諸州申到分數。察見輕重。然後爲之處畫。則已晚矣。謹參照前後條令所當申嚴與自來州縣沿習舊弊所宜約束者。敢昧死條上十事。

其一曰。檢放以實。無使抑塞。契勘民戶秋訴災傷。陸田以七月終。水田以八月終。自來多是州郡滅裂。不預先採訪。漫不知省。受訴之後。不即差官。或不親至地頭。容受弊倖。虛實相亂。或不敢放過分數。抑令改易元訴。謂之伏熟。力農之家。先已被困。則賑濟百色。何由舉行。欲乞應災傷路分。並委漕臣。分行所部。閱實覆視。具放過分數。保明聞奏。其應合施行事件。即日一併盡行檢舉。無令州縣次第申請。往來待報。有失行後時之弊。

其二曰。預計蓄積。無使失備。契勘賑濟。皆用常平及義倉米。自來州縣多不預計。兩色實有數目。量度災傷輕重。戶口多寡。日月遠近。爲之措畫。災重穀少處。往往糶給已盡。拱手坐視。不敢申陳。欲乞下經制常平官。候放稅分數已定。即行審度。某州有米若干。約度可以出糶若干。俵散飢貧及闕食戶若干。不足而合那移他州者若干。又不足而合究糴封樁上供者若干。均攤直

至來年當止月分。如均攤不及。或給官告度牒。募民收糴兼用。無使隱而不言。中輟止絕。或臨時申請。惠不及民。

其三曰。審度給貸。依七分法。契勘一縣放稅不及七分。或失於披訴者。第四等以下闕食戶。法當依七分法。其放稅七分以上者。賑給通第三等。自來放稅。皆是以槩縣分數比折通計。雖有上條。多不施用。今以一縣論之。地勢未有高下一等。大水非例及高鄉。大旱非例及低鄉。放稅不能均一。只如今年歲旱。甲鄉高而十分旱。乙鄉低而僅及一二分。若將通計比折。方及五六分。不合賑濟。則是甲鄉災重。乃因乙鄉災輕。而不蒙惠。豈法意哉。欲乞下經制常平官。應放稅下及七分。而逐鄉逐戶有及七分闕食者。並依法與賑濟。其不及七分或七分以上。亦合以上條行之。

其四曰。郡容義倉許暫通用契勘法。稱賑濟者。謂減價出糶。借貸種糧。勸誘人戶糶米之類。出於常平而濟其不足也。稱賑給者。謂闕食貧乏不能自存。出於義倉而捐以與之也。賑濟用常平等米。許那移則有法矣。而義倉本非朝廷之物。止用賑給。蓋以豐年民食有餘。恐其輕費。官為斂藏。待其不足。還以給之。所以甲縣之米。不通於乙縣。然而水旱代有。若大旱之歲。高鄉皆被災。支用已竭。而低鄉無災。積藏尚多。豈可坐視高鄉飢死而不救乎。欲乞通一路皆許權宜兌借支用。或更寬剩。而常平米賑濟闕。亦許通用。候豐年皆使依數償之。

其五曰。存恤民戶。無使流移。契勘兵火之餘。所在殺戮逃避。十室九空。日近方稍復業。識認舊產。墾闢荒廢。未及成家。若復以闕食轉徙。何緣更得生齒繁息。若或聚為盜賊。則為患又不止此。

欲望嚴戒州縣。應災傷地分鄉村闕食戶。盡行抄劄。無致遺漏。多方措置。但使蠲放以實。無輸納之苦。展閣以法。無催科之擾。給貸以時。無乏絕之患。役使以理。無勞困之懼。人之常情。孰不重遷。既有生路。自然眷戀鄉土。

其六曰。收輯流亡。無使遺逐。契勘饑民。不能保其不盡遷徙。州郡憚於接濟。多使地分遺逐。至失塗殍死。欲乞預戒州縣應他州流移人戶到來者。皆即納之。各令散處。無使聚而為一。多設官吏。使分任其事。如或不足。不得已。權許取之寄居待闕官。始為之糜粥。終給之見糧。柴薪不足。則或為之官給。室廬不備。則或借之寺觀。疾病則為之醫藥。死喪則為之埋殯。遺棄小兒。則給以公據。使得收養。稍能自存。則給之券契。使各返其鄉里。繫官山林川澤之利。權許樵採漁捕。自營其生。有人承佃者蠲其租。

仍委長吏躬親施行。監司以時檢察。

其七曰。出糶賑給。無容姦弊。契勘出糶常平米本減價以平糴。州縣多是觀望。常平司不肯以時登降。或不敢過數。雖號開場。但應故事。或長吏不自省察。估價雖比市色稍減。多為公吏有力之家詭名冒糴。又因循請託。假之曆頭。以為私惠。實及闕食戶無幾。欲乞下經制常平官估價。隨時依市色高下量減。常切覺察偽冒。重立賞典。如有違犯。皆計以贓。其賑給饑民。仍使量人數多寡廣為場分。無使爭奪踐踏至死。儀散以時。無使早晚無節。坐以待斃。

其八曰。勸誘出糶。專以鄉村。契勘有米多是力農之家。闕食多是游手之人。承平之時。物價均一。忽遇荒歉。斛米獨貴。受害者衆。農夫乘此邀索厚利。不得不使之有餘補不足。自軍興以來。百

貨皆增。不獨米一色。游手之人雖無所仰食。然隨其所業。自取倍價。雖食貴米。未有甚害。其當廣糶者惟第三等以下鄉村有田無收闕食者而已。自來州縣。多是不曉法意。凡有勸誘。先散遣官吏鄉村抄劄。搜檢告訐。或受求囑。取與不均。仍使般輦入州郭出糶。反困農民販糶。以食游手。近者販賣米斛。已許蠲免力勝。商賈通行。城郭不患無食。其勸誘出糶。欲乞止令於鄉村散出文榜。召其情願。無藉其所有無限以定數。無抑以低價。城郭有米之家唯此。人知乘時得利。自不肯徒為藏閉。糶者既廣。穀價亦不約自平矣。

其九曰。蠲展欠負。隨宜受納。契勘放稅七分以上。應所催科。自有展閣條令。被盜遷移復業之人。其合起催苗稅等。亦有前後指揮及赦文。而州縣多不切奉行。依舊舉催。或未應出賦稅而抑

使出賦稅或遊移當除豁而不與除豁其餘更有兵火以來別色窠名根刷在官舉催不一只如本路建康府則有追理戶部回易四庫經紀幹運人欠負二十餘萬貫廣德軍則有戶部刻剝誤用朝旨除豁積年上供紬絹綿并錢三十萬貫四之類若不令特蠲暫展安能常賦之外更可出辦應受納秋苗監專苟逃後患例失太詳篩颺揀擲無所不至仍更多搭耗剩橫輸糜費今秋賦所納不過為官吏廩祿與軍儲而已古者凶年雖天子猶減膳不舉大夫不食粱豈可下此而反求精欲乞申嚴應合展閣及催科等事盡令舉行或申明仍戒苗米但非濕惡偽濫皆令隨宜受納支遣

其十曰便宜減降無淹刑禁契勘自來災傷放稅七分以上饑民犯法至死謂如攘取餅餌之類或因拒捍傷犯變主遂為彊盜

坐死等守臣皆得容奏預降指揮許便宜降等決遣不下有司藏之以時施用所以原情重惜人命近歲小郡守臣多不敢擅請皆俟獄具郤於案後開說所犯地分放稅分數雖蒙朝廷原貸不無淹繫兼或因之食營求生路因緣鬪毆至死情有可憫近降指揮復須經提刑司詳覆然後敢奏亦恐有司觀望不敢開陳欲乞應轉運司奏到災傷七分地分各降便宜不候申請朝廷徑以故事密切行下逐州其他犯有因災歉情理可憫者權令徑具聞奏凡此十事皆祖宗惻怛愛民之實累世保固邦本之具故民政所隸監司所主各不同惟災傷皆使通管檢放展閣則責之轉運司糴給借貸則責之安撫鈐轄司然百餘年間每災歉孰不奉行而惟慶曆中富弼在鄆州熙寧中趙抃在越州獨為稱首全活皆數十萬人至今天下以為口實好事者

或取其行者載之為書以為後法則知能舉其職不失所委不可多得故臣不敢別申管見區區之愚惟欲官吏奉承德意人人盡心而況兵革始休瘡痍未瘳陛下愛育元元之意如養赤子豈容輒有怠惰不虔今來雖已逐項檢舉行下所部欲望聖慈少賜省覽如有可採伏乞特降詔旨告戒諸司凡上所陳各嚴職守夙夜盡力御史察其不如令者俟來年事畢較其勤惰為之賞罰以示勸沮臣坐食無補仰愧廩祿妄因所職上瀆天聽無任惶懼激切屏營之至

工部尚書廖剛轉對乞禁遏糴奏狀曰臣聞昔晉饑使乞糴于秦秦伯以問諸臣百里奚曰天災流行國家代有災恤鄰道也鄭之子豹在秦有怨於晉請伐之秦伯曰其君是惡[illegible]何罪於是乎輸晉之粟故後世莫不以秦伯為有德於晉而以晉之閉糴為負義夫秦

晉敵國也猶貴於通有無以拯其民孰謂一化之內乃欲分彼此耶昨歲旱傷所在高田多不收今舊穀將沒民且艱食竊慮州縣官吏各私其民胡越相視而不相恤則老弱有溝壑之患而壯者聚為盜賊在朝夕矣欲望聖慈申飭諸路監司使之檢察所部官吏毋得遏糴富民毋得閉廩須價庶幾通融相賙急而國無飢民誠一時之急務也

剛又乞預備賑濟劄子曰臣聞金穰水毀木饑火旱此天數也雖堯湯之世有所不免先王惟修人事以備天時是以有荒政存焉不待事至而後圖也比日雨澤愆期聖心焦勞凡可以格天者無所不致其至近關輔率多得雨旱勢亦不甚廣秋成固有望矣然惟事事乃有其備有備無患臣謂今當為來歲之備者有二事早降米價錢於豐熟州軍及時和糴禁約所在官吏不得遏糴此則賑救之急務也

若糴本降遲糓米先為堰家收聚雖欲增價取之民間已無米矣若過糴無禁則所在各私其人楚越相視而不相救惟聽其有無相通自當不至於闕食不過遠致者價稍高耳如此則雖有歉歲而無饑民是則先王之政也陛下若不以臣計為迂欲乞睿旨早賜施行。

劉行簡轉對奏狀曰臣竊惟義倉之法論始於隋增廣於唐國朝因焉其意若曰古者三年耕必有一年之蓄九年耕必有三年之蓄國無三年之蓄則國非其國矣當其豐登粒米狼戾俾輸其餘以備凶荒未為過舉不幸有金穰水毀木饑火旱之變則用其私蓄固足以賑之社倉是也隋開皇間長孫平請令諸州百姓勸課同社共立義倉收穫之日各出粟麥藏焉社司執帳檢校多少歲或不登則發以賑之然立法有未備也至唐正觀間戴胄請自王公以下爰及衆庶計所墾田稼穡畝頃每至秋熟以理勸課盡令出粟各於所在為立

義倉國朝乹德間天子哀歲之不登而倉吏不以時出與民於是著發粟之制使不待詔令其後病吏之煩擾而民罹轉輸之困又罷之至神宗皇帝始復舊制民到于今賴焉然而推行之意有未盡合於古者豈得不論且所謂義倉者取粟於民還以賑之固不可以不均令也置倉入粟止在州郡歲飢散給而山澤僻遠之民往往不霑其利其力能赴州就食者蓋亦鮮少而况所得不足償勞流離顛沛有不可勝言者此豈社倉之本意哉恭惟陛下天慈廣覆一視同仁凡政事繫赤子之利害者見於詔令丁寧熟復靡有不至而奉法之吏因習故常憚於改為使上之德澤不克下究臣竊惜之臣愚以謂義倉之粟當於本縣鄉村多置倉窖自始入粟以及散給悉在其間大縣七八處小縣三四處遠近分布俾適厥中若未有倉窖則寄寺觀或大姓之家縣令總其凡以時檢校遇歲饉時委簿尉等分行鄉村

計口給曆次第支散旬一周之庶幾僻遠之民均受其賜不復棄家流轉道路此利害之較然者也伏望聖慈下臣議更賜詳酌儻以為可斷而行之不勝厚幸。

知福州張守乞放兩浙米舡劄子曰臣伏見本路盜賊兵火之後福泉漳州興化軍雖不經殘破皆以應副軍期公私匱乏復遭今歲亢旱細民艱食目今正是收成之時米價宜減福州在市每斗已一千省比之夏秋增及三百詢之父老舊來所無緣興化軍而下並來船販不敢過糴自為一郡之計竊慮向去春間青黃不接之際米價必更騰踊飢民或致流移又本路常平斛斗不多賑濟不足雖有降到廣東米應副賑濟並未起發到來臣日夜憂慮雖已節次從帥司行下建劍汀邵等州軍令不得閉糴及約束沿路關津稅務不得邀阻終以所產不多少有客販前來臣体問得福建路山田瘠薄自來全

仰兩浙廣東客米接濟食用雖大豐稔而兩路客米不至亦是闕食臣伏覩八月十一日指揮因言臣寮上言福建路利害第三項應本路客販米斛不得收稅事奉聖旨俟二浙收糴足備日聽候朝廷指揮臣訪聞兩浙豐稔倍於常年竊慮收糴至今已見次第欲望聖慈矜念遠方師旅之後饑饉困乏早降睿旨許令客旅通販浙米入福建路所有米船各於起發州縣出給公憑經過州縣並免收稅庶得接濟艱食之民仰稱陛下綏惠多方之意臣不勝大願

提舉江東路常平茶鹽洪适奏旱災劄子曰臣仰惟陛下焦勞圖治勤恤黎元講求民瘼不啻飢渴一聞休戚即日罷行患在士大夫畏縮自愛不肯道其實故下情欝而不達聖澤壅而不流古之人雖在畎畝而有封章之獻至或嬰逆鱗而不顧此風久不聞矣臣不材無取嘗玷宰路非蒭蕘庶人之比也居閒故里目之所覩耳之所接不

忍斯民日趨無告流亡捐瘠莫之拯捄若私有邀心茹而不吐尚饕祠官之祿以自活其妻孥是曾狗馬之不若也故不避譏議不憚譴訶矯首九閽披寫愚戇伏望陛下少垂意焉臣比讀邸報伏見陛下以江西湖南旱暵側身禱祈屏徹葷味又令帥臣監司決擇守令德至渥也臣謂江東兩郡之旱亦江西湖南之旱也陛下必不慮遠而忘近恤彼而緩此特未達于天庭爾及觀七月下旬施行洪潭兩路賑邺旨揮猶未及乎江東兩郡豈有司奏牘或未詳盡不能感動天聽耶臣於是不謀於人而謀於心不慮其身而慮其災輒敢犯分言之臣之鄉邦自去夏五月至于今春曾無終日好雨故陂塘所瀦之水甚鮮並水之田僅能車畎播種至于高仰之田種不入土者四竟之內居三之二自春接夏或累日或盈旬間得小雨尚或不能破塊地龜折旱稻焦枯其瀕水低田有歲收千石米者今有百石之穀若是

者蓋無幾也通六邑之中百分不穫一二自夏接秋惟六月甲子得數刻之雨既不濊潤亦不周徧節過白露驕陽轉甚晚稻又復槁矣常歲八月民種蕎麥可充一兩月糧異時饑饉得蘿蔔雜菜如米作糜亦可度日皆以久乾土硬而不可種自此不雨則來年麰麥特未可望小民艱食或有攜妻子赴井同死者或有聚衆強糴而相殺傷者或有逢縣尉而持刃拒抗致憲司傳以為賊而出兵掩捕者前月提舉官史侯入饒州界親見流民襁負係道侯恨無以留之令去者紛紛至于卒歲將十室九空何以為邦自來水旱未嘗早晚絕粒所關廩食不過閑歲數月饒州去秋已小歉今年早禾不穫自季夏而食闕若秋冬之交有雨澤有人力可以藝麥逆數或熟尚有七八月期士民上戶鮮有隔年之儲猶無以自贍其家故耕夫轉徙所不遑恤率是交還牛犁泣辭而後去所留牛犢無水可飲無稈可積不保其存也田家營穀作種尚且艱難若人牛又闕則向去春耕益為可慮蓋今歲之旱起于饒州若池之建德東流與饒境相接者亦薄旱饒之德興浮梁安仁數村與徽信相接者則微有所收江東之旱惟饒與南康兩郡出境則江洪以往亦旱也父老七十歲者云自歷年以來所未嘗見今州縣若不免租則有田者無以輸納若放苗不收則州縣何以給遣竊聞饒州有前年樁留米三萬石已皆充官兵月糧所餘止有萬石朝廷捐以與之不過可支一月見在常平義倉二萬餘石併得去年儲粟賑贍尚不能足蓋六邑窮民有籍于官者二十萬戶且約一家三口家得石粟僅能飽其一月之腹爾儻官無餘粟野有餓殍歸之天災無可奈何可也不得已有秩者暫閣奉稍亦可也飢餓之民散而之四方不至聚而掠奪為盜幸也數千營卒一月無糧其肯俛首餧死乎臣區區過計非私於鄉邦而然也恐它日

重貽旰食之憂故且述凶歉之實以聞不敢妄及臆說伏望聖慈察其心而信其言捄其災而弭其患臣不勝戰汗待罪之至

李光進姚崇言按察使故事論邺民狀曰臣竊謂方今之患莫甚於州縣之吏蓋公廉之士多不見容而贓貪者或得幸免百姓受弊有不可勝言者廟堂之上欲盡擇刺史縣令誠如姚崇之言而遣使按察尚未必能盡稱其職而觀望迎合雷同欺罔者必衆故堂上遠於百里堂下遠於千里門庭遠於萬里蓋言壅隔之禍深也慶曆間歲適旱蝗右司諫范仲淹因間見仁宗曰宮掖半日不食當有疬者今數路艱食安可不遣使者勞來安養之於是命仲淹為江淮體究安撫所至除淫祠賑乏絕民有食烏昧草者擷之以進臣伏聞江西湖南囙去秋旱荒民多流亡伏望聖慈哀憫兩路生靈選擇臺諫公忠諒直之臣通民情曉吏治者以安撫為名舉行近降詔書察郡縣貪

苛之吏以賑救之。庶幾陛下德意志慮孚于四方。而失業之民。受其實惠。不勝幸甚。

孝宗乾道間。兵部侍郎胡銓上疏曰。臣聞春秋傳曰。救災卹鄰。道也。行道有福。又曰。是宜為君。有卹民之心。陛下勤卹民隱。若保赤子。近緣江浙水旱。詔令為濟饑而下者十常七八。監司郡守為濟饑而行者踵相躡也。比詔州縣修築圩田。又遣使覈實。誠懼官吏徒為虛文。而實惠不下究。陛下卹民之心。可謂至矣盡矣。不可以有加矣。而臣猶欲極竭芻蕘之慮。以為陛下獻者。誠欲效涓埃於崇深。可笑不自量也。謹案國朝故事。濟饑之說有三。糶常平米。一也。截撥本路上供斛㪷。二也。給賜度牒。三也。元祐五年。浙西災傷。自正月開倉糶常平米。臨安倚郭兩縣。日糶千石。外七縣。大縣日糶百石。小縣日糶五十石。計日糶五百餘石。自二月至六月終。民無流殍。此濟饑之一術也。是年十一月中。首發德音。截撥本路上供二十萬石賑濟。又於十二月寬減漕司四年上供額斛三分之一。為米五十餘萬斛。命下之日。所至懽呼。此又濟饑之一術也。蘇軾知杭州日。乞給降度牒二百道。召募蘇湖常秀人戶。於本州闕米縣分入中斛㪷。以優價入中。減價出賣。又元祐五年。賜浙西度牒三百道。以助賑濟。而一路帖然。此又濟饑之一術也。是三者皆今日之急務。然常平之米已不多。而截撥寬減之說。恐難奉行。惟給降空名度牒。惠而不費。臣愚欲望聖慈特賜給降。付逐路轉運提刑安撫司。分擘與災傷州軍。仍須參州郡大小。戶口衆寡。及災傷分數。品配合得道數。依公分擘。庶幾實惠及民。老弱轉于溝壑者。無不被堯舜之澤矣。臣復契勘熈寧中。兩浙饑饉。是時米㪷二百。人死太半。父老至今言之酸鼻。今來行在米㪷已及數百。日長騷騷。深可憂慮。臣愚受知之深且久。素餐無補。若不盡言。臣之罪大矣。

銓又上疏曰。臣准御史臺牒契勘今年十月一日視朝月分。依條轉對。檢准續降指揮。合前一日赴閤門投進文書。臣仰惟聖學高妙。睿智淵微。敻出千古。猶海嶽崇深。而欲以涓埃益之。多見其不知量也。然臣猶諄諄不已者。事陛下首尾九年。竊知陛下海嶽之量。不拒涓埃之微也。是敢極竭芻蕘之慮。仰瀆天聰。惟聖神少加採納。臣聞周易既濟之象曰。君子以思患而豫防之。晁錯亦云。堯湯不免水旱。然民無捐瘠者。備先具也。蓋防患救荒。尤不可不豫備。謹案本朝會要。太宗嘗語宰臣。國家儲蓄最是急務。蓋以備凶年救人命。昨者江南數州。微有災旱。朕聞之。急遣使往彼分路賑貸。果聞不至流亡。然則太宗皇帝。誠得豫備之深意。熈寧間。浙西災傷。而沈起張靚不先事奏聞朝廷。是不遵太宗之制也。元祐間。浙西災傷。而蘇軾先事奏乞處置。是能遵太宗之制也。竊原熈寧旱荒之初。縣官立賞閉糴。豪戶爭相儲粟。飢民艱食。方截浙西上供米一百二十三萬石。散糶給米。家至戶到。終不能活垂死之民。道殣者至五十餘萬人。此不遵太宗豫備之制。故雖耗費倉實。而無惠民之實。元祐災傷之初。猶熈寧也。四年之冬。首發詔書。撥浙西上供斛㪷二十萬石賑濟。又減本路漕計五十餘萬斛。盡用糴本錢買上供銀絹。官既住糴。穀直頓減。遂無一人轉溝壑者。此蓋能遵太宗豫備之制。故雖不耗費倉實。而惠民之實廣矣。恭惟皇帝陛下。作民父母。愛之如子。知民疾苦。視之如傷。豈惜耗費而不恤民哉。而臣戇愚淺見。惟知民命為重。耗費為輕。正猶豪民殖產。愛惜耕戶。本圖年利。非曰愛農。然而一有飢荒。必須蠲逋已責。假貸種贍。惟恐耕戶逃亡。所費小而所失大也。今歲諸路或旱或水。方秋成之際。米已翔貴。日甚一日。來春艱食。灼然可知。儻不先事而圖。則乙酉流離之患。臣恐不免。臣昨在田野。竊聞乙酉之歲北關門外民户流移疾疫五萬餘人。以一門外計之。則諸門可見。是時四方客旅斗米博一婦女。半斗易一小兒。左右前後之人。不以實告。致仁聖之澤不被於死徙之民。非陛下不卹民也。此亦當時謀國者不能先事而圖之過也。伏望聖慈行下諸路帥漕提刑提舉守令及總領司都大發運司。疾速相度準備來年賑濟米斛。以遵太宗豫備之制。以元祐五年為準。不至如熙寧後時之患。則生靈受實惠。莫不被堯舜之澤矣。切緣今來已入冬孟。去來年青黃不交之際無幾。比及相度往復取旨。深恐無及於事。伏乞睿斷速賜指揮。臣屢蒙獎諭。謂臣直諒。遂敢冒貢悃愊。上瀆天威。臣無任戰栗待罪之至。

貼黃。臣伏見陛下復置都大發運司。本以裕民。而愚民無知。百端扇惑。或謂發運司録奪客旅販糴舟船。或謂賤價和糴。是致所在豪民毀船藏穀。不肯販糴。甚乖行旅願出於塗之義。伏望聖慈特詔發運司多出文榜曉諭民間。明言本司即不曾賤價和糴。亦不曾録奪舟船。庶幾客旅流通。米價自賤。如此。則斯民無不被仁聖之澤。天下幸甚。

孝宗時。知南康軍朱熹上奏曰。臣輒有愚見。上瀆聖聽。臣竊見本軍去年大旱。田畝不收。幸蒙聖恩。蠲放秋苗。倚閣夏税。而又申詔有司發廩勸分。前後丁寧。勤勤懇懇。凡所以加惠於無告之窮民者。至深至厚。以故今歲開春以來。及今已是七十餘日。而閭里細民。幸不至於大段闕食。又幸目今雨澤以時。原野漸潤。竊料不過四五十日。則二麥可收。又四五十日。則早稻相繼。決不至於復有流離捐瘠之禍。以勤陛下宵旰之憂矣。然臣竊以為救荒之政。蠲除賑貸。固當汲汲於其始。而撫存休養。尤在謹之於其終。譬如傷寒大病之人。方其病

時。湯劑砭灸。固不可以少緩。而其既愈之後。飲食起居之間。所以將護節宣。小失其宜。則勞復之證。百死一生。尤不可以不深畏也。今者飢餓之民。雖得蒙被聖恩。以幸免於死亡。然亦類皆鳥形鵠面。蕭然無異於大病之新起。若有司加意撫綏。寛其財力。則一二年間。筋骸氣血。庶幾可復其舊。若遂以為既愈而不復致其調攝之功。但見其尚能耕墾田疇。撑拄門户。而遽欲責以累年之逋負。與夫去歲倚閣之官物。則是人者其必無全理矣。竊聞乾道七年之旱。夏税秋苗亦皆嘗蒙聖恩矣。而流殍甚衆。迄今不復者。正以次年帶納前料税物者迫之也。然考其實。所謂帶納者初未嘗大段有人納到以佐有司用度之闕。而姦胥猾吏。得以並緣搔擾。則其害有不可勝言者。其後淳熙元年九月四日。乃以荐饑始蒙蠲放。則三年之間。所失已多。而無及於事矣。今舊逋未除。新税將起。斯人懍懍已有狼顧之憂。臣愚欲望陛下赦臣之罪。察臣之言。亟詔有司。凡去年被災之郡。盡今年毋得催理積年舊欠。及將去年倚閣夏税。悉與蠲放。其上二等人户。當此凶年。細民所從仰食。其間亦有出粟減價賑糶而不及賞格者。欲望聖慈普加恩施。許將去年殘欠夏税多作料數。逐年帶納。則覆載之間。幅員之内。當此災旱之餘。無有一夫一婦不被堯舜之澤矣。臣愚賤疏遠。不當妄有陳奏。實以誤膺委寄。職在牧民。竊於詔令之間。有以仰窺陛下子愛黎元之心。有加無已。大懼無以仰稱萬分。是以不敢不盡其愚。冒瀆天威。臣無任恐懼顛越之至。

熹提舉浙東常平茶鹽公事。上奏曰。臣疎繆不才。遠跡林野。陛下過聽。畀以郡符。已試罔功。復叨使指。誤恩横被。又忝職名。方具辭免之間。忽於九月二十二日恭被改除之命。揣分量力。尤所不堪。本欲控陳懇避之誠。庶安愚賤之迹。而是時已聞本路紹興府衢婺州水旱

饑荒。上軫宸慮。竊恐迂延。或致誤事。遂已即日拜命。具狀申省。乞許奏對。至十月二十八日。方准省劄。恭奉聖旨。令臣疾速奏事。前去之任。臣聞命震惕。不敢稽留。即於今月二日襆被上道。至十一日始入本路衢州界。問得本州災傷。常山江山開化三縣為甚。而西安龍游次之。其婺州紹興府則所傳又非衢州之比。臣不勝恐懼。遂自衢州乘舟取疾。以來及節次於本司及被災州縣會到已行事件。乃聞陛下間嘗親御翰墨。戒飭帥臣。詞旨深切。聞者感涕。而前後撥賜米斛又已二十有餘萬矣。仰見聖心懇惻。急於救民。而於軍國之儲。無所愛惜。至於如此。甚大惠也。臣猥蒙任使。自惟疎拙。大懼不能有以出斯人於溝壑。仰副陛下焦勞之意。今有管見。合行申請。須至畫一奏聞者。

一。救荒之務。檢放為先。行之及早。則民知有所恃賴。未便逃移。放之稍寬。則民間留得禾米。未便闕乏。然而州郡多是吝惜財計。不以愛民為念。故所差官承望風指。已是不敢從實檢定分數。及至申到帳狀。州郡又加裁減。不肯依數分明除放。又早田收割日久。檢踏後時。致有無根查者。乃是州郡差官遲緩之罪。而檢官及謂人戶違法。不為檢定。其有檢定申到者。州郡亦不為蠲放。就中下戶所放不多。尤被其害。訪聞本路州縣亦有似此去處。欲乞候臣將來到任。廣行詢究。更與從實蠲減。

一。伏覩近降指揮。旱傷州縣。上戶賑糶。止令勸諭。毋得科抑。仰見聖明深察物情。恤貧安富。兩得其所。然竊恐官吏被此指揮之後。其間或有便文自營之人。必將泛然不以勸諭為意。而上戶亦有詞說難以勸諭。官司米斛不多。將來無以接續。其害又有不可勝言者。欲乞且令州縣將來勸諭者。權以去年認數為約。

已勸諭者權擬見認之數為準。多方詢訪。加意考核。不得比同尋常報應空文。須管究心體訪。得其實數。其實不能及數者。更與量減。實可更多出者。則與量添。其有鹵莽滅裂。徒為煩擾去處。將來本司覺察得知。具名聞奏。庶幾所認之數。必得其平。而無科抑之患矣。

應募獻米合格推賞之人。多被官吏邀阻乞覔。聞有至今未推賞者。近雖已蒙立法約束。更乞明詔戶部。先具見今奏到以未推賞名件進呈。將未推賞人日下推賞。行下諸路州縣。有未申奏者。限一月內並到。如違許被抑人進狀陳訴。重作行遣。又上戶已經去年獻助。今年所蓄想已不多。若必依舊格方得推賞。則恐無復及格之人可以獻助。欲乞檢會淳熙元年三月二十四日勅。戶部勘當到點檢台州措置賑濟官耿延年所申浙東路賑濟賑糶。依湖南江西米數減半紐計推賞指揮。（謂如四千石合補承信郎。今減作二千石之類。）申明行下。庶幾應募者得濟飢民。仍勅所司立定保明狀式。及令逐處官司承受應募理賞詞狀文帖。並要當日行遣。如將來依式奏到。省部却稱文字不圓。及諸處故違程限者。官員重加降責。人吏並行決配。庶幾富者樂輸。貧者得食。實為兩便。

一。伏覩今歲紹興府已蒙聖慈撥賜米斛十七萬石。訪聞昨來本府抄劄飢民戶口。若自十一月至來年三月。約用米八十萬石。方可足用。其間固不能無冒濫虛數。今來本府節次刪減。未知將來定作多少戶口計度。但令所有米數及糶米錢。並以元抄劄數計之。不過得四分之一。況又州府見闕軍儲。竊慮不免却將撥賜米斛。暗行借兌。則所得糶濟米數。愈見不多。若州府只

據見米指定八日抄劄糶濟則所及不廣必致人戶流離餓殍
上勞聖慮又臣經由衢州見得本州旱損雖云不及紹興府婺
州兩州然其處水路淺澁冬月尤甚運載錢米極為艱難本州
雖已差官往浙西收糴然糴本至少所得不多而所費水脚亡
不貲矣臣今來欲望聖慈更撥賜豐儲倉米三十萬石應副紹
興府三萬石應副衢州如無見管米斛即計目今米價支借內
帑見錢令其趁此米價未至騰踊之間前去有米州郡收糴旋
次般載回州其上件錢米並乞專責本司差委隣州官吏出納
州府不得干預庶免侵欺之弊其已撥賜錢米亦乞令本司選
委本州通判一員同共主管不得別作支用仍詔守臣疾速措
置收糴軍糧不管誤事其婺州雖蒙撥賜米五萬石尚恐未足
賑濟却候臣親到本州相度會計別具奏聞

貼黃臣竊聞陛下節儉憂勤規恢遠略內庫所積錢帛甚多今既
天時未順未可興師而近向飢荒至於如此伏願聖慈權其輕
重特賜借撥

一據紹興府申到撥下諸縣米數總計二十一萬二千餘石除嵊
縣六萬八千餘石係排日糶濟外餘縣十四萬三千餘石係間
日糶濟竊恐飢民一日止得半升之米不能存活今欲依嵊縣
例排日糶濟即合更用十四萬三千餘石又聞官吏抄劄不無
漏落又慮流民却回復業兼數內所稱措運乃是三措之數將
來米價日增及有往來脚費風波滯留不無欠折又本府民貧
勸諭所得恐亦不多須更備米十五六萬石準備添貼所以約
計乞米三十萬石如蒙撥賜今亦未敢盡數般取如是發來糶
濟不盡却行回納伏乞睿照

一諸郡荒歉人戶日有流移一切官物不堪催理其紹興府人戶
夏稅已蒙聖慈等第免閣住催唯衢婺州當來失於申奏致人
戶未蒙依例推恩而戶部漕司催督州郡亦如平日州郡無所
從出其勢必取於縣縣無所從出則人戶必有受其斃者甚失
聖主惻怛哀憐之意然計戶部漕司所催必是指定支遣之數
有不得而已者其勢又不容直行禁止欲乞朝廷取會戶部漕
司合得諸州解發錢帛之數且於內庫支撥應副而詔戶部漕
司被災州縣所欠新舊官物並且住催直至明年蠶麥熟後却
將舊欠逐旋催理寬作料次撥還內庫決然不至敢有欠闕其
人戶名下新舊上供官物亦乞明詔州縣未得催理其紹興府
雖已有前件住催指揮竊恐州縣奉行不虔及將今年檢放外
殘零苗米催督嚴峻亦乞聖慈更賜戒約令其寬限人戶輸納

貼黃臣續訪聞紹興府雖蒙指揮住催官物而春夏之間嘗吏多
已先期催足民戶實未盡霑聖恩今體問得本府人戶合納丁
鹽錢丁身折帛絹折帛綿本色絹本色綿五項不以有無產業
物力一丁並納九百餘錢來春即便起催飢餓之餘實難供納
臣愚欲望聖慈將來年合納錢數預行蠲放庶幾官吏無以作
弊下戶實被聖恩有以慰安民心感召和氣

一今年旱地廣闊只有湖南二廣及浙西兩三郡豐熟二廣東海
路至浙東為近臣昨受命之初訪聞彼處米價大段低平即嘗
印牓遣人散於福建廣東兩路沿海去處招邀米客許其約束
稅務不得妄收力勝雜物稅錢到日只依市價出糶更不裁減
如有不售者官為依價收糴自此向後必多有人興販前來但
臣元牓約束本路州縣稅場不得妄有邀阻收稅及力勝一節

更乞聖慈申嚴行下有違戾者官吏並比見行條法各加一等坐罪至來年六月却依舊法其收糴本錢乞許行下本路沿海州軍將今年糴過米錢及兌那諸色窠名支撥充應庶幾不失信於客人向後易為招誘如或更蒙朝廷量立賞格召人興販行下諸路曉示勸誘仍先降空名付身數十道付本司俟有上件販到米斛之人即與書填給付蓋緣客人糴貨了畢便欲歸回元處不能等候即與土居上户不同伏乞聖察

一救荒之政著於令甲及近年節次指揮雖已詳悉然而全在官吏遵奉推行然後民被實惠況今年荐飢公私匱竭比之常歲事體不同欲乞聖慈特降指揮戒敕本路守令以下令其究心奉行悉意推廣其故有違慢不虔之人俾臣奏劾一二重作施行以警其餘其有老病昏愚不堪驅策者亦許具名聞奏別與

差遣却選本路官吏惻怛愛民才力可仗者特許不拘文法時暫差權謂如治獄捕盜官不許差出之類仍依冨鄭趙抃例選差得替待闕宮廟持服官員時暫管幹事畢具名申奏量與推賞如減磨勘陞名次之類庶幾官吏向前人家實利

熹又上延和奏劄曰臣比因講求荒政復有二事雖非今日拯救之急而實異時久遠之利不敢不言今謹別具進呈下項

一臣昨任南康軍日適值旱傷深慮檢放擾擾下户偶有士人陳說乞將五斗以下苗米人户免檢全放當時即與施行人以為便本路提舉常平尤袤遂以其法行之諸郡其利甚博近日經由信州則聞玉山一縣亦得檢官如此措置除上三等户隨分減放外下二等户盡行蠲免通計一縣所放亦不過壮成五分問之道旁居民莫不稱其平允此最為法之善者而律令未有

明文又今年檢踏已畢行之不及欲乞聖慈詳酌特詔有司定著為令自今水旱約及三分以上第五等户並免檢踏具帳先與全户蠲放如及五分以上即并第四等户依此施行其州縣差官後時致得旱損田苗不存根查亦乞立法坐罪其所損田即與相度地形高低水源近遠比並鄰至分數檢放庶幾貧民永遠利便

一臣所居建寧府崇安縣開耀鄉有社倉一所係昨乾道四年鄉民艱食本府給到常平米六百石委臣與本鄉土居朝奉郎劉如愚同共賑貸至冬收到元米次年夏間本府復令依舊貸與人户冬間納還臣等申府措置每石量收息米二斗自後逐年依此斂散或遇小歉即蠲其息之半大饑即盡蠲之至今十有四年支息米造成倉廒三間收貯已將元米六百石納還本府

奏議卷之二百四十六

其見管二千一百石並是累年人户納到息米已申本府照會將來依前斂散更不收息每石只收耗米三升係臣與本鄉土居官及士人數人同共掌管遇斂散時即申府差縣官一員監視出納以此之故一鄉四五十里之間雖遇凶年人不闕食竊謂其法可以推廣行之他處而法令無文人情難强妄意欲乞聖慈特依義役體例行下諸路州軍曉諭人户有願依此置立社倉者州縣量支常平米斛責與本鄉出等人户主執斂散每石收息二斗仍差本鄉土居或寄居官員士人有行義者與本縣官同共出納收到息米十倍本米之數即送元米還官却將息米斂散每石只收耗米三升其有富家情願出米作本者亦從其便息米及數亦與撥還如有鄉土風俗不同者更許隨宜立約申官遵守實為久遠之利其不願置立去處官司不得抑

勤，則亦不至擾擾。此在今日言之，雖無所濟於目前之急，然實公私儲蓄預備久遠之計。及今歉歲施行，人必願從者衆。其建寧府社倉見行事目，謹錄一通進呈。伏望聖慈詳察，特賜施行。

謹具如前。

熹又奏曰。臣竊見浙東路和買紬萬數浩瀚，而紹興府獨當其半。舊例自物力三十八貫五百以上。人戶均敷。人戶苦於輸納，多立詭戶，隱寄物力，以避均敷。是致見納人戶所敷愈重。其間又有不該敷納田地之數。官司不為除豁，其弊非一。前後臣僚申請，並蒙聖慈施行。而一時有司不能奉承德意，牽於衆說，未有定論。臣以得之傳聞，未知其間微細曲折，不敢輒有陳請。然聞一郡之人無不以此為病。猥蒙任使，不敢坐視。欲望聖慈特降指揮，許臣到官與本路帥臣監司同共相度，限來年二月內要見定論，申奏取旨，從來年夏料為始，革去舊弊。庶幾饑饉餘民，得安生業，世世子孫沐浴仁聖之膏澤，不勝幸甚。

歷代名臣奏議卷之二百四十六

歷代名臣奏議卷之二百四十七

荒政

宋孝宗時，集英殿修撰帥福建趙汝愚上奏曰。臣契勘本路八州，今歲早稻多旱，惟泉州為甚。汀漳興化次之。福州南劍又次之。建寧邵武不至甚損。臣所治福州，自六月十六日蒙恩降香祈禱之後，相繼得雨，至二十七日大雨達旦，連接至七月初四日方止。其時雨勢闊遠，詢之傍郡，亦皆得雨霑足。晚稻尚可望七分豐熟。秪緣本路地狹人稠，雖上熟之年，猶仰客舟興販二廣及浙西米前來出糶。今歲適值二廣更旱，米價比常年增及一倍以上。州縣閉糴，客舟至彼者皆空載而還。緣此雖是秋成之際，本州米價全不甚減。泉州興化其價尤貴。臣方欲措置差人於二浙豐熟去處博糴。又聞得浙西日來米價亦自頓長，見今疑惑，未敢發遣。竊恐將來本路必至大段闕食。臨時倉卒，無由措辦。臣愚欲望聖慈特賜指揮，於沿海平江鎮江等處朝廷封樁米內支撥和糴米十萬石，付泉福興化三州賑糶。內泉福州各四萬石，興化軍二萬石。令逐州自備舟船前去般取。依元和糴本錢價認還朝廷。臣詢訪得今歲江東西大熟，米價甚賤，却有傷農之憂。朝廷若降指揮就彼和糴，必不至虧損元數，委實利便。

汝愚又乞選江北監司守臣接納流民耕種疏曰。臣伏覩往諜，見古之人善能因事為功，多致轉災為福。其理非有他術，亦惟所以處之之道如何耳。臣比聞江浙州縣，自夏秋以來，水旱相繼，細民逐食渡淛多移徙，往往去向江北諸郡。蓋緣其處地廣人稀，尚多曠土。若有土著人戶，因而接納，使之耕種，猶不至大段失所。或者日後流徙者衆，而富室之力不能盡給，其勢必有狼狽道路之憂。陛下深軫皇慈，每令所在賑給。若乘此際，就選本路監司守臣中有忠實堪倚信者，委令路逐條官開墾及寺觀屋宇權令安住外別路逐荒閑田土及人戶請佃限滿未墾之田選擇利便去處措置與蓋屋宇候至來春給賜牛具種食計口授田使之耕種其人父母妻子皆是乍離南畝之人既感戴朝廷撫養之恩又深思一家温飽之計必能盡力耕鑿俾無遺利其視向來屯田之兵老於行伍者其為勤惰蓋不侔矣待其三數年後家業漸成人有固志徐於農隙之際教之戰陳之法此即古井田唐府衛之遺制臣所患者惟患朝廷責其速效而所付之人不能久安于彼耳誠御之以長策誘之以重賞毋憚少勞毋惜小費則事無不濟矣昔張全義為河南尹時經黄巢秦宗權之亂荊棘彌望居民不滿百戶全義麾下纔百餘人四野俱無耕者全義乃於麾下選十八人材器可任者人給一旗一牓謂之屯將使詣十八縣墟落中植旗張牓招懷流移勸之種藝惟殺人者死餘但笞杖而已無嚴刑無租稅民歸之者如市又選壯者教之戰陣以禦寇盜數年之後戶口歸復桑麻蔚然野無曠土其勝兵者大縣至七千人小縣不減二千人比戶皆有蓄積遂成富庶夫全義一刺史也將皆匹夫當唐室大亂之餘集一時流散之衆猶能有所植立令以朝廷之力官吏之衆當國家無事之際而用畎畝習勞之人誠付之得其人處之盡其道而事有不濟者臣未之信也

汝愚又乞蠲放旱傷州郡夏稅身丁錢疏曰臣昨蒙聖恩令臣相度欲蠲減月樁錢或折帛錢如何得實惠及民事臣不量淺陋已具述管見當日實封進呈訖竊聞聖意深以折帛錢秖及上戶月樁錢亦未必盡及細民以故遲遲多日未賜處分臣仰惟陛下至仁如天地恭儉如禹湯菲食卑宮薄於自奉而寬租減賦之令為民而下者殆無虛歲凡前後蠲減之數臣竊計之蓋不知其幾千萬矣方此連歲旱傷所在流徙未定誠不可不厚有施惠以慰人情若聖意終以月樁折帛為疑則莫若將今歲旱傷州郡人戶來年身丁錢絹并第四等第五等稅戶來年諸色夏稅錢物盡數蠲放彼亡聊之民蒙被德澤預知嗣歲青黃未接之際免有征催自然人情稍安天意昭格臣區區愚慮如蒙聖明采納即乞斷自宸衷指揮施行

汝愚知信州又乞置社倉濟鄉民疏曰臣伏見州縣之間每遇水旱合行賑濟賑糶去處往往施惠止及城郭不及鄉村鄉村之人為生最苦有終日役役而不能致一錢者使幸而得錢則又一鄉之中富室無幾近者數里遠者一二十里奔走告糴則已居後於是老稚愁嘆始有避荒就熟輕去鄉井之意其間彊有力者又不肯坐受其斃則攘摽竊無所不至以陷於非辜城郭之人率不致此故臣嘗謂城郭之患輕而易見鄉村之害重而難知然而求所以施行之策則亦

不過勸諭上戶廣行出糶轉移常平義倉之米以賑之而已夫勸諭上戶殆成虛文轉移米斛復多欺弊臣愚欲望聖慈遠采隋唐社倉之制而去其損耗乏絕之弊明詔有司將逐州每年合納義倉米斛除五分依見行條法隨正稅就州縣送納外將五分於逐鄉置廒每歲輪差上戶兩名充社司掌管受納委本縣丞檢察其欺弊不如法者正治之使幸得連歲豐稔所在稍有儲蓄則鄉里晏然若有所恃雖遇歉歲姦軌之心無自生矣如以臣言可采即乞指揮行下本司及本路常平司同共措置先次施行

汝愚又陳荒政五事疏曰臣伏覩今歲夏秋以來雨澤不繼傳聞近自淮浙遠及江湖皆有旱傷去處陛下夙宵軫念當宁懷憂惻怛之情屢形於温詔焦勞之意備見於玉容始則齋戒潔誠祈禱備至繼又緩刑省禁寬縱為多至於務穡薄征勸分發廩凡所以敬天保民

弭災救患之術。無不盡舉。臣智識短拙。何補涓埃。獨念蒙被深恩。備員列位。義當殫竭思慮。少報聖聰。是以不揆狂愚。輙陳管見五事。其一欲盡取見諸路豐歉次第。其二審知所在人材。其三條具諸路事宜。其四酌量事體輕重。其五申嚴義倉之法。其間雖有朝廷已行而未盡者。臣亦不避煩瀆。輙申述奏陳。惟陛下裁擇幸甚。

其一欲盡取見諸路豐歉次第者。臣伏見已降指揮。令浙西諸州軍守臣各將所管諸縣疾速委官檢踏。目今旱傷。并得熟分數。逐鄉從實開具申尚書省。甚大惠也。然猶未及浙東江東西湖南北及兩淮州郡者。蓋緣所在監司守臣。人人各懷意見。未必能盡實申奏。致誤朝廷行遣。陛下觀此意趣。豈能克己為人。誠恐檢踏之官。又皆觀望鹵莽。兼慮迁延日月。致失朝廷事宜。欲望特降旨揮委逐路監司各具諸州大約豐歉分數。諸州守臣

各具諸縣大約豐歉分數。並限三日申尚書省。朝廷便可互相參考。冀得其真。若身為監司而不知諸州。為守臣而不知諸縣。致所申或有大段不同去處。亦可委官體訪。別議責罰。庶幾人人務實。緩急不致誤事。

其二審知所在人材者。大抵講行荒政。全在得人。苟任得其人。則必能仰體朝廷之意。每事隨宜措畫。表裏相應。不至乖疎。苟任非其人。則朝廷雖有良法美意。勤勤而督訓之。然或心志不同。或才力有限。亦鮮有不敗事者矣。臣伏觀近制已委諸路監司體察守令之不堪倚仗者。至於監司一路之責。所係尤重。今賑發常平義倉。正隸提舉司。計度財賦。正隸轉運司。盜賊刑獄事。皆屬帥憲二司。在於今日。尤須謹擇。若旱傷有分數稍重路分。欲乞朝廷選委帥臣監司中有才望者。專一措置施行。

其三條具諸路事宜者。蓋緣所在山川風土各自不同。若是州縣瀕水去處。便可招接商旅。措置舟船。隨遠近糴糶。猶易為力。至有州縣鎮寨僻在一隅。舟船不通。商旅不至。即須令本州措置。及令未納秋苗之際。先次約度合用賑濟賑糶米數。從便兌撥苗米。就本處委官送納。準備將來賑濟賑糶。却以本州常平米數撥還。方為利便。其次諸州。或可用會子。或可用金銀。或可用度牒。或可用鹽引。如此等類。其事多端。在於朝廷實難隃度。乞令監司守貳。各具逐州事宜。朝廷斟酌重輕。而可次第酬報。非惟畢竭群慮。周盡事情。亦可詢事考言。觀其能否。

其四酌量事體輕重者。蓋謂朝廷德意誠厚。特不可以泛而行之。謂如檢會乾道七年。立定賞格富室上户。如有賑濟飢民之人。許給降付身補授名目。緣所在豐歉各異。米價貴賤不同。若使

泛然補官。切恐益至冗濫。欲候取到諸州豐歉分數。須旱傷及五分以上。方許依格補官。其次者欲斟量重輕。廣與支降會子。令本州縣作糴本賑濟。如格目内獻米四千石補承信郎。米每石以會子二貫準之。計價錢八千貫。若支降會子八十萬貫。可省承信郎百員。夫製造會子。在朝廷初無甚難。若吏員猥多。於國家重有利害。又所在樁積米斛有久年陳腐者。若常歲豐登。人無所用。值茲歉歲。猶可充飢。並當裁損舊價。及時變糶。此皆化無用為有用。以虛券易冗員。在於聖明。必能洞曉。

其五申明義倉之法者。蓋義倉之法本起民間。止緣人心不齊。送納艱阻。遂致歷代權制悉令收歛在官。其實取之於民。特為聚之倉廩耳。此不可與常賦等也。故本朝常平免役令諸義倉計夏秋正稅每一斗別納五合。應豐熟計一縣九分以上。即納一升。今州縣之間。不問

豐歉每正稅一斗並納一升。又令即本戶放稅二分以上及孤貧不濟者免納。謂如本戶正稅額管十石若放稅及二石以上。即其餘八石並合免納。令州縣之間雖有減放猶計餘數催取。實非立法本意。方此百姓飢饑猶欲仰食縣官。豈可違法征催。置之虛廩。欲望申明法禁。咸使聞知。庶能感召至和。允荅天意。臣所言疏淺。心實勤拳。仰祈聖聰。俯垂釆納。臣無任惶懼殞越之至

汝愚又奏綿竹什邡二縣飢民賑濟疏曰。臣契勘去年成都潼川利州三路緣秋雨過多。間有損傷去處。然亦不至甚害。臣不住行下逐路監司隨宜措置賑糶。已於正月十六日附遞奏聞去訖。臣近詢訪得成都潼川兩路諸州。日來米價不至踴貴。但與常年相似。積蓄之家。尚患有米無處發泄。亦非是無米出糶。只緣是數年以來。民力窮困。米價雖賤。亦無錢可糴。故所在細民。皆有飢窘之色。若官司一例普行賑濟。非惟州縣力有不及。兼蜀中風俗易動難安。一聞某處賑濟。便至千百為群。輕棄家業。將口就食。或官司奉行無法。往往所利不償所害。若欲只令減價賑糶。又恐如前所云。米價雖賤。細民無錢可以得食。故臣不敢立為定說。只令逐州逐縣各看事體如何。隨宜措置。近聞得漢州綿竹縣自正月末間。先行賑濟。本縣初不曾抄劄戶數。出給牌曆。但就一僧寺中。同衆鄉官造飯給散。緣此四遠之人。扶老攜幼。皆來就食。旬日之間至萬餘人。本縣却憂無米可繼。遂乞於附近州縣同行賑濟。責得稍分其衆。旬日之間。什邡一縣所聚又二萬人。臣恐其聚集不已。別致生事。已選委成都通判馮興祖漢州通判郭德祖。逐急權借本府常平錢一萬貫。分詣兩縣措置。各逐鄉分差官置場。務要分散其衆。勿令群聚生事。并再行下諸州。委自知州通判多方措置。賑濟賑糶去訖。臣伏念四蜀細民貧困已甚。去秋禾稼微有傷損。便至群起紛紛。如此萬一有方數百里水旱非常。事勢復當如何。臣聞戊子年數郡飢。民同日俱起。不約而同。蓋其困窮非一日也。臣愚私心不勝憂懼。謂不可不使朝廷知之。謹具奏聞。

知建康府洪遵上奏曰。臣竊見今歲淫雨為災。江東西多被其害。聖心焦勞。哀矜惻怛之意溢于詔旨。以至賑濟米斛。給借種本。甚大惠也。臣兩蒙宣問。已節次具奏訖。臣體訪太平州官私圩田三數百所。渰浸十之七八。比之諸州。受患最酷。故雖未雨之前。蠶麥收成。今茲室廬皆蕩然一空。扶老攜幼。轉而之淮上者。比比皆是。州郡存恤甚至。而緡粒有限。催科及時。其人不惟餬口之迫。且無以輸官。自非急行蠲放秋賦。未易安集。欲望聖慈特降睿旨。檢照隆興二年乾道四年體例。行下轉運司委清強官前去被水縣分。檢視衝破圩岸全行損壞去處若干頃畝。將第三等人戶夏稅和買倚閣一半。第四第五等人戶全行倚閣。候豐歲帶納。庶幾流民聞之。不致它徙。自餘州縣被水尤甚者。令逐州守臣覈實申奏。特與蠲減施行。臣備數一路不敢不以聞。惟陛下財幸。

遵又上奏曰。臣今月十日恭准御前金字牌降下宸翰。本路旱傷。民有棄擲童幼於道。令逐州守臣措置收養。支過錢米當從御前給降。惻怛之辭。亡慮百數。仰見陛下視民如傷。如是切至。臣遵依聖訓。即已施行訖。臣濫膺閫寄。屢以管下旱災。塵瀆天聽。恭惟陛下軫民瘼。朝奏夕行。支撥米斛。兩郡所得踰二十萬。甚大惠也。惟是亢旱非常。二稻掃地。土堅於石。間有微雨。塵可灑塵。不能滋潤。來麰又復可慮。千里赤地。十室九空。七十之老。以謂平生所未嘗見。上戶粗支目前。無以善後。中下之家甚者或易子而食。或赴井而死。誠可矜憫。臣

竊見建康寧國太平廣德去歲水潦。蒙朝廷將三等以上夏稅倚閣一半。第四第五等全行倚閣。自非陛下惻隱實惠。則四郡之民已填溝壑矣。臣契勘饒州南康之旱。被害尤酷。殆非四郡水災之比。今降指揮第五等人戶夏稅倚閣五分。所謂第五等流離餓莩之餘。存者十幾。臣愚欲望睿慈特降處分。檢乾道六年十月十二日倚閣四郡夏稅旨揮行下。庶幾兩郡數十萬生靈。蒙被大賜。不勝幸甚。臣疊冒冕旒。無任惶懼激切之至。

遵又乞倚閣饒州南康軍夏稅劄子曰。臣等伏見建康府寧國府太平州廣德軍去年水潦。陛下惻怛愛民。將上三等夏秋權行倚閣一半。四等五等全與倚閣。四郡之民。賴以存活。甚大惠也。契勘本路管下饒州南康軍今年旱暵最甚。民間合納夏稅物帛。并折帛錢。今春雖稍得蠶。未織造間。遇旱乏食。往往將絲逐急變賣。州縣催科。由此

貴力。然上供之數。不敢稽違。不免嚴督上戶。今來上限所催猶且未足。其下限一半。並係下戶合納。目今闕食。全賴官中賑給。豈復更有輸官。況旱暵水潦事體一同。欲望聖慈特降睿旨。令饒州南康軍將今年夏稅物帛并折帛錢。起發上限一半。其下限合起一半。權行倚閣。候將來豐熟。作兩年帶納。庶幾貧下之戶。不至重困。

遵又奏饒州南康軍旱災劄子曰。臣契勘管下饒州南康軍今歲旱災非常。早種不入土。晚禾枯槁。自六月中村民已食野菜草木。目今米價雖未騰踴。兩郡飢民。或有相聚為盜。臣已於八月四日十七日具奏訖。竊見江西湖南間有旱傷去處。已蒙朝廷指揮審量守令并委帥司監司勸誘米斛等第推恩。今來本路未蒙行下。欲望聖慈特降睿旨檢照江西湖南已行體例。以憑遵依施行。

遵又上奏曰臣仰惟陛下近以甘雨愆期。側躬損膳。憂勤形于玉色。精誠上通。霈澤響應。臣因奏饒州南康軍大旱。面奉聖訓。以謂比來亢旱。夜不安寢。仰見陛下拳拳愛民。如是切至。今歲江東大稔。惟此兩郡接連江西。旱災尤甚。人民流離。或相聚剽掠。州郡不即奏聞。臣竊見去歲江西旱潦。自非陛下軫意民瘼。移粟他邦。則兩路之民已填溝壑矣。臣已別具奏。乞將本路見管常平米寬數撥下兩州接續賑糶。并乞檢照江西湖南審量守令勸誘米斛指揮行下。欲望聖慈早賜處分。

遵又奏張運助饒州賑濟劄子曰。臣近准尚書省劄子。奉聖旨檢坐湖南江西路勸誘上戶出米賑濟賑糶賞格。劄下本司照會遵守施行。臣仰體聖意。即行印榜四百道曉諭。及下饒州南康軍。督責守令務在實惠及民。今據知饒州何伯謹申。承左通議大夫敷文閣待制提舉江州太平興國宮張運劄子。情願自備人船。裝載米二千碩赴州倉送納。以助賑濟。本州見行措置分撥諸縣訖。臣竊詳張運以侍從之舊。獨能為國敦尚義風。為諸路倡。誠可旌賞。況積粟之家。所在不乏。使人人如運所為。則飢民不至轉於溝壑。臣愚欲望聖慈特降睿旨。量與推恩。庶幾有以激厲。實荒政之一助也。

遵又奏收養童幼劄子曰。臣近准御前金字牌遞到御寶封降下御筆。聞本路旱傷民多艱食。有棄擲童幼於道路者。深為惻然。可令逐州守臣措置於穩便處收養。無使凍餒。候至來歲食新。以歸其父母。自十月為始。奉行將收養過人數及支用過錢米。逐月從實奏聞。當從御前給降本路監司常切按行覺察。無得滅裂。徒為文具。付江東帥臣監司。臣已即時恭依聖訓關牒本路監司并旱傷州軍守臣奉行外。臣謹具已行事件如後。

一。收養童幼專委知縣及巡尉。蓋知縣之職。於民尤親。巡尉日以

警捕為事道路村野之間無所不歷或有棄擲童幼皆耳目之
所聞見庶幾收養無遺
一童幼中有自能飲食者責付寺觀收養官給錢米仍持知事句
具養過人數及有無病患申官遇有疾患官給之藥遇有死亡
官給材木埋瘞
一小兒尚在乳哺者在城委都監城外委巡尉體探弓手及軍伍
有乳之家責令收養官給錢米都監巡尉旬具養過人數及有
無疾病中所屬病者從官給藥死者官給材木埋瘞
遵又奏乞借椿管錢收糴浙西米劄子曰臣照會建康府管下常歲
上江米船蔽江而下本路之所仰給今緣江西荒旱商旅止就建康
府興販加之轉運司照年例和糴必致踴貴臣竊聞浙西大稔官司
又不免抛降和糴萬一失時富家射利儲蓄米斛將來雖欲收糴亦

不可得臣區區愚見欲就十月初委官往浙西以來收糴一二十萬
斛以為來春之備庶幾可以少抑米價兼接濟饒州南康軍賑糶欲
望睿慈許臣椿積錢內時暫借撥三五十萬貫應副收糴春初照數
依舊椿管不敢分文虧少
遵知太平州奏乞借江西米劄子曰臣契勘本州今歲災傷甚於旁
郡臣自到任講求荒政惟恐不至比以官圩興工兩縣所役二萬夫
日給錢米民賴以濟今來修圩已畢緣河流日涸舟船艱阻商人覬
望增價本州賑糶常平米今已數月加以修圩之費所餘至少臣雖
差官前去江西告糴未到竊慮來年艱食設或一日住糶愈見翔踊
兼鄰近寧國池徽州廣德軍皆係旱潦去處欲望聖慈特降睿旨於
江西椿積米逐州量撥三二萬斛接濟出糶今項椿管價錢候秋成
收糴填還於國無損於民有利官米雖未即來庶幾商人聞知以為

朝廷支撥米斛不致深藏固惜以須重價實為數郡之幸冒犯天聽
不勝激切俟命之至
知長沙王師愈論和糴之弊疏曰臣竊見和糴之法本欲利民而是
用湖南行之乃大不然其名則美其實則重為民害始也無見錢以
為糴本或給官告度牒或給三合同關子或給乳香茶引令州縣變
轉現錢不免強敷之於民甚者撥有名不可催之積欠從而追摟其
為害一也次則以本錢不足或低估價直或多量升斗出納之際加
以官吏欺弊其為害二也終則裝發綱運雇船水脚之費無所支破
又從而取之於民若運至荊襄間泝流而上江路遼遠水淺灘多動
經年歲所費又倍之其為害三也是故民之所憂者水旱所喜者豐
年今則豐年之憂乃甚於水旱以三害若此耳臣又聞每歲諸路漕
運自可足一歲之用只陷折至百餘萬石遂和糴以補其缺誠能措

置漕運不致陷折雖免和糴可也縱不能全免或不得已而為之明
撥本錢及支破起綱之費庶幾事舉而民不被害惟陛下留神幸甚
師愈為江東轉運使借米賑濟劄子曰昨奉御筆令預講救荒之路
已恭依具奏仰惟宸心憂民切至臣等敢不上體聖訓晝夜講求如
薄刑緩征已責勸分凡寬恤之事各已次第施行外竊謂救荒之路
雖有珠玉金銀不能療飢其所急者莫急於食遂多出文牓招誘客
旅於有米之地廣行興販前來出糶嚴戒場務不許作名目收稅苛
留緣地里遼遠米未可爭至其價日增不得不慮抑嘗詢究往年一
州旱則取給於鄰州一路旱則取給於鄰路故易以辦集竊聞今年
之旱稍廣大江東西至于荊襄淮甸亦多不熟雖招誘客販遣官收
糴政恐米亦艱得米可指準臣等竊見從來飢儉之歲人情易得皇
皇若所在縣鎮鄉村有米可糴人心自安若無告糴之處往往便扶

携妻子就食他鄉。此不可不預有以安之。臣等相度若候諸處興販收糴到來，亦須是一兩月之外，況有無未可知。流民一散，收之則難。臣等切見朝廷見樁積在建康府太平饒信州等處米斛無慮百七八十餘萬碩，穀五十餘萬碩，而常平義倉不在此數。其間亦有七八年前所積之米，恐易得腐壞。累蒙朝廷指揮，令以新易陳。臣等今來欲乞存留見米一百萬碩、穀二十萬碩，以備總領所逐月支遣兩司官兵，可准一年之數。餘外有米穀，欲望聖慈許臣等先借米三十萬碩、穀二十萬碩，通融就便分散諸州縣，量旱傷輕重，隨多寡賑糶。先次散榜曉示，令人戶通知。又從而發常平米以賑濟之。如此則民心可安，不至流移。而鄉村豪富有米之家，見官司賑糶賑濟徧及遠近，決不至閉糴，又客販之米或來，則亦不敢乘時要索高價。如此庶幾民不艱食，全活者必衆。此誠莫大之實惠。所糶到價錢，臣等自當認

數收簇寄納樁積庫。才候來年稍熟，便行收糴補還，以陳易新，公私兩濟。何以加此。今來控陳，似若太早，正恐往返待報，動經旬月，儻至急闕，臨期有請，緩不及事。是用冒犯天威，詳悉奏聞。伏望聖慈早賜施行。

中書舍人崔敦詩經筵附進救災五事狀曰：臣備數經筵，輪當供進故事。臣謹錄太宗皇帝所以速於救災之事上進。臣竊謂天久不雨，令雖未見災傷的實，臣先事而言，有當早正而亟行者五事，條列如后。

一、救災卹患，全賴監司守臣。若監司守臣不得其人，責以賑救，洎至施行失序，民有流殍，雖行黜責，已為無益。臣愚欲乞睿慈明諭宰執，深詔臺諫，先次謹察災傷路分監司，癃老庸懦及循常無才、不足倚仗者奏聞。令三省選擇易置，却令諸漕臣常平官一面開具管下闕兩州郡守臣有無癃老庸懦及循常無才之人，限一月各具保明聞奏，取自聖裁施行。向使監司郡守皆得其人，則朝廷無所慮矣。

一、臣聞周禮荒政十有二，除盜居一。臣竊見諸州禁軍自來紀律廢弛，往往不着營房，不成行伍，倉卒難集。切恐一夫奮臂於市，人無當者。防備鎮壓，此處所當先。臣欲乞睿旨，旱傷路分安撫司申嚴條制，令諸郡盡刷禁軍，自九月始，逐日點集教閱，至來年四月止。其巡尉弓兵亦令諸州嚴行戒束，不得名色占破，盡數根刷，各就本處逐日教閱施行。

一、臣竊見近者朝廷第去歲救荒之賞，監司守臣皆有等差。臣竊聞去歲災傷州縣官吏宣力者多，今賞不及，無以為勸。臣欲乞睿旨行下諸路漕臣常平官及州郡，將來救荒，各先具逐州逐

縣所差官吏職位姓名聞奏，俟至結局，並議第賞。如有曠敗，亦行責罰。庶幾上下協濟，俾無誤事。

一、臣伏見在法災傷檢放及七分以上，賑濟貸給，具有成法。臣竊見州郡檢放自來統以逐縣災傷紐筭分數。然一縣壤土高下不齊，此熟彼凶，有至懸絕。且如一鄉災傷有及十分，若使統計一縣，不及七分，則十分被災之鄉，例與輕災鄉分一同，不被厚卹。今來檢放月分在近，臣欲望睿旨，今後紐筭災傷分數，各以逐鄉為率。凡及七分已上，並令依條施行。

一、臣伏見諸路州縣有旱禾得水成熟，正當刈穫，及有下田乘旱已施布種去處，可望微稔。今來軍興尤急，訪聞官司驅催夏稅不知體恤，輸綾則拘留累日，納絹則揀汚退換，緣此農民淹留廢業，不得趁時了辦接濟口食。臣欲望睿旨令諸路監司嚴行

覺察按劾聞奏。其四等以下零欠。亦當酌量權行倚閣施行。

叅知政事周必大論和糴疏曰。臣昨聞見商量和糴行在約三十萬石。既是地近不妨臨時降旨。今偶聞米價日減。恐目下使合施行。但近緣印會子稍多。止可作七百七十一文行用。若更捐一二分見錢。則所費不過一二十萬貫。而輕重相權。其利極博。此事臣思之甚審。蓋將來有所調發。不患見錢不出故也。又臣每聞陛下預念年歲之豐歉。雖陰陽家說。亦行採訪。臣未嘗不歎仰聖德孜孜民事。頃刻不置。非如群臣止苟目前而忘遠慮也。臣數日前因五更視月。見歲星粲然於其傍。考之占書。亦主歲饑。嘗問太史局官。或云是犯。或云近爾。以臣觀之。有德可禳。聖主固已優為。有備無患。人事自當預講。但令儲米稍廣。則所謂錢物自可力致。

吏部侍郎李椿奏常平義倉疏曰。臣竊見義倉法自隋唐以來行之以備凶年。賑給災傷下戶。其利甚博。其常平倉數十年來無糴本收糴。徙有常平之名而無其實。惟有義倉米在焉。蓋本聚米於鄉村里正之家。遇凶歲則給散。不致農民流徙。建議者因里正間有侵盜。遂移貯於縣倉。固自難以及於鄉村人戶。頃年州郡又皆令人戶赴州倉輸納苗米。隨苗帶納義米。遂不復及於縣民。所以每遇歉歲。民必流徙。雖無里正侵盜之患。而官司移兌侵借。陳腐化為塵土。災傷則惠不及民。可謂因噎廢食。蓋失義倉本意遠矣。仰惟陛下矜恤元元。一遇歲歉。則勞宸慮。數下詔旨勸諭賑糶存撫之意備至。而州縣之間。不過於州城縣郭出糶官米。略能濟濟市井之人。而農田之家不預。況農家聚米而不得食。實為未允。其或煑粥給散。始則稍稍賑給。饑民輻輳。則聚民餓死者不知其數。是不得其術反致殺之。尤非賑給之法。今來連歲豐稔。粒米狼戾。不可恃以為常。而不為之備。臣愚

欲乞今後將隨苗義倉米。止令就逐都保置倉輸納。保正副掌管。依界交割。仍止令納穀。庶可存留。縣尉封敖。逐季點檢。遇凶歉則縣佐官量事給散。申提舉司照會檢察。設有保正副侵盜。亦自可以陪償。比之在州倉陳腐兌換。難易專斗侵移。而農家不得食。無以救凶歲。事體大段不同。仍免官司般運賑糶作弊。農家流移。誠為實惠。今具畫一如後。

一。逐都保除沿邊州縣外。於有人煙去處。約穀之多少。以五年之數為倉敖。保正副掌管。聽為團倉。逐年旋增置。

一。縣給受納隨苗義倉穀團印赤曆。付逐都保正收掌受納。每旬具數。縣尉躬親盤量封敖。

一。縣別置義倉簿銷注驅催。隨稅簿赴州用印。

一。義倉鈔二紙。一鈔給人戶。一鈔縣照銷簿。即不得官賣鈔紙。

一。人戶先就本都納義倉穀。請鈔連粘於苗米鈔前。送納苗米。未納義倉不得交苗米。

一。義倉團印用至省限滿日。繳申縣毀。以防作弊。其殘欠却令赴縣倉交納。用縣印印鈔。以別省限外輸納之人。

一。每都聽募斗子一名。同保正副掌管倉穀。於受納時聽收量穀利潤錢。每斗不過三文足。保正副聽量收利潤。以為修倉費用。每石不得過二十文足。

一。官員季點義倉隨行公人。輒有搔擾。並行重錄。其縣給團印曆有取受者準此。聽人戶越訴。官員罰俸。甚者委按察官奏劾。

一。逐都貧富不等。遇歉歲隣近都分有無賑給。不出三十里之外。

一。逐都置板牓於倉前約束。備坐朝廷置義倉所以備　災民之意。勸諭人戶依時輸納乾好禾穀。保正副在意掌　毋侵

耗遇有災傷從實申官乞行量散免有流移之患務得實惠
一有未盡事理令提舉常平司條具申請施行
一義倉既有穀在鄉村所有諸州縣見在義倉米並撥充常平倉遇水旱災傷則減時價賑糶收本錢以充豐歲糴本既有糴米則常平之法不為虛文一舉而兩得之仍申嚴常平借兌之法守而勿失誠為久遠之利

唐仲友台州入奏劄子曰臣伏覩近歲屢稔而戶口日衆官用寖廣公私蓄積未至充衍年一不登民已艱食陛下軫念元元力講仁政所以周急繼困慰安小民便利百姓之道甚備臣雖至愚願效管見竊覩近降旨揮私下債負守令勸諭富室上戶更加接濟容令寬限了還如是貧乏者無從出不得因此轉利為本及非理准折亦須蠶麥成熟方可旋行理索臣謂勸諭借貸最為救荒之急此令既行為

利甚博臣愚尚慮舊新債負併在蠶麥細民必困理索富民慮借者不能併還未肯借貸更宜明為期約示之必信臣聞本朝司馬光以河北災傷條賑贍之策曰富室有蓄積者官給印曆聽其舉貸量出利息候豐熟日官為收索示以必信不可誑誘臣謂光言於今可行欲望陛下采光之策明降睿旨下諸路轉運司應災傷州縣並令守令勸諭富民自陳蓄積之數除存留其家歲計之外實餘若干以十分為率七分出糶三分借貸願多以分數借貸者聽本縣印給簿曆開坐旨揮約自日下至麥熟以前節次借貸簿曆合用同印記簿在富民曆付借者每月取息不得過三分其鄉例不得將舊債作新借之數其舊欠自從已降旨揮蠶麥成熟旋行理索其新借至秋成日却據印給簿曆理索此後應成熟處不許富民陳乞再給簿曆自如常年鄉例借貸惟有災傷方可從州縣陳請舉行免於習常乃為良

法此令惟出朝廷民無不信如蒙聖慈采納乞下戶部勘當疾速行下庶幾遠方之民蚤霑實惠不勝幸甚

蔡戡乞平糴上奏曰臣聞穀貴傷民穀賤傷農古今通患也是故有平糴之法李悝行之於魏耿壽昌行之於漢彭果行之於唐皆因穀賤增其價而糴穀貴損其價而糶亦古今良法也粵自去歲江浙大稔斗米之直百五六十錢今浙西兩暘時若高下之田皆有豐登之望新穀既升其直愈賤老農咸謂數十年來所未嘗有古者穀賤傷農今若農末俱傷公私皆病之田家作苦十得一稔欲以輸租償債今也負檐適市人莫之顧不得已而委之僅得千錢而去一歲所入不足以紓目前之急何暇為後日計所以粒米狼戾而不免於凍餓也米價既賤錢幣益重人所艱得何敢輕費所在客旅稀少市井蕭條工商游手之徒莫不坐困民間錢既艱得冬租糜費夏稅物帛無

所從出州縣催科所以勞擾倍於常年此皆穀賤之患也夫欲利農民不若行平糴之法今秋成在即臣愚欲望睿旨行下戶部委官於蘇常湖秀四州路逐空閑寺宇置場收糴隨市價低昂而少增之吏胥乞覓者坐以重罰米價既增又無它費利之所在不憚遠近自當連檣而至所糴既多可以代江湖上供之數却截留綱運於沿江州軍樁管以為邊備不唯民力裕邊備足它日萬一有歉歲損價而糶亦可以濟飢民補國用也

光宗時蔡戡乞賑濟上奏曰臣竊見八月十日以後連夕大雨本府管下天目諸山洪水暴發餘杭臨安新城被害最酷富陽於潛錢塘次之餘波及於鹽官仁和小則渰浸田畝大則漂蕩廬舍甚則喪失軀命且以六縣言之溺死者千人被害者五萬餘家旬日之後水勢方退禾稻渰沒根株腐爛秋成既已失望饑民無所得食雖蒙聖慈

特遣使者捐金發廪而徧行賑濟恩澤至渥然但可紓目前之急耳此去夏熟尚有七月若人人而給則廪粟有限饑民無窮臣竊計五萬餘家約三十萬人大人小兒各居其半大人日給一升小兒日給半升日支米二千二百五十石月支米六萬七千五百石半年為期約用米四十萬五千石以臨安六邑貴粟已四十萬石今歲淮浙諸郡悉以旱告朝廷恐難徧給臣區區管見不若行賑糶之法計口給曆減價與之庶幾所費不多所利甚博可以接續不至中輟反悞饑民臣伏見朝廷椿管米見在一百七十萬石每歲收糴正欲為水旱凶荒之備其間亦有積年陳粟自當易之以新臣妄意擬於椿管米內且借三十萬石減價賑糶照得元價每石貳貫叁百文省量減叁百每升只作二十文省出糶庶使饑民易於收糴以三十萬石計之縣官所損不過九萬貫而所活饑民至三十萬其利豈勝言哉欲望聖

慈特賜詳酌行下省倉下界或豐儲西倉水次近便處支撥所有水脚縻費本府自行出備官吏添給本府自行措置賑糶之後收到錢數逐旋解還司農寺一面收糴新米補足元數公私實為兩便

寧宗即位初接伴使彭龜年論蘇秀等州水災疏曰臣伏自初九日陛辭初十日出國門十一日至秀州十二日夜至平江府從此踐程前去不敢住滯迓客一事自有故常不足重壓聖慮唯是自離國門見沿塗積潦浸民田目即未收之稼已不可救已收刈者多用竹木架閣在田連日積陰不解而勢未已亦必損爛猶有向去繫利害之深者百姓乏食全望麰麥以相接續而田水不去天寒未期設使麥不入土民無所恃流移餓莩斷不可逃陛下罪己求言倒廪賑給固足以上感天意而災變未消實有可懼臣愚欲望陛下明詔大臣講求親切及民之事共致懇切事天之誠每事求實不為虛文登進

忠讜以壯陽德斥遠邪佞以消陰沴庶幾聖德又新天心昭格臣遠去闕廷輙因目所親睹之事鄙冒以聞仰助陛下寅畏干冒天威無任戰慄

貼黃臣竊見漢元帝時日青無光弘恭石顯等皆指以為周堪張猛用事之咎及斥堪猛復有日變元帝乃召昔言咎在堪猛者切責之陛下遇災而懼不愧宣王然臣深恐小人別有指陳上惑天聽施行或謬恐未免為元帝之悔臣願陛下聽言之際更加精察擇是而從不勝幸甚

龜年又論淮浙旱潦乞通米商仍免總領司糴買疏曰臣聞遏糴霸者之所戒閉糴諸侯之所羞而況人主君臨天下一視同仁豈可使有彼疆此界之分如秦人視越人之肥瘠而不卹哉竊見今歲淮東兩浙多被旱潦如常潤揚楚盱眙等處當此收成之時斗米至為錢

四百上下無下三百足陌者近日行都米價頓增至煩朝廷輟軍儲給糶以紓目前而米價依舊不減異時春冬之交必大翔踴實為可慮訪聞江西湖南北州軍間有豐稔去處誠使就彼和糴又恐官司交易易得成擾收糴津運倍有所費攄臣愚見不若通商最為上策欲望聖慈行下三路漕司俾之約束沿流州縣不得遏糴如商旅米船特免力勝稅錢至歲終而止不得妄以它貨阻滯客旅如果有它貨令所至州軍勒客人別用舟裝載依法收稅仍關報前路官司從漕司多出文牓曉諭商旅聞此必須方舟而下不特移粟之惠可以救民而鹽課必增亦以利國事莫便於此者

嘉泰二年葉適上奏曰臣病苦餘日聖恩垂憐使轉漕湖外守符泉南今又特蒙收召入奏之初有兩處職事不敢不陳愚慮臣採湖南士民之論以為二十年來歲雖熟而小歉輒不耐地之所產米最盛

而中家無儲糧。臣嘗細察其故矣。江湖連接。無地不通。一舟出門。萬里惟意。靡有礙隔。民計每歲種食之外。餘米盡以貿易。大商則聚小家之所有。小舟亦附大艦而同營。展轉販糶。以規厚利。父子相襲。老於風波。以為常俗。其不耐小歉而無餘蓄。勢使之也。故每遇小歉。閭里不能自相給。惟仰州縣賑救。城市之民。青黃未接。食於常平者十家而九。此事諸司當任責。而漕司為一路通融有無之處。其責尤重。然湖南漕司歲計所入甚少。比江西纔十之三四。比湖北纔十之五六。嘗不足以支本司一年之經用。尚者圍簇大軍錢數多。總司所取不盡。可以通借。故不自覺。而反冒富厚之名。自大軍錢屢減舊額。總司按籍盡取。積以歲月。坐致漏底。今漕司索然窮匱者五六年矣。除湊足交頭之外。每遇新舊交易。使者與屬官聚議搏手。無以具接送之費。臣比承乏諸郡。小歉雖先事講求。荒政終不能有所指貸。為諸

司之倡。去歲祁陽將圖十借糧作過。守令張皇。時駭動。幸而就擒。欲出少米以哺之。力不能及。竟閔默而止。臣以為一司事力殫乏至此。平居不足以自存。萬一水旱急難。幸負任使。利害不細。臣每念漕司所得屬郡財賦。久有定規。不可復取。本司當自擇其間利源與州縣百姓不相干涉及他司有例可以參酌施行者。以漸經理。庶稍有餘積。為萬一水旱急難百姓指準之地。此誠一路之急政。不可忽也。臣頃雖熟討。不敢奏陳。蓋剏始既難。而臣方病昏。不能勝任。今有通練敏達之士。授以意指。俾之講求。許其自行。無使貽害。是以為一路之預備。寬九重之顧憂。豈不幸甚。

嘉定元年。祕書省著作佐郎楊簡上奏曰。臣不勝痛心疾首。以告陛下。亦知近在都城之內外民有餓而奪市食者乎。又知有父子俱餓。知必不能俱生。遂沈其子女於江者乎。臣所聞已不一。而況於所不聞乎。都城之東。有其婦憫舅姑之餓。曰。婦當鬻身助給舅姑。聞其言自經死。舅知姑死。舅又自經死。子歸。知父母死。又自經死。婦以舅姑及夫俱死。又經死。又有取小兒烹食之者。嗚呼痛哉。近在輦轂之下。而餓死者至於此極。而況於遠者乎。又況於淮民相食。妻食其夫屍。弟食其兄屍。至於父子相食其屍。陛下為民父母而有此。群臣之罪也。孟冬之月。臣聞朝廷有所志浙西樁積米僅二十萬斛。臣亟請於前左丞相錢象祖乞盡以給助淮民。象祖吝不與。今聞淮民嘯聚得非前者吝米所致。雖二十萬斛。未足以盡活淮民。而淮民知朝廷賑恤誠意所及。或不至大亂。近雖未有急報。然朝廷豈可不亟為之圖。望陛下急詔大臣痛切為民為國。集群臣詳議。先根刷諸路常平及凡樁積米數。復別議利害。或命百司各竭謀慮。詢訪以聞。令徒聚百官于行都。擾擾焉往來。泛泛焉從事。循循焉度日而已。不使之出其

胷中所蘊。道其所嘗見聞。共議共計。內外多少財用陷沒於贓吏之手。郡縣多少財用。徒費於迎新送舊。而不思擇賢久任。內外多少財賦。費壞於三年之科舉。取浮薄昏妄背理傷道之時文。驅士子為不肖。使害民壞國家。諸軍虛籍不知其幾。以虛籍之數濟飢民。何為乎不可。又聞淮民之飢者欲渡江。江上郡守有過之者。結怨飢民。是激之使為亂。又聞有賑濟官以淮上飢民嘯聚。申上司。至于累累。而上司杳不報。為上司者昏繆至此。而朝廷未聞黜陟。臣大懼養寇危社稷也。臣思執政大臣必患乏才。乏才因於拘資格。臣稽古昔未嘗用資格。人才難得。幸得一人。而又以資格廢。則何以濟民。何以弭寇。何以安社稷。望陛下力諭執政。唯擇賢才。毋限資格。務循古道。以濟民弭寇。安社稷。臣不勝惓惓。

歷代名臣奏議卷之二百四十七

歷代名臣奏議卷之二百四十八

荒政

宋寧宗嘉定七年江東轉運副使真德秀奏乞蠲閣夏稅秋苗疏曰臣竊見本路州縣今歲以來雨澤闕少臣昨經由池陽之日其時不雨已及旬餘迨至金陵一向乾旱蓋自三月至于五月之終九旬之間有雨者纔六七日焦爇之狀蓋不待言耕殖之功一切盡廢臣朝夕訪問惟信與饒得雨頗多歲事可望若建康太平寧國池徽南康廣德諸郡旱勢略同臣以祈禱間出近郊及因閱舟艦至采石經行原野莫非赤地四顧所及全無秋苗間有瀕江可以車戽之地或已栽插然水熱如湯不堪蔭養茁然長茂旋又焦黃訪聞當塗宣城管下圩埂之鄉每歲常苦水潦今亦種不入土與陸地同近舟行過大城堽一帶見蝗虫飛泊蔽蓋闊綿亘十數里未幾遂入府城皆由東

北而來蔽天障日過其所落草木為空又據諸處申到若建康府之上元江寧溧水池州之貴池銅陵寧國府之宣城皆有蝗蝻生發所未申者尚不及知此一路旱蝗之大略也常平義倉之儲總一路九四十三萬而侵移陳腐皆在其中姑以建康一城言之居民日食九二千斛而常平初無顆粒義倉之米以石計者僅一萬九百有奇以之糶濟城郭之民不數日盡矣況能更及田野乎以此推之常平義倉已不足恃沿江諸州元非產米之地自經兵旱田疇蕪廢在在相望所出益少綱運起發之外其能幾何樁濟軍民唯仰客販今則兩淮既皆遏糴湖河般運不通上流客舟亦頗不繼諸州米價漸已日增艱食之虞近在朝夕嘗博訪父老皆言粳秫雖已失時尚堪雜種麻豆蕎麥黃菜之屬緣田中無水不通翻犁而不可種下等農民之家貸耕牛買穀種一切出於舉債今秋成失望小大憂危而官司催督夏稅略不少貸典賣罄竭不足以償而種子價高無錢可糴而不能種凡曰陸種僅可救饑近年官司往往不卹每遇檢放指為熟田責令輸納苗米未免賤糶所有貴糴所無以供公上殫其地之出不足以輸所以更相懲創而不敢種臣自聞此語為之惻然竊惟今歲之旱實與往年不同往年之旱多在夏秋田間既已布種故雖災傷之甚什至七八而其熟處猶居二三今則高下之田皆為荒地借令雨以時至雜種可投尚恐空於蝗螟之口而況雨未可期種未可必方來之患日月尚長民情搖搖已有流移之漸臣近準朝旨將來合議糶濟即與本路諸司同共詳議措置施行臣已恭稟多方講究外竊謂與其待已饑而行糶濟之惠不若先未饑而加存卹之恩謹具奏請事件如左

其一曰倚閣夏稅臣近据太平州百姓王經等一百六名狀稱自

去冬以來並無雨雪麥苗先已乾死收到些小不了食用目今秧苗又盡枯死蕎麥荳種艱得錢物亦無處收糴田地乾亢至甚亦難耕種老幼日夕憂惶不能存活欲乞備申朝廷權閣今年夏稅臣方欲冒昧控陳忽準戶部符臣寮奏請內一項寬旱地之賦以為秧苗未得種插人情方且皇皇而折帛趣催半責見錢版曹既有歲例州縣苟欲逃責征誅憔悴之民不減星火之急農困追呼將復失種其為怨嗟甚於不雨此當亟行戒約江浙監司目即體訪先來被旱之處一面行下郡邑將第四第五等下戶折帛等官物稍寬旬月之期以俟秧種了畢即蒙聖旨允從仰見陛下至慈至仁勤恤民隱凡有所聞無不施行臣即已鏤榜曉諭州縣令自榜到日為始住催一月雖足以寬目前而一月之後催理如故方細民嗸嗸救死不贍之時縱令督

促萬端終是無可償納徒使吏卒並緣得為奇擾人戶憂迫不免流移理勢實然非臣過計兼本路近年民困重賦荒田逃戶所在相望令既未能招徠不可使見存之戶更有流徙伏望聖慈速降旨揮將本路州縣旱乾不曾種蒔去處第四第五等人戶夏稅權與倚閣候將來得熟日併催庶幾稍解倒垂之急臣不勝大願

其二曰蠲放秋苗國家仁愛元元著為災傷檢放之令德澤洋溢入人至深近歲州縣長官多以趣辦財賦為能鮮以保全民命為急下吏承風輒懷覬望且如去歲宣城南陵蕪湖繁昌貴池銅陵青陽等縣皆被水災檢放之時多不及數目自臣到任來訴者多事已後時無從覈實而參之衆言宣城尤甚故前者輒上倚閣殘零之請伏惟聖慈必已賜從今歲旱災前所未有至

仁如天俯燭民隱將來苗稅必是優與蠲除而臣察諸衆情似懷憂畏蓋緣近年檢放例以從窄為賢逆料將來亦如此至於不敢雜種以避輸苗其情尤可深憫臣謂令欲憫安人情使無逃徙莫若控告朝廷先期降旨約敕州縣應本路官私田畝元不關雨處將來成熟自當依條輸納外其久旱不曾種蒔去處並與全放秋苗其雜種麻荳之屬並不許指作熟田責令輸納苗米以至重困許臣備坐旨揮散牓曉諭庶幾農人安心不至狼顧實一道幸甚

右臣恭聞乾德二年四月詔曰自春徂夏時雨尚愆深恐黎民失於播殖所宜優卹俾獲蘇安應諸道所催今年夏租委所在官吏檢視民田無見苗者上聞並與除放紹興二十八年八月二日詔令諸路轉運疾速行下州縣開具實被災傷頃畝數目及合放分數以聞仰惟太祖皇帝開造我朝配天之業高宗皇帝中興萬世無疆之基二聖一心皆以保全民命為本故於災傷之歲切切如此夫以四月而蠲夏稅以八月而檢秋苗自常情觀之毋乃太早蓋救災卹患當於民未甚病之時若待其飢莩流離然後加惠則所全寡矣為民父母忍使至斯兩朝詔書可為大法今臣所陳二事如蒙聖慈降出三省早賜施行其於公私皆有便利一則征歛既寬逃亡必少所在田畝不至拋荒公家租賦亦免失陷二則農人肯行布種自救其饑不至大段闕食全仰官司糶濟三則窮寠之民粗有生理何苦輕捐其身而為盜賊杜萌之禍銷弭尤多臣叨蒙聖恩畀以漕計一路休戚責實在臣庸敢膺沐投誠仰干天聽臣無任震惕隕罪之至

八年德秀又乞撥米賑濟劄子曰臣伏見自冬徂春雨澤稀少

入夏以來亢陽彌甚陛下嚴恭天命憂念元元延讜言赦死罪釋遷謫還浸產苟可銷釁致和無所愛惜臣等布宣尤狀所部九郡而建康太平寧國徽池廣德南康七郡迄今不雨旱勢已成間得沾濡炎天毒烈土脉乾燥蒔種不入赤地相望稍有近水可挿秧苗去處飛蝗所過靡有孑遺惟饒信二州曾申得雨卻聞其間自有旱處今方六月城市閉糴米價騰踊民食已艱村落之間必有餓莩向秋以後捐瘠又多累據諸處人戶陳訴并州縣備申旱荒之狀有不忍聞池陽道路出沒剽掠休寧縣數百人入令丞廳求糶濟建昌縣百十人刼隆興府界居民蓋非饑窮迫身何忍至此見得今年旱災不同常歲本道旱勢又甚它路國之根本在此江東丁時外虞尤欲安靜使一夫餓死必傷天地父母之仁不幸詿誤有司寧不重闕憂顧惟有速發

見藏不吝重費救奪民命度脫菑厄庶幾感通天意消弭事端今災傷至廣事力有限豈能人人給足但民心知朝廷極力拯濟有恃以生則雖顛踣流離終不携貳且及早予民所費既省所濟甚博待其賣妻子棄鄉井塡委溝壑嘯聚山澤而後為之其費不止於此而傷敗已多江東自昨歲旱蝗屢經豐歉荒田未墾在在相望若今更有轉徙必至無人可耕國之所失不知幾倍臣等蚤夜憂懼思得叶心盡力為陛下救此一道生靈使不至飢餓流亡散為盜賊以貽朝廷憂已行下州縣分遣官僚躬親抄劄略計七八郡所當濟者不下百餘萬戶戶給一石亦該一百餘萬石所在州縣闕之豈有寬餘而義倉見管纔四十三萬耗腐在內非陛下捐數十萬石之米不足以賑此凶災竊惟目今旱處既多諸郡必紛然以錢粟為請却致朝廷難為應副是以會約一道當濟之數摠為奏陳候諸州申到戶口據實分撥合本道所請其數若多散之州縣猶以為少臣等自行計攉下於此數必支給不敷非若尋常有司增多申請但冀十得六七之比陛下憐旱之初不愛贓與異恩以銷天變蘇民瘼今赤子嗸嗸赴愬求延旦夕之命必不惜力靳費不以抹之臣等謹體聖懷昧死上奏伏望斷自宸衷亟命有司於鎮江建康府轉般倉撥米五十萬石貼助本路義倉米斛賑濟飢民如部內諸州有請即下臣等分撥陛下幸賜江東之民而臣等不能檢柅吏姦失陷官物致上孫德意下誤民生則臣等之罪惟陛下炤之。

德秀又乞給降錢會下本路災傷州郡下戶收糴麥種狀曰臣等近以本路旱蝗為菑屢以斯民危迫之狀仰瀆睿聽陛下至仁垂憫賜緡錢發廩粟恩意惻怛與天同心臣等欽體聖懷分遣官吏抄錄戶口舉行振卹之政欲使山谷窮僻之地咸被上恩然此去來秋尚有期歲公家之力有限艱食之日甚長蚤夜以思未知攸濟訪之父老皆言若二麥及時布種則人心自安蓋村野小民生計易足田中苟有數畝之麥便可指為溫飽之資目前雖甚艱難終不舍之而去富室大家知其有所指擬緩急舉貸亦肯相賙第因今麥價所在踴貴其最平處每石為錢亦不下二貫有奇惟上等殷富之家自能豫蓄種子中戶糴買已病其艱若四等而下大抵皆貧困之民今夏所收僅充三數月之食飢腸所迫豈有顆粒尚存雖欲趁時耕種有不可得今秋田苗稼至少檢放之數必多官司坐失常賦已不可勝計若麥復失種則來歲夏稅輸納必艱上供之額何所取辦況嗸嗸待哺

者以百萬計若廣種二麥則一飽有期庶幾四五月之交振濟或可結局若種麥稀少不足捄飢則非至秋成官司振給實難遽已公家事力豈易支吾臣等恭覩陛下即位初年九月二十八日尚書省劄子勸會今來種麥是時切恐細民無力耕種有旨令兩浙兩淮提舉司應災傷去處將常平錢措置收糴麥種并給降米斛疾速賑貸施行毋致有失布種寬卹之恩載在部令煥如日星臣等今略計本道災傷去處第四等以下闕少麥種人戶為田數百萬畝每畝用種五升其費不可勝計雖嘗亟下所部諸州那融官錢收糴給貸然今州郡大抵空乏必無餘力可及而常平錢米本自無幾見今專充糴濟不復更有贏餘只得傾竭愚誠控告君父伏望聖慈特詔有司給降錢會令臣等須下諸郡斟量給貸麥熟之日令民隨稅輸納臣等謹當拘摧還之縣官不敢分毫使用干冒宸威臣等無任震惕之至。

德秀知潭州。又奏置惠民倉狀曰。臣猥以蹤庸。叨蒙推擇。假守湘土。
深惟委寄之重。朝夕疚心。苟可以惠養民生。培固邦本者。不敢不用
其至。惟是民食一事。最關休戚。臣在官二年。春夏之間。郡城居民率
苦貴糴。蓋其生齒阜蕃。土產有限。全仰客米以濟其乏。若鄰路與上
江歲豐穀賤。轉販者多。僅免艱食。一或不然。則市直驟增。貧民下戶。
立見狼狽。常平義倉之儲。本自無幾。加以法禁拘攣。非饑荒已甚之
歲。不敢輒請發糶。故二年之間。雖苦貴糴。臣皆那融借撥別色米斛
以糶。而不敢遽發常平。至今夏米價益翔。借撥之米。不足以繼。然後
於中常平司得米五萬石賑糶。一城生齒。賴以全活。而公家之積。則
已垂罄矣。今歲一旱。所傷甚多。來春以後。民食必乏。倘不蚤為備豫
之計。惟盻盻焉須客販之至。一或不繼。其將奈何。竊見國朝張詠淳
化中守成都。以蜀地素狹。生齒寔蕃。稍遇水旱。民必艱食。時米一升。

直錢三十六。乃按諸邑田稅。如其價。歲折米六萬石。至春。籍城中細
民。計口給券。俾輸元估糴之。奏為定制。其後百餘年間。雖時有災饉
米甚貴。而民無菜色。臣之於詠。無能為役。然心竊慕之。考之吏牘。本
州秋稅米內。有所謂折粳者。本正苗之數。其後折錢。以充郡用。前後
守臣或遇闕米支遣。則令仍輸本色。臣今措置。自今歲為始。將上項
折粳令人戶輸納本色。更不折錢。以嘉定十六年納到數目計之。合
正與耗為米五萬餘石。別廒盛貯。名曰惠民倉。歲歲賑糶。其規模大
畧悉倣張詠之法。庶幾城市細民。自此永無艱食之虞。而因養寓教。
又於風化不為無補。所有張詠舊法與臣今來區處事宜。不敢上溷
天聽。已具申朝省外。竊惟古今良法。未有百年而不弊者。惟詠賑糶
一事。自淳化至宣和。百有三十餘年。蜀民被惠如一日。不惟詠之區
處有方。亦由繼其後者更相維持。小有弊病。隨即救藥。雖有異議。不

為動搖。而朝廷又為著之令甲。前後議臣。復主張而申明之。以故行
之愈久。其利愈博。臣今欲望聖慈。將臣奏申事宜。特降勅旨。行下本
州。永永遵守。使潭人世世蒙被聖朝子育之恩。實一方大幸。
德秀又奏置十二縣社倉狀曰。臣恭惟孝宗皇帝深惟民食之重。因
朱熹有請。頒社倉法于天下。自是數十年間。凡置倉之地。雖遇凶
歲。人無菜色。里無囂聲。臣少時實親覩其利。歲久法壞。每為之太
息。嘉定乙亥。蒙恩將漕江東。歲遭旱蝗。承詔措置荒政。本道屬部。
親見飢窮之民。惟鄉落最甚。而致粟又為官艱。勞費不啻數倍。因慨
然深念使社倉之法推行而不廢。在在皆有藏粟。以之振民。猶取之
懷也。其利豈不博哉。至是益知孝宗皇帝之聖謨神筭。有百世不可
易者。近歲士大夫以其蠹弊多端。往往歸尤於法。至欲舉而廢之。抑
不思古今之法。曷嘗無弊。亦在夫維持整飭之爾。姑以常平義倉論

之。侵漁移易。其害亦不一矣。然卒不可廢者。以其害不能揜利故也。
何獨社倉必欲舉而廢之哉。仰賴聖朝深知此法。未容輕變。前後監
司守臣有欲建立者。皆詔可之。凡今有倉之地。如建昌南城袁州萍
鄉等處。推行有法。人蒙實惠。而潭之屬縣曰長沙者。亦有倉二十八
所。蓋慶元初知縣事饒幹所立。距今三十餘載。雖不能亡弊。而窮民
賴之亦多。臣叨帥湖湘。適潭人連歲艱食。今夏旱暵尤甚。禱請之餘。
齋居深念。所以為一方飢饉之備。蓋無出社倉之右者。於是撙節浮
費。以官錢易穀于總所。凡八萬石。益以他穀為九萬五千餘石。十二
縣置倉凡百所。令人戶之當輸穀于州者。就輸之社倉。其斂散之規。
息耗之數。大槩悉倣朱熹所上條約。而因時救弊。視俗制宜者。又加
詳焉。此蓋淳熙勅旨之所許也。仰惟仁聖臨御之初。方務行孝宗故事。
臣敢昧死以聞。其申請事宜。已上之尚書省。乞賜敷奏施行。伏望

聖慈察臣汲汲為民之心。從臣所請。須降旨揮。令本州常切遵守。庶幾良法美意久存而不壞。貧民下戶。得以蒙天施於無窮。臣不勝大願。

提舉李道傳上奏曰。伏為廣德知軍魏峴按教授林庠實按轉運副使真德秀乞覈實辨明事。臣聞論事者當辨是非。責治者當覈名實。天下未嘗無真是真非之所在也。然每患乎言之多端。聽之易惑者。不覈實之過。誠即其名以覈其實。則是者固不可以厚誣。而非者亦何可以自掩哉。臣竊覩進奏院報。知廣德軍魏峴按軍學教授林庠不法。且乞避轉運副使真德秀。得旨罷庠而別與峴一等軍壘差遣。臣竊謂峴與德秀必有一是一非。惟以其實考之。則真是真非。當有不難辨者。蓋峴之奏雖為庠設。然以臣所聞。峴非按庠。乃按德秀也。峴之按庠。鎦其捨教職而任荒政。挾漕臣而凌郡守。夫以一郡之民飢困欲死。陛下大捐廩粟以活之。任乎此邦者出任其事。如救焚拯溺。何常職之可拘。當此之時。軍學堂試為重乎。本軍振濟為重乎。出身濟物。固儒者事。峴昧於輕重。而以庠終日坐倉為可鄙。峴則陋矣。至於陵忽郡將。則誠不可不治。然猶當問庠之所守為如何。設使庠之語言禮節或失婉順。而所守者正。峴亦當屈已從之。未可以陵忽言也。況庠之於峴。初未見語言禮節悖慢之實。則峴之深怨極憾於庠者。果何為哉。以此言之。峴之按庠。意必有在。臣故曰。峴非按庠。乃按德秀也。德秀與峴比肩事主。德秀雖任按察。若德秀所為未善。峴不肯苟徇。具以上聞。孰曰不可。然臣不知果峴為是乎。德秀為是乎。峴之奏為荒政言也。若曰某縣流移者多而不能止。某鄉莩死者衆而不能救。某處濟米給散之有欺。某邑糶錢出入之不明。某事則有何人之詞。某條則有何日之案。各指其實而言之。庠固無所逃罪。而德秀之失於任庠者亦無所辭其責矣。臣竊聞峴之奏千餘言。略不及此。特以輕易朝廷。自專掠美為德秀罪。陛下試覈其實。峴為是乎。德秀為是乎。夫自專固人臣之罪。而許以從宜

者。乃人主之大權。掠美固君子所羞。而為君任怨者。尤末世之邪說。如峴所陳。陛下欲濟而易之以糶。陛下欲糶而易之以濟。是為有司專擅之罪。廣德濟糶。非臣所任。不能詳知。然竊謂濟糶俱急。轉輸不齊。糶米未至而借濟米以應之。濟米有缺而乞糶米以益之。權宜集事。要底成終。文籍具存。自無淆混。若事理不過如此。則固亦陛下之所許。未至罪其專也。至於掠美之說。則又不可不察。臣事君猶子事父也。子職無他。任其父之事而已。臣職無他。任其君之事而已。故稱人子之善者。必歸美於其父。稱人臣之善者。必歸美於其君。擢是臣。任是職。欲其稱職而人善之乎。欲其不稱職而人怨之乎。使人臣任怨於下。則怨之者推其所從來。必歸咎於上矣。主何利焉。且峴固言之矣。米陛下之米。民陛下之民也。獨不曰臣亦陛下之臣乎。以陛下之臣奉陛下之令。散陛下之米。活陛下之民。何往而非陛下之德澤哉。天下未嘗有无實之名也。臣之事君。當責其實。而求名與否。不必問也。若夫黎民阻飢。上所當恤。此則如慈母之乳其子。初不為名。峴乃有恩歸知己。怨事朝廷之言。何其所見之異哉。且民飢而不得食。則怨。既得食矣。又何怨萃於上之有乎。峴之言無足辯者。然臣竊見近世風俗日以衰弊。人臣率顧一身利害之私。而不以國家生民為念。臣雖不肖。每獨憂之。峴之詭行。恐自今分職授任者益以自專掠美為嫌。使文自營。誰任陛下事者。峴言雖所關甚大。此臣拳拳之愚。所以上瀆天聽。不自知其煩也。峴與德秀一是一非。必有公論。伏望陛下特選朝士。或委隣路監司。考覈其實。若廣德荒政不舉。則德秀為有負陛下。不可無責。若峴言無實。則是以私意邪說上惑朝廷。上乞明正其罪。使天下知是是非非。不可混於聖明之世。臣與德秀實為聯事。愚忠所激。不復避嫌。且峴尚居部內。在臣職所當言。用敢冒犯以聞。

左司諫黃序上奏曰。雨澤愆期。地多荒白。知餘杭縣趙師恕請於州。乃民雜種麻粟豆麥之屬。蓋種稻則費少利多。雜種則勞多獲少。慮收成

之日。田主欲分官課責輸。則非徒無益。若使之從便雜種。多寡皆為己有。則不勸而勤。民可無饑。望如所陳下兩浙兩淮江東西等路。凡有耕種失時者。並令雜種。主毋分其地利。官毋取其秋苗。庶幾農民得以續食。官免振救之費。從之。

寧宗時。袁燮輪對劄子曰。臣聞子夏問於孔子曰。何如斯可謂民之父母矣。孔子曰。四方有敗。必先知之。此之謂民之父母矣。至哉聖言最切。洪惟我藝祖有父母斯民之仁。嘗詔諸州長吏視民田旱者蠲其租。勿俟報。蓋慮其稍緩有拯救不及者。嗚呼。可謂至切矣。仁宗明道中。江淮旱蝗。命范仲淹安撫。時民有食烏昧草者。仲淹擷以進御。且請宣示六宮貴戚。以戒侈心。其言切矣。而不以為忤。豈不以民之艱食。固人主所欲急聞者歟。人主雖儉。而六宮貴戚。或侈。亦足以傷

財而害民。此仲淹所以併及之。而仁宗所以嘉納之也。今陛下躬行儉約。誠心愛民。同符於藝祖。匹休於仁宗矣。然不知黎庶之疾苦。果能盡達於冕旒之前乎。近而京輦。米斗千錢。民無可糴之資。何所得食。固有餓而死者。有一家而數人斃者。遠而兩淮荆襄。米斗數千。強者急而為盜。弱者無以自活。官給之粥。幸有存者。而無衣無褐。不堪隆冬。或以凍死。遺民氣息僅屬。雖逢春和。豈能遽有生意乎。淮西漕臣目其飢羸困斃之狀。摹寫為圖。觀者無不愍惻。不知亦嘗進御如范仲淹之進烏昧草乎。陸贄有言。流俗之弊。多徇諂諛。揣所悅意則侈其言。度所惡聞則小其事。深譏當時告荒之不以實也。今聖德寬仁。監司郡守固宜皆以實告。然願陛下更咨詢之。使閭閻纖悉之情。畢達於几席之間。如家至而親見之。則父母斯民之意篤矣。臣聞古者制國用。必於歲之杪。蓋為其必於是時也。五穀多寡。歲終畢見。可

量入以為出。歉歲用度。非豐年比故也。今當饑饉艱危之時。而中外支費。猶如豐登之歲可乎。小民嗸嗸。仰哺方切。坐視則不忍。賑卹則不給。惟有裁節冗費。上自乘輿服御。下至百司庶府。無所不節。以為施惠之具。或可以救。不然。將何望耶。側聞去冬陛下臨朝。深以得雪為喜。而又軫念飢民之寒。更糶為濟。以直給之。聖意切矣。臣願陛下更推廣之。凡立事貴乎舉要。惟救荒獨不可略。條目愈詳。則惠澤愈廣。故成周以荒政十有二聚萬民。當是時。富藏天下。民生熙熙。雖遭水旱。奇無菜色。而賑飢之具。多端如是。蓋不敢不如是也。陛下宜深思此意。凡可以加惠吾民者。無所不用其極。寧過乎詳。毋失之略。庶乎恩意周洽。而赤子可活矣。周世宗五季之君爾。猶曰。民。猶子也。安有子倒垂而父不解者。今以聖主如天之仁。豈其撫摩涵育。有所未及乎。民困極矣。惟速救之。豈獨生靈之幸。實宗社之幸。

浙東路安撫使袁說友乞收糴淮麥疏曰。臣竊觀司馬光進讀邇英。神宗皇帝問以河北歲饑。何以救之。光曰。饑饉之歲。金帛無所用。惟食不可一日無耳。乞糴穀於他路州縣。仍多漕江淮之穀。神宗然之。然則糴穀以賑饑民。固不可緩。若先事豫備。多方為籌。則尤免於臨時之迫急也。伏自前歲水旱相仍。舉行荒政。惟以發倉廩救饑饉為急。累月之間。諸路賑糶。所在儲粟。什用八九。然猶未能足用也。今諸處見管米斛。蓋甚無餘。幸去歲中熟。朝廷徧行和糴。目今所蓄。正自不多。若今歲更得一稔。則廣糴厚藏。它日猶可憑藉。然近日雨澤久愆。禱祈未應。明越兩郡。種未入土。浙西運河。不絕如綫。自常而抵乾旱已甚。所謂先事豫備。豈宜不講。今和糴米斛。已非其時。縱增價收糴。所得亦幾。竊聞兩淮麥已大熟。淮郡種麥。連亘阡陌。非江浙比也。淮人仰此流轉江浙。博易楮幣。兼聞目即麥價甚平。臣恭聞仁宗皇

帝慶曆四年遣內侍齎內庫銀三萬兩下陝西糴麥以濟饑民蓋穀
與麥其救饑一也今糴穀已晚宜及淮麥稔熟之時早行收糴以為
他日賑荒之備誠為急務臣嘗詢之衆民謂麥極可收貯若乾燥之
麥倉敖不濕可收二年今若朝廷捐銅會三十萬分委兩淮漕臣每
路且各糴乾燥好麥十萬碩以郡大小定數增價收糴選委明曉官
屬措置革弊不得纖毫科擾於民各辦高燥倉敖將所糴麥更切聯
眼候乾然後入敖如一年內便致腐爛不可用者罪各有歸取見糴
足實數具申朝廷然後委官覈實庶幾得此十萬石麥或有歲歉便
可應用其利一也淮人既得官司增價糴麥又三十萬銅會散在兩
淮民旅兩得其便其利二也若今秋幸得豐熟不用賑濟則此十萬
石麥或且樁留一半或遠近官司乞以元錢兌撥充造麯等不患其
無用此其利三也欲望聖慈詳酌臣先事豫備之意或其言可采乞

早賜施行不勝厚幸
說友又乞增糴常平米疏曰臣切惟國家常平之法最為近古今州
縣常平之米政所以均斂散之宜平斂歲之糴若所儲不多或遇歉
歲必無以均斂散而平貴糴恐非常平之本意臣忝職浙東伏見本
路州縣常平米數目尤少除紹興府有五千餘石台州有四千餘石
外其溫州止一千餘石明州止一百餘石處州止三十餘石若衢婺
兩州並無見在總計七州之數不過一萬二千石耳常平之米與義
倉不同義倉隨苗帶納歲歲而有常平則取之租課米與租課錢收
糴耳而租課錢米即人戶請佃沒官戶絕田產內所輸者去歲十月
蒙朝廷行下將本路應干沒官戶絕田產並行估賣其錢令各州解
赴封樁庫臣今年正月到任雖已節次措置出賣而區區切有管見
向者恐涉規避之嫌不敢具奏今幸獲對清光得以控露且浙東一

路所管常平米已是數目絕少若又盡賣沒官戶絕田產則自此不
復有佃人租課錢米是絕常平之本矣歲既無入又有州縣支動及
陳腐耗折所謂見管一萬二千石將不一二年亦無復有矣豈不重
失斂散平糴之良法哉故臣謂出賣官產若果足以助經常之費猶
曰可行今浙東一路估到之數不過十二萬貫而臣到任後多方措
置方賣及四萬貫政使足十二萬貫文數在朝廷如太倉一粒米耳
所得不多所失頗重政如中人之家雖至於甚迫促亦安肯盡棄常
產以絕歲入之利蓋棄產得金金易盡而產不復有堅忍以保常產
則歲歲有常入矣此理甚曉然也臣愚欲望聖慈以常平為重深念
浙東一路常平米數少所賣官產不過十二萬緡豈宜因此盡廢常
平之入特發睿斷行下浙東提舉司日下住賣沒官戶絕田產其已
賣者即以其錢各令本州趁今年豐熟盡數收糴米解於常平倉樁管

限冬季糴足其未賣者與雖已賣而未交錢者並只付元佃人租種
仍前輸納租課錢米其後來續次收到沒官戶絕田產自此並不得
出賣勤州縣及時召人租種庶幾存留所佃官產不絕常平之本及
民之政莫切於此仍乞速賜行下施行不勝一路厚幸
理宗時知安慶黃幹代撫州守上奏曰國家頻年以來常苦旱暵是
雖天時之適然而亦人事不修之過也人事既盡則雖天災流行亦
有不得而勝者陂塘之利所以灌注田畝漢世良吏往往以開渠瀦
田立名後世如召伯棠湖之類民到于今稱之世為國者可以
一切取必於天則何必若是之屑屑哉江西之田瘠而多涸非藉陂
塘井堰之利則往往皆為曠土比年以來飢旱薦臻大抵皆陂塘不
修之故若申嚴舊法在州委通判在縣委縣丞先於每鄉籍記陂塘
之廣狹深淺方水泉涸縮之時農事空閑之際責都保聚民浚深其

下而倍蓰其上積水既多則雖有旱暵而未始枯竭巡行考察課其勤惰而為之賞罰其始雖若勞而其終乃所以利民如此則天災不能為害豐登可以常保而不至於上勤朝廷賑恤之勞矣

幹知漢陽上奏曰臣恭惟國家以深仁厚澤覆露宇內一民一物之微撫摩愛育不忍使之不得其所獨於水旱凶荒州縣無素備之策而民之死於飢莩者不知其幾甚可傷也今之守令為救荒之策者不過曰勸分曰通商而已勸分通商未聽其自為低昂則客旅稅戶不肯出粟若聽其自為低昂則人必無厭數倍其價閭閻小民當豐穰之歲亦必父子竭作然後可以易一飽迨至凶荒雖有技藝已無所售安得有數倍之錢可以糴米則亦有相與枕藉而死耳夫事固有若老生常談而確然不可議者積儲蓄是也然人皆知其不可易而不可為者病在因循而已本軍每歲苗米不過二千餘石僅足以

解總所給大軍而本軍官兵之請給皆旋行收糴素未嘗蓄積也自前知軍孫杓皆糴萬石知軍王從繼之亦糴萬石今歲大旱偶來價未大貴之日臣急發郡帑借貸緡錢糴客舟稅戶米三萬餘石漢川縣亦糴萬石自六月以來米價頓貴藉此六萬餘石之米發以賑糶每戶數石則亦可以及萬餘之數日食賤米而無饑以是推之則積貯者信其為天下之大命也臣愚以為莫若及今行下兩浙江東西湖南北諸路擇沿江十數大郡起立倉敖使可積數十萬石纔遇豐熟即於諸郡和糴搬積則十郡可積數百萬石雖有水旱不能為吾憂矣況胡運日衰中原故疆指日可復師旅一動悉發此米方舟而下何患糧食之不繼哉方旱而思造舟方暑而思造裘雖若近於迂闊然先事而慮可以無憂事至而憂則無及矣惟集議而決行之天下幸甚

兵部侍郎袁甫論流民劄子曰臣聞今日之患至危至急關於理亂存亡之大者流民是也臣竊迹往事未暇枚舉姑以晉事言之永寧間李特雄輩其始不過挾流民為亂耳特雄單人寡子高能因流民蟻附結大營於綿竹以處之旬月之間有衆二萬遂據全蜀自古惟有已亂之方者乃能折倡亂之萌西晉不知已亂而縱特雄之倡亂故蔓延以及東晉雍州流民多在南陽王如因之以為亂巴蜀流民布在荊湘杜弢又因之以作亂逮其後也江西流民執長吏降姚襄建鄴震駭謝尚自歷陽還衛京師固江備守此皆倡亂之始不思亟加安輯故其流毒寖盛寖烈以至此極耳況今歲荒歉米價騰踊餓莩滿目在在皆然以外之流民煽內之飢民等死之念一萌喜亂之徒群起國將奈何哉夫不恤內地之飢民則凡轉徙於道途者皆流民也又加以在外源源方來之民吾倉皇無策必將固拒且淮民皆

吾赤子今不加拯救反從而拒之是讎之也以子為讎稍有人心何忍為此臣之愚慮謂宜亟加區畫如救頭然然有當行而未易行者凡數條焉今州縣間流民入境未知數目多寡宜責之長吏廣為措置或分寺觀而暫為居止之計或隨力贍養而亟救垂絕之命其說固當行矣然諸郡赤立經常莫繼一旦重以此費官帑空竭計將安出雖有巧智於何取辦此其未易行者一也淮民勁悍材武與江浙不同轉填溝壑殊可恨惜宜取其尤強壯者籍以為兵如近日新招拱衛一軍亦可充數仍覈所在諸軍多有虛籍與其募市井之游手曷若收淮民之壯丁其說固當行矣然養兵猥衆為今大弊不能汰而又益之來者無窮反致激變此其未易行者二也兩淮清野伐灘賊困糧之計室廬田疇無尺椽寸草之留獨有山水寨阻險為固者如故也因而葺理增立堡寨以處復業之民其說亦當行矣然民多

恭少。何足以容葺理之費。官給之半。抑聽民自為而官助之乎。供非
空言之所可辦。況此又在狂虜盡退之後耳。談河止渴。奚救目前。此
其未易行者三也。借曰其後復業。官司為之主盟。還其自有之田疇。
以力衆之務。其說亦當行矣。然自經韃賊蹂躪之餘。種盡矣。牛盡矣。
耕具又皆盡矣。小民積欠歲久。尚不能集。一朝還鄉。決難措辦。是亦
驅而就死地耳。矧韃情叵測。去來無常。民未知復業之獲利。反不如
寄寓之暫寬。此其未易行者四也。矧今近甸。聞有剽掠之衆。輦下已
有攫奪之風。凡此亦足以皷雄心而長聲勢。旺隸迁徙。皆勍敵也。斬
木揭竿。皆勁兵也。群起附和。如水赴壑。流民之禍。豈不甚可畏哉。陛
下盍亦懷愚夫愚婦一能勝予之念。軫燕巢幕上魚遊釜中之憂。凡
前四條利害相形。有非獨見單慮之所可臆決。宜誕布集議之詔。俾
侍從臺諫兩省官。以及在廷之臣。參酌事宜。竭盡忠計。各上議狀。不

許聯名。庶幾人人得盡己見。至雷同塞責。陛下與二三大臣合衆
謀而斷之。至當歸一。無有疑貳。于以安近懷遠。保邦固本。實宗社生
靈大幸。臣不勝惓惓。

甫為中書舍人兼經筵說書進故事曰。仁宗皇祐元年。以知青州富
弼為禮部侍郎。初河北大水。流民入京東者。不可勝數。弼擇所部豐
稔者五州。勸民出粟得十五萬斛。益以官廩。隨所在貯之。擇公私廬
舍十餘萬區。散處其人以便薪水。及流民將復其業。又各以遠近受
糧。凡活五十餘萬人。募而為兵者又萬餘人。上聞之。遣使慰勞。就遷
其秩。弼曰救災守臣職也。辭不受。前此救災者。皆聚民城郭中為粥
食之。飢民聚為疾疫及相蹈藉死。或數日不食。得粥皆僵仆。名為救
之。而實殺之。弼所立法簡便周至。天下傳以為法。

臣竊謂區處流民之策。惟富弼之法最為簡要。所謂簡要之策。惟
曰。散處其民於下。而總提其綱於上而已。竊聞金陵諸邑流民
羣聚。皆來自淮西。荷戈持刃。白晝肆掠。動輒殺傷。沿江出兵驅
之。其在句容之境者。輒入金壇。若宣城。若池陽。若當塗所在蟻
聚。剽刼成風。逃亡之卒。皆入其黨。江南姦民。率多附和。目前勢
已若此。冬杪春初。日月尚長。蔓延不已。各將潰裂四出。不可收
拾。臣愚欲乞朝廷行下督府及諸閫與凡安撫總漕諸司作急
措置。自一路而推之諸路。由諸路而推之諸郡。每處流民。隨所
在分之。凡贍養之費。惟分則易供。居止之地。惟分則易足。此非
臣之臆說也。弼擇所部五州。勸民出粟得十五萬斛。益以官廩。
隨所在貯之。又擇公私廬舍十餘萬區。散處其人。以便薪水。弼
之所作。可謂委曲詳盡矣。今日果能推行此策。非但勸民出粟
而已。或撥上供之數。或撥有管之錢。或乞科降。則上下當相視

如一家。或請團結。則彼此當聯絡為一體。而所謂團結者。又不
止一途而已。能勞苦者。庸其力。有伎藝者。食其業。其間有為士
者。則散於庠序。為商者。則使之貿遷。心有所繫。而姦無所萌。此
皆分說也。分之愈多。則養之愈易。而其要在督府制閫以及總
漕諸司為之領袖而已。是故民貴乎分。而權貴乎合。所謂散處
其民。而總提其綱者。正謂此也。臣願朝廷備富弼施行。使長吏
任責。一如青州故事。流民甚幸。宗社幸甚。

度宗咸淳元年。有旨豐儲倉撥公田米五十萬石付平糴倉。遇米貴
平價出糶。二年。監察御史趙順孫上言曰。今日急務。莫過於平糴。乾
道間。郡有米斗直五六百錢者。孝宗聞之。即罷其守。更用賢守。此今
日所當法者。今粒食翔踴。未知所备。市井之間見楮而不見米。推原
其由。實富家大姓所至閉廩。所以糴價愈高。而楮價陰減。陛下念小

民之艱食為之發常平義倉然為數有限安得人人而濟之願陛下
課官吏使之任牛羊芻牧之責勸富民使之無秦越肥瘠之視糴價
一平則楮價不因之而輕物價不因之而重矣

咸淳九年起居舍人高斯得進故事曰洪範八政一曰食二曰貨食
謂農殖嘉穀可食之物貨謂布帛可衣及金刀龜貝可以分財布利
通有無者也二者生民之本興自神農之世斲木為耜揉木為耒耒
耜之利以教天下而食足日中為市致天下之民聚天下之貨交易
而退各得其所而貨通食足貨通然後國實民富而教化成

臣聞食貨相資自生民以來未有能易者也虞書曰懋遷有無化
居烝民乃粒萬邦作乂洪範八政一曰食二曰貨孟子曰許子
以釜甑爨以鐵耕以粟易之蓋二者不能以相無為人上者但
當其均節其重輕使交利而俱贍未聞有力加遏絕使食貨不

通以至於飢餓死亡而不加恤者也管子曰計本量委則足矣
而民有飢餓者穀有所藏也藏者何專貯於一處而不散也天
生穀粟所以養人乃設莞榷而雍閼之夭絕民命使捐瘠於深
山窮谷之中何其忍也自古言利之臣桑孔為魁聞其蠱籠天
下貨物矣未聞其禁米也國家著令米穀不稅凶年飢歲閉糴
有誅祖宗仁政吏可不恪守乎臣竊聞近者有司踵行弊政開
置米局使縣吏豪民共主其事柵水斷舟圭撮不泄山澤之民
貨無所售食無所得飢火迫之觸法抵禁嘯侶呼儔破柵奪攘
以與官角其有擒獲傳送有司駢首就戮向也救死於口而不
得今也救死於頸而不能進退皆死何吾民之不幸乎夫移粟
移民一國而相通者也晉饑秦救鄰國而相通者也安有均為
天子縣內之民而杞曾相視哉始作俑者其無後乎為其象人
而用之也如之何其使斯民飢而死也作俑者信有罪矣效尤
禍也可不監乎今耡耰棘矜猶未散也弛禁之令猶未下也正
當疆埸日駭之秋列郡有殺人取貨於城內者京邑有蟻聚蜂
屯於田里者長此不已豈不為姦人所甚以搖吾民乎願陛下
申嚴國家通糴免稅之法亟命有司毋惑吏姦毋輕民命取數
年弊法而掃除之仍昭揭牓諭使遠所山澤溪谷之民莫不聞
知則瀚海潢池之間必且棄兵弩而持鉏鉤賣刀劍而買牛犢
矣惟陛下亟行之幸甚幸甚

金世宗問宰臣曰堯有九年之水湯有七年之旱而民不病飢今一
二歲不登而人民乏食何也紇石烈良弼對曰古者地廣人淳崇尚
節儉而又惟農是務故蓄積多而無饑饉之患也今地狹民衆又多
棄本逐末耕之者少食之者衆故一遇凶歲而民已病矣上深然之

於是命有司懲戒荒縱不務生業者

章宗泰和四年河北大飢尚書右丞侯摯上言曰今河朔飢甚人至
相食觀滄等州斗米銀十餘兩殍殣相屬伏見沿河上下許販粟北
渡然每石官糴其八彼商人非有濟物之心也所以涉河往來者特
利其厚息而已利既無有誰復為之是雖有濟物之名而實無所渡
之物其與不渡何異昔春秋列國各列疆界然晉饑則秦輸之粟及
秦飢晉閉之糴千古譏之況今天下一家河朔之民皆陛下赤子而
遭罹兵革尤為可哀其忍坐視其死而不救歟人心惟危臣恐弄兵
之徒得以藉口而起也願止其糴縱民輸販為便

宣宗貞祐二年中都路兵馬都總管胥鼎以在京貧民缺食者衆宜
立法賑救乃奏曰京師官民如有能贍給貧人者宜計所贍遷官升
職以勸奬之遂定權宜鬻恩例格如進官升職丁憂人許應舉[illegible]

官監戶從良之類。入粟草各有數。全活甚衆。

元世祖時。趙天麟上策曰。臣聞。政化並言則化切於政。衣食合論則食急於衣。欲天下之化行。莫先於義。欲天下之食足。皆在於農。農有預防而業可永安。義有素行而俗自相睦。隋開皇五年。長孫平奏令軍民當社。共立義倉。收穫之日。隨其所得各出粟麥。貯之當社。社司檢校。勿使損敗。當社飢饉。即用賑給。至于隋末。公私廩積可供五十年。長孫平之力也。欽奉至元六年八月聖旨條畫內一款。該每社立一義倉。社長主之。每遇年熟。每親丁留納粟五斗。驅丁二斗半。年粟不收。許納雜色。官司並不得拘檢借貸動支。從遇歉歲。就給社民食用。社長明置收支文曆。無致損耗。欽此。臣竊見自是以來。二十餘年于今矣。然而社倉多有空空如也之處。頃年以來。水旱相仍。蝗蝻蔽天。飢饉荐臻。四方迭若。轉互就食。隆寒盛暑。道塗之中。繼屬不絕。維持保抱。婦泣於後。子號於前。老弱不能遠移。而殍者衆矣。延及京畿。尔當如是。不亦痛哉。臣居山東。山野之民。飢食橡栗。寒衣薪火者多矣。若更飢饉不息。民將奚以為生乎。彼隋立義倉之後。而富令立義倉之後。而貧窘。今民之不及隋民哉。意者勸督未及。義風未行。天氣未和。人事未盡。以致之哉。若幸從臣所謂務農桑之法之後。自當有餘粟矣。國家許陳朝廷得失。臣誠陳之。今條款使義倉計丁納粟。其意以為及饑饉之時。計丁出之。故方其納粟而計丁納之以取均也。又條款使驅丁半之。彼驅丁亦人也。尊卑雖異。口腹無殊。至論之日。驅丁豈可獨半食哉。又計丁出納。則婦人不納。豈不食哉。又同社村居無田者。豈可坐視而獨不獲哉。且夫義倉者。貴其義也。若計出納之錙銖。辨親驅之多寡。則是有義之名而無義之實也。樂歲粒米狼戾。乞丐者踵門。猶宜與之。況一社之人而至飢。豈宜分彼此哉。是蓋當時大臣議法者有乖陛下之本心也。若從臣言。限田產之法之後。其田數之多寡亦不甚異矣。伏望陛下普班明詔。詳諭農民。凡一社立社長社司各一人。社下諸家共穿築倉窖一所。為義倉。凡子粒成熟之時。納則計田產頃畝之多寡而聚之。凡納例。平年每畝粟率一升。稻率二升。凡大有年。聽自相勸督而增數納之。凡水旱蝗蝻。聽自相免。凡同社萬一豐歉不均。宜免其歉者所當納之數。凡饑饉不得已之時。出則計排家口數之多寡而散之。凡出例。每口日一升。儲多每口日二升。勸為定體。凡社長社司掌管義倉。不得私用。凡官司不得拘檢借貸及許納雜色。皆有前詔在焉。如是則非惟共相振救。而義風亦興矣。

文宗時。虞集除奎章閣侍書學士。時關中大饑。民枕藉而死。有方數百里無孑遺者。帝問集何以救關中。對曰。承平日久。人情宴安。有志之士。急於近效則怨讟興焉。不幸大菑之餘。正君子為治作新之機也。若遣一二有仁術知民事者。稍寬其禁令。使得有所為。隨郡縣擇可用之人。因舊民所在。定城郭。修閭里。治溝洫。限畎畝。薄征斂。招其傷殘老弱。漸以其力治之。則遠去而來歸者。漸至春耕秋斂。皆有所助。一二歲間。勿征勿徭。封域既正。友望相濟。四面而至者均齊。方一截然有法。則三代之民將見出於空虛之野矣。帝稱善。

順帝時。蘇天爵乞免飢民夏稅疏曰。臣聞。天生烝民為國之本。地生百穀為民之財。國非民罔興。民非財罔聚。故書有本固邦寧之旨。易有聚人曰財之文。我國家隆興百年。子育兆姓。雖賦稅專征於郡縣。而恩澤常出於朝廷。爰自去歲以來。不幸天災時見。或值旱乾。或遇霖雨。河水泛溢。年穀不登。以致江浙遼陽行省山東河北諸郡。元元之民。飢寒日甚。始則質屋與田。既不能濟。甚則鬻妻賣子。價直幾何。

朝廷雖嘗賑恤。數日又復一空。朝餐樹皮。暮食野菜。飢腸暫充。形容已槁。父子不能相顧。弟兄寧得同居。壯者散為盜賊。弱者死於途路。聞之亦為寒心。見者孰不隕淚。殆茲春夏之交。將為麰麥可望。蝗蝻已損其桑柘。蝗又食其青苗。夏麥既已不收。秋田猶未下種。天災若此。民窮奈何。衣食尚且不充。賦稅何由而出。誠恐州縣官吏。但知依期征索。箠楚既施。瘡痍益甚。夫民惟國之赤子。財者本以養民。宜從朝廷早賜聞奏。驗彼災傷去所。會經賑濟之家。合納夏稅。量與蠲免。庶幾實惠普洽。困窮銷愁怨之苦。為歡悅之心。和氣既充。陰陽自順。四時協序。百穀用成。黎民雍熙。天下幸甚。

歷代名臣奏議卷之二百四十八

歷代名臣奏議卷之二百四十九

水利

周靈王三十二年。靈王。大穀洛鬬。將毀王宮。穀洛。二水名。鬬者。兩水格。有似於鬬。王欲壅之。太子晉諫曰。不可。晉聞古之長民者。不墮山。不崇藪。不防川。不竇澤。竇。決也。不為此四者。為其反天性。夫山。土之聚也。藪。物之歸也。川。氣之導也。澤。水之鍾也。夫天地成而聚於高。歸物於下。疏為川谷。以導其氣。陂塘汙庳。以鍾其美。是故聚不阤崩。而物有所歸。大曰崩。小曰阤。氣不沈滯。而亦不散越。沈。伏也。滯。積也。越。遠也。是以民生有財用。而死有所葬。物有所歸。故生有財用。山陵不崩。故死有所葬。然則無夭昏札瘥之憂。而無飢寒乏匱之患。短折曰夭。狂惑曰昏。疫死曰札。瘥。病也。故上下能相固。以待不虞。古之聖王。唯此之慎。昔共工棄此道也。虞于湛樂。淫失其身。欲壅防百川。墮高堙庳。以害天下。皇天弗福。庶民弗助。禍亂並興。共工用滅。其在有虞。有崇伯鯀。播其淫心。稱遂共工之過。堯用殛之于羽山。其後伯禹念前之非度。釐改制量。象物天地。比類百則。儀之于民。而度之于羣生。共之從孫四岳佐之。共。共工也。從孫。昆弟之孫也。四岳。官名。主四岳之祭。為諸侯伯。佐。助也。高高下下。疏流導滯。鍾水豐物。封崇九山。決汨九川。陂障九澤。豐殖九藪。汨越九原。宅居九隩。合通四海。故天無伏陰。地無散陽。伏陰。夏有霜雹。散陽。李梅冬實。水無沈氣。火無災燀。沈。伏也。無伏積之氣。燀。炎起貌。天曰災。人曰火。神無閒行。閒行。姦神淫厲之屬。民無淫心。陰陽調。財用足。故無淫濫之心。時無逆數。逆數。四時寒暑反逆。物無害生。蝗螟之屬。不害嘉穀。帥象禹之功。度之于儀軌。莫非嘉績。克厭帝心。皇天嘉之。胙以天下。胙。祿也。賜姓曰姒。氏曰有夏。謂其能以嘉祉殷富生物也。胙四岳國。命為侯伯。賜姓曰姜。氏曰有呂。謂其能為禹股肱心膂。以養物豐民人也。此一王四伯。豈繄多寵。皆亡王之後。王。謂禹。四伯。謂四岳也。唯能釐舉嘉義。以有胤在下。守祀不替其典。有夏雖衰。杞鄫猶在。杞鄫二國。夏後也。申呂雖衰。齊許猶在。申呂。四岳之後。商周之世。或封於申。

齊許其族也唯有嘉功以命姓受祀迄于天下及其失之也必有慆淫之心間之慆慢也故亡其氏姓踣斃不振絕後無主湮替隸圉湮滅也替廢也隸役也圉養馬者夫亡者豈繄無寵皆黃炎之後也唯不帥天地之度不順四時之序不度民神之義不儀生物之則以殄滅無胤至于今不祀及其得之也必有忠信之心間之度於天地而順於時動龢於民神而儀於物則故高朗令終顯明昭融命姓授氏而附之以令名若啓先王之遺訓省其典圖刑法而觀其廢興者皆可知也其興者必有夏呂之功焉其廢者必有共鯀之敗焉今吾執政毋乃實有所避而滑夫二川之神使至於爭明以妨王宮王而飾之毋乃不可乎

魏文侯時西門豹為鄴令有令名至文侯曾孫襄王時與羣臣飲酒王為羣臣祝曰令吾臣皆如西門豹之為人臣也史起進曰魏氏之行田也以百畝鄴獨二百畝是田惡也漳水在其旁西門豹不知用

是不智也知而不興是不仁也仁智豹未之盡何足法也於是以史起為鄴令遂引漳水溉鄴以富魏之河內民歌之曰鄴有賢令兮為史公決漳水兮灌鄴旁終古舄鹵兮生稻粱

漢武帝初方事匈奴興功利言便宜者甚衆齊人延年史不得其姓氏上書言河出昆侖經中國注勃海是其地勢西北高而東南下也可案圖書觀地形令水工準高下開大河上領上領山頭也出之胡中東注之海如此關東長無水災北邊不憂匈奴可以省隄防備塞士卒轉輸胡寇侵盜覆軍殺將暴骨原野之患天下常備匈奴而不憂百越者以其水絕壤斷也此功壹成萬世大利書奏上壯之報曰延年計議甚深然河迺大禹之所道也聖人作事為萬世功通於神明恐難改更

元光中河決於瓠子武安侯田蚡為丞相其奉邑食鄃鄃居河北河決而南則鄃無水菑邑收多蚡言於上曰江河之決皆天事未易以人力為彊塞塞之未必應天而望氣用數者亦以為然於是天子久之不事復塞也是時鄭當時為大司農言曰異時關東漕粟從渭中上度六月而罷而漕水道九百餘里時有難處引渭穿渠起長安並南山下至河三百餘里徑易漕度可令三月罷而渠下民田萬餘頃又可得以溉田此損漕省卒而益肥關中之地得穀天子以為然令齊人水工徐伯表悉發卒數萬人穿漕渠三歲而通以漕大便利其後漕稍多而渠下之民頗得以溉田矣

成帝初清河都尉馮逡奏曰郡承河下流與兗州東郡分水為界城郭所居尤卑下土壤輕脆易傷頃所以闊無大害者以屯氏河通兩川分流也今屯氏河塞靈鳴犢口又益不利獨一川兼受數河之任雖高增隄防終不能泄如有霖雨旬日不霽必盈溢靈鳴犢口在清

河東界所在處下雖令通利猶不能為魏郡清河減損水害禹非不愛民力以地形有埶故穿九河今既滅難明屯氏河不流行七十餘年新絕未久其處易浚又其口所居高於以分殺水力道理便宜可復浚以助大河泄暴水備非常又地節時郭昌穿直渠後三歲河水更從故第二曲間北可六里復南合今其曲埶復邪直貝丘百姓寒心宜復穿渠東行不豫修治北決病四五郡南決病十餘郡然後憂之晚矣

哀帝初平當使領河隄奏言九河今皆寘滅按經義治水有決河深川而無隄防雍塞之文河從魏郡以東北多溢決水迹難以分明四海之衆不可誣宜博求能浚川疏河者下丞相孔光大司空何武奏請部刺史三輔三河弘農太守舉吏民能者莫有應書待詔賈讓奏言治河有上中下策古者立國居民疆理土地必遺川澤之分度水

勢所不及大川無防小水得入陂障卑下以為汙澤使秋水多得有所休息左右游波寬緩而不迫夫土之有川猶人之有口也治土而防其川猶止兒啼而塞其口豈不遽止然其死可立而待也故曰善為川者決之使道善為民者宣之使言蓋防隄之作近起戰國雍防百川各以自利齊與趙魏以河為竟趙魏瀕山齊地卑下作隄去河二十五里河水東抵齊隄則西泛趙魏趙魏亦為隄去河二十五里雖非其正水尚有所游盪時至而去則填淤肥美民耕田之或久無害稍築室宅遂成聚落大水時至漂沒則更起隄防以自救稍去其城郭排水澤而居之湛溺自其宜也今隄防陿者去水數百步遠者數里近黎陽南故大金隄從河西西北行至西山南頭迺折東與東山相屬民居金隄東為廬舍住十餘歲更起隄從東山南頭直南與故大隄會又內黃界中有澤方數十里環之有隄往十餘歲太守以

賦民民今起廬舍其中此臣親所見者也東郡白馬故大隄亦復數重民皆居其間從黎陽北盡魏界故大隄去河遠者數十里內亦數重此皆前世所排也河從河內北至黎陽為石隄激使東抵東郡平剛又為石隄使西北抵黎陽觀下又為石隄使東北抵東郡津北又為石隄使西北抵魏郡昭陽又為石隄激使東北百餘里間河再西三東迫阸如此不得安息今行上策徙冀州之民當水衝者決黎陽遮害亭放河使北入海河西薄大山東薄金隄勢不能遠泛濫朞月自定難者將曰若如此敗壞城郭田廬冢墓以萬數百姓怨恨昔大禹治水山陵當路者毀之故鑿龍門辟伊闕析底柱破碣石墮斷天地之性此迺人功所造何足言也今瀕河十郡治隄歲費且萬萬及其大決所殘無數如出數年治河之費以業所徙之民遵古聖之法定山川之位使神人各處其所而不相奸且以大漢方制萬里豈其

與水爭咫尺之地哉此功一立河定民安千載無患故謂之上策若迺多穿漕渠於冀州地使民得以溉田分殺水怒雖非聖人法然亦救敗術也難者將曰河水高於平地歲增隄防猶尚決溢不可以開渠臣竊按視遮害亭西十八里至淇水口迺有金隄高一丈自是東地稍下隄稍高至遮害亭高四五丈往五六歲河水大盛增丈七尺壞黎陽南郭門入至隄下水未踰隄二尺所從隄上北望河高出民屋百姓皆走上山水留十三日隄潰二所吏民塞之臣循隄上行視水勢南七十餘里至淇口水適至隄半計出地上五尺所今可從淇口以東為石隄多張水門初元中遮害亭下河去隄足數十步至今四十餘歲適至隄足由是言之其地堅矣恐議者疑河大川難禁制滎陽漕渠足以卜之其水門但用木與土耳今據堅地作石隄勢必完安冀州渠首盡當卬牛向反此水門治渠非穿地也但為東方一隄

北行三百餘里入漳水中其西因山足高地諸渠皆往往股引取之旱則開東方下水門溉冀州水則開西方高門分河流通渠有三利不通有三害民常罷於救水半失作業水行地上湊潤上徹民則病溼氣木皆立枯鹵不生穀決溢有敗為魚鼈食此三害也若有渠溉則鹽鹵下隰填淤加肥故種禾麥更為秔稻高田五倍下田十倍轉漕舟船之便此三利也今瀕河隄吏卒郡數千人伐買薪石之費歲數千萬足以通渠成水門又民利其溉灌相率治渠雖勞不罷民田適治河隄亦成此誠富國安民興利除害支數百歲故謂之中策若迺繕完故隄增卑倍薄勞費無已數逢其害此最下策也王莽時徵能治河者以百數其大略異者長水校尉平陵關並言河決率常於平原東郡左右其地形下而土疏惡聞禹治河時本空此地以為水猥盛則放溢少稍自索雖時易處猶不能離此上古難識近察秦漢

以東河決曹衞之域其南北不過百八十里者可空此地勿以爲官亭民室而已大司馬史長安張戎言水性就下行疾則自刮除成空而稍深河水重濁號爲一石水而六斗泥今西方諸郡以至京師東行民皆引河渭山川水溉田春夏乾燥少水時也故使河流遲貯淤而稍淺雨多水暴至則溢決而國家數隄塞之稍益高於平地猶築垣而居水也可各順從其性毋復灌溉則百川流行水道自利無溢決之害矣御史臨淮韓牧以爲可略於禹貢九河處穿之縱不能爲九但爲四五宜有益大司空掾王横言河入勃海勃海地高於韓牧所欲穿處往者天嘗連雨東北風海水溢西南出浸數百里九河之地已爲海所漸矣禹之行河水本隨西山下東北去周譜云定王五年河徙則今所行非禹之所穿也又秦攻魏決河灌其都決處遂大不可復補宜却徙完平處更開空使緣西山足乘高地而東北入海迺無水災沛郡桓譚爲司空掾典其議爲甄豐言凡此數者必有一事宜詳考驗皆可豫見計定然後舉事費不過數億萬亦可以事諸浮食無產業民空居與行役同當衣食衣食縣官而爲之作迺兩便可以上繼禹功下除民疾

晉武帝咸寧三年杜預言諸欲脩水田者皆以火耕水耨爲便非不爾也然此事施於新田草萊與百姓居相絶離者耳往者東南草創人稀故得火田之利自頃戸口日增而陂堨歲決良田變生蒲葦人居沮澤之際水陸失宜放牧絶種樹木立枯皆陂之害也陂多則土薄水淺潦不下潤故每有水雨輒復横流延及陸田言者不思其故因云此土不可陸種臣計漢之戸口以驗今之陂處皆陸業也其或有舊陂舊堨則堅完脩固非今所謂當爲人害者也臣前見尚書胡威啓宜壞陂其言懇至臣中者又見宋侯相應遵上便宜求壞泗陂徙運道時下都督度支共處當各據所見不從遵言臣案遵上事運道東詣壽春有舊渠可不由泗陂泗陂在遵地界壞地凡萬三千餘頃傷敗成業遵縣領應佃二千六百口可謂至少而猶患地狹不足肆力此皆水之爲害也當所共恤而都督度支方復執異非所見之難直以不同害理也人心所見既不同利害之情又有異軍家之與郡縣士大夫之與百姓其意莫有同者此皆偏其利以忘其害者也此理之所以未盡而事之所以多患也臣又按豫州界二度支所領佃者州郡大軍雜士凡用水田七千五百餘頃耳計三年之儲不過二萬餘頃以常理言之無爲多積無用之水況於今者水潦瓫溢大爲災害臣以爲與其失當寧瀉之不滀宜發明詔敕刺史二千石其漢氏舊陂舊堨及山谷私家小陂皆當脩繕以積水其諸魏氏以來所造立及諸因雨決溢蒲葦馬腸陂之類皆決瀝之長吏二千石躬親勸功諸食力之人並一時附功令比及水凍得粗枯涸其所脩功實之人皆以俾之其舊陂堨溝渠當有所補塞者皆尋求微跡一如漢時故事豫爲部分列上須冬東南休兵交代各留一月以佐之夫川瀆有常流地形有定體漢氏居人衆多猶以無患今因其所患而宣寫之跡古事以明近大理顯然可坐論而得臣不勝愚意竊謂最是今日之實益也朝廷從之

後魏太武帝延和三年以刁雍爲薄骨律鎮將雍至鎮表曰臣蒙寵出鎮奉辭西藩總統諸軍戸口殷廣又總勒戎馬以防不虞督課諸屯以爲儲積夙夜惟憂不遑寧處以今年四月末到鎮時以夏中不及東作念彼農夫雖復布野官渠乏水不得廣殖乘前以來功不充課兵人口累率皆飢儉略加檢行知此土稼穡艱難夫欲育民豐國事須大田此土乏雨正以引河爲用觀舊渠堰乃是上古所制非近

代也富平西南三十里有艾山南北二十六里東西四十五里鑿以通河似禹舊跡其兩岸作溉田大渠廣十餘步山南引水入此渠中計昔為之高於水不過一丈河水激急沙土漂流今日此渠高於河水二丈三尺又河水浸射往往崩頹渠溉高懸水不得上雖復諸處按舊引水水亦難求今艾山北河中有洲渚水分為二西河小狹水廣百四十步臣今求入來年正月於河西高渠之北八里分河之下五里平地鑿渠廣十五步深五尺築其兩岸令高一丈北行四十里還入古高渠即循高渠而北復八十里合百二十里大有良田計用四千人四十日功渠得成訖所欲鑿新渠口河下五尺水不得入今求從小河東南岸斜斷到西北岸計長二百七十步廣十步高二丈絕斷小河二十日功計得成畢合計用功六十日小河之水盡入新渠水則充足溉官私田四萬餘頃一旬之間則水一遍水凡四溉穀得成實官課常充民亦豐贍詔從之

宣武帝時冀定數州頻遭水害左中郎將酈楷上疏曰臣聞有國有家者莫不以萬姓為心故矜傷軫於造次求瘼結於寢興黎民阻飢唐堯致歎眾庶斯饉帝乙罰已良以為政與農實繫民命水旱緣茲以得濟爰險用此而獲安頃東北數州頻年淫雨長河激浪洪波汩流川陸連濤原隰通望彌漫不已汎濫為災戶無擔石之儲家有藜藿之色華壤膏腴變為舄鹵菽麥禾黍化作雚蒲斯用痛心徘徊潛然佇立也昔洪水為害四載流於夏書九土既平攸同紀自虞誥亮由君之勤恤臣用劬勞日昃忘餐宵分廢寢伏惟皇魏握圖臨宇惣契裁極道數九有德被八荒槐階棘路實維英哲虎門麟閣寔曰賢明天地函和日月光曜自比定冀水潦無歲不飢幽瀛川河頻年汎溢豈是陽九厄會百六鍾期故以人事而然非為運極昔魏國鹹舄史起哂之茲地荒蕪臣實為恥不揆愚瞽輒敢陳之計水之湊下浸潤無間九河通塞屢有變改不可一準古法皆循舊堤何者河決瓠子梁楚幾危宣防既建水還舊跡十數年間戶口豐衍又決屯氏兩川分流東北數郡之地僅得支存及不通靈鳴水田一路往昔膏腴十分病九邑居凋雜墳井毀滅良由水大渠狹更不開瀉眾流壅塞曲直乘之所致也至若量其逶迤穿鑿溝澮分立堤堨所在疏通預決其路令無停蹙隨其高下必得地形土木參功務從便省使地有金堤之堅水有非常之備鉤連相注多置水口從河入海遠邇逕過瀉其境潟泄此陂澤九月農罷量役計功十月昏正立匠表度縣遣能工麾畫形勢郡發明使籌察可否審地推岸辨其脉流樹板分崖練厥從往別使案檢分部是非瞰睇川原明審通塞當境修治不勞役遠終春自罷未須久功即以高下營田因於水陸水種秔稻陸藝

桑麻必使室有久儲門豐餘積斯實上策禦災之方亦為中古井田之利即之近事有可比倫江淮之南地勢洿下雲雨陰霖動彌旬月遙途遠運惟用舟艫南畝畲菑微事耒耜而眾庶未為饉色黔首罕有飢顏豈天德不均致此偏罰故是地勢異圖有茲豐餒臣既鄉居水際目覩荒殘每思鄭白屢想王李夙宵不寐言念皇家愚誠丹款實希效力有心螢爝乞暫施行使數州士女無廢耕桑之業聖世洪恩有賑飢荒之士鄴宰深笑息自一朝臣之至誠申於今日詔曰頻年水旱為患黎民阻飢靜言念之旰不遑食覽此事條深協在慮但計畫功廣非朝夕可合宜付外量聞事遂施行

宋太宗淳化二年秋涇陽縣民杜思淵上書言涇河內舊有石翣以堰水入白渠溉雍耀田歲收三萬斛其後多歷年所石翣壞三白渠水少溉田不足民頗艱食乾德中節度判官施繼業率民用梢穰笆

篠蒲棧木截河爲堰壅水入渠緣渠之民頗獲其利然凡遇暑雨山水暴至則堰輙壞至秋治堰所用復取於民民煩數役終不能固乞依古制調丁夫修疊石堰可得數十年不撓所謂一勞永逸也詔從之遣將作監丞周約己等董其役以用功尤大不能就而止

至道元年正月度支判官梁鼎陳堯叟上鄭白渠利害案舊史鄭渠元引涇水自仲山西抵瓠口並北山東注洛三百餘里溉田四萬頃畝收一鍾白渠亦引涇水起谷口入櫟陽注渭水長二百餘里溉田四千五百頃兩渠溉田凡四萬四千五百頃今所存者不及二千頃皆近代改修渠堰浸壞舊防繇是灌溉之利絕少於古矣鄭渠難爲興工今請遣使先詣三白渠行視復修舊迹於是詔大理寺丞皇甫選光祿寺丞何亮乘傳經度選等使還言周覽鄭渠之制用功最大並仲山而東鑿斷岡阜首尾三百餘里連亘山足岸壁頹壞堙廢已

久度其制置之始涇河平淺直入渠口暨年代浸遠涇河陡深水勢漸下與渠口相懸水不能至峻崖之處渠岸摧毀荒廢歲久實難致力其三白渠溉涇陽櫟陽高陵雲陽三原富平六縣田三千八百五十餘頃此渠衣食之源也望令增築堤堰以固護之舊設節水斗門一百七十有六皆壞請悉繕完渠口舊有六石門謂之洪門今亦隤圮若復議興置則其功甚大且欲就近度其岸勢別開渠口以通水道歲令渠官行視岸之缺薄水之淤塡即時浚治嚴豪民盜水之禁涇河中舊有石堰脩廣皆百步捍水雄壯謂之將軍翣廢壞已久杜思淵嘗請興修而功不克就其後止造木堰凡用梢樁萬一千三百餘數歲出於緣渠之民涉夏水潦木堰遽壞漂流散失至秋復率民以葺之數斂重困無有止息欲令自今溉田既畢命水工拆堰木寘於岸側可充二三歲修堰之用所役緣渠之民計田出丁凡調萬三千人疏渠造堰各獲其利固不憚其勞也選能吏司其事置署於涇陽縣側以時行視往復甚便又言鄧許陳潁蔡宿亳七州之地有公私閑田凡三百五十一處合二十二萬餘頃民力不能盡耕皆漢魏以來召信臣杜詩杜預任峻司馬宣王鄧艾等立制墾闢之地內南陽界鑿山開道疏通河水散入唐鄧襄三州以溉田又諸處陂塘防埭大者長三十里至五十里闊五丈至八丈高一丈五尺至二丈其溝渠大者長五十里至百里闊三丈至五丈深一丈至一丈五尺可行小舟臣等周行歷覽若皆增築陂堰勞費頗甚欲堤防未壞可興水利者先耕二萬餘頃他處漸圖建置

九月帝以汴河歲運江淮米五七百萬斛以濟京師問侍臣汴水疏鑿之由令參知政事張洎講求其事以聞其言曰禹導河自積石至于龍門南至華陰東至砥柱又東至于孟津東過洛汭至于大伾即

今成皐是也或云黎陽山也禹以大河流泛中國爲害最甚乃於貝丘疏二渠以分水勢一渠自舞陽縣東引入漯水其水東北流至千乘縣入海即今黃河是也一渠疏畎引傍西山以東北形高敝壞隄水勢不便流溢夾右碣石入于渤海書所謂北過降水至于大陸降水即濁漳大陸則邢州鉅鹿澤播爲九河同爲逆河入于海河自魏郡貴鄉縣界分爲九道下至滄州今爲一河言逆河者謂與河水往復相承受也齊桓公塞以廣田居唯一河存焉今其東界至莽梧河是也禹又於滎澤下分大河爲陰溝引注東南以通淮泗至大梁浚儀縣西北復分爲二渠一渠元經陽武縣中牟臺下爲官渡水一渠始皇疏鑿以灌魏郡謂之鴻溝莨菪渠自滎陽五出池口來注之其鴻溝即出河之溝亦曰莨菪渠漢明帝時樂浪人王景謁者王吳始作浚儀渠盖循河溝故瀆也渠成流注浚儀故以浚儀縣爲名靈帝

建寧四年於敖城西北壘石爲門以遏渠口故世謂之石門渠外東合濟水濟與河渠渾濤東注至敖山北渠水至此又與郟之水即春秋晉楚戰于郟郟又音汲即汴字古人避反字改從汴字渠水又東經滎陽北旃然水自縣東流入汴水鄭州滎陽縣西二十里三皇山上有二廣武城二城相去百餘步汴水自兩城間小澗中東流而出而濟流自茲乃絕唯汴渠首受旃然水謂之鴻渠東晉太和中桓溫北伐前燕將通之不果義熙十三年劉裕西征姚秦復浚此渠始有湍流奔注而岸善潰塞裕更疏鑿而漕運焉隋煬帝大業三年詔尚書左丞相皇甫誼發河南男女百萬開汴水起滎澤入淮千餘里乃爲通濟渠又發淮南兵夫十餘萬開邗溝自山陽淮至于揚子江三百餘里水面闊四十步而後行幸焉自後天下利於轉輸昔孝文時賈誼言漢以江淮爲奉地謂魚塩穀帛多出東南至五鳳中耿壽昌

奏故事歲增關東穀四百萬斛以給京師亦多自此渠漕運唐初改通濟渠爲廣濟渠開元中黃門侍郎平章事裴耀卿言江淮租船自長淮西北泝鴻溝轉相輸納於河陰含嘉太原等倉凡三年運米七百萬石實利涉於此開元末河南採訪使汴州刺史齊澣以江淮漕運經淮水波濤有沉損遂浚廣濟渠下流自泗州虹縣至楚州淮陰縣北八十里合于淮踰時畢功既而水流迅急行旅艱險尋乃廢停却由舊河德宗朝歲漕運江淮米四十萬石以益關中時叛將李正已田悅皆分軍守徐州臨渦口梁崇義阻兵襄鄧南北漕引皆絕於是水陸運使杜佑請改漕路自浚儀西十里疏其南涯引流入琵琶溝經蔡河至陳州合潁水是秦漢故道以官漕久不由此故填淤不通若畎流培岸則功用甚寡又廬壽之間有水道而平岡亘其中曰雞鳴山佑請疏其兩端皆可通舟其間登陸四十里而已則江湖黔

嶺蜀漢之粟方可舟而下由是白沙趣東關經廬壽浮潁步蔡歷琵琶溝入汴河不復經泝淮之險徑於舊路二千里功寡利博朝議將行而徐州順命淮路乃通至國家膺圖受命以大梁四方所湊天下之樞可以臨制四海故卜京邑而定都漢高帝云吾以羽檄召天下兵未至孝文又云吾初即位不欲出虎符召郡國兵即知兵甲在外也唯有南北軍期門郎羽林孤兒以備天子扈從藩衛之用唐承隋制置十二衛府兵皆農夫也及罷府兵始置神武神策爲禁軍不過三數萬人亦以備扈從藩衛而已故祿山犯闕驅市人而戰德宗蒙塵扈駕四百餘騎兵甲皆在郡國額軍存而可舉者除河朔三鎮外太原青杜各十萬人邠寧宣武各六萬人潞徐荊揚各五萬人襄宣壽鎮海各二萬人自餘觀察團練據要害之地者不下萬人今天下甲卒數十萬衆戰馬數十萬疋並萃京師悉集七亡國之士民於輦

下比漢唐京邑民庶十倍甸服時有水旱不至艱歉者有惠民金水五丈汴水等四渠派引脈分咸會天邑舳艫相接贍給公私所以無匱乏唯汴水橫亘中國首承大河漕引江湖利盡南海半天下之財賦并山澤之百貨悉由此路而進然則禹力疏鑿以分水勢煬帝開甽以奉巡游雖數湮廢而通流不絕於百代之下終於國家之用者其上天之意乎

真宗天禧四年二月河塞羣臣入賀上親爲文刻石紀功是年祠部員外郎李垂又言疏河利害命垂至大名府滑衛德貝州通利軍與長吏計度垂上言臣所至並稱黃河水入王莽沙河與西河故瀆注金赤河必慮水勢浩大蕩浸民田難於隄備臣亦以爲河水所經不無爲害今者決河而南爲害既多而又陽武埽東石堰埽西地形汙下東河泄水又艱或者云今決處漕底坑深舊渠逆上若塞之旁必

復壊如是則議塞河者誠以為難若決河而北為害雖少一旦河水注御河蕩易水逕乾寧軍入獨流口遂及契丹之境或者云因此摇動邊鄙如是則議疏河者又益為難臣於兩難之間輙晝一計請自上流引北載之高地東至大伾瀉復於澶淵舊道使南不至滑州北不出通利軍界何以計之臣請自衛州東界曹公所開運渠東五里河北岸凸處就岸實土堅引之正北稍東十三里破伯禹古隄注裴家潭逕牧馬陂又正東稍北四十里鑿大伾西山釃為二渠一逼大伾南足決古隄正東八里復澶淵舊道一逼通利軍城北曲河口至大禹所導西河故瀆正北稍東五里開南北大隄又東七里入澶淵舊道與南渠合夫如是則北載之高地大伾二山脽股之間分酌其勢浚瀉兩渠匯注東北不遠三十里復合于澶淵舊道而滑州不治自涸矣臣請以兵夫二萬自來歲二月興作除三伏半功外至十月

而成其均厚埤薄俟次年可也疏奏朝議慮其煩擾罷之

仁宗慶曆間守平江范仲淹上奏曰德惟善政政在養民此言聖人之德惟在善政善政之要惟在養民養民之政必在農務江南舊有圩田每一圩田方數十里如大城中有河渠外有門閘旱則開閘引江水之利潦則閉閘拒江水之害旱潦不及為農美利又浙西地卑常苦水沴雖有溝河可以通海惟時開導則潮泥不得以堙之雖有隄塘可以禦患惟時脩固則無摧壞臣知蘇州日點檢簿書一州之田係出產者三萬四千頃中稔之利每畝得米二石或三石計米七百餘萬石東南每歲上供之數六百萬石乃一州所出臣詢訪高年則云曩時兩浙未歸朝廷蘇州有營田軍四部共七八千人專為田事導河築隄以減水患于時民間錢五十文糴白米一石自宋朝一統江南不稔則取之浙右浙右不稔則取之淮南故慢於農政不復脩舉江南圩田浙右河塘太半隳廢失東南之大利今江浙之米石不下六七百足至一貫省比於當時其貴十倍民不得不困國不得不虛矣臣請每歲之秋降勅下諸路轉運司令轄下州軍吏民各言農桑可興之利可去之害或合開河渠或築堤堰陂塘之類並係本州軍選官計定工料每歲於二月間興役半月而罷仍具功績聞奏如此不絕數年之間農利大興下少飢寒上無貴糴則東南歲糴輦運之費大可減省其勸課之法宜選官討論古制取其簡約易從之術頒賜諸路轉運使面賜一本付新授知州知縣等此養民之政富國之本也

皇祐三年直集賢院劉敞論修商胡口奏曰臣聞天有時地有勢民有力聖王之建功謀事者不與天分時不與地分勢不與民分力則功成而事立今朝廷以河決商胡議必塞之臣竊謂過矣乃者霖雨

淋溢山谷發泄經川横潰或衝冒城郭此天時也澶魏之埽如商胡者多矣莫決而商胡獨敗此地勢也淮汝以西關陝以東數千里之間罹於水憂者甚則溺死不甚則流亡夫婦愁痛無所控告畧計百萬人未聞朝廷有以振業之也而議塞河彊疲病之餘以極其力乘殘耗之後以畧其財重為事而罰所不勝急為期而誅所不至上則與天爭時下則與地爭勢此臣所謂過也臣聞河之為患於中國久矣其在前代或塞或不塞塞之為仁不塞不為不仁此有時而否者也以堯為君以舜為臣以禹為司空十有三年而後僅能勝水患耳今朝廷之無禹明矣而欲以數月之間塞決河不權於時不察於民不亦甚乎議者以為不塞河則冀州之水可哀甚不然夫河未決之時能使水不病冀州則已矣既決之後縣邑則已沒矣人民則已亡矣府庫則已喪矣雖塞河未能有救也今且縱水之所欲往而利導

之其不能救與彼同而可以息民何嫌而不爲詩云民亦勞止汔可小康惠此中國以綏四方夫中國者固四方之本也唯陛下與知道者慮之

至和二年兼判三司院歐陽脩狀奏曰臣伏見學士院集兩省臺諫官議脩河事未有一定之論蓋由賈昌朝欲復故道李仲昌請開六塔互執一說莫知孰是以臣愚見皆謂不然言故道者未詳利害之源述六塔者近乎欺罔之繆何以言之今謂故道可復者但見河北水患而欲還之京東然不思天禧以來河水屢決之因所以未知故道有不可復之勢此臣故謂未詳利害之源也若言六塔之利者則不攻而自破矣且開六塔既云減得大河水勢然今恩冀之患何緣尚告危急此則減水之利虛妄可知開六塔者又云可以全回大河使復橫壠故道見今六塔只是分減之水下流無歸已爲濱 德博

之患若全回大河以入六塔則其害如何此臣故謂近乎欺罔之謬也臣聞河本泥沙無不淤之理淤澱之勢常先下流下流淤高水行不快乃自上流低下處決此其常勢也然避高就下水之本性故河流已棄之道自是難復臣不敢遠引書史廣述河源只以今所欲復之故道言天禧以來屢決之因初天禧中河出京東水行於今所謂故道者水既淤澁乃於滑州天臺埽決尋而修塞水復故道未幾又決於滑南鐵狗廟其後數年又議修塞水令復故道已而又於王楚埽決所決差少與故道分流然而故道之水終以壅淤故又於橫壠大決則決河非不能力塞故道非不能力復不久終必決於上流者由故道淤高水不能行故也及橫壠既決水流就下所以十餘年間河未爲患至慶曆三四年橫壠之水又自下流先淤是時臣爲河北轉運使海口已淤一百四十餘里其後遊金赤三河相次又淤下流既梗乃又於上流商胡口決然則京東橫壠兩河故道皆是下流淤塞河水已棄之高地京東故道屢復屢決理不可復其驗甚明則六塔所開故道之不可復不待言而易知臣聞議者計度京東故道功料止云銅城已上地高不知大抵東去皆高而銅城已上乃特高耳其東北銅城已上則似低比商胡已上則實高也若云銅城已東地勢斗下則當日水流宜決銅城已上何緣而頓淤於橫壠之口亦何緣而大決也然則兩河故道既皆不可爲則河北水患何爲而可去臣聞智者之於事有不能必則較其利害之輕重擇其害少者而爲之猶勝害多而利少何況有害而無利此三者可較而擇也臣見往年商胡初決之時議欲修塞計用一千八百萬稍芟科配六路一百有餘州軍今欲塞者乃往年之商胡必須用往年之物數至於開塞故道張奎元計功料極大後來李參等減得全少猶用三十萬人然欲

以五十步之狹容大河之水此可笑也又欲增一夫所開三赤之方倍爲六尺且闊厚三尺而長六尺已是一倍之功在於人力已爲勞苦若云六尺之方以開方法筭之乃八倍之功此豈人力之所勝是則前功浩大而難興後功雖小而不實大抵塞商胡開故道凡二大役皆困國而勞人所舉如此而欲開難復屢決已驗之故道使其虛費而商胡不可塞故道不可復此所謂有害而無利者也就使幸而暫塞暫復以紓目前之患而終於上流必決如龍門橫壠之比重以困國勞人此所謂利少而害多也若六塔者於大河有減水之名而無減水之實今下流所散爲患已多若全回大河以注之則濱 德博河北所仰之州不勝其患而又故道淤澁上流必有他決之虞此直有害而無利耳是智者之不爲也今若因水所在增治堤防疏其下流浚以入海則可無決溢散漫之虞今河所歷數州之地誠爲患

矣隄防歲用之夫誠爲勞矣與其虛費天下之財虛舉大衆之役而不能成功終不免爲數州之患勞歲用之夫則此所謂害少者乃智者之所擇也大抵今河之勢負三決之虞復故道上流必決開六塔上流亦決今河下流若不浚使入海則上流亦決臣請選知水利之臣就其下流求其入海之路而浚之不然下流梗澁則終虞上決爲患無涯臣非知水者但以今事目可驗者而較之耳言狂計愚不足以備聖君博訪之求此大事也伏乞下臣之議廣謀於衆而裁擇之謹具狀奏聞伏候勑旨

脩又上奏曰臣竊見朝廷近因臣寮建議欲塞商胡開橫壠回大河於故道已下三司候今秋興役見令京東計度物料次臣伏以國家興大役動大衆必先順天時量人力謀於其始而審然後必行計其所利者多乃能無悔伏見比年以來興役動衆勞民費財不精謀慮

於厥初輕信利害之偏說舉事之始既已蒼惶群議一搖尋復悔罷臣不敢遠引他事上煩聖聰只如往年河決商胡是時執政之臣不慎計慮遽謀修塞科配一千八百萬梢芟搔動六路一百有餘州官吏催驅急若星火民庶愁苦盈於道塗或物已輸官或人方在路未及興役遽已罷修虛費民財爲國斂怨舉事輕脫爲害若斯雖既往之失難追而可鑒之蹤未遠今者又聞復有修河之役聚三十萬人之衆開一千餘里之長河計其所用物力數倍往年當此天災歲旱之時民困國貧之際不量人力不順天時臣知其有大不可者五蓋自去秋以及今春半天下苦旱而京東尤甚河北次之國家當務安靜振卹之猶恐飢民起而爲盜何況於此兩路聚大衆興大役此其必不可者一也河北自恩州用兵之後繼以凶年人戶流亡十失八九數年以來人稍歸復然死亡之餘所存無幾瘡痍未斂物力未完

今又遭此旱歲京東自去冬無雨雪麥不生苗已及暮春粟未布種不惟目下乏食兼亦向去無望而欲於此兩路興三十萬人之役若別路差夫則遠處難爲赴役就河便近則此兩路力所不任此其必不可者二也臣伏見往年河決滑州曾議修塞當時公私事力未如今日貧虛然猶收聚物料誘率民財數年之間方能興役況今國用方乏民力方疲且合商胡塞大決之洪流此自是一大役也鑿橫壠開久廢之故道此又一大役也自橫壠至海二千餘里隄岸久已廢壞頓須修緝此又一大役也往年公私有力之時興一大役尚須數年今併三大役倉卒興爲於災旱貧虛之際此其必不可者三也就令商胡可塞故道可回猶宜重察天時人力之難爲何況商胡未必可塞故道未必可回者哉臣聞鯀障洪水九年無功禹得洪範五行之書知水趨下之性乃因水之流疏決就下而水患乃息然則以大

禹之神功不能障塞其流但能因而疏決爾今欲逆水之性障而塞之奪洪河之正流幹以人力而回注此大禹之所不能此其必不可者四也橫壠湮塞已二十年商胡決流又亦數歲故道已塞而難鑿安流已久而難回昨聞朝廷曾遣故樞密直學士張奎計度功料極大近者再行檢計減得功料全少功料少則所開淺狹淺狹則水勢難回此其必不可者五也臣伏見國家累歲災譴甚多其於京東變異尤大地貴安靜而有聲巨嵎山摧海水搖蕩如此不止僅乎十年天地警戒必不虛發臣謂變異所起之方尤宜加意防懼今乃欲於凶旱之年聚三十萬之大衆於變異最大之方臣恐地動山搖災禍自此而始方今京東赤地千里飢饉之民正苦天災又聞河役將動往往伐桑拆屋無復生計流亡盜賊之患不可不虞欲望聖慈特降德音速罷其事當此凶歲務安人心徐詔有司審詳利害縱令河道

可復乞候豐年餘力漸次興爲臣實庸愚本無遠見得於外論不可
了言謹具狀奏聞

三年備判三司院又奏曰臣伏見朝廷定議開修六塔河口回水入横壠故道此大事也中外之臣皆知不便而未有肯爲國家極言其利害者何哉蓋其說有三一曰畏大臣二曰畏小人三曰無奇策今執政之臣用心於河事亦勞矣初欲試十萬人之役以開故道既又捨故道而修六塔未及興役遽又罷之已而終爲言利者所勝今又復修然則其勢難於復止也夫以執政大臣銳意主其事而又有不可復止之勢固非一人口舌可回此所以雖知不便而罕肯言也李仲昌小人利口僞言衆所共惡今執政之臣既用其議必主其人且自古未有無患之河今河浸恩冀目下之患雖小然其患已形回入六塔將來之害必大而其害未至夫以利口小人爲大臣所主欲與

之爭未形之害勢必難奪既使能奪其議則言者猶須獨任恩冀爲患之責使仲昌得以爲辭大臣得以歸罪此所以雖知不便而罕敢言也今執政之臣用心太過未思自古無不患之河直欲使河不爲患若得河不爲患雖竭人力猶當爲之況聞仲昌利口詭辯謂費物少而用功不多不得不信爲奇策於是決意用之今言者謂故道既不可復六塔又不可脩詰其如何則又無奇策以取勝此所以雖知不便而罕肯言也衆人所不敢言而臣今獨敢言者臣謂大臣非有私仲昌之心也直欲興利除害爾若果知其爲患愈大則豈有不回者哉至於顧小人之後患則非臣之所慮也且事欲知利害權重輕有不得已則擇其害少而患輕者爲之此非明智之士不能也況治水本無奇策相地勢謹隄防順水性之所趣爾雖大禹不過此也夫所謂奇策者不大利則大害若循常之計雖無大利亦不至大害此

明智之士善擇利者之所爲也今言修六塔者奇策也然終不可成而爲害愈大言順水治堤者常談也然無大利亦無大害不知爲國計者欲何所擇哉若謂利害不可必但聚大衆興大役勞民困國以試奇策而僥倖於有成者臣謂雖執政之臣亦未必肯爲也臣前已具言河利害甚詳而未蒙採聽今復畧陳其大要惟陛下詔計議之臣擇之臣謂河水未始不爲患今順已決之流治隄防於恩冀者其患一而遲塞商胡復故道者其患二而速開六塔以回今河者其患三而爲害無涯自河決横壠以來大名金堤埽歲歲增治及商胡再決而金堤益又加功獨恩冀之間自商胡決後議者貪建塞河之策未嘗留意於隄防是以今河水勢浸溢今若專意併力於恩冀之間謹治隄防則河患可禦不至於大害所謂其患一者十數年間今河下流淤塞則上流必有決處此一患而遲者也今欲塞商胡口使水

歸故道治堤修埽功料浩大勞人費物困弊公私此一患也幸而商胡可塞故道復歸高淤難行不過一二年間上流必決此二患而速者也今六塔河口雖云已有上下約然全塞大河正流爲功不小又開六塔河道治二千餘里隄防移一縣兩鎮計其功費又大於塞商胡數倍其爲困弊公私不可勝計此一患也幸而可塞水入六塔而東横流散溢濱　德博與齊州之界咸被其害此五州者素稱富饒河北一路財用所仰今引水注之不惟五州之民破壞田產河北一路坐見貧虛此二患也三五年間五州凋弊河流注溢久又淤高流行梗澁則上流必決此三患也所謂爲患而無涯者也今爲國設計者本欲除一患而反就三患此臣所不諭也至如六塔不能容大河横壠故道本以高淤難行而商胡決今復驅而注之必横流而散溢自澶至海二千餘里堤埽不可卒修修之雖成又不能捍水如此等

事甚多上無愚智皆所共知不待臣言而後悉也臣前未奉使契丹時已嘗具言故道六塔皆不可爲惟治堤順水爲得計及奉使往來河北詢於知水者其說皆然雖恩冀之人今被水患者亦知六塔不便皆願且治恩冀堤防爲是下情如此誰爲上通臣既知其詳豈敢自默伏乞聖慈特諭宰臣使更審利害速罷六塔之役差替李仲昌等不用選一二精幹之臣與河北轉運使副及恩冀州官吏相度隄防併力修治則今河之水必不至爲大患且河水天災非人力可回惟當順導防捍之而已不必求奇策立難必之功以爲小人僥冀恩賞之資也况功必不成後悔無及者乎臣言狂計愚惟陛下裁擇

至和二年侍御史趙抃上奏曰臣竊聞有内臣擘畫奏請於在京汴河兩畔增築堤岸犬段高闊以防決溢之患見下三司相度併條開封府縣東西排岸八作濠寨等司檢計施行次日近自有此行遣以來沿汴兩邊居民戶口非常驚動搔擾日夕洶洶其貧者則曰官中果有必行之命奪民之地毀民之屋則我輩離散狼狽父子夫婦不能相保矣其富者則公行賄賂百方請囑吏緣爲姦無所不至夫河防爲害須順其情性在先朝時歲歲開濬既深通行後數十年泥滓漲淤官司因循以役民爲重困監轄僥倖以省工得恩澤今汴河之底比於疇昔已厚數丈而汴河之堤累年添起今却視通衢其堤高下已與居民簷廡相等矣復更欲如何增築之耶以臣愚見莫若向去每年開淘不輟使水性就下汴底深快則灼然無横流之虞京師溝渠積滯因而亦可流布通泄設若不順水性輙圖苟安其堤愈高其勢愈危既非國家經久之利又有居民重遷之嗟伏望陛下宸斷早賜聖旨指揮直行寢罷無使相度官吏尚持兩端猶豫之說而干擾師局得以誅求計會爲名下以安民心上以固邦體也

嘉祐元年右司諫馬遵議開浚汴河奏曰臣竊聞本朝舊制每歲興功開浚汴河故水行地中而無溢溢填閼之患祥符中巡護使臣韋繼昇表請罷修一年以省物力又請今後三五年一浚從見目前苟簡之利而不能思患於久遠故近年以來河底漸高口地數易水小則東南有漕運之阻水大則京師有隄防之虞歲習爲常人恬不怪夫禍固藏於隱微而發於人所忽者暴水可爲寒心雖使横流僅紓大患而所殘無數百姓可哀臣欲乞朝廷指揮自今每歲農隙之際檢計開淘以深快爲限縱未能一切如舊積功數年可以濟集

八年河流派于魏之第六埽遂爲二股自魏恩東至于德滄入于海是謂東流時議者多不同李立之力主生堤帝不聽卒用宋昌言說置上約三月翰林學士司馬光奏治河當因地形水勢若彊用人力引使就高横立隄防則逆激旁潰不惟無成仍敗舊績臣慮官吏見東流已及四分急於見功遽塞北流而不知二股分流十里之内相去尚近地勢東高西下若河流併東一遇盛漲水勢復西合入北流則東流遂絶或於滄德堤埽未成之處決溢横流雖除西路之患而害及東路非策也宜專護上約及二股堤岸若今歲東流止添二分則此去河勢自東近者二三年遠者四五年俟及八分以上河流衝刷已闊滄德堤埽已固自然北流日減可以閉塞兩路俱無害矣會北京留守韓琦言今歲兵夫數少而金堤兩埽修上下約甚急深進馬頭欲奪大河緣二股及嫩灘舊闊千一百步是以可容漲水今截去八百步有餘則將東大河於二百餘步之間下流既壅上流蹙遏湍怒又無兵夫修護堤岸其衝決必矣况自德至滄皆二股下流既無堤防必侵民田設若河門束狹不能容納漲水上下約隨流而脫則二股與北流爲一其患愈大又恩深州所創生堤其東則大河西

來其西則西山諸水東注腹背受水兩難扞禦望選近臣速至河所與在外官合議帝在經筵以琦奏諭光命同張茂則再往四月光與張鞏李立之宋昌言張問呂大防程昉行視上約及方鋸牙濟河集議於下約光等奏二股河上約並在灘上不礙河行但所進方鋸牙已深致北流河門稍狹乞減折二十步令近後仍作蛾眉埽裹護其滄德界有古遙堤當加葺治所修二股本欲疏導河水東去生堤本欲捍禦河水西來相爲表裏未可偏廢帝因謂二府曰韓琦頗疑修二股趙抃曰人多以六塔爲戒王安石曰異議者皆不考事實故也帝又問程昉宋昌言同修二股如何安石以爲可治帝曰欲作簽河甚善安石曰誠然若及時作之往往河可東北流可閉因言李立之所築生堤去河遠者至八九十里本計以禦漫水而不可禦河南之向著臣恐漫水亦不可禦也帝以爲然五月丙寅乃詔立之乘驛赴闕

議之六月戊申命司馬光都大提舉修二股工役呂公著言朝廷遣光相視董役非所以褒崇近職待遇儒臣也乃罷光行七月二股河通快北流稍自閉戊子張鞏奏上約累經泛漲幷下約各已無虞東流勢漸順快宜塞北流除恩冀深瀛永靜乾寧等州軍水患又使御河胡盧河下流各還故道則漕運無壅遏郵傳無滯留塘泊無淤淺復於邊防大計不失南北之限歲減費不可勝數亦使流移歸復實無窮之利且黃河所至古今未嘗無患較利害輕重而取舍之可也惟是東流南北隄防未立閉口修堤功費甚鉅所當預備望選習知河事者與臣等講求具圖以聞乃復詔光茂則及都水監官河北轉運使同相度閉塞北流利害有所不同各以議上八月己亥光入辭言鞏等欲塞二股河北流臣恐勞費未易成幸而可塞則東流淺狹隄防未全必致決溢是移恩冀深瀛之患於滄德等州也不若俟三二年東流益深闊隄防稍固北流漸淺薪芻有備塞之便帝曰東流北流之患孰輕重光曰兩地皆王民無輕重然北流已殘破東流尚全帝曰今不俟東流順快而塞北流他日河勢改移奈何光曰上約固則東流日增北流日減何憂改移若上約流失則事不可知惟當併力護上約耳帝曰上約安可保光曰今歲創修誠爲難保然昨經大水而無害今歲地脚已牢復何慮且上約居河之側聽河北流猶懼不保今欲橫截使不行庸可保乎帝曰若河水常分二流何時當有成功光曰上約苟存東流必增北流必減借使分爲二流於張鞏等不見成功於國家亦無所害何則西北之水併於山東故爲害大分則害小矣鞏等亟欲塞北流皆爲身謀不顧國力與民患也帝曰防捍兩河何以供億光曰併爲一則勞費自倍分二流則勞費減半今減北流財力之半以備東流不亦可乎帝曰卿等至彼視之時二股

河東流及六分鞏等因欲閉斷北流帝意鄉之光以爲須及八分乃可仍待其自然不可施功王安石曰光議事屢不合今令視河後必不從其議是重使不安職也庚子乃獨遣茂則茂則奏二股河東傾已及八分北流止二分張鞏等亦奏丙午大河東徙北流淺小戊申北流閉詔獎諭司馬光等仍賜衣帶馬

歷代名臣奏議卷之二百四十九

水利

宋仁宗時知陳州宋祁乞開治渒河奏曰臣知壽州日伏見本州安豐縣有芍陂自古所傳元引龍穴山水及渒河水入陂每歲灌田萬頃近年多被泥沙淤淀陂池地漸高蓄水轉少龍穴山一派水源既小今來只藉渒河注水入陂後來渒河一道水渠本縣又不脩開遂致水道咽塞陂水淺涸臣自到任後併值二年乾旱去年自六月放澇時各只是救灌得側近一二千頃是以壽州米價踴貴官私妨闕臣切聞得壽州正是出米之地全藉此一陂舊來陂水若滿常無乾旱是以縣名安豐蓋取此義臣欲乞朝旨直下本州委知州通判親往陂上相度開治渒河令水渠深快於渒河內其堪閘水入渠注滿陂內高築陂岸及重開撅陂內淤淀之處令稍深闊其工亦不甚多

只乞就來春農隙之時少借鄰縣并本縣人夫二五千人約功一月可見次第如陂水滿足則溉田萬頃永無凶年兼得陳潁至京都一路官私米斛有可供應

神宗熙寧二年司馬光乞優賞宋昌言劄子曰臣聞國家大政在於賞罰若賞罰明當功無不成臣去冬奉勑與張茂則相度二股河及生隄利害當時都水監丞宋昌言建議欲於二股河口西岸新灘上置立上約擗攔水勢令入東流候向去東流漸深北流淤淺即閉塞斷北流放出御河胡蘆河下流以除恩冀深瀛以西諸州軍水患臣等因得其言尋具此利害奏聞蒙朝廷聽許令修置上約自後昌言同列提舉修生隄者以策非己出百端沮毀以為二股河必不可成不如併力修生隄及李立之赴闕上殿所言陛下所親聞也賴陛下聖明斷在不疑必使之修置上約今秋擗攔得水勢一併入東流其北流尋已閉斷雖頗漂溺損近東滄德等州民田廬舍然恩冀深瀛以西州軍蒙利亦為不少其宋昌言不可謂之無功今若與同列稱二股河不可成者一例受賞臣竊恐當官之人覩之無所沮勸況昌言因去歲職當在外河決棗強獨奪一官今若止復舊官則是衆人受賞而昌言獨不得賞也設使歸者修置上約不成或上約二股併入北流其同列豈肯分昌言之罪伏望聖慈察昌言建議之功特與復舊官外更與董役之人等第別加酬獎庶使向去用心向公者朝廷必不負之也

四年開修漳河役兵萬人袤一百六十里帝因與大臣論財用文彥博曰足財用在乎安百姓安百姓在乎省力役且河久不開不出於東則出於西利害一也今發夫開治徙東徙西何利之有王安石曰使漳河不由地中行則或東或西為害一也治之使行地中則有利

而無害勞民先王所謹然以佚道使民雖勞不可不勉會京東河北大風三月詔曰風變異常當安靜以應天災漳河之役妨農來歲為之未晚中書格詔不下尋有旨權令罷役

五年發運使羅拯欲自洪澤而上鑿龜山裏河以達于淮帝深然之會發運使蔣之奇入對建言上有清汴下有洪澤而風浪之險止百里淮邇歲溺公私之載不可計凡諸道轉輸涉湖行江已數千里而覆敗於此百里間良為可惜宜自龜山蛇浦下屬洪澤鑿左肋為複河取淮為源不置堰牐可免風濤覆溺之患帝遣都水監丞陳祐甫經度祐甫言往年田棐任淮南提刑嘗言開河之利其後淮陰至洪澤竟開新河獨洪澤以上未克興役今既不用牐蓄水惟隨淮面高下開深河底引淮通流形勢為便但工費浩大帝曰費雖大利亦博矣祐甫曰異時淮中歲失百七十艘若捐數年所損之費足濟此役

帝曰擯黄尚小如人命何乃調夫十萬開治旣成命之奇撰記刻石龜山後

八年程昉與劉璯言衛州沙河湮没宜自王供埽開濬引大河水注之御河以通江淮漕運仍置斗門以時啓閉其利有五王供危急免河勢變移而别開口地一也漕舟出汴横絶沙河免大河風濤之患二也沙河引水入于御河大河漲溢沙河自有限節三也御河漲溢有斗門啓閉無衝注淤塞之弊四也德博舟運免數百里大河之險五也一舉而五利附焉請發卒萬人一月可成從之九年秋昉奏畢功中書欲論賞帝命河北監司案視保明大名安撫使文彦博覆實十月彦博言去秋開舊沙河取黄河行運欲通江淮舟檝徹於河北極邊自今春開口放水後來漲落不定所行舟檝皆輕載有害無利枉費功料極多今御河上源止是百門泉水其勢壯猛至衛州以下可勝三四百斛之舟四時行運未嘗阻滯隄防不至高厚亦無水患今乃取黄河水以益之大即不能吞納必致決溢小則緩漫淺澀必致淤澱凡上下千餘里必難歲歲開濬况此河穿北京城中利害易覩今始初冬已見阻滯恐年歲間反壞久來行運儻謂通江淮之漕即尤不然自江浙淮汴入黄河順流而下又合於御河大約歲不過一百萬斛若自汴順流徑入黄河達于北京自北京和雇車乘陸行入倉約用錢五六千緡却於御河裝載赴邊城其省工役物料及河清衣糧之費不可勝計又去冬外監丞欲於北京黄河新堤開置水口以通行運其策尤疎此乃熙寧四年秋黄河下注御河之處當時朝廷選差近臣督役修塞所費不貲大名恩冀之人至今瘡痍未平今奈何反欲開口導水耶都水監雖令所屬相視而官吏恐忤建謀之官止作遷延回報謂俟修固御河堤防方議開置河口况御河堤

道偟如蔡河之類若欲吞納河水須如汴岸增修猶恐不能制蓄乞别委清彊官相視利害幷議可否又言今之水官尤爲不職容易建言僥倖恩賞朝廷便爲主張中外莫敢異議事若不效都無譴罰臣謂更當選擇其人不宜令狂妄輩横費生民膏血已而都水監言運河乞置雙牐倣例放舟船實便與彦博所言不同十二月命知制誥熊本與都水監河北轉運司官相視本奏河北州軍賞給茶貨以至應接沿邊榷場要用之物並自黄河運至黎陽出卸轉入御河費用止於客軍數百人添支而已向者朝廷曾賜米河北亦於黎陽或馬陵道口下卸倒裝轉致費亦不多昨因程昉等擘畫於衛州西南循沙河故跡決口置牐鑿堤引河以通江淮舟檝而實邊郡倉廩自興役至畢凡用錢米功料二百萬有奇今後每歲用物料一百一十六萬廂軍一千七百餘人約費錢五萬七千餘緡開河行水纔百餘日所過船栰六百二十五而衛州界御河淤淺已及三萬八千餘步沙河左右民田渰浸者幾千頃所免租税二千貫石有餘有費無利誠如議者所論然尚有大者衛州居御河上游而西南當王供向著之會所以捍黄河之患者一堤而已今穴堤引河而置牐之地纔及堤身之半詢之土人云自慶曆八年後大水七至方其盛時游波有平堤者今河流安順三年矣設復駛水暴漲則河身乃在牐口之上以湍悍之勢而無隄防之阻泛濫衝溢下合御河臣恐墊溺之禍不特在乎衛州而瀕御河郡縣皆罹其患矣夫此河之興一歲所濟船栰其數止此而萌每歲不測之患積無窮不貲之費豈陛下所以垂世裕民之意哉臣博采衆論究極利病咸以謂葺故堤堰新口存新牐而勿治庶可以銷淤澱決溢之患而省無窮之費萬一他日欲由此河轉粟塞下則暫開亟止或可紓飛輓之勞

十年八月河決鄭州滎澤文彥博上言曰臣正月嘗奏德州河底淤澱泄水稽滯上流必至壅遏又河勢變移四散漫流兩岸俱被水患若不預為經制必溢魏博恩澶等州之境而都水略無施設止固護東流北岸而已適累年河流低下官吏希省費之賞未嘗增脩堤岸大名諸埽皆可憂虞謂如曹村一埽自熙寧八年至今三年雖每計春料當培低怯而有司未嘗如約其埽兵又皆給他役實在者十有七八今者果大決溢此非天災實人力不至也臣前論此并乞審擇水官今河朔京東州縣人被患者莫知其數嗸嗸籲天上軫聖念而水官不能自訟猶汲汲希賞臣前論所陳出於至誠本圖補報非敢激訐也

熙寧中監察御史裏行劉摯上奏曰臣伏見內臣程昉大理寺丞李宜之於河北開修漳河功力浩大凡九萬夫所用物料本不預備需

索倉猝出於非時官私應急勞費百倍除轉運司供應稈草梢樁之外又自差官採漳堤榆柳及監牧司地內柳株共十餘萬皆是逐州自管津般河北難得薪柴村農惟以麥䅌等燒用及經冬泥補而昉等妄奏民間不用已料一萬餘工差本司兵士散就州縣民田內自行收刈所役人夫莫非虐用往往逼使夜役蹂踐田苗發掘墳墓殘壞桑柘不知其數愁怨之聲流播道路傳至京師而昉等妄奏民間樂於功役無不悅喜民夫既散役兵尚衆本路廂軍刬刷都盡諸處無不闕事而昉等奏陳不已形跡州縣凌侮官吏仍乞於洺州調起急夫又欲令役兵不分番次其急功擾擾至於如此本路監司畏昉之勢未敢言其非而上下以目臣不知昉之為是役其利安在或聞欲泄邢州大名等處積水令使此水如昉之意通行而北緣下流狹無所容受不免泛溢乃是移此就彼易地為患今來朝廷既令權罷則利害姑置之如聞昉為見罷役怨恚偃蹇有退休之請朝旨又令總領淤田司事臣謹按程昉李宜之將命興事初不以事之可否實聞于朝貪功幸進擾民殘物前後奏報事皆欺罔而昉又敢邀君肆慢在於典憲所誅無赦若尚令昉以都水丞領事河上伏恐生事興患未有窮已伏乞明布昉等罪狀重行貶竄以慰一方殘弊之民使天下皆知此後之害非朝廷意且以戒徼幸希賞罔上賊民之人謹具彈劾以奏

元豐元年五月西頭供奉官張從惠言汴口歲開閉修堤防通漕纔二百餘日往時數有建議引洛水入汴患黃河嚙廣武山須鑿山嶺十數丈以通汴渠功大不可為去年七月黃河暴漲水落而稍北距廣武山麓七里退灘高闊可鑿為渠引洛入汴范子淵知都水監丞畫十利以獻又言汜水出五仙山索水出嵩渚山合洛水積其廣深得二千一百三十六尺視今汴流尚贏九百七十四尺以河洛湍緩不同得其贏餘可以相補猶慮不足則旁堤為塘

滲取河水每百里置木牐一以限水勢兩旁溝湖陂濼皆可引以為助禁伊洛上源私引水者大約汴舟重載入水不過四尺今深五尺可濟漕運起鞏縣神尾山至士家堤築大堤四十七里以捍大河起沙谷至河陰縣十里店穿渠五十二里引洛水屬于汴渠疏奏上重其事遣使行視

元豐中河決小吳北注界河東入于海詔東流故道淤高勿塞乃開大吳以護北都都水王令圖請還河故道同知院事趙瞻議曰自河決已八年未有定論今遽興大役役夫三十萬用木二千萬臣竊憂焉朝廷方遣使相視若以東流未便宜亟從之若以為可回宜為數歲之計以緩民力議者又謂河入界河而北則失中國之險昔澶淵之役非河為限則北兵不止瞻曰王者恃德不恃險昔堯舜都蒲冀周漢都咸鎬皆歷年數百不聞以河漳外國澶淵之役蓋廟社之靈章聖之德將相之智勇故敵師授首豈獨河之力哉後使者以東流非便水官復請塞北流

膽固爭之卒詔罷役如瞻所議

神宗時郟亶奏曰臣准中劄節文奉旨令臣候到兩浙相度利害即詣司農寺商量臣今已到池州坊緣臣所言蘇州水利與自來建議之人不同蓋自來建議不知古人治田之法但循目今決水之末合小務大畧近治遠求効欲速而久遠無功糜費雖多而水災仍舊臣擘畫以治田爲先決水爲後由小以成大自近以及遠要利雖各而收功甚速用工雖大而爲役不勞所以與自來建議者不同也臣今欲再乞先詣司農將臣元所上文字地圖與今再陳利害及將來合行事件曲折辯析子細陳白則利可盡於一食之頃工可定於數月之內小効可見於一年大効可成於五歲臣今往真州聽候朝旨先具到治田利害大槩畫一開奏所有將來合行擘畫事件容臣前路譔成文字至司農日供上謹具所陳利害

一論古人治低田高田之法昔禹時震澤爲患東有堽阜以隔截其流禹乃鑿堽阜疏爲三江東入海而震澤始定然環河之地尚有二百餘里可以爲田而地皆卑下猶在江水之下與江湖相連民旣不能耕植而水面又復平闊足以容受震澤下流使水勢散漫而三江不能疾趨於海其沿海之地亦有數百里可以爲田而地皆高仰反在江水之上與江湖相遠民旣不能取水以灌溉而地勢又多西流不得畜聚春夏之雨澤以浸潤其地是環湖之地常有水患而沿海之地每有旱災如之何而可以種藝耶古人遂因其地之高下井之而爲田其環湖之地則於江之南北爲縱浦以通於江又於浦之東西爲橫塘以棲其勢而棊布之有圩田之象焉其塘浦闊者三十餘丈狹者不下二十餘丈深者二三丈淺者不下一丈且蘇州除太湖之外江

之南北別無水源而古人使塘深闊若此者蓋欲取土以爲堤岸高厚足以禦其湍悍之流故塘浦因而闊深水亦因之而流耳非專爲闊其塘浦以使決積水也故古者堤岸高者須及二丈低者不下一丈且如塘面闊三十丈底闊二十五丈深一丈積土二萬七千五百尺分爲兩岸則每岸積土一萬三千七百五十尺故岸基可闊五丈面可闊一丈而高二丈已上然其間塘浦亦有淺狹處并所取之土未必盡能爲岸故曰高者二丈低者不下一丈也今蘇州水田之岸高者不過四五尺低者三二尺而已塘浦闊者六七丈狹者止三五丈而欲禦湍悍之水其可得乎借令大水之年江湖之水高於民田五七尺而堤岸高出於塘浦之外三五尺至一丈故雖大水不能入於民田旣不容水則塘浦之水自高於江而江水亦高於海不須決泄而水自湍流矣故三江常浚而水田常熟其堽阜之地亦因江水稍高得以畎引灌溉此古人浚三江治低田之法也所有沿海高仰之地近於江者旣因江流稍高可以畎引近於海者又有早晚一湖可以灌溉故亦於沿江之地及江之南北或五里七里而爲一縱浦又五里七里而爲橫浦其塘港之闊狹與低田同而其深往過之且堽阜之地高於積水之處四五尺七八尺遠於積水之處四五十里至百餘里固非決水之道也然古人爲塘浦闊深若此者蓋欲畎引江海之水周流於堽阜之地雖大旱歲亦可車畎以溉田而大水之年積水或從此而泄之耳非專爲闊深塘浦以決低田之水也至於地勢西流之處又設堽門堰門斗門以瀦畜之是雖大旱堽阜之地皆可耕以爲田此古人治高田畜雨澤之法也故低田常無水患高田常無旱

灾而數百里地常獲豐熟也。

二論後世廢低田高田之法。古人治田高下既皆有法。方是時也。田各成圩。圩必有長。每一年率逐圩之人脩築堤防治浦港。故低田之隄防常固。旱田之浦港常通。古之田雖各成圩。然所名不同。或謂之段。或謂之圍。今崑山低田皆沉在水中。而俗呼之名猶有野鶴段、大泗段、湛段及和尚圍、盛墩圍之類。至錢氏有國。而常撩清指揮之名。此其遺法也。開河之卒而名之為撩清者。隄防常存。而逐年撩治之。謂若今之河清然。洎乎年祀綿遠。古法隳壞。其水田之隄防。或因田戶行舟及安舟之便。而破其圩。古者人戶各有田舍在田圩中。因以為家。欲其行舟及安舟之便。乃鑿為小涇小浜。即臣昨來所陳某家涇某家浜之類是也。說者謂浜安泊船也。涇浜既小。堤岸不高。遂至壞却田圩為

白水也。今崑山柏家瀼水底之下。尚有民家堦甃之遺址。此古者民在圩中住居之舊跡也。今崑山富戶如陳新、顧晏、陶湛等。田舍皆在田圍之中。每至大水年。亦是外水高於田舍數尺。此今人在田圩中作田舍之驗也。或因人戶請射下脚而廢其堤。塘浦久不浚治。故肥泥增漲。人戶不顧久遠之利。請射為田。官中利於租稅。或因請托。遂圩給付。始作小堤於外。終無大堤於內。萬一小澇。遂蕩然隳壞。或因官中開淘而減少丈尺。每州縣擘畫。乞開浚塘浦。不知古人闊其塘浦。高其堤岸之意。乃謂只欲行舟決水。不須如此深闊。兼恐上司及朝廷不從。多是小破工料。少計日月。比至興役。則將一條塘變為三條塘也。自小虞浦至和塘。並闊三二十丈。累經開淘。今小虞浦只闊十餘丈。至和塘止闊六七丈。此目所睹也。或因田主只收租課而不脩堤

岸。蘇州租米上田每畝一石。下田只五六斗。又論納苗稅借使年年遇熟。每畝不過剩得三五斗。若一次做岸。每畝約用錢三二百文。故田主寧肯退田。不肯做岸。或因租戶利於易田而故要渰浸。吳人以一易再易之田謂之白塗田。所收償於常稔之田。而所納租亦依常數。而租戶樂於閒年渰浸也。或因决破古堤。張捕魚蝦而漸致破損。或因邊圩之人不肯出田與衆做岸。一圩之內既是衆人之田。邊圩之人往往侵削邊圩之田以為已田。及其圩岸既壞。邊圩之人豈肯更出己田與衆人做岸。所以無由完復舊堤矣。或因一圩雖完。旁圩無力。而連延隳壞。或因貧富同圩。而出力不齊。或因公私相吝。而因循不治。百姓既無力浚塘脩岸。官司又謂本是民田。不肯調發夫役與之脩治。上下因循。遂成白水。故隄防盡壞。而低田漫然復在江水之下

也。每春夏之交。天雨未盈尺。湖水未漲二三尺。而蘇州低田一抹盡為白水。其間雖有堤岸。亦皆狹小。沉在水底。不能固田。唯大旱。常潤湖秀之田及蘇州堽阜之地並皆枯旱。其堤岸方始露見。而蘇州水田幸得一熟耳。蓋由無隄防禦水之具也。民田既不能容水。故水與江平。而潮直至蘇州之東一二十里之地。各反與江湖民田之水相接。故水不能湍流。而三江不浚陻伏睹昨議狹汴河者。謂汴闊處水面散漫。不至深决。湖汴河淤澱。今蘇州水面動連一二百里。而太湖水不可及黃潮退。而欲三江不淤。不可得也。今二江已塞。而一江又淺。倘不完復堤岸。驅低田之水盡入於松江。而使江流湍急。但恐數十年之後。松江愈塞。則震澤之患不止蘇而已矣。此低田不治之由也。其高田之廢。始由田法隳壞。民不相率以治港浦。港浦既淺。地勢既高。

沿於海者則潮不應沿於江者又因水田隄防縣壞水得潴聚於民田之間而江水漸低故高田復在江水之上至於西流之處又因人戶利於行舟之便壞其堰門而不能畜水故高田一望盡為旱地每至四五月間春水未退低田尚未能施工而堰阜之田已乾枯矣唯大水年湖秀二州與蘇州低田淹沒淨盡則堰阜之田幸一大熟耳此蓋不浚浦港以畎引江海之水不復堰門以畜聚春夏之雨澤也此高田旱田也蘇州不有旱災即有水患但水田近城郭為士人所見而稅復重旱田遠城郭士人所不見而稅輕故議者止論治旱也

亶又奏曰臣已於五月二十日離廣南東路安撫司機宜文字職任六月十九日起離廣州今已於韶州出陸前去兩浙次切緣臣所陳水利委實浩大蓋蘇州之水田東南美利而隄防不立溝洫不通二

三百年間風波蕩蝕僅若平湖議者見其如此乃謂舊本澤國不可使之為田上偷下安恬不為怪至如堰身之田皆肥衍豐厚每遇大水一熟其收倍蓰於水田只因隄堰縣壞不能潴水而歲為旱地深可痛惜夫天生時而地生財人者承天之時順地之宜作為衣食以自資也今乃不能承時順宜而止欲隨天之水旱任地之高下幸其自成為民者既不知所以承順之方為吏者又不施所以教導之力而欲吾民富庶不可得也臣籍係崑山家居太倉正在水田旱田之間備知利害伏見自來治水者不過取其舊所開所治者隨曲直闊狹浚決之而已臣之所陳殊異於此方欲順地形高下之宜求古人蓄泄之跡高其隄防大其溝瀆曲者使直狹者使廣通民之往來而害田者塞之雖民田而可為溝瀆者決之如此僅可治水若夫依隨故道而苟免一時之勞切恐空費公私終非經久之利臣今欲乞先詣司農司陳白利害然後往兩浙運司倉司提刑司同商量護具狀

奏聞伏候敕旨

右司諫蘇轍論京西水櫃狀曰臣三月中奏乞令汴口以東州縣各具水櫃所占頃畝及每歲有無除放二稅仍具水櫃可與不可廢罷如決不可廢即當如何給還民田以免怨望尋蒙朝旨令都水監差官相度到中牟管城等縣水櫃元舊浸壓頃畝及見今積水所占及退出數目應退出地皆撥還本主應水占地皆以官地對還如無官可還即給還元估價直聖恩深厚棄利與民無所靳惜群情甚悅然臣訪聞水所占地至今無官地可以對還而退出之田亦以迫近水櫃為雨水浸淫占壓未得耕鑿知鄭州岑象求近奏稱自宋用臣興置水櫃以來元未曾以此水灌注清汴清汴水流自足不廢漕運乞盡廢水櫃以便失業之民臣愚以為信如象求之言則水櫃誠可廢

罷欲乞朝廷體念二縣近在畿甸民貧無告特差無干礙水部官吏行體量若信如象求所請特賜施行不勝幸甚

哲宗元祐二年左司諫朱光庭上奏曰臣竊以君論一相相擇百官各任其職而天下治古今不易之道也今日朝廷內外無事唯治河為大役竊緣河之所以可治朝廷難以遙度責在水官任職而已其所用物料所役兵夫水官既任責則朝廷自合應副將來成功則當不惜重賞設或敗事亦當必行重責如此則上有所取信而不致濫舉下不敢欺罔而以實從事臣今日所聞則異於此朝廷只知河之當竭財力以應副而水官不任其責僥倖成功則自稱己力以邀重賞以至敗事則推過朝廷苟免重責此不可之甚者也伏見此役非小役也其所責物料所役兵夫萬數不少若水官自不任責則朝廷何所取信而與此大役伏乞朝廷指揮下脩河司取責水官委實可

以廻復大河結罪狀庶使身任其責以實從事不至朝廷有所過舉所繫事體甚大伏望聖慈早賜指揮

右司諫王覿上言曰河北人戶轉徙者多朝廷責郡縣以安集空倉廪以振濟又遣專使察視之恩德厚矣然耕耘是時而流轉於道路者不已二麥將熟而寓食於四方者未還其故何也蓋亦治其本矣今河之為患三泛濫渟滀漫無涯涘吞食民田未見窮已一也緣邊漕運獨賴御河今御河淤澱轉輸艱梗二也塘泊之設以限南北濁水所經即為平陸三也欲治三患在選擇都水轉運而責成耳今轉運使范子奇反覆求合都水使者王孝先暗繆望別擇人時知樞密院事安燾深以東流為是兩疏言朝廷久議回河獨憚勞費不顧大患蓋自小吳未決以前河入海之地雖屢變移而盡在中國故京師恃以北限彊敵景德澶淵之事可驗也且河決每西則河尾每北河流既益西決固已北抵境上若復不止則南岸遂屬遼界彼必為橋梁守以州郡如慶曆中因取河南熟戶之地遂築軍以窺河外已然之効如此蓋自河而南地勢平衍直抵京師長慮却顧可為寒心又朝廷捐東南之利半以宿河北重兵備預之意深矣使敵能至河南則邈不相及今欲便於治河而緩於設險非計也尚書王存等亦言使大河決可東回而北流遂斷何惜勞民費財以成經久之利今孝先等自未有必然之論但僥幸萬一以冀成功又預求免責若遂聽之將有噬臍之悔乞望選公正近臣及忠實內侍覆行按視審度可否興工未晚庚子三省樞密院奏事延和殿文彥博呂大防安燾等謂河不東則失中國之險為契丹之利范純仁王存胡宗愈則以虛費勞民為憂存謂今公私財力困匱惟朝廷未甚知者賴先帝時封樁錢物可用耳外路往往空乏奈何起數千萬物料兵夫圖不可必

成之功且御契丹得其道則自景德至今八九十年通好如一家設險何與焉不然如石晉末耶律德光犯闕豈無黃河為阻况今河流未必便衝過北界耶太后曰且熟議存宗愈亦奏昨親聞德音更令熟議然累日猶有未同或令建議者結罪任責臣等本謂建議之人思慮有所未逮故乞差官覆按若但使之結罪彼所見不過如此後或誤事加罪何益臣非不知河決北流為患非一淤沿邊塘泊斷御河漕運失中國之險遏西山之流若能全回大河使由孫村故道豈非上下通願但恐不能成功為患甚於今日故欲選近臣按視若孝先之說決可成則積聚物料接續興役如不可為則令沿河踏行自恩冀以北塘泊以南別求可以疏導歸海去處不必專主孫村此亦三省共曾商量望賜詳酌存又奏自古惟有導河并塞河導河者順水勢自高導令就下塞河者為河堤決溢修塞令入河耳不聞幹引大河令就高行流也於是收回戊戌詔書

侍御史王岩叟乞詔大臣早决河議奏曰臣伏以朝廷知大河橫流為北道之患日益以深故遣專使命水官相議便利欲順而導之以拯一路生靈於墊溺甚大惠也臣竊意朝廷默有定論必欲紓患矣然昔者專使未還不知何疑而先罷議洎致專使反命不知何所取信而議復興既勑都水使者總護役事調兵起工有定日矣已而復罷數十日間而變議者再三何以示四方他日雖有命令真不可易誰將信之夫利害之際自古以來不能無二三之說必朝廷之上力主一議斷而必行乃克有濟不容一人言之輒興一人言之輒廢大事大議而易興易奪臣恐天下有以窺朝廷也今有大害者七略不可不早為計爾北塞之所恃以為險者在塘泊若河堙泊毀雖退流猝不可濟浸失此塞險固之利一也使百萬生齒居無廬耕無田流

散而不復二也乾寧孤壘危絕不足道而大名深冀腹心郡縣皆有終不自保之勢三也滄州扼北虜海道自河不東流滄州在河之南直抵京師無有限隔四也并呑御河邊城失轉輸之便五也河北轉運司歲耗財用陷租賦以百萬計六也六七月之間河流交漲占沒西路阻絕虜使進退不能兩朝以爲憂七也非此七者之害則委之可也緩而未治之可也且去歲之患已甚於前歲今歲之患又甚焉則將奈何伏惟陛下深拱九重此事之可否必以仰大臣大臣固當爲陛下審慮謹發而謹持之以救六患不可坐視而無所處也伏望聖慈深詔執政大臣早決河議而責成之實廟社生靈之幸臣不勝愚忠

尚書右僕射范純仁論回河乞付有司熟議疏曰伏覩內降指揮黃河未復故道終爲河北之患王孝先等所議已嘗興役不可中罷宜接續功料向去決要回復故道者臣聞聖人有三寶曰慈曰儉曰不敢爲天下先此言三道人君當保而持之不失者也又曰惟天爲大惟堯則之蓋天不言而四時成所以堯舜垂衣拱手而天下大治者用此道也且君心欲如盤水常使平正而無所趣則免偏側傾覆之患蓋天下大勢惟人君所向羣下競趨如川之流如山之摧小失其道則非一言一力之可回故居上者不可不慎也臣今竊詳所降指揮謂決要回復故道似聖意已有所向而爲天下先矣臣聞先朝因人建議以謂夏國微弱若不早取必爲北虜所兼偶先帝不出建議者之名但以御批令邊臣相度而希旨生事之徒以爲萬全之勝遂口可得遂興靈武之師至今疲耗未復此陛下所親見不可不爲深鑑也臣乞面諭執政前日降出文字御筆已見但一面商量却使進入若別有所見亦須各自開陳如此則免希合之臣妄測聖意輕舉大役上誤朝廷所有黃河利害乞付之羣臣有司子細商議以求必當此則聖心不勞而堯舜之治可致矣切見自來邊事陛下多委樞密院及邊帥與禮亦委執政并禮官今來河事正與此同況利害尚在久遠不至倉卒可容詳熟商量

純仁再論回河畫一疏曰臣伏見昨日議論河事大臣各有所見聖心慎於裁決天下幸甚臣輒更陳一二仰裨宸聽具畫一如左

一大河爲中國之險此乃人所共知今欲改移須先審驗河勢所向地形高下可爲則爲固不可以人力國財強與水爭前來執政輕信事不預慮已枉用過人功物料不少今來又欲不度可否決要施功只恐將來用過財力漸多朝廷欲罷不能財匱人勞別生它事則設險之利未成而疲耗之弊難救矣昨來止用兵卒二萬亦聞逃亡至多若下諸州取掌放減生還入數便見的實

一凡欲舉事雖小亦必預計財料先備人工然後度力可爲方議下手豈有大河之役繫半天下生民休戚未曾計定的確人工物料便欲興工將來事至垂成水勢壅遏上下危急之際方却旋有增添公私既無預備倉卒科率於民何由可辦擾人害國莫此爲大所以宜加深慮也

一河役所費既廣則既回之後亦要數年安流若水小之時僅能閉塞至水大之後便復橫流及恐壅住北流或東向舊河吞納不快却致別處決溢則爲害愈甚此事須當建議相度之臣審度保明然後定議如此則民力國財不至耗用朝廷所舉不爲天下竊議

一議者本欲回復黃河今見議論不同已自不敢執守却稱來年且先開減水河以試探水勢若些小工料猶可苟爲試探若大段費耗豈得不先審度便從舉事及云將來若河有改易本非水官此是欺人希賞逃罪之本兼黃河北流今已數年未曾別爲大患而議者失事

回改恐失中國之利正如西夏本不當爲邊患而好事者以爲不取恐失幾會遂興靈武之師所以臣言與向時邊事正同望聖意深察

純仁爲觀文殿大學士知潁昌府又論回河利害疏曰臣聞堯舜之治不過知人安民知人則不輕信安民則不妄動緣小人之情希功好進行險生事於聖明無事之朝則必妄說利害覬朝廷舉事以求爵賞朝廷若輕信其言則民不安矣國家之弊常必由斯臣不敢遠引古昔只以近事言之國家自仁宗以前天下無事百姓安樂雖有元昊曾叛獨陝西應副不易未聞四方匱乏百姓有嗟歎之聲也自王安石輕信小人之言勸先皇更改法令而後乘間妄作者紛然矣主用兵之謀至於勸興靈武之役而生民被害衆矣且以先帝聖明舉動固欲詳審然小人利口欺誤執政而致執政復誤朝廷也其勸更法令者則曰君臣千載一遇時不可失及勸興靈武之師者復曰

將爲北虜所并時不可失臣前在政府又見欲回復大河者又曰河勢方東恐變改不定時不可失臣以前事之戒是以深畏其言故嘗屢有奏陳以謂百姓久勞方賴陛下安養不急之務未可遽興蒙陛下專遣范百祿趙君錫相度歸陳回河之害甚明蒙宸斷宣諭大臣令速罷脩河司臣預奉行詔旨深以復見堯舜知人安民爲慶三兩月來却聞孫村有溢岸水自然東行議者以謂可因水勢以成大利朝廷遂捨向來范百祿趙君錫之議而復興回河之役臣觀今之舉動次第是用時不可失之說而欲竭力必成臣更不敢以難成及雖成三五年間必有決溢爲慮只且以河水東流之後增添兩岸隄防鋪分大段數多逐年防守之費所加數倍則財用之耗蠹與生民之勞擾無有已時更望聖慈特降睿旨專下有司預約回河之後逐年兩岸埽鋪防捍工費比之今日所增幾何及逐年錢物於甚處出辦則利害灼然可見若利多害少尚覬徐圖苟利少害多尤宜安靜臣受陛下不次拔擢之恩雖養痾補外不敢自同衆人坐視成敗所以固避僭越之愆而伸補報之萬一區區愚誠惟聖聰憐察

戶部侍郎蘇轍論開孫村河疏曰臣爲戶部右曹兼領金倉二部任居天下財賦之半適當中外匱竭不繼之時日夜憂惶常慮敗事竊見左藏見緡一月出納之數大抵皆五十餘萬略無贏餘其他金帛諸物雖小有羨數亦不足賴臣之愚怯常恐天灾流行水旱作沴西羌旅距邊鄙繹騷河議失當賦役横起三事有一大計不支雖使桑羊劉晏復生計無從出矣而況於臣之駑下乎今者幸賴二聖慈仁恭儉天地垂貺諸道秋稼稍復成熟雖京西陝西灾旱相接而一方之患未爲深憂羌人困窮從聞款塞惟有黃河西流議復故道事之經歲役兵二萬人蓄聚梢椿等物三千餘萬方河朔灾傷困敝之餘

而興必不可成之功吏民竊歎勞苦已甚而莫大之役尚在來歲天啓聖意灼知民心特令河北轉運司官吏訪以得失近聞回河大議已寢不行臣平日過憂頓然釋去然尚聞議者固執開河分水之策雖權罷大役而兵功小役竟未肯休如此則河北來年之憂亦與今年何異今者小吳決口入地已深而孫村所開丈尺有限不獨不能回河亦必不能分水況黃河之性急則通流緩則淤澱既無東西皆急之勢安有兩河並行之理哉縱使兩河並行未免各立隄防其爲費耗又倍今日矣臣聞自古聖人不能無過過而能改善莫大焉故君子之過如日月之食過也人皆見之更也人皆仰之朝廷舉動義當如此今議河失當知其害人中道而復本何所愧雖使天下知之亦足以明二聖憂民之深爲之改過不吝今乃顧惜前議未肯曠然更張果於遂非難於遷善臣實爲朝廷惜之然臣聞議者初建開河

分水之策其說有三其一曰御河堙滅失饋運之利其二曰恩冀以北漲水為害公私損耗其三曰河徙無常萬一自虜界入海邊防失備凡其所以熒惑聖聰沮難公議皆以三說藉口夫河決西流勢如建瓴引之復東勢如登屋雖使三說可信亦莫如之何矣況此三說皆未必然臣請得具言之昔大河在東御河自懷衛經北京漸歷邊郡饋運既便商賈通行今河既西流御河堙滅失此大利誰則不知天實使然人力何及若議者能復澶淵故道則御河有可復之理今河自小吳北行占壓御河故地雖使如議者之意自北京以南折而東行則御河堙滅已一二百里亦無由復見矣此御河之說不足聽一也河之所行利害相半夏潦漲溢漫敗秋田瀕河數十里為之破稅此其害也漲水既去淤厚累尺宿麥之利比之他田其收十倍寄居丘冢以避漲潦民習其事不甚告勞此其利也今河水在西勢亦

如此遠為限防不與之爭正得漢賈讓治河之意比之故道歲省兵夫梢芟其數甚廣而故道已退之地桑麻千里賦稅完復為利不貲安用逆天地之性移西流之憂為東流之患哉此恩冀以北漲水為害之說不足聽二也河昔在東自河以西郡縣與虜接境無山河之限邊臣建為塘水以捍胡馬之衝今河既西行則西山一帶胡馬可行之地已無幾矣其為邊防之利不言可知然議者尚恐河復北徙則海口出虜界中造舟為梁便於南牧臣聞虜中諸河自北南注以入于海蓋地形北高河無北徙之道而海口深浚勢無徙移臣雖非目見而習北方之事者為臣言之大略如此可以遣使按視圖畫而知此河入虜界邊防失備之說不足聽三也臣願以此三說質之議者則開河分水之說誠不足復為矣又臣訪聞今歲四五月間河上役兵勞苦無告嘗有數百人持板築之械訪求都水使者意極不善

[illegible][illegible]邏之卒捍拒而散盛夏苦役病死相繼使者恐朝廷知之皆於乘死放歸本郡斃於道路者不知其數若今冬放凍來歲春暖復調既役則意外之患復當如前臣不知朝廷何苦而不罷此役哉今建議之臣恥於不效而堅持之於上小臣急於利祿不顧可否隨而和之於下上下膠固以罔朝廷其間正言不避權要纔一二人耳然事非本職亦不敢盡言臣以戶部休戚計在此河若復緘默誰當言者惟斷自聖心盡罷其議則天下不勝幸甚

轍再論回河疏曰臣頃聞朝廷議罷回河來年當用役兵開河分水臣以為天下財賦匱竭河朔災傷之後民力未復未堪此役輙奏言不便既而採察眾議聞河北轉運使謝卿材到闕昌言於朝曰黃河自小吳決口乘高注下水勢奔快上流隄防無復決怒之患而下流湍駛行於地中日益深浚朝廷若以河事付臣臣請不役一夫不費

一金十年之間保無河患大臣以其異已罷歸本任而使王孝先俞瑾張景先三人重畫回河之計三人利在回河雖言其便而亦知其難成故於議狀之末復言若將來河勢變移乞免修河官吏責罰都下洶洶傳笑以為口實蓋回河之非斷可知矣然近日復聞內批降付三省如去若河流不復故道終為河朔之患外廷疏遠不知此說信否然眾心憂懼深恐羣臣由此觀望不敢正言得失臣職在財賦憂責至深不敢畏避誅戮願畢陳其說方今回河之策中外講之孰矣雖大臣固執亦心知其非無以藉口矣獨有邊防一說事係安危可以竦動上下伸其曲說陛下深居九重羣言不得盡達是以遲遲不決耳昔真宗皇帝親征澶淵拒破契丹因其敗亡與結歡好自是以來河朔不見兵革幾百年矣陛下試思之此豈獨黃河之功哉昔石晉之敗黃河非不在東而祥符以來非獨河南無虜憂河北亦自

無兵患由此觀之交接夷狄顧德政何如耳未聞逆天地之性引趙下之河升積高之地興莫大之役冀不可成之功以為設險之計者也昔李垂孫民等號知河事嘗建言乞導河西行復禹舊跡以為河水自西山北流東赴海口河北諸州盡在河南平日契丹之憂遂可無慮今者天祚中國不因人力河自西行正合昔人之策自今以往北岸决溢漸及虜境雖使異日河復北徙則虜地日蹙吾土日紓其為憂患正在契丹耳而大臣過計以為中國之懼遂欲罄竭民力導河東流其為契丹謀則多為朝廷慮則踈矣議者或謂河入虜境彼或造舟為梁長驅南牧非國之利臣聞契丹長技在鞍馬舟楫之利固非所能且跨河繫橋當先兩岸進築馬頭及伐木為船其功不細契丹物力寡弱勢必不能就使能之今兩界脩築城柵比舊小增輒移文詰問必毀而後已豈有坐視大役而不能出力止之乎假設虜

中遂成此橋黃河上流盡在吾地若沿河州郡多作戰艦養兵聚糧順流而下則長艘巨纜可以一炬而盡形格勢禁彼將自止矣臣竊惟元老大臣久更事任而力陳此說意其議已出口重於改過而假此不測之憂以取必於朝廷耳不然豈肯於天下困弊河朔灾傷之後興數十萬夫費數千萬物料而為此萬無一成之功哉夫大役既興勢不中止預約功料有少無多官不獨辦必行科配官出其一民出數倍公私費耗必有不可勝言者矣苟民力窮竭事變之出不可復知飢餓相逼必為盜賊昔秦築長城以備胡城既成而民叛今欲回大河以設險臣恐河不可回而民勞變生其計又出秦下異日雖欲悔之不可得也陛下數年以來休養民物如恐傷之今河已安流契丹無變而強生瘡痏以擾之非計之得也故臣願陛下斷之於心罷此大役雖留神察之自河决小吴於今九年不為不久矣然虜情恭順與事祖宗無異陛下誠重違大臣姑復久之三年觀之事久情見大臣之言與天下公議可以坐而察也臣不勝區區憂國之誠干犯斧鉞死無所避

輙三論回河疏曰臣近者聞有内批降付三省言黃河若不復故道終為河北之患初聞此旨中外無不驚愕以為黃河西行已成河道大臣横議欲塞令復東異同之論方相持未决而此旨復降臣下觀望誰敢正言方衆心憂疑之際旋聞復有聖旨放入前降批語羣臣釋然咸知陛下虚已無心欲求公議深得古先聖王改過不吝之義正人端士始有樂告善道之意然臣竊聞近又降敕以北京封樁京東新法鹽錢三十五萬貫指揮河北收買開河梢草繼又商量調發來歲開河役兵二事既出中外復疑何者朝廷近遣范百祿等按行河事利害若開河之議可行無疑則安用遣使若猶遣使則開河之

議尚在可疑今使未出門而一面收買梢草調發役兵則是明示必開之形欲令使者嘿喻欲開之旨臣雖愚暗竊恐非陛下虚已無心欲求公議之意也伏乞速降指揮收回買梢發兵二事使范百祿等明知聖意無所偏係得以盡心體量不至阿附大臣以誤國計今中外財賦匱竭見錢最為難得新法鹽錢不屬戶部要是百姓膏血不可輕用況河北灾傷之餘明年大役決不可興雖如今歲止用役兵猶當計校利害寬展歲月調兵買梢皆非今歲所急范百祿等以開河為不便則聚兵積梢梢草輕脆稍經歲月化為糞壤皆非計也況所用梢草動計千萬一時收買價必踴貴若止令和買則所費不貲必非止三十五萬貫可了若令配買則河北灾傷之餘民間大有陪備或生意外之患不可不慮也臣恐聖恩至深至厚位下力微竊不

自量冊三千與國論罪當萬死不敢逃避。

歷代名臣奏議卷之二百五十

歷代名臣奏議卷之二百五十一

水利

宋哲宗元祐二年翰林學士蘇轍論黃河必非東決疏曰臣去歲領戶部右曹以財賦不足而開河之議不決河北費用不貲嘗三上章論河流西行已成河道而孫村以東故道高仰勢決難行是時大臣之議多謂故道可開西流可塞朝廷因遣范百祿趙君錫親行相度以人情論之符合大臣則易為言違背大臣則難為說而百祿等既還皆謂故道不可開而西流不可塞何也地形高下可指而知水性避高趨下可以一言而決故百祿等不敢蒙昧朝廷務合權要效其誠說而致之陛下陛下亦知其言明白信而行之中外公議皆以為當今自夏秋之交暑雨頻併河流暴漲出崖由孫村東行以理言之蓋河上每歲常事耳其都水監勾當公事李偉與河埽使臣因此張皇申報以分水為名欲因發回河之議都水監從而和之亦以僥倖欲成回河之役臣竊以為此輩類多小人不知遠慮河若安流則無以興起功役功役不起則此輩差遣請受不可僥求惟有河事一興則求無不可而況大臣以其符合已說樂聞其事乎臣竊聞見今河道西行孫村側左大約入地二丈以來而見今中郭漲水出崖由新開口地東入孫村不過六七尺欲因六七尺漲水而奪入二三丈河雖三尺童子知其難矣然朝廷遂為之遣都水使者興兵工開河道進鋸牙欲約之使東今方河水盛漲其西行河道若不斷流則遏之東行實同兒戲昔鯀堙洪水汨陳五行逆天地高下之性九載而功不成鯀以殛死今一河雖小而河朔百萬生靈安危所係奈何不計利害而輕動之哉臣願陛下急命有司且徐觀水勢所向依累年漲水舊例因其東溢引入故道以舒北京朝夕之憂其故道堤防壞缺

之處略加修完免其決溢而已至於開河進約等事一切不得興功仍不許奏辟官吏調發夫役候河勢稍定然後議之不過一月之後漲水既落則西流之勢決無移理而羣小妄說不攻自破矣若不待水勢稍定倉猝之間即行應副大役一起小人既得差遣請受因緣生事勢難禁止則河北之患有不可知者矣臣兄軾前在經筵因論黃河等事為衆人所疾跡不自安遂求引避臣今出位而言正與兄軾無異然不忍朝廷莫大之害而舉朝臣僚懲創前事無有一人為陛下言者是以不能自已狂愚率易伏俟誅遣

轍又乞罷修河司疏曰臣於去年嘗再具劄子論黃河漲水於孫村出岸東流本非東決而吳安持李偉等附會大臣欺罔朝聽欲因此塞斷北流東復故道差官調夫於今年春首興起大役臣竊疾之是以不避煩瀆越職獻言以為河北生靈連歲災傷未宜輕有舉動乞

陛下斷之於心力止其事是時大臣固執前議天聽高遠言不能回臣尋被命出使契丹道過河北見州縣官吏訪以河事皆以目相視不敢正言及今年正月還自虜中所過吏民方舉手相慶皆言近有朝旨罷回河大役命下之日北京之人驩呼鼓舞以為二聖明見千里之外雖或巧為障蔽而天日所照卒無能為惟減水河役遷延不止耗蠹之事十存四五民間竊議意大臣業已為此勢難遽回既為聖鑒所臨要當逐漸盡罷今月六日果蒙聖旨以旱災為名權罷修黃河候今秋取旨大臣覆奏盡罷黃河東北流及諸河功役民方憂旱皇皇之際聞命踴躍實荷聖恩然臣竊詳聖旨不謂減水河必不可開而託名旱災曲全大臣不欲明指其過而大臣復請遍罷諸河以蓋獨罷減水之跡上下相蒙體實未便何者北流堤防積歲不治近來南宮宗城等處決溢皆由堤防怯薄夏秋水漲勢不能支都水官吏竊幸其事因以為回河減水之說既不依常理興功貼築甚者又大計閉塞決口功料以形比孫村回河之費意謂彼此費用相若則孫村之役不為過當由此北流之患漫不禁止臣昨過瀛深洺等州界吏民皆言今年若不治堤數州之民受害尤甚至於東流故道地勢積高必不可復所開減水河雖不開掘每歲漲水必由此行歲歲淤高往事可驗縱復開掘深廣河淤一上勢不復存於此施功顯是枉費國力而捨彼為此欺罔可知然臣之所憂非特在此何者河流之不可復東若使上下誠有不知誤興大役雖傷財害民為患不小而事有過誤於君臣之間逆順之際未為大不便也今者大臣之議違衆悖理決不可為而協力主張膠固為一去歲所罷今歲復行順之者任用違之者斥去雖被聖旨猶復遷延以便其私陛下之言上合天意下合民心因水之性功力易就天語激切中外聞者或至

泣下而大臣奉行不得其半由此觀之則是大臣所欲雖害物而必行陛下所為雖利民而不聽至於委曲回避巧為之說僅乃得行君權已奪國勢倒植臣所謂君臣之間逆順之際大不便者此事是也董仲舒有言尊其所聞則高明矣行其所知則光大矣今陛下既得其所聞知然未能尊而行之臣恐羣臣顧望有不為陛下用者矣故臣願陛下有所不知知之必行有所不行行之必盡黃河既不可復回則先罷修河司只令河北轉運司盡將一道兵功修貼北流堤岸罷吳安持李偉都水監差遣正其欺罔之罪使天下曉然知聖意所在如此施行不獨河事就緒天下臣庶自此不敢以虛誑欺朝廷弊事庶幾漸去矣臣待罪翰苑身無言責冒昧納忠譏訶貴近罪合萬死然念頃自初知縣蒙二聖非次拔擢首尾五年叨在禁近恩德深重羣臣少比臣而不言天下無敢言者矣斧鉞之誅所不敢避

轍為御史中丞又乞罷修河司疏曰臣伏見大河北流經今十年已成河道每年夏秋汎溢孫村地形低下漲水東出因此張問等輩欺罔朝廷建為回河之議自是北京生靈懷魚鼈之憂日夜為遷徙之計監司守臣及勅遣使者皆言其不便朝廷亦知其難矣而去歲八月宣德郎李偉輒敢獻言欲閉塞北流回復大河力排衆議僥倖萬一私覬功賞朝廷為之置脩河司調發民夫剗刷役兵差文武官吏收買梢芟百費並舉河北京東西路公私為之搔動萬口一詞知其無成上賴陛下聖明照知利害然猶未能盡罷其役始令且開減水河次因旱災命權罷修河放散夫役然修河司依前不罷李偉仍提舉東流故道後因給事中范祖禹封還勅命尋奉四月五日聖旨李偉差遣候過漲水檢舉取旨臣訪聞是時大臣面許陛下候求得一人可代偉者即令偉罷去夫偉以欺君動衆害及數路據法當即日誅竄以謝天下今乃遷延至此況有前件聖旨必非虛言理當檢舉施行以信大臣前說今漲水已退而偉終不罷據今月三日聖旨止是依吳安持等所請候霜降水落從北丞司相度將梁村口至孫村河身內妨礙處取豁擗掠候冰凍消釋相地形順便隨宜開導務令深闊釃為二渠臣詳觀安持等說蓋猶挾姦意覬望朝廷欲徐為興動大役之計以固權利不然但畧行開撥口地則北外丞司自可辦事自不須復存修河司及留李偉使時進姦謀以敗大計也以臣觀之修河司若不罷偉若不去河水終不得順流河朔生靈終不得安居伏乞指揮大臣速罷修河司及檢舉前勅流竄李偉以正國法

貼黃臣觀大河北流北京在其東軍民倉庫所在河朔之都會也昔人遠為漲溢之備於其西岸開三河門使漲水西流於空閑之地至館陶合入河身故北京若無大患今自李偉等閉塞三河門築截河馬頭指水鋸牙激水東向仍於東岸第三第四第七鋪開撥河道慫令漲水灘注北京之上今歲八月漲水東流幾與北京簷横堤平南望瀰汎五十餘里是時北京中若雨不止風不定本京必致疎虞今偉等申請皆没此目前實害而探言北流深瀛汎浸之害以為不可不存東流以分減水勢據今年深瀛等州堤防新復未甚高厚然皆不至決溢若將來歲歲增築使與從前河堤相若加以海口深決漲水不得停留縱有小必不至深害雖無東流未為患也故臣以為偉等皆妄言苟欲自便耳若不斥去則邪說無窮正論無由得伸最河防之臣蠹也

中書舍人曾肇奏曰數年以來河北京東淮南災傷今歲河北並邊稍熟而近南州軍皆旱京東西淮南饑殍疫癘若來年雖未大興河役止令脩治舊堤開減水河亦須調發丁夫本路不足則及鄰路鄰路不足則及淮南民力果何以堪民力未堪則雖有回河之策及梢草先具將安施乎曾范百祿等行視東西二河亦以為東流高仰北流順下決不可回即奏曰往者王令圖張問欲開引水簽河導水入孫村口還復故道議者疑焉故置官設屬使之講議既開撅井筒折量地形水面尺寸高下顧臨王孝先張景先唐義問陳祐之皆謂故道難復而孝先獨叛其說初乞先開減水河俟行流通快新河勢緩人工物料豐備徐議閉塞北流已而名赴都堂則又請以二年為期及朝廷詰其成功遽云來年取水入孫村口若河流順快工料有備便可閉塞回復故道是又不俟新河勢緩矣回河事大寧容異同如此蓋孝先俞瑾等知合用物料五千餘萬未有指擬見買數計經歲未及毫釐度事理終不可為故為大言又云若失此時或河勢移背

豈獨不可減水即永無回河之理臣等竊謂河流轉徙乃其常事水性就下固無一定若假以五年休養數路民力沿河積材漸濬故道葺舊堤一旦流勢改變審議事理釃為二渠分派行流均減漲水之害則勞費不大功力易施安得謂之一失此時永無回河之理也四年正月癸未百祿等使回入對復言脩減水河役過兵夫六萬三千餘人計五百三十萬工費錢糧三十九萬二千九百餘貫石匹兩收買物料錢七十五萬三百餘緡用過物料二百九十餘萬條束官員使臣軍大將凡一百一十餘員請給不預焉願罷有害無利之役那移工料繕築西堤以護南決口未報己亥乃詔罷回河及脩減水河

四月戊午尚書省言大河東流為中國之要險自大吳決後由界河入海不惟淤壞塘濼兼濁水入界河向去淺澱則河必北流若河尾直注北界入海則中國全失險阻之限不可不為深慮詔范百祿趙

君錫條畫以聞百祿等言臣等昨按行黃河獨流口至界河又東至海口熟觀河流形勢并緣界河至海口鋪砦地分使臣各稱界河未經黃河行流已前闊一百五十步下至五十步深一丈五尺下至一丈自黃河行流之後今闊至五百四百步次亦三二百步深者三丈五尺次亦二丈乃知水性就下行疾則自刮除成空而稍深與前漢書大司馬史張戎之論正合自元豐四年河出大吳一向就下衝入界河行流勢如傾建經今八年不捨晝夜衝刷界河兩岸日漸開闊連底成空趨海之勢甚迅雖遇元豐七年八年元祐泛漲非常而大吳以上數百里終無決溢之害此乃下流歸納處河流深快之驗也塘濼有限遼之名無禦遼之實今之塘水又異昔時淺足以褰裳而涉深足以維舟而濟冬寒冰堅尤為坦途如滄州等處商胡之決即已淤澱今四十二年迄無邊警亦無人言以為深憂自回河之議起首以此動煩聖聽殊不思大吳初決水未有歸猶不北去今入海湍迅界河益深尚復何慮藉令有此則中國據上游契丹豈不慮乘流擾之乎自古朝那蕭關雲中朔方定襄鴈門上郡太原右北平之間南北往來之衝豈塘濼界河之足限哉臣等竊謂本朝以來未有大河安流合於禹跡如此之利便者其界河向去只有深闊加以朝夕海潮往來渲蕩必無淺澱河尾安得直注北界中國亦無全失險阻之理且河遇平壤灘慢行流稍遲則泥沙留淤若趨深走下湍激奔騰惟有刮除無由淤積不至上煩聖慮

四年冬御史中丞梁燾奏嘗求世務之急得導洛通汴之實始聞其說則可喜及考其事則可懼竊以廣武山之北即大河故道河常往來其間夏秋漲溢每抵山下舊來洛水至此流入於河後欲導洛以趨汴渠乃乘河未漲就嫩灘之上峻起東西堤闢大河於堤北攘其

地以引洛水中間缺為斗門名通舟楫其實導河以助洛水之淺涸也洛水本清而今汴常黃流是洛不足以行汴而所以能行者附大河之餘波也增廣武三埽之備竭京西所有不足以為支費其失無慮數百萬計從來上下習為欺罔朝廷惑於安流之說稅屋之利恬不為慮而不知新沙疏弱力不能制悍河水勢一薄則爛熳潰散將使怒流循洛而下直冒京師是甘以數百萬日增之費養異時萬一之患亦已誤矣夫歲傾重費以坐待其患何若折其奔衝以終除其害哉為今之計宜復為汴口仍引大河一支啓閉以時還祖宗百年以來潤國養民之賜誠為得策汴口復成則免廣武傾注以長為京師之安省數百萬之費以紓京西生靈之困宰大河水勢以解河北決溢之災便東南漕運以蠲重載留滯之弊時節啓閉以除壅淺打凌之苦通江淮八路商賈大舶以供京師之饒為甚大之利者六此

不可忽也惟圻去兩岸舍屋盡廢慨錢爲害者一而甚小所謂省小費以成大利也臣之所言待其大畧爾至於考究本末措置纖悉在朝廷擇通習之臣付之無牽浮議責其成功又言臣聞開汴之時大河曠歲不決蓋汴口析其三分之水河流常行七分也自導洛而後頻年屢決雖洛口竊取其水率不過一分上下是河流常九分也猶幸流勢卧北故潰溢北出自去歲以來稍稍卧南此其可憂而洛口之作理須早計竊以開洛之役其功甚小不比大河之上但闢百餘步即可以通水三分既永爲京師之福又減河北屢決之害兼水勢既已牽動在於回河尤爲順便非獨孫村之功可成澶州故道亦有自然可復之理望出臣前章面詔大臣與本監及知水事者按此地形水勢具圖以聞不報

七年三月以吏部郎中趙偁權河北轉運使偁素與安持等議不協

嘗上河議其畧曰自頃有司回河幾三年功費騷動半天下復爲分水又四年矣古所謂分水者因河流相地勢導而分之今乃横截河流置埽約以扼之開濬河門徒爲淵潭其狀可見況故道千里其間又有高處故累歲漲落輒復自斷夫河流有逆順地勢有高下非朝廷可得而見職在有司朝廷任之亦信矣患有司不自信耳臣謂當繕大河北流兩堤復脩宗城棄堤閉宗城口廢上下約開闢村河門使河流湍直以成深道聚三河工費以治一河一二年可以就緒而河患庶幾息矣願以河事并都水條例一付轉運司而總以工部罷外丞司使措置歸一則職事可舉弊事可去

八年二月乙卯三省奉旨北流軟堰並依都水監所奏門下侍郎蘇轍奏臣嘗以謂軟堰不可施於北流利害甚明蓋東流本人力所開闊止百餘步冬月河流斷絶故軟堰可爲今北流是大河正溜比之東流何止數倍見今河水行流不絶軟堰何由能立蓋水官之意欲以軟堰爲名實作硬堰陰爲回河之計耳朝廷既已覺其意則軟堰之請不宜復從趙偁亦上議曰臣竊謂河事大利害有三而言者互進其說或見近忘遠徼倖盜功或取此捨彼譸張昧理遂使大利不明大害不去上惑朝聽下滋民患横役枉費殆無窮已臣切痛之所謂大利害者北流全河患水不能分也東流分水患水不能行也宗城河決患水不能閉也是三者去其患則爲利未能去則爲害今不謀此而議欲專閉北流止知一日可閉之利而不知異日既塞之患止知北流伏槽之水易爲力而不知闢村方漲之勢未可併以入東也夫欲合河以爲利而不恤上下壅潰之害是皆見近忘遠徼倖盜功之事也有司欲斷北流而不執其咎乃引分水爲說姑爲軟堰知河衝之不可以軟堰禦則又爲決堰之計臣恐枉有工費而以河爲

戲也請俟漲水伏槽覰大河之勢以治東流北流

紹聖元年正月偁爲轉運使又上言曰河自孟津初行平地必須全流乃成河道禹之治水自冀北抵滄景始播爲九河以其近海無患也今河自横壠六塔商胡小吴百年之間皆從西決蓋河徙之常勢而有司置埽創約横截河流回河不成因爲分水初決南宫再決宗城三決内黄亦皆西決則地勢西下較然可見今欲弭息河患而逆地勢戾水性臣未見其能就功也請開闢村河門脩平鄉鉅鹿埽焦家等堤濬澶淵故道以備漲水大名安撫使許將言度今之利若舍故道止從北流則慮河下已湮而上流横潰爲害益廣若直閉北流東從故道則復慮受水不盡而陂隄爲患竊謂宜因梁村之口以行東因内黄之口以行北而盡閉諸口以絶大名諸州之患俟春夏水大至乃觀故道足以受之則内黄之口可塞不足以受之則梁村之

役可止。定其成議。則民心固而河之順復有時。可以保其無害。詔令吳安持同都水監丞鄭佑與本路安撫轉運提刑司官具圖狀保明聞奏。即有未便。亦具利害來上。

哲宗時。右諫議大夫范祖禹論回河狀曰。右臣伏見元豐四年五月河決小吳。六月三日神宗皇帝詔旨更不脩閉決口。至十二月。又宣諭輔臣曰。以道治水。無違其性。其詔書及聖語已書於實錄。謹節錄進呈。恭惟先帝聰明睿智。窮神燭理。不出九重而洞知河之利害。斷以聖意。如親臨觀。雖神禹復生。亦不過此。所以終先帝之世。人莫敢輕議。河行大吳。今已九年。自元豐八年以來議者乃有異同。朝廷疑惑。故前遣李常馮宗道。後又遣臣叔百祿趙君錫案視。皆言無可塞之理。即用北流為便。士大夫亦言不可塞者十有九。可謂衆矣。昔堯之時洪水滔天。堯咨四岳誰可治水者。四岳皆薦鯀。堯知鯀不可用。

曰吁。咈哉方命圮族。言其為人很戾。必不能順五行之性也。四岳皆曰試之。堯乃命鯀治水。九載而功不成。夫堯既知鯀不可用。然而勉從四岳者何也。稽于衆。捨己從人也。雖勉從四岳。然鯀治水。果無成功。卒如堯之言。夫以堯之聖。知鯀不可用。然猶捨己以從人。而況執政大臣出一言而欲天下莫之敢違乎。夫河為四瀆之宗。萬水所會。自大禹患其難治。然禹所以能治之者順水之性而已。漢武帝時河決瓠子。使汲黯鄭當時興人徒塞之。輒復壞。武帝好神仙。時方憂河決。方士言曰。黃金可成。而河決可塞。不死之藥可得。仙人可致也。此四者皆武帝所欲而不能得。故方士以此說之。至以塞決河比求神仙及長生。其難可知也。自是以後二十餘年不復塞。武帝既封禪巡祭山川。因祠太山。還至瓠子。自臨決河。沈白馬玉璧。令羣臣從官自將軍以下皆負薪塡決河。帝悼功之不成。作瓠子之歌。乃卒塞之。名曰宣防。其難亦至矣。昨朝廷使李偉分導大河入孫村口歸故道。以解下流之患。遂命偉專管勾疏導二股河。臣竊詳李偉止因開沙河直堤第三鋪口放滾水入孫村口。強名之為二股。水落當復如故。其理必難久行。就使大河能成二股。則東西兩流占地愈多。所備益廣。隄防之費自倍。先朝亦嘗為二股。而終不成者。河之大勢必歸於一故也。而李偉因此乃欲以塞宗城決口。及移深州之費回達大河復歸故道。希合執政。無所忌憚。敢肆大言。以罔朝廷。朝廷更不博謀於衆。即依偉奏置都提舉脩河司。亦未嘗審問吳安持可與不可。即命與范子奇同提舉。安持既開直隄第四鋪口。而第七鋪危急。觀安持奏自八月八日救護。至二十八日。日數不為不多。用梢草等百萬物料不為不豐。調急夫至六七千。人力不為不至。官吏自夜達旦。不為不勤。埽緶愈危。隨即墊去。甚於漏卮。何時窮已。終不能守。而直堤自

潰決百餘步。今纔開一鋪。而河勢變移。人意已不能測。功役已不為小。安持所奏。已執兩端。將來閉塞北流。何止萬倍於此。若其無成。豈肯任責。又聞范子奇爭言河不可回。朝廷已令分析。昨謝卿材奏乞兼領河事。制置一年。必使國用不加費。民力不加勞。河清住招。物料住買。水行地中。冀不決溢。河灘之地。漸可耕墾。自來春府界京東不消調夫。亦免科出夫錢。又乞赴闕稟議河事。自河決以來。監司未嘗肯任咎責。獨卿材所奏如此。朝廷何不且試之一年。若其無成。顯行黜責。如此則誰不盡力。孰敢妄言。而尚書省批命先具措置利害聞奏。不令赴闕。昨先移卿材河東。乃復置修河司而改用范子奇。意謂子奇必不敢違耳。然子奇亦明言不可者。豈固欲違朝廷哉。子奇久任河北。必亦知其可與不可也。臣竊見去年初遣二使之時。大臣方且力爭。或曰可塞。或曰不可。今言不可者已罷免。所以廟堂無異議

之人。止用一李偉之言。暴然復興此役。用物料發急夫。調兵已不爲少。凡河役一起。則公私遂空。將來聚十萬兵夫。不唯窮困河北一路生靈。京東京西亦皆震擾。人民離散。盜賊並興。國之大憂。或在於此。今河去北京止十五餘里。若進馬頭迫臧河水。則其勢不可測知。脫有疏虞。北京將何以捍禦。當此之時。雖誅李偉輩。未足以謝天下生靈。陛下悔之何及。夫河不可塞。在理甚明。稽之帝堯則當從衆。驗之神禹則當順下。質之先帝詔書具存。陛下昨欲遣使之時。先已降詔。恐人有覬望之意。復追改之。此乃陛下以大公爲心。無所專主。不輕河事。慎之至也。及二使還奏。大臣論議猶不能一。獨陛下聖意主張。遂罷修河司數路之人。方稍休息。中外無不以爲至當。今纔歷三時。復爲回河之役。先帝既以爲不可。陛下又以爲不可。而執政恥其前言之失。必欲遂非。不復顧天下之安危。生民之休戚。妄舉大役。輕動

大衆。河本無事。而人強擾之。臣不知執政以何爲詞。必以北流有決溢之害也。夫夏秋之際。百川皆漲。非獨大河。河中河陽兩山之間。猶時有決溢。況於河北。河出平地。無所阨束。而北流隄防未理。水性趨下。安得全不爲患也。今秋水漲多於常年。如昨潁昌水入城郭。陳蔡亦有水災。豈由河不復故道。熙寧中河決曹村。東南注鉅野。與漢武帝時瓠子正同。河決而南。不可不塞。故大興人徒塞之。然曹村之役。人力已無所施。一夕河自退。背靈平乃成。故議者以爲天助。非人功也。祖宗時王楚橫隴商胡皆不可塞。非不欲塞也。勢不可回也。先帝知其如此。及河決而北。遂不復閉。蓋幸其北去。無南決逼近都邑之患。而河薄西山。稍近禹之故道。李垂孫民先嘗欲導河使之北流。當時議者但以功費太大。力不能爲而已。今河自行其地。此乃天意。非人事也。夫河者天地之氣。氣之所向。誰能禦之。今東行故道已高。借

使能以人力開之。至海終不能使水自下升高。自大禹以來。未聞用人功開土渠而引大河行其中者。今不以人意順水。而欲使水隨人意。此乃鯀陻洪水。汨陳五行之失也。元豐中范子淵爲武濟之役。欲橫絶大河。費國財。害人命。不可勝計。京西之人。恨不食子淵之肉。及其敗事。姦臣黨庇。止奪一官。陛下嗣位。方加貶責。今欲塞北流。與子淵何以異。校其勞費與其爲害。又非武濟之比也。夫水官欲興河役。正如邊臣欲生邊事。官員使臣利於功賞俸給。吏胥主典利於官物浩大。得爲姦偉。豪民利於貴售梢草。瀕河之人利於聚衆營爲。凡言回河之利者。率皆此輩。非爲國家計也。且以國家今日事力。何如漢武帝與先帝之時。以漢武帝之雄材。先帝之神武。皆以塞河爲難。而今日執政容易爲之。此臣所不敢信也。假使有可回之理。可塞之勢。方今國用虛乏。民力困弊。朝廷唯宜安靜。猶當省費息民。況必無可

爲之理乎。又有言北流之害者。或曰淤塘濼。或曰河入北界。則失中國之險。此皆私憂過計也。塘水不依元法已久。非緣河決而後淤淺。今河入界河。日益深闊。東流纔二百里。乃入于海。昔以界河爲阻。今以大河爲限。其爲天險。豈有過於此者乎。漢武帝時齊人延年上書。請案圖書觀地形。令水工開大河上嶺。出之胡中。東注之海。可以省隄防備塞。士卒轉輸。胡寇侵盜。覆軍殺將。暴骨原野之患。天下常備匈奴而不憂百越者。以其水絶壤斷也。此功一成。萬世大利。武帝壯之。詔報曰。延年計議甚深。然河乃大禹所道也。聖人作事。爲萬世功。通於神明。恐難改更。夫延年猶欲決河以灌匈奴。武帝以其非禹跡。故不爲也。今設使河入北界。此乃天送禍於契丹也。彼河入百里。則失百里之地。入二百里。則失二百里之地。河之所在。國之災也。何利於我。而必欲專之。議者又以爲恐虜渡河入寇。此又私憂過計也。今

河上流自西夏經北胡乃入中國自古未有戎狄以舟師入宼者也
況其居下流乎若北虜能以舟檝與中國校勝此則書契以來未之
聞也假使東流成功北流退為平陸臣不知朝廷能聚兵於北境浚
塘水而修界河乎凡以北虜為說者皆以妄言恐朝廷望陛下拒絶
勿聽而已自古欲舉大事動大衆必先盡天下之言不惡異同之論
使人人各伸所見而後利害是非出焉至於治河必委忠實可信之
人其論議必斷以經術非專用貪利邀功之人也漢武帝使汲黯鄭
當時塞瓠子猶復壞成帝時平當以經明禹貢使行河領河隄今乃
欲望大禹之功於王孝先李偉之徒不亦難乎陛下凡兩遣使行河
執政皆不以為信而獨信一李偉輕犯大河與討伐西北二虜無異
其費無有限極國財民命委於洪流比之邊事尤不可計而朝廷晏
然為之此臣之所大惑也臣愚伏望陛下明諭大臣傳采羣言息意

回河勿輕動衆無以有限之財力生民之性命填不測之巨壑勿為
無窮之役與無涯之費以徇一言之失而望必不可成之功罷都提
舉修河司嚴遣官吏兵夫以俟將然之患其北流決溢隨宜救護委
外都水使者自來春爲始亟理隄防仍速行相度修閉諸處決口臣
自聞復置修河司指揮即欲建言緣臣叔百祿嘗被使指言出臣口
恐亦有嫌是以躊躇至於閏月今中外訩訩皆言不便臣有言責當
陛下耳目之任若避嫌緘默坐觀國事有誤則臣之罪大矣陛下亦
何賴焉是以冒昧竭盡其誠唯陛下深察臣無任懇悃激切之至
祖禹乞罷回河劄子曰臣竊聞已有旨除臣試給事中臣蒙陛下擢
任言職未有豪分裨補今遽蒙遷擢實懷愧懼雖捐軀隕首無以上
報然臣有愚懇未敢不陳臣自九月以來聞朝廷復置修河司實見
人情訩訩不安皆言回河不便臣因經筵每與傅堯俞相見講求利

害皆以為此事至大不可不言至二十八日臣方進入文字今纔數
日聞堯俞改授吏部尚書臣除左省之職臣非不知給事中職高而
責輕諫議大夫班下而責重人情誰不以升進為榮以免憂責為喜
然臣竊以回河之役最為當今大患又聞差使臣五十九員往五十
九州剗刷差兵赴役又差內臣大使臣四員團結興發次第如此天
下豈不騷動且河北百姓未嘗告訴乞朝廷回河而無故興此大役
逆天地之理易山川之位以國財民命填無窮之壑而取不測之憂
此實安危所繫臣豈敢不力爭夫河不可回臣論之已詳朝廷若以
臣言為然即乞罷回河之役以免河北將來倒垂之急息數十州困
擾之患臣願以一身救數路生民之命雖死無憾若河不可不回以
臣言為不然則當顯行黜責不當却得優遷此乃執政大臣欲以美
職塞臣等之口使人貪利而不言耳朝廷若使執政得以官職誘人

則畏威者無不鉗口貪利者亦皆結舌天下利害之實人主何由得
知此非陛下之福也恭惟太皇太后陛下方垂簾聽斷皇帝陛下未
親政事正當明目達聰之時而大臣乃以陛下官爵為蔽言之具臣
雖至愚亦不敢當臣若黽勉就職是與執政同為欺君若陛下一日
覺悟以臣為如何人也伏望陛下詰問大臣臣所引先帝詔書可用
與不可用陛下昨降罷修河司指揮可行與不可行今來復置修河
司是與不是中外人言便與不便然後考核臣言之是非若臣言是
乞賜施行若臣言非乞加黜責免至叨冒恩命再三辭避瀆煩天聽
臣無任懇激之至
祖禹又乞罷回河劄子曰臣聞周靈王之時穀洛鬬將毀王宮太子
晉諫以為不可夫穀洛二水小川也王宮天子所居也小川水鬬而
妨王宮太子晉猶深陳禍福之戒言川不可壅壅必有禍以其違天

地之性也今大河豈穀洛之比又無王宮之害以何理而欲塞之也六國之時鄰敵相傾則勸人以動衆役民韓聞秦之好興事欲疲之無令東伐乃使水工鄭國為間以說秦令鑿涇水為渠溉田夫以一渠猶能疲秦使無東伐今回河之役不知幾渠而自困民力自竭國用又多殺人命有不可勝言之害此乃西北二虜所幸也是以臣與傅堯俞極言論列實以河北數路生民休戚國家安危朝廷輕重所繫天地血脉已北向九年必非人力所能遏絕今之河流方稍復大禹舊跡入界河趨海初無壅底萬壑所聚其來遠大必無可回之理自古亦無容易塞河之事欲望陛下與執政大臣考臣等言之是非若臣等所言為是即乞以數路生民為念以國家安危輕重為急速賜指揮停罷修河今將大冬盛寒宜早降德澤免生民飢凍死亡正李偉等欺罔之罪如以臣等言為不然方用中語皆不可信而河有

必回之理不於他處決溢為州縣大患不至苦虐數路兵民力役以致逃亡起為羣盜及不至火急收買數千萬物料致非時斬伐林木殘害天地之所生科擾州縣鄉村坊郭人民鞭笞枷錮星火督責致百姓驚騷流離之苦又免枉費國家不貲之計以致公私匱乏倉庫空竭內則姦狡窺伺別致生事外則四夷傳聞萌心作過但令大臣保得必無上件數事回河必有成功則臣言顯為謬妄豈可但隱忍而已須當正臣等所言不當之罪黜責以勵後來乃可以示朝廷典法今不試驗臣等所言是否以救朝廷過舉而章奏纔下未及累日即蒙優加美還臣不知大臣此謀為國耶為身耶若為國則當公天下之言盡河事之利害不當以官職姑息使人不言若為身則是唯欲人之同己而不欲人之異己豈唯國事不當如此為大臣身計亦未為得也人臣官愈進則當憂國愈深寵益加則當愛君愈切臣若

聞命遂緘默不言不唯臣心實有所愧有識之士必指臣為貪利無恥忘國不忠之人伏望聖慈宣問大臣等所言回河是否如上所陳數件事理必有必無別白是非明辨可否使如臣輩不得緘默

祖禹又乞罷河役狀曰臣所領工房伏見朝廷應副修河司所司如支河陰汜水等處綱米五萬石及差裝卸兵士二千人洛口椎武埽鍬手各三百人支在京箔場蘆葭四萬領修役兵營寨之類日有行下文字臣昨為諫官極論回河不便未蒙施行今河役不息功費漸大恐修河司須索未止於此朝廷若不罷河役則無不應副之理門下亦無由不行下臣稽之於古考之於今質之中外人言竊謂此功必不可成恐雖應副枉費國財民力有害無利謹具所聞見回河不便畫一如後

一水性趨下自祖宗以來河決以次向西此則地勢東高西下其

理不疑商胡故道已行三十餘年隄防日增如築垣居水淤填積久其地必高此不待見而可知今北流千餘里欲使復為平陸故道千餘里欲使復為洪流恐非人力之所能也

一四瀆者天地所以節宣其氣如人之血脉不可壅遏今北流已九年豈非天意有定就下趨海乃是地形順便今來回河上違天意下逆地理騷動數路幾半天下枉害兵民性命空竭公私財力投之洪流不知紀極非徒無益更取患害　已上是河不可回之理

一北流水行地中已是見成河道只須脩立隄防使為永久之利若歲歲增脩一尺一寸皆是所得不為枉費東流已廢九年閒故隄穿穴一萬餘處陵谷遷變況於埽岸人力所為今若脩完便同創置恐非人功國力所能供億譬如朽爛水槽多年不使

一旦盛水豈不跣漏況水之性必不捨下就高設使能以人力廻向故道必為大患

一北流每年不免決溢自是隄防未理水政不脩埽岸怯薄全無備禦當夏秋之際小川猶漲自古未有無患之河豈可因漲水噎凌決潰便欲全河回改設使能回向東不知可保無決溢之患否

一南宮上下埽連年決潰皆緣隄岸卑薄深冬噎凌衝破臣不知去冬以來曾與不曾增葺隄防如其不然則今冬噎凌之際豈可保其無虞訪聞北流西隄自信都以南三百里許一例卑薄昨南宮埽止高二尺闊五尺頗河老長無不寒心又官中累年不調春夫埽岸使臣皆有免責罰指揮河清兵士為脩河司諸處抽使所存無幾水政如此豈得為河不為患及有決潰則歸

咎北流便欲回河豈為實論

議者謂北流橫絕御河失漕運之利及西山諸水壅盛為患豈大河向北自可漕運何必御河西山諸水自上古以來有之非獨今日大禹舊跡循西山而行與今北流正相符合西山諸水入河無疑但築隄防空留西山水道使之入河何為不可

一李偉元奏欲以閉宗城決口及還深州之費回奪大河夫宗城決口雖大必不至費一千八百萬物料竊意元初檢計官故作情弊大數檢計意欲朝廷見其費大不若用以回河然後李偉却索此數自謂能了朝廷若遣可信之人別行檢計的確合用物料當見欺罔且塞全河與宗城一決口大小不同可坐而知臣竊計一千八百萬物料塞宗城則必多塞北流則不足李偉必是且索此數將來一千八百萬必了不得朝廷既已興工不

可中輟必須接續應副大抵興事之人無不如此范子淵武濟之役已用此計及至敗事又無窮須索朝廷知其不可方罷而子淵猶以此藉口歸過朝廷以為不應副非是功不成今李偉與子淵正同而河役浩大又非武濟之比奈何信偉此言

一熙寧初已議移深州至今不能移者人情重遷故也今欲回河雖免深州之患而不顧北京可乎昨沙河第七鋪潰決已逼北京可為寒心今欲移一深州二十年猶不能也況北京之大豈比深州將來河不可測萬一北京被患如何可移

一李偉稱北流破放省稅近一百萬臣以為此是隄防未理水政不脩今若理隄防脩水政則河不決溢不占民田河灘可耕省稅可復而又東流故道多為膏壤彌數百里皆出省稅今為失稅而欲回河不知先費用幾百料稅

一閉塞北流盛水既高則上流必深諸處隄埽豈可不慮大抵河患常出人意外如昨來閉第三第四而第七鋪決將來閉合未知為患所在豈可保上流諸埽必無決溢

一昨吳安持奏第七鋪危急謂過急夫七千人而役兵不在其數用梢芟一百餘萬聞其實數不止於此下七埽皆被吹墊勢如漏巵經二十日用功終於棄捨任其決潰此乃救護積年壯隄上一決口猶不能為力而況兩岸漸進馬頭於急流巨浪中旋下梢草客土欲合龍門此必不可為明矣

一北流雖有決溢乃是天災非人所為瀕河之民雖被水害然亦有填淤肥美及漁採之利不聞失業愁苦之歎今回河向東若有潰決乃是引河水以灌注州縣百姓豈得不歸怨於朝廷譬如天火人火天火自是災數人火必有歸咎且自古未有無患

之河利多害少即不須改作今北流實有大利豈可以有小害便妨大計

一塘濼淤淺非因河決所致熙寧中先帝以塘水多堙廢嘗遣監司以巡歷爲名案行檢視此乃積年不脩然先帝亦未遑疏濬也且朝廷與契丹通好幾及百年豈是塘水能限胡寇乃朝廷恩信深結其心每歲饋遺金帛虜貪厚利所以不動若其棄好背盟何路不可入寇豈塘濼所能捍禦朝廷亦何嘗恃此以爲險固

一河入界河幾二百里乃入海此最爲天險實中國大利議者曾不計此乃憂河入北界若入北界當於初決時一直北注不應却東入海又西隄屢決水復還河以此可知向北地形高仰設使河入北界乃是契丹之災況必無此理

一竊聞欲用沙囊以合龍門自古唯韓信用沙囊壅濰水以敗楚兵未聞大河可用沙囊壅合此與范子淵用鐵龍爪濬河無異河水所向土山亦摧豈有布袋盛沙土可禦洪流也

臣見傅堯俞言有人自河北來言北京地無椿草石炭非常踊貴此乃九月中所聞未知今更如何聞往年六塔河役民間費錢五百文方了納梢草一束審如此則生靈何辜朝廷聞之豈得不動心也

一近依脩河司所請降朝旨下河北轉運司并脩河司曉諭州縣民戶向去別無科配物料臣竊恐此止是空文物料不出於民何從而得興動大役豈有不騷擾者但恐朝廷雖降此指揮民間困苦亦無由盡知如役兵死未免只作逃亡申報民夫死則官中更不知數此尤可哀憫也

一脩東流故道是一大役閉塞北流又一大役此二大役其害已不可勝言非民力所能堪今西戎未款服萬一更有邊事將何以枝梧

一天聖初朝廷遣參知政事魯宗道往滑州相度塞河口功料其後欲塞商胡亦下學士院集兩省臺諫官議先朝慎重河事如此今倚仗一李偉即興舉大事臣前上言士大夫言不可塞者十有九今采於中外之論無小無大皆言不可非止十有九而已自古未有違衆作事而能成功者也

一脩河司奏打量第四鋪已下至孫村口大河水面即目高如孫村口二丈五尺九寸者臣聞前年顧臨謝卿材王孝先唐義問陳祐之張景先等衆官講議躬親相視援孫勍等開堿井筒衆定得有二丈一尺有餘取引不過難以還復故道後來再遣使

案視與前所驗無異今脩河司所奏已是河水伏槽之時猶高二丈五尺已上則昨來夏秋之際漲水必更倍高何以回奪不過且京師去北京不遠河水深淺地形高下皆可案驗而二年之間前後所定如此不同豈可不考核虛實坐受欺罔就使孫村口實爲低下要是東行故道大勢已高流河不快所以就下昔漢成帝時河決平原遣王延世塞之杜欽說大將軍王鳳言延世前受楊焉術以塞河而蔽匿不言不若遣焉與延世雜作延世與焉必相破壞深論便宜更相難極是以分別是非擇其善者而從之鳳如欽言奏遣焉等作治六月乃成古者欲舉大事故欲人爲異同反覆詰難至於窮極然後利害可見朝廷擇而從之昨謝卿材以議不合先罷范子奇至河北纔兩月又以異議罷而專信李偉偏說此中外所以未服也

一臣案歐陽脩言慶曆中横壠之水自下流先淤是時脩爲河北轉運使海口已淤一百四十餘里其後下流既梗乃於商胡口決據此則先是下流不快上流乃決小吳之決恐亦無異商胡今修河司專閉塞北流而不管故道可行與不可行海口快與不快若海口出泄不快將如之何今只打量孫村口高下便望成功亦恐利害未盡

一李偉稱北流河道動闊三五十里至七八十里然大河行流謂之一濙一泆豈能必使之攤平遍滿故每潔溜走移或東或西所向即決蓋無隄防扼束之幹者臣觀古人唯不欲與水爭地故遠爲隄防使游波寬緩而不迫正以隄防扼束爲水之害則多決溢若兩隄相去數十里其河自有中流豈有攤平遍滿之理水退則人皆種麥比及水至麥已倍收且先帝宣諭唯欲遷

州縣以避水而李偉乃欲以隄防束水不唯極非先帝聖意亦正與古人治河相反　已上是河不可回及不須回之事

右臣竊以論議之臣止言其理至於知河事者則言其事今其理已極爲不可而其事又如前之所陳先帝所謂以道治水者言其理而已至於以事治水乃後世之弊先帝之所不取也昔堯知鯀不可使治水然而四岳請試鯀者豈固欲違堯意而害天下哉蓋當時治水之人未有以易鯀而鯀必執其說以爲水可堙塞而治故也仁宗時李仲昌欲塞商胡擬横壠歐陽脩極言不可執政不聽脩而聽仲昌仲昌終以敗事得罪以仁宗之明豈不知脩可信而仲昌功必無成然而用仲昌者亦堯試鯀之意也熙寧初張鞏宋昌言欲塞二股河北流神宗遣司馬光等往案視光亦極言不可而鞏等急於有功纔塞而復決氾濫大名恩德滄永靜五州軍之境以神宗之明豈不知光可信而鞏等功必無成然而用鞏等者亦堯試鯀之意也夫前事不遠後事之師方今四方無虞西北晏然年穀稍稔民力稍紓若更休養數年庶幾有太平之望唯息河役則中外無復一事豈可試一李偉必待如鯀及仲昌而後止也臣考之方册自古壅塞川瀆必有禍敗共工聽高堙卑以致滅亡鯀堙洪水上帝震怒續用弗成殛于羽山周靈王欲壅穀洛太子晉深陳禍福以共鯀爲戒梁武帝伐魏作浮山堰壅淮水以灌壽陽窮竭境內之力以爭一州四月堰成而九月堰壞緣淮城戍村落十餘萬口皆漂入海怨毒盈於遠邇古今以爲無道今塞北流與堰淮何異且梁武以灌敵國今乃自困吾民而河之大又不比淮以此較之尤爲不可凡論河役正如邊事搢紳之儒則言和戎介胄之士則言征伐今問儒者必欲息民若問水官必欲興事欲塞河者是用兵之說也欲不塞者是息兵之說也彼水

官之欲興役如將士但知攻戰而已朝廷豈可不審擇利害而興天下大役止以爲此輩進身之資臣今雖無言責而有官守職在出納通達上下之情聞見如此不敢不言伏望陛下與大臣平章若審如衆論有害無利即乞早罷河役以幸天下以福生民其脩河司兵夫物料可就用脩塞諸處决口委外都水使者漸理北流隄防如此則數路人心必安此乃管仲相齊桓公轉禍爲福之計也臣言狂愚伏乞少賜裁擇

歷代名臣奏議卷之二百五十一

水利

宗哲宗時左諫議大夫劉安世論大河利害狀曰右臣伏見南宮埽口今年以來有堤備漲水在近權住閉塞直候將來堤防成立物料齊足方謀興工雖目下苟安未敢輕議然詢考輿議竊有可憂須至開陳乞賜詳覽臣訪聞南宮之決今已累月適值亢旱水勢甚平萬一夏秋之交山水泛溢與大河相合奪過河身一向西流則深州以下必被其患今事勢已急尚未見朝廷如何擘畫此不可不預爲之慮也議者又謂將來若理西堤須留九門以道西山之水使河門太小則勢必壅遏入納不快河門稍大則黃河暴漲却致出泄二者之說皆不免與民爲害而又脩閉南宮水口之後亦未保他處終無再決之患向去人使道路若有侵占阻滯國信往來未委如何處置欲

望聖慈詳此事理專委都水使者與本路監司子細相度具的確委得不致有前項患害畫一條列結罪以聞庶得利病之實不誤國事

安世又上奏曰右臣等訪聞大河西潰今已累年汗漫流散無復河道故去歲冀州南宮埽決南宮未閉信都又決繼而大名宗城中埽又決近日復有焦家堤之患則北流利害灼然可見今欲全復故道議者以謂新脩理水堤亦未高闊自大名之東埽岸久已廢壞雖南有橫堤頗爲堅實然尚卑下恐不足恃而又故河未嘗濬治一旦遽決梁村由孫村口放水東流止可以分減目下漲水欲還故道未易能也蓋大河重濁其流稍緩旋即淤填今梁村開口循理水堤而下水去堤面纔五六尺至孫村口水與堤平兩處下埽僅免決溢或聞只是分過大河三四分水但恐因循浸久積淤日增將來閉塞北流併使東注地勢高仰壅遏難通則橫堤以南金堤以東決須受害臣等竊謂河事素來議論不一遂致中輟今水官既知利病奮然敢爲固有足取然臣等雖知有可成之功恐不免欲速之弊蓋舊河不曾疏濬而向下堤埽全未完葺遽決梁村放水理有未安況今日已後水勢漸小沙淤浸多萬一更壞舊河不能還復則是前功盡棄進退被患爲今之計實可重惜伏望聖慈詳此事理明詔都水官吏及本路監司協力盡公講究長策廣爲儲備增固舊防庶使東流必有成績乃河朔生靈之幸

安世又上奏曰臣伏見朝廷欲回大河使歸故道採之輿議頗有異同今之言北流者以謂廣占民田大破省稅壅遏西山之水爲深趙瀛莫之患吞併御河絕邊城轉餉之利淤填塘泊北使道梗而又堤防卑薄全不足恃故今歲之閒四處決溢臣再三推考實有如此之患是以議者欲復東流然而自小吳之決久不閉塞大河故道地形

高仰而舊堤廢壞往往斷缺所植林木發掘已盡昔日之備百無一二若河流果然東去未免後患故議者皆欲先葺舊防疏鑿故道人功物料悉令具足然後乘春夏暴漲之勢而順道之方有可回之理昨來都水官吏思慮不審惟務速成既未嘗完繕廢堤亦不聞濬治河道乃於水勢向衰之際妄引東注臣聞只是減得四分已來漲水纔至復槽遽已斷流緣自來河水稍緩立有沙淤故瀕河之人皆咎都水官吏以爲輕開梁村堙塞故道非特不能紓北方之患而反淤壞舊河此尤可重惜也今朝廷舉不貲之費廣儲薪石調發兵夫必數十萬勞民耗國無大於此而典領之人終不敢保河之必回依違觀望徼幸萬一臣竊憂之伏望陛下明詔執政孰講事理若大河決不可回則早乞降旨揮便令罷役博選通習水事之人就今所行子細相度別爲長久禦備之計若故欲使趨故道則乞令都水及脩河

司官吏條具兵夫物料的確合用之數指定於何處放水自甚月日興功至何時了畢委得不敢誤事結罪以聞異日成敗用行誅賞使苟簡之吏莫敢誕謾而利害明白中外不疑大衆大役不妄舉動惟冀特留聖慮早賜施行

安世又上奏曰臣早來延和殿進對伏蒙宣問大河次第臣尋具所聞悉已面奏退而思之猶有未盡之意輒復論列上裨憂勤之萬一臣竊謂小吳之決今已八年澶州之東地形高仰而又隄道廢壞久不完葺林木剪伐靡有孑遺今若不繕舊防增峻故道一旦河勢全奪東去而下流禦備殊未有涯脫或蹤壞何以救補其可慮者一也臣聞昨者沙隄之破止京官吏科配梢草調發丁夫期會嚴峻甚於星火民間勞弊固已不堪今回大河計其薪蒭之費恐須百倍於前日雖朝廷已降旨揮禁戒搔擾而有司苟避督責急於辦集名爲和買實是抑配若必來歲興功竊恐日月迫促地產有限物價踴貴重困民力其可慮者二也臣愚欲望聖慈更加熟計明詔執政參議至理若東流有可成之功即乞擇官吏委任責成寬假歲月無求近效應脩河所須之物並量添價直只命和買不得擾民如有違犯並行降黜俟三二年堤防完固薪石具備公私之力皆有餘裕然後察水勢之所向而順道之庶幾橫流可回生民受賜比之浮薄之論妄舉莫大之役校其得失固不侔矣惟冀特留聖慮早賜施行

安世又上奏曰右臣伏見大河西瀆今已累年朝廷屢遣使者與都水之官及本路監司同共按行固已詳熟而利害紛紜終無定論臣聞自商胡之決踰三十年河淤東高勢必西徙所以連歲行溢旋塞旋潰理有必至無可疑者而王孝先等建議乃欲回復洪流使歸故道所用人工動以億計薪石粮器又數千萬國費民勞莫大於此或

聞孝先等奏章顯言新開直河若有淤填乞不坐罪則是妄興大役以徇偏見又慮緩急水勢不應則先入姦言莫肯執咎誕謾自便輕侮朝廷操心如此何足倚辦書曰汝則有大疑謀及乃心謀及卿士謀及庶人謀及卜筮蓋聖人作事謹始不敢自用而廣謀從衆以求合於天心也今將動大衆起大役而廟堂之上常非素定付之一二庸人肆爲臆說治一橫堤已費五百餘萬復千里之故道則又將若何苟斬費而永寧固不足吝今建議之臣猶不自保則生民之膏血何負於此輩而聽其輕用乎況謝卿材與張景先同爲一路監司而二人之論自不相合恐非詢謀僉同之道伏望聖慈博選深知河事之人再令經度參以李偉孫民先之書擇其可用俾干繫官吏條析利害結罪以聞然後付之執政定從一議所貴處無遺策不貽後悔

御史中丞傅堯俞上奏曰臣伏見朝廷先差朝散郎羅適充開封府界提點刑獄仍專治積水其羅適前知開封縣蹤導溝洫已有成效今春於太康縣開淘圭河一道昨來潁昌府已下大水蔡河決溢太康縣大雨繼作若非圭河通洩水勢縣城亦未可保完此又閭共傳固非妄謬臣聞治水有道必先釃下流若下流壅塞則上流用力雖多難見功利今潁昌府及開封府界上流蔡陳亳下流也臣謂不若徙羅適充京西提點刑獄兼治開封府界亳州水事必能聽其經畫委曲應副若三二年間此數州水患不減臣甘伏妄言之辜

堯俞又奏曰臣伏覩都水使者吳安持與李偉等決大名第三鋪口欲因漲水回大河入孫村口使還故道暴集薪芻屢差夫力倚河之民殆不堪命說無成績虛費不可貲計若知不可而強爲是貪貨欺天若果可爲而不效是不度敗事欺天敗事未嘗議刑姦憸之人既無所懲艾故今又欲興作大役數十倍於前日假託神怪傷惑朝廷

先爲謬悠之談而不肯任責是國家將傾半天下之力徇安持等以徼倖於萬分之一苟不成功生靈何罪決爲此者豈朝廷之福乞重責安持以戒將來夫事以議從策由衆定今衆人之論不然者多新差水官亦復異議欲望聖慈且罷脩河司以安衆心少休民力詳觀大河之變果有大害徐復議之詢謀僉同庶無後悔

堯俞又論河事狀曰臣今月二十二日面奉聖旨令臣與宰臣等更商量河事密具奏聞臣與文彥博呂大防已下商量臣以才薄位輕不能回奪兼緣都堂議論體當宛順次第必不可改移今方大冬已役五萬餘夫兵工不在其數將來諸路調發人夫數十萬殫國財民力以就非急不可必成之役兼慮春中或遇雨雪寒凍不惟怨嗟潰散枉費物料錢糧亦恐傷害人命其數不少此陛下之深知臣不復具論今主議者云欲回河以緩北流之患而未嘗於北流畧爲隄備若將來河勢不肯東流不幸又加大水則北流之害豈可禦哉欲望聖慈或因寒雪或他事沮出指揮直罷回河司留孫村口准備分減漲水使令檢計北流緊急隄岸疾速脩完不管踈虞候三五年更看河勢然後別議則兩邊俱無所失上下安樂可以存全河北生娃變禍爲福其利無窮在陛下神斷一言而已

劉涇上疏曰臣聞水之利常與天澤上下同流則其爲博大不言可知興廢緩急若有常數者比年以前天下之水無一夕不流如血脈天下之田無一畝不化如膏腴言利者用興利者賞障利者責可謂盛矣事功中休情僞雜出言利者恥興利者倦障利者喜天下之水有泥涇白渠而猶行潦也天下之田有黑壤赤埴而猶耕石也此豈獨人知之雖九宸崇嚴亦側聞之矣夫水與田利厚農富國政事之所推而興廢不經障達失時此豈先王深溝洫表阡陌之意乎朝廷

自集功起滯于今十年小人輕舉以敗天助亦豈少哉然賴以荒治有秋者不爲不多矣蓋沮謀扶愿者常以輕舉損費爲嚇辭以審按惜力爲忠告格一無功者而旁達其距人害善之私意此方今之不可不察也以臣所居部觀焉萬安子路渭三湖廣袤萬餘頃利養千餘族可決可激可興可復此橫目者所知也方迭起之初則人人以利獻及輟寢之後人人以害稱是利害果無端倪而特因時高下望風向還而籍衆口以爲權衡臣所目擊也臣所目擊如此則其不見者遺利失時可勝遺恨耶豐年樂歲賴天澤而不勤固凡情也及斯時也起而趨功則食足養力足使上以輔天下以相地與夫凶年飢歲艱食綿力上下不相扶持之時豈止倍蓰哉善言利者莫如其言利之精叔獻輕而寡謀故蒞事則有不如其言利之精叔獻暴之少恕故蒞事則不稱其興利之勇使朝廷擇賢者濟焉則豈叔獻未肯自陋以自必矣臣常切歎人君有願治之誠人臣有肯治之材天下有可治之實三者合會譬如四時或往或來如循環中不幸一跌則三者俱廢良心美法僅成汗漫舉大利動大功亦安得無全害者耶禹之治水今所見者特其功已成道已順故也齟齬蹉跌固寓於不言之間在所意尋豈可以枉民力費民財爲禹涉德哉臣愚謂先飭監司各分所隷郡縣使以所隷水土之利害來上曰其可興其可復其可寢其可廢用財若干用力若干歷幾歲月天子從中斷其是非然後責成焉又特設爲監司興利賞科以勸其前則彼各分所隷矣不得不思而有賞不得不慕而有罰不得不畏也往年兩浙有監司興水利小人沮功輒以無保明監司酬賞爲言而朝廷亦不報信如此則亦孰肯策勵其屬必躬必力以成朝廷輔相天地之心乎夫豈一興一廢果有常數焉而人苟私憂耶不然是不爲也且以召伯一

堰言之廢堰留閘雖童子以為不利而晝陳期於必復者又非一人
也而獨今二年付之悠悠如此則尚可望疏天下之水如血脉化天
下之田如膏腴也哉臣所言特利於耒耜者而利舟楫者尚不在焉
陳次升奏乞開陳亳溝河狀曰臣訪聞陳亳之間地勢平下溝河湮
塞歲有水患損害民田今年尤甚宮中蠲放稅租不啻大半民又艱
食為害非細若溝河開通此患可息其開河雖有所費若以逐年放
免租稅較之則放稅之數多而開河所費少其利甚博竊聞知陳州
陳綋奏乞開陳州河道及元祐間淮南轉運副使黄隱亦曾具乞開
亳州五河利害申奏民間頗以為便並未聞施行臣欲乞朝廷特降
陳綋黄隱所奏下逐路州郡監司疾速相度如委有利便早賜旨揮
開道以除民害
翰林學士蘇軾上疏曰黄河自天禧已来故道漸以淤塞每決而西

以就下耳熙寧中決於曹村先帝盡力塞之不及數年遂決小吴先
帝聖神知河之欲西北行也久矣今強塞之縱獲目前之安而旋踵
復決必然之勢也故不復塞今都水使者王孝先乃欲於北京南開
孫村河欲奪河身以復故道此豈獨一方之安危天下之休戚也古
者舉大事謀及庶人上下僉同然猶有意外之患今内自工部侍郎
都水屬官外至安撫轉運使及外監丞皆以為故道仰勢若登屋功
必無成而患有不可測者以至河北吏民無賢愚貴賤皆以為然獨
一孝先以為可作臣聞自孫村至海口舊管堤埽四十五所役兵萬
五千人勾當使臣五十員歲支物料五百餘萬自小吴之決故道諸
埽皆廢不治堤上榆柳并根掘取殘零物料變賣無餘官吏役兵僅
有存者使孫村之役不能奪過河身則官私財力舉為虛棄若幸而
復行故道則四十五埽皆以廢壞橫流之災必倍於今孝先建議之

初畧不及此近因人言沸騰方牒北外郡丞司云四十五埽並屬北
外監丞司地分命一面相度枝梧又云因檢計春料便令計置今来
欲興脩四十五處已壞堤埽準備河水復行故道此莫大之役不貲
之費也孝先當於建議之初首論其事待朝廷上下孰議而行今孝
先便將此役作常程熟事行與北外監丞司令一面管認意望敗事
之後歸罪他人其為欺罔實駭羣聽其餘患害未易悉數但臣揀察
衆論以為此役不可不罷若今歲罷役不過枉費九百萬物料虛役
二萬兵工若更接續興脩則来歲當役數十萬人仍費三千餘萬此
外民勞之極變故橫生嗟怨之聲是以復致水旱若將三千萬物料
錢作數年因水所欲行之地稍立隄防增卑培薄數年之後必漸安
流何苦徇一夫之私計逆萬人之公論以興必不可成之役乎此臣
所謂措置不當之咎也臣竊見仁宗朝名臣歐陽脩為學士日有脩

河議狀二篇雖當時事宜而其所畫利害措置方畧頗切今日之事
臣以為可用故輙繕寫進呈自祖宗以来除委任執政外仍以侍從
近臣為耳目請間論事殆無虛日今自垂簾已来除執政臺諫開封
尹外吏無人得對惟有邇英講讀猶獲親近清光若復瘖默不言則
是耳目殆廢臣受恩深重不敢觀望上下苟為身謀謹備録今日進
讀之言上陳聖鑒臣無任恐栗待罪之至
軾為龍圖閣學士左朝奉郎知杭州乞開杭州西湖狀奏曰臣聞天
下所在陂湖河渠之利廢興成毀皆若有數惟聖人在上則興利除
害易成而難廢昔西漢之末翟方進為丞相始決壞汝南鴻隙陂父
老怨之歌曰壞陂誰翟子威飯我豆羹芋魁反乎覆陂當復誰言者
兩黄鵠蓋民心之所欲而託之天以為有神下告我也孫晧時吳郡
上言臨平湖自漢末草穢壅塞今忽開通長老相傳此湖開天下平

皓以為已瑞已而晉武帝平吳由此觀之陂湖河渠之類久廢復開事關興運雖天道難知而民心所欲天必從之杭州之有西湖如人之有眉目蓋不可廢也唐長慶中白居易為刺史方是時湖溉田千餘頃及錢氏有國置撩湖兵士千人日夜開浚自國初以來稍廢不治水涸草生漸成葑田熙寧中臣通判本州則湖之葑合蓋十二三耳至今纔十六七年之間遂堙塞其半父老皆言十年以來水淺葑横如雲翳空倏忽便滿更二十年無西湖矣使杭州而無西湖如人去其眉目豈復為人乎臣愚無知竊謂西湖有不可廢者五天禧中故相王欽若始奏以西湖為放生池禁捕魚鳥為人主祈福自是以來每歲四月八日郡人數萬會于湖上所活羽毛鱗介以百萬數皆西北向稽首仰祝千萬歲壽若一旦堙塞使蛟龍魚鼈同為涸轍之鮒臣子坐觀亦何心哉此西湖之不可廢者一也杭之為州本江海故地水泉鹹苦居民零落自唐李泌始引湖水作六井然後民足於水井邑日富百萬生聚待此而後食今湖狹水淺六井漸壞若二十年之後盡為葑田則舉城之人復飲鹹苦其勢必自耗散此西湖之不可廢者二也白居易作西湖石函記云放水溉田每減一寸可溉十五頃每一復時可溉五十頃若蓄洩及時則瀕河千頃可無凶歲今雖不及千頃而下湖數十里間茭菱榖米所獲不貲此西湖之不可廢者三也西湖深闊則運河可以取足於湖水若湖水不足則必取足於江潮潮之所過泥沙渾濁一石五斗不出三歲輙調兵夫十餘萬功開浚而河行市井中蓋十餘里吏卒搔擾泥水狼藉為居民莫大之患此西湖之不可廢者四也天下酒官之盛未有如杭者也歲課二十餘萬緡而水泉之用仰給於湖若湖漸淺狹水不應溝則當勞人遠取山泉歲不下二十萬功此西湖之不可廢者五也臣以

侍從出膺寵寄目覩西湖有必廢之漸有五不可廢之憂豈得苟安歲月不任其責輙已差官打量湖上葑田計二十五萬餘丈度用夫二十餘萬功近者伏蒙皇帝陛下太皇太后陛下以本路饑饉特寛轉運司上供額斛五十餘萬石出糶常平米亦數十萬石約勑諸路不取五穀力勝稅錢東南之民所活不可勝計今又特賜本路度牒三百而杭獨得百道臣謹以聖意增價召人中米減價出賣以濟飢民而增減耗折之餘尚得錢米約共一萬餘貫石臣輙以此錢米募民開湖度可得十萬功自今月二十八日興功農民父老縱觀太息以謂二聖既捐利與民活此一方而又以其餘棄興久廢無窮之利使數千人得食其力以度此凶歲蓋有泣下者臣伏見民情如此而錢米有限所募未廣葑合之地尚存太半若來者不嗣則前功復棄深可痛惜若更得度牒百道則一舉募民除去淨盡不復遺患矣伏望皇帝陛下太皇太后陛下少賜詳覽察臣所論西湖五不可廢之狀利害卓然特出聖斷別賜臣度牒五十道仍勑轉運提刑司於前來所賜諸州度牒二百道內契勘賑濟支用不盡者更撥五十道價錢與臣通成一百道使臣得盡力畢志半年之間目見西湖復唐之舊環三十里際山為岸則農民父老與羽毛鱗介同泳聖澤無有窮已臣不勝大願謹錄奏聞伏候勑旨

軾又奏曰熙寧中通判杭州時父老皆云苦運河淤塞率三五年常一開濬不獨勞役兵民而運河自州前至北郭穿闤闠中蓋十四五里每將興工市肆洶動公私騷然自胥吏壕砦兵級等皆能恐喝人戶或云當於某處置土某處過泥水則居者皆有失業之憂既得重賂又轉而之他及工役既畢則房廊邸舍作踐狼藉園圃隙地例成丘阜積雨蕩濯復入河中居民患厭未易悉數若三五年失開則公

私壅滯以尺寸水行數伯斛舟人牛力盡𨔗步千里雖監司使命有數日不能出郭者詢其所以頻開屢塞之由皆去龍山浙江兩閘泥沙渾濁積日稍久便及四五尺其勢當然不足怪也尋剗刷捍江兵士及諸色廂軍得一千人七月之間開濬茆山鹽橋二河各十餘里皆有水八尺自是公私舟船通利三十年已來開河未有若此深快者然潮水日至淤塞猶昔則三五年間前功復棄今於鈐轄司前置一牐每遇潮上則暫閉此牐候潮平水清復開則河過闤闠中者永無潮水淤塞開淘騷擾之患詔從其請民甚便之

軾又乞相度開石門河狀曰臣謹按史記秦始皇三十六年東游至錢塘臨浙江水波惡乃西百二十里從狹中渡始皇帝以天下之力徇其意意之所欲出赭山橋海無難而獨畏浙江水波惡不敢徑渡以此知錢塘江天下之嶮無出其右者臣昔通守此邦今又忝郡寄二十年間親見覆溺無數自温台明越往来者皆由西興徑渡不涉浮山之嶮時有覆舟然尚希少自衢睦處婺宣歙饒信及福建路八州往来者皆出入龍山沿泝此江江水灘淺必乘潮而行潮自海門東来勢若雷霆而浮山峙於江中與魚浦諸山相望犬牙錯入以亂潮水洄洑激射其怒自倍沙磧轉移状如鬼神往往於淵潭中湧出陵阜十數里旦夕之間又復失去雖舟師没人不能前知其深淺以故公私坐視覆溺無如之何老弱叫號求救於湍沙之間聲未及終已為潮水卷去行路為之流涕而已縱有勇悍敢往之人又多是盗賊利其財物或因而擠之能自全者百無一二性命之外公私亡失不知一歲凡幾千萬而衢睦等州人衆地狭所產五穀不足於食歲常漕蘇秀米至桐廬散入諸郡錢塘億萬生齒待上江薪炭而活以浮山之嶮覆溺留礙之故此數州薪米常貴又衢婺睦歙等州及杭

之富陽新城二邑公私所食鹽取足於杭秀諸場以浮山之嶮覆溺留礙之故官給脚錢甚厚其所亡失與依託風水以侵盗者不可勝數此最其大者其餘公私利害未可以一二遽數臣伏見宣德郎前權知信州軍州事侯臨因葬所生母於杭州之南蕩往来江濱相視地形訪聞父老參之舟人反復講求具得其實建議自浙江上流地名石門並山而東或因斥鹵棄地鑿為運河引浙江及谿谷諸水凡二十二里有竒以達于江又並江為岸度潮水所向則用石所不向則用竹木凡八里有竒以達于龍山之大慈浦自大慈浦北折抵小嶺下鑿嶺六十五丈以達于嶺東之古河因古河稍加浚治東南行四里有竒以達于今龍山之運河以避浮山之嶮度用錢十五萬貫用捍江兵及諸郡廂軍三千人二年而成臣與前轉運使葉溫叟轉運判官張璹躬往按視皆如臨言凡福建兩浙士民聞臣與臨欲奏開此河萬口同聲以為莫大無窮之利臣縱欲不言已為衆論所迫勢不得默已臣聞之父老章獻皇后臨朝日以江水有皇天蕩之嶮内出錢數十萬貫築長蘆起僧舍以拯溺者又見先帝以長淮之嶮賜錢十萬貫米十萬石起夫九萬二千人以開龜山河今浮山之嶮非特長蘆龜山之比而二聖仁慈視民如傷必將捐十五萬緡以平此積嶮也謹昧死上臨所陳開石門河利害事狀一本及臣所差觀察推官董華用臨之說約度功料及合用錢物料狀一本并地圖一面伏乞降付三省看詳或召臨赴省面加質問仍乞下本路監司或更特差官同共相視若臣與臨言不妄乞自朝廷擘畫支賜錢物施行臣觀古今至事非知之難言之亦難在成之而已臨之才幹衆所共知臣謂此河非臨不成伏望聖慈特賜訪問左右近臣必有知臨者乞專差臨監督此役不惟救活無窮之性命完惜不貲之財物又

使數州薪米流通田野市井詠歌聖澤子孫不忘臣不勝大願謹錄
奏聞伏候勑旨

軾為翰林學士承旨又上奏曰臣竊聞議者多謂吳中本江海太湖故地魚龍之宅而居民與水爭尺寸以故常被水患蓋理之當然不可復以人力疏治是殆不然臣到吳中二年雖為多雨亦未至過甚而蘇湖常三州皆大水害稼至十七八今年雖為淫雨過常三州之水遂合為一太湖松江與海渺然無辨者蓋因二年不退之水非今年積雨所能獨致也父老皆言此患所從來未遠不過四五十年耳而近歲特甚蓋人事不備之積非特天時之罪也三吳之水瀦為太湖湖之水溢為松江以入海海水日兩潮潮濁而江清潮水常欲淤塞江路而江水清駛隨輒滌去海口常通故吳中少水患昔蘇州以東官私船舫皆以篙行無陸挽者古人非不知為挽路以松江入海

太湖之咽喉不敢鯁塞故也自慶曆以來松江始大築挽路建長橋植千柱水中宜不甚礙而夏秋漲水之時橋上水常高尺餘況十里積石壅土築為挽路乎自長橋挽路之成公私漕運便之日葺不已而松江始艱噎不快江水不快軟緩而無力則海之泥沙隨潮而上日積不已故海口堙滅而吳中多水患近日議者但欲發民浚治海口而不知江水艱噎雖暫通快不過歲餘泥沙復積水患如故今欲治其本長橋挽路固不可去惟有鑿挽路於舊橋外別為千橋橋谼各二丈千橋之積為二千丈水道松江宜加迅駛然後官私出力以浚海口海口既浚而江水有力則泥沙不復積水患可以少衰臣之所聞大略如此而未得其詳舊聞常州宜興縣進士單鍔有水學故名聞之出著吳中水利書一卷且口陳其曲折則臣言止得十二三耳臣與知水者考論其書疑可施用謹繕寫一本綴連進上伏望聖慈深念兩浙之富國用所恃歲漕都下米百五十萬石其他財賦供餽不可悉數而十年九澇公私凋弊深可愍惜乞下臣言與鍔書委本路監司躬親按行或差強幹知水官吏考實其言圖上利害臣不勝區區謹錄奏聞伏候敕旨

軾又錄進單鍔吳中水利書曰竊觀三州之水為患滋久較舊賦之入十常減其五六以日月指之則水之害於三州逾五十年矣所謂三州者蘇常湖也朝廷屢責監司監司每督州縣又間出使者尋按舊跡使講明利害之原然而西州之官求東州之利目未嘗歷覽地形之高下耳未嘗講聞湍流之所從來州縣憚其經營百姓厭其出力鍔曰水之患天數也按行者駕輕舟於汪洋之陂視之茫然猶擿埴索途以為不可治也間有忠於國志於民深求而力究之然有知其一而不知其二知其末而不知其本詳於此而略於彼故有曰三

州之水咸注之震澤震澤之水東入于松江由松江以至於海自慶曆以來吳江築長堤橫截江流由是震澤之水常溢而不泄以至壅灌三州之田此知其一偏者也或又曰由宜興而西溧陽縣之上有五堰者古所以節宣歙金陵九陽江之衆水由分水銀林二堰直趨太平州蕪湖後之商人由宣歙販賣簰木東入二浙以五堰為艱阻因相為之謀罔紿官中以廢去五堰五堰既廢則宣歙金陵九陽江之水或遇五六月山水暴漲則皆入於宜興之荊溪由荊溪而入震澤蓋上三州之水東灌蘇常湖也此又知其一偏者耳或又曰宜興之有百瀆古之所以洩荊溪之水東入于震澤也今已湮塞而所存者四十九條疏此百瀆則宜興之水自然無患此亦知其一偏者也三者之論未嘗參究得之既不詳攻之則易破以鍔視其跡自西五堰東至吳江岸猶之一身也五堰則首也荊溪則咽喉也百瀆則心

也震澤則腹也傍通太湖衆瀆則絡脉衆竅也吳江則足也今上廢五堰之固而宣歙池九陽江之水不入蕪湖反東注震澤下又有吳江岸之阻而震澤之水積而不泄是猶有人焉桎其手縛其足塞其衆竅以水沃其口沃而不已腹滿而氣絕視者恬然猶不謂之已死今不治吳江岸不疏諸瀆以泄震澤之水是猶沃水於人不去其手桎不解其足縛不除其竅塞恬然安視而已誠何心哉然而百瀆非不可治五堰非不可復吳江岸非不可去蓋治之有先後且未築吳江岸已前五堰其廢已久然而三州之田尚十年之間熟有五六五堰猶未為大患自吳江築岸已後十年之間熟無一二欲具驗之閱三州歲賦所入之數則可見矣且以宜興百瀆言之古者所以泄西來衆水入震澤而終歸于海蓋震澤吐納衆水今納而不吐愕竊視熙寧八年時雖大旱然連百瀆之田皆魚遊鱉處之地低汙之甚也

其田去百瀆無多遠而田之苗是時亦皆旱死何哉蓋百瀆及傍穿小港瀆歷年不遇旱皆為泥沙堙塞與平地無異矣雖去震澤甚邇民力難以私舉時官又無留意疏導者苗卒歸乎槁死自熙寧八年迄今十四載其田即未有可耕之日歲歲訴潦民益憔悴昔嘉祐中邑尉阮洪深明宜興水利方是時吳中水沴屢上書監司乞開通百瀆監司允其請遂鳩工於食利之民疏導四十九條是年大熟此百瀆之驗歲水旱皆不可不開也宜興所利非止百瀆而已東則有蠡河橫亘荊溪東北透湛瀆東南接罨畫溪昔范蠡所鑿與宜興之西蠡運河皆以昔賢名呼其蠡河遇大旱則淺澱中旱則通流又有孟涇泄滆湖之水入震澤其他溝瀆澱塞其名不可縷舉夫吳江岸界於吳松江震澤之間岸東則江岸西則震澤江之東則大海也百川莫不趨海自西五堰之上衆川由荊溪入震澤注于江由江歸于海

地傾東南其勢然也自慶曆二年欲便糧運遂築北隄橫截江流五六十里遂致震澤之水常溢而不泄浸灌三州之田每至五六月之間湍流峻急之時視之則吳江岸之東水常低岸西之水不下一二尺此隄岸阻水之跡自可覽也又覩岸東江尾與海相接之處汙澱茭蘆叢生沙泥漲塞而又江岸之東自築岸已來沙漲成一村昔為湍流奔湧之地今為民居民田桑棗場圃吳江縣由是歲增舊賦不少雖然增一邑之賦反損三州之賦不知幾百倍耶夫江尾昔無茭蘆壅障流水今何致此蓋未築岸之前源流東下峻急築岸之後水勢遲緩無以滌蕩泥沙以至增積而茭蘆生茭蘆生則水道狹水道狹則流泄不快雖欲震澤之水不積其可得耶今欲泄震澤之水莫若先開江尾茭蘆之地遷沙村之民運其所漲之泥然後以吳江岸鑿其上為木橋千所以通糧運每橋用耐水土木楗二條各長二丈

五尺橫梁三條各長六尺柱六條各長二丈除首尾占閣外可得二丈餘洪道每一里計三百六十步一里為橋十所計除占閣外可開水面二十三丈每三十步一橋也一千條橋共開水面二千丈計一十一里四十步也隨橋洪開茭蘆為港走水仍於下流開白蜆安亭二江使太湖水由華亭青龍入海則三州水患必大衰減常州運河之北偏乃江陰縣也其地勢自河而漸低上自丹陽下至無錫運河之北偏古有泄水入江瀆一十四條曰孟瀆曰黃汀堰瀆曰東函港曰北戚氏港曰五卸堰港曰梨溶港曰蔣瀆曰歐瀆曰魏瀆涇曰支子港曰蠡瀆曰牌(碑一作)涇皆以古人名或以姓稱之昔皆以泄衆水入運河立斗門又北泄下江陰之江今名存而實亡今存者無幾二浙之糧船不過五百石運河止可常存五六尺之水是可以勝五百石之舟以其一十四處立為石碶斗門每瀆於岸北先築堤岸則渊

水入江若無隄防則水泛溢而不制將見瀰浸江陰之民田民居矣昔熙寧中有提舉沈披者輒去五卸堰走運河之水北下江中遂害江陰之民田為百姓所訟即罷提舉亦嘗被罪始欲以為利而適足以害之此未達古人之智以至敗事也切見近日錢塘進士余點兩進三州水利徒能備陳功力鎖細之事殊不知本末惟有言得常州運河晉陵至無錫一十四處置斛門泄水北下江陰大江雖三尺童子亦知如此可以為利然余點雖能言斛門一事合鍔鄙策奈何無法度以制入江之水行之則又豈止為一沈披耶又覩主簿張寔進狀言吳江岸為阻水之患涇函不通其言然則然矣雖言吳江岸而不言措置水之術蓋古之所創涇函在運河之下用長椿木為之中用銅輪刀水衝之則草可刈也置在運河底下暗走水入江今常州有東西二函地名者乃此也昔治平中提刑元積中開運河嘗開見函管但見函管之內皆泥沙以謂功力甚大非可易復遂已今先開鑿江湖海故道堙塞之處泄得積水他日治函管則可若未能開故道而先治函管是知末而不知本也切見常州運河之北偏皆江陰低下之田常患積水難以耕植今河上為斛門河下築堤防以管水入江百姓由是緣此河隄可以作田圍此泄水利田之兩端也宜興縣西有夾苧干瀆在金壇宜興武進三縣之界東至滆湖及武進縣界西南至宜興北至金壇通接長塘湖西接五堰茅山薛步山水直入宜興之荊溪其夾苧干蓋古之人亦所以泄長塘湖東入滆湖泄滆湖之水入大吳瀆塘口瀆白魚灣高梅瀆四瀆及白鶴溪而北入常州之運河由運河而入一十四條之港注入大江今一十四條之港皆名存而實亡累有知利便者獻議朝廷欲依古開通北入運河以注大江自滆湖長塘湖兩晉各開三分之二為彼田戶皆豪民不

知利便唯恐開鑿己田陰構胥吏皆抳而不行元豐之間金壇令曾長官奏請乞開朝廷又降指揮委江東及兩浙兩路監司相度及近縣官員相視又為彼豪民計構不行儻開夾苧干通流則西來他州入震澤之水可以殺其勢深利於三州之田也鍔熙寧八年歲遇大旱切觀震澤水退數里清泉鄉湖乾數里而其地皆有昔日丘墓街井枯木之根在數里之間信知昔為民田今為太湖也太湖即震澤也以是推之太湖寬廣愈於昔時昔云有三萬六千頃自築吳江岸及諸港瀆堙塞積水不泄又不知其愈廣幾多頃也鍔又嘗見低下之田昔人爭售之今人爭棄之蓋積年之水十無一熟積空頭之稅或遇頻年不收則飢餓丐殍鬻妻子以償王租或置其田捨其廬而逋至於酒坊處在水鄉沽賣不行以致敗闕者比年尤甚皆緣水傷下田不收故也鍔又嘗遊下鄉切見陂畔之間亦多丘墓皆為魚鼈之宅且古之葬者不即高山則於平原陸野之間豈即水穴以危亡冤耶嘗得唐埋銘於水穴之中今猶存焉信夫昔為高原今為汙澤今之水不泄如古也昨熙寧間撿正張諤命屬吏殿丞劉懿相視蘇秀二州海口諸浦瀆為沙泥壅塞將欲躬鑿以快流水懿相視回申以謂若開海口諸浦則東風駕海水倒注反灌民田諤謂懿曰地傾東南百川歸海古人開諸海浦所以通百川也若反灌民田古人何為置諸浦耶百川東流則有常西流則有時因東風雖致西流風息則其流亦復歸于海其勢然也凡江湖諸浦港勢亦一同懿雖信其如此然猶有說蓋以昔視諸浦無倒注之患而今乃有之蓋昔無吳江岸之阻諸浦雖暫有泥沙之壅然百川湍流浩急泥沙自然滌蕩隨流以下今吳江岸阻絕百川湍流緩慢緩慢則其勢難以蕩滌泥沙設使今日開之明日復合又聞秀州青龍鎮入海諸浦古有七十

二會蓋古之人以爲七十二會曲折宛轉者蓋有深意以謂水隨地
勢東傾入海雖曲折宛轉無害東流也若遇東風駕起海潮洶湧倒
注則於曲折之間有所回激而泥沙不深入也後人不明古人之意
而一皆直之以或遇東風海潮倒注則泥沙隨流直上不復有阻凡
臨江湖海諸港浦勢皆如此所謂今日開之明日復合者此也今海
浦昔日曲折宛轉之勢不可不復也夫利害掛於眉睫之間而人有
所不知今欲泄三州之水先開江尾去其泥沙茭蘆遷沙上之民次
疏吳江岸爲千橋次置常州運河一十四處之斗門石碶隄防管水
入江次開導臨江湖海諸縣一切港瀆及開通茜涇水既泄矣方誘
民以築田圍昔鄭亶嘗欲使民就深水之中壘成圍岸夫水行於地
中未能泄積水而先成田圍以狹水道當春夏湍流浩急之時則水
當湧行於田圍之上非止壞田圍且淹浸廬舍矣此不智之甚也欲

乞朝廷指揮下兩浙轉運司擇智力了幹官員分布諸縣則不越數
月其工可畢所有創橋疏通河港置斗門利便制度不在覼縷而言
也今所畫三州江湖溪海圖一本但可觀其大畧港瀆之名亦布其
一二耳欲見其詳莫若下蘇常湖諸縣各畫溪河溝港圖一本各言
其河其瀆通其縣其處俟其悉上合而爲一圖則纖悉若視於指掌
之間也鍔又覩秀州青龍鎮有安亭江一條自吳江東至青龍由青
龍泄水入海昔因監司相視恐走透商稅遂塞此一江其江通華亭
及青龍夫籠截商稅利國能有幾耶堙塞湍流其害實大又況措置
商稅不爲難事竊聞近日華亭青龍人戶相率陳狀情願出錢乞開
安亭江見有狀在本縣官吏未與施行近又訪得宜興西滆湖有二
瀆一名白魚灣一名大吳瀆泄滆湖之水入運河由運河入一十四
處斗門下江其二瀆在塘口瀆之南又有一瀆名高梅瀆亦泄滆湖

之水入運河由運河入斗門在吳瀆之南近聞知蘇州王覿奏請開
海口諸浦鍔切謂海口諸浦不可開今開之不逾日或遇東風則泥
沙又合矣嘗觀考工記曰善溝者水嚙之善防者水淫之蓋謂上水
湍流峻急則自然下水泥沙嚙去矣今若俟開江尾及疏吳江岸爲
橋與海口諸浦同時興功則自然上流東下嚙去諸浦沙泥矣凡欲
疏道必自下而上先治下則上之水無不流若先治上則水皆趨下
漫滅下道而不可施功力其勢理然也故今治三州之水必先自江
尾海口諸浦疏鑿吳江岸及置常州一十四處之斗門築堤制水入
江此與吳江兩處分泄積水最爲先務也然鍔觀今開三州諸溝瀆
不必全藉官錢蓋三州之民憔悴之久人人樂開故半可以資食利
戶之力也今畧舉其一二若開江尾疏吳江岸爲橋遷吳江岸東一
村之民開地復爲昔日之江置一十四處之斗門并築一十四條堤

制水入江開夾苧干白鶴溪白魚灣大吳瀆塘口瀆宜興東蠡河已
上非官錢不可開也若宜興之橫塘百瀆蘇州之海口諸浦安亭江
江陰之季子港春申港下港黃田港利港宜興之塘頭瀆及諸縣凡
有自古泄水諸溝港浜瀆盡可資食利戶之力也莫若先下三州及
諸縣抄錄諸道江湖海一切諸港瀆溝浜自古有名者及供上丈尺
料之功力之費或係官錢或係食利私力期之以施工日月同日開
鑿同日疏放若或放水有先後則上水奔湧東下衝損在下開未畢
溝港以故須同日決放也或者有謂昔人創望亭呂城奔牛三堰蓋
爲丹陽下至無錫蘇州地形東傾古人創三堰所以處運河之水東
下不制是以創堰以節之以通漕運自熙寧治平間廢去望亭呂城
二堰然亦不妨綱運者何耶鍔曰昔之太湖及西來衆水無吳江岸
之阻又一切通江湖海故道未嘗堙塞故運河之水嘗慮走泄入於

江湖之間是以置堰以節之今自慶曆以来築置吴江岸及諸港浦一切堙塞是以三州之水常溢而不泄二堰雖廢水亦常溢去堰若無害今若泄江湖之水則二堰尤宜先復不復則運河將見涸而糧運不可行此灼然之利害也又若宜興創市橋去西津堰嘉祐中邑尉阮洪上言監司執長橋東市邑中創一橋使運河南通荆溪初開鑿市街乃見昔日橋柱尚存地中咸謂古為橋於此也又運河之西口有古西津堰今已廢去久矣且古之廢橋置堰以防走透運河之水今也置橋廢堰以通荆溪則溪水常倒注入運河之內今之與古何利害之相反耶鍔以謂古無吴江岸衆水不積運河高於荆溪是以塞橋置堰以防泄運河之水也今因吴江岸之阻衆水積而常溢倒注運河之内是以創橋廢堰見利而不見害也今若治吴江岸泄衆水則運河之水再防走泄當於北門之外創一堰可也其利害蓋如此也或又曰切觀諸縣高原陸野之鄉皆有塘圩或三百畝或五百畝為一圩蓋古之人停瀦水以灌溉民田以今視之其塘之外皆水塘之中未嘗瀦水又未嘗植苗徒牧養牛羊畜放鳧鴈而已塘之所創有何益耶鍔曰塘之為塘是猶堰之為堰也昔日置塘瀦水以防旱歲今自三州之水久溢而不泄則置而為無用之地若決吴江岸泄三州之水則塘亦不可不開以瀦諸水猶堰之不可不復也此亦灼然之利害矣苟堰與塘為無益則古人奚為之耶蓋古之賢人君子大智經營莫不除害興利出於人之未到後人之淺謀管見不達古人之大智顛倒穿鑿徒見其害而莫見其利也若吴江岸止知欲便糧運而不知遏三州之水反以為害又若廢青龍安亭江徒知不漏商旅之稅又不知反狹水道以遏百川今之人所以戾古者凡如此也鍔切觀無錫縣城内運河之南偏有小橋由橋而南下則有小瀆瀆南透梁溪瀆有小堰名曰单將軍堰自橋至梁溪其瀆不越百步堰雖有亦不渡船筏梁溪即接太湖昔所以為此堰者恐泄運河之水昔熙寧八年是歲大旱運河皆旱涸不通舟楫是時鍔自武林過無錫因見將軍堰既不渡船筏而開是瀆者古人豈無意乎因語與邑宰焦千之曰今運河不通舟楫切觀將軍堰接運河去梁溪無百步之遠古人置此堰瀆意欲取梁溪之水以灌運河千之始則以鍔言為狂終則然之遂率民車四十二管車梁溪之水以灌運河五日河水通流舟楫往来信夫古人經營利害凡一溝一瀆皆有微意而今人昧之也嘗見蘇州之茜涇昔范仲淹命工開導以泄積水以入于海當時諫官不知蘇州患在積水不泄咸上疏言仲淹走泄姑蘇之水蓋不知其利而返以為害今茜涇自仲淹之後未復開鑿亦久堙塞鍔存心三州水利凡三十年矣每覩一溝一瀆未嘗不明古人之微意其間曲折宛轉皆非徒然也鍔今日之議未始增廣一溝一瀆其言與圖符合若非觀地之勢明水之性則無以見古人之意今并圖以獻惟執事者上之朝廷則庶幾三州憔悴之民有望於今日也

水利

宋徽宗即位初左正言任伯雨論黃河狀曰臣竊以黃河為中國患二千歲矣若使人力可勝有利無害則昔人固已為之不應留以遺後世也自古竭天下之力以事河者莫如本朝徇衆人偏見欲屈大河之勢以從人者莫甚近世臣不敢遠引只如元祐末年小吳決溢議者乃譎謀異計欲立奇功以徼厚賞不顧地勢不念民力不惜國用力建東流之議當洪流中立馬頭設鋸牙稍芻材木耗費百倍力遏水勢使之東注淩虛駕空非特水行地上而已增堤益防惴惴恐決澄沙淤泥久益高仰一旦決潰又復北流此非隄防之不脅亦理勢之必至也昔禹之治水不獨行其所無事亦未嘗不因其變以導之故其為逆設之河必曰九河九者究也物窮則變此禹之治水所以示河流之無常而不可使從人力之道也蓋河流混濁泥沙相半流行既久迤邐淤澱則久而必決者勢不能無變也或東而北或北而東亦安可以人力制哉為今之策正宜因其所向寬立隄防約欄水勢使之不至於大段漫流若恐北流淤澱塘泊亦只宜因塘泊之岸增設隄防乃為長策風聞近日又有議者獻東流之計不獨比年災傷居民流散公私匱竭百無一有事勢窘急固不可為抑亦自高注下湍流奔猛潰決未久勢不可改設若興工公私徒耗甚非利民之舉寔自困之道也伏願陛下特賜睿旨

大觀元年中書舍人許光疑上奏曰臣向在姑蘇徧詢民吏皆謂欲去水患莫若開江濬浦蓋太湖在諸郡間必導之海然後水有所歸自太湖距海有三江有諸浦能疏滌江浦除水患猶反掌耳今境內積水視去歲損二尺視前歲損四尺良由初開吳松江繼濬八浦之力也吳人謂開一江有一江之利濬一浦有一浦之利願委本路監司與諳曉水勢精彊之吏徧詣江浦詳究利害假以歲月先為之備然後興夫調役可使公無費財而歲供常足人不告勞而民食不匱是一舉而獲萬世之利也詔吳擇仁相度以聞

二年都水使者吳玠上言曰自元豐間小吳口決北流入御河下合西山諸水至清州獨流砦三叉口入海雖深得保固形勢之策而歲月寖久使犯塘堤衝壞道路齧損城砦臣奉詔修治隄防禦捍漲溢然築八尺之堤當九河之尾恐不能敵若不遇有損缺逐旋增修即又至隳壞使與塘水相通於邊防非計也已降旨修葺從之

政和二年七月兵部尚書張閣上言曰臣昨守杭州聞錢塘江自元豐六年泛溢之後潮汛往來率無寧歲而比年水勢稍改自海門過赭山即回薄巖門白石一帶北岸壞民田及鹽亭監地東西三十餘

里南北二十餘里江東距仁和監止及三里北趣赤岸瓶口二十里運河正出臨平下塘西入蘇秀若失障禦恐他日數十里膏腴平陸皆潰于江下塘田廬莫能自保運河中絕有害漕運詔亟修築之

四年都水使者孟昌齡獻議導河大伾可置永遠浮橋謂河流自大伾之東而來直大伾山西而止數里方回南東轉而過復折北而東則又直大伾山之東亦止不過十里耳視地形水勢東西相直徑易曾不十餘里間且地勢低下可以成河倚山可為馬頭又有中潬正如河陽若引使穿大伾大山及東北二小山分為兩股而過合於下流因是三山為趾以繫浮梁省費數十百倍可寬河朔諸路之役朝廷喜而從之

十一月都水使者孟揆上言曰大河連經漲淤灘面已高致河流傾側東岸今若修閉棗強上埽決口其費不貲兼冬深難施人力縱使

極力修閉東堤。上下二百餘里必須盡行增築。與水爭力。未能全免決溢之患。今漫水行流多鹹鹵。及積水之地又不紀州軍。止經數縣地分。迤邐纏御河歸納黃河。欲自決口上恩州之地水堤爲始增補舊堤。接續御河東岸簽合大河。從之。乙亥臣僚言禹跡湮沒於數千載之遠。陛下神智獨運。一旦興復導河。三山長堤盤固。橫截巨浸。依山爲梁。天造地設。威示南北。度越前古。歲無解繫之費。人無病涉之患。大功既成。願申飭有司以日繼月。視水向著隨爲隄防益加增固。每遇漲水。水官漕臣不輟巡視。詔付孟昌齡。

六年四月安撫趙霖上平江水利。嘗其相度之說。曰平江逐縣地形水勢利害各不相侔。蓋浙西六州之地平江最爲低下。六州之水注入太湖。太湖之水流入松江。接青龍江東入于海。而平地勢自南直北至常熟縣之半。自東止崑山縣地西南之半。水與太湖松江水面

相半。皆是諸州所聚之水泛溢其中。平江之地雖下於諸州。而瀕海之地於高於他處。謂之堽身。堽身之西又與常州地形相等。東西與北三面勢若盤盂積水南入。注乎其中。所以自古沿海環江開鑿港浦者。藉此疏導積中之水。由是以觀。則開治港浦不可不先也。港浦既已湮。則講經久不堙塞之法。今瀕海之田懼鹹潮之害。皆作堰壩以隔海潮。裏水不得流。外沙日以積。此崑山諸浦堙塞之由也。堽身之民每闕雨。則恐裏水之減。不給灌溉。悉爲堰壩以止流水。臨江之民每遇潮至。則於浦身鑿開小溝以供己用。所爲堰斷以留餘潮。此常熟諸浦堙塞之由也。法當置閘。然後可以限水之內外。可以隨潮而啓閉。浦既已開。閘既已置。而太湖松江之水與積水爲一派。沉沒民田者。一遇風作。則雨浪萬頃。愈泄愈來。縱使諸浦瀉之。泄之涓涓。來之浩浩。當斯之時。障之不可。疏之不可。爲之計者莫若順其性而

狹其流。乃爲上策。所謂上策者。大築圩岸。高圍民田而已。如此。則積水日削。衆浦日耗矣。大抵三說。一曰開置港浦。二曰置閘啓閉。三曰築圩裏田。三者闕一不可。又各有先後緩急之序。其開浦篇曰。高田引以灌溉。低田導以決泄者。浦也。古人大小縱橫設爲港浦。若經緯然。按圖於舊得九十處。或名港浦。或名涇浜。或謂之塘。或謂之瀆。以詢究古跡。得其爲利之大者三十六浦。區爲三等。上等工大而利博。在前所先也。中等工費可減上等三之二。下等間於上中等之間。或自大浦而分投別派。工料之數又少損焉。其置閘篇曰。瀕海臨江之地形勢高仰。古來港浦盡於地勢高處淤澱。若一旦頓議開通。地里遙遠。未易施力以拒鹹潮。今於三十六浦中尋究得古曾置閘者總四浦。唯慶安福山兩閘尚存。餘皆廢棄。故基尚存。古人置閘本圖經久。但以失之近裏。未免易湮。治水莫急於開浦。開浦莫急於置閘。置閘

莫利於近外。若置閘而又近外。則有五利焉。江海之潮日兩漲落。潮上灌浦則浦水倒流。潮落浦深則滯水湍瀉。遠處積水早潮退定方得隨流。幾入浦口。則晚潮復上亢。未流入江海。又與潮俱還。積水與潮相爲往來。何緣減退。今開浦置閘。潮上則閉。潮退則啓。外水無自而入。裏水日得以出。一利也。外水不入。則泥沙不淤於閘內。使港浦常得通利。免爲堙塞。二利也。瀕海之地仰浦水以溉高田。每苦鹹潮。多作堰斷。若決之使通。則害苗稼。若築之使塞。則障積水。今置閘啓閉。水有泄而無入。閘內之地盡獲稼穡之利。三利也。置閘必近外。去江海止可三五里。使閘外之浦日有澄沙淤積。假令歲事浚治。地里不遠。易爲工力。四利也。港浦既已深闊。積水既已通流。則泛海浮江貨船木栰。或遇風作。得以入口住泊。或欲住賣。得以歸市出卸。官司遂可以開爲限拘收稅課以助歲計。五利也。復有二說。崑山諸浦通

徼東海沙濃而湖鹹當先置閘而後開浦一也閘之側各開月河以堰為限遇閘閉小舟不阻往來二也築圩篇曰天下之地膏腴莫美於水田利倍莫盛於平江緣平江水田以低為勝昔之賦入多出於低鄉今低鄉之田為積水浸沒十已八九當時田圩未壞水有限隔風不成浪今田圩殆盡水通為一遇東南風則太湖松江與崑山積水盡奔常熟遇西風則常熟之水東赴者亦然正如盛盂中水隨風往來未嘗停息嘗陟崑山與常熟山之巔四顧水與天接父老皆曰水底十五年前皆良田也今若不築圩岸圍裹民田車畎以取水底之地是棄良田以為水也況平江之地低於諸州唯高大圩岸方能與諸州地形相應昔人築圩裹田非謂得以播殖也將恃此以狹水之所居耳崑山去城七十里通往來者至和塘也常熟去城一百五里通往來者常熟塘也二塘為風浪衝擊塘岸浸滅往來者動輙守

風往來有覆舟之虞是皆積水之害今若開浦置閘之後先自南鄉大築圩岸圍裹低田使位位相接以禦風濤以狹水源治之上也脩作至和常熟二塘之岸以限絕東西往來之水治之次也凡積水之田盡令脩築圩岸使水無所容治之終也昨聞熙寧四年大水衆田皆沒獨長洲尤甚崑山陳新顧晏陶湛數家之圩高大了無水患稻麥兩熟此亦築岸之驗目今積水之中有力人戶間能作小塍岸圍裹己田禾稼無虞盖積水本不深而圩岸皆可築但民頻年重困無力為之必官司借貸錢穀集植利之衆併工戮力督以必成或十畝或二十畝地之中棄一畝取土為岸所取之田衆戶均價償之其貸借錢穀官為置籍責以三年六限隨稅輸還此治積水成始成終之策若其當開之浦則崑山常熟共三十六浦除常熟之許浦及白茆福山二浦見今深闊水勢通快不須開治雖開三十三浦崑山十有一謂堀浦下張浦七丫浦茜涇浦楊林浦六鶴浦顧逕浦川砂浦五邑浦蔡浦浪港浦常熟二十有二謂黃泗浦奚浦西陳浦東陳浦水門浦崔浦耿涇浦魚潭浦鄔瀆浦丞浦塘浦高浦金涇浦石撞浦六河浦北浦甘草浦千步涇司馬涇金涇錢涇黃雩瀆皆積久不浚當分為三等開脩

徽宗時趙鼎臣繳進河議奏狀曰臣伏以先事而言則言有難信之患後事而諫則事有不及之憂雖然忠臣慮國不諆其身孝子顯親思述其志言之先後一也顧當否何如耳伏念先臣某當元祐之末實為河北路轉運副使方是時水官建議回河盖以累年功之成者十既八九獨先臣居中啇敢阿徇請順水性導使北流進言於朝至于再四奮孤忠觸羣黨抗單言遏衆議讒鋒謗焰幾不獲免尚賴陛下哀憐照察曲賜全護遣使按視既施行矣不幸後來水官眩惑前

議竟興力役斷塞北流奏功告成中外稱慶已而先臣以病賜歸退伏田里雖及困革不忘朝廷常慷慨謂臣曰河本無事妄人擾之耳今及如是殆不三數年河無安定之理誰當復為上言之乎臣飲淚泣血退書其語刻之肌骨銘在肺肝方是時豈暇規後効計捋然乎徒以不欺之誠著自平昔雖然有用捨而志不可無故也伏見去年河已東决舉齊之西汎濫千里有司極力僅能塞之而積淤久高終不順快迨及今夏沛然北流決於關村如建瓴水陛下哀矜元元懸悼墊溺臨遣諫議大夫賑救恤窮且俾臺郎共視河事仁恩德意遠近周浹流叱然夫拊首涕泣雖未復故土瞻舊丘而人人悅欣咸自以為更生也臣竊悲先臣抱孤子之志而事不獲申建忠盡之策而言未及用遽先朝露齎恨窮泉今日已決之關村乃先臣之所願開者也今日既淤之東流乃先臣之所力爭者也往昔使萬有一如先

臣之言則河患廣博雖不遷平而水得所歸功必有漸決不至於敗壞蕩徙如今日之貽朝廷憂也回河之役幾年矣薪芻之所費力役之所用臣不敢為朝廷惜也金粟之所耗爵賞之所須臣不敢為朝廷惜也所重為朝廷惜者兩河數千里間有田不得種藝有廬不得歸宿死者轉體於溝壑生者寄命於道涂去歲既已若此今年又復如此謂之天災臣竊以為非歲之罪也恭惟朝廷清明議論公正方遣虜使出臨河防宜有成謀定策歸報于上然微臣區區猶抱遺說陳父書嘗不測之誅而獻芻蕘之議者非以希榮於既往而干澤於方今也誠以河溢阜陸垂二十年已失之機事不及悔將善其後必謹于先而先臣之言曩實誤中奏草具在尚可推考儻蒙朝廷俯賜采攬鑒已然之得失察既往之成敗校短量長稽驗當否於以裨贊大策協成緒功使長河底平得効塵露雖結草之報未易如此此先

臣之遺志而臣之所不敢忘者也然後退伏鈇鑕下見先臣使九泉之魂得以瞑目豈非臣之素心宿願者乎臣愚不足以知河事竊獨耳剽日久嘗聞諸先臣曰河之可以一言蔽者趨下而已自橫壠六塔商胡小吴宗城內黃百年之間水皆西決則地勢高下豈不可見今之大議不過東流與北流耳使河誠東而可以行則雖及天下之力而回之猶將請諸朝而不敢以為費也奈何地有高下之形水有逆順之勢今年雖塞明年且決來歲儻行後歲必淤借使神禹臨之亦將無如之何矣如或順而治之則庶幾數十年其無河患乎正今日之明効大驗也然議者每挾漕泊以為言不以近事觀之河既東徙而漕泊固已淤矣雖有司嘗欲濬治之蓋亦有所重為而未能也且其所侵害者獨滄與乾寧間耳使向之未嘗有漕泊則將無以為禦敵計乎臣有以知其不然也請得以事譬之擄雲武之城則西戎

稽顙決古北之口則北狄請命昔嘗恃此以為固矣雖未能復之而西北二邊豈嘗一日忘守備乎此尚人事之所及而猶可以力勝者耳水之為物非有情也奈何寘之競而不釋哉先臣之緣河事進言者甚多臣不敢以偏舉謹取最後乞治北流開闢村河門及申相度黃河利害所二狀繕寫投進伏望聖慈特賜睿覽降付有司看詳裁擇施行冒黷天聽無任隕越昧死待罪之至謹錄奏聞

李復乞開黃河中灘劄子曰臣某蒙恩差知鄭州於今月初四日到任首見差發人夫急於星火知大河漲溢原武等埽危急緊要脩疊固護臣久知原武一帶隄埽比諸處不同為鄭北盡是積水陂湖相連直接國門又地勢高於京師若有決溢勢迅東下臣遂親至河上體度水勢次第今見大河於原武東二里以來中心有灘一道長三里餘闊一百餘步其灘已老問人云已十餘年沙立堅壯河漲為灘

所激奔射南岸水勢甚緊枝梧費力臣見多方措置兩日稍見次第然今年補貼雖得稍定來年遇漲還作上軫宸慮下勞百姓臣今乞下都水監將中灘於中心東西開透令引放河身於河槽中心通流灘有暴水不偏著岸更無危急兼東西只是長三里有餘用工不多可絕後患今并畫到圖子隨狀進呈伏候勑旨

王同上奏曰古者之治五行也必有五行之官其去民用尤近而逆其理則有敗害之端莫甚於水故官得其任則不憂乎水之敗害誠其勢也是以舜命益作虞以掌山澤周有川澤之禁而後世循之未嘗廢也由秦漢以來使任其事而為之水官則莫若都水之職其主灘淑陂池保守河渠自太常及三輔皆有其官至武帝之時尤增重之於是又有左右使者使統其任而居其事者莫不明於禹貢之與而習於知水之性故劉向以治書為三輔都水都尉平當以明禹貢

領護河隄蓋其任職之人未嘗不備其事而又有水工之徒以佐知其利害是以秦漢之際言水事於書尤著而魏晉已來至於隋唐其官亦未嘗廢於魏則有都尉水衡之號晉宋齊皆曰都水臺或爲水衡令及梁天監中始改曰太舟卿而主治舟航河隄隋唐之時又皆爲都水使者或改曰監而舟檝河渠二署隸之然於水事或領或否矣故天下不喻於水而失其水之性使以憂中國者起矣國家比歲之間水之爲害亦甚矣自京城之中民被其苦亦暴而衍溢者歷月不知所以洩之今國家懲前日之患而求於秦漢之故爲之都水之任專其有司欲以知水之性此慮患之本也夫以患而設備求其功効而使之不爲虛位則天下宜有明於水性若秦漢之間所謂水工者出矣苟得其水工而又以知水者居其任使之專其職而行於天下就視其水之利害得以備其故而治之不使數遷其任責之課最而信其黜陟則官得其人而分定則事益脩矣故爲今之慮水莫若如此

欽宗時李光乞廢東南湖田劄子曰臣契勘東南地瀕江海水易泄而多旱歷代以來皆有陂湖畜水以備旱歲蓋湖高於田田又高於江海水少則泄田中水入海故無水旱之歲荒蕪之田也祥符慶曆間民始有盜陂湖爲田者三司轉運使下書切責州縣復田爲湖當時條約甚嚴謹水之畜泄則有閉縱之法禁民之侵耕則有賞罰之法近年以來所至盡廢爲田澇則水增益不已旱則無灌溉之利而湖之田亦旱矣民既已承佃無復脫期所收租稅悉入御前而漕司暗虧常賦數至百萬而民之失業者不可勝計可謂兩失伏望聖慈速賜旨揮盡罷東南廢湖爲田者復以爲湖庶幾凋瘵之民稍復故業不勝幸甚

高宗紹興間大理寺丞周公環言臨安平江湖秀四州低下之田多爲清水浸灌蓋緣溪山諸處併居太湖水分爲二派東南一派由松江入于海東北一派由諸浦注于江其江泄水諸浦中惟白茅浦最大今爲沙泥淤塞每歲暑雨稍多則東北一派水必壅溢遂致浸傷農田欲望令有司相視於農隙開決白茅浦故道俾水勢分派流暢實爲四州無窮之利近年以來浙西常有水患公私交病崇寧紹興間泒導故跡尚可尋訪乃未有建明者四十二灣古云九里爲一灣一灣低一尺二百四十里到三江口三百六十里到大海三江口江面闊九里地勢低於震澤三丈潮水來時水高三丈到震澤底也震澤即太湖也所以謂之平江三江口吳江水與湖水相會今之地謂之匯也

二十八年兩浙轉運副使趙子潚知平江府蔣璨上言曰太湖者數州之巨浸而獨洩以松江之一川宜其勢有所不逮是以昔人於常熟之北開二十四浦疏而導之江又於崑山之東開一十二浦分而納之海三十六浦後爲潮汐沙積而開江之卒亦廢於是民田有淹沒之患天聖間漕臣張綸嘗於常熟崑山各開衆浦景祐間郡守范仲淹亦親至海浦濬開五河政和間提舉官趙霖復嘗開濬今諸浦湮塞又非前比計用工三百三十餘萬錢三十三萬餘緡米十萬餘斛於是詔監察御史任古復視之既而古至平江言常熟五浦通江誠便若依所請以五千工月餘可畢詔以激賞庫錢平江府上供米如數給之二十九年子潚又言父老稱福山塘與丁涇地勢等若不濬福山塘則水必倒注于丁涇乃命併濬之

孝宗乾道五年建康守臣張孝祥上言曰秦淮之水流入府城別爲兩派正河自鎮淮新橋直注大江其爲青溪自天津橋出柵砦門亦

入于江緣柵砦門地近爲有力者所得遂築斷青溪水口翔爲花圃每水流暴至則泛溢浸蕩城内居民尤被其害若訪古而求使青溪直道大江則建康永無水患矣既而汪徹奏於西園依異時河道開濬使水通柵門入從之先是孝祥奏淮水三源一自華山由句容一自廬山由溧水一自溧水由赤山湖至府城東南合而爲一縈迴綿亘三百餘里溪港溝澮之水盡歸焉流上水門由府城入大江舊上下水門展闊自兵變後砌疊稍狹雖便於一時防守實遏水源流通不快兼兩岸居民填築河岸添造屋宇若禁民不許侵占秦淮既復故道則水不泛溢矣又府東門號陳二渡有順聖河正分秦淮之水每遇春夏天雨連綿上源奔湧則分一派之水自南門外直入于江故秦淮無泛濫之患今一半淤塞爲田水流不通若不惜數畝之田疏導之以復古跡則其利尤倍

七年臣僚言丹陽練湖幅員四十里納長山諸水漕渠資之故古語云湖水寸渠水尺在唐之禁甚嚴盜決者罪比殺人本朝寖緩其禁以惠民然脩築嚴甚春夏多雨之際瀦蓄盈滿雖秋無雨漕渠或淺但泄湖水一寸則爲河一尺矣兵變以後多廢不治堤岸圮闕不能貯水彊家因而專利耕以爲田遂致淤澱歲月既久其害滋廣望責長吏濬治堙塞立爲盜決侵耕之法著于令庶幾練湖漸復其舊民田獲灌溉之利漕渠無淺涸之患詔兩浙漕臣沈度專一措置脩築

淳熙九年知常州章冲上奏曰常州東北曰申港利港黄田港夏港五斗港其西曰竈子港孟瀆泰伯瀆烈塘江陰之東曰趙港白沙港石頭港陳港蔡港私港令節港皆古人開導以爲溉田無窮之利者也今所在堙塞不能灌溉臣嘗講求其說抑欲不勞民不費財而漕渠旱不乾水不溢用力省而見功速可以爲悠久之利者在州之西南曰白鶴溪自金壇縣洮湖而下今淺狹特七十餘里若用工濬治則漕渠一帶無乾涸之患其南曰西蠡河自宜興太湖而下止開濬二十餘里若更令深遠則太湖水來漕渠一百七十餘里可免濬治之擾至若望亭堰牐置於隋之至德而徹於本朝之嘉祐至元祐七年復置未幾又毁之臣謂設此堰牐有三利焉暘歲諸瀆之水奔趨而下有以節之則當潦歲平江三邑必無下流淫溢之患一也自常州至望亭一百三十五里運河一有所節則沿河之田旱歲資以灌溉二也每歲冬春之交重綱及使命往來多苦淺涸今啓閉以時是通舟楫復免車畝灌注之勞三也詔令相度開濬

十一年冬臣僚言運河之濬自北闗至秀州杉青各有牐堰自可瀦水惟沿河上塘有小堰數處積久低陷無以防遏水勢當以時加脩治兼沿河下岸涇港極多其水入長水塘海鹽塘華亭塘由六里堰

下私港散漫悉入江湖以私港深而運河淺也若脩固運河下岸一帶涇港自無走泄又自秀州杉青至平江府盤門在太湖之際與湖水相連而平江閶門至常州有楓橋許墅烏角溪新安溪將軍堰亦各通太湖如遇西風湖水由港而入皆不必濬惟無錫五瀉牐損累年常是開堰徹底放舟更江陰軍河港勢低水易走泄若從舊脩築不獨瀦水可以通舟而無錫晉陵間所有揚湖亦當積水而四傍田畝皆無旱暵之患獨自常州至丹陽縣地勢高仰雖有犇牛呂城二牐别無湖港瀦水自丹陽至鎮江地形尤高雖有練湖緣湖水日淺不能濟遠雨晴未幾便覺乾涸運河淺狹莫此爲甚所當先濬上以爲然

孝宗時蔡戡乞浚開木渠奏曰臣聞江漢之間荆襄之地自古名郡才大夫建立事功以利當年而施後世者遺跡可考其間勳烈彰著

至今不泯惟羊祜杜預稽之往諜羊祜減戍邏之卒墾田八百餘頃大獲其利祜之始至也軍無百日之糧及其季年乃有十年之積杜預脩召信臣渠激用淯諸水浸原田萬頃餘分疆立石俾有定分公私同利衆庶賴之以是知古人經理其地不過廣屯田脩水利二者最爲急務不特爲固圉之計所以成開國之功南北既分襄陽號爲重鎮朝廷謀帥選將不以輕畀殆今五六十年之間宜其筭無遺策地無遺利民有餘貲軍有餘糧然而曠土未盡闢水利未盡脩糧運不繼則軍有乏絕之憂雨暘少愆則民有凍餒之患其故何也非今之人智力不如古也古人有志功名今人志在利祿古人專爲國計今人先爲身謀蓋無惑乎事功之不立襄陽之宜城有曰木渠後漢王寵所鑿溉田六千餘頃至曹魏時蠻人聚萬家壞其地而良之謂之柤中當時號爲天下膏腴吳將朱然爭取之不克自是渠廢更八百八十餘年本朝治平中縣令朱紘按故地而鑿之三月而成溉田如古鄭獬記其事甚詳靖康之亂渠始湮塞逮今方五六十年是渠也延袤三百里故跡宛然所湮塞者木眼山之旁二三里而已渠中之水猶涓涓不絕惟是山林蔽翳人跡罕至居民無力開鑿官吏無意興脩是渠所以殆廢也且廢於八百餘年而朱紘能鑿之不三月而成湮於五十餘年歲月未久浚導必易工費必省儻有人焉出力任之可不勞而辦矣本路帥漕嘗請于朝計其工費已有成數雖嘗行下止以司儲苟且憚於興脩歲復一歲無人以任是責臣愚欲望睿旨檢照前奏量給所費一二萬緡責付本路轉運司應辦如有不足本司可以那融支給仍委京西安撫荊鄂副都統司差撥軍民各千人分番工作均給其直人必樂從副都統與漕臣往來董役於農隙日三兩月之間自可迄功渠成灌溉之利必不減昔向來荊榛

蘆葦之場皆變而爲沃衍膏腴之地然後分兵屯田而盡其利募民請佃而收其租雖暫勞而永逸小費而大獲實攻守之先務也

光宗紹熙五年淮東提舉陳損之上言曰高郵楚州之間陂湖渺漫茭葑彌滿宜創立堤堰以爲瀦泄庶幾水不至於泛溢旱不至於乾涸乞興築自揚州江都縣至楚州淮陰縣三百六十里又自高郵興化至鹽城縣二百四十里其堤岸傍開一新河以通舟船仍存舊堤以捍風浪栽柳十餘萬株數年後堤岸亦牢其木亦可備脩補之用兼揚州罏鎮舊有隄牐乃泰州泄水之處其牐壞久亦於此創立斗門西引盱眙天長以來衆湖之水起自揚州江都經由高郵及楚州寶應山陽北至淮陰西達于淮又自高郵入興化東至鹽城而極於海又泰州海陵南至揚州泰興而徹于江共爲石磋十三斗門七乞以紹熙堰爲名鑱諸堅石淮田多沮洳因損之築堤捍之得良田數百萬頃奏聞除直秘閣淮東轉運判官

寧宗嘉泰元年常州守臣李珏上言曰州境北邊揚子大江南並太湖東連震澤西援滆湖而漕渠界乎其間漕渠兩傍曰白鶴溪西蠡河南戚氏北戚氏直湖州港通于二湖曰利浦孟瀆烈塘橫河五瀉諸港通于大江而中間又各自爲支溝斷汊曲繞參錯不以數計水利之源多於他郡而常苦易旱之患何哉臣嘗詢訪其故漕渠東起望亭西上呂城一百八十餘里形勢西高東下加以歲久淺淤自河岸至底其深不滿四五尺常年春雨連綿江湖泛漲之時河流忽盈驟減連歲雨澤愆闕江湖退縮渠形尤亢間雖得雨水無所受旋即走泄南入于湖北歸大江東徑注于吳江晴未旬日又復乾涸此其易旱一也至若兩傍諸港如白鶴溪西蠡河直湖烈塘五瀉堰曰爲沙土淤漲遇潮高水泛之時尚可通行舟楫若值小汐久晴則俱不

能通應自餘支瀟別港皆以堙塞故雖有江湖之浸不見其利此其易旱二也況漕渠一帶綱運于是經由使客于此往返每遇水澀綱運便阻一入冬月津送使客作壩車水科役百姓不堪其擾豈特溉田關事而已望委轉運提舉常平官同本州相視漕渠并徹江湖之處如法濬治盡還昔人遺跡及於望亭脩建上下二牐固護水源從之

嘉定五年建康守臣黃度言府境北據大江是為天險上自采石下達瓜步千有餘里共置六渡一曰烈山渡籍于常平司歲有河渡錢額五曰南浦渡龍灣渡東陽渡大城堽渡岡沙渡籍于府司亦有河渡錢額六渡歲為錢萬餘緡歷時最久舟楫廢壞官吏篙工初無廩給民始病濟而官漫不省遂致姦豪冒法別置私渡左右旁午由是官渡濟者絕少乃聽吏卒苛取以充課徒手者猶憚來往而車檐牛

馬幾不敢行甚者扼之中流以邀索錢物竊以為南北津渡務在利涉不容簡忽而但求征課臣已為之繕治舟艦選募篙梢使遠處巡檢兼監渡官於諸渡月解錢則例量江面闊狹計物貨重輕斟酌裁減率三之一或四之一曰人車牛馬皆有定數雖牓約束不得過收邀阻乞覓裒一歲之入除烈山渡常平錢如額解送其餘諸渡以二分充脩船之費而以其餘給官吏篙梢水手食錢令監渡官逐月照數支散有餘則解送府司然後盡絕私渡不使姦民踰禁從之

十二年臣僚言鹽官去海三十餘里舊無海患縣以鹽竈頗盛課利易登去歲海水泛漲湍激橫衝沙岸每一潰裂常數十丈日復一日浸入鹵地蘆洲港瀆蕩為一壑今聞潮勢深入逼近居民萬一春水驟漲怒濤奔湧海風佐之則呼吸蕩出百里之民寧不俱葬魚腹乎況京畿赤縣密邇都城內有二十五里塘直通長安牐上徹臨平下接崇德漕運往來客船絡繹兩岸田畝無非沃壤若海水徑入于塘不惟民田有鹹水淹沒之患而裹河隄岸亦將有潰裂之憂乞下浙西諸司條具築捺之策務使捍堤堅壯土脉充實不為怒潮所衝從之

寧宗時衛涇奏曰臣聞饑穰之數在歲有天時在人有地利天時之水旱固所不免地利之廢脩亦不容無責焉竊見承平之時京師漕粟多出東南江浙居其太半中興以來浙西遂為畿甸尤所仰給旁及他路盖平疇沃壤綿亘阡陌多江湖陂塘之利雖小有水旱不能為災自豪右兼并之家既衆始借墾闢之說并吞包占創置圍田其初止及陂塘陂塘多淺水猶可也已而侵至江湖今江湖所存亦無幾矣夫江湖之水自常情觀之似若無用由農事言之則為甚急江湖深廣則瀦蓄必多遇水有所通泄遇旱可資灌溉儻或狹隘則容

受必少水則易溢未免泛濫之憂旱則易涸立見焦枯之患事理曉然州縣之官皆可以舉戢然豪宗巨族必有所憑藉其勢力足以陵駕公府非得健吏莫敢誰何浸淫滋廣江湖之利日朘月削無復曩時之舊圍田增租所入有幾而平歲倍收之田一罹旱潦反為不耕之土常賦所損可勝計哉農人失業繈負流離其害又豈特在民而已矧惟國朝成憲應江河山野陂澤湖塘池濼與衆共者不得禁止及請佃承買官司常切覺察如許人請佃承買并犯人糾劾以聞及瀦水之地輙許人請佃承買人各以違制論立法之意可謂明白前者臣寮屢嘗奏請朝廷非不施行凡係積水草蕩今後並不許請佃雖陳乞撥賜亦許守臣執奏此乾道五年九月指揮也差官檢視應停蓄水利河道有湮塞壅遏去處照舊來界至悉行開掘仍每歲巡察此淳熙三年六月指揮也今浙西諸郡約束屬縣如有給據官民

戶買佃江湖草蕩圍築田畝。許人戶越訴。置之重憲。仍委監司糾劾。
此淳熙八年七月指揮也。凡有陂塘自令下之後。尚復圍裹。斷然開
掘。犯者論如法。給據與不告捕者併坐罪。此淳熙十年四月指揮也。
是皆匾榜大書。人所共覩。其他藏於案牘者當不止此。奈何條畫雖
備。奉行不虔。或易名而請佃。或已開而復圍。或謂既成之業難於破
壞。或謂垂熟之時不可毀撤。是知千百畝之田為可惜。而不知百萬
畝之田尤可惜。不忍於強橫之一夫。而忍於貧弱之百姓。上澤沮格
而不下究。下情蔽塞而不上通。此則有司之罪也。臣恭惟陛下愛護
本根。訪民疾苦。詔旨屢頒。不為虛文。如以臣言為然。乞賜睿斷行下
戶部檢坐條法。及累降指揮。申嚴要束本路監司州縣。常令遵守。仍
委御史臺覺察。法不徒立。務在必行。惟陛下留神裁擇幸甚
貼黃臣所奏圍田。止為妨民水利。抑又有可慮者。凡圍田去處。多
在荒僻之鄉。必立莊舍佃戶聚居。既廣行包占。又欲侵奪側近
民產。多蓄無賴惡少及刑餘罪人。號為佃戶。實是姦民。幸遇豐
年。粗得無事。歲收稍不能給。數十為羣。江湖商賈村野居民。即
被剽略。甚至殺傷。間或敗露在官。具有案牘可考。竊恐饑荒之
歲。遂為淵藪。若行禁戢姦民無所聚集。亦潛消盜賊之一策。伏
乞睿照

涇又奏曰。臣嘗攷國家承平之時。京師漕粟多出東南。而江浙居其
太半。中興以來。浙西遂為畿甸。尤所仰給。歲獲豐穰。沾及旁路。蓋平
疇沃壤。綿亘阡陌。有江湖瀦泄之利焉。大抵二浙地勢高下相類。湖
高於田。田又高於江海。水少則汲湖水以溉田。水多則泄田水由江
而入海。惟瀦泄兩得其便。故無水旱之憂。而皆膏腴之地。自紹興末
年。始因軍中侵奪瀕湖水蕩。工力易辦。創置堤埂。號為埧田。民田已

被其害。而猶未至甚者。瀦水之地尚多也。隆興乾道之後。豪宗大姓。
相繼迭出。廣包強占。無歲無之。陂湖之利。日朘月削。已亡幾何。而所
在圍田則徧滿矣。以臣耳目所接。三十年間。昔之曰江。曰湖。曰草蕩
者。今皆田也。夫陂湖之水。自常情觀之。似若無用。由農事言之。則為
甚急。陂湖廣衍。則瀦蓄必多。遇旱可以灌溉。江流深浚。則通泄必快。
遇水不至泛溢。儻瀦水之地或至狹隘。則容受必少。旱即易涸。立見
焦枯。水源既壅。而江流填淤。則疏泄甚艱。水即易溢。蕩為巨浸。事之利
害。豈不較然易知。州縣監司所當禁戢。然圍田者無非形勢之家。其
語言氣力足以陵駕官府。而在位者每重舉事而憚因循。故上下相
蒙。恬不之怪。而圍田之害深矣。議者又曰。圍田既廣。則增租亦多。其
於邦計不為無補。殊不思緣江並湖民間良田何啻數千百頃。皆異
時之無水旱者。圍田一興。修築塍岸。水所由出入之路。頓至隔絕。稍
覺旱乾。則占據上流。獨擅灌溉之利。民田坐視。無從取水。逮至水溢。
則順流疏決。復以民田為壑。設若圍田僥倖一稔。增租所入有幾。而
常歲倍收之田。小有水旱。反為荒土。常賦所損。可勝計哉。所謂增租
既不繫省額。州縣得以移用。徒資貪贓之吏耳。此其輕重得失。又不
待智者而後辨也。矧惟祖宗成憲。炳若日星。應江河山野陂澤湖塘
池濼與衆共者。不許占據。及請佃承買。官司糾劾以聞。諸瀦水之地。
謂衆共溉田者。輒許人請佃承買。幷請佃承買人各以違制論。立法
之意。可謂明白。前者臣寮累嘗奏請。朝廷非不施行。臣姑疏其一二。
諸路如有承買瀦水地者。悉與改正。此紹興二十八年指揮也。凡係
積水草蕩。今後並不許請佃。雖陳乞撥賜。亦許守臣執奏。此乾道五
年九月指揮也。詔兩浙漕臣。及提舉常平官幷逐州守臣。常切覺察。
如官民戶及寺觀圍築田畝。填塞水道。具名以聞。此淳熙三年六月

指揮也詔州縣輙敢給據與官民戶及寺觀買佃江湖草蕩許人戶越訴重實典憲仍委監司糾劾此又淳熙三年八月指揮也詔浙西諸郡應官民戶舊來圍田去處明立標記給榜曉諭不得於標記外再有圍裹此淳熙十一年八月指揮也其他條約未易悉數夫以陳說之衆多立法之詳備是宜圍田之害悉絕而潴泄之利盡復曩時之舊可也然歷年浸久陂湖之為田者不止民田之被害者滋甚其已圍者牽於姑息而不復論標記之外增創圍裹者有之因民詞訴已毀撤而復脩築者有之易名為天荒而請求給佃者有之寺觀僧道尤無忌憚是豈果不可禁戢哉吏治苟簡而法令不行之過也積習而不知變姦猾豪利良農失業其害又豈特在民而已臣伏見乾道間孝宗皇帝一日宣諭輔臣曰聞浙西自有圍田即有水患屢有人理會多為權勢所梗已而令漕臣王炎相視有張子蓋圍田九千餘畝湮塞水勢立命開掘仍戒敕不得再犯淳熙中自姚述堯言傳法寺僧請佃明州定海縣鳳栖沈窖兩湖八百畝可以田二萬六千餘畝即令仍廢為湖英斷如此孰不悚懼其奉行不虔者特有司之罪而斯民疾苦則有所赴愬矣臣仰惟陛下恭儉愛民率繩祖武詔令之下不為虛文如以臣言為然乞賜睿旨行下戶部檢坐條法及累降指揮申嚴約束斷自今以後凡陂湖草蕩並不許官民戶及寺觀請佃圍裹如輙敢干求陳訴者具名聞奏寘之於罪本路監司州縣常切遵守或有違戾委御史臺彈治庶幾法不徒立豪強戢斂農民安於田畝此亦固根本之一說也惟陛下留神幸甚

貼黃臣照對自紹興間行經界之後至今五六十年生齒日繁豈復有可耕之田荒而不治其目今所存江湖陂澤實皆衆共水利必不可以為田者如蒙睿斷施行仍乞行下本路監司約束

應今歲被水圍田向去只許據昨來標記四至增補塍岸不得因而侵占比近水地其有自昨來標記之後續行圍裹妨害衆共水利去處既因水淤沒更不得再行脩築如違許被害民戶越訴仰監司委清強官相視具奏取旨施行伏乞睿照

貼黃臣又照得所在圍田雖是形勢之家包占然田間利害形勢之家本無從得知多是鄉村豪強富室意在假託聲勢侵擾良民或略用工本廣行侵占因以為己利操執書契請屬獻納此尤不可不治乞委監司州縣覺察如因圍田民戶詞訴即與根究元獻田人姓名重作施行伏乞睿照

青田縣主簿陳耆卿上疏曰臣聞水在地中猶人之有血脈一日壅塞必有受其病者故水利一事憂民者多疚心焉或曰去歲汎溢之災綿連郡國敗屋殺稼所在相望其害未見其利也雖然夫災沴行國家代有於汎濫則見其害於旱暵則見其利因汎濫而不為旱暵備殆因噎廢食爾夫稼民之命也水稼之命也春夏之交于杜蝟集至有爭涓滴以殞其軀者東浙田多依山而本郡蓋其一也巖谷嶢埆渠塘鮮少故灌溉之事不可一日廢夫水漲之則流堙之則竭其漲之也必有源其堙之也必有故彼細民之所爭者涓滴爾毆死者止一身爾強宗右族壟畎盈野每每奄潴澤以自豐而不顧他人之瘠其所殺寧有算哉十雨五風未見其害也猝有旱魃龜坼立見富人之茵自若而貧者委地矣上之人乃始皇皇於禱祈逮其無年則又皇皇於賑恤亦已晚矣故今州縣之間多以水利為不急之務夫既以為不急之務則往日之已塞者愈塞而未塞者亦塞矣近日之方浚者不浚而未浚者無時可浚矣為計不亟欲罪歲得乎臣愚欲乞播告外臺遴選官吏徧行根括甚蕪淚不治或為大姓所雄據渚

極力疏導。俾還其初。至於陂澤未成。而可經營沽丐者。亦必廣為濬鑿。以幸焦槁。毋苛擾。毋具文。脫遇歲旱。民有倚賴。縱不能轉歉為豐。而利澤亦過半矣。

金章宗明昌二年二月。上諭平章政事守貞曰。王汝嘉田櫟專管河防。此國家之重事也。朕比問其曾於南岸行視否。乃稱未也。又問水決能行南岸乎。又云不可知。且水趨北久矣。自去歲便當經畫。今不稱職如是耶。可諭旨令往盡心固護。無致失備。及講究所以經久之計。稍涉違慢。當併治罪。三月。行省并行戶工部及都水監官各言河防利害事。都水監元擬於南岸王村宜村兩處開導河勢。緣北來水勢去宜村堤稍緩。惟王村岸向上數里臥捲。可以開決作一河。且無所犯之城市村落。又擬於北岸牆村疏決。依舊分作兩清河入梁山故道。北清河兩岸素有小堤不完。後當築大堤。尚書省謂以黃河之水勢。若於牆村決注。則山東州縣膏腴之地及諸鹽場。必被淪溺。設使修築壞堤。而又吞納不盡。功役至重。虛困山東之民。非徒無益。而又害之也。況長堤已加固護。復於南岸疏決。水勢已寢。決河入梁山濼之議。水所經城邑。已勸率作護城堤矣。先所修清河舊堤。已遣罷之。監丞田櫟言定陶以東三埽棄堤。不當修。止言決舊壓河口以導漸水入堤北。張彪白堝兩河之間。凡當水衝屯田戶。須令遷徙。臣等所見。止當堤前作木岸以備之。其間居人。未當遷徙。至夏秋水勢汎溢。權令避之。水落則當各復業。此亦戶工部之所言也。

宣宗貞祐三年四月。單州刺史顏盞天澤言守禦之道。當決大河使北流德博觀滄之境。今其故堤宛然。猶在。工役不勞。水就下必無漂沒之患。而難者若不以犯滄鹽場損國利為說。必以浸沒河北良田為解。臣嘗聞河側故老言水勢散漫。則淺不可以馬涉。深不可以舟

濟。此守禦之大計也。若曰浸民田。則河徙之後。淤為沃壤。正宜耕墾。收倍于常。利孰大焉。若失此計。則河南一路兵食不足。而河北山東之民皆丸解矣。詔命議之。四年三月。延州刺史溫撒可喜言近世河離故道。自衛東南而流。由徐邳入海。以此河南之地為狹。臣竊見新鄉縣西河水。可決使東北。其南有舊隄。水不能溢。行五十餘里。與清河合。則由濬州大名觀州清州柳口入海。此河之故道也。皆有舊隄。補其缺罅足矣。如此。則山東大名等路。皆在河南。而河北諸郡亦得其半。退足以為禦備之計。進足以壯恢復之基。又言南岸居民。既已籍其河夫修築河堤。營作戍屋。又使轉輸芻糧。賦役繁殷。倍於他所。夏秋租稅。猶所未論。乞減其稍緩者以寬民力。事下尚書省。宰臣謂河流東南舊矣。一旦決之。恐故道不容。衍溢而出。分為數河。不復可收。水分則淺狹易渡。天寒輒凍。禦備愈難。此甚不可。

元成宗大德元年。河決蒲口。臺撤命河北河南肅政廉訪使尚文按視防河之策。文建言。長河萬里西來。其勢湍猛。至盟津而下。地平土疏。移徙不常。失禹故道。為中國患。不知幾千百年矣。自古治河。處得其當。則用力少而患遲。事失其宜。則用力多而患速。此不易之定論也。今陳留抵睢。東西百有餘里。南岸舊河口十一。已塞者二。自涸者六。通川者三。岸高於水。計六七尺。或四五尺。北岸故堤。其水比田高三四尺。或高下等。大槩南高於北。約八九尺。堤安得不壞。水安得不北也。蒲口今決千有餘步。迅疾東行。得河舊瀆。行二百里。至歸德橫堤之下。復合正流。或强湮遏。上決下潰。功不可成。揆今之計。河西郡縣。順水之性。遠築長垣。以禦泛濫。歸德徐邳民避衝潰。聽從安便。被患之家。宜於河南退灘地內給付頃畝。以為永業。異時河決他所者亦如之。信能行此。亦一時救荒之良策也。蒲口不塞便。朝廷從之。

歷代名臣奏議卷之二百五十三

歷代名臣奏議卷之二百五十四

賦役

漢武帝時。外事四夷。內興功利。役費並興。而民去本。董仲舒說上曰。古者稅民不過什一。其求易共。（共讀曰供）使民不過三日。其力易足。民財內足以養老盡孝。外足以事上共稅。下足以畜妻子極愛。故民說從上。至秦則不然。用商鞅之法。改帝王之制。除井田。民得賣買。富者連田阡陌。貧者無立錐之地。又顓川澤之利。管山林之饒。荒淫越制。踰侈以相高。邑有人君之尊。里有公侯之富。小民安得不困。又加月為更卒。已復為正。一歲屯戍。一歲力役。三十倍於古。（更卒。謂給郡縣一月而更者也。正卒。謂給中都官者也。率計今人一歲之中屯戍及力役之事。三十倍多於古也。更音工衡反）田租口賦鹽鐵之利。二十倍於古。或耕豪民之田。見稅什五。故貧民常衣牛馬之衣。而食犬彘之食。重以貪暴之吏。刑戮妄加。民愁無聊。亡逃山林。轉為盜賊。赭衣半道。斷獄歲以千萬數。漢興。循而未改。古井田法雖難卒行。宜少近古。（卒讀曰猝）限民名田。以贍不足。（名田。占田也。各為立限。不使富者過制。則貧弱之家可足矣）塞并兼之路。鹽鐵皆歸於民。去奴婢。除專殺之威。薄賦斂。省繇役。以寬民力。然後可善治也。

東漢靈帝欲鑄銅人。而國用不足。乃詔調民田畝斂十錢。而比水旱傷稼。百姓貧苦。樂安太守陸康上疏諫曰。臣聞先王治世。貴在愛民。省徭輕賦。以寧天下。除煩就約。以崇簡易。故萬物從化。靈物應德。末世衰主。窮奢極侈。造作無端。興制非一。勞割自下。以從苟欲。故黎民吁嗟。陰陽感動。陛下聖德承天。當隆盛化。而卒被詔書。畝斂田錢。鑄作銅人。伏讀惆悵。悼心失圖。夫十一而稅。周謂之徹。徹者通也。言其法度可通而行也。故魯宣稅畝。而螟災自生。哀公增賦。而孔子非之。豈有聚奪民物。以營無用之銅人。捐捨聖戒。自蹈亡王之法哉。傳曰。

之罪必書而不法後世何述焉陛下宜留神省察改敝從善以塞兆民怨恨之望。

齊武帝始制新科下州郡又收租稅縣銷長廣守何遵以郡初立且邱旅之後不可卒絕以法乃上言曰自喪亂以來民人失所今雖小安然服教日淺所下新科皆以明罰勑法一大代也所領六縣疆域初定加以飢饉若一切齊以科禁恐或有不從教者有不從教者不得不誅則非覩民設教隨時之意也先王辨九服之賦以殊遠近以三典之刑以平治亂愚以為此郡宜依遠域新邦之典其民間小事使長吏臨時隨宜上不背法下以順百姓之心比及三年民安其業然後齊之以法則無所不至矣帝從其言。

晉武帝太元十三年以范甯為豫章太守甯臨發上疏曰今邊烽而倉庫空匱古者使民歲不過三日今之勞擾殆無三日之休至有生

兒不復舉養鰥寡不敢嫁娶臣恐社稷之憂厝火積薪未足喻也又言中原士民流寓江左歲久安業謂宜正其封疆戶口皆以土斷又人性無涯奢儉由勢今并兼之室亦多不贍非用之無節爭以靡麗相高故也禮十九為長殤以其未成人也今以十六為全丁十三為半丁傷天理困百姓謂宜二十為全丁十六為半丁則無夭折生長滋矣帝多納用之。

宋文帝時司徒王弘上言曰舊制民年十三半役十六全役當以十二以上能自營私及公故以充役而考之見事猶或未盡體有彊弱不皆稱年且在家自隨力所能堪不容過苦移之公役動有定科循吏隱恤可無其患庸宰守常已有勤劇況值苛政豈可稱言乃有務在豐役增進年齒孤遠貧弱其敝尤深至今依寄無所生死靡告一身之切逃竄求免家人遠討胎孕不育巧避羅憲實亦由之今皇化惟新四方無事役名之體存乎消息十五至十六宜為半丁十七為全丁從之。

南齊武帝永明中會稽豐登商旅往來倍多常歲西陵牛埭稅官格日三千五百元懿如即所見日可一倍盈縮相兼略計年長百萬浦陽南北津及柳浦四埭乞為官領攝一年格外長四百許萬西陵戍前檢稅無妨戍事餘三埭自舉腹心世祖敕示會稽郡此詎是事宜可訪察即啟隨王東中郎長史顧憲之議曰尋始立牛埭之意非苟逼僦以納稅也當以風濤迅險人力不捷屢致膠溺濟急利物耳既公私是樂所以輸直無怨京師航渡即其例也而後之監領者不達其本各務已功互生理外或禁遏別道或空稅江行或撲船倍價或力周而猶責凡如此類不經埭煩牛者上詳被報格外十條並蒙停寢從來諠訴始得暫弭案吳興頻歲失稔今茲尤饑去乏從豐良由

飢棘或徵貨貿粒還拯親累或攜老弱陳力餬口埭司責稅依格弗降舊格新減尚未議登格外加倍將以何術皇慈恤隱振廩蠲調而元懿幸災權利重增困瘼人而不仁古今共疾且比見加格置市者前後相屬非惟新加無贏並皆舊格猶闕愚恐元懿今啟亦當不殊若事不副言懼貽譴詰便百方侵苦為公賈怨元懿稟性苛刻已彰往效任以物土譬以狼將羊其所欲舉腹心亦當虎而冠耳書云與其有聚斂之臣寧有盜臣此言盜公為損蓋微斂民所害乃大也今雍熙在運草木含澤其非事宜仰如聖旨然掌斯任者應簡廉平廉則不竊於公平則無害於民矣愚又以便宜者蓋謂便於公宜於民也竊見頃之言便宜者非能於民力之外用天分地者率皆即日不宜於民方來不便於公名與實反有乖正體凡如此等誠宜深察。

時詣折租布二分取錢車騎將軍竟陵王子良啟曰臣一月入朔六

登玫陛廣殿稠人義奉顏色縱有所懷豈敢自達比天晝亟見地孽亟臻民下妖訛姧生嗷嗷穀價雖和比室飢嗛纁纊雖賤駢門躶質臣一念此每入心骨三吳奧區地惟河輔百度所資罕不自出宜在獨優使其全富而守宰相繼務在聚斂闔家品屋以准貲課發令斬樹發瓦以充重賦破民財產要利一時東郡使民年無常限在所相承准令上直每至州臺使命切求懸急應充猥役必由窮困乃有畏失嚴期自殘軀命亦有斬絕手足以避徭役生育弗起殆為恒事守長不務先富民而唯言益國豈有民貧於下而國富於上邪又泉鑄歲遠類多翦鑿江東大錢十不一在公家所受必須輪郭遂買本一千加子七百猶求請無地捶革相繼尋完者為用既不兼兩回復遷貿會非委積縱令小民每嬰困苦且錢帛相半為制永久或聞長宰須令輸直進違舊科退容姦利八屬近縣既在京畿發借徵求寔煩

他邑民特尤貧匱年失稔草衣藿食稍有流亡今農政就興宜蒙賑給若浦郡未上許以中原兗豫二藩雖曰舊鎮往屬兵虞累棄鄉土密邇寇虞下無安志綿草結庵不違涼暑扶攜聚落靡有生向俱稟人靈獨絕溫飽而賦斂多少尚均沃實謂凡在荒民應加蠲減又司市之要自昔所難頃來此役不由才舉並條其重貲自許以衛前人增估求侠後人加稅請代如此輪回終何紀極兼復交關津要共相脣齒愚野未閑必加陵誑罪無大小横没貲載凡求試斅帛類非廉謹未解在事所以開容

後魏孝文帝時徐州刺史苟虎上疏曰臣聞先王建不易之軌萬代承之聖主垂不刊之制千載共仰伏惟陛下道洽羣生恩齊造化仁德所覃跡超前哲遠崇古典留意治方革前王之弊法申當今之宜用定貢賦之輕重均品秩之厚薄庶令百辟是以代耕編戶享其[illegible]畜巍乎煥焉不可量也臣竊尋居邊之民蒙化日淺戎馬之所資計素微小戶者一丁而已計其徵調之費終歲乃有七縑去年徵責不備或有貨易田宅質妻賣子呻吟道路不可忍聞今淮南之人思慕聖化延頸企足十室而九恐聞賦重更懷進退非惟損皇風之盛慮傷慕義之心且臣所居與南連接民情去就實所諳知特宜寬省以招未至其小郡太守數戶而已一請止六尺絹歲不滿匹既委邊捍取其必死邀之士重何吝君輕今班制已行布之天下不宜忤冒以亂朝章但猥籍恩私備位蕃岳憂責之地敢不盡言

孝明帝時諫議大夫張普惠以天下民調幅度長廣尚書計奏復徵綿麻恐其勞民不堪命上疏曰伏聞尚書奏復綿麻之調尊先皇之軌夙宵惟度忻戰交集何者聞復高祖舊典所以忻惟新俱可復而不復所以戰違法仰惟高祖廢大斗去長尺改重秤所以愛萬姓從

薄賦知軍國須綿麻之用故云幅度之間億兆應有綿麻之利故絹上稅綿八兩布上稅麻十五斤萬姓得廢大斗去長尺改重秤稱輕賦之饒不適於綿麻而已故歌舞以供其賦奔走以役其調天子信於上億兆樂於下故易曰悅以使民民忘其勞此之謂也自茲以降漸漸長闊百姓嗟怨聞於朝野伏惟皇太后未臨朝之前陛下居諒闇之日宰輔不尋其本知天下之怨綿麻不察其幅廣度長秤重斗大革其所弊存其可存而特放綿麻之調以悅天下之心此所謂悅之不以道愚臣所以未悅者也尚書既知國少綿麻不惟法度之易民言之可畏便欲去天下之大信棄已行之成詔追前之非遂後之失奏求還復綿麻以充國用不思庫中大有綿麻而羣官共竊之愚臣以為於理　何者今宮人請調度造衣物必度忖秤量絹布匹有尺丈之盈一猶不計其廣絲綿斤兼百銖之剩未聞依律罪州郡

若一匹之濫，一斤之惡，則鞭尸主，逮三長，此所以教民以貪者也。今百官請俸，人樂長闊，并欲厚重，無復準極，得長闊厚重者，便云其州能調絹布精闊且長，横發美譽，以亂視聽，不聞嫌長惡廣，求計還官者。此百司所以仰負聖明也。今若必復綿麻者，謂宜先令四海知其所由，明立嚴禁，復本幅度，新綿麻之典，依太和之稅。其在庫絹布并及絲綿不依典制者，請遣一尚書與太府卿、左右藏令，依今官度官秤，計其斤兩廣長，折給請俸之人。總常俸之數，計俸所出，以布綿麻亦應其一歲之用。使天下知二聖之心，愛民惜法如此，則高祖之軌中興於神龜，明明慈信，照布於無窮，則孰不幸甚。伏願亮臣悾悾之至，下慰蒼生之心。

唐太宗初即位，詔關中免二年租賦，關東給復一年。又有勅已役已納，並遣輸了，明年總爲准折。魏徵諫曰：臣伏見八月九日詔，率土皆

復一年，老幼相歡，或歌且舞，在路。又聞有勅，丁已配役，即令役滿折造餘物，亦遣輸了，待至明年，總爲准折。道路之人，咸失所望。此誠非平分萬姓，均同七子。然下民難與圖始，日用不知，皆謂國家追悔前言，二三其德。臣竊聞天之所輔者仁，人之所助者信。陛下初膺大寶，億兆觀德，始發大號，便有二言，生八表之疑心，失四時之大信。如國有倒懸之急，猶必不可爲，況以泰山之安，而輒行此事。爲陛下爲計者，於財利則小益，於德義則大損。臣誠智識淺短，竊爲陛下惜之。

武后時，鳳閣舍人崔融上奏曰：伏見有司請稅關市事條，不限工商，但是行人盡稅者。臣謹按周禮九賦，其七曰關市之賦。竊惟市纏繫巧，關通末遊，欲令此徒止抑，所以咸增賦稅。臣謹商度今古，料量家國，竊將爲不可稅，謹件事跡如左。伏惟聖旨擇焉。往古之時，醇樸未散，公田籍而不稅，關防譏而不征。中代已來，澆風驟進，桑麻疲弊，稼穡辛勤，於是各徇通財，爭趨作巧，求徑捷之速，忘歲計之餘，遂使田萊日荒，倉廩不積，蠶織休廢，縕褐如飢。寒饑薦臻，亂離斯瘼。先王懲其若此，所以變古隨時，依本者恆科，占末者增稅。夫關市之稅者，謂市及國門關門者也。唯斂出入之商賈，不稅來往之行人。今若不論商人，通取諸色，事不師古，法乃在情，悠悠末代，於何瞻仰。濟濟盛朝，自取嗤笑。雖欲憲章姬典，乃是違背周官。臣知其不可者一也。臣謹按易繫稱，庖犧氏沒，神農氏作，日中爲市，致天下之人，聚天下之貨，交易而退，各得其所。班志亦云，財者帝王聚人守位，養成羣生，奉順天德，治國安人之本也。士農工商，四人有業。學以居位曰士，闢土殖穀曰農，作巧成器曰工，通財鬻貨曰商。聖王量能授事，四人陳力受職。然則四人各業久矣，今復安得動而搖之。蕭何又云：人情一定，不可復動。班固又云：曹參相齊，齊國安集，大稱賢相。參去，屬其後相曰：

以齊獄市爲寄，慎勿擾也。後相曰：理無大於此者乎？參曰：不然。夫獄市者，所以并容也。今君擾之，姦人安所容乎？吾是以先之。夫獄市兼受善惡，若窮極，姦人無所容竄，久且爲亂。秦人極刑而天下叛，孝武峻法而刑獄繁，此其効也。老子曰：我無爲而人自化，我好靜而人自正。參欲以道化其本，不欲擾其末。臣知其不可者二也。四海之廣，九州之雜，關必據險路，市必憑要津。若乃富商大賈，豪宗惡少，輕死重義，結黨連羣，喑嗚則彎弓，睚眦則挺劒。小有失意，且猶如此，一朝變化，定是相驚，乘茲困窮，或致擾動。便恐南走越，北走胡，非唯流迸，亦民亦自攪亂。殊俗又如邊徼之地，寇賊爲鄰，興胡之旅，歲月相繼，曰科賦，致有猜疑，一從散亡，何以制禁。求利雖切，爲害方深，而有司上言，不識大體，徒欲益帑藏，助軍國，殊不知軍國益擾，帑藏愈空。臣知其不可者三也。孟軻又云：古之爲關也，將以禦暴。今之爲關也，將

以為禁令行者皆稅本末同流且如天下諸津舟航所聚旁通巴漢前指閩越七澤十藪三江五湖控引河洛兼包淮海弘舸巨艦千軸萬艘交貿往還憧憧永日今若江津河口置鋪納稅則檢覆檢覆則遲留此津繞過彼鋪復止非唯國家稅錢更遭主司僦路船有大小載有多少量物而稅觸途淹久統論一日之中未過十分之一因此擁滯必致吁嗟一朝失利則萬商廢業萬商廢業則人不聊生其間或有輕譎任俠之徒斬龍刺蛟之黨鄱陽暴虐之客富中悍壯之夫居則藏鏹出便竦劍加之以重稅困之以威脅一旦獸窮則攫執事者復何以安之哉臣知其不可者四也五帝之初未可詳也三王之後厥有著云秦漢相承典章大備至如關市之稅史籍有文秦政以雄圖武力捨之而不用也漢武以霸略英才去之而勿取也何則關為禦暴之所市為聚人之地稅市則人散稅關則暴興暴興則起異

圖人散則懷不軌夫人心莫不背善而樂禍易動而難安一市不安則天下之市心搖矣一關不安則天下之關心動矣況澆風久扇變法為難徒欲禁末遊規小利豈知失玄默亂大倫魏晉眇小齊隋齷齪所謂不行斯道者也臣知其不可者五也今之所以稅關市者何也豈不以國用不足邊寇為虞一行斯術冀有贍然也微臣敢借前箸以籌之伏惟陛下當聖期御玄籙沉璧于洛刻石于嵩鑄寶鼎以窮姦坐明堂而布政神化廣洽至德滂通東戎蟄驚應時平殄南蠻纔動許日歸降西域五十餘國廣輪一萬餘里城堡清夷亭堠靜謐比為患者唯苦二蕃今吐蕃請命邊事不起師日雖尚屯兵久後終成殄折獨有默啜假息孤恩惡貫禍盈覆亡不暇征役日已省矣繁費日已稀矣然猶下明制導大樸愛人力惜人財王侯拊抃主新禮所有支斷咸令削減此陛下以躬率先堯舜之用心也且門

中河北水旱數年諸處逃亡今始安輯儻加重稅或慮相驚況承平歲積薄賦日久俗荷深恩人知自樂卒有變法必多生怨生怨則驚擾驚擾則不安中既不安外何能禦文王曰帝主富其人霸王富其地理國者不足亂國者有餘古人有言帝王藏於天下諸侯藏於百姓農夫藏於庾商賈藏於篋惟陛下詳之必若師興有費國儲多窘即請倍算商客加斂平人如此則國保富強人免憂懼天下幸甚臣知其不可者六也陛下留神繫表屬想政源冒茲炎熾阜朝晏坐一日二日機務不遺先天後天靈心密應時政得失小子何知卒陳瞽辭伏紙惶懾。

中宗景龍中宗楚客紀處訥武延秀韋溫等封戶多在河南河北諷朝廷詔兩道蠶產所宜雖水旱得以蠶折租黃門侍郎張廷珪言兩道倚大河地雄奧股肱走集宜得其歡心安可不恤其患而殫其力。

若以桑蠶所宜而加別稅則隴右羊馬山南楸漆山之銅錫鉛鍇海之蜃蛤魚鹽水旱皆免寧獨河南北外於王度哉願依貞觀永徽故事准令折免詔可。

肅宗時高適出為蜀彭二州刺史始上皇東還分劍南為兩節度百姓弊于調度而西山三城列戍適上疏曰劍南雖名東西川其實一道自邛關黎雅以抵南蠻由茂而西經羌中平戎等城界吐蕃瀕邊諸城皆仰給劍南異時以全蜀之饒而山南佐之猶不能舉今裂梓遂等八州專為一節度歲月之計西川不得參也嘉陵比困夷獠曰雖小定而瘡痏未平耕紡亡業衣食貿易皆資成都是不可得役亦明矣可稅賦者獨成都彭蜀漢四州而已以四州耗殘當十州之役其弊可見而言利者枘鑿萬端窮朝抵夕千案百牘皆取之民官吏懼譴責及鄰保威以罰扶而逋逃益滋又關中比饑士人流入蜀者

道路相繫。地入有記而科斂無涯。爲蜀計者。不亦難哉。又平戎以西數城。皆窮山之巔。蹊隧險絕。運糧束馬之路。坐甲無人之鄉。爲戎狄言。不足利戎狄。爲國家言。不足廣土宇。柰何以彈丸地而困全蜀太平之人哉。若謂已戍之城不可廢。已屯之兵不可收。碩羅東川。以一劍南。併力從事。不爾。非陛下洗盪關東清逆亂之急也。蜀人又擾。則貽朝廷憂。帝不納。

德宗初。門下侍郎楊炎疾賦役法敝。乃請爲兩稅法以一其制。凡百役之費。一錢之斂。先度其數而賦於人。量出制入。戶無主客。以見居爲簿。人無丁中。以貧富爲差。不居處而行商者。在所州縣稅三十之一。度所取與居者均。使無僥利。居人之稅。秋夏兩入之。俗有不便者正之。其租庸雜徭悉省。而丁額不廢。其田畝之稅。率以大曆十四年墾田之數爲準而均收之。夏稅盡六月。秋稅盡十一月。歲終以戶賦

增失進退長吏。而尚書度支總焉。帝善之。

貞元間。詔定兩稅。既而屬歲水旱。戶口減耗。賦役日重。帝以問宰相陸贄。贄因上疏請釐革其害。其一論兩稅之弊須有釐革。曰。國朝著令。賦役之法有三。一曰租。二曰調。三曰庸。古者一井之地。九夫共之。公田在中。藉而不稅。私田不善則非吏。公田不善則非民。事頗纖徵。難於防檢。春秋之際。已不能行。故國家襲其要而去其煩。丁男一人。授田百畝。但歲納租粟二石而已。言以公田假人而收其租入。故謂之租。古者任土之宜以奠賦法。國家就因往制。簡而一之。每丁各隨鄉土所出。歲輸若絹若綾若絁共二丈。綿三兩。其無蠶桑之處則輸布二丈五尺。麻三斤。以其據丁戶調而取之。故謂之調。古者用人之力。歲不過三日。後代多事。其增十之。國家斟酌物宜。立爲中制。每丁一歲定役二旬。若不役則收其庸。日準三尺。以其出絹而當庸直。故謂之庸。此三道者。皆宗本前哲之規模。參考歷代之利害。其取法也遠。其立意也深。其斂財也均。其域人也固。其裁規也簡。其備慮也周。有田則有租。有家則有調。有身則有庸。天下爲家。法制均一。雖欲轉徙。莫容其姦。故人無搖心。而事有定制。以之厚生。則不隄防而家業可久。以之成務。則不校閱而衆寡可知。以之爲理。則法不煩而教化行。以之成賦。則下不困而上用足。三代創制。百王是程。雖維御損益之術小殊。而其義一也。天寶季歲。羯胡亂華。海內波搖。兆庶雲擾。版圖墮於避地。賦法壞於奉軍。建中之初。再造百度。執事者知弊之宜革。而所作兼失其源。知簡之可從。而所操不得其要。舊患雖減。新沴復滋。救跛成痿。展轉增劇。凡欲拯其積弊。須窮致弊之由。時弊則但理其時。法弊則全革其法。而又揆新校舊。慮遠圖難。規略未詳。悉故不果行。利害非相懸。固不苟變。所爲必當其悔乃亡。若好革而不知

原始要終。斯皆以弊易弊者也。至如賦役舊法。乃是聖祖典章。行之百年。人以爲便。兵興之後。供億不恒。乘急誅求。漸隳經制。此所謂時之弊。非法弊也。時有弊而未理。法無弊而已更。埽庸調之成規。創兩稅之新制。立意且爽。彌綸又疏。竭耗編甿。日日滋甚。夫作法裕於人。未有不得人者也。作法裕於財。未有不失人者也。陛下初膺寶位。思致理平。誕發德音。哀痛流弊。念徵役之頻重。憫烝黎之困窮。分命使臣。敷揚惠化。誠宜損上益下。嗇用節財。窒侈欲以盪其貪風。息冗費以紓其厚斂。而乃搜摘郡邑。劾驗簿書。每州各取大曆中一年科率錢穀數最多者。便爲兩稅定額。此乃採非法之權令以爲經制。總無名之暴賦以立恒規。是務取財。豈云恤隱。作法而不以裕人拯病爲本。得非立意且爽者乎。夫財之所生。必因人力。工而能勤。則豐富。拙而兼惰。則窶空。是以先王之制賦入也。必以丁夫爲本。無求於力分

之外無貸於力分之内故不以務穡增其稅不以輟稼減其租則播種多不以殖產厚其征不以流寓免其調則地著固不以飭勵重其役不以窳怠蠲其庸則功力勤如是然後能使人安其居盡其力相觀而化時靡遁心雖有惰遊不率之人亦已懲矣兩稅之立則異於斯唯以資產為宗不以丁身為本資產少者則其稅少資產多者則其稅多曾不悟資產之中事情不一有藏於襟懷囊篋物雖貴而人莫能窺有積於場圃囤倉直雖輕而衆以為富有流通蕃息之貨數雖寡而計日收贏有廬舍器用之資價雖高而終歲無利如此之比其流實繁一槩計估算緡宜其失平長僞由是務輕費而樂轉徙者恒脫於徭稅敦本業而樹居產者每困於徵求此乃誘之為姦毆之避役力用不得不弛風俗不得不訛閭井不得不殘賦入不得不闕復以創制之首不務齊平但令本道本州各依舊額徵稅軍興已久

事例不常供應有煩簡之殊牧守有能否之異所在徭賦輕重相懸既成新規須懲積弊化之所在足使無偏減重分輕是將均濟而乃急於聚斂懼或蠲除不量物力重輕惟以舊額為準舊重之處流亡益多舊輕之鄉歸附益衆有流亡則已重者攤徵轉重有歸附則已輕者散出轉輕高下相傾勢何能止又以謀始之際不立科條分遣使臣凡十餘輩專行其意各制一隅遂使人殊見道異法低昂不類緩急不倫逮至復命于朝竟無類會裁處其於踳駁胡可勝言利害相形事尤非便作法而不以救微防患為慮得非彌綸又疎者乎立意且爽彌綸又疎凡厥疲人已嬰其弊就加保育猶懼不支況復亟繚棼絲重傷宿痾其為擾病抑又甚焉請為陛下舉其尤者六七端則人之困窮固可知矣大曆中紀綱廢弛百事從權至於率稅少多皆在牧守裁制邦賦既無定限官私懼有闕供每至徵配之初例必

廣張名數以備不時之命且為施惠之資應用有餘則遂減放增損既由郡邑消息易協物宜故法雖久刓而人未甚瘁及總雜徵虛數以為兩稅恒規悉登地官咸繫經費計奏一定有加無除此則人益困窮其事一也本懲賦斂繁重所以變舊從新新法既行已重於舊旋屬征討國用不充復以供軍為名每貫加徵二百當道或增戎旅又許量事取資詔敕皆謂權宜悉令事畢停罷息兵已久加稅如初此則人益困窮其事二也定稅之數皆計緡錢納稅之時多配綾絹往者納絹一疋當錢三千二三百文今者納絹一疋當錢一千五六百文往輸其一者今過於二矣雖官非增賦而私已倍輸此則人益困窮其事三也諸州稅物送至上都度支頒給羣司例皆增長本價而又繆稱折估抑使剝徵姦吏因緣得行侵奪所獲殊寡所擾殊多此則人益困窮其事四也稅法之重若是既於已極之中而復有奉

進宣索之繁尚在其外方岳頗拘於成例莫敢闕供朝典又束以彝章不許別稅綺麗之飾紈素之饒非從地生非自天降若不出編戶之筋力骨髓將安所取哉於是有巧避微文曲承睿旨變徵役以名雇之目換科配以和市之名廣其課而狹償其庸精其入而寬計其直以名雇為目而捕之不得不來以和市為名而迫之不得不出其為妨抑特甚常徭此則人益困窮其事五也大曆中非法賦斂急備供軍折估宣索進奉之類者既並收入兩稅矣今於兩稅之外非法之事復又並存此則人益困窮其事六也建中定稅之始諸道已不均齊其後或吏理失宜或兵賦偏重或癘疾鍾害或水旱荐災田里荒蕪戶口減耗牧守苟避於殿責罕盡申聞所司姑務於取求莫肯矜恤遂於逃死闕乏稅額累加見在疲甿一室已空四鄰繼盡漸行增廣何由自存此則人益困窮其事七也自至德訖于大曆二十年

餘兵亂相乘海内羅弊幸遇陛下紹膺寶運憂濟生靈誕敷聖謨痛矯前弊重愛人節用之旨宣輕徭薄賦之名率土烝黎感涕相賀延頸企踵咸以為太平可期既而制失其中斂從其重頗乖始望已沮羣心因之以兵甲而煩暴之取轉加繼之以獻求而靜約之風浸靡臣所知者纔梗槩耳而人益困窮之事已有七焉臣所不知何嘗於此陛下儻追思大曆中所聞人間疾苦而又有此七事重增於前則人之無聊不問可悉昔魯哀公問於有若曰年饑用不足如之何有若對曰盍徹乎哀公曰二吾猶不足如之何其徹也有若曰百姓足君孰與不足百姓不足君孰與足孔子曰有國有家者不患寡而患不均不患貧而患不安蓋均而無貧和而無寡安而無傾漢文恤患救災則命郡國無來獻是以人為本以財為末人安則財贍本固則邦寧今百姓艱窮非止不足稅額類例非止不均求取繁

多非止來獻誠可哀憫亦可憂危此而不圖何者為急聖情重慎每戒作為伏知貴欲因循不敢盡求釐革且去弊去甚亦是小休望令所司與宰臣參量據每年支用色目中有不急者無益者罷廢之有過制者廣費者減節之遂以罷減之資迴給要切之用其百姓稅錢須因軍興每貫徵二伯者下詔停之用復其言俾人知信下之化上不令而行諸道權宜加徵亦當自請蠲放如是則困窮之中十緩其二三矣供御之物各有典司任土之儀各有常貢過此以往復何所須假欲崇飾燕居儲備賜與天子之貴寧憂乏財但勑有司何求不給豈必旁延進獻別徇營求減德示私傷風敗法因依縱擾為害最深陛下臨御之初已弘清淨之化下無由獻上絶私求近歲已來稍渝前旨今但緣除沉弊振起聖猷則淳風再興賄道中寢雖有貪饕之輩曷由復肆侵漁州郡羨財亦將焉往若不上輸王府理須下紓

疲人如是則困窮之中十又緩其四五矣所定稅物估價合依當處月申百姓輸納之時累經州縣簡閲事或涉於姦欺過則不在戶人重重剝徵理甚無謂望令所司應諸州府送稅物到京但與色樣相符不得虛稱折估如濫惡尤甚給用不充唯罪元納官司亦勿更徵百姓根本既自端靜枝葉無因動搖如是則困窮之中十又緩其二三矣然後據每年見供賦稅之處詳諭詔旨咸俾均平每道各令知兩稅判官一人赴京與度支類會參定通計戶數以配稅錢輕重之間大約可準而又量土地之沃瘠計物產之少多倫比諸州定為兩等州等下者其每戶配錢之數少州等高者其每戶配錢之數多多少已差悉令折衷仍委觀察使更於當管所配錢數之內均融處置務盡事宜就於一管之中輕重不得偏併雖或未盡齊一決當不甚低昂既免擾人且不變法粗均勞逸足救凋殘非但徵賦易供亦冀

逋逃漸息俟稍寧阜更擇所宜其二請兩稅以布帛為額不計錢數曰夫國家之制賦稅也必先導以厚生之業而後取其什一焉其所取也量人之力任土之宜非力之所出則不征非土之所有則不貢謂之通法歷代常行夫凡生於天地之閒而五材之用為急五材者金木水火土也水火不資於作為金木自產於山澤唯土爰播植非力不成衣食之源皆出於此故可以勉人功定賦入者唯布麻繒纊與百穀焉先王懼物之貴賤失平而人之交易難准又立貨泉之法以節輕重之宜歛散弛張必由於是蓋御財之大柄為國之利權守之在官不以任下然則穀帛者人之所為也錢貨者官之所為也人之所為者故租稅取焉官之所為者故賦歛捨焉此又事理著明者也是以國朝著令稽古作程所取於人不踰其分租出穀庸出絹調雜出繒纊布麻非此族也不在賦法列聖遺典粲然可徵曷嘗有禁

人鑄錢而以錢爲賦者也今之兩稅獨異舊章違任土之通方効算緡之末法不稽事理不揆人功但估資產爲差便以錢穀定稅臨時折徵雜物每歲色目頗殊唯計求得之利宜靡論供辦之難易所徵非所業所業非所徵遂或增價以買其所無減價以賣其所有一增一減耗損已多且百姓所營唯在耕織人力之作爲有限物價之貴賤無恒而乃定稅計錢折錢納物是將有限之產以奉無恒之輸納物賤則供稅之所出漸多多則人力不給納物貴則收稅之所入漸少少則國用不充公私二途常不兼濟以此爲法未之前聞往者初定兩稅之時百姓納絹一疋折錢三千二三百文大率萬錢爲絹三疋價計稍貴數則不多及乎頒給軍裝計數而不計價此所謂稅入少而國用不充者也近者百姓納絹一疋折錢一千五六百文大率萬錢爲絹六疋價既轉賤數則漸加向之蠶織不殊而所輸尚欲過

倍此所謂供稅多而人力不給者也今欲不甚改法而粗救災害者在乎約循典制而以時變損益之臣謂宜令所司勘會諸州府初納兩稅年絹布定估比類當今時價加賤減貴酌取其中總計合稅之錢折爲布帛之數仍依庸調舊制各隨鄉土所宜某州某年定出稅布若干端某州某年定出稅絹若干疋其有絁綿雜貨亦隨所出定名勿更計錢以爲稅數如此則土有常制人有常輸衆皆知上令之不遷於是一其心而專其業應出布麻者則務於紡績供綿絹者則事於蠶桑日作月營自然便習各脩家技皆足供官無求人假手之勞無賤鬻貴買之費無暴徵急辦之弊無易常改作之煩物甚賤而人之所出不加物甚貴而官之所入不減是以家給而國足事均而法行此宜稍循令典之舊規固非創制之可疑者也然蚩蚩之俗罕究事情好騁異端妄行沮議臣請假爲問答以備討論陛下誠有意

乎憐愍蒼生將務救恤但垂聽覽必有可行議者若曰無歲經費所資大抵皆約錢數若令以布帛爲額是令支計無憑答曰國初約法已來常賦率由布帛輸二甲子制用不愆何獨當今則難支計且經費之大其流有三軍食一也軍衣二也內外官月俸及諸色資課三也軍衣固在於布帛軍食又取於地租其計錢爲數者獨月俸資課而已制祿唯不計錢故三代以食人衆寡爲差兩漢以石數多少爲秩蓋以錢者官府之權貨祿者吏屬之常資以常徇權則豐約之度不得恒於家以權爲常則輕重之柄不得專於國故先王制祿以食而平貨以錢然後國有權而家有節矣況今餽餉方廣倉儲未豐盍復古況或慮不足若但據羣官月俸之等隨百役資課之差各依錢數少多折爲布帛定數某官月給俸絹若干疋某役月給資布若干端所給色目精麤有司明立條例便爲恒制更不計錢物甚賤而官

之所給不加物甚貴而私之所稟不減官私有准何利如之生人大端衣食爲切有職田以供食有俸絹以供衣從事之家固足自給以茲制事誰曰不然夫然則國之用財多是布帛定以爲賦復何所傷議者若曰吏祿軍裝雖須布粟至於以時斂糴用權物價重輕是必須錢於何取給答曰古之聖人所以取山澤之蘊材作泉布之寶貨國專其利而不與人共之者蓋爲此也物賤由乎錢少少則重重則加鑄而散之使輕物貴由乎錢多多則輕輕則作法而斂之使重是乃物之貴賤繫於錢之多少錢之多少在於官中盈縮官失其守反求於人人不得鑄錢而限令供稅是使貧者破產而假資於富有之室富者蓄貨而竊行於輕重之權下困齊人上虧利柄今之所病諒在於斯誠宜廣卽山殖貨之功峻用銅爲器之禁苟制持得所則錢不乏矣有糶鹽以入其直有榷酒以納其資苟消息合宜則錢可收

矣錢可收固可以斂輕為重錢不乏固可以散重為輕弛張在官何所不可應無所給是未知方議者若曰自定兩稅以來恒使計錢納物物價漸賤所納漸多出給之時又增虛估廣求羨利以贍庫錢歲計月支猶患不足今若定供布帛出納以平軍國之資無乃有闕答曰自天寶以後師旅數起法度消亡肅宗撥滔天之災而急於功賞先帝遵含垢之德而緩於糾繩由是用頗殷繁俗亦靡弊公賦已重別獻繼興別獻既行私賂競長誅求刻剝日長月滋積累以至于大曆之間所謂取之極甚者也今既總收極甚之數定為兩稅矣所是別獻之類復在數外矣間緣軍用不給已嘗加徵矣近屬折納價錢則又多獲矣比於大曆極甚之數殆將再益其倍爲復幸年穀屢豐兵車少息而用常不足其故何哉蓋以事逐情生費從事廣物有劑而用無節夫安得不乏乎苟能黜其情約其用非但可以布帛為稅雖更減其稅亦可也苟務逞其情侈其用非但行今重稅之不足雖更加其稅亦不足也夫地力之生物有大數人力之成物有大限取之有度用之有節則常足取之無度用之無節則常不足生物之豐敗由天用物之多少由人是以聖王立程量入為出雖遇災難下無困窮理化既衰則乃反是量出為入不恤所無故魯哀公問年飢用不足如之何有若對以盍徹桀用天下而不足湯用七十里而有餘是乃用之盈虛在節與不節耳不節則雖盈必竭能節則雖虛必盈衛文公承滅國之餘建新徙之業革車不過三十乘豈不甚殆哉而能衣大布冠大帛約己率下通商務農卒以富強見稱載籍漢文帝接秦項積久傷夷之弊繼高呂革創多事之時家國虛殘日不暇給而能躬儉節用靜事息人服弋綈履革舄却駿馬而不御罷露臺而不脩屢賜田租以厚烝庶遂使戶口蕃息百物阜殷乃至鄉曲宴遊

乘牝牸者不得赴會子孫生長或有積數十歲不識市鄽郡府之錢貫朽而不可校太倉之粟紅腐而不可食國富於上人安於下生享遐福沒垂令名人到于今稱其仁賢可謂盛矣太宗文皇帝收合板蕩再造寰區武德年中革車屢動繼以災歉人多流離貞觀之初荐屬霜旱自關輔綿及三河之地米價騰貴斗易一縑道路之間餧殍相藉太宗敦行儉約撫養困窮視人如傷勞徠不倦百姓有鬻男女者出御府金帛贖還其家嚴禁貪殘慎節徭賦弛不急之用省無事之官黜損乘輿斥出宮女太宗嘗有氣疾百官以大內卑濕請營一閣以居尚憚煩勞竟不之許是以至誠上感淳化下敷四方大和百穀連稔貞觀八年以後米斗至四五錢俗阜化行人知義讓行旅遐里或不齎糧故人到于今談帝王之盛則必先太宗之聖功論理道之崇則必慕貞觀之故事此三君者其經始豈不艱窘哉皆以嗇用愛人竟獲豐福是所謂能節雖虛必盈之効也秦始皇據崤函之固藉雄富之業專力農戰廣收材豪故能芟滅暴強宰制天下功成志滿自謂有太山之安貪欲熾然以為六合莫予違也於是發閭左之戍徵太半之賦進諫者謂之訞謗恤隱者謂之收恩故徵發未終而宗社已泯漢武帝遇時運理平之會承文景勤儉之積內廣興作外張甲兵侈汰無窮遂至殫竭大搜財貨算及舟車遠近騷然幾至顛覆賴武帝英姿大度付任以能納諫無疑改過不悋下哀痛之詔罷征伐之勞封丞相為富民侯以示休息邦本摇而復定帝祚危而再安隋氏因周室平齊之資府庫充實開皇之際理尚清廉是時公私豐饒議者以比漢之文景煬帝嗣位肆行驕奢竭耗生靈不知止息海內怨叛以至於亡此三君者其所憑藉豈不豐厚哉皆以縱欲殘人竟致感喪是所謂不節則雖盈必竭之効也秦隋不悟而遂亡

漢武中悔而獲存乃徼與不徼覺與不覺其於得失相遠復有存滅之殊安可不思安可不懼今人窮日甚國用歲加不時節量其勢必變而議者但憂財利之不足罔慮安危之不持若然者則太宗漢文之德曷見稱秦皇隋煬之敗靡足戒唯欲是逞復何規哉韋屬休明將期致理急聚歛而忽於勤恤固非聖代之所宜言也其三論長吏以增戶加稅闢田爲課績曰夫欲施教化立度程必先域人使之地著古之王者設井田之法以安其業立五宗之制以綴其恩猶懼其未也又教之族墳墓敬桑梓將以固人之志定人之居俾皆重遷方可爲理厥後又犄之以出鄉遊惰之禁糾之以板圖比閭之方雖訓導漸微而檢制猶密歷代因襲以爲彝章其理也必謹於隄防其亂也必慢於經界斯道崇替與時興衰人主失之則不可御寰宇守長失之則不可釐郡邑理人之要莫急於茲頃因兵興典制弛廢戶板

之紀綱闕緝土斷之條約不明惰人浮流莫克禁止緩之則湊集懲之則驚離恒懷倖心靡固本業是以賦稅不一教令不行長人者又罕能推忠恕易地之情體至公徇國之意迷行小惠竟誘姦甿以傾奪鄰境爲智能以招萃逋逃爲理化捨彼適此者既謂新收而獲宥倏忽往來者又以復業而見優唯懷土安居首末不遷者則使之日重歛之日加是令地著之人恒代惰遊服役則何異驅之轉徙教之澆訛此由牧宰不克弘通各私所部之過也及夫廉使奏課會府考功但守常規不稽時變其所以爲長吏之能者大約在於四科一曰戶口增加二曰田野墾闢三曰稅錢長數四曰徵辦先期此四者誠吏職之所崇然立法齊人久無不弊法之所　則人飾巧而苟避其網法之所勸則人興僞以曲附其文理之者若不知維御損益之宜則巧僞萌生恒因沮勸而滋矣夫課吏之法所貴戶口增加者豈不

以撫字得所人益阜蕃乎今或詭情以誘其姦浮苛法以析其親族苟益戶數務登賞條所誘者將議薄征已遽驚散所析者不勝重稅又漸流亡州縣破傷多起於此長吏相効以爲績安忍莫懲齊人相扇以成風規避轉甚不究實而務增戶口有如是之病焉所貴田野墾闢者豈不以訓導有術人皆樂業乎今或牽率黎烝播植荒廢約以年限免其地租苟農夫不增而墾田欲廣新畝雖闢舊畬反蕪人利免租頗亦從令年限纔滿復爲汙萊有益煩勞無增稼穡不度力而務闢田野有如是之病焉所貴稅錢長數者豈不以旣庶而富人可加賦乎今或重困疲羸力求附益摧骨瀝髓隳家取財苟媚聚歛之司以爲仕進之路不恤人而務長稅數有如是之病焉所貴徵辦先期者豈不以物必優贍人皆樂輸乎今或肆毒作威殘人逞欲事有常限迫而促之不量時宜唯尚強濟絲不容織粟不暇舂矧伊貧

虛能不奔迸不怨物而務先徵辦有如是之病焉然則引人逋逃感人艱窘唯茲四病亦有助焉此由考覈不切事情而泛循舊轍之過也且大戶口增加田野墾闢稅錢長數徵辦先期若不以實事驗之則真僞莫得而辨將驗之以實則租賦須加所加既出於人固有受其損者此州若增客戶彼郡必減居人增處邀賞而稅數有加減處懼罪而稅數不降倘國家所設考課之法必欲崇於聚歛則如斯可矣將有意乎富俗而務理豈不剌謬歟當今之要在於厚人而薄財損上以益下下苟利矣上必安焉則少損者所以招大益也人既厚矣財必贍焉則暫薄者所以成永厚也臣愚謂宜申命有司詳定考績往貴於加者今務於減焉假如一州之中所稅舊有定額凡管幾許百姓復作幾等差科每等有若干人戶每戶出若干稅物各令條舉都數年別一申使司使司詳覆有憑然後錄報戶部若當管之內

人益旱藪所定税額有餘任其據戶均減率計減數多少以為考課
等差其當管税物通比校每戶十分減三分者為上課十分減二分
者次焉十分減一分者又次焉如或人多流亡加税見戶比校殿罰
法亦如之其百姓所出田租則各以去年應輸之數便為定額每歲
據徵更不勘責檢巡增闢者勿益其租廢耕者不降其數足以誘導
墾植且免妨奪農功事簡體弘人必悦勸每至定戶之際但據雜產
校量田既自有恆租不宜更入兩税如此則吏無苟且俗變澆浮不
督課而人自樂耕不防閑而衆皆安土斯亦當今富人固本之要術
在陛下舉而行之其四論税期限迫促曰夫建官立國所以養人也
賦人取財所以資國也明君不厚其所資而害其所養故必先人事
而借其暇力先家給而斂其餘財遂人所營恤人所乏借必以度斂
必以時有度則忘勞得時則易給是以官事無闕人力不殫公私相

全上下交愛古之得衆者其率用此歟法制或虧本末倒置但務取
人以資國不思立國以養人非獨徭賦繁多夏無綢貸至於徵收迫
促亦不矜量蠶事方興已輸縑税農功未艾遽斂谷租上司之繩責
既嚴下吏之威暴愈促有者急賣而耗其半直無者求假而費其倍
酬所繫遲速之間不過月旬之異一寬税限歲歲相承遲無所妨速
不為益何急敦逼重傷疲人頃緣定税之初期約未甚詳審旋屬征
役多故復令先限量徵近雖優延尚未均濟望委轉運使與諸道觀
察使商議更詳定徵税期限聞奏各隨當土風俗所便時候所宜務
於紓人俾得辦集所謂惠而不費者則此類也其五請以税茶錢置
義倉以備水旱曰臣聞仁君在上則海内無餒殍之人豈必耕而餉
之爨而食之哉蓋以慮得其宜制得其道致人於歉乏之外設備於
災沴之前是以年雖大殺衆不恇懼夫水旱為敗堯湯被之矣陰陽

相寇聖何損哉所貴堯湯之盛者在於遭患能濟耳凡厥哲后皆謹
循之故王制記虞夏殷周四代之法乃云國無九年之蓄曰不足無
六年之蓄曰急無三年之蓄曰國非其國也周官司徒之屬亦云掌
鄉里之委積以恤艱阨縣鄙之委積以待凶荒王制既衰雜以權術
魏用平糴之法漢置常平之倉利兼公私頗亦為便隋氏立制始創
社倉終於開皇人不飢饉貞觀初戴胄建積穀備災之議太宗悦焉
因命有司詳立條制所在貯粟號為義倉豐則斂藏儉則散給歷高
宗之代五六十載人賴其資國步中艱斯制亦弛開元之際漸復脩
崇是知儲積備災聖王之急務也語曰百姓足君孰與不足百姓不
足君孰與足此言君養人以成國人戴君以成生上下相成事如一
體然則古稱九年六年之蓄者蓋率土臣庶通為之計耳固非獨豐
公庾不及編甿記所謂雖有凶旱水溢人無菜色良以此也後代失

典籍備慮之旨忘先王子愛之心所蓄糧儲唯計廩庾犬彘厭人之
食而不知檢溝壑委人之骨而不能恤亂興於下禍延於上雖有公
粟豈得而食諸故立國而不先養人國固不立矣養人而不先足食
人固不養矣足食而不先備災食固不足矣為官而備者人必不贍
為人而備者官必不窮是故論德蓋明在乎所務本末務本則其末
自遂務末則其本兼亡國本於人安得不務頃以寇戎為梗師旅亟
興惠恤之方多所未暇每遇陰陽愆候年不順成官司所備祇給軍
食支計苟有所闕猶須更取於人人之凶荒豈遑賑救人小乏則求
取息利人大乏則賣鬻田廬幸逢有年纔償逋債斂穫始畢糇糧已
空執契擔囊行復貸假重重計息食每不充儻遇薦飢遂至顛沛室
家相棄骨肉分離乞為奴僕猶莫之售或行丐鄉里或縊死道途天
災流行四方代有率計被其害者每歲常不下一二十州以陛下[illegible]

人父母之心若無省憂固是傷惻幸有可救乏之道焉可捨而不念哉今賦役已繁人力已竭窮歲汲汲永無贏餘謀之聚糧終不能致將樹儲蓄根本必藉官司助成陛下誠能為人備災過聽愚計不害經費可垂永圖近者有司奏請稅茶歲約得五十萬貫元勅令戶部用救百姓凶飢今以蓄粮遣副前旨望令轉運使總計諸道戶口多少每年所得稅茶錢使均融分配各令當道巡院主掌每至穀麥熟時即與觀察使計會散就管內州縣和糴便於當處置倉收納每州令錄事參軍專知仍定觀察判官一人與和糴巡院官同勾當亦以義倉為名除賑給百姓已外一切不得貸便支用如時當大稔事至傷農則優與價錢廣其糴數穀若稍貴糴亦便停所糴少多與年上下准平穀價恒使得中每遇災荒即以賑給小歉則隨事借貸大飢則錄奏分須詳從便宜務使周濟循環斂散遂以為常如此則蓄

財息債者不能兼吞人聚穀幸災者無以牟大利富不至侈貧不至飢農不至傷糶不至貴一舉事而衆美具可不務乎 俟人小休漸勸私積平糴之法斯在社倉之制兼行不出十年之中必盈三歲之蓄弘長不已升平可期使一代黎人永無餒乏此堯湯所以見稱於千古也 顧陛下遵之慕之繼之齊之苟能存誠蔑有不至 其六論兼并之家私斂重於公稅曰 國之紀綱在於制度商農工賈各有所專凡在食祿之家不得與人爭利此王者所以節材力勵廉隅是古今之所同不可得而變革者也代理則其道存而不犯代亂則其制委而不行其道存則貴賤有章豐殺有度車服田宅莫敢僭踰雖積貨財無所施設是以咸安其分罕徇貪求藏不偏多故物不偏罄用不偏乏故人不偏窮賤上能使禮讓興行而財用均足則此道也其制委則法度不守教化不從唯貨是崇唯力是騁貨力所備無欲不成租

販鬻并下錮齊人之業奉養豐麗上侔王者之尊戶蓄羣黎隸役同輩既濟嗜欲不虞憲章肆其貪惏曷有紀極天下之物有限富室之積無涯養一人而費百人之資則百人之食不得不乏富一家而傾千室之產則千家之業不得不空舉類推之則海內空乏之流亦已多矣故前代致有風俗訛靡氓庶困窮由此弊也今茲之弊則又甚焉夫物之不可掩藏而易以閱視者莫著乎田宅臣請又措芋宅而勿議且舉占田一事以言之古先哲王疆理天下百畝之地號曰一夫蓋以一夫授田不得過於百畝也欲使人無廢業田無曠耕人力田疇二者適足是以貧弱不至竭涸富厚不至奢淫法立事均斯謂制度今制度弛紊疆理隳壞恣人相吞無復畔限富者兼地數萬畝貧者無容足之居依託強豪以為私屬貸其種食賃其田廬終年服勞無日休息罄輸所假常患不充有田之家坐食租稅貧富懸絕乃

至於斯厚斂促徵皆甚公賦今京畿之內每田一畝官稅五升而私家收租殊有畝至一石者是二十倍於官稅也降及中等租猶半之是十倍於官稅也夫以土地王者之所有耕稼農夫之所為而兼并之徒居然受利官取其一私取其十穡人安得足食公廩安得廣儲風俗安得不貪財貨安得不壅昔之為理者所以明制度而謹經界豈虛設哉斯道浸亡為日已久頓欲修整行之實難革弊化人事當有漸望令百官集議參酌古今之宜凡所占田約為條限裁減租價務利貧人法貴必行不在深刻裕其制以便俗嚴其令以懲違微損有餘稍優不足損不失富優可賑窮此乃古者安富恤窮之善經不可捨也

右臣前月十一日延英奏對因敘賦稅煩重百姓困窮伏奉恩旨令具條疏聞奏今且舉其甚者謹件如前臣聞於書曰無輕人事惟難無安厥位惟危此理之所以興也又曰厥後嗣王生則逸

不知稼穡之艱難。此亂之所由始也。以陛下天縱聖哲。事更憂危。夙夜孜孜。志求理致。往年論及百姓。必爲悽然動容。每言朕於蒼生支體亦無所惜。臣久叨近侍。亟奉德音。竊謂一代黔黎。必躋富壽之域。昨奏人間疾苦。十分纔及二三。聖情已甚驚疑。皆謂臣言過當。然則愁怨之事。何由上聞。賙贍之恩。何由下布。典籍所載。信而有徵。一虧聖猷。實可深惜。臣又聞於書曰。非知之艱。行之唯艱。竊唯陛下所以驚疑於微臣之言者。但聞之未熟耳。此乃股肱耳目之任。仰負於陛下。誠所謂知之非艱。尚未是深累聖德也。今則既知之矣。願陛下勿復艱於所行。居安思危。億兆幸甚。謹奏。

歷代名臣奏議卷之二百五十四

歷代名臣奏議卷之二百五十五

賦役

唐德宗時。中書侍郎同中書門下平章事陸贄論度支令京兆府折稅市草事狀曰。度支奏緣當年稅草支用不充。諸場和市。所得又少。所以每至秋夏。常有欠缺。請令京兆府折今年秋稅和市草一千萬束。便令人戶送入城輸納。每束兼車腳與折錢二十五文。既利貧人。兼濟公用。希顏奉宣進止宜依者。伏以制事之體。所貴有常。順人之情。尤重改作。革而能當。尚恐未孚。動且非宜。曷由無擾。臣等每承睿旨。常以百姓爲憂。審知事不可行。安敢默而無述。每年蓄聚芻藁。所司素有恒規。計料稅草不充。即便開場和市。既優價直。復及農收。人皆樂輸。事不勞擾。陛下追想往年之事。豈嘗有緣草不足上關宸慮者乎。延齡欲衒己能。頗懷舊制。苟收經費之用。以資贏羨之功。遂使諸備空虛。支計寡落。廐圉告闕。頻煩聖聰。去歲已然。今夏尤甚。此乃不遵舊制之過也。舊制何害而變之哉。臣等謹檢京兆府應徵地稅草數。每年不過三百萬束。其中除留供諸縣館驛及鎮軍之外。應合入城輸納。唯二百三十萬而已。百姓般運。已甚艱辛。常逼春農。僅能得畢。今若更徵一千萬束。仍令盡送入城。即是一年之間。併徵三年稅草。計其所加車腳。則又四倍常時。物力有窮。求取無藝。其爲騷怨。理在不疑。甸服且然。四方安仰。假使時當豐稔。家悉阜殷。有草可輸。有車可載。然於途程往復。理須淹歷歲時。半廢耕耘。人妨播植。東作既缺。西成曷期。況烝黎之間。貧富不等。收穫之際。豐耗靡均。今忽併役車牛。雇車傭必騰貴。併徵稅草。買草價必倍高。是使豪富之徒。乘急令以邀其利。窮乏之輩。因暴斂以毀其家。非所謂均節財物準平賦法之術也。臣等又勘度支京兆比來雇車估價及所載多少。大率每一車載一百二束每一里給傭錢三十五文百束應輸二束充耗今京畿諸縣去城近者七八十里遠者向二百里設令遠近相補通以百里為程則雇車載草百束悉依官司常估猶用錢三千五百文即是一束之草唯計般運已當三十有五文買草本價又更半之而度支曾不計量有我作估徑以胷臆斟酌限為二十五文謂之加徵則法度廢隳謂之和市則名實乖反儻可其奏人何以觀豈如官自置場要便收市欲少市則平其估以節費欲多市則優其價以招人買賣既和貧富俱便有餘者趨加饒易售之利不足者免轉求貴貸之資比之抑徵固不同等雖有舊制足可遵行何必捨易而即難棄利而從害臣誠暗滯未見其宜伏望戒敕度支令依舊例和市承前既有恒用以後不得闕供稍峻隄防使知懔懼妄作但不施用歲計必免愆違陛下若以軍廐之中馬畜漸衆度支所營蒿藁纔可供給

當年或慮水旱不虞別須蓄積為備今屬歲稔亦是其時但要收斂有方不宜科配致擾若度支併市延斷必復辭難須有區分使之均濟望委京兆尹勾當別和市草五百萬束以充貯備其所和市並隨要便宜自置場每場貯錢旋付價直時估之外仍稍優饒交易往來一依市利勿令官吏催遣道路遮邀但不抑人自當趨利其市草價直並於年支留府錢數內以給用不盡者充每市滿十萬束一度聞奏便以府司郵遞車牛并更雇腳相添轉從場所般載送付苑中輸納如蒙聖恩允許臣即依此宣行既免擾人又不增費以資儲蓄足禦凶災度支謹守恒規亦自不闕常用臣等商度將為合宜謹錄奏聞伏聽進止

時防秋兵大集國用不充李泌上奏曰自變兩稅法以來藩鎮州縣聚斂權率以為軍資自懼違法匿不敢言請赦其罪但令革正自非於法應留使留州之外悉輸京師其官典逋負可徵者徵之難徵者釋之敢有淪沒者罪之上喜曰卿策甚長然立法太寬恐所得無幾對曰寬則人喜於免罪而樂輸所得必多而速急則競為蔽匿非推鞫不能得其實財不足以濟今日之急而皆入於姦吏所得必少而遲矣上曰善

上畋於新店入民趙光奇家問百姓樂乎對曰不樂上曰今歲頗稔何為不樂對曰詔令不信前云兩稅之外悉無他徭今非稅而誅求者殆過於稅又云和糴而實強取之曾不識一錢始云所糴粟麥納於道次今則遣致京西行營動數百里車摧牛斃破產不能支愁苦如此何樂之有上命復其家

穆宗時鹽鐵使王播增茶稅十之五以佐用度右拾遺李珏上疏謂榷率本濟軍興而稅茶自貞元以來有之方天下無事忽厚歛以傷

國體一不可若為人飲與鹽粟同資若重稅之售必高其敝先及貧下二不可山澤之產無定數程斤論稅以售多為利若價騰踊則市者稀其稅幾何三不可陛下初即位詔懲聚斂今反增茶賦必失人心帝不納

後唐明宗初金部郎中張鑄上言曰國家以務農為本守令以勸課為先廣闢田疇用實倉廩竊見所在鄉村浮戶方事墾闢甫成生計種田未至二頃植木未及十年縣司已定色役民畏責斂捨之而去殊乖撫恤之方徒設招攜之令望令諸州應有荒田縱民墾蒔俟及五頃已上三年外始聽差科從之

後晉高祖天福三年金部郎中張鑄上奏曰鄉村浮戶種木未盈十年墾田未及三頃以成生業已為縣司收供徭役責之重賦威以嚴刑故不免捐功捨業勇思他適乞自今民墾田及五頃已上三年外

乃聽縣司傜役從之。
宋太宗太平興國中張觀拜監察御史會三司言劍外賦稅輕詔觀乘
傳按行諸州因令稍增之觀上疏言遠民不宜輕動擾因而撫之猶
慮其失所況增賦以擾之乎設使積粟流衍用輸京師愈煩漕輓之
力固不可也或以分兵就食亦非安存之策徒斂怨於民未見國家
之利太宗深以爲然
太宗時五路進兵討西夏令左諫議大夫張鑑乘傳往環州與李繼
隆議護送芻糧入靈州及還上疏曰關輔之民數年以來併有科役
畜産蕩盡室廬頓空加以浦洛之行曾經剽刼原州之役又致遷延
非獨今之弗迨實緣力所不逮況復先棄糧草兒今逐處追科本戶
稅租立遣他州送納往返千里費耗十倍愁苦怨歎充塞路歧自春
徂冬曾無暫息餱糧之絕力用殫窮顧此疲羸尤堪軫恤今若復有

差率益致流亡縱令驅迫必恐撓潰願陛下特垂詔旨無使重勞因
茲首春俾務東作況靈州一方僻居絕塞雖西陲之舊地實中夏之
蠹區竭物力以供須因甲兵而援送蕭然空壘祗益外虞不若以賜
繼遷使懷恩奉籍稍息飛輓之役事當深慮理要預防若待川決而
後防火熾而方戢則焚溺之患深矣雖欲拯救其可得乎
眞宗祥符元年江南轉運使陳靖論江南二稅外沿徵錢物疏曰臣
聞爲國之本重乎烝黎致理之先存乎教化烝黎泰而國祚永教化
而理道昌前古哲王光宅天下未有不由是而能君兆庶保宗祧
奕世綿綿無疆之休也然則烝黎之所以泰者必在衣給食足賦
斂平使安得其居樂得其業無非辜而陷法無爲盜而憎主故曰
民惟邦本本固邦寧是也教化之所以行者必在刑簡政廉德廣信
篤使禮有所設樂有所施無容法以害人無違分而取利故曰德惟

善政政在養民是也今國家奄有萬國垂五十年聲教所及遐邇必
至然臣學非博物材不逮人固能周知四方是非休戚唯敢極言本
戚利病根源伏願聖慈子細詳覽而留意焉臣今年正月內准勅差
充淮南轉運副使兼同發運事於二月四日到任方欲求民疾苦報
國寵光討未遂心治且移所自受江南轉運使僅踰半年俗病民瘵
十得七八其小者乃當官而行固不避事其大者實干邦計非可自
專然或隱不言誠恐得罪且江南僞命日於夏稅正稅外有元徵錢
物曰鹽博紬絹加耗絲綿戶口鹽錢耗腳斗面鹽博斛斗麴酒麴錢
率分紙筆錢析生望戶錢甲料絲鹽博綿公用錢米鋪襯蘆蕟米麪
腳錢等凡一十四件悉與諸路不同乃煜父子僭竊江淮蹙費爵祿
尋納朝廷之探責又失淮海之土田物力不充徵歛苛暴太祖恭行
天罰誠欲弔民而自克復之初舊弊不去者蓋撫知古始怨僞朝不

與名第櫓簽去國獻策復仇屬天運之有歸遂甘心於故土然小人
之見無大略於時既任轉輸罔思鼎革而輒怨怒其主流毒其民使
我皇朝只得伐罪之名未見弔民之實因仍舊貫以至于今又其沿
徵數內麴酒麴錢鹽博紬絹鹽博斛斗者江南舊日許人私下造酒
等第科納麴錢及嘗散與官鹽博換紬絹斛斗歸復之後酒則禁斷
鹽則不支上件沿徵准前輸納其次耗腳斗面加耗絲綿詰其所由
亦皆類此前後巡撫採訪制置茶鹽承受體量發賑貸等皆承委寄
不察疲羸不惟不察疲羸而復益之瘡痏遂使貨家鬻産償積疊之
徵科去土離鄉入逋亡之簿籍目擊堪嘆天高莫聞加以累年荐飢
甚不堪命今歲雖稔亦罕寧居實病本之轉滋致仁化而未洽矧夫
否極則泰感而遂通通泰之期計在今日伏惟陛下膺圖受籙繼業
承祧念太祖丕變之實難省太宗治平之不易恭默思道期庶績以

咸憮惕厲為懷畏一物之失所故臣得以有犯無隱者誠謂陛下必能澄流於源也又臣嘗觀周書兼之漢史見文王高祖開國創業勞苦艱辛無所不至武王孝惠纘功述德而猶天下多故域中未寧洎乎周成漢文治定刑措者非文王武王不及成王之英睿高祖孝惠不及文帝之智畧蓋開國創業之際定霸爭雄也纘功述德之時去惡取賢也誠雄霸之未分賢愚之相半眾務靡暇舉置惟艱故顯忠遂良然後治定刑措萃於成王文帝之世也我皇朝太祖東掃江浙西克巴岷南平越裳北掃澤潞非定霸爭雄歟太宗殄三晉之昏迷斥兩河之醜虜黜羣邪於荒服採多士於草萊非去惡取賢歟夫如是太祖則文王高祖之時太宗則武王孝惠之日陛下則成王文帝之世太祖太宗已無愧文武高惠於前陛下必超邁成王文帝於後也今江南州郡民物凋殘太祖太宗未果安輯非獨二聖遺善以貽

嗣君抑亦周漢治平悉在三世噫周祚八百載漢祚四百年歷代延洪無出於是陛下得不動心哉臣所貢芻蕘蓋當職任陛下倘允愚款雖賜主張則顯忠遂良治定刑措起於此而成於彼亦將不遠矣陛下果賜主張無令沮難則臣願竭忠亦復得為陛下剖析而別白也矧江南歸命二十有七載賦歛關市山澤榷酤至於百貨之珍奇庶物之臣細無歲所入有增無虧執事于外者得以叙為勞能坐邀恩爵贊計于內者得以資為績用固保隆崇只謂財帛之繁食貨之富足以實國足以供軍殊不知物貨悖取人民之受弊人民受弊盜賊之必興盜賊必興干戈之不戢干戈不戢郡邑之罔寧郡邑罔寧農桑之失業農桑失業則國食無所出貨帛無所求然後欲圖潤昌不唯不克全有抑亦庶幾于亂則蜀川事商鑒未遠也臣雖甚狂瞽亦識便宜輓粟飛芻誠為本事聚財積穀敢不用心然或賤彼常途

昧於至理不過每到州府長索事分按問刑獄之清濫拘檢錢穀之盈虛降次小大之務場稽考出納之文簿孜孜點算一一看詳有欺罔則尋究元由有錯誤則責撻胥吏遇羨剩之額錄為己功擅權易之財奪其民利苟且隨時之譽希求進秩之榮待至官滿歸朝動不失所如此亦為稱職亦可安身其或有暗君親無益政教臣所不忍也臣今所陳前項訟征一十四件者並偽朝舊弊也其順歸之後亦更有甚於此者臣未敢輒言陛下睿哲聰明孜孜求理苟或審其子細必是大測聖懷臣終俟他時盡布愚款又上件訟征數內亦有可永且仍舊亦有可易而從新亦有可推作刻忌亦可就為民便若微臣專擅擘畫料朝廷必未施行何者供億尚煩儲蓄未備眾人不知別有微旨或相排沮故也願陛下察此愚管且許留中然後密抽微臣赴闕質問倘事可采擇則繫於否臧如理涉虛浮則甘俟典憲誤

憲陛下以臣欲歸京闕別有希求且臣自是遠人所得已踰始望崇階貴秩非敢有心但恨天賦性靈不能苟徇時俗致此喋喋煩瀆聖明

仁宗天聖九年侍御史劉隨上奏曰臣伏覩去年十一月十九日赦書千里之畿四方取則如聞賦租之式倍於郡國之名積有歲年動成逋負豈外臺之俗久賜輕徭而甸服之民仍供重歛求之於古詎若是乎將救烝民所宜寬恤開封諸縣人戶夏秋稅賦及沿納錢物選差清強官與本縣令佐具逐縣稅數聞奏當議體量減放者伏自太祖開基因仍五代建都汴水是為東京當時江浙淮南荊湖交廣川峽四路并汾一隅各擅土疆不稟正朔國家弔民伐罪二十餘年輓粟飛芻畿內居首但是降國盡去煩苛惟有王畿旋增賦斂昨者德音濬發歡聲四馳朝廷務在均平將欲絕其僥倖逐令逐戶自供

地盤嚴切指揮不令隱漏罪及鄰保非不丁寧然自降勅以來頗聞疑懼以爲校定此畝必是增添稅租蚩蚩之民多不既會縣胥詐惑覬圖貨財緣而爲姦無以禁止然則本欲紓而安之翻成勞而擾之前史云事有招禍法有起姦好事難行居常如此況畿內之民去秋不孰重遭驚擾益成困窮伏望聖慈體念愚民且令停罷候一二年間大段豐孰民間盡信却乞施行其已載赦書不欲權住即乞更不檢責田段只令爲見管夏稅額一例普減分數如此則獄訟不興春農無廢司吏不能作弊鄉村亦自安寧時雨所霑民乃受賜

慶曆二年知諫院歐陽脩論方田均稅劄子曰臣竊見近有臣寮上言均天下賦稅已送三司商量施行臣嘗聞自前諸處亦曾有均稅者多是不知均定之術或嚴行刑法或引惹詞訟或姦民欺隱或官吏誅求稅未及均民已大擾臣前任通判滑州日有秘書丞孫琳與

臣同官其人言先差往洛州肥鄉縣與郭諮均稅務立千步方田法括定民田並無欺隱亦不行刑罰民又絕無詞訟其時均定稅後逃戶歸業者五百餘家復得稅數不少公私皆利簡當易行其千步均田法自有制度二十餘條臣在滑州時因聞此事遂略行體問隣近州軍大率稅賦失陷一半方欲陳述乞行琳等均田之法今來已有臣寮上言均稅事竊慮未得千步方田簡當之法其孫琳見任滑州職官郭諮爲崇儀副使在外欲乞名此二人送三司令一處商量

脩又上義勇指揮代貧民差役奏狀曰右臣準中書批下送二狀河東都轉運司準康定元年九月十四日勅節文河東路強壯應見充指揮使內雖係第一至第三等戶者州縣更不得輪次別差色役竊緣義勇指揮使各是鄉村第一第二等及有家活産業人戶今來一年之內只是一季上番多在本家管勾農業兼當司體量得正副指揮使等俱是上等人戶揀充最屬僥倖其餘等第人戶丁數稍多亦是一般點充義勇祇應仍更不免州縣差役所有軍員已是優便仍更依條免放州縣色役頗見影詐却鄉縣重難差役却差下等義勇人戶充州縣重難里正或衙前等差役計其勞逸深爲不便欲乞朝廷早賜特降指揮下諸處義勇正副指揮使乞依其餘義勇體例各依等第戶例輪次差定州縣色役庶得均濟臣勘會河東一路鄉兵除係籍強壯不勾追教閱外所有刺手背義勇見管七萬二千八百七十二人每年秋冬上番官閱州縣因而諸雜役使常於秋冬邊地支移稅賦和糴送納之時復有上番之役凡一家三兩丁者一人上州教閱一人供送一人或在州縣執役或遠地輸納稅租所存但有衰老或有全無倚托者廢業忘家不勝其苦其間惟有正副指揮並是州縣中最有物力上等人戶常有勞役最豪富者獨得寬優兼

自兵事已來州縣差役頻併素來力及之戶累世勤儉積蓄只於三五年盡疊差役例各減耗貧虛逃已破敗而州郡事多差役難減往往將第三等第四等人差充第一等色役亦有主戶小處差稍有家活客戶充役勾當如此上下窘乏之際惟義勇正副指揮使豈容獨免兼自差管轄義勇以來已避免却數年色役當衆人苦於勞耗之際獨獲寬優之幸已多兼臣累過州軍體問得逐處義勇指揮使等家業例皆物力不減人丁又多若令一例差役可以貧富兼濟稍寬已困之民其都轉運司起請伏乞朝廷特賜允許施行今具奏聞伏候勅旨

嘉祐五年脩爲樞密副使又上奏曰臣爲諫官時嘗首言均稅事乞差郭諮孫琳蒙朝廷依臣所言急自蔡州一縣以方田法均稅事方施行而議者多云不便尋即罷之近者伏見朝廷特置均稅一司差

官分往河北陝西均稅始聞河北傳言人戶虛驚斫伐桑棗尚不為言次見陝西州郡有上言歲儉民飢乞罷均稅者稍已疑此一事果為難行言者遂不能入近者又見河北人戶凡千百人聚訴於三司然則道路傳言與州郡上言雖為不足信其如聚集千人於京師此事不可掩蔽則民情可知矣蓋均稅非以規利而本以便民如此民甚便乎竊知朝廷本只以見在稅數量輕重均之初不令其別生額外之數也近聞衛州通利軍括出民冒佃田土不於見在管催數內均減重者攤與冒佃戶卻別生立稅數配之此非朝廷本意而民所以喧訴也又聞澶州諸縣見今實額管催數外將帳頭自來捲坐有名無納及開閣將行兩項遠年稅數並係祥符景德已前以至五代長興年捲管虛數並攤與見今人戶又聞以地肥瘠定為四等其下等田有白鹼帶鹼地并鹼鹵沙薄可殖地死沙不可殖地並一例均

攤與稅數謂此雖不可耕種尚可煎鹽且河北之民自祖宗以來蒙賜恩卹放行鹽不禁民令據鹽斤兩納稅令煎鹽者已納鹽稅又令更納田稅豈祖宗所以惠河北之民意又聞河南不殖之地係禁鹽地分者亦均攤與稅又不知使民何以納也澶衛去京師近偶可聞知者如此其餘遠方謂所均稅悉便於民其可得乎以此見朝廷行事至難小人希意承旨者言利而不言害為國斂害於民朝廷不知則已苟已知之其可不為救其失哉欲望聖慈特賜指揮令均稅所只如朝廷本議將實催見在稅數量輕重均之其餘生立稅數及遠年虛數卻與放免及未均地分並且罷均且均稅一事本是臣先建言聞今事有不便臣固不敢緘默

慶曆三年右正言余靖論兩稅折納見錢疏曰臣切聞三司計度預於淮南江淮浙荊湖等路今年夏秋稅內折納見錢四百貫傳聞道路不知信否臣聞治國之要安民為本地有常產不外其求民有定賦不盡其力男耕於野女蠶於家各輸所有以待國用自堯禹以來守為彝制先期而輸古無此法況累年之間科率頻併當今天下錢貨至少江淮之地名為錢荒謂宜改制泉刀以救其弊而乃令百姓盡委田野蠶絲之利一之於錢必將倍棄其物以就所售百貨既輕兆人磬磬力屈財盡散為盜賊雖有噬臍之悔將無及矣臣又聞竭澤而漁明年無魚百姓不足君於何取伏乞聖慈特賜矜允裁減其半令納本色其第四第五等貧下人戶願納本色並聽仍各依每年夏秋期限送納於國家賦稅亦無所損而江淮之民不至流散則朝廷之大惠也

七年通判蔡州劉敞論折變當隨土地之宜疏曰臣聞聖王之處民也順其性是故居山者不使居川居渚者不使居中原其取民也任

其宜是故山虞不以魚鼈為賦川衡不以材木為貢蓋順其性者知天者也任其宜者知地者也聖王之功不變天地是以其養易足其教易成其求易供其取不匱今之時善言政者莫不欲富民欲富民而常患奪其財者由有司取之反其性而戾其宜於是或以穀為金或以芻為帛非精也而求之不舍民是以困窮是以流亡是以盜爭朝廷豈不恤哉蓋不得已也臣以謂方今用度不足之時欲盡如古蓋亦未可且敕有司毋責魚鼈於山毋索材木於川則百姓亦庶幾矣臣非敢虛言也臣所治州十縣其五皆種穜稑而有司乃使以穤與粳為賦一不如約吏當坐之若此者上則不順於天下則不因於地中則不悅於人去聖王之功遠矣惟陛下哀憐之臣韋備執事以治民為職詔書問可以寬民者臣切疑莫先於此夫賦稅固自古有之臣願敕諸路轉運使必不得已而折變[illegible]其所無[illegible]

其所可得毋變其所不可得則民疾不困矣。
仁宗時戶部侍郎夏竦上均賦斂奏曰臣聞禹貢之典九州異賦周官之制五地殊征相其土宜平其斂法輕重等則民樂輸遠邇一而國章立夏后氏五十而貢商人七十而助周人百畝而徹雖皆什一之通制蓋有公田之定式國家疆治萬國穀同聲教務推惠育休息元元而地征之法未盡均一或同郡鄰邑高下不等接畛聯疆桀貊有殊或地廣而稅鮮賦多而田寡或不腴受沃衍之征上腴當潟鹵之賦植稻梁而課菽麥無桑柘而責繭稅官府由是生姦豪右於爲得志無告之民積於羅弊伏願陛下霈雷霆之威采狂狷之辭申命有司特著稅令辨肥瘠之地定輕重之法分科列目第爲九等上田十頃當賦若許下田百畝當稅幾何分詔能臣頒行天下履其地力衰多益寡斷長補短陸耕水耨並正其征沃野弊田各平其斂標列

版圖百世不易垂之後嗣聖法可觀下民之患自除猾吏之欺斯絕易所謂聖人作而萬物覩者也。
監察御史傅堯俞乞罷均稅奏曰臣伏覩諸路均稅未見其便知河南府王屋縣事高本嘗有奏陳乞行寢罷其論頗爲詳備朝廷不賜允從事行後來勞擾詞訟皆如本言本所論者今不復云以臣所見實難均定借如今日租得平均富者擇地以兼并貧者薄稅以圖售賣買數年復不均矣兼稅戶割移舊有條制縱使逐戶開析諸色稅數令賣買之日對簿書鑿而州縣鮮得能吏一一付胥史依舊爲奸況終無必得均平之理若加科條以嚴按括徒更增擾必恐無益今四方多被水旱雖豐稔一二年未便完復又加騷擾重爲困苦此乃民所嗟怨臣皆據實而言伏乞一切罷之以寬疲瘵臣聞先皇帝嘗與宰臣王旦言及此事然訖不見施行以先皇帝之聖王旦之賢夫豈不思必有意也惟陛下留神天下幸甚。
張方平上論曰臣聞理人之道地著爲本分民之要平土爲大致古者井田之制必先立步畝以正經界夫受私田百畝公田十畝是謂什一之法夏氏五十而貢商人七十而助周百畝而徹皆什一也故春秋傳曰什一者天下之中正者也其山林藪澤原陵淳鹵之地準肥磽以爲差隨厚薄而收入是以春秋譏宣公初稅畝謂履畝而稅擇其善者取之故君子惡公以爲於民已悉矣自廬井之壞而王制大亂民生失平稅賦之法不齊矣漢初接秦之暴務安殘民約用省禁益薄田租至文景之際乃或三十而收一時更盡除勿收可謂寬約矣於時網疏而民富百姓安樂知重禮義天下之刑獄幾措焉夫厚斂則民困困則姦盜起而刑辟重輕賦則民足足則禮義興而刑罰簡刑辟重則民愁怨而思亂禮義興則民安樂而思治思亂者視

其君如仇讎雖箕徵之仁不能使之安而久思治者愛其君如父母雖蚩尤之孽不能使之動而危蓋厚斂起乎荒汰薄賦由乎節用秦自暴政之并天下侈心無極恢大封域北拓胡地南開越境於是發閭左之戍掃天下之命飛芻輓粟萬里轉餽暴骸露骨積於邊荒內興功事窮極力役創阿房之宮備六國之制胡亥發徒百萬以營驪山及山東兵興聚師待餉此所以收太半之賦而不足也漢初定天下生人困瘁量吏祿度官用以賦於民孝文躬脩儉節仁愛清靜宮室苑囿車馬服御無所增飾有不便輒弛以利民身衣弋綈後宮親桑衣不曳地帷帳無文繡惜百金之費罷露臺而不爲匈奴背約犯塞命守邊備不發兵深入無動勞百姓治霸陵因山不增高器用瓦物不藏金銀又親行耕籍之禮以勸農事務廣儲蓄以備災沴此所以三十而稅一或盡除勿收而國用足也自後漢叔世吳魏三分司

馬氏之南渡中原剖裂外備疆事百役之費內則閒以昏僻驕淫之主急征橫斂科調雜出是故漢有虐政而作田畝之賦齊有淫政而重床調之租隋有亂政則有先期逆征之暴唐有弊政則有青苗地頭之稅舊弊不革新名日生侵刻疲人自取孤弱是何異割肌膚而滋口腹事枝葉而剔根心反裘負薪徒有惜毛之意斃人以梃不知罪歲之非剝斂之名可謂窮矣國家接衰唐之頹綱經五代之亂軌平四方之僭閏立一王之法式其橫出之筭無名之征革其弊者多爲比在先朝定民田之租考地之肥瘠制賦之重輕裁使平均本于寬約利人奉國誠爲中典夫古之田制有賦有稅稅以待郊社宗廟百神之祀天子奉養百官祿食之給賦以共車馬甲兵士徒之役充實府庫賜予之用今夫車馬甲兵之資士徒之衆皆縣官素具不復籍於民大率中田畝收一石輸官一斗畿甸之外歲供兩稅無他課調則是今制賦之法抑已簡而有經矣至如山原之地或入稻秔之物陂澤之鄉或有縑絺之稅搉其所有責其所無農人供之其費自倍有者半賈而賣亡者倍稱而取使乘利估販者得操其奇贏此商人所以兼并農人農人所以重困也誠依古制均定壤賦隨地所產因民所工省其雜名專爲穀帛除折準之令去錢刀之目如此則國之經入如故民之輸出有常利歸於耕農權奪於富人上之德澤加於百姓民之頌聲興於天下可以制梃而鞭撻歷世之暴君汙吏矣謹論

方平又上論曰臣聞王都者天下之根本九州之樞會譬之一人之身則京畿爲之腹心而四方乃其支末腹心宜泰支末慶勞養身之道也先安京畿後康四方理國之體也今所爲租稅之法更徭之制而王畿最重品色尤煩力耕時穫無水旱蟲螟之害田賦違辦銖收

毫聚累以歲月生業甫立歐斂一役隨復破散故甸內之民鮮有盈室昔者明王保邦預備之道惟於平世始可爲謀及其已弊救日不暇雖有賢智豈遑經久今內外無事賦入有經而民家弊立野無青草設有橫出之調緩急之率不及均遠應近求具則必扶老攜幼轉死溝壑雖峻刑嚴禁不能止流亡播潰之患矣夫致理之本在乎制度制民之產在乎均平子曰不患寡而患不均蓋均亡貧且都城之內大商富賈坐列販賣積貯倍息乘上之令操其奇利不知稼穡之艱難而粱肉常餘乘堅策肥履絲曳縞蓋具居室過於侯王淫侈之俗日以輕僭賦調所不加百役所不及優游逸豫專事驕靡而農人侵冒寒暑服田力穡以供租稅以給繇役仰不足以養父母俯不足以畜妻子同爲王民而都門內外勞逸之殊如此此豈抑末敦本之道乎又凡國家發德音布恩令必首及輦轂或曲有所被重罪者末減輕繫者諫宥姦邪桀惡踰軌亂常草竊僞濫不經之民咸霑渙澤而農人積逋舊負錐刀之末不蒙蠲除侵肌斷髓連錮妻孥此豈推恩布惠之道乎兼并之族姦宄之人以幸近於天日故特蒙於庇照而此農人澤不下及臣愚疑其未周也誠天子哀此疲人霈然加惠除其雜調變折之目寬其租入庸役之令擇其孝悌力田節義之人賜復其家以勸風俗因制王畿之內嚴立占田之限無使權豪侵併貧弱上以爲國備下以勸農功使本業之人得自比於兼并姦宄同被上之恩澤此不亦強榦優本之道歟謹論

方平又請減省河北徭役疏曰伏以國家通好于契丹三十七年于茲矣邊人不知有戰爭之患餉餽之勤保其父子室家安于耕桑畜牧宜乎生業益殖事力加裕而比屋彫瘁率無蓋藏一穀不登莫能自濟臣愚竊思其故其弊有三一曰廚傳二曰徭役三曰河防自和

好已來邊將無所事惟以酒食宴樂苞苴問遺名聲相傾惟恐不逮公錢不足則取于百姓百姓不足則買以求贏買又不足則有傾私橐以繼之者羊豕不得擾于闌雉兔不得安于野行販者不得共其利擔負者不得寧其居此廚傳之弊也又民之大害惟在吏徭有才解州役即被縣差家無兼丁自身營業故凡役事率以雇傭二年一更傭金不減千萬中人之家耗矣夫如是百姓安得不困臣獨竊歎邊陲無事踰四十年不能使公私充實備於無患而竭民之財產於不急之役及官吏口腹逸欲之費一旦倉卒蕭然無所恃彼河防猶為國事所不得已者欲乞朝廷選官與河北轉運使盡取一路郡縣凡民之籍以較徭役之數益減節之所有州郡廚傳餽贈之弊深料此輩亦非官吏所願然蓋體例相習彼此相形雖有愛民節用之心勢不可獨異臣謂宜明為條約事為之制則雖往來使客亦自絕過

望之心至于毀譽愛憎亦當漸自消弭然後裁損用度以充公私之備詢考名實以觀郡縣之政三數年庶乎民之富庶必有加也

神宗即位初御史中丞司馬光論衙前劄子曰臣伏見近者陛下特下詔書以州郡差役之煩使民無敢力田積穀求致厚產至有還親背義自求安全者令中外臣庶條陳利害委官詳定以聞此誠堯舜之用心生民之盛福也臣竊見頃歲國家以民間苦里正之役廢罷里正置鄉戶衙前又以諸鄉貧富不同東鄉上戶家業千貫亦為里正西鄉上戶家業百貫亦為里正應副重難勞逸不均乃立定衙前人數每遍有闕於一縣諸鄉中選物力最高者一戶補充行之到今已逾十年民間貧困愈甚於舊議者以為一州一縣利害各殊今一縣立法未能盡善又里正止管催稅人所願為衙前所管官物乃有破壞家產者然則民之所苦在於衙前不在里正今廢里正而存衙前是廢其所樂而存其所苦也又嚮者每鄉止有里正一人借使有上等十戶一戶應役則九戶休息可以晏然無事專意營生其所以勞逸不均蓋因衙前一縣差遣不以家業所直為準若使直千貫者應副十分重難直百貫者應副一分重難則自然均平今乃將一縣諸鄉混同為一選物力最高者差充衙前如此則有物力人戶常充重役自非家計淪落則永無休息之期矣有司但知選差富戶為抑強扶弱寬假貧民殊不知富者既盡賦役不歸於貧者將安適矣借使今日家產直十萬者充衙前數年之後十萬者盡則九萬者必當之矣九萬者盡則八萬者必當之矣自非磨滅消耗至於困窮而為盜賊無所止矣故置鄉戶衙前以來民益困乏不敢營生富者返不如貧貧者不敢求富日削月朘有減無增以此為富民之術不亦踈乎臣嘗行於村落見農民生具之微而問其故皆言不敢為也今欲

多種一桑多置一牛蓄二年之糧藏十疋之帛鄰里已目為富室指抉以為衙前矣況敢益田疇葺廬舍乎臣聞其言愁焉傷心安有聖帝在上四方無事而立法使民不敢為久生之計乎凡為國者患在見目前之利不思永久之害故初置鄉戶衙前之時人未見其患及今然後知之若因循不改日益久則患益深矣臣愚欲望聖慈特降指揮下諸路州縣相度上件里正衙前與鄉戶衙前各具利害奏聞隨其所便別立條法務令百姓敢營生計則家給人足庶幾可望矣

熙寧三年光又乞免永興軍路苗役錢劄子曰臣奉敕差充永興軍一路安撫使臣竊見陝西百姓自城綏州以來供應諸般科配及支移稅賦往近邊州軍日近役有環慶事宜加之今年亢旱五穀不熟人戶流移者已聞不少國家所宜汲汲存恤使人戶安集臣伏見先所散青苗錢實破百姓為患不細臣已曾累次上言不敢重煩聖聽

令又聞議者欲令州縣將諸色役人一時放罷官為雇人祗應却令人戶均定免役錢隨二稅送納乃至單丁女戶客戶寺觀等並令均出若果行此法其為害必又甚於青苗錢何則上等人戶自來更互充役有時休息今歲歲出錢是常無休息之期也下等人戶及單丁女戶等從來無役今盡使之出錢是孤貧鰥寡之人俱不免役也若錢少則不足以雇人若錢多則須重斂於民雇人不足則公家闕事重斂於民則衆心愁怨自古以來諸役皆出於民今一旦變之未見其利也且受雇者皆浮浪之人使之主守官物則必侵盜使之幹集公事則必為姦事發則挺身逃亡無有田宅宗族之累建議者亦自知其不可乃云若雇召人不足即依例輪差夫與逐處所定雇錢是了役事則自當有人應募今既無人應募必是錢少不足充役是徒有免役之名而役猶不免但無故普增數倍之稅也彼青苗錢以債與民而取其息已是困民之法今又使橫出數倍之稅民安有不困歷者哉以富庶之域猶不能堪況陝西累歲奉邊民力彫弊豈可復為無益之事以擾之乎伏望聖慈特免永興軍一路青苗免役錢以愛惜民力專奉邊費其餘路分則繫自朝廷裁酌

四年御史中丞楊繪論助役疏曰臣竊以堯舜之為君禹皐陶之為臣可謂至治矣然考之於書皐陶之所以矢謨於舜而禹亦稱惟帝其難之者在知人在安民二者而已安民則惠豈非治道之先哉又況乎畿甸之民也臣竊見日近有東明等縣百姓約千百人詣開封府告訴為超陞等第出助役錢事本府不肯接狀却稱不曾受得朝旨及司農寺關報百姓既無所訴遂突入相府宰臣王安石諭云此事相府元不知待與指揮不令超陞等第仍問汝等來時知縣知否並言不知至十五日聚來御史臺前臣為本臺無例收接訴狀尋諭

令散去退而訪聞得司農寺超陞等第因依乃是不依逐縣元定戶活等第却從司農寺將見管戶口品量等第均定助役錢數抛降與逐縣名令管認戶力次第陞降重別造成戚簿依條限曉示人戶知悉須管於農務前了當臣今舉一縣以言之只如酸棗縣鄉村第一等元申一百三十戶今司農寺抛降却要二百四戶即是陞起七十四戶第二等元申二百六十戶今司農寺却抛降三百六戶乃是陞起四十六戶第三等元申三百三十九戶今司農寺却抛降四百五十九戶乃是陞起一百二十戶臣竊謂凡等第陞降盡視人戶家治高下須憑本縣本縣須憑戶長里正戶長里正須憑鄰里自下而上乃得其實今來却自司農寺預先畫下數目令本縣依數定簿豈得民心甘服哉譬如所以為帶者為腰也所以為履者為足也帶之長短須隨腰之豐瘦履之闊狹須準足之小大今若帶長而有餘則增腰以滿之履狹而不足則削足以就之可乎超陞等第以就多出錢何以異此況京畿者天下之根本不可不掛聖慮據此次第人戶紛擾詞訴喧急未了雖欲委府界提點躬以止之竊恐川壅而潰其傷必多可不念哉自來措置民事何嘗不自州及縣豈有文字下縣州府不知之理竊詳司農寺不關報開封府之意顯是自知所行之事於理未安指望諸縣畏威不敢異議若關京尹或致爭執則事體稍重有礙施行所以公然不顧直行下縣兼今來已是農務之月如何農務前定要了當欲隨夏稅起催乎臣又訪聞得中書見差孫迪張景溫下諸縣體量仍令諸縣將不願出錢人戶別作一項開坐臣竊恐特將不願出錢人戶因以重役以此威脅誰敢不從臣願陛下沉思熟慮畿內之民從來驕養有同赤子今來已被團保之法行之猝暴皇駭未已若又不住陵虐所憂不細書云民惟邦本本固邦寧民可近

不可下。詩云。商邑翼翼。四方是則。春秋內中國而外諸夏。苟不務安之乎。今判司農寺乃鄧綰曾布二人為都檢正。非臣言之。誰敢為陛下言之者。

監察御史裏行劉摯論助役十害䟽曰。臣聞孟子曰。徒善不足以為政。言人君雖有仁心仁聞。苟不因先王之道為良法度以行之。則亦不免於民不得被其澤。恭惟陛下至誠好治。憂念元元。謂天下役法久失其平。故慨然有意其大均之也。然有司建議立法。頗無以上副詔旨。而下協人情者。臣請言之。其法曰。率錢助役。官自雇人。臣謂其事不可勝言。而畧陳其十害。天下戶籍均為五等。然十七路三百餘州軍。千二百餘縣。凡人之虛實。役之重輕。類皆不同。今斂錢用等以為率。則所謂不同者。非一法之所能齊。若隨其田業腴瘠。因其所宜。一州一縣一鄉一家各自立法。則紛錯散殊。何所總統。非所謂畫一

者。其害一也。新法患等籍之不得其實。故命品量物力。別立等第以定錢數。然舊籍既不可信。則今之品量何以得其無失。不獨騷擾生弊。亦使富者或輸少。貧者或輸多。其害二也。上戶常少。中下之戶常多。上戶之役數而重。故或以今之助錢為幸。下戶之役簡而輕。故皆以今之助錢為不幸。優富苦貧。非法之意。其害三也。新法所以命品量立等者。不取舊簿者。意欲多得雇錢。而患上戶之寡。故臨時登降升補高等以充足配錢之數。疲匱之人。何以堪命。近日許界。其事已驗。其害四也。歲有豐凶。而役人有定數。助錢不可闕。則是助錢非若賦稅有倚閣減放之期。其害五也。夏秋二熟。農人唯有絲綿麥粟之類。而助法皆用見錢。故須隨時貨易。逼於期會。價必大賤。借使許令以物代錢。亦復有退揀壅滯。及寅緣乞索之患。其害六也。兩稅及科買貸責色目已多。使常無凶災。猶病不能了公私之費。又起庸錢。竭其所

有恐斯人無悅而願為農者。天下戶口。日當耗失。小則去為商賈為客戶。為墮游。或父母兄弟不相保。抵冒法禁。析而入下戶。大則聚而為盜賊。其害七也。儌幸之人。又能寅緣法意。虛張大計。如近日兩浙科起一倍錢數。欲自以為功。而使國家受聚斂之謗。其害八也。夫既為之民。而服役於公家。適所謂治於人者事人。天下之通義也。況鄉縣定差。循環相代。上等大役。至速者猶須十餘年而一及之。至於下役。則動須一二十年乃復一差。今使縣出緡錢。官自名雇。蓋雇之直不重。則不足以募。不輕。則不足以給。輕之則法或不行。重之則民不堪命。其害九也。夫役人必用鄉戶。蓋其有常產則必知自重。性愿實則罕至於欺公。舊法雖有替名。鄉人自任其責。今既雇募。恐止得輕猾浮浪姦偽之人。則所謂帑庾場務綱運。凡所以主財者不唯不盡心於幹守。亦恐縣官之物不勝其盜用。而抵冒法令。罪獄日繁。

至於弓手耆壯承符散從手力胥史之類。職在捕察賊盜。發行文書。追督公事者。則恐遇寇有畏逸之患。因事有騷擾之姦。而舞文觸事。無有虛日。其害十也。夫民可安而不可動。財可通而不可竭。以臣之淺聞寡見。而所列如此。其沸於民口有大于此。而臣未敢言者。其又何窮。然臣亦嘗為陛下博訪而深計之。蓋天下差役莫重於衙前。今司農新法一項云。鄉戶衙前吏不抽差。其長名人等並聽依舊。將天下官自出賣到酒稅坊場并州縣坊郭人戶助役錢數。以酬其重難。臣謂此法有若可行。然坊郭十等戶。自來已是承應官中配儥之物。及飢饉盜賊。河防城壘。緩急科率。郡縣賴之。今亦難為使之均出助錢。外舊來官中將場務給與衙前。對折役過分數。然多是估價不盡。虧却官中實數。今既官自拘收。用私價名賣。則所入固多。又應係衙前當役去處事件。官為財省。使無舊日糜費。而支酬之際。稍優其數。

則人情必當樂為可寬鄉戶重役而似無害民之事臣乞陛下將此一法詔有司講求其詳若逐路坊場錢數可以了得本路召雇衙前酬獎則乞詳具條目行而觀之以三二年間若見其利則其他役法更革無難矣所是助錢之法伏望早賜省斷之一切寢議以幸天下夫更令創制可以漸而不可以暴況欲內自畿甸外至海隅一槩率錢可謂重歟又欲迫急而成之使生靈何以自全陛下安得不慎重其事哉

摯又奏曰臣近曾上言論助役之法其害有十今奉聖旨批送下司農寺曾布劄子條件詰難奉聖旨令臣分析者竊以助役之法有大臣主之於中書有中書之屬官及御史知雜者講畫於司農寺有大臣所選擇監司提舉官行之於諸路上下布置其勢若此可謂易行矣然曠日弥年未有定論可以為法者其故何也不順乎民心而已矣民之所不欲古今未有可以勢力強而成者也故雖命使者奔馳道路稟之於內而刼之於外然其擬議參差條制殊異紛然自不知其可行之計則此法利害明若觀火矣臣有言責也是故前日采中外士民之說數告於陛下今司農之辯說既如此陛下以臣言為是耶則事盡於前奏可以覆視陛下以臣言為非耶則貶黜之而已雖復使臣言之亦不過所謂十害者是以不復條陳不惟費辭又過煩紊天聽而風憲之官豈與有司較是非勝負交口相直如市人之詬競者則無乃辱陛下耳目之任哉謂臣等險詖欺誕則上有陛下之聰察而下有中外之公議所謂中有向背則臣所向者公所背者私所向者義所背者利所向者君父所背者權臣今方辯助法之利害而無故立向背之論以朋黨之意敎誘天下此可駭也所謂曾無畏忌則陛下之法臣所畏也陛下容受忠直臣為御史實不敢隱情自為忌諱今司農欲使臣畏忌權臣則誠臣之所不能者也伏望陛下將臣前後所論助役章奏與司農之言宣示二府大臣中外百官以考是非若臣言有所取則乞速罷助議以安天下之心若稍有欺罔則乞重行竄逐以謝專權之人而戒妄言者

歷代名臣奏議卷之二百五十五

賦役

宗神宗時監察御史裏行劉摯上奏曰臣昨日准聖旨批下司農曾布劄子爲詰臣所言助役事辱已具分析奏聞去訖臣竊以耳目之於人也事物過者必見必聞以赴其心而心必受之未有不信其耳目而反以其能視聽爲疑者先王以言置官代天子耳目內外相信無以異於一體之相爲用也其言雖直必容雖多必受則國家安治不然則反此故謗木諫鼓不設危亂之國鼎鑊斧鑕不在聖明之朝恭以陛下躬上聖之德好問樂善凡延見臣下雖賤官小吏必溫恭和容以訪逮之此堯舜之盛也然至於臣等以職事爲言則使之分析者中外皆知非陛下意乃司農挾寵以護改作大臣設法以蔽聰明爾因事獻忠敢一言之今天下之勢陛下以謂安耶未安耶治耶

未治耶苟以爲未安未治也則以陛下之睿智言動起居躬蹈德禮夙夜厲精以親庶政而天下未至於安治者將誰致之耶陛下即位以來注意責成倚以望太平而自以太平爲已任得君專政安石是也三二年間開闔動搖舉天地之內無一民一物得安其所者蓋自青苗之議起而天下始有聚斂之疑青苗之議未允而均輸之法行均輸之法方擾而邊鄙之謀動邊鄙之禍未艾而漳河之役作漳河之害未平而助役之事興其間又求水利也則民勞而無功又淤田也則費大而不效又省併州縣也則諸路莫不強民以應令又起東西府也則大困財力禁門之側斧斤不絕者將一年而未已其議財也則商賈市井屠販之人皆名而登政事堂其征利也則下至於曆日而官自鬻之推此而往未可究言古之賢人事君行道必馴致之有漸持久而後成至於設施皆有次序今數十百事交舉並作欲以

歲月變化天下使者旁午牽合於州縣小人挾附佐佑於中外至於輕用名器混淆賢否忠厚老成者擯之爲無能俠少儇辯者取之爲可用守道憂國者謂之流俗敗常害民者謂之通變能附已者不次而進之曰吾方擢才不可拘者爲名而斥之曰吾方行法凡政府謀議所以措置經畫除用進退獨與一屬掾曾布者論定然後落筆同列預聞乃在布後故奔走乞丐者布門如市雖然猶有繫國家之體而大於此者祖宗累朝之舊臣則鋤刻鄙棄去者殆盡國家百年之成法則剗除廢亂存者無幾陛下豈不怪天下所謂賢士大夫比歲相引而去者凡幾人矣陛下亦嘗察此乎去舊臣則勢位無有軋已者而權可保也去異已者則凡要路皆可以用門下之人也去舊法則曰今所以制馭天下者是己之所爲而陛下必將久任以聽其伸縮也嗟夫此事之實也其名則曰革敝而興治是以陛下樂聞其名

而難察其實也夫賞罰號令乃陛下所以砥厲天下而鼓動四方以爲勸信者今有人焉能舞公事以傾勳舊構大獄以逐官吏其事是耶乃其職爾何至超任以爲職司耶趙濟是也又有人焉以渭源田欺罔始既以此得罪而終復以此增秩王韶是也程昉事漳水以興大役困一方而無成功趙子幾挾情以違法禁按吏以防民言則皆置而不問乃是賞反施於聖人之所當罰罰不及於王法之所當誅也畿邑之民以助錢爲訴也陛下聖旨令名情顧東明知縣以不能禁民有訴而被劾也陛下聖旨止令劾擅升戶等之事二者皆獨斷之善政而中書皆格而不下此則陛下之號令不行也西師無功而曰非朝廷之本謀天下但見給軍之費輦出於京師空名之誥馳下於西路又命一知制誥於將幕使專代天子之言報復號令絡繹於道苟以爲非耶何不止之迨其事敗則曰非政府謀也捐費緡錢以

千萬計秦晉之人肝腦塗地産軍旅之怨結夷狄之釁而不自請咎乃致陛下發中詔以責躬抑徽號而不受忠義之士誰不痛心而疾首至如助役之法臣嘗言之矣其條制纖悉臣雖未能究見然臣大意終以謂使天下百姓賦税貸責公私息利之外無故作法升進戸等使之槩出緡錢皆非爲人父母愛養基本之所宜爲者故臣謂之聚歛非妄言也陛下任遇輔臣如此其重而致主之術乃用此道是皆大臣之誤陛下而大臣所用者誤大臣也今既顛謬乖錯敗亂綱紀知天下之不容懼宸衷之回悟以謂雖中外之士畏避無敢言者然其尚敢言者獨御史有職爾故又使司農發惑天聽作爲偏辭令臣等分析以摧沮風憲之體艱梗言路欲其憂憚苟容而緘默或欲撩其危言從而擿逐不知忠臣節士雖戮辱不懼所以盡事君之義耳今羌夷之款未入反側之兵未安三邊瘡殘疲潰未瘳河北大旱

諸路大水民困財力縣官匱竭聖君恭勤思治萬方之所知而在輔弼者方欲蔽天聰明使下情不得而上達其何心耶臣願陛下思祖宗基業之艱難念天下生靈之危苦少回幾慮收還威柄深恐異時專權肆志將有陛下所不能堪者則必至於亂失君臣之恩是今日養之適所以害之也若夫馮京王珪同列預政皆依違自固不扶顛危雖心悟其非而無所救正己之進退又媕婀而不決皆非所謂輔臣之體臣四海之內孤立獨進陛下過聽任以風憲嘗竊思之近歲臺諫官疊以言事罷免豈其言皆無補於事歟豈皆願爲訐激陰直之語以自爲名而絜去歟嘗以謂欲言政府之事者其譬如治湍暴之水可以循理而漸道之不可以隄防激鬬而發其怒不唯難功亦爲患滋大故臣自就職以來竊慕君子之中道欲其言直而不違於理辭順而不屈其志庶幾愚衷少悟天聽而亦不敢婞然如淺丈夫

以一言一事輕決去就致聖朝數數逐去言事者而無所裨補思以上全國體而下亦庶幾能久其職業而成功名兩月之間纔十餘疏其言及助法者止三疏耳當天下多事之時而臣言簡緩又不足以感悟則其負陛下已多矣不意大臣之怒已至如此令臣等分析分析之事前代無之祖宗無之近年已來乃爲此法以摧言者之氣方陛下孜孜聽治喜於納諫而大臣所爲則不得正目而視此所以發臣之狂而不能默也伏願陛下深察事物之變用安靖之治以休生民有所措置以大小緩急爲先後之序以義利經權爲本末之辨自然凡有献替於陛下者乞有以誘掖獎厲之罷分析之命以尊嚴朝廷而養多士敢言之氣臣不勝惓惓憤懣愛君待罪之心

贄又論弓手疏曰臣伏覩今月七日勑命節文弓手正身不願充役者許雇曾充弓手之人令逐路轉運司相度施行臣竊意朝廷必以差法初行弓手一役皆差鄉戸未習捕盜次第而舊日應募之人一旦放罷或無所業挾其素藝去而爲盜故降今來指揮欲以權其始而待其成臣竊以謂二者非所宜憂也蓋差役方復事未就緒若假以歲月則法自成而事定矣昨三月十七日勑弓手曾經鬬戰緝捕有功者雖無戸等特與存留則收拾舊人已有此法且弓手不可不用差法者蓋鄉人在役則不獨有家丁子弟之助至於親族婚姻及其里落之衆莫不爲之營援同其休戚一有捕限則人人張耳目出方畧以求盜賊又其土著自重故無逃遁之患此乃從來弓手所以必用正身也自行雇募以來盜寇充斥蓋所募浮惰之人不任其責差之與雇利害如此然則祖宗之法豈無意哉行之百餘年不聞上等戸以爲不便而願雇人也夫上之使民使其出力則易使其出錢則難此古今之通

諠易曉也今朝廷指揮雖云不願充役方許雇人然官司上下利在舊人慣熟或以人情留占必須沮斥新戶使之雇人安能見其願與不願之情臣深恐被差之人歲出緡錢不易卻須歸怨差法無人因而可以搖動議論兼天下繇役重輕州縣風俗各各異宜固當隨方制之不可槩以一法臣觀五路弓手熙寧以前正身充役之時最號強勁往往逐名家自養馬其材藝捕緝勝於他路近日復差以來妥帖就役皆已試之效亦不聞其不樂而願出錢雇人也訪聞惟是川蜀江浙等路昨差至第一等人戶充役皆習於驕脆不肯出力為公家任捕察之責故寧出貲雇代自以為便此皆一偏之利而議者不察遂乃一例變動大法今朝廷若未肯追寢許雇之命必欲委曲徇民則宜分別利害大小權為之制自來盜賊最多及弓手正身久有成效者無如五路臣欲乞五路弓手並依祖宗舊法及今年七月三

日申明聖旨指揮須得正身祗應外其餘路分即依今月七日指揮仍乞將舊有戶等差充者及前項曾經戰鬬有功存留者與情願雇人者三色通計不得過正額一半人數所貴新舊相兼漸熟捕盜事體其三色人數內過有闕額止行差補則一二年間差法成就雇法可罷矣

貼黃朝廷立法未可以事初一二小害槩壞大體所謂弓手正身之小害者唯是南方上等人戶其子弟多脩學為舉人故為未便造起浮言以惑議者之聽殊不知每歲出緡錢雇代其為久遠之害不細也兼祖宗以來行正身充役之法通於天下已百有餘年曾不聞其不便今朝旨雖欲周順人情下許雇之法然止可作權時指揮宜立限一年或二年俟人情習熟即罷代法伏乞詳臣今來所請事理特賜施行外其許雇路分仍乞相度人戶二丁以下方聽依近制雇人代役

參知政事王安石上奏曰今陛下即位五年更張改造者數千百事而為書具為法立而為利者何其多也就其多而求其法最大其效最晚其議論最多者五事也一曰和戎二曰青苗三曰免役四曰保甲五曰市易今青唐洮河幅員三千餘里舉戎羌之衆二十萬獻其地因為熟戶則和戎之策已效矣昔之貧者舉息之於豪民今之貧者舉息之於官官薄其息而民救其乏則青苗之令已行矣惟免役也保甲也市易也此三者有大利害焉得其人而行之則為大利非其人而行之則為大害緩而圖之則為大利急而成之則為大害傳曰事不師古以克永世匪說攸聞若三法者可謂師古矣然而知古之道然後能行古之法此臣所謂大利害者也蓋免役之法出於周官所謂府史胥徒王制所謂庶人在官者也然而九州之民貧富不

均風俗不齊版籍之高下不足據今一旦變之則使之家至戶到均平如一舉天下之役人人用募釋天下之農歸於畎畝苟不得其人而行則五等必不平而募役必不均矣保甲之法起於三代丘甲管仲用之齊子產用之鄭商君用之秦仲長統言之漢而非今日之立異也然而天下之人鳧居鴈聚散而之四方而無禁也者數千百年矣一旦變之使行什伍相維鄰里相屬察姦而顯諸仁宿兵而藏諸用苟不得其人而行之則搔之以追呼駭之以調發而民心搖矣市易之法起於周之司市漢之平準今以百萬緡之錢權物價之輕重以通商而貰之令民以歲入數萬緡息然甚知天下之貨賄未甚行竊恐希功幸賞之人速求成效於年歲之間則吾法隳矣臣故曰三法者得其人緩而謀之則為大利非其人急而成之則為大害故免役之法成則農時不奪而民力均矣保甲之法成則寇亂息而威勢

矣市易之法成則貨賄通流而國用饒矣。

知諫院陳襄論役法狀曰臣聞方今政有害於民者無甚於役法使民歲出傭錢以資應募之人夫應募之人者莫非游手墮農之輩違慢作過又不足以集事兼出錢人戶非是樂輸行之數年民力已困上等厚有貲力之家猶可出備自餘中產已下多是農民惟以薄業為生別無營入能自足於衣食者蓋有數矣今來戶戶率緡既有定額無由蠲免歲時輸入官司敦迫穀益賤而錢益貴常有逋負督責之憂不幸遇歲凶荒一有不足則不免於飢莩流亡之患此大畧可見矣若此法不更必恐天下等第之民日益困弊轉致失所此不得不慮也如欲更之則莫若且因今來新定簿役之法復為五等依舊差役除衙前重難及州縣自來號為重役為民深害者即官與雇人以酒場河渡等錢充為傭直其諸色役並從差科之法如願雇人代役者亦聽仍乞依司農寺條貫諸係公之人因役人合當公事及投名公參入直之類取受財物者依常平乞取法及依熙寧編勑官員不得差出三百里外合當私事條約施行如此等第被役之人差使至經年別無勞費莫不出力願為而無憚矣此可為不易之良法也謹具狀奏聞伏候勑旨。

張方平論募役疏曰臣伏覩見行役法天下共苦不便陛下天高聽卑必聞其利害切恐中外臣僚未有為國家深憂遠慮精言其本末者臣既以方拙上犯知眷今拜章乞致仕方俟命解謝念言重息恩有以補報而去故不避誅絕上此奏封極陳保邦便民之大計切務非徒詭激以抗高譎而已陛下至聖大明儻察臣言實有益於國家即乞發自清衷特下明詔停罷此法復行舊制之中有所未安稍為增損參定施行詔下之日西方萬姓若有匹夫匹婦不懽悅抃蹈上感德澤者則臣請受罔上迷國壞法亂紀之罪投放遐裔以正典刑陛下猶謂臣言未是為信古者有大疑謀及卿士庶人協同而後有作即乞露布臣章俾在廷百辟以至諸路郡縣官吏共得盡其公議二者惟在陛下發於神斷以定天下是非若但送之中書論之執政無益也則乞留中不下非惟有以保全孤臣抑以致忠義之言以廣四聰之遠不勝為國憂慮區區之心惟聖明諒察所上劄子具列封進。

方平又論免役錢疏曰臣切惟昔者聖人所以治民之道別其四業任之九職農夫効稼穡之力虞衡主山澤之利百工飭化八材商賈阜通貨賄各率所事以奉其上而上之所以取于民惟田及山澤關市此財用之所出也顧沿革損益雖歷代不同要之必本于此過是則非王制矣伏見近建賦役之法率令輸錢夫錢者人君之所操不

與民共之者也人君以之權輕重而御之事制開塞以通政術稱物均施以平準萬貨故有國家者必親操其柄官自冶鑄民盜鑄者抵罪至死示不得共其利也夫錢者無益飢寒之實而是以致衣食之資是謂以無用而成有用人君通變之神術也本朝經國之制縣鄉版籍分立五等以兩稅輸穀帛以丁口供力役此所謂取於田者也金銀銅鐵鉛錫茶鹽香礬諸貨物則山海坑冶場監出焉此所謂取於山澤者也諸苑榷征筭斥賣百貨之利此所謂取於關市者也權錢一物官自鼓鑄臣向者再總邦計見諸鑪歲課上下百萬緡天下歲入茶鹽酒稅雜利僅五千萬緡公私流布日用而不息上自宗廟社稷百神之祀省御供奉官吏廩祿軍師乘馬征戍聘賜凡百用度斯焉取給出納大計備於此矣景德以前天下財利所入茶鹽酒稅歲課一千五百餘萬緡太宗以是料兵閱馬平河東討拓跋賊歲有

事于契丹真宗以是東封岱宗西祀汾脽南幸亳未嘗聞加賦於民
而調度克集慶曆以後財利之入乃三倍於前朝而惟日不足何事
功之異也舉是而言則本末之原有可得而究者矣陛下憫時政之
積弊志在變而通之以財成天下之務故創法立制設青苗以賑乏
絕建募役以蘇繇役所大措置事以十數要在崇德而廣業以惠養
元元而已臣官在守藩職在長民朝廷政令非敢出位而言至于民
事利害以言職也夫民事之利害衆矣顧率錢之患獨切故敢具言
其事自古田稅穀帛而已今二稅之外諸色沿納其目曰陪錢地錢
食鹽錢牛皮錢蒿錢鞋錢如此雜料之類大約出於五代之季急征
橫斂因而著籍遂以為常今以一陳州言之州四縣合二萬九千七
百有餘戶夏秋二稅凡斛𣁽一十五萬八千有零碩正稅并和預買
紬絹三萬有零疋絲綿四萬九千有零兩此常賦也復有鹽錢一萬

五千八百有零貫并夏秋沿納錢雖緣敕法承習已久然此諸色錢
常例亦多用折納斛𣁽不盡輸錢也大率古今田制未有輸錢之法
也今乃歲支苗錢六萬七千餘貫計息錢一萬二千三百貫有零歲
納役錢四萬七千餘貫此乃常賦之外歲輸貫錢六萬餘千以陳之
戶口不敵諸州之一縣率是以準天下之所輸可見也凡公私錢幣
之發斂其則不違百官羣吏三軍之俸給夏秋糴買穀帛坑冶場監
本價此所以發之者也田廬正稅茶鹽酒稅此所以斂之者也民間
貨布之豐寡視官錢所出之多少官錢出少民用已乏則是常賦之
外錢將安出若募錢輸官還以募傭錢既出入非畜聚也夫募錢者
卒之本民散於墮游市井自如南畝空矣窮鄉荒野下戶細民冬至
節臘荷薪芻入城市往來數十里得五七十錢買葱茹鹽醯老稚以
為甘美平日何嘗識一錢臣聞諸路其間刻薄吏縣閱民田廬舍牛

具畜産桑棗雜木以定戶等乃至寒瘁小家農器舂磨鉏釜犬豕凡
什物估千輸十估萬輸伯食土之毛者莫得免焉故天下之民遑遑
無所措手足謂之錢荒吏屑鉗繇以刻削為功干賞蹈利而賞利從
之此豈聖意之然耶必料天聰亦未之詳聞也陛下本欲以義利利
天下至于施為見於行事非復聖意所存者矣陛下盛旨一出執政
奉行稍已增益至于有司苛細甚矣須下諸路職司之官各出所見
展轉交害本司而未異朝行而夕改郡縣承用以至不勝其敝且民
田二稅水旱檢放自有常制青苗之息或遇災傷猶暫倚閣募役之
錢年雖大殺不可免也豪猾乘民之急舉貸取息至或相因陪輸誠
侵酷矣然不越穀帛民耕織之所有也州縣之役若身充若雇傭率
三分其費而二分出於新粒大鄉戶衆一役代歸十餘年間安居無
所預矣募法之行且三年初年民始大駭更議法未一或納或否次

年已有代棄賣田宅鬻牛畜今年猶荒歉處民流散多矣推此其
可以經久者耶而乃恬弗為怪莫之改圖臣恐國家之憂不在四夷
而見伏戎于莽矣伏惟陛下深思宗社之重俯察下民之情申命大
臣精議輸錢之法此大事也非取於高談虛論苟且而已矣夫苟且
者臣下之身謀遠慮者陛下家國之計愚而不可欺弱而不可勝者
民也儻民情失於撫御大勢一有動危雖有智者恐無以善於後矣
輸錢二事而募法之害尤重臣故勤勤先其重者今所開陳特舉大
體其為害條目不可悉數也臣上荷聖恩至深全重自念衰疲不任
陳力一旦先犬馬填溝壑沒有遺恨故求一對清光專為陳此愚懇
少効補報粗寬愧負事聞天聽退就斧鉞臣所快也惟陛下留神省
察

馮山議免役狀曰右臣久官遠方不識朝廷忌諱然事干治體苟有

所見不敢輒隱以虧臣子之節臣竊見條制之設已經四年內盡羣臣之謀外收天下之議更革創置無所不盡利害本末千見七八惟免役一法未有成効臣伏以朝廷立法之意本以便民除去搔擾抑絶僥倖何所不可而紛紛至今者非去千載之弊而為一代之法未可遽為而速見也臣去年冬自京師授差遣由經京西陝西利州成都梓州五路上自監司下至州縣冠蓋奔走議論詳悉惟恐後至以慢陛下之詔令以違司農之期會然齟齬遲緩未能決然者臣觀其由非獨四方官吏之過蓋巧議錯出有司無定之所致也自熙寧四年以後天下始知朝廷新法本在愛民非為聚斂靡不日夜講究因其鄉俗之便為國家畫經久之計獨衙前弓手之類稍難處畫不得不差緩歲月然後成就自去年冬末已後訪聞諸處僅能成書方議奏報而旋有新制令依倣府界之法又令四等以下均出役錢未幾又令只據稅錢未用等第又令那移補助半年之間改動者數四官吏惶駭不知定議文書煩浩旋為棄物然則役法何時而定耶臣竊以天下風俗不同事體各異有司之法將籠而一之則固將得此則失彼利一而害十近見梓州之法亦只以等第為率止等之家所出不過十三貫則其所取者全輕而其所免者甚重設未均一極已寬簡按察之議以為可行未及奏聞而倒從改易舉此一處他州可知民間田畝稅錢類不相等推此以往名目甚多豈可直據一端以為定論要其至當俟其均稅之法已定然後免役之法可行若猶未也莫若詔諸路監司與郡守縣令因其鄉俗各自立法不問異同但取其便民而已立以期限過者有罰如此則法順於民而易行民安於法而不煩則免役之効庶幾可見苟未能追改前制臣乞自今已後議者之說且一切置而勿用大體既立則其偏補助者自然次第而

舉矣臣竊見前代立法至久而後定何則事非經試雖智者不能極其盡況差役之弊已經數百載間雖知其為害於民而不敢有議更變之者誠難其變之之術也今一旦創起新法既行之後必其纖悉無遺臣未知其可也臣願陛下下臣所議詳擇其一使天下重困之人早見成法苟官不廢事民不知役則三代仁政何以異此如利害相乘難於經久本實無害徐議罷去亦無累陛下寬仁之盛德也臣近見司農寺指揮尚猶詢訪官吏未盡未便事理臣之所憂非獨為朝廷新法勺無休期兼恐緣役事而進者希趄無已輕取陛下之名器擅自恣放重為新法之病臣伏覩熙寧二年十二月詔書博盡衆議務要除去擾弊使民樂從臣之愚見稍條利害之大者謹具狀奏

右司諫蘇轍乞更支役錢雇人一年俟備完差役法狀曰右臣伏見二月九日三省樞密院劄子節文應天下免役錢一切並罷其諸色役人並依熙寧元年以前舊法人數定差更乞指揮諸縣官吏看詳若依今來指揮別無妨礙即便依此施行若有妨礙致施行未得限勑到五日內具利害擘畫申本州本州限一季聞奏奏到各隨宜脩改奉聖旨依奏臣看詳上件指揮大綱已得允當其間節目頗有疎畧差誤未易一一具言全在有司節次脩完近見開封府奏聞祥兩縣於數日之內依舊役法人數差到役人臣竊惟自罷差役至今已僅二十年乍此施行吏民皆未習慣兼差役之法關涉衆事根牙盤錯行之徐緩乃得詳審若不窮究首尾忽遽便行但恐既行之後別生諸弊臣竊見州縣役錢所在例有積年餘剩今年夏料雖已放罷舊餘剩錢猶足支數年欲乞朝廷指揮將見在役錢且依舊雇役盡今年而止却於今年之內催督諸處審議差役令的確可行更無弊害然後於今冬趁還差撥起自來年役使鄉戶一則差役條貫既得

審詳既行之後無復人言。二則將已納役錢一年雇役民力紓緩。進
退皆便。臣深恐諸道以為朝廷已行之命降到即行雖有妨礙更不
陳述竊差役之條未盡其利若朝廷以臣此言可用欲乞下三省疾
速施行謹錄奏聞伏候勅旨。

貼黃新法已來減定役人皆是的確數目行之十餘年並無闕事。
則舊法人數決為冗長天下共知。況近降指揮明使州縣相度
有無妨礙。至於椙簿定差亦無日限。今來開封官吏更不相度
申請。於數日之間一依舊法人數差撥了絕。如攪子之類近年
以剩員充者一例差撥役人。監勒開祥兩縣迅若兵火。顯是故
欲擾民以害成法。尚賴百姓久苦役錢。乍獲復舊更無詞說不
爾。必須爭訟紛紜為害不小。乞下所司取問開封官吏明知有
上件妨礙更不相度申請及似此火急催督是何情意特賜行

遣以戒天下挾邪壞法之人。

轍又論罷免役錢行差役法狀曰右臣伏見門下侍郎司馬光奏乞
罷免役錢復行差役舊法奏聖旨依奏施行。臣竊謂近歲所行新法
利害較然。其間免役一事尤重。朝廷自去秋已來改更略盡。惟此一
事遲留不決。民間傾聽想聞德音。臣竊料此事既行民間鼓舞相慶
如飢得食如旱得雨。比之去年罷導洛市易鹽鐵等事其喜十倍。非
至仁至聖至明至斷。誰能行此。然臣有愚慮。蓋朝廷初行免役。至今
僅二十年。官私久已習慣。今初行差役。不免有少齟齬不齊。譬如人
有重病。不治必死。醫者用藥攻療。必有瞑眩不寧。要須病去藥消然
後乃得安樂。今中外用事臣寮多因新法進用。既見朝廷革去宿弊
心不自安。必因差役之始。民間少有不便指以為言。眩惑聖聰敗亂
仁政。兼臣竊觀司馬光前件劄子條陳差役事件大綱已得允當。然

其間不免疏略及小有差誤。執政大臣豈有不知。若公心共濟即合
據光所請推行大意。備完小節。然後行下。今但備錄劄子前坐光姓
名。後坐聖旨依奏。其意可知。自今以往其必有人借中外異同之論
以搖動大議。臣願陛下但思祖宗以來差役法行民間有何患害。近
歲既行免役民間之弊耳目厭聞。即差役可行免役可罷。不待思慮
而決矣。伏乞將臣此奏留中不出。時賜省覽。苟大法既正縱有小害
隨事更張。年歲之間法度自備。臣疏遠小臣。初蒙擢用。輒此深言。罪
在不赦。但念臣初無左右之助。諫垣之命出自聖意。不敢自同它人
更存形跡。冒昧陳聞。惟陛下裁幸。

貼黃臣竊詳差役利害條目不一。全在有司節次備完。近則半年
遠亦不過一年。必有成法。至於鄉戶不可不差役錢不可不罷
此兩事可以一言而決。況所在役錢寬剩一二年間必未至闕

用。從今放免理在不疑。前來司馬光文字雖有役錢一切並罷
之文。又却委自州縣監司看詳有無妨礙。臣竊慮諸路為見有
此指揮。未敢便行放罷依舊催理。則凶歲疲民無所從出。或致
生事。欲乞特降手詔大略云先帝役法本是一時權宜指揮施
行歲久。民間難得見錢。已詔有司依舊差役。所有役錢除坊郭
單丁女戶官戶寺觀依舊外。其餘限詔到日並與出榜放免。其
去年已前見欠役錢。具數聞奏。未得催理。聽候指揮。

轍又言雇募衙前改為招募。既非明以錢雇必無肯就招者。勢須差
撥。不知歲收坊場河渡緡錢四百二十餘萬欲於何地用之。熙寧以
前諸路衙前多雇長名當役。如西川全是長名。淮南兩浙長名太半。
以上餘路亦不減半。今坊場官既自賣必無願充長名。則衙前並是
鄉戶。雖號招募而上戶利於免役方肯占名與差無異。上戶既免衙

前重役則凡役皆當均及以次人戶如此則下戶充役多如熙寧前
矣
轍爲陳州學官代張方平上奏曰臣伏以中外臣庶各有職事越職
而言國有常憲臣守土陳州非有言責而輙言之計其狂愚茲實有
罪然臣伏念頃以老疾不任吏事陛下未忍廢棄親擇便地以遂安
養將辭之日面奉德音以爲大臣之議皆當爲國謀慮不宜以中外
爲嫌有所不盡古人有言雖爾身在外乃心罔不在王室伏惟聖德
廣大無所不容而臣自到任以來于今一歲心目昏眩有加無瘳故
嘗乞匄餘生求還閭舍區區之誠久而未獲陛下視臣志氣益衰至
此豈復有意別白是非而與世俗爭議也哉是以得失之間久無所
與今日竊有所懷上爲陛下察之官吏下爲陛下驗之百姓而安危
之機實在於此臣惟受恩累聖邦之休戚身實同之志力雖衰於義

不可嘿已然臣之所欲言者非敢遠引前古逆探未然以惑陛下之
聰明也凡皆陛下之所嘗試而臣愚之所與聞者耳臣伏見陛下即
位之始計慮深遠凡有所建動合天心始議山陵滌邮費用之廣推
明先帝薄葬之命以詔有司四方聞之無不感泣其後一年之間誕
布號令勸率宗族崇孝悌之行勉勵州郡先農桑之政復轉對以廣
言路議徭役以寬民力盛德之事不可具紀是時天下大變之後而
無不翹然想聞德音以忘其憂兩宮歡欣九族親睦羣臣萬民蒙福
而安紛紜之議不至於朝廷謗怨之聲不聞於里閭陛下優游無爲
而天下已治矣爲國如此豈不樂哉陛下自今視之當日之政其可
悔恨者凡有幾以臣觀之非獨陛下無所悔恨雖天下之人亦未有
以爲失當者也何者政令簡易而人情之所安耳易曰易則易知簡
則易從易知則有親易從則有功有親則可久有功則可大嚮使陛
下推行此道始終不變則臣以爲久大之功可得而致矣其後求治
太切用意過當奸臣緣隙得進邪說始議開邊以中上旨於是延安
有横山之謀保安有招誘之計陛下餌之以金帛假之以干戈小人
貪功慮害不遠輕發深入結怨西戎攘奪尺寸無用之土空竭內府
累世之積大者疲弊秦雍小者身死寇讎西鄙騷然不寧而陛下始
一悔矣然而陛下天資英果有漢武宏達之量雖復兵吏失律而立
功之意未嘗少衰是以左右大臣測知此心復進財利之說陛下樂
聞其利而未暇深究其害於是舉而從之置條例司而講求天下之
遺利己酉之秋新政始出自是以來凡所變革不可悉數其最大者
一出而爲常平青苗再出而爲揀兵併營三出而爲出錢雇役四出
而爲保甲教閱四者並行於世官吏疑惑兵民憤怨譁諍者章交於
朝誹謗者聲播於市陛下不勝其煩爲之當宁太息日昃而不食矣

然猶幸其成功力排衆人之議而固守之天下方共厭苦而不知其
所止也揀兵併營之策其害先見武夫凶悍爲怨最深爲患最急陛
下知其不可於是多支月糧復收退卒以順適其意而陛下既再悔
矣然軍中之口猶復洶洶不靖陛下雖推恩撫之而終不以爲患反
謂陛下畏之耳不幸邊臣失算再生戎患帷幄之臣謀之不臧不務
安而務撓之臨遣執政付以疆事多出金幣豫書誥敕以成其深入
之計當此之時天下之心知其必敗矣而陛下與一二臣者方以爲
萬舉而萬全既而出兵無人之境築城不守之地困弊腹心以求無
益之功使秦晉之民父子流離肝腦塗地戎人徼勸受屈已築之城
隨即傾覆救援之兵相繼潰叛四方震動君臣宵旰而後下罪己之
詔投竄元宰以謝二鄙而陛下既三悔矣夫此三者方其未悔也陛
下亦以爲是耶非耶陛下犯逆衆心行而不顧其必以爲是未以爲

非也。然而其終卒至於此。然則方今陛下之所是而未悔者。無乃亦類此歟。臣聞衆而不可欺者民也。勇而不可犯者兵也。險而不可侮者鄰國也。今陛下既已欺民犯兵而侮鄰國矣。夫犯兵侮鄰變速而禍小。至於欺民。則變遲而禍大。變速而禍小者瓦解之憂也。變遲而禍大者土崩之患也。今瓦解之憂。陛下既知悔矣。而土崩之患。陛下未必為憂。此臣之所以寒心也。易曰。不遠復。元祇悔。元吉。事之未敗也。陛下不悟其非。必俟其敗而後悔。如向三者。則陛下之復已遠。而悔亦大矣。且臣觀之。方今陛下之所是而未悔者。亦有三而已。青苗助役保甲三者之弊。臣不復言矣。何也。言者論其不可。非一人也。百姓毀壞支體。燻灼耳目。嫁母分居。賤賣田宅。以自脫免。非一家也。陛下其亦知之矣。徘徊而不改。使民無所告訴。加之以水旱。繼之以飢饉。積憾之民。奮為羣盜。浸淫蔓延。滅而復起。英雄乘間而作。振臂

一呼而千人之衆可得聚也。如此而勝廣之形成。此所謂土崩之勢也。臣恐陛下至此雖復悔而無所及矣。故臣願陛下取即位之政與今日之事而試觀之。天下擾擾不安。孰與今日之盛。羣臣交口爭辯。孰與今日之衆。陛下聽覽疲勸。孰與今日之多。悔恨自責。孰與今日之切。陛下誠以此較之。則不待臣言之終而得失可以自決矣。且夫即位之政。陛下之本心也。今日之事。臣下之過計也。陛下棄即位之本心。而徇臣下之過計。臣切以為過也。雖然。竊聽之道路。方今陛下則亦悔之矣。悔之而不變。非陛下之意也。迫於建議之臣耳。夫人臣進謀於其君。尚事之不遂而變以從衆。則人主有以測其深淺。人主有以測其深淺。則其用舍之命在於人主。此人臣之所以不便也。臣切痛陛下為社稷之計。欲改過以安天下。而怵權固位之臣持之而不釋。陛下聰明睿智。廢置自我。而獨為此鬱鬱也。臣不勝區區忘身憂國之誠。是以勢疎而言切。惟陛下察之。

傅堯俞議坊郭等第出助役錢奏曰。臣竊以謂鄉村以人丁出力。城郭以等第出財。謂之差科。相與助給公上。古今之通道。臣不敢遠引為證。自本朝百餘年間。祖宗之法。未有以城郭之財助鄉村之力者。今而行之。恐未為得。凡公人未有不以官事與百姓接者。一與關涉。必肆誅求。但事有大小。時有疎數耳。況胥吏日夕與百姓從事者乎。故州縣之官未使公人多見百姓。謂之能吏。所以百端防檢。恐其侵漁。猶未能禁其一二。今惟憂其不足。乃無名取錢於坊郭以與之。臣深所未諭也。其間固有勞逸不至均齊。繫官吏之能否。條禁之精麤。惟當督責郡縣講求善法。安在人人與錢哉。昔者鄉村坊郭事體不同。故各安其分。無有異論。自免役之興。不復分別。今差役既還。未有科配。常情槩見。則似不平。必令出錢。願樁留以備緩急。夫以天下之

廣。兆民之衆。事常藏於隱微。發於人之所忽。邊鄙河防。盜賊水旱。豈可必其無有哉。慶曆中羌賊叛擾。借大姓李氏錢二十餘萬貫。後與數人京官名目以償之。頃歲河東用兵。上等科配一戶至有萬緡之費。力不能堪。艱苦萬狀。此皆以上下完盛之時。取於民以為助。猶或如此。況今民力疲弊乎。國家指以為用而不憂者。免役寬剩錢耳。蓋有時而盡。豈能持久。如聞天下主財利之臣。未廣朝廷大體。沿襲舊弊。觀望故態。雖茶鹽酒稅常入之數。皆不甚究心。漸有虧失。臣恐數年之後。或至不足。一有緩急。將全取於民。不惟人難克當。必致生事。誠能量使出辦錢物。斂而藏之。嚴敕有司。不得輒用。其科擾之事。一切禁絕。示以必信。使人無疑。則不徒無詞。遂將欣懽奔走。惟恐輸納之在後耳。昨陝西兵興。一路等第人戶。流離奔迸。無地藏匿。京西州郡與之犬牙相接。晏然無預人之憂樂。如隔天壤。今若積以為備。或

一方有事，轉而濟之，是通天下之力，不其均且易哉。若取其財，依舊科斂，他日之患，恐不但怨咨而已。臣嘗以是白文彥博、司馬光、呂公著，此乃國之遠圖，民之實惠，願陛下特斷而行之。若用以資助役人，臣未敢詳定。今役法大議已定，皆韓維等素所裁處。如可遵用，即乞且備整頓，降付州縣行用，候見抵牾者，隨加改正。三二年間，庶幾完備。如以差法為非，自可復為顧法，不須無事，徒此紛紛。今諸路文字來方，此改更何日成就。臣聞陳力就列，不能者止。此亦臣之不能為者。陛下採用臣言，臣敢不悉心供職。若謂言與議者不合，不可施行，乞依蘇軾例，許臣罷免詳定。儻以臣上違朝旨，將以譏敕不恪，雖加重責，臣不敢辭。

鄭獬論安州差役狀曰：伏見安州衙前差役，最為困弊。其合差役之家，類多貧苦。每至差作衙前，則州縣差人依條估計家活，直二百貫已上，定差。應是在家之物，以至雞犬箕箒匕筯已來，一錢之直，尚可以充二百貫，即定差作衙前。既已充役，入於衙司，為吏胥所欺，糜費已及百貫，方得公參。及差着重難綱運，上京或轉往別州，腳乘、關津出納之所，動用錢物，一次須三五百貫。又本處酒務之類，尤為大弊。主管一次，至費一千餘貫。雖重難了當，又無酬獎，以至全家破壞，棄賣田業，父子離散，見今有在本處乞丐者不少。縱有稍能保全，得些小家活，役滿後不及年歲，或止是一兩月，便却差充。不至乞丐，則差役不止。蓋本州士人貧薄，以條貫滿二百貫者差役，則為生計者盡不敢滿二百貫。惟歲豐穀多，亦不敢收蓄，隨而破散，惟恐其生計之充，以避差役。以此民愈貧，差役愈不給。雖不滿二百貫，亦差作衙前一丁。既充衙前，已令主管場務，或又差押送綱運，則又不免令家人權在場務，其正身則親押綱運。及本州或有時暫差遣，則又別令家人應副。是一家作衙前，須用三丁，方能充役。本家農務則全無人主管，兼家人在場務生疎，動是失陷官物。及界滿，則勒正身陪填。近時朝廷雖罷衙前，而綱運役次猶不減，則見充衙前者，其病愈甚。本州最所重難者，紬絹錢綱。其入京錢綱，或可直給衙前名保納，以日限許令直便入京送納。其轉江綱運，風濤迢遞，動經半年，則許令至真州發運司送納，真州別附綱入京。如此，則所費稍得減損，重難滿日，亦許作分數指射不係酬獎酒坊，或三五名併作一處，以為優饒。其已經一次衙前者，亦乞立作年限，方得再差。然自來條貫，衙前與免科配。又本戶稅皆納本色，而本州科率折變，並亦不免，亦乞今後與依條施行。臣所親見止於安州，訪聞湖北一路類皆如此。欲乞聖旨下寬恤民力，所命差去湖北路臣寮，子細相度裁定。其場務利害、繫自州縣，亦乞令就本處訪問，擘畫以從寬簡。謹具狀奏，伏候勅旨。

哲宗即位，初知陳州司馬光乞去新法之病民傷國者，疏曰：臣竊見先帝聰明睿智，勵精求治，思用賢輔，以致太平。委而任之，言行計從，人莫能間。雖周成王之任周公，齊桓公之任管仲，燕昭王之任樂毅，蜀先主之任諸葛亮，殆不能及。斯不世出之英主，曠千載而難逢者也。不幸所委之人，於人情物理多不通曉，不足以仰副聖志。又足已自是，謂古今之人皆莫已如。不知擇祖宗之令典，合天下之嘉謀，以成迪清衷，佐佑鴻業。而多以已意輕改舊章，謂之新法。其人意所欲為，人主不能奪；天下莫能移。與之同者，援引登青雲；與之異者，擯斥沈溝壑。專欲遂其狠心，不顧國家大體。人之常情，誰不愛富貴而畏刑禍，於是搢紳大夫望風承流，競獻策畫，務為奇巧。捨是取非，興害除利。名為愛民，其實病民；名為益國，其實傷國。作青苗、免役、市易、賒貸等法，以聚歛相尚，以苛刻相驅。生此厲階，迄今為梗。又有邊鄙之臣行險徼倖。大言面欺。輕動干戈。妄擾蠻夷。夫兵者國之大事。廢興存亡於是乎在。而其人苟榮一身之官賞。不顧百姓之死亡。國家之利病。輕慮淺謀。發於造次。御軍無法。僮同兒戲。深入敵境。坐守孤城。粮運既竭。狼狽奔潰。築寨極邊。功猶未畢。輕敵不備。闔城塗地。使兵夫數十萬暴骸於曠野。資仗巨億棄捐於異域。又有生事之臣。欲乘時干進。建議置保甲戶馬保馬。以資武備。變茶鹽鐵冶等法。增家業侵街商稅等錢。以供軍須。遂使九土之民。失業窮困。如在湯火。此皆羣臣躁於進取。誤惑先帝。使利歸於身。怨歸於上。非先帝之本志也。臣荷先帝大恩。常思報效。頃在朝廷之時。屢言新法非便。觸忤權貴。冒犯衆怒。爭辯非一。先帝憐其孤忠。不以為罪。仍蒙寵擢。寘之樞廷。臣以所言未行。力辭不受。臣非惡富貴而好貧賤。正欲感寤先帝。知臣為國不為身。庶幾采納狂瞽。使百姓獲安。基局永固而已。既又自

乞冗官。退伏閭里。雖身處于外。區區之心。晨夕寤寐。何嘗不在先帝之左右。所以不敢自赴闕廷如此之久者。亦猶辭樞廷之志也。熙寧七年。歷時不雨。先帝遇災而懼。深自刻責。誕布詔書。廣開言路。臣當是時。不勝踴躍。極有開陳。而建議之臣。知所立之法不合衆心。天下之人。必盡指其非。恐先帝覺悟而已受誤國之罪。伏欺罔之刑。乃勸先帝繼下詔書。言新法已行。必不可動。臣之所言。止為新法。若新法不動。臣尚何言。自是閉口。不敢復預朝廷論議十有一年矣。然每覩生民之愁怨。憂社稷之阽危。於中夜之間。一念及此。未嘗不失聲掩心也。葵藿之志。猶望先帝一賜名對。訪以外事。得吐心極言。退就斧鉞。死無所恨。不意上天降禍。先帝升遐。臣之寸誠。無由披露。鬱抑憤懣。自謂終天。及奔喪至京。乃蒙太皇太后陛下特降中使。訪以得失。是臣積年之志。一朝獲伸。感激悲涕。不知所從。顧天下事務至多。臣

思慮未熟。不敢輕有條對。但乞下詔。使吏民皆得實封上言。庶幾民間疾苦。無不聞達。既而聞有旨罷修城。從夫調遣之類。止御前造作。京城之人。已自歡躍。及臣歸西京之後。繼聞斥退近習之無狀者。戒飭有司奉法失當過為煩擾者。罷物貨專場。及民所養戶馬。又寬保馬年限。四方之人。無不鼓舞聖德。傳布一日千里。頌嘆之聲。如出一口。溢于四表。乃知太皇太后陛下深居禁闥。皇帝陛下雖富於春秋。天下之事。靡不周知。民間衆情。久在聖度。四海羣生。可謂幸甚。凡臣所欲言者。陛下略已行之。臣稽慢之罪。實負萬死。夫為政在順民心。苟民之所欲者與之。所惡者去之。如決水於高原之上。以注川谷。無不行者。苟或不然。如逆阪走丸。雖竭力以進之。其復走而不可必也。今新法之弊。天下之人無貴賤愚智皆知之。是以陛下微有所改。而遠近皆相賀也。然尚有病民傷國有害無益者。如保甲免役錢將官

三事。皆當今之急務。釐革所宜先者。臣今別具狀奏聞。伏願決自聖志。早賜施行。議者必曰。孔子稱孟莊子之孝。其他可能也。其不改父之臣與父之政。是難能也。又曰。三年無改於父之道。可謂孝矣。彼謂無害於民。無損於國者。不必以己意遽改之耳。必若病民傷國。豈可坐視而不改哉。易曰。幹父之蠱。有子考無咎。象曰。幹父之蠱。意承考也。蠱者事有蠱弊而治之也。幹父之蠱。迹似相違。意則在於承繼其業。承父之美也。又曰。裕父之蠱。往見吝。象曰。裕父之蠱。往未得也。裕者饒益之名也。若不忍違異。益父之過。往而不返。未為得宜也。昔漢文帝除肉刑。斬右趾者棄市。笞五百者多死。景帝元年。即改之。笞者始得全。武帝作鹽鐵榷酤均輸等法。天下困弊。盜賊羣起。昭帝用賢良文學之議而罷之。後世稱明。唐代宗縱宦官公求賂遺。置客省拘滯四方之人。德宗立未三月。悉禁止罷遣之。時人望致太平。德宗晚

年有宮市五坊小兒暴橫爲民患鹽鐵月進羨餘順宗即位皆罷之
中外大悅是皆改父之政而當者人誰非之哉况先帝之志本欲求
治而羣下干進者競以私意紛更祖宗舊法致天下籍籍如此皆羣
臣之罪非先帝之過也爲今之計莫若擇新法之便民益國者存之
病民傷國者悉去之使天下曉然知朝廷子愛黎庶之心吏之苛刻
者必變而爲忠厚民之離怨者必變而爲歡譽德業光榮福祚無窮
豈不盛哉况天子之孝在於得萬國之懽心以事其親儻措置如此
懽心孰大焉事親孰備焉今幅員之內所在嗷嗷有倒垂之急延頸
傾耳以俟改法庶得蘇息若朝廷不以爲意曰復一日萬一遇數千
里之蝗旱公私匱竭無以相救失業之民蜂起爲盜安知無姦雄乘
之而動則國家有累卵之危申屠剛曰未至豫言固常爲虛及其已
至又無所及朝廷當此之際解兆民倒垂之急救國家累卵之危豈

暇必俟三年然後改之哉况今軍國之事太皇太后陛下權同行處
分是乃母改子之政非子改父之道也何憚而不爲哉惟聖明裁察
臣光昧死再拜上疏
光守門下侍郎又乞罷免役錢狀曰右臣竊以百姓出力以供在上
之役蓋自古及今未之或改熙寧中執政者以爲百姓惟苦差役破
產不憚增稅乃請據家貲高下各令出錢雇人充役按因差役破產
者惟鄉戶衙前有之自餘散從承符弓手手力耆戶長壯丁未聞破
產者也其鄉戶衙前所以破產者蓋由山野愚戇之人不能幹事使
之主管官物或因水火損敗或爲上下侵欺是致欠折備償不足有
破產者至於長名衙前久在公庭勾當精熟每經重難差遣積累分
數別得優輕場務酬獎往往致富何破產之有夫差役出於民錢亦
出於民今使民出錢雇役何異割鼻飼口朝三暮四於民何所利哉

又鄙者役人皆上等戶爲之其下等單丁女戶及品官僧道本來無
役今更使之一槩輸錢則是賦歛愈重非所以寬之也故自行免役
法以來富室差得自寬而貧者困窮日甚殆非所以抑兼幷衰惸獨
均賦役也又監司守令之不仁者於雇役人之外多取羨餘或一縣
至數萬貫以冀恩賞規進取不顧爲民世世之患又國家舊制所以
必差青苗戶充役人者爲其有莊田家屬有罪難以逃亡故頗自重
惜今雇浮浪之人充役常日恣爲不法一旦事發單身竄匿何處州
縣不可投名又農家所有不過穀帛與力自古賦役無出三者自行
新法以來青苗免役及賦歛多責見錢錢非私家所鑄要須貿易外
求豐歲穀賤已自傷農况迫於限期不得半價盡糶所收未能充數
家之糇糧不暇更留若值凶年則又無穀可糶人人賣田無所可售
遂至殺牛賣肉伐桑鬻薪來年生計不敢復議此農民所以重困也

又錢者流通之物故謂之泉布比年以來物價愈賤而閭閻益困所
以然者錢皆聚於官中民間乏錢貨重物輕借使有人鬻薪糶米米
價雖賤薪價亦賤故也臣愚以爲宜悉罷免役錢其州縣諸色役人
並依舊制委本縣令佐揭簿定差替見雇役人其衙前先召募人投
充長名召募不足然後差村人戶每經歷重難差遣依舊以優輕場
務充酬獎所有見在免役錢撥充州縣常平本錢以戶口爲率常存
三年之蓄有餘則歸轉運司凡免役之法縱富强應役之人征貧窮
不役之戶利於富者不利於貧者及今耳目相接猶可復舊若更年
深富者安之民不可復差役矣
元祐元年光又乞罷免役錢依舊差役號曰臣竊見免役之法其害
有五舊日差役之時上戶雖差充役次有所陪備然年滿之後卻得
休息數年營治家產以備後役今則年年出錢無有休息或有所出

錢數多於往日充役陪備之錢者此其害一也舊日差役之時下戶元不充役今來一例出錢免役驅迫貧民剝膚椎髓家產既盡流移無歸弱者轉死溝壑强者聚為盜賊此其害二也舊日差役之時所差皆土著良民各有宗族田產使之作公人管勾諸事各自愛惜少敢大段作過使之主守官物少敢侵盜所以然者事發逃亡有宗族田產以累其心故也今召募四方浮浪之人充役無宗族田產之累作公人則恣為姦僞曲法受賕主守官物則侵欺盜用一旦事發則挈家亡去變易姓名往別州縣投名官中無由追捕官物亦無處理索此其害三也自古農所有不過穀帛與力凡此所以供公賦役無出三者皆取諸其身而無窮盡今朝廷立法曰我不用汝力輸我錢我自雇人殊不知農民出錢難於出力何則錢出民間所鑄皆出於官上農之家所多有者不過莊田穀帛牛具桑柘而已無積錢數百貫者也自古豐歲穀賤已自傷農官中更以免役及諸色錢督之則穀愈賤矣平時一斗直百錢者不過直四五十文更急責之則直三二十矣豐年猶可以糶穀送納官錢若遇凶年則穀帛亦無不免賣莊田牛具桑柘以求錢納官既家家各賣如何得售惟有拆屋伐桑以賣薪殺牛以賣肉今歲如此來歲何以為生是官立法以殄盡民之生計此其害四也提舉常平倉司惟務多歛役錢廣積寬剩以為功效希求進用今朝廷雖有指揮令役錢寬剩不得過二分竊慮聚歛之臣猶依傍役錢別作名目隱藏寬剩使幽遠之人不被聖澤此其害五也陛下近詔臣民各上封事言民間疾苦所降出者約數千章無有不言免役錢之害者是知其為天下之公患無疑也以臣愚見為今之計莫若直降勑命應天下免役錢一切並罷其諸色役人並依熙寧元年以前舊法人數委本縣令佐親自揭五等丁產簿定

差仍令刑部檢會熙寧元年見行差役條貫雕印頒下諸州所差之人若正身自願充役者即令充役不願充役者任便選雇有行止人自代其雇錢多少私下商量若所雇人逃亡即勒正身別雇若將帶却官物勒正身陪填如此則諸色公人盡得有根柢行止之人少敢作過官中百事無不脩舉其見雇役人候差到役人各放逐便數內惟衙前一役最號重難曏者差役之時有因重難破家產者朝廷為此始議作助役法然自後條貫優假衙前諸公庫設廚酒庫茶酒司並差將校勾當諸上京綱運召得替官員或差使臣殿侍軍大將管押其粗色及畸零之物差將校或節級管押衙前苦無差遣不聞更有破產之人若今日差充衙前料民間陪備亦少於曏日不至有破家產者若猶以為衙前戶力難以獨任即乞依舊於官戶僧寺道觀單丁女戶有屋業者每月掠錢及十五貫莊田中等所收斛斗及百石以上者並令隨貧富分等第出助役錢不及此數者與放免其餘產業並約此為準所有助役錢令逐州椿管據所有多少數目約本州衙前重難分數每分合給幾錢遇衙前合當重難差遣即行支給然尚慮天下役人利害逐處各有不同欲乞於今來勑內更指揮行下開封府界及諸路轉運司牒下諸州縣委逐縣官看詳若依今來指揮別無妨礙可以施行即便依此施行若有妨礙致施行未得即仰限勑到五日內具利害擘畫申本州仰本州類聚諸縣所申擇其可取者限勑書到一月內具利害擘畫申轉運司仰轉運司類聚諸州所申擇其可取者限勑書到一季內具利害擘畫奏聞朝廷候奏到委執政官再加看詳各隨宜脩改別作一路一州一縣勑施行務要所在役法曲盡其宜。

光又乞不改更罷役錢敕劄子曰臣近以抱病家居恐溘先朝露無

以少報盛德。是以力疾貪陳所見。竊以即日為小民病者。無若免役錢。欲乞悉行廢罷。復祖宗差役舊法。識慮愚短。誠不意朝廷盡從其說。非陛下明斷。不能如是。此乃天下之幸。非獨微臣之幸也。然臣聞令出惟行。弗惟反。彼免役錢雖於下戶困苦。而上戶優便。行之已近二十年。人情習熟。一旦變更。不能不懷異同。又復行差役之初。州縣不能不小有煩擾。又提舉官專以多歛役錢為功。惟恐役錢之罷。若見朝廷於今日所下勅微有變動。必須相告曰。朝廷之勅。東尚未定。宜且徐觀。望必競言役錢不可罷。朝廷萬一聽之。則良法復壞矣。伏望朝廷執之堅如金石。雖有小小利害未備。候諸路轉運司奏到。徐為改更。亦未為晚。當此之際。則願朝廷勿以人言輕壞利民良法。

光又乞申明役法劄子曰。臣先曾上言乞直降勅命。應天下免役錢一切並罷。其諸色役人並依熙寧元年以前舊法人數。委令佐揭簿

定差。蒙朝廷一一如臣所請。臣竊聞降勅之初。百姓莫不喜悅。一兩月間。州縣定差已了。別無詞訟。人情安帖。無何續有雇募不足。方行定差指揮。人始疑惑。既而屢有更張。號令不一。又轉運使各以己見。欲合本路共為一法。不令州縣各從其宜。是致州縣惶惑。未知所從。或已差役人卻放。或已放雇人卻收。或依舊用役錢雇人。或不用錢招人充役。朝夕不定。上下紛紜。往往與二月六日勅意相違。竊緣臣元初起請及朝廷所降勅節文。明言委州縣官看詳。依今來指揮。若有妨礙致施行未得。仰具利害擘畫申州。州申轉運司。轉運司奏聞。委執政官再加看詳。隨宜脩改。別作一路一州一縣勅施行。務要曲盡其宜。豈是當日所言。一字不可移易。但患轉運司州縣不肯奏陳耳。臣今欲申明元初起請內聲說不明不盡事件。謹具畫一如後。

一。非謂止放百石。即令助役也。若尤嫌太少。及所放擲誤利難知實數。即乞應係第三等以上令出助役錢。第四等已上放免。若本州坊場河渡等錢自可支酬衙前。並輕分數得足。則官戶等更不消出助役錢。

一。從來諸州招募人投充長名衙前。若招募不足。方始差到鄉戶衙前。此自是舊法。今來別無改更。惟是舊日將坊場河渡折酬長名衙前重難。今自出賣。今來官中出賣坊場河渡。收錢依分數折酬長名衙前重難。只此與舊法有異。若鄉戶差補已足。續有投名者。即先從貧下放鄉戶歸農。鄉戶願投充長名亦聽。

一。臣起請委逐縣看詳具利害擘畫申州。本州類聚擇其可取者擘畫申轉運司。轉運司類聚諸州所申。擇其可取者擘畫奏聞朝廷。伏緣知逐處民間利害子細。轉運司不如州。州不如縣。竊慮逐縣逐州有擘畫得事理切當。而本州及轉運司抑遏刪去。

不以上聞。致勅下之日。依舊妨礙施行未得。欲乞更降指揮下州縣。如有似此擘畫切當被在上刪去者。許逐縣直申轉運司。本州直申奏。所貴下情無壅。曲盡事宜。仍乞降指揮下詳定役法所。只得以諸路州縣申到利害詳其可否。立為定法。其不當取之人為高奇之論不切事情者。未得施行。亦不可將一路一州一縣利害作海行條貫。

一。詳定役法所奏請行下指揮。若有妨礙難行之事。亦乞如臣起請委逐路州縣看詳。具利害擘畫申上。隨宜脩改。

右臣所言若有可取。乞遍下諸州縣。除此外。並依二月六日所降勅命施行。

光又乞再申明役法劄子曰。檢會二月六日勅文。上是罷免役錢。其諸色役人並依熙寧元年以前舊法。委令佐揭簿定差。尚慮諸路州

縣利害各有不同所以下文云委逐縣看詳若有妨礙施行未得即具利害擘畫申州仰本州類聚諸縣所申擇其可取者具利害擘畫申轉運司轉運司類聚諸州所申擇其可取者具利害擘畫奏聞其意欲使本州體量諸縣所陳利害之虛實擘畫之是非擇其實而是者條例申轉運司云其縣當如何措置其縣當如何措置其餘已依舊法定差施行轉運司得諸州所申亦如此體量條例申奏蓋欲隨處差役曲盡其宜非謂使逐路共為一法也今訪聞諸路轉運司不遵用熙寧元年以前舊法又不取諸州縣所擘畫各以己意撰成一路役法差官分詣諸州縣名為商量其實諷諭令隨已意却作州縣擘畫立法申奏州縣稍有違異輒加責怒以此多不依應得逐處利便不合民心又諸路州縣見朝廷置詳定役法所以為當別撰役法須下往往等候下即定差殊不知看詳役法所專候諸路州縣具到

利害擘畫即作一路一州勑行下以此觀望遷延久不了絕今欲特降指揮下諸州縣除有舊法妨礙難行之事速具申陳外其餘並依舊法一面定差其看詳役法據逐處先申到利害擘畫事件如得允當逐旋奏乞命本處依此施行所貴差役之法日近早見結絕

先又乞申勑州縣依前勑差役劄子曰臣伏見御批指揮以臣近建明差役法處其間未得盡備差韓維呂大防孫永范純仁專切詳定聞奏臣竊以免役錢之病民自歸日臣僚民庶上封事及日近劉摯等奏陳言之甚詳非獨出臣一人之私意也陛下幸用臣言悉罷免役錢依舊差役詔下之日中外歡呼往來之人開道路農民迭相慶賀云今後這回快活也然則此令之下深合人心明白灼然無可疑者其間條目未備不能委曲盡善固須有之臣所以乞下諸路州縣官吏令看詳若有妨礙施行未得即具利害擘畫以次上聞識以曉疏幽隱南北異宜自非在彼親民小官無以知其詳悉故令各具所見指陳利害所以盡下情求民瘼非謂勑書一下禁人不得復議也俟其奏到徐議添改何後之有要在早罷役錢復差役為大利而已如構大廈棟宇已立雖戶牖未備可以徐圖今陛下令韓維等再行詳定究利害完補漏畧成就良法固無所妨但勑下已踰半月州縣差役約以及半方行遣紛紜臣愚竊恐聞此指揮謂朝廷前日之勑改更未定或斂錢或差役尚未可知官吏惶惑不知所從衆庶失望怨嗟益甚必有本因新法得進之臣乘此間隙爭言免役錢不可罷因聚斂獲功之吏稱舊條未改督責免役錢愈急是民出湯火濯清泉復入湯火也伏望朝廷特賜申勑州縣言今來止為其間條目未備令維等詳定所有差役仰州縣依前勑一面施行候詳定到事節續降下次免致於差役中半紛紜之際令出反汗人情大搖實天下幸甚

歷代名臣奏議卷之二百五十六

賦役

宋神宗即位初監察御史王岩叟乞免第四等第五等保丁冬教及罷畿內保甲。上奏曰。臣伏覩陛下即位之始首發德音。下明詔。免保丁第四第五等之田不及二十畝者使勿教。其得免者戴陛下厚恩如獲更生。後復下令變保甲月教之法為冬教。人人使得安其業。又大惠也。然臣嘗親其事而見其微尚有以為陛下言者。凡第四第五等之家田業壟畝之多寡無甚相遠。麤糲不充。布褐不備。均未免凍餒之憂。今若隆冬沍寒使去其家與溫飽者同教於城下盈月而後已。豈其所堪。伏望聖慈哀憐約祖宗義勇等第之制。特詔有司免三路第四第五等保丁冬教以寬貧民。但籍其姓名。備緩急出力以從事可也。雖不教之

戰而教者賴此以共濟耳。國家平居能有以知其情。則百姓一日樂有以盡其力。今雖罷之猶不為無益也。臣又按祖宗義勇之法止行三路。比者保甲之事乃并王畿之民。民皆曰我居近天子之都。習知蒙幸以為常也。乃習戰鬬之技下與列郡等而又加峻焉。安用為王畿之民哉。此百姓前日之語也。北則韋城白馬。西則管城新鄭。前為畿內邑。則共苦於教。今復而歸鄭滑為京西邑。則三冬之教遂不預焉。民又曰我畿內之民也。顧不如畿外之人暇逸而安樂。此百姓今日之意也。人情如此。豈國家所以親腹心厚根本之計哉。臣以謂畿內保甲宜悉罷之便。惟陛下采納。幸甚。

嚴叟又乞罷青苗免役保甲上奏曰。臣聞忠臣之事君猶孝子之事親。一家之事知而不言非孝也。言而不盡亦非孝也。有人於此為姦言詭說陰敵善謀。以欺其親而幸利焉。而其親未之察。則當告乎。勿告乎。孝子不忍以此心事親。忠臣不忍以此心事君。臣雖至愚。慕孝子之心以為事君之法。臣昨在外方聞皇帝陛下即政之始。太皇大后陛下垂簾之初。內批廢罷京師民情不便十餘事。及畀出宗用臣等數人。中外喧呼。大相慶快。又協天下之望。登用忠賢以為輔弼。積年之弊指日可除。而七月于今未聞勇決。猶鬱天下之望。何也。蓋忠賢少而姦邪眾。陰為朋黨沮隔於其中耳。臣誠惜陛下有哀矜庶物之心。有愛育羣生之意。四方疾苦。又盡知之。未得曠然以發於天下也。姦朋邪黨既已辜負聖君於前日。又欲欺惑陛下於此時。臣切痛心。彼見四方之人密封交進以訴疾苦於陛下。則亦自知為朝廷誅者不忠矣。其心顛沛。唯恐陛下有所更張。蓋其事既窮則其過

自顯。而其身難立。不得不多方以自為計也。固有與忠賢佯為相親。而心實忌惡之。以伺其倦廢者。有明肆悖戾以侵侮忠賢而欲撓之使去者。有默默不言是非兩可。而苟容於其間者。大抵皆欲以自固其權。自蓋其惡爾。故議者曰姦邪不易去。忠賢不易留。治亂安危在忠邪去留之間耳。此陛下不可不思也。陛下知孤忠之難立。則定力以主之可也。知群邪之難卻。則盡意以圖之可也。先民之語曰。屋漏在上。知之在下。今在下之人則皆知某人為忠賢。某人為姦邪。而不知朝廷之上宮闈之中能種種知乎。以陛下之聰明。宜無不知。然臣私憂姦計密行。羣邪浸長。則陛下之仁心無復得施。左右之忠賢無復能立。朝廷之公議無復可伸。四海之生靈無復受福。天下之勢危矣。此臣所以寤寐反側而為陛下憂之也。今民之大害不過三五事而已。

儻陛下如聽政之初。直從中批出指揮。令罷其事。罷其事。則姦心自沮。而陛下之聖澤行矣。臣昨在河北爲知縣。奉行青苗免役保甲之法。親見其害至深至悉。非若他人汎汎而知之也。如青苗實困民之本。須盡罷之。百姓乃蘇。而近日指揮但令斂散不立額而已。則所以困民之本。十分之八九猶在。此必陛下不知也。役錢天下億兆之家所共苦也。須如舊來復行差法。民乃便安。而近日指揮但令減寬剩錢而已。億兆之家所共苦者十分之七八猶在。此必陛下不知也。保甲之害。三路之民。如在湯火。未必皆法之弊。蓋由提舉一司。上下官吏逼之使然。而近日指揮雖令冬教。然尚存官司。所以爲保甲之害者十分之六七猶在。亦必陛下不知也。此皆姦邪遂非飾過。而巧辭強辯。以欺惑聖聽。將至深之弊畧示更張。以慰副陛下聖意而已。非至誠爲國家去大害復大利。以便百姓爲太平長久之策者也。此忠義之良心所以尚鬱也。天下識者皆言陛下不絕害源。百姓無由樂生。不屏羣邪。太平終是難致。臣願陛下奮然獨斷。如聽政之初。行此數事。則天下之大體無事。陛下高枕而臥矣。臣不勝憤懣納忠之至。

貼黃如執論者以爲青苗免役遽罷之。恐國用不足。則乞陛下問以治平嘉祐之前國用何以不闕。願令講究而行之。臣蒙聖恩名自踈遠擢不爲朋黨。以欺天聰。以孤忠上事仁聖。言觸衆怨。惟陛下力賜主張。臣得盡其愚。以効萬分啻爲聰明之助。幸甚

朝奉郎禮部郎中蘇軾論給田募役狀奏曰。臣竊見先帝初行役法。取寬剩錢不得過二分。以備災傷。而有司奉行過當。通計天下。乃十四五。然行之幾十六七年。常積而不用。至三千餘萬貫石。先帝聖意固自有在。而愚民無知。因謂朝廷以免役爲名。實欲重斂。斯言流聞不可以示天下後世。臣謂此錢本出民力。理當還爲民用。不幸先帝升遐。聖意所欲行者民不知也。徒見其積。未見其散。此乃今日太皇太后陛下皇帝陛下所當追探其意。還於役法中散之。以塞愚民無知之詞。以興長世無窮之利。臣伏見熙寧中常行給田募役法。其法亦係官田。如退灘戶絕沒納之類。及用寬剩錢買民田以募役人。大畧如邊郡弓箭手。臣知密州。親行其法。先募弓手。民甚便之。曾未半年。此法復罷。臣聞之道路。本出先帝聖意。而左右大臣意在速成。且利寬剩錢以爲他用。故更相駁難。遂不果行。臣謂此法行之。蓋有五利。朝廷若依舊行免役法。則每募一名。省得一名雇錢。因積所省。益買益募。要之數年。雇錢無幾。則役錢可以大減。若行差役法。則每募一名。省得一名色役。色役既減。農民自寬。其利一也。應募之民。正與弓箭手無異。舉家衣食出於官田。平時重犯法。緩急不逃亡。其利二也。今者穀賤傷農。農民賣田常若不售。若官與買。則田穀皆重。農可小紓。其利三也。錢積於官。常苦幣重。若散以買田。則貨幣稍均。其利四也。此法既行。民享其利。追悟先帝所以取寬剩錢者。凡以爲我用耳。疑謗消釋。恩德顯白。其利五也。獨有二弊。貪吏狡胥與民爲姦。以瘠薄田中官。雇一浮浪人。暫出應役。一年半歲即棄而走。此一弊也。愚民寡慮。見利忘患。聞官中買田募役。即爭以田中官。以身充役。業不離主。既初無所失。而驟得官錢。必爭爲之。充役之後。永無休歇。患及子孫。此二弊也。但當設法以防二弊。而先帝之法決不可廢。今日既欲盡罷寬剩錢。將來無繼。而繫官田地數目不多。見在寬剩錢雖有三千萬貫石。而兵興已來借支幾半。臣今擘畫欲於內帑錢帛中支還兵興以來所借錢斛。復完三千萬貫石。止於河北河東陝西被邊三路行給田募役法。使五七年間役減太半。農民完富。以備緩急。此無窮之利也。今弓箭手有甲馬者給田二頃半。此以軀命償官。且猶可募。則

其餘色役名募不難臣謂良田二頃可募一弓手一頃可募一散從官則三千萬貫石可以足用謹具合行事件畫一如左

一給田募役吏不出租依舊納兩稅免支移折變

一今來雖有一頃二頃為率若所在田不甚良即臨時相度添展畝數務令名募得行但役人所獲稍優則其法堅久不壞

一今若立法便令三路官吏推行若無賞罰則官吏不任其責繆悠滅裂有名無實若有賞罰則官吏有所趨避或抑勒買田或名募浮浪或多買瘠薄或取辦一時不顧後患臣今擘畫欲選才幹朴厚知州三人令自辟屬縣令每路一州先次推行令一年中略成倫理一州既成倫理一路便可推行仍委轉運提刑常切提舉若不切推行或推行乖方朝廷覺察重賜行遣

一應募役人大抵多是州縣百姓所買官田去州縣大遠即久遠難以名募欲乞所買田並限去州若干里去縣若干里

一出榜告示百姓賣田如係所限去州縣里數內仍及所定頃畝即須先申官令佐親自相驗委是良田方得收買如官價低小即聽賣與其餘人戶不得抑勒如買瘠薄田致久遠名募不行即官吏並科違制分故失定斷仍不以去官赦降原減

一須先具給田頃畝數出榜召人投名應役第二等已上人戶許充弓手仍依舊條揀選人材第三等以上許充散從官以下色役更不用保如等第不及即召第一等一戶或第二等兩戶委保如充役七年內逃亡即勒元委保人承佃充役

一每買到田未得交錢先召投名人承佃充役方得支錢仍不得抑勒

一賣田入官須得交業與應募人不許本戶內人丁承佃充役

一募役人老病走死或犯徒以上罪即須先勒本戶人丁充役如無丁方別召募

一應募人交業承佃後給假半年令葺理田業

一退灘戶絕沒納等係官田地今後不許出賣更不限去州縣里數仍以肥瘠高下品定頃畝務令名募得行

一係官田若是人戶見佃者先問見佃人如無丁可以應募或自不願充役者方得別行名募

右所陳五利二弊及合行事件一十二條伏乞朝廷詳議施行然議者必有二說一謂名募不行二謂欲留寬剩錢斛以備他用臣請有以應之富民之家以三二十畝田中分其利役屬佃戶有同僕隸今官以兩頃一頃良田有稅無租而人不應募豈有此理又弓箭手已有成法無可疑者寬剩役錢本非經賦常入亦非國用所待而後足者今付有司逐旋支費終不能卓然立一大事建無窮之利如火鑠薪日滅日亡若用買田募役譬如私家變金銀為田產乃是久長萬全之策深願朝廷及此錢未散立此一事數年之後錢盡而事不立深可痛惜臣聞孝子者善繼人之志善述人之事武王周公所以見稱於萬世者徒以能行文王之志也昔蘇綽為魏立征稅之法號為煩重已而歎曰此猶張弓也後之君子誰能解之其子威侍側聞之慨然以為己任及威事隋文帝為民部尚書奏減賦役如綽之言天下便之威為人臣尚能成父之志今給田募役真先帝本意陛下當優為武王周公之事而況蘇威區區人臣之孝何足道哉臣荷先帝之遇保全之恩又蒙陛下非次拔擢思慕感涕不知所報冒昧進計伏惟哀憐裁幸謹錄奏聞伏候勑旨

元祐三年軾為翰林學士上言差役之法天下皆云未便昔日雇役

中戶歲出幾何今者差役中戶歲費幾何更以幾年一役較之約見其數則利害灼然而況農民在官官吏百端蠶食比之雇人苦樂十倍五路百姓朴拙間遇差爲胥吏又須轉雇慣習之人尤爲患苦尋詔郡縣各具差役法利害條析以聞

軾知杭州上言改行差法則上戶之害皆去獨有三等人戶方雇役時戶歲出錢極不過三四千而今一役二年當費七十餘千休閑不過六年則是八年之中昔者徐出三十餘千而今者併出七十餘千苦樂可知朝廷既取六色錢許用雇役以代中戶頗除一害以全二利今惟狹鄉戶小役者替闕不及三番方得用六色錢募人以代州役此法未允何者百姓出錢本爲免役今乃限以番次不用盡用留錢在官其名不正又所雇者少未足以紓中戶之勞又投名衙前未足元額而鄉差衙前又當更代即又別差更不支錢若碩䏻長名則

支酬重難盡以給之仍計日月除其戶役及免助役錢二十千及州役惟吏人衙前得皆雇募此外悉用差法如休役未久三年即以助役錢支募此法尤爲未通自元豐前不聞天下有闕額衙前者豈嘗抑勒直以重難月給可以足用故也當時奉使如李承之之徒所至已輒減刻元祐改法又行減削既多不支月給如何肯䏻招募今不循其本乃欲重困鄉差全不支錢而應募之人盡數支給又放免役錢二十貫欲以誘脅盡令應募何如直添重難月給令招募得行乞促招闕額長名衙前刻期須足如合增錢雇募上之監司議定即行役率以二年爲一番向來尚許一戶歇役不及三番則令雇募是欲百姓空閑六年今忽減作二年幸六色錢足用有餘正可加添番數而乃減番添役農民皆紛然妄謂朝廷移此錢他之雖云量留一分備用若有餘剩數却量減下無丁戶及女戶所敷役錢此乃空言無

實丁口產稅開收增減年年不同如何前知來年應用而預爲樁科若亟行減下臨期不足又須增取吏緣爲姦不可勝防矣大抵六色錢以免役取當於雇役乎盡之然後名正而人服惟有一事不得不慮州縣六色錢多少不同若各隨多少以爲之用則數錢多處役戶優閑太久六色人戶反覺敷錢數多欲乞今後六色錢常存一年備用之數而會計歲所當用以贏餘而通一路酌人戶貧富色役多少預行品配以一路六色錢通融分給令州縣盡用雇人以本處色役輕重爲先後如此則錢均而無弊雇人稍廣中和漸蘇則差役良法可以久行而不變矣

元祐元年平章軍國重事文彥博上奏曰臣切聞天下諸路差雇役法朝廷雖已降指揮而至今未定頗聞煩擾臣檢會始初司馬光閱天下臣庶奏章多言出錢雇役其法不便遂却復差役之法然司馬

光所言甚詳而節目頗繁恐州縣不一一通曉而又朝廷置局詳定議論不一必難通行臣等以謂差役之法本州縣常事其來久矣皆素有定法及其末流不容無弊故當隨時刋改臣曾累具劄子奏乞先令州縣刺史令佐從民利便各議定其法縣申州州申轉運司看詳定奪奏聞如得允當即降下施行蓋朝廷大號令必當自上而下州縣常差役理須自下而上則各從民便以天下之廣郡縣之衆不可以一切之法行之行之必互有妨礙而局官及諸臣僚紛然上言各任已見不同知利害又祗付所司別無與奪以至州縣希望朝廷風旨至今其法未定益滋姦吏侵擾若如前請且各付逐路郡縣定奪利害各從其便庶幾下民早得息肩

殿中侍御史呂陶論保甲二弊疏曰臣伏見保甲之法雖已更改猶有二弊未便於民其一爲罷去二十畝以下免教指揮却令五等戶

有三丁者皆赴冬教一月。緣民之貧富。不繫丁之多少。而教與不教則有幸不幸。令田有百畝。家有二丁。則免教。是謂之幸。田有十畝。家有三丁。則赴教。是謂之不幸。此貧富力役。大為不均。况今之教閱。官中不給錢米。一月之食。皆其自辦。夫有田二十畝之家。終年所收。不過二十碩。賦稅伏臘之外。又令供贍一丁。則力亦難給。蓋昔日推行之始。未暇講求利害。唯務其多。今雖將五等下戶稍專閱習。萬一或有調發。雖破竭家產。所得幾何。裹糧而行。豈不重困。臣愚欲乞於三等以上。或等第雖低。而家業及一百貫有三丁者。方得差充。其二為陝西州郡。今秋雨澇。高原之地。雖謂順成。下隰之田。稼亦不善。人戶有訴災傷去處。而獨稅不及五分。並須赴教。官司奉法。未敢放免。臣竊謂保甲之令。行已累年。朝廷知其有弊。多所釐改。欲民休息。若須候災傷及五分。方與免教。亦恐德澤未廣。臣愚欲乞應係災傷縣分。並特與免冬教。以惠畿內三路之民。又况郡縣自來檢視災傷。多是通計一縣所放。立為分數。如元管稅一千石。放及五百石。則謂之五分。即非以逐戶所傷立定分數。其被災既有多少之異。而通計一縣大數。偶不及五分。遂不免教。此朝廷之所當察也。如蒙聖慈以災傷之故。不限分數。特免教閱。則朝廷武備。未為廢缺。而生民受惠深矣。臣訪聞陝西諸縣人戶。有為田土絕少。雖管三丁。陳狀乞免教。并有訴述本戶災傷過多。但為一縣總數不及五分。亦乞免教者。逐縣拘礙條禁。未敢輒行。伏乞早賜旨揮。庶寬民力。

陶又奏曰。天下版籍不齊。或以稅錢貫伯。或以田地頃畝。或以家之積財。或以田之受種。雖皆別為五等。然有稅賦錢一貫。占田一頃。積財千緡。受種十石。而入之一等。一等之上。無等可加。遂豪稅緡田畝積財受種十倍於此。亦不過同在一等。憑此差役。必不均平。雖然今

日納錢之勞。反有昔時偏頗陪費之害。莫若裁量新舊著為條約。如稅錢一貫為第一等合於本等中差一役。稅錢兩倍於一役者。併差二役。又倍即差三役。雖稅錢更多。不過三役。並聽雇人。或本縣戶多役少。則上戶之役。不須併差。但可次叙休役年月遠近。而均其勞逸。假令甲充役後。可閑五年。乙稅錢兩倍於甲。可閑三年。丙又倍於乙。可閑一年。具以田土頃畝之類。為等并其餘同等多少不侔者。並倣此。又成梓兩路差役。轉專以戶稅為差等。熙寧初。別定坊郭戶營運錢以助免役。乃在稅產之外。州縣抑認成額。至今不減。至有停閉居業。移避鄉村。猶不得免。今方議法。坊郭等第固不可偏廢。然須參究虛實。別行排定。以寬民力。並送詳定所。

陶又奏。為乞下有司別定坊郭之法以寬民力。疏曰。臣伏見成都府梓州路自來只於人戶田產稅錢上依等第差役。熙寧初施行役法。別定坊郭十等人戶出營運錢以助免役之費。蓋朝廷之意。本為人戶專有營運而無稅產。或有稅產而兼有營運。故推排坊郭有營運之家。仍於田產稅錢之外。別令承認營運錢數以助稅戶。誠為均法。然推行之初。有司不能上體朝廷本意。一切督迫。郡縣及監官諭意。惟務定得坊郭錢多。用為勞效。州縣承望風指。不問虛實。及有無營運。但有居止屋宅在城市者。估其所直。一槩定坊郭等數。雖以推排為名。其實抑令承認。立成年額。歲歲相仍。至今不減。訪聞嘉州坊郭人戶以至閉戶移避於鄉村居住。其營運錢亦不減免。雖欲轉賣屋業。勢不能售。其弊至此。蓋亦極矣。今來朝廷講議差役之法。坊郭等第固不可偏廢。然理須參究虛實。別行排定。不須循用舊額。務在酌中。其止有屋宅而別無營運。或有營運而物力不多。並宜蠲免。以寬民力。切慮諸路亦有似此去處。伏願聖慈下有司詳議立法施行。

哲宗時蘇轍上民政策曰臣聞三代之時無兵役之憂降及近世有養兵之困而無興役之患至於今而養兵興役之事皆不得其當而可為之深憂蓋古者兵出於農而役出於民有衆則不憂無兵而有民則不憂無役吾之家常有一人之兵而二十之男子歲有三日之役故其兵強而費不增役起而人素具雖有大兵大役而不憂事之不集至於兵罷役休而無日夜不息之費其後周衰井田破壞陵夷至於末世天下無復天子之田皆民之所自有天下之民不食天子之田是故獨責其稅而不任之以死傷戰鬭之患天子有養兵之憂而天下無攻守勤勞之民以為大憂故調其財以為養兵之用而天下之役凡其所以轉輸漕運營建興築之事又皆出於民當此之時民之所以供上之令者三曰租曰調曰庸租者地之所當出調者兵之所當費庸者歲之所當役也故使之納粟於官以為田之租人入

布帛以為兵之調歲役其力不役則出其力之所直以為役之庸此三者農夫皆兼為之而遊惰末作之民亦不免於庸調運重漕遠天子不知其費而一出於民民歲役二旬而不役者當帛六十尺民亦不至於太苦故隋唐之間有養兵之困而無興役之患此其為法雖不若三代之兵不待天子之養而天下之役猶有可賴者皆民為之也及其後世又不能守乃變法而為兩稅以至於今天下非有田者不可得而使而有田者之役亦不過奔走之用而不與天子之大事天下有大興築有大漕運則常患無以為使故募冗兵以供力役之急不知擊刺戰陣之法而坐食天子之奉由是國有武備之兵而又有力役之兵其所以奉養之具皆出於農也而四海之遊民無尺寸之庸調為農者常使陰出古者遊民之所入而天子亦常兼任養兵興役之大患故夫兵役之弊當今之世可謂極矣臣愚以為天子平

日無事而養兵不息此其事出於不得已惟其干戈旗鼓之攻而後可使任其責至於力役之際挽車船築宮室此非有死亡陷敗之危天下之民誠所當任而不辭不至以累兵革之人以重費天子之廩食然當今之所謂可役者不過曰農也而農已甚困蓋嘗使盡出天下之費矣而工商技巧之民與夫遊閒無職之徒常徧天下優游終日而無所役屬蓋周官之法民之無職事者出夫家之征今可使盡為近世之法皆出庸調之賦庸以養力役之兵而調以助農夫養武備之士而力役之兵可因其老疾死亡遂勿復補而使遊民之丁代任其役如期而止以除其庸之所當入而其不役者則亦收其庸不使一日而閑蓋聖人之於天下不惟重乎苟廉而無求唯其能緩天下之所不給而節其大幸則雖有取而無害於為義今者雖能使遊民無勞苦嗟歎之聲而常使農夫獨任其困天下之人皆知為農之

不便則相率而事於末末衆而農衰則天子之所獨任者愈少而不足於用故臣欲收遊民之庸調使天下無僥倖苟免之人而且以紓農夫之困苟天下之遊民自知其不免於庸調之勞其勢不耕則無以供億其上此又可驅而歸之於南畝要之十年之後必將使農夫衆多而工商之類漸以衰息如此而後使天下舉皆從租庸調之制而去夫所謂兩稅者而兵役之憂可以稍緩矣

轍又言差役復行應議者有五其一曰舊差鄉戶為衙前破敗人家甚如兵火自新法行天下不復知有衙前之患然而天下反以為苦者農家歲出役錢為難及許人添剗見賣坊場遂有輸納不給者爾向使止用官賣坊場課入以雇衙前自可足辦而他色役人止如舊法則為利較然矣初疑衙前多是浮浪投雇不如鄉差稅戶可託然行之十餘年投雇者亦無大敗闕不足以易鄉差衙前之害今纍計

天下坊場錢一歲可得四百二十餘萬貫若立定中價不許添剗三分減一尚有二百八十餘萬貫而衙前支費及召募非泛綱運一歲共不過一百五十餘萬緡則是坊場之直自可了辦衙前百費何用更差鄉戶今制盡復差役知衙前若無陪備故以鄉戶為之至於坊場尤無明降處分不知官自出賣耶抑仍用以酬獎衙前也若仍用以酬獎即召募部綱以何錢應用若不與之錢即舊名重難鄉戶衙前仍前自備為害不小其二坊郭人戶舊苦科配新法令與鄉戶並出役錢而免科配其法甚便但數錢太重未為經久之法乞取坊郭官戶寺觀單丁女戶酌令役錢減定中數與坊場錢用以支雇衙前及召募非泛綱運外卻令樁備募雇諸色役人之用其三乞用見今在役人數定差熙寧未減定前其數實冗不可遵用其四熙寧以前散從弓手手力諸役人常苦逆送自新法以來官吏皆請雇錢役人

既使官亦不至闕事乞仍用雇法其五州縣胥吏並量支雇錢募充仍罷重法亦許以坊場坊郭錢為用不足用方差鄉戶鄉戶所出雇錢不得過官雇本數詔送看詳役法所詳定擇其要者先奏以行

轍再言役法疏曰臣聞世無不弊之法雖三代聖人之政不免有害故神而明之存乎其人臣切見朝廷近罷免役復行差役卜民初免出錢鼓舞相慶士大夫因民之喜以為差役一行可坐而無事矣臣之愚意以為免役之害雖去而差役之弊亦不可不知也是以推言其故而陛下察之國朝因隋唐之舊州縣百役並差鄉戶人致其力以供上使歲月番休勞佚相代吏若循理不以非法加民則被役之人本無大苦然役人既是稅戶家有田產誅求必得吏少廉慎凡有所須不免侵取故祖宗之世天下役人除正役勞費之外上自衙前有公使廚宅庫之苦中至散從官手力有打草供柴之勞下至耆長壯丁有歲時饋送之費習以成俗恬不為怪民被差役如遭寇虜神宗皇帝照知此害始議立免役之法前弊雖解而所取役錢多收寬剩民間難得見錢日益貧瘁今朝廷既已復行差役除見議衙前差募未有成法外其餘耆戶長弓手散從等役一切定差貪官暴吏私竊以此相賀何者市井之人應募充役家力既非富厚生長習見官司官吏雖欲侵漁無所措手今耕稼之民性如麋鹿一入州縣已自怖而況家有田業求無不應自非廉吏誰不動心妄意朝廷既行差役凡百侵擾當復如舊訪聞見今諸路此弊已行臣恐稍經歲月舊俗滋長役人困苦必有反思免役之便者其於聖政為損不細頃者朝廷初革衆弊士懷異議多被遷逐睥睨新改幸其不成者非一人也若此弊不除使民有怨言彼立異之人他日必指以為事臣欲乞明降詔書丁寧戒敕監司長吏使知朝廷愛惜鄉差役人與神宗朝

愛惜雇募役人無異應係自前約束官吏侵擾役人條貫使刑部錄出具委無漏落雕印頒下令一切如舊出榜州縣使民知之仍常加督察有犯不赦應監司所部有犯不能覺察致因事發露者重其坐庶幾民被差役之利而無差役之害然後天下蒙賜深矣

轍又論差役事狀曰臣五月二十六日上殿劄子乞明降詔書戒敕監司長吏令知朝廷愛惜鄉差役人與神宗朝愛惜雇募役人無異應係自前約束官吏侵擾役人條貫使刑部錄出具委無漏落雕印頒下令一切如舊出牓州縣使民知之仍常加督察有犯不赦應監司所部有犯不能覺察致因事發露者重其坐至今多日未蒙施行伏念臣前作此奏為聞近日諸縣曹吏有因差役致富小民被差充役初參上下費錢有至一二十千者州縣官吏亦有以舊雇役人慣熟多方陵虐所差之人必令出錢作情顧雇募又有以新差役人沘

野追換別差必得慣熟如意而後止者天下官吏不能皆良如此等事所在不一雖非日見可以意料民被其害如遭湯火竊意此奏朝上聖心惻怛不待終日而行不意遷延至今不以為急臣愚竊恐朝廷始復差役議者妄謂差法一行更無患害聞臣此奏未免不信臣謂改雇為差實得當今救弊之要然使閑害不除見善不從則差役害人未必減於免役伏乞聖慈檢臣前奏早賜詔書具言所聞差役官吏情弊仍備錄前後禁約曉諭中外使知朝廷深意則天下幸甚

侍御史劉摯乞罷局議役法疏曰臣伏覩今月七日勅節文天下免役錢一切並罷諸色役人依熙寧元年以前舊制委州縣定差者命令既下中外人情鼓舞歡喜皆謂此一事為害最大從來百姓日夕延望今陛下一旦行之救其困苦天下幸甚臣竊聞令下之後姦邪之人論說紛紛造作浮言意欲搖動其事不知陛下察其然乎蓋今日廟堂之上侍從之間其人多由新法而進於外之監司亦皆由新法而選今法既更改則其心皆非所欲故誹議熒惑欲幸其失而不能成爾勅命內固有小節與舊法異同及措置未盡之事緣已帶下指揮許州縣監司申明利害擘畫自可候到日修正立法今來改免役為差役乃是大體已正大害已革譬如疾患之人病根已去其他氣體未和當徐徐調養之而已臣恐上下觀望之人指小小未圓事件張皇鼓扇伏望皇帝陛下太皇太后陛下堅持此意力行無疑勿為異論所動候臣寮及諸路論列到未盡未便事理乞付三省類聚參詳為法內如有合先次施行者即乞隨事先賜處分

摯又論役法疏曰臣竊以聖人之治雖一道仁徹而道之寓於形名法數者必有偏而不起弊而不行者聖人因時而變之變則通通則久以盡天下之利此五帝所以異制而三王之所以不同禮也國家

承唐末五代熟爛之後祖宗創制造法趣時之宜順事之變雖聖聖相繼而其法令日增歲損或舉或廢未嘗同也至於寧民遵治所謂道之仁數者則未嘗異也神宗以仁智之慮達因革之數凡政令制度急絃慢軫大解而更張之故天下蒙其利然至于今殆二十年所謂偏而不起弊而不行者蓋復有之矣其事則非一而其大者則役法是也於役法之敝相為首尾而牽連當更者則坊場吏祿是也始者以縣役不得其平農民勞費故命有司議所以均施之而有司不深惟其故乃一切祖宗差役舊勅為官自雇人之法率戶賦錢以充雇直曰助役又曰免役自上戶至於下五等從來無預差役之家一槩歛之蓋於賦稅科調百色買納求取之外又生此重歛歲歲輸納無有窮期古人有言平地無銅鐵農家無錢鑪今所輸必用錢而地土所出惟是絲帛穀粟幸歲豐收成而州縣逼迫不免賤價售之無以養其私若歲凶則破易實產或以倍稱之息舉責於兼并以應期限更無減放之法州縣上戶常少中下之戶常多自法行以來簿籍不正務欲數配錢數故所在臨時肆意升補下戶入中中戶入上今天下往往中上戶多而下等戶少富縣大鄉上戶所納役錢歲有至數百緡者又有至千緡者每歲輸納無已至貧竭而後有裁減之期舊來鄉縣差役循環相代上等大役至速者十餘年而一及之若下役則動須三二十年乃復一差雖有勞費比之今日歲被重歛之害孰為多少也今天下錢日益重貨日益輕民日益困矣若之何坐視而不卹也哉然則前日有司立法非有意於寬役利民正在聚歛刻剝損下益上為國取謗大失朝廷惠綏生靈本意臣竊見縣役昔者有至于破產而民憚為之者惟衙前一役爾今天下坊場官司收入自行出賣歲得緡錢無慮數百萬以為衙前雇募支酬之直計一歲

之入。爲一歲之出蓋優有餘裕。則衙前一重役。無所事于農民矣農民既除此一重役外雖有散從承符弓手手力耆戶長壯丁之類。此役無大勞費。宜並用祖宗差法。自第一等而下通任之。比於舊制繇役輕矣。沿於人者事人若今之通義。則安用給錢爲哉。坊場之法。舊制撲戶相承。皆有定額。不許增擡價數。輒有剗奪。祖宗非不知增價之爲公家利也。所以不許者。知其恍目前之利。必有後日之害故也。新法乃使實封投狀。許價高者射取之。於是小人徼一時之幸。爭越舊額至有三兩倍者。舊百緡。今有至千緡者。交相囊橐虛搆抵本。課額既大。理難敷辦。於是百數隨起。決至虧欠。州縣勞於督責。患及保任監錮係累。終無償納。官司護惜課額。不爲減價。則誰人復肯承買。今天下坊場如此者十五六矣。故實封增價之所得。於敗闕之所失。殆不相補也。蓋財利可以通之而已。不可盡也。少捐分數與民共之。

則公私相濟。其利長久。臣欲乞罷實封投狀之法。應天下坊場委逐路轉運提舉司。將見今買名淨利額數。與新法以前舊額相對比量。及地望緊慢。取酌中之數。立爲永額。一用舊法名人。庶乎承撲者無破敗之患。而官入之利有常而無失也。吏祿之法。天下吏人舊制諸路及州縣法各不同。有鄉戶差充者。有投名者。有鄉差投名雜用者。入仕之後。既以案司之優重。迭相出入。以爲酬折。又積累歲月。有出職之望。行之久遠。人自以爲便。此時有司見禮經有庶人在官之祿遂假其說。資以掊民。殊不知三代已遠。其事不可行于今日者多矣。夫庶人在官之祿。雖有其文。而其法與數不可見其詳。乃鑿空造端縣斂民錢給爲吏祿。不重之。則不足以募。不輕之。則不足以給。今內外之吏。除重法之外。其他每月所給無幾。於吏固未足以有濟。而官給所積。天下蓋已不貲。無故竭民財而爲此費。誠何爲哉。至於所謂

重祿以行創法。尤非義理。夫一錢以上。以徒坐之。謂之嚴刑可也。遂以謂吏懼而不受賕。則臣不敢知也。今主議者曰。禁既嚴則吏必畏。故令下已來犯者少。臣以謂非犯者少。敗者少也。非敗者少。正其罪者少也。網之密。則與者取者藏聲匿跡。亦狩避之工也。故曰敗者少也。一錢坐徒。誰則忍之。誰敢易之。故苟有敗者。若稍涉疑晦。及自非有告人當賞。則官司往往遷就乎反。釋重入輕。若外路。則雖使者亦或諭意州縣使之如此。亦人之情也。故曰正其罪者少也。借使犯者皆敗。敗者皆正其罪。固亦先王制刑之所無。而聖人所當矜慎之也。吏受賕於律自有刑名。而曲法者一匹以上至徒。則刑亦不爲輕矣。今變先王之刑而重之。又多賦吏祿以買法之行。無謂也。臣愚欲乞除熙寧以前舊法有祿公人並依舊外。應新法所創及增給吏祿並行減罷。臣愚誠不識忌諱。令衙前之役。則待之以坊場價錢。弓手等

役。則均之以祖宗差法。利祿非舊法所給則皆罷去。應役人糜費私役之類。則禁之以熙寧新法。苟如是也。則所謂免役錢者。於是可以一切蠲除矣。或謂免役錢籍于常平。固非獨以待募役也。縣官他費多有類乎此。則未可以利害論也。臣以謂役錢領于司農。非有特敕未嘗以給常費。今罷去無損於國用。況祖宗以來至於役法未改役錢未斂以前百餘年間。不知何以爲國也。亦曰用之有節。則取之有道矣。今天下百姓疲筋骨。忍飢寒。冒鞭笞。終歲急急爲公家納錢爾。不幸有連年災荒之變。實恐窮苦之人。流亡轉徙爲溝中瘠。而強梁者。賒死忍命。不得爲陛下之良民矣。然則役錢乃生民性命。天下安危之所繫。奈何欲以爲不刊之令哉。古者藏於民。誠令百姓賦稅之外有以自養。則其贏餘乃國之外府。緩急取之而已。無事之時。並困竭之。非計也。臣故以謂役錢宜一切罷之。役錢罷。則提舉常平官司

亦可罷去。以見存職事付之轉運司足矣。天下既減罷監司數十人。則州縣稍得從容。上下省事。非小補也。雖然此大法也。願臣之言。蓋其畧耳。至於法之纖悉。或參差抵牾。宜有畫一之論。欲乞於兩制臣寮選差明於治體深於民事者三兩員置局講議。裁立條格。而三省執政官典領之。以待聖斷施行。

蘇轍又論保甲疏曰。伏覩近制保甲罷團教。朝廷所以惠綏疲民。恩施甚厚。民得去其所苦。就其所安。遠近承風。莫不鼓舞。然臣竊有私憂過計者。夫鄉野之民。其性易於轉習。臣往見農人。或被差役一為弓手。手力耆壯之類。及罷滿而歸。則拱手閑惰。已不復能反業于農。蓋出入公門。游集市井。有所誘怵之使然也。今之保甲則又甚焉者。衣必華細。食必酒肉。固已變其向者布麻麄糲之習矣。羣聚而笑謔。奮臂而矜勇。固已移其向者朴魯勞苦之性矣。其家貧田賣屋出錢以

濟其所用。官司歲時教試。與之金帛寵之名目。以養其欲。故凡保甲之父母兄弟妻子。一家憔悴。終歲困擾。而身為保甲者。未必不自喜以為樂也。今既歲教止于一月。罷其團集。省其監督。其羈縻勞費之患。則保甲之父母兄弟妻子欣歡休息。復其生理。而身為保甲。又未必不自失以為戚也。彼有自失之意。而欲使人人俛首甘心盡如平日肯復從事于耕勞。蓋難矣。恐少而失其欲。悍強以成其忿。又挾素所教弓刀刺擊之卜以為之資。臣懼其非獨不能從事於耕而已也。亦恐其得為陛下之良民者少也。臣愚以謂宜有法以歛制之。蓋保甲之技藝。強弱高下。州縣皆有等籍。今按取優等之人。各其情願刺以為本州禁軍。若舊係正長等名色。則比類軍中之階級。隨其等差對換補之。自餘中下藝等亦名願充公人者。依近制募以為弓手手力耆戶長之役。所貴在軍者既團隷部督束之有法。又使得仰其素習之技能。其在役者既不失服職於公家。比之名雇浮浪乃得愿事鄉民。必賴其用為多。伏望詳酌。

楊繪上言曰。助役之利一。而難行有五。請先言其利。假如民田有一家而百頃者。亦有戶纔三頃者。其等乃俱在第一。以百頃而較三頃則已三十倍矣。而受役月日均齊無異。況如官戶則除耆長外皆應無役。今例使均出雇錢。則百頃所輸必三十倍於三頃者。而又永無決射之訟。此其利也。然難行之說亦有五。民惟種田而責其輸錢。錢非田之所出。一也。近邊州軍就募者非土著。姦細難防。二也。逐處田稅多少不同。三也。耆長雇人則盜賊難止。四也。衙前雇人則失陷官物。五也。乞先議防此五害。然後著為定制。仍先戒農寺無欲速就以祈恩賞。提舉司無得多取於民以自為功。如此則誰復妄議。

歷代名臣奏議卷之二百五十七

賦役

宋哲宗元祐四年右司諫劉安世乞罷畿內保甲疏曰臣竊惟祖宗深鑒五代外重之弊聚天下之兵寓之畿內制馭四海如臂使指可謂盡善矣然而河北河東陝西之地密接戎狄居常宿師以為戰守之備尚恐兵威未振不足以壯中國之勢乃籍民丁謂之義勇雖未嘗使冒鋒鏑蓋資其虛聲以奪敵人之心爾熙寧中先帝欲廣其法於天下始命排之為保甲以習武事陛下踐阼之初既罷長上教閱止令農隙之月倣祖宗義勇之制專委州縣以次集教平居無事之日俾民服力南畝而又順時講武以張軍勢深得禦外治內之策然臣所有未諭者竊謂自古王畿之名異於郡國所任之事嘗務輕簡蓋休養其力以重根本也今府界正兵既多固非三路之比而千里

之內亦置保甲勞民示弱且有未安雖連歲災傷依例免教而此名尚在終累人心使比屋之間不得坦然為自安之計亦何益也伏望聖慈深賜省察應畿縣保甲悉令廢罷所貴民力舒緩人情安泰遠近輕重不失國體

五年左諫議大夫劉安世論役法之弊疏曰臣伏見朝廷欲變役法今將四年選官置局講求利病天下之議悉使折衷而承詔立法之意惟以仁民愛物為務謂嘉祐差役之制已便矣然當時嘗見其害者今則損而去之元豐約束之制民以為利者今則取而益之至於風俗之殊尚南北之異宜本諸人情裁以國論隨方立條固不具備而又申以明詔諭旨郡縣若施行之際或窒礙而未通節文之間或疏畧而未盡更俾建明為之增損有以見陛下至仁至厚重恤民事之深意也新書之下輿情慰悅中外恬息初無間言而姦邪之人內懷顧望造播橫議必欲沮毀遂致一二小臣敢執偏見妄進邪說欲罷差役依舊募雇當職官吏不能為朝廷固守法度而依違遷就屢有變更天下人情莫不疑惑此最當今之大患也臣聞自古取民之道止於粟帛與民力而已三者皆生之無窮取之不竭故堯舜三代以來皆不能廢議者以謂不役其身止令輸錢則公私兩便而可以久行臣請有以折之國家泉貨經費所資設官鼓鑄歲有定額民或盜為罪至論死今棄其易出之力而責其難致之錢固已非理又使上戶止納數千則優游卒歲日益熏盈下戶自來無役者例使加賦日朘月削寖以窮困損九分之貧民益一分之上戶輕重倒置孰甚於此臣竊謂以一家一歲觀之則輸錢若省而易給以終身累世計之則所出不貲而難供今聚斂之臣惟欲誅剝生民不為天下久長之慮其可信哉議者又謂人戶輪差不及三番處恐役次太重臣亦

有以折之且治平之前天下戶口一千二百七十餘萬而舊法役人五十三萬六千餘人元豐之後戶口一千八百三十五萬九千有奇較之治平已增五百六十餘萬而新定役人止於四十二萬九千餘人比之舊法却減十萬七千之額謂之輪差不足亦已過矣然而天下州縣或有連值凶歲人戶流移番次不足之處則在有司通融補助必不可以小節而廢大法也臣伏觀國家受命以來百有餘年差役之法已更六聖隨時損益既皆中理考觀已試之效固可行之不疑而累年於茲尚容移奪臣竊謂知法之未良改之不可不速知法之已善守之不可不固今差法已善陛下正當信而守之執政大臣尤宜協心體國拒塞邪說而乃縱使姦慝倡為異論動搖人情惑亂天下故議者謂今日紛綸之患不在於無知之庶民而在於挾邪之士大夫也臣聞執狐疑之心者來讒賊之口持不斷之意者開羣

祖之門頗陛下特奮乾剛力主差役深詔執政同守初議毋使輕徇浮言妄有變易庶幾祖宗之成法不為姦人之所奪天下幸甚

拓宗時同判司農寺曾布條奏役法疏曰畿內上等戶盡罷昔日衙前之役故今所輸錢比舊受役時其費十減四五中等人戶舊充弓手力承符戶長之類今使上等及坊郭寺觀單丁官戶皆出錢以助之故其費十減六七下等人戶盡除前日冗役而專充壯丁且不輸一錢故其費十減八九大抵上戶所減之費少下戶所減之費多言者謂優上戶而虐下戶得聚斂之謗臣所未諭也提舉司以諸縣等第不實故首立品量升降之法開封府司農寺方奏議時蓋不知已嘗增減舊數然舊敕每三年一造簿書等第嘗有升降則令品量增減亦未為非又況方曉諭民戶苟有未便皆與釐正則凡所增減實未嘗行言者則以謂品量立等者蓋欲多斂雇錢升補上等以足配

錢之數至於祥符等縣以上等人戶數多減充下等乃獨掩而不言此臣所未諭也凡州縣之役無不可募人之理今投名衙前半天下未嘗不典主倉庫場務綱運而承符手力之類舊法皆許雇人行之久矣惟耆長壯丁以今所措置最為輕役故但輪差鄉戶不復募人言者則以謂衙前雇人則失陷官物耆長雇人則盜賊難止又以謂近邊姦細之人應募則焚燒倉庫或守把城門則恐潛通外境此臣所未諭也免役或輸見錢或納斛斗皆從民便為法至此亦已周矣言者則謂直使之輸錢則絲帛粟麥必賤若用他物準直為錢則又退揀乞索且為民害如此則當如何而可此臣所未諭也昔之徭役皆百姓所為雖凶荒飢饉未嘗罷役今役錢必欲稍有餘羨乃所以為凶年蠲減之備其餘又專以興田利增吏祿言者則以謂助錢非如稅賦有倚閣減放之期臣不知昔之衙門弓手承符手力之類亦嘗倚閣減放否此臣所未諭也兩浙一路戶一百四十餘萬所輸緡錢七十萬耳而畿內戶十六萬率緡錢亦十六萬是兩浙所輸纔半畿內然畿內用以募役所餘亦自無幾言者則以謂吏緣法意廣收大計如兩浙欲以羨錢徼幸司農欲以出剩為功此臣所未諭也賈蕃為令不受民訴使趨京師誼譁其意必有謂也誠令用心無他亦可謂不職矣蕃之不職不法其狀甚衆皆趙子幾所不得不問御史之言欲舍蕃而治子幾是不顧陛下之法陛下之民宜莫如蕃與御史也

畢仲游論役錢疏曰古之為政雖隨時遷變間有損益至於推強撫弱抑富卹貧而惡兼并則不可易之理也自商鞅變田即有兼并之家富者連阡陌貧者無立錐之地自古及今痛心疾首同以為患者也限田之法既不行於天下而富家大姓終無廉恥厭足之心唯有

祖宗差徭能裁制兼并雖未立法本不為兼并設而推數循理觀之乃有可以裁制兼并之道蓋舊法雖分等差而實以田產富貧定為上下有千金之產者支千金可任之徭役有五百金之產者支五百金可任之徭役今有千金之產與五百金訟其役之先後輕重則千金者居其先五百金者居其後或千金者任其重五百金者任其輕既有千金之產而又欲兼五百金則憚徭役之加重欲取而中已者多矣其心非不欲兼并懼加重而不敢進也其至有隱寄田產於他人以避徭役而朝廷亦有隱寄田產之禁則是祖宗差法雖不為兼并設而裁制兼并之道寓在其間自改差為募富家大姓不知徭役而但輸緡錢則兼并之患已多於差法何者差役之法大姓不利而下貧以為利募役之法下貧不利而大姓以為利今有一邑上者輸緡錢十萬中者輸七萬下者輸五萬既以等級輸緡錢蠲其徭役則斥廣田產兼并

下貧。唯恐力之不逮。自中戶斥廣田產。兼并下貧數十家。至升而在上。不過加緡錢三二萬爾。而富家大姓其等既已在上。則雖增半邑之田。猶不加緡錢也。故治平以前。大姓有破家之患。而天下之人不至窮困。熙寧以來。大姓無破家之患。而天下之人往往窮困。不能自立。蓋治平以前。大姓破家者雖為不幸。而破一大姓。則變為十中民。或百下戶。於損上益下之道。未有害也。熙寧以來。雖有破家不幸之人。而大姓輸緡錢之外。無復徭役。斥廣田產。兼并下貧。曾無忌憚。故大姓兼中民。中民兼下戶。流離散亡。轉徙於四方。所以然者。斥廣田產。恣為兼并。大姓之家所難遇。而歲損一萬二萬或三五萬緡錢。則大姓之家所易為也。

仲游又論役局疏曰。役書之所未定者。非無定法也。無定心也。熙寧之初。改差為募。天下之人言令不便者幾千萬數。至元豐之初。欲復

耆長戶長之役。士大夫之聞者。喜見於顏色。及其卒不能復也。莫不咨嗟慨歎。如有求而不得。則願差法之復者。豈一日也。今朝廷鑒成敗。攬是非。為萬世之慮。脩復差法。而士大夫反有意差法之未善者。為法一。豈未復之時則為善。而既復之後則不善。蓋嘉祐之間。固嘗謂其法有可更者矣。輸將繁重。而勞費不及。貨賂公行。而貧富無別。熙寧之初。得其可更之論。而并其不可更者更之。傾命人出緡錢以私其贏餘。是以言不便者千萬數。今差法雖復。而所謂可更者猶在。則亦主嘉祐之書。增損之。則差法定矣。而十人十議。百人百議。以旬浹之功。而爭至於期年之外。既不知主嘉祐之舊書。又不敢論熙寧之新法。泛泛然如人游於江湖。未有歸宿。不知其後將如何邪。故曰。役書之未定者。非無定法也。無定心也。

左正言孫諤上言曰。役法之行。在官之數。元豐多。元祐省。雖省。未嘗廢事。則多不若省。雇役之直。元豐重。元祐輕。雖輕。未嘗不應募。則重不若輕。今役法優下戶。使弗輸。而盡取諸上戶。意則美矣。而法未善也。夫先帝建免役之法。而熙寧元豐有異論。元祐有更變。正惟不能無弊爾。願無以元豐元祐為間。期至於均平便民而止。則善矣。

御史中丞傅堯俞上奏曰。臣伏見今歲諸路蠶麥並熟處甚多。其價隨而過賤。風聞逐處監司將積年逋負並行催督。不惟虛費鞭扑。亦徒長公人貪暴乞取之弊。必不能以一熟之力了納積年之欠。至使民聲愁歎。謂豐稔不如災傷。蓋纔有水旱。則舊欠俱閣。若稍獲豐稔。則使宿逋並納。欲乞朝廷指揮諸路監司。且令帶納一料。候秋成更令帶納。庶幾疲瘵頗獲安濟。

監察御史陳次升上奏曰。臣伏覩元豐八年四月二十三日樞密院奏請保甲上教。其下等人戶土地既少。不免効力為生。并止有兩丁。

其間有疾病者。雖依條未該破丁。若不能營作。顯難應副保甲色役。三省同奉聖旨。府界三路保甲。除見教人外。本家止有兩丁。病患未該破丁。而委的不堪營作。并第五等以下土地不及二十畝者並免。推行之後。人以為便。況當時奏請得旨施行。乃是今日一二大臣備先帝法度之人。非是故為增損而壞法者也。今年六月一十四日卻有指揮。衡除土地不及二十畝之家免冬教。全條更不行用。及老疾羸弱者選以次人承替。緣貧下之人。其田不及二十畝。効力以求日給。若令上教。則廢為生之道。官中雖給口食。不足以償所費。其家無以養。兼老病羸弱之人。既難以筋力從事。其養生必賴於壯者。若是兩丁之家。一丁老病。而又令壯丁代教。則老病者必致失所。竊聞此法既行。人欲避免保丁。有賣盡土地者。有分析生產者。或稱父母年老。或分房向外。或令女壻出外乞破丁者。人情如此。理當安存。蓋民

為邦本。本固則邦寧。民既賣土地。亦為長久之計。窮則斯濫。必流而為盜。恐貽朝廷之憂。臣伏乞睿旨。令保甲土地不及二十畝。兩丁病患者。並依元豐八年指揮施行。以安存貧下老弱之民。不勝幸甚。

右正言王覿奏。為乞添差詳定役法官。䟽曰。臣伏見朝廷以役事至重。故差官置局。詳定其法。今詳定官吏部尚書孫永。吏部侍郎傅堯俞。戶部侍郎趙瞻。皆素有名德。縉紳之選也。然戶吏劇曹。專治其職者。尤憚其繁。而使之兼領役事。豈得盡意於其間哉。今役事久而不定。天下之猾胥貪吏。得以搖動人情。而郡縣等第戶。及招差人。欲求安靖。未得也。夫諸路通法。當出朝廷者。講求何可以不備也。四方疑事日望旨揮者。施行何可以不速也。況諸路役書。已有到者。遞限月日。皆次第將滿。其役書必相繼而集矣。非劇曹日力之餘可得而省閱也。臣愚以謂臣僚中當更有通曉民政。而本職稍簡者。若添差一二人。使得專在本局。以治其事。庶免滯留之患。

徽宗即位初。工部侍郎王覿奏乞重定差役人戶等第。䟽曰。臣竊聞諸路州縣頗有役人數多。而鄉村等第人戶數少。差役不足者。自令雖以次等人戶相兼差足。將來役人年滿。難得人戶承替。及雖有人戶可作三兩番。更休充役之處。亦是經隔年歲不多。其中等人戶應役既頻。則其力必困。議者患之。臣竊以為不然。其弊有自來矣。議者或未之知也。伏緣差役之法。本朝行之百餘年。未嘗患人戶少而不足以充役也。至今日而患之。蓋助役免役法推行之初。天下州郡皆先會一年雇役及寬剩錢之數。然後賦之於民也。賦於民者不可無法。而且欲其均。又必會其民家業之多寡。為緡錢而率之。其法大槩曰。一州差役及寬剩歲用錢若干。一州之民家業錢若干。即家業錢每貫歲出免役錢若干。而歲計足用矣。法雖如此。而民財卒不可以

得其實。必欲得其實。則必至於搔動。而民情之所甚不悅者。如手實之法是也。故州縣之吏莫不以謂雖盡得家業之數。其賦於民者足乎歲計而已。可徒致民情之不悅也。雖少得家業之數。其賦於民者亦足乎歲計而止焉。乃可持虛名以悅民。故天下之所謂家業錢者。或十得其一二。或十得其三四。寬於此者固不可勝計。密於此者未之有也。不惟如此而已。州縣又有先集等第人戶。使各承認逐戶合納免役錢數。既足歲計矣。然後令供通家業。而告之曰。家業錢每貫當納免役錢若干。今其人歲納免役錢若干。即當家業錢若干貫矣。彼人戶乃具狀供析家業。以取合所納免役錢之數。則家業十得其一二者。又加少也。既用家業錢以定免役錢之多少。則所謂等第者無所用之。而等第之名又不可廢。故郡縣之吏皆於家業帳內率意立說曰。自家業若干貫以上為第一等戶。若干貫以下為第二等戶。至五等十等皆然也。其等第既公私皆以為虛名矣。然小民之情。終惡為近上等第。則州縣之吏。亦何惜更以虛名而悅民。故天下州縣之等第。除上等戶物力顯著。難以退減之外。其自中等而入下等者可勝數哉。此臣所親見也。今州郡徒用前日不實之等第而差役。則人戶之可以應役者至少。又何足怪耶。臣愚以謂欲天下鄉村應役人戶稍多。得以更休而不困。即須告諭天下郡縣。使重定等第。令頗得其實。則力役均而論者之所患者不足以為患矣。惟聖慈詳酌施行。

貼黃。免役法根究人戶家業。以緡錢率之。又官司有故為假借之意。故難得其實。今鄉村人戶只是分為五等。推排家業之大槩。易得其實也。兼等第亦不須特行排定。緣著令鄉村三年一次造簿。只可申戒州縣。遍依條造簿年歲。子細推排等第。不可漏

落堪任充役之人。隱在下等。以致中等以上人戶數少。差役不均。庶幾等第漸次得實。不爲差役之害。

徽宗時左司諫江公望上言曰。爲民必有役。奉公上之通義也。免役必輸布。取民力之中制也。會一歲之用。以爲斂。其寬剩不過十之一二。以備凶荒之不足也。此神考立法之本意。而奉行之吏。於十二外別立封樁。予或過毋。元祐之政。得以藉口。先帝通追神考之志。一切罷去。可謂善繼。然隨時損益之義。有待陛下。今日臣訪聞府界提舉常平祝朋劉子。乞復行封樁。以備不給。此何異於厭羨餘者也。識董農政。當講求神考立法之意。俾德澤下逮黎庶。而乃啓厚斂之路。天下必以府界先偵得指希風迎意。翕然各私售其說。變亂故常。斯害政之尤大者也。陛下即政踰年。膏澤義利未聞有以及天下。而天下之人拭目傾耳。日望堯舜之治。不啻若飢渴。朋以厚斂之說。開新政

之隙。是欲陛下隳神考之良法。當天下之怨議。復見詆毀成法之人。駢首屬耳。切切私議。將乘間而發也。其背陛下繼述之意有如此者。若朋別將使指臣未知其如何。決不可以董常平之政。蓋常平所董皆神考所立法度。其一如此。類皆可知。陛下方因時損益。酌其中道。力救元祐紹聖過與不及之弊。使天下後世妤爲異論之人無得而議。故造端不可不謹也。

高宗建炎三年。司諫趙元鎭論役法疏曰。臣竊惟免役之法。起於熙寧之初。當時中外臣寮論列利害不可槩舉。大率優上戶。斂下戶。優富民。斂貧民。雖單丁女戶以至僧道。皆不獲免。以其所斂。養吏之餘。謂之寬剩。是謂一稅之外。更起一稅。大失祖宗寬民之意。行之六十餘年。今則由之而不知其害也。陛下灼見紛更之弊。既不能復循舊制。今乃於元額之外。重增三分。官戶更不減半。其於祖宗之意益遠矣。又如鈔旁等錢。乃前日殘民之術。靖康初。即以罷之。近降旨揮。雖不賣鈔而猶隨鈔納錢。賣鈔得錢。規圖苛細。已非朝廷美事。乃令隨鈔納錢。是何名目。凡取於民。亦須有名。取之無名。未得無辭矣。今國勢微弱。強敵未和。高城深池不足恃。堅甲利兵不足恃。臣知所恃者惟民而已。安可橫斂加賦。重失其心耶。比來州縣用度不足。雖知此法之弊而不以爲言者。幸其所斂以資闕乏。獨京畿運判上官恪能言之。仍乞諸路依此施行。其意甚美。雖奉聖旨櫟免京畿而諸路未罷也。臣願陛下如恪所請遍行諸路。且使斯民知此二事。昨因臣寮建言而行。今因臣寮申請而罷。皆非朝廷本意。則心悅而歸之。此堯舜得民之道也。祖宗得天下之術也。幸陛下毋忽。

高宗時夔州通判虞允文奏論四川差科科約之弊曰。臣竊惟陛下躬好生之盛德。卹民之疾苦。以幸海內。頻年下詔。大蠲蜀賦之苛。恩

施之隆。與天無極。而廣詢博訪。而勤不已之心。凡食一命之祿者。其何以報稱。而州縣之間差科之數不實。科約之外。輙復別取。爲民隱害。終不可去者。民愚而無知。吏姦而無所不至。民豈能與吏敵也。謂如一郡合起和買絹一萬疋。郡管稅錢一千貫。即是人戶管稅錢一百文。方合科一疋。若州縣以八十文科一疋。則多取二千疋矣。自和買而類推之。差科之數不實。不勝其多也。又如大禮助賞。合用轉運司科約內係省錢。計置若州縣將本色錢妄用。以大禮助賞爲名。別行科取。其爲銀絹之數。不下數千萬緡。自助賞而類推之。科約之外別取。亦不勝其多矣。吏以民之不知。故取之無藝。用之不恤。或以事土木不急之費。或以奉臺府無名之取。或以應親朋干索之求。甚者遂掠爲己貲。無所顧憚。閒有敢露爲民所訴。則州縣相通。改換赤曆。方行收附。其獄或成。止從公坐。仇視其民。而既遒酷矣。今約束之詔

甚明。而吏之所行敢與詔戾者以書罪之法未立也。臣嘗觀唐憲宗元和之初。立為條制。凡兩稅應留錢外。加率一錢一物。州縣長吏並以枉法贓論。令出使御史訪察。其後又遣詳覆使按治一十六郡。梓遂郡守嚴礪等皆抵于謫。案籍具存也。憲宗中興。威令復振者。實本諸此。臣愚欲望陛下特出睿斷。將州縣賦外大科別科之錢從枉法贓定罪明詔諸州長吏。限以一歲許令改正。別造科約。具逐縣差科則例均給五等之家。及以蠲除之數。申轉運司。仍乞於諸路轉運司官選差清強通練者專任施行稽考之責。訖事具數以聞。以俟陛下異時遣使詳覆。庶幾州縣知所畏戢。百年隱害一旦可去。仰副仁天子宵旰斯民之意。

右正言陳淵論薄歛奏曰。哀公問於有若曰。年飢用不足。如之何。有若對曰。盍徹乎。公曰。二。吾猶不足。如之何其徹也。曰。百姓足。君孰與

不足。百姓不足。君孰與足。夫夏后氏五十而貢。商人七十而助。周人百畝而徹。其實皆什一也。夫取民以什一。用之猶不足。而告之以什一之法。宜亦迂乎。此儒者之論所以多不見聽於時君。而商財權利之臣所以常得行其計也。然世之患不足者。始則多取於民。民既不足。又從而暴歛之。措刻屢興。於是有轉徙流散去而為盜賊者。終於不足。雖加之以刑戮。財何自而得乎。非特如此而已。因之以致大亂者。是不反其本之過也。由是言之。雖若甚迂。宜在其中矣。

中書舍人洪遵論被水人戶折科疏曰。臣竊聞平江府湖秀州去年積潦之後。農民流離失所。今春蠶麥頗登。得以續食。施工南畝。日覬秋成。而近來大雨連綿。無異去歲。田不沒者無幾。皇皇哀號。無以養役。而州縣不能以拊摩凋瘵為意。但知依例預將秋苗折科大麥。每米一碩令民倍以麥輸。方今麥價不下於米。積困之民朝賑暮貸。猶懼不濟。奈何指夏以為秋。衍一以為二。使之剝膚椎髓。終擠於溝壑乎。臣聞養馬所須本不至此。姦吏因緣無所不至。欲望聖慈特賜睿旨下戶部會計馬料見在實數。當用幾何。只令合科借廢如數敷折。須以苗一碩折麥一碩五斗。庶幾民戶可以輸納。仍乞先次行下三州被水人戶盡免折科。免致重困吾民。不勝幸甚。

章誼乞委通判均平稅役奏曰。臣叨蒙器使。職在牧民。夙夜以思。其可以布宣陛下惠澤者。莫如為百姓除患。臣伏觀平江今日百姓之患。在公者莫甚於催科之無法。在私者莫甚於賦役之不均。夫逃亡戶荒之田地。不耕棄而二稅具在。監司守令拘於省額而不敢除。姦胥猾吏利於誅求而不肯白。每歲拘催責任都保。有不備償。笞辱隨至。此臣所謂催科無法者也。至於富家巨室阡陌相望。而多無稅之田。貧民下戶破家竭產以償不割之稅。田無稅則科歛之數寡。稅不

割則戶籍之等高。此臣所謂賦役之不均者也。今欲救此二弊。若責之監司。則不過移文於郡守。責之郡守。則不過移文於縣令。是三人者吏課叢委。酬應多方。雖有敏彊之吏。功不能專。力有餘暇。況吏不盡才。則又非徒無益也。伏望聖慈明降詔音。專委通判一員均平稅役。詳舉告陳之令。先開首原之路。責以期限。賞信罰嚴。如此則二弊可去。貧富皆安。公私共濟矣。不勝幸甚。

試中書舍人李彌遜上奏曰。臣伏覩朝廷比以兩浙江東西等路。因被盜賊燒劫逃移人戶。秋夏二稅並皆倚閣。累年之間漸次復業。仰見陛下仁厚之政。惠養元元之意。天下幸甚。近因中外臣僚之請。已降指揮。夏稅兩浙路並復元額。餘以紹興四年欠數為率。江東權閣三分。江西權閣五分。餘數依限起發。秋稅已經放免及五年十料之數。並令輸納全稅。臣契勘曾經燒劫逃移人戶。如已是復業開墾了

當自合依今來指揮輸納緣諸路被害州縣輕重不等其間有大段深重全未歸業雖已歸業未曾開墾去處若一槩立定分數及全復舊額委是無所從出切慮百姓虛被追擾致逃避流為盜賊而官司徒有虛數不濟實用若緣此一例與展年限又恐其間不無僥倖臣愚欲乞依今來檢放災傷條法令逐州委官同逐縣知縣通諳元被劫人戶檢視田畝已未開墾數目詣實本州保明申轉運司差官覆實保明申朝廷其已開墾數目即依舊額輸納稅賦其未曾開墾去處並權倚閣委自令佐知通多方招誘歸業開墾逐年開墾到數申朝廷考其殿最而賞罰之庶幾數年之間民得安業而公家實得稅賦之利

殿中侍御史張守上奏曰臣伏自陛下踐祚以來詢求民瘼德音屢下丁寧惻怛凡擾于民者一切蠲罷所以固結人心而建中興之大

業也近復有臣僚上言州縣於百姓戶下科率金銀錢米已蒙聖慈令監司按劾重寘典刑臣竊聞淮西提刑司緣壽春府霍丘縣屯駐高武略人馬公行文移於壽春府廬光濠州每人戶家業錢一千貫逐人月納錢一貫米一石前去霍丘縣送納其小貼子云如本縣不即均敷必定分撥高統制人馬於本縣駐劄雖至小縣亦令每月認定千緡千石臣契勘今之家業及千緡者僅有百畝之田稅役之外十口之家未必餬口今更使之歲別出錢一十二千米一十二石而送納腳剩之費因緣乞取之弊又在數外理難供輸供輸不前必已而為盜矣又況淮西數州皆遭丁進及羣盜經過民力已乏而重困之體國愛民者固如是乎初無朝旨擅行科率德音雖至恬不為念奉法遵職者固如是乎且州縣科率為監司者即當奏劾而躬自為之何以廉按一路既自知非法慮州縣不從乃欲移屯人馬以恐[illegible]之又豈部使者所以待部屬之理也欲乞聖慈特賜究治施行竊慮諸路更有似此去處亦乞申嚴戒約所有霍丘縣高武略人馬聞亦係招安賊徒亦乞早賜措置分屯庶幾不至姦吏因緣侵擾良民而陛下之德意實惠不為虛文也

孝宗時太學博士虞儔輪對劄子曰臣恭惟國家聖聖相承法令明具無非以惠民為本若州縣官吏悉能奉行則何弊之有今州縣之弊多矣惟賦役不均為甚非法有所未盡也蓋官吏奉行不虔之過也諸縣稅租夏秋造簿及已受納對鈔朱銷凡所以關防之法非不嚴且密也近來諸縣推割造簿之時豪右之家計囑鄉書只用白狀不述保分人丁住止將一戶稅力分立詭名減免等第卻與下戶暗增色額當職官略不留意點對便以造簿為定赴州審印下縣起理開數給帖付戶長催科其詭名挾戶既無人丁保分住止雖間有潛

行送納甚者至於偽作逃亡掛欠官司多是抑勒戶長代輸以致戶長受害愈難充應又民戶輸納二稅除給戶鈔外官司自有縣監住鈔可以照應鄉書不即與朱銷主簿又不書押或去失官鈔則反追索戶鈔至有不行照用勒令再納以致下戶重困其弊乃爾豈非官吏奉行不虔之過乎常平免役自有尊法非不詳且備也近來諸縣所差保正長雖以稅力高下為則然姦民利在規避役次於未點差已前先行計囑鄉書將所管稅力盡立與賣文契及詭名走寄官司不究情偽往往將無力下戶抑逼承認或經一季或經半年並不依限與奪緣官司不曾置籍具姓名明注入役年月前期定差致已滿人未得抵替間有保分不測烟火盜賊枉受連累破壞家業其弊乃爾豈非官吏奉行不虔之過乎臣愚欲望陛下詔有司檢坐見行條法申勅州縣務在必行未為文具仍委知通常切覺察監司巡歷點

檢如有違戾去處重作施行庶幾成法所在官吏奉行罔有不虔賦役以均民受實惠天下幸甚

長沙守王師愈上奏曰臣伏見州縣閭民之所苦者在於充役官之所難者在於差役陛下高拱九重之上明燭四方萬里之遠民之利病罔不周知比頒詔旨告戒大臣欲均役法甚大惠也臣嘗承乏長沙叨民社之寄豈敢不仰體聖意貢其狂愚伏見長沙前政劉褚創爲集議帳臣既到官損益而行役不差而人樂充三年之間絕無爭訟者百姓以爲便官吏亦以爲便鄰邑如善化安化瀏陽做傚而行又以爲便請爲陛下試言其大槩一鄉各有都一都必有富豪可充保正者多者十餘戶少亦不下五戶其物業之高下人丁之衆寡歇役之久近咸具于帳俾見役保正將替兩月之前持此帳備酒食會其充役之人衆共商議公選一名充應承代其間雖有情僞曲折官不得而知者此曹盡知之纖悉無隱葢吏鄉司未能由爲輕重故善良之民樂從而無訟或有富強頑猾不循理者巧飾詞說規圖避免則令見役保正押帳內人至于縣庭長官折衷衆人之議以理曉諭之鮮有不聽者間有頑然不服不免臨之以威必欲如衆人之議而後已其或衆議挾私窮究見實必爲懲挾私之罪如是則富強豪猾之徒亦願從而不敢訟葢係衆人之公選官吏無所容其心此集議之大槩也臣抑嘗原其必爭之端由科敷重而費用多耳於是都內凡有科敷一切罷去利可興則興之害可除則除之數月之後遠近孚信故集議尤易爲力所有集議帳式輒具進呈然而此帳易行於湖廣而難行於江浙江浙官戶多詭戶多其民猾也湖廣官戶少詭戶少其民淳也欲望聖慈頒臣此帳于湖廣州縣與見行常年役法兼行聽從民便則民無充役之苦官無差役之難惟陛下留神幸甚

唐仲友上奏曰臣仰惟陛下軫念元元患苦役法數年以來數採議臣之請損益斟酌期歸至當德意蓋深厚矣臣誤被臨遣愚管之見不忍自嘿以負陛下臣初任縣僚嘗歷考役法之本末又伏田野又孰察民情之利病乃知法惟畫一而情有萬殊法可以通乎人情而不能自周乎人情顧行法之人如何耳得其人則法行而民情安非其人則法廢而民情擾比年以來民情所以厭苦於差役者蓋有由矣縣令情弛贓汙委政胥吏吏緣爲姦蠹害百出其始差也甲當充役或先差丁導使論丙轉以及甲故民破產於爭訟其既差也峻刑於追呼巧法於科率須索誅求谿壑無厭故民破產於搔擾二弊不去陛下雖有良法美意民之困苦固自若也臣愚竊謂縣得賢令雖以簡要之法行之而民猶安縣無賢令雖以周密之法行之而民猶擾令固不能皆賢則考察勸沮誠不可緩臣願陛下申敕監司守臣謹察縣令之賢否稽其差役訴訟之多寡搔擾之有無以爲殿最取其甚者條奏一二賞罰焉庶幾官知奉法吏不敢肆欺民被實惠輕於從役實郡邑之急務也

陸游上奏曰臣聞天下有定理決不可易者飢必食渴必飲疾必藥暑必箑豈容以他物易之也哉臣伏覩今日之患莫大於民貧救民之貧莫先於輕賦若賦不加輕別求他術則用力雖多終必無益立法雖備終必不行以臣愚計之朝廷若未有深入遠討犂庭掃穴之意能於用度之間事事裁損陛下又躬節儉以厲風俗則賦於民者必有可輕之理緩急之備固不可無姑以歲月徐爲之可也如是則和氣浹洽必無水旱之災雖聲洋溢必無盜賊之警何慮國用之不足耶設使裔夷弗賓侵犯王略所謂率其子弟攻其父母直可舞干羽而格之爾頃者建炎紹興戡定變亂之日一切賦斂有非承平之

舊者高宗皇帝宵旰焦勞每欲俟小定而悉除之故詔令布告天下曰惟八世祖宗之澤豈汝能忘顧一時社稷之憂非予獲已止俟戰防之隙首圖蠲省之宜臣幼年親見民誦斯詔至於感泣雖仰贊以助軍興而不敢受從屬國家多故逆亮畔盟雖所蠲已多終未仰稱聖意壽皇聖帝臨御以來所以節用裕民者皆紹承高宗蠲省之指也則陛下今日豈可不以為先務哉臣昧死欲望聖慈恢大度明遠略詔輔臣計司博盡論議量入而用量用而取可蠲者蠲可省者省富藏於民倘興府庫果有非常孰不樂輸以報君父淪肌浹髓之恩哉若有事之時既竭其財矣幸而無事又曰儲積以為他日之備也雖恢復中原又將曰邊境日廣矣屯戍日衆矣則斯民困弊何時而已耶瀆犯天威罪當萬死惟陛下裁赦

袁說友上奏曰臣竊見州縣小民有產去稅存之害官吏非不盡知朝廷亦累嘗戒諭而終無成說以革其弊此由得產富民規避官物惟幸緩於過割隱漏稅賦官司既未割稅而追呼催督止及鬻產之民彼方以產售人固甚不得已今又無此產而納此稅蹊田奪牛其為滋甚縱使鬻者赴官陳訴而追逮出官之費已不少於代納之數矣是豈不為重困哉此最賊夫民之大者也在法每三年一推排此正祖宗欲以革產去稅存之弊蓋一經推排則凡某產已去其家及某產已歸某戶一一盡知產業既明稅賦自定豈復更為小民之害今縣道例皆前後避免或以災傷為辭有經十年二十年而不一推排者此而不治而曉曉曰吾病夫產去而稅存也豈不闊哉臣愚欲望睿慈自今立為定制凡天下諸縣並須三年一推排候知縣任滿日州府於本官印紙該載任內曾與不曾推排結罪保明批上如在任三年不曾推排者候到部日取旨若今來尚有兩年為任之人只總以三年一推排為率各於任內計年分可見雖災傷年分須及八分以上然後免庶幾一行此法產稅自明鬻產小民不至重困

提舉浙東常平茶鹽公事朱熹奏義役利害狀曰臣巡歷到處州竊見本州昨奉聖旨依布衣楊權所請結立義役此見陛下愛民之切雖芻蕘之言苟有便於民者無不采納施行天下幸甚然本州自今奉行却有未盡善者如命上戶官戶寺觀出田以充義田此誠善矣而本州却令下戶只有田一二畝者亦皆出田或令出錢買田入官而上戶田多之人或却計會減縮所出殊少其下戶今既被科出田將來却不免役無緣復收此田之租乃是困貧民以資上戶此一未盡善也如逐都各立役首管收田租排定役次此其出納先後之間亦未免却有不公之弊將來難施刑罰轉添詞訴此二未盡善也又如逐都所排役次今日已是多有不公而況三五年後貧者或富富

者或貧臨事不免却致爭訟此三未盡善也所排役次以上戶輪充都副保正中下戶輪充夏秋戶長上戶安逸而下戶陪費此四未盡善也凡此四事是其大縣目下詞訴紛然何況其間更有隱微曲折未可猝見若不兼採衆論熟加考究竊恐將來弊病百出詞訴愈多改之則枉費前功不改則反貽後患將使義役之名重為異議者所笑無復可行之日誠有未便臣昨見紹興府山陰縣見行義役只是本縣勸諭人戶各出義田均給保正戶長各有畝數具載砧基其保正戶長依舊只從本縣定差更不別置役首亦不先排役次而其當役之戶既有義田可收自然樂於充應不至甚相糾訐但其割田未廣去處未免尚仍舊弊若更葺理增置使無此患竊謂其法雖似闊疏然却簡直易明無它弊病又且不須衝改見行條法委實利便故嘗取其印本砧基行下州縣然以未經奏請畫降指揮州縣往往未

旨奉行臣愚欲望聖慈詳酌行下處州上令合當應役人戶及官戶寺觀均出義田羅去役首免排役次止用山陰縣法官差保正副長輪收義田仍令上戶兼充戶長俟處州行之有緒却令諸州倣做施行庶幾一變義風永息爭競須至奏聞者

又上奏曰臣昨蒙聖恩待罪南康小壘自惟短拙無以補報萬分到任之初即以本軍星子縣稅錢偏重民不聊生條具奏聞乞賜蠲減總計不過納絹一千五十餘匹錢二千九百餘貫伏蒙聖慈開納即賜施行而有司不能仰體德意輙引議臣對補之說以拒其請臣於今年得替之前久嘗具奏冀卒蒙恩而逮今累月未奉進止竊意有司尚守前說然臣之愚亦有不能自已者謹以前奏之內最明白者二條復為陛下陳之按本縣所管廬山一帶多是高巖峭壁穹石茂林其間雖有些小田段類皆磽瘠寒冷所入不多而經界官吏起紐稅錢數目浩瀚難以輸納以故紹興年中守臣徐端輔者因寺院之請減去一百四十餘貫減之誠是也然初不請命於朝而輙私減之既又慮夫經稅之或虧也則妄引經界以前不明文帳將人戶下田升作中等中田升作上等亦有徑自下等而升上等者按籍履畝而橫加其稅計錢一百四十餘貫以陰補所免廬山稅錢之數中間常有漕臣按臨人戶陳訴漕司為之張榜約束改正而本軍不復奉行其後又有人戶嘗經戶部陳訴而亦不能正也臣竊惟國家子愛黎元憂勤惻怛常賦之外一毫不忍有所多取而下小臣率情妄作乃敢以一百四十餘貫之稅無故而妄加於人雖其除之於山租若得宜而增之於田則悖謬甚矣故臣前奏欲乞將端輔所減山稅明降指揮特與蠲減而其所增田稅却與改正依舊等色均稅其為事理曉然無可疑者而所蠲之數亦不甚多不謂有司不顧大體而惜小費乃欲限以對補之說則是使臣又為端輔之所為不得已[illegible]今雖已夫臣守猶於此縣疲瘵之民有未能忘者故敢不避斧鉞之誅復以上聞欲望聖慈矜閔明詔有司將此兩條先次減免改正其餘項目臣亦未敢便乞施行患祈蠲免且乞專委本路監司一員子細相度俟其奏報別賜指揮至於淳熙六年十月十九日議臣對補之說其言各細鄙狹不達大體無以將順陛下克己愛民之盛旨革弊之美意而程奏顯言須布海內非所以宣德意而廣仁聲於天下也欲望聖明亟賜追寢自今以來四方內外或有以蠲除為請者究其虛實而一以法義裁之則彼固不得以肆其僥倖苟免之計亦何必逆為之限以傷遠近祈恩望幸之心哉抑古人亦有言曰百姓足君孰與不足百姓不足君孰與足此乾坤廣大之心聖賢親切之訓臣願陛下於此深加聖意則彼妄庸淺俗之言自將深藏遠屏不敢以陳於陛下之前矣臣進越妄言犯非其分不勝恐懼戰慄之至

司農卿李椿上奏曰臣乾道四年春蒙恩權守鄂州陛辭之日得旨召募開墾荒田立三限通九年而後全起稅賦臣自到任之後措置召募請佃人戶投狀者數千戶尋已具數申省部說自臣離任之後申請不一事多衝改或限一年或限半年或不通檢止納元稅或許遠年逃戶歸業以致爭奪詞訟不絕州縣莫之適從臣巡歷諸郡以目所見惟常德府已耕墾及九分以上澧州及七分以上其餘州郡亦五分以上下以請佃之數計之則全未及分若行根括則佃戶必又逃棄不耕却致荒廢非徒無益況半年一年之限大迫民戶愈疑若不通檢止納元稅又多無元稅數目亦成虛文若令遠年逃戶歸業則經官給佃已施工力之家豈得無詞官司何以取信於民臣欲

乞檢照臣元奏獲指揮。及申省部畫一。及後來臣僚陳請續降指揮類聚看詳。從長歸一施行。仍乞預先寬約年限。聽令自陳。不須根括立定畝税。視田肥瘠爲三等。上等每畝不過六升。中等四升。下等二升。役錢計料。不得過數斛斗。重立罪罰。其見税令諸州取每畝兵火以前祖額。不得過數。自轉運司類聚申朝廷。從輕定數。候得指揮方許行下曉諭。庶使耕佃之家預知税賦。不重。安心着業。耕布曠土漸闢。伏乞睿照。

椿又上奏曰。竊謂養兵所以衛社稷。講好所以息鬭爭。皆所以保國安民也。然當以理財爲要。然後能濟二者之急務。所謂理財。當知生財之道。生財之道。取之於民而已。民力有餘。則取之不竭。民反本而知節用。則力有餘矣。今荒田尚廣。民多游手。用度不節。貧困者多。甚者轉而爲盜賊。安能上濟國家之急務哉。然則民之情孰不願安其

業而輸常賦也耶。當窮其逐末而不反本之原有以救之可也。人生所藉以生者穀帛也。穀帛出於民者也。民能力農桑而不失其時。則穀帛不可勝用矣。錢者所以平百貨使輕重適均者也。錢鑄于官而不出於民也。官能精于鼓鑄而不致流毀。商擁無弊。用之有節。則錢不可勝用矣。今賦税多折見錢。是取不出於民爲得不棄本而逐末耶。如曰朝廷用度至廣。若不賦錢於民。無從應辦。是未知思也。今有推貨商税之利。未爲不廣。必革其弊原。除其冗食。固自浩瀚。又況既賦布帛應請錢者量與布帛孰爲不可。又民競奢僭不知節儉。是以首致貧困。謂如閭巷之婦有以一冠一領。麼價數千。奴皂之徒競衣羅綺。皆當有以風化之。使男力稼穡。女工蠶織。奢僭之風既息。則貧困之人自有生理也。傳曰。未有民富而國貧者也。是豈虛語。愚謂當遴選僭臣以均賦税。常賦不折變。盡輸本色。隨税不納錢。禁戢奢僭。除去冗食。量入爲出。勸課農桑。使田野盡闢。盜賊消弭。百姓富庶。則所以上濟國家之急務者。可不勞而辦矣。伏乞鈞照。

椿爲吏部侍郎上奏曰。臣伏覩近降指揮撥錢付諸軍回易以贍請少口衆軍兵。仰見陛下存恤戰士德意甚厚。軍人莫不感戴恩惠。凡天下事有利必有害。且回易以惠軍此利也。何害之有。臣請豫言之。今江上諸州。自歸峽荊岳鄂黃蘄江池太平十州。皆仰商税以充利源。今軍中回易之物。則失所收之税。州郡將窘。此其一也。商賈憚於重征。則必夾帶於軍中。場務併容税失之。紛爭必多。此其二也。軍中前此不許回易。猶且以收買軍須爲名。役使戰士。今明開其端。將來占破回易必益多矣。此其三也。回易所以圖利也。物價低昂。非人所能爲。或有折閱。侵欺失陷。將來必有征驅鞠勘之擾。此其四也。然則謀其成亦謀其敗。姑以惠軍士爲急。況已出黃榜。軍中亦望此惠。亦

可已也。臣願以中道處之。使不爲害。莫若軍中回易物貨並與減半收税。則州郡所失不多。軍中亦可獲利。並令總領所出給曆頭。具載回易物色及所差人數。税務照曆減收。又稽察人數。其曆外之物並依格收税。如回易軍人有犯。聽税務具申總領所下本軍根究。仍嚴戒税務合干人。不得分文乞覔。如是則三害非所慮。惟折閱失陷一事則繫乎幸不幸耳。當置之度外。如臣愚瞽之言或有可採。乞別作聖旨施行。

員興宗議征税奏曰。臣聞上世之法簡。後世之法繁。前世之吏朴。後世之吏姦。上世法非欲簡也。民純吏朴。有令即從。有義即服。法不得不簡也。後世法非欲繁也。民訛吏姦。令之未必從。聞義未必服。法不得不繁也。夫以朴吏而奉至簡之法。一有不行。行之必易爲力也。以姦吏而奉至煩之法。終歲欲行行之亦難爲功也。昔者有周之初闢

市譏而不征澤梁無禁天下日用之物不征不禁故物易通流而國
易是用此文王造周之始其國非特輕其征稅且又無征稅也至成
周之時吏亦少簡民亦少繁故當時太宰之職有九賦以斂財其中
有曰關市之賦及山澤之賦及幣餘之賦此即近世州縣商稅一切
用物所存物類之類也當是時周公相周知民吏益於前世其法不
得不繁其吏不得不選故周公之於周官雖文武關譏不征之事有
不能行者相時之宜經畧世務故也且周公之時已不能盡行文王
之法而欲後世盡行周公之法哥乎但漢唐之世多不能遵用中制
以法周公之遺意科目煩多漸成横歛故有稅筭緡稅雜物稅間架
稅六畜之類見於前記以為世戒臣亦不敢弃舉也惟我國家創業
之初一洗前代之弊是以太祖皇帝動守經常凡為國苛賦横稅尋
即停罷聖子神孫守為一定至天聖中有司以乏用請稅緡錢仁宗
皇帝謂泉貨之利欲流天下令輙稅之可乎是則祖宗之於民稅不
特常慮之又常欲輕之也今陛下志勤道大節用簡取無日不行卹
民之詔無時不下此即祖宗用心也文王用心也然今日郡縣稅務多
與州府通同尚皆不遵憲度自為一己而殃物不為朝廷而愛物臣
敢以荊湖三峽論之荊襄三峽皆邊大江自當百貨流通而近年以
來蜀物少出南貨少往四遠之利未敷用物稍致闕乏何也蓋稅務
之六弊未去也三峽荊湖所遇稅務未問商客稅物之多少輙欲加
等重稅斆攤逋負此一弊也沿道千里武夫小吏以為監官豪奪暴
取設弓羅箭如待寇至此二弊也本無稅物監欄一面虛喝謂之抱
喝商客辯爭則不可欲去則不能拘留旬月自然聽命此三弊也商
客類至專欄預行資覓多得則稅輕少得則稅重輸官之物未至而
私遺之物先達此四弊也監專有私取之數異乎赤曆之數僻鎮外

縣卒難考稽所得在私所虧在官此五弊也在州則知州以稅務為
鷹犬在縣則縣令以稅務為肘腋百色呼須暗行陪塡是致稅務苛
刻州縣不問商旅無訴此六弊也夫此六弊之不去則稅額未敷其
坐此乎今臣之愚欲望朝廷明詔荊湖三峽諸路申嚴法禁大革前
之六弊仍令諸州遴差清强官兼行伺察離軍武吏未曾親民及經
諸司保舉者願勿補衝要監稅之官專欄暗覓及輙以弓箭恐赫商
旅者乞罪不貸行人稅物並許依約國家元法如稅務敢以少為多
以輕為重被客人告首者亦乞坐之如是則物易流轉郡縣遍蒙其
利矣陛下德高天下此言雖小在陛下聖世一事之可察度聖量如
天必兼納而博採也

歷代名臣奏議卷之二百五十八

歷代名臣奏議卷之二百五十九

賦役

宋光宗紹熙元年臣僚言古者賦租出於民之所有不強其所無今之爲絹者一倍折而爲錢再倍折而爲銀銀愈貴錢愈艱得穀愈不可售使民賤糶而貴折則大熟之歲反爲民害願詔州郡凡多取而多折者重置于罰民有糶不售者令常平就糴異時歲歉平價以糶庶於民無傷於國有補詔從之

秘書監楊萬里上奏曰民輸粟於官謂之苗舊以一斛輸一斛今以二斛輸一斛矣輸帛於官謂之稅舊以正絹爲稅絹今正絹外有和買矣舊和買官給其直或以錢或以鹽今皆無之又以絹估直而倍折其錢矣舊稅畝一錢輸免役一錢今歲增其額不知所止矣既一倍其粟數倍其帛又數倍其錢而又有月樁錢版帳錢不知幾倍於

祖宗之舊又幾倍於漢唐之制乎此猶東南之賦可知也至於蜀賦之額外無名者不可得而知也陛下欲薄賦斂當節用度用節而後財可積財積而後國可足國足而後賦可減賦減而後民可富民富而後邦可寧不然日復日歲復歲臣未知其所終也

吏部員外郎陳傅良上奏曰臣聞熙寧以来用事者始取藝祖之約束一切紛更之馴至於今而民力之困極矣蓋自祥符奏立諸路上供歲額熙寧新法增額一倍崇寧重脩上供格頒之天下率一路之增至十數倍迄今爲額是特上供耳而其它雜斂皆起熙寧則以常平寬剩禁軍闕額之類另項封樁迄今爲額至于元豐則以坊場鹽酒香礬銅錫斗秤披剃之類凡十數色合而爲無額上供迄今爲額至于宣和則以贍軍糴本與凡應奉司無名之斂合而爲經制迄今爲額至于紹興則又以稅契七分得產勘合添酒五分茶鹽袋息之類凡二十餘色合而爲總制迄今爲額最後又以係省不係省有額無額上供贍軍等錢均撥爲月樁大軍迄今爲額而折帛和買之類不與焉夫取之之悉如此而茶引盡歸於都茶場不在州縣鹽鈔盡歸於榷貨務不在州縣秋苗斛斗十八九歸於綱運不在州縣州縣無以供則豪奪於民於是取之斛面取之折變之科敷取之抑配取之贓罰無所不至而民困極矣夫藝祖以得民心受天命而使困窮至此此天所以復命壽皇爰暨陛下將以捄民窮也書曰天明畏自我民明威方今之患何但夷狄蓋天命之永不永在民力之寬不寬耳豈不甚可畏哉陛下知畏則宜以捄民窮爲己任陛下以捄民窮爲己任則大臣不敢苟目前之安大臣不敢苟目前之安則羣臣陳力何鄉不濟此藝祖意也亦天意也惟陛下留神幸甚

光宗時彭龜年乞蠲積欠以安縣令疏曰臣竊觀今日縣令之難非特士大夫知之朝廷亦必知之夫朝廷以新改官人必使爲縣是知其不可爲而優之也然不求其不可爲之實而去之何哉殆未有以此告陛下者乎臣出入州縣粗知其故凡今日縣令之所以難者蓋以財穀之出入不相補爾豈特不相補直有銖兩之入而鈞石之出甚相絕者臣不暇縷數但深所怪者一責其出而不予其入也夫天下之財賦縣當受之民州當受之縣而今之民輸財者皆在州矣縣之合輸於州者初無額可取也唯無額可取故逋欠積壓有至十數萬緡者夫州既以得之民者輸于上矣而其責之縣而未得者皆以爲逋也縣令初至新政未脩舊欠已迫那移借兑所不能免猾吏假託以爲姦大姓媒蘖以爲訟而令不能久其職矣甚者嚴號令事箠楚尤良民以爲逋假公事以罰錢而監司不容不取問送勘而令不得安其官矣此非

獨令之罪蓋有以使之然也臣愚欲望陛下將諸路屬縣欠監司若州乾道九年以前未解錢盡並與蠲放庶幾縣令不爲積欠所壓可以少行其志如此則雖不彊之而可使就雖不優之而可使安庶亦能使之爲陛下盡撫綏之職矣實天下幸甚

龜年又奏曰竊惟和買行於東南今近百年獨紹興一郡施行無定制議論無成說致煩明詔命廷臣集議臣嘗攷究紹興和買不唯始初敷額太重立制不均而朝廷每欲更張未及施行輒爲浮言胥動人復轉易其病全與東漢不能均河南南陽之田相似病根如此雖有良藥無如之何然既有朝旨集議臣叨綴從列敢不罄竭愚慮以備采擇臣嘗謂今日士大夫論紹興和買不過二說欲究實上四等詭名者其說正大而易激欲均科及下五等小戶者其說均平而不正何謂究實之說正大而易激臣聞經界之初紹興和買鄉村物力

三十二貫科一匹今則十七貫三百五文科一匹此皆上戶之爲下戶之數若核實詭戶歸之上戶則物力自寬和買自輕雖以嚴法行之人自無辭然從前爲紹興守令者孰不知出於此而卒未能革間有不畏彊禦者財行一二而撼于後者已百十矣今日改正者曾無幾何而後日之寄復如初矣利之所在人所必趣一重一輕誰肯就重此所以不能使之無敝也何謂均科之說均平而不正夫不分等第一例科紐自此重者皆輕必無避免之謀無者皆有亦無隱寄之處可不謂公平矣乎然和買本非常賦也而今以常賦之法行之此不可也或者雖云江西及浙西平江等處和買通五等皆敷今紹興獨不敷及五等是偏也殊不知和買不及五等在今日猶爲仁政若得它州併五等不及豈不幸甚今乃欲引它州刻取之法以例紹興又不可也或者又云和買初敷時官司給錢所以不及五等人戶

政恐其無物力可恃失陷官錢今既無此慮自可敷紐豈不思支錢而取絹則不及無錢而白取則及之豈爲民父母之道乎又不可也此所以不得謂之正也然則若之何而可臣謂今日和買本非合取於民之物但以版圖未復用度未充不能遽捐之於民既未能捐之於民則取之之法豈可不立夫法亦貴於平而已矣今既上四等有和買下五等無和買開之以走寄之地安能禁百姓之不爲哉前日田產自三十六貫減至十七貫敷一匹後日必自十七貫減至四五貫敷一匹未可知也而可不救乎臣所以嘗有請以上四等有田產人戶和買七萬七千餘匹乞籍爲定數今後一隨田產推割除受可以絕目前走寄之弊唯是有田產下五等人戶和買計四萬七千餘匹今戶部蠲放四萬四千之數於內除豁逃絕等一萬一千餘匹外亦已放及三萬三千餘匹止有一萬四千餘匹未有着落欲乞戶

部更與寬容本府一年從本府選擇逐縣令佐有風力可倚仗者於今來下五等戶合敷和買四萬七千匹數內更切根究走寄之數若再根究到走寄之數物力自寬又有上戶買下戶之田亦合依上戶等處走紐和買如此則今來一萬四千匹未充之數漸漸可補但須預降指揮令本府今後根究得隱寄及增起到上戶買下戶田產上和買不得過今十萬之額如或有餘即增上物力錢貫均敷庶幾不致重取於民然此亦只是目前救敝之謀即非久遠通行之策臣所不及猶在夫人異時國家儻遂恢復財用稍寬則將此無名之賦一切祈除方始無愧於古議

龜年又進故事曰戴盈之曰什一去關市之征章

臣龜年曰盈之此說乃後世不能復古之根本也凡古制之所以壞者必有私情蔽之私情不能去而求復古無是理也盈之既知

什一之不可重關市之不可征亦知民之不堪而古之當復矣在戰國時如孟之用心者豈不可進而孟子闢之如此其嚴者政恐其有所牽繫也孟之所謂今兹未能者果何為哉不求其所以未能者先去之而徒欲少損以收復古之名此君子所甚惡也蓋是非不兩立公私不錯施邪正不並用一廢則一興一消則一長所以古人謂去惡如農夫之務去草焉絕其本根勿使能植則善者信矣未有惡未去而能為善者也謂之今兹未能則是其為國猶有資於橫斂而但欲少損以竢來年而後去安保來年不復矣乎奈何世之謀國者多為此論以其易入也聽人之謀者多喜此論以其易從也若井田法難卒行宜少近古限民名田以贍不足之說若古人節儉什一而稅如太古難豈少放古以自節之說世皆以為迂於世務不知自今觀之果何益哉不特謀國如此人君於

遷善改過之間而一為此論所惑則亦將曰猶脩且展轉汩沒卒陷於過失而已耳可不戒哉

寧宗嘉定八年江東轉運副使真德秀奏乞倚閣第四第五等人戶夏稅䟽曰臣等近各具奏請倚閣本路旱傷州縣第四第五等人戶夏稅轉運司准六月二十七日尚書省劄子夏稅錢帛並係上供準擬支遣寬名近已有臣僚奏請令州縣寬綏催理本司自可照應施行劄付本司照會臣等不敢避再瀆之誅須至冒干宸聽竊惟今歲之旱不同常年在民既有非常之災傷在國家當有非常之恩卹蓋常年之旱或在已種之後若復即得雨已槁之苗猶可勃興或旱傷所及僅止數州有無通融尚足相濟或有旱無蝗則下田之已種者猶可薄收或本道雖留而鄰境無虞則所憂者不過土着之民安慰拊循猶易為力今江東民田既皆失種秋成一事不可復言建康太平等七州旱勢最甚之外饒亦半歉各處貴糴既無由可以相資而淮浙荊襄又以苦旱招徠客米亦病其難飛蝗蔽天所在害稼遺孽盈野未易撲除近水可種之田農民極力車灌勞費百倍纔即一空麻豆蕎麥之種斗直不啻千錢典質借貸僅能入土而旋踵又為白地矣安慶光州流民自池州渡江而趨饒信者前後相續臣提舉嘗以奏聞長淮以北方尋干戈而淮土又自不熟此去流移必多本道沿江諸州未免首被其害丁卯戊辰飢疫之禍近在目前此臣等所謂非常之災傷近年所未有也今當貴糴之初已有盜賊之漸池州境上黥徒剽掠建昌休寧飢民欲擾若使向去闕食是遣盜賊以其資邦本不寧將為大患是時雖欲蠲租弛斂以消弭之亦無及矣臣等以為災變如此天意難測轉移之要全在民心惟國家大施非常之恩卹以召人和庶幾天意可回而災變可息臣等既有常守未敢

盡言而本道所當矜卹無如下戶所苦莫甚催科況夏稅之數本由計畝而起田既荒蕪稅何從出臣等切見孝宗皇帝淳熙二年建康大旱即從守臣劉珙之請蠲是歲夏稅七年江饒等州旱既詔逐州第五等人戶未納夏稅倚閣五分復慮艱於輸納又詔逐州第四第五等人戶未納今年夏稅自下倚閣其後池州興國軍旱皆嘗蠲放當年夏稅載在史籍不可勝舉仰惟聖心豈不顧惜經費獨惟民命所在實繫社稷安危權其重輕理當出此況江東州縣自丙寅用兵以來民力凋殘尤非昔比雖號為上戶未足以比它處中人之產況於末等尤更可憐夏田纔種則指為借貸之本以度冬秋田甫插則倚為舉債之資以度夏今田畝荒蕪無可指擬借貸之塗既絕生生之計遂窮經營糊口且患不給況吏卒在門有賄賂之費追呼在官有拘繫之苦愁歎之聲實不忍聞近蒙聖慈寬限催理仰見陛下聖

明詔照疾苦民間見此寬恤之令妄意必蒙蠲除雖蚕麥稍熟去處類皆賤價轉變以充口食及限滿追理官司督促愈嚴自謂前既少寬今難更緩遂以常歲兩月可催之數併欲責償一月之間是陛下前日寬展之恩適足以使民受峻迫之害以臣等觀之若令便蒙除放未納之數已自不多將來終無可催亦必不免除放但早放一日則民免一日之苦若除放稍遲於官初無所補徒使貪吏黠胥得以並緣侵漁重為赤子之病臣等以為陛下當以孝宗故事為法若以今日國用非乾道淳熙比除倚閣外且乞加惠七州其七州夏稅姑置四等非敢不恤國力姑息要譽既叨奉使一道親見民間狼狽如此豈容不以實言陛下仁儉之德必不與飢困無聊之民較此毫末但恐堂陛尊嚴四方旱傷之狀未必一一盡聞則臣等之言疑若張大其事淳熙八年淮浙江東飢詔遣著作郎袁樞將作監主簿王謙

躬親按視今願考循故實還遣朝臣徧行本道如臣等所言稍涉欺誕甘受罔上之誅所有七州第五等夏稅仍乞先賜倚閣以昭陛下之德意以廣孝廟之仁恩臣等不勝至望

寧宗時青田縣主簿陳耆卿上奏曰臣聞之孟軻曰行仁政必自經界始經界蓋良法也不幸而經界法壞則所信者簿書爾併簿書而不足信則何所取信哉且有田則有賦役此常理也田有多寡則賦役有輕重亦常理也今之世乃有田愈多而賦役愈輕者有無田而賦役反重者此弊在在有之而本郡尤甚姑以青田一縣言之自往歲巨浸之後片紙散逸而縱橫變化在吏之掌握而已稅之厚薄當視其物力物力之高下當視其產今田頃畝初不見於簿而物力之貫伯獨載之簿若是則其源既失矣過割用物力簿起催用二稅簿二者所當相關而今初不相知歲遇攢造未過以往年陳籍沿襲抄轉而已陞降出沒既莫得詳鄉胥里豪始得抹連為僞以為牢不可破之計故有一戶而化為數十戶者有本無寸產而為富室代抱立戶者有虛為名籍以避數斂稍久而成乾沒者但見逃絕之家日多租稅之額日減上下歎愁而莫知其弊之所自邑令之有意者患欲釐正之然細民吐氣而大姓則怨然不憚矣官本制民而今制於民觸類而長之又豈獨一青田也哉三歲一推排此常式也今或至十年而不講是使民之患苦無時歇也然則簿書何自而正乎臣愚欲乞嚴旨行下諸路戒飭所在官吏申嚴推排之法其出入規避者重寘典憲每歲攢造必選一邑佐之清強者躬莅其事既成則併舊籍上之郡郡復委寮屬研覈之有訴不平或得其實官吏俱從坐庶幾賦役均壹辭訟稀簡吏稱職而民安業誠非小補

耆卿又代上殿劄子曰臣竊惟今日科斂之法大縣極矣而極之中

又有輕重焉夫粟帛者民之所有也錢者民之所無也民合輸粟與帛而官俾之輸錢固已非矣至有名曰上供銀錢而其禍酷於二稅者此不可不知也閩之郡八其最甚者曰泉臣向巡行入境見其土薄瀕海民多艱食而永春德化安溪三邑介處窮谷怵迫尤甚正賦窘無以辦况其它乎稽諸故常每歲台信建昌邵武四郡總納上供銀兩一萬五千六百蓋為本州衣紬之助蠲半之後惟廣信僅僅取足三郡則否自乾道至開禧邑積逋十五萬疋為錢七十五萬緡前此守臣雖聞于朝然止及三州逋久之弊未及本州科斂之弊也祖例產錢一緡以上合輸銀錢無官民之分也其後視聖道場及逃絕戶得免免者猶未衆也其後一命以上咸得免而免者始衆矣又其後士凡薦于天府而籍于大學者咸得免而免者愈衆矣免者愈衆則科者愈寡故以官戶士戶合科之賦而併於貧弱之家貲不滿百

例行科配。厥價微賤。每兩科至二千八百正錢之外。有頭錢。有帶鈔發納錢。有綱脚暗脚等錢。民無所措。則有淪落。有犇逆。有咨怨號呼而已。夫一指有傷。則通體不樂。三州之民。民也。泉之民。亦民也。彼不之輸而此代受其害。得無憂乎。開禧初年。有旨嚴趣逐郡照元抛色目應副矣。而積壓如舊。為今之計。非得朝廷主盟。以三州銀額撥田俾之認納。而本州衣纏自行措置。弊無由革。縱未能然。亦當為七邑下戶痛絕前欆。而均之有品秩者之家。貲不滿貫而科。及額外而科者。必罰無赦。斷在必行。毋掛墻壁。則遠民可以息肩矣。臣不勝惓惓。

江西提舉袁燮上便民劄子曰。臣聞差役舊法。惟以物力高下為序。自大至小。謂之鼠尾。勞佚雖均。而物力不侔。有至於破產者。迨淳熙間。始立倍法。自增及一倍二倍以至三倍。而有歇役十年八年六年之別。高者稍頻而不害。下者由是而少寬。可謂良法矣。然行於州縣

未能盡曉。但謂朝廷專用倍法。而不知兼用鼠尾法。竊詳當時建議之臣。有曰窄都不及歇役年限去處。即從逓年體例。所謂窄都者。即紹興二十二年指揮地里窄狹。人烟稀少。不及十大保者是也。所謂逓年體例者。即鼠尾舊法也。地里既狹。人烟又稀。役戶無幾矣。決不能及歇役十年八年六年之限。故倍法有所不行。而仍用鼠尾法。今州縣間未達逓年體例一句。都分寬狹。槩用倍法。此役所以紛紛也。欲乞朝廷的確行下。明言逓年體例。即鼠尾舊法。寬都用倍法。窄都用鼠尾法。二者並行而不相悖。誠便民之大者

燮又奏曰。臣嘗謂差役之法。惟其實之為貴。視其物力。果可以堪役而役之。則勞而不怨矣。今詭名挾戶。不勝其多。有編戶寄產於官戶者。有與黠吏通謀私減物力者。有搢紳之家以前後歷任為數戶以避限田外充役者。惟已是便。姦計百出。獨善良之人。畏法自重。寧勞苦以執役。而不肯詐欺以苟免。遂致役併而家破。又有都分雖寬。而實堪充役者不過數家。循環不已。暫歇復充。屢役之後。其家亦破。良可憫也。伏覩慶元重脩詐僞勑諸詐匿減免等第或科配者。以違制論。又重脩格。獲詐匿減免等第科配者。以所告財產經減免者給五分。未經減免者給三分之一。今若申嚴此法。務在必行。則詭名挾戶漸少。合役之戶漸多。而頻併充役之家。亦漸寬矣。臣又覩紹興二十八年指揮。鄉村都保。比近地里窄狹。人烟稀少。并不及十大保處。併為一都。臣愚竊以為人烟雖稠。十大保雖足。而充役不過數家。暫歇復差者。亦宜比上項指揮。與鄰都通融差。保正免於破家。亦仁政所宜施。惟聖慈亟圖之。

理宗時。知安慶黄榦代撫州陳守上奏曰。役法之弊。其來尚矣。國家之制。保副正謂之大役。戶長謂之小役。二役皆選之每都人戶。大役

者。非戶產稍高不在其數。至於小役。則稅錢或不滿百。亦所不免。寬都人戶有至二三十年方一差者。狹都人戶有三五家循環充役。無歲不受其害者。故物力之家雖置產於狹都。而必立戶於寬都。雖撒其產於狹都。而必併其稅於寬都。彼寬都之役日以寬。狹都之役日以窄。寬者益富。而窄者益貧。貧者益勞。而富者益逸。勞者日益朘削。而逸者日益封殖。勞逸不均。而中產以下。破蕩流移。深可憐憫。竊以保正副所管者烟火盜賊。故必本都之人而後可充。戶長所管者催科。亦何必皆本都人哉。況今之保正副戶長者。皆非其親身。逐都各有無賴惡少。習知鄉閭之事。為之充身。代名執役之親身。雖屢易而代役之充身者。數十年不易也。故莫若差大役。則限以都。差小役。則不限以都。而限以鄉。一鄉數都。寬狹相通。則富者不至於逃逸。而貧者不至於獨勞。休養生息。如之數年。小戶漸為中戶。而為公家執役

者甚衆則大戶中戶亦不至於有頻差之擾更勞迭逸其利無窮此亦固國本之一端也

幹又代撫州陳守奏曰古者取民之法惟租稅而已其它山澤之利皆與民共之茶鹽酒榷之禁古無有也後世國用匱乏榷一時之宜以紓目前之急耳今國家征榷之法密於前世無一日之漏一孔之遺而國之租稅所以為公家經常之用者顧乃為姦民變易名字覽亂簿書謂之逃戶大戶則逃矣其田固自若也水不能飄火不能焚非篋笥所藏非人力所徙自古以固存誰得而掩覆之哉其所以不究見者鄉司實執其權耳稅產之陞降出於鄉司而為是逃亡倚閣者亦出於鄉司為官吏者又皆苟簡歲月應文逃責孰肯一一而研究之哉故莫若使為縣令者盡括諸鄉之逃戶具為一書隨其一任之力根括搜求期復舊額及其終更具申於州州考其實以為殿最

少示黜陟磨以歲月則稅額可以復舊而國用可以自足與夫屑屑於常賦之外以求是用之道者大相遠矣

吏部員外郎陳傅良因輪對上言曰太祖皇帝垂裕後今以愛惜民力為本熙寧以來用事者始取太祖約束一切紛更之諸路上供歲額增於祥符一倍崇寧重脩上供格頒之天下率增至十數倍其它雜斂則熙寧以常平寬剩禁軍闕額之類別項封樁而無額上供起於元豐經制起於宣和總制月樁起於紹興皆迄今為額折帛和買之類又不與焉茶引盡歸於都茶場鹽鈔盡歸於榷貨務秋苗斗斛十八九歸於綱運皆不在州縣州縣無以供則豪奪於民於是取之斛面折變科敷抑配贓罰而民困極矣方今之患何但四夷蓋天命之永不永在民力之寬不寬耳豈不甚可畏哉陛下宜以救民窮為已任推行太祖未泯之澤以為萬世無疆之休且言今天下之力竭於養兵而莫甚於江上之軍都統司謂之御前軍馬雖朝廷不得知總領所謂之大軍錢糧雖版曹不得與於是中外之勢分而事權不一施行不專雖欲寬民其道無繇誠使都統司之兵與向者在制置司時無異總領所之財與向者在轉運司時無異則內外為一體內外一體則寬民力可得而議矣帝從容嘉納

時詔令刑部侍郎史嵩之籌邊詢謀之奏言臣竊慮根本周思利害甘受遲鈍之譏思出萬全之計荊襄連年水潦螟蝗之災饑饉流亡之患極力振救尚不聊生征調既繁夫豈堪命其勢必至於主戶棄業以逃亡役夫中道而竄逸無歸之民聚而為盜饑饉之卒未戰先潰當此之際正恐重貽宵旰之慮矣兵民陛下之兵民也片紙調發東西惟命然事關根本願計其成必計其敗慮其始必慮其終謹而審之擇二三大臣深計而熟圖之若夫和好之與進取決不兩立

臣受任守邊適當事會交至之衝議論紛紜之際雷同和附以致誤國其罪當誅確守不移之愚上迕丁寧之旨罪亦當誅迕旨則止於一身誤國則及於天下

中書舍人袁甫論履畝劄子曰臣仰惟陛下一念愛民上通于天忽聞謠言如恐不及臣竊伏思念計田輸券此事大非得已必須施行之際倍切謹審勿謂指揮已出憚於參訂致貽後悔及今明示德意務體下情使人戶曉然知朝廷寬恤之心庶幾不致激成他患今謹條列于后

指揮內一條人戶所納官會各州軍樁鑿一角發解朝廷臣謂令各州軍樁鑿不若令人戶自鑿齎赴官司何則官司樁鑿人戶弗信許人鑿納尤信乃昭或謂人戶鑿納必有夾雜偽會之弊殊不知此雖有之然其弊亦自有限況只鑿一角真偽自可

稽考若從官司截鑿彼宜謂以空言紿我將來官司仍前發出行用則彼固已有怨咨之心矣人情不甚相遠如許其自鑿以納官則心不疑則目前雖有輸財之苦亦知會少而價增異日可以獲利庶幾其不怨大凡處事當躰下情朝廷但知出令不可屢改不思怨謗一興勢須改令與其改於怨謗既興之後孰若備於怨謗未形之先或又謂我但真行截鑿足矣何恤人言殊不知朝廷用度自今窘急州縣揣知此意必有容廠不必盡鑿之說者朝廷處置之至極之際萬一惑於其言豈不中天下之疑縱使不爲迎逢者所惑然人之疑心難以家至戶曉必曰截鑿一也何苦不許人戶爲之而官司必欲自行之耶臣之愚只是一箇信字使天下曉然無疑而已

一指揮內一條令各州軍拘人戶納官會分爲六限每限半月計

三月可足以臣觀之將來人戶輸納不時州郡必致申請朝廷與之展限却恐限內先納者皆是畏謹及貧弱之人違限不納者却是頑梗及巨力之戶朝廷今者施行正欲恤小然究其流弊反使強家監被寬恩而弱戶先受督責豈不倒行逆施耶臣欲反此說而用之令州郡先催形勢有力之家立定期限不許申展一則頓改收買會價必然驟長二則不墮勢家之術希望展限以求幸免三則貧小者見州郡嚴於大家其心大服彼大家者事力有餘許限內責其必納更復何辭待大家納足後催中戶中戶力雖稍薄然彼皆各自愛惜須能依限輸官未後視所收多寡如何斟酌事躰催貧小之戶或已納數多則朝廷施行寬恩可使貧小者霑被大凡作事寬嚴並用如此措置誠爲兩得其宜

右開具如前委是利便斷可施行免致後悔伏候勑旨

甫又奏曰臣竊惟近日收減會子指揮令人戶有田一畝輸會子一貫分爲六限三月而足臣嘗奏論州縣奉行往往不躰朝廷之意致使中下之戶先受督促之苦其豪家巨族與吏表裏不以時輸此大弊也謂當先督形勢之家嚴示約束如期輸納陛下玩然臣之說臣退而告諸宰輔亦謂可行日復續降指揮而猶未也臣亦聞其說矣蓋曰勢家競買則價驟增然後催中戶以及下戶反收貴價之楮甚而無可買者非所以利貧弱也臣竊以爲過矣今惟憂楮之不貴不必憂楮之太貴也楮貴而無可買正自可賀有何可憂朝廷見下戶之無可買也則寬恩可施矣此所以利貧弱也而何不利之有或又曰勢家迫之太急恐滋怨而激變此亦過計也輸財助國自古有之況自故相當軸士大夫不義而取之者多矣今以前日之所漁取者

還以爲公家之助非父祖生產作業傳諸子孫者也何至遽生變耶朝廷處事往往當憂者不憂而不必憂者反以爲憂何謂不必憂士大夫決不因此而生變是也何謂當憂臣濫攝銓曹仍兼西掖日日書黃及書填綾紙紛乎不勝其多此等皆躐官戶然而未必盡鬻爵也用兵以來竄名功賞者皆妄庸無賴人耳又近年朝廷給降祠牒不計其數極目村疃盡化緇黃寺觀之內童行少而僧道多大縣皆橫目無知之人此等易於爲亂不若士大夫之有所顧惜也乃置此不憂而獨憂士大夫何耶且有力之士大夫亦猶有力之寺觀耳今此令之行將先寺觀之大者乎抑先其小者乎如謂勢家不可先督則寺觀之大者亦付之徐徐去爾而可乎論者又謂兵法攻瑕則堅者瑕攻堅則瑕者堅今不先督勢家此亦不攻堅之意也臣以爲國容軍容各有不同兩陳相對志在決勝則攻瑕可也撫柔此民息[illegible]

綢繆而先治貧弱可乎或又謂子產有言安定國家必大焉先臣亦以爲不然鄭蕞爾國伯有伯石之徒逞暴恣行視公室何有故子產示之以弱今朝廷清明法度整肅上下一心安得以列國爲比故臣覩今日之事所以牽制而不敢斷者一言以蔽之曰未能盡捐私意而已姑息於形勢之家而不念貧弱之戶此病何自而發哉私意未克剛志未決故耳譬猶治深痼之疾當使元氣不傷而疾自去有庸醫者烏喙大黃輕於嘗試無救於疾而氣先耗矣計田輸券此用烏喙大黃之喻也毋用於貧弱而獨用於形勢則可以全安而無害不亦殆哉臣十有八日侍經帷陛下語臣曰備內司有田七萬八千餘畝若以收減會子指揮言之亦合照數輸納今欲特降十萬貫赴封樁庫交納以充收減之數臣仰見陛下急救楮幣首上率下無所吝惜如此臣助贊陛下此舉足以大服人心已而伏覩指揮一一皆如

聖諭又見陛下言行相應勇於斷制如此夫以陛下尚且爲天下倡而士大夫獨不能爲衆人戶倡乎臣愚欲乞睿斷行下諸監司專主先督勢家之說過期不納者必罰無赦如州縣奉行不虔縱胥吏與勢家爲地抵拒拖延慢上之令則監司定將守令按劾如監司曲爲庇護不即發覺許臺諫糾察以聞自昔聖王之治天下不過寬嚴並用各得其宜而已嚴於監司守令以督形勢之家待輸納數多楮貴物賤則貧弱之戶大示寬息至此方表陛下憐貧䘏小之心上通于天是亦祈天永命之一助也臣疊冒天威罪何所逃惟陛下裁赦

甫又奏曰臣近者伏覩朝廷履畝收券指揮退而精思畫爲兩條一曰示信官同人戶截鑿使天下知的然有收減之實而不至溺於空言二曰恤小先督形勢之家使天下知貧弱者其末必寬而不至流爲虐政終始兩說言之懇切至于再三欲乞備聖旨分明行下而側耳未有聞焉臣自知誠意不足感動然終不敢喑默遂已者蓋履畝本非仁者所當爲乃大不得已而爲之耳於大不得已之中而所行之有方是以救楮幣之窮則公私俱便亦未可全謂之不仁也自昔朝廷行事而犯不韙之名天下不亮其心往往激成大禍熙豐犯新法之名誰復亮其興起治功之心建紹犯事讎之名誰復亮其與民休息之心開禧犯開邊之名誰復亮其恢復故疆之心然則今日犯履畝之名而欲人亮其急救楮券之心亦可謂甚難矣雖然果能行臣示信恤小之說則天下知吾不以空言欺天下而使天下貧弱之戶終被寬息則猶可救藥也臣聞諸道路自此令之出大家巨室雖睨視未動而大寺觀主首之桀黠者巧謀詭計已窺伺朝廷之意向有欲挑包撒衆者矣有欲鬻常住之產者矣大者旣然小者脅傚勸諭之術旣窮必將厲威刑以迫之當是時強有力者營關節託聲勢

足以自庇而係纍笞箠以應官司之期限者皆弱小者也鄉村小寺觀緇黃猥雜何可勝數彼豈皆畏法循理之人哉且何獨寺觀爲然如鬻爵冒賞之村夫與已殁官戶之不肖子平時常賦猶不樂輸今迫以出錢是無故剜其肌肉也彼又豈肯俛首帖耳受係纍笞箠之苦耶縣道差人催督始以抗拒抗拒不已繼以毆擊其間趣尉不識事體奮臂爭鬬則激變挺禍自此始矣此猶曰將來之患也只如目前科配會子之數亦自難行蓋緣田有肥磽苗有輕重產錢有多寡在在不同難以拘泥且以臨安言之自十畝已上至四十畝均納苗一石此則田愈磽則苗愈輕也其它州縣有及此者苗極輕者爲上司極重者爲下田產錢之不等亦復若此槩曰履畝豈能遍得平耶行法不平則乖爭之端已見矣如聞上戶已有一種議論皆謂倉猝之間貫券未辦吾之歲收惟有米耳朝廷當此稔歲儲米爲荒歉之

備亦爲有利於國爲此說者乃窺測朝廷名爲放減而實則橫歛耳嗚呼陛下之心曷嘗爲諆利而出此令哉彼見裁鑒之令未必果行故以利心量我耳臣一聞此語即披瀝肝膽對衆言之其語乃塞若陛下不肯明白裁鑒亦使臣虛負斯言矣臣所以極陳事理如上所云者大要欲陛下知天下人情如此知天下揣摩意向如此知天下求爲脫免之計如此則陛下豈能家至戶曉又豈可刑驅勢迫也哉反覆思慮惟有臣之二說亦信以釋天下之疑恤小以消天下之怨寓德意於號令之外回陽和於肅殺之餘使天下亮陛下之心而已臣更有一說天府者天下州郡之所取則也鐵滑者諸路監司之所視傚也行之有道守之不移必當衆裁鑒必先催形勢以此推之天下大書榜帖揭之通衢有目者見有耳者聞咸曰示信如是恤小如是孰不以天府爲準以鐵滑爲法遍天下欣然聽從也哉如商邑無

以爲四方之極則外之分符持節者且將有辭於我以爲近甸尚不能行而何以令天下志卑者苟逃責而好高者解印綬矣苟悅有言榮辱者賞罰之菁華也陛下有此菁華而不善用之臣謂宜宣召顏頤仲趙與籌諭以陛下至誠惻怛之心所宜上下交相孚洽其州縣有不擾而辦者首加褒擢而不然者必罰無赦菁華發用則人心興起仍乞陛下宣諭宰輔所有中書之務不繫大體者權令執政分押不必盡勞宰輔爲宰輔者專以擇監司太守爲務下至縣令亦合人人知其才之短長與其用心之邪正今者出堂甚晚儘可會聚掄材如更欲廣其見聞則當進侍從而博詢之既知之審然後擇選黜陟斥其不善者而奬其循良者如監司太守果有風力待其績効既成雖驟寘清華可也譬如人之一身精神周於軀幹則可以常安而無疾今中書汩汩於細務而精神不周於事幾臣之所甚惑也嗚呼撫

太平無事之運人誰不以爲易今外而邊事方殷內而又倡爲履畝之說此何等題目既不得已而犯之必磨淬精神求以善其後庶不至於大可悔恨耳奚獨宰輔當然哉陛下之精神所以鼓舞羣動者尤不宜有一息之宴安而使天下有一夫之怨讟也漢武帝席文景富庶之餘患國用不贍用桑弘羊不過更錢幣筭舟車數事尚不曾行履畝之下策而猶不免乎海內虛耗至下輪臺詔封富民侯僅能轉危亡爲安存況今日乎陛下如視爲等閑小事無庸過慮方且聽不必盡行裁鑒之說而自悖收減之初意動揺於左右浸潤之言而形勢之家與夫大寺觀得以內降脫免此又陛下自撓其紀綱而它人無所致力者也惟聖明以社稷生靈爲念察臣狂斐之言原臣屢瀆之罪及今續降增添德意指揮而毋致後日下哀痛之詔力遏請謁動揺之漸而毋輕蹈御札已事之失臣不勝大幸

洪舜俞進故事曰魯宣公十有五年秋初稅畝初者何始也稅畝者何履畝而稅也初稅畝何以書譏何譏爾譏始履畝而稅也

臣聞立法以取民莫患乎其作俑也夫君與民本一家國用之所取諸民民出其所有以供乎上猶子奉父孰不敬應然自昔什一之法公田藉民力而耕收其歲入民田之私則未嘗有稅魯刱法履畝以稅之國用不足蓋有甚不獲已者聖人於此乃書初以示譏豈非初之所刱疑若特一時之暫而後之㳂襲必假是以行其無藝之歛如蠶之生蟓其害未有底止二吾不足而用田賦此其俑也武帝紀書初筭商車初筭緡錢初榷酒酤頗識此意

金煬王天德二年河東南路轉運使毛碩上言曰頃者定立商酒課不量土產厚薄戶口多寡及今昔物價之增耗一槩理責之故監官被繫失身破家折傭逃竄或爲姦盜有實錢而以賒券輸官故河

東有積負至四百餘萬貫公私苦之請自今禁約酒官不得折准賒貸惟許收用實錢則官民俱便

世宗問參知政事魏子平曰古者稅什一而民足今百一而民不足何也子平對曰什一取其公田之入今無公田而稅其私田為法不同古有一易再易之田中田一年荒而不種下田二年荒而不種今乃一切與上田均稅之此民所以困也

宣宗時高汝礪為尚書左丞時高琪欲從言事者歲閱民田徵租朝廷將從之汝礪言曰臣聞治大國者若烹小鮮最為政之善喻也國朝自大定通檢後十年一推物力惟其貴簡靜而重勞民耳今言者請如河北歲括實種之田計數徵斂即是常時通檢無乃駭人視聽使之不安乎且河南河北事體不同河北累經劫掠戶口亡匿田疇荒廢差調難依元額故為此權宜之法蓋軍儲不加多且地少而易

見也河南自車駕巡幸以來百姓湊集凡有閑田及逃戶所棄耕墾殆徧各承元戶輸租其所徵斂皆準通推之額雖軍馬益多未嘗闕誤詎宜一槩動擾若恐豪右蔽匿而逋征賦則有司檢括亦豈盡實但嚴立賞罰許其自首及聽人告捕犯者以盜軍儲坐之地付告者自是使人知懼而賦悉入官何必為是紛紛也抑又有大不可者三如每歲檢括則夏曰春秋曰夏量中間雜種亦且隨時量之一歲中畧無休息民將厭避耕種失時或止耕膏腴而棄其餘則所收仍舊而所輸益少一不可也檢括之時縣官不能家至戶到里胥得以暗通貨賂上下其手虛為文具轉失其真二不可也民田與軍田犬牙相錯彼或陰結軍人以相冒亂而朝廷止憑有司之籍倘使臨時少於元額則資儲闕誤必矣三不可也夫朝廷舉事務在必行之既行而復中止爲是宜善計哉

元世祖時東平布衣趙天麟上策曰臣聞乾下坤上謂之泰損上益下謂之益民雖極賤而存上交之理則安矣君雖至貴而盡下合之義則聖矣民借君以為心而鼓動天下之化君須民以為用而充給天下之力昔宋興役而起澤門之謳周經始而遂子來之頌原其築臺之實一也下民怨恭米炭其殊焉豈非一失所用之時而一得之乎秦發閭左之戍而海內愁之衛建楚丘之封百姓悅之究其建城之名一也下民悲喜齊壤其異焉豈非一為無益之務而一有益乎故以佚道使民勞而不怨以當理動衆和而不傷且為人上者百姓之父母也百姓者君之赤子也設或父母陵虐其子其子雖勉強以從之然欲其家道之洽和則不可得也今國家之於下民可謂厚矣竊恐郡縣之官未奉國家之明法倘有虐貧陵弱者可不圖之哉臣伏見近年詔書有云自三月初至九月終凡勞民不急之役一切停罷

欽此臣以為國家之心如天如地非一言之可盡也彼在外之有司因王事之靡盬多以假借為名農務之間亂起丁役局天蹐地無計陳究雖曰省之其實非也臣又以妨農之役非一今試畧舉一端頃者會通河路流沙滯水方春之際大興徒役男執鍬畚女餉飲食耕者不得以服畝蠶者不得以伐楊民之生理甚大而不顧則慶國家之賊者果何務哉此但臣所親見者也若夫四方之大似山東者非一而其役又非一不亦怨哉或謂依春秋之法役冬月之民則所謂執古禮而不便今崇虛名而受實禍也氷雪凝冬役人多窘春陽扇暖易以施功由是而行之有何不可乎臣意非謂此也春秋之時井田法在末民極寡咸農務功是以恐妨農而移百役于冬也今則不然末民極衆若又用力役之事而妨其農則飢寒之苦莫逃矣臣又以郡縣之中鄉司里正鈐轄小技奴隸下材亦皆驅役良民莫敢違

抂。如或違拒者。一旦科差定役之時。循恩蠲以增減之。且差役委鄉司里正。則將安用彼守令哉。此皆小事敢干天聽者誠以國家之本。莫大於農。而國家之寶無急於力也。伏望陛下居九重之深邃。審百姓之艱難。布告中外咸使聞知。凡每歲三月至九月有以勞民不急之事擅起丁役託假以為名者。並以違制論。凡三月至九月有耕耨之田者役無緩急不在其限。凡三月至九月有違夫差役不得已而須煩農家者有田務之家助資給。無田務之家出人力。凡力役之品次壹從臣先所獻萬言策內之說。則鄉司里正自不得以擅相欺矣。然而力役猶未之均。農民猶失其所者未之有也。

天麟又上寬逃民策曰。臣聞貧民業輕而易擧。下民心愚而若神。撫之則聚。擾之則散。可以德綏而不可以力勝。可以道遇而不可以智欺之也。今國家灼知此道。是以辛酉詔令中統建元以前逃戶復業

者。戶下差稅第一年全免。次年減半。三年然後驗等第依例科徵。自此以後累頒詔文優恤逃戶。蠲免欠負。斯皆先帝天覆地載克寬克仁之惠也。臣謂逃民之故有五。一曰天。二曰官。三曰軍。四曰錢。五曰愚。何謂天。有田之家。田為恒產。屢經饑儉。糧竭就食。如此而逃者。天所致也。何謂官。守令苛刻。役斂煩興。富以賂免。貧難獨任。如此而逃者。官所致也。何謂軍。軍資不贍。鬻賣田產。產既盡矣。無以供給。如此而逃者。軍所致也。何謂錢。生理不周。舉債乾沒。子本增積。而不能速償。債主稱辭。而訴官急徵。如此而逃者。錢所致也。何謂愚。弗幹父蠱。隕墜遺業。悔恨不及。窮困失所。如此而逃者。愚所致也。夫逃民皆無奈之民也。倘能存生。豈肯逃哉。又詔云。苟避差發。臣謂此則非民之罪。乃官長之罪爾。昔漢倪寬為內史。軍發負租課殿。當免。民聞之。大家牛車。小家擔負。輸租繈屬。課更以最。此蓋民信愛之故也。官長誠有憂民愛民之心。而民亦信愛其官長。豈有苟避差發者哉。又聖人云。君子固窮。小人窮斯濫矣。非務本而不能治也。若國家但矜而免之。則將致浮浪之民輕舉而苟免之心生。若國家欲急而刑之。則將致無恒之流計極。而邪濫之事起耳。國家矜而免之。急而刑之。不若使之樂業而不逃也。欲使不逃。蓋亦務其本矣。伏望陛下一新汙俗。再整淳風。下哀痛之詔。該化導之義。凡今下以前逋負差稅。並行除免。凡有田而逃者聽復本業。優恤之理並同辛酉詔文。凡無田而逃者。聽於曠土占田。優恤之理。如有田復業者。凡復業占田而貧無牛及田器者。官為貸而須之。限三年外酬其賣主之直而無息也。其限內自欲酬者聽。凡曰軍而逃者驗實貧與助資之戶。凡欠負它人錢債者復業之後。限五年之外。一本一利償之。其限內自欲償者聽。凡既復業而尚游手荒廢農業者。鄉三老舉于官而罪之。逃民已定於是慎名器以絕濫[illegible]之官。限田產以絕兼并之家。務農桑以絕廢業之人。課義倉以絕凶歲之厄。向之逃民雖賞之亦不復逃矣。此謂之務本。

天麟又上薄差稅策曰。臣聞晁氏云。三王計安天下。莫不本於人情。人情莫不欲壽。三王生之而不傷。人情莫不欲富。三王厚之而不困。人情莫不欲安。三王扶之而不危。人情莫不欲逸。三王節其力而不盡也。今國家灼知此道。爰究時宜。既立斤絲貫鈔包銀丁石之法。又立賦稅三十而一之制。然而公廩無秭年之積。私家無備急之儲。皆以郡縣不均之所致也。承平之時。烟火萬里。境壤相接。雞犬相聞。或馳騁遨遊。或慘慘劬勞。或棲遲偃仰。或力從陝事。富者奢侈。而自富貧者困窮而愈貧。臣謂不急救之。行無及矣。古者什一之法。關市譏而不征。澤梁無禁。夏后氏立貢法。而義士猶以為不及助徹。管夷吾

取關市之征五十而一。後人謂之霸道。蓋國法有經而但當平立民財有而不可輕奪也。方今賦稅三十而取一。外有關市之征。及酒醋鹽茶金漆竹樹銀銅錫鉛山場湖濼海舶江鄉竭萬物而榷之。窮利源而課之。國家亦已富矣。古者什而取一。其實止什一也。方今三十而取一。比古者其實什五也。夫國家之用有八。一曰宮禁之資。二曰宴好之將。三曰賞賜之須。四曰俸祿之給。五曰軍旅之粮。六曰工役之費。七曰凶荒之用。八曰芻秣之具。於此八者之中。軍旅之粮量為浩大。幸從臣言。偃兵戈而不動。廣屯田而自贍。亦不須多用民之粮矣。其宮禁宴好俸祿芻秣。已有供之者焉。其餘節其所用而用之。亦豈多須哉。臣又以鹽者民之日用。增其課例而人不之苦也。伏望陛下降弥天之厚福。顧下土之微民。旁布玉音。允符嘉會。凡天下農民自屯田隨處並興之後。例除租稅之半。凡天下民戶自鹽課約量增添之後。例除差稅之半。於是幸從臣先所獻芻言。條內均科差稅之法。照諭郡縣而均定之。用為成式。若然。則廓造化之洪恩。根內外之喜氣。獲神祇之陰祐。發太平之祥。徵民安而社稷自安。民富而社稷自富矣。

仁宗延祐元年。平章章閭上言曰。經理大事。世祖已嘗行之。但其間欺隱尚多。未能盡實。以熟田為荒地者有之。懼差而析戶者有之。富民買貧民田。而仍其舊名輸稅者亦有之。由是歲入不增。小民告病。若行經理之法。俾有田之家及各位下寺觀學校財賦等田。一切從實自首。庶幾稅入無隱。差徭亦均。

屯田

漢武帝時。初通西域。置校尉屯田渠犂。是時軍旅連出。師行三十二年。海內虛耗。征和中。貳師將軍李廣利以軍降匈奴。上既悔遠征伐。而搜粟都尉桑弘羊與丞相御史奏言。故輪臺以東捷枝渠犂皆故國。地廣。饒水草。有溉田五千頃以上。處溫和。田美。可益通溝渠。種五穀。與中國同時孰。其旁國少錐刀。貴黃金采繒。可以易穀食。宜給足不可乏。臣愚以為可遣屯田卒詣故輪臺以東。置校尉三人分護。各舉圖地形。通利溝渠。務使以時益種五穀。張掖酒泉遣騎假司馬為斥候。屬校尉。事有便宜。因騎置以聞。田一歲。有積穀。募民壯健有累重敢徙者詣田所。就畜積為本業。益墾溉田。稍築列亭。連城而西。以威西國。輔烏孫為便。臣謹遣徵事臣昌分部行邊。嚴敕太守都尉明烽火。選士馬。謹斥候。蓄茭草。願陛下遣使使西國。以安其意。臣昧死請。上乃下詔。深陳既往之悔。

順帝永建四年。尚書僕射虞詡上疏曰。臣聞子孫以奉祖為孝。君上以安民為明。此高宗周宣所以上配湯武也。禹貢雍州之域。厥田惟上。且沃野千里。穀稼殷積。又有龜茲鹽池以為民利。(上郡龜茲縣有鹽官。即雍州之域也。)水草豐美。土宜產牧。牛馬銜尾。羣羊塞道。北阻山河。乘阸據險。因渠以溉。水舂河漕。(水舂即水碓也。)用功省少。而軍糧饒足。故孝武皇帝及光武築朔方。開西河。置上郡。皆為此也。而遭元元无妄之災。(无妄者。无所望也。萬物无所望於天。災異之大也。)衆羌內潰。郡縣兵荒二十餘年。夫棄沃壤之饒。損自然之財。不可謂利。離河山之阻。守無險之處。難以為固。今三郡未復。園陵單外。(園陵謂長安諸陵。園單外謂無守固。)而公卿選懦。容頭過身。(選懦。柔怯也。)張解設難。但計所費。不圖其安。宜開聖德。考行所長。書奏。帝乃復三郡。使

謁者郭璜督促從者各歸舊縣繕城郭置候驛既而激河浚渠為屯田省內郡費歲一億計

吳大帝黃武五年陸遜以所在少穀表請諸將增廣農畝帝報曰甚善孫父子親田車中八牛以為四耦雖未及古人亦欲與衆均勞也

南齊明皇帝時連年虜動軍國虛乏開府儀同三司徐孝嗣表立屯田曰有國急務兵食是同一夫輟耕於事彌切故井佰疆理長轂盛於周朝屯田廣置勝戈富於漢室降此以還詳畧可見但求之自古為論則賒即以當今宜有要術竊尋緣淮諸鎮皆取給京師費引既殷漕運艱澀聚粮待敵每若不周利害之基莫此為急臣比訪之故老及經彼宰守淮南舊田觸處極目陂遏不脩咸成茂草平原陸地彌望尤多今邊備既嚴戍卒增衆遠資餽運近廢良疇士多飢色可為嗟歎愚欲使刺史二千石躬自履行隨地墾闢精尋灌溉之源善商肥确之異州郡縣戍主帥以下悉分番附農今水田雖晚方事菽麥菽麥二種益是北土所宜彼人便之不減粳稻開創之利宜在及時所啟允合請即使至徐兗青豫爰及荊雍各當境規度勿有所遺別立主曹專司其事田器耕牛臺詳所給歲終言殿最明其刑賞此功克舉庶有弘益若緣邊足食則江南自豐權其所饒畧不可計事御見納時帝已寢疾兵事未已竟不施行

後魏孝文帝時州鎮戍兵資絹自隨不入公庫任其私用常苦飢寒

徐州刺史薛虎子上表曰臣聞金湯之固非粟不守韓白之勇非粮不戰故自用兵以來莫不先積聚然後圖兼并者也今江左未賓鯨鯢待戮自不委粟彭城以彊豐沛將何以拓定江關掃一衡霍竊惟在鎮之兵不減數萬資粮之絹人十二匹即自隨身用度無準未及代下不免飢寒論之於公無毫氂之潤語其利私則橫費不足非所謂納民軌度公私相益也徐州左右水陸壤沃清汴通流足盈激灌其中良田十萬餘頃若以兵絹市牛分減戍卒計其牛數足得萬頭興力公田必當大獲粟稻一歲之中且給官食半兵種植餘兵尚衆且耕且守不妨捍邊一年之收過於十倍之絹暫時之耕足充數載之食於後兵資唯須內庫五稔之後穀帛俱溢匪直戍士有豐飽之資於國有吞敵之勢昔杜預田宛葉以平吳充國耕西零以彊漢臣雖識謝古人任當邊守庶竭塵露有增山海帝納之

唐德宗建中元年楊炎欲發兩京關內丁夫浚豐州陵陽渠以興屯田上遣中使訪之涇原節度使段秀實秀實以為邊備尚虛未宜興事以名寇炎怒以為沮己徵秀實為司農卿使李懷光兼涇原京兆尹嚴郢奏按朔方五城舊屯沃饒之地自喪亂以來人功不及因致荒廢若力可墾闢不俟浚渠今發人浚渠得不補費是虛畿甸而無益軍儲也疏奏不報既而渠竟不成

貞元三年募戍卒屯田京西上問李泌以復府兵之策對曰今歲卒戍京西者十七萬人計歲食粟二百四萬斛今粟斗直錢百五十為錢三百六萬緡國家比遭飢亂經費不充就使有錢亦無粟可糴未暇議復府兵也上曰然則亟減戍卒歸之如何對曰陛下誠用臣言可不減戍卒不擾百姓糧食皆足府兵亦成上曰果能如是何為不用對曰此須急為之過旬日則不及矣上問其計泌曰吐蕃久居原蘭之間以牛運粮粮盡牛無所用請發左藏惡繒染為綵纈因党項以市之計十八萬匹可致六萬餘頭命諸冶鑄農器糴麥種分賜緣邊軍鎮募戍卒耕荒田而種之約麥熟倍償其種其餘據時價五分增一官為糴之來春種禾亦如之沃土久荒所收必厚戍卒獲利耕者浸多糴價必賤名為增之而實比今歲所減多矣且邊地官多闕

請募人入粟以補之。可足今歲之粮。上皆從之。因問曰。卿言府兵亦集。如何。對曰。舊制戍卒五年而代。今既因田致富。必不思歸。及其將滿。下令有願留者。即以所開田為永業。家人願來者。本貫續食遣之。不過數番。則戍卒皆土著。乃悉以府兵之法理之。是變關中之疲弊為富彊也。上喜曰。如此。天下無復事矣。泌曰。未也。臣能不用中國之兵。使吐蕃自困。上曰。計將安出。對曰。臣未敢言之。俟麥禾有效。然後可議也。

宋太宗端拱元年。滄州刺史何承矩上奏曰。臣幼侍先臣關南征行。熟知北邊道路川原之勢。若於順安寨西開易河蒲口。引水東注。至海。東西三百餘里。南北五七十里。資其陂澤。可以築隄貯水。為屯田以助要害。免蕃騎奔軼。俟期歲間。塘注關南諸泊淀水播作稻田。其緣邊州軍地臨塘水者。止留壯城軍士。不煩發兵廣戍。收水田以實邊。設險固以防塞。春夏課農。秋冬備寇。綏贍師旅。不失耕耘。不費國用。不勞民力。如此。則虜弱我強。彼勞我逸。以強禦弱。以逸待勞。制匈奴之術也。順安已西至西山。道路百里。以東無水田處。亦望遣兵戍以練其精銳。擇將領以去其冗綴。夫邊兵不患寡。患驕慢不肅而不精。邊將不患怯。患偏見自賢而無謀。邊備不患寇。患慢防而未肯若禦得其力。制得其要。何慮乎邊塵不息。邊患不除。且有國有家。以足兵足食為本。水田之盛。誠可以限戎馬而省轉粟之費。實萬世之利也。

淳化二年。知制誥柴成務奏曰。臣近以河北緣邊州郡乞置屯田事宜具狀聞奏。於今月二十六日長春殿召對。面奉聖旨。令具營置屯田利害。手細擘畫封進者。切以戎虜騷邊。古今常事。逐之則獸驚而鳥散。守之則師老而費殫。是知帝王歷代置之度外。止於列亭障以遏奔衝之患。營耕戰以圖經久之功。果感天心。是恢遠略。謹按古者井田之制。以六尺為步。步百為畝。畝百為頃。是一夫之田。夫九為井。井方一里。井開四道而分八家。鑿井於中。八家共用。是一井之法。一井之法。當計九頃之地。室廬溝洫皆在其中。先王所以定邦賦而足食也。三代致理。倘莫由斯。今之屯田取法於是。大率地方四里。置為一屯。一屯之田。開十六井。闔井之戶。當一百二十八家。家立垣墉。井分區域。屯落之外。界以長溝。四四相從。多多益辦。是以地方四十里。置屯一百區。若東西展二百里之長。南北止四十里之闊。可以置屯五百。列井八千。居六萬四千之家。侔一國三軍之衆。以之耕。則力均而功簡。以之守。則食足而心齊。保衆備邊。無易茲道。稽古人之明效。立聖代之宏規。事若果行。虜則無患。其有招納勞徠之戶。維持佃守之方。俟允施行。別為條制。

真宗時。太常博士王沿上書論漢唐之初。兵革纔定。未暇治邊圉。則屈意以講和。承平之後。我力有餘。而外侮不已。則以兵治之。孝武之於匈奴。太宗之於突厥頡利是也。宗興七十年。而契丹數侵深趙貝魏之間。先朝患征調之不已也。故屈己與之盟。然彼以戈矛為耒耜。以剽虜為商賈。而我壘不堅。兵不練。而規規於盟歃之間。豈久安之策哉。夫善禦敵者。必思所以務農實邊之計。河北為天下根本。其民儉嗇勤苦。地方數千里。古號豐實。今其地十三為契丹所有。餘出征賦者七分而已。魏。一起鑿十二渠。引漳水溉斥鹵之田。而河內饒足。唐至德後。渠廢。而相魏磁洺之地。並漳水者。累遭決溢。今皆斥鹵不可耕。故沿邊郡縣數蠲租稅。而又牧監芻地占民田數百千頃。是河北之地雖十有其七。而得賦之實者四分而已。以四分之力。給十萬防秋之師。生民不得不困也。且牧監養馬數萬。徒耗芻豢。未嘗獲其用請擇壯者配軍衰者徙之河南孳息者養之民間罷諸坰牧以其地爲屯田發役卒刑徒佃之歲可獲穀數十萬斛夫涇水一石其泥數斗古人以爲利今人以爲害繫乎用與不用爾願茲民復十二渠渠復則水分水分則無奔決之患以之灌溉可使數郡瘠鹵之田變爲膏腴如是則民富十倍而帑廩有餘矣以此馭敵何求而不可

仁宗慶曆五年知諫院歐陽脩上奏曰臣昨奉使河東相度緣邊經久利害臣切見河東之患患在盡禁緣邊之地不許人耕而私糴北界斛斗以爲邊儲其大害有四以臣相度今若募人耕植禁地則去四大害有四大利河東地形山險輦運不通邊地既禁則緣邊之食每歲傾河東一路稅賦和糴入中斛斗支往緣邊人戶既阻險遠不能輦運遂齎金銀紬絹錢等物就緣邊貴價私糴北界斛斗北界禁民以粟馬南入我境其法至死今邊民冒禁私相交易時引爭鬭輒相斫射萬一興訟遂搆事端其引惹之患一也今吾有地不自耕植而偷糴隣界之物以仰給若敵常歲豐及緩法不察而來過吾界則尚有可望萬一虜歲不豐或其與我有隙頓嚴邊界禁約而閉糴不通則我軍遂至乏食是我師飢飽繫在敵人其患二也代州岢嵐寧化火山四州軍緣邊地既不耕荒無定主虜人得以侵占往時代州陽武寨爲蘇直等爭界訟久未決卒侵却二三十里見今寧化軍天池之側杜思榮等又來爭侵經年未決岢嵐軍爭掘界濠賴米光濬多方力拒而定是自空其地引惹北人歲歲爭界其害三也禁膏腴之地不耕而困民之力以遠輸其害四也臣謂禁地若耕則一二歲間北界斛斗可以不糴則邊民無爭糴引惹之害我軍無飢飽在敵之害緣邊地有定主無爭界之害邊州自有粟則內地之民無遠輸之害是謂去四大害有四大利今四州軍地可一二萬頃若盡耕之則其利歲可得三五百萬石伏望聖慈特下兩府商議如可施行則名募耕種稅入之法各有事目容臣續具條陳

七年知鄧州富弼上奏曰臣竊聞河朔軍儲每歲不減六七百萬斛自來本路賦入外須更令客旅入中方得充足今水災之後農民亦半流徙從來沃壤盡爲閑田又河朔所占地土至多無由耕稼臣切計見入之賦不過三分之一別路支撥增添亦不過十萬斛較價贍費必無入中之助則是河北每歲軍儲頓虧一半已上雖朝廷極力救濟臣知無以出辦況別路所撥之物已是那輟應副若更減輟兩料則彼自虛竭必是難爲支撥民力不得不困國用不得不窘臣兼躬量得河朔流民東達登萊濰密南踰淮楚荊襄西至并代[illegible]陝北扱幽燕及山後諸鎮睽離四散無所不之三二年間唯上等有力或可歸業自餘流浪忘反卒無還期河朔逃田盡成廢棄河朔軍須無以供億若不早爲擘畫恐朝廷財用殫耗遂至不支甚非爲國之計也臣嘗覽載籍歷代備邊守戍多用屯田趙充國守先零曹操守四城諸葛亮守魏羊祜守吳當時皆爲戍邊頗多軍食不足盡取營田之利遂立破敵之功況今陝西河北緣邊甚有置屯田之處法制分在增脩不難臣欲乞朝廷指揮河北州縣去年逃田隨所在撥爲屯田諸州抽差廂軍給使如不足即募流民日得數千人不必比招軍人例[illegible]支破衣糧但量給口食粗令飽足既免凍餒必樂服田況本是農家不勞教勸或更許收成後十分中少給與一二分以充贍養之資則應募者其孰能禦之兼自來經水田土千倍肥濃耕鑿之功不甚勞力但能布種在地便有豐獲之望至於農具牛畜亦易爲經度或慮災傷之後難得牛畜只用人亦可應急若朝廷嚴切指揮速令興作必然今秋便有所入一二年後不可勝食纔使流民復業遂

於擾其元地給與則向時流徙不患其不歸也方今至急之務無出
於此伏惟聖慈早賜裁擇
仁宗時陝西經畧安撫使范仲淹奏乞罷陝西近裏州軍屯田疏曰
臣等竊見陝西昨來興置營田本欲助邊以寬民力除沿邊有空閑
膏腴地土處可以開墾外其近裏州縣官吏不能躰朝廷之意將逺
年瘠薄無人請佃逃田抑勒近隣人戶分種或令送納租課又自来
人戶租佃官莊地土每畆出課不過一二㪷今亦勒令分種每畆須
杈數㪷致貧戶輸納不前州縣追擾無時暫暇緣人戶自用兵已来
科率勞弊至於已業尚多荒廢寔無餘力更及營田其所出租課多
是抱虛送納切覩編勑指揮不得捋逃戶田土抑勒親隣佃蒔盖恐
害民況今歲災旱尤甚理當優卹不可非理煩擾使之重困臣等欲
乞特降指揮應陝西近裏州軍營田一切廢罷如元係租佃即令依
舊額出課如元係逺年瘠薄逃田舊稅額重無人請佃者即與減定
稅額召人請佃所貴疲民受賜歸感㕁仁
張方平上論曰臣聞古者師役不逾時無逺征久戍之勞宿軍轉餽
之費故在三代無屯田之事降及秦漢務恢封畧廢弊中夏外事胡
貊魏氏之後吳蜀鼎立永嘉東徙遂成南北天下割解更相鄙夷分
疆占域各分戍守力穡之夫觧被甲之士衆曠日持久兵勢未解而
屯田之利興矣漢昭始調戰射士設屯於張掖充國後擊先零羌留
佃於浩亹魏武之經畧四方取濟許潁之積晉氏之南征吳會仰給
江淮之儲唐太宗既定天下思欲散兵權省國用遂因隋制相要衝
以設府計隙地而置屯三時務農一時講武居則有扞城之虜而廩
食自足動則備調發之籍而戎事無廢及明皇恃海㝢之泰寧承國
力之全盛府兵耗散田業不墾後又停折衝府立武士帳於是卒罷
丁兵而有正兵矣寵捋驕卒坐而蠹食帑庾虛竭財用不贍而商刓
侵刻之臣百方誅取生人困瘁漸至危亂范陽𢘑禍日尋干戈代宗
德宗專用姑息自諸方鎮之任徒兼營田之名𢘑戟之夫箕踞待哺
至憲宗時有司上元和國計簿校天下兵農之數率以兩戶而資一
卒人力凋弊可舉而知凡天下兵農之業遂離而不復爲今國家之務
莫大於養兵四聖同仁恭儉慎德靡遊于逸于觀于畋念四方惟正
之供憫小人作業之勞節愛惟徽啬用固小然出納之吝在乎有司
刻斂勾收錙毫圭撮天地所產山海之富動植之物悉筦于官婦織
不衆夫耕不食黎民力盡寒暑不息以供軍士衣稍匪頒之費汲汲
乎其不能足也伏見議者有獻屯田之策雖未能該盡乎躰要顯辨
其利跡而或者猥爲異說破其端緒臣輒爲之揚搉以申其論或者
曰盖聚衆邊境戰守相持留則芻糧不足解則寇患未息故且耕且
守而後有屯田之事未聞平時興屯於內地也臣應之曰昔棗祗建
策之迹徧布都畿鄧艾正始之謀近緣陳項晉荀羨興石鼈之利分
界東陽齊穆暐置懷義之屯乃在河內唐氏府兵皆田天下相望後
上元中因洪澤芍陂之饒大資國用我朝自唐汝河朔之郡皆有田
務此固不待邊境而後有屯田也今淮陽許昌汝南之域人希土曠
地力不盡密接京輔便於漕發雖內師禁旅更出就食往復決日不
廢備護又東平鉅野至于彭城率多閑田民力不贍決河之所墳淤
皆爲沃野歲所汝入東自濟汶漕而北泗可至河北東境西入廣利
渠可至太倉曹南陶丘可爲廩積置屯之地無便於此江淮之境人
稠土狹田無休易何以布屯且國家歲漕東南之粟度其運致費已
兼倍此爲謀之迂也或者曰唐氏之前兵民同業本調取於農故
可任於農事今之軍士皆市井驍猾去本浮游之民至于無所容然

後入于軍籍且其驕也久矣呴濡保息莫敢拂其心者是可使之寒耕暑耘者乎臣應之曰昔之為屯田者多在師旅之中解甲冑而執耒耜釋耒耜而執干戈出死入勞莫之憾也惟所御用之而已又況四方無事邊疆無役衣食是而起居時安室家而守妻子使趨南畝各食其力又何憚焉蓋智者謀始因勢推移使事濟而衆安在資權而成務臣雖不敏請試效愚蓋漢氏之屯田也發弛刑焉曹氏之屯田也募百姓焉晉氏之屯田也置營卒焉後魏之屯田也借民力焉唐氏之屯田也以府兵焉或兵或民惟所用者今天下浮戶依強家而為佃客者取分末之利輸太半之率由無以自業也儻優制招來縻之以利寬其賦入復其它徭則願屯之夫襁負而至矣為置典農之官專司力穡之事功勞報賞為法必信因使冬隙簡其強銳教之角射賞其精力古者因農事而寄軍令蓋此之謂則是募屯田夫得

屯田兵也居則稼穡之人用則戰騎之士不衣庫帛不食廩粟是驕卒可放省屯倉可待盈雖有凶荒水旱之變而軍不乏手儲峙民不增手橫賦建屯之利其亦博矣謹論

神宗熙寧七年詔委提點秦鳳路刑獄鄭民憲興營田許奏辟官屬以集事樞密使吳充上疏曰今之屯田誠未易行古者一夫百畝又受田十畝為公田莫若因弓箭手倣古助田法行之熙河四州田無慮萬五千頃十分取一以為公田大約中歲畝一石則公田所得十五萬石官無營屯牛具廩給之費借用衆力而民不勞大荒不收而官無所損省轉輸平糴價如是者其便有六而提點刑獄鄭民憲言祖宗時屯營田皆置務屯田以兵營田以民固有異制然襄州營田既調夫矣又取鄧州之兵是營田不獨以民也邊州營屯不限兵民皆取給用是屯田不獨以兵也至於招弓箭手不盡之地復以募民則兵民參錯固無異也而前後施行或侵占民田或差借耕夫或諸鄉括牛或兵民雜耕或諸州廂軍不習耕種不能水土頗致煩擾至於歲之所入不償其費遂又報罷惟因弓箭手為助田法一夫受田百畝別以十畝為公田俾之自備種糧功力歲畝收一石水旱三分除一官無廩給之費民有耕鑿之利若可以為便然弓箭手之招至未安其業而種糧無所仰給又責其借力於公田慮人心易搖乞俟稍稔推行

元豐五年詔提舉熙河等路弓箭手營田蕃部共為一司隸涇原路制置司提舉熙河營田康識言新復土地乞命官分畫經界選知田廂軍人給一頃耕之餘悉給弓箭手人加一頃有馬者又加五十畝每五十頃為一營四砦堡見缺農作廂軍許於秦鳳涇原熙河三路選募廂軍及馬遞鋪卒願行者人給裝錢二千詔皆從之

高宗時龍圖閣直學士知湖州汪藻上奏曰臣竊惟國家遭金人之禍于今五年無歲無兵而去冬之役振古未聞廼者盤礴之師至江壖不渡此陛下憂勤上通於天而天贊我也然臣嘗觀古者兩敵相持所貴者幾會此勝負存亡之分也虜師既退國家非暫都金陵不可而都金陵非盡得淮南不可淮南之地虜人必不能守若為劉豫經營不過留簽軍數萬人而已耳蓋可驅而去也淮南荐罹腥膻蹂踐且群盜繼之民去本業十室而九空其不耕之田千里相望流移之人心已棄決非朝夕可還也國家欲保淮南勢須屯田則此田皆可耕墾臣愚以為正二月間可使遣劉光世或呂頤浩率諸頭項招安人馬過江營建寨柵除見存人戶田產不可借外其餘流移未還者明降指揮各借五年使諸軍分地而耕候種食充盈規摹已定然後徐步而圖中原既固行在藩籬且清東南群盜此萬世一時也

章誼上奏曰臣竊見朝廷累年興置營田將以勸耕桑足兵食廣財賦寬民力誠敦本抑末務農重穀之政也然而行之累年而土不加闢者何也急於見效而務於專利也夫急於見效則官吏掊抑之弊生務於專利則田野耕鑿之人少今京西湖北與夫淮南東西此四路者其被兵最甚其失業最多朝廷必欲家給牛種人給錢糧然後為勸耕財力所不能足必欲今年借貸明年收租然後為見效則豐凶有不可必苟能捨此二事而捐其地於財力可辦之人使人自勸耕家自竭力而兵食兼足公私並濟見效於數年之後實大惠也今三大將各屯一路此皆昔時鎮撫使所有之地也人民懲於兵盜而不敢歸國家恃為藩籬而未能固如蒙聖慈各捐數縣之地使三大帥均給將士其願耕者則收其租賦之入明諭百姓使執契券盡償其業於它郡申飭有司使供給餉饋毋得少損於平日人情既孚地利既盡則可善償而收其餘以省轉輸之勞非小補也今不早圖日復一日困數路之力竭財用之源以供軍旅之費設有水旱備峙不繼悔將無及況自用兵十年以來言營田者幾人矣非無區區憂國愛民之意類皆計較毫末數曰議功又欲兵民雜耕所以卒無成效唯聖主斷而行之早賜給授使將有定守兵有常藏堡壁相望耕戰相因其堅守則有金城湯池之固其相援則有常山長蛇之勢聽其自設方略各為遠圖不必屑屑較其賦入之多寡彼竹畢智竭慮以副聖主涵育之惠矣伏惟留神大幸

給事中廖剛上奏曰臣嘗謂國不可一日無兵而兵不可一日無食今諸將之兵被于江淮不知幾萬數初無儲蓄之備仰待哺於東南之民已不勝其困矣可不為之慮哉然救此患者莫若屯田朝廷亦嘗行之於淮南乃今閱數秋矣曾未聞其有補豈措畫之方勸相之誠有未至乎何其效之遲也臣願有說於此昔郭子儀以河中軍常乏食乃自耕一畝將校以是為差於是士卒皆不勸而耕是歲河中野無曠土軍有餘糧史傳所載不可誣也以此知在主將加意而已夫子儀之事固不可以強大將然自偏裨而降獨不可勉之以身率乎陛下誠詔之曰將校有如郭子儀之躬耕者朝廷當加旌賞彼亦必以為榮而胥勸矣此一說也昔漢之盛時力田者與孝悌同科蓋務農重穀所以勸之者不得不爾臣觀比年行軍之賞以功遷資者動以萬計誠詔之曰每耕田一頃與轉一資彼以執耒之安方之操戈之危豈不特易此賞誠行萬頃不難得將無不耕之田矣此二說也臣又聞諸葛亮攘武功與司馬懿對於渭南每患糧不繼乃分兵屯田為久駐之基耕者雜於渭濱居民之間而百姓安堵軍無私焉今江淮之民流離失業者甚衆顧未有以安集之耳誠詔之曰假爾種糧復爾賦租雖有士卒不汝侵擾凡主將之可恃如此則彼有轉相勸率負耒耜而來者矣夫爭魚者濡逐獸者趨利之所在人樂赴之死且不避而況無死之懼乎此三說也三說者誠行則兵食足而民力紓矣豈徒如此種粟既多人保其有相與出力以禦外患而軍勢亦益張矣豈小補哉臣願陛下以是屬之諸將可乎是謂經遠之謀富強之術而中興之資也若夫貪尺寸之功為僥倖之舉與夫覬彼之所為而輒務勝之抑末也臣恐或為所欺反自取困弊耳非計之得也願陛下虛心而加擇焉天下幸甚

剛又奏曰臣竊見朝廷講屯田之策久矣春耕又復失時日度一日畧不見有所設施臣所未喻夫臨淵羨魚不如退而結網今欲戰苦無兵養兵苦無食此朝夕之所念慮而不能置者如謂古屯田法未易遽行獨不可參酌時宜姑取其簡易便於人情者試為之乎江淮

之間。蒿桒千里。本皆膏腴之地。臣願詔劉光世軍中將校有能部其卒伍。兼耕者優加爵賞。歲入悉分其衆。自餘曠土。益募民墾闢。每能率三五百人。或千人。乃至數千人。遞補以官。三歲勿賦。則淮南江北懷歸之人。與所在土豪。自當有應募者。事成。皆許優與遷轉。利之所在。人所樂趨。雖使之自戰自守可也。此古實邊之策也。豈惟民力紓而兵食足。人保其有。相與出力以禦外患。而軍勢亦益張矣。豈小補哉。今歲閏四月。稻田或尚可種。惟早圖之。

剛為御史中丞。又奏曰。臣聞聽納。人君之盛德也。然貴於能行。聽納而不果於行。亦何益哉。昔子路有聞。未之能行。唯恐有聞。蓋士之欲善其身如此。君天下者。行一善言。則天下蒙其福。廢一善言。則天下受其弊。其所係固非匹夫欲善其身者比也。臣伏覩陛下求言之誠。聽納之德。古未有也。豈惟在廷之臣。莫不盡其所欲言。四方萬里布

幕草澤之士。苟有所見。咸得上聞。臣意今日天下幾無隱情矣。然考察而施行之。臣竊以為未至。且以一事言之。屯田之為利。三尺童子皆知之。前後言者不知幾千百人。而十年于茲。訖未見效。謂終不可行耶。古人行之而獲其利者多矣。豈今天下曠土之多。不戰之兵張口待哺者。如此之衆。而獨不可行乎。朝廷實緩其事。雖行之而未得其術亦明矣。東南餘民。困弊極矣。不以屯田代其供饋。將何以蘇之。臣願亟詔有司。取前後講畫屯田章疏。詳加討論。務在必行。若歲復一歲。不加意焉。欲兵食足而民不困窮。臣敢以為無良策也。此則今日事之最急者也。臣復見日前關報臣寮所陳利害。其間有切中時病。決可施行者尚多。且如言賞重罰輕。民不知畏。廢法用例。吏丞為姦。翻異不已。而姦贓卒免。添差不已。而州縣被害。賦租失實。而貧民苦於代納。文移假煩。而庶事因以不治。若此之類甚衆。其弊顯然。當

革。無可疑者。朝廷大抵例送所屬看詳甚當而已。是以因循遷延。其說多不果行。臣愚欲望聖慈特降處分。委自宰屬檢舉日前看詳等指揮。立限具上都省。參酌取旨施行。所貴其言不為虛文。實天下幸甚。

虞允文上言曰。臣聞國以兵強。兵以糧聚。此天下之通論也。然兵之數。常失於冗而不精。糧之數。常憂於虛而無積。二敝其今日之所甚急乎。往歲之春。警報紛紛。陛下嘗為之宵旰矣。及此暇時。四境之備。當議持久之計。而或者謂備邊者必增兵。而增兵之害有二。外則起敵國之疑。內則憂月給之不足。臣嘗竊思之。以為無增兵之名。而有屯兵之實。有減兵之利。而無養兵之費者。營田是也。國家營田有年矣。蜀口之入。歲不過十二萬石。武昌之入。歲不過八萬石。荊淮之間。所入益少。而將相故家一歲之儲。有至數十萬石者。豈天下之大。乃

不及之。況今荒田曠闢。未易以頃畝計。昔諸葛亮之於漢中。鄧艾之於兩淮。羊祜之於荊襄。顯然皆有成效。亮雖不久。而已寬全蜀之運。艾以六七年間。積三千萬斛。祜之末歲。亦有十年之儲。以今二三大將忠義智略。自是不在亮祜艾下。顧不能為。陛下思長久便利之策乎。臣聞古者一軍之中。未必皆戰士也。而有上中下之別。上者可戰。中下者可役。而新募之兵可役者必倍焉。而舊兵之老弱者。舉不堪役也。不堪役者聽其離軍。資其鉏犂糧種之費。授田以優其生。而募新兵以復其額。使凡可役者。併寓於農。而薄其歲之所入。率以一人耕而養一兵。若耕者萬人。歲可增一萬兵矣。歲增不已。耕者益衆。所蓄之兵。必全盛於今日。豈惟國勢以強。邊儲以豐。而軍制可坐而定也。臣願陛下與腹心大臣共議之。徽旨所嚮。則下皆景從矣。大抵使精於藝者習戰。拙於用者力耕。而老者得以自便。莫不因其性而行

之三軍其有不順陛下之令者乎一得之愚惟陛下幸擇

孝宗隆興元年臣僚言州縣營田之實其說有十曰擇官必審募人必廣穿渠必深鄉亭必脩器用必備田處必利食用必充耕具必足定稅必輕賞罰必行且欲立賞格以募人及任廣西馬綱三年以市牛會有訴襄陽屯田之擾者上欲罷之工部尚書張闡言今日京襄屯田之害以其無耕田之民而課之游民游民不足而強之百姓於是百姓舍已熟田而耕官生田或遠數百里徵呼以來或名雙丁而役其強壯老稚無養一方騷然罷之誠是也然自去歲以來置耕牛農器脩長木二渠費已十餘萬一旦舉而棄之則荊襄之地終不可耕也比見兩淮歸正之民動以萬計官不能續食則老弱飢死強者轉而之它若使之就耕荊襄之田非惟可免流離抑使中原之民聞之知朝廷有以處我率皆襁負而至矣興時墾闢既廣取其餘以輸官實為兩便詔除見耕者依舊餘令虞允文同王玨措置

二年江淮都督府參贊陳俊卿言欲以不披帶人擇官荒田標旗立砦多買牛犂縱耕其中官不收租人自樂從數年之後墾田必多穀必賤所在有屯則村落無盜賊之憂軍食既足則饋餉無轉運之勞此誠經久守淮之策詔從之

國子司業劉燴接伴金使于盱眙軍還言兩淮之地藩蔽江南干戈盜賊之後宜加經理必於招集流散之中就為足食足兵之計臣觀淮東其地平博膏腴有陂澤水泉之利而荒蕪實多其民勁悍勇敢習邊鄙戰鬪之事而安集者少誠能經畫郊野招集散亡約頃畝以授田使毋廣占拋荒之患列溝洫以儲水且備戎馬馳突之虞為之具田器貸種糧相其險易聚為室廬使相保護聯以什伍教以擊刺使相糾率或鄉為一團里為一隊建其長立其副平居則耕有警則

守有餘力則戰帝嘉納之

蔡戡上奏曰臣聞守城以兵養兵以食有城而無兵與無城同有兵而無食與無兵同三者不可闕一今襄陽樁積米不過三萬石借貸侵移陳腐之餘所存不多緩急何以為備況總領所歲計支米十萬石自湖南諸州移運應副鄂州至襄陽泝流而上二千一百里灘淺水急非兩月不可到且有損失欠折之患水脚縻費蓋亦不資臣謂與其仰給於餽運不若取之於土產與其責辦於民力不若官自為之今荊襄間沃壤千里古人屯田遺跡具在羊祜墾田八百頃即此地也故臣先言水利之當脩次言屯田之可廣況漢淮之俗淺種薄收殊不勞費一歲之間用力不過三次春耕夏種秋收而已兵師得人於此留意每歲春時差撥官兵廣行耕種事竟即歸收穫亦然及其登場以四分入官六分給耕種收穫之人無官軍兵請給甚微得此望外之物去胡不喜將見不待驅迫爭欲服田官兵既已樂為然後寓以教閱之法使之角射藝之精者得往比其反也復使之角射藝之不廢者再遣之且耕且教兵食俱足積以歲月可省湖南餽運之勞而邊備有餘矣襄陽見今屯田官兵五百人歲收穀麥幾二萬斛官取其半惜乎未廣也今既鑿木渠渠之左右無非良田以漸耕墾其利十倍伏望聖慈詳酌行下荊鄂都副統制司相度施行

光宗時戡又上奏曰臣等準淳熙十年八月十四日尚書省劄子節文福州觀察使建康諸軍都統制郭剛劄子奏六月三日準遞到御前金字牌御寶封降下御筆朕聞屯田內有亡費之利外有守禦之備趙充國陳便宜十有二事其說曉然久欲推而行之患無其人闕而不講卿宿將虎臣通於兵事可以倚仗其計度田處與夫人數器用之屬凡所以施行之策詳悉條具聞奏副朕意焉付臣謹已仰體

聖訓恭稟施行。切惟屯田之法，因田致穀，以便軍食，為利甚博。陛下留神農務，明問下及臣，雖愚闇敢不罄竭萬一。惟是經始之初，不無少費，既乏之後，可與圖成。以守則堅，以戰則克，實為經久無窮之利。臣區區愚見，條具奏陳。八月十四日，三省同奉聖旨，令總領與郭剛同共條具，臣等恭稟前項聖旨指揮，置條具下項，須至奏聞者。

一、臣等契勘淮西州軍邊面闊遠，若於沿淮處一槩措置屯田，切慮擾動邊民，兼有不通水次去處，難以轉輸。惟是和州烏江、含山、歷陽縣，無為軍巢縣、廬江縣至東關焦湖一帶地瀕江湖，可以通行舟楫。昨來措置屯田之時，軍旅方息，人戶少有歸業，亦止根括到和州三縣及無為軍巢縣荒田共五百頃，及廬州三十六圍開墾。自廢罷之後，州縣據憑人戶契據識認，其間不無侵耕，歲月既久，遂同已業。若欲泛行根括，切慮州縣因而擾民。

今相度欲乞從朝廷劄下淮西帥漕司，先次行下諸縣，取見人戶請佃舊管屯田數目，然後於瀕江臨湖一帶近裏州縣根括可以開耕無主荒田，開具坐落地段四至田畝數目，供申朝廷。候到，降下，以憑標撥措置開耕，仍令逐司嚴切約束州縣，不得因而擾民。

一、今來初開荒閑田土，全藉工力，不比熟田用工省易，須令人有餘力，方可使之競勸。臣等今相度欲每田一頃，令四人分耕，每人當二十五畝，每六人為一甲，於內差甲頭一名，十甲為一保，計六十人，差使臣一員管押。今且以五百頃為率，共合用二千三十三人，每一千人，差將官一員，部轄措置。將司白直等人一一五人，共用二千六十五人。照得自乾道六年以後，不曾差撥官兵前去沿淮出戍。今來所差屯田官兵，欲且於和州防城一千人內分撥前去，候淮西帥漕司根括田段見得多少，或有不足人數，即從都統制司照數貼差於[illegible]防城名目。將來田土成熟，耕墾省力，有可減人數，從宜施行。

一、合用耕牛、農具、寨屋、種糧之屬，若令淮西漕司應辦，不免行下州縣科擾百姓。若令軍中自行辦集，又緣建康都統制司自廢罷屯田之後，止有逐月撥到酒息錢，按月支給諸軍統制、統領、將佐供給，又有打造戰船、教閱犒賞、百色支用，別無寬剩。切見淮西漕司所管錢物浩瀚，欲乞朝廷指揮於淮西漕司見管錢內先撥十萬貫，支付建康都統制司拘收，據合用耕牛、農具、寨屋、物料、種子，並依郭剛已奏請之數，先且減半收買製造使用。淮西漕司除根括田段之外，其餘事件並無干預，既免擾民，事亦易集。

一、今來開墾之初，所收子利未廣，兼起荒勞苦，合行優潤。臣等今相度欲將第一年所收物斛除存留種子外，盡行給與力耕官兵；第二年除種子外，以十分為率，官收二分，其餘八分給與力耕官兵；第三年除種子外，以十分為率，官收三分，其餘七分給與力耕官兵；第四年所收物斛除種子外，以十分為率，官收四分，其餘六分給與力耕官兵。已後年分並止以四六分收給。庶幾官兵樂於勸耕，不致廢墮。

一、部轄將官、使臣、合干人、白直等人往來管幹，亦合量行支犒。緣官中所收不多，臣等今相度欲於力耕官兵所得分數內斟量取撥，從都統制司照等第逐旬均給，候支散畢，具數供申朝廷照會。

一、今來淮西漕司先撥到錢數，及將來收成官中合拘收物斛，臣

等相度欲委都統制司校文候年終造帳開具奏聞

一如有條具未盡事件續具奏聞

甚夕上奏曰臣昨任京西漕臣親見荊襄之間沃野千里古人屯田遺跡具在戍兵全仰縣官請給微薄餽運艱險誠因其所利耕墾可實邊儲亦因以寓教閱之法今春召還嘗具劄子面奏特蒙玉音稱善近者伏準尚書省劄子備奉聖旨令臣與都統郭剛同條具屯田事宜臣切揣聖意豈非採嚮者愚慮之一得不但可行於荊襄欲廣其策於被邊之地乎况臣所領職實兼措置屯田固當竭智殫慮以裨萬一已與郭剛同條具奏聞外然臣有愚見不敢隱嘿臣伏見漢淮事勢大槩不同襄陽地廣人稀自城之外彌望皆黃茅白葦既無水渠溉田數千頃無民田間斷兵耕其中聚而不散號令進退不失部伍淮西州軍去邊稍遠耕者日衆雖有荒閑之田不免與民田接

畛軍民雜耕豈能無擾屯兵散處廬舍隅遠亦難鈐束此事體不同者一也襄陽去邊不百里自脩好以來五六十年流民未復曠土未闢見今可田去處皆是百姓棄而不耕之地軍民不相侵奪坐得良田故其為利也安淮西則不然富民大家及歸正人經官請佃廣作四至包占在戶歲月既久遂為永業官司非不知之若一切根括則必大為邊民之擾若止於其所棄而為屯田則所得無幾此事體不同者二也襄陽屯田近者負郭遠者數十里主帥可以親臨朝出暮歸察其農事之勤惰閱其武藝之精粗而賞罰之戍兵往來耕者饁者相望於道營寨不遠可以更休故於事為便今大軍屯駐建康淮西異路近者猶有一江之隔主帥絕江而北人所創見委之偏裨未必盡力况事當一一咨稟主帥而後行遠處於數百里之外非身履目擊之豈能盡合事宜其於農事武藝亦不能盡察戍兵往來動是

旬日營寨相遠必家屬偕行此事體不同三也自和戎以來兩淮未嘗宿重兵諸州防城不過千百人而已襄陽之兵雖號鄂渚分戍然自來留屯萬人以副帥臨之敵人習熟不以為疑今若一旦廣行屯田於淮西沿邊州郡必駭聽聞或啓釁隙要當以漸於近裏州郡為之此事勢不同四也有是四者故屯田之法行之荊襄則易行之淮右則難然則屯田決不可行之淮西乎大抵事無難易在所以處之耳臣聞善立事者戒張皇而惡煩擾夫興大衆開屯田於和好既定之後不無駭聽而不安者向來和州屯田五百餘頃廬州有三十六圍廢罷未久其間多是熟田見係人戶請佃不若先遣官吏案行籍其舊數自來歲措置開耕規摹既成以漸增廣今和州防城者千人廬州亦有三百人春去秋還若根刷向來屯田官兵增益而併遣之則不至張皇矣所謂惡煩擾者凡州縣之間興一役辦一事無非擾

民監司行下諸州諸州行下諸縣諸縣不免取辦於百姓官吏並緣為姦其擾數倍縱使量給價錢糜費減剋所餘無幾往往白著今屯買耕牛造農具蓋寨屋一切委之漕司漕司靳費勢必科擾未見屯田之利已為邊民之害臣謂不若令軍中辦其事漕司給其費要使屯田開而民不知則不致煩擾矣軍獲其利民不知擾人心既安地利亦盡屯田之法孰謂不可行之淮西乎臣識慮闇淺討究迂緩不敢避雷霆之誅惟冀天地日月容覆而照燭之臣不勝大願

楊萬里上疏曰臣聞天下之事不可名之以無故之大也名之以無故之大則將待之以甚難之舉名之以大而待之以難則上之人徬徨睥睨而不敢決下之士畏懾沮喪而不敢議始乎不敢議卒乎廢其議始乎不敢決卒乎寢其決事之難行古之難復而天下之難治皆出乎此而今之所尤紛紛者屯田之議是也且事異職而職異力

從其職而力之則力之爲有功非其職而力之則力之爲無用夫屯田者一有司之事耳何至於煩天子之宵旰而累廟堂之講明哉臣聞禹之治水非躬於疏鑿周公之作洛非手於營築夫固有治之者孔子曰出納之吝謂之有司曾子曰籩豆之事則有司存是故先零之田充國不以累宣帝許下之田棗祗不以累曹公而漢宣曹公亦未嘗下取二臣屯田之事而代之憂今獨待區區之屯田以甚難之事則天下之事又有難者將何以待之此非名之以無故之大之過歟臣請得而小之且屯田之事其實甚小而其名甚大者執屯田之名也屯田之名不去則屯田之實終不可行田以屯名豈非以屯兵而名耶古者兵農一人漢之良家子唐之府兵猶有先王之典刑也自張說之募劉守光之刺而兵農始爲二人矣故自唐以前鄉井無不能戰之農而營壘無不能耕之兵非農之可強以戰而兵之可教以耕也彼固世於耕而習於戰也以其習爲者而離鄉井故其戰不慄以其世爲者而居營壘故其耕不作今則不然兵人者靡衣修食捕博而使酒傲悍跳肆視農民以奴隸而尚肯爲農民之事哉今欲屯田而猶執其名以責其人是驅虎豹以耒耜而鞭之使墾田也其不可明矣且又有不可者兩淮之屯田臣不得而知也臣獨見江西之屯田大抵其田多沃而荒其耕者常困其利則官與私皆不獲夫田之沃者耕之招也而何至於荒利不歸於上則歸於下而官與私何至於兩不獲租重故也租重故一年而負二年而困三年而逃不逃則困於官不瘐死不破家則不止前之耕者去矣後之耕者繼如是焉官之遺利可勝惜耶又有大不可者古之屯田皆有謂也行於內地則爲濟飢許下之役是也行之邊地則或爲備敵或爲誅人李泌之議充國之議是也用兵之日則兩淮顯行之可也非用兵也而

驟焉揚兵以屯田焉鷙鳥將擊必匿其形何至於彰彰如是哉是故莫若去屯田之名舉兩淮之屯田不授之兵而授之民因以口授業以世守如唐太宗之授田使兵與民分農以食兵故戰者逸兵以護農故耕者安農安而兵逸守則堅戰則強其利一也君子之舉事不言不可言之名不行不可行之言欲行屯田而憚於明言之則名之者非也今天子曷不詔兩淮之漕司與守臣以兵火之後招集流民其民存者以其田復之其亡者許它人承之其爲田之在官者曰屯者曰營者曰沒入者舉而一之爲世業以授民之無田者且不問於江湖閩浙之民則行可言言之可名矣夫吾自有田吾自有民以吾之田授吾之民此何驚於敵而何疑於逼哉其利二也其事既行則又詔於內地諸路之守臣有民稠地狹而願遷則遷之淮有水旱飢民之就食則就於淮使民得自言而聽其來官隨所遇而爲之給何患無能耕之人哉檢校經界之舊籍以爲均稅之額盡蠲內地之屯田以爲牛種之資其熟戶則蠲其幾年之租其新民則蠲其幾年之租何患無樂耕之人哉且使人必有道因其所利而利之之謂也今使兩淮之地民戶增而墾田多者必以韓重華之賞而賞漕臣以王臣之賞而賞守令則吏之所利也民之來者優而恤之如前之說則民之所利也是三人者各利其利各力其職而又糾之以諫官御史以察其擾且僞則不出十年兩淮無餘田而有餘穀朝廷有兵食而無兵費邊上之粟如山而內地之餉漸可省矣其利三也辭屯田之名以享屯田之實不在此耶或曰田之在官者不賣之而直授焉官其賞民其倖矣蓋爲政者必視其所爭而爲之制夫以民爭地則地重以地爭民則地輕地重者賣之可也地輕者授之可也今兩淮之地所謂地爭民者也授之猶未必來而況賣之耶役民以築而賣之

木驅民以戰而責之箭臣不知其說也惟朝廷擇其中
寧宗嘉定十五年司封郎中魏了翁上疏曰臣曩蒙一再賜對嘗極陳三邊利害之實三虜強弱之勢雖蒙聖慈不以其狂瞽曲賜容貸而事會無窮隱憂莫釋每念古人守邊備塞可以紓民力而老敵情惟務農積穀最為要道然而言之者爛熟聞之者詘玩何也以未嘗精講而力行之也臣生長於蜀雖幼習百氏長遊四方於國中之事粗所素講然身履目擊之久真知而實見則莫如父母之邦姑以蜀事為陛下陳之則三邊固可類推矣臣比者竊聞四川制置司遵奉聖旨措置利州路營屯田委監司分任其責見已置局經理朝廷明見萬里之外凡在邊鄙莫不踴躍思奮猶有說焉西邊自罹虜寇已來利東之大散黃牛利西之皂郊水關等處五六年間原堡多驃地利悉棄以故流人久不復業穀粟日貴兵民交弊今若遷行屯田則

合葺邊堡合用兵耕而邊堡則諸將慮事謹審欲及冬時同乘機便乃可脩築兵耕則自頃年累減軍額以來以之坐守尚多闕數矧今久戍之餘難復再加役使是屯田之事卒未可舉而邊實之儲無時而可議也然則遂置之不復問則豈不甚可惜哉臣竊謂有屯田有墾田二者相近而不同墾田者何大兵之後田多荒萊如諸路有閑田寺觀有常住皆當廣行招誘使人開墾因可復業則耕穫之實效往往多於屯田蓋並邊之地久荒不耕則穀貴貴則民散散則兵弱必地闢耕廣則穀賤賤則人聚聚則兵強此理所必然惟毋責屯田之虛名而先究墾田之實利則庶幾矣臣請試陳今日所當墾之田如利之西路則皂郊之內湫池諸谷水關之內崖石諸鎮利之東路則洋川之內青座華陽鳳集之內盤車諸嶺大率昔為膏腴今成荒棄至於金州近裏亦多有之其田去虜或百里或二三百里有高山

大陵之險可據有原堡兵戍之援可恃亦有賊騎從來所不嘗至之處若更得土豪之助則指日可成今聞三路土豪之為忠義者有願自備費用自治農器自辦耕牛自用土人各隨便利趁時開墾及秋布種其間亦有願畧資官司給助者亦自不多若聽其施工畧計所耕可數千頃則明年此時便收地利縱官未立額或量行輸租其潛裕兵民使漸食賤粟比之頃歲人咨斛貴官苦糴貴其利害豈不萬萬相絕何況耕田之民又皆可用之兵不數年間邊食既豐兵丁亦足萬一有警呼吸成聚家自為守人自為戰比於倉卒遣兵戍守亦萬不侔若是則雖無屯田之名而有屯田之實無養兵之費而又可潛制驕蹇之兵不惟不畏殘虜亦可不畏它盜積以歲月則今之墾田又可為後之屯田今之耕夫可為後之精兵救蜀大弊為蜀永圖無出於此顧何憚何惜而久不為也或者之所慮不過寇抄耳然虜

嘗蕩劫我梁洋及五州知無所得今方與韃夏相持未必遽議再入目前可以暫紓失今不為則後悔無及臣比得蜀中近聞興元金州兩戎司探報虜方科民牛具開耕鳳翔荒田又聞西和一帶邊民覘知虜亦廢兵願各耕種人自為守夫墾荒之利虜猶知為之而我不敢為原堡之固虜知葺之而我弗敢葺悠悠歲月坐長寇讎臣不知所以為策矣比者關外連歲荒歉今年蕎麥大熟邊民無裏外咸知耕播之利聞朝廷施行屯田指揮下日西和一帶願耕者雲合風偃動以千數人心若此何可失也臣愚欲望聖慈申命四川制置司據目今已行就令利路提轉司因人心欲為之機撫天時難失之運先切選用土豪漸漸耕墾細民所不能墾之田則一寸有一寸之功一日有一日之利皆實効也事半功倍惟此時為然若夫屯田則先懵諸將脩葺原堡俟畢日併將極邊荒田盡數耕播行之以漸要之以

久不數年之間。邊備隱然。以戰則勝。以守則固。保蜀之策。無大於此。惟陛下財幸。

元世祖時。東平布衣趙天麟上策曰。臣聞神農之教曰。有石城十仞。湯池百步。帶甲百萬。而亡粟。弗能守也。由是觀之。兵者城之守也。食者兵之給也。非兵無以守城。非食無以給兵。兵足而城安。食足而兵壯。兵食二者。強國之計也。謹案古者井田之法。地方千里。出兵車萬乘。甲士三萬人。步卒七十二萬人。馬四萬匹。牛十二萬頭。且耕且守。人無阻飢之厄。有室有家。下獲樂業之慶。三代以後。去古既遠。阡陌制起。舊法遂絕。歷代尚患兵食不足。至有令人入粟鬻爵而濫官者矣。又有令人入粟免罪而敗法者矣。亦有賦斂煩劇而失民心者矣。亦有重刑極罰而徵民物者矣。是皆見目前而忘後患。得其一而失其百者也。乃有卓然英乂。思革其弊。屯田之事。由此而興。君充國之於先零。鄧艾之於壽春。以至魏武屯於所在。而倉廩靡不皆滿。羊祜屯於襄陽。而積粟可支十年。其餘獲利者。未可勝數。然猶未達於天下也。唐置六百三十四府。府各有兵。無事之時。乃耕于野。永徽年間。斗米三錢。盜賊遂息。旅行千里。不持寸兵。盛之至也。今國家大業已定。不忘武備。江湖嶺海閩廣川蜀西北東北邊塞之地。皆有軍兵以戍之。坐食糧粟。淮南北等處。有屯田官府。而屯田實未之廣也。為今之計。宜廣屯田。況屬承平之秋。非同征伐之日。須立久長之妙法。庶幾咸德之並行。使先偏後伍之流。務南畝東皋之事。一朝有事。則厲戈帥甲而奮其戰勝攻取之能。聲寇消聲。則力穡服田而求其千倉萬廂之積。畋於農隙。以講大事。完其營壘。以防不虞。亦既免飛芻輓粟之勞。而又有用寡生多之益也。義歸一致。功可雙成。伏望陛下。念茲在茲。凡戍兵之處。命戍卒為農。開墾曠田。每百人限幾頃。凡所用之牛。官為出直於南方西方市買而分給之。凡所用之田器。官為於諸冶鑄造而分給之。凡力田及不力者。明立賞罰以勸懲之可也。雖一時勞費。而實惟永逸之基。借衆軍餘力。而建此富強之業。庶乎軍民皆以自贍。而各得其所矣。

英宗時。虞集拜翰林直學士。俄兼國子祭酒。嘗因講罷論京師恃東南運粮為實。竭民力以航不測。非所以寬遠人而因地利也。與同列進曰。京師之東。瀕海數千里。北極遼海。南濱青齊。萑葦之場也。海潮日至。淤為沃壤。用浙人之法。築堤捍水為田。聽富民欲得官者。合其衆分授以地。官定其畔以為限。能以萬夫耕者。授以萬夫之田。為萬夫之長。千夫百夫亦如之。察其惰者而易之。一年勿征也。二年勿征也。三年視其成。以地之高下。定額於朝廷。以次漸征之。五年有積蓄。命以官。就所儲給以祿。十年佩之符印。得以傳子孫。如軍官之法。則東面民兵數萬。可以近衛京師。外禦島夷。遠寬東南海運。以紓疲民。遂富民得官之志。而獲其用。江海游食盜賊之類。皆有所歸。

歷代名臣奏議卷之二百六十

漕運

漢武帝時河東守番係上言曰漕從山東西歲百餘萬石更砥柱之限敗亡甚多而亦煩費穿渠引汾溉皮氏汾陰下引河溉汾陰蒲坂下度可得五千頃五千頃故盡河壖棄地民茭牧其中耳今溉田之度可得穀二百萬石以上穀從渭上與關中無異而砥柱之東可無復漕天子以為然

時人有上書欲通襃斜道（襃中縣也斜谷名音邪又曰襃斜二水名）及漕事下御史大夫張湯湯問其事因言抵蜀從故道故道多阪回遠今穿襃斜道少阪近四百里而襃水通沔斜水通渭皆可以行船漕漕從南陽上沔入襃襃之絕水至斜百餘里以車轉從斜下下渭如此漢中之穀可致山東從沔無限便於砥柱之漕且襃斜材木竹箭之饒擬於巴蜀天子以為然拜湯子卬為漢中守發數萬人作襃斜道五百餘里道果便近而水湍石（湍一作灘）不可漕

宣帝五鳳中大司農中丞耿壽昌以善為算能商功利得幸於上奏言故事歲漕關東穀四百萬斛以給京師用卒六萬人宜糴三輔弘農河東上黨太原郡穀足供京師可以省關東漕卒過半又白增海租三倍天子皆從其計御史大夫蕭望之奏言故御史屬徐宮（御史大夫屬）家在東萊言往年加海租魚不出長老皆言武帝時縣官嘗自漁海魚不出後復予民魚迺出夫陰陽之感物類相應萬事盡然今壽昌欲近糴漕關內之穀築倉治船費直二萬萬餘（萬萬億也）有動衆之功恐生旱氣民被其災壽昌習於商功分銖之事其深計遠慮誠未足任宜且如故

後魏太武帝延和七年薄骨律鎮將刁雍上表曰奉詔高平安定統萬及臣所守四鎮出車五十乘運屯穀五十萬斛付沃野鎮以供軍糧臣鎮去沃野八百里道多深沙輕車來往猶以為難設令載穀不過二十石每涉深沙必致滯陷又穀在河西轉至沃野越度大河計車五千乘運十萬斛百餘日乃得一返大廢生民耕墾之業車牛艱阻難可全至一歲不過二運五十萬斛乃經三年臣前被詔有可以便國利民者動靜以聞臣聞鄭白之渠遠引淮海之粟泝流數千周年乃得一至猶稱國有儲糧民用安樂今求於牽屯山河水之次造船二百艘二船為一舫一船勝穀二千斛一舫十人計須千人臣鎮內之兵率皆習水一運二十萬斛方舟順流五日而至自沃野牽上十日還到合六十日得一返從三月至九月三返運送六十萬斛計用人功輕於車運十倍有餘不費牛力又不費田詔從之

唐玄宗開元十八年宣州刺史裴耀卿朝集京師帝訪以漕事耀卿

條上便宜曰江南戶口多而無征防之役然送租庸調物以歲二月至揚州入斗門四月已後始度淮入汴常苦水淺六七月乃至河口而河水方漲須八九月水落始得上河入洛而漕路多梗船檣阻隘江南之人不習河事轉雇河師水手重為勞費其得行日少阻滯日多今漢隋漕路瀕河倉廩遺迹可尋可於河口置武牢倉鞏縣置洛口倉使江南之舟不入黃河黃河之舟不入洛口而河陽柏崖太原永豐渭南諸倉節級轉運水通則舟行水淺則寓於倉以待則舟無停留而物不耗失此甚利也

二十一年秋雨害稼京師飢帝將幸東都召問所以救人者京兆尹裴耀卿曰陛下既東巡百司畢從則太倉三輔可遺重臣分道賑給自東都益廣漕運以實關輔關輔既實則乘輿西還事蔑不濟且國家大本在京師但秦地狹水旱易匱往貞觀永徽時祿廩者少歲漕

粟二十萬石足今用度寖廣運數倍且不支故數東幸以就敖粟爲國大計臣願廣陝運道使京師常有三年食雖水旱不足憂今天下輸丁約四百萬使丁出百錢爲陝洛運費又益半爲營窖用分納司農河南陝州又令租米悉輸東都從都至陝河益湍沮若廣漕路變陸爲水所支尚贏萬計且河南租船候水始進吳工不便河漕處處停留易生隱盜請置倉河口以納東租然後官自雇載分入河洛度三門東西各築敖倉自東至者東倉受之三門迫險則旁河鑿山以開車道運十數里西倉受之度宜徐運抵太原倉趨河入渭更無留阻可減費鉅萬天子然其計

德宗貞元四年李泌言於上曰江淮漕運自淮入汴以甬橋爲咽喉地屬徐州鄰於李納若納一旦復有異圖竊據徐州則失江淮矣請徙張建封鎭徐州割濠泗以隷之則淄青惕息而運路常通江淮安矣上從之

八年中書侍郎同中書門下平章事陸贄奏請減京東水運收脚價於緣邊州鎭儲蓄軍粮事宜狀曰右臣伏見陛下每垂睿心經略邊境增築城壘加置戍兵至於春秋衣裝歲時宴犒先後遲速悉由宸衷其爲憂勤可謂至矣其爲資費亦以多矣蓋以安人固國不憚煩勞此誠愼慮之深者也然於儲蓄大計則未降意良圖但任有司隨月供應近歲蓄戎小息年穀屢登所支軍粮猶有匱乏邊書告闕相繼于朝儻遇水旱爲灾粟糴翔貴兇醜亟恣寇擾淹時或負輓力殫或饋餉路絶則戍兵雖衆不足恃城壘雖固不[illegible]居是使積年完聚之勞遺資一夕潰敗之辱此乃理有必至而無[illegible]濟者也臣竊爲陛下惜之軍志曰雖有石城十仞湯池百步無粟[illegible]能守也故鼂錯論安邊之策要在積穀充國建破羌之議先務屯田歷代制禦四夷常

爲國之大事勇者奮其力智者貢其謀攻守異宜盛衰殊勢柔服而不勞師旅者則常聞之矣屯師而不務農食者未嘗有焉今陛下廣徵甲兵分守城鎭除所在營田稅畝自供之外仰給於度支者尚八九萬人千里饋粮涉履艱險運米一斛達于邊軍遠或費錢五六千近者猶過其半犯雪霜戰瘀之苦冒豺狼剽掠之虞四時之間無日休息傾財用而竭物力猶苦日給之不充其餘儲蓄以備非常固亦絶意而不暇思也夫屯兵守土以備寇戎至而無粮守必不固矣遇寇不守則如勿屯平居有殘人耗國之煩臨難有啓敵納侮之禍所養非所用所失非所虞以爲制備之規臣竊謂疎矣頃者吐蕃尚結贊率其醜類越軼封疆朔方五原相繼淪陷雖由將帥不武亦因匱乏得詞其事未遙足爲深戒昧理而好詭者必曰當結贊入寇之日遇賊泚作亂之餘戍卒未多邊農尚寡今則甲兵大備稼穡屢登比

於曩時勢不同等臣請復陳近效以質浮詞今年夏初寇犯靈武禦則寡力守則乏粮告急求哀匪朝伊夕有司爲之請罪陛下爲之軫憂遽擇使臣奔波督運積財以資用高價以招人賴蕃戎自旋粮道獲濟封略不壞固非成謀然則盬夏覆而靈武全唯在幸與不幸之間耳是皆無不拔之勢有可駭之危其爲規制之方所謂同歸於失矣議者是當今而非既往豈不曰昧理而好詭乎今戍卒之加於往時臣固知之矣今邊農之廣於往歲臣亦知之矣其所謂歸於失者在於措置乖當蓄斂乖宜利之所生害亦隨至[illegible]也陛下忿蕃醜之暴掠憫邊鎭之空虛繕甲益兵庇人保境此誠聖武之英志覆育之仁心刷憤恥而揚威聲海內咸望有必攻之期[illegible]既而統帥無律制事失權戍兵不隷於守臣守臣不揔於元帥至有一城之將一旅之兵各降中使監臨皆承別詔委任分鎭亘千里之地莫相率從緣邊

列十萬之師未設謀主每至犬羊犯境方馳書奏取裁行李往來動渉旬日比蒙徵發救援寇已獲勝羅歸小則蹂籍麥禾大則驅掠人畜是乃益兵甲而費財用竟何補侵軼之患哉夫將貴專謀軍尚氣勢訓齊由乎紀律制勝在於機權是以兵法有分閫之詞有合拳之喻有進退如一之令有便宜從事之規故能動作協變通制備垂永久出則同力居則同心患難相交急疾相赴兵之衛將若四支之衛頭目將之守境若一家之保室廬然後可以扞寇讎護甿庶蕃畜牧闢田疇天子唯務擇人而任之則高枕無虞矣吐蕃之比於中國衆寡不敵工拙不侔然而彼攻有餘我守不足蓋彼之號令由將而我之節制在朝彼之兵衆合并而我之部分離析夫部分離析則紀律不一而氣勢不全節制在朝謀議多端而機權多失臣故曰措置乖當此之謂乎陛下頃以邊兵衆多轉餽勞費設就軍和糴之法以省

運制與人加倍之價以勸農此令初行人皆悅慕爭趨厚利不憚作勞耕稼日滋粟麥歲賤向使有司識重輕之術弘久遠之謀守之有恒撫之有制謹視豐耗善計收積穀麥必歸於公廩布帛悉入於農夫其或有力而無資願居而靡措貸其種食假以犂牛自然戍卒忘歸貧人樂從可以足食可以實邊無屯田課責之勞而儲蓄自廣無徵役踐更之擾而守備益嚴果能用之足爲長策既而有司隘慥不克將明忘國家制備之謀行市道苟且之意當稔而頓糴者則務裁其價不時斂藏遇災而艱食者則莫揆乏糧抑使收糴遂使豪家貪吏反操利權賤取於人以俟公私之乏困乘時所急千倍其贏又有勢要近親羈遊之士或託附邊將或依倚職司委賤糴於軍城取高價於京邑坐致厚利寔繁有徒欲勸農而農不獲饒欲省費而費又愈甚復以制事無法示人不誠每至和糴之時多支絺紵充直窮邊

寒沍不任衣裘絕野蕭條無所貨鬻且又虛張估價不務准平高下隨喜怒之心精麁在胥吏之手既無信義率下下亦以僞應之度支物估轉高軍郡穀價轉貴遞行欺罔不顧憲章互相制持莫可禁止度支以苟售滯貨爲功利而不察邊食之盈虛軍司以所得加價爲羨餘而不恤農人之勤苦雖設巡院使相監臨既失綱條轉成囊橐至有空申簿帳僞指囷倉計其數則億萬有餘考其實則百十不足巡院巧誣於會府會府承詐以上聞幸逢有年復遇無事吞聲補舊引日偷安若遇歲儉兵興則必立至危迫靈武之事是爲明徵臣故曰蓄斂乘宜此之謂也邊之大事在食與兵今食則無儲兵則乏帥謂之有備其可得乎近者緣邊諸州頻歲大稔穀糴豐賤殊異往時此乃天贊國家永固封略之時也而尚日不暇給曾無遠圖軍府有歎食之詞穡人有悔耕之意天贊而不受其利農傷而不恤其窮及凶

災流行播植墮廢雖復悔恨事何可追臣是以屢屢塵煩所惜在此頃請擇人充使委之平糴務農陛下以理貴因循未賜允許又請乘時豐稔邊城加貯軍糧有司以經費無餘其事復寢臣謬當任使待罪樞衡雖神武之謀不資獻納而職司之分敢忘憂虞夙夜疚心畫如焚灼輒復効其鄙薄庶或裨補萬分不勞人不變法不加賦稅不費官錢不廢耳目之娛不節浮冗之用唯於漕運一事稍權輕重所宜請爲陛下致邊軍十萬人一年之糧以爲艱急之備陛下誠能聽臣愚計不受沮傷百日之間收貯揔畢轉運常行之務既無失於舊規大倉歲入之儲亦不闕其恒數圖慮至熟吏無所妨謹具揚搉上陳惟陛下留意省察舊制以關中王者所都萬方輻湊人殷地狹不足相資加以六師糗糧百官祿廩邦畿之稅給用不充所以控引東方歲運租米冒淮湖風浪之弊泝河渭湍險之艱所費至多所濟蓋

竊習聞見而不達時宜者則曰國之大事不計費損故承前有用一斗錢運一斗米之言雖知勞費不可廢也習近利而不防遠患者則曰每至秋成之時但令畿內和糴既易集事又是勸農何必轉輸徒耗財賦臣以兩家之論互有短長各申偏執之懷俱昧變通之術其於事理可得粗言夫聚人以財而人命在食將制國用須權重輕食不足而財有餘則弛於積財而務實倉廩食有餘而財不足則緩於積食而嗇用貨泉若國家理安錢穀俱富烝黎蕃息力役靡施然後恒操羨財益廣漕運雖有厚費適資貧人三者不失其時之所宜則輕重中權而國用有制矣開元天寶之際承平日久財力阜殷祿食所須給用亦廣所以不計糜耗勵贍軍儲至使流俗過言有用一斗錢運一斗米之說然且散有餘而備所乏雖費何害焉斯所謂操羨財以廣漕運者也貞元之始巨盜初平太倉無兼月之儲關輔遇連

年之旱而有司奏停水運務省腳錢至使郊畿之間烟火殆絕都市之內餒殍相望斯所謂覩近利而不防遠患者也近歲關輔之地年穀屢登數減百姓稅錢許其折納粟麥公儲委積足給數年田農之家猶困穀賤今夏江淮水潦漂損田苗比於常時米貴加倍甿庶匱之流庸頗多關輔以穀賤傷農宜加價糴穀以勸稼穡江淮以穀貴民困宜減價糶米以救凶災今宜糴之處則無錢宜糶之處則無米而又運彼所乏益此所餘斯所謂習見聞而不達時宜者也今淮南諸州米每斗當錢一百五十文從淮南轉運至東渭橋每斗船腳又約用錢二百文計運米一斗總當錢三百五十文其米既糙且陳尤為京邑所賤今據市司月估每斗只糶得錢三十七文而已耗其九而存其一餒彼人而傷此農制事若斯可謂深失矣頃者每年從江西湖南浙東浙西淮南等道都運米一百一十萬石送至河陰其中

減四十萬石留貯河陰倉餘七十萬石送至陝州又減三十萬石留貯太原倉唯餘四十萬石送赴渭橋輸納臣詳問河陰太原等倉留貯之意蓋因往年蟲旱關輔荐飢當崔造作相之初懲元琇罷運之失遂請每年轉漕米一百萬石以贍京師比至中途力殫歲盡所以節級停減分貯諸倉每至春水初通江淮所般未到便取此米入運免令停滯舟船江淮新米至倉還復留納填數輪環貯運頗亦協宜不必每歲加般以增不急之費所司但遵舊例曾不詳究源由邇來七年積數滋廣臣近勘河陰太原等倉見米猶有三百二十餘萬石河陰一縣所貯尤多倉廩充盈隨便露積舊者未盡新者轉加歲月漸深耗損增甚縱絕江淮輸轉且運此米入關七八年間計猶未盡況江淮轉輸般次不停但恐過多不慮有闕今歲關中之地百穀豐成京尹及諸縣令頻以此事為言憂在京米粟太賤請廣和糴以救

農人臣今計料所糴多少皆云可至百餘萬石又今量定所糴估價通計諸縣貴賤并雇船車般至太倉穀價約四十有餘米價約七十以下此則一年和糴之數足當轉運二年一斗轉運之資足以和糴五斗比較即時利害運務且合悉停臣竊慮運務若停則舟船無用舟船無用則壞爛莫脩倘遇凶災復須轉漕臨時鳩集理必淹遲夫立法裁規久必生弊經略之念始慮貴周不以積習害機宜不以近利隳永制不貴功於當代不流患於它時慮遠防微是其均濟臣今所獻庶近於斯減所運之數以實邊儲存轉運之務以備時要其於詳審必免貽憂舊例從江淮諸道運米一百一十萬石至河陰來年請停八十萬石運二十萬石舊例從河陰運米七十萬石至太原倉來年請停五十萬石運二十萬石舊例從太原倉運米四十萬石至東渭橋來年請停二十萬石運二十萬石其江淮所停運米八十萬

石請委轉運使於漕水州縣每斗八十價出糶計以糙米與細米分數相接之外每斗猶減時價五十文以救貧乏計得錢六十四萬貫文節級所減運腳計得六十九萬貫都合得錢一百三十三萬貫數内請支二十萬貫付京兆府令於京城内及東渭橋開場和糶米二十萬石每斗與錢一百文計加時估價三十已上用利農人其米便送東渭橋及太原倉收貯充填每年轉漕四十萬石之數並足餘尚有錢一百一十三萬貫文以供邊鎮和糶臣已令度支巡院勘問諸軍州米粟時價兼與當管長吏商量今計見墾之田約定所糶之數得鳳翔涇隴邠寧慶鄜坊丹延夏綏銀靈鹽振武等道良原長武平涼等城報除度支悉糶供軍之外別擬儲備者計可糶得粟一百三十五萬石其臨邊州縣各於當處時價之外更加一倍其次每十分加七分又其次每十分加五分通計一百三十五萬石當錢一百二

萬六千貫文猶合剩錢十萬四千貫留充來年和糶所於江淮糶米及減運米腳錢請並委轉運使便折市綾絹絁綿四色即作船般送赴上都邊地早寒斂藏向畢若待此錢送到即恐收糶過時請且貸戶部別庫物充用本色續到便令折填其所貸戶部別庫物亦取綾絹絁綿四色並依平估價務利農人仍取度支官畜及車均融般送請各委當道節度及當城兵馬使與監軍中使并度支和糶巡院官同受領使計會和糶各量人戶墾田多少先付價直立限納粟不願糶者亦勿強徵其有納米者每斗六升折粟一斗應所糶得米粟亦委此三官同檢覆分於當管城堡之内揀擇高燥牢固倉窖等收納封閉仍以貯備軍糧為名非緣城守絕糧及承別勅處分並不得輒有支用待收糶畢具所糶數并收貯處所聞奏并報中書門下揔計貯備粟一百三十五萬石是十一萬二千五百人一年之糧來秋若

遇順成又可更致百餘萬石邊蓄既富邊備自脩以討則有齎以守則可久以加兵則不憂所至乏食以斂糶則不為貪將所邀恢疆保境者得以遂其謀為國䘏軍者無所辭其罪是乃立武之根柢安邊之本源守土庇人莫急於此傾公藏而發私積猶當悉力以務之況今不擾一人無廢百事但於常用之内收其枉費之資百萬贏糧坐實邊鄙又有勸農賑乏之利存乎其間此蓋天錫陛下攘戎狄而安國家之時不可失也陛下誠能過聽愚計先聚軍儲慎擇良圖更貞師律蠢尒兇醜自當畏威縱迷款塞之心必無猾夏之慮伏惟少留睿恩詳省而明斷之其所停減運腳臣已與本司審細計料并邊鎮分配和糶數及米粟估價等數各得別狀條件分析謹同封進

宋太祖征太原已濟河諸州餉饋集上黨城中車乘塞路上聞之將以稽留罪轉運使趙普曰六師方至而轉運使以獲罪聞敵必謂儲

峙不充有以窺我矣非威遠之道也俾能治劇者往蒞其州足矣

開寶三年秋三司言倉儲月給止及明年二月請分屯諸軍盡率民船以資江淮漕運太祖大怒責之曰國無九年之蓄曰不足尒不素計而使倉儲垂盡乃請屯兵括民船以運是可卒致乎今設汝安用苟有所闕當罪汝以謝衆三司使楚昭輔懼請太宗求寬釋使得盡力太宗既許名右知客押衙陳從信問之對曰從信嘗遊楚泗知糧運之患良以舟人之食日歷郡縣勘給是以凝滯若自發舟計日往來令即時出納如此每運可減數十日楚泗至京千里舊八十日一運一歲三運若去淹留之虛日則歲可增一運爲今三司欲籍民舟若不許則無以責辦許之則冬中京師薪炭殆絕矣不若募舟之堅者漕糧其損敗者任載薪炭則公私俱濟今市米騰貴官價斗錢七

十貫者失利。無敢致於京師。雖居商厚儲。亦匿而不糶。是以米益貴。民將餓殍。若聽民自便。即四方奔湊。米多而價自賤矣。太宗明日具
奏。太祖可之。
真宗時。議減西鄙屯兵。以息轉餉。名知通利軍楊允恭與崇儀副使竇神寶閤門祗候李允則馳往經度。圖上郡縣山川之形勝。允恭因建議曰。自環州入積石抵靈武七日程。芻粟之運。其策有三。然以人以驢。其費頗煩。而所載數斛。莫若用諸葛亮木牛之制。以小車發卒分鋪運之。每一車四人挽之。旁設兵衛。加戈刃于其上。寇至則聚車於中。合士卒之力禦寇于外。尋為議者所沮而止。
仁宗時。陝西經畧安撫使范仲淹奏。乞免關中支移二稅。乞於次邊入中斛斗。疏曰。臣竊見陝西數年以來。科率百端。民力大困。州縣督責。不能存濟。其間最為民患者。是支移稅賦。轉般斛斗赴延州保安

軍。山坂險惡。一路食物草料。常時踴貴。人戶往彼輸納。比別路所貴三倍。比本處州縣送納。所費五倍。害民若此。實非久計。臣等欲乞朝廷指揮都轉運司躬量關輔今來災旱。民力困乏。如邊備有備。其二稅與免支移。并邊上入中斛斗。大段價高。出卻京師見錢銀絹萬數浩瀚。亦令相度。權於次邊州軍入中。所貴減得官中貴價。既次邊有備。則每遇事宜稍慢。可以退那軍馬於次邊就食糧草。既稍蘇民瘵。又不誤軍期。如此守邊。庶為得策。
神宗熙寧六年。知應天府張方平上奏曰。臣竊惟今之京師。古所謂陳留。天下四衝八達之地者也。非如函秦天府百二之固。洛宅九州之中。表裏山河。形勝足恃。自唐末朱溫受封于梁。因而建都子于石晉。割幽薊之地以入契丹。遂與強虜共平原之利。故五代爭奪。其患由乎畿甸無藩籬之限。本根無所庇也。祖宗受命。規摹畢

講。不還周漢之舊。而梁氏是因。豈樂是而處之。勢有所不獲已者。大躰利漕運而贍師旅。依重師而為國也。則是今日之勢。國依兵而立。兵以食為命。食以漕運為本。漕運以河渠為主。國初浚河渠三道。通京城漕運。自後定立上供年額。汴河斛斗六百萬碩。廣濟河六十二萬碩。惠民河六十萬碩。廣濟河所運。多是雜色粟豆。但充口食馬料。惠民河所運。止給大康咸平尉氏等縣軍糧而已。惟汴河所運。一色粳米。相兼小麥。此乃太倉蓄積之實。今仰食于官廩者。不惟三軍。至于京師士庶。以億萬計。太半待飽于軍稍之餘。故國家於漕事至急至重。京大也。師衆也。大衆所聚。故謂之京師。有食則京師可立。汴河廢則大衆不可聚。汴河之於京城。乃是建國之本。非可與區區溝洫水利同言也。近歲已罷廣濟河。而惠民河斛斗不入太倉。大衆之命。惟汴河是賴。近歲陳說利害。以汴河為議者多矣。臣恐議者不已。屢

作改更。必致汴河日失其舊。國家大計。殊非小事。惟陛下特迴聖鑒。深賜省察。留神遠慮。以固基本。
高宗時。左正言鄧肅上奏曰。臣竊觀發運司歲計五百餘萬。每歲入貢。艫尾相銜。畧無虛日。崇墉比櫛。不容升合之欠。朝廷費出。且無餘者。今年不知何以處之。去冬自遭圍閉。運漕不通。今夏又以堤岸失防。汴流久絕。校之每歲所入。蓋未有百分之一也。切聞之。已入汴口者。有百六十萬。此數之外。未有繼者。朝廷欣然。便以為有餘。殊不知京師所積。止於八月九月。已後。俟去年冬計。每月之費。在京師者。以二十萬為率。在行在者。以十萬為率。又有糴場二十四所。并勤王軍兵。戢門巡防人兵口食等。兼非泛取索數目。會入汴口之數。僅支五月日耳。五月之外。將如之何。倘虜人絕跡。不復南度。則運漕相繼。未有害也。若犬狼猖獗。再干我師。不知軍民嗸嗸。將焉就食。此事最急

不可以倉卒備也舟船有限日數甚迫雖發運百人亦無如之何矣臣愚欲乞諸州選才幹官員代發運司各運逐州歲計往赴京師近地期以十月已前足五十餘萬之數凡舟船人兵與其餘所費之物各責辦知通乃以公使錢代支國家艱難之時雖三二年間公使闕乏未為要務惕數十州之力人各自勸又立賞罰從而驅之則粮道又何患哉昔蕭何給餽餉不絕糧道漢高祖自以為不如蓋當時粮道若或不繼雖有韓信亦將何所施乎惟陛下無忽

孝宗時員興宗上奏曰臣聞陝西者蜀之扞蔽也數戍重兵兵恃食食恃漕運凡漕運之出此塗甯艱艮者舟楫無施人力難繼故也使四川總計漕臣平時得一才吏思所以仰寬陛下西顧之意則講之有方取之有藝運之有法臨事輒嬌采致遺蠹一方生息之民矣臣昔為吏西邊所見乃大不然者是皆計吏漕臣之咎也臣請縷舉其事先是亮之背盟偏將窺蜀王師掎之所至輒下劉海下秦李進下河吳挺下鞏吳璘前軍繼之遂下德順鞏食棧塗士卒不餓如是何耶蓋取其郡即發其郡之倉戰其地即食其地之粟此宋武入關之勢也漕運何自而困哉繼而軍淹日月不免須索遂取於總漕之司二司無策均科於三等民戶興利之間文移甚星火矣以此為謀謂之有方可乎凡巴蓬劍閬上自三等每戶有出一夫者出兩三夫者一夫之費為錢一十八萬一夫所荷私載之外不過六斗計其米數則是六十鍾而致一鍾也夫以役一夫而費十八萬運一鍾而用六十鍾軍前所得不過毫絲民間所損已甚丘山有司亦太拙矣以興而取謂之有藝可乎當時運粮之夫同日俱發俱發則無次舍同抵流民則素寒餓以寒餓之民居無次舍之地其死道路死霜雪者相踵也未踰數月臣已見申宣撫司死者近二千人其它則臣不能計也以此而運謂之有法可乎蜀之總計者昔負陛下委倚大率如此臣恐一日有事西陲糴買不足以辦大事欲革前弊欲興後利粮運當預為之謀也臣愚伏望陛下委總漕吏科條權其輕重則此弊猶可及止也傳曰因利而利則其利深臣竊見陝西運茶之制二十里為鋪鋪有兵兵日有程月有給苟不如式則罪罰隨之國家逐年收西馬之利皆鋪兵之力也誠能做運茶之法以運軍粮自興利至魚關水路自便無可議者若陸輦自河池至成岷過長道遂至天水此一路也自兩當至鳳翔過黃牛遂至大散此又一路也登涉山險運粮之夫常困於是常死於是苟能措置當以十五里為鋪鋪置五十兵二路置鋪不過六十矣鋪兵日再往來一運七斗再運為一碩有四矣六十鋪之兵月運二千一百碩鋪計兵月給之費兼取之民人計二碩而碩計五千不過三萬緡以民間雇夫之費凡六十有三萬

緡鋪兵比之月減六十萬緡矣蓋鋪兵以三鍾而致一鍾民間以六十鍾而致一鍾利害豈不相遠乎陛下愛民類於愛子有司遺毒知則必革願聽臣策特賜施行既可以息西民困苦之役又可以免道路流亡之憂又濟年前緩急之用所謂一事治而三利具者也伏乞下大臣評議施行

知信州王師愈論信州米綱疏曰臣竊見信州歲起上供米七萬石類多陷折其弊甚矣倘不原致弊之由而為之計雖嚴其責罰未見其弊之革也臣嘗推原其故一曰地勢不得其宜二曰改撥無定處三曰管押非其人信之為州居江東上流冣高之地南接閩北際徽東連浙之衢三面阻山唯西有水路達于鄱陽溪港隘灘磧多易漲易涸難得大船故信之米綱其初必用小船般載但寬於釣艇耳船與水常不相值有水則船不辦間或船辦裝載已畢一旦水落留滯

岸下近則累旬遠則累月待其水通迂回行數百里始至鄱江併歸大船自初裝至于離岸經涉日久工稍坐食侵耗不知其幾雖欲無陷失得乎此則地勢致其弊也自紹興之初朝廷灼見信州起發米綱如是之難元降指揮止令於池州交卸以其地近而易達也雖不盡免陷折亦不若今日之甚其後守臣徐林亦嘗申明數年間未見其大害近年以來總領漕司改撥無定或撥赴鎮江或撥赴淮南或撥赴行在省倉州縣受困陷失爲愈多良由水脚之費非池州比也信州每一石米起赴池州止用錢五百有奇若赴建康則用錢七百有奇赴鎮江則用錢九百有奇赴淮南則又過之赴行在省倉則用錢一千二百有奇信州每納苗米一石依例止於水脚之費二百文只就池州交卸貼陪已過半矣多方措置辦之已艱況改撥建康鎮江淮南行在之遠乎方未裝發日若行改撥州縣尚可措置貼陪使

之離岸至有已裝發於中塗者然後改撥部押之人不免復歸以索貼陪州縣不能即辦遂致米綱滯留中塗經日益久工稍坐食侵耗益多此則改撥致其弊也凡部綱者不顧其身不顧其家冒不測之險非慕賞則貪縻費之贏餘信州米綱無賞之可慕合用水脚尚或虧欠何贏餘之可貪是以有官有家業可倚仗之人皆不願行總領漕司責之州州責之縣縣不得已乃強之公吏一當其役親戚即爲死別知其必不免也其有顧藉者睹前二弊竭力關防陷失尚少其無顧藉者乘此二弊益肆其姦至有全綱陷失者亦有陷失太半者此則部押非其人也嗚呼一顆一粒皆民之脂膏國之大計州縣收之不勝其勞一旦委之不啻泥土豈不重可惜哉苟不原三者致弊之由而欲以責罰禁之誠不見其弊之革也臣以謂地勢不得其宜固不敢輕議若夫改撥無定處部押非其人不爲難革欲望聖慈行

下總領轉運司檢元降指揮信州米綱只於池州交卸不得輒行改撥仍於部綱常格推賞外別立信州米綱賞格以所押米石之多寡爲之等差許募見任寄居待闕文武官有家業人部押不得依前強差公吏庶幾官物無陷綱運易達積弊可革矣

師愈爲長沙守又論綱運之弊疏曰臣竊聞諸路綱運類多陷折皆由賞減而不擇人也凡部綱者幸而事濟則身可保家可保官可保如其不濟則喪身破家敗官之禍隨之人所以冒此禍而不顧者以賞可慕耳是故頃年有家業之人皆欣然願就雖監司帥守之親屬亦爲之或有虧欠有可陪備故陷折也少自減綱賞監司帥守親屬又皆禁止所部押者多貧困無藉之人冒急而輕就且多端經營費用不貲方其離岸所喪已多迨至中流託以風濤又況出納之際欺弊不一故陷折也多原其減賞之由不過以文臣累賞易至正郎武

臣累賞易至副使即可奏薦殊不思州縣拘收錢米艱辛一旦付之無藉之人失之亦非小弊比年止許選人小使臣部押防累賞之弊已是允當誠能再定綱賞務令稍厚不拘監司帥守親屬或有家業有行止有幹材無過失校尉或獻納補官人皆許部押所押不得過三次如此則既革累賞之弊綱運亦免陷折此大利也如狂言可採惟陛下特賜施行

師愈又論潭州貼雇綱船之弊疏曰臣伏見潭州諸縣有大害曰貼雇綱船是也請爲陛下詳陳之潭州歲運苗米三十萬五千石以餉屯駐軍或有和糴及起發常平米多至五六十餘萬石少亦四十萬石頃年講和息兵其米止運至武昌皆是潭州措置船載米嘗數及諸縣其後荆南襄陽屯軍溯江而上水淺灘多亦是潭州措置船載亦未嘗數及諸縣暨至逆亮敗盟軍須日急守臣權一時之宜始令

諸縣雇舟相添。未嘗全取辦於諸縣。自是遂為定例。歲歲行之。上則潭州漕司案吏。下則牽頭船戶。相為表裏。每料除官支錢外。必仰諸縣貼雇。急以期限。嚴以責罰。責罰者案吏也。乘勢邀求其欲無厭者。牽頭船戶也。諸縣畏其責罰。欲應期限。不得不徇牽頭船戶之需。酬以高價。邀求愈多。況有爭雇之弊。設若長沙著價五十。善化或增六十。湘潭又增七十。其它縣亦莫不然。直至厭其所欲而後已。一縣被敷一萬料。所費至一二千緡。若所敷之數不止此。其費亦隨之。嗟乎此錢何從而出哉。諸縣受其苦者一也。諸縣雇船幸而得之。依限解發。始則下排岸司相驗。相驗者取乞。次則漕職官覆驗。覆驗者取乞。末則給付押綱使臣。又從而巧為詞說。取乞尤甚。嗟乎此錢何從而出哉。諸縣被其苦者二也。縣奉州令。不敢違戾。雖知二苦。不暇顧恤。於是冒法禁。撰名色。取之百姓。以是其用泝流漁戶。凡有一綱一釣舟者不免焉。或多敷數。或多出定帖。或多給師巫公據。或預借於上戶。其名不可槩舉。大抵科敷者官得其一。吏取其十。且以雇一萬料用貼雇錢十貫為率。縣吏因之為姦。不知幾倍於此。而官得此數。然則享厚利者漕司州縣案吏也。牽頭船戶也。相驗覆驗官司也。押綱使臣也。彼抑勒者州縣也。受實害者。闔境百姓也。迨劉珙守潭。灼見其弊。又睹諸郡無所出產。凡客船運鹽而至者。別無回貨。孰肯空載以涉重湖之險。多藉於運米綱。斷然盡免諸縣貼雇。潭州自行措置。民無所擾。米綱亦應期而辦。其策甚良。其利甚博。自劉珙被召。通判職官上欲媚漕使。下欲利吏輩。以速辦為名。盡變其之舊。復興前者之害。幸而沈介到任。悉如其之措置。又且米綱先期而了。竊恐介去之後。復有改之者。欲望聖慈嚴敕湖南漕司及潭州每歲米綱。一依劉珙沈介措置。不得更令諸縣雇船。殃害百姓。或有違戾。許百姓越訴。臺諫彈劾。每歲發荊南襄陽米綱。則用官船。發武昌九江米綱。則雇客船。蓋緣客船所憚者荊襄之行。水淺灘多。動經年歲。有破家喪身者。誠能只用官船運荊襄之米。則客船亦欣然而就雇。或有軍興警急。必不得已。分諸縣量行貼雇以助裝發。必為之立綱次。其縣應副第幾綱。先後有倫。斷不可易。綱次既定。自無爭雇之弊。庶幾潭民咸被實惠。

理宗時。知安慶黃榦代撫州陳守上奏曰。國家綱運。資以餉軍。比年以來。法度弛壞。非惟軍餉不繼。抑亦公私受弊。其未離岸也。有江水淺涸。坐食縻費之弊。其已離岸也。有監官侵盜。船梢盜竊之弊。而其既敗也。有攤賴平民之弊。雖知其弊。莫知能革。是無它。廢轉般之制。而循直達之法故耳。今欲革歷年之弊。使官無羨費。而衆害悉除。則莫若復轉般之制。且以江西一路言之。如撫州建昌綱之折閱。每以水道淺涸。不能行巨舟。延引歲終。而未能起隔歲之綱者。一綱吏卒水手。動數百計。又所招集。並皆游手無賴之人。自度官吏侵盜。大數已虧。恣情極用。無所顧忌。估籍所償。不能萬分之一。官司不免緩之攤賴平民。侵削國本。為害不細。今若於隆興置轉般倉一所。每歲一路綱運水脚。其費不貲。取其所費。養水軍數百人。命一武臣為之長。造數十巨艦。部以軍法。責之轉輸。近裹州軍。止以小舟運載。納之轉般倉。却令水軍專一護送。更往迭來。不假召募。綱紀素定。部分素嚴。舟楫素具。較之烏合嘗試。實相萬萬。如此。則非惟可以省官綱之折閱。抑足以增國家之武備。戢江湖之羣盜。脫士大夫之罪戾。免平民之攤賴。是一變法而羣害悉去。衆利並興。如果可採。乞於諸路推廣之。

元世祖時。東平布衣趙天麟上策曰。臣聞垂拱以運天下之事。靡不徒命者君之道也。居職以服王室之勞而不敢外思者臣之理也。故聖人設官錫以寵光之厚欲報效而已矣。而周公之忠亦猶曾子之孝但可也而已矣。君臣之際尊卑懸異與市井平交之道豈可同哉。上古以來不賞而勸。降及中古民漸澆漓須用賞以激之。亦未聞食三品之祿居三品之位。烟塵四靜而希重賞。國家亦從而賞之者也。竊見方今海道運糧之官雖萬億及秭亦皆冒汪洋之險。借風浪之力以致之於神京之中。誠可謂之有功。然亦其當然之職也。若夫計糧數之斛斗而酬之不啻臣萬亦以甚矣。伏望陛下載宣天旨命有司定制。凡海道運糧之官三年一考。超升於高職而用之。計不失優崇之禮。又待超升舊官之後而以漸抑其賞賜之資。亦國家之大端也。臣非惜錢物而已。但以與國家出力者非惟運糧之官。如皆賞之。則不給。如獨賞運糧之官則猶未免大恩於一偏也。且居其職者行其事何用賞乎。此臣所以欲正其名分也。臣又以會通河者有用之名川也。懋遷有無者由是而經行。官場南北者由是而往返。雖復江淮河漢之大亦所以賴其朝宗。雖復閩廣川蜀之遙亦是以達其輸運。有利有害者理之常。有通有塞者物之變。湯湯然清浪之內流沙淤焉。蕩蕩然坦途之上盜賊生焉。又每歲立秋之後積於數月之間。瀕河農民極被搔擾。又有沙之地以板衛岸皆非經久之計也。更望陛下載宣天旨。舉天下審知河道地脉之人。改備會通河之有沙者以避之。不然則數年一度脩理甚爲煩費。不可不杜其源也。復宜分河路南北軍府爲三五所。而以千夫長各領之。不備數者括軍士以充之。不預出征之役。不在營田之限。使之專以巡鎮非常之警。充給汎舟之役。閘梁有圮則脩之。堤岸有損則築之。若然則農民庶乎安帖。盜賊庶乎消弭。費寡而效多。暫勞而永逸矣。

歷代名臣奏議卷之二百六十一

歷代名臣奏議卷之二百六十二

理財

周厲王好利。近榮夷公。(榮國名。夷諡也。)芮良夫諫曰。王室其將卑乎。夫榮公好專利而不知大難。夫利。百物之所生也。天地之所載也。而或專之。其害多矣。天地百物皆將取焉。胡可專也。所怒甚多而不備大難。以是教王。王能久乎。夫王人者。將導利而布之上下者也。使神人百物無不得其極。(極中也。)猶日怵惕懼怨之來也。故頌曰。思文后稷。克配彼天。立我烝民。莫匪爾極。大雅曰。陳錫載周。是不布利而懼難乎。故能載周以至于今。今王學專利。其可乎。匹夫專利。猶謂之盜。王而行之。其歸鮮矣。榮公若用。周必敗也。厲王不聽。

景王二十一年。將鑄大錢。單穆公曰。不可。古者天災降戾。(降下也。戾至也。)於是乎量資幣。權輕重。以振救民。民患輕。(民患幣輕)則爲之作重幣以行之。(而物貴。則作重幣以行其輕也。)於是乎有母權子而行。民皆得焉。(重曰母。輕曰子。以貿物。物輕則子獨行。物重則以母權而行之。子母相通。民皆得其欲。)若不堪重。則多作輕而行之。亦不廢重。於是乎有子權母而行。小大利之。(堪任也。不任之者。幣重物輕。妨其用也。故作輕幣雜而用之。以重者貿其貴。以輕者貿其賤。子權母者。母不足則以子平而行之。故錢小大民皆以爲利也。)今王廢輕而作重。民失其資。能無匱乎。若匱。王用將有所乏。乏則將厚取於民。民不給。將有遠志。是離民也。(遠志。逃也。)且夫備有未至而設之。有至而後救之。是不相入也。可先而不備。謂之怠。可後而先之。謂之召災。周固羸國也。天未厭禍焉。而又離民以佐災。無乃不可乎。將民之與處而離之。將災是備禦而名。則何以經國。國無經。則何以出令。令之不從。上之患也。故聖王樹德於民以除之。夏書有之曰。關石和鈞。王府則有。(關門關之征也。石今之斛也。言征賦調均。則王之府藏常有之。)詩亦有之曰。瞻彼旱麓。榛楛濟濟。愷悌君子。干祿愷悌。夫旱麓之榛楛殖。故君子得以易樂干祿焉。若夫山林匱竭。林麓散亡。藪澤肆既。民力凋盡。田疇荒蕪。資用乏匱。君子將險哀之不暇。而何易樂之有焉。且絕民用以實王府。猶塞川原而爲潢汙也。其竭也無日矣。若民離而財匱。災至而備亡。王其若之何。吾周官之於災備也。其所怠棄者多矣。而又奪之資以益其災。是去其藏而翳其人也。王其圖之。

齊桓公時。管仲言通輕重之權曰。歲有凶穰。故穀有貴賤。令有緩急。故物有輕重。人君不理。則畜賈游於市。乘民之不給。百倍其本矣。故萬乘之國必有萬金之賈。千乘之國必有千金之賈者。利有所并也。計本量委則足矣。然而民有飢餓者。穀有所藏也。民有餘則輕之。故人君斂之以輕。民不足則重之。故人君散之以重。凡輕重斂散之以時。則準平。使萬室之邑必有萬鍾之藏。藏繦千萬。千室之邑必有千鍾之藏。藏繦百萬。春以奉耕。夏以奉耘。耒耜器械種饟糧食必取贍焉。故大賈畜家不得豪奪吾民矣。桓公遂用區區之齊合諸侯顯伯名。(伯讀曰霸)

漢文帝時。錢益多而輕。乃更鑄四銖錢。其文爲半兩。除盜鑄錢令。使民放鑄。賈誼諫曰。法使天下公得顧租鑄銅錫爲錢。敢雜以鉛鐵爲它巧者。其罪黥。然鑄錢之情。非殽雜爲巧。則不可得贏。而殽之甚微。爲利甚厚。夫事有召禍。而法有起姦。今令細民人操造幣之勢。各隱屏而鑄作。因欲禁其厚利微姦。雖黥罪日報。其勢不止。乃者民人抵罪。多者一縣百數。及吏之所疑。榜笞奔走者甚衆。夫縣法以誘民。使入陷阱。孰積於此。曩禁鑄錢。死罪積下。今公鑄錢。黥罪積下。爲法若此。上何賴焉。又民用錢。郡縣不同。或用輕錢。百加若干。或用重錢。平稱不受。法錢不立。吏急而壹之虖。則大爲煩苛。而力不能勝。縱而弗呵虖。則市肆異用。錢文大亂。苟非其術。何鄉而可哉。今農事棄捐而采銅者日蕃。釋其耒耨。冶鎔炊炭。姦錢日多。五穀不為多。善人怵而為姦邪。愿民陷而之刑戮。刑戮將甚不詳。奈何而忽。國知患此。吏議必曰禁之。禁之不得其術。其傷必大。令禁鑄錢。則錢必重。重則其利深。盜鑄如雲而起。棄市之罪又不足以禁矣。姦數不勝而法禁數潰。銅使之然也。故銅布於天下。其為禍博矣。今博禍可除。而七福可致也。何謂七福。上收銅勿令布。則民不鑄錢。黥罪不積。一矣。偽錢不蕃。民不相疑。二矣。采銅鑄作者反於耕田。三矣。銅畢歸於上。上挾銅積以御輕重。錢輕則以術斂之。重則以術散之。貨物必平。四矣。以作兵器。以假貴臣。多少有制。用別貴賤。五矣。以臨萬貨。以調盈虛。以收奇羨。則官富實而末民困。六矣。制吾棄財。以與匈奴逐爭其民。則敵必懷。七矣。故善為天下者。因禍而為福。轉敗而為功。今反退七福而行博禍。臣誠傷之。上不聽。

武帝時有司言曰。古者皮幣。諸侯以聘享。金有三等。黃金為上。白金為中。赤金為下。（白金。銀也。赤金。丹陽銅也。）今半兩錢法重四銖。（文為半兩。實重四銖。）而姦或盜摩錢裏取鋊。（音容。[illegible]鋊。法謂之鋊。）錢益輕薄而物貴。遠方用幣煩費不省。乃以白鹿皮方尺。緣以藻繢。（藻作繅。）為皮幣。直四十萬。王侯宗室朝覲聘享。必以皮幣薦璧。然後得行。又造銀錫為白金。（雜鑄銀錫為白金也。）以為天用莫如龍。地用莫如馬。人用莫如龜。故白金三品。其一曰重八兩。圜之。其文龍。名曰白選。直三千。二曰重差小。方之。其文馬。直五百。三曰復小。橢之。其文龜。直三百。令縣官銷半兩錢。更鑄三銖錢。文如其重。盜鑄諸金錢罪皆死。

元狩中。大農上鹽鐵丞孔僅咸陽言。山海天地之藏也。皆宜屬少府。陛下不私。以屬大農佐賦。願募民自給費。因官器作煮鹽。官與牢盆。（牢。廩食也。古者名廩為牢也。盆者。煮鹽盆。）浮食奇民欲擅管山海之貨。（若人執倉庫之管籥。或曰管固。）以致富羨。役利細民。其沮事之議。不可勝聽。敢私鑄鐵器。煮鹽者。釱左趾。（釱音徒計反。釱以鐵為之。著左趾以代刖也。）沒入其器物。郡不出鐵者。置小鐵官。（鑄故鐵。）便屬在所縣。使孔僅東郭咸陽乘傳舉行天下鹽鐵。作官府。除故鹽鐵家富者為吏。吏益雜不選。而多賈人矣。商賈以幣之變。多積貨逐利。於是公卿言。郡國頗被菑害。貧民無產業者。募徙廣饒之地。陛下損膳省用。出禁錢以振元元。寬貸賦。而民不齊出於南畝。（齊。皆也。）商賈滋眾。貧者畜積無有。皆仰縣官。異時算軺車賈人緡錢皆有差。請算如故。（緡。絲也。以貫錢也。一貫千錢。出二十算也。詩云。維絲伊緡。）諸賈人末作貰貸賣居邑稽諸物及商以取利者。雖無市籍。各以其物自占。率緡錢二千而一算。（以緡錢為算。是賭緡錢也。故隨其用所施。施於利重者。其算亦多。）諸作有租及鑄。（以手力所作而賣之。）率緡錢四千一算。非吏比者三老北邊騎士。（非吏而得與吏比者。官謂三老北邊騎士也。樓船令邊郡選富者為車騎士。）軺車以一算。商賈人軺車二算。（商賈有軺車。使出二算。重其賦也。）船五丈以上一

算。匿不自占。占不悉。戍邊一歲。沒入緡錢。有能告者。以其半畀之。賈人有市籍者。及其家屬。皆無得籍名田。以便農。敢犯令。沒入田僮。

元封元年。桑弘羊為治粟都尉。領大農。盡代孔僅筦天下鹽鐵。弘羊以諸官各自市。相與爭物。故騰躍。而天下賦輸或不償其僦費。乃請置大農部丞數十人。分部主郡國。各往往縣置均輸鹽鐵官。令遠方各以其物貴時商賈所轉販者為賦。而相灌輸。置平準于京師。都受天下委輸。召工官治車諸器。皆仰給大農。大農之諸官盡籠天下之貨物。貴即賣之。賤即買之。如此。富商大賈無所牟大利。則反本。而萬物不得騰踊。故抑天下物。名曰平準。天子以為然。許之。

元帝時。貢禹為御史大夫。數上書言得失曰。古者不以金錢為幣。專意於農。故一夫不耕。必有受其飢者。今漢家鑄錢。及諸鐵官皆置吏。卒徒攻山取銅鐵。一歲功十萬人以上。中農食七人。是七十萬人常

受其飢也。鑿地數百丈，銷陰氣之精，地藏空虛，不能含氣出雲，斬伐林木，亡有時禁，水旱之災，未必不由此也。自五銖錢起以來七十餘年，民坐盜鑄錢被刑者衆，富人積錢滿室，猶無厭足，民心動搖，商賈求利，東西南北各用智巧，好衣美食，歲有十二之利，而不出租稅，農夫父子暴露中野，不避寒暑，捽草杷土，手足胼胝，已奉穀租，又出藁稅，鄉部私求，不可勝供，故民棄本逐末，耕者不能半，貧民雖賜之田，猶賤賣以賈，窮則起為盜賊。何者？末利深而惑於錢也。是以姦邪不可禁，其原皆起於錢也。疾其末者絕其本，宜罷採珠玉金銀鑄錢之官，亡復以為幣，市井勿得販賣，除其租銖之律，租稅祿賜皆以布帛及穀，使百姓一歸於農，復古道便。

東漢章帝時，穀帛價貴，縣官經用不足，朝廷憂之，尚書張林言：今非但穀貴也，百物皆貴，此錢賤故爾，宜令天下悉以布帛為租，市買皆用之，封錢勿出，如此則錢少，物皆賤矣。又鹽者食之急也，縣官可自賣鹽，武帝時施行之，名曰均輸，於是事下尚書通議，尚書朱暉議曰：王制，天子不言有無，諸侯不言多少，食祿者不與百姓爭利，均輸之法與賈販無異，以布帛為租則吏多姦，官自賣鹽與下爭利，非明主所宜行。

桓帝時有上書言人以貨輕錢薄故致貧困，宜改鑄大錢，事下四府羣僚及太學能言之士，劉陶上議曰：聖王承天制物，與人行止，建功則衆悅其事，興戎而師樂其旅，是故靈臺有子來之人，武旅有鳧藻之士，皆舉合時宜，動順人道也。臣伏讀鑄錢之詔，平輕重之議，訪覃幽微，不遺窮賤，是以藿食之人謬延逮及，蓋以為當今之憂不在於貨，在乎民飢。夫生養之道，先食後民，是以先王觀象育物，敬授民時，使男不逋畝，女不下機，故君臣之道行，王路之教通，由是言之，食者

乃有國之所寶，生民之至貴也。竊見比年已來，良苗盡於蝗螟之口，杼柚空於公私之求，所急朝夕之餐，所患靡監之事，豈謂錢貨之厚薄，銖兩之輕重哉？就使當今沙礫化為南金，瓦石變為和玉，使百姓渴無所飲，飢無所食，雖皇羲之純德，唐虞之文明，猶不能以保蕭牆之內也。蓋民可百年無貨，不可一朝有飢，故食為至急也。議者不達農殖之本，多言鑄冶之便，或欲因緣行詐，以賈國利，國利將盡，取者爭競，造鑄之端於是乎生。蓋萬人鑄之，一人奪之，猶不能給，況今一人鑄之，則萬人奪之乎？雖以陰陽為炭，萬物為銅，役不食之民，使不飢之士，猶不能足無厭之求也。夫欲民殷財阜，要在止役禁奪，則百姓不勞而足。陛下聖德，愍海內之憂戚，傷天下之艱難，欲鑄錢齊貨以救其敝，此猶養魚沸鼎之中，棲鳥烈火之上，水木本魚鳥之所生也，用之不時，必至燋爛。願陛下寬鍥薄之禁，後治鑄之議，聽民庶之謳吟，問路叟之所憂，瞰三光之文耀，視山河之分流，天下之心，國家大事，粲然皆見，無有遺惑者矣。臣嘗誦詩，至於鴻鴈于野之勞，哀勤百堵之事，每喟爾長懷，中篇而歎。近聽征夫飢勞之聲，甚於斯歌，是以追悟匹婦吟魯之憂，始於此乎。見白駒之意，屏營傍徨，不能監寐。伏念當今地廣而不得耕，民衆而無所食，羣小競進，秉國之位，鷹揚天下，烏鈔求飽，吞肌及骨，並噬無厭，誠恐卒有役夫窮匠起於板築之間，投斤攘臂，登高遠呼，使愁怨之民，嚮應雲合，八方分崩，中夏魚潰，雖方尺之錢，何能有救其危，猶舉函牛之鼎，絓纖枯之末，詩人所以眷然顧之，潸焉出涕者也。臣東野狂鄙，不達大義，緣廣及之時，對過所問，知必以身脂鼎鑊，為天下笑。帝竟不鑄錢。

靈帝多蓄私藏，收天下之珍，每郡國貢獻，先輸中署，名為導行費，中常侍呂強上疏諫曰：天下之財，莫不生之陰陽，歸之陛下，歸之陛下，

豈有公私。而今中尚方歛諸郡之寶。中御府積天下之繒。西園引司農之藏。中廐聚太僕之馬。而所輸之府輒有導行之財。調廣民困。費多獻少。姦吏因其利。百姓受其敝。又阿媚之臣。好獻其私。容諂姑息。自此而進。

晉安帝義熙間議欲廢錢用穀帛。西閤祭酒孔琳之上議曰。洪範八政。以貨次食。豈不以交易之所資為用之至要者乎。若使不以交易百姓用力於為錢。則是妨其為生之業。禁之可也。今農自務穀。工自務器。四民各肄其業。何嘗致勤於錢。故聖王制無用之貨。以通有用之財。既無毁敗之費。又省運置之苦。此錢所以嗣功龜貝。歷代不廢者也。穀帛為寶。本充衣食。今分以為貨。則致損甚多。又勞毁於商販之手。耗棄於割截之用。此之為敝。著於自曩。故鍾繇曰。巧偽之民。競蘊濕穀以邀利。制薄絹以充資。魏世制以嚴刑。弗能禁也。是以司馬

芝以為用錢非徒豐國。亦所以省刑。錢之不用。由於兵亂積久。自至於廢。有由而然。漢末是也。今既用而廢之。則百姓頓亡其財。今括囊天下穀以周天下之食。或倉庾充衍。或糧靡斗儲。以相資通。則貧者仰富。致之之道。實假於錢。一朝斷之。便為棄物。是有錢無糧之民。皆坐而飢困。此斷錢之立敝也。且據今用錢之處。不為貧。用穀之處不為富。又民習來久。革之必惑。語曰。利不百不易業。況又錢便於穀耶。魏明帝時。錢廢穀用三十年矣。以不便於民。乃舉朝大議。精力達治之士。莫不以宜復用錢。民無異情。朝無異論。彼尚捨穀帛而用錢。足以明穀帛之弊著於已試。世謂魏氏不用錢久。積累巨萬。故欲行之。利公富國。斯殆不然。昔晉文後舅犯之謀。而先成季之信。以為雖有一時之勳。不如萬世之益。于時名賢在列。君子盈朝。大謀天下之利害。將定經國之遠術。若穀實便錢。義不昧當世之近利。而廢永用之

通業。斷可知矣。斯實由困而思革。改而更張耳。近孝武之末。天下無事。時和年豐。百姓樂業。便自穀帛殷阜。幾乎家給人足。驗之事實。錢又不妨民也。頃兵革屢興。荒饉荐及。飢寒未振。實此之由。公旣援而拯之。大革視聽。弘敦本之教。明廣農之科。敬授民時。各順其業。游蕩知反。務末自收。固以南畝競力。野無遺壤矣。於是以往。升平必至。何衣食之足恤。遑謂救弊之術。無取於廢錢。

宋武帝時。言事者多以錢貨減少。國用不足。欲悉市民銅。更造五銖錢。國子祭酒范泰諫曰。流聞將禁私銅。以充官銅。民雖失器。終於獲直。國用不足。其利實多。臣愚意異。不寧寢默。臣聞治國若烹小鮮。拯敝莫若務本。百姓不足。君孰與足。未有民貧而國富。本不足而末有餘者也。故囊漏貯中。識者不吝。反裘負薪。存毛實難。王者不言有無。諸侯不言多少。食祿之家。不與百姓爭利。故拔葵所以明治。織蒲謂

之不仁。是以貴賤有章。職分無爽。今之所憂。在農民尚寡。倉廩未充。轉運無已。資食者衆。家無私積。難以禦荒耳。夫貨存貿易。不在少多。昔日之貴。今者之賤。彼此共之。其揆一也。但今官民均通。則無患不足。若使必資貨廣以收國用者。則龜貝之屬。自古所行。尋銅之為器。在用也博矣。鍾律所通者遠。機衡所揆者大。夏鼎負圖。實冠衆瑞。晉鐸呈象。亦啓休徵。器有要用。則貴賤同資。物有適宜。則家國共急。今毁必資之器。而為無施之錢。於貨則功不補勞。在用則君民俱困。校之以實。損多益少。陛下勞謙終日。無倦庶務。以身率物。勤素成風。而頌聲不作。板渭不至者。良由基根未固。意在遠略。伏願思可久之道。賒欲速之情。弘山海之納。擇芻牧之說。則嘉謀日陳。聖慮可廣。其亡存心。然後苞桑可繫。愚誠一至。用忘寢食。

文帝元嘉二十四年。錄尚書江夏王義恭建議。以一大錢當兩。以防

翦鑿議者多同散騎常侍何尚之議曰伏覽明命欲改錢制不勞採鑄其利自倍實救弊之弘算增貨之良術求之管淺猶有未譬夫泉貝之興以估貨為本事存交易豈假數多數少則弊輕數多則物重多少雖異濟用不殊況復以一當兩徒崇虛價者邪凡創制改法宜從民情未有違眾矯物而可久也泉布廢興驟議前代赤仄白金俄而罷釋六貨憒亂民泣於市良由事不畫一難用遵行自非急病權時宜守久長之業煩政曲雜致遠常泥且貨偏則民病故先王立井田以一之使富不淫侈貧不過匱雖茲法久廢不可頓施要宜而近粗相放擬若今制遂行富人貲貨自倍貧者彌增其困懼非所以欲均之意又錢之形式大小多品直云大錢則未知其格若止於四銖五銖則文皆古篆既非下走所識加或漫滅尤難分明公私交亂爭訟必起此最是其深疑者也命旨兼慮翦鑿日多以至消盡鄙意復謂殆無此嫌民巧雖密要有蹤跡且用錢貨銅事可尋檢直由屬所怠縱糾察不精致使立制以來發覺者寡今雖有懸金之名竟無酬與之實若申明舊科禽獲即報畏法希賞不日自定矣愚者之議智者擇焉猥參訪逮敢不輸盡中領軍沈演之以為龜貝行於上古泉刀興自有周皆所以阜財通利實國富民者也歷代雖遠資用彌便但采鑄久廢兼喪亂累仍糜散漂滅何可勝計晉遷江南疆境未廓或土習其風錢不普用其數本少為患尚輕今王略開廣聲教遐暨金鏹所布爰逮荒服昔所不及悉已流行之矣用彌曠而貨愈狹加復競竊翦鑿銷毀滋繁刑禁雖重姦避方密遂使歲月增貴貧室日虛儉作肆力之氓徒勤不足以贍誠由貨貴物賤常調未革弗思釐改為弊轉深斯實親教之良時通變之嘉會愚謂若以大錢當兩則國傳難朽之寶家贏一倍之利不俟加憲巧源自絕施一令而眾美兼無興造之費莫盛於茲矣上從演之議遂以一錢當兩行之經時公私非便乃罷

孝武帝即位又鑄孝建四銖三年尚書右丞徐爰議曰貴貨利民載自五政開鑄流圜法成九府民富國實教立化光及時移俗易則通變適用是以周漢俶遷隨世輕重降及後代財豐用足因條前寶無復改創年歷既遠喪亂屢經堙焚剪毀日月銷減貨薄民貧公私俱困不有革造將之大乏謂應式遵古典收銅繕鑄納贖刊刑著在往策今宜以銅贖刑隨罰為品詔可

孝武帝時鑄錢形式薄小輪郭不成於是民間盜鑄者雲起雜以鉛錫並不牢固又翦鑿古錢以取其銅錢轉薄小稍違官式雖重制嚴刑民吏官長坐死免者相係而盜鑄彌甚百物踊貴民人患苦之乃立品格薄小無輪郭者悉加禁斷始興郡公沈慶之立議曰昔秦幣過重高祖是患普令民鑄改造榆莢而貨輕物重又復乘時太宗放鑄賈誼致譏誠以采山術存銅多利重耕戰之器曩時所用四民競造為害或多而孝文弗納民鑄遂行故能朽貫盈府天下殷富況今耕戰不用采鑄廢久鎔冶所資多因成器功艱利薄絕吳鄧之資農民不習無釋耒之患方今中興開運聖化惟新雖復偃甲銷戈而倉庫未實公私所乏唯錢而已愚謂宜聽民鑄錢郡縣開置錢署樂鑄之家皆居署內平其準式去其雜偽官斂輪郭藏之以為永寶去春所禁新品一時施用今鑄悉依此格萬稅三千嚴檢盜鑄并禁翦鑿數年之間公私豐贍銅盡事息姦偽自止且禁鑄則銅轉成器開鑄則器化為財翦華利用於事為益上下其事公卿太宰江夏王義恭議曰伏見沈慶之議聽民私鑄樂鑄之室皆入署居平其準式去其雜偽愚謂百姓不樂與官相關由來甚久又多是人士蓋不願入署

凡盜鑄為利。利在僞雜。既禁鍮入必寡。云斂取輪郭。藏為永寶。愚謂上之所貴。下必從之。百姓聞官斂輪郭之價百倍。大小對易。誰肯為之。彊制使換。則狀似逼奪。又去春所禁新品一時施用。愚謂此條在可開許。又云今鑄宜依此格。萬稅三千。又云嚴檢盜鑄。不得更造。愚謂禁制之設。非惟一旦。昧利犯憲。羣庶常情。不患制輕。患在冒犯。今入署必萬輸三千。私鑄無十三之稅。逐利犯禁。居然不斷。又云銅盡事息。姦偽自禁。愚謂赤縣內銅非可卒盡。比及銅盡。姦偽已積。又云禁鑄則銅轉成器。開鑄則器化為財。然須所患。患於形式不均。加以翦鑿。雜以鉛錫。衆所耳。越若止於盜鑄銅者。亦無須苦禁。比中郎府主簿顏竣議曰。泉貨利用。近古所同。輕重之議。定於漢世。魏晉以降。未之能改。誠以貨物既均。改之偽生故也。世代漸久。弊運頓至。因革之道。宜有其術。今云開署放鑄。誠所欣同。但慮採山事絕。器用日耗。銅既轉少。器亦弥貴。設器直一千。則鑄之減半。為之無利。雖令不行。又云去春所禁一時施用。是欲使天下豐財。若細物必行。而不從公鑄。利已既深。情偽無極。私鑄翦鑿。盡不可禁。五銖半兩之屬。不盈一年。必致於盡。財貨未贍。大錢已竭。數歲之間。悉為塵土。豈可令取弊之道。基於皇代。今百姓之貨雖為轉少。而市井之民未有嗟怨。此新禁初行。品式未一。須臾自止。不足以垂聖慮。唯府藏空匱。實為重憂。今縱行細錢。官無益富之理。百姓雖贍。無解官乏。唯簡費去華。設在節儉。求贍之道。莫此為貴。然錢有定限。而消失無方。翦鑄雖息。終致窮盡者。臣應官開取銅之署。絕器用之塗。定其品式。日月漸鑄。歲久之後。不為世益耳。時議者又以銅轉難得。欲鑄二銖錢。竣又議曰。議者將為官藏空虛。宜更改鑄。天下銅少。宜減錢式。以救交弊。賑國紓民。愚以為不然。今鑄二銖。恣行新細。於官無改於乏。而人姦巧。

大興天下之貨。將靡碎至盡。空立嚴禁。而利深難絕。不過一二年間。其弊不可復救。其甚不可一也。今鎔鑄有頓得一二億。理縱復得此。必待弥年。歲暮稅登。財幣暫革。日用之費不贍數月。雖權徵助。何解乏邪。徒姦民意。騁而貽厥愆謀。此又甚不可二也。民懲大錢之改。兼畏近日新禁。市井之間。必生宜擾。遠利未聞。切患猥及。富商得志。貧民困窘。此又甚不可三也。若使交益深重。尚不可行。況又未見其利。而衆弊如此。失算當時。取誚百代乎。

南齊建元中。太祖以南方錢少。更欲鑄錢。奉朝請孔顗上言曰。食貨相通。理勢自然。李悝云。糴甚貴傷民。甚賤傷農。三吳歲被水潦。而糴不貴。是錢少非穀賤。此不可不察也。鑄錢之弊。在輕重屢變。重錢患難用。而難用為累輕。輕錢弊盜鑄。而盜鑄為禍深。民所以盜鑄。嚴法不能禁者。由上惜銅愛工。謂錢為無用之器。務欲數多而易成。不詳慮其為患也。夫民之趣利。如水走下。今開其利端。從以重刑。是導其為非。而陷之於死也。漢鑄輕錢。巧偽者多。及鑄五銖。民計其費不能相償。私鑄益少。此不惜銅不愛工之效也。宋文帝鑄四銖。至景和錢益輕。雖有周郭。而鎔冶不精。於是盜鑄紛紜而起。不可復禁。此惜銅愛工之驗也。凡鑄錢與其不衷。寧重無輕。自漢至宋五百餘年。制度世有興廢。而不變五銖者。明其輕重可法。得貨之宜故也。自鑄四銖。又不禁民翦鑿。為禍既博。鍾弊于今。豈不悲哉。自晉氏不鑄錢。後經寇戎水火。所失歲多。士農工商皆喪其業。愚以為宜如舊制。大興鎔鑄。錢重五銖。一依漢法。嚴斷翦鑿輕小破缺無周郭者。悉不行。得官錢小者銷以為大。利貧良之民。塞姦巧之路。錢貨既均。百姓樂業。市道無爭。衣食滋殖矣。太祖然之。

後魏宣武帝踐祚。通直散騎常侍甄琛表曰。王者道同天壤。施齊造化。濟時拯物。爲民父母。故年穀不登。爲民祈祀。乾坤所惡。天子賑之。山川秘利。天子通之。苟益生民。損躬無吝。如或所聚。唯爲賑恤。是以月令稱山林藪澤。有能取蔬食禽獸者。皆野虞教導之。其迭相侵奪者。罪之無赦。此明導民而弗禁。通有無以相濟也。周禮雖有川澤之禁。正所以防其殘盡。必令取之有時。斯所謂鄣護雖在公。更所以爲民守之耳。且一家之畏。惠及子孫。一運之君。澤周天下。皆所以厚其所養。以爲國家之富。未有尊居父母而醯醢是吝。富有萬品而一物是規。今者天爲黔首生鹽。國與黔首鄣護。假獲其利。是猶富專口斷不及四體也。且天下夫婦。歲貢粟帛。四海之有。備奉一人。軍國之資取給百姓。天子亦何患乎貧。而苟禁一池。古之王者。世有其民。或水火以濟其用。或巢宇以誨其居。或教農以去其飢。或訓衣以除其弊故周詩稱教之誨之。飲之食之。皆所以撫覆導養。爲之求利者也。臣

性昧知理。識無遠尚。每觀尚古愛民之迹。時讀中葉聚税之書。未嘗不歎彼遠大。惜此近狹。今僞弊相承。仍崇關鄽之税。大魏恢博。唯受穀帛之輸。是使遠方聞者。罔不歌德。昔亶父以棄寶得民。碩鼠以受財失衆。君王之義。宜其高矣。魏之簡税。惠實遠矣。語稱出內之吝。有司之福。施惠之難。人君之禍。夫以府藏之物。猶以不施而爲災。況府外之利。而可吝之於黔首。且善藏者藏於民。不善藏者藏於府。藏於民者。民欣而君富。藏於府者。國怨而民貧。國怨則示化有虧。民貧則君無所取。願弛鹽禁。使沛然遠及。依周禮置川衡之法。使之監導而已。詔曰。民利在斯。深如所陳。付八座議可否以聞。司徒錄尚書彭城王勰兼尚書邢巒等奏。琛之所列。富乎有言。首尾大備。或無可貶。但恐坐談則理高。行之則事闕。是用遲回。未謂爲可。竊惟古之善爲治者。莫不昭其勝途。悟其遠理。及於救世。升降稱時。欲令豈無過濫

愆。不致斃。後養消息。備在厥中。節約取足。成其性命。如不爾者。焉用君爲。若任其生產。隨其啄食。便是芻狗萬物。不相似矣。自大道既往恩惠生焉。下奉上施。卑高理睦。然恩惠既交。思拯之術廣。恐財不賙國。澤不厚民。故多方以達其情。立法以行其志。至乃取貨山川。輕在民之貢。立税關市。裨十一之儲。收此與彼。非利己也。回彼就此。非爲身也。所謂集天地之產。惠天地之民。藉造物之富。賑造物之貧。徹商賈。給戎戰。賦四民。贍軍國。取乎用乎。各有義已。禁此淵池。不專大官之御。斂此匹帛。豈爲後宮之資。既潤不在己。彼我理一。猶積而散之。將焉所吝。且税之本意。事有可求。固以希濟生民。非爲富賄藏貨不爾者。昔之君子。何爲然哉。是以後來經國。未之或改。故先朝商校小大以情。降鑒之流。興復鹽禁。然自行以來。典司多怠。出入之間事不如法。遂令細民怨嗟。商販輕議。此乃用之者無方。非興之者有

謬。至使朝廷明識。聽瑩其間。今而罷之。懼失前旨。一行一改。法若易棊。參論理要。宜依前式。詔曰。司鹽之税。乃自古通典。然興制利民。亦代或不同。苟可以富氓益化。唯理所在。甄琛之表。實所謂助政毗治者也。可從其前計。使公私並宜。川利無擁。尚書嚴爲禁豪強之制也。詔琛參八座議事。

靈太后時。朝議鑄錢。以高謙之爲鑄錢都將長史。乃上表求鑄二銖錢曰。蓋錢貨之立。本以通有無。便交易。故錢之輕重。世代不同。太公爲周置九府圜法。至景王時更鑄大錢。秦兼海內。錢重半兩。漢興以秦錢重。改鑄榆莢錢。至文帝五年復爲四銖。孝武時悉復銷壞。更鑄三銖。至元狩中變爲五銖。又造赤仄之錢。以一當五。王莽攝政。錢有六等。大錢重十二銖。次九銖。次七銖。次五銖。次三銖。次一銖。魏文帝罷五銖錢。至明帝復立。孫權江左鑄大錢一當五百。權赤烏年復鑄

大錢一當千。輕重大小莫不隨時而變。竊以食貨之要八政為首。聚財之貴詒訓典文。是以昔之帝王乘天地之饒御海內之富莫不腐紅粟於太倉藏朽貫於泉府。儲畜既盈民無困弊。可以寧謐四極如身使臂者矣。昔漢之孝武地廣財豐。外事四戎。遂虛國用。於是草萊之臣出財助國興利之計納說廟堂。市列榷酒之官。邑有告緡之令。鹽鐵既興錢幣屢改。少府遂豐。上林饒積。外闢百蠻內不增賦者皆計利之由也。今群妖未息四郊多壘。徵稅既煩千金日費。資儲漸耗。財用將竭。誠楊氏獻說之秋。桑兒言利之日。夫以西京之盛錢猶屢改。並行小大子母相權。況今寇難未除州郡淪敗民物凋零軍國用少。別鑄小錢可以富益何損於政何妨於人也。且政興不以錢大政衰不以錢小。惟貴公私得所政化無虧。既行之於古亦宜效之於今矣。昔禹遭大水以歷山之金鑄錢救民之困。湯遭大旱以莊山之金

鑄錢贖民之賣子者。今百姓窮悴甚於曩日。欽明之主豈得垂拱而觀之哉。臣今此鑄以濟交乏。五銖之錢任使並用。行之無損國得其益。穆公之言於斯驗矣。臣雖術愧計然識非心筭。輒充錢官頗覩其理。苟有所益。不得不言。脫以為疑求下公卿博議。如謂為允即乞施行。

孝明帝熙平初尚書令任城王澄上言曰。臣聞洪範八政貨居二焉。易稱天地之大德曰生。聖人之大寶曰位。何以守位曰仁。何以聚人曰財。財者帝王所以聚人守位成養群生奉順天德治國安民之本也。夏殷之政。九州貢金以定五品。周仍其舊。太公立九府之法。於是國貨始行。定銖兩之楷。齊桓循用以霸諸侯。降及秦始漢文遂有輕重之異。吳濞鄧通之錢收利遍於天下。河南之地猶甚多焉。逮于孝武乃更造五銖。其中毀鑄隨利改易。故使錢有小大之品。竊尋太和之錢。高祖留心。刱制後與五銖並行。此乃不刊之式。但臣竊聞之。君子行禮不求變俗。因其所宜順而致用。太和五銖雖利於京邑之肆而不入徐揚之市。土貨既殊貿鬻亦異。便於荊郢之邦者則礙於兗豫之域。致使貧民有重困之切。王道貽隔化之訟。去永平三年都座奏斷天下用錢不依準式者。時被敕云不行之錢雖有常禁其先用之處權可聽行。至年末悉令斷之。延昌二年徐州民儉刺史啟奏求行土錢。旨聽權依舊用。謹尋不行之錢律有明式。指謂雞眼鐶鑿更無餘禁。計河南諸州今所行者悉非制限。昔來繩禁愚竊惑焉。又河北州鎮既無新造五銖設有舊者而復禁斷並不得行。專以單絲之縑疏縷之布。狹幅促度不中常式。裂匹為尺以濟有無。至今徒成杼軸之勞。不免飢寒之苦。良由分截布帛壅塞錢貨。實非救恤凍餒子育黎元。謹惟自古以來錢品不一。前後累代易變無常。且錢之為名

欲泉流不已。愚意謂今之太和與新鑄五銖及諸古錢方俗所便用者。雖有大小之異並得通行。貴賤之差自依鄉價。庶貨環海內公私無壅。其不行之錢及盜鑄毀大為小巧偽不如法者據律罪之。詔曰。錢行已久。今東尚有事。且依舊用。澄又奏臣猥屬樞衡庶罄心力。常願貨物均通書軌一範。謹詳周禮外府掌邦布之入出。布猶泉也。其藏曰泉。其流曰布。然則錢之興也始於一品。欲令世匠均同圜流無極。爰暨周景降逮亡新。易鑄相尋參差百品。遂令接境乖商連邦隔質。臣比奏求宣下海內依式行錢。登被旨敕錢行已久且可依舊。謹重參量以為太和五銖乃大魏之通貨不朽之恒模。寧可專貿於京邑不行於天下。但今戎馬在郊江疆未一。東南之州依舊為便。至於京西京北域內州鎮未用錢處。行之則不足為難。塞之則有乖通典。何者。布帛不可尺寸而裂。五穀則有負檐之難。錢之為用貫繈相屬。

不假斗斛之器不勞秤尺之平濟世之宜謂爲深允請並下諸方州鎭其太和及新鑄五銖并古錢內外全好者不限大小悉聽行之雞眼鐶鑿依律而禁河南州鎭先用錢者既聽依舊不在斷限唯太和五銖二錢得用公造新者其餘雜種一用古錢生新之類普同禁約諸方之錢通用京師其聽依舊之處與太和錢及新造五銖並行若盜鑄者罪重常憲既欲均齊物品廛井斯和若不繩以嚴法無以肅茲違犯符旨一宣仍不遵用者刺史守令依律治罪詔從之而河北諸州舊少錢貨猶以它物交易錢略不入市也

熙平二年冬尚書崔亮奏恒農郡銅青谷有銅鑛計一斗得銅五兩四銖葦池谷鑛計一斗得銅五兩鸞帳山鑛計一斗得銅四兩河內郡王屋山鑛計一斗得銅八兩南青州苑燭山齊州商山並是往昔銅官舊跡見在謹按鑄錢方興用銅處廣既有冶利並宜開鑄詔從之

孝明帝時河東郡有鹽池舊立官司以收稅利是時罷之而民有富彊者專擅其用貧弱者不得資益延興末復立監司量其貴賤節其賦入於是公私兼利世宗即位政存寬簡復罷其禁與百姓共之其國用所須別爲條制取足而已自後豪貴之家復乘勢占奪近池之民又輒障吝彊弱相陵聞於遠近神龜初太師高陽王雍太傅淸河王懌等奏鹽池天藏資育羣生仰惟先朝限者亦不苟與細民競茲贏利但利起天池取用無法或豪貴封護或近者吝守卑賤遠來超然絕望是以因置主司令其裁察彊弱相兼務令得所且十一之稅自古及今取輒以次所濟爲廣自爾霑洽遠近齊平公私兩宜儲益不少及鼓吹主簿王後興等詞稱請供百官食鹽二萬斛之外歲求輸馬千匹牛五百頭以此而推非可稍計後中尉甄琛啓求罷禁被敕付議尚書執奏稱琛啓坐談則理高行之則事闕請依常禁爲允詔依琛計乃爲繞池之民尉保光等擅自固護語其障禁倍於官司取與自由貴賤任口若無大宥罪合推斷詳度二三深乖王法臣等商量請依先朝之詔禁之爲便防姦息暴斷遣輕重亦準前旨所置監司一同往式於是復置監官以監檢焉

孝莊帝永安元年有詔廢鹽池稅長孫稚上表曰臣前違嚴旨徂解河東非緩長安而急蒲坂誠以一失鹽池則三軍乏食也略論鹽稅一年準絹三十萬疋昔高祖昇平之年猶創鹽官加典護非與物競利恐由利亂俗也況今國用不足徵六年之粟折來歲之資此皆奪人私財事不獲已宜若實天產之貨而均贍以理乎臣已輒符所部依常收稅

時用錢稍薄御史中尉高道穆表曰四民之業錢貨爲本救弊改鑄王政所先自頃以私鑄薄濫官司糾繩挂網非一在市銅價八十一文得銅一斤私造薄錢斤餘二百既示之以深利又隨之以重刑罹罪者雖多姦鑄者彌衆今錢徒有五銖之文而無二銖之實薄甚榆莢上貫便破置之水

上殆欲不沈此乃因循有漸科防不切朝廷之愆彼復何罪昔漢文帝以五分錢小改鑄四銖至武帝復改三銖爲半兩此皆以大易小以重代輕也論今據古宜改鑄大錢文載年號以記其始則一斤所成止七十六文銅價至賤五十有餘其中人功食料錫炭鉛沙縱復私營不能自潤直置無利自應息心況復嚴刑廣設也以臣測之必當錢貨永通公私獲允

東魏孝靜帝武定六年齊文襄王以錢文五銖名須稱實宜稱錢一文重五銖者聽入市用計百錢重一斤四兩二十銖自餘皆準此爲數其京邑二市天下州鎭郡縣之市各置二稱懸於市門私民所用之稱皆準市稱以定輕重凡有私鑄悉不禁斷但重五銖然後聽用若入市之錢重不五銖或雖重五銖而多雜鉛鑞並不聽用若有輒以小薄雜錢入市有人糾獲其錢悉入告者其小薄之錢若即禁斷恐人交乏絕畿內五十日外州百日爲限羣官參議咸以時穀頗貴請待有年王從之而止

唐太宗貞觀十年。治書侍御史權萬紀上言。宣饒二州諸山大有銀坑。採之極是利益。每歲可得錢數百萬貫。太宗曰。朕貴爲天子。是事無所少乏。惟須嘉言進善事有益於百姓者。且國家賸得數百萬貫錢。何如得一有才行人。不見卿推賢進善之事。又不能按舉不法。震肅權豪。唯道稅鬻銀坑以爲利益。昔堯舜抵璧於山林。投珠於淵谷。由是崇名美號。見稱千載。後漢桓靈二帝好利賤義。爲近代庸暗之主。卿遂欲將我比桓靈耶。是日勑放令還第。

武后時。麟臺正字陳子昂上疏曰。臣聞王者富國殘人。未嘗不用山澤之利。臣伏見西戎未滅。兵鎮用廣。內少資儲。外勤轉餉。山澤之利。伏而未通。臣愚不識大體。伏見劍南諸山多有銅鑛。採之鑄錢。可以富國。今諸山皆閉。官無採鑄。軍國資用。唯斂下人。乃使公府虛竭。私室貧弊。而天地珍藏。委廢不論。以臣所見。請依舊式。盡令劍南諸州。準前採銅。於益府鑄。其松當諸軍所須用度。皆取於資給。用有餘者。然後使沿江諸州。遞運散納荊衡沔鄂諸州。每歲使以和糴。令漕運委神都太倉。此皆順流乘便。無所勞擾。外得以事西山諸軍。內得以實中都倉廩。蜀之百姓免於賦斂。軍國大利。公私所切要者。非神皇大聖誰能用之。管仲者聖人用無窮之府。蓋言此也。臣某言。臣伏見聖母神皇陛下。恭已受圖。遐想至理。將欲制馭戎狄。永安黎元。不欲煩擾蒸人。故爲無益賤臣。朝不坐宴不預。軍國大事非臣合言。伏見松當軍糧費擾過甚。太平百姓未得安居。臣忝班一命。庶幾仁類。不敢曰見避諱。忍之不言。所以不懼身誅。區區上奏。冒越非次。伏待顯戮。惶悚死罪死罪。陳奏狀以待罪。謹言。

玄宗開元二十二年。宰相張九齡建議。古者以布帛菽粟不可尺寸抄勺而均。乃爲錢以通貿易。官鑄所入無幾。而工費多。宜縱民鑄。議下百官。宰相裴耀卿黃門侍郎李林甫河南少尹蕭炅。祕書監崔沔。皆以爲嚴斷惡錢則人知禁。稅銅折役則官治可成。計估度庸則私錢以利薄而自息。若許私鑄。則下皆棄農而競利矣。

劉秩請禁私鑄錢議曰。臣伏奉今月二十一日勑。欲不禁鑄錢。更令百僚詳議可否者。夫錢之興。有來尚矣。將以平輕重而權本末。齊桓得其術而國以霸。周景失其道而人用弊。考諸載籍。國之興衰實繫於是。陛下思變古以濟今。欲反經以合道。而不改作。詢之芻蕘。臣雖蠢愚。敢不薦其聞見。古者以珠玉爲上幣。黃金爲中幣。錢刀爲下幣。夫三幣握之非有補於煖也。捨之非有損於飽也。先王以守財物。以御人事而平天下也。是以命之曰衡。衡者使物一高一下。不得有常。故與之在君。奪之在君。貧之在君。富之在君。是以人戴君如日月。親君如父母。用此術也。是謂人主之權。今之錢即古之下幣也。陛下若捨之任人。則上無以御下。下無以事上。其不可一也。夫物賤則傷農。錢輕則傷賈。故善爲國者觀物之貴賤。錢之輕重。夫物重則錢輕。錢輕由乎物多。多則作法收之使少。少則重。重則作法布之使輕。輕重之本必由乎是。奈何而假於人。其不可二也。夫鑄錢不雜以鉛鐵則無利。雜以鉛鐵則惡。惡則不重禁不足以懲。重且方今塞其私鑄之路。人猶冒死以犯之。況啟其源而欲之從令乎。是設陷穽而誘之入。其不可三也。夫許人鑄錢無利則人不鑄。有利則人去南畝者衆。去南畝者衆則草不墾。草不墾又鄰於寒餒。其不可四也。夫人富溢則不可以賞勸。貧餒則不可以威禁。故法令不行。人之不理。皆由貧富之不齊也。若許其鑄錢。則貧者必不能爲。臣恐貧者彌貧而服役於富室。富室乘之而益恣。昔漢文之時。吳濞諸侯也。富埒天子。鄧通大夫也。財侔王者。此皆鑄錢之所致也。必欲許其私鑄。是與人利權而捨其柄。其不可五也。陛下必以錢重而傷本。工費而利寡。則臣願言其失以效愚計。夫錢重者由人日滋於前。而爐不加於舊。又公錢重與之銅價頗等故盜鑄者破重錢以為輕錢錢輕禁寬則多禁嚴則止止則棄矣此錢之所以少也夫鑄錢用不贍者在乎銅貴銅貴在於采用者衆夫銅之以為兵則不如鐵以為器則不如漆禁之無害陛下何不禁於人則銅無所用銅無所用則益賤賤則錢之用給矣夫銅不布下則盜鑄者無因而鑄無因鑄則公錢不破人不犯死刑錢又日增末復利矣是一舉而四美兼也惟陛下熟察之

代宗永泰元年河東租庸使裴諝入奏事上問榷酤之利歲入幾何諝不對復問對曰臣自河東來所過見菽粟未種農夫愁怨臣以為陛下見臣必先問人之疾苦乃責臣以營利臣是以未敢對也上謝之拜左司郎中

德宗即位楊炎拜門下侍郎同中書門下平章事舊制天下財賦皆入左藏庫而太府四時以數聞尚書比部覆出納舉無干欺及第五

琦為度支鹽鐵使京師豪將求取無節琦不能禁乃悉租賦進大盈內庫天子以給取為便故不復出自是天下公賦為人君私藏有司不得計贏少而宦官以冗名持簿者三百人奉給其間根柢連結不可動及炎為相言於帝曰財賦者邦國大本而生人之喉命天下治亂重輕繫焉先朝權制以中人領其職五尺宦豎操邦之柄豐儉盈虛雖大臣不得知則無以計天下利害陛下至德惟人是恤參計徵蠹莫與斯甚臣請出之以歸有司度宮中經費一歲幾何量數奉入不敢以闕如此然後可以議政惟陛下審察帝從之乃詔歲中裁取以入大盈度支具數先聞

興元間於行在夾廡署瓊林大盈二庫別藏天下貢奉之物翰林學士陸贄上奏曰臣聞作法於涼其弊猶貪作法於貪弊將安救示人以義其患猶 人以私患必難弭故聖人之立教也賤貨而尊讓遠利而尚廉天子不問有無諸侯不言多少百乘之室不畜聚斂之臣夫豈皆能忘其欲賄之心哉誠懼賄之生人心而開禍端傷風教而亂邦家耳是以務鳩斂而厚其帑櫝之積者匹夫之富也務散發而收其兆庶之心者天子之富也天子所作與天同方生之長之而不恃其為成之收之而不私其有付物以道混然忘情取之不為貪散之不為費以言乎體則博大以言乎術則精微亦何必撓廢公方崇聚私貨降至尊而代有司之守辱萬乘以效匹夫之藏虧法失人誘姦聚怨以斯制事豈不過哉今之瓊林大盈自古悉無其制傳諸耆舊之說皆云創自開元貴臣貪權飾巧求媚乃言郡邑貢賦所用盍各區分稅賦當委之有司以給經用貢獻宜歸乎天子以奉私求玄宗悅之新是二庫蕩心侈欲萌柢於茲迨乎失邦終以餌寇記曰貨悖而入必悖而出豈其明效歟陛下嗣位之初務遵理道敦行約

儉斥遠貪饕雖內庫舊藏未歸太府而諸方曲獻不入禁闈清風肅然海內丕變議者咸謂漢文卻馬晉武焚裘之事復見於當今近以寇逆亂常鑾輿外幸既屬憂危之運宜增儆勵之誠臣昨奉使軍營出遊行殿忽覩右廊之下榜列二庫之名懵然若驚不識所以何則天衢尚梗師旅方殷瘡痛呻吟之聲噢咻未息忠勤戰守之效賞賚未行而諸道貢珍遽私別庫萬目所視孰能忍懷竊揣軍情或生觖望試詢候館之吏兼探道路之言果如所虞積憾已甚或忿形謗讟或醜肆謳謠頗含思亂之情亦有悔忠之意是知甿俗昬鄙識昧高卑不可以尊極臨而可以誠義感頃者六師初降百物無儲外扞兇徒內防危堞晝夜不息迨將五旬凍餒交侵死傷相枕畢命同力竟夷大艱良以陛下不厚其身不私其欲絕甘以同卒伍輟食以啗功勞無猛制而人不攜懷所感也無厚賞而人不怨悉所無也今者攻

圖已解衣食已豐而謳謠方興軍情稍附豈不以勇夫恒性嗜貨矜功其患難既與之同憂而好樂不與之同利苟異恬默能無怨咨此理之常固不足怪記曰財散則民聚豈其殷鑒歟衆怨難任蓄怨終泄其患豈徒人散而已亦將慮有搆姦鼓亂干紀而強取者焉夫國家作事以公共為心者人必樂而從之以私奉為心者人必咈而叛之故燕昭築金臺天下稱其賢殷紂作玉杯百代傳其惡蓋為人與為己殊也周文之囿百里時患其尚小齊宣之囿四十里時病其太大蓋同利與專利異也為人上者當辨察茲理洒濯其心奉三無私以壹有衆人或不率於是用刑然則宣其利而禁其私天子所恃以理天下之具也捨此不務而壅利行私欲人無貪不可得已今茲二庫珍幣所歸不領度支是行私也不給經費非宣利也物情離怨不亦宜乎智者因危而建安明者矯失而成德以陛下天資英聖儻加

之見善必遷是將化蓄怨為銜恩反過差為至當促殄遺孽永垂鴻名易如轉規指顧可致然事有未可知者但在陛下行與否耳能則安否則危能則成德否則失道此乃必定之理也願陛下慎之惜之陛下誠能近想重圍之殷憂追戒平居之專欲器用取給不在過豐衣食所安必以分下凡在二庫貨賄盡令出賜有功坦然布懷與衆同欲是後納貢必歸有司每獲珍華先給軍賞瓌異纖麗一無上供推赤心於其腹中降殊恩於其望外將卒慕陛下必信之賞人思建功兆庶悅陛下改過之誠孰不歸德如此則亂必靖賊必平徐駕六龍旋復都邑興行墜典整緝棼綱乘輿有舊儀郡國有恒賦天子之貴豈當憂貧是乃散其小儲而成其大儲也損其小寶而固其大寶也舉一事而衆美具行之又何疑焉悋少失多廉賈不處溺近迷遠中人所非況乎大聖應機固當不俟終日不勝管窺願效之至謹陳冒以聞謹奏

贄為兵部侍郎上奏曰嶺南節度經略使奏近日船舶多往安南市易進奉事大實懼闕供臣今欲差判官就安南收市望定一中使與臣使司同勾當庶免隱欺希顏奉宣聖旨宜依者遠國商販惟利是求綏之斯來擾之則去廣州地當要會俗號殷繁交易之徒素所奔湊今忽捨近而趨遠棄中而就偏若非侵刻過深則必招懷失所曾無內訟之意更與出位之思玉毀櫝中是將誰咎珠飛境外安可復追書曰不貴遠物則近人格今既徇欲如此宜其殊俗不歸況又將蕩上心請降中使示貪風於天下延賄道於朝廷黷汙清時虧損聖化法宜當責事固難依且嶺南安南莫非王土中使外使悉是王臣若緣軍國所須皆有令式恒制人思奉職孰敢闕供豈必信嶺南而絕安南重中使以輕外使殊失推誠之體又傷賤貨之風望押不出

貞元四年上嘗謂李泌曰每歲諸道貢獻共直錢五十萬緡今歲僅得三十萬緡宮中用度殊不足泌曰古者天子不私求財今請歲供宮中錢百萬緡願陛下勿受貢獻及罷宣索必有所須降勅折稅不使奸吏因緣誅剝上從之

九年戶部侍郎裴延齡奏檢責諸州欠負錢八百餘萬緡收抽貫錢三百萬緡呈樣物三十餘萬緡請別置庫以掌之欠負皆貧人無可償抽貫錢給用於盡呈樣染練皆左藏正物延齡徒置別庫虛張名數以惑上上信之以為能富國而寵之左補闕權德輿奏曰延齡取常賦支用未盡者充羨餘以為已功縣官市物再給其直以充別貯邊軍自今春以來並不支糧陛下必以延齡孤貞獨立時人醜正流言何不遣信臣覆視究其本末明行賞罰今衆口喧於朝市豈皆為朋黨邪上不從

德宗時擢韓洄為戶部侍郎判度支。洄上言曰。江淮七監歲鑄錢四萬五千緡輸京師。工用運轉每緡費二千。是本倍於子。今商州紅崖冶產銅。而洛源監久廢。請鑿山取銅。即冶舊監置十鑪鑄之。歲得錢七萬二千緡。度費每緡九百。則得可浮本矣。江淮七監請皆罷。又言天下銅鐵冶乃山澤利。當歸王者。請悉隸鹽鐵使。從之。

歷代名臣奏議卷之二百六十二

歷代名臣奏議卷之二百六十三

理財

唐憲宗即位後。因德宗府庫。而性儉約節用。四方進奉并破。劉闢李錡沒入。及于頔王鍔進獻錢帛盈溢。充積內藏。學士李絳嘗從容諫曰。臣聞王者積之於人。霸者積之於國。尋常之君積於府庫。陛下以超邁英姿。嗣膺寶歷。蠻夷納貢。山澤効珍。固當事冠百王。德垂萬代。可書之事。成不諱之朝。今內藏積財。來者必納。唯願進入之數。不問聚斂之由。方鎮皆裒刻於人。以進獻為務。因緣姦盜。半入私家。百姓積怨。兆人興謗。殆非今日聖政所宜行也。又錢是通流之貨。居之則物以騰踊。帛是衣著之物。貯之則歲轄損爛。此皆出於人力。匪從天生。積難得之財。成無用之弊。聖心所宜留念。伏乞天慈量恩澤頒賜之。所要校制作移用之所費。三倍已外。悉付所司。備經用者有餘。即稍稅寬於外。以命疲人蘇息。內以衆聖政光略。存之策書。足示後嗣。上喟然曰。朕豈不知積財貨為不急之務。受進獻非至聖之事。顧祖宗理化之所。法令賞罰不行。今兩河州郡之賦。是中夏貢賦之地。四五十郡。國力不及。朝覲久廢。征討未加。又河隍郡縣沒於蕃醜。列置烽候。逼近郊圻。朕方欲練智勇之將。刷祖宗之恥。思所用不徵於人。儲蓄之由。蓋在於此。朕所以身衣澣濯。不妄破用。親戚賜與。纔表誠意而已。且漢明帝云。我為天下守財爾。豈得妄用耶。誠哉是言。卿當深悉此懷。

元和六年。上問戶部侍郎李絳曰。故事戶部皆進羨餘。卿獨無進何也。對曰。守土之官厚斂於人以市私恩。天下猶共非之。況戶部所掌。皆陛下府庫之物。給納有籍。安得羨餘。若自左藏輸之內藏以為進奉。是猶東庫移之西庫。臣不敢踵此弊也。上嘉其直。益重之。

元和中翰林學士白居易論和糴狀曰。右臣伏見有司以今年豐熟。請令畿內及諸處和糴。令收賤穀以利農人。以臣所觀有害無利。何者。凡曰和糴。則官出錢。人出穀。兩和商量然後交易也。比來和糴事則不然。但令府縣散配戶人。促立程限。嚴加徵催。苟有稽遲則被追捉。迫蹙鞭撻甚於稅賦。號為和糴其實害人。儻依前而行臣故曰有害無利也。今若有司出錢開場自糴。比於時價稍有優饒。利之誘人。人必情願。且本請和糴只圖利人。人若有利自然願來。利害之間。可以此辨。今若除前之弊行此之便。是真得和糴利人之道也。二端取捨伏惟聖旨裁之。必不得已。則不如折糴。折糴者。折青苗稅錢。使納斛斗。免令賤糴。別納見錢。在於農人。亦甚為利。況度支比來所支和糴價。數多是雜色匹段。百姓又須轉賣。然後將納稅錢。至於給付。不免侵偷。貨易不免折損。所失過本。其弊可知。今若量折稅錢使納斛斗。既無賤

糴麥粟之費。又無轉賣匹段之勞。利歸於人。美歸於上。則折糴之便豈不昭然。由是而論。則配戶不如開場。和糴不如折糴。亦甚明矣。臣久處村閭。曾為和糴之戶。親被迫蹙。實不堪命。臣近為畿尉。曾領和糴之司。親自鞭撻。所不忍覩。臣頃者常欲疏此人病。聞于天聽。疎遠賤微。無由上達。今幸擢居禁職。列在諫官。苟有它聞。猶合陳獻。況備諳此事。深知此弊。臣若緘默隱而不言。不唯上辜聖恩。實亦內負夙願。猶慮愚誠不至。聖鑒未迴。即望試令左右可親信者一人。潛問鄉村百姓和糴之與折糴。孰利而孰害乎。則知臣言不敢苟耳。或慮陛下以勅命已下。難於移改。以臣所見。事又不然。夫聖人之舉事也。唯務便人。唯求利物。若損益相半。則不必遷移。若利害相懸。則事須追改。不獨於此。其它亦然。伏望宸衷審賜詳察。謹具奏聞。

監察御史元稹上錢貨議狀曰。奉進止。當今百姓之困。眾情所知。減稅則國用不充。欲依舊則人困轉甚。皆由貨輕錢重。徵稅暗加。宜令百寮各陳意見。以革其弊。右閏正月十七日宰相奉宣進止如前者。臣以為當今百姓之困。其弊數十。不獨在於錢貨徵稅之謂也。既聖問言之。又以為黎庶之重困。不在於賦稅之暗加。患在於剝奪之不已。錢貨之輕重。不在於議論之不當。患在於號令之不行。今天下賦稅一法也。厚薄一槩也。然而廉能莅之則生息。貪愚莅之則敗傷。蓋得人則理之明驗也。豈徵稅暗加之謂乎。自嶺已南。以金銀為貨幣。自巴已外。以鹽帛為交易。黔巫溪峽。大抵用水銀朱砂繒綵巾幗以相市。然而前人以之理。後人以之擾。東郡以之耗。西郡以之贏。又得人則理之明驗也。豈錢重貨輕之謂乎。自國家置兩稅已來。天下之財限為三品。一曰上供。二曰留使。三曰留州。皆量出以為入。定額以給資。然而節將有進獻以市國恩者。有賂遺以買私名者。有藏鏹滯

帛以貽子孫者。有高樓廣榭以燕第宅者。彼之輸入有常也。公私有分也。此何從而得之。又國家置度支轉運已來。一則管鹽以易貨。一則受財以經費。近制。有年進月進之名。有正至三節之獻。彼之管鹽有常也。受財有數也。此又何從而得之。且百姓國家之百姓也。貨財國家之貨財也。不足則取之。有餘則捨之。在我而已。又何必擾之重柄。假之利權。徇彼之徼恩。成我之怨府哉。今陛下初臨億兆。首問羣寮。誠能禁藩鎮大臣不時之獻。罷度支轉運別進之名。絕賂遺之私。節侈靡之俗。峻風憲之舉。深贓罪之刑。精覈考課之條。慎選字人之長。若此。則不減稅而人安。不改法而人理矣。至於古今言錢幣之輕重者熟矣。或更大錢。或放私鑄。或龜或貝。或皮或刀。或禁埋藏。或禁銷毀。或禁器用。或禁滯積。皆可以救一時之弊也。然而或損或益者。蓋法有行不行之謂也。臣不敢遠徵古證。竊見元和已來。初有公私

器用禁銅之令。次有交易錢帛兼行之法。近有積錢不得過數之限。每更守君則必有用錢不得加除之勝。然而銅器備列於公私。錢帛不兼於賣鬻。積錢不出於牆垣。欺濫遍行於市井。亦未聞懲一夫黜一吏。賞一告討壞一蓄藏。豈法不便於時耶。蓋行之不至也。陛下誠能揆古今操弊之方。施賞罰必行之令。則聖祖神宗之法制何限。前賢後智之議論何窮。豈待愚臣盜竊古人之見。自觸革弊之術哉。

行尚書職方員外郎韓愈上錢重物輕狀曰。右臣伏准御史臺牒准中書門下帖奏。進止。錢重物輕。為弊頗甚。詳求適變。可以便人。所貴緡貨通行。里閭寬息。宜令百寮隨所見作利害狀者。臣愚以為錢重物輕救之之法有四。一曰在物土貢。夫五穀布帛農人之所能出也。工人之所能為也。人不能鑄錢。而使之賣布帛穀米以輸錢於官。是以物愈賤而錢愈貴也。今使出布之鄉租賦悉以布。出綿絲百貨之鄉租賦悉以綿絲百貨。去京百里悉出草。三百里以粟。五百里之內及河渭可漕入。願以草粟租賦悉以聽之。則人益農。錢益輕。穀米布帛益重。二曰在塞其隙。無使之洩。禁人無得以銅為器皿。禁鑄銅為浮屠佛像鐘磬者。蓄銅過若干斤者。鑄錢以為它物者。皆罪死不赦。禁錢不得出五嶺。五嶺買賣一以銀。盜以錢出嶺及違令以買賣者。皆坐死。五嶺舊錢。聽人載出。如此則錢必輕矣。三曰更其文。貴之使一當五。而新舊兼用之。凡鑄錢千。其費亦千。今鑄一而得五。是費錢千而得五千。可立多也。四曰扶其病。使法必立。凡法始立必有病。今使人各輸其土物以為租賦。則州縣無見錢。州縣無見錢。而穀米布帛未重。則用不足。而官吏之祿俸月減其舊三之一。各置鑄錢使新錢一當五者以給之。輕重平乃止。四法用。錢必輕。穀米布帛必重。百姓必均矣。

穆宗長慶二年。戶部侍郎張平叔上疏請官自賣鹽。可以富國強兵。陳利害十八條。詔下其說令公卿詳議。兵部侍郎韓愈論變鹽法事宜狀曰。右奉敕。將變鹽法事。實精詳。宜令臣等各陳利害可否聞奏者。平叔所上變法條件。臣終始詳度。恐不可施行。各隨本條分析利害如後。

一件。平叔請令州府差人自糶官鹽。收實估匹段。省司準舊例支用。自然獲利一倍已上者。臣今通計所在百姓。貧多富少。除城郭外。有見錢糴鹽者。十無二三。多用雜物及米穀博易。鹽商利歸於己。無物不取。或從賒貸升斗。約以時熟填還。用此取濟。兩得利便。今令州縣人吏坐鋪自糶。利不關己。罪則加身。不得見錢及頭段物。恐失官利。必不敢糶。變法之後。百姓貧者無從得鹽而食矣。求利未得。斂怨已多。自然坐失鹽利常數。所云獲利一倍。臣所未見。

一件。平叔又請鄉村去州縣遠處。令所由將鹽就村糶易。不得令百姓闕鹽者。臣以為鄉村遠處。或三家五家。山谷居住。不可令人吏將鹽家至戶到。多將則糶貨不盡。少將則得錢無多。計其往來。自充糧食不足。比來商人或自負擔斗石。往與百姓博易。所冀平價之上。利得三錢兩錢。不比所由為官所使。到村之後。必索百姓供應。所利至少。為弊則多。此又不可行者也。

一件。平叔云所務至重。須令廟堂宰相充使。臣以為若法可行。不假令宰相充使。若不可行。雖宰相為使無益也。又宰相者所以臨察百司。考其殿最。若自為使。縱有敗闕。遣誰舉之。此又不可者也。

一件。平叔又云法行之後。停減鹽司所由糧課。年可收錢十萬。

臣以為變法之後弊隨事生尚恐不登常數安得更望贏利

一件平叔欲令府縣糶鹽每月更加京兆尹料錢百千司錄及兩縣令每月各加五十千其餘觀察及諸州刺史縣令錄事參軍多至每月五十千少至五千三千者臣今計此用錢已多其餘官典及巡察手力所由等糧課仍不在此數通計所給每歲不下十萬貫未見其利所費已廣平叔又云停鹽司諸色所由糧課約每歲合得十萬貫錢今臣計其新法亦用十萬不啻減得十萬卻用十萬所亡所得一無贏餘也平叔又請以糶鹽多少為刺史縣令殿最多違不誡常例如闕課利依條科責者刺史縣令職在分憂今惟以鹽利多少為之升黜不復考其治行非唐虞三載考績黜陟幽明之義也

一件平叔請定鹽價每斤三十文又每二百里每斤價加收二文

以充腳價量地遠近險易加至六文腳價不足官與出名為每斤三十文其實已三十六文也今鹽價京師每斤四十諸州則不啻此變法之後祗校數文於百姓未有厚利也腳價用五文者官與出二文用十文者官與出四文是鹽一斤官糶得錢名為三十其實斤多得二十八少得二十六文折長補短每斤收錢不過二十六七百姓折長補短每斤用錢三十四則是公私之間每斤常失七八文也下不及百姓上不歸官家積數至多不可遽算以此言之不為有益平叔又請以所在及農隙時併名車牛般鹽送納都倉不得令有闕絕者州縣和雇車牛百姓必無情願事須差配然付腳錢百姓將車載鹽所由先皆無檢齊集之後始得載鹽及至院監請受又須待其輸次不用門戶事被停留輸納之時人事又別凡是和雇無不皆然百姓寧為私家載物取錢五文不為官家載物取十文錢也不和雇則無可載鹽和雇則害及百姓此又不可也

一件平叔請停減鹽務所由收其糧課一歲尚得十萬貫文今又稱既有巡院請量留官吏於倉場勾當要害守捉少置人數優恤糧料嚴加把捉如有漏失私糶並準條處分者平叔所管鹽務所由人數有幾量留之外收其糧課一歲尚得十萬貫此又不近理也比來要害守捉人數至多而有漏失私糶之弊今又減置人數謂能私鹽斷絕此又無理不可也

一件平叔云變法之後歲計必有所餘日用還恐不足請一年已來且未責以課利後必數倍校多者此又不可方今國用常言不足若一歲頓闕課利為害已深雖云明年校多豈可懸保此又非公私蓄積尚少之時可行者也

一件平叔又云浮寄姦猾者轉富土著守業者日貧若官自糶鹽不問貴賤貧富士農工商道士僧尼并兼遊惰因其所食盡輸官錢并諸道軍諸使家口親族遞相影占不曾輸稅若官自糶鹽此輩無一人遺漏者臣以此數色人等不糶鹽而食官自糶鹽即糶而食之則信如平叔所言矣若官自糶與不自糶皆常糶鹽而食則今官自糶亦無剩也所謂知其一而不知其二見其近而不見其遠也國家榷鹽糶與商人商人納榷糶與百姓則是天下百姓無貧富貴賤皆已輸錢於官矣不必與國家交手付錢然後為輸錢於官也

一件平叔云初定兩稅時絹一疋直錢三千今絹一疋直錢八百百姓貧虛或先取粟麥價及至收穫悉以還債又充官稅顆粒不殘若官中糶鹽一家五口所食鹽價不過十錢隨日而輸不

勞驅遣。則必無舉債逃亡之患者。臣以為百姓困弊。不啻為鹽價貴也。今官自糶鹽與依舊令商人糶。其價貴賤所校無多。通計一家五口所食之鹽。平叔所計一日以十錢為率。一月當用錢三百。是則三日食鹽一斤。一月率當十斤。新法實價與舊每斤不校三四錢以下。通計五口之家。以平叔所約之法計之。賤於舊價。日校一錢。月校三十。下滿五口之家。所校更少。然則改用新法。百姓亦未免窮困流散也。初定稅時。一匹絹三千。今只八百。假如特變鹽法。絹價亦未肯貴。五口之家因變鹽法。日得一錢之利。豈能便免作債。收穫之時不被徵索。輸官稅後有贏餘也。以臣所見。百姓困弊日久。不以事擾之。自然漸蘇。不在變鹽法也。今絹一匹八百。百姓尚多寒無衣者。若使匹直三千。則無衣者必更眾多。況絹之貴賤。皆不緣鹽法。以此言之。鹽法未要變也。

一件。準敕云每州糶鹽不少。長吏或有不親公事。所由浮詞云富家無人糴鹽。臣即請差清強巡官檢責所在實戶。據口團保。給一年鹽。使其四季輸納鹽價。口多糴少及鹽價遲違。請停觀察使見任。改散慢官。其刺史已下貶與上佐。其餘官貶遠處者。平叔本請官自糶鹽以實百姓。令其蘇息。今更流亡。今令責實戶口團保給鹽。令其隨季輸納鹽價。所謂擾而困之前意也。百姓貧家食鹽至少。或有淡食動經旬月。若據口給鹽。依時徵價。辦與不辦。並須納錢。遲違及違條件。觀察使以下各加罪譴。苟官吏畏罪。必用威刑。臣恐因此所在不安。百姓轉致流散。此又不可之大者也。

一件。準敕請限商人鹽納官後。不得輒於諸軍諸使覓職掌把錢把店看守莊磑以求影庇。請令所在官吏嚴加訪察。如有違犯。應有資財並令納官。仍牒送府縣充所由者。臣以為鹽商納榷。為官糶鹽。子父相承。坐受厚利。比百姓實則校優。今既奪其業。又禁不得求覓職事及為人把錢把店看守莊磑。不知其罪。一朝窮蹙之也。若必行此。則富商大賈必生怨恨。或收市重寶。逃入反側之地。以資寇盜。此又不可不慮也。

一件。準敕云行此策後。兩市軍人富商大賈或行財賄。邀截喧訴。請令所由切加收捉。如獲頭首。所在決殺。連狀聚眾人等。各決脊杖二十。檢責軍司軍戶鹽。如有隱漏。並準府縣例科決。并責所由告人者。此一件若果行之。不惟大失人心。兼亦驚動遠近。不知糶鹽所獲幾何。而害人壞政。其弊實甚。

以前件狀奉今月九日勅令臣等各陳利害者。謹錄奏聞。伏聽勅旨。

宋太宗太平興國二年。樊若水上言曰。江南舊用鐵錢。於民非便。今諸州銅錢尚六七十萬緡。虔吉等州未有銅錢。各發六七萬緡。俾市金帛輕貨上供。及博糴穀麥於昇鄂饒等州產銅之地。大鑄銅錢。銅錢既不渡江。益以新錢。則民間錢愈多。鐵錢自當不用。悉鎔鑄為農器什物。以給江北流民之歸附者。除銅錢渡江之禁。從之。

端拱二年。戶部郎中張洎乞罷榷山行放法。奏曰。臣伏奉中書宣諭聖意。令訪聞茶法。其榷山通商各有何利害者。臣才識鄙陋。預聞天旨。退省衡泌。惶悚實深。謹略具榷山放法利害。仰對大問。惟聖明察之。伏以茶貨之興。其來尚矣。資民豐國。利潤之功博焉。榷山放法損益之制。肇自有唐。創茲茶法。流行天下。然異來黎兆姓所須。遠近同俗。今獻議者言茶利害蓋有二焉。一曰榷山。一曰放法。歷代制置雖或不同。舉要而言。則榷山之害深。放法之利廣也。然而幹司邦計之論必曰朝廷榷山大獲厚利倘從放免徒利茶商此蓋老生之常談近世之弊法徒傷大體豈務通經者乎今請一二而言之夫南國[illegible]擅山澤逮接遠民習俗多事茶園上則供億賦租下則存活妻子營生取給更絕它門及其官榷茶山利歸公室衣食之源日削採造之役歲增課額既漸虧刑罰又屢及以至貼田賣屋方辦課程物產既空死亡寧救所以出茶之處郡縣凋殘民不聊生職由於此其弊一也然榷之地法令斷嚴銖兩之茶即該憲網公私追擾獄訟繁興大則破族亡家小則身填牢戶州縣公事太半爲茶朝禁夕刑禁繫相繼戶口由茲減耗田野爲之汙萊蠶織蒸民墜於無告獄連禍結莫甚於斯其弊二也茶貨在山同夫五穀事待愛養即獲盈豐及夫朝廷榷山鄉原失業茶戶逼於寒餒日有逃亡者茶園陷於姦偽歲有荒廢者年華漸久殘破益深春彼靈苗鞠爲茂草追呼覺察已失課程雖欲改張噬臍安及其弊三也謹按唐穆宗朝宮中營造臺觀用計不充王播希恩請增茶稅李珏上疏曰榷率救弊起自干戈所欲於今殊傷國體歲終上計其利幾何未見阜財已去歛怨矣至大和九年鹽鐵使王涯始奏行榷茶之法江淮間百姓茶園官自造作分命使者主之百姓公言曰果行是法止有盡殺使臣入山斲耳其後甘露事發涯竟就誅故史臣謂王涯欲希恩幸重困蒼人然而寵身姦邪之間與其謀而危其國豈非鬼瞰神奪驚斯禍以懲之乎前史書之以爲鑒誡國家膺圖御極子育黎元澤浹窮荒仁及行葦惟茲茶法未叶大中改絃更張正在茲日今若罷榷山之制行放法之條深閔便民其利有五夫先王創制貴在通行規利蠲民政斯濫矣今小弊法罷而棄之則委頓者幾分流庸者盡復東南郡縣百萬之北黎得安舊業其利一也造茶之戶既專物產必能經營地利愛養茶園封殖實條防護山澤十年之內茶貨大興通商惠農王賦增集其利二也榷山既放姦網減除變人而義在必行畫象而民猶不犯普天之下實省刑章利用厚生莫先於此其利三也比來般運盡出公家涉歷江湖按清河洛方舟巨艦經途萬里風濤沒溺官吏姦偷陷失茶綱比歲常有若行放法此患自除其利四也國家榷買茶貨歲入無窮堆貯倉場充積州郡及乎出賣之際則太半陳腐積年之後又多至焚燒今若許放榷山任民貿易則國中永無棄貨天下咸知新茶惠潤公私實爲要道其利五也或曰國家制置茶法蓋有歲年一旦通商大虧國計贍用不足其將奈何對曰聖后當陽政先惠下將建無窮之策非急一時之利況茲變法未見虧官推放便宜謹條件如後

榷山

一天下郡國所出茶貨品類至繁且以湖南一道所出茶貨約度爲準訪聞湖南山色茶每斤官中榷買用本錢二百二十文并運支費約破錢一百文（華運之稍遠即不啻一百文近即不及一百文今將道途遠近折算計一百錢為準）一斤且以官中於地頭出賣計收錢九百六十文除算出本錢并纏裹錢共三百二十文外合收淨利錢六百四十文其淮南兩浙江南等道茶貨雖出賣價例或小有不同其所收淨榷茶貨利大約不踰於此國家所榷茶貨歲月漸深即有減價出賣者逐年陳惡不堪支用即有逐時燒棄者今請朝廷且將天下一年所納茶貨較算其元使用本錢及運錢都合計若干於地頭出賣所收淨利錢都合得若干却於淨利錢內剋折出逐年減價出賣及官中燒棄茶貨外其所有的實淨利合有若干如茲算撲即所賣茶貨除剋折外每斤價錢又恐不能及六

百四十文

放法

一國家若放榷山任民買賣理財之道宜通覘天下諸道州府出茶之處請各於緊要地置立務局其茶貨離山場之日不計多少每一大斤茶戶納錢一百文茶商納錢三百文茶商出賣地頭更納錢二百文其茶商所賣博買茶貨金銀疋帛等經歷舊買茶處向外州郡其州郡又依例納稅統而言之即官入茶租與榷山之日所獲淨利不相懸矣或曰朝廷改變茶法貴要利民若茶商茶戶所納之錢過為繁重豈惠下之道也荅曰榷山之時商客買官茶一斤計用錢九百六十文改法之後且約將錢四百文為茶本四百文納官都計八百文若更將一百六十文剩錢納官方只得榷山之時買茶舊額況放法之後民皆取便既絕官司上下侵擾又免官中陳茶就山場買賣得一色新茶商販之人獲利誠厚更令納錢尚為輕賦況見出茶本以榷山之日猶未登舊額者爭又茶戶賣茶入官甚為艱苦或將遠年陳惡雜物折給或得低價一色見錢然而經歷官司動遭剋削茶稍低下即被焚燒迨于住場僅同白納今既改法將茶貨賣與商客且約得價錢四百文除將一百文納官尚有三百文見錢比榷納之日所獲利潤不亦復饒乎或曰官中所取茶租若多重孳民於茶價須至增添茶價既增於人便否荅曰茶為食物天下所資日用於人同夫鹽酒雖價例增長非有害於時爲在昔有唐宰相令狐楚嘗奏茶法云賦率之時既節級增價商人轉賣必價稍貴即是錢出萬國利歸有司既無害茶商又不擾茶戶詳楚之所奏理甚顯明茶價雖增實有利而無害矣

今國家大更茶法式洽民心所慮者賦入不登或虧邦計今茲放榷其利昭然舉而行之實久長之計也

二榷山之時商販艱阻今既放法民皆自便普天之下茶貨流通利入公門必當增倍商人所到州郡賣茶納錢（此則率賦二百錢非常行稅賦）宜令本處稅院別置文曆逐時收管候年終上討考校課程

三國家贍用之茶不可令闕宜計度逐年所支費多少據合留數目令折稅茶戶依舊榷納或處折稅茶數目浩瀚逐年榷納不盡即可據都額分為番次令茶戶三年一次輸納庶均苦樂永冀通行

切以理財聚眾聖人之大業興利除害有國之常規國家受命上天光宅中土文備庶政歷載于茲大道汙而復隆墜典缺而咸補唯財貨一節未行寬簡豈不以覆燾至大贍用攸廣將安區夏須資物力者乎臣以為司計之臣失於經度所致也何則普天之下率土奠用四海九州之租賦關市山澤之稅率榷山煮海之宜利一歲所入其數幾何郊廟社稷之嚴奉少府中禁之支費六軍群吏之貲費一歲所出其數幾何司計之臣苟能按經常調虛實量入以為出則國內財貨可得而均節矣天下利病可得而明察矣其或聖朝歲時支費未能放行計度但掊克以困黎元貨殖程財未見其可也況茶貨害政為日滋久倘從變法孰匪至公舉而行之又何疑也

太宗留意金穀名三司吏李溥等二十七人對於崇政殿詢以計司利害溥等言條目煩多不可以口占願給筆札以對太宗遣中黃門送詣相府限五日悉條上之溥等共上七十一事詔以四十四事付有司行之其十九事下陳恕等議可否遣知雜御史張秉中使張崇貴監議令中書籍其事專掄選之紙致廢格賜溥等白金緡錢志

侍禁殿直領其職。太宗謂宰相曰。溥等條奏事頗有所長。朕嘗語恕等。若文章稽古。此輩固不可望。若錢穀利病。彼自幼至長。寢處其中。必周知根本。卿等但假以顏色。引令剖陳。必有所益。恕等剛強。終不肯降意詢問。呂端對曰。耕當問奴。織當問婢。寇準曰。夫子入太廟每事問。乃以貴下賤。先有司之義。後數日太宗又曰。國家歲入財數倍於唐。唐中葉以降藩鎮擅命。征賦多不入公家。下陵上替。經制隳壞。若前代為得。即已致太平。豈復煩朕心慮也。因召恕等責以職事曠廢。恕等對曰。今土宇至廣。庶務至煩。國用軍須。所費浩瀚。又遇諸州凡有災沴。必盡蠲其租。臣等每舉利權。朝廷必以侵民為慮。皆尼而不行。縱使耿壽昌桑弘羊復生。亦所不逮。臣等駑劣。惟盡心簿領。終不足上裨聖治。太宗曰。卿等清而不通。專守繩墨。終不能為國家度長挈大。剖煩析滯。只如京城倉庫主吏當改職者。簿領中一處節目未備。即至十年五年不決。以致貧無資給。轉徙溝壑。此卿等之過。豈不傷和氣哉。恕等頓首謝。

真宗即位。西京左藏庫使楊允恭言川峽鐵錢之弊曰。凡民田之稅。昔輸銅錢之一。今輸鐵錢亦一。而吏卒俸舊給銅錢之一。今給鐵錢五。行用交易。則鐵錢之十為銅錢之一。且民入田稅。以一為十。官失其九矣。吏卒俸給增一為五。官又失其四矣。吏卒得五用十。復失其半矣。臣在先朝嘗陳其事。願變法以革其弊。先帝方議行之。會賊順叛擾而止。今陛下繼成先烈。可遂建其法。使民不失所。且饒信之銅積數千萬。若遣運于荊。達于蜀。蜀素多銅。俾夔益遂各置監鼓鑄。歲用均給。不十年悉用銅錢矣。

咸平四年。祕書丞直史館孫冕請令江南荊湖通商賣鹽。緣邊折中糧草。在京入納金銀錢帛。則公私皆便。為利寔多。設慮淮南因江南荊湖通商。或至年額稍虧。則國家折中糧草。足贍邊兵。中納金銀。實之官庫。且免和雇車乘。差擾民戶。冒寒涉遠。倍費民力。如荊湖運錢萬貫。淮南運米千石。以地里腳力送至窮邊。則官費民勞。啻數倍。詔吏部侍郎陳恕等議。恕等謂江湖官賣鹽。盡近瀕海之地。欲息犯禁之人。今若通商任賣官鹽。立之一年課額。免議遂寢。

真宗時。三司鹽鐵判官俞獻卿上言。天下穀帛日益耗。物價日益高。欲民力之不屈不可得也。今天下穀帛之直。比祥符初增數倍矣。人皆謂稻苗未立而和糴。桑葉未吐而和買。自荊湖江淮間民愁無聊。轉運使務刻剝以增其數。歲益一歲。又非時調率營造。一切費用皆出於民。是以物價積高而民力積困也。陛下誠以景德中西北二邊通好富盛之時。一歲之用較之天禧五年。凡官吏之要冗。財用之盈縮。力役之多寡。釋道之增減。較然可知其利害也。況自天禧以來日侈一日。又甚于前。其危不亟者滿在下。本不茂者蠹在內。陛下宜知其有損於彼。無益於此。與公卿大臣朝夕圖議而救正之。帝納其言。

仁宗天聖八年。上書者言縣官禁鹽得利微而為害博。兩池積鹽為阜。其上生木合抱。數莫可較。宜聽通商平估以售。可以寬民力。詔翰林學士盛度御史中丞王隨議更其制。度因畫通商五利上之曰。方禁商時。伐木造船輦運。兵民不勝疲勞。今去其弊。一利也。陸運既差帖頭。又役車戶。貧人懼役。連歲逋逃。今悉罷之。二利也。船運有沉溺之患。綱吏侵盜。雜以泥沙硝石。其味苦惡。疾生重膇。今皆得食真鹽。三利也。錢幣國之貨泉。欲使通流。富家多藏鏹不出。民用益蹙。今歲得商人出緡錢六十餘萬助經費。四利也。歲減監官兵卒畦夫傭作之給。五利也。

明道二年。參知政事王隨建言淮南鹽初甚善。自通泰楚運至真州。

自眞州運至江浙荊湖綱吏舟卒侵盜販鬻從而雜以沙土涉道愈遠雜惡殆不可食吏卒坐鞭笞徒配相繼而莫能止比歲運河淺涸漕輓不行遠州村民頓乏鹽食而淮南所積一千五百萬石至無屋以貯則露積苫覆歲以損耗又亭戶輸鹽應得本錢或無以給故亭戶貧困往往起爲盜賊其害如此頗權聽通商三五年使商人入錢京師又置折博務於揚州使輸錢及粟帛計直予鹽鹽一石約售錢二千則一千五百萬石可得緡錢三十萬以資國用一利也江湖遠近皆食白鹽二利也歲罷漕運縻費風水覆溺舟人不陷刑辟三利也昔時漕鹽舟可移以漕米四利也商人入錢可取以償亭戶五利也時范仲淹安撫江淮亦以疏通鹽利爲言即詔知制誥丁度等與三司使江淮制置使同議皆謂聽通商恐私販肆行侵蠹縣官請敕制置司益漕船運至諸路使皆有二三年之蓄復天禧元年制聽商

人入錢粟京師及淮浙江南荊湖州軍易鹽在通楚泰海眞揚漣水高郵貿易者毋得出城餘州聽詣縣鎭毋至鄉村其入錢京師者增鹽予之并敕轉運司經畫本錢以償亭戶詔皆施行

景祐中葉清臣上疏曰山澤有產天資惠民兵食不充財臣兼利草芽木葉私不得專封園置吏隨處立筦一切官禁人犯則刑既奪其資又加之罪黥流日報輸冒不悛誠有厚利重貲能濟國用聖仁恤隱矜赦非辜猶將弛禁緩刑爲民除害度支費用甚大榷易所收甚薄刳剝園戶資奉商人使朝廷有聚斂之名官曹滋虐濫之罰虛張名數刻蠹黎元建國以來法弊輒改載詳改法之由非有爲國之實皆商吏協計倒持利權幸在更張倍求奇羨富人豪族坐以賈贏薄販下估日皆朘削官司之際俱非遠策臣切嘗校計茶利所入以景祐元年爲率除本錢外實收息錢五十九萬餘緡又天下所售食茶并本息歲課亦祇及三十四萬緡而茶商見通行六十五州軍所收稅錢已及五十七萬緡若令天下通商祇收稅錢自及數倍即榷務山場及食茶之利盡可籠取又況不費度支之本不置榷易之官不興輦運之勞不濫徒黥之辟臣意生民之弊有時而窮盛德之事俟聖不惑議者謂榷賣有定率征稅無彝準通商之後必虧歲計臣按管氏鹽鐵法計口受賦茶爲人用與鹽鐵均必令天下通行以口定賦民獲善利又去嚴刑口數出錢人不厭取

寶元二年三司度支判官宋祁論三冗三費奏曰臣伏見西賊叛逆未即梟截申命將校警飭邊陲陛下日昃憂勤特彰詔發內經聖慮旁咨羣謀臣誠不肖竊用感憤以爲勇夫扞外儒者計內合爲威略以行天誅則跳梁小醜指期烹醢故敢妄陳愚見以佐萬一臣聞兵以食爲本食以貨爲資在易聚人在書八政誠聖人所以一天下之

具也以天下取之以天下用之量入爲出故天子不得私爲傳曰足食足兵民信之矣今左藏無積年之鏹太倉乏三歲之儲南方冶銅匱之不發承平如此已自凋困其故何哉良由取之既殫而用之無度也臣不能悉知朝廷之經費且以臣素所見者言之何者大有三冗小有三費以困天下之財財窮而更欲興數十萬衆以事夷狄無謀甚矣陛下誠能超然遠覽獨見根本去三冗節三費專備西北之屯尚可蹻足高枕無匱乏之患何謂三冗天下有定官無限員一冗也天下廂軍無征戰而耗衣食二冗也僧尼道士日益多而無定數三冗也不去不可爲國今陛下下詔於此斷自今日僧尼道士已受戒具者且使如舊其在寺帳爲徒弟子者悉還爲民勿復歲度而州縣寺觀留若干所僧尼道士定若干人且令後來之數不過此此策一畔可得耕織夫婦五十萬人則一冗去矣今天下廂軍不擇孱小

尪弱悉皆收配。本不知兵。亦且月費稟糧。歲費車帛。數口之家不能自庇。於是相挺逃匿。化為盜賊者不可勝算。朝廷每有夫役。更籍農民以任其勞。假如廂軍可令驅以就役。方且別給口券。間望賜錢。二端相率。不便明甚。陛下若敕天下廂軍今日以後除州軍須要防托別留三百人。自餘更不收補。已在籍者許備役作。如此。則中下之家悉入農業。又得力耕者數十萬。則二冗去矣。國家郡縣素有定官。譬以十人為額。常以十二加之。遷代罪謫。足以無乏。今則不然。一官未缺。十人競逐。紆朱滿路。襲紫成林。州縣之地不廣於前。而官五倍於舊。吏何得不苟進。官何得不濫除。陛下誠能詔三班審官院內諸司流內銓。明立限員以為定法。自今以往門蔭流外貢舉之色。實置選限。稍務擇人。俟有闕官。計員補吏。內則省息奉稟。外則靜一浮華。則三冗去矣。何謂三費。一曰道場齋醮無日不有。若七日。若一月。若四

十九日。各挾主名。未始暫停。至於蠟蔬膏麪酒稍錢帛。百司供億。不可貲計。而主者旁緣。利於欺攘。故奉行崇尚。峻於典法。皆以祝帝壽奉先烈。祈民福為名。欲令臣下不得開說。臣愚以為陛下上事天地宗廟。次事社稷百神。醴酪粢盛。犧牲玉幣。使有司端委而奉之。歲時而薦之。足以竦明德於天極。介多福於黔庶。何必道場齋醮屑屑之瀆哉。是國家抱虛以考祥。小人誣神而獲利耳。陛下若斷自聖慮。取必不可罷者。使略依本教以奉薰脩。開啓有時。賜與有度。則一費節矣。二曰京師寺觀或多設徒卒。或增置官司。衣糧所給三倍它處。帷幄謂之供養。田產謂之常住。不徭不役。坐蠹齊民。而又競飾神祠。爭脩塔廟。皆曰不費官帑。自募民財。此誠不運國上之尤者。夫民藏於國。國藏於民。財不天乘。而由地出也。役不使鬼而待人作也。捨國取民。其傷一焉。伏望陛下切勅州縣。普令罷止。則二費節矣。三曰使相節度不隸藩要。貪取公用。全濟私家。跡夫節相之建。或當邊鎮。或臨師屯。公用之設。所以勞衆而饗賓也。今則不然。罷黜大臣。率叨使相。安民部邑。普蒙公用。取生人資力。為無功之奉養。坐靡邦用。莫此為甚。伏望陛下寶惜名器。使授受唯才。自今地非邊要。州無師屯者。不得建節度。已帶節度。不得留近藩及京師。則三費節矣。三冗已去。三費已節。用度必饒。臣又聞之。人不率則不從。身不先則不信。陛下若能躬服至儉。風示四方。衣服飲膳無溢舊規。請自乘輿始。錦綵珠玉不得妄費。請自後宮始。然後天下嚮應。民業日豐。人心不搖。師役可舉。雖使風行電照。飲馬西河。蠢尒戎醜。可玩之股掌中矣。寧與今日誅求財用。謀鹽推茗。為戚戚之計者。同年而語哉。臣誠狂妄。不曉禁忌。輕進愚策。惟陛下熟其草。

寶元間。戶部侍郎夏竦議國用疏曰。臣聞四代而下莫隆乎漢。漢莫

盛乎文景。觀乎國用亦以足矣。古者什一而稅。漢氏行田或三十稅一。而錫賚勳戚。動以萬計。牛酒布帛米肉之賜。屢至民間。是時子弟分食。租稅半入縣官。匈奴寇邊。諸侯違禍。兵革數起。飛輓不絕。官無鹽鐵之利。門無舟車之算。而民不告勞。國用滋豐。京師之錢貫朽難校。太倉之粟腐敗不食。阡陌之馬成羣。守閭閻者食粱肉。其故何哉。國家開拓疆宇。幅員億萬。東南漸海。西北暨戎。內無列侯之國。歲無民間之賜。茶鹽金鐵之利。水陸關市之征。履畝而稅。榷酒而酤。即山鑄錢。臨海市舶。一歲之入十倍漢初。而用度區區未能豐羨。非事勢不足。而取與之未至。蓋夫民繇負販。俗尚奢泰。丁夫里居。游手太半。仙釋之蠹。巫覡之耗。并蕪之害。吏胥之暴。旦夕而有。故元元爭欲捄山煑海。執技列肆以邀美利。怠棄隴畝。未始禁之。及其俗弊。將若之何哉。文景之世。賤商賈。通關梁。上敦儉素之化。下無佛老之弊。尚內

刑舉賢良削父子相坐之律除誹謗妖言之罪耕籍田以勸農業除恚令以關民利減服御損郎吏惜十金於露臺施瓦器於霸陵代馳道塡蘭池人無禁錮之律馬無食粟之倖采金銀珠玉者坐以贓盜論故人人自樂趣本去末服勤畝事百姓足矣君孰不足皇家休息四海五十年間遭遇陛下天意淵默聖政日躋承二帝之基當文景之辰四夷拭目仰觀太平伏願鑒漢興之事隆聖宗之業去無益禁游惰擇良吏敦稼政儉以率下簡以御物儉則用足簡則文寬用足則生厚文寬則俗阜春秋之義王者體元以居正體元足以御大中居正足以簡嗜慾建大中則簡自至矣節嗜慾則儉自至矣做文景之治體春秋之義孜孜爲善雖休勿休不十年間則國用充牣風俗敦厚仁義可行法令可措獨將與三代稱上下豈止於漢氏之比哉

疎上量支費疏曰伏以年有上下禮亦隆殺先王正其版圖經其稅

賦以民體國以時計用王制曰冢宰制國用必於歲之杪視年之豐耗量入以爲出故雖有兵革之費旱蝗之變上無闕供廢事之虞下無卒賦暴斂之患治天下者宜夙念之國家體古立制載義創規愛育元元恩臻至治而犬戎狗態存食邊隅比年以來國用滋耗至於鬻官爵於豪右市縑素於州郡滯穀之家爵竊薦紳之號行濫之輩爭爲翔踴之價貪夫之志益驕吾民之生滋薄雖爲倉卒之權頗誤太平之德況太祖經始太宗緝熙陛下纂嗣王澤下流五十年間萬國無事山海之利粟穀之賦日以萬數月以億計若向胡馬之塵纔動塞垣而錢穀之吏便設權宜臣切爲陛下惜之於戲天下皆知取之爲取而不知與之爲取夫民逐利如水投下當登穀之日載績之時貴更其直五分益一則稻粱山積豈須[illegible]選布帛雲委何待糴率圖難於易豈不在茲誠當各詔司存預謀用度量國之出入視年之豐凶削冗事而正舉儲去權宜而就經久庶使漢道有雜霸之名則萬世幸甚

疎爲三司使又上平羌權疏曰伏以齊桓霸主晏嬰始議鹽鐵漢武外事夷狄乃興羌權魏晉而隋沿革非一唐氏因之兼增權數貞元之際復行茶稅山海之饒盡於國矣夫天地之利與民共之藏財於民非欲盡取故曰民之不足君孰與足又曰百姓足君孰不足蓋君以民爲心民以君爲體未有心勞而體逸支瘠而身壯者也國家富有征稅充牣府藏雖君王之心務推寬大而聚斂之臣競爲苛細刻取羨餘不知紀極至於海濱之民食無鹽滷山居之人飲無茶味若有負販必與吏共是網密於平民而法寬於姦猾榷酤之制近年尤急或增見在之額或追已亡之額或明下詔條募相剝奪所入至微而爭端鋒起州縣之獄自此滋豐切爲陛下惜之夫羌權不可廢

可以平其法法不必急急則民望於上亦不必緩緩則利歸於下在任廉平之官使喻朝廷之意削除冗制務存大體上不盡國下不迫民則政在其中矣孟子曰文王之囿七十里人以爲小蓋與民共之也夫以利共之以道取之以禁防之以籍正之補行而不蠹雖禁小錮海而民不爲怨矣

慶曆三年右正言余靖論河北榷鹽疏曰臣切聞臣寮上言禁榷河北鹽貨以救遺利者臣切以前歲事宜已來河北之民揀點義勇強壯及諸色科率數年之間未得休息臣常痛幽薊之地陷於胡虜幾百年而民忘南顧之心者戎狄之法大率簡易鹽麴俱賤科役不煩故也昔者太祖皇帝特推恩意以惠河朔故許通鹽商止令收稅今若一旦榷絕價必騰踴民苟懷怨悔將何及伏緣河朔土多鹽鹵小民稅地不生五穀唯刮鹹煎之以納二稅今若禁止便須逃亡鹽價

若高抬法必衆。邊民怨嗟。非國之福。伏乞且令仍舊通商。無輙添長
鹽價以斂民怨。
侍讀學士歐陽脩上奏曰。臣風聞轉運使呂紹寧繞至淮南。便進見
錢十萬貫。不知是一二。臣見兵興以來。天下困弊者。非獨備邊之費。半
由官吏壞之。今三司自爲闕錢。累於東南剗刷。及以紬帛回易。則南
方庫藏豈有剩錢。閭里編民必無藏鏹。故淮甸近歲號爲錢荒。不知
紹寧繞至淮南用何術於何處得此錢以進。若將官庫錢上進。則遂
州合使錢處甚多。必致闕乏。若於民間科率。則人力豈任。且十萬緡
錢。國家得之所益至微。外處取之爲害不細。往年李定王逵輩皆剗
刻疲民進奉。至今南方嗟怨。况今年江淮王倫大驚劫後。繼以蝗旱
爲孽。民間困窘。尤要撫存。而紹寧掊圖朝廷恩有進獻。伏乞別降旨
揮下別路選差一精強官。將淮南一路見管錢帛磨勘大數。取見紹

寧所進何處得來。茍涉掊斂。乞賜重行朝典。其所進錢。伏乞聖慈拒
而不受。以彰朝廷均卹外方防禦姦吏刻剝之意。
嘉祐五年。脩又上奏曰。臣伏見朝廷近改茶法。本欲救其弊失。而爲
國誤計者不能深思遠慮。究其本末。惟知圖利而不圖其害。方一二
大臣銳於改作之時。樂其合意。倉卒輕信。遂決而行之。令下之日。猶
恐天下有以爲非者。遂直詆好言之士。指爲立異之人。峻設刑名。禁
其論議。事既施行。而人知其不便者十蓋八九。然君子知時方厭言
而意殆不肯言。小人畏法懼罪而不敢言。令行之朞年。公私不便。爲
害既多。而一二大臣以前者行之太果。令之太峻。勢既難回。不能還
改。而士大夫能知其事者但騰口於道路。而未敢顯言於朝廷。幽遠
之民日被其患者徒怨嗟於閭里。而無由得聞于天聽。陛下聰明仁
聖。開廣言路。使前容納。裨益尤多。今一旦下令改事。本爲峻法禁絕
人言。中外聞之。莫不嗟駭。語曰。防民之口。甚於防川。川壅而潰。傷人
必多。今壅民之口已踰年矣。民之被害者亦已衆矣。古不虛語。於今
見焉。臣亦聞方改法之時。商議已定。猶選差官數人分出諸路訪求
利害。然則一二大臣不惟初無害民之意。實亦未有自信之心。但所
遣之人既見朝廷必欲更改。不敢沮議。又志在希合以求功賞。傳聞
所至州縣。不容吏民有所陳述。直云朝廷意在必行。但來要一審狀
爾。果如所傳。則誤事者在此數人而已。蓋初以輕信於人。施行太果。
今若明見其害。救失何遲。患莫大於遂非。過莫深乎不改。臣於茶法
本不詳知。但外論既喧。聞聽漸熟。古之爲國者。使人得謗於道。商旅
得議於市。而士得傳言於朝。正爲此也。臣切聞議者謂茶之新法既
行。而民無私販之罪。歲省刑人甚多。此一利也。然而爲害者五焉。江
南荊湖西浙數路之民。舊納茶稅。今變租錢。使民破產亡家。怨嗟愁

苦不可堪忍。或舉族而逃。或自經而死。此其爲害一也。自新法既用。
小商所販至少。大商絕不通行。前世爲法以抑豪商。不使過侵國利
與爲僭侈而已。至於通流貨財。雖三代至治。猶分四民以相利養。今
乃斷絕商旅。此其爲害二也。自新法之行。稅茶路分猶有舊茶之稅。
而新茶之稅絕少。年歲之間。舊茶稅盡。新稅不登。則頓虧國用。此其
爲害三也。往時官茶容民入雜。故茶多而賤。徧行天下。今民自買賣
須要真茶。真茶不多。其價遂貴。小商不能多販。又不暇遠行。故近茶
之處頓食貴茶。遠茶之方向去更無茶食。此其爲害四也。近年河北
軍糧用見錢之法。民入米於州縣。以鈔算茶於京師。三司爲於諸場
務中擇近上場分。特留八處。專應副河北入米之人翻鈔算請。今場
務盡廢。然猶有舊茶可算。所以河北和糴日下未妨。切聞自明年以
後。舊茶當盡。無可算請。則河北和糴實要見錢。不惟客旅得錢。變轉

不動。兼亦自京師歲歲輦錢於河北和糴。理必不能。此其為害五也。一利不足以補五害。今雖欲減放租錢以救其弊。此特寬民之一端爾。然未盡公私之利害也。伏望聖慈特詔主議之臣不護前失。深思今害。黜其遂非之心。無襲弭謗之迹。除去前令。許人獻說。亟加詳定。精求其當。庶幾不失祖宗之舊制。臣冐禁有言。伏待罪責。

慶曆六年。監察御史張方平論河北榷鹽奏曰。臣伏見河北諸州所産鹽貨。自太祖開寶年降詔罷禁通商。止令收稅。于今多年。民享其利。昨聞臣寮擘劃欲榷買滄濱鹽入官。令商旅入中邊上粮草算請。且欲榷滄濱鹽。即須禁止諸州小鹽。不禁則侵官中課利。若禁則十數州軍從此民必受弊。何者。河北一路除滄濱出鹽外。其深冀邢洺等十數州。地多鹹鹵。不可耕植。民惟以煑小鹽為業。衣食賦稅皆仰於此。若禁斷。一旦窮民失業。聚而為盜。則所虞非細。近因朝廷指揮

下本路都轉運司相度。事雖未行。民心已致疑惑。況本路諸色進管中久來各已定起稅額。每年所入課利數亦不少。今雖改用榷法。或商旅未信。不來算請。所得年額未必增。兼聞都轉運使魚周詢已條具利害論列。亦云榷法不可行。而止乞增稅。臣切謂此事於事體利害最大。其臣寮所請榷鹽。乞停罷。如朝廷已議不行。猶恐彼處民或未知。亦乞指揮下本路諸州軍告諭人民。以朝廷今來比用舊例。不復行禁榷之意。使一方之人各安生業。

方平又論民力大困起於兵多。奏曰。臣昨曾約計天下財利出入之籍。知天下之所以困由於兵。因勘會自寶元慶曆後內外增置禁軍。歲給錢帛粮賜等數。進呈。乞朝廷圖議其事。有以弛張之。伏以太祖皇帝取荊潭。收巴蜀廣南江南。備晉寇。攘西戎北虜。計所畜兵不及十五萬。（國初傳留兵十二萬。後平蜀揀其精兵止留一百二十人。又乾德中選揀中外之兵止存十萬。益揀精銳也。後乃益增及十五萬兵）太宗皇帝平太原。備邊賊。禦北虜。料簡軍旅。增損兵備。志在收取燕薊。然所畜兵不過四十萬人。先皇纔平中備邊賊。禦北虜。蒐募戰士至五十餘萬人。乃與契丹請和。祥符以後稍稍銷汰。弛收為地給新民。（先帝嘗語宰臣曰。天下兵馬之數。都下少精銳者。今之兵與古不同。古者三時務農。一府之數民即兵矣。今皆坐待衣食。國家經費至廣。不可不謹於選練。所中自軍額斷多。民轉耗。近論自已任名數。斥去弱老。且減冗食矣。帝曰卿等宜講求。務為之經久要。）邊捍邑兵自因者振罷之。（先帝常語兵數非多。不取敎。上曰。西邊心備民亦可知。）無充於寶元幾四十年。可謂久安矣。向因夷戎阻命。始籍民兵。俄命刺之以補軍籍。遂於陝西河北京東西增置保捷武衛宣毅等軍。（保捷有指揮……）既而又置宣毅於江淮荊湖福建等路。（淮南三十二。江東十三。江西二十七。兩浙十一。福建十二。湖南……）凡內外增置禁軍約四十萬餘人。通舊兵且百萬。其鄉軍義軍州郡廂軍諸軍小分半分剩員等不列于數。建營

之士日增。南畝之民日減。邇來七年之間。民力大困。天下耕夫織婦莫能給其衣食。生民之膏澤竭盡。國家之倉庫空虛。而此冗兵枉於姑息。寖驕以熾。漸成厲階。然且上下恬然。不圖正救。唯恐招置之不多也。且太祖訓兵十萬人以定天下。今以百萬人為少。此無它耳。蓋苟及身之安。莫為經久之慮也。夫苟且者臣下及身之謀。經久者陛下國家之計。今負敗之家猶汲汲於儋石之備。安有應不經久而可以保天下者哉。比歲以來。三路入中粮草。度支給還價錢常至一千萬貫。上下邊費。如此何以枝梧。臣較今大計。加之百萬不為益。減之百萬不為損。而比來鬻官六千緡者與簿尉。萬緡則殿直。諸監筦場務官準課程以定賞格。校氣至三二千緡。即以次遷陟。不知賣官遷官幾何員數。可供三路一歲粮草之費。是謂聚蚊漕之微。供尾閭之泄也。淺陋之人。更言遺利以稗經用未已。夫財計盈虛。國事安危繫

之而已矣景祐以前兵五十萬三司財用無餘及今而加一倍則何
以得足臣近約度今年在京支計亦已進呈只是準擬常程用度固
融變轉僅以有備過此以往若更因之以機費加之以飢饉雖有智
者亦恐難以善其後矣況臣之愚敢期克濟惟社稷之福祖宗之靈
陛下至仁盛德有以感格天地降之以蕃衍報之以有年則兆民之
所賴也若觀諸人事臣愚切甚寒心伏望令中書樞密院檢書臣前
奏審知計議裁於聖斷早為之所猶須嚴在累年之後如救扶顛綫
則益不及矣

奏議卷之二百六十三

歷代名臣奏議卷之二百六十四

理財

宋仁宗時張方平上食貨論曰臣聞食者生民之命貨者百用之權
興自古初世所宜急神農氏始辨五種為耒耨之利以教天下而民
知粒食日中為市致天下之民聚天下之貨立交易之法而世之財
用不匱黃帝堯舜經土設井授時布政通其變使民不倦而天下之
美利備焉禹辨三壤定九賦懋遷有無萬邦作乂周文王在岐制司
馬之法建平土之政均土地連什伍以稽其人衆而井牧其田野以
物地事授地職而令貢賦稅斂之事蓋古之王者所以制財用之道
惟田及山澤為正其百工商賈衡虞之賦以其浮食去本之民猶罰
而抑之也自周之衰庶民失職經界隳壞繇役橫作秦知順人心改
之可以獲大利故滅廬井而置阡陌急耕戰之賞尊獎兼并猾詐之

人棄削王制務為一切深害偷苟之政至始皇二世收太半之賦征
戍輸發並起勦絕蒸民之生天下愁怨遂用潰叛漢氏接秦之弊務
安百姓約法省禁輕田租十五而稅一量吏祿度官用以賦於民文
景躬儉偷德節用而愛人四方和平家給人足都鄙廩庾盡滿府庫
皆餘財人知自愛而重犯法先行義而媿黜辱及武帝外事四夷內
興功作七十年之積未幾而竭盡征戍交起天下共其勞行者齎居
者送中外騷擾百姓玩敝以巧法財賂衰耗而不贍入物者補官出
貨者除罪而言利商功之臣析毫分銖之言紛然而進矣於是設平
糴立均輸起漕運興鹽鐵置爵級制榷酤算舟車占貯積又下告緡
之令更造皮幣之幣天下蕭然無聊矣以一人侈心之故為生民萬
世之患是故聖人尊仁貴義稱嘆儉德以利為賊其意遠哉自茲已
還掊摘逾甚漢下訖上同剝月朘優刻小民以為忠功南北披攘王

澤竭矣。在唐初世。薄賦寬徭。天寶季年。國用寖廣。邊有立功之將。朝有專柄之臣。戚里相驕。女謁競進。故崇禮慎矜韋堅王鉷以聚斂而進。寳頊有徒。為上聚怨。為民瘡痏。是時承平既久。民不願亂。而此數人進邪策以侵擾之。終為厲階。以至喪敗。迨至德之後。兵戈不息。調發轉餉。百役並作。人戶凋耗。版圖空虛。賦斂多門。殊科異調。計司不能覆諸使。諸使不能覆諸州。猾吏權臣。因緣為市。津渡有率。遞隸有征。廬舍有稅。苗稼有斂。乃至平率豪姑。配取僮馬。夫人之常情。與則喜。奪則怒。故先王見其與之形。而不見其奪之理。然後民可得而有也。橫斂雖復。利在侵剝。猶以抑末遏強為辭。唐氏之賦也異哉。直取無名。曾何異乎劫剽掠奪之也。嚮昔者明王之保國也。其經費制用。夫豈天降地出。亦自民而已矣。然其所以御輕重。調盈虛。出入之節。備儲之道。必有術焉爾。大約唐制。租庸之令定於武德。兩稅之法起乎建中。牢盆之利。大於第五琦而成於劉晏。榷茶之禁萌於趙贊而成於張滂。進奉之名起乎興元。于後則有日貢月進之臣。方鎮羨餘之目。瀝民膏髓。結上恩澤。不領於縣官之經費。而入人君之私藏焉。此唐氏制財用之大經也。我國家撫有萬方。富全四海。太平安樂。且五十年。邊塞無聚徒宿師餽運賞功之費。州郡災沴足以飢饉相補。民無急征雜調朝令暮具之急。是宜綽然舒泰。而乃公私之積不足。兼年不幸仍飢。民力困屈。所在倉廩無以振救。其由何哉。非以天下之民趨末而背本者衆。生之寡而糜之多。外則戎虜為耗而供億無厭。內則兵旅冗驕而匪頒亡度。法制不立。故編甿僭王侯之服。羨教化有虧。故齊民入釋老之邪道。倚市萃乎游手。命鄉鮮乎誠士。是之耕桑之民漸鮮。衣食之路益狹。而資以奢侈。用無紀極。夫如是安取乎富且庶者哉。是以聖人制民。別其四業。自天子公侯卿大夫已下。

至于抱關擊柝。其爵祿奉養死生之制。各有差品。小不得僭大。賤不得逾貴。故上下有序而民志定矣。在易履卦。象曰。履以辨上下。定民志。其在節卦。象曰。節以制數度議德行。又曰。不節若。則嗟若。故先王制禮立法。要在使人循於軌道。裁其淫過。使之欲寡而事節。財足而不爭爾。管子曰。使民知分。王道之本也。若乃上不能節用嗇費。使人以時。國之制度不立。民之游蠹不去。則雖夷吾之權術。李悝之能盡地力。鼂賈之善議論。諸葛亮之理國用。亦不足以有成也。謹列往代濟國利民之得策。危邦害物之亂謀。可戒可法。宜於今者。舉其要焉。謹論。

方平又上食貨輕重論曰。臣聞聖人以仁守位。以財聚人。故財者帝王之所以平理萬物。養成羣生。保邦御世。安民制治之本也。夫生人之用。莫重於穀帛。然聖人立成器以為天下利。作為貨幣以通有無。而後養生送死之物備。貴賤之倫別。萬物流布而不竭。貨遷而無窮。自燧人氏至于三王。未有不以輕重之法為政者也。通其變。使民不倦。明其天時。辨其地利。察其人力。審其物理。執權衡以御天下。而操事於其不平之間。然後天地百物之情可得而見。而輕重消息制於君上矣。夫至動而不齊者莫甚乎人心。衆趨而起爭者莫急乎財利。故齊動在乎令。息爭在乎均。人君者出令而主均者也。長則藥之。短則伸之。虛則益之。實則損之。裒多益寡。稱物必平。示之以予之形。而不見其奪之理。使民由之而不知其故。而後可以制天下之變。成天下之務也。今國家奄四海以為富。籠山澤之所產。毛附之土有稅。橫目之民有籍。東南之美者。大貝蠙珠羽毛齒革也。西北之美者。皮罽名馬也。中國之產。三品之金。錦綺纖文。泉刀之利也。耒耨食穀之將。鐵。田農之本。灑酉醴之會。茶鹽飲之資。皆管于縣官矣。歷代所增損牽斜調。相衝異在。貨物殫竭。生人困瘁。然而商賈不爲之實。帑藏不爲之積。其故何哉。蓋物有所滯。利有所伏。開塞無術。斂散不時。有司徒能張其空簿。多設科禁。句剝奇贏。累年無捨。勘詰毫髮。萬里待報。以至令下而詐起。法出而姦生。蓋由不知輕重之權。不達盈虛之道。故略大而規小。忘遠以圖近者矣。或曰。司會之府。實掌國財。賦與有經。出納有程。遵常循故。謹守其度。若之何輕重之爲也。臣應之曰。今夫民有數金之業者。猶知坐廛行販。準時趨利。持其緩急。取雄井邑。況於爲國乎。況於天下乎。故夫以輕重治貨者。民足而國彊。弱國可以強。其不知輕重之道者。民困而國乏。彊國必弱。請試觀于唐氏。開元天寶時。東出日海。寰平寧。國本厚矣。及明皇季年。頗事侈費。而崇禮慎務。常堅王鉷。希意圖寵。剝刻百端。不能開通利涂。而專取於民。倚法以弄權。斂怨以構禍。四方擾動。遂用傾危。寶應永泰中。承大兵之後。民庶凋殘。仍歲凶荒。中外艱食。宮廚無兼時之積。禁軍絕餉。畿甸百姓。挼穗以供之。方鎮驕恃。旅拒傲命。邊侵法度。征賦不入。郡縣蕭減。而得劉晏。掌租庸以羨餘相補。人不加賦。自諸道巡院。距京師置遞相望。四方物價之上下。水旱豐穰之地。不浹日而知。故食貨之輕重。權於掌握。而能通其壅滯。致天下無甚貴甚賤之弊。朝廷獲羨利。國用周濟。下無橫斂。民不知勞。故唐世識者以爲自權筦之興。通其術者。惟晏一人。故開元得聚斂之臣。不知阜財之術。直取無名。若奪攘剽略。故下困上虛。以強盛而至喪敗。寶應得計數之臣。能明輕重之法。以理財通用。民賴其利。以衰陵而獲安泰。是知輕重平準。理國阜民之本也。今國家賢材良佐。濟濟在廷。求吾劉晏之比。豈曰無人。意者或任之而不盡其材歟。遷應之速。不暇經久之謀以集功利歟。是以山之藪。海之濵。積貨滯利之多而不知通殘。東有遺患而有餘羨。而不知聚散。冗游蠶蠹之害而不知去之乎。意者任之而不盡其材。遷應之遽。不暇經久之謀以集功利而然。朝廷圖任賢能。屬以大計。使得自選郎官已下至于黃綬。無限年吏。惟材是用。爲之官屬。得以輕重用事。而以成効責之。必有管葛之材出焉。自然和鈞齊物。關市不乏貨用。足而國力贍。賦斂寬而民生安矣。謹論。

方平又論國用疏曰。敝今天下生民之蓄。四海山澤之富。過三代遠矣。賦斂所入。財貨所聚。加厚於漢唐。內外無事。無師旅戰守饋糧賞功之費。無應聲卒具之征。然民力益困。國用不贍。中家以下。衣食亡餘。其弊何由。蓋國有三蠹而莫之恤也。三蠹而不恤。雖太公之經權。管仲之計數。雖不能措國於安。捄民之急也。何謂三蠹。一曰兼并。夫兼并之人。害農敗法。上爭王者之利。下固齊民之業。擅斡山海之貨。管林藪之饒。役利細人。以致富羨。覩時輕重。坐取百倍。不知服田力穡之勤。而蔽眾餘於犬馬。不知織紝紡績之勞。而綿繡被乎土木。馳車騰騎。侔於貴戚。藩并㚒顯。遊於府寺。因其富厚。交通在勢。爵可以鬻。刑可以免。一晥所酬。當中人數家之產。一事所營。任上農終歲之功。夫如是。小民何以自存。農人安得不流亡。農人勤苦而不能免乎寒飢。故捨南畝而趨市井。市井之人。利奪於富強。故窮而爲姦盜。姦盜日多。誠農愈困。是故民業益廢。國用益虛。其蠹由乎兼并也。夫富人所以能占市井之利。侵農民之業者。以國家不塞權對貨之輕重。明貴賤之制度爾。誠能計本末之道。審緩急之令。平穀物之高下。視凶穰而斂發。塩其利途。使出一孔。均其損益。調其盈虛。使強賈蓄家無所至大利。則權在君上。惠在細人矣。古者四民各食其力。執藝作業以奉一君。故其役易供。其求易足。今邑有君長之尊。里有公侯之富。豪奪平頭。論買任禁。是民寡而君多者衆也。先王制□其國。故宮室車旗樂舞衣服飲食賓客祭祀之度。乃至冠婚喪紀之式。自天子至于大夫士。秩位尊卑。莫不異數。所以厚其別也。至于制庶人之產。使之仰足以事父母。俯足以畜妻子。衣食足而止矣。故使雖富六異服。無故不食珍。入幣不過緇帛五兩。合親不踰一肉。衣食之餘皆踰分者也。蓋撓枉者過直。救文者以質。禮義本於朝廷。風俗始乎京師。上行下效。其應如響。今雖未能取諸古。謂宜平四民之業。無使富人專財盡物。自其室宇車馬器服奴婢。宜益為制度撙節之。夫分定則易足。欲寡則不爭。雖積貨財無所張用。則其貪聚之心知所止矣。上以厚國本。下以勸農事。使民有讓而刑罰以省。天下由乎軌道無不足之患。其惟去奢泰之害乎。

方平又論校會邦計事疏曰。伏見西事已來。應副邊備。天下被其勞。凡百賦率。至增數倍。當時朝旨。蓋為用兵之際。權宜應急。豈可承以為常。今邊防雖已漸寧。而緣邊戍守未能徹備。四方添置兵馬。數亦甚多。向之所增賦斂。必難復舊。何以慰天下百姓之望。朝廷所以綏懷二虜者。正謂寬財用。紓民力。以厚為之備也。今乘邊事之閒。豈可優游虛度歲月。不切講求經久之計。若遂恬然憚於有為。臣恐民力日困。財用日匱。難以善於後矣。今內自三司。外至發運轉運使。凡掌財用之官。簿書期會猶不暇給。豈暇為國家生民遠慮者哉。臣欲乞於兩省已上官。選差才敏之士三兩員。就三司與使副據國用歲計之數。量入以為出。平貨物之輕重。通天下之有無。校其利害之原。以革因循之弊。旋具事節。先到中書樞密院開陳商量。必久遠可行者奏上取裁。若細碎之事無大損益。徒成煩擾。不須施行。所冀助財用。紓民力。當今之切務也。

方平再奏請劄子曰。方今天下切務無先貨食。貨食之原。在於三司。

而計臣事務煩綜。簿書期會之不暇給。豈暇及於國家根本之慮哉。故於去年嘗上言乞於兩省已上官選差三兩員。就三司與使副據歲計之所入。約中外之所費。移用之法。則推其輕重。率斂之物則通其有無。參究利害之原。剗革因循之弊。所冀寬財用。紓民力。助三司均節之躰者也。自後未蒙朝廷施行。不測所以難之之意。今不乘邊事之閒急講久遠之策。臣恐民力日困。財用日匱。恐朝廷重於生事。欲乞且令三司將天聖中一年天下賦入之數。及中外支費之籍。與昨一年比並條上。則國家之大計可校而知矣。如是而可以經久。則善。如其不可。則豈得恬然不深慮哉。前所上劄子。伏乞更賜詳擇。

方平乞弛茶禁疏曰。臣等伏見茶課緡錢。歲當二百四十四萬八千。嘉祐二年。纔及一百二十八萬有奇。是為本錢。纔又募人入錢。皆有虛數。實為八十六萬。而二十九萬有奇是為本錢。纔得子錢四十六萬九千而已。其輦運糜費喪失。與官吏兵夫廩給雜費。又不與焉。至於園戶輸納侵擾日甚。小民趨利犯法。刑辟益蕃。獲利至少。為弊甚大。宜約至和之後一歲之數。以所得息錢均賦茶民。恣其買賣。所在收算。請差官詢察利害以聞。

慶曆四年。知諫院蔡襄論財用劄子曰。臣伏覩陛下□三司緡錢詔書曰。使斂無暴機。而公須足。民無愁痛而國用登。又降詔旨。以利觸罪者與議輕刑。臣伏惟陛下視赤子有父母之慈。臨萬物有天地之施。不緣嗜愛而聚斂於下。每因乏匱而資助於中。有以見陛下克己恭儉。憂民切至。德音屢降。聖慮彌深。庶官所宜奉行。百姓固當少息。然而殘苛之吏未已。供應之家轉勞。陛下恤黎庶之心。雖無實事。海內仰朝廷之恩。忽是空言。首尾乖違。弊病安在。臣以貧賤之跡。叨耳目之官。細民疾苦之心。天子未聞之事。俱合陳論。伏自視職。負恩亡天兵致討備禦之處數千里。更戍之役五六年。飛輓芻糧。繕脩器械。於是不時之斂。作爲無名之賦。興爲言利之臣。出爲緣姦之吏。起爲配取相仍。蠹傷滋甚。供軍之物。制作多門。任土之求。有無不一。金穀之賦。轉運靡常。管庫之司。給納是利。前符未至。後條已行。郡縣承風。急於星火。虐者先期集事。曲施酷毒之威。貪者與吏通謀。力恣誅求之害。以欺罔窮愚爲智。有作者苟得而必行。以懷奪豪富爲公。當權者避嫌而不主。破家流離之苦。十室九空。呼天告訴之詞。萬人一口。原其本末。皆有因緣。挾私辨者有之。爲身計者有之。只如陝西榷鹽。江南議鐵。增添酒課。掊取銅鉛。移東就西。指無爲有。或賜出牒。或改職名。或與遷官。或承獎諭。所以爭求目下錙銖之利。不爲日後久遠之謀。臣切謂朝廷推賞不責其實之所致也。倍添屋稅。鬻賣官田。刷江淮見錢上供。大商旅便錢不給。配物於不產之所。虆程於可緩之期。

如此之類。三司之過也。借貸銀紬。豫折因循。逼抑納錢。名爲勸誘。高下物估。官取贏餘。如此之類。轉運司之過也。貧富不均。貪殘不禁。妄爲退剥。故作滯留。殺牛納皮。仍科徒罪。償官竭產。吏虐親鄰。如此之類。郡縣之過也。觸類滋長。不可殫論。陶陶生民。若在風濤之上。嗷嗷四海。偷爲旦暮之安。遠近之情若斯。國家之患未已。臣聞民爲邦本。本固邦寧。又聞財聚則人散。財散則人聚。是知民不可不恤。財不可不通。若專奉公家。不究民病。所得則寡。其失則多。臣非不知吏員軍旅之繁。郊廟宴賜之廣。北有餌胡之費。西有禦寇之須。常賦既不足充。遺利必當悉取。臣又非敢故與恤民之論。務黜言利之人。執高古之虛文。道當世之切務。所冀言利者上能資於國。下不害於民。饒益既多。孰云不賞。所可痛心者。明知無利。嘗怨必行。幸可覓期。力爲督迫。自古剥下無厭而民不亂。誅財無已而國不危者。未之有也。昔漢

武帝遠事征伐。算及舟車。四方竭殘。大業衰廢。以至下哀痛詔。封富民侯。雖僅安全。而劉氏之不亡者如綫。唐德宗朝。盧杞輩專爲刻剥。稅椽僦櫃。別斂促追。掊虐千名。都下尤甚。涇兵乘怨。徑入長安。嗚呼。市人用此藉口。臣切思今日之事。兵不得已而用。財不得已而求。然漢唐致危亂之因。種種畧施行矣。故復寇盜未平。干戈未息。或百姓之心搖動。顧天下之計如何。伏望陛下踐詔誥之言。推實惠於下。民不勝困。在精擇郡縣撫養之人。利不可遺。在博求錢穀通流之術。所入之賦有常。而所費之數無極。則甚太冗而節煩費。所得至薄而斂怨至深。則去小利而存大患。上下相濟。公私兩行。伏惟祖宗不拔之基。今付陛下。朝廷更張之事。更待何時。願陛下申戒大臣。力求眾弊。以幹家之術而憂國。以恕己之善而及人。使百姓之心不撓。則天下之計大定。言先於事。多爲迂闊之譏。事至而言。無救阽危之禍。臣憂

深語切。意拙文繁。陛下倘賜詳覽。於時實有裨補。臣所言民間疾苦及覈事乖方者。列之于左。臣所聞所見民間疾苦。不敢備載。粗舉一二條。所冀上達宸覽。知天下有如此事。其間起請者。乞賜施行。

慶曆間。陝西經畧安撫使范仲淹奏陝西入中糧草等事。疏曰。臣切見陝西四路各屯重兵。所入中糧草又無定數。並支却京師錢帛。久而行之。府庫須竭。又支移關輔二稅往邊上送納。道路崎嶇。百姓勞費。亦已凋弊。至於轉運司經畫財利。應副邊上。每年亦無定額。縱使元昊納款。未能頓解邊兵。悠久何以支濟。自來朝廷已差逐路經畧兼計置糧草。即未責事任。伏望聖慈指揮。更選差朝臣四人。充陝西四路經畧計置判官。專管本路稅賦課利。及圖畫營田等事。仍令三司將逐路軍馬并見在糧草數目。約度今後每年合計入中若干石。於京師支給見錢。比舊日十分中減下三分。各令陝西轉運司約度

遂路執賦課利數目外。每年各令支助錢帛若干。既糧草錢帛皆是定額。自然各務省費。須揀精銳養贍。及將蕃部弓箭手捐兼使用。不更易冗兵。既沿邊人中有數。必自那移軍馬入次邊及近裏州軍駐劄。其四路經略討置判官便當知州差遣與本路經略使及知州軍講如斯行此減省入中萬數。及圖田財用不至虧誤。即優加獎擢。此軍國大計。乞聖慈留意。

仲淹又奏乞許陝西四路經略司回易錢帛。疏曰。臣等切以西垂用兵以來。沿邊所費錢帛萬數浩瀚。官司屈乏。未能充用。其鄜延等四路帥臣雖有當本路糧草之名。然轉運司終是本職。故不敢專行計置。若不委之經畫。即邊計常是不足。臣等欲乞特降指揮下鄜延環慶涇原秦鳳路經略使司。應本路州軍所管錢帛。並許選差除廉幹使臣公人等任便回易。其收到利錢。朗入省帳收附。所有勾當人等如能大段回易得利息。委本司具數保明聞奏。特與捐庱酬賞。所貴有助軍費。少紓民力。

仲淹又請將先減省諸州公用錢卻令依舊奏。曰。臣切見朝旨下陝西省罷同解鮑蹕等九州軍公使錢共一千八百貫文。切以國家逐處置公使錢者。蓋為士大夫出入及使命往還有行役之勞。故令郡國饋以酒食。或加宴勞。蓋養賢之禮不可廢也。謹按周禮官有遺人掌郊里之委積以待賓客。野鄙之委積以待羈旅。凡國野之道十里有廬。廬有飲食。三十里有宿。宿有路室。路室有委。五十里有市。市有候館。候館有積。凡委積之事。巡而比之。以時頒之。此則三王之世已有廚傳之禮。何獨聖朝顧小利而亡大體。且今驍民兵一名。歲不下百貫。今減省得公用錢一千八百貫。只養得兵士一十八人以上。一十八人之資。廢十餘郡之禮。是朝廷未思之甚也。況今來逐州使命之外。各有軍營。每年春後邊兵歇泊。動經半年。軍中人員亟無宴犒之具。雖條貫有句設之名。逐州每月一次舉行。軍員各給錢一百文。已來。官務薄酒二升。既無公用。更不赴筵。亦不張樂。豈朝廷畏享將校之意。州郡削弱。道路咨嗟。當全盛之朝。豈宜如此。或謂有公使錢處妝買食物。擾擾民戶。殊不知郡守得人。自能約束。如非其人。更出己俸買物。虧民愈甚。是見其小而不思其大也。伏望聖慈速降指揮下陝西河北河東路轉運司。所有經減廢公用錢並令依舊。庶協典禮。稍息物論。況朝廷用武之時。於此一事。尤宜照管。臣等久在邊任。深知此事。近貳樞庭。豈當緘默。

知諫院范鎮奏乞二府通主兵民財利。劄子曰。伏見周制。冢宰制國用。唐宰相兼鹽鐵轉運。使或判戶部。或判度支。然則宰相制國用。從古然也。今中書主民。樞密院主兵。三司主財。各不相知。故財已匱而樞密院益兵不已。民已困而三司取財不已。中書視民之困而不知使樞密院減兵。三司寬財以救民困者。制國用之職不在中書也。而欲陰陽和。風雨時。家給人足。天下安治。不可得也。欲乞使中書樞密院通知兵民財利大計。與三司量其出入。制為國用。則天下民力庶幾少寬。以副陛下憂勞之心。此非使中書樞密大臣躬親繁務。如三司使之比。直欲令知一歲之計以制國用爾。

知諫院包拯請選內外計臣。疏曰。臣切見天下財用積年窘乏。近自明堂禮畢賞賚纔罷。又行特給。支費浩瀚。帑藏虛竭。且朝廷所仰給者江淮兩浙逐路旱澇相繼。兼又茶法隳壞商筭不行。東南州軍錢帛糧斛自不足用。則四方歲入之數所得幾何。今之總邦計者內則三司使。外則轉運使。當此財用窘乏之際。居職者尤宜愈求才傑之士。俾之興利除害。庶幾可濟。若乃上下循默。恬然以為無事。不務更一䂓措置。必惡日甚。一日有不可救之患矣。伏望聖慈。申命有司。以今之一歲出入。較近年用度耗登之數。則斷可知矣。所有內外總計之臣。欲乞特出宸斷。精加推擇。選任能者。責以實效。庶免狩聚斂事。惟陛下留神省察。

拯又言陝西鹽法疏曰。臣奉勑差往陝西與轉運使并范祥商議鹽法利害。緣臣前任本路轉運使。備知前來鹽法。自慶曆二年因范宗傑擘畫禁榷之後。差役兵士車牛及逐州衙前等般運鹽席往諸州官自置場出賣。以致兵士逃亡死損。公人破蕩家業。比比皆是。所不忍聞。其衙前估計家業每直一貫者。即管認般鹽兩席。雖家業已竭而鹽數未足。嗟怨之聲。盈於道路。前後臣寮累言不便。乞復舊法通商以救關中凋弊。有司執議。終不施行。昨因范祥再行起請。蠲禁請臣嘗知永寧軍。見其為患之甚。因乞依范祥擘畫。用通商舊法。令客人於沿邊入納見錢收糴軍糧。免壓擡貴價入中斛斗於榷貨務大支官錢。兼寬得諸般差役勞擾。此乃於國有利。於民無害。理甚灼然。但以變法之初。豪商猾吏。患所不樂。而議者沿其歲入課利稍虧於前而橫有沮議。乞復舊法。若舊法誠善。復之無疑。但恐為害浸深耳。且鹽法有先利而後害者。有先害而後利者。若復舊日禁榷之法。雖暴得數萬緡。而民力日困。久而不勝其弊。未免隨而更張。是先有小利。而終為大害也。若許其通商。雖一二年間課額少虧。漸而行之必復其舊。又免民力日困。則久而不勝其利。是先有小損。而終成大利也。且國家富有天下。當以恤民為本。今雖財用微窘。亦當持經久之計。豈忍爭歲入數十萬緡。不能更延一二年以責成效。輕信撓議。不惟命令數有改易。無信於下。而又欲復從前弊法。俾關中生靈何以措其手足。臣細詳范祥前後所奏事理。頗甚明白。但於轉運司微有所損以致異同耳。臣固非憚其往來之勞。妄有臆說。實亦為國家惜其事體。不欲徇一時之小利而致將來大患。臣欲乞候到陝西。相度如沿邊近裏州軍糧儲有備。錢物可以挪容。得行新法。公私未至大害。其間或有未便之事。即與逐司將通商舊法與今來新法公共從長商量損益。且令通行。如沿邊糧儲闕乏。公私為大不便。即具畫一事狀。乞朝廷詳酌指揮。

至和二年。殿中侍御史趙抃論奉宸庫估賣物色疏曰。臣切聞已降指揮奉宸庫估計珠犀玉帛珍寶等物。差官置場出賣。伏緣奉宸庫並係朝廷寶秘之物。今一旦即行估賣。深損國體。兼又市井張皇。道路傳播。萬一達夷狄之將。謂我朝何故窘急如此。況國家內有省庭庫藏。外有四方貢賦。若能節損浮費。則用度自可取足。何必輕信淺議。搜刷禁庭寶秘之物。虛耗內帑。動搖人心。所得甚微。所失甚大。臣愚伏望聖慈為國惜體。所有奉宸庫見行估賣物色。特賜指揮寢罷。

嘉祐三年。度支判官王安石上書曰。今天下之財力日以困窮。風俗日以衰壞。患在不知法度。不法先王之政故也。法先王之政者。法其意而已。法其意則吾所改易更革。不至乎傾駭天下之耳目。囂天下之口。而固已合先王之政矣。因天下之力以生天下之財。取天下之財以供天下之費。自古治世未嘗以財不足為公患也。患在治財無其道爾。在位之人。才既不足。而閭巷草野之間亦少可用之才。社稷之託。封疆之守。陛下其能久以天幸為常而無一旦之憂乎。願監苟且因循之弊。明詔大臣為之以漸。期合於當世之變。臣之所稱。流俗之所不講。而議者以為迂闊而熟爛者也。

七年。同知諫院司馬光論財利疏曰。臣聞昔楚莊王以無災為懼。曰。天豈棄不穀乎。范文子曰。唯聖人能外內無患。然則恐小不警邊鄙有警未必非國家之福也。伏見今春天久不雨。陛下憂勞於內。公卿惶恐於外。豈不以公私之積素不充實。若遇飢饉。將無以相恤乎。一朝京師得雨。遠方未徧。則君臣釋然相慶。不復以民食為念。陛下安知來歲之旱不甚於今歲乎。蓋天降災沴。蠻夷猾夏。寇賊姦宄。此堯舜所不能免也。即不幸有大水大旱方二三千里。戎狄乘間而窺邊。細民窮困而為盜。軍旅數起。久未有功。府庫之蓄積已竭。百姓之生業已盡。陛下當此之時將以何道救之乎。臣不知陛下與公卿大臣以此為必無而不足憂乎。將以為有之而不為之備。俟事至然後憂之也。若俟事至然後憂之。雖以陛下之聖明。得益稷太公以為輔佐。臣以為不及矣。何則。聖賢之治。皆積以歲月然後有功。欲天下之家給人足。固不可一日具也。周易既濟之象曰。君子以思患而豫防之。思患而豫防之。此其時矣。失之愈壞。救之愈難。奈何日復一日。取過

目前而已乎。晉武帝時。何曾謂其子孫曰。吾每見主上所說皆平生常語。未嘗及經遠大計。吾子孫其及於亂乎。其後五胡構亂。中州覆沒。生民塗炭幾三百年。由是觀之。上下偷安不為遠謀。此實國家之大患也。詩曰。歎彼為猷。匪先民是程。匪大猷是經。維邇言是聽。維邇言是爭。如彼築室于道謀。是用不潰于成。方今之政。何以異此。此臣之夙夜所為痛心疾首者也。古之王者藏之於民。降而不能。乃藏於倉廩府庫。故上不足則取之於下。下不足則資之於上。此上下所以相保也。今民既困矣。而倉廩府庫又虛。陛下尚不深以為憂而早為之謀。臣恐國家異日之患不在於它。在於財力屈竭而已矣。今朝廷不循其本而救其末。特置寬恤民力之官。分命使者。旁午四出。爭言便宜以變更舊制。米鹽靡密之事皆非朝廷所當預者。張設科條不可勝紀。或不如其舊。益為民患。或朝三暮四。移左於右。其間果能利

民者。不過拔數縣官之物以予民耳。是誠損上益下。王者之仁政也。然臣聞古之聖王養之有道。用之有節。上有餘財然後推以予民。是以上下交足。而頌聲作矣。今入者日寡。出者日滋。是所謂廢其原開其瀆。其竭可立而待也。今國家既竭。不取諸民將焉取之。是徒有利民之名。而無利民之實。果何益哉。夫寬恤民力在於擇人。不在立法。若守令得人。則民力雖欲毋寬。其可得乎。守令非其人。而徒立苛法遣所以擾民耳目。置此官以來。於今累年。臣訪之民間。未聞其困弊小瘳於前也。然則為今之術奈何。曰在隨材用人而久任之。在養其本原而徐取之。在減損浮冗而省用之。何謂隨材用人而久任之。夫人之材用各有所宜。雖周孔之材不能徧為人之所為。況其下乎。固當就其所長而用之。今朝廷用人則不然。顧其出身資叙何如耳。不復問其材之所堪也。故在兩禁則欲其為嚴助司馬相如。任將師則欲

其為衛青霍去病。典州郡則欲其為龔遂黃霸。尹京邑則欲其為張敞趙廣漢。司財利則欲其為孔僅桑弘羊。世豈有如此人哉。故財用之所以匱之者。由朝廷不擇專曉錢穀之人為之故也。國初三司使或以諸衛將軍諸司使為之。判官則朝士曉錢穀者皆得為之。不必用文辭之士也。先朝以數路用人。文辭之士寘之館閣。曉錢穀者為三司判官。曉刑獄者為開封府推判官。三者職業不同。趨向各異。莫相涉也。然後人主以時引對。訪問以察之。使令以試之。積久以觀之。覈其真偽。辨其臧否。考其功効。然後進之退之。亦必歷其職者皆須進用不可復退也。故羣臣各宣其用而萬事交舉矣。夫官久於其業而後明。功久於其事而後成。是以古者世官相承以為氏姓。先朝陳恕領三司十餘年。至今稱能。治財賦者以恕為首。豈恕之材智獨異於人哉。蓋得久從事於其職故也。至於副使判官堪其事者。亦未數

易也。是以先帝屢行大禮，東封西祀，廣備宮觀，而財用有餘者，用人專而任之久故也。近歲三司使副使判官大率多用文辭之士為之，以為進用之資塗，不復問其習與不習於錢穀也。故文辭之士習錢穀者固有之矣，然不能專也。於是乎有以簿書為煩而不省，以錢穀為鄙而不問者矣。又三司官者出入遷徙，有如郵舍，或未能盡識吏人之面，知職業之所在，已捨去矣。臣頃者判度支句院，甫二年耳。上自三司使下至檢法官，改易皆徧，甚者或更歷數人。雖有恪勤之人，夙夜盡心以治其職，人情稍通，綱紀粗立，則捨之而去。後來者意見各殊，則前之所為，一皆廢壞。況怠惰之人，因循苟且，惟私便身，不顧公家者乎。如此而望太倉有紅腐之粟，水衡有貫朽之錢，臣未知其期也。凡百官莫不欲久於其任，而食貨為甚。何則？二十七年耕，然後有九年之食。今居官者不滿三歲，安得有二十七年之效乎。臣愚以為

朝廷宜精選朝士之曉練錢穀者，不問其始所以進，或進士，或諸科，或門蔭，或流外，使之治錢穀小事。有功，則使之權發遣三司判官事。及三年而察之，實效顯著，然後得權三司判官事。又三年，更有實效，然後得為正三司判官。其無實效者，追歸常調，勿復收用。其諸路轉運使，亦復以路分相參，使之久於其任。有實效者，或自權為正，自轉運副使為轉運使。無實效者，亦追歸常調，不復收用。每三司副使闕，則選三司判官及諸路轉運使功效尤著者以補之。三司使闕，則選於副使以補之。三司使久於其任，能使用度豐衍，公私富實，皆增其秩，使與兩府同，而勿改其職。如此，則異日財用之豐耗，不離於己，不得委之他人，必務為永久之規矣。其文辭之士，則自有資塗，不必使為錢穀之吏以輕之也。何謂養其本原而徐取之？善治財者，養其所自來而收其所有餘，故用之不竭，而上下交足也。不善治財者反此。夫農工

商賈者，財之所自來也。農盡力，則田善收而穀有餘矣。工盡巧，則器斯堅而用有餘矣。商賈流通，則有無交而貨有餘矣。彼有餘而我取之，雖多不病矣。今之有司，自謂能治財者，臣見之矣。凍餒其民而豐積聚者，出掃土以市祿位，而不恤後人者也。捃拾麻麥而喪丘山者也。惜一錢而費萬金者也。不蘇向刃而為寇攘者也。姦巧簿書而罔君上者也。必曰養其所自來而收其所有餘，則聞者以為笑矣。夫使稼穡者饒樂，而惰游者困苦，則農盡力矣。既好便用者獲利，浮偽侈靡者不售，則工盡巧矣。公家之利，捨其細而取其大，散諸近而收諸遠，則商賈流通矣。農工商賈皆樂其業而安其富，則公家何求而不獲乎。夫農，天下之首務也，古之人所重，而今之人所輕，非獨輕之，又困苦莫先焉。何以言之？彼農者，苦身勞力，衣麤食糲，官之百賦出焉，百役歸焉。歲豐則賤貿其穀以應官私之求，歲凶則流離凍餒，先

衆人填溝壑。如此而望浮食之民轉而緣南畝，難矣。彼直生而不知市井之樂耳，苟或知之，則去而不返矣。故以今天下之民度之，農者不過二三，而浮食者常七八矣。欲倉廩之實，其可得乎。臣愚以為凡農民租稅之外，宜無有所預。衙前當募人為之，以優重相補，不足則以坊郭上戶為之。彼坊郭之民，部送綱運，典領倉庫，不費二三，而農民常費八九。何則？儇利戇愚之性不同故也。其餘輕役，則以農民為之。歲豐，則官為平糴，使穀有所歸；歲凶，則先案籍賙贍農民，而後及浮食者。民有能自耕種積穀多者，不籍以為家貲之數。如此，則穀重而農勸矣。彼百工者，以時俗為心者也。時俗貴用物而賤浮偽，則百工變而從之矣。時俗者，以在上之人為心者也。在上好樸素而惡淫侈，則時俗變而從之矣。其百工在官者，亦當擇人而監之，以工致為上，華靡為下，物勒工名，謹考其良苦而誅賞之，取其用，不取其數，則

器用無不精矣彼商賈者志於利而已矣今縣官數以一切之計變法更令棄信而奪之彼無利則棄業而從它縣官安能止之哉是以茶鹽棄捐征稅耗損凡以此也然則縣官之利果何得哉善治財者不然將取之必予之將斂之必散之故曰計之不足而歲計之有餘此乃白圭猗頓之所知豈國家選賢擇能以治財其用智顧不如白圭猗頓耶蓋國家任之不久責近效而遺遠謀故也夫伐薪者刈其條枚養其本根則薪不絕矣若并本根而伐之其得薪豈不多哉後無繼矣是非難知之道也然有司不爲者彼其心曰吾居官不日而遷不立效於目前以自顯顧養財以貽後之人使爲功吾何觀焉是非特有司之罪也亦朝廷用人之法驅之使然也何謂減損浮冗而省用之昔太祖初得天下之時止有一百一十一州耳江南兩浙西川富饒之土皆爲異域又承五代荒亂之餘府庫空竭豪傑棊布

於海內戎狄窺覦於邊境戎車歲駕四方多虞當是之時內給百官外奉軍旅誅除僭僞賞賜鉅萬未嘗闕財用不足如今日之汲汲也陛下承祖宗之業奄有四百餘州天下一統戎狄款塞富饒之土貢賦相屬承平積久百姓阜安是宜財用羨溢百倍於前奈何竭府庫之所蓄盡率土之所有當天下無事之時遑遑焉專救經費而不足萬一有不可期之災患將何以待之乎夫以國初之狹隘艱難財用宜不足而有餘今日之廣大安寧財用宜有餘而不足陛下亦嘗熟思其所以然之理乎得非太祖所養者皆有功有用之人陛下所養者未必盡有功用乎臣切見陛下天性恭儉不好侈靡宮室苑囿皆因祖宗之舊無所更造或隳頓荒蕪不加脩治飲饍衣食器皿帷帳適足供用不極精華或苦惡弊綻亦不更易雖唐虞之土階三尺茅茨不翦殆無以過然左右侍御之人宗戚貴臣之家第宅園圃服食

器用往往窮天下之珍怪極一時之鮮明惟意所欲無復分限以豪華相尚以儉陋相訾愈厭而好新月異而歲殊是以賞用不足則請求無厭匄貸不恥甚者或依憑詔令以發府庫之財假託供奉以靡縣官之物真僞莫辨多少不會陛下聖度寬仁不欲拒塞恐聞人過不加窮詰至於頒賜外廷之臣亦皆踰溢常數不循舊規如頃者皇女初生所散包子之類費用不可勝紀臣嘗聞耆舊之人言先朝公主在宮中俸錢不過月五千其餘後宮月給大抵倣此非時未嘗輕有賜予雖有賜予亦不甚豐切聞近日俸給賜予比於先朝何啻數十倍矣漢明帝曰我子豈宜與先帝子等乎夫等猶不可況又過之是以祖宗之積窮於賜予困於浮費臣不能知其詳以外望度之什耗七八矣內藏已虛而浸淫於左藏矣夫府庫者聚天下之財以爲民也非以奉一人之私也祖宗所爲置內藏者以備飢饉兵革非常

之費非以供陛下奉養賜予之具也今內藏庫專以內臣掌之不領於三司其出納之多少積蓄之虛實簿書之是非有司莫得而知也若皆以奉養賜予而盡之一旦有飢饉兵革之事三司經費自不能周內藏又無所仰給之於民則民已困竭得無狼狽而不支乎此臣夙夜所懍懍也今陛下所以有唐虞之德而無唐虞之治者其失在於不忍而好予不忍則不誅有罪好予則不待有功不誅有罪則姦邪欺罔而不忌不待有功則貪倖徼幸而無厭治道之所以不治于上下者凡以此也昔韓昭侯有弊袴命藏之侍者曰君亦不仁者矣不賜左右而藏之昭侯曰吾聞明主愛一嚬一笑嚬有爲嚬笑有爲笑今袴豈特嚬笑哉吾必待有功者彼小國諸侯猶能慎賞如是而國以富彊況以四海之主不行無功徼幸之賞杜塞甘言悲辭之請則唐虞之治何遠之有哉夫府庫金帛皆生民之膏血州縣之吏鞭

縫其丁壯，凍餒其老弱，銖銖寸寸而聚之。今以富大之州，終歲之積，輸之京師，適足以供陛下一朝恩澤之賜，貴臣一日飲宴之費。陛下何獨不忍於目前之奉，而忍之於天下之百姓乎。夫以陛下恭儉之德，擬乎唐虞，而百姓困窮之弊，鈞於秦漢。秦漢竭天下之力以奉一身，陛下竭天下之力以資衆人。其用心雖殊，其病民一也。此臣之所以尤慼慼者也。又宮掖者，風俗之原也。貴近者，衆庶之法也。故宮掖之所尚，則外必為之；貴近之所好，則下必效之。自然之勢也。是以內自京師士大夫，外及遠方之人，下及軍中士伍，畎畝農民，其服食器用，比於數十年之前，皆華靡而不實矣。鄉之所有，今人見之，皆以為鄙陋而笑之。夫天地之產有常，而人類日繁。耕者寖寡，而遊手日衆。嗜慾無極，而風俗日奢。欲財力之無屈，得乎哉。又府史胥徒之屬，居無廩祿，進無榮望，皆以啗民為生者也。上自公府省寺，諸路監

司州縣鄉村倉場庫務之吏，詞訟追呼，租稅繇役，出納會計，凡有毫釐之事，關其手者，非賂遺則不行。是以百姓破家壞產者，非縣官賦役獨能使之然也，太半盡於吏家矣。此民之所以重困者也。又國家比來政令寬弛，百職隳廢，在上者簡倨而不加省察，在下者偷盜而恣為姦利。是以每有營造貿買，其所費財物，十倍於前，而所收功利，曾不一二。此國用之所以尤不足者也。又自古百官皆有常員，而國家用磨勘之法，滿歲則遷，日滋月益，無復限極。是以一官至數百人，則俸祿有增而無損矣。又近歲養兵，務多不務精。夫兵多而不精，則力用寡而衣糧費。衣糧費則府庫耗，府庫耗則賜賚稀。是以不足者，豈惟民哉，兵亦貧矣。策之失者，無甚於此也。凡此數者，皆所以竭民財也。陛下安得熟視而無所變更邪。臣愚伏願陛下觀今日之弊，思將來之患，深自抑損，先由近始。凡宗室外戚後宮內臣，以至外廷

之臣，俸給賜予，皆循祖宗舊規，勿復得援用近歲僥倖之例。其逾越常分妄有干求者，一皆塞絕，分毫勿許。若祈請不已者，宜嚴加懲譴，以警其餘。凡文思院後苑作所為奇巧珍玩之物，不急而無用者，一皆罷省。內自妃嬪，外及宗戚，下至臣庶之家，敢以奢靡之物夸眩相尚，及貢獻賂遺，以求悅媚者，亦明治其罪，而焚毀其物於四達之衢。專用樸素，以率先天下，矯正風俗。然後登用廉良，誅退貪殘，保佑公直，消除姦蠹，澄清庶官，選練戰士，不祿無功，不食無用。如此行之，久而不懈，臣見御府之財將朽蠹而無所容，太倉之粟將弥漫而不可蓋藏。農夫棄糧於畎畝，商賈讓財於道路矣。孰與今日汲汲以應目前之求，懍懍以憂將來之困乎。夫食貨者，天下之急務，今窮之如此，而宰相不以為憂意者，以為非己之職故也。臣願陛下復置總計使之官，使宰相領之。凡天下金帛錢穀，隸於三司及不隸三司，如內

藏庫、奉宸庫之類，總計使皆統之。小事則官長專達，大事則謀於總計使而後行之。歲終則上其出入之數於總計使。總計使量入以為出。若入寡而出多，則總計使察其所以然之理，求其費用[illegible]省者，以奏而省之。必使歲餘所入之一，以為儲蓄，備禦不虞。凡[illegible]副使、判官、轉運使及掌內藏奉宸等庫之官，皆委總計使察[illegible]考其功狀，以奏而誅賞之。若總計使久試無效，則乞陛下罷[illegible]人更置之。議者必以為宰相論道經邦，燮理陰陽，不當領錢穀之職，是皆愚人不知治體者之言。昔舜舉八愷，使主后土，奏庶艱食，貿遷有無，地平天成，九功惟敘。周禮冢宰以九職、九賦、九式、九貢之法治邦用。唐制以宰相領鹽鐵度支戶部。國初亦以宰相都提舉三司水陸發運等使。然則錢穀自古及今皆宰相之職也。今譯經潤文，猶以宰相領之，豈有食貨國之大政，而謂之非宰相之事乎。必若府庫空竭，閭

閻愁困。四方之民。流轉死亡。而曰我能論道經邦。燮理陰陽。非愚臣之所知也。臣不勝狂瞽。冒犯忌諱。惟陛下裁察。臣光昧死再拜上疏。

仁宗時。劉敞論茶法奏曰。臣伏以古人有言。利不百不變法。蓋言立事之難也。曩者朝廷變更茶法。誠欲便百姓。阜國用而已。自變法以來。縣東南來者。更言其不便。徒以元勅不欲人妄興。故一切緘默。莫敢正言其大要。以謂先時百姓之摘山者。投錢於官。而今也顧使之納錢於官。受納之間。利害百倍。先時百姓冒法販茶者被罰耳。今悉均賦於民。賦不時入。刑亦及之。是良民代冒法者受罪。子子孫孫未見其已。先時大商富賈。為國貿遷。而州郡收其稅。今大商富賈不行。則稅額不登。且乏國用。此三者。最其害也。或以謂法遂不變。則中家必困。小家必流。若因緣驅逼。起為盜賊。甚非國家之利。臣愚欲乞申勅有司。益采輿議。且收格前論。極論可否。若朝廷能察。然後三代之遺風。捐山澤之末禁。則乞一弛茶利。恣民所聞。設以裁國用所繁。利源未可悉除。猶當擇其利害。變而通之。使公私兩濟。若未盈復求利及害。臣恐東南六路數十州之民。由此而困。則非所謂利不百而變法者也。未知其可。臣昧於時事。不足商功利。然耳之所聞。心之所疑。不敢不慮。望朝廷因臣言以求便國惠民之策而已。若於細悉委曲。臣亦不能盡也。

梁清臣請商州置監鑄大錢。以一當十。張方平奏曰。漢之五銖。唐之開元。及國朝錢法。輕重大小。最為折中。歷代改更法雖精密。不能行。尋即復改。鑄議者欲絕以峻法。革其盜鑄。皆減變錢幣。盜鑄死者數十萬。至德乾元及重輪乾元錢。錢輕幣重。嚴刑不能禁止。今禁旅戍邊。月給百錢。得大錢裁十。不可將用。舊錢不出。新錢愈輕。則百物增價。臣嘗知湖州。民有抵茶禁者。受十錢。立契代[illegible][illegible]在京而有強

盜殺人。取其弊衣。直不過數百錢。盜鑄之利。不啻數倍。復有湖山絕處。兇魁嘯聚。鑪冶日滋。居則鑄錢。急則為盜。民間銅鉛之器。悉為大錢。何以禁止。

英宗治平中。王安石得政。行新法。翰林侍讀學士司馬光逆疏其利害。邇英進讀至曹參代蕭何事。帝曰。漢常守蕭何之法不變。可乎。對曰。寧獨漢也。使三代之君常守禹湯文武之法。雖至今存可也。漢武帝取高帝約束紛更。盜賊半天下。元帝改孝宣之政。漢業遂衰。由此言之。祖宗之法不可變也。呂惠卿言先王之法有一年一變者。正月始和布法象魏是也。有五年一變者。巡守考制度是也。有三十年一變者。刑罰世輕世重是也。光言非是。其意以諷朝廷耳。帝問光。光曰。布法象魏。布舊法也。諸侯變禮易樂者。王巡守則誅之。不自變也。刑新國用輕典。亂國用重典。是為世輕世重。非變也。且治天下譬如居室。敝則脩之。非大壞不更造也。公卿侍從皆在此。願陛下問之。三司使掌天下財。不才而黜可也。不可使執政侵其事。今為制置三司條例司何也。宰相以道佐人主。安用例。苟用例則胥吏矣。今為看詳中書條例司何也。惠卿不能對。則以他語詆光。帝曰。相與論是非耳。何至是。光曰。平民舉錢出息。尚能蠶食下戶。況縣官督責之威乎。惠卿曰。青苗法願取則與之。不願不強也。光曰。愚民知取債之利。不知還債之害。非獨縣官不強。富民亦不強也。昔太宗平河東。立糴法。時斗米十錢。民樂與官為市。其後物貴而和糴不解。遂為河東世世患。臣恐異日之青苗亦猶是也。帝曰。坐倉糴米何如。坐者皆起。光曰不便。惠卿曰。糴米百萬斛。則省東南之漕。以其錢供京師。光曰。東南錢荒而粒米狼戾。今不糴米而漕錢。棄其有餘。取其所無。農末皆病矣。侍講吳申起曰。光言至論也。

英宗時。執政以河朔旱傷國用不足。乞南郊勿賜金帛。詔學士議。司馬光與王珪王安石同見。光曰。救災節用宜自貴近始。可聽也。安石曰。常衮辭堂饌時以為衮自知不能。當辭位。不當辭祿。且國用不足非當世急務。所以不足者。以未得善理財者故也。光曰。善理財者不過頭會箕斂爾。安石曰。不然。善理財者。不加賦而國用足。光曰。天下安有此理。天地所生財貨百物。不在民則在官。彼設法奪民。其害乃甚於加賦。此蓋桑羊欺武帝之言。太史公書之。以見其不明爾。爭議不已。帝曰。朕意與光同。然姑以不允答之。

時帝拜司馬光樞密副使。光辭之曰。陛下所以用臣。蓋察其狂直庶有補於國家。若徒以祿位榮之而不取其言。是以天官私非其人也。臣徒以祿位自榮而不能救生民之患。是盜竊名器以私其身也。陛下誠能罷制置條例司。追還提舉官。不行青苗助役等法。雖不用臣。

臣受賜多矣。今言青苗之害者。不過謂使者騷動州縣。為今日之患耳。而臣之所憂乃在十年之外。非今日也。夫民之貧富由勤惰不同。惰者常乏。故必資於人。今出錢貸民而斂其息。富者不願取。使者以多散為功。一切抑配。恐其逋負。必令貧富相保。貧者無可償。則散而之四方。富者不能去。必責使代償數家之負。春算秋計。展轉日滋。貧者既盡。富者亦貧。十年之外。百姓無復存者矣。又盡散常平錢穀。專行青苗。它日若思復之。將何所取。富室既盡。常平已廢。加之以師旅。因之以飢饉。民之羸者必委死溝壑。壯者必聚而為盜賊。此事之必至者也。

右司諫傅堯俞上奏曰。臣伏聞陛下自親攬政事。留神財用。屢因訪對。講求利害。有以見聖慮憂勤之深也。方今歲入不充所出。天下共[illegible]矣。陛下以救之宜乎以為首務而孜孜於其間也。雖然。為病已深。未可猝攻。誠恐環首觀望。言利者爭進。未有纖芥之益而為擾更多。何則。臣自省事以來。日聞更弊變故。公私闕乏。蓋自如也。豈非救之或未得其當乎。臣雖無智術為國家陳力。亦有愚見庶稗萬一。惟陛下詳擇。如臣意者。獨願陛下痛自儉約。身先天下。信賞必罰。以馭群臣。其能濟務而不害民者。寵擢之以勸勤奔。其好興事而說無補者。痛繩之以杜紛更。姑務靜安。休養黎庶。然後澄經費之源。敦厚生之本。掌金穀者不以資序入。有績効者不以日月遷。知擅賜之無紀極也。雖近親不可妄與。慮積小至於成大也。雖一毫不可虛用。不作無益以害農時。必固與之以通商販。嚴管庫之禁。併愛惜見物。重郡縣之誅。無失陷常賦。切責司計。共為遠圖。庶幾其可也。至於規規勞心。非帝王事。茍無驗於目前。為姦倖窺伺。使言利者寵而聚斂之臣進。則天下殆矣。臣所陳者初似常談。倘垂省錄。必有深益。

江東轉運判官范純仁言。減江淮諸路鹽價疏曰。臣伏見江淮諸路鹽價太高。致私販之人獲利轉厚。及所立刑名亦重過於盜賊。而又不分強竊。利厚則誘民犯法而刑不可禁。刑重則民思苟免而致力拒捕。不分強竊則民知等罰而務結群黨。是致販鹽之人千百為群。州縣之力無由禁止。若非朝廷別立法制。則起吏相[illegible]獄。凶年飢歲遂為盜賊。伏望聖慈指揮。將江淮南荊湖福建等路官賣鹽價並比附兩浙躰例。遂斤減價出賣。及令三司將私鹽條貫重行刪定。分為兩等。如持杖及不持杖十人已上。即依舊條施行。如不持杖不滿十人者。並依空手竊盜法計贓定罪。其贓各以逐處鹽價估定。如此則法制平一而民漸知禁。

理財

宋神宗熙寧初。三司使田況廣內帑奏曰。王者官天下。家六合。風化普暨[illegible]土。[illegible]悉為邦賦。故守之以至德。推之以大公。調度而[illegible]皆有[illegible]之外。不開私積。周禮內府受九貢以待邦之大用。外府供[illegible]邦之小用。以此故有內外之異。非天子之私藏也。若或任[illegible]之臣[illegible]之厚。雖恭儉之主。當用而[illegible]然於德音無所益也。況繼討之君。席有其富。或肆侈靡以遺患乎。唐明皇踐祚之初。銳意於理。躬服儉德。[illegible]臻化。後之言治者比開元如貞觀。逮乎末年。乃恃泰寧。內縱奢欲。權臣怙寵。乃務媚上。以謂賦稅所[illegible]則歸之有司。以濟用度。進獻所入。當納于天子。以奉宴私。明皇悅之。遂為瓊林大盈之庫。王鉷每歲進錢百億。皆云不出租庸侵年豢元。

厚飼寇盜。厥後韋皐李兼杜亞[illegible]劉贊之徒。競為貢奉。希恩寵。至於裴肅窮貫鬻之利。以邀廉察。嚴綬傾軍府之資。以邦刑賞。末俗流風。遂而莫禦。陸贄嘗為德宗備陳[illegible]失。可謂切至明嚴之論也。國家開疆窮朔南。建獅侔周漢。舟車所[illegible]。上給中都。而計利之司。猶[illegible]羨研及圭撮。歲求倍蓰。加以鳴社[illegible]慶辰。升煙大祀。冊禮昭播。答與交情。九州之民。無不咸獻其力。四海之內。各以其職來祭。廢於公賦嬌之內帑。雖異乎唐室方貢之物。然亦非邦計之羨餘也。往歲軍須不充。計臣數請內出錢幣。謂之假貸。賦掌之者旋復追索。經遠之士咸以為非。且王者之於貨財。豈有內[illegible]外。國家之有天下。豈有公私。使外足而內不足。君孰與不足。私是而公不足。君孰與足。昔漢文之享御也。施利澤。省繇費。民有餘力。國有[illegible]滯財。孝武得不困其資而騁嗜奔欲。黷兵驕武。用既殫費。執不可已。於[illegible]弃羊孔僅之徒。皋勢功而權酤算緡。坐市販物。鹽鐵斂財。捕送補郎之法。流弊於千古矣。獨非高祖文帝之德。洽著於前。昭帝霍光之勤。休息於後。則生民塗炭未易集也。靈帝之時。多蓄私藏。中上方歛諸郡之寶。中御府積天下之繒。民困調繁。自為導行之費。漢家業衰於此矣。漢室尚爾。矧陳隋之末世乎。是府庫之積。不為私也章矣。今絓未能盡出所積以付有司。亦當斷豐凶之年。恤疲羸之俗。去出納之吝。通內外之財。俟乎下民寬饒。大計盈給。然後內於別藏。斂其餘貲。亦不為過也。抑又聖人大寶曰位。見於易繫。天子不私。求諸存乎書法。蓋寶乎位。則它物非足寶。私乎財。則何不為私。以是而言。所率尤大。若夫心獨拾近謀。遠則無窮之慶。及於萬嗣矣。

熙寧二年。判大名府韓琦乞罷青苗及諸路提舉官奏曰。准轉運及常平廣惠司牒。支俵青苗錢。每十戶以上結成一保。須第三等以上

有物力人充甲頭。第五等并客戶不得過一貫五百文。第四等每戶不過三貫文。第三等每戶不過六貫文。第二等每戶不得過十貫文。第一等每戶不得過十五貫文。如所支錢外更有剩數。其第三等以上人戶委本縣量度物力。於今來所定錢數外更添數支給。若更剩錢。如坊郭人戶實有自己物業。可充抵當。願借請官錢者。仍五家以上結為一保。依鄉村青苗例支錢。借不得過物業抵當所直價錢之半。其逐縣即不得避出納之煩。令諸色人扇揺人戶。却稱不願請領。仰逐縣官吏用心曉告。如不願請領。即具結罪文狀入馬遞申赴當司。以憑選差清強官往彼曉諭人戶。如却願請領。其本縣干繫人必別作行遣。如事理稍重。必具事由申奏。應夏秋收成。合納所請過價錢斛斗。如物價稍貴。願納見錢者。當議於市價上減擬錢數。仍比附元請價錢上十分中不得過三分。假令一戶請過錢一貫文。如送納

見錢不得過一貫三百文。臣切以國之頒歛令立法制必信其言而
使民受實惠則四方觀聽孰不欣服伏覩熙寧二年詔書務在優民
不使兼并乘其急以邀倍息凡此皆以爲民而公家無所利其入謂
合先王散惠與利抑民兼并之意也今乃鄉村自第一等而下皆立
借錢貫二等以上更許增添坊郭戶有物業抵當者依青苗例支借
且鄉村上三等并坊郭有物業戶乃從來兼并之家也今皆多得借
錢每借一千令納一千三百則是官放息錢與初詔抑兼并濟困乏
之意絕相違戾欲民信服不可得也又鄉村保須有物力人爲甲頭
雖云不得抑勒而上戶既有物力必不願請官吏防保內下戶不能
送納豈免差充甲頭以備代陪復峻責諸縣人不願請即令結罪申
報若選官曉諭却有願請者則干繫人別作行遣或具申奏官吏惟
提舉司勢可升黜又諸選官曉諭之時豈無責下浮浪願請之人苟

免摧擠須行嚴配且下戶見官中散錢誰不願請然本戶夏秋各有
稅賦又有預買及轉運司和買兩色紬絹積年倚閣借貸麥種錢之
類名目甚多今更增納此一重出利青苗錢愚民一時借請則甚易
至納時則甚難故自制下以來一路官吏上下惶惑皆謂若不抑散
則上戶必不願請近下等第與無業客戶雖或願請必難催納將來
必有行督索及勒干繫書手典押耆長戶同保人等均賠之患大凡
兼并者所放錢雖取利稍厚緣有逋欠官中不許受理往往舊債未
償其半早已續得貸錢兼并者既有資本故能使相因歲月漸而取
之今官貸青苗錢則不然須夏秋隨稅送納災傷及五分已上方許
次料催還若連兩料災傷則必官無本錢接續支給官本因而寖有
失陷其害明白如此更有緣此煩費處擾之事不敢具述云歲河朔
豐熟常平倉糴米斗錢不過七十五至八十五以來若乘時收糴遇

貴出糶不惟合於古制而無失陷之弊兼民被實惠亦足收其羨贏
今諸倉方有糴入而提舉巫令住止盖盡要散充青苗錢指望三分
之利收爲已功縣邑小官敢不奉行豈暇更卹貽民久遠之患哉諸
路所行必料大率如此朝廷若謂陝西嘗放青苗錢官有所得而民
以爲便此乃轉運司因軍儲有闕遇自冬涉春雨雪及時麥苗滋盛
決見成熟行於一時則可也今乃差官置司爲每歲春夏常行之法
而取利三分豈陝西權宜之比哉兼初詔且於京東淮南河北三路
先行此法候成次第即令諸路施行今此三路方憂不能奉行而遽
於諸路徧差提舉官以至西川廣南亦皆置使伏惟陛下自臨御以
來夙夜憂勞勵精求治况承祖宗百年仁政之後民被德澤唯知寬
卹未嘗過擾但躬行節儉以先天下常節浮費漸汰冗食自然國用
不乏何必使興利之臣紛紛四出以致遠邇之疑哉伏望聖明更賜

博訪若臣言不妄乞盡罷諸路提舉官只委提點刑獄官依常平舊
法施行時上親袖琦奏出示執政曰琦真忠臣雖在外不忘王室朕
始謂可以利民不意乃害民如此出令不可不審且坊郭安得青苗
而使者亦強與之乎王安石進曰苟從其所欲雖坊郭何害因難琦
奏曰陛下脩常平法所以助民至於收息亦周公遺法也且如桑弘
羊籠天下貨賄以奉人主私欲此乃所謂興利之臣也今陛下置官
爲天下理財非以佐私欲則安可謂之興利之臣乎上曰坊郭俵錢
如何曾公亮陳升之皆以爲不當俵安石曰坊郭所以俵錢者以常
平本多農田所須已足而有餘則因以賑市人乏絕又以廣常平儲
也廣常平儲所以備百姓之凶荒不知於義有何所害公亮曰坊郭
上等戶則無所用之下等戶則難於輸納安石曰既取情願則無所
用者自不俵既有保甲則難於納者自不能請矣升之曰但恐州縣

避難索之故。抑配上戶耳。安石曰。抑配誠恐有之。然俟其有嚴行黜責一二人。則其弊自絕。如河北路。則恐不可抑配。聞韓琦自諷諭諸縣。言百姓皆不願投狀。惟一縣初以為不便。而為司錄陳紘者說譬曰。君朝廷更選人躬問。而百姓及稱情願。則奈何。於是乃不敢投狀。儻河北一路有一人不願。則韓琦必受其狀以聞。今琦自入奏乃無此。則百姓不以為不便。提舉官不敢抑勒可知矣。然上終以韓琦所說為疑。安禮曰。臣以為此事至小。利害亦易明。直使州縣抑配上戶俵十五貫錢。又必令出三分息錢。一戶所陪止三貫錢。因廣常平儲蓄以待百姓凶荒。則比之前代科百姓出米為義倉米未為不善。況又不令抑配。有何所害。而上煩聖心過慮。臣論此一事。已及十數萬言。然陛下尚不能無疑。如此事尚為異論所惑。則天下何事可為。上曰。要須盡人言。料文彥博呂公著亦以為不可。但腹非而已。韓琦獨肯來說。真忠也。安石曰。事誠當盡人之情偽。事之是非。若於情偽是非不能深察。惟務多納人言。則恐非但常平事不可為。事事皆無可為者。翌日安石遂稱病不出。詔以琦奏付三司制置條例司。

是時制置三司條例司言。羣臣數言常平新法不便。今畫一申明乞敕諸路安撫轉運提點刑獄提舉官曉諭所屬官吏。使知法意。

一。言者謂元敕亦公家無所利其入。今河北提舉官乃令取息三分。失信於百姓。本司今按周禮泉府之官。乃亦貫者取息有至二十而五。凡國家之財用取具焉。今常平新法務給青苗錢。但約熟時酌中物價。熟時物貴。即許量減市價納錢。即是未定合納實數。故河北約束州縣納錢不得過二分。熙河陝西等路。大抵不過二分而已。凡此蓋為量時價有擇米有納定實數。恐納時倍歸州縣。量減錢不多。致虧損百姓。即非法外擅為侵刻也。

既諸路所約。惟河北最多。然亦不過三分。即非定取三分之息。若物價低平。即有當納本色。不收其息。或止收一二分息。時多少相補。比周禮貸民取息立定分數。已不為多。近又令預給價錢。若遇物價極貴。亦不得過三分。既比周禮所取。尤少於元條。欲廣儲蓄。量減時價。旨揮不相遠戾。固無失信之理。又周禮國事財用。取具於泉府之官。賒貸之息。今常平不領於三司。專以拯民之絕。比周公之法。乃不以取具國事之財用。故亦公家無所利其入。

一。言者謂上三等戶及城郭有物力戶。即從來兼并之家。今乃立定貫石許之貸借。非抑兼并之意。又河北每保須上三等戶一人。上等戶必不願請。官吏既防貧戶不能送納。豈免差充甲頭以備代陪。又提舉官峻責州縣。如民不願請。即結罪申察。不選官曉諭。却願請。即當別作行遣。州縣官吏懼提舉官曉諭。或須散配。本司今案鄉村上三等城郭有物力戶。亦有闕乏之時。從人舉債。豈皆是兼并之家。今貸貧民有餘。則以給此等戶。免令就私家取一倍之息。乃是元敕抑兼并之意。河北每保須上三等戶一人者。蓋以檢防浮浪之人。若有上戶肯與同保。即自不許支給。何須更行散配。若謂上三等戶必不願請。須差作甲頭。即自是抑勒。違法。況今年開封諸縣甚有三等戶願請。即非抑勒。以近驗遠。事理可知。至於提舉司約束。止關防因循避事壞法之人。即非迫逼須令抑配。若提舉官或急於求利。諷州縣抑配。即諸路有安撫轉運提點刑獄。其為朝廷委任。皆在提舉官之上。若有州縣官員故欲隳壞新法。或曲徇提舉官意指抑勒百姓。當糾舉依法施行。及具事狀聞奏。豈宜以官吏違法之故遂欲廢。

一言者謂百姓各有本戶稅賦及預買紬絹。又生此一重預給苗錢。則人戶不易。本司今案百姓稅賦之外。遂路州例科斂名目誠多。然當闕乏之時。不免私家舉債出息。常至一倍。此所以貧者愈困也。今貸與常平本錢。紓其艱急。又令約熟時斛斗物價貴賤。然後令納見錢。此元本不得過二分。是免於兼并之家舉一倍之息。民戶有何不易。

一言者謂但躬行節儉。常節浮費。自然國用不乏。何必使興利之臣四出。以致遠近之疑。本司今案先王之政。未嘗不以食貨爲始。張官置吏。大抵多爲農事也。近世以來。農人尤爲困苦。朝廷但有徭役加之。初無歲時備預之法。近自京畿陂防溝洫。多有不治。乃至都城側近。往往綿地數百里。棄爲汙萊。父子夫婦流離失業。四方荒歉。不問可知。一方水旱。則死者相枕藉。而流移者塡道路。如前歲河北一飢。則不免漕江淮之米以救之。然於人之流亡餓殍亦有補也。至有非汎用度。或不免斂上等戶強借錢物。百姓典賣田產物業以供暴令。此亦可謂國用不乏矣。至於差使困苦農民。使之失職。則士大夫之所共見。不待論說而後可知。故陛下即位。詔書丁寧。以務農理財。免人役爲政事之急。方今置提舉常平廣惠倉官兼管當農田水利差役事者。凡以此而已。固非使之朘削百姓以傷人主私費。豈得謂之興利之臣。而致遠近之疑。

一言者謂今常平千餘萬緡散作青苗錢。民所欠負。財力既竭。加以水旱之災。亦得不爲之倚閣。因卽赦除之。十年之後。千餘萬緡散而不收矣。常平舊法自合古制。而無失陷之弊。不當變。此

本司今案常平新法預給價錢。並令公人識認。又須十戶以上爲一保。如河北又須保內有三等戶一人。自來預買紬絹及青苗錢蠶鹽。其法關防未能備具。如此乃不聞有拖欠除放。則常平新法自非官吏故欲沮壞。不容獨致失陷官物。今新法之中兼存舊法。但以舊法廣儲蓄。抑兼并。振貧弱之方尚爲未備。又無專領官司。所以諸路利多糴貴價斛斗。至有經數年出糶不行。無補振救。又糴糶之時。官吏奸弊百端。故須約周禮賒貸增脩新法。專置一司提舉覺察。非廢舊法違古制也。

一言者謂新法不當示之條約。明言利息。本司今案周官貸民。明言以國服爲息。蓋聖人立法。惟示信於天下。取之以道。非以爲私。於理何嫌。而不可明示條約。

一言者謂坊郭戶既無苗。不貸借。本司今案常平舊法亦糶與坊郭之人。今若給散農民有餘。仍不許坊郭之人貸借。是令常平有餘積餘蔵。而坊郭之人獨不被朝廷振救乏絕之恩也。周禮貸民之法。無都邑鄙野之限。今新法乃約周禮太宰已試之法。非專用陝西散青苗條貫也。今新法方行。官吏不能[illegible][illegible]立法之意。不肯公共推行。或以錢斛抑配與人。或利在易爲[illegible]納。專貸與物力高強戶。或留滯百姓不爲及時給納。故須公吏乞取。致百姓枉有糜費。或不量民物力。給與錢斛太多。[illegible][illegible]納。不能關防辨察。令浮浪之人爲一保。冒請官物。致難[illegible]納。[illegible]拖延不爲及時催納。苟非理科校公人百姓之類。自是[illegible][illegible]官吏違慢。因緣爲姦。不可歸咎於法。已令逐路安撫轉運[illegible]刑獄提舉官覺察。依條施行。令官長察取官吏行遣[illegible]安撫轉運提點刑獄提舉官失於覺察。[illegible]朝廷察訪得實。亦[illegible]司

并行朝典從之
時琦判相州又上奏曰臣近以河北路差官置司舉放青苗錢那取
三分之利有傷國體上下皆知不便而以制置條例司是大臣主領
但人人腹誹不敢公言臣被顧三朝又職當安撫實不忍雷同默默
遂詳陳利害本末乞加博訪所冀陛下洒然開悟亟更改使天下歌
舞聖明不為盛德之累老臣獻忠之心豈有它也今蒙制置司以臣
所言皆為不當條件疏駁也申敕諸路及宣旨揮進奏院以中書曉
諭罰予頒行天下臣詳制置司疏駁事件多刪去臣元奏要切之語
唯舉大槩專用儒詞曲為沮難及引周禮國服之息為說文其謬妄
上以欺罔聖聽下以愚弄天下之人將使無敢復言其非者臣不勝
痛憤須至再有辨列欲望親覽然後降付中書樞密院看詳選御史
臺集百官定議如臣言不當甘從竄殛若制置司處置乖方天下

必受其弊即乞依臣前奏盡罷諸路提舉官只委提點刑獄司依常
平舊法施行以慰民心
一制置司云周禮泉府之官民之貸者取息有至二十而五國之
財用取具焉今常平新法比周禮貸民取息立分數已不為多
多遇物價極貴亦不得過三分即比周禮所取尤少臣切以周
公立太平之法必無剝民取利之理但漢儒以去聖之遠解釋
或有異同按周禮泉府掌以市之征布斂市之不售貨之滯於
民用者以其價買之物楬而書之以待不時買者各從其抵臣
謂抵制此有貨財在市而無人買或有積滯而妨民用者則官
以時價買之書其物價以示民若有急求者則以官元買價與
之此所謂王道也經又云凡賒者祭祀無過旬日喪紀無過三
月鄭眾釋云賒貰也以祭祀喪紀故從官貰買物公彥疏云

賒與民不取利也經又云凡民之貸者與其有司辨之以國服為
之息鄭眾釋云貸者謂從官借本賈也故有息使民弗利以其
所賈之國所出為息也假令其國出絲絮則以絲絮償其國出
絺葛則以絺葛償臣所謂周制有從官借本賈者亦不以求民
之利但令變所貸錢輸國服即以為息也此所謂王道也而鄭
康成釋云以其於國服事之稅為息也於國事受園廛之田而
貸萬泉者則暮出息五百臣謂周禮園廛二十而稅一近郊十
一遠郊二十而三甸稍縣都皆無過十二惟漆林之征二十而
五漆林自然所生非人力所作故稅重康成乃約此法謂從官
貸錢若受園廛之地貸萬錢者出息五百公彥因而疏解謂近
郊十一者萬錢期出息一千遠郊二十而三者萬錢期出息一
千五百甸稍縣都之民萬錢期出息二千臣謂如此則須漆林

之所取貸萬錢息二千五百也然當時未必如此今放青苗錢
凡春貸十千半年之內便令納利二千秋再放十千至歲終又
令納利二千則是貸萬錢者不問遠近之地歲令出息四千也
周禮至遠之地出息二千今青苗取息尚過周禮一倍則制置
司言比周禮取息已不為多亦是欺罔聖聽且謂天下之人
皆不能辨也且古今異制貴於便時周禮所載有不可施於今
者其事非一若謂泉府一職今可施行則上所言以官錢買在
市不售及民間積滯之貨俟民急求則依元買價與之民有祭
祀喪紀就官中借物限旬日三月還官而不取其利制置司何
不將此周公太平已試之法盡申明而行之豈可獨舉注疏貸
錢取息之一事以誑天下之公言哉鄭康成又注云王莽時貸
以治產業者但計贏所受息無過歲什一公彥疏解云莽時雖

計本多少為定。及其催科。惟所贏多少。假令萬金歲贏萬泉。催一千。贏五千。催五百。餘皆據利催什一。臣謂王莽時官貸本萬錢。歲終贏得萬錢。止令納一千。若贏錢更少。則納息更薄。比今於青苗錢取利。尤為寬少。而王莽之後。上自兩漢。下及有唐。更不聞有貸錢取利之法。今制置司遇堯舜之主。不以二帝三王之道上裨聖政。而貸錢取利更過王莽之時。此天下不得不指以為非。而老臣不可不辨也。況今天下田稅已重。固非周禮什一之政。則又隨畝更有農具牛皮鹽錢麴錢鞋錢之類。凡十餘名件。謂之雜錢。每遇夏秋起納。官中更以紬絹斛斗低估價直。令民以此雜錢折納。又每歲散官鹽與民。謂之蠶鹽。折納絹帛。更有預買和買紬絹。如此之類。不可悉舉。皆周禮田稅什一之外加斂之物。取利已厚。傷農已深。奈何更引周禮國服為息之說。

謂放青苗錢取利。乃周公太平已試之法。此則誣汙聖典。蔽惑睿明。老臣得不太息而慟哭也。

一。制置司云。提舉官約束州縣納錢不得過三分二分。蓋恐納時斛斗倍貴。州縣量減錢數不多。若物價低平。即有合納本色。不收其息。臣亦謂此論之不實也。然小麥最為不禁停蓄之物。自來常平倉不糴。蓋恐積留損壞。今歲雨雪及時。麥價必賤。提舉官必不肯令民納本色。蓋緣下本色則無由變轉。若於轉運司兌換價錢。則諸處軍糧支小麥絕少。必難兌換。則占壓本錢。下次無錢散與民戶。臣以此知制置司提舉官本無令民納斛斗之意。故聞此許納見錢一門。將來止令言民願納錢息。不容納本色。則民須至糶麥納錢。豈不殃害百姓。惟陛下早悟臣言。

一。制置司云。鄉村上三等及城郭有物業戶。亦有闕乏之時。從人舉債。豈是兼并之家。臣切以鄉村上三等及城郭有物業之戶。非獨知是從來兼并之家。此天下之人共知也。今制置司以為非兼并之家者。止欲多散青苗錢與之。而得利亦多也。其如敕意本務拯濟困乏。卻以錢放與此等戶。則天下明知朝廷專以取利為意。實傷國體。制置司若謂周官有貸民之法。取之以道。於理無嫌。在今兼并之家。例開質庫置課場。若恐取民倍息以傷貧細。則所在皆可官自開置以抑兼并。然自前世以來。惡其太近衰削。不忍為之。今青苗錢一事無乃近於此乎。又云每保須上三等戶一人者。蓋以擬防浮浪之人。此則抑勒之勢不假臣言而自明矣。又云若謂上三等戶必不肯請。須至差作甲頭。即自是抑勒違法。此又殊不察事勢人情有不得已而為之者。且青苗之法。內有大臣力主。事在必行。外有專差之官。唯以散

錢數多為職辦。州縣官吏往往變抑勒而為情願者。蓋事勢不得不然。而人情不得不從也。監司之官。其於事勢人情。亦何異此。九重高遠。豈得盡知。惟陛下早賜辨察。制置司云先王之政未嘗不以食貨為始。張官置吏。大抵多為農事也。[illegible]人猶為困苦。朝廷非泛用度。或不免就上等戶[illegible]借錢物。百姓典賣田產物業以供暴令。今置提舉常平廣惠倉官兼農田水利差役使者。凡以為此。固非使之朘削百姓以佐人主私費。亦豈得不謂之興利之臣而致遠近之疑。臣詳制置司明舉貸錢取利之法。謂取之以道。於理無嫌。則非興利而何。至於東南所差均輸之官。亦皆興利之臣也。且西川四路鄉村民多大姓。一姓所有客戶動是三五百家。自來衣食貸借。仰以為生。今若差官置司。更以青苗錢與之。則客於主戶處從來借貸既不同色

又須出此一重官中利息。其它百姓固不願請青苗錢。又廣南路土曠人稀。水鄉之俗。粗足生計。今亦置官司貸錢取利。故於遠民尤爲不便。豈得不謂之致遠近之疑。國家幅員至廣。一方水旱。時所不免。然未嘗不假貸糧種。盡救恤之政。以濟鄉之。故能飢饉者復蘇。流庸者復業。自祖宗以來。可謂仁政充洽矣。而未嘗就上等戶強借錢物。唯是英宗及陛下即位之初。天下各有優賞。朝廷自京師應副未及。間故有三兩路州軍旨借借於坊郭富民。然亦即時輦還。今制置司指爲暴令以頒布天下。是唯知主張青苗之法。而不顧疑謗之甚。誠可駭也。

一。制置司云。常平舊法亦糶與坊郭之人。周禮貸民無都邑鄙野之限。今新法乃約周禮太平已試之法。即非專用陝西青苗條貫也。臣詳制置司此說。尤爲不實。蓋自來常平倉遇歲不稔。物價稍高。令減元價出糶之時。鄉村則下諸縣取逐鄉近下等戶姓名。印給關子。令執赴倉。每戶糶與三石或兩石。坊郭則每日糶與浮居戶。每口五斗或一石。故民受實惠。甚濟飢乏。即未嘗見坊郭有物力戶乃米麥糶常平倉斛斗者。此蓋制置司以青苗爲名。欲多借錢與坊郭有物業之人。以望得利之多。假稱周禮太平已試之法。以謂無都邑鄙野之限。以文其曲說。唯陛下深詳其妄。

一。臣近以內藏庫絹二十萬匹。爲河北常平本錢。轉運常平倉司遂申制置司。募請人依青苗錢法。制置司劄子。依所申施行。坊郭戶願者亦聽。真定府請絹三萬匹。未及般取。常平倉司差殿侍康承丙詣屬縣催促。真定以爲張皇擾擾。戒承丙毋下縣。縣常平倉司追還縣戶照會。已隨錄奏。然朝廷見其爲害之深。郡

准中書劄子。康承丙本處公頭等乞免差使。幹當無累。令提點刑獄司覺察所散青苗錢不得勒令。或有抑配。便令止絕。具當職官姓名奏劾。與臣知。臣勘會轉運司昨配賣絹與坊郭戶。每匹估價錢一千五百三十。理一千六百。限半年納錢。下等戶猶有破賣家財方能此納者。今提舉官以絹二十萬匹。每匹上等作一千三百五十。每千取利二分。每匹已是一千六百一十。下等作一千三百。并利亦是一千五百六十。並隨稅納。是百餘日納之。與轉運司賣價全不相遠。即與農民豈不爲害。更差使臣督迫給散。縣邑小官。詎免觀望以抑配為情願。何可辨明。且制置司雖大臣主領。然終是定奪之所。今直自擇許散絹與鄉村戶。依青苗法納錢。及令坊郭戶願請者亦聽。則自來未有定奪之司事不關中書樞密院。不奉聖旨直可施行者。如是。則中書之外又有一中書也。中書行事。亦須進呈。或供畫可。未嘗直處分。惟陛下察其專也。如是。則知在外守職臣僚。誰敢不從。願早賜辨察。使事歸政府。庶於國體爲便。

二年。右正言李常論青苗疏曰。臣伏見陛下焦勞旰食。憂恤黎元。求所以富安休養之道。而獻議之臣措置失當。設法遣使。希滿天下。始稱補助耕斂。終言利息分數。致百姓疑懼。騷然不寧。不復信朝廷有愛民之心。直謂巧爲掊克而已。陛下雖欲推不忍之至誠。百姓何由而知之。臣聞作法於涼。其弊猶貪。今作法於貪。復何善之有。臣深察物情。博訪民俗。皆謂雖一切取民之願。尚不免侯其易於得財。侈於一費。不計後日輸官之難。臨時迫蹙。況今官吏務爲功效。百端罔民。其尤甚者。使着良遊請納之費。處認貫百以輸二分之息。臣考之三代。下至近古。未聞欲求治平轄於元元而爲法如此之弊者。今百姓

之室空匱已甚。苛賦乃削日入於困窮。困窮之至。爲盜而已矣。陛下御天下之日未久。德澤之所以浸潰生民未深。而輔佐之臣作爲此法。使毒流海內。小大驚扇。疾視其上。不務沮占。恐非社稷之福。此臣所以早夜憂懼。惓惓不已。累冒鈇鉞之誅。上干天聽。願一切寢罷以安輿情。至今未蒙旨揮。伏望聖慈悉降臣前後論青苗錢劄子付有司施行。

常論青苗第二狀曰。臣謹按前漢書食貨志言王莽每有所興造。必依古傳經文。國師公劉歆言周有泉府之官。收不讐。與欲得。即易所謂理財正辭禁民爲非者也。莽乃下詔曰。夫周禮有貸。樂語有五均。傳記各有斡焉。今開賒貸。張五均。設諸斡者。所以齊衆庶。抑并兼也。遂於長安及五都立五均官。更名長安東西市令。及洛陽邯鄲臨淄宛成都市長皆爲五均司市稱師。東市稱京。西市稱畿。洛陽稱中。

餘四都各用東西南北爲稱。皆置交易丞五人。錢府丞一人。工商能采金銀銅連錫登龜取貝者。皆自占司市錢府。順時氣而取之。又以周官稅民。凡田不耕爲不殖。出三夫之稅。城郭中宅不樹藝者爲不毛。出三夫之布。民浮游無事。出夫布一匹。其不能出布者。冗作。縣官衣食之。諸取衆物鳥獸魚鱉百蟲於山林水澤及畜牧者。嬪婦桑蠶織紝紡績補縫。工匠醫巫卜祝及它方技商販賈人坐肆列里區謁舍。皆各自占所爲於其所之縣官。除其本。計其利。十一分之。而以其一爲貢。敢不自占。自占不以實者。盡沒入所采取。而作縣官一歲。諸司市常以四時中月實定所掌。爲物上中下之賈。各自用爲其市平。毋拘它所。衆民賣買五穀布帛絲綿之物。周於民用而不讐者。均官有以考檢厥實。用其本賈取之。毋令折錢。萬物卬貴。過平一錢。則以平賈賣與民。其賈低賤減平者。聽民自相與市。以防貴庾者。民欲祭祀喪紀而無用者。錢府以所入工商之貢但賒之。祭祀毋過旬日。喪紀無過三月。民或乏絕。欲貸以治產業者。均受之。除其費。計所得受息。毋過歲什一。吏用苛暴立威。旁緣犯禁。侵刻小民。富者不得自保。貧者無以自存。起爲盜賊。及莽未誅。而天下戶口減半矣。伏觀班固述王莽事。其詳如此。其所施置。蓋皆畧本先王。而其初爲說非不美也。及乎繆戾。至使百姓無聊。搖手觸禁。富者不得自保。貧者無以自存。而起爲盜賊。卒以敗亡者。何也。志於利故也。夫苟志於利。雖純法三王。其法則猶不可行。況徒用其言以欺世耶。孔子曰。放於利而行多怨。此明論也。今青苗法與王莽事無以異。違愛民之初意。一切以利[illegible]而不顧。此臣所以知不復可行。而願罷也。臣愚實懼陛下未盡省覽班固所載之始末。謹繕寫其畧。不憚上煩天聽。伏望聖慈萬幾之暇。特賜反覆觀覽而深鑒之。其青苗法伏乞早降詔旨寢罷。

天下幸甚。易曰。不遠復。無祇悔元吉。此之請也。

三年。常等論王廣廉青苗取息奏曰。臣等伏見河北提舉常平廣惠倉王廣廉近至京師。倡言青苗新法已曉諭河北取三分之利。又聞制置條例司欲取其法行之天下。[illegible]以爲過矣。臣竊聞其斂散之法云。下戶以上其負之。不敢輒給。其上戶則十有七八願者。若爾則與立法之意相違戾矣。新法以唯兼并惠貧弱爲意。而下戶不及。又以贍上等之有餘。則是助大賈蓄家以乘民之不給也。何以爲輕重盈虛之術乎。況朝廷詔令云凡皆以爲民。而公家無所利其入。是亦先王散惠興利以爲耕斂補助裒益多寡而抑民豪奪之意。今乃繞數月而取利三分。則與詔旨甚相乖戾。異時[illegible]與豪欲之臣刻剝日滋。則雖倍稱之息未可知也。劉歆爲新[illegible]始貸說五均。其幹至于亡國。但云計所得受息毋過歲什一。[illegible]民之貸者。以國服爲之息。康成之注。亦引莽制以爲解。今使人什二則又過三新二矣。既許其一歲再貸。則其息遂至于什六。下何以堪之哉。詩曰。曾是掊克。斂怨以爲德。以陛下之睿聖。有意於三代之隆。若生財有道。用財有節。臣恐天下之財充牣委積而不可勝校。而廣廉小人。造端以籠天下之利。一旦生民重賦。至于無聊而怨及於上。爲害豈淺哉。臣愚伏望陛下責廣廉于理。可懲擅命之吏。明詔有司推法之本意。蠲所遣提舉官。勿以彊民。一切隨其所願。倘蒙聖慈昭然辨其難以遽行。且試之河北陝西數路。不勝幸甚。天下至大。生靈至衆。不可以倉卒治也。

常又論王廣淵和買抑配取息奏曰。臣近聞京東轉運使王廣淵以陳汝義所進羨餘錢五十萬貫。隨和買紬絹錢俵散。令知州每貫納見錢一貫五百。於常稅折科放買之外。又取此二十五萬貫。大凡挾轉

運使之勢。臨郡縣以輒皆彊百姓出息錢。雖倍稱猶可。雖然此而不勝。臣恐姦利小人交以掊克爲事。不思窮閻敗室日益困窮。陛下德政不復下浹。而禍亂起矣。今中下之戶有田不過二頃。二頃之收不過百斛。數口之家。一歲之食過半。而輸租糞田吉凶疾病之費志資於穀粟。今又彊之使出錢。錢非農夫所常有者。不以粟易。則賣田土。而得之。或奪其食。或廢其生生之業。如此而望民俗安堵。寇賊不作。難矣。竊聞御史程顥已常言之。付有司施行。

常又論青苗奏曰。臣聞易曰。何以守位曰仁。何以聚人曰財。理財正辭禁民爲非曰義。蓋伏羲以來治天下者。未有不以仁守位。以財聚人。以義理財者也。知非仁不可以守位。則凡法度之設。號令之施。苟不仁。不可用矣。知非財不可以聚民。則夫家之衆。孫寡之窮。食不足。不可保矣。知非義不可以理財。則租賦之入。斂散之方。失其宜。不可行矣。自設網罟作耒耜至井牧田野十一而稅之。其爲法必本於仁。其養民必厚於財。其理財必主於義。上下交足而治道成矣。故孟子言爲國必曰信仁賢。有禮義然後有政事。有政事則財用足。然則政事不急謀於仁賢。不志由於理義。則不可以行也。理財用而不由仁與義。則上置而下窮矣。故古之人曰。王人者將道利而布之上下者也。後世聖人不作。仁澤滅息。暴君汙吏知厚上而刻下。剝民以縱欲。賦斂已重。徭役已極。不思公上用財之道日廣以自節損。巧斂以求遂志。故自幽厲以來。詩書所載。莫不譏重賦懲過取。主愛民以爲言。不患其不能益上。而患其刻下也。故曰。百姓足。君孰與不足。又曰。財散則民聚。財聚則民散。又冉求賦粟倍它日。則孔子欲鳴鼓而攻之。曰。與其有聚斂之臣。寧有盜臣。昔者夏桀率遏衆力。率割夏邑。后世言暴斂者必指之曰大桀小桀。商紂厚賦稅以實鹿臺之財。盈鉅橋之

粟。周厲王用榮夷公專天下之利。秦收太半之賦。竭天下之資以奉其政。其後漢成靈下至隋唐。其惡政弊法尚是道哉。此皆法度號令不本於仁。租賦稅斂不要於義。而不能散利保民以取誠亡賊亂之明效也。臣竊至愚。粗分義理。但知阜俗厚下。恤鰥寡助老弱。爲先王之道。不知罔民欺世事刻剝。困生靈爲治世之榮。而又愚昏不警。不敢以非義逆詐。初不謂王安石以文學名世。行義得君。乃不本仁以出號令。考義以理財賦。而佐陛下爲此病民斂怨之術。號命之始。尚謂其誠有意於惻怛斯民。稽古立法。及其黨援掊克小人宣言取利分數。方悟其畧假先王之遺跡。而志在聚斂。臣始以朝廷好惡爲憂。而直議其法必不可行。既而小大驚疑。遠近騰沸。已見其弊。人得非之。方是之時。曾公亮陳升之趙抃皆位冠百寮。身輔大政。首主厥議。曾無執守。臺諫官或以職事隔絕。或陰竊持同。而四海萬里。蒙毒莫

誣陛下。不以臣爲不才。寘之諫爭之列。不識[illegible]其員同結舌姑以備位耶。抑亦使其竭誠畢慮救正闕失也。臣於安石雖有故舊之義。苟懷私而不言。誰肯爲朝廷言者。今安石不思[illegible]人刻掊克。所以歛怨易象著於天下。所以民悅。與夫強恕改過捨己從人之爲君子之道。而日與其徒呂惠卿等陰籌竊計。欲文厥過。思以頰舌取勝公議。等復以社稷安危爲慮者。切聞以正論者爲同乎流俗。憂國者爲震驚朕師。以百姓愁歎爲出自兼并之言。以鄉士僉論爲生乎怨嫉之口。而又妄取經據。傅會其說。謂周人國事之財用取具於息錢。而不知泉府實受廛人之五布。臣考之周官。凡國所以治國用者。有九賦斂財賄。有九貢致邦國之用。又以九式均節之。大府以關市之賦待王之膳服。邦中之賦以待賓客。四郊之賦以待稍秣。家削之賦以待匪頒。邦甸之賦以待工事。邦縣之賦以待幣帛。邦都之賦以待祭祀。山澤

之賦以待喪紀。幣餘之賦以待賜予。而不言貸民之息待邦用者。今曰。周之國事取具息錢。亦已罔矣。上以惑陛下之聰明。下以欺天下之耳目。而貽咲後世。可爲痛悼。可爲太息。抑臣觀周禮所以必貸民者。蓋先王推至仁愛物。周旋曲折之深意也。所以使出息者。不使其幸得而惰於業也。周人井牧其田野。其六鄉使五家爲比。則有比長。五比爲閭。則有閭胥。五閭爲族。則有族師。五族爲黨。則有黨正。五黨爲州。則有州長。五州爲鄉。則有鄉士大夫。六遂亦然。其小大相臨。上下相察。使相保愛。使相葬埋。匹夫匹婦受田百畝。鰥寡孤獨復有常餼。又十一而稅之。宜無一人不足者矣。唯死喪疾病冠昏之類。乃其不幸而不得濟者。間有貧不能周於用。於是命泉府之官掌其祭祀喪紀者有餘。而服田者有貸。方是之時。民日被上之仁愛。上悉知民之有無。下如子之怙其父。上如父之育其子。鄉遂閭井之間。不足而

貸者。歲亦無幾人。嗚呼。先王之於民。周旋曲折之意可謂盡矣。此所謂保民若赤子。所謂無一夫不獲者也。故孟子能具道平治時之事曰。春省耕以補不足。秋省斂以助不給。又稱夏之諺曰。吾王不遊。吾何以休。吾王不豫。吾何以助。又知補助之行。不獨周爲然也。今則不然。田無多少之限。民無貧富之常。吏不識其民。民不信其上。租稅之入。非賄賂不可輸也。催科之嚴。非鞭笞不能辦也。稅歛重數。民畏公家如鳥獸之避網羅。政令不一。更殘其民。猶以獵之待鳥獸。離居散處。非有比閭族黨之相伍也。非有胥長師正之相統也。而又[illegible]羈不能遠計。其貧下無賴者爲逋逃之人。知十一百爲羣。十五爲保執一紙之券而空手得錢。則不顧者亦寡矣。及其出賄賂齎糧[illegible]與市廛博易妄用之外。實能持錢至其家而致力於畎畝之間者亦無幾矣。追其償也。百畝之收。二稅催促之外。有支移者。折變有配。買有和

市。有償糴有麥本。今又出青苗之本利。至時一不足。則責其衣食之資。又不足。則賣牛具。又不足。則賣田疇。又不足。則賣妻子。或逃去鄉井。或羣起爲盜賊矣。此臣前日劄子所以言雖一切取民。使不免使其易於得財。傷於妄費。不計後日輸官之難。而臨時迫應者也。今取其穎積且如是。況希合小人與畏罪之吏。措置乖方者。其爲患百十倍於是。與其貸於兼并者異也。凡百姓所以貸於兼并者。蓋皆其鄰里近村之人。其來貸也。誠皆窮乏飢餓不得已者也。苟可以逆朝昏。備農事。則不往貸矣。其貸與之家。亦皆日見其貧爲之。絕素有誠信。其以賭妻娶資耕稼者也。苟欲以侈口腹。事飲博爲利陷法之事。則不貸之矣。以是觀之。歲貸於人者亦無幾矣。然則青苗之法。適所以悞妄費不思之窮民爾。今法言利之卒所以病之也。昔者子產以乘輿濟人於溱洧之上。孟子曰。惠而不知爲政。以其人人而悅之也。今爲

法不免於人人而病之可乎。又况志在於蓄積者乎。今黨蔽掊克小人。公言利息紛如。而欲天下之吏不希合而強民。臣不信也。王廣淵者昔條例司稱以為公幹才明之人也。前日使、試義倉之法。乃至邀遮齊州輸稅之民。使先諳義倉然後納稅於是。皆言民便其法。臣恐天下官吏上畏朝廷。下畏使者。或事希合。置二稅而督青苗。然後以羨餘督其租賦。蚩蚩之衆。何以堪之。臣恐不一再償而天下潰矣。古之人曰。匹夫專利。猶謂之盜。王而行之。其猶鮮矣。孔子曰。放於利而行多怨。詩曰。民之多辟。無自立辟。又曰。民之貪亂。寧為荼毒。方今稅役苛重。百姓空匱。雖官廩有未充之憂。公帑有不足之慮。不思節用愛人。重本抑末。而欲矯誣以射利。譬猶割膚以啗口。腹其不可明矣。昔魏文侯租賦倍於常日。或有以賀者。文侯曰。今戶不加多而租賦歲倍。譬之反裘而負薪者。徒惜其毛。而不知皮盡而毛無所附矣。此善諭也。故書曰。民惟邦本。本固邦寧。又曰。怨豈在明。不見是圖。予臨兆民。懍乎若朽索之御六馬。可不畏哉。今陛下欲勸農桑興水利省徭役。復常平。此先王不忍之心也。而獻議之臣。直以此擾擾聚斂感天聽。苟有志於朝廷社稷者。莫不以為憂勤也。詩曰。民亦勞止。汔可小康。惠此中國。以綏四方。臣願陛下詔天下悉罷青苗法。謹擇轉運使。而久天下縣令之任。俾諸路各上數年之間為縣而有績狀在民者。稍易今不才之令。而從所謂農田水利徭役常平之法使各講求施設。而寬假之淹以歲月。而考課其績。則四海萬里無不被陛下之德澤者。抑臣聞之。昔魯欲用田賦。季孫使冉有訪諸孔子。孔子曰。若欲行其法。則周公之典在。若苟而行之。又何訪焉。臣之至愚。其惓惓之義。深冀陛下鑒御史所推之言。究察受敝之俗。決以獨斷。罷於一朝。別講治道。庶福黔首。倘始原其聚斂之意。詐而行之。則臣言為过

踈僻滯之甚者。而妄議時政。擅廢朝參。褻瀆聖旨。罪莫大矣。豈宜更使居位。早行竄逐。不勝幸甚。

常又上議曰。臣聞易曰。王臣蹇蹇。匪躬之故。臣自惟任諫官拂天威。固已數然。其纏綿之誠所以不已者。切服大易之義。知有犯無隱。不知其身之可保也。然臣非不知朝夕蒙誅。不忍輒有伏藏不盡之意。為無窮之恨。請一二陳之。惟陛下裁擇。臣伏見陛下即位未幾。起王安石於江湖之上。曾未數對。遂參機務。方是之時。中外相慶。以為三代之隆可以立俟也。安石乃首建制置三司條例。天下之人始議其身任大政而專有司之事。然善士猶或恕之。謂其先公家之所不足。將佐陛下以仁義理財賦。節儉先天下。交物以道。奉養以禮。重損浮費。固實廩庾。凡教化之事。猶有待也。已而均需之議。造青苗之法。天下之人固已大駭。而善士猶未之深議。謂其志在便民。均一有無遠希先王補耕助歛。以為於理無嫌。及降詔取利。牽合經旨。謂周公資用於國服之息。利害已白。而持之不改。雖善士不復以為是。宜謂其誣惑朝廷。愚瞽海內。所以議論交起。不可抑止者。其故何也。義與利之為道異也。始稱放古以行義。故君子猶或恕之。終則不顧以嗜利。雖衆人莫之與也。及發七難以拒言者。其辭迂其理僻。天下之人益知其所存盡於此。不復有義理之實。徒欲文過求勝。肯以生靈存亡之命。社稷安危之機為計哉。今條例司於浮費無所節損。日造罔民之法。均輸官不能通天下之有無。百端以射利。提舉官奉青苗之令。納民於困窮。陛下固嘗謂滂天沸騰。黎民搔擾矣。夫政莫酷於剝民以無度。禍莫大於知過而不改。古之所以亡國喪天下未有不漸於此者。噫。今日之弊豈難濟哉。改之而已。昔者周公蓋有過矣。孟子曰。其為過也。人皆見之。及其更也。人皆仰之。孔子則自訟其過矣。曰。丘

也。聖人必知之。又曰。過則勿憚改。又曰。過而不改。是為過矣。安石不知慮此。陛下又從而不悟。何也。臣亦嘗聞其所以遂非而不改者有三焉。不堪怨仇。與士大夫之所譏議而不改。一也。狹中自信。悅諂諛。惡誠直。遂不以為非而不改。二也。憑依小人。日滿其門。進退榮辱繫於事之興廢。競為諂辭以悅之。忿言以怒之。使其持之益堅。期於必勝。不問義理之所在。因以不改。三也。此三者皆安石自為也。所以受敝者陛下之百姓也。所以當患者陛下之社稷也。此臣所以切為陛下惑也。陛下仁明睿智。早聞道要。未壯御宇。享祖宗久安之基。視圖按籍。慨然悼黎首之未乂。延見卿士。慨然歎人才之不足。方欲盡救天下之弊。俊共講治平之術。創為可繼之業。今乃相與守區區之弊法。又欲卿士大夫阿意順旨而奉行之。其不然者。從而竄逐之。非獨安石負陛下任使之意。陛下亦負天下所以用安石之初心矣。臣不知陛下甘其所以得利而力行之耶。徒悅其順適心意而惡違忤之耶。抑曲徇安石而苟爲之耶。臣請陳此二者。凡苛斂巧削之不可。臣前論列多矣。不待再講而後明也。今陛下深居九重。豈盡知百姓之困苦。謂其比戶溫飽。倉有餘粟。篋有餘帛。可以任其數而抹取之耶。四海一家。皆陛下之赤子。而欲效管仲以千里之齊。閉隣國之人耶。又況術肆聚斂為之轍有後災乎。今中下之戶。蠶桑之所得纔足以輸稅者。往往皆是也。歲惡不入。不食草根木皮者寡矣。尚忍以巧斂之法而虐之乎。今陛下甘其所以得利。臣姑以利言之。凡百姓之有兩稅。猶人之有終身之病也。夏稅之輸。常至九月十月。秋稅之輸。常至明年四五月。秋稅未絕。夏稅又起。催理不已。縣令懼逾限之責。必強人更代納。然後以鞭笞追還之。非為令者懈慢不戢。民貧不可以迫遽取辦故也。兩稅病民如是。青苗錢又可及時以

斂之乎。且十八路之廣。一歲之間必有三路罹虫蝗水旱之災者。則其逋已倚閣失陷之數。不為少也。又況不幸遭大飢饉。捐瘠流離。起為盜賊。所謂本利者復何有哉。假如一歲貸錢千萬。為利纔二百萬。臣恐二百萬之利。不足以償失陷之數。尚可望其息錢以資國用耶。且以利言之。不足以得利較然甚著。矧悖義傷化。殘民害物。斂怨召亂。不可一二道哉。陛下雖甘其利而力行之。其無益可謂明矣。今朝廷患財用之不足。未聞陛下節儉先天下。而一宮殿之費。或以百萬計。一宴遊之費。或以數萬計。而欲錙銖取於困窮之民。偏聽獨任。非順適心意之言不取。又矜忿誅而去之。是欲上下雷同。不大阿黨。而無一言異者。陛下謂如此為朝廷之福耶。非也。孟子曰。入則無法家拂士。則國常亡。又稱文王之德者。曰以諤諤昌。凡古之所謂衆賢和於朝與舜命九官濟濟然和之至者。非雷同阿黨能順適人主之心意之謂也。昔齊景公謂梁丘據曰。據與我和。晏子曰。是同也。非和也。公曰。和與同異乎。曰。和如羹焉。君所謂可。而有否焉。臣獻其否以成其可。君所謂否。而有可焉。臣獻其可以去其否。古之君臣以獻可替否為和。非雷同之謂也。君臣之間既不可雷同如此。卿士大夫進則陳力就列。退則游從講習。又可得而阿黨哉。周公之事。召公嘗不說矣。孔子之聖。子路嘗愠見矣。子夏之言。子張嘗不取矣。昔趙宣子薦韓厥為軍司馬。厥戮其僕。宣子以為可賀。左雄薦周舉為尚書。舉劾其罪。雄自為知人。呂公著孫覺與王安石皆平日相友善之人也。豈欲一旦遽相絕哉。蓋朝廷之事。不可以私好廢公議。不得以枉道為阿黨也。是朝廷之所樂得。安石所當願聞也。前日孫覺之奏。謂出於非以其法為可行也。已而避免。豈有它哉。直以為不俟往而知其法不可行也。陛下原其心為有罪者耶。呂公著陛下任為御史中丞矣。臣

雖不知其言之詳。然禍亂之機。危亡之漸。御史中丞且不得言。孰得而言者。今摘其造辟之言。以為罪。臣恐上下顧避。大小觀望。交事鉗默。陛下聰明不復廣矣。陛下雖罪孫覺為反覆。公著為誣藩鎮。天下之人皆謂陛下為其忤旨。又無其忤安石之意也。倘陛下之意皆不為前所陳二者。始欲內徇安石而尚行之。則復有大駭深憂者。安石狹中自信。愎違義理。以必行為期。以取勝為事。無復以生靈之存亡社稷之安危為念。凡異己者必致之罪而擠去之。同己者無問能否而進擢之。臣不知陛下負扆南面。傳祖宗百年之業。而總四海九州之命。為其遂非角勝之資。以便賞刑誅之柄。為其立朋報怨之具。深為陛下不取也。近者司馬光極書安石。條例之司常平之法。可罷則天下之人咸被其澤。曰不可罷則天下之人咸被其害。方今生民之憂樂國家之安危係安石之一言爾。誠如光言。則是行與否雖陛

下不得專矣。況安石怒事而輕信。徒有忿克之心。因其任教而陰導之者呂惠卿也。今安石喜怒好惡事之用舍唯惠卿之聽。則是生民之憂樂國家之安危亦不獨係安石之一言。又係於惠卿矣。嗚呼古之陪臣執國命。政逮大夫者。豈異此也。司馬光固非狂悖不思以出此言也。陛下將不以為慮耶。噫。社稷大寶也。生靈重事也。蓋不可忽易守也。昔詩人傷周室之大壞。不過曰。會是強禦。會是掊克。會是在位。會是在衆。陛下試察此四者於今為少耶。詩曰。不自為政。卒勞百姓。又曰。盜言孔甘。亂是用餤。臣願陛下獨之以獨智。斷之以心術。博取輿論。曲稱至理。純取先王之道。改謀長世之策。無為盜言之孔甘。殘弊百姓以階亂。豈獨臣之幸。社稷生靈之幸也。孔子曰。不曰如之何如之何者。吾未如之何也已矣。蓋言智者察於未萌。明者見於未形。不使無可奈何之悔至於難而後圖之也。臣鄙野之人。加甘貧賤

自去夏以來。四乞外任。不蒙俞允。誤被責任。復不獲避。自顧狂妄。譏訕為多。今復發憤懣。悉肺腑。盡忠之誠。期死而後已。設陛下終不以其書為然。願懲任使之失。早賜罷黜。不勝幸甚。

歷代名臣奏議卷之二百六十二

理財

宋神宗熙寧初。有魏繼宗者。自稱草澤上言京師百貨無常價。貴賤相傾。富能奪貧能與。乃可以為天下。今富人大姓乘民之亟牟利數倍。財既偏聚。國用亦屈。請假榷貨務錢置常平市易司。擇通財之官任其責。求良賈為之轉易。使審知市物之價。賤則增價市之。貴則損價鬻之。因收餘息以給公上。於是中書奏在京置市易務官。凡貨之可市及滯於民而不售者。平其價市之。願以易官物者聽。若欲市於官。則度其抵而貸之錢。責期使償。半歲輸息十一。及歲倍之。凡諸司配率並仰給焉。

熙寧二年。制置三司條例司言天下財用無餘。典領之官拘於弊法。內外不相知。盈虛不相補。諸路上供。歲有常數。豐年便道可以多致而不能贏。年儉物貴。難於供億。而不敢不足。遠方有倍蓰之輸。中都有半價之鬻。徒使富商大賈乘公私之急。以擅輕重斂散之權。今發運使實總六路賦入。其職以制置茶鹽礬酒稅為事。軍儲國用多所仰給。宜假以錢貨。資其用度。周知六路財賦之有無而移用之。凡糴買稅斂上供之物。皆得徙貴就賤。用近易遠。令預知中都帑藏年支見在之定數。所當供辦者。得以從便變易蓄買以待上令。稍收輕重斂散之權歸之公上。而制其有無。以便轉輸。省勞費。去重斂。寬農民。庶幾國用可足。民財不匱。詔本司具條例以聞。

知諫院陳襄論三司條例乞行均輸法劄子曰。臣伏覩中書劄子制置三司條例司狀奏乞行均輸之法。朝廷遂除司勳郎中薛向充江淮制置發運使以領其事。又出內帑之錢數百萬貫。使之籠貨取息。以助縣官之經費。臣切以為興利之道。非當今之所宜行。陛下聖德文明。超越前古。其即位之初。天下皆誦二帝三王之政必行於今日。豈宜先利以示四方。臣為諫官。姑息而不言。致陛下於有過之地。是不以堯舜之道期於陛下。臣實恥之。自先皇顧命已來。當國家多難之際。天文譴見于上。地道震動于下。水潦民飢之災徧于中國。此天意有以警動陛下。欲其恐懼脩德而保其全安也。而陛下首當脩明五事。欽慎萬幾。務一德以享天心。思一言以和天下。曾未及此。乃欲徇有司之議。行桑羊榷利之術。臣不知其可也。昔漢武帝承文景恭儉之後。國用富饒。侈心一生。遂有輕事四夷之志。中適勞費。帑庾空竭。乃以羊為大司農中丞。置均輸平準之法。籠天下之貨物。買賤賣貴以資一時之急。卒斂怨於天下。貽譏於後世。是豈仁術哉。陛下若以國用空匱。調度滋廣。不推利無以繼公上之給。臣切以為不然。陛下尊為天子。富有方夏。四海九州之賦入不為不多。苐以承平百年。因循奢靡。而制用無節。此今日不足之患也。近者朝廷深鑒其失。親命近臣辟選官屬。制置三司條例。固已救其深弊矣。但令所司取天下會計之籍。處縣官供給之數。百度為之均節而歸之藝極。至於無名之費。不急之務。一切禁之而不得行。諸路財賦之有無。令有司得以便宜移用。與凡糴買上供之物。皆得以徙貴就賤。用近易遠。使無害於公私而止於備用可也。而後陛下身先恭儉。節用愛人。而率之於上。小大之臣畏法遵繩。而守之於下。如此。則浮費自省。而財物不可勝用矣。又何必校輕重斂散歸之公上。與民爭錐刀之利。而失王政之躰乎。孟子對梁惠王曰。王何必曰利。亦有仁義而已矣。未有仁而遺其親。未有義而後其君。子貢曰。文武之道未墜於地。在人。賢者識其大者。不賢者識其小者。夫道亦在擇之而已矣。一有貸錢貫販之事。如以臣言為可采。特賜寢而不行。則天下幸甚。

二年。襄爲侍御史知雜事論青苗不便乞住支第一狀曰。臣伏見制置三司條例司。奏辟屬官提舉管勾諸路常平廣惠倉依散青苗錢斛事。其劄子元降指揮。預俵之法本以爲民。而公家無所利其入。至於斂散之際。亦皆取人之便而不得抑配。蓋取先王耕斂補助之遺也。今來風聞諸路所遣提舉管勾官。多不躰認元降指揮。憑藉事權陵壓州縣。却以青苗之法取民利息二分。等第之家。不問其願與不願。一例抑配。物論喧然以爲極擾。切緣朝廷之意。本爲小民闕乏。常在於新陳不接之際。倍息舉貸以取資給。故設青苗預支之法。使農人得以資助耕斂。而兼并不得以乘其急。是欲專以便民。而非有以規其利也明矣。今使者一出。而天下之人皆謂朝廷只以補助之說爲名。而其實專在於取息而已。是豈立法之意哉。苟朝廷之法不然而使者爲之。致陛下失大惠於民。則辱命之罪莫大焉。宜正典刑以示天下。使中外曉然知陛下孚惠之心。非有取利於百姓可也。如朝廷立法之初。果以爲利。則是特有司之過矣。爲父而權其子。此漢武之事。非陛下所宜行。不惟不可行。時亦不可。將以惠民。適所以害之也。何以言之。比歲以來。四方多事。河北地震。水潦民飢。陝右有備邊之須。河朔有備城之役。民必罷弊。瘡痍未復。天下無名之斂。所在有之。如聞諸路之民尚有積年逋負官物。動以萬計。未能輸入。今更以青苗取利。人必不堪。不惟重以困民。適足以壞其官本。大率小人見利。幸於苟得。既用之後。多不能償。大者須至於逋逃。小者不免於刑辟。此必然之理。臣前謂將以惠民適所以害之者此也。臣欲乞早降指揮下諸路提點刑獄司。更切躰量。差去提舉管勾常平錢斛官員內有生事擾民擅違朝旨。特與減黜施行。其青苗錢已行支俵者。將來只令隨稅送納本錢。如未俵散處。並令罷支。庶不失陷官本錢及別致騷擾。

襄論青苗第二狀曰。臣近有奏狀爲諸路使散青苗錢官員內有生事擾民擅違朝旨。乞特與減黜。及青苗已行俵散者只令送納本錢如未俵散處並令罷支等事。未蒙朝旨施行。竊詳條例司元降指揮以常平廣惠變爲青苗之法。申嚴賞罰。督責州縣以謹其給納。雖以優民救乏爲名。其實不異民間舉放之事。以漁民取利而已。豈陛下聖明之主所宜爲之。既使國家帑藏空虛。財用不足。亦未至如經紀小民放本取利。事躰削弱如此之甚也。今來訪聞諸路所差官吏。爲見朝廷屬意財利。莫不　風希旨務爲誅剝。以覬幸酬賞。苟免黜責。或以三分取息。或將陳舊之物細作貴價。兌換支散。或不以民之貧富一例抑配。事初如此。其後可知。臣恐此法一行。騷動天下。希錐刀之利。失億兆之心。貽禍之端。未必不由茲始。況興事改法。繫國家安危大計。上有公卿謀議。下有臺諫糾察。豈可只由條例一司獨專其事。置陛下於有過。使黎元之不安。苟利一時。斂怨天下。非細事也。臣欲乞將中外臣寮前後上言常平青苗等不便事件章疏并臣前狀降付中書令與密院一處看詳定奪可否。及下兩制臣寮供析利害聞奏。庶陛下得以盡天下之公議。知事躰之難行。特賜寢罷。以安人心。

襄論青苗第三狀曰。臣聞臣之事君。有犯無隱。夫犯顏忤旨以取君父之怒。豈其所欲哉。蓋義有可言而不言。非愛君之道。此臣所以昧死而不敢隱默者也。臣近以青苗之法搔擾不便。欲乞寢罷以安人心。未蒙俞旨施行。陛下聖性聰明。固已曉然開悟。但以王安石執議不變。重違其情。物論喧然。不加聽察。事之可者則置而勿問。其不可者則無所不行。豈非條例之臣爲自安之計。巧爲飾說。誑罔聖聽。近者韓琦上言。以河北俵散青苗錢。立定貫百均與等第人戶比之它路獨取利息三分。顯是提舉之官違條抑配。而朝廷並無黜責。殆之論列足以知其非便。而特寢不行。呂景以畿縣之民。逋負官物尚有五十餘萬。不宜更與預支。實慮虧陷官本。而劫令取勘。夫擅行抑配者既無罪黜。則糟乏之吏無所不至。不忍為攘攫者反蒙按劾。則民之司牧何所措其手足哉。故臣前曰。此法一行。騷動天下。正謂此也。陛下近以司馬光為樞密使。中外翕然皆以陛下知光之言為是。而悟制置司之為非。今復遽然罷之者。豈又以光言為非耶。必以其辭而不受也。然則光之所以不受者以陛下不行其言爾。知其言而不用。猶可以去。又況有所受命乎。如欲用之。行其言而已矣。何吝而不為哉。輕進退於大臣。失孚號於天下。非所謂令出弗反之義也。李常職在諫官。既聞中外之議。不敢不言。事雖不實。誠亦符之輿論。況國朝舊制。自許風聞言事。若令分析。是欲使其必吝。將以杜言者之口。恐非所以待諫臣之體。而廣言路之道也。凡此數事。雖聖慮一時之失。然非臨者之誤乎。禮曰。有所忿懥。則不得其正。有所好樂。則不得其正。亦在陛下追而正之爾。書曰。改過不吝。湯之德也。自陛下臨政以來。事無過舉。唯用安石。然後有更改之暴。而發興利之非。聖人施為。自有法度。合於道者取之。不合於道者去之。任天下之羣才。取天下之公議。堯舜三王之治。可以指期而至。又何必徇一士之曲議。以貽黎元之患哉。所有制置條例司如有可行事件。欲乞只歸三司相度施行。青苗之法早賜停寢。則天下幸甚。

襄論青苗錢第四狀曰。臣近嘗三次上言論列青苗之法乞行寢罷。而陛下未以臣言為然。臣得待罪于言事之官。凡時政之闕失近於苛細。猶得斥而言之。顧此一事最為害政之大者。苟懷違不言。置陛下於有過之地。則臣亦負朝廷任使之意。不忠之罪莫大焉。臣竊謂制置司元降指揮。莫非引經以為言。而其實貸民以取利。事雖削弱。為天下譏笑。是特為管仲商君之術。非陛下之所宜行。臣願陛下為堯舜之君。以仁義治天下。不願其為霸主也。昔者伊尹不俾厥后為堯舜。其心愧恥若撻于市。是以高宗命說曰。爾尚明保予。罔俾阿衡專美有商。古之人其責難於君如此之備。乃反有逢君以利而為霸者之術哉。夫所謂霸者。當戰國之時。諸侯之上地皆褊小而不足。上無聖賢之君。下無王者之臣。而外有敵國之患。計出於不獲已而然也。管仲以區區之齊居於海濱。於是興鹽鐵之利。權輕重之法。假仁義而行譎詐。欲以強國足兵而已。然而不能使其君為王政。與聖門之所恥言。而曾西所以卑其功烈也。商鞅之事秦也。說其君以強國之術。故變法令。開阡陌。信賞刑。而秦人莫敢不服。然而謂其君不可與入帝王之道。此正孟軻所謂謂其君不能賊其君者也。彼二子者。使知以仁義事其君而行王者之政。其肯苟一時之利以貽天下萬世之譏哉。臣故曰。霸者蓋國小而力不足。上無聖賢之君。下無王者之臣。而外有敵國之患。計出於不獲已而然也。方今陛下富有中國。廣輪萬里。上有聖賢之君。下有王者之臣。內無強臣敵國之患。外無西戎北狄之難。凡四海九州之賦入。又足以供吾之用。而不為不足。陛下不於此時與廟堂之臣坐而論道以行王政。而反屑屑為均輸舉貸之事。臣切為陛下惜之。然則今日之弊在於國家因循。制度未善而侈用日廣。斯亦不足患矣。陛下但慎選主計之臣。付與利柄。取天下賦入之籍。應縣官調度之數。百用為之均節而歸之藝極。則浮費省而財用足。斯可以行王政矣。省徭役。薄賦斂。則天下之農不擇耒而耕矣。寬關市之征。弛山澤之禁。則天下之商不識錙而行貨通序之教。勸之以忠信孝悌。則天下之民皆遷其子弟而興於學矣。尊賢而使能。才者進。不才者退。則天下之士皆勸其德行而為良吏矣。農有餘粟。商有餘財。民服其教。吏稱其職。然而國不富而政不王者。未之有也。子夏曰。文武之道。未墜於地。在人。賢者識其大者。不賢者識其小者。夫道亦在擇焉而已矣。惟陛下捨乎興利之道。而行乎保民之政。則聖人之治矣。

又論青苗第五狀曰。臣近以青苗之法擾民為害。欲乞寢罷。其制置司立法之謬。中外言者已詳。臣故不一一論列上煩聖聰。但以方今天下生民凋弊。財力殫竭。二稅之外。更有無名科率。何啻十色有餘。若復俵散青苗錢。實恐民不堪命。陛下以至仁求治。凡欲更張法度。皆以為民。安有取民脂膏以為貸息。而謂周公太平已試之法哉。陛下之心。必不為此。然則天下之人皆知誤陛下者王安石也。誤安石者呂惠卿也。以陛下聰明。觀天下之論議。其法利害固已灼然可知。柰何安石持強辯以熒惑於前。惠卿盡詭謀以陰助于後。加以反覆比周之小人。隨時觀望。平日公論。則畢知其法之非。一旦掇於利。則又言其法之是。此雖陛下至聖不能無惑。雖臣等之至愚。亦不免指為朋黨。以近者諫官李常以言事待罪。尚今分析。孫覺以奏對反覆落職外遷。御史中丞呂公著而下。皆以不職為言。乞從責降。而臣獨區區未敢以請者。尚冀犬馬之誠一悟聖意。許以青苗之法下議百官。如臣等之言非。則甘從遠竄以戒妄言。如臣等之言是。則安石惠卿亦乞特行貶黜以謝天下。

御史中丞呂公著乞罷提舉官吏及住散青苗錢奏曰。臣切聞近日中外臣寮累有章疏乞罷昨差提舉常平廣惠倉官吏。及住散人戶青苗錢。至今未有施行。臣伏思朝廷所以特遣使人領行新法。本欲

惠恤百姓。非為剝下奉上。朝廷之意固已甚善。然而朝野沸騰。皆為不便者。蓋由朝廷處置前後自相違戾。如昨來元本敕旨止於河北京東淮南三路。後來忽然續差官吏徧行天下。所差官吏往往多不得人。如蘇湞王廣廉皮公弼之徒張皇事勢。必欲生事邀功。朱經李元瑜之輩。庸猥下才。所在為人輕笑。其間取利之條日增。惠民之意漸失。所以人人搖動。日益不寧。臣欲乞應前來所遣官吏可一切罷歸。其青苗錢且只於近京一兩路專委提刑司或轉運司相度俵散。務要惠民。不必取利。候散及一二年。如見得於公私無損。實有惠濟。推之諸路。亦未為晚。庶人心亦自信服。若一二年間民猶以為不便。則朝廷亦宜改作。不可必遂前失。如此則人心自安。無不得所。

公著又奏曰。臣近具劉孚言制置三司條例司本出權宜。合從廢罷。諸路散青苗錢違戾元降敕旨。及遣提舉官等不當。並宜追還。昨日亦曾面奏。未蒙施行。臣伏思近日朝廷頗有更張。其意雖欲便民。然其間事理豈能盡當。尚博採羣言。事有未便者。不憚改作。則善莫大焉。若舉措既失。人心已搖。專以朝廷之威。欲勝眾多之口。則恐執之愈久。物情益更不安。至於迷而後復。所失多矣。伏乞特賜檢會臣前奏降出施行。

公著又乞罷提舉常平倉官吏奏曰。臣近兩具劉孚言乞罷提舉常平廣惠倉官吏。未蒙施行。臣切惟朝廷自頒行此法以來。中外識者皆以為本非惠民。實欲掊利。人情憂懼。物論沸騰。朝廷以法令既行。憚於改作。直至取大臣所奏。逐條疏駮。巧為辨說。數告天下。其餘中外官守。或因有所論列。或以不即奉行。皆欲劾問。專以朝廷之威。枉塞眾口。是以比日以來。人情愈更不寧。臣伏思陛下自即位之始慨然有大有為之志。其規模固欲高視近古。然今日所行。纔一二末事。

頗已輕失人心。縱使法意雖善。其施設固亦未工。況人無智愚皆以為不便。伏望博采公議。盡罷諸路所遣提舉官。委提刑或轉運司且於三兩路相度支散。候見得於民無害。則不獨此法可以持行。其它廢置皆足以取信於人。若百姓終以為病。朝廷亟為改之。猶不至害及天下。所有臣前奏伏乞檢會付外施行。

公著又論青苗奏曰。臣累具劄子言昨遣提舉常平廣惠倉官吏不當。諸路散青苗錢違戾元降敕旨。未蒙施行。臣聞易曰。說以先民。民忘其勞。又曰。感人心而天下和平。自古有為之君。未有不先人心而能立事者也。亦未有脅之以朝廷之威。勝之以頰舌之辯。而能終得人心者也。陛下以聰明睿智之資。承祖宗積累之後。方其未有所為。四方已自欣戴。至於今所施設。其事乃至淺末。然而人情洶洶如此之甚。則致之不為無由。陛下固宜審察。主議之臣乃以為流俗浮議不足卹。臣切以人心惟危。聖人所畏。難安易動。今日為甚。苟不幸有姦宄之謀。窺伺間隙。則於陛下盛德必有所沮。不可不恤也。且今之所謂豪俊多才。布在顯要。皆陛下與執政大臣平日所共精擇。然而不謀同辭。皆以此舉為謬。豈有平日所謂賢者。今則此日盡不肖。由此觀之。亦不可槩謂之流俗浮議也。借使朝廷廢置皆已盡善。尤當反覆惟慮。求所以附順人心。況今日紛紛。實自朝廷致之。且如轉運使提點刑獄官。皆陛下選掄委以一路。豈有一路之政。皆所倚辦。獨此數事不可信任。疑其人不可任。自當亟罷其職。別擇能臣。苟以為可任。又不當別置提舉官。此諸路監司所以離心者也。況國家制法本欲便人。然而使人心違怨一至於此。尚曰善為政乎。臣切觀陛下每延見羣臣。講求政事。常欲曲盡物情。期於公當。兼今來衆人所議。實係國家安危。若向去人情益變。陛下必不能力主。惟是不遠而復。庶

幾害不及民。況臣之所以區區者。亦不獨惜此一事。誠恐人心既已乖離。陛下之志終必疑殆。則向去朝廷難乎復有所為。伏乞檢會臣累奏早賜施行。

右正言孫覺上奏曰。臣昨自出貢院。即具奏聞。青苗新法中外人情不以為便。此宜聖衷早有所定。如或遲遲不議更改。即將為國生事矣。蓋臣愚忠以謂陛下上承祖宗之業。藉兼有四海之富。即位三年。德澤未施於下。而託息民之虛名。收取息之實利。本末舛錯。施置失當。雖令二三而中外益疑。傅會經義而更成穿鑿。以至大臣離心。議臣扼腕。近者建言而求去。遠者抗章而請罪。如此持久不已。內外之言和附為一。則陛下之法捍格而不行。誅之則不可勝誅。不誅則法令廢而威權奪矣。今建議者但欲法之必行。而不顧遺患於後。臣嘗謂陛下當以朝廷為心。而無所偏。則利害可一言而決矣。異時諸路轉運使若范純仁之類。必不肯行新法以懸提舉官之命。諸路安撫知州若韓琦之比。必不自奪其議以撓倒置司之務。諸州知縣若姜潛之流。必不肯隳其素守以逢當官之私。諸路之中有一人二人為此者。時議必翕然稱之矣。好名者喜於立異。中人又恥於不逮。人人相慕而為此。則陛下之法扞格而不行矣。不知陛下將比比而誅之耶。亦考其是非而行法耶。若將考其是非。則法有情願之文。人不情願者我何敢強。如此法不得而加。則其勢必折而不可久。以不可久之法加之民。而不便之實又見於一年二年之後。不知陛下何憚於速改而必待其自壞耶。法至于自壞。則所損於天下者豈少哉。孟子曰。愛人不親反其仁。禮人不荅反其敬。今日之新法雖有善意。然而人不親也。不荅也。則亦宜自反而已矣。傳曰。未至豫之圖常為虛。及其已至。又無所及。臣愚區區於今日者。正類此矣。伏望陛下留神

來納。

覺又辭免躰量府界青苗錢狀曰。臣准中書劄子，奉聖旨指揮。同府界提點并提舉常平廣惠倉官於府界諸縣躰量近散青苗錢係人戶情願請領或追呼抑配。臣聞府界之民居近輦轂，狃於幸恩曲赦。夏秋二稅貸糧之類，獨放倚閣歲率有之。故水旱災傷一二，即已放免七八矣。今青苗本錢雖聞多已俵散，然其人情循習故常，冀幸終見蠲免。故雖請錢之初，未見其害，然催納之際必致艱苦弃擲，然後事集。此必然之理也。故府界之縣十七，開封祥符戶口畧等。然開封所散止三千餘緡，而祥符及二千餘貫。以此推之，足見諸縣有能躰朝廷之意，以聽鄉貧弱爲務。而又憂失陷之弊，將來催驅艱以辦集者，則所給散當有節度也。至於陳留不散一錢，此又見百姓其實不願與官中交關，非風諭名集，則未有至者，况大戶本不願之，徒以官

中散錢使之保識下戶，不敢不識。下等細民多利得錢，而又悉係保識。或有保識而所請不多，道途之費給散之擾十已耗其二三。而下戶所有之田不幸旱歲，所出幾何。而租賦之外，更納青苗錢，或至數石。則所餘無幾。今若官許納錢，適以期限，則麥價大賤，又當賤糶以償債官矣。如此，則下戶一歲之收，曾不補其所負。况府界積年貸糧舊欠四十餘萬石。而去秋所催纔及七十餘石。麥粗等錢一萬二千餘貫，去秋纔納六百餘貫。以此見府界之民狃習恩貸，其給甚易，而其斂則難也。今聖旨指揮，乃令躰量人戶情願請領或追呼抑配，則臣前所引開封三縣，其情可見矣。况臣前後論列，皆謂法不便，所遣使者非其人，故屢引作俑之說，以明將來之害。今聖旨乃使臣遍行諸縣，又與提點提舉等官連書聞奏。諫官備耳目之任，凡所聞見，得以聞陳。必欲按實罪狀，正所謂干涉之官。臣聞古者設官，有言之者，

有行之者。故言者不責其必行，行者不責其能言。臣備員諫省，以言語爲官矣。其又躬一二以行之乎。伏望聖慈察臣區區之志。臣之所言是邪，則願陛下采而行之；所言非邪，固不逃於誅譴。所有躰量青苗旨揮，望賜寢罷。謹具狀辭免以聞。

覺又奏曰：臣切見制置三司條例司畫一文字，頒行天下，曉諭官吏使知此意。其凡有七，至於論斂散出入之數，分城郭田野之民，憂將來之陷失，其利害灼然，人人所能知者，臣皆請置而不論。惟於援引經義以傅會先王之典，防微杜漸，將以名怨實樹者，臣得極爲陛下陳之。其條有三，謹具如後。

一。新法云：周禮泉府以賒民之貸者有至二十而五，而曰國事之財用取具焉。今者不過二分，即此貸民取息已不爲多。今常平之物不領於三司，比周公之法乃不以取具國事之財用。故云

公家無所利其入。臣切以謂周家綱紀天下，其法至密，小大詳略之設有條，本末先後之施有序。所治大者不領其詳，所當後者不先於本。故其法始於治地，其效至於天下無一人之獄。比其積累，乃自於文王武王周公三聖人者，上取堯舜夏商之遺法，損益弥縫之，至是而始備。嗚呼，其亦難成矣哉。周之法如此其詳且備矣。民之養生喪死者既以無憾，則又慮夫祭祀喪紀與夫不可知之之絕，故爲之立賒貸之法以陰相之。所以備民之艱難而示弥縫之至也。以其時考之，宜若四民皆有作，而無一人得爲惰游之幸者。今天官九職，其九曰閒民，無常職，轉移執事，則是周法雖密而先王亦恐其疏而或有脫略者。故又設閒民之職以待轉移之人，亦猶賒貸之所以待非常也。賒貸者不可以徒予，必使以國服輸息。蓋又寓勸生節用[illegible]意以儆其

怠情者耳。若夫國事之財用取具者蓋謂泉府所領。若市之不售貸之滯於民用。有買有予并賒貸法而舉之焉。若專取於泉府則冢宰九賦之類將安用耶。至國服之息。說者不明。先鄭後鄭名爲一解。康成曰。於國事受園廛之田而貸萬泉者朞出息五百。則是一歲之中貸錢十千而出五百之息。是爲二十而一矣。又曰。王莽時民貸以治產業者但計贏所得受息無過歲計什一。則是莽時雖計多少爲定。及其科條唯據所贏多少。假令所[illegible]百千歲贏十千取一千。五千取五百。是計贏所得受息無過歲計什一也。康成雖引載師園廛爲比。然卒以莽時爲據。其意蓋爲周制亦當爾也。不應周公取息反重於王莽之時。夫以王莽貪亂敗亡之法尚不至於以本計息。柰何謂周禮太平之制而取息之厚乃至是耶。況載師所任自園廛二十而一。至漆林二十而五。其征五等而漆林之征最重。以其末作妨農。所以抑之使歸本也。今以農民乏絕特以補耕助斂。乃欲二十而五以比漆林之征。則是爲本末者無以異。與周禮之意相遠甚矣。況周官載治法甚詳。必欲舉而行之。宜有先於此者。如賒貸之法。劉歆行於新室已不效矣。莽之亡雖不專以此。然亦取亡之一道也。故臣謂聖世講求宜講求先王之法章明較著已試而效者推而行之。不當取疑文虛說茍以圖治焉。

一。新法將以振乏絕抑兼并。此誠爲天下者之所慮。然臣竊以謂爲此者有施設次第。而其效不可以驟見。若亂其紀綱倒其先後而徒以振乏絕抑兼并爲意則其治必不成。成必不久。何以言之。西漢之時。所患者諸侯地大過制無不帝制而天子自爲者擅爵人赦死罪甚者戴黃屋至逆節萌起內窺京師。此其勢

非止兼并之致侵貧弱之乏絕也。然而賈誼患之。不過欲衆建諸侯而少其力。晁錯不知出此。以謫削諸侯之地而致七國之禍。漢室幾亡。其後主父偃卒用誼策。推恩分子弟國邑。而諸侯銷弱京師以尊。所謂安危之機豈不在誼蓋謂此也。今以青苗細故格天下之議。使老臣疎外而不見聽輔臣遷延而不就職明下執奏而不肯行。諫官請罪而求去。若此。其事雖善難以必行。況復疑文虛說若前之云云者哉。臣聞夏之貢法其傳乃自堯舜以來。可謂善矣。及周之世不可行也。則變而爲助。故傳曰。治地莫善於助。莫不善於貢。若夫文武周公豈固棄毀先代之法哉。蓋時有不可行。人有不可強。不得不舍先聖而從近世。棄古法而徇人情。以舜之世而有苗不率。又以禹出兵而征之。其勢如覆太山以壓卵。然以益之一言。則還師而脩德。以舜禹之聖猶不能無過舉。其所以爲不可及者。以其舍己從人。雖是之求也。今賒貸之法。用之於周。不過如貢法之善。論者之紛紛又非止益之一言。然而牢閉固拒從而爲之辭以必其所不必何也。臣切憂姦邪之臣乘人情之洶洶爭欲上章奏誘動搖朝廷。外以釣直取名。內實結黨逆伍。小則希權倖竊賞務大義懷不可測之姦謀。朝廷建法興事。宜與大臣正士爲謀而務排其說。黜其忠。乃使姦邪小人得騁其志日夜增飾造作而幸其有變。流傳四方。駭動天下。甚非國家之福也。

一。新制以謂周禮國事財用取具於泉府而官賒貸之息。今常平之物不領於三司。專以振民乏絕比周公之法乃不以取具國事之財用。故云公家無所利其入也。臣切以謂箕子見象箸而歎曰。必爲玉杯。其後果以奢泰亡國。孔子以謂爲芻靈者爲善。

爲俑者不仁。蓋俑疑於人。而後世有用殉者矣。仁聖之防微慮遠其深矣乎。今以泉府不明之法。施於主上仁民愛物之時。雖云取息二分。將以廣施散利補助耕斂之乏絕。然臣切亦私憂使者不皆得其人。州縣不能深知朝廷之微意。而丞緣爲姦聚斂希旨。則單弱之民或受其弊。九重萬里。何由察而知之。今者朝廷清明。法令備具。而將漕之臣迫於財賦之不足。州縣之吏畏憚監司之譴訶。尚且公爲掊斂。百出千名。朝廷明有取息之文。俗吏不能通知經義。則臣又切懷箕子之私憂與仲尼之遠慮也。以陛下之睿明天姿仁恕。推仁民愛物之心而創行新法。臣恐萬世之後失其本真。有剝膚椎髓應上之求者矣。則爲王莽以亡國。與用人而殉。烏可不深防其漸歟。

右臣所條三事。非欲與建議之臣爭勝負辭辯而已。蓋內竭區區之愚忠。外採衆人之正論。不敢以虛辭蓋疑誤天聽。伏望陛下斷以不疑。一朝罷去。毋使天下疑朝廷之爲利。小人幸君子之道消。庶幾講治法。躋世太平。非獨臣之幸甚。實四海幸甚。

翰林學士范鎮上奏曰。臣切以常平倉始於漢之盛時。賤則貴而斂之。恐傷農也。貴則賤而散之。恐傷民也。最爲近古。雖唐虞之政。無以易也。而青苗者。唐衰亂之世所爲也。所謂青苗。苗青在田。賤估其直。收斂未畢而必其償。是盜跖之法也。今以盜跖之法而變唐虞不易之政。此人情所以不安。而中外驚疑也。陛下以上聖之資。勵精求治。宜先道德以安民心。而服四夷。有司乃皇皇於財利。使中外人心驚疑不安。臣恐四夷有以窺我也。乃者天雨土。地生毛。天鳴地震。皆民勞之象也。伏惟陛下觀天地之變。罷青苗之舉。歸農田水利於州縣。追還使者以安民心。而解中外之疑。

鎮又奏曰。臣伏覩近降中書劄子四十道。散下諸路。約束分俵青苗錢。不得抑配。人戶並召情願者。特申前詔耳。非臣前所奏請之謂也。陛下嫉富人之多取而少取之。少取與多取。猶五十步之與百步耳。何擇焉。今有二人坐市貿物。其一人從其傍下其直以相傾奪。則人皆知惡之。況朝廷乎。朝廷者非王道不可爲。乃欲爲市道之所惡者乎。異時下戶之舉息者大率千家纔數十百家。今又盡敺而予之錢。是天下之下戶皆舉息矣。天下之下戶既皆舉息。則其心乃常恐乎公上之責其償。而莫寧其志也。且始之予之也。則人莫不願其得。及責其償。則豈能如予之之願乎。臣恐官廩一發。若貧糧之不時得。技文移愈密而天下多事矣。貧富之不均久矣。貧者十蓋七八。何也。力役科買之數也。非富民之多取也。富者纔二三。既推其利。又責其保任下戶。下戶逃。則於富者取償。是促富者使貧也。貧者既已貧矣。又促富者使貧。萬一契丹渝盟。秉常盜邊。敺貧民與之守禦。豈不殆哉。且富民有道。在於節費。節費有道。在於減兵。減兵有道。在於以漸爲之。十年則歲積緡錢五百萬矣。積而不已。以之爲國則國用足。以之治民則民力寬。何用遣使汲汲於聚斂而取怨於天下之民乎。宋興百一十年。雖三代太平未有如今日之長也。何則。祖宗之規模在於州縣。州委之生殺。縣委之賦役。慮其或失於中也。爲之轉運使提點刑獄以按察而糾舉之。其委任謹重之道至矣。一旦遣使數十人分撓其權。欲天下之心不驚疑可乎。而言者乃謂富人動搖。又建議欲設賞以補繫之。是監謗也。監謗而可爲於此世乎。亦猶興利者之爲也。臣無言責。然陛下比者詔書丁寧。今茲事躰又大。不敢緘默。伏乞檢臣前奏。罷青苗錢。歸農田水利差役於州縣。而召還使者。則天下幸甚。

鎭又奏曰。臣伏以陛下以一人之尊而居天下士民之上。所恃者綱紀也。綱紀者。上下之分而已。今內則中書之政歸於條例司。外則轉運提點刑獄及州縣之權奪於提舉常平廣惠倉司。上下之分侵撓如此。陛下之綱紀何恃乎。且法者所以示信天下也。陛下初詔云公家無所利其入。今河北提舉司。乃自第一等給錢有差。皆令出三分利。豈爲公家無所利其入乎。又云不願者不得抑配。今上等人戶旣令出息。又令保任貧戶。豈不爲抑配乎。近詔諸路提點刑獄嚴加覺察。又令開封府鞫問呂景。諸路提點刑獄肯爲陛下覺察乎。法令如此。而欲天下取信不可得也。外議紛紛。皆云自古以來未有天子而開課場者。民雖至愚。不可不畏。伏乞檢臣前二奏罷青苗錢。追還使者。而歸農田水利差役於州縣。以正綱紀。以息民言。而幸天下。臣不勝區區之愚。

監察御史裏行張戩上奏曰。臣切以天下之論難掩至公。在於聖明動必循理。無適無莫。義之與比。昔建議請便而試行之。今已知有害而改罷之。是順天下之心而成天下之務也。昔非今是。何憚改爲。故曰。毋意毋必。毋固毋我。又曰。時行則行。時止則止。大易之義。貴於隨時。陛下何利之求。惟義而已。今則衆意乖戾。天下騷然。而王安石尤欲飾非。所持甚堅。信惑憸人。力排正論。此臣所以在於必諍。雖死靡爲。義或難從。勢無兩立也。

參知政事趙抃上奏曰。臣近以制置條例司遣使四十餘人。騷傳天下。人情驚擾。物論諠譁。累具奏陳幷與宰臣等數宵面奏乞罷諸路提舉官屬。其常平等事。乞切責成監司。信賞必罰。孰敢侵慢者。而王安石强辯自用。動輒忿爭。以天下之公論爲流俗之浮議。順非文過。違衆罔民。近制置司所差官如張次山吳師孟范世京等七八人。懇辭

勇退。惟恐不得所請。夫要職顯仕。人之所欲。彼不願就者。蓋知事心乖戾。不敢當之。昨日安石再舉西川福建提舉官四員。其恨如此。上煩言者。是所謂惡醉而强酒也。近臣侍從臺諫官力言制置司不便。司馬光因罷樞密副使之命。中外人情莫不恠駭。李常居家待罪。參曰。孫覺張戩程顥三人。各與安石論列於中書。又衆嘗上殿乞罷言職。今日呂公著范鎭俱請郡。朝廷事有輕重。體有大小。以言乎財利於事爲輕。而天下之民心得失爲重矣。以言乎提舉官於體爲小。而禁近耳目之臣用捨爲大矣。今夫不罷財利而失天下民心。是去重而取輕也。不罷提舉官而棄禁近耳目之臣。是失大而得小也。今中外人情恟恟如此。更乞酌事之重。惜體之大。罷其輕者小者。轉禍爲福易於反掌爾。

樞密副使司馬光乞罷條例司常平使疏曰。臣蒙聖恩除樞密副使。仍屢遣陳承禮等趣臣就職。德澤汪洋。天隆地厚。非臣隕身糜骨所能報稱。然臣切惟陛下所以用臣之意。蓋察臣狂直庶幾有補於國家。臣所以事陛下之心。亦不過竭其愚衷以裨聖德之萬一。若陛下徒以祿位榮臣而不取其言。則是以天官私非其人。臣徒以祿位自榮而不能救生民之患。則是盜竊朝廷名器以私其一身。臣竊恐上累陛下之至公。下廢微臣之素守。此臣所以屢違詔命不敢祗受者也。臣伏見陛下天縱英明。厲精求治。思得嘉謀以新美天下。而建畫之臣不能仰副聖意。思慮未熟。講議未精。徒見目前之小利。不顧永久之大害。憂政事之不治。不能輔陛下脩祖宗之令典。乃更變亂先王之正刑。患財利之不足。不能勸陛下以恭儉節用。乃更進聚斂之臣誅剝齊民。設官則以冗增冗。立法則以苛益苛。使四海危駭。百姓騷然。猶且堅執而行之。不肯自以爲非也。臣先嘗上疏言不當設制置

三司條例司。又言天下之事當委之轉運使知州知縣。不當別遣使者擾亂其間。又嘗因經筵侍坐言散青苗錢不便。自後朝廷更遣使者四十餘人分行天下。以提舉勾當常平廣惠倉兼管農田水利爲名。其實專使之散青苗錢。臣切自疑智識淺短。不足以知天下變通之務。又疑因臣之言激怒建畫之臣。使行之更力。由是閉口不敢復言。今行之纔數月。中外鼎沸。皆以散青苗錢爲不便。然後臣乃敢發口復言。彼言青苗錢不便者。大率但知所遣使者或年少位卑。倚勢作威。陵轢州縣。搔擾百姓。止論今日之害耳。臣所憂者乃在十年之後。非今日也。夫民之所以有貧富者。由其材性愚智不同。富者智識差長。憂深思遠。寧勞筋苦骨。惡衣菲食。終不肯取債於人。故其家常有贏餘而不至狼狽也。貧者呰窳偷生。不爲遠慮。一醉日富。無復贏餘。急則取債於人。積不能償。至於鬻妻賣子。凍餒填溝壑而不

知自悔也。是以富者常借貸貧民以自饒。而貧者常假貸富民以自存。雖苦樂不均。然猶彼此相資以保其生。今縣官乃自出息錢以春秋貸民。民之富者皆不願取。貧者乃欲得之。提舉官欲以多散爲功。故不問民之貧富。各隨戶等抑配與之。富者與債仍多。貧者與債差少。多者至十五緡。少者不減千錢。州縣官吏恐以逋欠爲負。必令貧富相兼共爲保甲。仍以富者爲之魁首。貧者得錢隨手皆盡。將來粟麥小有不登。二稅且不能輸。況於息錢。固不能償。吏督之急。則散而之四方。富者不去。則獨償數家所負。力竭不逮。則官必爲之倚閣。春債未畢。秋債復來。歷年寖深。債負益重。或値凶年。則流轉死亡。幸而豐稔。則州縣之吏併催積年所負之債。是使百姓無有豐歉。無蘇息之期也。貧者既盡。富者亦貧。臣恐十年之外。富者無幾何矣。富者既盡。若不幸國家有邊隅之警。興師動衆。凡粟帛軍須之費。將從何出

取之。臣不知今者天下所散青苗錢凡幾千萬緡。若民力既竭。加以水旱之災。州縣之吏果有仁心愛民者。安得不爲之請於朝廷乞因郊赦而除之。朝廷自祖宗以來以仁政養民。豈可視其流亡轉死而必責其所負。其勢不得不從請者之言也。然則官錢幾千萬緡已放散而不返矣。官錢既放散。而百姓又困竭。但使閭胥里長於被督之際有乞取之資。此可以謂之善計乎。且常平倉者。乃三代聖王之遺法。非獨李悝耿壽昌能爲之也。穀賤不傷農。穀貴不傷民。民賴其食而官收其利。法之善者無過於此。比來所以隳廢者。由官吏不得人。非法之失也。今聞條例司盡以常平倉錢爲青苗錢。又以其穀換轉運司錢。是欲盡壞常平專行青苗也。國家每遇凶年。供贍倉自不能足用。固無羨餘以濟飢民。所賴者止有常平倉錢穀耳。今一旦盡作青苗錢散之。向去若有豐年。將以何錢平糴。若有凶年。將以何穀賑

贍乎。臣切聞先帝嘗出內藏庫錢一百萬緡助天下常平倉作糴本。前日天下常平倉錢穀共約一千餘萬貫石。今無故盡散之。它日若思常平之法復欲收聚。何時得及此數乎。臣以爲散青苗錢之害猶小。而壞常平倉之害尤大也。今國家每有大費。三司所不能供者。陛下輒取內藏庫物以給之。彼內藏庫者乃祖宗累世之所蓄聚以備軍旅非常之用也。使其物常如泉源流出於庫無有竆竭之時。則可矣。若本皆斂之於民以實之。則有時而空矣。昔漢文帝欲作露臺。召匠計之。直百金。上曰。百金中人十家之產也。吾何以臺爲。太宗時。亮王嘗作假山。召僚屬置酒觀之。胡旦姚坦獨俛首不視。王強使視之。坦曰。坦惟見血山耳。不見假山。王驚問其故。坦曰。坦在田舍時見州縣督稅。里胥臨門捕人父子兄弟送縣笞撻。血流滿身。愁苦之聲不可忍聞。此假山皆民租賦所爲。非血山而何。是時上亦自爲假山。聞

之邊命嚴之。今陛下令薛向於江淮爲貿易。以三下萬緡畀之。又散青苗錢數千萬緡。其餘五十萬三十萬者固不足數。稱其爲靈臺假山之費。不亦多乎。陛下聰明仁儉。固不減於漢文帝及太宗。然而視東財物如糞土者。蓋未知其所從來皆出於生民之膏血耳。陛下若終信條例司所言推而行之。不肯變更以循舊貫。十年之外。富室既盡。常平已壞。帑藏又空。不幸有方二三千里水旱饑殍滿野。加以四夷侵犯邊境。羽書狎至。戎車塞路。攻戰不已。轉餉不休。當是之時。民之羸者不轉死溝壑。壯者不發爲盜賊。將何之矣。秦之陳勝吳廣。漢之赤眉黃巾。唐之黃巢。皆窮民之所爲也。大勢既去。雖有智者不能善其後矣。臣切惟太祖太宗躬擐甲冑。櫛風沐雨。跋履山川。蒙犯矢石。以爲子孫成光明盛大之業。如此其艱也。陛下試取臣所進歷年圖觀之。自周秦以來至于國初一千三百六十有二年。其間亂離版

蕩。則固多矣。至於中外無事。不見兵革百有餘年。如國朝之盛者。豈易得乎。此臣所以尤爲陛下痛惜者也。書曰。民不靖。亦惟在王宮邦君室。臣切觀方今四夷親附。邊鄙不聳。五穀和熟。盜賊稀簡。是宜爲天下和樂無事之時。而中外恟恟。人不自安者。無它故也。正由朝廷有制置二司條例司。諸路有提舉勾當常平廣惠倉使者。爭獻謀畫。各矜智巧。變更祖宗法度。侵奪細民常產。掊斂財利以希恩賞。非獨此青苗一事而已。至於欲計畝率錢。雇人充役。決汴水以種稻。及澆溉民田。又欲減三十六陂水。募人耕佃。若此之類。不可悉數。道路之人共所非笑。而條例司自以爲高奇之策。書以授常平使者。必欲行之。天下愁其既作之不已。皆如青苗爲害於民也。故小大遑遑。不敢自安。苟不罷廢此局。則生民必無休息之期矣。陛下誠能豁然覺悟。采納臣言。罷制置三司條例司。及追還諸路提舉勾當常平廣惠倉

使者。其官員並送審官院與合入差遣。青苗錢已散者。令州縣候豐熟日催收本錢。更不取利。未散者毋得更散。其常平倉錢穀。依舊封樁。令提點刑獄司管勾。則太平之業依然復故矣。此事明如白黑。易如反掌。陛下何憚而不荅也。如此。臣雖盡納官爵。但得爲太平之民以終餘年。其幸多矣。苟言不足采。陛下雖引而寘諸二府。徒使天下指臣爲貪榮冒寵之人。未審陛下將何所用之。不勝懷懷狂愚之誠。惟聖明裁處。臣光昧死再拜上疏。

監察御史裏行程顥上疏曰。臣近累上言乞罷預俵青苗錢利息及汰去提舉官事。朝夕以覬未蒙施行。臣切謂明者見於未形。智者防於未亂。況今日事理顯白易知。若不因機亟決。持之愈堅。必貽後悔。悔而後改。則爲害已多。蓋安危之本在乎人情。治亂之機繫乎事始。衆心睽乖。則有言不信。萬邦協和。則所爲必成。固不可以威力取勝

言語必勝。而近日所聞。尤爲未便。伏見制置條例司疏駁大臣之奏。舉劾不奉行之官。徒使中外物情愈致驚駭。是乃舉一偏而盡沮公議。因小事而先失衆心。權其重輕。未見其可。臣切謂陛下固已燭見事體。究知是非。在聖心非吝改張。由柄臣尚持固必。是致輿情大鬱。衆論益讙。若欲遂行。必難終濟。伏望陛下奮神明之威斷。審成敗之先幾。與其遂一失以廢百爲。孰若沛大恩而新衆志。外汰使人之擾。亟推去息之仁。況糶糴之法兼行。則儲畜之資自廣。在朝廷未失於舉措。使論議何名而沸騰。伏乞檢會臣所上言。早賜施行。則天下幸甚。

顥又奏曰。臣聞天下之理本諸簡易。而行之以順道。則事無不成。故曰。智者若禹之行水。行其所無事也。捨而之於險阻。則不足以言智矣。蓋自古興治雖有專任獨決能就事功者。未聞輔弼大臣人各有

心睽戾不一。致國政異出。名分不正。中外人情交謂不可。而能有為者也。况於措置失宜。沮廢公議。一二小臣實與大計。用賤陵貴。以邪妨正者乎。凡此皆天下之理不宜有成。而智者之所不行也。設令由此僥倖事小有成。而興利之臣日進。尚德之風浸衰。尤非朝廷之福。矧復天時未順。地震連年。四方人心日益搖動。此皆陛下所當仰測天意。俯察人事者也。臣奉職不肖。議論無補。望允前奏早賜降責。

觀文殿學士知青州歐陽脩上奏曰。臣伏見朝廷新制俵散青苗錢以來。中外之議皆稱不便。多乞寢罷。至今未蒙省察。臣以老病昏忘。雖不能究述利害。茍有所見。其敢不言。臣今有起請事件。謹具畫一如後。

一。臣切見議者言青苗錢取利於民。為煩聖慈命有司具述本末委曲申諭中外以朝廷本為惠民之意。然告諭之後。縉紳之士論議益多。至於田野之民。蠢然固不知周官泉府為何物。但見官中放債每錢一百文要二十文利爾。是以申告雖煩。而莫能諭也。臣亦以謂若是取利。不許取三分而許取二分。此孟子所謂以五十步笑百步者。以臣愚見。必欲使天下曉然知取利非朝廷本意。則乞除去二分之息。但只令納元數本錢。如此始是不取利矣。蓋二分之息。以為所得多耶。固不可多取之於民。所得不多耶。小利又何足顧。何必以此上累聖政。

一。臣檢詳元降指揮。如災傷及五分已上。則夏料青苗錢令於秋料送納。秋料於次年夏料送納。臣切謂年歲豐凶。固不可定。其間豐年常少而凶歲常多。今所降指揮。蓋只言偶然一料災傷爾。若纔遇豐熟。却須一併催納。則農民永無豐歲矣。至於中不熟之年。不該得災傷分數。合於本料送納者。或人戶無力。或頑猾拖延。本料尚未送納了當。若令又請次料。合俵錢數。則壓積轉多。必難催索。至今欲乞人戶遇災傷本料未曾送納者。及人戶無力或頑猾拖延不納者。並更不支俵與次料錢。如此。則人戶免積壓拖欠。州縣免鞭朴催驅官錢。免積欠失陷。

一。臣切聞議者多以抑配人戶為患。所以朝廷屢降指揮丁寧約束州縣官吏不得抑配百姓。然諸路各有提舉管勾等官往來催促。必須盡錢俵散而後止。由是言之。朝廷雖指揮州縣不得抑逼百姓請錢。而提舉等官又却催促盡數散俵。故提舉等官以不能催促盡數散俵為失職。州縣之吏亦以俵錢不盡為弛慢不才。上下不得不遞相督責者。勢使之然。各不獲已也。由是言之。理難獨責州縣抑配矣。以臣愚見。欲乞先罷提舉管勾等官不令催督。然後可以責州縣不得抑配。其所俵錢。一取民情願。專委州縣隨多少散之。不必須要盡數。亦不必須要州縣之民戶戶盡請。如此則自然無抑配之患矣。

右謹具如前。臣以衰年昏病。不能深識遠慮。所見青苗之議久已盛然。中外羣臣乞行寢罷者不可勝數。其所陳久遠利害。必已詳盡而無遺失。一日陛下赫然開悟。悉採羣議。追還新制。一切罷之。以便公私。天下之幸也。若中外所言雖多。猶未能感動天聽。則見行不便法中有此三事。尤係目下利害。臣畫一所陳。伏望聖慈特賜裁擇。

脩又上奏曰。臣近曾奏為起請俵散青苗錢不便事。數內一件乞遍災傷夏料未納及不係災傷人戶頑猾拖欠者。並更不俵散秋料錢數。至今未蒙指揮。臣勘會今年二麥纔方成熟。尚未收割。已係五月又合俵散秋料錢數。切緣夏料已散錢尚未有一戶送納。若又俵散秋料錢。切慮積壓拖欠。枉有失陷官錢。臣已指揮本路諸州軍並令未得依散秋料錢。別候朝廷指揮。去後。臣伏思除臣近所起請災傷未納及人戶拖欠不納者。乞且不依次料一串外。臣今更有愚見不敢緘默。臣切見自俵青苗錢已來。議者皆以取利爲非。朝廷深惡其說。遂命所司條陳申諭。其言雖煩。而終不免於取利。然猶有　說者意在惠民也。以臣愚見。若夏料錢於春中俵散。猶是青黃不相接之時。雖不戶戶闕乏。然其間容有不濟者。以爲惠民。尚有說焉。若秋料錢於五月俵散。正是蠶麥成熟。人戶不乏之時。何名濟闕。直是放債取利爾。若二麥不熟。則夏料尚欠。豈宜更俵秋料錢。使人戶積壓拖欠。以此而言。秋料錢可以罷而不散。欲望聖慈特賜詳擇。伏乞早降指揮。

歷代名臣奏議卷之二百六十六

歷代名臣奏議卷之二百六十七

理財

宋神宗熙寧三年。知鄧州呂誨上奏曰。臣聞忠臣雖在畎畝。不忘於君。而況備員近綴。名爲諫官。雖居譴謫之地。猶分寄委之任。與夫畎畝疏遠之人。豈不異哉。蕭望之身雖補外。心在王室。亦微臣區區之志也。臣自夏得疾。久而未愈。因有陳奏。請就閑官。不俟引年。亦願還政。蓋不量力而憂國。徒一心而愛君。進不得用其言。退不得辭其祿。憤懣憂積。誠有所發。頃因郵入奏。少紓愚忠之萬一。上動宸聽。死生惟命。臣每聞中外論議。道路流傳。朝政日務更張。聖躬鮮聞安靜。人情不悅。致此者其必有以。臣聞政者君之所以藏身。本於天也。天有常道。殺以降命。日月星辰輝光於外。陰陽寒暑生殺以時。不見天之運動聲氣。而歲功自成。聖人所以藏於形跡。法天之常也。虞舜高拱巖廊。無爲而民自化。得此之道也。周文翼翼小心。日中不食。隆殺之異者。勞佚之殊也。至於衡石量書。勞心或過。豈帝王之事哉。恭惟陛下性稟生知。才高天縱。識足以造幾微。明足以洞幽隱。帝王之事業古今之成敗。宜得其要。而勞心焦思。常恐不及。似未臻於要道。豈聖功獨運。而贊襄之力有所未至耶。臣聞開基之主。踐履艱危。下順人心。上當天意。建一事。立一法。傳之子孫。期於無窮。思慮之宜。必得其詳。守文之君。享其安佚。繼志紹述之事。光昭丕承之業。日謹一日。此其務也。所以成王嗣位。述文武之道。休功盛烈。不敢專有其名。故周頌曰。念我皇祖。陟降庭止。言思念先王之德。奉而行之。上天歆享。鬼神祐之。陛下求治誠切。運心太過。論議者不聞顯揚先帝之盛事。爭言制度不可用。務變更之。所更或不可行。則士民無所信。相與是非。羣情擾擾。莫之安也。陛下釋樂成之業。而虛爲此紛紛。誠可惜也。臣聞治天下者審所上而已。上之所好。下必甚焉。今大臣不能導上以法度以尊崇王室。小臣得以智計謀身迎合時務。比來新進之人朝奏暮召。小言一發遂要大利。歙歙奔競唯恐其後。皆自謂不同世俗。乃曰。賢人舉事必立異。是非相反。談兵者以起事攘奪為禦戎之策。言利者以牟斂脧削為惠民之術。罔上之論率皆此類。一有攻其利害隨即黜逐。是特峻法以固新令。將使士人不敢公議。虧損盛德莫大於此。甚者東南均輸。昔張林嘗獻此術於漢朝。比下尚書通議皆云非便。武帝不聽。窮兵黷武。筭及舟車。筦榷之禁從而生焉。時值亢旱。下民皆曰烹桑弘羊天必雨。其怨可知爾。孝昭即位霍光秉政。一切寬弛。群心翕然。史策書之千古為是。自青苗息錢散行諸路貸之甚重。取之甚薄。但施與未當。公私兩損。徒起怨咨萬口一同。今又以五等民籍與坊郭戶等第僧道官戶例均役錢。廢衙前奪酒坊以雇庸

錢為名。其實籠利以入公府。詔令既下。人心震搖。以其會斂殆無生意。諸路監司與提舉官分行州郡。雖曰商量蓋示必行。官吏畏威惕息而不暇。誰復公言以究其利害。交相疑議。遂成紛擾。平時十戶之內一二應役。則七八遂其休息。今徭役不使減省。閑空者助其資費。勞則均而未見其逸也。我朝著令。一百餘年。富彊者供其力役。則貧窶者遂其安息。損有餘補不足者正得術矣。生民悅戴仁惠淪於骨髓。一旦更變莫知所措。繇是言之舊法無弊。新法未安。主議者不究利害。自未知信。欲下民悅從不亦難乎。豈特妄作以生事。其實賈怨於天下也。孟子所謂國君欲利吾國。大夫欲利吾家。士庶人欲利吾身。是上下交征利而國危矣。必圖治在仁義而已。董仲舒曰。皇皇求仁義而唯恐不足者君子也。皇皇求財利而惟恐不足者小人也。未有仁而忌其親者。未有義而不愛其君者。小人見利忘義。為有愛君

之心哉。淺識者慮非及遠。銳於改作以要己利。古語曰。利不十不變常。利不百 易業。庶人猶戒其輕舉。況天下之重乎。在易之革卦曰。已日乃孚。利貞悔亡。言已日不孚。革不當也。悔吝生乎動。革而當則其悔乃亡。又常卦曰。浚常凶。言聖人久於其道而天下化成。慶其初而浚常求深。物無餘蘊。害正而無攸利也。且如總金穀者莫重於三司。制國用者必仰於冢宰。今一二大臣制置三司條例。小官十數員參議立法。三司主判唯知奉行。宰相不言得失胎章於其間。書黃札而怙不為意。制令每下人必驚駭。士議於朝。民怨於市。商賈謗於路。流于四裔。得無輕漢之意焉。比聞除司馬光樞密副使。鄭何御史裏行皆言條例害公之事。固辭乃罷成命。言職相繼亦左遷。或居家去職。闔門待罪。臣寮言之甚衆。陛下持之益堅。古人有云。臣專於君謂之不忠。子專於父謂之不孝。又如陰陽之和不長一類。甘露時雨不

私一物。萬人之主不阿一人。今有專君之臣如是。中外憂愁。望陛下開悟。與正人講圖康濟之術。不害飢啼而待哺執熱而俟濯也。臣切思之。專君必有濟君之謀。用己必有利己之術。前世何嘗無之。安危在所用爾。臣請以戰國時前人事跡明之。以為禍亂之監。申不害曰。有天下而不恣睢。命之以天下為桎梏者。無它焉。不能督責而顧以其身勞於天下之民。若堯禹勤儉桎梏其身。可謂大繆。韓非曰。儉節仁義之人立於朝。則荒肆之樂輟矣。陳說論理之臣開於側。則流漫之至詘矣。烈士死節之行顯於世。則淫康之虞廢矣。故明王能外此三者而獨操主術以制聽從之臣而脩明其法。故身尊而勢重也。商鞅說秦變法。孝公恐天下議己。鞅曰。民不可與樂成。論至德者不和於俗。成大功者不謀於衆。聖人苟可以彊國不法其故。苟可以利民不循其禮。孝公感之。遂變秦法。李斯曰。明申韓之術。脩商君之法。法

循術明而天下亂者未之聞也。此謂督責之必督責必則所求得所求得則國家富國家富則君樂豐故督責之術設則所欲無不得。羣臣百姓救過不給何變之敢圖也。四人者尚詐詐薄仁義峻刑罰重督責厚斂以毒民肆威以彊國。 君之惡唯利是視當時亦自謂有功於國家愛君。以忠随而是者非諂諛則畏懼使庸主信惑甘心所制卒至於喪邦。姦謀若是謂之無才可乎。然本以周孔之道立身攘取卿輔及其得君反用嚴酷申韓之法馭世生靈怨怨不免夷戮家國並滅其愚可知矣。且如漢平之世王莽尊事外示謙恭招延賢士中懷姦險窺玩神器以王舜王邑為腹心。甄豐甄邯主擊斷平晏典樞機劉歆典文章孫建為爪牙並以才能罝在顯要。莽色厲而言方。每欲有為諷其黨而言之。故至傾覆繇惑於偏聽。不寤挾詐事權之重朋黨分挈尾大不掉勢不得不然也。有以知大奸乘時盗名器而不至於竊國者可勝數哉。履霜之堅識有漸也。且天下大器也置之安處即安置之危處即危。陛下今當審措置之得失。奸邪盗弄威福不可不察。如宰相者上佐天子燮理陰陽內正百執外威四夷豈一日可虛其位哉。一陳升之去元台遂亦不補是奸人有所覬覦自青苗錢規利以來言者相繼得罪主議者豈不知罪輕而譴重乃固其法爾棄灰於道繩以深文乃商君立法之意今復見矣向者御史一出淮浙路二獄追擾延累者不啻千人又提舉小使數十人分布於外名曰提舉常平倉廩其實廉察之職也。衿恐獄訟由此而長必使羣臣百姓救過不給則善人解體忠臣結舌人主孤立於上而天下危矣。借若山澤之利錐刀之末籠之得術取之無遺寶貨委積府庫充實陛下不過營宮室廣嬪御事燕遊豐賜予飭甲兵輕戎虜逞心快志而已誠為樂也。顧堯禹勤儉桎梏其身宜矣。與其藏於天下孰為

廣乎。然天下之民盡利以遺之未必束手而赴溝壑一有怨起嘯聚山谷悔將安及。且民猶水也能載舟覆舟之患寧可忽耶。臣不識陛下信用險詐之言沮忠諫之議雖小過而憚改將遂非而不復。必以為帝王之舉無過於此而不當悛易則仲虺贊成湯不曰用人惟己改過不吝秦穆悔過自誓孔子亦為稱美易曰乾德不可為首蓋不可更有專剛故也。臣向忝風憲嘗奉顧問謂之才者將欲大用臣但舉其藝能之優未見其經濟之畧也。及朋黨之勢太盛條例之權太重以至得罪補外經年以來但聞朝廷議論紛紜頗合前奏陛下應亦記之。書云知人之難堯舜其猶病諸。冀奉曰治道之要在知人之術任人。誠向正雖愚為用若乃懷邪智益為害。夫人情莫不愛己莫知愛己者不知自愛也。今與之圖治者皆未試之人。為謀身希旨者過半。賈天下之怨盡歸聖躬豈愛己之謂歟。臣切以忠臣不避誅戮故敢直諫豈獨惡生而欲死異於人哉。蓋遂其死則足以成己之名。得其生則成君納善之美。是生死兩得斷於前矣。所以區區敢言不忌於君者誠也。尚冀千慮之得或有廻天之幸。臣伏望陛下詳覽統業之事。洞究幾深之理。法天所以成之功。為政所以藏身之固。高拱巖廊廣虞舜無為之化。念我皇祖於周成在疚之心。號令戒於未孚。言動謹乎過舉。賞不及於無功。罰不加於無罪。圖任老成之人擯斥浮詭之論。罷制置條例之司。廢諸路提舉之職。明詔天下慰羣情置器審安危之處結民以忠信之實。薰陶庶彙自然洽和。凝神清淨豈不休哉。經云富貴不離其身然後能保其社稷蓋守謹之至也。惟聰明察爲臣迂闊之言固不足取。敢冀周爰諮諏識其當否身膏斧鉞乃其分矣。冒犯宸扆臣無任隕越。

四年判亳州富弼上奏曰。臣伏為本州散青苗錢斛事朝廷置獄推

勘。州縣官吏不敢措罪。臣已三上章乞獨坐臣重責。特賜矜貸其餘官吏。兼第三奏乞於青苗事上但有諸般違犯不以輕重。臣亦合一回於認。近日又聞勘院推究戢官中有人將簡帖與外縣官員令不散青苗錢斛。見行移文牒往來次。臣切覩朝廷力行支散青苗錢斛。必謂有利於天下。然以臣所聞四方羣議此事害多利少。故臣愚意不願支散。又緣忝為長吏。不欲明行廢格新法。將來合散夏料之時。即指揮州司依例舉行。切恐諸縣便行支散。遂勘會得管幹錢斛官徐公衮、權觀察支使石夷庚。各曾往諸縣提點。編識知縣縣令。臣因令密與書題不得支散。兼令丁寧說向若亂有廣行支俵將來人戶逃移帶却官本錢斛。縣司上下公人必着攤陪兼將公衮石夷庚並曾執覆。若如此。恐致不便。臣即時叱去。二人既不敢違臣指揮。亦曾因書傳臣之意諭與諸縣遂亦不敢俵散。昨來不散青苗錢斛。其罪

決不在它人。而臣專主其事。情狀甚明。所以臣前來已三上章奏乞獨坐重責。正為此也。以臣今來招伏罪犯。并向之三奏中事理。並乞降下推院令照會取勘。切念臣之意却欲粗存事躰。若明行指揮州縣不得支散。即是顯格朝廷新法。若便依法盡令支散。即恐向去催督不前。必致逃移。却貧下人戶。又使縣司上下公人枉遭陪填家業。兩皆不便。所以臣及期舉行條法者。是免廢格之名。復密諭縣官不令俵散者。是不欲使貧民逃竄。及不致縣司公人陪塡家業。似兩得其便也。今朝廷既命盡理根究。臣亦須至盡理申陳。蓋事不獲已也。臣今且說青苗一事。天下之人不以賢不肖皆知為害。愈久愈深。只是朝廷不知。此亦無可奈何。況自初行法。內外大小臣寮及被逐者臺諫官論列不一。曲盡弊病。又聞後來弊生轉多。臣以老病昏塞。不能一一條上。但乞聖慈檢聚前後臣寮理會青苗文字。集百官議定

便見利害。臣如此畧且辦明者。只為因朝廷根勘故難隱默。即不是種自文飾苟求免過。所有今來本州不散青苗錢斛並是臣獨見情願當伏嚴譴。雖死無悔。其徐公衮以下州縣官吏。只有不合隨順臣指揮等過。即望聖慈察其情理。別無深切。特與矜恕。

樞密使文彥博奏曰。臣忝位三公。職當論道。事有所關深虧聖政。默而不言。則上負陛下眷倚之重。近日以來。中外喧傳以諸路散青苗錢深為不便。臣比不知本末。今訪知其由。深可驚駭。不近人情。有玷聖化。無甚於此。臣謂此事豈可不達聖聽。皆云朝廷主張。及諸路所差之官承稟風旨。威福州郡。故無有敢言於朝廷者。臣曾見河北轉運司牓開析提舉常平官約束條目云。所散青苗錢。每十戶以上結成一保。須第三等以上有物力戶充甲頭。此乃是恐向去收納不足。勒令上戶塡納。又欲散與坊郭人戶。其錢不得過抵當家業所直價

錢之半。且謂之青苗錢。却支與坊郭戶。皆是廣圖利息。不顧道理。茲豈常平散斂之舊法。朝廷救濟之本意。此法於鄉村之民行之。惟舊夏秋成熟。折還斛㪷絲帛。即謂之舉放。若抵令納本利見錢。即謂之課錢。將新抵舊。遷延歲時。諸般折還。未嘗了足。以其利債負官司不許受理。今乃官自為之。從古以來。未嘗有此。豈當聖朝而行此法。殊乖理道。況聞鄉村之民有窮迫之甚者。即皆願請錢一時聊濟窘急。向去必難塡償。此不以民從來常態。州縣既以遍大。必從散行催督。追呼笞責。何所不至。難矣。諸路州縣之民。猶有積欠稅租貸糧并預支紬絹錢數甚多。必從折并催納。何由取濟。所散官錢又成積欠。提舉之官徼冀旌賞。務成功利。剥下媚上。何恤於人。州縣承風。不敢申理。臣恐緣此煩擾。必致興起事端。所有提舉官乞下本路勘驗事件狀。特行朝典。以戒非理聚斂之臣。書曰。商鑒不遠。在夏后之世。臣不

敢以遠事證之。且以唐開元末用宇文融楊愼矜王鉷等二十餘人。建中初。用趙贊陳京之策。百方裒斂。剝下害民。歸怨于上。當時執政議臣以姦佞結黨。專以財利媚上。方被寵信。不敢指言其非。惟張說陸贄苦言之。不蒙聽納。仍遭疏斥。馴致祿山涇師之亂。鮮不由斯。禮云。與其有聚斂之臣。寧有盜臣。信不誣矣。方今朝廷清明。表裏無事。以天下之廣。財賦所入。比之祥符以前。其增有及倍者。亦可謂無遺利矣。若以用度稍乏。自當減節冗費。省罷不急之務。不作無益之事。濟之以儉。示民不奢。百姓自足。君孰與不足。易曰。節以制度。不傷財。不害民。此之謂也。夫與治同道。罔不興。與亂同事。罔不亡。陛下視開元之末。與建中之初。所用宇文融楊愼矜趙贊陳京之法。治之道邪。亂之事邪。玆固不言可知。誠可為聖朝之商鑒。近時以來。中外臣僚上言興利者甚衆。大抵希時倖進。妄作者多。徒自紛紜。必寡成事。伏

願一切罷之。惟內外計臣。尤須愼選。州縣長吏。得忠厚廉良之人。臺閣近臣。無憸邪朋黨之士。則不治自治。太平可期。陛下可以垂衣端拱而化成矣。臣愚不識忌諱。發於至誠。冒昧以聞。伏增惶懼隕越之至。

彥博又論市易奏曰。臣近因赴相國寺行香。見市易於御街東廊置叉子數十間。前後積累果實。逐日差官就彼監賣。分取牙利。且果瓜之微。錐刀是競。竭澤專利。所得無幾。徒損大國之體。秪斂小民之怨。遺秉滯穗。寡婦何資。況密邇都亭驛使所館。豈無覘國之徒。將為外夷所輕。伏乞嚴敕有司。趣令停罷。使毫末餘利。均及下民。惠澤分沾。必召和氣。

彥博又奏曰。臣近言市易司於御街東廊設叉子。差官監賣果實。分取牙利。損大國之躰。斂小民之怨。乞行寢罷。至今涉旬。未聞施行。亦不蒙詢詰。未審聖意以為何如。退省僭狂。伏增惶懼。臣切慮陛下以其事小。故不足恤。而臣愚以謂所損甚大。決不可為。區區盡言。蓋由於此。且京邑翼翼。四方取則。魏闕之下。治象所關。今乃官作賈區。公取牙利。古所謂理財正辭者。豈若是之瑣屑乎。周官泉府斂市之不售貨之滯於民用。以待不時而買者。各從其故價。亦不如是之規利也。凡衣冠之家。罔利於市。搢紳清議。衆所不容。豈有堂堂大國。皇皇求利。而不為物論所非者乎。斯乃壟斷之事。孟軻恥之。臣亦恥之。復不忍聚斂小臣。希進妄作。侵漁貧下。玷累朝廷。不勝憤悶。輒敢屢言。伏望聖慈俯垂詳擇。若以臣言非當。甘從誅責。

知青州鄭獬上奏曰。臣切見青苗之法。朝廷非不丁寧不欲強民。而使其自便也。故臣奉行亦不敢強以率民。牓於諸邑。名其所願請。至於累月而無一人至者。此其所以不願也明矣。常潤蘇秀頗皆如此。

近自提舉官入境。所過諸郡。方以次支散。且將及杭州。杭民聞之。皆相告以為憂。張牓累月而無一人願請。一日提舉官入境。則郡縣更相希合。舉民以與之。此非強民而何。是豈朝廷立法之意。兩浙方今荒歉。處處食糟。溫台大疫。十死七八。將來豐凶未可知。兼為增和買絹及置場市絹。商賈阻絕。物價不登。若更散青苗錢。則取於民者毋乃太甚乎。民得數百錢。隨亦費盡。不計後日之輸納。苟納之不足。則陛下若貰之耶。必期於盡取也。必期盡取。則非酷吏苛法不能行。於是鞭撻纍錮以督之。則將見徹屋廬。賣妻子。計甚窮。則棄鄉里而逃矣。當此之時。陛下安忍以飢羸之赤子。加鞭箠以求債耶。若緩而不理。則是朝廷無故捐數百萬緡於糞壤間。虧損國用。亦非細故。未覩青苗之為利。而其害已如此。宜其天下之致論多也。臣初不論奏者。以臣在杭。必能為陛下守立法之意。不敢強民以徇時。今既易守青

州。方將去此。而提舉官到。且與諸邑合議而行。臣實不忍杭州之民將有無辜而陷刑網者。所以不能自已也。伏乞陛下指揮兩浙路。如已支散處。則依條施行。未支散處。特賜寢罷。庶使一路疲民。遠沾聖澤。臣無任傾竭待罪之至。

熙寧二年。大名府留守推官蘇轍上奏曰。臣聞善爲國者。必有先後之次。自其所當先者爲之。則其後必舉。自其所當後者爲之。則先後並廢。書曰。欲登高必自下。欲陟遐必自邇。世未有不自下而能高。不自近而能遠者。然世之人嘗鄙其下而厭其近。務先從事於高遠。不知其不可得也。詩曰。無田甫田。維莠驕驕。無思遠人。勞心忉忉。以爲田甫田而力不給。則田莠而不治。不若不田也。思遠人而德不足。則心勞而不獲。不若不思也。欲田甫田。則必自其小者始。小者之有餘而甫田可啓矣。欲求遠人。則必自其近者始。近者既服而遠人自至

矣。苟由其道。其勢可以自得。苟不由其道。雖強求而不獲也。臣愚不肖。蓋嘗試妄論今世先後之宜。而竊觀陛下設施之萬一。以爲所當先者。失在於不爲。而所當後者。失在於太早。然臣非敢以爲信然也。特其所見有近於是者。是以因其近似而爲陛下深言之。伏惟陛下即位以來。躬親庶政。聰明睿智。博達宏辯。文足以經治。武足以制斷。重之以勤勞。加之以恭儉。凡古之帝王曠世而不能有一焉者。陛下一旦兼而有之矣。夫以天縱之姿。濟之以求治之心。施之於事。宜無爲而不成。無欲而不遂。今也爲國歷年於茲。而治不加進。天下之弊日益於前世。天下之人未知所以適治之路。災變橫生。川原震裂。江河湧沸。人民流離。災火繼作。歷月移時。而其變不止。此臣所以日夜思念而不曉。疑其先後之次有所未得者也。今世之患莫急於無財而已。財者爲國之命。而萬事之本。國之所以存亡。事之所以成敗。常

必由之。昔趙充國論邊備之計。以爲湟中穀斛八錢。糴三百萬斛羌人不敢動矣。諸葛亮用兵如神。而以糧道不繼。屢出無功。由是觀之。苟無其財。雖有聖賢不能自致於跬步。苟有其財。雖庸人可以一日而千里。陛下頃以西夏不臣。赫然發憤。建用兵之策。招來橫山之民。將奪其險阻。破壞其國而後已。方是之時。夏人殘虐失衆。橫山之民厭苦思漢。而又乘其薦饑。苟加之以兵。此非計之失者也。然而緣邊無數月之糧。關中無終歲之儲。而所興之役有莫大之費。陛下方且泰然不以爲憂。以爲萬舉而有萬全之功。既而邊臣失律。先事輕發。亦既入戎其國。係虜其民矣。然而陛下得其地而不敢有。獲其人而不敢臣。雖有成功而不敢繼也。其終卒至於廢黜謀臣而講和好。夫陛下謀之於朞年之前。而罷之於既發之後。豈以爲是失當而悔之哉。誠無財以繼其後爾。且夫財之不足。是爲國之先務也。至於撫管

四夷。臣服異類。是極治之餘功。而太平之粉飾也。然今且先之。此臣所以知其先後之次有所未得者也。今者陛下懲前事之失。出祕府之財。徙內郡之租賦。督漕運之吏。備沿邊三歲之蓄。臣以此疑陛下之有意乎財矣。然猶以爲未也。何者。祕府之財。不可多取。而內郡之民。不可重困。可以紓目前之患。而未可以爲長久之計。此臣所以求效其區區而不能自已也。蓋善爲國者不然。知財之最急而萬事賴焉。故常使財勝其事。而事不勝財。然後財不可盡。而事無不濟。財者車馬也。事者其所載物也。載物者常使馬輕其車。車輕其物。馬有餘力。車有餘量。然後可以涉塗泥而車不僨。登坂險而馬不躓。今也四方之財。莫不盡取。民力屈矣。而上用不足。平居惴惴。僅能以自足。而事變之生。復不可料。譬如弊車羸馬而引丘山之載。幸而無虞。猶恐不能勝。不幸而有陰雨之變。陵谷之險。其患必有不可知者。故臣深

思極慮以爲方今之計莫如豐財。然臣所謂豐財者非求財而益之也。去事之所以害財者而已矣。夫使事之害財者盡去，雖不求豐財然而求財之不豐亦不可得也。故臣謹爲陛下言事之害財者三。一曰冗吏。二曰冗兵。三曰冗費。冗吏之說曰。請原古之所以置吏之意。有是民也。而後有是官。有是官也。而後有是吏。量民而置官。量官而求吏。其本凡以爲民而已。是以古者即其官以取人。郡縣之職缺而取之於民。府寺之屬缺而取之於郡縣。出以爲守令。入以爲卿相。出入相受。中外相貫。一人去之。一人補之。其勢不容有冗食之吏。近世以來。取人不由其官。士之來者無窮。而官有限極。於是兼守判知之法生。而官法始壞。浸淫分散。不復其舊。是以吏多於下。上下相窒。譬如決水於不流之澤。前者未盡。來者已至。塡堙充滿。一陷於其中而不能出。故布衣之士多方以求官。已仕之吏多方以求進。下慕其上。

後慕其前。不愧詐僞。不恥爭奪。禮義消亡。風俗敗壞。勢之窮極。遂至於此。夫人情紓則樂易。樂易則有所不爲。窘則懣亂。懣亂則無所不至。今使衆人相與皆出於隘。足履相躡。肩肘相逮。彷徨而不得進。又將禁其奔走而爭先者。苟將禁之。則莫如止來者而闊其隘。今也毆市人而約之。不勝其多也。設險於中塗而艱難之。是以法愈設而爭愈甚。惟陛下以時救之。下哀痛之書。明告天下以吏多之故。與之更立三法。其一使進士諸科增年而後舉。其額不增。累舉多者無推恩。其說曰。凡今之所以至於不可勝數者。以其取之之多也。古之人其擇吏也甚精。人知吏之不可妄求。故不敢輕爲士。爲士者皆其脩潔之人也。今世之取人。誦文書。習程度。未有不可爲吏者也。其求之不難。而得之甚樂。是以羣起而趨之。凡今農工商賈之家未有不捨其舊而爲士者也。爲士者日多。然而天下益以不治。舉世所謂居家不

事生產。仰不養父母。俯不恤妻子。浮游四方。侵擾州縣。造作誹謗者。農工商賈不與也。祖宗之世。士之多。不及其比於今。不能一二也。然其削平僭亂。創制立法。功業卓然見於後世。今世之士不敢望其萬一也。士之多不及於今世。而功則過之。無足怪者。取之至少則人不敢輕爲士。其所取者皆州郡之選人也。故爲是法使人知上意之所向。十年之後。無實之士將不黜而自減。且夫設科以待天下之士。蓋將使其才者得之。不才者不可得也。吾則取之。而彼則不能得。猶曰雖不能得。而累舉多者必取無棄。則是以官徇人也。且累舉之士類非少年矣。耳目昏塞。筋力疲勌。數日而計之。知其不能有所及者也。則其爲政無所賴矣。今有人蓄牛羊而求牧。既取其壯者。又取其老者。取其壯者曰吾喜其壯而已。取其老者曰吾憐其老而已。如憐其老則曷爲以累牛羊哉。苟誠以爲有遺才焉。則今所謂遺逸之書有以

收之矣。其二使官至於任子者任其子之爲後者。世世祿仕於朝。襃敍而守祭祀。可以無憾矣。然而爲是法也。則必始於二府。法行於賤而屈於貴。天下將不服。天下不服而求法之行。不可得也。蓋矯失以救患者。必有所過而後濟。臣非不知二府之不可齒庶官也。其三使百司各損其職掌。而多其出職之歲月。其說曰。百司臣不得而盡詳也。請言其尤甚者莫如三司。三司之吏世以爲多而不可損。何也。國計重而簿書衆也。臣以爲不然。主大計者必執簡自處而以繁寄人。以簡自處則心不可亂。心不可亂則利至而必知。害至而必察。以繁寄人則事有所分。事有所分則毫末不遺而情僞必見。今則不然。舉四海之大而一毫之用必會於三司。故三司者案牘之委也。案牘既積則吏不得不多。案牘積而吏多則欺之者衆。雖有大利害不能察也。夫天下之財下自郡縣而至於轉運。轉運相鉤較。是以爲不失矣。然

世常以轉運使為不可獨信故必至於三司而後已夫苟轉運使之不可獨信而必三司之可任則三司未有不責成於吏者豈三司之吏則重轉運使歟故臣以為天下之財其詳可分於轉運司三司歲攬其綱目既使之得優游以治財貨之源又可頗損其吏以絕亂法之弊苟三司猶可損也而百司可見矣然而此三法者皆世之所謂拂世戾俗召怨而速謗者也今且将行之臣非敢犯衆人之怒而行此危事也以為有可行之道焉何者自臺省六品諸司五品一郊而任一人自兩制以上一歲而任一人此祖宗百年之法相承而不變者也仁宗之世則損之三載而考績無罪者遷其官自唐以來亦未始有變者也而英宗之世則增之此二者夫豈便於世俗哉然而莫敢怨者以為吏多而欲損者天下之公義其不欲者天下之私計也以私計而怨公義其為怨也不直是以善為國者循理而不卹怨知

其無能為也且今此三法者固未嘗行也然而天下亦不免於怨何者士之出身為吏者捐其生業棄其田里以盡力於王事而今也以吏多之故積勞者久而不得遷去官者久而不得調又多為條約以沮格之減罷其舉官破壞其考第使之窮窘無聊求進而不遂此其為怨豈減於布衣之士哉鈞之為怨皆将不免然使新進之士日益多國力匱竭而不能支十年之後其患必有不可勝言者故臣願陛下親斷而力行之苟日增之吏漸於衰少則臣又将有以治其舊吏使諸道職司每歲終任其所部郡守、郡各任其屬曰自今以來未有以私罪至其贓罪正入已至若干者二者皆自上鈞其輕重而裁之已而以它事發則與之同罪雖去官與赦不降也夫以私罪至其贓罪正入已至若干其為惡也著矣而上不察則上之不明亦可知矣故雖與之同罪而不過今世之法任人者任其終身苟其有罪終

身鈞坐之夫任人之終身而無過任其未然之不可知者也任人之歲終而無過任其已然之可知者也臣請得以較之任其未然之不可知雖聖人有所不能任其已然之可知雖衆人能之今也任之以聖人之所不能既不敢辭矣而況任之以衆人之所能顧不可哉且按察之吏則亦不患其不知也患其知而未必皆按曰是無損於我而徒以為怨云爾今使其罪及之其勢将無不問陛下誠能擇奉公之臣而使行之陛下厲精而察之去民之患如除腹心之疾則其以私罪致某贓罪正入已至若干者非復過誤遭陷於深文者也苟遂放歸終身不齒使姦吏有所懲則冗吏之弊可去矣冗兵之説曰臣聞國朝創業之初四方割據中國地狭兵革至少其後蕩滅諸國拓地既廣兵亦随衆雍熙之間天下之兵僅三十萬方此之時也屯戍征討百役並作而兵力不屈未嘗有兵少之患也自咸平景德以來

契丹内侵繼遷叛逆每有警急将帥不問得失輒請益兵於是召募日增而兵額之多遂倍前世其後寶元慶曆之間元昊竊發復使諸道點民為兵而沿邊所屯至八十萬自是天下遂以百萬為額雖復近歲無事而關中之兵至於二十八萬舉雍熙天下之衆遠以備方今關中一隅之用兵多之甚於此見矣然臣聞方今宿邊之兵分隸堡障戰兵統於将帥者其實無幾每一見賊賊兵常多我兵常少衆寡不敵每戰輒敗往者将帥失利未有不以此自解者也夫祖宗之兵至少而常若有餘今世之兵至多而常患於不足此二者不可不察也兵法有之曰興師十萬出征千里百姓之費公家之奉日費千金内外騷動怠於道路者七十萬家而爵禄百金不能知敵之情者不仁之至也故三軍之士莫親於間賞莫重於間間者三軍之司命也臣切惟祖宗用兵至於以少為多而今世用兵至於以多為少得

失之原皆出於此。何以言之。臣聞太祖用李漢超馬仁瑀韓令坤賀惟忠何繼筠等五人使備契丹。用郭進武守琪李謙溥李繼勳等四人使備河東。用趙贊姚內斌董遵誨王彥升馮繼業等五人使備西羌。皆厚之以關市之征。饒之以金帛之賜。其家屬之在京師者。仰給於縣官。貿易之在道路者。不問其商稅。故此十四人者皆富厚有餘其視棄財如棄糞土。賙人之急。如恐不及。是以死力之士貪其金錢捐軀命冒患難。深入敵國。伺其陰計而效之。至於飲食動靜無不畢見。每有入寇。輒先知之。故其所備者寡而兵力不分。敵之至者舉皆無得而有喪。是以當此之時。備邊之兵多者不過萬人。少者五六千人。以天下之大。而三十萬兵足爲之用。今則不然。一錢以上皆籍於三司。有敢擅用。謂之自盜。而所謂公使錢多者不過數千緡。百須在焉。而監司又伺其出入。繩之以法。至於用間。則曰官給茶綵。夫百餅

之茶。數束之綵。其不足以易人之死也明矣。是以今之爲間者皆不足恃。聽傳聞之言。采疑似之事。其行不過於出境。而所問不過於熟戶。苟有藉口以欺其將帥則止矣。非有果能知敵之情者也。敵之至情既不可得而知。故常多兵以備不意之患。以百萬之衆而常患於不足。由此故也。陛下何不權其輕重而計其利害。夫關市之征比於茶綵則多。而三十萬人之奉比於百萬則約。衆人知目前之害而不知歲月之病。平居不忍棄關市之征以與人。至於百萬則恬而不知恠。昔太祖起於布衣。百戰以定天下。軍旅之事。其思之也熟矣。故臣願陛下復備其成法。擇任將帥而厚之以財。使多養間諜之士以爲耳目。耳目既明。雖有彊敵而不敢輒近。則雖雍熙之兵可以足用於今世。陛下誠重難之。臣請陳其可減之實。何者。今世之彊兵莫如沿邊之土人。而今世之惰兵莫如內郡之禁旅。其名愈高。其廩愈厚。其廩愈厚。其材愈薄。往者西邊用兵。禁軍不堪其役。死者不可勝計。羌人每出。聞多禁軍。輒舉手相賀。聞多土兵。輒相戒不敢輕犯。以實較之。土兵一人。其材力足以當禁軍三人。禁軍一人。其廩給足以贍土兵三人。使禁軍萬人在邊。其用不能當三千人。而常耗三萬人之畜。邊郡之儲比於內郡。其價不啻數倍。以此權之。則土兵可益而禁軍可損。雖三尺童子知其無疑也。陛下誠聽臣之謀。臣請使禁軍之在內郡者。勿復以戍邊。因其老死與亡而勿復補。使足以爲內郡之備而止。去之以漸。而行之以十年。而冗兵之弊可去矣。冗費之說曰。世之冗費不可勝計也。請言其大與臣之所知者。而陛下以類推之。臣聞事有所必至。恩有所必窮。事至而後謀。則害於事。恩窮而後遷。則傷於恩。昔者太祖太宗。敦睦九族。以先天下。方此之時。宗室之衆無幾也。是以合族於京師。久而不別。世歷五聖。而太平百年。宗室之盛

未見有過此時者。祿廩之費。多於百官。而子孫之衆。宮室不能受。無親踈之差。無貴賤之等。自生齒以上。皆養於縣官。長而爵之。嫁娶喪葬。無不仰給於上。日引月長。未有知其所止者。此亦事之所必至而恩之所必窮者也。然而未聞所以謀而遷之。古者天子七廟。三昭三穆。與太祖而七。以人子之愛其親。推而上之。至於其祖。由祖而上至於百世。宜無所不愛。無所不愛則宜無所不廟。苟推其無窮之心。則百世之祖。皆廟而後爲稱也。聖人知其不可。故爲之制七廟之外。非有功德則迭毀。春秋之祭不與。莫貴於天子。莫尊於天子之祖。而廟不加於七。何者。恩之所不能及也。何獨至於宗室而不然。臣聞三代之間。公族有以親未絕而列於庶人者。兩漢之法。帝之子爲王。王之庶子猶有爲侯者。自侯以降。則庶子無復爵土。蓋有去而爲民者。有自爲民而復仕於朝者。至唐亦然。故臣以爲凡今宗室。宜以親踈貴

賤為差以次出之使得從仕比於異姓擇其可用而試之以漸凡其秩祿之數遷叙之等黜陟之制任子之令與異姓均臨之以按察持之以寮吏威之以刑禁以時察之使其不才者不至於害民其賢者有以自効而其不任為吏者則出之於近郡官為廬舍而廩給之使得占田治生與士庶比今聚而養之厚之以不訾之祿尊之以莫貴之爵使其賢者老死鬱鬱而無所施不賢者居處隘陋戚戚而無以為樂甚非計之得也昔唐武德之初封從昆弟子自勝衣以上皆爵郡王太宗即位疑其不便以問大臣封德彜曰爵命崇則力役多以天下為私奉非至公之法也於是疏屬王者降為公夫自王而為公非人情之所樂也而猶且行之今使之爵祿如故而獲治民雖有內外之異宜無有怨者然臣觀朝廷之議未嘗敢有及此何者以宗室之親而布之於四方懼其啓姦人之心而生意外之變也臣切以為

不然古之帝王好疑而多防雖父子兄弟不得尺寸之柄幽囚禁錮齒於匹夫者莫如秦魏然秦魏皆數世而亡其所以亡者劉氏與司馬氏而非其宗室也故為國者苟失其道雖胡越之人皆得謀之苟無其釁雖宗室誰敢覬者惟陛下蕩然與之無疑使得以次居外如漢唐之政此亦去冗費之一端也臣聞漢唐以來重兵分於四方雖有末大之憂而饋運之勞不至於太甚祖宗受命懲其大患而略其細故斂重兵而聚之京師根本既強天下承命而服然而轉漕之費遂倍於古凡今東南之米每歲遡汴而上以石計者至五六百萬山林之木盡以舟楫州郡之卒弊於道路月廩歲給之奉不可勝計往返數千里飢寒困迫每每侵盜雜以它物米之至京師者率非全物矣由此觀之今世之法直以其力致之而不計其患非法之良也臣願吏為之法舉今每歲所運之數而四分之其一即用舊法官出船與兵而漕之凡皆如舊其一募六道之富人使以其船及人漕之而所過免其商稅能以若干至京師而無所欺盜敗失者以今三班軍大將之賞與之方今濱江之民以其船為官運者不求官直蓋取官之所入而不覆較者得其羸以自潤而富民之欲仕者往往求為軍大將以此推之宜有應募者其一官自置場而買之京師京師之兵富得米而不願者計其直以錢償之夫物有常數取之於南則不足於北捨之於東則有餘於西此數之必然而不可逃者也今官欲買之其始不免於貴貴甚則東南之民傾而赴之赴之者衆則將反於賤致賤必以貴致貴必以賤此亦必然之數也故臣願為此二者與舊法皆立試之利害而較其可否必將有可用者然後舉而從之此又去冗費之一端也臣聞富國有道無所不恤者富之端也不足恤者貧之原也從其可恤而收之無所不收則其所存者廣矣從其無

足恤而棄之無所不棄則其亡者多矣然而世人之議者則不然以為天下之富而顧區區之用此有司之職而非帝王之事也此說之行於天下數百年於茲矣故天下之費其可已者常多於舊臣不敢遠引前世請言近歲之事自嘉祐以來聖人迭興而天下之吏京朝以上再遷其官天下郡守職司再補其親戚自治平京師之大水與去歲河朔之大震百役並作國有至急之費而郊祀之賞不廢於百官自橫山用兵供億之未定與京師流民勞徠之未息官私之困日不暇給而宗室之婚不俟歲月而葬臣以此觀之知朝廷有無足恤之義臣誠知事之既往無可為者然苟自今從其可恤而收之則無益之費猶可漸減此又去冗費之一端也臣不勝拳拳私憂過計故為是三說以獻伏惟陛下思深謀遠聽斷詳盡於天下之事無所不略臣之所陳何足言也然臣愚以為苟三冗未去要之十年之後天

下將益衰耗難以復治。陛下何不講求其原而定其方畧。擇任賢俊而授之以成法。使皆久其官而後責其成績。方今天下之官。汲汲乎皆有欲去不久之心。侍從之官踰年而不得代則皇皇而不樂。今雖不能使之盡久。然至於諸道之職司三司之官吏沿邊之將佐此皆與天子共成事者也。天下之事將責之而不久其任。開其源者不見其流。發其謀者不見其功。此事之所以不得成也。陛下誠擇人而用之使與二府皆久於其官。人知不得苟免而思長久之計。君臣同心。上下協力。磨之以歲月如此而三冗之弊乃可去也。然而為此猶有所患。何者。今世之士大夫惡同而好異。疾成而喜敗。事苟不出於己。小有齟齬不合。則羣起而謀之。借如今使按察之官任其屬吏。歲終而無過此其勢必將無所不按。得罪者必將多於其舊。然則天下之口紛然非之矣。不幸而有一不當。衆將羣指以罪法一不當。不能動。

不幸而至於再三。雖上之人亦將不免於惑。衆人非之於下。而朝廷疑之於上。攻之者衆而持之者不堅。則法從此敗矣。蓋世有耕田而以其耜殺人者。或者因以耕田為可廢。夫殺人之可誅與耕田之不可廢。此二事也。安得以彼而害此哉。故夫按人而不以其實者罷之可也。而法之是非則不在此。苟陛下誠以為可行。必先能破天下之浮議。使良法不廢於中道。如此而後三冗之弊可去也。三冗既去。天下之財得以日生而無害。百姓充足。府庫盈溢。陛下所為而無不成。所欲而無不如意。舉天下之衆惟所用之。以攻則取。以守則固。雖有西戎北狄不臣之國。宥之則為漢文帝。不宥則為唐太宗。伸縮進退。無不在我。今陛下不事其本而先舉其末。此臣所以大惑也。臣不勝憤懣。越次言事。當寘之誅。無所逃避。

轍為條例司檢詳文字上言曰。昔漢武外事四夷。內興宮室。財用匱竭。力不能支。用賈人桑弘羊之說。買賤賣貴。謂之均輸。雖曰民不加賦而國用饒足。然法術不正。吏緣為姦。掊克日深。民受其病。孝昭既立。學者爭排其說。霍光順民所欲從而予之。天下歸心。遂以無事。今此論復興。衆口紛然。皆謂其患必甚於漢。何者。方今聚斂之臣材智方畧未見有桑弘羊比。而朝廷破壞規矩。解縱繩墨。使得馳騁自由。唯利是嗜。其害必有不可勝言者矣。

轍為右司諫乞借常平錢買上供及諸州軍糧狀曰。臣聞自古經制國用之術。以為穀帛民之所生也。故斂而藏之於官。錢幣國之所為也。故發而散之於民。其意常以所有易其所無。有無相交。而國用足焉。故自熙寧以前。民間兩稅皆用米麥布帛。戶口鹽錢。沿納諸色雜錢。然皆以穀帛折納。蓋未嘗納錢也。錢之入官者惟有茶鹽酒稅雜利而已。然方是時東南諸郡猶苦之錢重物輕。有錢荒之患。自熙寧以

來。民間出錢免役。又出常平息錢。官庫之錢貫朽而不可較。民間官錢搜索殆盡。市井所用多私鑄小錢。有無不交。田夫蠶婦力作而無所售。常平役錢山積而無救飢饉。蓋自十餘年間積成此弊。於今極矣。朝廷近日雖已減損常平寬放免役。使民休息。然而錢積於官無宣洩之道。民無見錢。百物益賤。譬如飢人雖已得食而無所取飲。久渴不治。亦能致死。臣切見國朝建立京邑。因周之舊。不因山河之固。以兵為險阻。祖宗以來。漕運東南。廣蓄軍食。內實根本。外威夷狄。方其盛時。是支十餘年。近者歲運損耗。糴貴不節。太倉無五年之畜。國計寡弱。有識之士為之寒心。至於諸路軍糧。大抵無備。熙寧之間東南大旱。民間闕食。官欲賑濟無所從得。不免誅求富民。斂斗石之粟以濟億萬之衆。勞而無益。徒以為笑。然今諸路轉運司久以商賈不行。農民罷病。故酒稅不登。枝買軍器雜物。對樁闕額衣糧等事故

經費不足。朝廷既欲內實京師。外實諸郡。有司匱乏。勢無所出。臣欲乞指揮東南諸路轉運司各借本路常平見錢。遇年豐穀帛價賤。預買三年上供米及本路州軍二年衣糧。限以三年節次收糴。重立禁約。不得別作支用。仍於五年內收簇錢物撥還常平倉司。每歲終具元借錢及所糴物及所還數。提刑司保明申戶部。照撿有無違法聞奏。應干借錢糴買事有不如法。並許提刑司覺察聞奏。但令泉幣通行。足以鼓舞四民。流轉百貨。倉廩充實。足以贍養諸軍。備禦水旱。則上下皆足。公私蒙利矣。如許臣所請。伏乞下戶部立法施行。

歷代名臣奏議卷之二百六十七

理財

宋哲宗元祐初。蘇轍論青苗狀曰。臣伏以青苗之害民。朝廷之所悉也。罷而不盡。廢而復講。使天下之人疑朝廷眷眷於求利。此臣之所深惜也。向者朝廷申明青苗之法。使請者必以情願。而官無定額。議者以為善矣。然以臣觀之。無知之民。急於得錢。而忘後患。則雖情願之法有不能止也。侵漁之吏。利在給納。而惡無事。則雖無定額有不能禁也。故自今年春諸縣所散青苗處處不同。凡縣令曉事吏民畏伏者。例不復散。其闇於事情為吏民所制者。所散如舊。蓋立法不善。故使猾吏得依法為姦。監司雖知其不便。欲禁而不可得。天下既已病之矣。今朝廷復俏夏料納錢減半出息之法。此雖號減息。而使天下曉然知今日朝廷意仍在利。雖有良縣令。臣恐其不能復如前日自必於不散矣。且自熙寧以來。吏行青苗。皆請重祿而行重法。受賕百錢。法至刺配。然每至給納之際。猶通行間遺。不能盡禁。今吏祿已除。重法亦罷。而青苗給納不止。臣恐民間所請錢物得至其家者無幾矣。伏乞追寢近降青苗指揮。別下詔旨。天下青苗自今後不復支散。不勝幸甚。

轍再論青苗狀曰。臣近奏乞罷支青苗錢。兼訪聞臺諫官皆有文字論列。至今並不蒙降出施行。臣伏見熙寧之初。王安石呂惠卿用事。首建青苗之法。[illegible]實放債取利。而妄引周官泉府之言以文飾其事。天下公議共以為非。是時韓琦富弼司馬光范鎮等皆昌言其失。恨不能救。今二聖在上。照知民間疾苦。解去弊法。既已略盡。兼近日貴降呂惠卿。數其罪惡。亦以創行青苗為首。然天下傳散青苗其實至今未止。民間疑怪。以為朝廷仍有好利之意。臣博采衆論。去近有臣僚隳議以國用不足爲言由此聖意遲遲未決臣雖至愚竊爲陛下深惜此計何者自古爲國率皆祿養官吏廩給士伍崇奉郊廟鎭撫四夷然而食租衣稅未嘗有闕今陛下力行恭儉前代帝王所有浮費一切不爲今日之計但當戒飭天下守令使之安集小民若能稍免水旱之災復無流亡之患則安靖之功數年自見穀帛豐羨將不可勝用何至復行青苗以與民爭利也哉伏惟陛下聖性仁厚凡利民之事知無不爲若非左右構此危語動搖聖聽則何至爲之廢格羣言以成邪說然臣竊恐中外不知本末但見臺諫之言皆留中不出妄意陛下甘於求利不恤細民遠近傳聞所損不細臣欲乞陛下盡將臣僚前後所上章疏付三省詳議施行以弭斯謗

輒三乞罷青苗狀曰臣等屢有封事乞罷青苗皆不蒙付外施行伏以王安石呂惠卿創行此法以來天下之士惟王呂黨人欲以青苗進身者則以其法爲是其他士大夫上自韓琦富弼中至司馬光呂誨范鎭下至臣等輩人未有一人以爲便者方安石惠卿用事忠言壅塞不得施用小民無告飲泣受害今者二聖臨御盡革衆弊天下欣欣日望青苗之去而近日刪立舊法益更滋彰中外狐疑不曉聖意竊聞近日左右臣僚有以國用不足欲將青苗補其闕乏者聖心未察是以爲之遲遲臣等雖愚以爲自古爲國止於食租衣稅縱有不足不過輔以茶鹽酒稅之征未聞復用青苗放債取利與民爭錐刀之末以富國強兵者也藝祖太宗之世四方未平中國土狹歲歲用兵兵費不貲及眞宗東封西祀遊幸亳宋造立宮室仁宗結好契丹平定西戎翦滅南寇此皆非常大費而常賦之外無大增加未聞必待青苗以濟國用今二聖恭儉安靜無爲四海之富與祖宗無異何憂何慮而欲以青苗富國乎臣等以爲皇帝陛下富於春秋未嘗接見多士太皇太后陛下覽政帷幄未能博聽羣議聽納之道於斯實難竊謂臣下每有獻言宜一切折以公議彼既欲散青苗而臣等以爲不可陛下受其所言而臣等封事遂留中不出臣等不知陛下何以斷其是非而信之如此之篤乎陛下必欲決此深疑即當盡出臺諫所言付之三省使之公議得失不當隱忍不辨是非而陰用其言也如衆議必以罷之爲是即乞早賜裁斷以慰民心必以罷之爲非亦乞顯行黜謫以懲臣等狂妄

輒爲戶部侍郎上疏曰准御史臺牒五月一日文德殿視朝臣次當轉對臣待罪地官以財賦爲職朝夕從事於今半年耳目所接或干利病敢緣虞人守官之義庶幾百工執藝以諫謹條具本職三事昧死上獻

一臣伏見本部一月出入見錢之數率皆五十餘萬貫鑿竭所得僅給經費而已稍加它用輒干求朝廷方能辦事有司惴惴常有闕事之懼臣聞古之爲國皆食租衣稅而足降及近世始有鹽鐵酒稅之利凡郊廟朝廷祿士養兵捍邊睦鄰百色取具於此蓋天之所生地之所產足以養人自三代漢唐至於祖宗之盛未有舍此而外求者也今四海萬里耕稼相屬而以不足爲憂臣實恠之孟子有言無政事則財用不足臣愚無知意者朝廷之政豈有所未立故耶臣觀諸道監司自近歲以來觀望上下無復厲精之實妄意朝廷以不親細務爲高以不察姦吏爲賢於是巡歷所至或不入場務不按有罪郡縣靡然承風懦者頹弛權歸於吏貪者縱恣毒加於民四方嗷嗷幾於無告其它害理而傷化者非臣之職臣不敢議也若夫兩稅征商榷酤無故虧欠者比比皆是此臣之職也欲乞陛下特降指揮令本部

左曹具諸路去歲三事增虧之數其非因水旱灾傷特以寬弛
不職而致虧欠者擇其冣甚黜免轉運使副判官罰一以勸百
上意所向下之所趨也如此施行庶幾財賦漸可治矣
一臣聞漢以九卿治事唐以六曹為政漢非無尚書而唐非無卿
寺也蓋事不兩可先帝法唐之故專任六曹故雖兼置寺監而
職業無幾量事設官其間蓋有僅存者矣頃元祐之初患尚書
省官多事少始議併省郎曹所損纔一二耳而寺監之官如鴻
臚將作舊不設卿丞者紛紛列置更多於舊中外之議以此疑
惑以為朝廷為人設官非為官擇人此言一出為損非細其於治
躰非臣所當議也而至於京師廩給之厚出於本部故臣願明
詔有司減去寺監不急之官以寬不貲之費而已
一臣聞財賦之源出於四方而委於中都故善為國者藏之於民
其次藏之州郡州郡有餘則轉運司常足轉運司既足則戶部
不困唐制天下賦稅其一上供其一送使其一留州比之於今
上供之數可謂少矣然每有緩急王命一出舟車相銜大事以
濟祖宗以來法制雖異而諸道蓄藏之計猶極豐厚是以斂散
及時縱捨由己利柄所在所為必成自熙寧以來言利之臣不
知本末之術欲求富國而先困轉運司轉運司既困則上供不
繼上供不繼而戶部亦憊矣兩司皆困故內帑別藏雖積如丘
山而委為朽壤無益於筭故臣願陛下舉近歲朝廷無名封樁
之物歸之轉運司蓋禁軍闕額與差出衣糧清汴水脚與外江
綱船之類一經擘劃例皆封樁夫闕額禁軍尋當以例物招置
而出軍之費罷此給彼初無封樁之理至於清汴水脚雖損於
舊而洛口費用實倍於前外江綱船雖不打造而雇船運糧其

費特甚重複刻剝何以能堪故臣謂諸如此比當一切罷去況
祖宗故事未嘗有此但有司固執近事不肯除去惟陛下斷而
與之則轉運司利柄稍復而上供有期戶部亦有賴矣
轍又論戶部三弊疏曰臣以愚拙待罪戶部右曹俛仰幾歲誼無
補竊嘗以祖宗故事考之今日本部所行躰制既殊利害相遠然合
隨事措置以塞弊原謹昧死具三弊以聞其一曰分河渠案以為都
水監其二曰分胄案以為軍器監其三曰分備造案以為將作監前
件三監皆隸工部則本部所專其餘無幾出納損益制在它司頃者
司馬光秉政知其為害嘗使本部收攬諸司利權然當時所收不得
其要至今三案之事猶為諸司所擅深可惜也祖宗參酌古今之宜
建立三司所領天下事幾至太半權任之重非它司比推原其意非
以私三司也事權分則財利散雖欲求富其道無由蓋國之有財猶
人之有飲食飲食之道當使口司出納而腹制多寡然後分布氣血
以養百骸耳目賴之以為明手足賴之以為力若不專任口腹而使
手足耳目得分治之則雖欲求一飽不可得矣而況於安且壽乎今
戶部之在朝廷猶口腹也而使它司分治其事何以異此自數十年
以來羣臣不明祖宗之意每因一事不舉輒以三司舊職分建它司
利權一分用財無藝它司以辦事為效則不恤財之有無戶部以給
財為功則不論事之當否彼此各營一職其勢不復相知雖使戶部
得才智之臣終亦無益於筭矣能否同病府庫卒空今不早救後患
必甚昔嘉祐中京師頻歲大水大臣始取河渠案置都水監置監以
來比之舊案所補何事而大不便者河北有外監丞侵奪轉運司職
事轉運司之領河事也凡郡之諸埽埽之吏兵儲蓄無事則分有事
則合水之所向諸埽趨之吏兵得以併功儲蓄得以併用故事作之

日無暴斂傷財之患事定之後徐補其闕而無所妨自有監丞擭法責成緩急之際諸埽所有不相為用而轉運司始不勝其弊矣近歲有詔罷外監丞議者譏之既而復故物論所惜此工部都水監爲戶部之害一也先帝一新官制並建六曹隨曹付事故三司事多隸工曹名雖近正而實非利昔胄案所掌今內爲軍器監而止隸工部外爲都作院而止隸提刑司欲有興作戶部不得與議訪聞河北道頃歲爲羊渾脫動以千計渾脫之用必軍行乏水過渡無船然後須之而其爲物稍經歲月必須蠹敗朝廷無出兵之計而有司營職不顧利害至使公私應副廢財害物若使專在轉運司必不至此此工部都作院爲戶部之害二也昔脩造案掌百工之事事有緩急物有利害皆得專之今工部以辦職爲事則緩急利害誰當議之朝廷近以箔場竹箔積久損爛創令出賣上下皆以爲當指揮未幾復以諸處

脩造歲有料例遂令般運堆積以分出賣之計臣不知將作見工幾何一歲而用幾何取此積彼未用之間有無損敗而遂爲此計本部雖知不便而以工部之事不敢復言此工部將作監爲戶部之害三也凡事之類此者多矣臣不能徧舉也故願明詔有司罷外水監丞而舉河北河事及諸路都作院皆歸之轉運司至於都水軍器將作三監皆兼隸戶部使定其事之可否裁其費之多少而工部任其功之良苦程其作之遲速苟可否多少在戶部則凡傷財害民戶部無所逃其責矣苟良苦遲速在工部則凡敗事乏用工部無所辭其譴矣利出於一而後天下貧富可責之戶部而工部工拙可得而考矣事在本職在臣不得不言如蒙可采伏乞付外施行

元祐二年平章軍國重事文彥博奏曰臣以戶部尚書乃昔之三司使之任專掌邦計財賦出入無不周知則國用取濟今當以昔之三司使之任悉歸戶部財賦盈虛可以經制不誤大計自尚書侍郎以下慎選而久用之庶幾集事尚書侍郎即是三司使副之職郎中員外乃昔之判官之職此國之大計乞早留聖意

五年戶部郎中黃廉上奏曰臣奉被使旨所至訪求利害至熟榷茶之法實有害於川陝之民蓋官司不原朝廷立法本意希功幸賞以得爲多於是禁網滋繁百姓受弊陸師閔立法寖虐故取利寖多上累國體下斂民怨中外臣僚所言茶事害民六科皆有事實若遽論之不若盡以予民使園戶自賣商賈自販官收稅引及般馱錢並復熙寧以前博馬之策無交易之煩無腳乘之勞挾去故轍一從私便無復可議若致詳於公私之際則先當議民其次商賈其次邊計利害各有所在也蜀民通患幣輕錢重商旅賚攜息不償貴若捐榷茶盡予商賈則百貨未能通流腳乘未能猝備非唯園民之貨鬱滯絕

其資生之路若蕃市交易萬一不繼亦是以害經久之法今若稍十一州之茶與商賈仍以川陝四路及關中諸路與之則受茶之地宜若可以盡泄川茶以補蜀民久困而官以善價取雅州興元府所產以贍熙秦諸州酌中法以爲邊備於理爲可

六年給事中范祖禹封還解鹽專置使狀曰準中書省錄黃尚書省送到白劄子勘會陝西制置解鹽司元專設官總領後來方令轉運使一員兼管是致職務不專有害鈔法契勘茶事司河北糴便司已罷轉運司兼領七月八日得畫三省同奉聖旨依舊差官專充制置解鹽使更不令轉運使副兼領者右臣伏見仁宗慶曆中以范宗傑爲制置解鹽使行禁榷法公私大受其弊於是范祥請變鹽法至八年乃以祥爲陝西提點刑獄兼制置解鹽事盡革宗傑之弊課入亦增祥初建議當時論者爭以爲非而韓琦包拯等皆以祥法爲便

請久任祥以專其事。乃擢祥為陝西轉運使。及李參代祥。官課遂損。嘉祐中。張方平包拯請復用祥。祥之鹽法至今稱之。及祥卒。薛向繼其後。祥與向皆號為能言利豐財之臣。然皆以提轉兼領。祥之再除雖嘗專領。後卒歸之轉運司。由此觀之。鹽事脩舉在於得人。不在置使也。今誠得如祥向者而主之。亦何必專。若不得人。雖專無益。自仁宗嘉祐以來不置此使已數十年。今一旦復之。設官置吏。別為一司。公私先有勞費。權輕則不足以動州縣。重則是又增一監司。州縣承稟。不無煩擾。又提轉之外。別置使者以主財利。無不好相侵奪。各求自便。此人情之常也。神宗熙寧中留意馬政。置監牧使。數年而罷。又置提舉常平司官。陛下即位而罷。蓋監司之外又置使。則為冗長。事理不安。故不能久。且治道貴於簡便。綱領尤不欲衆多也。東南海鹽不為不多。然提刑司亦兼鹽事。解池鹽在陝西。轉運司止一事爾。若須置使。則東南鹽亦當設官矣。若每事專設官。則轉運司遂無所用。尚何以主錢穀。為職。戎茶事司本起於李杞劉佐陸師閔之徒。征利而為之。議者皆以為非。朝廷以熙河邊用。不得已而存之。此不足為法也。夫解鹽利害。非臣所知。止以祖宗之舊及事理言之。恐不必專設官。今陝西有都轉運使轉運使副判官提點刑獄。皆可以隨資序用人。若選擇知鹽事者一人為監司。使之兼領。亦豈敢不舉職。若在轉運司於抄法有害。則提刑司兼領。亦范祥故事。雖增監司一員。猶愈於別置使之煩也。古者利不百。不變常。朝廷方欲省官惜費。苟無大利害。則不若且如其故便。臣愚切謂作事謀始。所宜慎重。故未敢行下。伏望聖慈更與大臣詳酌。所有錄黃。謹具封還。

祖禹為諫議大夫時論封樁劄子曰。臣伏見近遣戶部郎官往京西會計轉運司財用出入之數。自來諸路每告乏。朝廷詳酌應副。其餘則責辦於外。今既遣郎官會計。必見缺少實數。若其數不多。則朝廷可以應副。若其數浩大。不知朝廷能盡應副耶。或止如常歲量事與之也。若量事與之。則朝廷既見其闕少之實。而不盡與。無以為說。若盡數與之。則恐它路援而為例。朝廷視天下如一。無有厚薄。欲悉應副。則或有所不逮。不悉應副。則轉運司無以為計。不刻剝百姓。何所取之。如此。則陛下赤子必受其弊。不可不深慮也。又朝廷既委轉運使副以一路財計。而不信其所言虛實。必遣郎官。然後可信。是使諸路使者人人有不自信之心。每遇缺少。則倚望朝廷遣官會計。愈不任責。臣以為此不可為後法。欲乞自今諸路凡有告乏。只委轉運司官會計保明聞奏。如有不實。即重行黜責。其誰敢妄。臣竊謂今諸路經費所以不足者。由提刑司封樁闕額禁軍請受錢帛斛斗萬數不少。此乃戶部轉運司本分財計。先帝特令封樁以待邊用。蓋恐倉猝調發不及。故為此權宜之制。今朝廷方務安邊息民。則封樁之法宜悉蠲除。欲乞自熙寧十年初封樁以來。已起發上京及今日已前未起發上京數目。盡以賜尚書戶部。諸路轉運司以佐經費。今天下諸路例多窮乏。而畜其財於無用之所。坐視困竭而不為救濟。非均通有無。足用裕民之政也。緣自封樁至今。已十餘年。一旦撥還諸路。必稍舒緩。其利害較然無疑。伏乞早降指揮施行。

貼黃。臣恐議者或謂先帝以此備邊。今不當變改。臣恭聞先帝嘗有弛張之議。蓋自古權宜之法多不可久行。時異事殊。則後人必有更張。三代以來。無不如此。若張而不弛。不唯無以濟國家之急。亦非先帝聖意。

祖禹再論封樁劄子曰。臣近上奏乞以熙寧十年以來。諸路提刑司封樁闕額禁軍請受錢帛斛斗。十悉歸之尚書戶部。諸路轉運司以佐經費以紓困急。臣竊以當今之患在於天下空虛。朝廷不可不爲之計。封樁之與經費。均出於民。皆陛下一家之財也。苟可以利國。何所愛焉。譬如移之於東而還之於西。出之於內而歸之於外也。昔唐之制。天下財賦皆納於左藏庫。太府四時以數聞。尚書比部覆其出入。至代宗之時。租賦悉進入大盈內庫。以中人主之。天子以取給爲便。遂不復出。以天下公賦爲人君私藏。有司不得窺其多少。國用不能計其贏縮。殆二十年。及德宗即位。宰相楊炎頓首於上前曰。夫財賦邦國之大本。生人之喉命。天下理亂輕重皆由焉。是以前代歷選重臣主之。猶懼不集。往往覆敗。大計一失。則天下搖動。先朝權以中人領其職。豐儉盈虛。雖大臣不得知。則無以計天下利害。請出之以歸有司。如此。然後可以議政。德宗乃詔凡財賦皆歸左藏庫。炎以片言移人主意。議者美之。以炎知爲相之體。德宗知爲國之務也。今封樁

之法。未至如唐之大盈。陛下聽言納諫。遠過於唐之德宗。若大臣有楊炎之請。陛下豈有不從之者乎。昔先帝有經略四夷之志。是故別貯以待用。今陛下垂拱守成。志於無爲。蓄聚於此。將安用之。昔漢高祖創業。老於兵間。日不暇給。文帝躬脩儉節。勸課農桑。則高祖之政。文帝有所不用也。武帝驅攘戎狄。無歲不征。昭帝輕徭薄賦。與民休息。遂罷鹽鐵議榷酤。宣帝總核名實。選用郡守。則武帝之法。昭帝宣帝有所不用也。臣前所謂時異事殊。則後人必有更張。自三代以來。無不如此。非獨漢唐也。今諸路窘乏。不可不救。若其計窮。豈免掊克。是奪之於此。而取之於民也。惟陛下無疑於改先帝權宜之制。則天下之民幸甚。

紹聖初。寶文閣直學士知成都府王覿上殿劄子曰。臣元祐六年承乏刑部。嘗因轉對言諸路監司移易頻數。習爲因循。苟簡以幸替去。弊事無所革。猾吏不知畏。長久之策置而不講。故轉運司財用日耗。提刑司常平坊場之政浸以隳壞。此不可以不恤也。伏望朝廷立監司久任之法。近者待罪戶部。亦嘗具劄子上殿奏陳監司數易之弊。今監司趣辦目前。不爲遠慮。見大利在三二年之外。吝小費而不爲。圖近效於一兩月之間。貽後患而不恤。欲職事無廢。財力有餘難矣。欲乞今後監司皆慎擇其人。而久任之。信賞必罰。而勸沮之。朝廷必欲久任。即須明詔諸路以久任之意。使講求一路生財足食之利害。條例以聞。而朝廷隨宜應副。責以遠效。不求近功。如此。則異能之士必罄竭以奮庸。中才之人亦勉強而舉職矣。其劄子送三省未蒙施行。臣愚竊謂近歲計司財用窘闕日甚一日。理當深爲之慮。今欲不傷財不害民而使經費足備儲蓄饒衍。非慎擇監司而久任之。更無上策。伏望聖慈詳酌。特賜指揮檢會前奏。早賜施行。

覿又劄子曰。臣聞國無九年之蓄曰不足。無六年之蓄曰急。無三年之蓄曰國非其國也。臣竊見京師之民素無蓄積。日糴軍糧以充食。而比歲軍糧僅有三年之備。蓋發運司上供年額雖名六百二十萬石。每遇災傷除破。或賑貸等借用之外。多不及額。故倉廩日耗。非所以實京師爲遠慮也。伏緣發運司見今雖有本錢一百五十萬貫。其所以糴米麥。獨可以准備諸路額斛未到。間先次起發。即不能補完實闕之數。臣伏望聖慈詳酌。更以封樁錢二三百萬貫付發運司。於豐稔路分旋次收糴。遇歉歲除破。及它司借用過額斛。即以所糴補其所闕。使每歲上供常滿六百二十萬石。候倉廩充盈。軍糧數多。却裁減上供之數。如允所奏。乞指揮下有司立法施行。

哲宗時。覿爲右正言。上奏曰。臣聞河東陝西諸路經畧司舊有封樁錢斛甚多。只自元豐四年用兵靈武之後。邊計窘急。遂將經畧司錢

斛盡歸轉運司支用由此經畧司倉庫空虛近年雖因逐處帥臣奏請稍得錢斛封樁幷為常平本錢而其數至少不足為緩急之備非計也蓋轉運司經費至廣郡縣等租賦僅充歲計而已何暇更為遠慮臣聞上件諸路今夏二麥甚有豐稔之處近仍頻得雨澤秋成有望臣欲乞朝廷出內帑金帛每帥路各賜三五十萬匹兩令變轉收糴斛斗依舊法封樁轉運司不得干預以廣邊儲伏望聖慈特賜旨揮施行

貼黃守邊之大計惟患積粟不多近者河北措置糴便司斛斗議者皆以變轉為難矣今來本路水災甚廣其斛斗之助豈為小補何患變轉之難也況陝西河東地高苦寒積粟可以經久當邊事未寧之際尤須廣為準備若稍有災傷及添屯兵馬即糧草便貴雖比平日增數倍多方糴買亦難遽集也內藏庫錢帛

祖宗蓄積本要准備兵費若但倚辦於漕司待其邊計窘急難得糧草之後方行支賜不惟恐不及事兼見錢既不可津般所得金帛猝難變轉且斛斗又貴則費用雖多為補至少若於平日支賜金帛令逐路帥臣得以旋次變轉乘賤收糴斛斗其利十倍臣兼聞榷貨務封樁錢物亦多與其閒置於此不若分減量給帥路以廣邊計惟聖慈詳酌

覩又上疏曰臣聞糴甚貴傷人甚賤傷農古今之通患也故李悝耿壽昌為平糴常平之法以救其弊不惟當時人以為便而後世有賴焉神宗臨御之初柄臣建議廢常平舊法以散青苗錢縉紳之公論莫不以為非而主議者持之甚堅先帝聖明心知其故雖重違之而至於數年之後乃奮然獨斷令常平錢斛存留一半遇斛斗價貴減市價出糶收成時添市價收糴此有以見先帝知常平舊法之不可廢也然青苗錢未遂全罷者以建議之大臣猶在而附會者膠固其說未可以遽破而已今二聖臨御善政無不行弊事無不革宜有以成先帝之志矣今年二月九日勑節文提舉官錢穀委提點刑獄交割主管依舊常平倉法命下之日四方歎頌以陛下聖德隆厚前古之良法先帝之素志信可以行之於今日矣曾未數月遽復變易而所謂青苗錢者方且著為新令以重其事物論深以為駭而莫知其故臣竊料議者不過謂青苗既不立額而取人情願坐而得息有利而無害云爾果如此議臣請言其不然也夫取債出息貧下無知之民所甚欲也初無故而得錢孰非情願迨乎斂之際即須追呼督促脅以鞭笞威以枷鎖而後本息可得也且又將新蓋舊積累浸多則以逃亡自捐之而虐及妻孥累及同保者相望於道路矣當太平無事之時而使其民無辜陷溺有至於此可不為之痛惜哉然則青

苗之所謂利者果在於利民耶非民之所利則其說既見於前矣如曰利國則歷古以來利不及民而國能獨利者未之有也必民利而後國利焉此惟常平舊法有之而非青苗錢之所能致也夫糴甚貴傷人甚賤傷農人傷則離散民傷則國貧乃必然之理也人果傷而離散矣區區青苗之錢能使之不離散乎農果傷而國貧矣瑣瑣二分之息能使之不貧乎故不若穀賤不至於傷農而民敦本民敦本則田野闢而賦稅增也穀貴不至於傷人則民樂業民樂業則百貨出而無求不得也夫如是則下何假於借貸之物而上何慕於二分之息乎故曰民利而後國利惟常平舊法有之而非青苗錢之所能致也臣竊惟先帝存留常平一半錢斛以行舊法誠務在於平穀價矣然今天下郡縣猶不免樂歲粒米狼戾價甚賤而不售凶年穀價騰踴民阻飢而死亡者何耶蓋郡縣之吏妄意朝廷之法惟急於為

利故於青苗新令則競務力行於糶糴舊條則僅同虛設而又常平錢斛既分以為青苗之本則可充糴糶者自已不多是以穀價低昂而終未見其平也臣伏望朝廷罷散青苗錢依今年二月九日勅行舊常平倉法以成先帝之素志無使郡縣之吏以利心期朝廷而廢善法也惟聖慈詳酌叅賜旨揮施行

覿為戶部侍郎論財用䟽曰臣聞何以守位曰仁何以聚民曰財理財正辭禁民為非曰義夫仁義大矣而理財在其間然理財之尤急者莫甚於食故洪範八政一曰食二曰貨古者國無九年之蓄曰不足無六年之蓄曰急無三年之蓄曰國非其國也國家承平之久宜蓄積之充物矣今天下郡縣倉廩多空至有不能具三二月之儲者若加之以師旅因之以飢饉雖有智者不能為謀矣夫西北宿兵之重地也物價翔踴十倍數歲之前東南食貨之淵藪也糴買上供僅

足一年之計常平之物散在民間者歉歲亦難收斂士大夫習以為常而不知憂或憂之而不能言或言之而不足聽故弊日益深公私之積日益耗焉昔賈誼言之於漢文曰生之者甚少而靡之者甚多天下財產何得不蹙漢之為漢四十年矣公私之積猶可哀痛安有為天下阽危若此而上不驚者夫積貯者天下之大命也苟粟多而財有餘何為而不成何招而不至文帝感誼言始開籍田躬耕以勸百姓乃至衣弋綈示敦朴為天下先宮室苑囿無所增益有不便輙弛以利民遂有貫朽粟陳之效臣伏望聖慈留神於節用理財之道熟講而深圖之以消未然之患以固無窮之業

覿為刑部侍郎上疏曰臣伏見東南諸路曩歲財用寖為充足故自祖宗以來軍國之費多出於東南大中祥符三年九月江淮發運使李溥言今春運米六百七十九萬石諸路各留三年支用更留准備上供及䟽糶等米萬數至多天禧元年正月赦江淮等路上供米特罷今年春運一次臣竊思祥符中諸路上供之外既有三年之蓄矣至天禧赦書又特罷春運一次者又有以見真宗皇帝深思遠慮不惟閔漕運之勞而亦欲東南諸路蓄積常多也今東南財用窘耗日甚郡縣鮮有兼歲之儲兩浙今歲蘇湖秀三州水災本路轉運司及常平之物不足以充賑糴近取於江淮遠糴於荊湖然後僅能稍蘇三州之民則無備可謂甚矣淮南去歲今歲皆無大災傷而轉運司以軍糧急闕訴於朝廷每年冬借發運司米二十萬石以充軍糧不幸有方數千里之水旱則何以為謀臣近者備員發運使在職歲餘所領六路以上供錢糧不應期限而轉運司官吏該劾者凡四路非獨今歲也前此逐路欠數亦多彼轉運司官吏寧不以失期冒法為懼哉盖力既不足雖重得罪無以避也緣此諸路但務為逃責淺

近之計而不暇及生財長久之道深可嗟惜臣所見者雖止於東南諸路傳聞其它路分亦多類此臣亦嘗詢訪轉運司財用日耗之因雖不能盡究其本末然有灼然易見者逐路用度寖廣而朝廷封樁浸多也且以數事言之選人添倅逐路添將兵諸州添指使場務監官添員外置准備差遣添大使臣凡此雖政事所係適時之宜不得不爾然若計其費則皆祖宗時所未有也用度浸廣既如此又所謂封樁者浸多若賣鹽寬剩錢闕額禁軍請受減省造船錢之類名目甚多本皆轉運司之物而一切封樁歸於朝廷者浸多則轉運司安得而不窘乎臣固知封樁之物非以奉遊宴廣宮室飾苑囿侈輿馬也不過欲蓄積稍多而有以待軍國緩急之用而已然所謂蓄積者經費之外有餘然后可以為蓄積豈可輟有司之經費使不足用而名之蓄積乎今所謂封樁者有司不得輙用彼經費既闕及致歲額

上供之物公然負欠而不可詰又借貸於朝廷者雖經違限勘劾而竟亦不能償此豈長久之計耶臣伏望朝廷熟講而深圖之凡上供封樁之物前日祖宗所不取者皆付之轉運司使諸路轉運司稍得自足乃天下之幸也

劉汪上疏曰臣聞財用空荒失助必有以所致空荒失助之處不困於費出必起於陷失此兩者浮沉財用之海也朝廷講此熟矣然知以遺利失財為憂而密網之置先及百姓此何道耶今內有計司市易外有發運轉運更相龍斷迭相征取闔闢之權歸柄于上而天下之利盡矣尚何疑百姓之私蓄以抗國者哉天子仁聖賜民寬太此日為盛則理財之術但當究費出與失陷兩者之源而已比年已前財用充阜求無不獲者非有真理財之意如今日也特無所事因循曠闊積稔告餘而已自大興廢之後官曹以倍費徒吏以備費田以備治費水以疏決費軍械以預備費府寺以土木費蠻夷以問罪費於非常河瀆以防虞費於不測此數者費出之源也敢妄謂陛下以宮廷犬馬臺池之故而費國毫釐乎是則費出以民雖有智者無為奈何然臣意此數者容有可裁省消壞之實而未之盡得也夫城防百里潰於蟻壤太倉千斯匱於鼠穴朝廷雖廣入之亦廣出之雖日理之亦日費之尚何望陳腐貫朽之髣髴乎議者亦以謂朝廷急財如水火而不愛惜如壓糞事未有形跡而志於必成已財失力又輙弗治故小人之姦亦敢率易舉事而朝廷亦自悅從為審誠如此則十口之家不能保貧況九州乎今朝廷內所備者具不能知外所備者惟坊場之入而已不亦太寠哉陛下毋忽銖銖之必有積而至於鈞石者矣毋忽拳拳之微有積而至於丘山者矣則日朘月削使飽食無事之身不致於若肥斯可也此費出之源所宜究也若陷失之害

則無處不有然名舉之則似不足言實考之則又不可廢且以臣所見稽焉州郡理欠之職尚陷失之權衡也彼居是職者有肯為朝廷一經意乎今折納之法在州郡特理欠之一事爾自非重朝廷之遺使則名存實亡文具而已果誰咎哉至於坊場走利之倖胥史占儞之冗贓罰細故也積及無算而弗收情輕贖金可得也壞至萬分而不斂稅商不詢而公私無據賦衆不足而累歲無所歸監司雖才力不及則棄為殫殘郡邑畏事而意不經則以為汗漫以類推之則遺利失財無端緣而自沉者可赦也非不能為而鹵莽滅裂不肯為者可誅也此陷失之源所宜究也天生有時地生有限人用之無窮而費出不塞其消消陷失不尋其浸浸則期國之富強可得乎

殿中侍御史呂陶奏乞罷榷名山等三處茶以廣德澤亦不闕備邊之費疏曰臣伏見朝廷察知蜀中茶法貽害數路生靈受弊之深特遣使者按視本末意欲更張與民休息今黃廉遍詣諸郡及山場等處尋究弊端盡見其實累具奏列皆有條緒蜀茶之害十去七八疲民延頸日望弛禁過於飢渴之待飲食而朝廷尚遲遲其決者蓋為邊費巨萬仰給於茶慮或闕用未敢遽然與奪臣愚以謂特此說者知其一未知其二也夫陸師閔增歲課為百萬貫而又獻羨餘百萬貫者豈皆茶息哉蓋勇為屠儈之事掊民之喉刮剔骨髓攘奪百貨公為販易其極至於典來豆鬻衣服虛為茶利以欺朝廷爾今日陛下忍為此事乎恭惟深仁博愛惠養萬物惟恐一夫或失其所必不忍為此也既不忍為師閔之事則禁可以盡廢利不可以過取雖黃廉之說猶未能盡副朝廷之意焉故臣願少變其議廣陛下之德澤以慰人望至於邊備又豈敢闕而不計哉且黃廉所以欲榷名山油麻垻洋州三處者猶利榷買之贏覩出息之多爾然諸場不

榷而此獨榷則民有幸不幸榷法猶在則嚴刑濫賞隨時復作譬如治病不去根本未可以言愈也為今之計莫若稍高三處之直如郡縣和糴米穀民間交易之類就彼和買及其起綱運致比於榷法須費一倍每歲約以五萬馱應副熙河仍該秦鳳涇原兩路賣茶之禁從如黃廉之請則自可得一百萬貫以助邊計以權馬法亦不闕少又何必獨榷三處以貽斯民之憂乎其它諸路所入素薄宜一切捨之以與商旅庶為格來之漸也又況蜀茶歲約三千萬斤除和買五百萬斤入熙河外尚有二千五百萬斤皆屬商販流轉三千里之內所謂住稅翻稅過稅者亦可得五十萬貫自榷法之行茶有牙稅息腳頭子籠索等錢皆為無名之歛今既解去羅網一切不問第以一貫之茶納長引錢百文則人情簡便必亦樂輸又有十餘萬貫仍於六十餘萬貫中三分捐一以為未必皆然之數則四十萬貫乃有其

實而茶商諸貨之稅復在此外總計其數則邊防之費粗可足用三郡之茶不必禁榷利害愈明矣

陶又奏為乞放坊場欠錢事疏曰臣伏見近歲以來四海之利多歸公上官司之積動計鉅萬私室之有十已九空恭惟聖政日新德澤流霈窮深極遠蒙被生成其勢如大病之後偶得良藥以活其命有望更生然而腹腸空虛支脈痹弱喘息之氣所存無幾固宜調護撫養俾就安完天下之肥然後可得是以堆垛市易義倉抵當免行之類凡為聚歛者一切廢罷此誠德惠及民之深而與之休息也獨有出賣坊場一事最為深害亦願體恤以慰其心其立法之初蓋為官司事無紀極百費浮冗貪吏從而侵漁州郡衙前既勤力役而所得酒榷之利盡以奉於公家有至竭財破產而死於凍餒朝廷知其如此於是拘收坊場官自出賣所得淨利一以募人執役二以給公家之用行之漸久弊從而生蓋小人之情競利而不慮患實封投狀務在必得既妄添所買之直又虛增抵產之數遂值民間錢幣闕乏酒貨不售課利淨利抽貫稅錢供給不足纔出季限又有罰錢或委保百姓管押綱運其押綱之人往往盜竊官物走竄失陷則須勒保人陪填或元買價高界滿無人交割轉更拖欠緣此數事坊場多有破敗乃至出賣抵產以償官錢或抵產價高出賣不行則強責四鄰承買或四鄰貧乏承買不盡則攤及飛鄰望鄰之家抑令承買或本戶抵產罄盡尚欠官錢則勒保人代納亦須破壞產業或虛指債負妄起訟端皆賴論索郡縣急於官課更不問有無逋欠遂使平人承認械頸受箠道路相望囚繫坐獄殊無虛日其甚者至於自經溝瀆禍及男女而猶不能免大率一縣之內中戶以上因買坊場或充壯保而破散者十常四五官方如此百計督責極力掊聚而遂界所得實

錢十分只及五六一則因元買價高虛張其數二則為物輕錢重酒無厚利三則日趨困窮難於償納以此天下坊場錢積壓少欠其數極多神宗皇帝深知其弊曾於元豐三年明堂大赦并八年正月赦文累行蠲放及與展限送納詔令所至人皆鼓舞歌頌以謂天地大恩莫過於此除已蠲放外至今欠錢不下八九百萬貫簿書之內雖有見欠之名刑獄之下必無可足之理方當陛下布政之初聚歛刻剝之事太半罷去天下臣庶欣戴稱頌以為仁宗復生尤宜廣霈德澤以慰其望臣愚伏願陛下特降睿旨凡係今日已前因買坊場拖欠課利淨利并抽貫稅錢及過月罰錢之類見勒買人或保人送納并破賣抵產者並與除放庶幾窮困之人普沾大惠復遂餘生況皇帝陛下太皇太后陛下恭儉慈仁出於天稟內無土木華靡之費外無兵戈攻戰之賞四海所入國用豐盈雖放免數百萬貫逋欠如去

泰山之一塵。何關於事。且天下之務。固有是非輕重。惟聰明聖智能權而行。遂中於理。今放釋逋負以安生靈。與督責收歛以廣用度。何者爲是。何者爲非。何者爲輕。何者爲重。權而行之。正在此日。又況冬春以來。雨雪愆候。祈禱備至。未聞沾足。則除放欠負。俾民免於凍餒。亦可以感天地之祐。召陰陽之和。使風雨時若也。臣又聞眞宗皇帝嘗御便殿。親閱三司逋欠。放八萬三千數。蓋眞宗以遂次降赦放欠。多爲有司廢格不行。或根究追逮。益爲煩擾。故按籍引對而釋之。臣願陛下遠法眞廟之恤民。近倣神宗之布惠。斷自聖意。特行蠲放坊場欠錢。天下不勝幸甚。

陶又奏爲天下欠坊場錢爲害最大。乞行蠲放。狀曰。臣伏謂天下凋瘵之端。其一起於逋欠之弊。天下逋欠之弊。其大者莫如坊場。蓋始有實計增價虛估抵產之欺。中有出限罰錢累滯不替之患。終有壯

保納官錢。鄰人買產業之禁。期會迫切。條例煩苛。不惟酒戶緣此困窮。抑亦平民因而破蕩。或縲繫。或鞭撻。或轉徙道路。或自經溝瀆。臣嘗歷陳其弊以聞於朝廷矣。大率一縣之內。中戶以上因買坊場。及充壯保而失業破產者。十常四五。多者欠至數千貫。少者亦有三五百貫。以四海計。罹此疾苦者凡幾千家。每家以十口爲率。凡幾萬人失所矣。朝廷亦宜爲之惻然也。神宗皇帝深恤其弊。嘗於元豐三年明堂大赦。并去年正月赦文。累次蠲放。及與展限遲欠。德澤之流。非不深厚。一則爲有司廢格詔令。巧求過遏。幸其少戾於法。遂不蠲除。二則爲物輕幣重。錢貨乏絕。又有災傷去處。或因征役相仍。衣食尚且不完。官錢何暇供納。歲月愈久。逋負愈多。虛掛簿書。枉費刑箠。鉤考之際。雖有見欠之名。憔悴之餘。必無可足之理。況陛下涖政以來。以除弊恤民爲急。大至市易。小至義倉。皆蒙哀憐。多爲罷去。獨此一

事其害最深。赤子之心。旦夕傾望。伏願特降睿旨。霈發渙恩。應今日已前天下坊場拖欠。及保人代納。并出賣抵產填陪不足。及破賣抵產未得者。盡與蠲放。仍令逐路轉運司限一月具已放數目奏聞。如此則朝廷實惠不爲有司之沮抑。天下疲俗盡知皇上之撫養。下可以結人心之欣戴。上可以感天地之太和。儻蒙聖慈開允。臣奏其見欠河渡錢亦乞依此施行。

陶又奏乞詔有司再行裁定六曹人吏。庶節冗費狀曰。臣聞尚姑息則不可革小人之僥倖。長僥倖則不可節朝廷之冗費。今日公患。正在於此。臣敢舉一端而議之。夫六曹吏人者。始官制舉行。以三司審官東西院流內銓等處胥史分隸諸部。創法之初。事未有叙。曹局既廣。不免冗占。朝廷知其如此。嘗差王震刪定條勑。欲課求損。震不能推至公。舉職事。究繁簡之實。立衆寡之限。輒任私意。肉掠浮譽。祿少

者則減。祿多者則添。上以虛數欺昧朝廷。下以實費牢籠羣小。蓋所謂行案手分者。一人之食。或四倍於貼司。震減貼司雖多。而添手分亦不少。以舊校新。一歲之費又數萬緡。乃是陛下欲省吏。震則增之。陛下欲損費。震則益之。懷情罔上。何所信據。震之罪雖可以赦原。而朝廷法度不可以妄作。伏請申詔有司再行裁定六曹吏人之數。無或循仍故態。滋長弊端。庶幾國家横費稍稍裁節。

陶又奏乞相度逐界坊場放免欠錢狀曰。臣伏見朝廷德惠及生民多矣。臣下聚歛之態亦已悛革。惟坊場一事根株深固。條約交紊。猶有餘弊。未盡蠲除。蓋累界放賣至今凡十五年。其始則有實封投狀。競利爭占。虛增估直。詐通抵產之欺。其中則有淨利過重。月納不足。出限罰錢。年滿不替之患。其終則有正名已敗。壯保納官錢。餘欠尚存。鄰人買產業之禁。期會嚴迫。節目煩多。不惟酒戶緣此困窮。抑亦

平民因而朘削。或繫獄。或受箠。或轉徙道路。或自經溝瀆。天下郡邑無處無之。大率一縣之內上中等戶因買坊場及充壯保而失業破產者十常四五。多者欠至數千貫。少者亦三五百緡。以四海總計。凡幾千家罹此疾苦矣。每家以十口為率。凡幾萬人失所矣。恭惟陛下至仁博愛。亦宜為之動心矣。昔者神宗皇帝通知此弊。加意救恤。於元豐三年明堂降赦及八年正月赦文。累行蠲減外。仍與展限二年送納。去歲大饗肆赦。亦有權住催理指揮。委監司保明開奏。當議等第蠲放。德澤之流。非不廣厚。然而此弊終未盡去者。一則為有司違慢詔旨。忘失法意。少有疑似。遂不保明。二則為物輕幣重。錢貨乏絕。或灾傷所困。或兵役相仍。衣食之費尚且不完。至於官錢何有以納。蓋緣第一界至今已十五年。第二界今亦十二年。往往生業蕩盡。子孫淪散。虛載簿書。枉費刑撻。歲月愈久。重不聊生。憔悴之餘。必無可得。臣愚伏望　陛下推廣先志。霈發異恩。以遠近之差為輕重之序。應第一第二界見欠者並與除放。其第三第四界亦乞量立分數蠲免。如此則大法簡易。不為官吏之沮遏。聖澤寬深。遂除生靈之疲瘵。

諫院官右正言劉安世論陝西鹽鈔鐵錢之弊疏曰。臣伏見陝西鹽鈔鐵錢之弊莫甚今日。向者鹽鈔沿邊及近裏州軍轉賣至京。隨處價直增損不過三五百文。是致鹽貨通行商賈獲利。今則關陝每鈔一席價錢僅及十千。纔至西京。所賣不及六貫。或就解池請鹽。一席脚乘之費通約一十二千。般至西京。止賣七貫已上。鹽鈔與般鹽所折皆十分之四五。此鹽鈔之弊也。舊制大鐵錢之法。每一文當小銅錢二文。今則用鐵錢一貫五六百文換易銅錢一貫。往往乘時尚或增長。此鐵錢之弊也。二者弊源皆在官司自求贏餘以補支計。不詳法度與民爭利。且鈔法本欲沿邊召人入中錢物。給鈔支鹽以實邊備。隨處或賤或貴。客人趁時往來販易。公私兩獲其利。今則官司自契勘價錢州軍收買。却於價高處出賣。是以商賈不行。有無不通。陝右素無出產。道路附帶錢物之人惟用鹽鈔。故不免競添高價收買。此鹽鈔與民爭利也。鐵錢銅錢舊日相兼一等行用。更無輕重之別。止自近歲以來。陝西官司計較鼓鑄鐵錢獲利稍厚。諸處錢監罷鑄銅錢。是以民間稍稍難得。或須用銅錢出入。即以鐵銅加息一分換易。日近官司又令應係支給請俸及買賣等只支一色鐵錢。依民間分數加息出換。公私相競。漸次添價。始自一分。今至六七分矣。此銅錢與民爭利也。陝西鹽鈔鐵錢之法。素號經久之利。而今日之弊。至於如此。況陝右京西二路疆境相接。每於界首計其米麥金帛之價。僅爭一倍。皆以此也。久而不革。為害浸深。權時之宜。在所損益。為今之計。惟使陝西官司罷買鹽鈔。止令民間販易。其解州鹽池支給鹽貨。

並用熙寧以前舊法。仍將諸司見在椿管銅錢盡數充撥與轉運司。自今後應係支用並依舊日衮同鐵錢中半支給。其官中加息換易銅錢。亦行禁止。諸州錢監舊鑄銅錢去處。亦令興復。如此則鹽鈔與鐵錢之法必行。商旅復通。公私共利。亦理財裕民之道也。伏望聖慈詳酌。特賜旨揮施行。

畢仲游上奏曰。財用之不足者。世無能用財之人也。論事之小者當諭之大。論事之大者當諭之小。一家之所入。猶昔日也。一家之所出亦猶昔日也。昔乃富。今乃貧。鄉里鄉黨必以為不善用財矣。今天下之所生。猶昔天下也。今天下之所費。亦猶昔天下也。昔乃有餘。今乃不足。而莫有知其不善用財者。殆未之思爾。雖二虜之歲賜。大河之隄防。兵屯之廩食。宗室戚里之奉養。頗有異於昔日。而賦斂之厚。力役之多。鹽鐵酒榷征商之利。凡增於昔日者亦足以當之矣。而天下謁謁然常患財用之不足則財之理在得知財計者用之爾所謂用財者非特斂於公者可用凡天下之財我皆能用之雖非我用而實用之也飢穰天行也我能使之不飢匱乏時有也我能使之不匱左能使之右右能使之左遠能使之近近能使之遠所謂用財之人也

三代之制漫不可考然冢宰制國用量入以為出通三年餘九年之儲而堯湯水旱國無捐瘠也則用財之大計亦可見矣蓋漢興接秦之弊天子不能具鈞駟將相或乘牛車而孝文之時賈誼以謂公私之積猶可哀痛至晁錯開說使民入粟塞下得以拜爵得以除罪曾不數年遂盡除天下之田稅回哀痛之貧為富厚之俗豈天之生財獨私於孝文之世而多邪亦能左右遠近而用之故耳今試以一事求之天下衙前之繁重如公帑齋廚酒酵將輸及使於遠道之類既皆禁之矣其不免於費者摧酤工作三二事而已夏秋穀米布帛之

稅與和買征商祠廟廂鎮之利州縣皆有之以其利而對繁重殆以二而對一又積之歲月可以為身計則衙前之役不難謀矣衙前之役既有定議則坊場河渡單丁女戶之所令足以稟它役之重而支送迎之費然所謂坊郭者獨無所與則可用之財良在於此昔漢高帝之時徙齊諸田楚屈景之族以實關中武帝之世又大徙富人於茂陵而羌胡之難不輕侵也今舉天下坊郭之役錢無慮數十百萬計捐而不取則太章積於州縣則無名如倣西漢遷徙之大意使以役錢入粟塞下及為大河之埽茭十取其二三而以其餘為道路之費要之比前日之役錢省其半則彼亦無所怨矣如是而捄晁錯之說命進納之家與富民而罪可贖者亦皆入粟塞下户實則移之郡國郡國已實則移之京師三司之經費則自用周冢宰量入為出之法必使有餘以備水旱而朝廷內外宗室戚里皆減於制度以適時變推此類而行之左右遠近唯我之所欲用民不知所由豈惟國家無不足之患而富庶之俗太平之策必始於此事非甚難而近世以來莫有思之者故曰財用之不足無用財之人也

仲游又奏曰昔嘗有興作之說動朝廷朝廷信之而患財之不足也故散青苗置市易斂役錢變鹽法凡政之可以得民財者無不舉凡吏之可以得民財者無不用蓋散青苗置市易斂役錢變鹽法者事也而欲興作患不足者情也苟未能杜其興作之情而徒欲禁其散斂變置之事是以百說而百不行然則事之與情可不察哉今欲廢青苗罷市易蠲役錢去鹽法凡號為財利而傷民者一掃而更之則向嘗用事於新法者必不喜矣不喜之人必不曰青苗不可廢市易不可罷役錢不可蠲鹽法不可去必探其不足之情偷不足之說伺不足之隙而言不足之事以動上聽夫以一家之計父子之親欲安

田里逮市井從耕稼之常業辭商販之末利而說以不足則猶相視扼腕而中止況以天下之廣臣民之衆有郊廟朝廷祭祀賓客之奉有內外上下官吏廩稍之費有重兵宿衛邊城守禦之計有大河隄塞戎虜餽賜之勞前古之君固常患不足而又探不足之情偷不足之說伺不足之隙而言不足之事則雖致石人而使聽之猶將動也如是則青苗廢而可復散市易罷而可復置免役蠲而可復斂鹽法去而可復存使禹稷復出為天下爭將無奈何為今之策當大舉天下之計深明出入之數曰天下之不足其弊安在弊在邊境轉輸之多也則棄無用之地省轉輸之繁其省幾何弊在造作備營之多也則止造作輟備營其省幾何弊在新法官吏廩給攢費之多也則廢吏祿行舊法其省幾何弊在掖庭永巷婦人資用之多也則定職掌私身之數非先帝御幸者一出之其省幾何天下之可已者無不已其

省幾何。今諸路常平免役坊場河渡戶絕莊產之錢粟無慮數十百巨萬。如一歸地官以爲經費。可以支二十年之用。則三司歲入之常半爲羸餘。以天下之大而三司歲入半爲羸餘。則數年之間府庫之財倉廩之粟亦將十倍於今日。而既省之後濟之以羨餘。則將如丘山河海之不可盡。以此明言於中而精計乎外。俾朝廷曉然知天下之餘於財也。則不足之情不生。不足之事不起。不足之隙不可伺。而不足之論不得陳於前矣。然故青苗免役市易鹽法凡所謂新法者。如可永罷而不復。如既飽之人强以芻豢猶不肯進。況藜藿菽黍乎。問者曰。患不足而新法興。何以實之。曰。曩者并軍蒐卒。封樁其錢糧。又懼兵之少也。故行保甲之法。籍民爲兵。數年以來。農夫去南畝者太半。盜賊公行。守令不得爲治。則保甲之利害無可言者。而保甲之名至今未除。豈非患兵之不足耶。以兵不足而存保甲。則知財不足而新法之患可以復興也。

侍御史劉摯上奏曰。臣伏覩陛下即位聽政以來。嘉與天下休息。於安治。凡法令之弗宜于民者。疏通損益之。官吏之弗良于政者。罷免放黜之。中外欣戴。人人如被大賚。然事猶有在遠方重地爲害尤甚者。則河北江湖之鹽法。福建川蜀之茶禁是也。數路之害同。而河北江湖福建已嘗朝廷遣使廉治之。獨蜀之茶害未聞詔旨。臣切嘗博訪於知其事者。粗得其說。曰。蜀地陋而陋茶之所出不過十數州而已。始時人賴以爲生。今茶司盡榷而市之。大約園戶有茶一本。而官市之額已至數十斤矣。官所給錢反以糜耗於公者名色不一。如預借息錢。驗引錢。頭子錢。打角錢。秤錢之類。費去常已過半。每歲春官司預以券給借錢糧。必以牙儈保任之。及輸入之日。引驗交稱。又牙儈主之。故其費于牙儈者又不知幾何。則是官于園戶名爲平市。而實奪之也。園戶有逃以免者。有投死以免者。已而其害猶及鄰伍。欲伐茶則有禁。欲增植則加市。故其俗謂地非生茶也。實生禍也。茶場以茶爲息。始者息一出於茶也。其後市之價愈下。取之息愈多。園戶不勝爲之也。故作茶日少。裁足以應官額而已。於是主茶息者議不獨賴茶。而又爲博易以充之也。博易之事。它貨百物貿販苛刻。錐刀瑣屑無不爲者。依茶爲名。通曰茶息。商稅務坐視漏失歲課而不敢有所論也。至於商賈請算者平時便私散之州郡茶地。今則一集于成都之都場。高其估以與之。又總計平時所之州郡遠近道里之費入之。故都場之取息又如此。此商旅之所以難行也。官吏以息爲功。以功第賞。既進官減年矣。又以息額之餘錢使與胥吏牙儈分取入已。曰。用市易法也。市易之實固非法也。然其取息猶曰與民和市。而茶之取息。一用嚴刑重禁網羅致之。亦爲功異矣。奈何均用一法賞之也。今一仕有分錢少者至數千緡。而減年磨勘至有三十餘年

者。此何理哉。法亦可謂敝矣。而朝廷遣使未之及者。豈非以蜀之茶法與熙河蘭會之經制相爲用者歟。蜀茶之利以給熙河蘭會者天下十之三。熙河蘭會之費不止。而蜀茶之害未可息也。然熙河蘭會之費。今昔宜有不同。昔者事邊之外。前有王韶。後有李憲。提兵革財用之大權。朝廷捐金帛市易莫知紀極。聽其自用。不領於有司。無所會計。非徒私二家也。於是依倚苟合之客。罔功興事以利相市之徒。公取公予。莫見其跡。則熙河蘭會大費外又有以泄之者如此也。今既制之於有司。無二人者之橫蠹。若又於邊計外。凡冗名濫費一切大爲之節約。則蜀之茶雖未可以弛其禁。而所謂十之三者殆必可損矣。伏望聖慈選遣使指考茶法之敝。按者會計緣茶公家之所費與實息之數。大減歲市之額。稍增斤直之價。削納茶無名之錢。以完養園戶。裁官吏之員牙儈之數。以省冗給。罷息賞之濫分錢之敝。以

革弊律。而以其事與轉運司通治之。如此。則蜀民之困苦庶乎可以蘇也。臣待罪言路。既有得於人之言。敢不悉以上聞。然此其大略。至於利害纖悉。則願勅使者詳究焉。

歷代名臣奏議卷之二百六十八

歷代名臣奏議卷之二百六十九

理財

宋神宗熙寧初。蘇轍論蜀茶五害狀曰。右臣伏見朝廷近罷市易事。不與商賈爭利。四民各得其業。欣戴聖德。無有窮已。唯有益利秦鳳熙河等路茶場司以買賣茶盡害四路生靈。又以茶法影蔽市易販賣百物。州縣監司不敢呵問。爲害不細。而朝廷未知禁止。臣聞五代之際。孟氏竊據蜀土。國用褊狹。始有榷茶之法。及藝祖平蜀之後。放罷一切橫歛。茶遂無禁。民間便之。其後淳化之間。牟利之臣始議掊取。大盜王小波李順等因販茶失職。竊爲剽劫。凶鋒一扇。兩蜀之民肝腦塗地。久而後定。自後朝廷始因民間販賣量行收稅。所取雖不甚多。而商賈流行。爲利自廣。近歲李杞初定茶法。一切禁止民間私買。然猶所收之息。止以[illegible]萬貫爲額。供億熙河。至劉佐蒲宗閔提舉茶事。取息太重。立法太嚴。遠人始病。是時知彭州呂陶奏乞改法。只行長引。令民自販茶。每茶一貫出長引錢一百。更不得取息。得旨依奏。民間鬨之。方有息肩之望。又却差孫迥李稷入川相度。始議極力掊取。因建言乞許茶價隨時增減。茶法既有增減之文。則取息依舊。由是息錢長引二說並行。而民間轉不易矣。而稷等又益以販鹽布。乃能增額及六十萬貫。及李稷引陸師閔共事。又增額至一百萬貫。師閔近歲又乞於額外以一百萬貫爲獻。朝廷許之。於是奏乞於成都府置都茶場。客旅無見錢買茶。許以金銀諸貨折博。遂以折博爲名。多遣公人牙人公行拘攔民間物貨入場。賤買貴賣。其害過於市易。又以本錢質典諸物。公違條法。欺罔朝廷。蓋茶法始行至今。法度凡四變矣。每變取利益深。民益困弊。然供億熙河止於四十萬貫。其餘以供給官吏及非理進獻。希求恩賞。而害民之餘。辱國傷教。

又有甚者夫逐州通判本以按察吏民諸縣令佐亦以撫字百姓而計算息錢均與牙儈分利至於監茶之官殺茶萬馱即轉一官知縣亦減三年磨勘國之名器輕以與人遂使貪冒滋彰廉恥不立深可痛惜又案盜賊之法贓及二貫止徒一年出賞五貫今民有以錢八百私買茶四十斤者輒徒一年出賞三十貫又遞鋪文字事干軍機及非常盜賊急脚遞日行四百里馬遞日行三百里違二日者止徒一年今茶遞往還日行四百里違一日輒徒一年立法太深茍以自便不顧輕重之宜蓋造立茶法皆傾險小人不識事躰但以遠民無由伸訴而它司畏憚不敢辯理是以公行不道自始至今十餘年矣臣切聞朝廷近日察知其弊差官躰量然猶恐未知其詳臣今訪聞稍得其實謹具條件五害如左　其一曰益利路所在有茶其間邛蜀彭漢綿雅洋等州興元府三泉縣人戶以種茶為生自官榷茶以來以重法脅制不許私賣抑勒等第高秤低估遞年減價見今止得舊價之半茶官又於每歲秋成糴米高估米價強俵茶戶謂之茶本假令米石八百錢即作一貫支俵仍勒出息二分春茶既發茶戶納茶又例抑半價兼壓以大秤所損又半謂之青苗及至賣茶本法止許收息二分今多作名目如牙錢打角錢之類至收五分以上買茶商旅其勢必不肯多出價錢皆是減價虧損園戶以求易售又昔日官未榷茶園戶例收晚茶謂之秋老黃茶不限早晚隨時即賣榷茶之後官買止於六月晚茶入官依條毀棄官既不收園戶須至私賣以陷重禁此園戶之害一也　其二曰川茶本法止於官自販茶其法已陋今官吏緣法為姦遂又販布販大寧鹽販甆器等物并因販茶還脚販解鹽入蜀所販解鹽仍分配州縣多方變賣及折博雜物貨為害不一及近歲立都茶場緣折博之法拘攔百貨出賣收息其

間紗羅皆販入陝西奪商賈之利至於買賣之餘則又加以質當去年八九月間為成都買撲酒坊人李安典糯米一萬貫每千出息八錢半年未贖仍更出息二分其它非法類皆如此今四方蒙賴聖恩罷去市易抵當之弊而蜀中茶官獨因緣茶法潛行二事使西南之民獨不蒙惠澤此平民之害二也　其三曰昔官未榷茶陝西商旅皆以解鹽及藥物等入蜀販茶所過州軍已出一重稅錢及販茶出蜀兼帶蜀貨沿路又復納稅以此省稅增羨今官自販茶所至雖量出稅錢比舊十不及一縱有商旅興販諸處稅務畏憚茶官又利於分取息錢例多欺詐以稅為息由此省稅益耗假有作稅錢上曆歲終又不撥還轉運司但添作茶官歲課公行欺罔又茶官違法販賣百物商旅不行非唯稅虧兼害酒課蜀中舊使交子唯有茶山交易最為浩瀚今官自買茶交子因此價賤此省課之害三也　其四曰蜀道行於溪山之間最號險惡般茶至陝西人力最苦元豐之初始以成都府路廂軍數百人貼鋪般運不一二年死亡略盡茶官遂令州縣和雇人夫和雇不行即差稅戶其為搔擾不可勝言後遂添置遞鋪十五里輒立一鋪招兵五十人起屋六十間官破錢一百五十六貫益以民力僅乃得成今已置百餘鋪矣若二百鋪皆成則是添兵萬人衣糧歲費二十萬貫見招填不足旋貼諸州廂軍逐州闕人百事不集又茶遞一人日般四馱計四百餘斤回車卻載解鹽往還山行六十里稍遇泥潦人力不支逃匿求死嗟怨滿道至去年八九月間劍州劍陽一鋪人全然走盡沿路號茶鋪為納命場此遞鋪之害四也　其五曰陝西民間所用食茶蓋有定數茶官貪求羨息般運過多出賣不盡逐州多虧歲額遂於每斤增價俵賣與人元豐八年鳳州准茶官指揮每茶一斤添錢一百其餘州郡准此可見又茶

法初行賣茶地分止於秦鳳熙河。今遂東至陝府。復奪蠲茶地分。所損必多。此陝西之害五也。五害不除。蜀人泣血無所控告。臣乞朝廷哀憐遠民。罷放榷法。令細民自作交易。但收稅錢。不出長引。止令所在場務據數抽買博馬茶。勿失朝廷武備而已。如此。則救民於綱羅之中。使得再生以養父母妻子。不勝幸甚。如朝廷以為陝西邊事未寧。不欲頓罷茶事。即乞先弛榷禁。因民販茶正稅之外。仍收長引錢。一歲之入不下數十萬貫。而商旅通行。東西諸貨日夜流轉。所得茶稅雜稅錢及酒課增羨。又可得數十萬貫。而罷置茶遞無養兵衣糧及官吏緣茶所費食錢息錢之類。其數亦自不少。則榷茶可罷灼然易見。若異日西邊無事。然後更罷長引錢。如舊收稅而止。然臣用詳師閔所營茶利。雖使之聚斂一一如數。止於二百萬貫。無復贏餘矣。若以前件茶引茶稅雜稅酒課利等錢約七八十萬貫折除。即止約有利一百二十餘萬貫。若更除茶遞養兵衣糧及官吏緣茶所費約三四十萬貫。即是師閔百端非理凌虐細民。止得八十萬貫。假令萬一蜀中稍有飢饉之災。民不堪命。起為盜賊。或如淳化之比。臣不知朝廷用兵幾何。費錢幾何。殺人幾何。可得平定。今但得七八十萬貫錢。置此不慮。臣切惑也。兼臣訪聞陸師閔去年自成都移治永興。仍取成都供給。有本府衙前楊日新者。為之賣酒。至十一月中。師閔自覺非法。始移牒永興成都。止就用永興供給。其違法差衙前賣酒及多請過成都供給。即不曾舉覺。其貪冒無恥一至如此。亦乞命所差官便行躰量。如是詣實。乞重行黜謫。以慰遠方積年之憤。

轍為中書舍人。論處置川茶未當狀曰。朝廷若罷益利路榷茶之法。只榷陝西沿邊諸郡。不許客旅私販。仍將沿邊每歲合用益利諸場茶色及斤重。配在諸場。令及時立限和買。官買數足。方許私下交易。除沿邊所榷地分外。一任客人興販。如此譬畫。比之頃年全榷益利及陝西諸州。其利有五。益利茶戶不被官場以賤大秤抑勒收買。一也。昔茶未有榷。民間採茶凡有四色。牙茶。早茶。晚茶。秋茶是也。採茶既廣。茶利自倍。自榷茶以來。官中只要早茶。其餘三色遂棄不採。民失茶利過半。今既通商。則四色茶俱復採。二也。官所運茶止於邊郡所須。比榷茶之日。所運減半。則茶遞役兵州郡雇脚皆得輕減。三也。陝西茶商既行。岐雍之間民皆食賤茶。四也。益利諸州百貨通行。酒稅課利理當自倍。五也。若比之今來有司所議。但榷名山梁洋三處。放行益利諸場茶貨。其利有四。名山梁洋三處榷法如舊。而不榷之地犬牙相錯。榷與不榷。茶戶利害相遼。例皆王民。而咫尺之間不宜頓有此異。一也。榷與不榷地分不遠。小人易以起動茶戶。借如名山之西南。出茶之地尚有雅州盧山榮經等處。若放令此茶北出。道過名山。彼此相雜。不可辨認。若放令此茶由水路入嘉眉。則名山之茶亦當從此走失。寬則榷法自廢。急則民遭誣罔。橫被徒配。二也。官中所買只用早茶。則牙茶晚茶秋茶亦為棄物。民失厚利。與頃歲無異。三也。沿邊諸州蕃部所要茶色各別。今只將名山梁洋三色茶與之。彼既未諳茶性。必有不售。四也。若比之今來或人之說。兼榷陝西秉外諸州據合用茶數於益利諸場和買。官自般賣和買之餘。成都路客人販茶不得過陝西。其害有三。盡奪茶利。商賈不行。百課不通。酒稅課利自減。一也。運茶既多。遞鋪役兵及州郡雇脚勞費。與頃年無異。二也。岐雍之民仍食貴茶。三也。由此觀之。朝廷若但和買邊郡合用茶數。只於邊郡立榷法。其餘率皆通商。此法一行。則上件三說之弊自除。至於供給蕃部。收買戰馬之利。則與三說無異。以此較之。利害可見。

熙寧中權開封府推官蘇軾上言曰均輸徙貴就賤用近易遠然廣置官屬多出緡錢豪商大賈皆疑而不敢動以為雖不明言販賣既已許之變易變易既行而不與商賈爭利未之聞也夫商賈之事曲折難行其買也先期而予錢其賣也後期而取直多方相濟委曲相通倍稱之息由此而得今先設官置吏簿書廩祿為費已厚非良不售非賄不行是官買之價比民必貴及其賣也弊復如前商賈之利何緣而得朝廷不知慮此乃捐五百萬緡以予之此錢一出恐不可復縱使其間薄有所獲而征商之額所損必多矣帝方惑於王安石之說言皆不行

時青苗法行屯田員外郎知山陰縣舜俞不奉令上疏自劾曰民間出舉財物取息重止一倍約償緡錢而穀粟布縷魚鹽薪蔌耰鉏釜錡之屬得雜取之朝廷募民貸取有司約中熟為價而必償緡錢欲如私家雜償它物不可得故愚民多至賣田宅質妻孥有識耆老戒其鄉黨子弟未嘗不以貰貸為苦祖宗著令以財物相出舉任從書契官不為理其保全元元之意深遠如此今誘之以便利督之以威刑方之舊法異矣詔謂振民乏絕而抑兼并然使十戶為甲浮浪無根者毋得給俵則乏絕者已不蒙其惠此法終行愈為兼并地爾何以言之天下之有常平非能人人計口受餉但權穀價貴賤之柄使積財者不得深藏以邀利爾今散爲青苗唯恐不盡萬一飢饉荐臻必有乘時貴糶者未知將何法以制之官制既放錢取息富室蓄鏹坐待鄰里逋欠之時田宅妻孥隨欲而得是豈不為兼并利哉雖分為夏秋二料而秋放之月與夏斂之期等夏放之月與秋斂之期等不過展轉計息以給為納使吾民終身以及世世每歲兩輸息錢無有窮已是別為一賦以斂海內非王道之舉也

熙寧十年知彭州呂陶上奏曰朝廷欲寬力役立法召募初無過斂民財之意有司奉行過當增添科出謂之寬剩自熙寧六年施行役法至今四年臣本州四縣已有寬剩錢四萬八千七百餘貫今歲又須科納一萬餘貫以成都一路計之無慮五六十萬推之天下見今約有六七百萬貫寬剩在官歲歲如此泉幣絕乏貨法不通商旅農夫咸受其弊臣恐朝廷不知免役錢外有此寬剩數目乞契勘見在約支幾歲不至闕乏霈發德音特免數年或逐年限定不得過十分之一所貴民不重困

陶又上奏曰臣今具本路置場買茶往熙河博賣并盡諸州茶貨入官使收三分利息旋行出賣致令細民失業枉陷刑憲大於遠方不便謹具畫一條例如後

一臣伏以國家富有四海山澤之利多與民共自仁祖臨御以來深知東南數路茶法之害制詔有司一切弛放任令通商貨法流行德澤深厚聖時盛事高出前世今天下茶法既通而蜀中獨行禁榷此蓋言利之臣不知本末苟於營貨而妄為之非所以安靜遠方之意況川峽四路所出茶貨比方東南等處十不及一日月所照文軌混同法無二門仁不異遠豈可諸路通商兩川却為禁地虧損治體莫甚於斯乃為害之大者故臣敢先言之伏望聖慈特寬茶禁所貴法令平一以幸遠方

一本路既為置場買茶將往熙河等處并逐旋取利出賣之後更不許民間衷私買賣遂令諸色人告捕依編勑禁榷茶法斷罪州縣承此指揮後來累有成都府邛州百姓馬吉等為衷私賣茶被人告捕有至徒罪各追賞錢一路之民遂生怨誹蓋緣立法太重有害於人大凡官中元有之物民間私侵其利方是犯

禁只如解州有塩民間煎者乃是私塩晉州有礬山民間煉者乃是私礬今川蜀茶園本是百姓兩稅田地不出五穀只是種茶賦稅一例折科役錢亦須均出自来採茶貨賣以充衣食伏緣此茶本非官地所産乃是百姓已物顯與解塩晉礬事體不同一旦立法須令中賣與官或敢私下交易便成犯禁斤數稍重乃至徒刑仍没納随行物色别理賞錢恭惟陛下仁聖恤物之心必不如此伏乞别立條約以救苛刻之弊免使刑辟滋彰有傷和氣

一本州導江縣蒲村堋口小唐興木頭等鎮各准茶馬司指揮盡數收買茶貨入官並已施行民之受弊大率均一惟導江縣一處尤為切害蓋緣本處是西山八州軍隘口自来通放入城郭部落博易買賣其蕃部别無見錢交易只是將到椒蠟草藥之類於鋪戶處換易茶貨歸去食用謂之茶米或有疾病用此療治旦暮不可暫闕今来官中須要見錢出賣則蕃部難更將椒蠟等物入場博買若於鋪戶處博易則官茶每斤取三分息錢鋪戶價例自然增長蕃部買賣便致阻隔況茂州軍興之後人情方始安帖豈宜更使茶貨不通别生邊事

右謹具如前所有茶禁不通細民失業刑辟太重最於遠方不便事理並已條析如前臣切見熙寧七年朝廷差李杞蒲宗敏入川相度買茶往熙河博馬等事當時使者急於進用不察事體遂認逐年息錢四十萬貫應副熙河後来運茶積滯歳課不足即便擘畫却於彭漢二州逐年收買狹布各十萬疋名為折當脚錢其實將布上所得之息充入茶利自後又恐買布亦難敷及元數則乞却雇回船車般解塩入川洎至塩法難行則又乞將川中有茶去處並行收買前後

乖錯非止一事只是欲竊功賞不卹民間疾病臣愚伏望聖慈特賜采察所貴遠方之俗被惠安生至如官吏費耗道途阻節稅額虧損得不補失則臣不敢喋喋開陳以浼天聽伏乞以臣此奏下本路安撫轉運提刑司相度利害特賜施行

神宗時薛向任發運使行均輸法於六路同脩起居注范純仁言臣嘗親奉德音欲脩先王補助之政今乃效桑羊均輸之法而使小人為之掊克生靈歛怨基禍安石以富國強兵之術啓迪上心欲求近功忘其舊學尚法令則稱商鞅言財利則背孟軻鄙老成為因循棄公論為流俗異已者為不肖合意者為賢人劉琦錢顗等一言便蒙降黜在廷之臣方太半趍附陛下又從而驅之其將何所不至道遠者理當馴致事大者不可速成人材不可急求積獘不可頓革儻欲事功亟就必為憸佞所乘宜速還言者而退安石答中外之望

純仁為起居舍人知諫院又論發運均輸狀曰臣伏覩近降勅命委江淮發運司行均輸之法此蓋制置條例之臣不務遠圖欲希近効畧取周禮賖斂之制理市之法而謂可以均平百物抑奪兼并以求陛下之信其實用桑羊商賈之術將籠諸路物貨買賤賣貴漁奪商人毫末之利以開人主侈大之心甚非堯舜三代務本養民之意也臣聞傳稱先王之化民曰陳之以德義而民興行先之以恭廉而民不爭導之以禮樂而民和睦示之以好惡而民知禁今使貪鄙之吏多引其類習商賈之態以市道誘民固異先王陳德義示好惡之意而曰何必曰利聖賢非以財利為不可用也蓋惡其誘導民心以滋貪慾之風耳夫上之所好下必有甚焉詩曰爾之教矣民胥效矣苟國家得末利而敗風俗非治世之道也王者治財惟在務農桑禁游惰

開衣食之原節無用之費上率下以儉下化上以勤上下勤儉則自然公私有餘矣今耕桑之人不勸衣食之原不廣朝廷不先節儉百姓率多游墮不務生財之道乃使小人扇好利之風而欲國家財用富足是猶緣木而求魚也不獨傷教無益之如此而又將有害之大者焉夫百姓者陛下之赤子也教養之道不可不至撫之以仁則孝愛生導之以利則爭奪起則其所施之法所任之人安得不慎哉今執政不明引用小人使專利病而其人素有貪饕之行屢為欺罔之姦必將以羨餘悅朝廷以賄賂結權倖加以吏民貧弱官吏承風君門九重朝廷萬里有掊尅之患而不得訴有瘡痍之苦而不得伸怨憤一興何所不至陛下雖有子惠黎元之意天下何由而信之哉伏望陛下思聖人之訓黜霸者之術以農桑為衣食之本以殖貨為敗俗之端特降詔旨追改前勅以近者東南郡縣多被水災其均輸未得施行則必中外生民咸仰盛德若謂已行之命不可遽止則乞先罷其人但委逐路監司只用常平舊法凡物之賤者貴價以斂之物之貴者賤價以發之無令抑配人民務求羨息亦是以均平物價沮抑兼并又何必過為更張以傷大德哉臣職叨言路義切愛君知而不敢不言言之不敢不盡惟望聖慈留神納聽不獨臣之幸甚實天下幸甚

純仁又乞詔御史覺察轉運使刻剝為政狀曰臣切以天下財用出於耕桑耕桑出於民力民力有餘則財用足民力困弱則財用匱故傳曰百姓不足君孰與足如此則財用以民力為根本未有弱其根本而盛其枝葉者矣向聞京東轉運使因進羨財公私窘迫今又聞本路官將綿絹與人戶每十三兩折和買絹一匹人戶却須減價賣易如有斤兩折耗比給見錢甚有虧損及至納絹之日所陪益多及

聞荊湖北路監司令民進納授官有人戶家財不能滿數者須令三四戶同共進納內只一戶受官受官者既使它人助錢太為僥倖同納者無名被斂徒抱怨嗟陛下方患國用不足正宜愛惜根本今轉運使所為如此安得民力不傷孔子謂與其有聚斂之臣寧有盜臣蓋謂盜臣止侵末財聚斂必傷根本伏望聖慈下逐路躰量如實有上件事狀宜與重行責降仍乞詔御史臺覺察諸路轉運使有敢以刻剝為政者速行彈奏所冀民力漸蘇王道可行

監察御史裏行劉摯乞復錢禁奏曰先王之制錢幣也所以御萬物通有無而調盈虛人主之所操天下之利勢也鼓鑄之權一制於公上而下不得私之其發散交易流布運用雖或積于公或藏于民轉移出入之不常而要皆為縣官之物使不出于中國用爾是以摩毀之奸散泄之弊不可以無禁也天下諸路監冶所鑄入于王府歲以億數十百萬緡自國朝以來積而至此其數幾何謂宜公私沛然有餘裕矣然今都內之藏既不聞於貫朽而民間之匱時或謂之錢荒此何謂也其故大者在泄之於四夷而已曩時著令銅錢出中國界者去數及一貫其罪抵死立重賞以購告捕而居停資給與夫官吏之失檢察者皆罪有差今熙寧刪去此條而徒聞沿邊有每貫稅之之令利之所在民不憚於冒法前日殺之猶莫能制況遂弛其令哉使四夷不勞而獲中國之利以為利三邊之所漏海舶之所運日積一日臣恐竭吾貨財窮吾工力不足以給之而區區之算稅權其得失何啻相萬哉夫錢以銅為本銅之必禁前世固已有禍福之論今朝廷方增置錢冶而刪去銅令官之所積日益發散民間得以買賣肆為器用以牟厚利蓋非獨失銅而已也而又至於銷毀法錢蓋緣錢者和煉之已精其工費尤簡變而為器有數倍之利然則既

泄之。又壞之。欲錢之充溢不可校。如古之盛。理宜無有也。故臣愚欲乞申嚴邊制。以塞流散之路。復立銅禁。以蓄鼓鑄之本。而息銷毀之患。

淮南轉運使蘇頌奏乞減定淮南鹽價䟽曰。臣伏見淮南一路財賦之數寖為浩繁。尤藉每歲賣鹽額錢一百餘萬貫資助經費。而近歲已來連併不敷。議者咸謂不能禁絕私販之人侵奪公利而致然耳。且瀕海之地。滷所生。而又宿亳諸州連接京東西通商地分。販者不宿昔而獲厚利。雖嚴以刑誅。亦不可禁絕。加以私貨美而價賤。官貨惡而價貴。民間既利於私易。則官鹽無由出賣。得行往往只是抑配與坊郭人戶及過往舟船。如此。課額何從而登辦也。夫鹽味之於人。日食而不可闕者。非同茗酤用之有時也。以一路生齒之繁。食鹽者不可勝計。而兩萬之課。前後登虧不同。非昔之食者衆。而今之食

者寡也。蓋未思所以制其本耳。臣竊聞曩時數有建言者。欲將一路官鹽設法減價出賣。或有欲只減出產州軍價直者。臣以謂遠近一槩減價。誠未易遽行。若且於出產地分。通泰楚海州漣水軍及通商鄰境宿亳壽泗等州減定。使公私之價不甚遼絕。則民間貨買者必衆。而私販之人自知利薄而重犯法矣。苟度越一州而販入它州界。則道路潛匿必艱。於鄰境官司捕捉亦易為禁止也。若行之三數年間。課額稍登。然後於近裏州軍一例裁減。此誠移私貨官利之法也。

張方平上䟽論國計事曰。臣切惟天之生民。以衣食為命。聖人因是而為之均節。立君臣貴賤等威之分。以止其爭且亂。故禮也者。文飾此者也。刑也者。防禁此者也。凡所謂賞罰法令仁義廉恥。皆緣此而後立者也。衣食不足。何禮刑之有哉。內無以保其社稷。外無以制其夷狄。國非其國矣。故貨食者。人事之確論。非高談虛辭之可殺者也。

今京師砥平。衝會之地。連營設衛。以當山河之險。則是國依兵而立。兵待貨食而後可聚。此今天下之大勢也。臣在仁宗朝慶曆中充三司使。嘉祐初再領邦計。嘗為朝廷精言此事。累有奏議。所陳利害安危之躰。究其本原。冗兵寖為大患。畧計中等禁軍。一卒歲給約五十千。十萬人歲費五百萬緡。臣前在三司勘會慶曆五年禁軍之數。比景祐以前增置八百六十餘指揮。四十餘萬人。是增歲費二千萬緡也。太祖皇帝制折杖法。免天下徒。初置壯城牢城備諸役使。謂之廂軍。後乃展轉增創軍額。今遂與禁軍數目幾等。此其歲增衣糧幾何。是皆出於民力。則天下安得不困。臣慶曆五年取諸路鹽酒商稅歲課。比景德計會錄皆增及三數倍以上。景德中收商稅四百五十餘萬貫。慶曆中一千九百七十五萬餘貫。景德中收酒課四百二十八萬餘貫。慶曆中收一千七百一十萬餘貫。景德中收鹽稅課三百三

十五萬餘貫。慶曆中收七百一十五萬餘貫。但茶亦有增而不多爾。天下和買紬絹。本以利民。初行於河北。但資本路軍衣。遂通其法以及京東淮南江浙。景祐中諸路所買不及二百萬疋。慶曆中乃至三百萬疋。自爾時及今二十年。但聞比校督責。不聞有所寬減。如此浚取。天下豈復有遺利。自古有國者。貨利之入無若是之多。其費用亦無若是之廣也。昔唐室自天寶之亂。肅代之後。國力大窘。禁軍乏餉。饑向百姓至捋穗以供兵食。登都城門以望四方貢奉之至。可謂危蹙已。然患難既平。則兵有時而解。兵解則民力紓矣。今中外諸軍坐而衣食。無有解期。天下困斃已如此。而上下恬然不圖云救。寶元康定中。夏戎阻命。西師在野。既聚軍馬。即須入中粮草。在京支還交鈔銀錢物帛。一歲約支一千萬貫以上。三司無以計置。即須內帑供給。慶曆二年三年連年支撥內庫銀紬絹。只此兩次六百萬疋兩。三司

以補不足尋即支盡西事已定二紀于茲中間亦不聞有所處置者邦家不幸大變仍臻須賫之餘府庫虛匱宿歲舊積蓋無餘幾萬一因之以飢饉加之以寇戎臣恐智者難以善於後矣夫苟且者臣下及身之謀遠慮者陛下家國之計立事躰大在陛下所憂無先於此財計之任雖三司之職日生煩務常程計覆簿書期會則在有司至于議有繫於軍國之躰事有關於安危之機其根本在於中書樞密院非有司可得預也今夫賦斂必降勅支給必降宣是祖宗規摹二府共司邦計之出入也今欲保大豐財安民固本當自中書樞密院同心協力倘朗真宗已前舊典先由兵籍減省以次舉其為徼之大若宗室之制官人之法諸生事造端非簡便者裁而正之至于微末細故於國計盈虛不足為損益屬之有司可矣提其綱則衆目張澄其源則下流清易曰窮則變變則通通則久又曰變而通之以盡利

節卦之辭曰節以制度不傷財不害民故傷財害民之事當為制度以節之爾若但遵當守故齪齪細文避猜嫌顧形迹恤浮議而廢遠圖忽人謀而徼天幸日月逝矣歲不我與後雖噬臍何嗟及矣臣服在近列倚恩三朝切見時事日以迫急不勝憂憤輒罄狂瞽惟陛下留神省察

時銅鐵寖多建言鑄錢事不盡行而又自弛錢禁民之銷毀與夫闌出境外者滋多方平諫曰禁銅造幣盜鑄者抵罪至死示不與天下共其利也故事諸監所鑄錢悉入于王府歲出其奇羨給之三司方流布于天下然自太祖平江南江池饒建置爐歲鼓鑄至百萬緡積百年所入宜乎貫朽於中藏充足於民間矣比年公私上下並苦乏錢百貨不通人情窘迫謂之錢荒不知歲所鑄錢今將安在夫鑄錢禁銅之法舊矣令敕具載而自熙寧七年頒行新敕刪去舊條削除錢禁以此邊關重車而出海船飽載而回聞沿邊州軍錢出外界但每貫收稅錢而已錢本中國寶貨今乃與四夷共用又自廢罷銅禁民間銷毀無復可辨銷鎔十錢得精銅一兩造作器用獲利五倍如此則逐州置鑪每鑪增數是猶畎澮之益而供尾閭之泄也

監察御史裏行彭汝礪上奏曰臣聞古之所謂理財者以義理之而已非謂奪而有之也如今所謂市易蓋幾於奪矣凡民之所用皆聚而待之凡民之所利皆取而專之道路之所販不得於私而必之於公市肆之所資不得售於私而必取於公又為假貸以招民於凍餒百姓為之怨傷愁苦而上之人方以此(原本缺)知東南為詳江以南其地利在茶浙江東西所利在物帛州鄉之類以此為生而[illegible]賈者資焉每歲舟浮輦運絡繹於路官得其征以祿百官以養軍旅以事父母以育妻子視京師如歸焉今而市易既自遣使以專其利而商賈

不行矣利入市易而三司之稅有損利歸公家而百姓之用不足其數非難知也且市易之法非不善也誠使如詔書斂市之不售貨之滯於民者以其貫買之雖舉天下為之可也而其利亦無窮且如江東今年夏旱米斗三百銀每兩不至千浙東西今年絲每斤不至四百民在窮乏方無所售使有司因此時取之以待公家之乏利實在民而公家亦與焉今不知出此使牙儈小人日與市民爭毫髮絲粟之息此計之至不善也蓋昔之御商賈之法權其盛衰而已方其盛厚征以抑之方其衰薄稅以揚之未嘗專其利而有之也唐劉晏權萬貨輕重使天下無甚貴賤兵興數年斂不及民而用度足君子或賤之今為計晏下矣聞之冢宰制國用必以歲之杪五穀皆入然後制國用量入以為出廩人以歲之上下數邦用以知足否以治年之豐耗不足則詔王殺國用國家歲比不登而稅賦之入比異時十失

三四亦以此言於陛下乎天之豐歉無常而國之用有定以無常支有定此固已不給矣而開邊境鑿河渠興圩埒而所費益侵此亦無怍上下內外之俱告乏也臣願少罷一切力役視浮費而損之以需有歲焉古者三年一郊以致誠於天地以天地之德為不可報也故牲幣服器一於簡而已自漢及唐浮文滋長矣而恩賞之例尤過於厚使尚文為是邪於救世則今當從質矣以尚豐為是邪於趨時則今當用約矣況未必當於禮也古者以義食君子以利養小人今軍伍之賞且以為因循難廢而羣臣幸以才藝數承陛下休命平時恩施厚矣於是時得封其祖考及其妻子施于子孫又以無功安受無名之賞此非不可節也人皆曰養財有道為此者私憂過計矣夫養財固有道用之獨可無禮乎不止於平時而節之而圖之於不及不於貴者而均之而變於其下亦不是以言仁智矣惟陛下察之

判三班院曾鞏上奏曰臣聞古者以三十年之通制國用使有九年之蓄而制國用者必於歲杪蓋量入而為出國之所不可儉者祭祀也然不過用數之杪則先王養財之意可知矣蓋用之有節則天下雖貧其富易致也漢唐之始天下之用嘗屈矣文帝太宗能用財有節故公私有餘所謂天下雖貧其富易致也用之無節則天下雖富其貧亦易致也漢唐之盛時天下之用常裕矣武帝明皇不能節以制度故公私耗竭所謂天下雖富其貧亦易致也宋興承五代之敝六聖相繼與民休息故生齒既庶而財用有餘且以景德皇祐治平校之景德戶七百三十萬墾田一百七十萬頃皇祐戶一千九十萬墾田二百二十五萬頃治平戶一千二百九十萬墾田四百三十萬頃天下歲入皇祐治平皆一億萬以上歲費亦一億萬以上景德官一萬餘員皇祐二萬餘員治平并幕職州縣官三千三百餘員揔二萬四千員景德郊費六百萬皇祐一千二百萬治平一千三百萬以二者校之官之衆一倍於景德郊之費亦一倍於景德官之數不同如此則皇祐治平入官之門多於景德也則皇祐治平用財之端多於景德也誠詔有司按尋載籍而講求其故使官之數入者之多門可考而知郊之費用財之多端可考而知然後各議其可罷者罷之可損者損之使天下之入如皇祐治平之盛而天下之用官之數郊之費皆同於景德二者所省者蓋半矣則又以類而推之天下之費有約於舊而浮於今者有約於今而浮於舊者其浮者必求其所以浮之自而杜之其約者必本其所以約之由而從之如是而力行以歲入一億萬以上計之所省者十之一則歲有餘財一萬萬馴致不已至於所省者十之三則歲有餘財三萬萬以三十年之通計之當有餘財九億萬可以為十五年之蓄自古國家之富未有及此也古者言九年

之蓄者計每歲之入存十之三耳蓋約而言之也今臣之所陳亦約而言之今其數不能盡同然要其大致必不遠也前世之於彫敝之時猶能易貧而為富今吾以全盛之勢用財有節其所省者一則吾之一也其所省者二則吾之二也前世之所難吾之所易可不論而知也伏惟陛下沖靜質約天性自然乘輿器服尚方所造未嘗用一奇巧嬪嬙左右掖庭之間位號多闕躬履節儉為天下先所以憂憫元元更張庶事之意誠至惻怛格于上下其於明法度以養天下之財又非陛下之所難也臣誠不自揆敢獻其區區之愚陛下裁擇

鞏又奏曰臣嘗言皇祐治平歲入皆一億萬以上而歲費亦畧盡之景德官一萬餘員皇祐治平皆三萬餘員景德郊費六百萬皇祐治平皆一千萬以上是二者費皆倍於景德使皇祐治平入官之門多於景德者可考而知皇祐治平郊費之端多於景德者可考而知然

後議其可罷者罷之可損者損之使歲入如皇祐治平而祿吏奉郊之費同於景德則二者所省蓋半矣則又以類推而省之以歲入一億萬計之所省者十之一則歲有餘財一萬萬所省者十之三則歲有餘財三萬萬以三十年之通計之當有餘財九億萬可以為十五年之蓄自古國家之富未有及此也陛下謂臣所言以節用為理財之要世之言理財者未有及此也今付之中書臣待罪三班按國初承舊以供奉官左右班殿直為三班立都知行首領之又有殿前承旨班院別立行首領之端拱以後分東西供奉又置左右侍禁及承旨借職皆領于三班三班之稱亦不改初三班吏員止於三百或不及之至天禧之間迺總四千二百有餘至於今迺總一萬一千六百九十宗室又八百七十蓋景德員數已十倍於初而以今考之殆三倍於景德畧以三年出入之籍較之熈寧八年入籍者四百八十有

七九年五百四十有四十年六百九十而死亡退免出籍者歲或過二百人或不及之則是歲歲有增未見其止也臣又畧考其入官之繇條於別記以閒議其可罷者罷之可損者損之惟陛下之所擇臣之所知者三班也吏部東西審官與天下它費尚必有近於此者惟陛下試加考察以類求之蓋有約於舊而浮於今者有約於今而浮於舊者其浮者必求其所以浮之自而杜之其約者必本其所以約之由而從之如是而力行使天下歲入億萬而所省者什三計三十年之通當有十五年之蓄夫財用天下之本也使國家富盛如此則何求而不得何為而不成以陛下之聖質而加之勵精以變因循苟簡之敝方大脩法度之政以幸天下詒萬世故臣敢因官守以講求其損益之數而終前日之説以獻惟陛下財擇

哲宗初即位資政殿大學士呂公著上奏曰臣伏見陛下自臨朝以來留神庶政以休息生民為念凡所施為皆中義理如罷導洛堆垛等局減放市易見欠息錢罷人戶養馬放積欠租稅差官躰量茶鹽法使者之刻剥害民如吳居厚霍翔王子京等內臣之生事歛怨如李憲宋用臣等皆從罷去中外聞之無不欣喜踴躍今來復蒙陛下不遺踈拙特降清問臣雖無狀敢不竭盡愚見臣伏思先帝初即位召臣充翰林學士當時親見先帝至誠求治嘗命臣草詔書以寬省民力為意自王安石秉政變易舊法群臣有論其非便者則以為沮壞法度必加廢斥自是青苗免役之法行而取民之財盡保甲保馬之法行而用民之力竭市易茶鹽之法行而奪民之利悉若此之類甚衆今陛下既已深知其弊至公獨斷不為衆論所惑則更張之際當須有術不在倉卒且如青苗之法但罷逐年比較則官司既不邀功百姓自免抑勒之患免役之法當須少取寬剩之數度其差雇所

宜無令下戶虛有輸納上戶取其財中戶取其力則公私自然均濟保甲之法止令就冬月農隙教習仍只委本路監司提按既不至妨農害民則衆庶相得安業無轉為盜賊之患如此三事並須別定良法以為長久之利至於保馬之法先朝已知有司舉行之謬市易之法先帝尤覺其有害而無利及福建江南等路配賣茶鹽過多遠方之民殆不聊生俱非朝廷本意恐當一切罷去而南方鹽法三路保甲尤宜先革者也以上數事皆畧陳大槩其它詳悉非書所能盡然臣所深慮者陛下必欲更脩庶政使不驚物聽而實利及民莫若任人為急故臣前日輒獻愚誠乞陛下廣開言路選置臺諫官誠得中正之士布在要職使講求天下利害議所以更脩之術朝廷上下協心同力斟酌而裁制之則天下不難為矣若不得其人則雖有欲治之意終不可以濟事功臣又切慮議事者以為若更張青苗助役等

法則向去國用必至不足然自來提舉常平司等處錢物並係封樁
自不許撥充軍國常費況今日正是息民省事之時既外不輕用兵
革內無土木橫費自然國計易給兼罷得上件措置則民力已覺漸
舒只如近日方罷導洛司堆垛場汴稅額已有增數此古人所謂
百姓足君孰與不足者也
監察御史王巖叟論河北榷鹽之害疏曰臣切見河北二年以來新
行鹽法考觀其文纖悉皆具所以用意於國家收利於公上不爲不至然
立法之初必以謂官不勞而法可行民無苦而利可得臣今觀之大異於
此運載之車名爲和雇而郡縣鎮寨或無可雇者則不免有配車於
上戶之擾主司移文則未知和雇郡縣應辦則其實均科一歲之間
或至數四其能勝乎載而至官官自賣之勢須準留以備消耗故買
者又不免有分兩不足之弊平日商旅通行隨力大小乘時輦置鹽
亦有餘民間不知有闕絕之患今車腳既艱運載不續則又不免有
時時無數謂之良法固如此乎臣切度計議之人必曰止籠商賈之
利以歸公家而無所增於民今則在在處處民間鹽價增貴一倍乃
是既奪商賈之利又增居民之價以爲息爾所以萬口咨嗟以謂不
慣日食貴鹽如此又未嘗買之艱難如此也仍聞去城稍遠貧家下
戶往往不復食鹽至有以鹽比藥之語夫增價於民而收息於官以
爲異效其誰不能雖十倍之亦無難也顧於百姓何如爾伏惟河朔
天下根本祖宗以來推此爲惠願陛下不以損於民爲利而以益於
民爲利復鹽法如故以爲河北數百萬生靈無窮之賜
貼黃稱慶曆六年嘗有臣寮擘劃鹽法一歲之間止舊數可增錢
五十九萬二千八百餘貫利之所得可謂厚矣仁宗曾不以爲
意而惻然發德音去朕慮河北軍民頓食貴鹽可且令依舊至

今者舊言之往往流涕其敕書刻石於北京今錄本上進庶幾
陛下得見仁宗之意躬而法之以益盛德爲社稷無疆之休又
稱慶曆六年鹽稅額止一十九萬餘緡今若依元豐六年未推
行榷法以前歲收鹽稅爲額自已三十三萬餘緡比舊亦增矣
巖叟又奏曰臣伏覩朝旨差范鍔相度河北轉運使范子奇所奏乞
令鹽稅收十分稅錢事臣昨在河北亦知商賈有自請於官乞罷榷
買而願納倍稅者此蓋出於商賈患榷買之奪其利而巧爲此謀主
計者但知能於商賈倍得稅緡以爲利不知商賈將於民間復增貴
價以爲定也臣近因論河北鹽法榷買不便且錄慶曆六年仁宗敕
書繳進意謂得經聖覽不復更有此指揮今既未然理當再有論列
伏以仁宗既不行三司榷買之法又不從都運司增稅之請直批云
朕慮河北軍民頓食貴鹽可且依舊一言感人淪於骨髓刻之琬琰
明若日星方是時計歲所增幾六十萬緡仁宗豈不爲公家之利博
且久邪意以謂藏之官不若藏之民圖於近不若圖之遠故特捐數
十萬緡無窮之息以爲數百家無窮之惠歲月雖舊而恩意則新今
陛下即位之始正宜復以祖宗一言感悅天下豈宜以小利失人心
也夫小利得之易人心得之難陛下豈不惜邪借此使者復命以增
爲可行陛下遂將用其言而增之邪然則如仁宗敕書之語自河而
北人人共知不可違而違之如陛下名議何臣誠知陛下初無此心
特爲朝議者未之思耳且以利害義非善謀也以怨易息非忠告也
要之前日之德音不可忘今日之離心不可失至理在目了無可疑
臣乞罷鍔勿遣特以慶曆敕書申諭言者以昭陛下愛民之心以塞
計臣聚斂之意則不獨河北之人幸甚實天下幸甚
元祐元年巖叟乞罷青苗奏曰臣等累日前連章上言乞依臺諫官

前後論列。早賜罷支青苗錢事。尚未蒙指揮施行。臣等未諭聖意。仰惟自青苗之法行。天下困弊日甚一日。不如昔時。陛下靜則以堯舜之心為心。動則以祖宗之法為法。高明博大。無所不通。必知行青苗以來。百姓皇皇日甚一日。天下之人議論沸騰者。今十六七年矣。必不肯復以為便。方生而行之。切聞有大臣妄進奸言。惑亂聖聽。謂恐國用不足。覬陛下以此為富國之計。便可見其無識。今匹夫放債取利。為之不已。而終必自敗。況為國乎。富國有大道。養民有大本。豈有匹夫朝夕之事。可為富國長久之計哉。比者四民不循其分。不安其業。故所得者皆苟得。所圖者皆苟圖。今陛下即位以來。四民得安其分。得安其業。天下之富自將有餘。為士者不敢狂言妄作。徼功倖進以生事於四方。而耗公私之財。歲之所惜自已無窮。此一富也。為農者絕誅求之苦。息調發之勞。罷不急之役。寬非時之擾。天下從此無

逃民。四海從此無荒田。耕稼以時。常賦不關。歲之所入。不可勝計。此一富也。為工者不窮竭材用。以治兵器。不傾極功能。以事土木。崇儉尚朴。而華靡纖巧無所陳於前。日有所省。月有所積。而富不可勝用也。為商者無均輸之政以害其生。無市易之法以奪其利。而後皆得自竭其計。自運其財。以流行於四方。人人之得有餘。而國家征稅之入無筭。此其富不可勝用也。四者所得。孰與青苗之息乎。為陛下大臣。不知以此開陛下之心。而乃歲初而出之。歲終而入之。朝而出之。暮而入之。以求毫分之息以自利者。匹夫富者之事也。豈有為天下而為匹夫之事哉。陛下只當思養民。不須思富國。若主於富國。則民必自窮。若志在養民。則國將自富。發之於心。曾靡毫釐之差。覩之於事。遂爭千里之遠。惟在審處之也。伏望陛下檢會臣等前奏。留神省納。早賜施行。

岩叟請詔有司講究商賈利病奏曰。伏以祖宗盛際。四方之商賈交出於塗。而萬貨無所滯。公私共享其利。優游乎豐樂。而不自知。其後利專於公上。商賈為之不行。通都會邑。至有窮窶之嘆。非獨商賈之患也。而上下均受其弊。陛下即位之始。首發德音。廢導洛。罷市易。還民衣食之源。以惠養困窮。人人蒙福。如遂更生。有司固無復爭利之端矣。然二年于今。不為不久。商賈猶病乎不通。而國家未獲其益。何也。必法有蔽於中。而講之未盡其術也。伏望特詔有司。深究利病。以通天下之商賈。下以裕百姓。而上以資縣官。庶幾人物熙然。復及祖宗之盛。臣愚不勝區區。

朝奉郎前知登州軍州事蘇軾狀奏曰。臣切聞議者謂近歲京東榷鹽。既獲厚利。而無甚害。以謂可行。以臣觀之。蓋比之河北淮浙。用刑稀少。因以為便。不知舊日京東販鹽小客無以為生。太半去為盜賊。

然非臣職事所當言者。故不敢以聞。獨臣所領登州。計入海中三百里。地瘠民貧。商賈不至。所在鹽貨。只是居民吃用。今來既榷入官。官買價賤。比之竈戶賣與百姓。三不及一。竈戶失業。漸以逃亡。其害一也。居民咫尺大海。而令頓食貴鹽。深山窮谷。遂至食淡。其害二也。商賈不來。鹽積不散。有入無出。所在官舍皆滿。至於露積。若行配賣。即與福建江西之患無異。若不配賣。即一二年間舉為糞土。坐棄官本。官又被責。專副破家。其害三也。官無一毫之利。而民受三害。決可廢罷。切聞萊州亦是元無客旅興販。事體與此同。欲乞朝廷相度。不用行臣所言。只乞出自聖意。先罷登萊兩州榷鹽。依舊令竈戶賣與百姓。官收鹽稅。其餘州軍。更委有司詳講利害施行。

軾為朝奉郎試中書舍人時。乞不給散青苗錢斛狀曰。准中書錄黃先朝初散青苗。本為利民。故當時指揮並取人戶情願。不得抑配。自

後因提舉官邀要見功務求多散諷脅州縣廢格詔書名為情願其實抑配或舉縣勾集或排門抄劄亦有無賴子弟謾昧尊長錢不入家亦有它人冒名詐請莫知為誰及至追催皆歸本戶朝廷深知其弊故悉罷提舉官不復立額考校訪聞人情安便昨於四月二十六日有敕令給常平錢斛限二月或正月只為人戶欲借請者及時得用又令半留倉庫半出給者只為所給不得輒過此數至於取人戶情願亦不得抑配一遵先朝本意慮恐州縣不曉朝廷本意將為朝廷復欲多散青苗錢穀廣收利息勾集抑配督責嚴急一如向日置提舉官時八月二日三省同奉聖旨令諸路提點刑獄司告示州縣並須候人戶自執狀結保赴縣乞請常平錢穀之時方得勘會依條支給不得依前勾集抄劄強行抑配仍仰提點刑獄常切覺察如有官吏似此違法騷擾者即時取勘施行若提點刑獄不切覺察委轉

運安撫司覺察聞奏仍先次施行者右臣伏見熙寧已來行青苗免役二法至今二十餘年法日益弊民日益貧刑日益煩盜日益熾田日益賤穀帛日益輕細數其害不可勝言者今廊廟大臣皆異時痛心疾首流涕太息欲已其法而不可得者況二聖恭己惟善是從免役之法已盡革去而青苗一事乃獨因舊稍加損益欲行紾臂徐徐月攘一雞之道如人服藥病日益增躰日益羸飲食日益減而終不言此藥不可服但損其分劑變其湯使而服之可乎熙寧之法本不許抑配而其害至此今雖復禁其抑配其害故在也農民之家量入為出縮衣節口雖貧亦足若令分外得錢則費用自廣何所不至況子弟欺謾父兄人戶冒名詐請如詔書所云似此之類本非抑勒所致昔者州縣並行倉法而給納之際十費二三今既罷倉法不免乞取則十費五六必然之勢也又官吏無狀於給散之際必令酒務設

鼓樂倡優或關撲賣酒牌子農民至有徒手而歸者但每散青苗即酒課暴增此臣所親見而為流涕者也二十年間因欠青苗至賣田宅雇妻女投水自縊者不可勝數朝廷忍復行之乎臣謂四月二十六日指揮以散及一半為額與熙寧之法初無小異而今月二日指揮猶許人戶情願請領未免於設法網民使快一時非理之用而不慮後日催納之患二者皆非良法相去無幾也今者已行常平糶糴之法惠民之外官亦稍利如此足矣何用二分之息以賈無窮之怨或云議者以為帑廩不足欲假此法以贍邊用臣不知此言虛實若果有之乃是小人之邪說不可不察昔漢宣帝世西羌反議者欲使民入穀邊郡以免罪蕭望之以為古者藏於民不足則取有餘則與西邊之役雖戶賦口斂以贍其乏古之通議民不以為非豈可遂開利路以傷既成之化仁宗之世西師不解蓋十餘年不行青苗有何

妨闕況二聖恭儉清心省事不求邊功數年之後帑廩自溢有何危急而以萬乘君父之尊負放債取利之謗錐刀之末所得幾何臣雖至愚深為朝廷惜之欲乞特降指揮青苗錢斛今後更不給散所有已請過錢斛候豐熟日分作五年十料隨二稅送納或乞聖慈念其累歲出息已多自第四等以下人戶並與放免庶使農民自此息肩亦免後世有所譏議臣近日謫降呂惠卿告詞云首建青苗力行助役若不盡去其法必致姦臣有詞流傳四方所損不細

門下侍郎司馬光論錢穀宜歸一疏曰臣切以洪範八政食貨為先故古者國用必使冢宰制之祖宗之制天下錢穀自常平倉隸司農寺外其餘皆總於三司一文一勺以上悉申帳籍非條例有定數者不敢擅支故能知其大數量入為出詳度利害變通法度分畫移用取彼有餘濟此不足指揮百司轉運使諸州如臂使指朝廷常選從

吏精於理財者為三司官如陳恕林特李參之類皆稱職有名於也其餘非通曉錢穀者亦罕得叨居其任故能倉庫充溢用度有餘民不疲乏邦家又安自改官制以來備置尚書省六曹二十四司及九寺三監各有職事將舊日三司所掌事務散在六曹及諸寺監應支用錢物五曹得以自專有司得將即時應副而戶部不能制申發帳籍又不盡歸戶部戶部既不得總天下財賦無由盡知錢穀出內見在之數既不盡知何由量入為出又五曹及內外百官各具理財之法申奏施行戶部不得一一關預無由盡究其間利害今之戶部尚書舊三司使之任也而左曹隸尚書右曹不隸尚書天下之財分而為二視彼有餘視此不足不得移用天下皆國家之財而分張如此無專主之者誰為國家公共愛惜通融措置者乎譬人家有財必使一人專主管支用若使數人主之各務己分所有者多互相侵奪又

人人得取而用之財有增益者乎故利權不一雖使天下財如江海亦恐有時而竭況民力及山澤所出有限爾乎此臣所以日夜為國家深憂者也今縱未能大有更張欲乞且令尚書兼領左右曹侍郎則分職而治其右曹所掌錢物尚書非奏請得旨不得擅支諸州錢穀金帛隸提舉常平倉司者每月亦須具帳申戶部六曹及寺監欲支用錢物皆須先關戶部符下支撥不得一面奏乞直支應掌錢物諸司不見戶部符不得應副其舊日三司所管錢穀財用事有散在五曹及諸寺監者並乞收歸戶部若謂戶部事多官少難以辦集即乞減戶部冗末事務付閑曹比司兼領而通隸戶部如此則利權歸一若更選用得人則天下之財庶幾可理矣

監察御史上官均上奏曰臣聞財用出於一司則有無多少得以相通差繆擾盜得以稽察故財無妄出之費而國無不足之憂然後可以裕民之財力而仁澤被於天下矣周之太府掌九貢九賦九功之貳受財貨之入所以待王之膳服賓客祭祀賜予玩好之類皆總于太府歲終會財賄之出入可謂財用出於一故有無多少得以相通差繆擾盜得以稽察而國無不足之憂自漢及唐其理財設官不若周之條理詳備其計入為出不若周之法制全密則上下鰓鰓然常以不給為患不亦宜乎先朝自新官制盖有意合理財之局總於一司故以金部右曹案主行內藏受納寶貨資借拘催之事而奉宸內藏庫受納又隸太府寺然按其所領不過關報寶貨之所入為數若干其不足若干為之拘催歲入之數而已至於支用多少不得以會計文籍外繆不得以稽察歲久朽腐不得以轉貿總領之者止中官數十人彼惟知謹扃鑰塗窻牖以為固密耳承平歲久寶貨山積多不可校至於陳朽蠹敗謾不知省又安能鈎考其出入多少與夫所

蓄之數哉臣切聞昨來內藏庫賣遠年紬帛每匹只二三百文夫自方郡之遠至內帑每縑之直須近二千餘斥賣之直止於十之一二此不知貿易移用之弊矣夫不知理府庫之財而外求於民不知節用之術而為多歛之計此有司之罪也臣以為宜因官制之意令戶部太府寺於內藏諸庫得加檢察而轉貿其歲久之貨幣則帑藏有盈羨之實而無棄敗之患國用足而民財裕矣

監察御史陳次升上奏曰臣切以民財有限取之不可以過多邦賦有常用之不可以無節熙寧以前上供錢物無額外之求州縣無非法之斂自後獻利之臣不原此意惟務刻削以為己功若減一事一件則據其所減色額責令轉運封樁上供別有增置合用之物又合自辦上供名件歲益加多有司財用日惟不足既無家業之可助又無鄰粟之可貸必至多方以取於民非法之徵其來乃自乎是且人

主莫不有惻隱之心。豈無愛民之意。比年監司多以掊取相高者。蓋迫於歲計不足。其勢不得已而然也。伏自陛下臨御以來。輕徭薄賦。歛澄汰掊刻。崇尚忠厚。天下之人莫不咸被德澤。懽欣鼓舞。屬心內附。拭目以覩太平之極致。然而額外上供之數未除。切恐異日供應不辦。官司則有失職之責。苟欲避免侵漁之患。復從而生。未足以副陛下仁厚之德。臣欲乞聖慈特降指揮。勘會熙寧以來於舊上供額外。別行封樁錢物。並與放罷。庶使官吏不至過有誅求。而民無騷擾之害。

歷代名臣奏議卷之二百六十九

歷代名臣奏議卷之二百七十

理財

宋徽宗即位。初。通判鳳州馬景威言陝西自去年罷使銅錢。續遣官措置錢法。未聞有深究錢幣輕重。灼見利害者。銅錢流注天下。雖千百年未嘗有輕重之患。獨鐵錢局於一路。所可通交易有無者。限以十州之地。欲無滯礙安可得乎。又諸州錢監鼓鑄不已。歲月增多。以鼓鑄無窮之錢。而供流轉有限之用。更數十年。積滯一隅。暴如丘山。公私為害。又倍於今日矣。謂宜弛其禁界。許鄰近陝西河東等路特不入京城外。凡解鹽地州縣並許通行折二鐵錢。如此則流注無窮久遠自無輕重之患。

建中靖國元年。給事中上官均上奏曰。臣切聞河北自來不係榷鹽地分。周世宗初榷河北鹽。世宗北伐。父老遮道泣訴。願以鹽課均之兩稅。而弛其禁。世宗許之。今兩稅鹽錢是也。嘉祐中。三司使王拱辰乞本路榷鹽。仁宗皇帝降詔曰。朕不欲河北軍民頓食貴鹽。詔書既下。北京父老感戴聖恩。聚僧道作道場七日。至今碑刻詔文具在北京。紹聖四年。因宣德郎賓詢誣罔朝廷奏請榷鹽。當時詢妻父宰相章子厚遂從其請。施行已及三年。臣近緣使事經由河北。州縣官吏皆以為自行榷鹽。官中獲利甚少。而民食貴鹽。被刑出賞。為害不少。蓋河北淮南諸路。如北京澶恩諸郡。頗多鹵地。既不可耕種。係出稅賦。又納鹽錢。下戶貧民取煎小鹽貨賣。供官贍家。今來官中榷買。既非竈戶。不能剗煎。賣却依舊納稅。更出鹽錢。下戶轉見貧窘。往往犯法。一人冒禁。累及同保。共備賞錢。州縣督責雖明。貧乏以提舉茶鹽司按簿催促。不免經年監錮。貧民迫於衣食不足。必至為盜。兼詢得州郡自行榷鹽。官中雖獲息錢。然商賈稀少。却有虧損稅錢。去處通計一路就使息錢增多然民間塩價比昔日倍貴又多伴和泥土烹煎不精至於犯法被刑督責賞錢為害不細兼河北係黃河行流人使經由道路每年人戶應副工役比於它路尤為勞費昨因大河移改決溢淹浸田廬又累年飢荒流移餓殍人數不少今年稍得豐稔未便蘇息尤藉州縣官吏協力寬恤伏願陛下深飭有司考究榷塩公私獲利多寡循守仁宗手詔德音罷去禁榷養貧乏寧固根本以副陛下惻怛仁民愛物之意

左司員外郎陳瓘進國用須知狀曰臣伏見仁祖之時臣寮上言曰周制冢宰制國用唐宰相兼塩鐵轉運使或判戶部或判度支然則宰相制國用從古然也今中書主民樞密主兵三司主財各不相知故財已匱而樞密院益兵不已民已困而三司取財不已中書視民之困而不知使樞密院減兵三司減財以救民困者制國用之職不在中書故也臣謂當仁祖之時官制未立自元豐以來制國用之職在三省矣戶部右曹之所掌乃天下財用之根本也神考理財之政所以法先王而慮萬世元祐之臣雖有紛更然天下所積財物朝廷亦不盡取今則一年之間連下五勑凡提舉司所積錢取之殆盡竭天下根本之財壞神考理財之政繼志述事豈宜然哉今具五次朝旨下項

一元符三年九月八日勑府界諸路見管坊場錢除本路一年合支數外將剩數更留一半准備支用餘一半特令起發上京應副朝廷支用

一元符三年十一月十九日勑府界諸路見管常平役錢除本路一年合支數外將剩數更留一半准備支用餘一半特令起發上京應副朝廷支用

一建中靖國元年二月二十三日勑諸路提舉司將見在抵當息錢並起發上京應副朝廷支用

一建中靖國元年三月初一日勑諸路提舉司將見在量添酒錢依抵當息錢已得旨揮施行今後支使不盡錢數並封樁准備朝廷支用

一建中靖國元年三月初二日勑府界諸路提舉司所管錢物除依旨揮起發及除留出本年合支散外餘剩更留一半錢數不多深屬闕少糴本今於元祐年中所納助役錢內撥一半充常平糴本餘一半許権貨務召人入便或計置起發上京充那往三路添助常平糴本

臣切惟神考立法之意取民之財還以助民故天下諸路州州縣縣各有蓄積將以待非常之用不使有偏乏之處故右曹錢物不得與別司交雜違條輒用者徒二年自元豐七年以常平等積剩財物補助邊費歲取二百萬緡為額只以三年為期蓋不欲多費天下民財以資邊用神考愛民之慮可謂深矣遠矣今當紹述此意豈宜取三十年間根本蓄藏之物一切大違成憲而偏用之於一方乎且上件五項所取之類以天下計之萬數不少於此類內河東陝西京西三路之撥與提刑司者其數幾何河北路交撥與措置糴買司者其數幾何川陝西路具樁管數目關鄰路召人入便及與茶馬司對數交兌者其數幾何臣謂凡八路那移兌撥皆主於邊費而已自餘路分起發入京西飛于塞下者又不知其幾何然則天下蓄積之物皆運之于邊矣若使一勞而久佚暫費而永寧則三十年積之而一日用之猶是以濟一時之權成不得已之計今則不然但別割諸路以補一方之瘡痍而已臣恐一方瘡痍補之未合而天下乏財之患有不

可深言者矣臣生長南方不能周知四境之高且爲東南之西邊財用匱竭則供億調度必取諸東南東南積剩之物今於無事之時既巧取而偏用之矣或有東南意外不庭之患又將取之於何地乎臣切考唐武德以後開拓邊境地連西域置都督列州縣開元中置節度以統之軍城戍邏萬里相望然而當此之時糗粮出於屯田馬牛出於監牧戍卒繒布取足於山東而已未嘗罄天下之積以從事於一方也今五勑之所取非歲歲常有之數方主議大臣充位之時賴此紓目前之急爲廟堂久遠之慮當如之何制國用者既不卹此議棄地者又執偏見不詢衆庶之論不盡邊臣之說各以利意自復其言因循相仍馴致大患縱以關之爲憂不過請行鬻爵之類耳神考創法比隆於三代彼中世之陋法如鬻爵之類乃熙寧初議之所不取也當時條例司臣寮恭議論者今爲輔相忍不爲陛下一言之乎又

況神考自有爲之初以至法度之成憂勤不倦非一日之積也所以建子孫萬世之業爲四海無疆之慮何意今日繼述先緒乃復遽取中世之陋法而行之者也使財用有餘則朝廷議論自不至此然則神考十九年焦勞之慮特爲今日目前之費爾豈不痛哉又聞獻議之臣欲裁損州郡供給減削吏人請受以佐國用樞密院減厰陜西諸路准備官員數以節冗費此不得已之計非無毫髮之助也然使神考理財之政不爲廟堂所壞則臣寮議論亦不至此此等不得已之事不免漸漸爲之則算間架除鐵陌貸富人錢榖責御史告身之類安保其不漸爲也主議大臣既去之後設有此事則其斂謗欲使何人當之故凡戶部不得已之下策皆非神考大有爲之初意也漸用不得已之策頓改大有爲之意名曰建中而偏爲過甚之舉[illegible]四繼述而大違神考之緒甚矣其可痛也陛下嗣位之初[illegible]赦天下大

弛逋欠此廼真宗之所嘗行而神考之所欲爲也紹聖役法有一倍三料之文神考素意欲俟歲久積多則時一弛之所以遂紓成周馭民之法而俯取漢文弛租之政以悅斯民以召和氣以爲後嗣之式也夫上之所弛者其數既多則下之所獲者不爲僥倖周官八則所謂予以馭其幸者雖非日行之常事是乃馭民之美意陛下式祖宗而行之可謂得繼述之義而人臣之所宜將順者也然方國用匱乏之時而所弛之物其數太多故所謂傾天下之財而使無孑遺者言者之所當慮也然赦勑之所放陛下所以廣恩惠五赦之所取大臣所以備邊乏廣恩惠以收人心有益之事也因邊費而壞成法無益之舉也又赦敕所放其數止於二千餘萬五赦所取其數不知其幾萬萬也陛下爲有益之事以法祖宗其數又少方乏財之時尚不可以不言大臣爲無益之舉以壞先憲其數甚多方乏財之時安可以

不慮乎切惟神考承祖宗久安之緒熙寧之初國用匱乏而理財之政未備也王安石曰有天下者豈以乏財爲患哉於是講理財之法立天下之政緝熙增損十有餘年至於元豐之間法度成就然後州州縣縣皆有蓄積天下無偏乏之處將以待非常之用則所謂有天下者不以乏財爲患信不誣矣今則不然耗根本之財壞已成之法雖西邊用度目前不乏而天[illegible][illegible]匱乏之患將由此而作矣蓋神考爲子孫萬世之慮故政事既立而天下[illegible]之財之患今日壞神考之法則天下之患必自乏財而生此必然之理也且自祖宗以來天下諸路轉運司或有非常之用必須干告朝廷既在經費之外於理自合應副然自熙寧以前常患無可應副者以理財之政未備故也自元豐以來根本蓄積之財州州縣縣聚如江海法防堅固內外充溢轉運司經費之外設有干求以此應副未患不足然而神考愛惜民財

謹守交雜之法。轉運司雖有干求。亦不輕與。故當時轉運使劉攽之徒妄有乞貸者。皆被謫罰。今則邊方用度百倍於昔。轉運司匱乏迫窘異於平時。雖有乞貸。理合應副。然朝廷於其所請。例皆峻拒。朝廷豈爲愛惜民財謹交雜之法乎。良以乏財而已矣。諸路誤以乏財廢事。爲轉運使者安肯受無名之謫乎。夫州州縣縣蓄積之物。一年之内皆以五敕取之。而尚以乏財爲患。可不慮哉。臣願陛下詔宰臣制國用。俾戶部右曹之政。明提舉官覆奏之法。委官選吏會計五敕所起都數若干。已到若干。未到若干。自餘八路那移兌撥以充邊用者若干。陝西河東邊費除繫本路錢物及朝廷以錢應副外。已用五敕所及外。應支五敕所起者其數各若干。除已用應支外所餘之數尚有若干。凡已往之費不可追究。未來之費所宜會也。前此朝廷遣使會計邊費已用之數。所得者簿曆盈車。不可覆考。重有煩費。無補於事。今臣所論者右曹根本之財而已。不知五敕所可以爲西邊幾年之用否。困天下之力。壞神考之政。而數年之後未免闕絕。廟堂之上今亦可以覺悟矣。惟陛下熟計之幸甚。

崇寧中。監察御史沈畸奏論當十夾錫錢宜爲罷當畧曰。小錢之便於民久矣。古者軍興用乏。或以一當百至于當千。此權時之術。非可行於無事之世。今當十之議固足紓目前。然使游手鼓鑄無故有倍稱之息。何憚而不爲。雖日加斷斬勢不可止。恐未能期歲東南小錢輕。錢輕則物重。物重則民愈困。此盗賊所由起也。陝西舊無銅錢。故以夾錫爲貴。一切改鑄。則猶前日鐵錢耳。今東南方私鑄又將使西北効之。是導民犯法也。

大觀四年。張商英爲相。奏言當十錢爲害久矣。舊小平錢有出門之禁。故四方客旅之貨交易得錢。必太半入中末鹽鈔。於買告牒。而餘

錢又流布在市井。此上下内外交相養。今當十錢行。以一夫而負八十千。小車載四百千。錢既爲輕齎之物。則告牒爲滯貨。鹽鈔非待虛擡之息則不行。臣今欲借内庫并密院諸司封樁紬絹金銀并鹽鈔。下令折十錢限民半年所在送官。十千給銀絹各一匹兩。限竟毋更用。候錢入官。擇其惡者鑄小平錢。存其好者折三行用。如此則錢法鈔法不相低昂。可以復舊。

侍御史毛注言崇寧以來鹽法頓易。元豐舊制不許諸路以官船迴載爲轉運司之利。許人任便用鈔請鹽。般載於所指州縣販易。而出賣鹽多寡爲州縣殿最。一有循職養民不忍侵克。則指爲沮法。必重奏劾譴黜。州縣孰不望風畏威競爲刻虐。由是東南諸州每縣三等以上戶。俱以物產高下勒認鹽數之多寡。上戶歲限有至千緡。第三等末戶不下三五十貫。籍爲定數。使依數販易。以足歲額。稍或愆期。鞭撻隨之。一縣歲額有三五萬緡。今用爲常額。實爲害之大者。又言朝廷自昔謹三路之備。糧儲豐溢。其術非它。惟鈔法流通。上下交信。東南末鹽錢爲河北之備。東北鹽爲河東之備。解池鹽爲陝西之備。其錢並積於京師。隨所積多寡給鈔於三路。如河北糧草鈔至京並支見錢。號飛錢法。河東三路至京半支見錢。半支銀紬絹。陝西解鹽鈔則支請解鹽。或有泛給鈔。亦以京師錢支給。惟錢積於京師。鈔行於三路。至則給錢。不復滯留。當時商旅皆悅。爭運糧草入於邊郡。商賈既通。物價亦平。官司上下無有二價。斗米止百餘錢。束草不過三十。邊境倉廩所在盈滿。自崇寧來。鈔法屢更。人不敢信。京師無見錢之積。而給鈔數倍於昔年。鈔至京師。無錢可給。遂至鈔直十不得一。邊郡無人入中。糴買不敷。乃以銀絹見錢品搭支鈔爲糴買之直。民間中糴不復會算鈔直。惟計銀絹見錢。須至高擡糧草之價以就虛

數致使官價幾倍於民間斗米有至四百束草不下百三十餘錢軍儲不得不闕財用不得不匱如解鹽鈔每紙六千今可直三千商旅凡入東南末鹽鈔乃以見錢四分鹽引六分榷貨務惟得七十千之入而東南支鹽官直百千則鹽本已暗有所損矣臣謂鈔法不循復熙豐則物價無由可平邊儲無由可積方今大計無急於此薛向昔講究於嘉祐中行之未幾穀價遽損邊備有餘逮及熙豐其法始備比年榷貨務不顧鈔法屢變有誤邊計惟與貼納見錢專買東南鹽鈔圖增錢數以僥冒榮賞前鈔方行而後鈔又復變易特命先次支鹽則前鈔遂為廢紙誾人攘利商旅怨嗟臣願明詔執政大臣精擇能吏推明鈔法無以見行為有妨無以既往為不可復如薛向之法已效於昔者可舉而行之今之練政事通鈔法不患無人在京三庫之積皆四方郡縣所入不患無備如以三四百萬緡樁留京師隨數

以給鈔引使鈔至給錢不復邀阻上下交信則人以鈔引為輕賫轉相貿易或支請多惟轉廊既給東南末鹽鈔或度牒之類如東南末鹽鈔或度牒敕牒唯許以鈔引既給外餘並令在京以見錢入易樁留以為鈔引之資亦計之得者若舊出文鈔亦當躬究立法量為分數支鹽償之自昔立法之難非特造始倘復既廢亦為非易欲與經久之利則目前微害宜亦可畧惟詳酌可否施行

徽宗時李綱論理財以義疏曰臣伏見朝廷講求理財之術以足邦計議者紛然爭獻其說夫以天下之大承平之久萬物盛多之時經畫財用豈患不足貴於理之有其義而已易曰何以聚人曰財理財正辭禁民為非曰義財者民之所以相生養者也故人非財無以聚之義者利之本也故財非義無以理之溥天之下莫非王土率土之濱莫非王臣臨之以法度之威何求不獲而先王必以輕賦薄斂為貴者蓋知予之為取者政之寶也方今國家用度之廣官吏廩祿之多倍蓰於前則講求理財之術誠為先務獻議者亦不容無取然臣願陛下必命廟堂之臣參議以聞斷自淵衷揆之以義而行之使義然後取人不厭其取上以裕國下以裕民實宗社無窮之利也

李復乞置榷場疏曰臣切見回紇于闐盧甘等國人嘗賫蕃貨以中國交易為利來稱入貢出熙河路朝廷察知其情故限之以年依到本路先後之次發遣赴闕而來者不已守待發遣有留滯在本路十餘年者其所賫蕃貨散入諸路多是禁物民間私相交易遂商物貨厚利盡歸於牙儈臣累次詳問所賫物貨上者有至十餘萬緡下者亦不減五七萬且遠人懷久客之情平民陷冒禁之法利巇無極盡歸於牙儈往來無已每遇發遣徒擾州縣今湟州新復正要措置使商賈奔湊不惟通其有無誠亦厚其根本之勢臣今欲乞於湟州依

雄州火山軍等處例置立榷場於湟州別置蕃市以居來者更不發遣赴闕使利歸於公貨通於下亦可少補經費

復又論錢鈔法疏曰臣切見近日言陝西利害者皆言錢輕物重與夫解鹽鈔法之弊臣嘗究其源陝西自康定寶元年間西鄙用兵支費不足遂鼓鑄鐵錢邊事纔息即時罷鑄至熙寧九年皮公弼主領漕計復奏鑄之迄今二十七八年所鑄不知幾千萬矣鐵錢不通別路聚積陝西民間既多此錢輕一也陝西百貨皆視穀價高下近年西邊拓地增築州軍城寨添屯軍馬急於年計添價糴買兼并巨商蓄穀待價而不出物價愈重錢輕二也若邊事稍息鑄數減少久而比之今日須重裁抑蓄穀之家穀價稍平百貨自隨東南商貨知陝西物重輻湊入關別無回貨皆變轉買鈔而東此鈔價日[illegible]平昔鹽鈔常患不行今者價高乃公家之利異時貨輕則鈔自輕矣臣今欲

乞下陝西轉運司，有艱於物料及難般運、端開工匠之處，可以先次減罷鑄監。於出產斛㪷之處結糴一兩次。及召人入粟塞下，使儲蓄之家不能擅價，庶幾穀價畧平。

御史中丞王安中論妄興坑冶疏曰：臣竊惟自昔神考之世，凡山澤之利，始掌於常平。仁民愛物之意，具諸成憲。陛下親政之初，諸路坑冶惟舊係轉運司錢本者，自屬漕司外，其餘告發撿踏烹鍊費用等並以常平條令從事。官無冗員，職有常守。後因增廣鼓鑄，乃於河北、河東、京東西、陝西權差措置坑冶官屬，考於初令，固曰權差。又曰俟措置既緒，即行減罷。積歲于此，既無鼓鑄。惟陝西河東出自御筆，已併歸常平司。若河北、京東西，曾未及省，而九路措置之使且復出矣。河北之鑿空擾下，攢及無辜，既已考驗。陛下沛然親洒神翰，命具所費所得來上。則官司遷延顧待，蠹耗財力之迹，臣預知其無所逃於

睿斷。若夫京東西與九路之弊，獨可弗慮乎？京東西之近，其無異於河北、陝西、河東者，固不待臣言而後知。至於九路之事，跨地遼遠，躰勢甚重，臣敢不為陛下詳言之。頃者朝廷遣係種往東南措置銅事，其後又益以寶貨，種復命于朝，圖繪之數，增舊十倍。乃奏請分委所部，種蓋不虞朝廷使之自行也。方種為此數時，峻文移，禁錮人吏，逼監司守令承認開掘。江西洪州有嚴陽山，陽萬脉久不興發，種必欲有得，不復愛惜人力，開掘深入。至命官何撫者暴露得疾以斃，家後種遣屬官監守烹鍜，僅得錙銖。州縣不得已承認數十兩之額。所謂錙銖者，人固疑其所自來，而數十兩之額，人固疑州縣欲取之它也。以此一事言之，則九路之數，豈皆確然可信哉？種既不免自行計窮情得，則使事之外，別立說以規自免。曰：召或得希世珍異古之寶器，乞納書藝局。方陛下聖德撫運，庶邦萬民惟正之供，而珍異古器之入，自有司存。如種外臣，豈其所職？蓋欲挾此以濟欺誕搔擾之計耳。遠方興事，初或可為，弗窒其源，害將甚大。今訴訟之詞已有顧以田沒官者矣，捌官屬吏額視發運司舟船人從務給公使之費。又不特如河北、京東西而已也。若夫東南舊來寶藏，厲禁嚴密。鼓鑄錢貨，又有近降御筆，命兩司通融趂辦。而青碌之類，考於明堂第賞之書，亦止逐路監司之效。設有非泛抛索，何必更使種董侵官？臣愚欲望睿慈加惠天下，以今來體究河北銅礦御筆指揮下京東西及種領九路，後來興脩坑冶處，監司依應躰究，仍乞撿會陝西河東已降御筆參酌廢分，庶幾不失政事之躰，稍去冗官蠹耗之弊。遠近幸甚。

陳次升論中都費用奏曰：臣切觀易曰：聖人之大寶曰位。何以守位曰仁。何以聚人曰財。古之聖人非志於為利而樂於貨財也，以謂理財之道不講，則國用不足。雖欲聚人守位，亦可得也。臣聞元豐庫昔

年所積財帛甚多。近歲關邊支遣殆盡。榷貨務全藉賣鈔，如聞賣鈔之金已是窘乏。都商務近來商旅稀少，歲課不登。且國家外有戎狄之費，內有河防之患。百官之俸，給軍旅之衣糧，凡百用度不貲。而利源闕乏，府庫空虛，以至於此，不可不慮。伏望朝廷早賜講求利害，以通貨財，以實倉庫，毋使倉卒之間不足於用，以貽國憂。

次升又論拔湟州奏曰：臣切以國家今日之患，在於財用不足。府庫空虛，倉廩匱乏，諸路皆然。而陝西河北尤甚。去秋雖粗登，而斂價不減。戎兵雖已減省，而糧儲不繼。方當休兵無事之時，尚乃如此。萬一戎虜犯邊，費用百倍，將何支梧？如聞陝西路新築城寨，每歲所費不貲。而湟州一年自費二百八十餘萬，未委何處糧儲可以供贍？有何錢物可以應副？臣嘗乞措置可守可棄之策，不聞如何行遣。河北路黃河決溢之後，民多流移，甚是彫弊。廣主新立，如聞舊兵姦猾[illegible]

未必可保。邊庭難必無虞。此二者當今之患。要當深思熟講之。而不可忽。古人有言曰。存不忘亡。治不忘危。然後國家可保也。伏望聖慈念古人之言。思今日之患。勅大臣以理財賦。嚴邊吏以謹守禦。無使戎虜乘我之虛。猖狂衝突。以貽朝廷之憂。不勝幸甚。

次升又奏曰。臣竊以國家內外府庫之財。祖宗以來生之有道。而財常至於有餘。用之有節。而財不至於虛匱。是以內外財賦充足。而無不給之患。近年朝廷知用之。而不知所以節之。知出之。而不知所以藏之。戶部不獨左曹財用空匱。而右曹亦無餘。諸路不獨漕司空匱。而常平司亦不足。夫天下不能常無事。忽有水旱盜賊。常賦豈足支梧。常平之積。實天下根本之財。神宗皇帝經畫之意遠矣。今天下無事。而用之三五年後。必甚闕乏。一旦水旱盜賊將如之何。伏望聖慈嚴勅宰臣講理財之義。而常平司錢物不得輕易支費。庶使府庫充

實。良法具存。天下之福也。

左正言任伯雨上奏曰。臣切以今日國家所患。莫大不足。不足之患非理財無法也。用財無節爾。貢有常供。賦有常取。山澤之利。莫不兼擅。舟車之算。莫不畢入。青苗有息。免役有剩。理財之政。可謂有法矣。邊隙益廣。宿兵益多。歲歛物貴。糴價五倍。辟名之用。乾沒之弊。若會其數。有過常費。加之朝廷非泛支賜。尋常錫賚之類。不惟無名。亦且太厚。用財之際。可謂無法矣。取之既患。用之無節。諸路上供之外。歲計往往不足。惟儒之吏必乞於朝廷。姦巧之吏則多方料折。目前取辦。不足之患。宜救以道。臣伏願陛下勅三省下有司。會計國家一歲所入與一歲所出凡有幾。支用有餘而畜之。或不足而助之。凡有幾。內外帑藏之積凡有幾。然後析而三之。若干為經費。若干為浮費。若干為陝西五路邊用之費。近質諸元豐。遠質諸慶曆。孰多孰少。孰有餘。孰不足。寫為一圖以視盈耗。日繫心計。朝夕在念。然後內節浮費。如非泛支賜。尋常錫賚之類。非不得已而不可減者。俾有司條陳名件。各損其半。昔仁宗皇帝嘗患支費之冗。乃詔自皇后及宗室及輔臣已降南郊賞賜。各減其半。又嘗以齊醮之物須索無度。詔中丞劉筠裁減冗費。浮費減則經費充矣。今年議者謂邊鄙已寧。正可偃革。省若干戍兵。罷若干將佐。減若干支用。仁宗皇帝嘗曰。自頃開納夏國。本為息民。今日邊用猶廣。乃詔陝西轉運提刑與經略安撫使減損邊用。併省冗官。悉為條目以授監司。又嘗勅兩川歲造錦綺改織絹以供邊費。得節則國用充矣。夫以國家太平日久。業大事叢。賦入不加多。費用日益廣。民既不可益賦。下既不可更損。則愛人之用之要。顧有大於節浮費損邊用哉。此實切於時而易行者。臣伏願陛下下三省樞密院參議立法。留意必行。天下幸甚。

貼黃。臣所奏為言天下財用不足。乞依仁宗時減浮費損邊用。乞下三省樞密院參議立法。臣伏聞近日支思院於內藏庫闕取銀一千四百兩。稜椀本庫無銀支撥。財用乏匱。乃至如此。

慕容彥逢上奏曰。臣竊惟神考立常平之法。加惠元元。意旨深遠。著令完具。而吏或不虔。便文自營。馴致盡耗。出多入寡。近因臣寮建言。申嚴約束。務絕姦弊。惠及細民。臣愚以謂唯納欠多寡。最見推行之實。使任職者悉心奉法。計置及時。官無抑勒留難。下無詭冒違法之人。則良民輸納自無稽違。豈出多入寡之弊。臣欲乞應歛常平錢穀逐歲於令佐印紙內批書納欠分數。依三考法日別立殿最之法。庶幾知所勸沮。因或循情。如蒙聖允。即乞詔有司施行。

安燾以學士知河南府。行上疏曰。自紹聖元符以來。用事之臣持紹述之名誑惑君父。上則固寵位而快恩讎。下則希進用而肆朋附。故

自為謀則善矣。未嘗有毫髮為公家計者也。夫聽言之道。必以其事觀之。臣不敢高談遠引。獨以神考之事切於今者為證。熙寧元豐之間。中外府庫無不充衍。小邑所積錢米亦不減二十萬。紹聖以還。傾竭以供邊費。使軍無見糧。吏無月奉。公私匱耗。未有甚於此時。而反謂紹述。豈不為厚誣哉。願陛下監之。勿使飾偏辭而為身謀者復得行其說。

欽宗靖康元年。御史中丞呂好問乞罷青苗奏曰。臣切見陛下嗣位之初。民心仰戴。中外欣悅。雖胡虜深入。人無異意。何者。天下之人知有休息之日。凡所舉動皆順其意。所下詔令皆以從祖宗之法為言也。今既日久矣。陛下圖治之意雖未少改於前。而德澤不能下究。民心歡悅漸不如初。何也。蓋由軍旅未戢。祖宗之法未行。議論之臣借以為詞。而奉法之吏倚以為姦也。祖宗之法今雖未得盡行。其間有

可行之順民心者。何為而不為哉。臣請舉其大者。青苗斂散之害於民為害最甚。於官都無利益。方今州縣常平錢等率無見在。每年俵散之時。多以虛數料率逐都保正長等。其實請錢者多是州縣官戶公人。違法冒名。無所不至。及送納時。只送息錢。逐年益帶縣道。吏人又因斂散之際。恣行乞覓。此實無窮之患也。民間病此數十年矣。本春陛下既降詔旨從祖宗之法。用事之臣如此等旨意即嵗。今乃遷延卻避。例不敢言。其意不過俟異日天下平定復行紹述之說。則已受賦責爾。遂使州縣冒虛數斂貸怨。可為痛心疾首。臣願陛下出自聖意。將青苗斂法先次改罷。明告天下。以固民心。其它非祖宗之法。逐旋改正。行下以息異議。絕獵之業。不勝幸甚。

諫議大夫楊時乞罷茶鹽榷法奏曰。臣伏覩陛下屢降德音。欲蠲除祖宗之舊。崇寧紛更。唯是茶鹽二法最為民害。榷茶自唐末始有。祖宗蓋嘗行之矣。積年之久。流弊滋甚。仁宗詔有司會榷茶淨利。均為茶租戶輸之。弛其禁使自興販。縣官坐收榷茶之利。而民得自便。無冒禁抵刑之患。可謂公私兩利矣。當時詔書有曰。私藏盜販。犯者實繁。嚴刑重誅。情所不忍。是於江湖數千里設阱以陷吾民也。又曰。歷世之弊。一旦以除。著為經常。不復更制。尚慮喜於立異之人。緣而為姦之黨。妄陳奏議以惑官司。必寘明刑以戒狂謬。其訓告丁寧至矣。固後世子孫所宜守也。今茶租錢輸如故。而榷法愈密。是榷之又榷也。二浙窮荒之民有終嵗不食鹽者。茶則不可一日無也。一日無之則病矣。昔時晚春採造謂之黃茶。每斤不過三二十錢。故細民得以啜食。今買引之直已過數倍。未有茶色。民間例食貴茶。而細民尤被其害。行法之初。裒刻之吏以配賣引數多為功。苟冒恩賞。其後以嵗課最高為額。上戶有敷及十數引。陪費無慮十五六千。則人不易供

矣。諸犯榷貨不得根究來歷。自祖宗迄于熙豐。未之有改也。今茶法獨許根究。盜販者皆無賴小民。一為捕獲。則妄引來歷以報私怨。官司不敢沮抑。追呼枝蔓。狴犴充斥。經時不能決。良可憫也。榷鹽自漢有之。非一日也。周世宗征河東。河朔之民遮道訴鹽法之不便。世宗會所得息均之人戶。從民願也。熙寧中有議再榷者。朝廷不行。方神宗大有為之時。凡可以益國而利民者知無不為。以是為不可行。則是終不可也。今鹽息數在人戶者亦輸之如故。而又設官置司與它路等。其為害深矣。江浙有蠶鹽。於春初均與之。為蠶繅之用。蠶熟以絹償之。未為厲民也。今蠶鹽不支。而償絹不免。則鹽之利入官已多矣。山谷之民食鹽之家十無二三。而州縣均數鹽鈔。民間陪費與茶引等。官吏迫於殿最之嚴。皆計口授之以充嵗額。人何以堪。今朝廷不立嵗額。不比較嵗課。必虧。使者持節一路。豈肯坐視而恬不加察

乎。前此定賦之後蓋嘗不額比較矣。而歲額大虧塩事。監司切責州縣不覺察盜販致有虧欠。州縣苟逭譴責不免敷配取辦。雖名為不比較。而比較之實仍舊也。臣切謂宜一遵祖宗之法。罷提舉茶塩司使之自便。無敷配之弊。而人始受賜矣。往時塩息諸路所得各無慮數十萬緡以充經費。故漕計不乏。漕計不乏。則横斂不加於民。而上下裕矣。議者必謂罷茶塩二法中都必至乏用。臣切以為不然。舊日惟貨務所積皆充御前用。戶部所得無幾矣。今陛下恭儉節用。一毛不妄費。焉用此物為哉。兼榷貨務在祖宗時塩鈔自有常數以備經費。舉而行之。兩無所妨。陛下早降睿旨罷此二法。以幸天下。

李光論制國用疏曰。臣伏覩祖宗之制。天下財穀悉總於三司。非條例有定數不敢擅支。朝廷知其大數量入為出。故能倉廩充溢用度有餘。近年以來政出多門。法度浸弛。戶部既不得總天下財賦。朝廷

亦無緣盡知錢穀大數。侵支互用不可稽察。名為應奉御前。其實般入私室。東南財賦盡於朱勔。西北財賦困於李彥。天下根本之財竭於蔡京王黼。自徐鑄蔣彝為常平司官。何漸為茶馬司官。張琬徐惕燕瑛為市舶官。應安道朱彥美王子獻王復為轉運司官。胡直孺盧宗原為發運使。王仲閎胡邃為提點刑獄。宋晦為香塩官。劉寄呂岯毛孝立為塩司屬官。天下財賦盡歸權倖之家。小人乘時無復忌憚今所至匱竭。公家無半年之儲。百姓無旬日之積。加之兵興府庫金帛散用將盡。此乃國用危急之時。所謂理財經久之術不可不慮。伏望遵依祖宗故事。使三省樞密院通知兵民財利大計。與戶部量一歲出入以制國用。仍乞精擇健吏通知財計者置司驅磨諸路應干錢物往來移用過及見在之數。其官吏各量添俸給。設以功限為之賞罰。或專遣使命。就所至勾集諸司人吏驅磨。庶幾利源歸一。而天下財用可得而理矣。

高宗建炎元年知開封府宗澤上奏曰。臣切見京東路青相密登萊皆產塩。自太府卿鄭僅建請行東北塩。其產塩州縣並行税塩法。宣和三年宰相王黼用事。始罷河北京東税塩。其意只欲在京榷貨務入納數多。應副目前用度。遂為東北之害者十年。臣亦嘗歲計之。行鈔塩比之税塩大段虧少。蓋税塩不拘錢數多少皆可買販。故民易於得塩。若鈔塩非富商大賈以千萬計不能為也。方無事時商賈尚且乘時要利。使人食貴塩。況今道路梗澁。商賈不行。以今歲春夏觀之。官塩無處貫販。遂令盜販者專其利。其偷竊官塩又不知幾何也。欲乞特降睿旨。將宣和三年以前税塩地分並依舊法。不惟官收其利以資州縣闕乏。亦可止絕私販。兼於塩法別無妨礙。委是經久可行。實有助於諸州縣糶本。且安京東河北兩路人心。

紹興七年試中書舍人李彌遜上奏曰。臣切惟泉貨之用於天下。猶水之行於地中。其出也有源。則其流也不絕。一窒其源。則竭矣。伏覩朝廷多事已來。百費叢起。其生之也未得其術。而用之無窮。雖有丘山之積。亦日削矣。且以一州一月計之。不下數萬緡。天下一歲之費可勝計哉。不可不慮也。況錢貨之積必有所在。不在公家。即在私室。今國用不足。百姓不足。公卿之家盡於盜賊兼并之家盡於誅求。雖比來郡邑所輸悉入諸軍。而軍中非積錢之地。往往變易輕齎以便携挈。不知何自而往也。訪聞多自淮南轉入僞境。以資敵國之用。兼川陝鐵錢地分近東公然行用銅錢。及民間違法銷鑄以為器物。如此泄之。其患滋甚。是欲實漏巵而大其罅也。臣願陛下深究此弊。申命計臣詳加講議。廣所以生之之源。思所以積之之術。嚴所以泄之之禁。誠今日之急務也。

孫遜又乞置使糴粟疏曰臣聞陸贄有言晁錯論安邊之策要在積穀充國建破羌之議先務屯田故其於興元平賊之後猶力請糴以運水脚擇人充使委以平糴蓋師行之際足食爲先不易之理也國家用武十有餘年軍餉日滋終歲所入才可給目前仰食之衆水旱盜賊之備不預焉一有非常之役不取則不足以濟事功取之則民不堪命長慮却顧者於此寒心也臣每於數奏之間躬聞聖訓以國用不給爲甚患以民力既竭爲深憂臣仰躰陛下宵旰勤恤之意蚤夜以思祖宗之法有便於國利於民可行於今者發運一司是也其制始於太宗淳化間而備於仁宗皇祐之後大槩不過權六路豐凶以行平糴之法灾傷州郡則減價而收之直豐熟州軍則增價而糴以補當輸之數每歲轉般以實中都亦可謂便於國利於民也然今日之宜比昔少異不必盡循舊制當師其意積益以行之臣愚謂當於經費之外別給糴本數百萬緡復置一司廣行儲積分毫不得取供近用惟以待陛下經遠恢復之須積之一年必見其效三年之間當有一年之蓄加以數年倉廩有豐實之漸田畝有休息之期公私之利不可勝言然方省官之時而欲增置吏員方匱闕之時而欲椿辦糴本方日前仰給之時而效乃在數年之後議者必以爲說蓋興事者難於謀始慮遠者不求近功今捐緡錢數百萬增官吏十數人而可以爲朝廷長久無窮之利何憚而不爲孟子謂有七年之病求三年之艾苟爲不蓄終身不得政可爲今日道臣謹條具發運司建置廢罷及今日可以依倣置使之目隨此繳進伏望陛下特加聖覽參酌利病斷以不疑而力行之不勝幸甚

紹興間江西安撫制置大使李綱論財用疏曰臣切見自宰臣以下裁減俸祿有以見朝廷財用之闕也陛下臨御以來恭儉憂勤無燕遊玩好之娛六宮簡省無橫恩濫賜之費執政常虛侍從多闕省臺寺監之官未嘗具員而財用闕乏乃至此者豈非以養兵之費不貲故耶臣切覩近年行在禁衛之兵與夫諸將屯兵於大江表裏不啻數十萬人日有食錢月有俸料時有激賞犒設凡數倍於承平無事之時而戶部歲入常賦無承平三分之一朝廷所資榷貨亦頗有入納不如平時之數者然則積月累歲帑藏遂虛無足怪者戶部調度不足則仰給於朝廷朝廷支降不繼則責辦於州縣雖陛下屢降寬恤之詔不許歛取於民然勢有不得已者非取於民曷從而得降官告給度牒理積欠賣戶帖名雖不同取於民一也方今民力凋弊取之不已物力耗屈人心驚疑非長慮却顧之策易曰何以聚人曰財理財正辭禁民爲非曰義財非義不理興師伐罪非財不行今陛下張皇六師恢復疆土以建中興之業而財用不足將何以克濟大功昔太公佐周而立九府之法管仲相齊而明取予之權范蠡霸越而用計然之策蕭何輔漢而專餽餉之事近世有唐自天寶而後兵拏不解肅代德宗之朝有劉晏韓滉之流皆通於財計權百貨之低昂籠天下利以佐軍興不歛於民而國用足載在方冊其術可考臣愚伏望聖慈降旨朝廷委官考劉晏韓滉事跡可行於今者條具進呈試採其說擇有心計疏通公廉之臣而推行之庶有補國用於戶部常賦朝廷榷貨外別項封樁專以養兵而佐中興伏惟陛下裁幸

高宗時李光上奏曰臣聞之易曰何以守位曰仁何以聚人曰財理財正辭禁民爲非曰義然則善爲國者安可不務理財以足用度乎故周室之興厚生民之本則有如公劉齊威之霸富國強兵之術則有如管仲李悝之平糴耿壽昌之常平劉晏之平準皆能歛不及民

而用度足其經理財用必有術矣至於後世聚斂之臣蓋非有生財之道不過掊克生靈剖剥百姓以欺惑人主冒一旦之寵祿而已豈真能為人主興利除害使上下給足乎今軍興之際固宜講究財計以佐國用而自冬春以來朝廷用議者之說巧為名目以斂財如戶帖鬻爵交引給換等法中外騷然遠近疑惑上下愁怨臣恐邦本一搖其禍有不可勝言者伏望聖慈深詔大臣訪求通知財用之士別議生財之術量入為出以制國用如前世數人遺法尚有可施行者古人有言與其有聚斂之臣寧有盗臣蓋自古雖亂社稷憂危未有甚於今日者皇天后土眷顧陛下故十年之間強虜偽廷稍稍沮却東南年穀屢登兵力漸振中原赤子矯首望幸庶幾復覩漢衣冠者恃陛下德澤有以得人心也昔范祖禹論奉天之難其畧曰德宗以飢羸之卒守一縣之地而當朱泚十萬之師備禦俱竭危不容喘所

恃者人心未去也卒能克復宗社不失舊物而況以天下之大億兆之衆守之以道德用之以仁義其誰能敵之故人君苟得民心則不在地之廣狹兵之衆寡王天下猶反掌也湯以七十里文王以百里豈不信哉臣每每咸陛下以不可行苛刻之政無名之賦務存大體者深慮此聲一出遠近傳播人心動搖也惟陛下察之

光又乞廢常平主管官罷發運司疏曰臣謂今日急務莫切於理財而理財之政有避其名而因失其實者有無其實而徒存其名者固未易槩舉今姑論其大者其事有二常平之法本於漢耿壽昌今州縣錢穀有屬常平司者名色非一悉揔於戶部右曹今乃以王安石之故而廢之既使香鹽司兼領又別差主管官一員有司莫之適從錢穀因致失陷豈非避其名而失其實乎發運使本以揔六路財賦以漕輓中都餽餉為職兵興以來既無轉輸今乃以糴買事委之其本錢盡從朝廷給降無慮五六百萬緡又以淮南總制司及諸路失陷四易市易贍軍等錢歲亦不下數十萬緡此國用所以益窘也臣愚欲望聖慈特降睿旨廢常平主管官及舊令香鹽官兼領罷發運司其糴買總制等事令戶部侍郎專領庶幾名正而事成官省而職舉不勝幸甚

戶部尚書章誼上奏曰臣竊惟國家財用轉輸必有心計之臣內外幹旋使山海之藏天地之產適而不竭然後用度不匱祖宗設官理財內則戶部以知天下貢賦盈虛之數外則諸路各有轉運使副以經理一路之財計至於東南委輸宜盛則又置發運以督六路供輸之入蓋皆有移用補助之法戶部御以不乏者也今兵革警興財用為急諸路貢賦或侵奪於剽攻之盜或乾沒於貪贓之吏又復州縣之官疲懦者失於拘催強暴者敢於擅用戶部不勝其窘間遣郎官

分道催督單車所至不過移文終亦素手空歸固無益也而況悍將驕兵各據要害自川廣東西荆湖南北上貢歲輸不入於王府者且累年矣王以寧孔彥舟截留於湖南李允文張用盜取於鄂岳李山李惇仁奪攘於虔吉致此諸路財計散亡之端則皆發運使失職之罪也發運使職總財計固當竭力奔走上下江湖之間置司形勝要害之地共營中外經常之費今乃坐局一方僅同筦庫之吏豈陛下設官理財之意哉頃時朝廷定都汴京故發運置司真州泗州兩處今朝廷暫駐吳越則發運使當在荆湖南北之間往來督運乃為稱職昔唐韓滉之在東南也當德宗西狩奉天之日江淮震騷而滉調發糧帛以濟朝廷陸運則勁卒萬人綏靖東南而漕路無梗水運則船置十弩以相捍警而賊不能剽當時賴之以成中興今之發運使權重於昔人而地兼於數路任非其人處非其地宜乎邦計之不

裕也。伏望睿斷付之外廷討論發運使置司之郡。博選能臣俾勝其任。

誼又論發運常平官制因革疏曰。臣伏見戶部掌天下財賦出入。在祖宗時則三司使之任也。三司使在人主左右總金穀圖籍之數。而諸路各設轉運使以分任一路之責。三司使在內。諸路轉運使在外。其開闔斂散之權有不能相通也。於是在三路則有都轉運使。在六路則有發運使。所以巡行天下。周知盈虛之數以制國用自東爲戶部以來。在本部則有左曹右曹之設。在諸路則有轉運司提舉司之興。運司則左曹之屬也。提舉則右曹之屬也。左曹所入。散之以給經常之費。右曹所入。積之以待不時之須。此皆內外相維。臂指相應。而理財之政密矣。今發運既廢。而諸路財賦有無不得以相通。提舉既廢。而常平財物陷失幾及於太半。議者乃欲使戶部長貳周行於郡

邑。但置主管官以革常平之宿弊。誠恐無補治道。徒紛紛也。臣切謂今日諸路監司幹官無慮數十人。若罷去冗員。收其吏祿以復發運司。則諸路財用通而不竭矣。又今諸路轉運使副率兩員。若專委一員檢察常平以應右曹之選。則戶部財用無陷失矣。兩司名實既雜。職事所及不敢不盡。如蒙睿明灼見因革之原。乞付外廷措置施行。

誼又乞建使名糾察諸路財計疏曰。臣切惟今日國家財用之乏。未有甚於此時也。倉廩府庫之儲。曾無水旱凶荒之備。月營一月。歲營一歲。臣原其所自蓋有三焉。一則軍旅調發芻糧之費甚廣。二則齊民轉徙賦役之度不均。三則官吏蠹耗費出之用無節。方今外攘戎狄。內平盜賊。軍旅芻糧之費雖欲損節。蓋未可也。至於末作游手填郛溢郭。既無穀粟布帛之征。又無力役供須之事。縣官所取獨在耕織之家。陛下海涵天覆。視民如傷。尺縷斗粟有司不敢擅賦也。夫以入者不均。而生財之路狹。出者難損。用財之路多。誠使監司州縣撫養凋瘵。勸課農桑。裁抑浮冗。謹誌出納。使彊宗大姓肯佐公家之急。姦胥貪吏無復乾沒之弊。則國家每歲賦入自足支吾。今則不然。監司州縣既習苟且。財計散亡。支費無度。朝廷灼見弊端。嘗遣郎官奉使福建二廣。假以檢察措置之名。甚大幸也。至於江浙四路。尚未付能臣使之鈎考。臣聞近者四路頗遣催督造船之官。若因此使之行。委以財用之事。而不付以檢察措置之名。則臣恐監司州郡未知陛下理財之政將圖恢復。足食足兵意有所在。或藏匿簿書。或移隱財物。監司則稱巡歷而遠避。州郡則稱去失而難稽。甚者密與行司人吏暗相要結。盜換文曆。竄易案名。遂致輶軒使者仗節空歸。良可惜哉。況今郡守監司往往曾歷宰執侍從卿監之任。今者單車之使。呼喚人吏。取索文書。當未易折簡致也。伏望聖慈崇建使名。先賜詔告

示諸路以足食足兵之意。假使者以廉按糾察之權。俟其奏陳。大明賞罰。庶幾經常之入得免侵耗。正賦之外斂不及民。足國裕民。於是乎在。臣職司邦計。不敢隱默。如或可採。乞付外廷施行。

誼又論財賦疏曰。臣契勘朝廷近年用兵以來。緣財用闕乏。多刱科目以廣生財之路。雖名籍甚繁。率係於戶部之行移。而所收財用不入於戶部之帑藏。夫名色繁多。則有以致議者之紛紜。帑藏虛空。則無以供軍國之調度。此掌邦計者所以難於稱職也。今有條具申畫。朝廷乞正本原。不然救之末流。恐亦無補。切見行在與諸路回易庫本用都督府本錢爲之。而議者謂戶部與百姓爭利。贍軍酒庫本都督府取江東安撫司酒庫爲之。而議者謂戶部與建康府爭利。戶帖錢下及於細民。官告錢徧取於豪右。諸路煮酒各增價直。廣西一路初建榷酤。其科目如此之多。而戶部未嘗受一金之入。至於經常之

賦。又復侵削過半。如上供錢帛金銀。如茶盐見錢關引。如市舶乳香藥物。率經截用。計其可見者已輸一千五百萬緡矣。已用者固難於追收。未用者尚可以拘集。今幸邊陲無事。止是供億屯田泊軍馬。計一歲之用。已當三千萬緡。但倚推貨務所得。積日累月以相補助。萬一朝廷有所須索以應倉猝之用。決不能辦。伏望朝廷釐正科目。各任司存之責。拘集見在撥還侵用之數。二事既行。然後量入為出。以儉易奢。上足國用。下寬民力。亦使惟新之政。無得而議。不勝大幸。如蒙採録。乞賜施行。

戶部侍郎葉夢得上奏曰。臣惟方今要務。莫急於兵食二事。而食尤為先。今地官掌邦財。臣之職也。古者有生財。有節財。有理財。三者兼備而國用足。生財之道。比歲講之已詳。所不暇論。日近裁損浮費。所以節財者亦畧舉矣。惟是發與相因。闔散相制。以權有無。以稽出納

者。理財之政。當在講究。切見兵興以來。諸路轉運司及州縣。例皆乘時擾攘。玩習舊弊。凡府藏所當治。法令所當行。一切滅裂不省。至或妄為支費。或輕為蠲除以棄其所有。遇有緩急。反侵取它司。歛率百姓。上下陵暴。彼此豪奪。無復綱紀。不可不及今早正之。臣試畧舉一二。如和糴措置於收成價平之時。至翔貴倍蓰。乃始科配。酒務課額不與之本。乃使借貸於民。與之分利。公私輸送。初不鈞稽。至于侵盜因事發露。雖加刑辟。而無可備償。歛散在民。初不撿視。至于欠負拖延歲月。僥倖赦恩。而例從蠲免之類。所虧折不可勝計。甚有畏懦以謀。以私則有私立軍伍。犒設濫增。公吏廩給。姑息以邀民譽。則擅放兩。以直除和買等。公家之入。又併侵棄。一旦吏按籍告不足。乃舉權宜以亂法。則侵常平之蔵。專塩香之入。稱情頓以困民。則縱借貸之令。申勸誘之法。此皆偷安塞責。取辦目前。不為它人之謀。不為後日

之計。是以上日以遺。下日以困。若加以數歲。公私其何堪乎。臣涖職之初。不敢不因所聞見妄獻其愚。伏望聖慈特下明詔。申飭諸路漕臣守令。使各按法令根舉其職。毋得越法守而妄支費。毋得矯詔令而輒蠲除。毋得歛百姓而濟私謀。毋得侵它司而辦己事。應能以本職自足經費。歲終無陷失拖欠者。令戶部察漕臣。漕臣察州縣。量立員額。取其最優者指陳實狀上之。其廢墮者准此。特加陞黜。明示勸沮。其舊條有當申明。及合立為格法。鈎校檢察者。委本部討論措置脩立。以開庶幾當此多事之時。人各自奮。職思其憂。國用民力。兩獲兼濟。不至遺患它日。

權戶部侍郎廖剛奏乞宰相兼制國用疏曰。臣切惟今日國事莫急於財用。歲入不及承平三之一。而費出倍於昔日。所幸頻年無大水旱。通泰等處塩額倍增。榷貨務入納不闕。朝廷苟紓目前。往往以為

如此自可以度日。卒歲不復深慮。臣愚切以為憂也。夫水旱飢歉治世數有。運塩請鈔。權在商賈。官司或有阻節。致其不來。則立見虧失。然則詎能保其長如一日乎。古人嘗謂國無三年之蓄。則國非其國。斯言誠不為過。為今之計。如節用一事。一舉措不可忽也。如營田屯田二事。一日不可忘也。此實是財用之本源。願陛下毋以言之者多。遂以為常談。而不加意焉。則天下幸甚。臣又聞古者冢宰制國用。唐制宰相兼領塩鐵度支戶部。國初亦以宰相都提舉三司水陸發運等使。蓋財用為國之本。宰相可不知乎。用財之道。必量入以為出。今也甲主而乙用之。上者雖竭。而用者若不聞。正猶秦人視越人之肥瘠耳。臣願陛下速降睿旨。下有司討論。以宰相兼制國用。使得視其盈虛而均節之。誠今日之急務也。

給事中孫覿乞復常平疏曰。臣伏見神宗皇帝脩講常平之政。置提

舉官行其法於天下尒時錢穀充斥府縣大縣至百萬小縣猶六七十萬貫朽粟陳不可勝校臣又聞役法初行取寬剩錢不得過二分以備水旱至元豐八年計所積有三千餘萬貫石元祐二年京東轉運使范純粹欲以此錢米買田舉行熙寧給田募役如邊郡招弓箭手之法是時寬剩錢米尚有此數則常平之積在天下不可勝校可見矣崇寧中始取充學校養士居養安濟漏澤園等費政和以來又取以供花石應奉之資橫貫三十年所喪十八向者議臣追咎熙豐改作遂罷提舉官而常平之財所存十二猶以億萬計一旦斥罷委棄它司爭取亡用遂至掃地甚可惜也然而轉運使漕輓軍儲上供之外趣了目前已殫耕戢無一金之蔵它日朝廷有大水旱招集流亡有大舉措繕治宮闕經畫殘破名募軍馬以備不時緩急之須則非轉運使之所能辦也方時多事財用為急比見朝廷遣諸路撫諭

添置發運副使措置遞馬催發綱運不免差官夫豈得已所謂常平提舉官尤不可已也伏望聖慈明詔三省選用老成之士追復常平提舉官申講補助之政增廣蓄積之備使它司不得侵而異日有所恃以為萬世無窮之基

右正言陳淵上奏曰臣聞商旅不行則有無不能以相資而物之有餘者常病於無用而物之不足者常患乎難得民始有受其弊者矣故[illegible]之懋遷有無周之阜通貨賄不厄商旅乃所以利民而救其弊也自賤丈夫罔利始有征商之法蓋惡夫苟得無厭將使人人棄本而逐末欲以是抑之耳及至後世筭及舟車此何道也而自漢以來未之有改豈非國用待之而後裕耶由是言之古之征商抑其貪所以利民今之征商取其贏所以利國夫利國而不及民已非先王之意況其所征有甚於異日乎臣觀國家見行條法凡課利場務視元額多寡趁辦不及者罰之若增之過倍即有減年之賞應賞而又有餘者十分之一以給官吏凡所以籠絡而督責之亦可謂盡其術矣而任其事者往往猶以為未足則商旅安得而不困乎故比年以來物價騰踊日甚一日貧民下戶尤為不易皆由征商太重之所致也臣不敢悉以所聞為言姑及近地之可見者只如自衢州至臨安水陸之所經由應稅者凡七處使其每處止於三十而稅一不為多矣比及臨安於其所販已加二分之費而負載糧食之用又不在是是非得三分之息不可為也借使善幹其能於十日之間數百里之內致三分之息乎必不能矣如是則所聚之處誠不可以賤售所聚之處既貴則所出之處益不可以賤得此商旅所以不通百貨之直所以久而不能平也雖然此特常用之物而其害已如此至於用之所急一有不通其害尤甚如今歲旱乾蘇湖雖不至大歉而衢信所救十

無五六若蘇湖之米不移則衢信上下來年必至乏食此又人所甚急者如不早為之慮待其流離旋行賑恤亦恐無及故米麥之稅臣願權與除免使商旅轉販得以私相接濟久之價平則人人可以備豫不至重貽宵旰之憂矣此聖主所宜留意不可緩者自餘可稅之物縱未能盡如祖宗之舊亦當明諭有司視其所販之直惟務蠲減不求甚增宜是以救目前物貴之弊也萬一臣之愚慮偶合聖心欲乞先下兩浙徧及諸路災傷去處並令依此施行臣不勝過計之至惟陛下財幸

詔百官各言省費裕國強兵息民之策祠部郎韓肖胄言天下財賦窠名舊悉隸三司今戶部惟有上供之目而已問諸路窠名於戶部戶部不能悉問諸州窠名於漕司漕司不能悉失一窠名則此項遂亡願詔諸路漕司括州縣出納可罷罷之可併併之並為定籍漕司

揔諸州戶部揔諸路則無失陷矣經費之大莫過養兵今人亡而冒請者衆頓立諸軍覆實之法重將帥冒請之罪則兵數得實餉給不虛省費裕國此其大者生民常賦之外迫以軍期吏緣爲姦斂取百端復爲寇所迫逐田桑失時寇去復業未及息肩催科之吏已呼其門矣願詔郡邑招集流散官貸之種俟及三年始責其賦置籍書之以課殿冣強兵息民此其先者

王元渤論生財之法疏曰臣聞王者之理財與私室之理財不同私室之財必待藏於篋笥王者之財固可寓於庶民是故以天下之力生天下之財以天下之財養天下之衆未嘗以不足爲患也近年以來朝廷用度比之異時無事之日奉宗廟祭祀之費十不及一妃嬪禁御之費十不及一百官廩祿之費十不及一然而切切然以不足爲患者無它故也興師日滋倉無見儲諸將用財責之省戶而省戶見數無以給之此大可憂者也臣切觀古者兵民合而爲一後世兵民析而爲二今欲盡復古制使轅下之夫爲執戟之士有所不可若稍使諸軍漸講屯田之利庶幾便而易行淮南諸州浙西數郡或連家殺虜或阡陌空閑若選強明之吏俾領屯田差擇行之五年當得勝兵數萬既不乏於軍紀又可勸於耕農以是生財若緩甚急至乃欲蘇國計害及民財取之既已再三輸者豈無怨恨遠近結怨本根動搖則非臣所能知也

李石上奏曰國家莫重於民莫急於財既不可以其所急而病其所重又不可以其所重而廢其所急何則重民者天子之職而急財乃有司之事二者有分矣則雖今日之急未患無財也歲賦所入之外至於山澤塩鐵榷酤之利有司講之畧具自陛下弭兵息民以來凡前日之過取厚斂者一切罷去又下裕民之詔申命有司搜取寬剩

之財以裕吾民陛下得其所以重吾民之職矣然有司吝出納有以所取寬剩爲憂方陛下裕民之意日新而無窮有司寬剩之財勉出而有限以有限給無窮有司且病而有言誠如此則言利者得以窺主意而售其術然自臣料之前日多事賦於民與今日之無事取於民較之孰多有司之費視前日多事比今日之費孰廣則所謂財者何必藏有司之府庫然後爲富哉十年生聚十年教訓蠶之者疾而衣之者舒耕之者衆而食之者寡此生財之源由民心出也臣願陛下以裕民爲財而勿以取民爲財執之不改則聚斂之臣語塞而不敢病矣

趙元鎮論福建兩川塩法奏曰臣切以國家應艱厄運頻歲艱虞邉遠之民雖流離困苦之極而未嘗一日忘宗者以祖宗初業之始結民心爲基本故也其於川廣福建之民尤加優卹以其疾苦赴訴去朝廷特遠而變亂竊發遽難救止故凡塩酒之利與民同之而不之榷近以國用窘急始議榷福建之塩尋欲榷福建之酒臺諫臣寮數已開陳其弊言猶未行而近見張浚申明欲措置四川塩酒爲經久之利是何中外不謀而同遠方之民亦不容其少安邪浚蜀人也蜀之利病宜自知之願陛下手詔諭浚俾令執政及今三省詳議福建塩法所得所失孰大孰小毋致重失民心斯爲盡善惟祖宗創造艱難欲垂法萬世而一時建音都地始盡獨此民心未至離散若併此而失之則大事去矣幸陛下留意

理財

宋孝宗時提舉浙東常平茶鹽公事朱熹上奏曰臣聞欲救巨患者不可惜小費欲除實弊者不可徇虛名臣等叨蒙聖恩備數東浙竊見紹興和買之患民所不堪巧詐之徒奸弊百出前此議者非不欲救而除之而往往過爲國家顧惜小費下比流俗苟徇虛名是以因循終莫能革臣等不肖誠不足仰窺聖德之萬分然有以知陛下愛民之心燭理之明於此必有所不屑者是以敢昧萬死而一言之伏惟陛下留神財擇臣等契勘浙東七州除溫州無和買外其餘六州共管和買二十八萬一千六百四十匹二丈二尺紹興一州獨當一十四萬六千九百三十八匹乃占諸州一半以上緣此重困人不能堪所以子戶詭名巧爲奸弊雖有重法終不能禁且如會稽一縣經界之初舊例雖是物力三十八貫五百以上起科和買然以通數計之實及四十七貫方滿一匹今亦自三十八貫五百起科以通數計之乃自十八貫六百單一文已科一匹則是向來科納一匹者今增爲二匹半矣官之所入不加羸田之在民不加損止緣人苦其重避免者多以故奸僞日滋以至此極向來官吏之有意於民者莫不知有此弊亦未嘗不爲之惻然動心評議措畫亦既多端而利害相形終無定說如欲首併詭戶則懼其告訐成風徒敗風俗而暫併復分終不能禁欲以畝頭均紐則縱舍游末重困農民輕重之間亦未爲允欲科有產無丁之戶則彼能立詭戶者固不憚更立虛丁而寡妻弱子實無丁籍者反受其弊如欲減退物力等則或作鼠尾推排則彼昔者既能析而爲三十八貫五百以下之戶矣今豈不能再析而爲若干錢以下之戶乎故嘗參酌前後衆人之論而折衷之獨有通

計家活浮財物力貫頭均紐之說稍爲無弊雖第五等下戶皆無今有者未免有言然於其間真僞亦復相半若真貧民輸一戶之和買不過丈尺彼自不較惟是子戶詭名之奸頓輸數戶積計甚多故尤不以爲便而必爭之其力又足以挾下戶唱浮論以搖衆聽故不察其實者遂以自疑而莫能復措其說此和買之議所以洶洶累年而和買之害固未嘗有一毫之損也然竊嘗深究其受病之原則無他焉直以元額之太重而已故今臣等相與熟議輒陳此說欲望聖慈先發德音痛減歲額然後用貫頭均數之說以定其制惟應所數第五等戶之中真下戶者或受其弊則請參用高下等第均數及減免下戶丁錢之說以優恤之但使真下戶者審知此法之行不爲厲己而無他辭則彼奸民之浮論亦可以置而不問矣謹畫一條具如後

一所以先裁減歲額者臣聞祖宗初立和預買法先支見錢後納紬絹民間實賴其利至有形於歌謠者而當是時本路漕臣有私於越州者其吏復私於會稽故此郡縣所拋獨多其後請本之數遂爲歲額而錢不復支紬日益貴以至今日而白着之科遂反爲一州無窮之害故建炎元年五月一日光堯壽聖憲天体道性仁誠德經武緯文太上皇帝登極赦書有曰和預買法本支實價訪聞官司立價甚低或高擡他物價直準折或以無實虛券充數甚者直至受納未支本錢不遵條限前期起催急於星火今來上供之類欲依祖宗法其和預買有前項違戾守令并轉運司並以違制論加二等仍委提刑司覺察每歲於依限後一月內具有無違戾聞奏不以實聞與同罪仰味大哉之言則是太上皇帝再造之初聖慮之深固已及於此矣而兩聖相承於今五十餘年迫以軍國之須所資至廣[illegible]未能有以仰

稱睿旨預支實價以復祖宗之舊者臣等竊思其次獨有擇其甚處如紹興府者有以少解其倒垂之急爲庶幾焉爾然今欲去紹興和買之害使無奸弊稍得均平而不先減其當日請本之額譬如負千鈞者背膂之力既已不堪乃不知減其所負之物但欲移而寘之懷袖亦必無益於事矣故今臣等於此首陳減額之說而議者顧以爲有虧經費無所從補徒然奏陳必不聽許則臣等雖愚有以知其必不然也臣等仰覩陛下愛育黎元如親父母有以病告如切其身如頃年四川之虛額饒州之金徽州之絹汀州之銀青陽星子之稅放免蠲除不可勝計而連年水旱施舍貸給何啻數十巨萬何獨於此知其爲害之甚而不出捐數萬匹者以紓之乎又況近者已蒙聖恩減免天慶橫陵等處和買二千餘匹固已漸示救患除弊之端矣然通而

計之人戶所減每匹纔及一尺有奇而坊本煎鹽坍江拔生四色所放尚未除免則臣等所以望於陛下者不但如此而已也臣等竊見浙西和買最重去處無如臨安府者而其數纔及八萬餘匹欲望聖慈特紹興府且依此例爲額而蠲其餘數至於版曹經費或有所闕則乞量撥內帑之蓄以補其數蓋如本路坊場課利出剩錢數歲輸內帑者至若千萬貫皆是近歲曹泳創置窠名即非舊法所當供者如此之類儻捐一二歸之版曹還以補填本路上供蠲減之數則聖澤下流人知德意舊弊庶乎其可革矣

一所以謂貫頭均紐之說爲無弊者蓋今和買之重人悉規避詭爲下戶長姦滋弊莫可關防如經界之初會稽一縣凡爲物力錢一百二十六萬餘貫而四等以上科納和買者當一百一十萬餘貫今來四十年所謂四等以上止有物力錢三十七萬九千四百六十貫六百文而轉入五等者乃至七十二萬五百餘貫皆緣和買之重姦猾之民爭爲子戶詭名以避均數而其淳謹畏法不敢爲者顧乃爲之代受所免之數幾再倍於其舊政之不平莫甚於此從來爲州縣者灼知其弊非不嚴詭戶之禁往往隨併隨分終莫能革今若蒙恩先次痛減歲額却以貫頭均數自物力一文以上並紐寸尺則高下多寡其數一定而奸弊無所從出矣若猶以真實下戶創科爲慮則所謂高下等第科數以及減免下戶身丁之說臣等請得而備陳之

一所謂高下等第均敷者上戶舊科和買數多今用貫頭均數則其數却須少減下戶舊不曾科和買今用貫頭均數則其數乃是頓增若使頓增數中皆是子戶詭名則固不足恤第其間却

有真實下戶不能無咨怨者故今後爲此法以優恤之如第一等物力四十貫當科和買一匹則第二等四十五貫乃科一匹等而下之至於五等則戶愈卑而科愈少矣如此施行庶幾下戶所增不多不至反有重困

一所謂減免下戶丁錢者大率第五等中有丁者多是真實下戶無丁者多是子戶詭名今若將第五等戶所納丁錢特與除放則真實下戶雖增和買而得除此色官物其乘除之間亦略足以相補矣

右謹件如前欲望聖慈特賜省覽直降睿旨悉與施行則不惟臣等之幸實紹興闔境百萬生靈數十百年永永無窮之幸

熹又奏鹽酒課及差役利害狀曰臣竊見本司所管鹽酒課利國計所資爲甚廣而民情所患爲甚深若不根索弊原別行措畫竊恐民

力曰困亦非國家久遠之利臣雖書生不曉錢穀然其大體亦竊講
聞矣欲條奏以聞顧以救荒方急有所不暇今以罷疾力請投閑惓
惓之私懷不能已輒有已見冒昧奏陳如有可採欲乞別選忠厚通
敏之臣付以其事令其詳細稽考因事制宜使民情亟得去其所患
而國計求不失其所資實爲利便至於差役一事亦屬本司所管今
亦有少利害并具其說如後須至奏聞者
一浙東所管七州而四州瀕海既是產鹽地分而民間食鹽必資
客鈔州縣又有空額比較增虧此不便之大者夫產鹽地分距
亭場去處近或跬步之間遠亦不踰百里故其私鹽常賤而官
鹽常貴利之所在雖有重法不能禁止故販私鹽者百十成群
或用大船般載巡尉既不能訶州郡亦不能詰反與通同資以
自利或乞覓財物或私收稅錢如前日所奏台州一歲所收二

萬餘貫是也以此之故除明越兩州稍通客販粗有課利外台
溫兩州全然不成次第民間公食私鹽客人不復請鈔至有一
場一監累月之間不收一袋不支一袋而官吏俸費吏卒搔擾
有不可勝言者然已有比較之法州縣恐有殿罰則不免創立
鹽鋪抑勒民戶妄作名色抑令就買出入暗昧不可稽考大略
脅民以肥吏困農民以資游手爲州縣爲提舉主管者非不之
知然皆以國計所資不敢輒有陳說日深月久民愈無聊若不
變通恐成大患臣生長福建竊見本路下四州軍舊行產鹽之
法令民隨二稅納產鹽錢而請鹽於官近歲官鹽雖不支給而
民間自食私鹽官司既得產鹽稅錢亦不復問其私販雖非正
法然實兩便欲乞聖慈特詔本司取會福建路轉運司下四州
軍見行產鹽法將本路地里遠近鹽價高低比附參考並爲沿

海四州鹽法其餘州軍自依舊法施行則亦革弊救民之一事
也伏乞聖慈詳酌施行
一酒坊之弊其說有四一曰官監二曰買撲三曰拍戶四曰
萬戶抱額臣竊以爲莫不便於官監莫便於萬戶其他則亦互
有利害而萬戶之中亦不能無少利害要在講究詳盡然後施
行則庶乎其弊之可革矣今官監之害朝廷既知而罷之矣然
州郡占吝多不遵稟戶部漕司所撲仍不廢罷此則害雖除而
未盡者也買撲之害在買人有消折本柄破壞家產之患在衆
人有拯托抑勒捕捉欺凌之擾雖加禁防法式明備然勢之所
在終不能革拍戶抱額則庶幾矣然或額重而抱納不前或藉
此而拯托搔擾則其弊亦不異於買撲唯萬戶抱額最爲簡便
然須以一州或一縣通計田畝浮財物力而均出之使無官戶

民戶之殊城居村居之異一槩均敷並爲定籍乃爲盡善若舍
官戶而敷民戶舍城居而困村居不立官簿而私置草簿使吏
得以陰肆出沒走弄於其間則又病矣法本路處州見已施
行四五十年民無爭訟官省禁防雖其小小不能無然入其
封境觀其氣象宛然樂國與諸州不同今欲便取其法行於諸
州則恐本州課額素輕或非他州之比未可遽議然他州課額
雖多從來拘催少曾登足皆是虛名徒掛空簿若蒙聖恩深詔
有司取淳熙六年七年八年三歲實催到庫之數參校取中立
爲定額然後以此科敷俾爲萬戶則亦庶幾安民省事之一端
也伏乞聖慈詳酌施行
一臣於今年二月內曾具差役利害事申尚書省幾數千言內有
徐謝所畫歇役年限一條最爲詳密而近準戶部行下乃無一

言見施行者。臣生長田間。頗諳鄙事。竊謂其言若得聖明一賜觀覽。決須有可采者。欲望聖慈特賜宣索。觀其大槩。然後付之愛民曉事老成詳細之臣。令其看詳。擇可行者具爲條畫。別降指揮施行。庶於陛下愛民之意少有裨補。臣不勝萬幸。

葉適上財總論曰。財用今日大事也。必盡究其本末而後可以措於政事。欲盡究今日之本末。必先考古者財用之本末。蓋考古雖若無益。而不能知古。則不能知今故也。夫財之多少有無。非古人爲國之所急。而今世乃以爲其患最大而不可整救。此其說安從出哉。蓋自舜禹始有貢賦之法。以會計天下之諸侯。比於堯舜以前爲密矣。今禹貢之所載是也。然總秸米粟不及於五百里之外。九州之貢入較於今世。乃充庭之儀品。蓋千百之一二耳。周公之爲周。治其財用。視舜禹爲已詳。然王畿千里之外。法或不及。千里之內。猶不盡取。蓋三

代之所取者。止天下之疆理。而借民力以治公田。爲其無以阜通流轉。則作幣鑄金以權之。當是之時。不聞其以財少爲患。而以財多爲功也。雖然。此其事遠矣。鹽筴末利。起自春秋。魯之中世。田始有稅。然諸侯各以其國自足。而無煎熬逼迫之憂。蓋漢興。文景之盛。而天下之財不以入關中。人主不租稅天下。而諸侯若吳人者亦不租稅其國。光武明章未聞其以財少自困。而中年常更盜賊夷狄之難。內外征討。亦不大屈。惟秦始皇豪暴。有頭會箕斂之譏。漢武帝奢侈。有均榷征算之政。而西園聚錢。大蠹天下之官爵以致之。蓋兩漢雖不足以言三代。而其以財爲病。非若今世也。雖然。亦其事遠矣。分爲三國。裂爲南北。無歲不戰。無時少安。且其運祚迫蹙。禍變繁興。至於調度供億。猶日有序。而亦豈若今日之貧窘漏底哉。此皆具載冊書可即而見者。雖然。此其事遠矣。隋最富而亡。唐最貧而興。唐之取民。以租以庸。以調。過此無取也。而唐之武功最多。闢地最廣。用兵最久。行師最勝。此其事則差近而可言矣。致唐之治有唐之勝。其不待財多而能之也決矣。然則其所以不若唐者。非以財少爲患也。故財之多少有無。非古人爲國之所患。所患者。謀慮取捨定計數必治功之間耳。非如今世以一財之不足而百慮盡廢。拳頭竭蹙以較錙銖。譬若惰夫淺人。劫劫爲徒知事其口腹而已者也。以財少爲患之最大而不可整救。其說稍出於唐之中世。盛於本朝之承平。而極甚乃至於今日。其爲國之名物采章精神威望。一切消耗。內之所以取悅其民。外之所以示武於敵者。一切無有。習爲寬緩迂遠之常說。以文其無用。而盡力於苟且督迫鞭撻疲民。鄙役小吏。而謂之有能。陛下回顧而加聖思。必有大不可安者。故臣以爲不究今日財之本末。推古之本末循而至於本朝。以去其錯繆而不合於常經者。則無以知財之多

少有無不足爲國家之患。此而不知。則天下之大計皆不可得而預論。而況望其有所施行以成效哉。

適又上論曰。唐末藩鎮自擅。財賦散失。更五代而不能收。加以非常之變。屢作。排門空肆以受科斂之害。而財之匱甚矣。故太祖之制諸鎮。以執其財用之權爲最急。既而僭僞次第平一。諸節度伸縮惟命。遂強主威。以去其尾大之患者。財在上也。至於太宗真宗之初。用度自給。而猶不聞以財爲患。及祥符天禧以後。內之蓄藏稍已空盡。而仁宗景祐明道。天災流行。繼而西事暴興。五六年不能定。夫當仁宗四十二年。號爲本朝至平極盛之世。而財用始大乏。天下之論擾擾皆以財爲慮矣。當是時也。善人君子以爲昔之已取者固不可去。而今之所少者不可復取。皆甘心於不能。所謂精悍駔儈之吏。亦深自藏抑。不敢奮頭角以裒斂爲事。雖然。極天下之大而無終歲之儲。愁

勞苦議乎謚名權貨之間而未得也是以熙寧新政重司農之任更
常平之法排兼并專斂散興利之臣四出候望而市肆之會關津之
要微至於小商賤隸十百之獲皆有以征之蓋財無乏於嘉祐治平
而言利無甚於熙寧元豐其借先王以爲說而率上下以利曠然大
變其俗矣崇觀以來蔡京專國柄任以爲其策出於王安石曾布呂
惠卿之所未工故變鈔法走商賈窮地之寶以佐上用自謂其蓄藏
至五千萬富足以備禮和足以廣樂百侈並鬬竭力相奉不幸黨與
異同屢復屢變而至王黼又欲出於蔡京策畫之所不及者加以平
方臘則加斂於東南取燕山則重困於北方而西師凡二十年關陝
尤病然後靖康之難作矣方大元帥建府於河北而張慤任饋餉之
責者鹽鈔數十萬緡而已及來維揚而黃潛善呂頤浩葉夢得之流
汲汲乎皆以權貨自營而收舊經總錢之議起矣況乎大將殖私軍

食自制無復承統轉運所至刻剝攫拏朝廷科降大書文移守令丞
佐持巨校將五百追捉鄉戶號痛無告賍貪之人又因之以爲已利
而經總制之窠名既立添酒折帛月樁和糴皆同常賦於是言財之
急自古以來莫今爲甚而財之乏少不繼亦莫今之爲甚也自是以
後辛巳之役甲申之役邊一有警賦斂輒增既增之後不可復減嘗
試以祖宗之盛時所入之賦比於漢唐之盛時一再倍於熙寧元豐
以後隨處之封樁役錢之寬剩青苗之結息比治平以前數倍而蔡
京變鈔法以後比熙豐又再倍矣王黼之免夫至六千餘萬緡其太
半不可鈎考然要之渡江以至於今其所入財賦視宣和又再倍矣
是自有天地而財用之多未有今日之比也然其所以益困益乏皇
皇營聚不可一朝居者其故安在夫計治道之興廢而不計財用之
多少此善於爲國者也古者財愈少而愈治今者財愈多而愈不治

古者財愈少而有餘今者財愈多而不足然則善爲國者將從其
少而治且有餘乎多而不治且不足乎而況於多者勞而少者逸
豈惡逸喜勞而至是哉故臣請論今日財之四患一曰經總制錢
之患二曰折帛之患三曰和買之患四曰茶鹽之患四患去則財
少財少則有餘有餘則逸有餘而逸以之求治朝令而夕改矣何
謂經總制錢之患昔李憲經始熙河始有所謂經制財用者其後
童貫繼之亦曰經制蓋其所措畫以足一方之用而已非今之所
謂經制也方臘既平東南殘破郡縣事須興復陳亨伯以大漕兼
經總使移用諸路財計其時所在艱窘無以救急故減役錢除頭
子賣糟酵以相補足靖康召募勤王兵翁彥國以知江寧兼總制
強括民財以數百萬計已散者視若泥沙未用者弃之溝壑維揚
駐蹕國用益困呂頤浩葉夢得實總財事四顧無策於是議用陳

亨伯所收經制錢者其說以爲征商雖重未有能強之而使販賣
酒雖貴未有能強之而使飲若頭子之類特取於州縣之餘而可
供猝迫之用夢得稱爲士人而其言如此蓋辦目前者不暇及遠
亦無怪也然而其所取止於一二百萬而已其後內則爲戶部外則
爲轉運使不計前後動添窠名黃子游柳約之徒或以造運船或以
供軍興遞添酒稅隨刻頭子趙鼎張浚相繼督師悉用取給而孟庾
以執政之重當總制之名耆戶長壯丁雇錢始行起發役法由此大
壞二制並出色額以數十計州縣之所趣辦者不過數條瓜剖棊布
皆以分隸一州則通判專之一路則提點刑獄督之胥吏疲於磨算
屬官倦於催發酒有柳運副王祠部都督府二分本柄斛折官本茶
有秤頭節息油單醋面商稅有增添七分免役有一分寬剩得兼有
勘合典賣有牙契至於後也僧道有免丁截撥有糜費故酒之爲勝

也幾至於二百頭子之法貫也至於五十六而某所收之多也以貫計者至於千七百萬九今截取以界總領所之外戶部經常之用十八出於經總制錢士方其入仕執筆茫然莫知所謂老胥猾吏從旁而唆之上之取財其多名若是於是州縣之所以誅求者近湖爲月椿兩浙福建爲印板帳其名尤繁其籍尤雜上下焦然役役以度日月者五十年於此向之學士大夫猶有知其不善歎息而不能救今之新進後出有智者矜有力者奮視兩稅爲何物而況遠及先王貢賦之法乎臣嘗計之自王安石始正言財利其時青苗免役之所入公上無所用坊場河渡免行茶湯水磨堆垛之額止以給吏祿而已前有薛向後有吳居厚可謂刻薄矣蔡京繼之行鈔法改錢幣誘賺商旅以盜賊之道利其財可謂甚矣然未有收拾零細解落貫陌歛人不貲之酒其患如經總制之甚者蓋王安石之法桑洪羊劉晏之

所不道蔡京之法又安石之所不道而經總制之爲錢也雖吳居厚蔡京亦羞言之矣至其急迫皇駭無所措其手足則雖紹興以來號爲名相如趙鼎張浚者皆安焉又以遺後人而秦檜權忮劫脅一世而出其上及其取於弃餘瑣屑之間以爲國命者是何其無恥之至是也哉故經總制錢不除一則人才日衰二則生民日困三則國用日乏陛下誠有意加惠天下以圖興復以報仇怨拔才養民以報國用在一出令而已且何謂人才日衰本朝人才所以衰弱不逮古人者直以文法繁密每事必守度程按故例一出意則爲妄作矣當其風流之成名節之厲猶知利之不當言財之不當取蓋勵而學與出而仕者雖不能合而猶未甚離也今也不然其平居道先古語仁義性與天道者特雅好耳特美觀耳特科舉之餘習耳一日爲吏簿書期會迫之於前而操切無義之術用矣曰彼學也此政也學與政判

然爲二縣則以板帳月椿無失乎郡之經常爲無罪郡則以經總制無失乎戶部之經常爲有能而已矣夫置守令監司以寄之人民社稷其所任必有大於此者而今也推是術以往風流日散名節日壞求還祖宗盛時豈復可得是則人才日衰者經總制錢使之也又何謂生民日困俗吏小人之說必曰經總制錢者朝廷所以取州縣之弃餘而板帳月椿各自以力趣辦其於民固未嘗明加之賦歛也嬴縮多少惟人而已臣請以事驗之知州去民尚遠而知縣去民最近者也月椿板帳多者至萬餘緡少者猶不下數千緡昔之所謂窠名者強加之名而已今已追之所以通融收簇者用十數爪牙吏百計罔民日月消削蓋昔之號爲壯縣富州者今所在皆不復可舉手今之所謂富人者皆其智足以兼幷與縣官抗衡及衣冠勢力之家在耳若夫齊民中產衣食僅足昔可以耕織自營者皆令轉徙爲盜賊

凍餓矣若經總制錢不除州縣破壞生民之困未有已也又何謂國用日乏今歲得緡錢千五百萬昔三代漢唐不能進焉所以裕國也而何乏之敢言陛下知夫博者乎其驟爲孤注與不博而丐其贏之一二者皆其本先竭者也爲國有大計自始至末必有品節條章豈有左右望而羅其細碎不收之物且均之爲朝廷出納也又從而刻削其頭子賣酒取數倍之息若此者猶可以爲國乎使國不貧豈不至此既至此矣何以能富故經總制不除則取之雖多歛之雖急而國用之乏終不可救也今欲變而通之莫若先削今額之半正其窠名之不當取者罷去然後令州縣無敢爲板帳月椿以困民黜其舊吏刻削之不可訓誨者而擇用惻怛愛利之人使稍修牧養之政其次罷和買其次罷折帛最後議茶塩而寬減之若此則人才不衰生民不困矣夫財用之所以至是者兵多使之也財與兵相爲變通則

兵數少而兵政衆若此則國用不乏矣陛下豈有愛於多財多兵哉直未得其所以去之之道耳一舉而天下定王業之所由始也又何謂和買之患經總制錢之為患也自州縣而後至於民民猶怨州縣而後及於朝廷和買則正取之於民而已國以二稅為常賦也豈宜使經用有不足於二稅之內而後有所求哉經用不足則大正其名實可也承平以前和買之患尚少民有以乏錢而須賫官有以先期而使民令也舉昔日和買之數委之於民使與夏稅並輸民自物力錢之外浮財營運生生之具悉從折計且若此者上下皆明知其不義獨困於無策而莫之敢蠲耳陛下繼然出命以號天下曰自今並罷和買取和買之為上供者所用紬絹惟軍衣未可裁損其他宮禁官吏特節支賜格令之所應與者一切不可行也和買既罷取民一名正義聲暢於海內矣又何謂折帛之患支移折變昔者之弊事固

多矣而今莫甚於折帛折帛之始以兵興紬價太踊至十餘千而朝廷又方乏用於是計臣始創為折帛其說曰寬民而利公其後紬價既平而民之所納折帛錢乃三倍於本色既有夏稅折帛又有和買折帛且本以有所不足於夏稅而和買以足之今乃使二者均折於事何名而取何義乎其事無名其取無義平居自治其國且不可而況欲大有為於天下乎雖然折帛之為錢多矣所資此以待用者廣矣陛下必鉤考其凡目而後可以有所是正若經總制錢不減和買折帛不罷督目睫之近而遊視於八荒此方召不能為將良平不能為謀者也又何謂茶鹽之患榷之太甚利之太深刑之太重此其事已在於建炎紹興之先今用度既繁經制未能一一復古減經總制罷和買折帛而捨茶鹽則無以立國故最在後雖然榷之不寬取利不輕制刑不省求終不可以為政於天　八措置緒事有緒二三年之後臣請言之

敷文閣待制周必大上奏曰臣竊觀近世理財之術殆無餘蘊加之陛下天性節儉絲毫不以輕用蓋嘗損己以裕民未嘗瘠民以供己然中外廩廩尚以闕乏為憂安得不為之制且如兩浙所部舊皆富州故轉運司最號財賦之淵藪比聞儲蓄頗罄不免遣官假貸於諸郡僅有應副一二千緡者漕臣近在轂下非敢妄費直以用度浸廣無所從出耳兩浙尚爾外路可知陛下方戒有司務寬民力所謂茶鹽之法酒稅之利又已數倍於承平之日不復可增加矣惟有一策臣試妄言之謹按仁宗寶元二年因天章閣侍講賈昌朝上書乞罷省不急之用詔樞密直學士張若谷諫議大夫任中師右司諫韓琦與三司詳所奏定奪減省慶曆二年再命御史中丞賈昌朝直集賢院田況知諫院張方平入內內侍省都知張永和同三司議減浮費

四歲之間兩降詔旨於是上自內廷下逮百司不急之用悉加裁減臣願陛下舉此成憲委官力行之然後徧諭諸道帥守監司體上德之恭儉思邦用之未裕苟可約己便民悉意奉行下逮將迎之儀費饋送之違制毋得復遵舊例曲徇私情又擇廉清公正之人身為之帥而擿其不如詔者顯黜之斯救弊之要術也

左司李椿奏減茶引價錢疏曰臣竊見累年以來茶寇滋盛動輒百十為群多至數百人或相讎殺或恣劫掠前年鄂州武昌縣黃州興國軍界茶寇兩次讎殺官司不能誰何臣備員湖北漕臣日嘗具奏聞去年湖南北界首茶寇數百人讎殺者數十人帥司遣兵收捕捉獲百餘人方始稍戢至茶出之時又復前來臣赴四川任至潭州益陽縣界正是茶寇出沒去處因詢問土人多稱自茶引增價以來客旅艱於興販所以私販公行莫能制遏或行劫掠居民或奪取客人

買下茶貨或强掠婦女或抑鐵匠打造器甲以致民不奠居臣契勘得長引每道販茶一百二十斤價錢二十四貫有奇短引每道販茶百斤價錢二十三貫有奇長引又有兩淮京西路番引錢又有過淮錢共十五貫有奇臣累任湖南州縣差遣備見官司抑勒牙鋪承買茶引亦有違法科于稅户者提舉司亦嘗按發可見茶引價高願買者少竊緣榷茶與其他榷貨不同如鹽礬乳香鉛錫酒皆有所榷之物唯有榷茶止是空引客人自行買茶置鄁搬擔費用固多計其每引不下四五十千委是引錢太重商旅難於圖利遂致私販日廣本為商賈變而為盜至於民被其害若不改革以救之其患不可勝言臣愚欲望出自宸斷將茶引價錢痛行裁減以救其弊竊緣湖南北所產之茶江浙不食臣欲乞將湖南北路茶引每道販茶六十斤引價錢三貫文是長引元販一百二十斤今減其半價錢元係二十四

貫其半當一十二貫今減作三貫是四分之一卻計每年兩路茶額科降引數以四倍給之付逐處官司紙墨之費不多招邀筭請必不更有科抑之弊游手失業之人有三千便可與販官茶況今來私販之多百倍於有引販茶之數今來茶引價輕公販有利則私販日消將不止可補四分之數臣愚謂因此可變盜賊為商賈化兇惡為良善若直待遣兵捕殺僅能勝之所損多矣其兩淮京西番引過淮貼納更不增減番引錢於沿江稅務送納貼納錢於近榷場稅務送納其不經番引欲過淮者一併送納沿淮關防稍加緊密則無透漏其有江浙所產茶乞從逐路監司相度茶事雖隸提舉司緣臣備員職司親見民間疾苦不敢緘默

椿奏折錢之弊疏曰臣聞古者四民而士也工也商也皆食於農又兵寓於農也故曰國以農為本自釋氏之教入中國生僧以食於農

自張説相唐募兵而兵農分又生兵以食於農自改差役為募役又生役人以食於農古者四民而食於農者三今有七民而食於民者六則所謂農者勞苦可知矣加以兼并之家責債役使終年力田而所得無幾及至收穫之時僅能償其欠負卒歲之計茫然往往典賣失業大抵農家皆為有力之家坐享其利且農家之所出者布帛五穀也而使之輸帛乃其職也今多折變而輸錢且錢非農所出而輸錢不已安得不致其困窮未有民困窮而能足國用者也傳曰百姓不足君孰與足非虛語也仰惟陛下勵精求治躬行儉約矜恤黎庶遴選監司守臣豈不以斯民窮困上勤聖慮乎抑豈非未得救之之理乎救之之理唯重穀帛而輕實貨抑兼并而寬農民導之復業勸於耕桑二稅惟征穀帛不使輸錢則民漸富庶民富庶而國用不足者未之有也議者必謂二稅不征錢則官兵俸給愈不足是未之思

爾且錢者出於官者也使能禁出異域及銷毀鼓鑄如法毋省銅毋吝工毋鑄當二毋雜鉛砂毋縱私鑄又何患錢之不足也哉臣願講明而亟行之天下幸甚伏乞睿照

椿奏二稅輸本色別定祿令疏曰臣聞古者卿大夫士祿各有差士祿足以代其耕也漢祿自百石至二千石者有穀帛以穀帛為俸祿何為不可今荊襄湖北兩淮荒田遠望皆膏腴渠能導民耕布栽種歲收穀帛未知幾千萬億乃是生財之實也今上下交急於錢故錢愈闕官私不務於穀帛穀帛益貴闕錢而穀帛貴上下何得不困窮乎穀帛所以養人者也使穀帛足則人無飢凍之憂雖乏錢緩之可也無穀帛則雖吏不免飢凍守錢何益也古人欲令黃金齊土價者豈非知務本者乎今日轉運使下至縣令俱帶勸農有勸農之實者未之見也古者課民植桑歲户植五十株十年則户五百株絲綿不

可勝用矣今惰農蔬姑亦多用錢買而不自種以此之類豈非勸農者失職乎張全義亂世之一夫也守洛陽於荒殘之後委十數人招誘流移之人以事農桑不數年遂為盛藩況聖君在上擇人而任之豈無全義之才以牧斯民乎臣願陛下詔有司久任守令責勸農者課桑植勸牧養視其田野荒闢農民勤惰為之殿最毋為虛文二稅免輸錢惟賦地土所出雖頭脚糜費皆不得收錢止輸本色別定祿令多給穀帛少給見錢或盡用穀帛庶幾民漸務本安其家業盜賊消弭有以稱陛下求治之意伏乞睿照

椿通判廉州未赴召對奏曰臣仰惟國家養兵祿士固當以理財為務臣愚謂理財宜務於本而不宜急於末何謂本穀帛是也何謂末錢是也穀帛出於民而所以濟飢寒者也使民著農桑之業盡地之利而不奪其時則穀帛不可勝用穀帛豐餘則人無飢寒之患矣錢

不出於民而所以平百貨者也飢不可食寒不可衣今穀帛之稅多變而征錢錢既非民之所自出不得不逐一切之利以應官司所需既逐一切之利則不專於農桑不專於農桑則穀帛不足穀帛不足故其價高征錢愈急故錢愈少錢少而穀帛貴上下困弊必然之理也況國家歲入之錢十倍於唐之最盛時數倍於祖宗之時而用度猶且不足者蓋用其末而不用其本故也今也苟不務豐其穀帛而上下交急於錢不以濟飢寒為急臣慮將見其弊有不可勝言者臣竊見兩淮襄漢湖北州郡荒田甚廣湖南江西陸地亦多荒蕪是皆可以出布帛穀粒之原理宜使民盡力況自轉運守倅縣令皆帶勸農職事非無任責者從來但為文具而已臣愚欲望陛下詔有司先責勸農之實戢游手之民以闢墾為勸農者殿最務在必行期於野無曠土然後正征賦之法更俸賜之制用穀帛以省用錢之原庶幾上下免困窮之弊宗社享無疆之休天下幸甚

椿為司農卿又奏措置支遣米斛疏曰臣竊以行朝天下之根本贍養諸軍百司月用米十四萬五千碩歲用百七十萬碩有閏月百八十八萬餘碩若有非泛及截用便費二百萬碩今來倉廩空乏至于每月旋營支遣臣到官之初會計所有至微為之寒心尋具劄子申戶部及申朝廷訖及每五日約度申部切緣司農寺職事止當出納及約度所有科撥合從省部將有指準米料撥降施行候綱運到岸即時拘收專屬本寺今來闕乏如此其責雖各有司存若不申乞措置萬一闕食實繫國家重害之事豈宜相視不言或以謂見有椿管米斛然椿管米斛不滿百萬止可為七月之計豈可恃以為足且如今年兩浙江東路上供米數多有災傷檢放又有截使則省倉指準支遣之數皆是欠闕臣嘗約今年歲計未有半年指準雖是見今和

糴而米價既騰糴本絕少臣若不以實告陛下深慮闕悞事體非輕臣欲望聖慈作訪聞委省部速行措置未能為三年之備且約一年之計常當有二百萬碩在倉才有不及即須措置補足亦不必以椿管為名但通有二百萬碩庶不闕悞

椿輪對奏劄曰竊聞獨木橋之謂榷榷貨者謂有以導之使商旅必行不得而他之此榷貨所以歸公上今也重取其利又於不可取之地而取之而民不從如人過水橋斷而不可履舟漏而不可濟則必涉水而濿不可禁過茶法之弊正類乎此使民不知履橋之安乘舟之濟而不畏涉水之險甘於陷溺而不悔豈可不思有以救之救之之道在導民於安平而脫乎陷溺也榷貨皆有其物惟茶之榷也乃無其茶自數十年來每隨榷鹽而增其價蓋未察有無不同茶不可同鹽價增長罪賞益嚴愚民逐利是一切不顧其罪而犯之既負重

罪則輕其生所以敢抗拒官司不畏其死以成近日之患所損多矣而尚欲守其斷爛之牆欲涌之舟驅民而濟將見民之涉水隨溺未有止期也

椿又奏曰嘗聞之經曰何以聚人曰財切見朝廷養兵祿士以錢穀爲急今來倉庾所用每月旋營辦藏支遣遂旬那兌則錢穀可謂匱乏矣而米有豊儲倉之積錢有南上庫之樁則錢穀固自在也所謂樁者本非有餘移東就西奪彼與此爾數年以來朝廷戶部遂分彼此貸借索還有如市道殊非國體此陽城所以切齒於裴延齡者以其欺誕冐寵誑君誤國爲萬世罪人今觀史者惡其所爲也仰惟主上剛明大臣方正而於爭奪移就之弊未能革而正之識者咸知其非莫敢有言者萎靡之風未振惟恐言出禍生故士夫相與俛仰度日但爲身謀而不謀國事椿衰老庸陋加以疾病纏綿三年之

久未能脫然無望於世矣誤蒙君父異知朝廷擢用苟有欲言而不吐露則含恨就死豈不辜負天地父母之恩用是不敢有隱伏望朝廷監前代之失懲倖臣之欺凡百政事不止於錢穀各付所司委任責成勤勞者賞之誠實者信任之賢能者奬進之庸謬者免之有過者罰之慢易者責之黨私者逐之欺罔者誅之則舉無不治之事矣聖君大臣圖治人材教化政令軍國大事坐而論之收支細事樁撥借還有如市道豈宜上瀆聖君而浼煩大臣耶伏乞鈞察

椿又上奏曰嘗讀易之謙象曰君子以裒多益寡稱物平施節之象曰節以制度不傷財不害民蓋謙居大有之後如山居地中謙之至也聖人以有餘補不足爲訓謙雖美德而不可過也故雜卦戒之以輕節居渙散之後如水在澤上所以節止之也聖人慮後世不節也故於六三著誰咎之戒又慮後世節之過也故於上六著苦節之訓又丁寧於象曰節以制度不傷財不害民聖人之意惟恐不得其中也切見監司郡守有以羨餘爲獻助者果有餘而合乎裒多益寡之義耶果有制度不傷財不害民耶愚素貧賤流落頗知閭閻之艱苦久在州縣備見州縣之窘乏切料今獻羨餘者但見大農之不足竭力以奉上則有之未必合聖人之中道况未足以濟國計百分之一愚又慮其獻者被褒則希進者專於聚斂畏罪者勉爲誅求斯民有不堪其害者矣惟主上執謙德之柄居甘節之中宵旰求治軫念斯民聽獻羨餘决非主上及朝廷之意是必有司之未察也亘古以來有天下者地廣無過於唐唐之言財計者無過於劉晏晏之能今猶稱之其長於財計可知而考其所入較之於今今所入遠過於晏之時數倍國家理財之術不爲不盡要能使天下無甚貴甚賤之物兼并之家不能肆其欲百姓富實今所未及耳欲望朝廷明告獻羨

餘者所獻之錢非橫斂別科乎非減剋移用乎後可以繼乎監司獻則併訪之於州州獻則併訪之於縣具奏其來歷庶幾朝廷不爲人欺罔生民不被其誅剝仍詔有司會計天下實有所入之財量入爲出去冗食崇節儉重穀帛輕寶貨不在增聚斂之術大農無不足之患矣

廣西提點刑獄林光朝奏廣南兩路鹽事利害狀曰臣竊聞廣南路鈔鹽行之三十年而利害常相反今西路日不足而東路歲有增羨兩路利源出於一本豈西路官每每不辦事而東路多能吏耶蓋不求立法之意而欲利害多寡出於一體無時而可也臣所領惟一路刑獄至於鹽課似非臣所當識然財屈人貧用度不繼則有盜賊之虞盜賊不能禁所責在臣此臣於受君命之日便如是過計臣生長閩嶠閩之父兄官於嶺海者不爲不多耳目所接乃如卿井今廣南

鹽事提舉官初無東西路之別即利害多寡宜出一體不應東路常有餘西路常不足如梧藤柳象去處粒米狼戾歲上熟米斗三十錢中熟下熟以是為差大率不過五六十錢是西路終歲勞苦米價常低小東路鹽船別無回貨其所得米如泥沙廣東販鹽上西江多是小客未及數歲即為富商西路農人日以貧東路商人日以富東路一籮鹽至西路或得米十四五石其傷農也如是而有司不以為意今之領一郡則不恤他郡領一路則不恤他路領一州一路度其事可為之一二年即斷然行之於一二年之外有所不暇恤悠悠海內相習成風雖丁寧告戒無虛日而此風未易言也仰惟陛下相傳一道高視百王必擇部使者分布諸路必於臨遣之日錫之話言其於數千萬里何嘗有此疆爾界限隔之殊廣南路鈔鹽此特一細事爾若精白體國之人與之諦利害可以數語而定也今東路責官鈔官鈔不足而鹽率有餘乃至給由子候官鈔到日比折是東路鹽流通每如是西路所運乃石康鹽石康鹽到他處須官中自運前此可以苟歲月蓋緣厚賦有所謂折苗錢米一石不過四五百錢納折苗錢至十倍其數是合納一石乃費十石安得不困僻遠州縣雖縣有愁歎無從上聞昨者漕臣乞罷休折苗錢取廣州石康鹽散賣本路界內人食本土所有之鹽而東路鹽船勢須隔斷東鹽不出即西米常有餘是以漕計自足民力自紓此為西路之計莫善於此然東路鈔鹽別無發泄處東路州縣多是瀕海海上之人豈可抑配令責鈔鹽此東路官吏又不得不力爭欲其仍舊何暇為西路計也今西路已罷折苗錢又聽東路鹽船依舊來西江每鈔面雖有定額然歲額常不足歲額不足又乞轉甚今柳州象州去處俸給多闕沿邊一帶每費支吾歲一不登盜賊間作則有足深憂者臣竊聽前後有言廣南

兩路鹽事不便者亦可數陛下必洞見其利害若廣南鹽事初無東西路之別自合通融認歲額今以西路為貿易之場而息錢盡歸東路西路所入惟鈔面一件耳東路歲額五十萬而西路四十萬所入多寡有此相遠而所定歲額其不相遠如是今若使兩路同辦歲額除鹽本錢照兩路舊例合用之數其餘息錢於米賤之時自可於所在招糴以為水旱振恤之備閩中仰食於二廣閩人足食則其餘米船或可以到浙東此其為利自不少也又廣南西路從來不立義倉若歲一不熟沿邊州縣及羈縻溪洞仰食於我豈可無備臣素不忍事以利害切心乃有此喋喋前後論此者章疏具在欲望陛下皆作聖意行下令兩路共認歲額仍令兩路帥臣監司條具經久可用之法即駱越之人蒙被朝廷均一之澤不勝幸甚

唐仲友上奏曰臣聞理財之道中正為主苟過與不及必有偏受其患者令出於朝廷而行乎郡邑雖小大之不同然貴乎中正則一而已上有督責之令則下有暴吏上有姑息之令則下有猾民故出令不可以不中正也行令苛急則傷民民傷則本蹙行令弛慢則縱吏吏縱則用匱故行令不可以不中正也臣竊惟國家自祖宗以來建立法度以經理天下之財賦明白周備無非中正儻能上下同心謹守勿壞豈惟僅足雖致富可也然出令者惑於浮議則法有時而變行令者牽於私意則法有時而壞變數而壞多則胥吏因緣為姦而斯民深受其弊公家之用亦從而乏矣臣願陛下內飭朝廷謹守祖宗之法度毋數以浮議而變外戒郡邑謹守朝廷之法度毋輒以私意而壞內外遠近精白一意共由中正之道庶幾姦猾無所容而善良均受其賜足國裕民可以兼得少副陛下培固基本規恢治功之意

仲友又上奏曰。臣聞政事財用。非兩塗。故孟子曰。無政事則財用不足。此理蓋灼然也。且以郡邑財用言之。不過夏秋兩稅。榷酒征商之屬爾。若詞訟淹延。追呼煩擾。則農桑必至妨廢。差徭不公。豪猾放縱。則戶口必有逃移。理索不得其中。則貧富無以相資。過割不及其時。則版籍至於貿亂。若是而欲夏秋兩稅之及時。可得乎。寇攘不禁則道路充斥。貿劑不信則商旅留滯。醞釀不善則人不樂酤。滲漏不檢則利歸私室。若是而欲榷酒征商之登羨。可得乎。若乃吏姦不柅。文書不明。人情不通。法守不謹。則又百弊之所由生。難以歷數。無政事而欲財用之足。臣不敢信也。臣觀比年監司之於郡守之邑。苟財賦倚辦。其他率多闊略。假借。而又守令權任浸輕。儻有奉公恤民之心。則猾胥豪民之所不利。多方中傷。有不幸罹于罪者。而含糊不斷以苟歲月。類獲善罷。更相懲創。務為苟簡趨辦之計。但得官物不欠。則慶以為職舉。至於民事。類不經意。詞狀有彌旬而後受者。追呼有累月而不到者。獄訟版圖。契券要會。視為不急。胥吏因緣為姦。豪猾得志。善良抑塞。催科既急。勾稽不明。形勢鮮或誰何。下戶重併追擾。戶長破產代納。數年未免。監繫雖財計目下取辦。其於中產良民寖就朘削。財用之源。日以耗竭。非所以仰承陛下愛恤斯民。培植本根之意。願降睿旨。戒敕郡邑之吏。使以政事理財用。無以財用廢政事。凡監司察舉守宰。郡守察舉縣令。並其政事修舉。財用兼足者。若專務趣辦。緩於民事者。毋得薦舉。其刻剝偷惰。取怨於民。必加糾劾。庶使守宰奉法循理。兼盡撫字催科之能。兩得保鄣繭絲之利。不為小補。

理財

宋孝宗時。王質論州郡財賦殿最賞罰劄子曰。臣竊謂方今天下之財。患在於散而不能收。隱而不能出。能收其散。出其隱。擴慶內之財。自可了目前之事。臣愚不知生財大計。獨以為禁姦懲慢。謹藏畜出猶為庶幾。且一州之中。姦欺逋慢。漁取有司之利。蟻漏公上之財者。不知其幾。精神思慮一有不到。則財賦隨去。臣嘗竊喻如手中搏沙。放手即散。隙中觀騁。轉眼即失。此物一去。則百事盡廢。今陛下郡國布在宇內。臣竊料其間。上下貪饕。支吾不前者。居其太半。此其財賦亦未嘗無。或逋滯不集。或滲漏不見。逋滯不集者促迫不得其法。則逋滯無可集之期。滲漏不見者搜索之不得其處。則滲漏無可塞之理。因仍而不救。則至大壞。凡今陛下郡國其已壞者不知其幾。其將壞者又不知其幾。恐遲數年。未復有可為之地。其於陛下國事。所係非輕。臣所管州。最為鄙陋窮薄之處。又適當倒廢敗壞之餘。陛下溥博高明。固所具知。而臣二年之間。補發舊欠十萬有奇。綱運上供。州郡支遣。五十萬有奇。而終任見在又二萬有奇。以此知世不可謂無財。而散漫不收。隱匿不出者。以歲計之。不知其幾何。以天下計之。又不知其幾何。方其散且隱也。則此物或陰落姦欺之便。或委為廢棄之物。及其收且出也。則一物成一用。一用濟一事。以歲計之。其所濟不知其幾何。以天下計之。其所濟又不知其幾何。臣蠢愚寡陋。安知為政。徒悉臣之心。窮臣之力。收拾一郡之財。粗辦二年之事。而況郡國之大。有什百於此。人才之能有千萬於臣者乎。近時一二儒臣所至之處。輒稱沛然。則陛下宇內之財。果不可謂無也。有人然後有政事。有政事然後有財賦。人廢而政事弛。政事弛而財賦始不可見矣。

陛下凡臨遣守臣莫逃聖鑒然不賞罰殿最則無以為勸沮臣願陛下明詔監司凡本路守臣如綱運上供無拖欠州郡官吏軍兵支請無積壓或拖欠積壓者每歲各擇其尤一二人以聞陛下躬出剛斷顯行黜陟能者有以自喜而愈不惜力不能者自知其不可為必求引避又將有自量力不敢試郡以謀苟祿者不待沙汰而庸者去不勞選舉而材者出自此州郡可以各自支持陛下可以少思省慮雖未能大治可漸冀小康伏惟陛下財擇

中書舍人崔敦詩奏乞究和糴之弊疏曰臣竊聞朝廷已降指揮諸州和糴蓋以年穀屢豐粒米狼戾臣竊窺陛下之意豈惟廣儲蓄以強國固將重穀粟以惠農其為德意可謂曲盡臣竊謂和糴之弊其大有二二弊不去反為民害不可不察其一州郡乾沒之弊蓋朝廷既已給降本錢諸州乃有占吝不將盡數置場收糴却差委所信任僚屬受納冬苗許以薦舉諂以饋遺令以斛面極力大量既收斂羸餘以充和糴遂乾沒本錢以為私用此其弊一也其二縣道科擾之弊蓋州縣既承認朝廷之所糴數目乃以其數科撥下屬縣分糴縣之於州非錢不行計會符移則有使用請降本錢則有尅除洎至得錢下縣已不及元定價直無由收糴於是不免科數上戶或至中戶止據所請到錢令認數入納此其弊二也今指揮初下議者皆以二弊必至重為民害是使田野豐登適有愁歎之苦朝廷德意遂為姦貪之資臣愚欲望睿慈專委清強監司往來巡行覺察如有上件違戾即許按劾重賜黜責施行斷在必行斯民幸甚

崔敦禮代人上殿論郡縣財用劄子曰臣竊惟天下之事無小大無輕重必有賞罰加焉然後能者勸怠者奮有所建立故不勞而功易集未有賞罰之不加而能集事者而況理財之大計而可於此忽乎

臣伏見陛下自即位以來勵精圖治至於足國裕民之計尤軫宸衷凡所規畫罔不備具而獨未見明立殿最以示勸懲臣愚欲望聖慈明詔有司立為定制應諸州長吏合管財用專責漕臣以其始至之成數校其終更之增虧果增耶於是從而劾實之苟非刻剝以聚斂姦欺以虛樁則必優加以廉能之賞果虧耶於是從而劾實之苟非有添屯軍馬非有水旱災傷則必重之以廢弛之罪如是則州縣之間莫不樂事勸功各奮其能將見國用之足纍纍如山岳浩浩如江海其効豈小補哉

袁說友上寬恤茶商疏曰臣謂比者兩路之盜皆出於茶商因成嘯聚此徒本亦良民豈願流為盜賊自取死亡必有大不得已起於貧窮然後為此朝廷要當講求兩路茶商利害稍從寬恤或恐有利於公而不利於私者或取利太多而茶戶不得以自贍者或禁之無術而徒苛虐以害其商者與夫茶引之貴賤胥吏之乞覓巡捕之邀求無厭州縣之額外科擾凡此之類宜降明詔命兩路茶鹽司同帥臣公共體量事勢熟究利害須公私兩便在茶商可以安業而公家不失所利並令畫一條具取旨施行擇其果可長久而便民者速與行下庶幾少安茶商之心潛弭盜竊之志

員興宗議虛額疏曰臣聞天下有經常之法有權宜之法何謂權宜之法四川折估是也蓋常法則可以久行權宜之法雖可行而不可久久行則其法必弊若從其弊而漸革之則其害乃可去也臣請言四川折估虛額為四川宿弊之說蓋折估之始起於趙開之申請開常言鹽酒為四川之利因民所產定為官課郡縣之間鹽戶酒戶有上下之不同故納錢納引有多少之不一方其設法之始均科於蜀蜀中地力甚全民力甚裕是以開在紹興之初雖川陝多事一跬步

而能運百貨。一咳唾而能濟三軍。非開之才獨能辦此。當時蜀產浩浩。亦有以致此也。譬若少壯果悍之人。使其負百斤行千里。雖日行而日不變。蓋其筋力足為之用也。自開之後。利源漸廢。蜀之有司既無開之才。惟效開之短。鹽利則累年而必取。不知地力有時而竭。不可以必取也。酒利則拘數而欲數。不知酤賣有時而衰。難望其必敷也。譬如華顛癃老之人。復欲責其負重而行千里。以同於少壯。其力果能勝乎。臣見近時蜀之有司。無術於此。惟出苟且。大則施刑禁。小則行箠撻。彼知為已取民以逃責。不知為朝廷逭責以愛民。其用心果何如也。是致比年四川郡縣之間。鹽戶酒戶。貧乏可念。或有戶竄而名存。或有力均而額重。或勒鄰里承煎而首尾俱壞。或預那借撥而前後皆貧。或委吏推排而吏又不公。或誘人逭淘而仍增新額。凌逼萬狀。其弊無他。有司務趣折估。知取其利。不見其害故也。至最甚者。驅催不足。累歲闕陷。遂積虛額。額則虛立而長在。錢則從何而可追。蜀之有司日移一令。月行一牒。多許所欠州軍通融撥舊欠。然諸州官緡各有定額。臣不知使之通融者以何窠名。令之補撥者以何物色。有司心固知其不可。但昧心而力行之爾。賴陛下至明至哲。照見廣遠。迺者下四川總所增造錢引三百萬。以備虛額。西民聞之。式歌且舞。此聖主欲寬費便民。大除宿蠹之秋也。然賤臣尚恐蜀之有司。猶暗大體。簡忽詔旨。雖令有除放之文。恐蜀未遂蠲減之利。臣愚伏望陛下特命中朝剛果開亮之臣。外稽軍實。遍約吏費。別總四川實支之數。使逐歲所取合所用。所用合所取。如此。折估可以議減。虛額可以漸去也。然議者必謂四川實收之數。不及實支之多。是以難議。臣請得以難之。蓋四川諸處。未嘗無濫費。特患未節爾。有如諸司送往迎來。於途多至數千緡者。府州諸色頭子。諸州贓罰輙入公庫

亦有至千百計者。郡縣籍沒田產。郡縣闕額職田。大郡中郡歲月亦至數千百計者。其他浮泛之用。不經甚衆。曷若減此不急之用。而補虛額之闕急者乎。浮費一減。既補實支之闕。補雖未盡。亦少濟矣。萬一朝廷續有給降四川錢引。尤大惠也。况陛下既得剛果之臣。體訪浮費。削去冗目。又稽軍實。何慮虛額之不能減乎。又前日頒下三百萬之數。併乞分令成都等路州縣。從某年至某年並與鹽酒戶各減實數三分之一。或四分之一。庶幾民間通知逐戶均減名下所欠。不致諸司州縣臨時欺隱。依舊含糊。有分俵催科之弊也。兼乞令蜀中逐處州縣各納實收實支之數于戶部。四川總所又併納焉。其諸司自今復有苛刻於實收外增加取民者。請論如法。若困敗州縣。自紹興之初。雖係折估實收之數。元額日漸不敷者。亦乞量與捐減。如是則事出朝廷。恩洽四遠矣。

興宗議節財奏曰。臣聞天之生民。以君而司牧之。故君人者。養民者也。百吏者。推君之令而同養斯民者也。民者。蒙君之愛養而出力以事其上者也。上既育物以養下。下復勉力以事上。則上下俱利矣。臣觀三代之君。率多節己以愛人。故人常有餘。隋唐之世。率多取人而徇己。故人常不足。財力至此。非獨時之弊。法之弊。亦由乎用物少節之弊也。用物少節。則知出而不知入。知求而不知約。無為後日之計者。此陸贄之徒。所以有裁節之說也。臣請舉小以喻大。今有一縣之令。下收萬家租稅之額。上有諸司期會之迫。善為令者。必先示以閑暇。預計所入之豐約。以權一縣之難易。內決於心。外集於事。早夜思之曰。吾邑歲入。為租幾何。為緡幾何。月合趣辦者是何色額。合裨補者有何事件。夫如是。則官緡可以及期。雖至期而足。手不亂。是其慮之先。定量入為出之說也。若夫不善為令。則造端散亂。當後而先。當

先而後入所斂之數無定期所撥之物無常準縣必不治事亦隨闕然則天下之財果在乎預計之節出之所謂驟取而濟用不若謹用而緩取之為易也多費以臨民不若愛民而費省之為愈也悠悠千載於此清而革之者則必存乎其人矣恭惟陛下即位至今道有三代始則罷四方羨餘之入又嘗減諸處浮游之用賜予羣臣莫不有節塗金飾翠莫不有禁陛下愛民謹用之事躬行既有方矣然邇者軍旅之後州縣一歲之入纔供一歲之用未暇乎三歲之積也吳蜀之產各供吳蜀之用未能為江淮之助也豈諸路監司郡守知取而不知其術乎陛下比令逐路求省費用講究實有可革弊事聞奏無事文具諸路終未有卓然之說上當聖意者小臣其敢默默也臣於前二議嘗指陳州縣廂軍之冗及吏員之冗是最害財之大者若州縣員闕合有撙節去處自今乞為量置如一路兩轉運添差鈐轄之類

是也吏俸歲入千緡上下減百吏則異時歲減百萬緡矣此一利也諸軍逃亡而額存有虛破請給者廂軍羸劣不堪衆役有濫請受者異時兩項並覈其實以百萬之衆淘汰一二萬不致他慮矣若以二萬為數他日一兵歲減百千一年即減二百萬緡矣此二利也吏既有俸又有職田之入聞朝廷大議借取三年而用之其實可以減之也此三利也江淮禁銅鐵越界而四川鐵錢既已應副淮上有司宜盡力不辭然今蜀中所用鐵器多是暗銷鐵錢願更申明此禁亦救四川錢荒之一耳此四利也如四利既講則浮費可以日削國財可以漸裕陛下躬行堯禹約已於其上有司遵法覈實於其下其又何憂臣觀太祖太宗之初南得荊楚東得并潞其費百出所以優贍不乏者竊迹前事大抵兵不冗員不濫用不浮故也先儒范鎮嘗言仁宗曰天下大計宜常較出入常定經制願詔大臣使具太祖初賦入

若干兵若干官若干太宗時賦入若干兵若干官若干真宗時賦入若干兵若干官若干與今賦入之數官之數約取中道以立經制十分為率以幾分為給兵吏幾分給郊廟幾分備水旱為之十年則可以致治矣凡鎮之說即臣量入為出之說也伏望陛下不以蟣虱小臣之言特賜聖鑒使臣前項所述四利稍見記錄雖然爝火居日月之旁爝火為不明庸言陳聖哲之前庸言為不智陛下天日之照如此尚何待小臣之說也傳曰狂夫之言聖人擇焉臣是以列此也

趙汝愚乞選通練公方之士與諸路漕臣講求所部財用奏曰臣聞人君之於百姓朝廷之於郡縣要如心腹之於四體膚髮其相去雖若甚遠而其中脈絡貫通血氣流暢故慈惠惻怛之意纔發於方寸而汪濊滲漉之澤已浹於四方萬里之遠矣此無他以其上下一體而所欲同也仰惟陛下恭儉本於天性仁厚發於至誠即位以來晝

二十年凡夜之所思旦之所行無非節用愛人為事遂至天聽昭格年穀屢豐戎虜革心境外無事是宜下天上施家給人足仰稱陛下憂勤之意而比歲州縣事力單弱財竭於上民困於下風俗衰敝巧偽實繁盜賊滋多刑辟者衆陛下雖有仁政而澤不下及陛下雖有德意而民不盡知良由人自為功官自為政上下不相顧恤而陛下之赤子始告病矣陛下聖明灼知其弊歲在己亥洊發德音令諸路漕臣各計其所部盈虛之數而損益之期以實惠及於斯民甚大惠也臣屛居一方不能盡知諸路所行次第然臣竊謂此重事也既非數月間所能盡見底蘊又慮本末未舉首尾中斷州縣欺蔽猶為虛文臣愚伏望陛下申告在位俾上自朝廷下達郡縣人知陛下聖意堅決固欲為此以康濟斯民於是選擇通練公方之士數人使與諸路漕臣相為表裏猶須假以歲月之久俾得悉意講求然後制均節

之宜。定取予之數。庶幾乎內外協心。上下兼孚。永為根本不拔之計。臣不勝惓惓。

知靜江府范成大論透漏銅錢劄子曰。臣聞東南番夷舶船歲至中國。舊止以物貨博易。近年頗以見錢為貴。廣泉四明及並海州郡。錢之去者不可勝計。紹興三十年嘗大立法禁。五貫之罪死。道行錢物。全給告人。罪賞之重。至此極矣。而終弗敗獲。蓋溟渤蒼茫。杳程飄忽。誠有法禁所不能及者。訪聞一舶所還。或以萬計。泉司歲課積聚艱窘。而散落異國。終古不還。誠可為痛惜而深恨也。今法禁既不可制。蓋亦循其本而救之乎。臣愚欲望明詔。試令有司條具每歲市舶所得。除官吏糜費外。實裨國用者幾何。所謂番貨中國不可一日無者何物。若資國用者無幾。又多非吾之急須。則何必廣開招接之路。且以四明論之。番舶所齎。止於青甆銅器螺頭松實及板木之類而已。皆非中國不可無之物。而誘吾泉寶以去。利害重輕不

較而判。臣嘗試妄議。以為明州一處番舶。豈不可以權住。姑塞漏錢之一穴。其它可以類舉。此拔本塞源。不爭而善勝之道。今無法以必禁。又以為番貨不可無。則當坐視泉寶四散而去。勿惜恨可也。惟陛下與大臣熟計而圖之。

知信州王師愈上奏曰。臣聞州郡者國之源也。州郡足。則每歲供輸於國者罔不足。或有水旱之災。盜賊之警。師旅之興。亦有以為之備。州郡不足。則供輸於國者已匱乏於和平之時。一有水旱盜賊師旅之用。未有不惶惶而失措。是以善富國者。必以足州郡為先務也。比來州郡乃大不然。歲之所入有限。而用度無藝。困於太守之數易。困於禁軍之起發。增揀汰養老之人以冗之。又有不時之需以困之。廓廓無事安平如今日。凡所以供輸於國者。猶愆期而不能辦。甚者如卒伍之衣糧。揀汰養老人之請給。類多積壓無以支散。頻致喧鬧。仰瀆天聽。況水旱盜賊師旅之備乎。州郡窘乏甚矣。豈不為深可慮哉。救是弊者不在它求。誠能久郡守之任。定養老之員。減禁軍之起發。省不時之需。則州郡之力自然而蘇息。不待積歲之久。自然足用。州郡足。則國未有不足。此富國之要術也。惟陛下留神。幸甚。

光宗紹熙元年。吏部員外郎陳傅良上奏曰。臣恭惟陛下嗣位之初。詔旨丁寧。皆為寬民力。而下臺諫侍從置局講究。而臣猶以為民窮未捄。何也。誠以裁抑細微。或蠲空張之數而已。議結局未有以稱明詔大慰民望也。臣來自遠方。不知朝廷之費。悉推之奉常。歲當幾何。以所親見。則天下之力竭於養兵。而莫甚於江上之軍。故每欲省賦。朝廷以為可。則版曹以為不可。版曹以為可。則總領所以為不可。總領所欲以為可矣。奈何都統司不可也。陛下亦熟念之歟。則以都統司謂之御前軍馬。雖朝廷不得知。總領所謂之大軍錢糧。雖版曹不得與故也。於是乎中外之勢分。而職掌不同。則彼此不能以相謀。事權不一。則有無不能以相濟。施行不專。則前後不能以相守。故雖欲寬民力。其道無繇。且夫承平關陝已行之久。中興韓岳

未罷之前。養兵亦甚盛矣。而不見其不足。誠在今日稍仍舊貫。使都統司之兵與向者在制置司時無異。總領所之財與向者在轉運司無異。則中外為一體。中外一體。則寬民力可得而議矣。凡事斷之而有異論。勿斷可也。行之而有後患。勿行可也。往者元祐至於宣和。嘗罷新法矣。則有紹述之說起而為梗。靖康至于紹興。嘗用兵矣。則有講和之說起而為梗。故上之號令相反而不能定。下之朋黨相傾而不能合。若夫寬民力。誰獨無是心哉。斷之而無異論。行之而無後患。莫過此者。而何疑不決。陛下誠斷之。則令之大臣皆足以立經陳紀。二三大臣誠推行之。則令之人才皆足以受令承教。方當年穀屢豐。邊鄙不聳。失此閑暇。後將何及。詩云。譬彼舟流。不知所屆。臣不勝拳拳。

光宗時。淮東運副處儔被名上殿劄子曰。臣嘗謂事體既定。不可復有紛更。民聽已孚。不可自為疑阻。蓋紛更於既定之餘。則事體愈見其齟齬。

阻於已乎之後則民聽莫知所適從故一法立則一弊生利未興而害先見矣此今日兩淮鐵錢交子之說也伏自兩淮行使鐵錢之後以其不便於商旅之齎行也於是始有請行交子之議自交子之既行也然後兩淮之人始以為便臣自前年叨帥淮西繼移東漕是跡所經歷耳目所聞見未嘗有以交子為不便者日中為市百貨貿易銅鐵交會各有定直縱其間小有低昂皆出於斯民之情願初非官司強為之也比來兩淮年穀屢豐物價又平商賈皆願出於市行旅皆願出於塗人情物態方熙熙然莫不樂其生而安其業胡可大體既定又從而復有紛更民聽已孚又從而自為疑阻乎且如四川鐵錢錢引行之二百餘年公私流通未有議其為不便者良由事體素定民聽具孚故也臣願陛下執此堅若金石行此信如四時不以小有偏而不舉之處而為浮議所搖則淮民亦享安靜之澤不其幸歟

蔡戡乞代納上供銀奏狀曰臣一介么麽誤蒙陛下使令猥當一路之寄臣於去年八月十四日陛辭面奉玉音令臣到官興利除害不得循常守故臣佩服聖訓夙夜以之臣自去年十二月入境初見寮吏與夫士庶首詢民間疾苦異口一詞莫不以科買上供銀一事為擾臣深求其故蓋緣本路諸州每年兩發上供銀除減放外目即計錢一十五萬二千一百六十九貫文省自來均下一十四州府於歲入係省等錢內置場買銀起發後緣諸州累経盜賊人戶逃移賦入無幾諸州遂將所買上供銀科敷人戶買納每年轉運司雖蒙朝廷於廣州賣鈔錢內支撥五萬貫文省貼助充本往往實惠初不及民並依舊例盡行科買甚者藉此為名過數抑斂以供州縣它用官吏並緣為姦催科輸納之際其擾有不可勝言坐是富者日貧貧者日困或轉徙它鄉或相聚為盜所在戶口稀少盜賊公行職由此也前後監司守臣陳請不一朝廷雖送戶部勘當戶部往往難於施行近

因知英州葛霖奏請見蒙行下本路諸司指定遂司遂陳請乞除廣州每發上供金銀等及十三州府進奏天申節并大禮銀並依數起發外又不願支請廣州賣鋪庫逐年撥降錢數欲將十三州府上供銀三萬四千三百餘兩盡數放免已具狀供申朝省未奉回降指揮臣深慮戶部必以蠲除上件銀兩有虧經費未肯施行臣向嘗面奏昨來本司前提舉官葛世顯會於存留鹽本錢外獻錢二十九萬文省陛下却而不受此錢見今樁管在都鹽倉臣欲到官契勘常平米數或有移用欠折即將上件錢收糴補足或與本路貧民下戶代納積欠苗稅伏蒙陛下宣諭卿如此用心甚好臣自交割已後一面委官盤量常平米斛已有近地數州申到往往逐年兌換必無陳腐欠折借使移用到收成日自可補足兼本路州縣追催稅賦急於星火不容更有積欠所是前項都鹽倉錢二十九萬貫未有支遣積而不

散亦恐啓小人覬覦之心臣愚欲望聖慈斷自宸衷將此錢數并廣州賣鈔庫每年應副轉運司作買銀本錢五萬貫截自今年更不支撥付轉運司並從本司措置自淳熙六年為始均作三年買銀起發所有諸州逐年買撥上供銀欲乞權罷三年雖未能便行放免亦足以少寬民力又於戶部經費初不相妨如蒙聖慈特從所請即乞行下庶幾十三州數十萬戶室家相保安於田里而無科數抑勒之擾流離凍餓之苦咸知聖澤所及不間遠邇甚大惠也臣不勝萬幸

彭龜年論湖北京西楮幣疏曰臣竊惟國家興刱會子所以濟錢幣之乏若官司有以權之使之流通不壅然後緩急可恃臣聞湖廣總領所會子當來立法止是許於湖北京西界內行使其襄漢戍兵月得料錢全靠客旅貿易其會子止到鄂州便着兌使而官司無以權之遂使坐賈之人乘其急遽低價以售用足一貫會子止可得五百

左右見錢會子既輕。商旅不行。故戍兵所得會子愈難變轉。而會子益輕矣。萬一緩急。豈不害事。欲望聖慈行下湖廣總領所多方措置。須使見錢會子官私流通。便商旅興販之利。免戍卒折閱之怨。不勝幸甚。

龜年乞寢罷賣田指揮疏曰。臣聞溥天之下。莫非王土。古者制田。唯有歸受之法。民既壯。則受之。既老則歸之。如此而已。未有舉在官之田與民交手為市者也。唐許民賣永業田。識者猶議其非古。況官自賣乎。臣竊聞近日斥賣官田。此令一出。四方之人交口竊議。臣甚為朝廷惜此舉措也。臣照得在法官田唯許下五等人户請佃。所以優之也。官户及上三等户不許。所以防其侵細民求生之路也。今一旦舉而出賣。令之曰。價高者得。小民雖有見耕之田。無錢可買。豪民積鏹千萬。尋常睥睨小民之田。恨不盡取。而官司乃為之開其門。闢其塗。細民之田。將盡歸豪民矣。昔任其勞而墾治者細民之力也。今享其成而膏潤者豪民之利也。豪民以錢易田。不歸恩於朝廷。而細民一旦失田。必歸怨於朝廷。朝廷但以減二分價為優見佃之人。不知見佃之人有錢則方可獲此利。無錢則坐視有錢者取田去爾。能使之不怨矣乎。議者必謂今日國家匱乏。一日出此。可得數百萬緡。豈不甚利。此特小丈夫狷淺之見。何足以謀國哉。夫數百萬緡或可以積致。人心一散。不可以復收。其輕重得失何如耶。仰惟陛下自即位以來。減月樁。損經總制。輕折估。寬和買。仁心仁聞。固已四達。然或者猶謂僅能寬州縣之力。未必州縣能寬百姓也。今賣田之令一出。則害徑及百姓矣。為人臣不能為人君固百姓之心。而乃為人君離百姓之心。此臣所甚憂也。臣聞向來斥賣官田。多以百姓不便而止。臣謂與其使之不便而後止。則所損已多矣。不若不行之為愈也。臣愚欲望聖慈特賜睿斷。將賣田指揮早與寢罷。以安人心。以固國本。不勝幸甚。

辛棄疾上疏曰。臣竊見朝廷行用會子以來。民間爭言物貨不通。軍伍亦謂請給損減。以臣觀之。是大不然。蓋會子本以便民。其弊之所以至此者。蓋由朝廷用之自輕故耳。何謂本以便民。世俗徒見銅可貴而楮可賤。不知其寒不可衣。飢不可食。銅楮其實一也。今有人持見錢百千以市物貨。見錢有般載之勞。物貨有低昂之弊。至會子卷藏提携。不勞而運。百千之數亦無虧折。以是較之。豈不便於民哉。何謂朝廷用之自輕。往時應民間輸納。則令見錢多而會子少。官司支散則見錢少而會子多。以故民間會子一貫。換六百一二十足。軍民嗷嗷。道路嗟怨。此無他。輕之故也。近年以來。民間輸納用會子見錢中半。比之向來。則會子自貴。蓋換錢七百有奇矣。此無他。稍重之故也。古謂將欲取之。必固予之。豈不信哉。臣以謂今諸軍請給微薄。不可復令虧折。故願陛下重會子。使之貴於見錢。若平居得會子一貫。可以變轉一貫有餘。所得雖微。物情自喜。緩急之際。不過多印造會子以助支散。百萬財賦可一朝而辦也。臣嘗深求其弊。夫會子之所以輕者。良以印造之數多。而行使之地不廣。今所謂行使會子之地。不過大軍之所屯駐與畿甸之內數郡爾。至於村鎮鄉落稍遠城郭之處。已不行使。其他僻遠州郡又可知也。臣愚欲乞姑住印造。止以見在數泒之諸路。先明降指揮。自淳熙二年以後。應福建江湖等路民間上三等户租賦。並用七分會子三分見錢輸納。民間買賣田產價錢。悉以錢會中半。仍明載於契。或有違戾。許兩交易并牙人陳訴官司。以準折受理。僧道輸納免丁錢。亦以錢會中半。以臣計之。諸路所入會子之數。雖不知其多寡。姑以十萬為率論之。其已輸於官者。

十萬藏之於家以備來年輸納者又十萬商賈因而以會子興販往來于路者又十萬是因遠方十萬之數而泄纖內會子三十餘萬之數也況其數不止於此哉會子之數有限而求會子者無窮其勢必求買於屯駐大軍去處如此則會子之價勢必踴貴軍中所得會子比之見錢反有贏餘顧會子豈不重哉行一二年諸路之民雖於軍伍市井收買亦且不給然後多行印造令諸路置務給賣平其價直務得見錢而已則民間見錢將安歸哉此所謂將固取之必固予之之術也然臣所患者法行之初僻遠州郡會子尚少高其會子之價紐作見錢令人户準折輸納及其解發却以見錢於近裏州郡收買取其贏餘以資妄費徒使民間有增賦之名而會子無流通之理臣愚欲乞責之諸道總領轉運並為條目以察部內之不奉法者誅得其人嚴寘典憲以示懲戒如此則無事之時軍民無會子之弊緩急之際朝廷無乏興之憂其利甚大

寧宗時知潭州真德秀奏復潭州酒稅狀曰臣至愚極陋誤蒙聖恩擢付一路入境之初訪求民瘼即聞榷酒一事重為潭人之害既又詳加考訂乃知積弊已極不容不更舊法具存不容不復臣敢疏其本末以聞竊惟酒之有榷本朝家所藉以佐經費其來尚矣然可行於江浙諸路而不可行於廣南福建者盖瘴鄉炎嶠疾癘易乘非酒不可以禦嵐霧而民貧俗獷其勢不能使之必沽於官故特弛其禁以從民俗之所便若重湖以南雖非閩廣之比然其密鄰桂嶺旁接連賀風土氣候往往相似故今全永郴道等州或聽民自釀而輸稅於官或於夏秋正賦併輸酒息未有專行禁榷如江浙諸路者也獨潭州在城或稅或榷前後屢變考諸故牘稅酒之法實起於紹興元年是時兵革未息城市蕭條幕府適有練迸之人建議下州募醞户

造酒城外而募拍户賣之城中入城之時數罌以稅官無尺薪斗米之費而坐獲利入民無逮捕抑配之擾而得飲醇美其後名公鉅卿相繼典州皆因而不改旁郡如衡依倣其法亦迄今遵行至乾道二年劉珙討平郴寇增置親兵又乞屯軍郴桂一時調度百出有不敢輕變稅法但增置糯米場添創南北楚三樓量從官賣稍分醞户之利而已及辛棄疾之來剏置飛虎一軍欲自行贍養多方理財取辦酒課乃始獻議于朝悉從官賣明年權給事中芮煇奏言潭州自行稅酒法人甚安之官不費一錢而日有所入今變稅為榷皆謂不便人多移徙廛市一空始行之初所得雖多今止及半而米麴之本官吏之給盡在其中夫以小利易大不便猶不可況初無可得之利且彼方新經陳峒猖獗之後又可遽擾之乎孝宗皇帝亟從其說降旨住罷令本州照久例施行是年冬帥臣李椿到官椿於吏事最為詳練亦奏臣久居湖外備諳土俗稅酒之為民便已久而棄疾改之當剏造營寨房廊日役夫匠甚衆所入雖不下七八百緡夫匠一散已不及初其後愈見虧額會計所得除抱認諸司錢及贍給官吏廪有發罷醞户之名實無所益請依舊放行醞户稅賣而帥司樓店亦且開沽俟稅課登羨日止朝廷從之官司所醞既少姦弊易防故酒常佳而易售民户安意稅賣無牴法冒禁之憂故雖稍取其贏而不怨自是官酒與民酒並行著為定例莫之能改及開禧二年趙善恭又欲盡罷其息不待奏聞遽行官榷醞户失業犯法者衆甫及數年其弊遂極曹彥約到任是時官賣之額日朘月減幕府相視束手無策彥約之議大槩以為若行榷酒則利在官吏而百姓蒙其害一為稅酒則利在百姓而官吏有所不便此議一起每指以為難行皆官吏自為之計非為公家計為百姓計者也以嘉定三年官賣本息計之

雖名收二十萬八千五百八十七貫有奇而米麴柴水本錢與官吏食錢共計一十二萬二千三百八十二貫除本收息僅有八萬六千二百五貫是一日所得止二百五十餘貫若官賣一分稅酒二分則日稅之額不過一百六十餘貫當不難辦於是復行淳熙八年已降之旨參用淳熙十年官私俱醞之議許城外百姓自行造酒搬運入城上秤收稅每酒一斤稅錢七文不稅而入謂之私酒若城外以至禁地不可關防即分地分緊慢改為旗望戶欲來者許之承撲欲退者許之自陳此外惟南北楚樓每歲量造三分之一仍從官賣其常平等處課額亦準舊例從於息錢內取撥分隸自是潭俗頗還舊觀既而安丙來自西蜀視事之初即議改榷且限三日打併投醪江流見者撫膺摧盟破缸在在嗟怨括馬供磨騷及編氓伐木為薪至空嶽麓而不之卹也倡優當壚嘈雜郡齋糟糠委棄充斥後圃凡酒家

一孔之利鉤扶靡遺酒貴米賤既相遼絕重法以禁亦不為止搜邏之卒旁午達道連坐之人填溢犴圄富者至加籍沒貧者令衆監償異服倚㮣纍纍於市中下之家閱月踰時不知酒味小有讎嫌動相誣訐人人重足屏迹糯米收糴責之州縣雖窮荒之邑艱歉之歲坐數拋下無得免者監勒牙儈科率舟船所至騷然人不堪命其害不止一州且及一路矣後政帥臣葉時鄒應龍皆有意復舊竟以弗果然則改絃更張稍蘇民困此政微臣今日之責也且紹興初元至今凡九十餘載稅法中雖暫改然其行之之久通前後七十餘年榷法之行或四三年或五六年即復大都不過二十餘年耳由是觀之稅之與榷孰便孰否其大略可覩矣自曹彥約復行稅法衞涇繼之每歲所入淨息率不下八萬餘貫睎昔之榷無大相過是不科糴不抑配不搜捕薪水之費官吏之給皆捨去其七而榷然一定之息啗可

自至顧何所憚而不為哉本司每歲諸軍供給賞犒之費誠為不貲若以一歲所入截長補短痛加節約亦可僅自給外此而求多焉必曰不榷不可然盈虛相較其實無幾徒為國家歛怨一道況淳熙八年指揮初無衝改為臣子者乃輒廢格君命行其胷臆臣雖至愚竊所不忍謹已日下措置復行稅酒舊法所慮人微望輕不足鎮壓異議既行之後他時或有變更則為醞戶者重罹蕩析之禍是臣實誤之也用敢冒昧奏聞欲望聖慈仰體孝宗皇帝嘉惠湘民之至意特降睿旨從臣所請臣當琢石鑴刻立之通衢以為本州一定不易之制俾潭之百姓歌詠聖恩永永無極臣不勝大願

貼黃臣竊見荆湖之地僻峒錯居風俗獷戾動搖則易綏輯則難㐌道間因官司敷賣乳香激成郴桂之變厥監非遠人所共知本司以安撫一道為職正當禁止州縣擾民之政以銷患未形乃因

榷酒之故歲歲行下科糴糯米所酬之直未必能及時價所支之錢未必盡到人戶況又有追催之苦有陪備之費其為咨怨蓋不待言擾民之事首自為之州縣效尤其將何責倘非亟復稅法則歲造二十萬緡之酒用糯至多苟不科糴何所取辦萬一有姦民窺捱其間是因小利而致大患也臣日夜念此至熟是以斷然行之不疑伏乞睿照

袁說友上奏曰臣聞有一事必有一弊未有事久而無弊者而救弊之策要當各隨其受弊所不同者參酌衆論而力行之蓋事有在此為弊而在彼亦弊者以彼此不同之弊而不參酌衆論以為之策雖今日弊革而明日復弊矣國家頃置官會所以與銅錢相濟其有無而為之用也今涉三十餘年而其弊不一其最甚者官會日輕銅錢日少欲重官會而民間兌易不能及所兌之數官會何由而可重欲

易銅錢而民間見錢收拾日難不能為稱提之用銅錢何由而可易
如此者蓋又十餘年朝廷患之士大夫言之而救弊之策亦間舉矣
既降指揮官司上供民間輸納並令錢會中半此欲重官會也又降
指揮民間以會子輸納不得勒令貼納見錢此亦重官會也又降指
揮令戶部支撥見錢下臨安府置場以實數兌便此亦重官會也又
降指揮令封樁庫日出見錢數千緡亦下臨安府兌便又令諸州支
撥見錢於本州置場兌便此亦重官會也是數策者不可謂之不能
救弊矣然大抵如臣前所謂今日弊革而明日復弊每不能稱提於
久遠爾今自累月來竊聞都下官會又復虧折一千官會雖得七百
二三十見錢而砂毛減輕錢一千之內率有二三十焉是實得七百
以下也零會則折閱又甚矣然亦未至如外郡之尤弊也今近在輔
郡如浙西之湖秀浙東之婺越蓋兌一千而得六百七十八十矣而

砂毛減輕亦在焉稍遠而衢信又遠而建劒遠而江東西則一千止
得六百以下矣愈遠則愈輕愈輕則愈不用官會之弊至此甚矣若
更不求其策則日輕一日私既不能行公亦不可用銅錢愈少官會
愈壞豈不為寒心哉今若止欲以都下官會而為之策此固可以一
說論獨以外之遠近諸郡其地既不同其說必各異此難以一槩之
說救之臣故欲各隨其受弊所不同者參酌衆論而力行之正以此
也臣愚欲望聖慈深以內外官會日輕為慮下臣此奏於江浙東西
福建五路守臣俟指揮到日限半月各隨本州事宜詳考官會兌便
不至虧折將來日久不至復弊一一留意的確具申尚書省類聚足
日並下檢正都司同戶刑部看詳諸州所申或可行於彼或彼此皆
可行撥其策畫之最善者再行畫項具申尚書省取旨施行庶幾參
酌衆論各隨其宜或能救弊於久遠儻官會日重得與銅錢相濟其

有補於國計豈細事也惟陛下留神
駕部員外郎李鳴復上奏曰臣至愚極陋每病世之言治者務為空
談不究實用故首以三者之政為陛下言之然政之切於時者不止
此也記曰國無九年之蓄曰不足無六年之蓄曰急無三年之蓄曰
國非其國也陛下試思今之為國其有九年之蓄乎其無九年之蓄
乎今日之國計版曹實司之分版曹之責任者內則司農外則四總
領是也臣家于蜀嘗究觀蜀之總計矣蜀賦總入之數以緡錢計之
歲約二千二百餘萬向也和議未絕烟塵不警尚可支吾今也邊戍
倍增用度益廣每難酬應朝廷以其數之不敷也歲降七百萬以助
其費此其大畧也臣邇者貳丞農扈亦嘗究觀農寺之出納矣農寺
歲催之額米以石計凡一百三十餘萬錢以緡計凡一百六十餘萬
以既入之錢糴未足之米總約二百餘萬而後可以敷歲支之數此

亦其大畧也蜀之所產未足以供一歲之用農寺之所催僅可以為
一歲之出求其儲積以備不時之須蓋無有也類而推之湖廣總計
猶是也淮東西總計亦猶是也此所謂經費也經費之外卒有緩急
取辦於朝廷之樁管耳朝廷之樁管散在他所者不得而知也其米
斛之在京城者可得而言也曰兩豐儲曰中下界其倉凡四以石計
之總不過二百萬水旱之科撥歲寒之賑濟閏月之貼降皆於焉取
之此猶曰常程也最可慮者江西湖南粒米狼戾之地昔號樂土今
為盜區虎豹橫行鴻鴈未集賦輸不入綱運轉虧諸總所以匱乏告
嘗截大農之綱以周其急矣寇賊未平漕運未至則其告匱必不能
自已也農寺以貼降請嘗撥樁管之數以償其虧矣截撥之令不容
不行則其求償又當與之俱也移東而補西已非策之得已若捉衿
而肘見不知計又安施識者殆凜凜焉可不急為之圖也哉漢至六

帝可謂富庶矣有臣如賈誼猶以倉廩未實為憂觀其言曰漢之
漢幾四十年公私之積猶可哀痛即不幸有方二三千里之旱國胡
以相恤卒然邊境有急數十百萬之衆國胡以饋之誼之憂憂於未
然者也臣之憂憂於已然者也去歲浙右之地皆以稔告朝廷和糴
視舊有加廟筭深長動中事會獨惜夫任是責者不務大體競為淺
謀錙銖必較則負販之徒安能奔走以聽命網羅交設則蓄積之家
不免懷疑而待價名為和糴實類科糴始欲趣時終於失時然猶幸
其可以為國計之助他不足問也今日之勢迫矣所積有限而所以
仰給者無窮將何以為計臣願陛下軫念事變之來急為根本之慮
體究湯先備之美意思祖宗應變之成規今年出內庫絹以助軍費
未踰年出內庫錢絹以助糴軍糧又明年出內庫錢絹紬綿以助糴
軍儲捐所有餘補所不足有仁宗故事在遵而行之推而廣之任之

者得人則施之者有道將見國豐而裕無功不成士飽而嬉有戰則
克于以寬一時可憂之勢于以隆萬世不拔之基其於時政實非小
補

知成都曹彥約上奏曰臣竊謂今日財用之弊不可不深致意也問
之朝廷則窘於應辦問之州縣則窘於支遣以為在總餉歟則今日
之總餉非昔比也以為在戎司歟則今日之戎司不一律也臣始守
漢陽軍當湖北最窘處適虜騎入境催科縮手猶且支遣解發不改
常度竊自妄論以為財計之難理者作縣而已天下之作縣者雖易
亦難天下之作郡者雖難亦易是十年以前州郡猶可為也越二年
而攝事湖廣總餉乃見其不可為矣般江州之銀券以足襄陽運德
安之鐵錢以實隨棗移東就西截短補長支撐數月僅不廢事及正
官交割後其思益窘有請于朝久無畫降其人至投繯自殺以救得

免矯制展官會界分二百萬乃始集事是十年以前總餉已不可為
也又二年而得守長沙亦當應辦之時朝廷之科撥未至而諸郡之
綱運尚闕帥司移文本州未免那兌其間小小名色不復責償值朝
廷秤提官會則多出庫錢以便百姓然而二年之後比交割元數猶
有增羨是七年以前州郡猶可為也又二年而得節制利州兼領郡事
則知利州之事已不得如長沙時矣用兵之後事力更改有節度使
寄居之祠則歲費增數千緡矣有總管鈐轄路分添差作闕則歲費
又增萬緡矣黽勉盡瘁僅了元額又二年而得守豫章則知豫章之
事又不得如利州時矣調發既多則酒課不辦權場不通則稅課漸
減雖撙節用度不至虧數而其所以為經費者甚岌岌也戎司之事
雖不曾親歷而利州置司所在亦或剽聞矣管軍二萬四千人而交
承錢物不過二三萬緡支吾不行至有奪前政宅庫之物以為公用

者被旨巡邊適避戍卒支犒有以葬妻為名迂行小路者是數年以
來不特州郡不可支遣而為戎司者亦有窮陋至甚者矣千里承流
之地日夜辦財萬竈飽師之地日夜慮財牛酒日至之地日夜乏財
使士大夫旁皇愕眙以為天下事無一可為者其故何也朝廷之財
臣不得而盡知但見招募軍兵修築城壘額外和糴遍滿天下是用
財之處比前日為多也楮券不足加以增印度牒不足助以告敕是
生財之路比前日為廣也國用司本意所以蓄歲幣之數耳沒入平
民漸生枝葉安邊所本意所以籍權姦之產耳變及征榷頗動觀聽
大寧監之鹽利已竭而轉運司之增羨不已宕昌之馬價未償而茶
馬司之獻納不廢是取財之道比前日為苛也民力極矣不可以增
賦矣上下煎熬至於此將何以救之哉故臣嘗論之天下之財本
足以了天下之用位置分畫要得其所截截條目不可移易成周之

財以九賦斂之以九式均之自邦中以至幣餘各有常賦自祭祀以
至好用皆有常式漢以吏祿公用賦於民不以封君湯沐為經費唐
以世業口分授於民不以留州送使為上供古人經理天下大率如
此本朝列聖立法尤更詳備臣獨怪紹興隆興之間虜寇犯順朝廷
調發雖費若河海而州縣常賦無窘迫之態百姓安業無怨懟之患
大郡交割之數有緡錢之積多至百萬者小郡見管亦有數十萬貫
若民間積粟之富則又往往稱此上戶多者十萬斛中產亦數千斛
上恬下熙相安於無事當淳熙紹熙時其俗未改近者公私之計窮
陋萬狀官吏搏手不可一朝居百姓怨苦皆無一飽望窮愁如此恐
不足以當變故也一旦夷狄侵陵盜賊竊發上下相視茫然無策時
事至此不可以為休證皆云開禧以來兵議纔起取常平義倉以供
綱運則救荒無先備撥官告度牒茶塩引為糴本則交易無見價軍

器之有製造弓兵之有調發樁積之有水脚招軍之有賞犒非時泛
用一切取辦符朝廷出豁雖許於交承錢內支破而州郡積漸至無
遺蓄矣調發有劵券則月粮有倍費功賞有轉資則食錢有添請折
洗有往來之費暴露有特喝之賞便宜從事一切取辦若朝廷應副
稍不如期而轉餉移兌始虧舊額矣戎司之事雖不欲窮問本末然
而窘於開禧之後而不窘於開禧之前亦必有以致此也望陛下與
大臣議之立為定制以官兵之常數責州郡而不責以非時之須以
歲時之常用責諸司而不責以不測之費總所之有應兌者悉與拋
降使之任乏興之罪課利之有增羨者不許申奏使之備循環之費
其有一切調發之用則朝廷自任其責當科降者即與科降不必徒
為勘當當支撥者速與支撥不使無故滯留如八月當和糴則七月
先科降十月當調發則九月先支撥父監司郡守之任以寬其迎送

嚴刻剝羨餘之禁以沮其觀望使有志者可以募士可以叢兵謹重
者可以備水旱可以修城郭設有緩急亦得以仰成而取辦至於戎
司之事尤當知其事力寬其利源上可以懌其心下可以饗其士俾
縮自如可以展布共為氣象有太平盛觀矣若夫大農之不繼則在
陛下有以圖回而斡旋之耳側聞紹興和戎則以內帑了歲弊中間
用兵則以內帑激將佐聞高宗聖訓以為內帑所有專以用兵宮中
則未嘗妄費也烈祖中興之法昭若日星可不舉而行之乎雖然又
有一說焉軍政在戎帥則總領之奉使者為急務軍政在宣制則總
領之奉使者為贅員不可不察也蓋軍政在戎帥則民事不得而與
知命王人以總領其事無可疑者軍政在宣制則財賦之輕重當出
其手總領之職特一子司耳今欲招一軍而聽命於朝論移一屯而
分務於總所使朝論疲於應酬視為常事總所恥於督辦迺相萋斐

宣制之事臣以為不可[illegible]也誠能使四總所之財聽命於宣制如張
浚之用趙開就糧搢運[illegible]欲如胡世將之處吳玠不膠柱調瑟
不鑿空取辦或欲減一軍[illegible]用度或欲增一軍以臨邊塞効用之
有奇傑者可陛為背嵬民兵之有精悍者可選為効用審緩急之宜
量出入之數使為宣制者得以專之而他司不得以撓之非有大變
革不必俟命而後行非有大調發不得乞錢而後舉則州縣制總皆
得以自用其財而大農之財亦可得而稽考矣其或食閫外之祿不
肯專閫外之政有功則歸利於已有誤則歸過於朝微有措畫則乞
錢以示重費稍有寬餘則回納以示廉儉今世之人皆以為善處已
矣以臣愚觀之直謂之不任事可也臣既有微見不敢有隱於陛下
惟陛下赦其僭

歷代名臣奏議卷之二百七十二

理財

宋寧宗時青田縣主簿陳耆卿上奏曰臣聞錢猶母也楮猶子也母子所以相權也不可重子而輕母也夫有錢而後有楮其楮益多則其壅底益甚甚則稱提之說興焉厥今在朝在野日夜講畫而奉行者非稱提不急也而未嘗有言及錢者楮日多錢日少禁楮之折閱者日嚴而禁錢之漏泄者日寬夫非果寬也寬於大而獨嚴於小則雖謂之寬可也闤闠之間有腰百金以出者吏卒已目送之積而至於數百則擒撫之鞭笞之矣高檣巨舳出沒江海有豪家窟穴其中則人不敢仰視間能指毫末以餌邏卒則如履康莊矣若是者不知幾數百邪夫豪家之弊猶可言也富商之弊不可言也豪家泄之於近而富商泄之於遠泄於近則猶在中國也泄於遠則轉及外夷而

不可復返矣稽諸令甲動合坐死今死者幾人邪夫一金之鑄其為費不啻數金一金之博易其為利亦不啻數金朝廷常以數金之費而為富商媒數金之利錢既日耗則其命遂歸於楮其弊遂積於楮而上下之間遂一切併力於楮不知楮之所以難行者不獨以楮之多而亦正以錢之少也存者既少藏者愈牢故雖以重法欲散出之彼將曰吾之錢吾所自有吾所藏也彼以中國之所有而散之夷狄上不之禁而何以咎我為哉是故家可空身可辱而其心不可服蓋亦反其本乎故臣以為今日之務不專在於稱提楮弊又在於稱提銅錢也蓋今銅錢之法大率犯者罰輕而捕者賞輕犯者罰輕則人易為姦捕者賞輕則吏不盡力臣愚欲望聖慈申飭攸司嚴漏泄之憲優掩獲之典其捕至若干者特與附類獲盜改秩以風厲之庶幾各務罄竭以從上之令誠使錢不甚荒則楮不偏勝此稱提本務也惟陛下赦其愚。

耆卿又奏曰臣聞豐歉在天而制其豐歉者在人三年耕必有一年之蓄九年耕必有三年之蓄此古人事未可施於今日矣倣其意而行之莫如和糴和糴將以利民也而民或以為害是可不詳其故哉夫有粟者之欲錢猶有錢者之欲粟也彼既欲之則惟恐和糴之不行爾而乃以為害者非其憎於事情而然有由也夫民與民為市此其所樂也民與官為市此其所畏也畏官而復匱於官故子閉戶以失利毋寧傾囷以貿害市之價增官之價減一害也市無斛面而官有斛面二害也市以一人操槩量無他費焉而官之監臨者多誅求者無藝三害也市先得錢而官先槩粟有償伺之苦有錢陌不足之弊四害也四害不去故凶年未見其利而豐年已罹其擾是豈和糴之不可行哉名雖為和實則強之也比歲郡國之間間苦水潦而亦

多以稔告民得粟即飽未暇為飢饉謀也朝廷降度牒以收糴此意甚溥臣亦預在犇走一人之數奉行惟謹區區愚慮猶恐所在州縣未能痛戢吏姦萬一如前四害之陳則其關繫邦本不輕而重而況邊備方殷積粟實塞之策尤今所急隄防貴密討慮貴精誠宜播告有司毋過收糴則必增其價而先予之錢蠲其斛面而俾自操其槩量吏有騷動取贏者必寘于罰如是則雖一日萬斛彼將樂趨之不暇裕民實邊二責併塞矣今不圖後將愈難惟陛下財幸。

江西提舉袁燮上便民疏曰臣聞書稱監于成憲詩美率由舊章蓋聖哲之規模子孫所不可易也我孝宗皇帝頒楮幣于天下常通而不壅常重而不輕無他道焉有以收之而已自開禧用兵遣幣甚廣知散而不知收故其價甚賤今日更定其法固將流通而不窮其可不法孝宗所以收之者乎蓋楮之為物也多則賤少則貴收之則少

矣賤則壅貴則通收之則通矣雖然朝廷收之可也州郡者何收之曰是在長吏而已長吏而賢何事不集今公清者少貪濁者衆肆為蠹賊無所忌憚尚何望其財用之積而楮幣之收乎我朝家法最為忠厚而獨於贓吏之罰甚峻深知其蠹不得不然當今之務謂宜痛懲貪濁崇奬公清盖公清之士必能正身律下而黜吏莫措其姦必能愛惜財物而冗費無所不節必能選擇官僚講理財之策必能寬裕民力養豐財之源薄關市之征則商旅四集謹鉟銷之防則銅錢不耗嚴交易稅契之法則泉貨頓增守錢會相半之制則藏鏹可出財既裕矣視時楮價其賤耶亟從而收之何憂其不貴歟貴矣自月浸久價將復賤則又收之非常收也賤而後收也此孝宗之規模也今為郡守者不知出此或拘民間米盐並從官賣或科有餘之家彊以買會或令民間輸納非買楮於官者不與收接甚者縱吏收豪聽其自賣而輸緡錢於官朝夕紛紛與民爭利可為太息可為寒心非治世之事也惟聖君速救之

奭又上疏曰臣聞易之繫曰何以聚人曰財蓋財者人之命脉也苟惟不足則無以相生相養而遂至於離散此豈小故哉今之蠹財者固非一端臣不暇枚舉姑以其至切者為陛下言之關諸道路內帑之儲榜然蔑有財之所當用者多以乏告俸之所當得者不以時給富有四海供億至厚一月之間所供者幾何所費者幾何具載于籍歷歷可考初非難知也而空乏如是豈不殆哉臣聞自古立國必有紀綱表裏扶持相與為一內廷知公議可畏不私其有使外廷得以與聞外廷以公道自任不敢阿私使內廷有所顧忌紀綱常存何至不足若各分畛域私立藩籬非有明白洞達之心而交壞其紀綱則何自而足哉蓋輙有言無政事則財用不足輙之所謂政事即臣之所謂紀綱也施於朝廷則為國政行乎宮闈則為家政內帑之不充毋乃家政之猶有闕歟宰輔知其急也欲以楮幣度牒補之夫此二物者皆國用也數十年來創例增益輸之禁中者不為不多矣馴致于今惟見乏絕若又增之遂成永例而國用益虧矣陛下當積弊之餘可不慨然發憤革其故而圖其新乎昔成周之制歲終則會惟王及后世子不會注云不會計多少優尊者若欲賜羣臣則計之以是知其非皆不會也故大宰均節財用中外一體而內宰亦會內宮之財用雖極於崇貴而不得自如此所謂至公也為今之計亦宜付之外廷窒其滲漏督其逋欠敢不如式必罰無赦則內帑之積立見其有餘矣昔藝祖皇帝憤北虜之強府庫儲蓄不可勝計嘗謂胡人之首可盡以絹易之神宗用兵始於西陲遂欲收復燕薊乜致意於儲蓄嘗親製御詩以一字為一庫多可知矣孝宗志在恢復二十八年之間帑藏盈溢陛下仰觀先朝之雄富俯視今日之匱乏得失是非相去如此汲汲皇皇纘其祖武以助軍旅之費當今之急務也惟陛下留神

奭知江州時上便民疏曰臣聞楮幣之用至今而窮立法而稱提之所以濟其窮也然今日之所謂稱提者果能有濟乎始以法令從事允不以省陌者必罰無赦未幾從民之便又未幾而有三分七分之說展轉屢變而卒歸于銅錢楮幣之相半是從其舊也是猶未始稱提也經久可行之策顧不在茲乎今議者急於豐財欲用鐵錢與銅錢並當不足之時倏易有餘寧不可喜而其實有不然者往時楮幣多故銅錢少而又益以鐵錢不愈少乎往時楮幣多故物價貴今又益以鐵錢不愈貴乎銅鐵之價固不相若鑄以為錢孰貴孰賤兼用之於市而實得銅錢之直得無徒費鐵錢乎兩淮虛耗甚矣運鐵錢

於江南貿易而歸固將裕之也然江南之楮幣易淮甸之鐵錢厥價三倍姦巧之民爭先取之此盈而彼虧矣鐵錢日以朘削銅錢禁不得往淮人將安所用哉名曰裕之其實竊之臣不知其可也且夫鐵錢之易就非若銅錢之難成盜鑄如雲而起楮之輕也滋甚譬之人方病寒又以涼劑投之秪益其疾而已內不足以權楮外不足以裕淮將何便於此哉或曰楮幣之用今已窮矣不變而通之可乎曰變而通之是也革而當其悔乃亡變之而不善不若勿變之為愈也然則柰何曰詳於立法不若嚴於守法法已明具固守而力行之自足以維持斯世有法不守而別立之法徒為此紛紛爾且今日楮幣之輕得非以銅錢之寡歟海舶之洩未始無法也而檢空之委得於情懇納其私賄縱其私載則連檣而去奸民相結貯錢小舟潛往海洋納諸巨舶捆載而歸此錢之所由少也獨不可申嚴其禁乎銷錢為

器未始無法也而獲利十倍人競趨之所在公行若當然者句容天台四明池陽臨川之所鑄者以精巧名人皆貴之此錢之所以銷也獨不可痛懲其奸乎鼓鑄之司令甲至嚴也每歲增之倚可勝用自黠吏既漁其利而場户復濟其姦憚取銅之難銷錢以輸之幸其精練無復致詰錢安得而不耗獨不可堅明其約束乎邦有常典譸若畫一人不畏法以法繩之誰敢不服若夫守法之地人所觀瞻而先自廢法罪莫大焉銅楮相半之制其來舊矣乃創為新例輸楮於官者必令貼納是利其贏也是弛相半之法而置錢於無用之地也奸民乘之逞其私欲毀之匿之者不勝其衆是孰為之倡哉臣竊觀當今州郡大抵兼行楮幣所在填委而錢常不足間有純用銅錢不雜他幣者而錢每有餘以是知楮惟能害銅非能濟銅之所不及也加之以貼納豈貨泉之利也哉朝廷深懲往事革三分七分之弊而復

二者均平之法此乾道淳熙之美意也人情翕然僉曰至當守法之便昭晰如此夫法有常守則觀聽不惑而民有定志法不一定則前後相戾而人無信心守銅楮相半之法悠久不變而異時謀利撓法之蠹蕩滌無餘尚何憂銅錢之寡而楮幣之輕乎此當今之急務也惟明主留神天下幸甚

理宗時兵部侍郎袁甫論會子疏曰臣仰惟聖上宵旰勤政尤以會子極弊為憂廟堂大臣鑒前事之誤悉意經畫自去歲遣官置局隨所在州軍任責撩紙今端緒已見豈容輕易施行而至於再誤乎前此朝廷措置會子其說屢變矣然每變每失而迄無成效何若下朴實工夫庶無屢變之悔朝廷因會子給降黃榜亦屢矣然榜愈多人愈玩何若勿復紛紛出令庶可以消玩侮之心大抵朝廷行事患在事未舉而人先疑近者因有更張之說猶未見諸施行而中外之人

已自惶惑兩月之間物價驟增會價頓削城市荒索氣象蕭條臣區區愚慮以為在我工夫真是靠實縱無全利之策然亦利多害少較之變法易令乍行乍改徒啓人心之疑畏者蓋不侔矣臣請先將白劄子所言一一剖白言之然後臣之所謂靠實工夫者乃可得而畢陳焉且今十六十七兩界會子五十千萬數日夥價日低其術可謂窮矣救弊之策幸有十八界新會一着又幸有已撩到紙數此正運轉斡旋之機四方人心傾耳以聽若善用之猶可以救弊若不善用之則適所以滋弊今白劄子遽欲以十八界會子旋印旋支其說謂一新之直可當舊之五六故欲停舊造新然新者當造而不當遽用機括所繫殆不可輕白劄子之說蓋謂不貴重新會則無以扶持舊會故欲暗收舊會而旋出新會舊因新而價增新因舊而價定其思慮亦甚勞剖析亦甚明柰何事理之未盡然也蓋十八界之未出也

則人之望朝廷區處。惟兩界舊會耳。十八界之旣出也。則新舊三界雜然並行。而區處愈費力矣。據臼劄子雖云以新會照時價買舊會而暗毀之。然當此用度窘迫。旣曰不必頓造新會。則安能每月以三分之一而買舊會。必致三界並行。愈多愈賤。此事理之當審者一也。見錢會子。毋相權。臼劄子云不必措置見錢。又云宜放都城會價與城外相等。意欲以重楮輕錢之術。神之而人心實未易愚。終有輕楮重錢之心。官司雖嚴刑重罰。勒令新會從官價。舊會從民價。然三界並行。民聽易惑。新舊會之價不一。新必為舊所牽。而倒用於軍。則軍以此售之。民必欲作官陌行用。民或不受。必致交爭。用於民。則甲信乙疑。官司強以官陌。必致商旅不通。店肆停閉。此事理之當審者二也。向無新會。則兵券請給與之以舊會。彼自無辭。今旣旋旋頒行新會。萬一群起願得新會而不欲舊會。朝廷於新會旣未嘗有蓄積。

外而三總。內而版曹。設或告急。其將何以應之。此事理之當審者三也。目今舊會散在民間者。為數五十千萬。姑如臼劄子所云三總所歲支見錢。不過二百萬貫。姑即其言為諸州入納見錢之數。且以見錢一貫。紐時價折納舊會不過一千萬貫而已。假使朝廷果能盡將上件一千萬貫截鑿。則所銷舊會未及五十分之一。臼劄子雖言許民間應干稅賦盡將舊會。照時價入納。及其他官錢收納解發並許用舊會揩折。然入納解發之數有限。又未免隨收隨支。果何足以消此四十九千萬之數。深恐舊會必且益賤。物價必將愈貴。此事理之當審者四也。方民間初納夏稅折帛錢。照時價紐筭舊會之時。則舊會之價必略增。暨至州郡。以舊會解發到三總及戶部之時。則舊會之價必大減。何者。蓋因臼劄子明言欲待年歲間稅賦徑令用新會入納。此聲一播。則舊會之價驟削也固宜。臼劄子乃謂諸軍所請一

半之錢。紐支舊會。不知三總及戶部將依民間入納時價折支以給兵券耶。抑將別有一項會子。准備陪貼以給兵券也。不貼陪。則諸軍豈無諠譁之變。貼陪。則三總戶部寧無不繼之慮。此事理之當審者五也。三總戶部歲支見錢。臼劄子指擬於朝廷椿積錢內支撥。照得端平初元因換會子遂出累朝所積金銀。棄之輕於泥沙。至今帑藏枵虛。言之可為哀痛。僅有昇潤所積見鏹六七百萬。及行都所積見鏹三四百萬。視為根本。若又掃而空之。犯端平之大失。豈不重可惜哉。況椿積之錢其數有限。三總所若不願得椿積有限之錢。自願依舊錢會中半。朝廷縱欲強總所之聽命。而總所以軍情有請於朝廷。展轉紛紜。恐終不能奪總所之說。此事理之當審者六也。總餉諸軍及殿步兩司合支見錢。臼劄子旣指射於椿積錢內支撥。諸州廂禁軍春冬衣賜係是見錢。不知從何處得見錢以給之。臼劄子雖令於

諸郡且以椿管見錢兌與軍人。卻以所兌之會依舊椿管。初無所關。殊不思諸郡之有見錢者能幾。縱有見錢。使之以實錢而博虛會。會價不及官陌。安得不謂之折閱。臼劄子又云毋慮軍人不願受會。盡令來朝廷旣許以純會納稅。民間必皆出錢以買會。軍人執券於市。便以易錢。何不樂之有。詳味此言。亦可見期望新會之意甚切。但談河止渴。何救目前。入納純會之害先見。而隨手便可易錢之效難必。此事理之當審者七也。今朝廷尚欠諸閫及總所科撥錢不下一千數百餘萬。況諸閫三總簿曆見管亦無舊會。自新指揮旣放之後。不知便當如入納之例。照時價每貫作五貫折支耶。抑每貫自作一貫行使也。若每貫作五貫折支。則在官之數未免平白折陌。若每貫作一貫行使。則在上之令自行背馳。此事理之當審者八也。臼劄子云諸郡應干稅賦。一半見錢並許折納純會。如用十六十七界舊會。則八

照各處民價如用十八界新會則照官價蓋新會之價既定錢即會也會即錢也所以斬然罷一半見錢而純用會臣竊惑焉且新會作七百七十陌行使姑以意逆之耳非已有此實事也萬一黃榜頒行之後新會果為舊會牽倒不作七百七十陌行使朝廷業已棄見錢而重新會軍兵却恐輕新會而顧見錢綱解既無見錢不知從何趣辦白劄子云稅賦許用全會則無會者必皆蓄會而捨錢而會價為之頓重此言似亦近於人情然臣則以為人情亦不盡然也吾意其捨錢而民於錢終不肯捨吾意其蓄會而民於會終不肯蓄終不肯捨則錢不得不重終不肯蓄則會不得不輕此事理之當審者九也會子立界分立年限其法始於蜀中當換界之時差內外兩場官吏辨驗真偽互相考覈方與交收外場辨驗到一貫偽會追賞至七十貫內場辨驗到一貫偽會所追賞錢視外場又倍之凡賞錢皆置曆

拘權專以激犒高吏斷斷不敢侵移他用民間知將來換會之時偽會必不逃兩場辨驗自然偽會不至通行今白劄子乃欲新會不立界限是蓋未知立法防姦之深意彼偽會何其幸耶又謂閒有年深損壞許民間用此入納諸郡用此解發朝廷自從而暗毀之夫一片之楮久而損壞此乃必然之理上下相示貴於明白洞達使其不毀何名為毀毀則當明何名為暗端平所行正緣有截鑿之名無截鑿之實從滋民之疑惑非所以昭大信於天下此事理之當審者十也臣既以十條疏列于右若夫區處之策亦非有新奇驚人之論大抵成大事者不可為煩碎之舉致大利者必當有堅忍之謀立定規摹善用新撩之紙為一頓換易之計則庶乎其可矣臣請索言之厥今民間皆知朝廷綴舊會之所換易新會大率以五舊易一新舊會計五十千萬必得十千萬新會則舊會可以盡易今諸州撩到新會紙

已及二千六百萬尚欠七千餘萬以一歲計之每州撩一千萬合七州則來年之夏可及十千萬而換易之數不虧但日印舊會自目下積至來夏又增十千萬通計舊會六十千萬若然則以六舊易一新可也而臣則謂約其大數或者五舊自足以易一新何者如湖南江西等處舊會價極低如京城及京口等處舊會價稍高稍高處一新雖不可得五舊然極低處一新又不止得五舊合諸郡而論價稍高僅一二處價極低乃徧天下絕長補短通而計之則十千萬新會略亦足用今其要惟在作急辦紙而已雖曰都司提綱諸郡協力然更須磨勵精神申嚴號令能以國事為意而奉行如期者旌以厚賞不以國事為懷而慢令不虔者加重罰賞罰既明官吏競勸則紙必辦集矣辦紙固不可緩印造尤所當急舊楮日印以應支遣今既未可遽然住造新楮十千萬之數尤當作急措置併力趲趣務在速辦

然後一朝盡行換易舉五六十千萬之舊會悉易以十千萬之新會工夫靠實効驗可立致矣白劄子所言三界會價混雜並用舊會一價也新會又一價也價既二三則新會之價為舊會所牽恐不可以守七百七十陌若從臣之言一頓換易自來夏以後更無舊會一券行於世間獨有一色新會則民間自然貴重安得不盡從官陌乎此非獨臣之說也白劄子固云頓造新會其說徑捷但事力有所不逮又云縱使極力為之亦須二三年可辦是初不以頓造新會為非特憂其課効稍遲耳然如白劄子所獻之說亦云行之三四年間則舊會可以盡毀是亦非責目前之効也今臣采取白劄子不欲速之說而行之於頓造新會恐未為失理臣每見前此朝廷行事往往獨運自私而無慱盡下情之心輕易多誤而無審計謹重之意今陛下洞然與天下為公奠而後發發而必中此豈非憂深慮遠之至者哉臣

區區管見願陛下力持四戒一曰戒新會三界並用二曰戒輕變錢會中半三曰戒空竭昇潤椿積四曰戒新會不立界限此四戒者決不可犯若夫臣之愚説則更乞陛下斷以聖意與二三大臣熟究而審圖之務在簡而易知要而易行勿以來夏為賒勿以須造為憚愛惜寸陰力救積弊實天下生靈幸甚

貼黃又竊詳白劄子所陳不欲明換而欲暗銷者蓋恐一新易五舊非民所樂故只令紐價輸賦紬而化之耳意非不善也然日來物直翔踴正緣舊會數多之故民方苦之如能五分銷去其四使新會頓復官陌則凡物十千之價者只兩千可得米碩絹疋色色如之豈非衆所願欲慮其不樂者過也況既以時直准會而輸賦民間折閱與以一易五則同雖避其名民不可愚也與其暗銷恐不若明白收換之為愈又照得紹興間四川錢引

價低商賈以一易四人無異論亦非今日剏行伏乞睿照

臣又竊思擦紙一事須使朝廷州郡通為一體所有給降本錢應期發下勿復稽遲庶幾收買楮皮不至闕乏又其間有以楮皮不足來告者須當體恤此意使有餘不足彼此通濟如印造舊會之紙曩時責辦於徽嚴等處者尤當從長區處使新會時無相妨不致受害偏重如此則朝廷得以責成州郡無以籍口兼印造新會屋宇器具雖已素備其常時所放散造會工匠並宜盡行拘上廩給加厚勿憚小費務在集事此專在都司主張維持之力耳併乞睿照

侍御史李鳴復上制國用奏曰臣聞用國而不知國計之虛實此最今日之大患也古者冢宰制國用必於歲之杪視年之豐耗量入以為出夫量入為出一有司事耳而必為之制必歸之冢宰何也蓋天下之財其入也有豐耗之不常則其出也當有增損之各異權其多寡之數酌其費用之宜是之謂制此制一定雖人主不得越制而過取有司不得違制而擅支制與不制之間而國計之盈虧民生之休戚天下之理亂係焉此豈一有司所能辦哉考之周官太宰之職掌建邦之六典以佐王治國是六官皆屬之冢宰也天官之屬六十宮衛之賤士則領之魚腊醯醢之微物則領之次舍幄帟裘服之末用則領之以至官寺嬪御洒掃使令之冗役則又領之是王宮之事無貴賤無巨細皆隸之冢宰也冢宰日與天子論道經邦則其情親內而王宮外而官府無不統則其權重惟其親則議論所建人主無一不從惟其重則號令所加中外無不聽故九賦九貢既有以致其財矣又以九式均節之周官之均節財用即王制之所謂通制國用也是故國用不制不足以為國冢宰不能制不足以為冢宰由一歲之近

以至三十年之久皆逆數而通計之其謀之深慮之遠不輕於用其國蓋如此漢宰相以錢穀當問治粟內史遂失所謂制國用之意唐宰相下領鹽鐵僅供有司之職又失所以任宰相之體是蓋不知夫古人設官分職冢宰提其綱群有司理其目冢宰揆之以道群有司守之以法耳國朝財用雖掌之三司使而制國用之説憂國者每每及之張方平論支費數廣則乞下中書樞密院審加圖議范鎮論財匱民困則乞使中書樞密院通知兵民財利大計至孝宗乾道間則又特命宰相帶兼制國用使參政同知國用事詔旨丁寧有曰理國之要裕財為重向來二三大臣專務簡忽用度浸廣漫不加省又曰百姓足君孰與不足量入為出可不念哉聖謨洋洋曷敢不敬一日進呈條具理財事謂宰執曰户部財計見令供具歲入名件較之支遣之數每歲只欠三百餘萬緡若行那移亦可支遣得過是國家大

計非獨外庭不敢忽。當時鮮[illegible]畫遂寮之地。亦未嘗不朝夕在念也。今日之財用匱矣。問之戶部。戶部莫之知。問之宰相。宰相亦莫之知也。戶部不以白宰相。宰相不以告陛下。府庫已竭。而調度方殷。根本已空。而蠹耗不止。廟堂之上。縉紳之間。不聞他策。惟添一撩紙局以為生財之地。窮日之力。增印楮幣以為理財之術而已。楮日益多。價日益減。號令不足以起其信。繼以稱提。稱提不足以彊其從。重以估籍。估籍之令行。而民不聊生矣。民不聊生。將激而為亂矣。知是焉而猶不早為之計。豈不大可懼也哉。往者會計有局。檢閱有官。在上者若致思於國計矣。然置郵旁午。徒擁空文。歲月迁延。莫究實效。是雖為而何益。論造楮有疏。論省費有疏。在下者若致憂於國用矣。然位卑言高。聽之者未必信。事大體重。聞之者未必行。是雖言而何補。臣愚欲望陛下遠體周人制國用之遺意。近法孝宗任宰執之成規。明詔大臣條陳經畫。何適而可以足一歲之用。何術而可以致九年之蓄。所入不足。於何而取辦。所出不敷。於何而減損。既思之。又思之。揆事理之當然。度時宜而裁酌。當必有轉移闔闢之用。以副陛下之責望者。或曰論國計於今日。不過理財節財二事耳。理所當理。所以防滲漏之弊。節所當節。所以革冗濫之習。是二者夫人皆知之。皆見之。曷不詳舉以達宸聽。必待宰執建明乎。臣曰不然。天下大政令大更革。非人主定其意向。則其事難。非大臣進其謀謨。則其言泛。意出於人主。謀出於大臣。上下一心。君臣同德。有所不言。言無不行。有所不行。行無不效。夫如是。則國事濟矣。臣故開其端。而欲陛下與二三大臣自為決擇。正懼其輕且泛也。冢宰制國用。必於歲之杪。此正其時。厥今要務。孰大於此。惟陛下留意。

鳴復又論理內之道當以節財為急奏曰。臣竊見陛下自首正以來

日謹萬機。慮周四表。御筆之特旨。朝廷之檢會。一號令之出。悉當於人心。一政教之施。皆切於事理。夫武王言一哉王心。真足以感動中外。普天之下。莫不懽忻悅懌矣。顧臣愚陋尚何以為說。雖然亦在陛下與二三大臣力行之而已。倘言而不行。行而不力。臣恐一時之懽忻悅懌。未必不為異日之怨歎愁恨也。厥今邊境暫寧。虜情叵測。及閒暇而明其政刑。戒宴安而嚴其警備。獨不在茲時乎。臣嘗撮其大要言之。禦外之策。莫過於和戰守。理內之道。莫出於兵民財。此雖書生常談。譬諸五穀之療飢。良藥之愈疾。斷不容一日不講求也。自形天地間而一日舍是。則凍餒作矣。阽危見矣。為天下國家而欲外禦風寒。內固根本。顧乃厭常而好異。得乎。和戰守之策。臣已嘗言之矣。民財之理。用敢歷其說以瀆宸聽。且夫兵務精不務多。先儒論之詳矣。太祖皇帝受天明命。撫有大寶。戰士不過十餘萬。北禦契丹。西捍河東。以其餘威開荊楚。包湖湘。卷五嶺。吞巴蜀。掃江南。服吳越。太宗皇帝繼之。遂拔晉陽。一統四海。兵固不在衆也。今天下兵數視國初何啻數倍。而老弱相半。寬揀不加。乃者洛陽之衄。汴城之潰。死於鋒鏑。死於蹂踐。又不知其幾。其名存實亡者多矣。近旨檢會節次指揮。而刷兵額居其一。又形諸御筆。欲令制帥臣練兵繕器。使備禦之嚴常如敵至。則虛籍之未覈。武事之未練。陛下固已知之。萬一行之不力。上下相蒙。平居不能究心。倉卒復至誤事。無益也。民惟邦本。本固邦寧。邦本之當固。其來尚矣。[illegible]言於仁宗曰。備契丹。莫若寬河東之民。備西夏。莫若寬關陝之民。備雲南。莫若寬西川湖廣之民。備天下。莫若寬天下之民。是民固不[illegible]畫困也。數十年來。貪風交扇。府在焦然。重以兵端妄開。軍令峻急。[illegible]口減耗。閭里蕭條。民不聊生也甚矣。[illegible]旨檢會節次指揮。而除擴[illegible]罷科抑弛邊賦居其三。又形諸御

箠力役之繁重行户之數取在邊在都亟加禁絕則官吏之侵漁民生之疾苦陛下固已知之萬一行之不力貪暴自如大吏視為虛文而細民弗沾實惠無益也乃若財用之匱乏此尤陛下與二三大臣所宜加意者而見諸施行不過欲重楮價覈斛籍而已理其末而不理其本貴其文而不貴其實臣竊惑焉往歲之冬臣嘗以制國用之說進今再易月矣陛下不聞有訪問之旨大臣不聞有條陳之策也禍日竭如困闇知其以國用為不當制耶或入出之數大相遼絕欲制之而未能也臣採之輿言謂欲豐財當自節財始今之所以蠹財者邊費為重浮費次之冗費之泛者又次之自邊帥以興兵誤國而帑藏盡空府庫皆竭其車載舟運以備犒賞卒之棄置道路卷歸囊橐者不知幾千萬億也今朝廷已令斂戍則鑿空架漏以誘賺錢物者自宜一一屏絕尚慮以新復州郡為辭則亦更當隨宜裁制耳此

邊費所當節一也自故相以人力抗天理讎傚之後輸奠鼎新后戚王宮爭相誇尚以儉陋為恥以豪華為榮斤斧之聲至今未已其所剝削皆國家元氣斯民膏血也又祖宗置內藏庫所以為軍旅不測之用似聞支用不節賜予無度閹寺蠹之於內緇黃耗之於外若此等費豈宜不甚顧惜此浮費所當節二也至如經費則內庭供奉官吏俸給軍兵請受雖若有一定之額然日廣月增有益無損建炎紹興之始乾道淳熙之間決不至若是繁且夥也兵之冗者當汰官吏之冗者獨不當汰乎行之外庭者既加裁約始自宮掖者獨不宜裁約乎以有限之費養無用之人於國家奚利此經費所當節三也節此三費而且搜羅其滲漏剔抉其姦欺必使一歲之入足以數一歲之出則國家大計庶乎其裕矣不然弊原不革而徒僥覬乎楮價之重實政不講而惟迁延於計籍之覈臣未知其可也禦外曰和戰守其說雖三而當以固守為重理內曰兵民財其爭雖三而當以節財為急蓋守固則可以和可以戰財裕則兵以足民以寬雖無新奇可喜之功而自有安彊可恃之理此皆先儒之所已言先朝之所已試非臣臆說也書不云乎知之非艱行之惟艱惟陛下留神

監察御史陳求魯上言曰議者謂楮便於運轉故錢廢於蟄藏自稱提之屢更故圜法為無用急於扶楮者至嗾盜賊以窺人之閫奧峻刑法以發人之窖藏然不思患在於錢之荒而不在於錢之積夫錢貴則物宜賤今物與錢俱重此一世之所共憂也蕃舶巨艘形若山嶽乘風駕浪深入遐陬返於中國者皆浮靡無用之異物而泄於外夷者乃國家富貴之操柄所得幾何所失者不可勝計矣京城之銷金衢信之鍮器醴泉之樂具皆出於錢臨川興隆桂林之銅工尤多於諸郡姑以長沙一郡言之烏山銅爐之所六十有四麻潭鵝羊山

銅户數百餘家錢之不壞於器物者無幾今京邑鍮銅器用之類鬻賣公行於都市畿甸之近一繩以法由內及外觀聽聿新則鉟銷之姦知畏矣香藥象犀之類異物之珍奇可悅者本無適用之實服御之間昭示儉德自上化下風俗丕變則漏泄之弊少息矣此端本澄源之道也

殿中侍御史朱熠上言曰鹽之為利博矣以蜀廣浙數路言之皆不及淮鹽額之半蓋以斥鹵瀰望可以供煎烹蘆葦阜繁可以備燔燎故環海之湄有亭户有鍋户有正鹽有浮鹽正鹽出於亭户歸之公上者也浮鹽出於鍋户鬻之商販者也正鹽居其四浮鹽居其一端平之初朝廷不欲使浮鹽之利散而歸之於下於是分置十局以收買浮鹽以歲額計之二千七百九十三萬斤十數年來鈔法屢更公私俱困真揚通泰四州六十五萬袋之正鹽視昔猶不及額尚何暇

為浮鹽計邪是以貪墨無恥之士大夫知朝廷住買浮鹽壟斷而籠其利纍纍竈戶列處沙洲日籍銖兩之鹽以延旦夕之命今商賈既不得私販朝廷又不與收買則是絶其衣食之源矣為今之計莫若遵端平之舊式收鍋戶之浮鹽所給鹽本當過於正鹽之價則人皆與官為市卻以此鹽售於上江所得鹽息徑輸朝廷一則可以絶戎閫爭利之風二則可以續鍋戶烹煎之利

宗正少卿兼權右郎官趙必愿上言曰財非天雨鬼輸豈可輕施妄用長此不已必至顛覆異時或得罪今之大夫不能為國生財程昇皇甫鎛之徒乘間捷出椎敲剝以衒相勝鑿空取辦以計巧取事掊斂獻羨餘間架緡錢之令下而唐祚忽促矣願陛下精思熟慮約己愛民必如勾踐之卧薪嘗膽必如衛文公之帛衣布冠可也

洪舜俞進故事曰梁冀在位二十餘年窮極滿盛收冀財貨縣官斥

賣合三十餘萬萬以充王府用減天下租稅之半散其苑囿以業窮民

臣聞財用之在天下如血脈行乎一身可通而不可壅王者藏富於民霸者藏富於國其下富不在國又不在民而在聚斂臣之家蓋自王道不行而人心壞人心壞而吏治壞舍義趨利假公售私朘民自封一孔不貸柄國者又為生姦受盜之府而天下之富偏聚焉此冀所以積至三十餘萬萬而未屬饜也夫財本吾國之有而取以助國財皆吾民之出而還以予民其理順其政公故收冀家以充王府而減租稅天下以為快後世莫以為非不謂威帝能行之也

劉克莊進故事曰元祐初以李常為戶部尚書鮮于侁為京東漕

臣嘗考論古今自漢中葉筦榷之法行上而公卿下而賢良文學各持一論然公卿之論常勝雖合賈誼董仲舒諸名儒唇敝舌腐而不能少殺其勢惟本朝則不然所用三司使如寇準蔡齊王堯臣包拯宋祁張方平蔡襄之流其人平日既持賢良文學之論一旦居公卿之位施為建置終不敢悖　者大旨此其所以異於漢也熙寧改法初猶用程顥蘇轍為官屬其後薛向吳居厚之徒始進於是司馬光得政內擢李常為版書外擢鮮于侁為漕以救其弊元祐相業第一義也臣謂國家此一氣脈宜逕續不宜間斷宜培養不宜斲伐頷今天下兵不可汰官不可省郊廟之禮不可闕掖庭之用不可會臣非敢立高虛之論直以理財為非也昔之理財者摧抑富商巨賈之盜利權者爾逐什一以養口體者不問也削弱豪家大姓之侵細民者爾營升斗以育妻子者不問也天地所產海之魚鹽藪之薪蒸漆枲絺紵之百貨械器陶冶之一藝蓋

販夫販婦圃夫紅女所資以為命者苟操斡之無遺則歎愁之聲興漢算緡錢下逮末作之人唐為宮市害及鬻樵之夫治世氣象不宜如此句也榷酤榷契信有遺利今囊括殆盡弓張未弛拜失利源邑困繭絲之取邑無生意民受池魚之殃治世氣象不宜如此議者排之愈力執事者持之愈堅譚漢庭鹽鐵論之弊失先朝前輩儒臣治賦之意鱗趾之澤息蠆尾之謗興將安取此臣觀今日事勢損上未易言也酌中制以取之足矣裕民未易言也捐末利以還之足矣昔陳恕令三司吏各條茶法第為三等曰上者取利太深可行之商賈不可行之朝廷吾用其中者真計臣之心也王旦遺漕臣曰朝廷推利至矣真大臣之言也惟陛下詔廟堂將府亟圖之

金世宗與宰臣議鑄錢或以鑄錢工費數倍欲使金銀坑冶上曰山

澤之利可以與民惟錢幣不當私鑄若財貨流布四方與在官何異

石琚進曰臣聞天子之富藏於天下正如泉源欲其流通耳上問琚曰古亦有百姓鑄錢者乎琚曰使百姓自鑄則小人圖利錢愈薄惡古所以禁也

宣宗貞祐二年六月宣宗南渡次邯鄲拜高汝礪為參知政事次湯陰上聞汴京穀價騰踴慮扈從人至則愈貴問宰臣何以處之皆請命留守司約束汝礪獨曰物價低昂朝夕或異然糴多糴少則貴蓋諸路之人輻湊河南糴者既多安得不貴若禁止之有物之家皆將閉而不出商旅轉販亦不復入城則糴者益急而貴益甚矣事有難易不可不知今少而難得者穀也多而易致者鈔也自當先其所難後其所易多方開誘務使出粟更鈔則穀價自平矣上從之

興定元年十一月汝礪為尚書右丞又上言曰臣聞國以民為基民以

財為本是以王者必先愛養基本國家調發河南為重所徵稅租率常三倍于舊今省部計歲收通寶不敷所支乃于民間科歛桑皮故紙錢七千萬貫以補之近以通寶稍滯又加兩倍河南人户農民居三之二今稅租猶多未足而此令復出彼不糴所當輸租則必減其食以應之夫事有難易勢有緩急今急用而難得者芻粮也出於民力其來有限可緩圖而易為者鈔法也行于國家其變無窮向者大鈔滯更為小鈔小鈔弊改為寶券寶券不行易為通寶從權制變皆由於上尚何以煩民為哉彼悉力以奉軍儲已患不足而又添徵通寶苟不能給則有逃亡民逃亡則農事廢兵食何自而得有司不究遠圖而貪近效不固本原而較末節誠恐軍儲鈔法兩有所妨臣非於鈔法不為意也作與省部故相違也但以鈔法稍滯物價稍增之害輕民生不安軍儲不給之害重耳惟陛下外度事勢俯察臣言特

命有司減免則群心和悅而未足之租有所望矣

三年河南頗豐稔民間多積粟汝礪上奏曰國家之務莫重於食今所在屯兵益眾而修築新城其費亦廣若不及此豐年多方營辦防秋之際或乏軍興乞於河南州府驗其物價低昂權宜立式凡內外四品以下雜正班散官及承應人免當儤使監官功酬或增道官師德號度牒寺觀院額等並聽買之司縣官有能勸誘輸粟至三千石者將來注授升本膀首五千石以上迁官一階萬石以上升職一等並注見闕庶幾人知勸慕多所收獲上從之

同提舉榷貨司王三錫建議榷油高琪以用度方急勸上行之汝礪上言曰古無榷法自漢以來始置鹽鐵酒榷均輸官以佐經費末流至有筭舟車稅閒架其征利之術固已盡矣然亦未聞榷油也蓋油者世所共用利歸於公則害及於民故古今皆置不論亦厭苛細而重煩擾也國家自軍興

河南一路歲入稅租不啻加倍又有額徵諸錢橫泛雜役無非出於民者而更議榷油歲收銀數十萬兩夫國以民為本當此之際民可以重困乎若從三錫議是以舉世通行之貨為榷貨私家常用之物為禁物自古不行之法為良法切為聖朝不取也若果行之其害有五臣請言之河南州縣當立務九百餘所設官千八百餘員而胥隸工作之徒不與焉費既不貲而又創構屋宇奪買作具公私俱擾殆不勝言至於提點官司有升降決罰之法其課一虧必生抑配之弊小民受病益不能堪其害一也夫油之貴賤所在不齊惟其商旅轉販有無相易所以其價常平人易得之今既設官各有分地輒相侵犯者有罪是使貴處常貴賤處常賤其害二也民家日用不能躬自沽之而轉鬻者增取利息則價不得不貴而用不得不難其害三也鹽鐵酒醋公私所造不同易於分別惟油不然莫可辨記今私造者

有刑捕告治有賞則無賴輩因之得以誣構良民枉陷於罪其害四也油户所置屋宇作具用錢已多有司按業推定物力以給差賦今奪其土業廢其業而差賦如前何以自活其害五也惟罷之便上是之

四年翰林侍講學士趙秉文上奏曰寶券滯塞蓋朝廷初議更張市肆已妄傳其不用因之抑遏漸至廢絶臣愚以為宜立回易務令近上職官通市道者掌之給以銀鈔粟麥縑帛之類權其低昂而出納

詔有司議行之

元世祖至元二十三年中書傳旨議更鈔用錢同知江西宣慰司事劉宣獻議曰原交鈔所起漢唐以來皆未嘗有宋紹興初軍餉不繼造此以誘商旅為沿邊糴買之計比銅錢易於擎齎民甚便之稍有滯礙卽用見錢尚存古人子母相權之意日增月益其法浸弊欲求目前速效未見良策新鈔必欲創造用權舊鈔只是改換名目無金

銀作本稱提軍國支用不復抑損三數年後亦如元寶矣宋金之弊足為殷鑒鑄造銅錢又當詳究秦漢隋唐宋利病著在史册不待縷陳國朝廢錢已久一旦行之功費不貲非為遠計大抵利民權物其要自不妄用始若欲濟丘壑之用非惟鑄造不敷抑亦不久自弊矣

世祖時東平布衣趙天麟上策曰臣聞聖明開世混萬國之車書法制臨時便羣機於掌握廟堂電斷區宇風從故得其要則可成長久之功動其機則可底治安之效欽惟陛下貴為天子所衣不過禦寒而已所食不過適口而已然而智周六合仁濟羣有而不憚煩者蓋皇天降命歸于有德推脩身之餘以理之也臣伏以定已然之事者須據其形審將來之形者莫如於勢察形勢之大者莫大於財力財者義之基也力者德之資也今國家德義行乎上而下猶未之盡從財力壯乎末而本猶未之丕定臣所以冒死而言之也欲下民德義之風行宜在上財力之分無失也夫財貨重則穀帛輕財貨輕則穀帛重是以有子母相權銅楮通用之法焉此蓋財之形也方今至元鈔法以一當五可謂審於財之形矣上好儉則下亦好之上好利則下亦好之臣但以在上之利皆出於民轉相兼并以至窮困百姓不足君孰與足此蓋財之勢也夫曩者之時宋據荊揚則其險要在於江漢金據中原則其險要在於河山以至遼人之海蜀人之棧得一郡則有開疆拓土之勳失一郡則有斷臂亡肩之患此蓋力之形也今立行省于外維持錯綜衆建其官有諸侯之鎮而無諸侯之權可謂於審力之形矣然而雨露霑濡之地乾坤蓋載之區莫非吾之民也但以國家一統拱於燕都非同金宋遼蜀之君守蕞尔之地以為民主也且瓜分之國形勢在地一統之運形勢在民紛力量財惟軍為甚此蓋力之勢也財壯於下而化易行化行而知恥知恥而禮讓興

矣力壯於上而權易持權持而民新民新而王政成矣伏望陛下顧形勢之大明財力之源凡息民之務如偃兵戈之類未降者降之凡養民之道如限田產之類未行者行之凡溥天兆姓四遠諸方有衒冤無告者以肺石達之凡軍役之家宜令樞密院差官隨處與奥魯官一同照戶口產業再行定之臣竊見軍戶有財竭力屈丁壯俱無而婦人嬰孺承其門籍者有壯夫百丁良田千頃而亦與貧人一例應軍役者或謂軍籍不敢輕動則是敢於苦貧逸富而不敢行均一之政也凡軍役十年一定限內皆不可改移限至許告消乏凡定軍之法但升降軍籍之家不得已而揀工匠之上戶以充之可也若然則財力之形勢並壯而德義之化靡有不從者焉良由形勢係於下民而下民既均且逸矣國家豈有不壯者乎德義豈有不孚者乎

天麟又曰臣聞仁義而已者蓋聖之法言允執厥中者聖人之極致

仁義合而為道道者利之利也執中變而為過過者利之害也何以言之夫愛人利物謂之仁見得思宜謂之義以致民心悅順基緒堅長如滄海泄於尾閭而百川益以歸之如張弓當乎不足而自然有以補之此雖不言利而利已在其中矣夫取物限多謂之過乎限益求亦謂之過以致民生朘削恒業消耗且下之於上猶枝葉之係本器物之在室上之於下猶本之統枝葉室之貯器物未有枝葉朘削而本獨豐器物消耗而室能滿者也此雖力征利而害已在其中矣超然上聖鑒臨萬方明義之當然絕利之可欲守以行已推於教人亦豈併絕其利之利者哉蓋矯枉過直率之於中而後已也今國家誅邪臣之好利者以謝兆人其官吏之嗜利者以委憲職可謂審乎義利之正矣然而聖教流布尚未盡從者利門未杜故也臣竊以財貨委有失漏獻言于上亦正義也乃有兇悖之徒傾巧之子平地風波妄謂天下之財貨可商計也有欺蔽也有羨餘也曲成徵理足移明聖之心深飾辯言足惑明聖之聽此等已惡於民而其實豈欲增國家之利哉但欲指名握節侵剝刻除以自濟幸事之辦希功徼賞以自榮也且自濟自榮亦何濟榮之有哉皆得珠藏腹斃身之類也是故嚳彰加戮舉遺業而並破矣臣恐後之人昧未形之禍貪望外之利亦且倣獻利者此蓋未盡從聖教之由也臣又以中外官吏志道義者據道義而直行志功名者念功名而自勵以富貴為儻來之物以忠孝為天爵之全豈肯浥下民之膏脂以潤其尺寸之膏哉臣恐有志富貴者脅肩諂笑於權貴之前昏夜乞哀於要津之下其未得之則患得之之難既得之則伏市井之謀秉君子之器姦心大逞欲竅旁開蒼蠅之技聞臭而集苟狗之心忽羞而計心計之不足故口求之口求之不足不知身之赴之手之攫之也吾家之何物未造造之吾家何物未完完之王事紛紜委於後矣若見廉者則相顧而笑之曰愚也拙也俸薄而廉徒自苦也既又相齊而疾之曰汝非原范亦將廉邪汝不和光同塵將背吾徒邪而陷之而脅之遂使廉之同者受排沮於明時廉之薄者變琳琅而止直矣彼一旦禍孽盈溢關諸憲職於是計賄之多寡而決之而復任之是用被決無恥之徒復臨良民也如此而欲廉恥風行矣自哉彼習知被決而復獲守職則益無所顧矣此亦未盡從聖教之由也故獻商計羨餘者莫非懷穢之人被笞杖復官者例皆無恥之類穢既懷矣惡能清恥既無矣惡能廉伏望陛下大開離耀明示羣方凡財貨委係未貢而無拘檢者許令陳言凡獻商計羨餘之議者並行禁絕不須疑議而利門自杜於上矣凡中外掌政臨民官吏厚增其俸有受一毫之賂停錮其身不假笞杖而利門自杜於下矣蓋以慾心之起小大無殊臨民之官莫先於義也然後能私弊息而公義自行百姓足而君無不足矣

許衡代人擬奏劄曰臣聞天下有大利非聚斂財貨之謂也乾之四德曰利此謂生之遂也故以利為本此謂性之順也聖人遂萬物之生順萬物之情故能致天下之大利後世遂一己之生順一己之情故能致天下之大害利之善惡於此判矣子曰君子喻於義蓋物得其宜則無不利故曰利者義之和也子曰小人喻於利蓋一於利而無義則害於人故曰放於利而行多怨後世學者不識天下之大利而恥言之故曰利者悉歸於小人以小人而謀利未有不為天下國家之禍者也臣以為謀利者莫如君子蓋君子不以利為利以義為利也惟君子之喻於義也必損上以益下蠲無名之征罷不正之供節用度減浮食國家若不足於調度然而土地闢田野治年穀豐登

蓋藏充溢。人民繁阜。鳥獸草木咸若。以此觀之。謂之國貧可乎。惟小人之喻於利也。必剝下以奉上。急暴橫之征。創苛虐之斂。倉廩實府庫充。國家若足於用度矣。然而土地日削。四野荒蕪。水旱相仍。閭里愁嘆。人民凍餒。兄弟妻子離散。以此觀之。謂之國富可乎。大略以富驕而亡國者常多。以貧約而失國者常少。言利者必曰。此特老生之常談而不切於用。以今楮幣折閱稱提無術。君子苟能謀利。盍亡一策以為明主獻乎。臣敢曰。楮弊之折閱。斷無可稱提之理。直一切罷而不行用耳。臣請言其弊之說。非古先聖王智慮不及後世而不能用也。蓋制法無義。則古先聖王知其為天下害。必不可行也。古者為市。以穀粟布帛器用之物自相貿易。泉貨未鑄。安肯持虛券以易百姓之寶貨哉。鹿幣之造。特出於漢武虛耗無聊之末計。歷千三百年無敢染指於其後者。以數錢紙墨之資。得以易天下百倍之貨。印造既易。生生無窮。源源不竭。此世人所謂神仙指凡礫為黃金之術。亦何以過此。然後世不期於奢侈。而自不能不奢侈。雖有賢明之資。恐不能免也。奸民不期於偽造。而自不能不偽造。雖制以死刑。不能絕也。此豈良法哉。是故講稱提之策者。今三四十年矣。卒無能為朝廷毫髮之助。但見稱提之令每下。而百姓每受其害。貫陌益落矣。嘉定以一易二。是負民一半之貨也。端平以五易一。是負民四倍之貨也。無義為甚。今不若以實貨而收虛券。猶足以救前日之過而無媿百姓也。實貨者何。鹽是也。言者又曰。朝廷倚鹽課為國之命脈。今乃欲以之易無用之破紙。訐狂而事左。倚以為國平日不然。穀粟布帛銅鐵金銀。皆足以充國用。歷黃帝以來。四千餘年之所通行。何獨不可行於今日。未論前古。只以渡江之初言之。外有強敵。內有群盜。干戈相尋。江左蕭條。內立百司庶府。外供歲幣饋餉。不獨官告度牒。不

造官會。國家亦漸致富強。其所以制國家之財用者。亦人耳。故曰。遂萬物之生。順萬物之情。故能致天下之大利。蓋自有道焉。其可與俗吏言哉。育萬物者。天地也。主萬物者。陛下也。神而化之。使民宜之。輕重低昂。豈不在我。惟陛下裁鑒。

歷代名臣奏議卷之三百十三

歷代名臣奏議卷之二百七十四

崇儒

東漢章帝元和二年春帝東巡還幸闕里以太牢祠孔子及七十二弟子作六代之樂大會孔氏命儒者講論蘭臺令史孔僖因自陳謝帝曰今日之會寧於卿宗有光榮乎對曰臣聞明王聖主莫不尊師貴道今陛下親屈萬乘辱臨敝里此乃崇禮先師增輝聖德至於光榮非所敢承帝大笑曰非聖者子孫焉有斯言乎遂拜僖郎中賜褒成侯使校書東觀

和帝永元十三年帝召見諸儒魯丕等相難數事特善丕說賜以衣冠丕因上疏曰說經者傳先聖之言非從已出若規矩權衡之不可枉也難者必明其據說者務立其義浮華無用之言不陳於前故精思不勞而道術愈章法異者各令自說師法博觀其義無令幽遠獨有遺失也

魏明帝初即位廷尉高柔上疏曰臣聞尊道重學聖人洪訓褒文崇儒帝者明義昔漢末陵遲禮樂崩壞雄戰虎爭以戰陣為務遂使儒林之群幽隱而不顯太祖初興愍其如此在於撥亂之際並使郡縣立教學之官高祖即位遂闡其業興復辟雍州立課試於是天下之士復聞庠序之教親俎豆之禮焉陛下臨政允迪叡哲敷弘大猷光濟先軌雖夏啟之承基周成之繼業誠無以加也然今博士皆明經行脩一國清選而使遷除限不過長吏懼非所以崇顯儒術帥勵怠惰也孔子稱舉善而教不能則勸故楚禮申公學士銳精漢隆卓茂搢紳競慕臣以為博士者道之淵藪六藝所宗宜隨學行優劣待以不次之位敦崇道教以勸學者於化為弘帝納之

唐太宗貞觀二年帝謂侍臣曰為政之要惟在得人用非其才必難致理今所任用必須以德行學識為本諫議大夫王珪曰人臣若無學業不能識前言往行豈堪大任漢宣帝時有詐稱衛太子聚觀者數萬人眾皆致惑雋不疑斷以蒯聵之事宣帝曰公卿大臣當用經術明於古義者此則固非刀筆俗吏所可比擬太宗曰信如卿言

太宗又謂中書令岑文本曰夫人雖稟定性必須博學以成其道亦猶蜃性含水待月光而水垂木性懷火待燧動而焰發人性含靈待學成而為美是以蘇秦刺股董生垂帷不動道藝則其名不立文本曰夫人性相近情則遷移必須以學飾情以成其性禮云玉不琢不成器人不學不知道所以古人勤於學問謂之懿德

懿宗咸通中著作郎皮日休上疏曰臣聞聖人之道不過求用用於生前則一時可知也用於死後則百世可知也故孔子之封賞自漢至隋其爵不過乎公侯至于吾唐乃策王號七十子之爵命自漢至隋或卿大夫至于吾唐乃封公侯曾參之孝道動天地感鬼神自漢至隋不過乎諸子至于吾唐乃旌入十哲噫天地久否忽泰則平日月久昏忽開則明雷霆久息忽震則驚雲霧久鬱忽廓則清仲尼之道否於周秦而昏於漢魏息於晉宋而鬱於陳隋遇于吾唐萬世之憤一朝而釋儻死者可作其志可知也今有人身行聖人道口吐聖人言行如顏閔文若游夏死不得配食於夫子之側愚又不知尊先聖之道也夫孟子荀卿翼傳孔道以至于文中子文中子之末降及貞觀開元其傳者醨其繼者淺或引刑名以為文或援從橫以為理或作詞賦以為雅文中子之道曠百祀而得室授者惟昌黎文公之文蹴揚墨於不毛之地蹂釋老於無人之境故得孔道巍然而自正夫今之文人千百士之作釋其卷觀其詞無不裨造化補時政繫公之力也公之文曰僕自度若世無孔子僕不當在弟子之列設使公生

孔子之世公未必不在四科焉國家以二十賢者代用其書垂于國胄並配享於孔聖廟堂者其為與儀也大矣美矣苟以代用其書不能以釋聖人之辭發聖人之義况有身行其道口傳其文吾唐已來一人而已不得在二十一賢之列則未見其與禮為備伏請命有司定其配享之位則自茲已後天下以文化未必不由夫是也

後周太祖廣順二年帝謁孔子祠將拜左右曰孔子陪臣也不當以天子拜之帝曰孔子百世帝王之師敢不敬乎遂拜之

宋真宗嘗謂諫議大夫陳彭年曰儒術汙隆其應實大國家崇替何莫由斯故秦衰則經籍道息漢盛則學校興行其後命歷迭改而風教一揆有唐文物最盛朱梁而下王風寖微太祖太宗丕變弊俗崇尚斯文朕獲紹先業謹遵聖訓禮樂交舉儒術化成實二后垂裕之所致也人君之難由乎聽受臣之不易在乎忠直其君以寬大接下臣以誠明奉上君臣之心皆歸於正直道而行至公相遇此天下之達理先王之成憲猶指諸掌孰謂難哉彭年對曰陛下聖言精詣足使天下知訓伏願躬演睿思著之篇翰真宗為製崇儒術為君難為臣不易二論示之彭年復請示輔臣刻石國子監焉

仁宗天聖八年直集賢院謝絳乞闢內館以復景德之制疏曰臣聞唐室麗正史官之局並在大明華清宮內太宗肇造三館更立祕閣于昇龍門左親飛白題額作贊刻石于閣下景德中圖書寖廣大延天下英俊之士乃益以內帑西庫二聖因數臨幸親加勞問遍宿廣內有不時之召人人力道術究藝文知天子尊禮甚勤而名臣高位繇此其選也往者延燔之後簡編畧盡訪求典籍是正疑文而筆工坐集有司列兩省故事別創外館以從繕寫考校之便然直舍卑喧民閭叢接太官衞尉供擬滋削非先朝所以隆儒育才之本意陛下未嘗迂翠蓋降玉趾寥寥冊府未聞輿馬之音曠有日矣議者以謂慕道不篤於古侍士少損於前士無延訪之勤而因循相尚不自激發文雅漸弊竊為聖時惜也願闢內館以恢景德之制

至和二年太常博士祖無擇上奏曰臣伏見至聖文宣王四十七代孫孔宗願襲封文宣公乃是其人未死已賜謚矣臣切覩前史孔子之後襲封者衆在漢魏則曰褒成褒聖宗聖在晉宋曰奉聖後魏曰崇聖北齊曰恭聖後周及隋封以鄒國唐初曰褒聖或為君或為侯為公為大夫使奉祭祀唯漢平帝追謚孔子為褒成宣尼公遂以均為褒成君至唐開元二十七年追謚為文宣王又以其後為文宣公是皆以祖之美謚而加後嗣生而謚之不經甚矣欲乞明詔有司詳求古訓或封以小國或取尊儒褒聖之義別定美號加以封爵著于令式使千古之下無以加於我朝之盛典也

神宗熙寧七年判國子監常秩等上奏曰切惟孔子之道萬世帝王所宜師法歷代之主雖知慕其名而不能行其道雖嘗崇其號而不能盡其實今陛下發明經術陶成天下之士至於作新百度又未嘗不推原其意可謂能行孔子之道矣然其爵號猶襲唐制臣等聞皇以道帝以德若孔子可謂道德之至者也宜因盛時追謚帝號以盡聖人之實以稱尊崇之意其冕服何事乞下有司詳定制度又言孔子之後能明聖人之道者莫如孟軻揚雄而歷世以來未嘗加以爵號又不載之祀典欲乞於孔子廟庭立像貌加以爵號歲時從祀以稱陛下崇尚儒術之意帝詔兩制與國子監禮院官詳定以聞於是翰林學士元絳等上言曰參詳自生民以來莫盛孔子雖當時無位不得以有行然其載之後世者上自天子下逮黔首莫不師用其道則其德業盛大不待論之而後著也中間有唐雖嘗加以王號在

於後世尚為臣爵誠不足以仰稱先聖道德之實欲乞依國子監所請尊加帝號委得允當所有冕服祠祭等乞下有司別詳定制度孟軻揚雄出於孔子之後能明其道以闢邪說其於後世誠為有功各乞封以公爵欲並依國子監所請孔子舊號有所未盡乞別賜改謚

時判太常寺李清臣奏曰臣伏准批送下判國子監常秩等劄子奏為乞追謚孔子帝號及乞於孔子廟庭建立孟軻揚雄像貌加以爵號歲時從祀等事送臣等詳議者臣聞堯舜用道以治天下孔子明道以傳後世堯舜君也孔子臣也同為聖人道德同也堯舜聖人也孔子亦聖人也而或為君師位號不必同也故道德存乎人而所歸常同位號受于天而所遭常異此事理之固然而名分之所不能齊也然則孔子雖無位豈害孔子之聖哉故歷代尊之廟貌薦奠服被袞冕弟子侍配自天子以下皆北面師事之又封其子孫世世不絕

今陛下以不世出之聰明有堯舜之位而用孔子之道德以制作法度養育天下其於二三聖人之業可謂兼之矣而左右之臣推原道之所自建畫大義謂宜追謚孔子而帝之意義甚美然臣愚惓惓切有未同者昔子路欲使門人為臣孔子之所不與今無位而帝之慮非先聖之本意且孔氏雖聖異姓也究考古今自非推五嶽之天神及追謚祖宗之同體而以異姓為帝號於故事亡有若以之顯號發策動觀聽於天下臣誠以為未安也陛下若深採儒老從官尊廣道德之意折衷其論裁自聖斷特詔有司升先聖釋奠為大祀使列於郊廟日月天神之次禮樂祠事皆增而大之及封爵孟軻揚雄賜謚立像侑坐配食卓然異於武成之祀亦足以示陛下與儒隆師脩德明道之大旨臣愚職為禮官獲奉明詔使得預茲議不敢回隱所見以蔽免違異之罪惟聖神裁幸

元豐七年雄州防禦推官知秀州崇德縣事充州學教授陸長愈上奏曰臣竊聞朝廷近降敕命追封孟軻為鄒國公長愈幸蒙推擇備數外學以督州徒遭遇聖世崇獎儒術推原道德發明之由以孟氏為有功於聖人特加爵號不惟錫土封賁廟祠而已將使天下學者知所尊尚而不失其指歸此當今甚盛之舉往者之所未嘗及也天下幸甚然長愈猶有管見伏覩每歲春秋釋奠于先聖至聖文宣王以先師兗國公顏子配享近制十哲皆得分獻長愈切以謂朝廷既封孟軻為鄒國公則亦宜從祀蓋爵位既加禮數必異躋之於先師則為已隆班之於十哲則為已殺惟與顏子並配為得其宜至於序坐則非長愈所敢議也孔子之得顏回則回也見而知之孟軻之學孔子則軻也聞而知之見而知之而為聖人之亞聞而知之而為聖人之徒其時雖殊其道則一此長愈所以謂並配為得其宜也論其

知覺之先後居世之近遠則門人為親而顏必處孟上以其聞先聖之道距揚墨之言後世為有功而孟不在顏下此長愈所以謂序坐則非所敢議者也欲乞今後春秋釋奠並以兗鄒二公配享帝詔太常寺定奪本寺看詳以謂先聖文宣王先師顏子配享以次從祀皆其門弟子也孟子之道固當尊禮然於孔子異代難與顏子並行配享於是禮部侍郎林希奏曰臣伏見古者配享及從祀但取著德立功其道有以相成者不必皆用同時之人如蜡之祭也主先嗇而祭司嗇先農之祠則以后稷配農句芒為少昊氏之子祝融為高辛氏之子今春秋之祭則勾芒配享羲祝融配大庭迎氣之日又為之從祀是異代之人得為配享明矣唐貞觀二十一年詔以伏勝高堂生杜預范甯之徒二十一賢與顏子俱配享孔子廟堂至今猶為從祀孟子於孔聖之門當在顏子之列至於荀況揚雄韓愈皆發明先聖

之道有益學者久未配享誠為闕典伏請自今春秋釋奠以鄒國公孟子配享文宣王設位於兗國公之次所有荀況揚雄韓愈並以世次先後從祀於左丘明等二十一賢之間所貴上稱聖朝褒崇儒賢備脩祀典之意

哲宗元祐元年翰林學士范百祿乞脩祖宗故事視學狀曰臣伏惟二聖臨御以來朝廷清明海內乂安邊陲弭兵革之災田里無狗吠之警耆老倪稚咸樂其生德之休明治古何遠原其所以誠由舉措施設率循祖宗典故而然人無智愚莫不共知此說豐功美實倚可殫陳獨有視學之行缺而未舉臣伏見太祖皇帝建隆元年正月二月四年四月太宗皇帝端拱元年八月淳化五年十一月真宗皇帝咸平二年七月皆幸國子監仁宗皇帝天聖二年八月幸國子監謁文宣王召從臣升講堂令直講馬龜符說論語一篇賜龜符三品服

恭惟祖宗隆儒師古躬化天下之意如此今陛下天縱將聖日進於道光明緝熙體合自然聖學之積所謂勤而不倦矣然方領矩步之士挾書觀光者四方萬里蹻屨而來遊於京師分處庠序未嘗一聞鑾輿之音而望屬車之塵意者陛下專事講筵游心經史而祖宗以來至天聖故事猶有未遑暇者乎臣愚伏望陛下特詔有司檢舉祖宗視學故事以待萬機之暇而賜臨觀焉令耆儒博士橫經進說以示天下文明之化豈不盛哉伏惟聖慈留察恕其狂僭天下幸甚

二年崇政殿說書程頤上奏曰臣近言邇英講讀漸熱乞移就寬涼處所貼黃稱如別無穩便處所只乞就崇政殿或延和殿竊聞給事中顧臨有言以延和講讀為不可臣本謂邇英熱恐於聖體非宜今聞修展邇英苟得寬涼則臣志願遂矣於臨之言在臣亦不必恤然有所甚害不得不為陛下辯之若臨之止於移處太皇太后聖意臣官非諫諍不辯尚可也今以臨言為是則誤主上知見臣職當輔導安得不辯臣謂自古國家所患無大於在位者不學在位者不學則人主不得聞大道朝廷不得致善治不聞道則淺俗之論易入仁義之言難進人君功德高下一繫於此臣非敢以建言恃陛下竊聞陛下博覽前史請陛下歷觀簡策前世母后臨朝有不壞紀綱者乎以至公為心孜孜為治為英主之事如陛下者乎此陛下所自知也陛下有簡策所無之盛德則天下亦望陛下為簡策所無之功業不止維持歲月俟人主長大而已蓋望陛下致海內於治安詒孫謀於久大詒謀致治之道當使聖德日躋善功日新進德在於求道圖治莫如稽古道必詢於有道之士古必訪諸稽古之人若夫世俗淺士以守道為迂以稽古為泥適足惑亂人主之聽近年以來士風益衰志趣汙下議論鄙淺高識遠見之士益習以成風矣此風不革臣以為非

興隆之道乃陵替之勢也大率淺俗之人以順從為愛君以卑抑為尊主以隨俗為知變以習非為守常此今日之大患也苟如是者衆則人君雖有高世之見豈能獨任哉臣不知進道德之言足以增益聖德者有幾而損陛下之遠圖移陛下之遠意則有矣如頤臨之言是也臣料臨之心不過以講官不可坐於殿上以尊君為說爾夫殿上講說義理之意古昔所常行也臣不暇遠引只以本朝故事言之太祖皇帝召王昭素講易真宗令崔頤正講書邢昺講春秋皆在殿上當時仍是坐講立講之儀只始於明肅太后之意此乃祖宗尊儒重道之盛美豈獨子孫當以為法萬世帝王所當法也而臨以為非臨謂講官不可坐殿上則昭素布衣之士其不可更甚矣邇英講讀只自仁宗時亦從便爾非是避殿上也若避殿上則不應置崇政說書之職雖以殿名設職不必須在本殿說書然亦不肯於不可講說

之處置說書官也臣每進說未嘗不規勸主上以祖宗美事為法如臨之意則是禁止主上不得復為優禮昭素之事及有崇政設職之意祖宗美事而使主上獨不得為若主上信以為然所損豈不甚大殿上說書亦是常事人主崇儒之道甚有重於此者臣今口未敢言然中心惟欲輔養主上重道之心如前代明王光輝史冊不止此一事而已臨之見與臣之心何其異也且講經與飲宴孰重真宗仁宗時皆宴講讀官於崇政殿從來侍宴者皆在殿上而講經獨不得在殿上臣未諭其義也臨之意必曰彼一時之事爾曰常則不可夫於義苟當曰常何害義或不可一時亦不可也臣始言之執政大臣未以為非也及臨一言則是而從之以臣度之以臨之言為是者亦或有之若謂四五大臣皆以為是則必不然蓋非難知之事不應四五人所見皆如是也特以陛下信臨之言而又迫於尊君之意故不敢

言爾恐非以道事君之義今世俗之人能為尊君之言而不知尊君之道君唯道德益高則益尊若位勢則崇高極矣尊嚴至矣不可復加也過禮則非禮强尊而不尊漢明帝於桓榮親自執業可謂謙屈也周宣帝自比上帝羣臣齋戒清身數日方得朝可謂自尊矣然以理觀之漢明帝賢明之君百世所尊也周宣帝昏亂之主百世所賤也如臨之見則必以桓榮為不能尊君以周宣之臣為能尊君矣不知道之人益進不合理之言日聞雖人主聖明習熟見聞亦恐不能無損爾後世功業益卑先王粹美之道不復見於世者正由淺俗之論易信而得行爾夫先王之美雖未能盡行然稽古之心不可無也猶學者於聖賢之事業雖未能盡行然希慕之心不可無也此乃進學求益之道今臨之意則以古先之事為不足法今日之事足矣不可更有進也此乃塞進善之門絕稽古之路方主上春秋之富進德之際其所獻納如是勸講官稍思職業敢不辨乎若陛下以臣言為非則狂妄之誅不敢避也萬一以臣言為是則願陛下明示好古求道之意使朝廷在位皆知之雖鄙見之人見陛下聖慮高明不喜淺近亦將勉思義理不敢任其卑俗之見懼獲鄙於聖鑒矣誠如是則將見道學日明至言日進弊風日革為益孰大於此臣職當辨明義不敢默臣無任懇切惶懼待罪之至

禮部員外郎顏復上奏曰臣聞二帝三王之道至孔子而大明百家之辨不能誣萬世之遠不能晦有天下國家者既有其教思隆其報故與社稷並祀自古皆有去邦無化不立有生皆欲食俗無禮不成由是論之其功輕重又可喻矣歷代致治之君又爵其後使襲美號以昭聖人之澤賜田給廩以豐其享然制度未立聖人之祀容有時而不振度今之可行者其要有五一曰尊其祠享二曰優其田祿三

曰復其廟榦四曰司其法則五曰訓其子孫尊其祠享者漢魏以來皆以嗣侯專掌祠事國朝乾德以來嘗詔其後宜延世祚任曲阜官使嚴時享又詔襲封人令常住近便官不得遠去家廟近世孔氏雖給孔聖公爵多任外官違離陵廟名實乖舛無主祭之官則俎豆之事勢難精虔欲乞今後襲封之人並理所入資序留奉祭祀如有卓異才行為朝廷採擢及通判以上並擇以次當承襲人權主廟事子孫未立適擇近屬漢孔霸元帝即位為帝師賜爵關內侯食邑八百戶號褒成君上書求奉孔子祭祀詔以所食八百戶祀孔子故霸還長子福于魯奉夫子祀乃其故事優其田祿者前代褒成褒聖崇聖奉聖侯食至千戶唐增給百戶為采邑國朝太平興國二年免其家租賦至真宗朝又增賜田至二百頃後因京東監司奏官為制撲歲課甚薄欲乞賜增良田俾其家自墾庶仰祀俯養僅得封公之祿復其

廟幹者。自漢以来孔子之廟或以吏卒百户守衛。或又增户以備洒掃。國朝祥符中。給近便户以奉塋廟。又給守兵。後定差鄉兵五十人。謂之廟户以備供役。熙寧役法之更。此制漸削。今差使仍舊。欲乞復差廟户五十人以守衛洒掃師廟及充王祀者白直。其約束並用役人之法。則不知勞恱乎輸力。不悖聖師使民之義。司其法則者孔氏祭享恭。財賦均滯。使人勤逸皆繫一時主家之人。使刻薄之吏得以撫閱約言致緣其小故以廢其大者由無立法防弊之素也。欲乞置官一員。或就擇本邑佐掌其祭祀之式。財用之例。役使之科郡縣以時鈞考而懲勸焉。則弊消于未然。而師門益尊矣。訓其子孫者。祥符初。詔曲阜宣聖廟九經書疏釋文史集。令本州選儒生講授。祖宗錫聖之裔又如是之深厚。後人不能彷明以及廢失。是可惜矣。欲乞朝廷命有經行官。或選儒生而秩以禄。俾講授闕里。誨勵孔氏及其鄉黨則能者成才。罷者遠罪。鄒魯之風教易復行不止能保其祭祀而已。五者並用則聖朝崇儒報本之實淳粹悠久度越前代遠矣。

四年。秦鳳路提點刑獄張舜民乞追贈張載疏曰。臣伏覩鳳翔府橫渠鎮居住故崇文院校書張載。學際天人。誠動金石。義之所在。白刃可蹈。心有不厭萬鍾何加。口如不能言。體若不勝衣。議論感激。凛如秋霜。雖萬軍之將不足言其勇也。平居與人言。退然若不知讀書者。坐而講貫剖判是非。談辨如流。雖滔滔江漢不足方其廣也。著書萬言。名為正蒙。陰陽變化之端。仁義道德之理。死生性命之分。治亂國家之經。罔不究通。方之前人。其孟軻揚雄之流乎。如荀況輩不足望於載也。關中學者。靡然就之。謂之橫渠先生。一登其門。言行皆知孝悌。仁義有如夙成。雖去載千里之遠。十年之久。不敢一蹈非義。常若載之臨其左右前後也。自此西土學者。洒然知先聖賢之學。乃知鄉者誦說之富。組繡之文。特小道爾。在熙寧中。累薦朝廷。召至闕下。授以崇文院校書。未幾。以疾辭歸。熙寧末年。再至闕下。神宗方將任用使行其所言。其疾再作。謁告西歸。死於道路。當時識者以謂載身逢明天子。緣飾禮文。修明治具之時。再至朝廷。竟不能伸其一言以終。此載之短薄則不幸也。有士如此。當年不能興舉。舉於老疾垂死之時。治國者亦不得無憮然于心也。載之死于今十有五年。中外臣僚猶錄其平生以言于朝廷者。略以十數。或乞賜田。或錄其子。或乞降謚。然天聽高邈。未蒙省答。今載止有一妻一子。衣食不足。寄託親友。日來月往。人情憒煩。飢寒之憂。其勢甚迫。若不干告朝廷。何所赴愬。且君子平日脩身謹行。固不為身之與子孫也。朝廷褒賢錄善。豈特為其賢者之後乎。如孟軻荀卿揚雄。于今千有餘年。學者徒能讀誦其書而已。至於禮貌寂寥。孰肯來括。大朝一旦列之封爵。並食廟堂。使後世觀之。賢於孟軻荀卿揚雄乎。賢於本朝乎哉。知臣今日之言非為載也。伏乞朝廷檢會累次臣僚奏陳於錄子賜田追謚三者之間。凡可以厚載者。舉一而足。庶使褒賢之典。獨見於本朝。為善之風不墜於今日。

五年。諫議大夫朱光庭上奏曰。臣聞聖王之治天下。以教育人材為先務。教育之道。在學得乎正而已。學得其正。則始於誠意正心。而終於致君澤民。足以成君子之事業。然則所謂正者何也。乃堯舜禹湯文武周公孔子孟軻之正道。非釋老莊列申韓之他道也。學者苟得其正。則幼而誦習。長而講解。久而入心成德。至於終身踐履不離乎正。則養就矣。才皆此塗也。伏自陛下臨御之初。惠天下學者。狃習異端。未能純一向道。嘗下明詔。申敕有司。不得於莊老出題。及引用釋

奏議卷之二百七十四　十二

氏申韓之說。此可謂教天下學者適正之本也。今來科場詔已降。竊聞學者狃習異端。未至悛革。兼有司將來考校。自當遵前日之詔。進退多士。臣愚欲乞朝廷申明前詔。內自大學之官。外至諸州教授。俾告諭學者。一意遵守正道。不得依舊狃習異端。不唯自可以應科舉之選。庶幾從此入人適正。養就美材。隆太平基址。伏望聖慈特賜施行。

光庭又乞定子思封爵疏曰。臣切詳孔若蒙陳乞孔子之子鯉。孫伋。封爵事。伏緣古者封爵之及。或以德。或以功。或以言。如鯉雖孔子之子。然始聞詩聞禮。德未著見。而早世。伋字子思。嘗學於曾子。得聖道之傳。著為中庸一書。垂之萬世。君臣父子兄弟夫婦朋友。盡斯道者。可以造聖賢之域。至于窮性命之理。究中和之致。講天德之微旨。論至誠之妙用。孟子師之。然後得其傳。固非荀揚韓之可企。荀揚韓尚

蒙聖朝茅土之封。而獨未及子思。誠闕典也。伏乞朝廷特下禮官定子思之封爵。以顯朝廷尊隆聖道之意。乃盛德之舉也。伏乞聖慈特賜施行。

八年。侍講學士范祖禹乞改正先聖冠服奏曰。臣伏見禮部員外郎楊傑上言曰。唐開元中追謚先聖為文宣王。內出王者袞冕之服以衣之。今乞用唐故事。衣以袞冕之服。臣竊惟祖宗褒崇先聖。比之前代禮意加隆。而冕服未用王者之制。此蓋有司之誤。誠為闕典。陛下欽明稽古。聖德日躋。臣愚欲乞因鑾幸太學酌獻之日。親覩先聖服章。特降聖旨命有司改正。用三代王者之禮。以彰陛下尊師重道崇儒之意。此乃一朝之盛典。聖學之美事也。

哲宗時。畢仲游奏黜異端疏曰。上古之書。皆所以為治也。然聖人不為之斷。則異端出於其間。而不可以為治。必雜異端為治。是不若無

書而治也。故聖人深懼所以然。總其可以常行之大者。為六經。六經定而異端不得出於其間。是萬世為治之本也。周衰。不任經術。聖人為治之書。既已少廢。秦為大無道。又重燔之。聖人為治之書。遂至大廢。漢承二廢之後。講求訪尋。六經僅得其完。其術雖不全取以為用。亦不全廢以為不用。故循吏能以飾治。而酷吏能以輔刑。飾治者貴。輔刑者進。是以公孫洪治春秋而為丞相。望之通經術而位在九卿。張湯補能傳古義之士以決大獄。呂步舒執春秋之法。持節專斷。此皆飾治輔刑貴進已然之効也。然博士之官自武帝以五經而立。後益以家法而進。家法進而五經之術支離。故如施孟之易。嚴顏之春秋。各立博士而不相廢。是非能為易春秋之大道。而為施孟嚴顏之家法也。故有以教子弟者而不見孝順之化。有以三公舉者而不見知治之人。有增多其員者而不見補於訓道。有變更其名者而不見

稱其職。是皆未能恤其實也。今朝廷樂以經術取士。以古義決獄。而欲置博士之官。定博士之員。課功冊書以說天下。則可謂治博士之職。而非治決獄取士之路也。如朝廷內以經術為意。外以經術為用。則天下之人皆將以經術為任。夫博士之廢興。又何累於治亂哉。愚聞儒者之道。帝皇立治之道也。帝皇不稱為儒而立治。後世稱為儒而立治。其稱不稱雖殊。而立治之道一也。說者不知儒道根源之久遠。乃以道德陰陽名法之類分而為九。以謂道德之流出古之史官。得於清虛卑弱而失於放。陰陽之流出古羲和之官。得於順天授時而失於拘。法家之流出古之理官。得於信賞必罰而失於刻。以至名墨農隸縱橫小說之流。莫不皆有得失短長。然以儒道為治之至大。所出之久遠。而謂出古司徒之官。得於仁義而失於惑。為此說者。至塞不通之學也。夫儒備天下事而為有道。為有異趨之長而可相尚

戠所謂道德法家陰陽者備得儒一端之美爾。而強明所長不出於儒。所短不損於道。非所以輔經術而施教化也。若夫論六家之論以道為無所不宜。以儒為寡要少功。則其謬甚矣。奚足數於此哉。欽宗時。起居郎胡安國論伊川學狀曰。臣忝預從臣。職當次對。雖嬰疾疹。尚竊祠官。苟有見聞。自當論奏。庶逃尸素之責。以酬隆厚之恩。伏見元祐之初。宰臣司馬光呂公著秉政當國。急於得人。首薦河南處士程頤以為言必忠信。動遵禮義。實儒者之高蹈。聖世之逸民。乞加召命。擢以不次。遂自韋布起居講筵。而臺諫臣僚朱光庭等又奏頤道德純備。學問淵博。有經天緯地之才。有制禮作樂之具。寔天民之先覺。聖代之真儒也。而頤之見知於當世至矣。自[illegible]之司勸講不為辯辭解釋文義。所以積其誠意。感通聖心者固不可得而聞也。及當官而行舉動必由乎禮。奉身而去進退必合乎義。其修身行法規矩準繩。獨出諸儒之表。門人高弟莫獲繼焉。雖崇寧間曲加防禁。學者向之。私相傳習。不可遏也。其後頤之門人如諫議大夫楊時。右史劉安節。舍人許景衡。殿院馬伸。待制吳給等稍稍進用。於是傳者浸廣。士大夫爭相淬礪。而其間志於利祿者。託其說以自售。[illegible]者莫能別其真偽。傳者既失之。河洛之學幾絕矣。壬子年臣嘗至行闕。有教授仲并者言伊川之學近日盛行。士大夫將轉而為伊川矣。臣語之曰。伊川之學不絕如綫。可謂孤立。而以為盛行何也。豈以其說滿門。人人傳寫。耳納口出。而以為盛乎。自是服儒冠者以伊川門人妄自標榜。如喻樗[illegible]又益甚焉。或者又言非伊川門人。卻皆進用。擇真其人也。乃不見知。[illegible]有信之而稱歎者。故擇之改官入館。舍人王居正[illegible]令其辭曰。頤窮西洛之淵源。遂見古人之大體。夫西洛淵源。古人大體。[illegible]其高弟謝良佐游酢楊時諸人尚難言之。而況樗等曷為者也。

乃敢託於詞命。妄加褒借。識者有憂之。士大夫所學各分黨與。互相排擊。自此起矣。紹興五年。省試舉人。經都堂陳狀。乞不用元祐人朱震等考試。蓋從於新學者。耳目見聞既已習熟。安於其說。不肯遽變。而傳河洛之學者又多失其本真。妄自尊大。無以厭服士人之心。故眾論洶洶。深加詆誚。夫有為伊洛之學者。皆欲屏絕其徒。而乃上及於伊川。臣竊以為過矣。夫聖人之道所以垂訓萬世。無非中庸。非有甚高難行之說。離世異俗之行。此誠不可易之至論也。然中庸之義不明久矣。自頤兄弟始發明之。然後其義學者可思而得也。不然則或謂高明所以處己。中庸所以接物。本末上下。析為二途。而其義愈不明矣。士大夫之學宜以孔孟為師。庶幾言行相稱。可濟時用。此亦不可易之至論也。然孔孟之道不傳久矣。自頤兄弟始發明之。而後其道可學而至也。不然則或以六經語孟之書資口耳。取世資。以干利祿。愈不得其門而入矣。今欲使學者蹈中庸。師孔孟。而禁使不得從頤之學。是入室而不由戶也。不亦誤乎。夫頤之文。於易則因理以明象。而知體用之一源。於春秋則見諸行事。而知聖人之大用。於諸經語孟則發其微旨。而知求仁之方。入德之序。然則狂言怪語。淫說鄙喻。豈其文也哉。頤之行。其行己接物則忠誠動於州里。其事親從兄則孝悌顯於家庭。其辭受取捨。非其道義則一介不以取與諸人。雖祿之千鍾。必有不顧也。其餘則亦與人同耳。然則幅巾大袖。高視闊步。豈其行也哉。昔者伯夷柳下惠之賢。微仲尼則西山之餓夫。東國之黜臣耳。本朝自嘉祐以來。西都有邵雍程顥及其弟程頤。關中有張載。此四人者皆以道學德行名於當世。公卿大夫之所欽慕而師尊之者也。如司馬光呂公著韓絳呂大防等莫不論薦之。會王安石當路。重以蔡京得政。曲加排抑。故有西山東國之阨。而其道不行。

深可惜也。今雍所著有皇極經世書六十卷。載有正蒙書一十七篇。頤有易春秋傳一十卷。顥雖未及著述。而門弟子質疑請益答問之語存於世者甚多。又有書疏銘詩並行於世。而傳者多失其真。臣愚伏望陛下特降指揮下禮官討論故事。以此四人加之封號。載在祀典。比於荀楊之列。以見聖世雖當禁暴誅亂奉詞伐罪之時。猶有崇儒重道尊德樂義之意。仍詔館閣裒集四人之遺書。委官校正。取旨施行。使於學者傳習。羽翼六經以推尊仲尼孟子之道。使邪說者不得乘間而作。而天下之道術定。豈曰小補之哉。

高宗時。胡寅上疏曰。臣竊見建國公出就外傳。陛下選儒學老成之士充輔導之職。因將使國公近正人。見正事。聞正道。涵養器質。薰陶德性。以副陛下茂建宗支之意。凡有舉措。可不慎哉。臣謹考古帝王教世子之法。莫備於周。其在禮記文王世子篇曰。始入學者必釋奠

于先聖先師。立太傅少傅以養之。欲其知父子君臣之道也。夫父子君臣之性。人同稟之於天。先聖先師則盡其道。載之於六經語孟之書。以示萬世者也。故始入學者必釋奠于先聖先師。欲其知道之所本故也。若老佛二氏之說。則毀父子。無君臣。泯亂民彝。為世大害。自前代有國家者溺心於此。無不致亂亡之禍。今置其像設於資善堂。而不以先聖先師為矜式。非所以訓示國公也。若謂福祐護持。俗所不免。則鄙俚尤甚。君子不道。伏望陛下詢之范沖朱震。必亦以此舉為非。緩國公未冠未能行釋奠之禮。且當崇飾先聖先師之像於資善堂中。使晨朝瞻仰以生恭欽之心。是亦勸學之一助也。今士大夫家訓誨童蒙。未有不然者。誠以人之趣習罔不在初。當謂初建資善而可輒有過舉乎。所有錄黃內緣有此畫一一件。未為允當。臣未敢書行。

右正言陳淵上奏曰。昔者孟軻著書七篇。其末章歷敘堯舜至於孔子。有見而知之者。有聞而知之者。而其終繼之以去聖人之世若此其未遠也。近聖人之居若此其甚近也。然而無有乎爾。則亦無有乎爾。其意以謂道之在天下。自古至今無適不然。必有人焉發明而推行之。然後傳之萬世而無弊。是數聖人者。道之所賴以傳者也。道固不窮。傳亦無盡。由孔子而來至于軻。猶可以耳目接也。得其傳者非軻而誰。故自漢迄唐。知道之士如揚雄韓愈。莫不推尊孟氏。而世之言道者亦必曰孔孟。孔孟云者。明其無二致也。豈諸子百家之所可擬歟。近者陛下詔天下學者當以孔孟為師。無所偏敎。此誠萬世不可易之論也。然孔孟之言載在方冊。昭如日星。有目者之所共睹。有心者之所共知。其要焉在。豈非所謂大中至正之道乎。大中至正之道。則孔孟之所以為孔孟也。若夫諸子百家之學。或蔽於人而不知

天。或蔽於天而不知人。或蔽於為我而不足以及物。或蔽於兼愛而不足以成己。幽明殊歸。內外不合。於是詖詭譎怪之論興。詖邪淫遁之辭勝。而大中至正之道始不行矣。今欲學者以孔孟為師。則必使之知大中至正之道。自更科以來。天下學士無所適從。若朝廷尚不免以文章取人。請宜明詔有司審所去取。毋溺於諸子百家之說。唯大中至正之道是從。俾堯舜禹湯文武周公之志復行於今。豈唯今日學者之幸。將天下後世實幸。

淵又上奏曰。臣聞古人有言曰。為治者不至多言。顧力行如何耳。夫言而不能行。自古所病。譬之欲之燕者。北首而趨。不舍朝夕。雖有遲速。終必至燕。若坐而說燕。亦何能至。此傳說所以言行之惟艱。而孔子所以貴夫躬行也。雖然知之者不如好之者。好之者不如樂之者。好而樂之。所以行也。而必先於知之。則知其可已乎。蓋不知而必行。

譬之適燕而南轅縱復疾馳心幽幷而足吳越必不至矣臣觀墨子之道取茅茨土階之儉恍手胼足胝之勤摩頂放踵利天下為之則其所行宜若於儒者無異矣然孟子闢之以為無愛無父作於其心害於其事作於其事害於其政不可以訓是豈儒者之所為乎故是堯舜而非桀紂儒墨之所同乃若堯舜之所以為堯舜墨固有所未知也未知堯舜而託於堯舜以行其私意此孟子所以正名其為邪說而闢之歟由是言之行之惟艱而知之亦未易也自王氏之學達於天下其徒尊之與孔子等動之以卓詭之行而矜之以華麗之文如以錦繡蒙覆陷穽悅而從之鮮不墜者行之六十餘年其禍已見今可以改矣而人之所知初無以異於昔也方此之時欲使天下學者背邪以歸正棄舊以圖新非反其所知以知聖人其能一變而至於道乎孟子曰學則三代共之皆所以明人倫也又曰聖人人倫之至也又曰堯舜之道孝弟而已矣夫學所以明人倫而人倫之至不越孝弟此固王氏以為淺近而不足知者而不知同天人通物我合內外之道有在於是是之不知其何以行之哉今陛下躬堯舜之孝弟行之既久至誠感神而夷狄自格其效已著豈非有以深知之耶然陛下既知而行之亦當使天下皆知之知而行之者衆則吾道不期而已至矣前年之詔諭天下學者當以孔孟為師是固然矣然王氏之說未即禁止朝野紛然莫知所適謂宜明示好惡一切罷黜使學者膠口不敢復道庶幾各啓其故而天下之真知出矣臣不勝區區之心惟陛下裁察

孝宗時國子司業劉爚上奏曰宋興六經微旨孔孟遺言數明於千載之後以事父則孝以事君則忠而世之所謂道學也慶元以來權倖當國惡人議己指道為偽屏其人禁其書學者無所依嚮道

明趨向汙下人欲橫流廉恥日喪追惟前日禁絕道學之事不得不任其咎望其既仕之後職業修名節立不可得也乞罷偽學之詔息邪說正人心為宗社之福

寧宗初即位侍講彭龜年論復經筵坐講䟽曰臣竊見本朝藝祖開寶四年召王昭素賜坐講易自是累聖相承凡有講讀無不賜坐乾興間孫奭坐講時仁宗尚幼跂案而聽之奭因請立講論者不以為是熙寧元年呂公著等請復坐講之舊制詔太常禮院詳定於是韓維等言列侍之臣尚得環坐執經而講者頤使獨立事体輕重識為未安請如天禧舊制以彰陛下稽古重道之意時龔鼎臣等以為不可遂不復行恭惟陛下留心學問增置講讀當講之日早晚兩講固已有先祖宗早間御殿一循近例講者立侍不廢君臣之禮晚御後幄又復舊制講者坐侍且盡君臣之情情禮兩盡古今所難識者無不竊歎聖性高明區處有道既有施行而議者乃以坐講為非執後世尊君卑臣之見而失先王好善忘勢之誠雖知陛下不得已而從之然使陛下聖德不明祖宗舊制不復誠為可恨臣今檢到程頤與頤臨辯殿上不講書奏劄繳連進呈頤之本意但欲因此輔養人主重道之心實為可采儻蒙睿覽便見近日坐講罷行為是為非如臣不學固不足厠勸講之列若此禮一復天下通經學古之士必有聞風而起副陛下之意者矣臣不勝拳拳願忠之至

龜年為吏部侍郎又論經筵講讀不當以官職雜壓為序䟽曰臣輒有誠懇仰干淵聽臣素無學術叨侍經幄朝夕凛凛大懼無以稱塞伏見中書舍人陳傅良煥章閣待制朱熹並除侍講而臣忝為吏部侍郎班著偶在二臣之上臣之學問委是不如二臣經帷講讀政當以學問高下為差不當以官職雜壓為序兼臣照得傅堯俞任吏部

尚書兼侍讀之日。以翰林學士承旨蘇頌兼侍讀班序在堯俞之下。堯俞以頌國之雋老。學識貫通。非堯俞比。遂乞避頌。進呈居頌之次。且以並侍經幄。事與外廷。崇德尚齒。足以風勵天下。為說。臣愚欲望聖慈許臣如堯俞之請。當講之日。令臣班傅良熹之下。非特使臣愚分少安。亦於公議為允。

嘉定八年。轉運判官魏了翁上議曰。臣猥以晚學。誤被東注。擢司祥刑。既服僉司。會漕輓空官。復令兼二。顧職分所係。其於教學。立師崇化善俗。所不當後。因惟國朝盛時。先正鉅公。多仕於蜀。其生有顯秩。没有䘏章。載在史冊者。臣既不復贅陳。然其間有道德隆重為世師表。而爵位弗稱。未舉易名之典。則臣職在勸學。所當敷陳。臣竊見故虞部郎中周頤。嘗為合州僉書判官。州事不經其手。吏不敢決。治下之民不敢違。傳謂蜀之賢人君子。莫不喜稱之。其流風所漸。訖今未泯。士競講學。民知嚮方。春秋奉嘗。有永無替。臣始到官。嘗遣吏即其祠而用幣焉。退復惟念。是特頤所以施諸一方。見諸行事之一二焉耳。蓋自周衰。孔孟氏没。更秦漢魏晉隋唐。學者無所宗主。爽離判渙。莫適與歸。醇質者滯於佔畢訓詁。雋爽者溺於記覽詞章。言理則清虛寂寞之歸。論事則功利智術之尚。誣民惑世。至於淪浹肌髓。不可救藥。斯民也。堯舜三代之所以治也。涉秦而後千數百年。治之日少。亂之日多。寧不以此而頤獨奮乎百世之下。乃始探造化之至賾。建圖著書。闡發幽秘。而示人以日用常行之要。使誦其遺文者。始得以曉然洙泗之正傳。而知世之所謂學者。非滯於俗師。則淪於異端。有不足學者矣。又有河南程顥程頤。親得其傳。其學益以大振。雖三人者皆不及大用於時。而其嗣往聖。開來哲。發天理。正人心。其於一代之理亂。萬世之明闇。所關繫益甚。不特以命秩弗崇。其節惠之文未有能發明之者。紹興之初。侍講胡安國嘗有請於朝。乞爵程顥兄弟使得從食于先聖先師之廟。其後乾道間。太學錄魏掞之又嘗白宰相請祠程顥兄弟于學。會不果行。如周頤則又程顥兄弟親炙而師事之者。安國掞之亦未及以為言。誠為闕典。臣愚欲望聖慈詳臣所陳。如以為可采。乞下之禮官。如先朝邵雍徐積等故事。將周頤特賜美謚。使海內人士咸知正學之宗。其於表章風厲。誠非小補。如程顥兄弟併得在易名之典。則尤足以章明時崇儒重道之意。臣本為蜀人。致甘棠之思而僭言及此越職踰分。臣知罪矣。惟陛下財幸。

寧宗時。袁說友乞留朱熹狀曰。臣等竊聞陛下近降御筆。直付侍講朱熹與之外祠。此命一傳。舉國疑駭。館學皆有章奏。給舍臺諫相繼論駁。似聞聖意已即開悟。而未見收回成命。人心皇皇。深為國家惜此事体。臣等備位從列。不敢自默。竊謂人主初政。莫急於收人望。其虧盛德莫大於拂人心。朱熹之賢。海內共知。陛下踐祚之初。首加聘召。寘之經筵。莫不傳誦以為盛德之舉。未及再月。無故棄逐。非惟遂失講學之助。而前日之美意。天下亦不復信之矣。其拂人心。孰大於此。熹自入朝以來。凡所論奏。無非愛君憂國之言。今一旦遽去。莫曉所謂。皆以謂陛下憚其說之高大。若強人以所難者。然尊嚮於疇昔。而棄置於頃刻。樂聞於軟熟。而嚴憚於切直。此人主之所深戒。陛下好賢樂善。當不出此。臣等竊見朱熹抱負聖賢之學。累聘不起。幡然為陛下一出。有以見君臣道合相得之誠心。熹平日歸潔其身。蓋其素志。成命既出。熹必不肯復留。臣等區區所論。實以國體所關。非止為一朱熹而已。蓋命令之出。雖自九重。至於施行。當由中書。故唐人云不經鳳閣鸞臺。何名為勅。祖宗之朝。未有以御筆直付其人者。如此。是無用中書。廢壞綱紀。他日援此為故事。若必以為自今日始。陛下豈不重惜於此哉臣等欲望聖慈收回前日直降御筆俯從給舍臺諫之請雖朱熹決不肯留而陛下崇儒禮賢改過從善之意尚可以暴白於天下不勝厚幸干犯天威無任震懼俟命之至

元太宗時中書令耶律楚材上奏曰制器者必用良工守成者必用儒臣儒臣之事業非積數十年殆未易成也帝曰果爾可官其人楚材曰請校試之於是隨郡考試雖儒人被俘為奴者亦令就試

憲宗即位高智耀入見言儒者所學堯舜禹湯文武之道自古有國家者用之則治不用則否養成其材將以資其用也宜蠲免徭役以教育之帝問儒家何如巫醫對曰儒以綱常治天下豈方技所得比帝曰善前此未有以是告朕者詔復海內儒士徭役

世祖時侍講學士徒單公履欲奏行貢舉知帝於釋氏重教而輕禪乃言於上曰儒亦有教有禪科舉類教道學類禪帝怒召姚樞許衡與宰臣廷辯奉訓大夫董文忠自外入帝曰汝日誦四書亦道學者文忠對曰陛下每言士不治經講孔孟之道而為詩賦何關脩身何益治國由是海內之士稍知從事實學臣今所誦皆孔孟之言焉知所謂道學而俗儒守亡國餘習欲行其說故以是上惑聖聽恐非陛下教人脩身治國之意也事遂止

歲戊申春釋奠致胙於世祖世祖曰孔子廟食之禮何如張德輝對曰孔子為萬代王者師有國者尊之則嚴其廟貌脩其時祀其崇與否於聖人無所損益但以此見時君崇儒重道之意何如耳世祖曰今而後此禮勿廢

始曲阜孔子廟歷代給民百戶以供洒掃復其家世祖時尚書省以括戶之故盡收為民太常少卿王磐上言曰林廟戶百家歲賦鈔不過六百貫僅比一六品官終年俸耳聖朝疆宇萬里財賦歲億萬計豈愛一六品官俸不以待孔子哉且於府庫所益無多其損國體尤大時論韙之

布衣趙天麟上策曰臣聞聖人之立教也暢達情性而言詩條理紀綱而定書因天理人文以制禮宣國風民俗以作樂參天兩地發揮於陰陽而為易尊上卑下嚴示於名分而為春秋自上古洪荒之時節文雖未分而此理未嘗不具也統言之為道分之為五常散之為百行可以脩身可以齊家可以治國可以平天下此之謂真儒昔者聖人之學有諸內而形諸外得於心而應於口蘊之為靈明現之為英華出言啓語莫非文之自然也後世輕才淺見之徒拾古人糟粕之餘瀝以文章為極致乃有聚螢積雪孜孜汲汲窮一經而皓首成一篇而歷年粤自詩變而騷騷變而漢魏六朝至于唐末儒風掃地矣其間耀名千載卓然不群者皆三都兩京天人長揚之流春草池塘楓冷吳江之類自以為儒者之宗師而不知其已陷於俳優之小技矣夫儒文同宗而異派舉世莫之肯辨也孔門四科之中文學子游子夏臣嘗就魯論而考之子游之為言曰本之則無如之何子夏曰雖曰未學吾必謂之學矣此之所謂文學適所以務其本也豈後世趍末失本之文哉聖人以其文勝猶抑之於政事之下則知夫聖門文不可絕而亦未嘗貴之也故因文傳道道傳而文為筌蹄矣道衰以來昧道之人競相推重以文不加點為顏孟以咳唾珠璣為曾閔懵公政而弗精委大猷而莫顧比之窮一經之流又出乎其下矣選曹掾之而掾人時議欽之而緘口及其身居要職家食豐祿廢事罔然攉歸吏手飽千古之書泥無決之論拘一介之廉滯當時之政事條叢脞治迹紛擾雖復才同司馬廉若范丹剝而不實清而不幹將安用哉遂使狼戾兒曹友昏而相稽曰儒者之道我知之矣聽其

名則徹於青霄之上考其實則例於黃泉之下矣臣以為此非真儒也皆文學俗士辱聖人之門曠國家之職盜竊天下之名灑幽四民之首使歐陽論之決為之嗚呼使賈誼聞之決為之痛哭聖人曰女為君子儒又曰天之未喪斯文也今國家車同軌書同文臣以為莫如用真儒亦未宜遽棄文人之類也伏見方今內本京師外罩庶境皆設學校以易風俗張皇化紀伏望陛下載宣天旨令有司策問科舉限人數以權衡天下才德之人則儒文兩無遺矣凡對策超等堪以從政者據三德八才量入政事流品凡詳習禮義文學富贍者許令試課閱實其等授以教官凡教官考滿不限入數許令對策策中累階與官不然則止於教官內流轉凡已進政事之官者則有考幽明之法在焉庶乎官無曠官儒無庸儒且使家塾黨庠術序國學莫不究極於道器之妙研精於政化之源幼而學之壯而行之潤當代之憲章綿社稷之禋祚安黎庶之生資壯名教之元氣一舉而四便立矣

歷代名臣奏議卷之二百七十四

歷代名臣奏議卷之二百七十五

經籍

東漢光武建武元年陳元與桓譚杜林鄭興俱為學者所宗時議欲立左氏傳博士范升奏以為左氏淺末不宜立元聞之乃上奏曰陛下撥亂反正文武並用深愍經蓺謬雜真偽錯亂每臨朝日輒延群臣講論聖道知丘明至賢親受孔子而公羊穀梁傳聞於後世故詔立左氏博詢可否示不專己盡之群下也今論者沉溺所習翫守舊聞固執虛言傳受之辭以非親見實事之道左氏孤學少與遂為異家之所覆冒夫至音不合衆聽故伯牙絕弦至寶不同衆好故卞和泣血仲尼聖德而不容於世況於竹帛餘文其為雷同者所排固其宜也非陛下至明孰能察之臣元竊見博士范升等所議奏左氏春秋不可立及太史公違戾凡四十五事案升等所言前後相違皆斷截小文媟黷微辭以年數少差擿為巨謬遺退纖微指為大尤抉瑕擿釁掩其弘美所謂小辯破言小言破道者也升等又曰先帝不以左氏為經故不置博士後主所宜因襲臣愚以為若先帝所行而後主必行者則盤庚不當遷于殷周公不當營洛邑陛下不當都山東也往者孝武皇帝好公羊衛太子好穀梁有詔詔太子受公羊不得受穀梁孝宣皇帝在人間時聞衛太子好穀梁於是獨學之及即位為石渠論而穀梁氏興至今與公羊並存此先帝後帝各有所立不必其相因也孔子曰純儉吾從衆至於拜下則違之夫明者獨見不惑於朱紫聽者獨聞不謬於清濁雖朱不為巧眩移目師曠不為新聲易耳方今干戈少弭戎事略戢留思聖蓺眷顧儒雅採孔子拜下之義卒淵聖獨見之旨分明白黑建立左氏解釋先聖之積結洮汰學者之累惑使基業垂於萬世後進無復狐疑則天下幸甚臣元愚

鄙嘗傳師言如得以褐衣召見俯伏庭下誦孔氏之正道理丘明之宿寃若辭不合經事不稽古退就重誅雖死之日生之年也

四年初尚書令韓歆上疏欲為費氏易左氏春秋立博士詔下其議是年正月朝公卿大夫博士見於雲臺帝曰范博士可前平說升起對曰左氏不祖孔子而出於丘明師徒相傳又無其人且非先帝所存無因得立遂與韓歆及太中大夫許淑等互相辯難日中乃罷升退而奏曰臣聞主不稽古無以承天臣不述舊無以奉君陛下愍學微欽勞心經藝情存博聞故異端競進近有司請置京氏易博士羣下執事莫能據正京氏既立費氏怨望左氏春秋復以比類亦希置立京費已行次復高氏春秋之家又有騶夾如令左氏費氏得置博士高氏騶夾五經奇異並復求立各有所執乖戾分爭從之則失道不從則失人將恐陛下必有厭倦之聽孔子曰博學約之弗叛矣夫學而不約必叛道也顏淵曰博我以文約我以禮孔子可謂知教顏淵可謂善學矣老子曰學道日損損猶約也又曰絕學無憂絕末學也今費左二學無有本師而多反異先帝前世有疑於此故京氏雖立輒復見廢疑道不可由疑事不可行詩書之作其來已久孔子尚周流遊觀至于知命自衛反魯乃正雅頌今陛下草創天下紀綱未定雖設學官無有弟子詩書不講禮樂不修奏立左氏非政急務孔子曰攻乎異端斯害也已傳曰聞疑傳疑聞信傳信而堯舜之道存願陛下疑先帝之所疑信先帝之所信以示反本明不專己天下之事所以異者以不一本也易曰天下之動貞夫一也又曰正其本萬事理五經之本自孔子始謹奏左氏之失凡十四事詔以下博士

章帝建初元年詔賈逵入講北宮白虎觀南宮雲臺帝善逵說使發出左氏傳大義長於二傳者逵於是具條奏之曰臣謹摘出左氏三十事尤著明者斯皆君臣之正義父子之紀綱其餘同公羊者什有七八或文簡小異無害大體至如祭仲紀季伍子胥叔術之屬左氏義深於君父公羊多任於權變其相殊絕固以甚遠而寃抑積久莫肯分明臣以永平中上言左氏與圖讖合者先帝不遺芻蕘省納臣言寫其傳詁藏之秘書建平中侍中劉歆欲立左氏不先暴論大義而輕移太常恃其義長詆挫諸儒諸儒內懷不服相與排之孝哀皇帝重逆衆心故出歆為河內太守從是攻擊左氏遂為重讎至光武皇帝奮獨見之明興立左氏穀梁會二家先師不曉圖讖故令中道而廢凡所以存先王之道者要在安上理民也今左氏崇君父卑臣子彊幹弱枝勸善戒惡至明至切至直至順且三代異物損益隨時故先博觀異家各有所採易有施孟復立梁丘尚書歐陽復有大小夏侯今三傳之異亦猶是也又五經家皆無以證圖讖明劉氏為堯後者而左氏獨有明文五經家皆言顓頊代黃帝而堯不得為火德左氏以為少昊代黃帝即圖讖所謂帝宣也如令堯不得為火則漢不得為赤其所發明補益實多陛下通天然之明建大聖之本改元正歷垂萬世則足以麟鳳百數嘉瑞雜遝猶朝夕恪勤遊情六藝研機綜微靡不審覈若復留意廢學以廣聖見庶幾無所遺失矣帝嘉之

和帝永元十四年司空徐防以五經久遠聖意難明宜為章句以悟後學乃上奏曰臣聞詩書禮樂定自孔子發明章句始於子夏其後諸家分析各有異說漢承亂秦經典廢絕本文略存或無章句收拾缺遺建立明經博徵儒術開置太學孔聖既遠微旨將絕故立博士十有四家設甲乙之科以勉勸學者所以示人好惡改敝就善者也伏見太學試博士弟子皆以意說不修家法私相容隱開生姦路每有策試輒興諍訟論議紛錯互相是非孔子稱述而不作又曰吾猶

及史之闕文疾史有所不知乃不肯闕也今不循章句妄生穿鑿以遵師為非義意說為得理輕侮道術寖以成俗誠非詔書實選本意改薄從忠三世常道專精務本儒學所先臣以為博士及甲乙策試宜從其家章句開五十難以試之解釋多者為上第引文明者為高說若不依先師義有相伐皆正以為非五經各取上第六人論語不宜射策雖所失或久差可矯革詔下公卿皆從防言

魏武帝時袁渙上言曰今天下大難已除文武並用長久之道也可大收篇籍明先聖之教以易民視聽使海內斐然向風則遠人不服可以文德來之帝善其言

吳大帝時初立易注虞翻上奏曰臣聞六經之始莫大陰陽是以伏羲仰天縣象而建八卦觀變動六爻為六十四以通神明以類萬物臣高祖父故零陵太守光少治孟氏易曾祖父故平輿令成纘述其業至臣祖父鳳為之家盛臣考故日南太守歆受本於鳳家有舊書世傳其業至臣五世前人通講多玩章句雖有祕說於經疏闊臣生遇世亂長於軍旅習經於枹鼓之間講論於戎馬之上蒙先師之說依經立注又臣郡吏陳桃夢臣與道士相遇放髮被鹿裘布易六爻撓其三以飲臣臣乞盡吞之道士言易道在天三爻足矣豈臣受命應當知經所覽諸家解不離流俗義有不當實輒悉改定以就其正孔子曰乾元用九而天下治聖人南面蓋取諸離斯誠天子所宜協陰陽致麟鳳之道又曰經之大者莫過於易自漢初以來海內英才其讀易者解之率少至孝靈之際潁川荀諝號為知易臣得其注有愈俗儒至所說西南得朋東北喪朋顛倒反逆了不可知孔子歎易曰知變化之道者其知神之所為乎以美大衍四象之作而上為章首尤可怪笑又南郡太守馬融名有俊才其所解釋復不及諝孔子

曰可與共學未可適道豈不其然若乃北海鄭玄南陽宋忠雖各立注忠少差玄而皆未得其門難以示世

翻又以鄭玄解尚書違失事目復上奏曰臣聞周公制禮以辯上下孔子曰有君臣然後有上下有上下然後禮義有所錯是故尊君卑臣禮之大司也伏見故徵士北海鄭玄所注尚書以顧命康王執瑁古月似同從誤作同既不覺定復訓為杯謂之酒杯成王疾困憑几洮頮為濯以為澣衣成事洮字虛更作濯以從其非又古大篆卯也讀當為柳古柳卯同字而以為昧分北三苗北古別字又訓北言北猶別也若此之類誠可怪也玉人職曰天子執瑁以朝諸侯謂之酒杯天子頮面謂之澣衣古篆卯字反以為昧甚違不知蓋闕之義於此數事誤莫大焉宜命學官定此三事又馬融訓注亦以為同者大同天下今經益金就作銅字詁訓言天子副璽雖皆不得猶愈於玄然此不定臣沒之後而奮乎百世雖世有知者懷謙莫或奏正又玄所注五經違義尤甚者百六十七事不可不正行乎學校傳乎將來臣竊耻之

後魏道武帝嘗問定州大中正李先曰天下何書最善可以益人神智先對曰惟有經書三皇五帝治化之典可以補王者神智又問曰天下書籍凡有幾何朕欲集之如何可備對曰伏羲創制帝王相承以至於今世傳國記天文祕緯不可計數陛下誠欲集之嚴勅天下諸州郡縣搜索備送王之所好集亦不難帝於是班制天下經籍稍集

宣武帝時祕書丞武邑郡中正孫惠蔚既入東觀見典籍未周乃上奏曰臣聞聖皇之御世也必幽贊人經參天二地憲章典故述尊鳴獻故易曰觀乎天文以察時變觀乎人文以化成天下然則六經百

氏圖書秘籍乃承夫之正術治人之貞範是以温柔疏遠詩書之教正恭儉易良禮樂之道爻彖以精微為神春秋以屬辭為化故大訓炳於東序藝文光於麟閣斯寔天下之樞宗勝殘之要道有國之靈基帝王之盛業安上靖民敦風美俗其在茲乎及秦焚學術禮經泯絕漢興求訪典文載舉先王遺訓燦然復存暨光武撥亂日不暇給而入洛之書二千餘兩魏晉之世尤重典墳收亡集逸九流咸備觀其鴻閲史篇訪購經論紙竹所載略盡無遺臣學闕通儒思不及遠徒循章句片義無立而慈造曲覃厠班秘省忝官承乏唯書是司而觀閣舊典先無定目新故雜糅首尾不全有者累帙數十無者曠年不寫或篇第褫落始末淪殘或文壞字誤謬爛相屬篇目雖多全定者少臣今依前丞臣盧昶所撰甲乙新録欲裨殘補闕損併有無校練句讀以為定本次第均寫永為常式其省先無本者廣加推尋搜求

令足然經記浩博諸子紛綸部帙既多章篇紕繆當非一二校書歲月可了令求令四門博士及在京儒生四十人在秘書省專精校考參定字義如蒙聽許則典文允正羣書大集詔許之

殄寇將軍符節令江式上疏曰臣聞庖犧氏作而八卦列其畫軒轅氏興而龜策彰其彩古史倉頡覽二象之文觀鳥獸之跡別創文字以代結繩用書契以維事宣之王庭則百工以叙載之方冊則萬品以明迄于三代厥體頗異雖依類取制未能悉殊倉氏矣故周禮八歲入小學保氏教國子以六書一曰指事二曰象形三曰形聲四曰會意五曰轉注六曰假借蓋是史頡之遺法也及宣王太史史籀著大篆十五篇與古文或同或異時人即謂之籀書至孔子定六經左丘明述春秋皆以古文厥意可得而言其後七國殊軌文字乖別暨秦兼天下丞相李斯乃奏蠲罷不合秦文者斯作倉頡篇中車府令趙高作爰歷篇太史令胡毋敬作博學篇皆取史籀大篆或頗省改所謂小篆者也於是秦燒經書滌除舊典官獄繁多以趣約易始用隸書古文由此息矣隸書者始皇使下杜人程邈附於小篆所作也以邈徒隸即謂之隸書故秦有八體一曰大篆二曰小篆三曰刻符書四曰蟲書五曰摹印六曰署書七曰殳書八曰隸書漢興有尉律學復教以籀書又習八體試之課最以為尚書史吏民上書省字不正輒舉劾焉又有草書莫知誰始考其書形雖無厥誼亦是一時之變通也孝宣時召通倉頡讀者獨張敞從之受涼州刺史杜鄴沛人爰禮講學大夫秦近亦能言之孝平時徵禮等百餘人說文字於未央宮中以禮為小學元士黄門侍郎揚雄採以作訓纂篇及亡新居攝自以應運制作使大司空甄豐校文字之部頗改定古文時有六書一曰古文孔子壁中書也二曰奇字即古文而異者三曰篆書云

小篆也四曰佐書秦隸書也五曰繆篆所以摹印也六曰鳥蟲所以幡信也壁中書者魯恭王壞孔子宅而得禮尚書春秋論語孝經也又北平侯張倉獻春秋左氏傳書體與孔氏相類即前代之古文矣後漢郎中扶風曹喜號曰工篆小異斯法而甚精巧自是後學皆其法也又詔侍中賈逵脩理舊文殊藝異術王教一端苟有可以加於國者靡不悉集逵即汝南許慎古文學之師也後慎嗟時人之好奇歎儒俗之穿鑿惋文毀於譽痛字敗於訾更詭任情變亂於世故撰說文解字十五篇首一終亥各有部屬包括六藝羣書之詁評釋百氏諸子之訓天地山川草木鳥獸昆蟲雜物奇怪珍異王制禮儀世間人事莫不畢載可謂類聚羣分雜而不越文質彬彬最可得而論也左郎中將陳留蔡邕採李斯曹喜之法為古今雜形詔於太學立石碑刊載五經題書楷法多是邕書也後開鴻都書畫奇能莫不雲

集于時諸方獻篆無出邕者魏初博士清河張揖著埤倉廣雅古今字訓究諸埤廣綴拾遺漏增長事類抑亦於文為益者然其字詁方之許慎篇古今體用或得或失矣陳留邯鄲淳亦與揖同時博古開藝特善倉雅許氏字指八體六書精究閑理有名於揖以書教諸皇子又建三字石經於漢碑之西其文蔚炳三體復宣校之說文篆隸大同而古字少異又有京兆韋誕河東衛覬二家並號能篆當時臺觀榜題寶器之銘悉是誕書咸傳之子孫世稱其妙晉世義陽王典祠令任城呂忱表上字林六卷尋其況趣附託許慎說文而按偶章句隱別古籀奇惑之字文得正隸不差篆意也忱弟靜別放故左校令李登聲類之法作韻集五卷宮商龣徵羽各為一篇而文字與兄便是魯衛音讀楚夏時有不同皇魏承百王之季紹五運之緒世易風移文字改變篆形謬錯隸體失真俗學鄙習復加虛巧談辯之士

又以意說炫惑於時難以釐改故傳曰以衆非非行正信哉得之於斯情矣乃曰追來為歸巧言為辯小兒為鼗神蟲為蠶如斯甚衆皆不合孔氏古書史籀大篆許氏說文石經三字也凡所關古莫不惆悵焉嗟夫文字者六藝之宗王教之始前人所以垂今今人所以識古故曰本立而道生孔子曰必也正名乎又曰述而不作書曰予欲觀古人之象皆言遵脩舊史而不敢穿鑿也臣六世祖瓊家世陳留往晉之初與從父兄應元俱受學於衛覬古篆之法倉雅方言說文之誼當時並收善譽而祖官至太子洗馬出為馮翊郡值洛陽之亂避地河西數世傳習斯業所以不墜也世祖太延中皇威西被牧犍內附臣亡祖文威杖策歸國奉獻五世傳掌之書古篆八體之法時蒙褒錄叙列於儒林官班文省家號世業暨臣闇短識學庸薄漸漬家風有忝無顯但逢時來恩出願外每承澤雲津厠霑漏潤驅馳文閣參預史官題篆宮禁猥同上哲既竭愚短欲罷不能是以敢藉六世之資奉遵祖考之訓竊慕古人之軌企踐儒門之轍輒求撰集古來文字以許慎說文為主爰採孔氏尚書五經音注籀篇爾雅三倉凡將方言通俗文祖文宗埤倉廣雅古今字詁三字石經字林韻集諸賦文字有六書之誼者皆以次類編聯文無復重糾為一部其古籀奇惑俗隸諸體咸使班於篆下各有區別詁訓假借之誼僉隨文而解音讀楚夏之聲並逐字而注其義不知者則闕如也

北齊文宣帝天保七年詔令校定羣書時秘府書籍紕繆者多大行臺郎中樊遜上議曰案漢中壘校尉劉向受詔校書每一書竟表上輒言臣向書長水校尉臣參書太史公太常博士書中外書合若干本以相比然後殺青今所讎校供擬極重出自蘭臺御諸甲館向之故事見存府閣即欲刊定必藉衆本太常卿邢子才太子少傅魏

收吏部尚書辛術司農少卿穆子容前黃門郎司馬子瑞故國子祭酒李業興並是多書之家請牒借本參校得失秘書監尉瑾移尚書都坐凡得別本三千餘卷五經諸史殆無遺闕

隋文帝開皇初秘書監牛弘以典籍遺逸上疏請開獻書之路曰經籍所興由來尚矣爻畫肇於庖羲文字生於蒼頡聖人所以弘宣教導博通古今揚於王庭肆於時夏故堯稱至聖猶考古道而言舜其大智尚觀古人之象周官外史掌三皇五帝之書及四方之志武王問黃帝顓頊之道太公曰在丹書是知握符御曆有國有家者曷嘗不以詩書而為教因禮樂而成功也昔周德既衰舊經紊棄孔子以大聖之才開素王之業憲章祖述制禮刊詩正五始而脩春秋闡十翼而弘易道治國立身作範垂法及秦皇馭寓吞滅諸侯任用威力事不師古始下焚書之令行偶語之刑先王墳籍掃地皆盡本既先亡

從而顛覆臣以圖讖言之經典盛衰信有徵數此則書之一厄也漢興改秦之弊敦尚儒術建藏書之策置校書之官屋壁山巖往往間出外有太常太史之藏內有延閣秘書之府至孝成之世亡逸尚多遣謁者陳農求遺書於天下詔劉向父子讎校篇籍漢之典文於斯為盛及王莽之末長安兵起宮室圖書並從焚燼此則書之二厄也光武嗣興尤重經誥未及下車先求文雅於是鴻生鉅儒繼踵而集懷經負帙不遠斯至肅宗親臨講肄和帝數幸書林其蘭臺石室鴻都東觀秘牒填委更倍於前及孝獻移都吏民擾亂圖書縑帛皆取為帷囊所收而西裁七十餘乘屬西京大亂一時燔蕩此則書之三厄也魏文代漢更集經典皆藏在秘書內外三閣遣秘書郎鄭默刪定舊文時之論者美其朱紫有別晉氏承之文籍尤廣晉秘書監荀勗定魏內經更著新簿雖古文舊簡猶云有缺新章後錄鳩集已多

足得恢弘正道訓範當世屬劉石憑陵京華覆滅朝章國典從而失墜此則書之四厄也永嘉之後寇竊競興因河據洛跨秦帶趙論其建國立家雖傳名號憲章禮樂寂滅無聞劉裕平姚收其圖籍五經子史纔四千卷皆赤軸青紙文字古拙僭偽之盛莫過二秦以此而論足可明矣故知衣冠軌物圖畫記注播遷之餘皆歸江左晉宋之際學藝為多齊梁之間經史彌盛宋秘書丞王儉依劉氏七畧撰為七志梁人阮孝緒亦為七錄總其書數三萬餘卷及侯景渡江破滅梁室秘省經籍雖從兵火其文德殿內書史宛然猶存蕭繹據有江陵遣將破平侯景收文德之書及公私典籍重本七萬餘卷悉送荆州故江表圖書因斯盡萃於繹矣及周師入郢繹悉焚之於外城所收十纔一二此則書之五厄也後魏爰自幽方遷宅伊洛日不暇給經籍闕如周氏創基關右戎車未息保定之始書止八千後加收集

方盈萬卷高氏據有山東初亦採訪驗其本目殘缺猶多及東夏初平獲其經史四部重雜三萬餘卷所益舊書五千而已今御書單本合一萬五千餘卷部帙之間仍有殘缺比梁之舊目止有其半至於陰陽河洛之篇醫方圖譜之說彌復為少臣以經書自仲尼已後迄于當今年踰千載數遭五厄興集之期屬膺聖世伏惟陛下受天明命君臨區宇功無與二德冠往初自華夏分離彝倫攸斁其間雖霸王遞起而世難未夷欲崇儒業時或未可今土宇邁於三王民黎盛於兩漢有人有時正在今日方當大弘文教納俗升平而天下圖書尚有遺逸非所以仰協聖情流訓無窮者也臣史籍宜司寢興懷懼昔陸賈奏漢祖云天下不可馬上治之故知經邦立政在於典謨矣為國之本莫此攸先今秘藏見書亦足披覽但一時載籍須令大備不可王府所無私家乃有然士民殷雜求訪難知縱有知者多懷恡

惜必須勒之以天威引之以微利若猥發明詔兼開購賞則異典必臻觀閣斯積重道之風超於前世不亦善乎伏願天監少垂照察上納之於是下詔獻書一卷賚縑一匹一二年間篇籍稍備

唐憲宗時鄉貢進士李行脩上言曰臣覆視漢初經籍啓口傳壁匿煥然明備其所由者脩廢官立太學朝夕講貫以究聖意歲時程課以嚴師道使之然也迨乎桓靈之世遂使扶持亢極匡飭頹俗專委衷以終大運其儒術已試之明效歟近學無專門經無師授以音定字以疏釋經是能使生徒由之中才不能使天下由之致理明矣夫率五經皆然臣獨以詩學上聞趨所急也伏惟陛下敕其愚瞽垂恩聽察夫詩者發人之蘊政謂之風手舞足蹈之音作用之光祖宗垂風聲勞歌怨誹之音作用之祭文理審教化是以四海雖大群生雖廣猶民人之和氣息乎踵迸乎顱流乎足猶草木之豐澤衛乎根窮

乎杪被乎枝葉上下無滯氣內外無遁情如此則詩得其任風得其性也昔殷周相承俱有聖治道洽于下下無怏心王化盛告成功於神明德澤衰及變化於禮素其辭主文譎諫而不訐其教溫柔敦厚而不愚仲尼接于其時謂王者宜以陶冶風俗臣下宜以洗濯疑謬道濟于下宜若之何乃采其詩合三百五篇善者全而用不善者全而去非如春秋諸經或革或因相錯而成也其君禮樂征伐天地陰陽有度假於辭可見喜怒哀樂譏刺諷諭無方非其志剪傳志士躬當治亂之時氣有慘舒之變臻於極而後動積於中而後形敘言之成文歌之成聲有一不至則非全矣是以聖人全動狀物剪態圖采施敬於人而人敬未施哀於人而人哀碩者以之開明蹶者以之舒靜道源於是絕而莫嗣獨有楚屈原頗得詩人之風介於子蘭靳是後學軋于相語喑啞相授以及漢興雜金經者七十年師口說者四

三輩漢武篤好經術立於學官雖章句大脩而比興未喻時揚雄司馬相如由是選耎觀望將迎忌諱勸百諷一推波助瀾文雖有餘不足稱也然以本學寖盛時因災異屢起直聲勃或不究終得其助故自殷以降有天下者莫長焉厥後君臣道薄詩道陵夷蘊義感槩之士至曰吾何從乎上之追屈原不足以全性命下之跡相如不足以逭過失故居常則鬱怏其胸襟嗟嗟其齒牙代莫通其源臣伏思之以為詩教未隆於時風雅未洽於下教未隆則士不勸風未洽則言多缺故聞卒愕而慍者多暗投而却也自十聖紹業盈二百載經術益試周旋百度吏事反為緣飭霸道反為姘駮及陛下又登禮巖穴褒揚仄伏宸心讜議猶天地相定儒風昌言與日月橫騖以詞讓次征伐而不暴以誠明推教化而不浮如此則詩學何為鬱然積於空虛無用之地乎嘗殘於古今詩失於齊魯漢有毛萇鄭康成師道可

觀遠聖朝劉者說詩三千言近代知詩者尚之伏惟陛下詔公卿諸儒講其異同綜其指要列四始之元本窮六藝之粹精不使講以多物而無諱蔽之言而得其言極者為師法傳經而行其毛鄭不妄者亦隨而刊正選立博士弟子負如漢朝故事然後命瞽史納于聰明命司成教之世子是謂端本由朝廷被于民里由京師施之遠方是謂垂化復采詩之官以察風俗是謂兼聽優登才之選以勵生徒是謂與古四者既備大化自流則動天地感鬼神信豚魚甘董荼來異俗懷鬼方皆在一致推而廣之神而化之無難矣微臣不知時變溺於師言謹詣光順門昧死以聞

僖宗咸通中著作郎皮日休請為孟子科狀曰臣聞聖人之道不過乎經經之降者不過乎史史之降者不過乎子子不異乎道者孟子也捨是子者必戾乎經史又率于子者則聖人之盜也夫孟子之文

粲若經傳天惜其道不燼于秦自漢氏得之嘗置博士以專其學故其文繼乎六藝光乎百氏真聖人之微旨也若然者何其道曄曄於前其書汲汲於後得非道拘乎正文極乎奧有好者憚正而不舉嗜淺者鄙奧而無稱耶蓋仲尼愛文王嗜昌歜以取味後之人將愛仲尼者其嗜在乎孟子矣嗚呼古之士以湯武為逆取者其不讀孟子乎以楊墨為達智者其不讀孟子乎由是觀之孟子功利於人亦不輕矣今有司除茂才明經外其次有熟莊周列子書者亦登于科其誘善雖深而懸科未正夫莊列之文荒唐之文也讀之可以為方外之士習之可以為鴻荒之民有能汲汲以救時補教為志哉伏請有司去莊列之書以孟子為主有能精通其義者其科選視明經苟若是也不謝漢之博士矣既遂之如儒道不可聖化無補則可刑於言者

宋太宗至道二年吳淑遷職方員外郎時諸路所上閏年圖皆儀鸞司掌之淑上言曰天下山川險要皆王室之秘奧國家之急務故周禮職方氏掌天下圖籍漢祖入關蕭何收秦籍由是周知險要請以今閏年所納圖上職方又州郡地里犬牙相入向者獨畫一州地形則何以傳合他郡望令諸路轉運使每十年各畫本路圖一上職方所冀天下險要不窺牖而可知九州輪廣如指掌而斯在帝從之

仁宗皇祐二年司馬光乞印行荀子楊子法言狀曰臣伏以戰國以降百家蠭起先王之道荒塞不通獨荀卿楊雄排攘衆流張大正術使後世學者坦知去從國家博采藝文扶翼聖化至於莊列異端醫方細伎皆命摹刻以廣其傳顧兹二書猶有所闕雖民間頗蓄私本文字訛誤讀不可通誠恐賢達之言寖成廢缺今欲乞降下崇文院將荀子楊子法言本精加考校訖雕板送國子監依諸書例印賣臣愚憯不達大體不勝區區貪陳所見

至和二年翰林學士歐陽脩上奏曰臣伏見國家近年以來定貢舉之科以為取士之法建立學校以為養士之方然士子文章未純節行未篤不稱朝廷勵賢興善之意所以化民成俗之風臣愚以謂士之所本在乎六經而自暴秦焚書聖道中絕漢興收拾亡逸所存無幾或殘編斷簡出於屋壁而餘齡昏眊得其口傳去聖既遠莫可考證偏學異說因自名家然而授受相傳尚有師法暨晉宋而下師道漸亡章句之篇家藏私蓄其後各為箋傳附著經文其說存亡以時好惡學者茫昧莫知所歸至唐太宗時始詔名儒撰定九經之疏號為正義凡數百篇自爾以來著為定論凡不本正義者謂之異端則學者之宗師百世之取信也然其所載既博所擇不精多引讖緯之書以相雜亂怪奇詭僻所謂非聖之書異乎正義之名也臣欲乞特詔名儒學官悉取九經之疏刪去讖緯之文使學者不為怪異之言之所惑亂然後經義純一無所駮雜其用功至少其為益則多臣愚以謂欲使士子學古勵行而不本六經欲學六經而不去其詭異駮雜欲望功化之成不可得也伏望聖慈下臣之言付外詳議

仁宗時宋祁代人乞存殁臣僚納家集狀曰臣竊以周德之興多文以監二代舜華其協好問而察邇言爰歷古先咸遵風軌期有裨於治體無容廢於聲詞輙罄芻微仰裨漏闕伏念臣材惟闒茸職本坊除服君度之在寬不汝瑕而垂采曩者太宗皇帝亮其愚訥奬以寵靈命臣充史館書庫都監兼秘閣供御圖書時屬聖念留儒朝猷被世旁求典故備覽清閒又命臣往江浙搜訪遺書真宗皇帝繼體丕承好生善養洗其痕玷秩以冗閑伏遇皇帝陛下祗遹冷圖交修先憲遺簪未棄塗腹再加又命臣同天章龍圖閣都監臣委曾三朝行年八十鍾漏方盡雖愧於夜行塵露有施敢忘於上報臣嘗覽秘書目錄伏覩自唐末至五代其間有以文章取名當世者咸存屬綴列在緹緗載冊府以相輝貫牙籤而有第我國家承百王之末掇三代之英師儒挺生名臣輩出或高文大冊為廊廟之珍或隱居放言樂山林之志徒臣抒嘆太史陳詩炳然斯文高映前代然四部之內編集無聞一王之言規矱安寄使彌文不表則至化弗昭後之視今闕孰為大臣今欲乞降聖旨下中書取四朝以來存殁臣僚及隱逸之士以文學顯名者各許其人及子孫獻納所著家集乃降下兩制詳定若其深厚溫潤可以垂著不朽者具姓名聞奏官為給紙墨差人繕寫三本付龍圖天章閣太清樓秘閣收藏足使增觀本朝垂榮來籍開元之日大備有司之副可求上以見文思安安堯之稽于古下以見賢士濟濟周之所以寧臣之至愚竊為深惜且年杞寖遠則亡

逸流多。今而不求。後亦隨廢。異日當使陳農訪舊。結馳傳之勞。河間獻道軫補亡之慮。功相遠矣。誰曰不然。臣衰疾見乘。懵昧惟素。頑留餘景。期觀大化之成。輕率狂言。或俟聖人之擇。越干程覽。伏待誅夷。

哲宗元祐四年。梓州路轉運使呂陶上奏曰。臣竊以朝廷復春秋之科。爲置博士。所以扶進微學。敦勸諸生。甚大惠也。然而聖經簡奧。傳注之家未能盡通其蘊。誠宜博採衆說。參求所長。庶幾一經餘義。洽然易釋。臣伏見轄下廣安軍鄉貢進士王棐。少壯好學。白首不倦。嘗撰春秋統解三卷序引二十四篇。推明筆法。得其大旨。比之陳岳折衷。王沿集傳。孫復發微。不在其下。曾於元祐二年九月中繕寫投進訖。伏乞聖慈特賜檢會。詔侍從館閣臣僚考詳其書。或萬一有補經術。即乞藏於秘府。以備一家之說。以廣四部之盛。

陶又上奏曰。臣先任梓州路轉運使日。於元祐四年曾奏舉廣安軍

鄉貢進士王棐所撰春秋統解及序引等篇。推明筆法。得其大旨。乞詔侍從館閣臣僚考詳其書。藏於秘府。以備一家之說。臣伏見朝廷崇尚春秋之學。復置博士。施於科舉。此乃聖世大公至正之道。尊經勸學。必先原本。不以好惡辯訥而爲之廢興盛衰也。如棐所著統解等書。簡易明白。有補經訓。儻使學者從而習之。沿波討源。窺見聖蘊。誠於文治之世不爲小補。況棐年過七十。無心仕進。或蒙盛時博收廣採。得以伸發平生講解之學。上助朝廷崇儒重道之意萬分之一。不勝幸甚。伏望聖慈察臣區區。特降睿旨檢會臣前奏。并今來所請施行。

六年。給事中范祖禹上奏曰。臣竊惟祖宗置三館秘閣。以待天下賢材。公卿侍從皆由此出。不專爲聚書設。校理校勘之職亦非專爲校書也。六經之書不可不尊。孔氏之道不可不明。至於諸子百家神仙道釋。蓋以備篇籍。廣異聞。以示藏書之富。無所不有。本非有益於治道也。嘉祐中。增置編校之官。繕寫黃本。自此書籍益廣。充牣四館。朽蠹相仍。居其中者固未能周覽而徧校也。今又使道士陳景元校道書。臣愚竊所未諭。議者必曰。漢成帝時。劉向校經傳諸子詩賦。步兵校尉任宏校兵書。太史令尹咸校數術。侍醫李柱國校方技。今使道士校道書亦其比也。臣竊以爲不然。漢之時以竹簡寫書。在天下者至少。非秘府不能備。非如後世以紙傳寫。流布天下。所在皆有也。劉向總校羣書。非一人之力所能獨了。故又用任宏等三人。然兵書數術方技皆爲有用。非異端之學也。任宏等亦非異教之人也。今館閣群聚天下賢才。宜有詳見洽聞之士博極羣書。乃使陳景元先取道藏之書校定成本。供秘書省。委本省官對校。皆取正於景元。不亦輕朝廷之體。羞當世之士乎。又道書除老子莊列已立於學官。其餘多

虛誕不經。儒者所不道。天下名山宮觀自有道藏。館閣所藏。唯備數可矣。不必使方外之士讎校以崇長異學也。漢武帝時。董仲舒對策以爲諸不在六藝之科。孔子之術者。皆絕其道。勿使並進。武帝感其言。遂罷黜百家。表章六經。今館閣之書。下至稗官小說。街談巷語。道聽塗說之所造者。無所不有。既使景元校道書。則他日僧校釋書。醫官校醫書。陰陽卜相之人校技術。其餘各委本色。皆可用此爲例。豈祖宗設館閣之意哉。夫聖王作事。必防其微。命出于上。不可不慎。昔熙寧中。王韶開拓熙河。王安石使其門僧智緣隨韶誘說木征。時人號爲安撫太師。今館職之外。已置校黃本官。又於黃本之外有校書道士。天下之人必謂之編校大師。事雖至微。實損國體。其秘書省所請乞更不施行。

哲宗時畢仲游上論曰。臣竊以世之謂文者不繫於德。謂德者不繫於

於文。夫文章之士雖不繫於有德無德。而無德者不能為有德之文有文之人不皆有德。有德之人不皆有文。而有文者無德。則不盡其善矣。以知其然耶。今人之言文者其任蓋小矣。希名幸世取合當時。而古之人言文者其任不小。善惡欲明。是非欲辯。久遠欲傳。勸戒欲信。非獨名位而已也。故雖有精金良帛。沉器重物。非車輿則無以輸遠。雖有奇功偉德。元凶大惡。非文章則無以取信。車輿不壯則雖載而必敗。文章不著則雖傳而必惑。故文章蓋美惡之車輿也。自六國已前。孔子所定不敢輕議。嘗竊觀六國以後。西漢之前。號綴文之士者類皆過人。而過人之遠者賈誼董仲舒司馬遷相如劉向楊雄。此數子之文也。蓋善惡能明。是非能辯。久遠可傳。勸戒足信。雖有議論間未合於聖人。然詞采條貫。如親聽其談說。而精神意氣可以想見其為人。使後世識者心知其所異。而口不能亟諭。其何以此數子之

文也。然此數子者豈特文已。事君必忠。脩身必正。趨嚮必厚。議論必公。其所存之德既已過人。則其發見於文章者豈不過人哉。在唐三百年。韓愈號為文師。而忠厚公正之德亦著于天下。自韓愈以來。文章之德散。科場之弊生。使夫英雄俊才老死不顯。而寡聞淺識之徒乃始支離擾攘。自奮於其間。私取近世之陳說。而公為儌倖之論。善惡不能明。是非不能辯。久遠不可傳。勸戒無足信。言今則近陋。議古則近愚。而其甚者鑿是為非。飾惡成善。借平常之易事。為紛紜之轉詞。以熒惑天下。天下之人莫知其非。故公則見信於有司。退則受知於朋友。而彼也遂真以為能。此有志之士所以扼腕而太息也

高宗時。秘書省正字洪遵乞訪遺書劄子曰。臣聞自昔右文之主。遭時艱難。圖典散逸。必汲汲搜求。常若不及。是以漢唐之間。或訪以使者。或遺之金帛。故當其時斷編殘帙。晦而復出。國朝承五閏之後。尺簡不存。至太平興國中。始命三館以開元四部書目。閱所闕者。跡其名於待漏院。許天下吏民詣官投進。及三百卷者。送學士院驗人材補授。於是四庫之書復全。聖聖相繼。籤縢之盛。跨越前代。陛下踐阼復秘書省。倣唐十八學士之制。而兼其員。廣求遺逸。以補麟臺之闕。甚大惠也。臣以職事幸預披閱。視今所藏殊未及承平時十之一二。昔漢祖入關。鋒刃未解。猶且先遣蕭何收秦圖籍。仰惟陛下天縱將聖。萬機餘暇。留神簡策。而今日海內承平無事。固宜鋪張文物。以修中興之觀。誠非入關比。而典籍猶未大備。殆闕文也。伏望睿慈舉行興國之制。以唐藝文志及崇文總目參校。凡館中所闕者。摽之檢鼓院。仍照監司守令精意括訪。凡應所藏之書。列其目以聞。然後具秘閣所闕。委所在州縣給紙札抄錄。其有願進者。卷給錢帛。而卷帙之富。則別議褒賞。臣將見秘府與書叢然集于闕下。誠有以副陛下

右文之意。

蘇籀論經解劄子曰。臣聞聖經賢傳。唐虞三代所遺。闕里之業。王者樂道尊儒。內自九重。化流寰海。金華露門。咨訪紬繹。辟雍東觀。群能感奮。俾天下品類回心嚮正。政孚教洽。三代之盛。漢唐之隆。及吾祖宗聖功休烈。六籍之效著矣。洪惟陛下[illegible]而知之。孳孳舜善。聰睿之隙。橫經嚌咨。宵旰睿覽。研幾[illegible]建立太學。首善之始。崇道辯惑。渥恩養士。臣等遭際作興。帶經負笈。陶沐亭育。紳笏周行。哉弁就列。跂望晬穆之儀。而又昧死論對。新陛當得言之秋。非有消塵稱塞右文。以謂不足以為士矣。竊聞永平之歲。期門羽林肄習名數。貞觀之盛。屯營飛騎受書博士。臣固駑下。亦知竦慕狂斐僥說。不揆其愚。昔者仲尼刪定繫彖。筆削問周史。聞齊韶而詩書易禮樂春秋各得其所。悼舉要發端。不詳其言。非不能詳也。以為詳之則隘。故略之。使仁智

者自求而得遠夫李斯滅學之後出于屋壁既非全經兩漢顓門之流白首講貫授受相傳深不負仲尼之旨虎觀石渠摳衣重席論難紛紜開益後人多矣唐文皇時初詔顏師古考究章程孔穎達撰定義疏遂為天下定論此兩漢魏晉以來千載儒術也夫六經微言妙用非可易解而遽曉始學必由傳疏近歲兵火典籍殘缺比日諸州刊印稍備今之諸生所以窮經捨正義傳注則懵然矣此非一代之所私一家之偏說一夫之獨智輯合陶汰千載宇宙之公是非也但漢初儒者各譊譊師習詩書春秋古文初不甚行公穀方熾左氏廢錮故三代遺典乖戾不合唐人因舊承疑去取粗當未暇大有發明易數樂律至今不得其傳臣願陛下特詔名儒學官既蒐聚唐之義疏復收錄近世儒臣以學顯者所著講解申敕州縣委自守貳網羅募輯刋刻抄錄儲之太學臣嘗思念本朝祖宗以來名世豪傑之士體道彌切經藝疏解愈明知先儒有未悟者條目甚夥本朝之學光矣非累聖神化不能然也意者商較評品假以歲年加秩給費纂而成編古人有集傳集解之號補唐之正義闕遺凡說皆通則並存之疑皆闕之不妄鑿焉庶幾孔氏之舊祖宗右文實賴陛下為之統紀甚盛舉也其於設科取士考信萬方究析道真扶翊名教使天下後世滌耳剔目伏膺不忒寔文治之偉蹟也臣不勝犬馬昧死越職上言

籀又論取士專優春秋三傳劄子曰臣恭惟本朝以詩賦經義造士庶幾虞書颺言之舉於斯得人祖宗朝甚盛邇日海內諸生窮計聖籍談洽道藝義疏名家群士慕嚮罔不遵周孔之軌躅纂闕里之旨趣易詩書及二禮先王謨猷貫穿詳備課有厥程惟春秋一經前此廢絕不用陛下稽古睿明注意經傳致令學者討倣修習今既舉行二百四十二年文字五家浩博以其久遭擯棄其說孤寡罕為人所講授僅有治者終恐蕪翳有識之士嗟咨歎息此書筆削乃文王之文褒貶則周公之法禮義大宗百王通典考周之所以王有邦家者守經事而欲知其宜更變禮而欲知其權是非勸戒兼天下表儀繩準別嫌疑定猶豫至斷妙用世所希聞傳業者優柔浸漬積久轉解實不易領會也古之君子窮此學白首不輟惟經之体要固大下國家本務丘明受經仲尼厥為附傳非私意也前代稱左氏古學所載紬繹三代禮樂上紀犧炎唐虞禹湯周孔遺軼齊晉伯主尊獎王室捨此何據焉又公穀二儒傳經子夏二傳乃孔徒遺言典則非後世所及西漢賈誼賈嘉相與纂繼此道光武中興立左氏博士唐文皇早歲受麟經之誼晉代杜預宗趣淵源大賢所業夫治春秋之學如賈及杜皆名世偉人臣願陛下明詔中外有司場屋詩賦策論命題措意或用春秋三傳禮闈取人特優此孔經分數不妨以聲律定去留東求精悉傑俊知類通達者置在博學師儒之列如誼預才謨飛聲邁烈未必乏其人也俾瑣瑣儕學雖欲夸世亦不每而自弃矣臣愚烏足以究其閫奧極其高堅不勝懇悃披寫之誠所有越職不敢逃罪

右正言陳淵因面對論程頤王安石學術同異上曰楊時之學能宗孔孟其三經義辨甚當理淵曰楊時始宗安石後得程顥師之乃悟其非上曰以三經義解觀之具見安石穿鑿淵曰穿鑿之過尚小至於道之大原安石無一不差推行其學遂為大害上曰差者何謂淵曰聖學所傳止有論孟中庸論語主仁中庸主誠孟子主性安石皆暗其原仁道至大論語隨問答惟樊遲問始對曰愛人愛特仁之一端而安石遂以愛為仁其言中庸則謂中庸所以接人高明所以處

已孟子七篇專發明性善而安石取楊雄善惡混之言至於無善無惡又溺於佛其失性遠矣

孝宗時王之望上奏曰臣聞歐陽脩曰六經之道幾熄於戰國而焚於秦自漢以來收拾亡逸發明遺義而正其訛謬以祖傳於今者豈一人之力哉後人迹前世之所傳而較其得失則有之矣若使徒抱焚餘殘脫之經倀倀於去聖千百年後不見諸儒中間之說而欲特立一家之學未信其果有能也臣愚以為天下之名言蓋六經訓詁由漢至隋轉相祖述不勝其繁唐太宗命顏師古孔穎達之徒刪取衆說撰為正義包貫同異最號詳博雖其中不能無冗謬至於剖析度數分別名物有功於經為不少矣近世諸儒著解注者各自名家然亦多承先儒之舊學者喜其新奇利其簡要因共宗之鮮復知有前人之說而義疏之學微矣遭兵火之後此書之在天下者往往而

絕皇天未喪斯文陛下紹開景運肇建太學外置官師親書石經以幸多士聖道煥然復興中外承風皆知好尚儒雅古今書籍刊印略備萬世永賴甚盛德之舉也但諸經疏義部帙頗多遠方寒生未易可得恭聞端拱初太宗皇帝命國子司業孔維等校勘周易尚書春秋毛詩禮記正義雕板布行咸平中真宗皇帝命國子祭酒邢昺等刊定周禮儀禮公羊穀梁傳疏及別脩孝經論語爾雅正義遣國子直講王煥齎詣杭州刻板送國子監臣愚欲望陛下倣端拱咸平故事悉取近地所刊羣經疏義幷經典釋文付國子監印數百部頒其書於四方詔郡縣以贍學或係省錢各市一本置之於學未有板者令臨安府速行雕造期以一年周徧遐邇則偏州下邑皆知朝廷存尚古學於以開道術之源廣經籍之路而仰副陛下崇儒右文追法祖宗之意不亦韙歟

圖讖

東漢光武建武間帝方信讖多以決定嫌疑議郎給事中桓譚上奏曰凡人之情忽於見事而貴於異聞觀先王之所記述咸以仁義正道為本非有奇怪虛誕之事蓋天道性命聖人所難言也自子貢以下不得而聞況後世淺儒能通之乎今諸巧慧小才伎數之人增益圖書矯稱讖記以欺惑貪邪詿誤人主焉可不抑而遠之哉臣伏聞陛下窮折方士黃白之術甚為明矣（黃白謂以藥化成金銀也）而乃欲聽納讖記又何誤也其事雖有時合譬猶卜數隻偶之類（言偶中也）陛下宜垂明聽發聖意屏羣小之曲說述五經之正義略雷同之俗語詳通人之雅謀臣又聞安平則尊道術之士有難則貴介胄之臣今聖朝興復祖統為人臣主而四方盜賊未盡歸伏者此權謀未得也臣伏觀陛下用兵諸所降下既無重賞以相恩誘或至虜掠奪其財物是以兵長

渠率各生狐疑黨輩連結歲月不解古人有言曰天下皆知取之為取莫知與之為取（言先與之後乃可取也）陛下誠能輕爵重賞與士共之則何招而不至何說而不釋何向而不開何征而不剋如此則能以狹為廣以遲為速亡者復存失者復得矣帝省奏不悅其後有詔會議靈臺所處（平昌門直南大道東是明堂西是靈臺也）帝謂譚曰吾欲讖決之何如譚默然良久曰臣不讀讖帝問其故譚復極言讖非經帝大怒曰桓譚非聖無法將下斬之譚叩頭流血良久乃得解

順帝時太史令張衡以圖緯虛妄非聖人之法乃上奏曰臣聞聖人明審律歷以定吉凶重之以卜筮雜之以九宮經天驗道本盡於此或觀星辰逆順寒燠所由或察龜策之占巫覡之言（在男曰覡在女曰巫覡音胡歷反）其所因者非一術也立言於前有徵於後故智者貴焉謂之讖書讖書始出蓋知之者寡自漢取秦用兵力戰功成業遂可謂大事當

此之時。莫或稱讖。若夏侯勝眭孟之徒。以道術立名。其所述著。無讖一言。劉向父子領校秘書。閱定九流。亦無讖錄。成哀之後。乃始聞之。（九流。謂儒家。道家。陰陽家。法家。名家。墨家。縱橫家。雜家。農家。）尚書堯使鯀理洪水。九載績用不成。鯀則殛死。禹乃嗣興。而春秋讖云。共工理水。凡讖皆云黃帝伐蚩尤。而詩讖獨以為蚩尤敗。然後堯舜受命。春秋元命包中有公輸班與墨翟。事見戰國。非春秋時也。又言別有益州。益州之置在於漢世。（武帝始置益州）其名三輔諸陵。世數可知。至於圖中訖于成帝。一卷之書。互異數事。聖人之言。埶無若是。殆必虛偽之徒。以要世取資。往者侍中賈逵擿讖互異三十餘事。諸言讖者皆不能說。至於王莽篡位。漢世大禍。八十篇何為不戒。則知圖讖成於哀平之際也。且河洛六藝篇錄已定。後人皮傅。無所容篡。（傅音附。秦晉言非其事。謂之皮傅。謂不深得其情。核皮膚淺近强相傳會也。篡纂作竄義亦通。）永元中。清河宋景遂以歷紀推言水災。而偽稱洞視玉版。或者至於弃家業。入山林。後皆無效。而復采前世成事。以為證驗。至於永建復統。則不能知。（永建順帝即位年也。復統謂廢而復立。言讖家不論也。）此皆欺世罔俗。以昧埶位。情偽較然。莫之糾禁。且律歷卦候。九宮風角。數有徵效。世莫肯學。而競稱不占之書。（讖書也。）譬猶畫工惡圖犬馬。而好作鬼魅。誠以實事難形。而虛偽不窮也。宜收藏圖讖。一禁絕之。則朱紫無所眩。典籍無瑕玷矣。

元文宗至順二年。司徒香山言陶弘景胡笳曲有負扆飛天曆。終是甲辰君之語。今陛下生年紀號。實與之合。此實受命之符。乞錄付史館。頒告中外。詔令翰林集賢奎章禮部雜議之。翰林諸臣上議。以謂唐開元間。太子賓客薛讓進武后鼎銘云。上玄降鑒。方建隆基。為玄宗受命之符。姚崇表賀。請宣示史官。頒告中外。而宋儒司馬光斥其采偶就之文。以為符瑞。乃小臣之諂。而宰相實之。是侮其君也。今弘景之曲。雖於生年紀號。若偶合者。然陛下應天順人。紹隆正統。于今四年。薄海內外。罔不歸心。固無待於旁引曲說。以為符命。徒其所言恐啓讖緯之端。非所以[illegible]民志。事遂寢。

歷代名臣奏議卷之二百七十五

國史

東漢獻帝時秘書監侍中荀悅上奏曰古者天子諸侯有事必告于廟朝有二史左史記言右史書事事為春秋言為尚書君舉必書善惡成敗無不存焉下及士庶苟有茂異咸在載籍或欲顯而不得或欲隱而名章得失一朝而榮辱千載善人勸焉淫人懼焉宜於今者備置史官掌其典文紀其行事每於歲盡舉之尚書以助賞罰以行法教帝善之

魏明帝景初中帝問秘書監王肅曰司馬遷以受刑之故內懷隱切著史記非貶孝武令人切齒肅對曰司馬遷記事不虛美不隱惡劉向楊雄服其善敘事有良史之才謂之實錄漢武帝聞其述史記取孝景及已本紀覽之於是大怒削而投之於今此兩紀有錄無書後遭李陵事遂下蠶室此為隱切在孝武而不在於史遷也

吳烏程侯時韋曜為侍中領左國史烏程侯欲為父和作紀曜執以和不登帝位宜名為傳如是者非一後以曜不承用詔命遂收付獄右國史華覈上疏救之曰曜運值千載特蒙哀識以其儒學得與史官貂蟬內侍承合天問聖朝仁篤慎終追遠迎神之際垂涕勅曜曜愚惑不達不能敷宣陛下大舜之美而拘繫史官使聖趣不敘至行不彰實曜愚蔽當死之罪然臣慺慺見曜自少勤學雖老不倦探綜墳典温故知新及意所經識古今行事外史之中少過曜者昔李陵為漢將軍敗不還而降匈奴司馬遷不加疾惡為陵遊說漢武帝以遷有良史之才欲使畢成所撰忍不加誅書卒成立垂之無窮今曜在吳亦漢之史遷也伏見前後符瑞彰著神指天應繼出累見一統之期庶不復久事平之後當觀時設制三王不相因禮五帝不相沿樂質文殊塗損益異體宜得曜輩依準古義有所改立漢氏承秦則有叔孫通定一代之儀曜之才學亦漢通之次也又吳書雖已有頭角敘贊未述昔班固作漢書文辭典雅後劉珍劉毅等作漢記遠不及固敘傳尤劣今吳書當垂千載編次諸史後之才士論次善惡非得良才如曜者實不可使關不朽之書如臣頑蔽誠非其人曜年已七十餘數無幾乞赦其一等之罪為終身徒使成書業永足傳示垂之百世書上不許

薛瑩以罪徙廣州覈又上疏曰臣聞五帝三王皆立史官敘錄功美垂之無窮漢時司馬遷班固咸命世大才所撰精妙與六經俱傳大吳受命建國南土大皇帝末年命太史令丁孚郎中項峻始撰吳書孚峻俱非史才其所撰作不足紀錄至少帝時更差韋曜周昭薛瑩梁廣及臣五人訪求往事所共撰立備有本末昭廣先亡曜負恩蹈罪瑩出為將復以過徙其書遂委滯迄今未撰奏臣愚淺才劣適可為瑩等記注而已若使撰合必襲孚峻之跡懼墜大皇帝之元功損當世之盛美瑩涉學既博文章尤妙同寮之中瑩為冠首今者見吏雖多經學記述之才如瑩者少是以慺慺為國惜之實欲使卒垂成之功編於前史之末奏上之後退填溝壑無所復恨於是召瑩還為左國史

東晉元帝中興草創未置史官中書監王導上疏曰夫帝王之迹莫不必書著為令典垂之無窮宣皇帝廓定四海武皇帝受禪于魏至德大勲等蹤上聖而紀傳不存於王府德音未被乎管絃陛下聖明當中興之盛宜建立國史撰集帝紀上敷祖宗之烈下紀佐命之勲務以實錄為後代之準厭率土之望悅人神之心斯誠雍熙之至美王者之弘基也宜備史官勅佐著作郎干寶漸就撰集帝納焉

後魏孝文帝時秘書令高祐與丞李彪等上奏曰臣等聞典謨興話言所以光著載籍作成事所以昭揚然則尚書者記言之體春秋者錄事之辭尋覽前志斯皆言動之實錄也夏殷以前其文弗具自周以降典章備舉史官之體文質不同立書之旨隨時有異至若左氏屬詞比事兩致並書可謂存史意而非全史體逮司馬遷班固皆博識大才論叙今古曲有條章雖周達未兼斯實前史之可言者也至於後漢魏晉咸以放焉惟聖朝創制上古開基長發自始均以後至於成帝其間世數久遠是以史弗能傳臣等疎陋忝當史職披覽國記竊有志焉思謂自王業始基庶事草創皇始以降光宅中土宜依遷固大體令事類相從紀傳區別表志殊貫如此修綴事可備盡伏惟陛下先天開物洪宣帝命太皇太后淳曜二儀惠和王度聲教之所漸洽風譯之所覃加固已義振前王矣加太和以降年未一紀然嘉符禎瑞備臻於往時洪功茂德事萃於曩世會稽伫玉牒之章岱宗想石記之列而秘府策勳述美未盡將令皇風大猷或闕而不載功臣懿績或遺而弗傳著作郎已下請取有才用者參造國書如得其人三年有成矣然後大明之德功光于帝篇聖后之勳業顯于皇策佐命忠貞之倫納言司直之士咸以備著載籍矣帝從之

宣武帝初踐祚李彪上表曰臣聞龍圖出而皇道明龜書出而帝道昶斯實冥中之書契也自瑞官立而畢高陳民師建而賤貴序此乃人間之繩式也是以唐典纂欽明之冊虞書銘睿徽之篇傳著夏書之箴詩錄商家之頌斯皆國史明乎得失之迹也逮于周姬鑒乎二代文王開之以兩經公旦申之以六聯郁乎其文興章大略也故觀雅頌識文武之丕烈察歌音辯周公之王業是以季札聽風而知始基聽頌而識盛德至若尼父之別魯籍丘明之辨孔志可謂婉而成章盡而不污者矣自餘乘志之比其亦有趣焉暨史班之錄乃文窮於秦漢事盡於哀平徵勸兩書華實兼載文質彬彬富哉言也令大漢之風美類三代炎劉崇道冠乎來事降及華馬陳于咸有放焉四人數贊弗遠不可力致豈虛也哉其餘率見而書覩事而作者多矣尋其本末可往來焉唯我皇魏之奄有中華也歲越百齡年幾十紀太祖以弗違開基武皇以奉時拓業虎嘯域中龍飛宇外小往大來品物咸亨自茲以降世濟其光史官叙錄未充其盛加以東觀中圮冊勳有闕美隨日落善因月稀故諺曰一日不書百事荒蕪至于太和之十二年先帝先后遠惟景業綿綿休烈若不恢史闡錄懼上業茂功始有缺矣於是召名儒博達之士充麟閣之選于時忘臣衆短采臣片志令臣出納授臣丞職猥屬斯事無所與讓高祖時詔臣曰平爾雅志正爾筆端書而不法後世何觀臣奉以周旋不敢失墜與著作等鳩集遺文并取前記撰為國書假有新進時賢制作於此者恐聞門既異出入生疑弦柱既易善者或謬自十五年以來臣使國還頻有南轅之事故載筆遂寢闕贖弗張其於書功錄美不其闕歟伏惟孝文皇帝承天地之寶崇祖宗之業景功未就奄焉崩殂凡百黎萌若無天地賴遇陛下体明叡之真應保合之量恢大明以燭物履靜恭以安邦天清其氣地樂其靜不愆不忘率由舊章可謂重明疊聖元首康哉惟先皇之開創造物經綸浩曠加以魏典流製藻績垂篇窮理於有象盡性於衆變可謂日月出矣無幽不燭也記曰善流者欲人繼其行善歌者欲人繼其聲故傳曰文王基之周公成之又曰無周公之才不得行周公之事今之親王可謂當之矣然先皇之茂猷聖達今王之懿美洞鑒準之前代其聽騷也時哉時哉可不光昭哉合德二儀者先皇之陶鈞也齊明日月者先皇之洞照也

應圖四時者先皇之茂功也合契鬼神者先皇之玄燭也遷都改邑者先皇之達也變是協和者先皇之鑒也思同書軌者先皇之遠也守在四夷者先皇之略也海外有截者先皇之威也禮田岐陽者先皇之義也張樂岱郊者先皇之仁也鑾幸幽漠者先皇之智也變伐南荆者先皇之禮也升中告成者先皇之肅也親虔宗社者先皇之敬也褒賢無闕者先皇之弘也開物成務者先皇之貞也觀乎人文者先皇之蘊也革弊創新者先皇之志也孝慈道洽者先皇之衷也先皇有大功二十加以謙尊而光爲而弗有可謂四三皇而六五帝矣誠宜功書於竹素聲播於金石臣竊謂史官之達者大則與日月齊明小則與四時並茂其大者孔子左丘是也小者史遷班固是也故能聲流於無窮義昭於來裔是以金可滅而風流不泯者其唯載籍乎詩曰相門有相將門有將斯不唯其性蓋言習之所得也竊謂天文之官太史之職如有其人宜其世矣故尚書稱羲和世掌天地之官張衡賦曰學乎舊史氏斯蓋世傳之義也若夫良冶之子善知爲裘良弓之子善知爲箕物豈有定習貫則知耳所以言及此者史職不修事多淪曠天人之際不可須臾闕載也是以談遷世事而功立彪固世事而名成道爭乃前鑒之軌轍後鏡之蓍龜也然則代史官之不終業者有之皆陵遲之世不能容善是以平子去史而成賦伯喈違閣而就志近僭晉之世有佐郎王隱爲著作虞預所毀亡官在家晝則樵薪供爨夜則觀文屬綴集成晉書存一代之事司馬紹勅尚書唯給筆札而已國之大籍成於私家末世之弊乃至如此史官之不遇時也今大魏之史職則身貴祿則親榮優哉游哉式穀爾休矣而典謨弗恢者其有以也而故著作漁陽傅毗北平陽尼河間邢產廣平宋弁昌黎韓顯宗等並以文才見舉注述是同皆登年不永弗終茂績前著作程靈虯同時應舉共掌此務今徙他職官非所司唯崔光一人雖不移任然侍官兩兼故載述致闕臣聞載籍之興由於大業雅頌垂薦起於德美雖時有文質史有備略然歷世相仍不改此度也昔子談誡其子遷曰當世有美而不書汝之罪也是以久而見美孔明在蜀不以史官留意是以久而受譏取之深衷史談之志賢亮遠矣書稱無曠庶官詩有職思其憂臣非今之所司然昔忝斯任故不以草茅自疏敢言及於此語曰患爲之者不必知知之者不得爲臣誠不知强欲爲之耳竊尋先朝賜臣名彪者遠則擬漢史之叔皮近則準晉史之紹統推名求義欲罷不能荷恩佩澤死而後已今求都下乞一静處綜理國籍以終前志官給事力以充所須雖不能光啓大録庶不爲飽食終日耳近則朞月可就遠也三年有成正本藴之麟閣副貳藏之名山

西魏文帝時柳虯以史官密書善惡未足懲勸乃上䟽曰古者人君立史官非但記事而已蓋所以爲監誡也動則左史書之言則右史書之彰善癉惡以樹風聲故南史抗節表崔杼之罪董狐書法明趙盾之愆是知直筆於朝其來久矣而漢魏已還密爲記注徒聞後世無益當時非所謂將順其美匡救其惡者也且著述之人密書其事縱能直筆人莫之知何止物生横議亦自異端互起故班固致受金之名陳壽有求米之論著漢魏者非一氏造晉史者至數家後代紛紛莫知準的伏惟陛下則天稽古勞心庶政開誹謗之路納忠讜之言諸史官記注者請皆當朝顯言其狀然後付之史閣庶令是非明著得失無隱使聞善者日修有過者知懼敢以愚管輕冒上聞乞以諧言誘之衆議事遂施行

唐高祖時秘書丞令狐德棻上言曰近代無正史梁陳齊文籍猶可據至周隋事多脱捐今耳目尚相及史有所憑一易世事皆汩暗無所掇拾陛下受禪于隋隋承周二祖功業多在周今不論次各爲一正史則

先烈世庸不光明而後無傳爲帝然之
太宗時褚遂良遷諫議大夫兼起居事帝謂遂良曰卿記起居大抵
人君得觀之否對曰今之起居古左右史也善惡必記戒人主不爲
非法未聞天子自觀史也太宗曰朕有不善卿必記邪對曰守道不
如守官臣職載筆君舉必書黃門侍郎劉洎曰使遂良不記天下之
人亦記之矣太宗曰朕行有三一監前代成敗以爲元龜二進善人
共成政道三斥遠羣小不受讒言朕能守而勿失亦欲史氏不能書
吾惡也又謂房玄齡曰比見前後漢史載錄揚雄甘泉羽獵司馬相
如子虛上林班固兩都等賦此既文體浮華無益勸戒何假書之史
冊其上書論事詞理切直可裨於政理者朕從與不從皆須載書
太宗又謂房玄齡曰朕每觀前代史書彰善癉惡足爲將來規誡不
知自古當代有國史何因不令帝王親見之對曰國史既善惡必書

庶幾人主不爲非法止應畏忤旨故不得見也太宗曰卿可撰錄進
來諫議大夫朱子奢奏曰陛下獨覽起居於事無失若以此法傳示
子孫或有飾非護短史官不免刑誅莫不順旨全身千載何所信乎
上不從玄齡等遂刪畧國史爲編年體撰高祖太宗實錄表上之太
宗見六月四日事語多微文謂玄齡曰昔周公誅管蔡而周室安季
友鴆叔牙而魯國寧朕之所爲義同此類蓋所以安社稷利萬人耳
史官執筆何煩有隱宜即改削浮詞直書其事魏徵奏曰臣聞人主
位居尊極無所忌憚唯有國史用爲懲惡勸善書不以實後人何觀
陛下今遣史官正其辭雅合至公之道
代宗時吏部侍郎楊炎薦沈既濟有良史才自拜左拾遺史館修撰
初吳兢撰國史爲則天本紀次高宗下既濟上奏曰則天皇后進以
彊有退非德讓史臣追書當稱爲太后不宜曰上中宗雖降居藩邸

而體元繼代本吾君也宜稱皇帝不宜曰廬陵王睿宗在景龍前天
命未集假臨大寶於誼無名宜曰相王未容曰帝且則天改周正朔
立七廟天命革矣今以周厠唐列爲帝紀考于禮經是謂亂名中宗
嗣位在太后前而叙年製紀反居其下方之躋僖公是謂不智昔漢
高后稱制獨有王諸呂爲負漢約無還鼎革命事時孝惠已歿子非
劉氏不紀呂后尚誰與哉議者猶謂不可況中宗以始年即位季年
復祚雖尊名中奪而天命未改足以首事表年何所拘閡而列爲二
紀魯昭公之出春秋歲書其居曰公在乾侯君在雖失位不敢廢也
請省天后紀合中宗紀每歲首必書孝和在所以統之曰皇帝在房
陵太后行某事改某制紀稱中宗而事述太后名不失正禮不違常
矣夫正名所以尊王室書法所以觀後嗣且太后遺制自去帝號及
孝和上謚開元冊命而后之名不易今祔陵配廟皆以后禮而獨承

統于帝是有司不時正失先旨若后姓氏名諱才藝智畧崩葬日月
宜入皇后傳題其篇曰則天順聖武皇后云議不行
憲宗元和十五年史館修撰李翶上奏曰臣等無能謬得秉筆史館
以記注爲職夫勸善懲惡正言直筆紀聖朝功德述忠臣賢士事業
載奸臣佞人醜行以傳無窮者史官之任也伏以陛下即位十五年
矣乃元年平夏州二年平蜀斬闢三年平江東斬錡張茂昭遂得易
定五年擒從史得澤潞邢洺七年田弘正以魏博六州來受常貢十
二年平淮西斬元濟十三年王承宗獻德 入租稅滄景除吏十四
年平淄青斬師道得十二州神斷武功自古中興之君莫有及者而
自元和以來未著實錄盛德大功史氏未記忠臣賢士名德甚有可
爲法者逆臣賊人醜行亦有可爲誡者史氏皆闕而未書臣實懼焉
故不自量輒欲勉強而修之凡人之事迹非大善大惡則衆人無由

知之。故舊例皆訪問於人。又取行狀謚議以為一據。今之作行狀者。非其門生。即其故吏。莫不虛加仁義禮智。妄言忠肅惠和。或言盛德大業遠而愈光。或云直道正言歿而不朽。曾不直敘其事。故善惡混然不可明。至如許敬宗李義府李林甫國朝之姦臣也。其使門生故吏作行狀。既不指其事實。虛稱道忠信以加之。則可以移之於房玄齡魏徵裴炎徐有功矣。此不唯其處心不實。苟欲虛美於所受恩之地而已。蓋亦為文者又非游夏遷雄之列。務於華而忘其實。溺於辭而棄其理。故為文則失六經之古風。記事則非史遷之實錄。不如此。則辭句鄙陋不能自成其文矣。由是事失其本。文害於理。而行狀不足以取信。若指事書實。不失虛言。則必有人知其真偽。不然者。縱使門生故吏為之。亦不可以謬作德善之事而加之矣。臣今請作行狀者。不要虛說仁義禮智忠肅惠和盛德大業。正言直道。蕪穢簡冊。不可取信。但指事說實。直載其詞。則善惡功跡。皆據事足以自見矣。假傳魏徵但記其諫諍之詞。足以為正直矣。如傳段秀實但記其倒用司農寺印以追逆兵。又以象笏擊朱泚。自足以為忠烈矣。今之為行狀者。都不指其事。率以虛詞稱之。故無魏徵之諫諍而加之以正直。無秀實之義勇而加之以忠烈者皆是也。其何足以為據。若考功視行狀之不依此者。不得受。依此者乃下太常并牒史館。太常定謚牒送史館。則行狀之言縱未可一一皆信。與其虛加妄言都無事實者猶山澤高下之不同也。史氏記錄須得本末。苟憑往例皆是空言。則使史館何所為據。伏乞下臣此奏。使考功守行善惡之詞。雖故吏門生亦不能虛作而加之矣。臣等要知事實。輒敢陳論。輕黷天威。無任戰越。

文宗時。帝方議政。適見起居郎鄭朗執筆螭頭下。帝謂之曰。向所論

事亦記之乎。朕將觀之。朗曰。臣執筆所書者史也。故事天子不觀史。昔太宗欲觀之。朱子奢曰。史不隱善。不諱惡。自中主而下。或飾非護失。見之則史官無以自免。且不敢直筆。褚遂良亦稱史記天子言動。雖非法必書。庶幾自飭。帝悅。謂宰相曰。朗援故事不畀朕見起居注。可謂善守職者。然人君之為善惡必記。朕恐平日言之不協治體為將來羞。庶一見得以自改。

時魏謩為起居舍人。文宗嘗索起居注。謩奏曰。古置左右史。書得失以存鑒誡。陛下所為善。無畏不書。不善。天下之人亦有以記之。帝曰。不然。我既嘗觀之。謩曰。向者取觀。史氏為失職。陛下一見。則後來所書必有諱屈。善惡不實。不可以為史。且後代何信哉。乃止。

武宗會昌中。李德裕上奏曰。長壽二年。宰臣姚璹以為帝王謨訓不可闕於紀述。史官疎遠。無因得書。請自今以後。所論軍國政要。宰臣一人撰錄。號為時政記。厥後因循。多闕紀述。臣等商量。向後每坐日

聖言如有慮及生靈。事關興替。可昭示百代。貽謀後昆者。及宰臣獻替謀猷。有益風教。並請依國朝故事。知印宰臣撰錄。連署名封印。至歲末送史館。

德裕又上奏曰。臣等伏見近日實錄多云禁中言者。伏以君上與宰臣及公　卿言事。皆須眾所聞見。方合書於史策。禁中之語。向外何由得知。或得於傳聞。多出邪妄。便載史筆。實累鴻猷。向後實錄中如有此類。並請刊削。更不得以此紀述。又宰臣及公卿論事。行與不行。須有明據。或奏議允愜。必見褒稱。或所論乖僻。固有懲責。在藩鎮獻表者。必有答詔。居要官啓事者。自合著明。並當昭然在人耳目。或取舍存於堂案。或與奪形於詔敕。前代史書所載奏議。無不由此。近見實錄多載密疏。言不彰於朝聽。事不顯於當時。得自其家。未足為信。向

後所載羣臣奏議其可否得失。須朝廷共知者。方可紀述。密䟽並請不載。如此。則書必可法。人皆首公。愛憎之志不行。褒貶之言必信矣。

宋太祖開寶七年。知制誥史館修撰扈蒙乞委宰執抄録言動送付史館。上䟽曰。臣嘗讀唐書。見文宗每開延英召大臣論事必命起居郎起居舍人執筆於殿階螭頭之側以紀時政。故文宗一朝實録稍為詳備。至後唐明宗亦命端明殿學士及樞密直學士輪修日曆旋送史館。近世以來。此事都廢。每季雖有內庭日曆樞密院抄録送付史館。所記者不過對見辭謝而已。帝王言動莫得而書。亦緣宰相以漏洩為虞。無因肯說。史官以疎遠是隔。何由得聞。徒虛著撰之心。難紀憂勤之德。伏望今後凡有裁制之事。優卹之恩。發自宸衷合書簡冊者。並委宰相及參知政事每月輪次抄録。送付史館以憑修撰日曆。所貴睿德神功。歷千年而不朽。嘉謨聖政。垂萬世以為光。

太宗淳化五年。左諫議大夫史館修撰張佖乞復左右史之職。上䟽曰。臣竊以史官之職。掌修國史。不虛美。不隱惡。凡天地日月之祥。山川封域之分。昭穆繼世之序。禮樂師旅之政。本於起居注以為實録。然後立編年。示褒貶。伏覩聖朝編年謂之日曆。惟紀報狀略叙敕文。於聖政嘉言。皇猷美事。羣臣之忠邪善惡。庶務之沿革弛張。汗簡無聞。國經舊紀。謹案六曹故事。起居郎掌修記事之史。凡記事以事繫日。以日繫月。以月繫時。以時繫年。必書朔日甲乙以紀曆數。典禮文物以考制度。遷拜旌賞以勸善。誅罰黜免以懲惡。季終則授之國史。起居舍人掌修記言之史。録天子制誥德音政事之制。臣欲請置起居院修左右史之職。以記録為起居注。與時政記逐月終送史館以備修日曆。如此。則聖朝稽古。必煥發於典墳。信史成文。固度越於周漢矣。

真宗時。詔選官校勘三國志晉唐書。或有言兩晉事多鄙惡不可流行者。真宗以語宰相。翰林學士畢士安奏曰。惡以戒世。善以勸後。善惡之事。春秋備載。真宗然之。

仁宗嘉祐四年。翰林學士史館修撰歐陽脩論修日曆䟽曰。臣伏以史者。國家之典法也。自君臣善惡功過與其百事之廢置。可以垂勸戒示後世者。皆得書而不隱。故自前世有國者。莫不以史職為重。伏見國朝之史。以宰相監修。學士修撰。又以兩府之臣撰時政記。選三館之士當陞擢者乃命修起居注。如此。不為不重矣。然近年以來員具而職廢。其所撰述簡略遺漏。百不存一。至於事關大體者。皆沒而不書。此實史官之罪。而臣之責也。然其弊在於修撰之官惟據諸司供報而不敢書所見聞故也。今時政記雖是兩府臣僚修纂。然聖君言動有所宣諭。臣下奏議事關得失者。皆不紀録。惟書除目辭見之類。至於起居注亦然。與諸司供報文字無異。修撰官祇據此銓次繫以日月。謂之日曆而已。是以朝廷之事。史官雖欲書而不得書也。自古人君皆不自閱史。今撰述既成。必録本進呈。則事有諱避。史官雖欲書而又不敢書也。加以日曆時政記起居注。例欲承前積滯相因。故纂録者常務追修累年前事。而歲月既遠。遺失莫存。至於事在目今。可以詳於見聞者。又以追修積滯。不暇及之。若不革其弊。則前後相因。史官永無舉職之時。使聖朝典法遂成廢墜矣。臣竊見趙元昊自初僭叛。至復稱臣。始終一宗事節。皆不曾書。亦聞修撰官甚欲紀述。以修纂後時。追求莫得故也。其於他事又可知焉。臣今欲乞特詔修時政記起居注之臣。並以德音宣諭臣下奏對之語書之。其修撰官不得依前祇據諸司供報編次除目辭見。並須考驗事實。其除某官者以某功。如狄青等破儂智高。文彥博等破王則之類。其貶某職者坐其罪。如昨來麟州守將及許州龐籍緣白草平事。近日孫沔所坐之類。事有文據及迹狀明白者。皆備書之。所以使聖朝賞罰之典可以勸善懲惡。昭示後世。若大臣用情。朝廷賞罰不當者。亦得書以為警戒。此國家置史之本意也。至於其他大事。並許史院據所聞見書之。如聞見未詳者。直牒諸處會問。及臣僚奏議異同。朝廷裁置處分。並書之。已上事節。並令修撰官逐時旋據所得。錄為草卷。標定月分。於史院躬親入櫃封鎖。候諸司供報齊足。修為日曆。仍乞每至歲終。命監修宰相親至史院點檢撰官。紀錄事迹。內有不勤其事。隳官失職者。奏行責罰。其時政記起居注日曆等。除今日以前積滯者不住追修外。截自今後。並令次月供報。如稍有遲滯。許修撰官至中書樞密院催請。其諸司供報拖延。及史院有所會問。諸處不畫時報應。致妨修纂者。其當行手分。並許史院牒開封府勾追嚴斷。其日曆時政記起居注。並乞更不進本。所貴少修史職。上存聖朝典法。此乃臣之職事。不敢不言。

仁宗時。知成德軍宋祁乞宰相監修唐書疏曰。臣先奉詔修定唐書。是時賈昌朝罷執政。丁度以參知政事嗣總其任。度比罷免。而書局不解。今度不幸薨謝。臣又遠守邊郡。本局止有刪修官王疇以下四員。至今編纂遷延。紀志俱未有草卷。誠恐書無統制。諸儒論議不一。淹引歲時。欲望朝廷許依前例。以宰相監修。竊以一王大典。垂法千古。今功且垂成。而其間襃貶是非。出史臣等。須藉當國大臣商搉訂正。為斯文之重。庶書成行遠。無愧前人。唐特修晉氏一史。亦宰相恭總。彼偏方陋國。制度殘寡。尚以輔弼領之。比今唐書恢大光明。為不侔矣。伏乞特賜詳度施行。

宋庠乞刪修唐書及五代史疏曰。臣伏見劉昫唐書及范質五代史。並是近代修纂。雖粗成卷帙。而實多漏畧。義例無次。首末相違。按唐自武宗以還。實錄皆闕。詳昫等輯綴之日。因舊史存體統。續後事者。不無叢脞。至於序篇贊論。襃貶大方。討之前世。詎無可采。其五代帝紀。則殆是全寫實錄。列傳則更同銘誌。比於唐史。抑又甚焉。自宋興八十餘年。上距李氏。歷載踰百。五姓相代。故老淪亡。語授耳傳。寖以疎闊。若不因時脩定。則二書者非徒取愧於來葉。固將遺恨于當年。乃者威武軍節度使知樞密院事盛度任學士日。亦嘗乞搜訪唐事。以裨史闕。雖文移徧下。而州縣俗吏罕或省知。逮此數年。莫克如詔。臣誠不自揆。然由布衣之日。服膺簡冊。竊觀二史。未嘗不廢書結歎。但恨家乏篇籍。心無師仰。區區之志。誰與憫之。比者幸蒙陛下教育之仁。久塵史觀。讎撰之職。每緣是正文字。見秘府所藏唐家紀傳詔令及偏記小說之類。名種尚多。五代實錄諸國僭偽之篇。往往完具。

若得裒類而通閱。猶足以整齊年月。補緝散亡。勒成新書。式矯前病。然念臣才識蒙淺。見聞凡近。必依朋類。參質否臧。竊覩同館脩撰翰林侍讀學士尚書吏部員外郎李淑。預修三朝正史。博貫前載。文雄學奧。儻諧咨定。實繫宗矩。臣弟尚書刑部員外郎直史館祁。稍勤篇翰。頗及華流。俾之編刪。亦必盡力。臣欲望聖慈差李淑及臣弟等三人。同將唐書及五代史別加撰著。然乞不為官局。只許於館閣內正行公文。更互撥借應係唐書及五代史照對文字。各就本家纂錄。並不煩官司供給。庶得寖尋史法。寬假歲期。上賴好文之明。忞窮希古之樂。此亦千載一時之遇耳。臣又案唐張說退罷。許在家修史。沈傳師出為湖南觀察使。亦令在州撰述。彼本朝記注。尚許私藏。況前世成書。詎勞公禁。如臣等或有外補差擇。亦乞如傳師故事。

哲宗元祐元年。門下侍郎司馬光乞令校定資治通鑑所寫稽古錄劉子曰。臣聞史者。今之所以知古。後之所以知先。是故人主不可以不觀史。善者可以為法。不善者可以為戒。自生民以來。帝王之盛者無如堯舜。書稱其德。皆曰稽古。然則治天下者。安可以不師古哉。伏見皇帝陛下初開經筵。先講論語。讀祖宗寶訓。論語記孔子之言行。寶訓述祖宗之聖謀。誠為從學之要。然國家未有天下以前帝王之事。臣愚以為亦不可不知也。顧以年祀悠遠。載籍浩博。非一日二日所能徧閱而周知。所宜提其綱目。撮其精英。然後可以見治亂存亡之大略也。臣先於英宗皇帝時嘗采獵經史。上自周威烈王二十三年。下盡周世宗顯德六年。略舉每年大事。編收為圖。年為一行。六十行為一重。五重為一卷。凡一千三百六十二年。共成五卷。謂之歷年圖上之。以省煩文。便觀覽。臣又於神宗皇帝時受詔修國朝百官公卿表。臣依司馬遷法。自建隆元年至治平四年。各記大事於上。方書成上之。有詔附於國史。臣今更討論經史。上自伏羲。下至周威烈王二十二年。略序大要。以補二書之闕。合為二十卷。名曰稽古錄。欲繕寫奏御。而私家少得筆吏。恐日近不能了畢。竊見先有聖旨。令秘書省正字范祖禹等就本省校定臣所編修資治通鑑。見有筆吏及紙札等物。伏望聖慈特降指揮。許臣并上件稽古錄送祖禹等。令就本局繕寫校對。訖先次上進。候將來讀祖宗寶訓了日。若別未有書可讀。欲乞且取臣此書進讀。仍令讀官隨文解釋。則前王軌轍。皆可槩見。庶幾足以資稽古之萬一。輔聖性之聰明。

徽宗即位初。右正言陳瓘上奏曰。臣伏聞王安石日錄七十餘卷。具載熙寧中奏對議論之語。此乃人臣私錄之書。非朝廷之典冊也。自紹聖再修神宗實錄。史官請以此書降付史院。凡日曆時政記及神宗御集之所不載者。往往專據此書。追議刑賞。奪宗廟之美。以歸故

臣。建掌書之官以修私史。考之往古。蓋無此例。唯唐武宗時宰相李德裕引鄭亞之徒改修憲宗實錄。增損筆削。專美其文。其後宣宗即位。追念憲考。不能平也。故大中三年九月制曰。委國史於愛婿之手。寵秘文於弱子之身。擅敢改張。罔有畏忌。奪他人之懿績。為私門之令猷。於是德裕鄭亞皆從貶竄。蓋以國史實錄皆欲顯揚宗廟之美。非人臣之所得私也。神考之信任安石。雖成湯之於伊尹。不過如此。安石密贊之言。彊諫之語。何必盡宣于外。然後見君臣相得之盛乎。昔者周公之訓曰。爾有嘉謀嘉猷。則入告爾后于內。爾乃順之於外曰。斯謀斯猷。惟我后之德。安石日錄所載嘉謀嘉猷。既入告而發於命令。則斯謀斯猷。皆神考之德也。豈可以繼志述事為名而專紹人臣之美乎。伏惟陛下若稽如堯舜。繼述如武王。棄斥人臣不改之小孝。光神考日新之聖緒。忍使裕陵之美。皆為私史所攘。改而正之。理不可緩。所有紹聖神宗實錄。願詔史臣別行刪修。以成一代不刊之典。

瓘又論哲宗實錄不當止差蔡京兼脩狀曰。臣聞公而不私。則朝廷無過舉之事。私而不公。則天下有不服之心。臣伏見近差翰林學士承旨蔡京兼脩哲宗皇帝實錄。此朝廷過舉之大。而人心不服者也。國家自太宗以後。每朝實錄。提舉脩撰。皆有正官。用度雖多。不敢惜費。命官雖眾。不敢憚煩。所以重大典而敬先朝也。今脩哲宗實錄。獨用兼官而已。豈非以蔡京欲擅史局。而朝廷不欲重違其意乎。蔡京得兼局。而哲宗史事不得具官。輕一朝大典。違祖宗故事。皆為一京。則是朝廷之所以厚京者。過於哲宗明矣。臣前章所謂朝廷大政。無不委曲遷就而為一京之地者。此亦其一事也。陛下篤於天倫。曲致其厚。每對臣下語及泰陵。則聖顏慘戚。感動左右。豈肯以天下而偷

於先朝之史事乎今物議詾詾皆有公私厚薄之說無不歸過於陛下矣京為陛下盡不忠之策陛下為京受不厚之名京無忌憚人不敢言陛下孤立人不敢助卑君尊臣陵歷主道豈有朝廷事勢倒置如此而可以久安乎昔者為脩王安石日錄專置一局今者為修哲宗實錄則無官而已王氏尊於神考蔡氏重於哲宗三家僭魯六卿分晉原其起因不過如此前古已陳之事安可以不監戒乎臣自十八日不得上殿次日又復隔下自知必有重譴理當誅竄然而未受謫命猶在言職豈敢以一身之危辱而棄其所當言乎願詔三省檢會索朝差官修實錄故事如臣所言不誣乞行改正以稱陛下厚於泰陵之意

時詔三史三國志晉書舛誤其選官校正之瓘又上疏曰人君稽古之學一經一史經則守之而治身史則考之而應變天下之事其變

無窮故往古可監之迹不可不詳知也仁宗嘗謂輔臣曰朕聽政之暇於舊史無所不觀思考歷代治亂事迹以為監戒也英宗命司馬光論次歷代君臣事迹可以為監戒者既上通志八卷又命置局續脩書成取旨賜名神考繼志述事賜其名曰資治通鑑又為親製厥序炳若雲漢為章于天自然之巧變化出焉其畧曰所載明君良臣切摩治道議論之精語德刑之善制天人相與之際休咎庶證之原威福盛衰之本規模利害之効良將之方畧循吏之條教斷之以邪正要之於治忽辭令淵源之體箴諫深切之義良謂備焉列于戶牖之間而盡古今之統博而得其要簡而周於事是亦典刑之總會策牘之淵林矣臣嘗三復明訓掩卷歎息以謂諸史所載數千年事文字繁多不可勝覽宴儒寒生業專習一窮年皓首猶或昧陋仰窺聖作區判事類數語之間盡史之要翕受以畜德敷施而日新堯舜之

所謂稽古何以加此而况不忌讜抑俯比漢唐自謂文景太宗無間然矣自餘治世盛王得聖賢之一體者亦皆取焉至于荒墜顛危之主亂賊姦宄之臣可觀可鑑無不悉論以著聖志其書既以印行可取而讀也然則仁宗校正之時則資治通鑑既有兆矣聖聖稽古同乎一心所以載籍垂示後嗣昔之人積累艱難非一日也繼而張之正在今日

大觀二年起居郎石公弼上奏曰臣竊考唐貞觀職官故事天子御正衙則起居郎居左舍人居右有命則臨陛俯聽退而書之每仗下議政事亦必隨輔臣入殿執筆記錄於前史官隨之及仗在紫宸內閤則夾香案對立殿下上記得失繇是事之機要言之徵密人之忠邪皆得書之方冊昭示將來明主賢臣之事罔或缺遺一代之典文燦然大備且唐天下垂三百年號稱至治莫盛於貞觀而謀猷設張

制度文采勳績治効必可垂法後世而當時崇尚史官載錄如此繇今考之事之存者猶十之五六此史官之不可不知故事也永徽以後高宗不躬萬機重臣許李綰攬持政姦謀邪計杜塞不聞畏避羣臣自是起居稍奪故事止於對仗承旨仗下議論不復與聞至長壽中宰相姚璹始建議執政大臣錄仗下論議多出於股肱輔弼之臣史官職在記錄而已利害殊絕較然可知若夫時政記使宰相為之賢者則推美避譽邪臣則飾過隱非事關機要或疑謀泄而功沮言及臣寮或慮隙開而怨售巧事形迹至相依倚銓次不廣筆削自私此時政記之在當時屢建而屢廢者此也臣竊惟國家受命以來累聖相繼百度脩明度越前古獨史臣之職未復故事脩時政記即未免有昔時之累起居注及史館日曆意在塞責具負苟免以編制勑類除免敘年月為纂述聖主言動仗下與便坐論議既不與聞而羣

臣奏疏諫官言事留中者未嘗宣諭焚藁者往往無傳[illegible]謀碩畫內安社稷外撫四夷可以輝煥竹帛儀形今古者或在當時未嘗撰述至於異日稍稍訪求則必耳目不接真僞相冒是非雜揉失實傳之後世其可信乎事之出於羣臣者家人故吏因緣飾朋黨仇怨得以成私文字增加委曲旨意虛美溢惡不可勝聽遂使高文直筆是非猶豫褒貶自疑忠臣義士視既往之迹晦昧不章因有自悔不前之心臣竊以邪正辨而有好惡好惡形而爲是非施於有政也則爲刑爲賞列之國史也則爲褒爲貶必著明萬世既有以旌別於生前又有以追錄於已死如此爲善者自堅造非者解體二者皆人主之操柄教化之樞機不可不審也方今史官之選必天下文學修絜之士若止以編制勑類除免叙年月爲奉職則但通曉文字求之二省一令史足矣何必擇人哉且唐天寶以後天下多故起居

之職因循曠弛然後百家傳記之說雜然並興瀰漫流行不可勝數率皆耳剽口傳轉相紀述文辭俘靡誑亂事實猥褻宮闈之私傳致難知之事采獲奇怪雜以詼笑施之當時未免無疑傳之後世豈得不信古者禮失求之於野孔丘學官名於郯子皆以事久難明尚可考焉必爲事實唐褚遂良知起居事太宗問曰朕有不善卿必記耶對曰臣職載筆君舉必書劉洎曰使遂良不書天下之人亦記之矣夫起居之錄不詳則臣下之記逾廣機失於上則柄任於下自然之理也近世綴文之事頗爲傳記有所論列臣愚以爲不復其本則其原未可卒禁臣愚伏願陛下詔大臣講求故事稍還史館之職使之得以悉意記錄善惡必書至纖至悉無所或遺凡羣臣奏疏諫官言事或行或否並望即時宣示史官刪叙潤色書之緗簡使後世知陛下有納諫之明知直臣立不諱之朝知議事有羣臣之論知陛下無偏聽之聰羣臣拜免必叙遷責之由使後世知陛下無好惡之私倘或史官因循廢職著譔不時則必明加黜責庶幾君臣行事廊廟之圖纖微必書後世有所考法焉臣又以爲唐制起居供奉仗內而史官必隨其後者意欲記注臣寮與脩撰學士者皆得親見事實與謨訓然後銓次不相牴牾此最策之得者也又臣嘗考漢事記注定員而太史有常職是時近臣皆持橐簪筆入侍左右蓋欲有所紀述而天下計書先上太史副上丞相錄是事得廣載書可責成此兩漢遺史所以爲後世模楷也今近臣非職事者罕見聖君言動固不敢有所紀而天下記之亦未嘗上羣臣列傳事非章章尤著者則唯取信行狀行狀者門人故吏之所爲非大公至正之語尤難依據者也臣又以古之史官皆久於職如司馬遷班固皆父子繼纂其事興張說致仕亦必修史吳兢被貶以稾自隨方今史臣遷擢不時前後

相承文書猥積脩舊不給何暇議新以至軍國政要纂錄後時父而訛謬事多此類雖一一陳至於宰相監修劉子允以爲十羊九牧書成進本朱子奢以爲開後世史官之禍如此等事所冝變更伏望慈俯察狂瞽如前所陳萬有一分倘合聖意即乞詔公卿議定其例四年起居舍人宇文粹中上奏曰臣聞人君忠利以導民則民安其政信順以事神則神饗其德神民不相雜擾則天下之物有非可校而自至者故禮記言四靈爲畜謂至和浹洽而物遂其性也周詩言貽我來麰謂五穀順成而得所養也物遂其性民得所養皆德錫符之應莫大於此若夫鱗毛羽介之孽虹蜺光景形色變怪之祥華實之非其時孽育之非其類則月令書之以爲異洪範五行傳記之以爲妖先儒董仲舒劉向之徒論之詳矣臣伏覩近年起居注所書祥應猥冗而不經煩雜而無所别擇如檜枝生黃花菜菓有佛象

白氣騰空。紅光燭天。訛李冬實。傴人影畫見之類。皆前世以為妖異。今一切紀為瑞應。昔桑穀共生于亳。則伊陟巫咸贊太戊脩德以禳之。飛雉升于鼎耳。則祖巳訓高宗正厥事以應之。今州郡諛佞成風。裒集境內妖怪。繪圖奏陳。其意曰。此臣治理之效。三省集諸路所奏。拜表稱賀。其意曰。此皆燮理之功。而數月之間。動以千數。夫物反常為變。天反時為災。所以警懼告戒者。今不以為憂。又從而講慶賀之禮。史官所紀。乃天子言動政事誥命。而雜以諛佞無實之事。豈不為典冊之累乎。恭惟陛下內德淳茂。昭格于三靈。惠澤洋溢。丕冒于四海。天地助順。祖宗儲福。何必假此虛誕蕪駁盛美。伏望明詔史官應禮部所關報祥瑞驗以經典。而載其大者。若常雨常燠。青眚赤祥。凡前史以為災異者。直書其事。不必點綴文辭。遷就附合。庶幾弭災報貺。可以仰當天地之心。無虛美。無溢言。可以垂訓于千百世之後。

徽宗時。侍御史陳次升上奏曰。臣訪聞前右司諫陳瓘嘗論史院修神宗實錄多用王安石家日錄。頗失事實。未聞施行者。臣竊謂神宗皇帝聰明英睿。超絕古今。熙寧元豐間。勵精庶政。更新百度。盡出宸斷。而執政大臣但奉行而已。如聞安石日錄多稱己善。謂一時制作皆自己出。矯詞託訓。前無祖宗。上薄神考。厚誣天下。事非一端。其於聖德。掩蔽多矣。瓘嘗指陳數事。朝野相傳。皆謂得實。至今不得改正。兼風聞史院先因曾布請用安石日錄。遂准得朝旨。謂修入實錄。必取旨而後用。不知果有乎無耶。若果有之。不奏史院曾無取旨乎。陛下貴為天子。持萬乘之權。而神考一朝大典。儻容史官任其私意。紊亂事實。不行究治。何以彰聖孝之至。伏望聖慈早賜指揮施行。

次升又論神宗實錄劄子曰。臣恭惟神宗皇帝在位十有九年。其道德之妙。不可得而名。所見於政事者。特緒餘而已。史傳所載。豈能形容其萬一哉。訪聞史院官附會執政蔡卞。用故宰相王安石日錄。變亂事實。熙寧元豐間聖作之善者。悉歸功於安石。朝廷時政記則略而不用。前諫官陳瓘嘗具論列。陛下仁孝篤至。躬親省覽。灼見事實。至今未聞施行。近又覩禮部關報御史臺牒云。史院僅十年方修帝紀五冊。其餘並未修撰。竊以史官直筆。取信天下。昭垂萬世。是是非非。實繫褒貶。若以非為是。以是為非。後世何觀。而又貪冒史院供給優厚。遷延歲月。以圖利入。曾不以修撰為意。遂使君父盛美。掩蔽而不揚。一朝大典。久稽而不就。附下罔上。尊臣抑君。不忠不敬。莫大乎是。此而不懲。何以示戒。伏望聖慈明詔史院改正事實。重黜史官以正典刑。庶彰神考之聖烈。以昭陛下之聖孝。以慰中外之公議。不勝幸甚。

次升又上劄子曰。臣竊以聖人之治。無以加於孝。孝莫大於嚴父。嚴

父莫大顯名於後世。恭惟神宗皇帝功業燕顯。前古無上。其所以流傳萬世者國史而已。今史院官先用王安石日錄。歸美安石。而掩蔽神考盛德。陛下躬親省覽。灼見事實。已行刪改。天下莫不仰陛下孝誠之至也。然而史官之罪未正。朝廷失刑也。今朝廷既見史官弗虔職事。忽略大典。僅及十年。方修帝紀五冊。而史官之罪又置而不問。天下以謂陛下獨厚於史官。不忍加罪。而顯親之道未至加隆。有累聖德。伏望睿旨檢會臣前奏早賜施行。

次升又上劄子曰。臣伏以臣任侍御史日。論奏史院官修神宗皇帝國史。僅及十年。方修帝紀五冊。其餘並未修撰。乞行黜責。未見指揮。竊以國家馭吏之法。有司承行事件。雖甚微末。偶爾稽違。必行糾治。況一朝大典。所繫國體。宜重安可置而不問乎。今史官敢爾慢令。輕視朝廷。貪冒俸給優厚。特有稽留。遂使神宗皇帝盛德大業。前後相

承十有七年不獲成書。自古已來修撰國史有如此其久也。今若不正其罪。何以為後來之戒。信書未委何日可成。伏望聖慈斷自清衷。無牽大臣之私意。以廢天下之公議。

次升又論鄧詢武狀曰。臣伏聞秘書少監鄧詢武除同修正史。輿議未允者。竊以王言如絲。其出如綸。王言如綸。其出如綍。言命令一出而不可反也。詢武前日史院罷之。朝廷謂其不可。遂行寢罷。今又有此差除。衆議籍籍。以謂命令反覆如此。何以明是非。別賢愚。而取信於天下乎。況詢武父綰昔為御史中丞。專事姦佞。求媚大臣。為安石求賜第。薦安石子雱及其婿蔡卞館職。神宗皇帝察見底裏。親批聖語。操心頗僻。賦性姦回。論事薦人。不循分守。今詢武修史。豈能公心直筆以發揮神考之盛德。而不能掩其父之惡乎。兼詢武學問荒唐。衆所共知。前日蔡卞報綰之私恩。及欲褒飾妻父安石之美。故置詢武於史院以備檢討。士人莫不指笑。今令同修正史。尤非所宜。伏望聖慈斷自宸衷。特賜寢罷。以允公議

次升又上奏曰。臣近彈奏秘書少監鄧詢武不可同修神宗皇帝正史。不蒙施行。須至再瀆天聽者。竊以史官直筆。取信萬世。祖宗以來。尤為慎重。咸平初修太宗皇帝實錄。錢若水主其事。薦起居舍人李宗諤等數人充史官。真宗皇帝指宗諤曰。自太平興國以後。皆昉在中書日事。史策本憑直筆。儻子為父隱。何以傳信於後代乎。除宗諤不許。餘悉可之。且宗諤文學才名顯於一時。議論堅正。信於朝廷。真宗皇帝以此尚不授之史官。而詢武人材凡下。詞筆繆陋。不可比擬宗諤一二。昉亦當時名相。非若鄧綰之姦佞。兼綰自為御史知雜以至御史中丞。凡六七年。論事不少。頗僻為多。詢武豈不為父隱乎。何以取信天下後世。前日既已罷之。今日又有此差除。公議實為未允。伏望聖慈以國史為念。特賜追寢除命。無使小臣得逞其私

諫議大夫龔夬上奏曰。臣伏覩制命以秘書監鄧詢武兼編修神宗皇帝實錄者。臣恭惟神宗皇帝在位一十九年。勵精政事。百度修明。當有一朝盛典。垂範萬世。光耀無窮者也。宜得博學純儒端正之士以任其職。詢武何人。乃與此選。臣謹按詢武中懷險詐。內行污惡。諛諂權要。縉紳不齒。柬籠長吏。已為冒榮。豈容濫厠史筆。涬穢先朝大典。臣愚伏望聖慈追還成命。別選名流。以慰天下之望

左司諫江公望上奏曰。臣恭以神宗皇帝史書。經元祐紹聖修纂。史臣議論。各有所挾。頗多偏係。不唯不足以傳信後世。今日史官實難措辭。若折以紹聖之書。則元祐修纂之臣。法固不容匿。纂臣妄意其家各有追記所以之文。後世其書必別行。議陛下者。必曰神考乃陛下之父。豈有子不為父作好書。必不信史而信別行之書也。盛德大業反遭掩昧而不明。當是時誰為分辯。今日所當痛思也。或者之論。欲重為恩賞以出私挾之書。并二書焚之。別行修纂。如是則野史復興矣。適以實元祐別行之書為不妄也。史官以二書叢較。矛盾相持。不獨神考德業未易措辭。當時預政大臣子弟或在顯仕。豈無傾避。業已在職。以編次纂集為名。苟延歲時。假此以為階。至於華近。遂脫身去矣。此史所以未有絕筆之期也。況神考盛德大業。事實見在。陛下雖欲加損益。且不可得。況人臣乎。況天下後世乎。伏望陛下蒐羅博古洽聞平心篤論之士凡三數人。不以彼時此時之間。擢自淵衷。付以史任。期以一二年早見成書。故不受汙染之清明。不入形容之氣象。儻得良史筆下自傳此意。而簡牒迴有光彩。伏望特降詔旨。明牓朝堂。使曉陛下德意。以先帝史牒異論相持。久不得就。今訪之公論。取博古洽聞平心篤論之士。斂自朕意。以補史官。不以元祐紹聖

為開二書並存折之事實書就即焚之雖朕與士大夫無預加損要以近期不以貟多為冗旨惟神考盛德大業增潤於直筆傳美於正論俾朕夙夜不遑康寧之心少安亦卿等父祖之休績不爲阿論異見之所掩共揚斯休朕與汝之責塞矣伏冀聖慈如允所請早賜降詔施行臣以謂機已失時已後矣雖旦晝不可停也惟陛下勉之

翰林學士王覿辭免修史上奏曰臣今月七日閤門告報奉勅差修神宗國史兼哲宗實錄修撰者伏以史氏之職古難其才况兩朝之信書示萬世之常道恭惟神宗皇帝盛德大業際天接地哲宗皇帝柔遠能邇持盈守成繼明於三紀之間致治乎百王之上宜得深識義理博通古今富於典麗之辭責以論次之效豈容蹇淺輒汙簡編伏望聖慈矜此懇誠察其非據追還成命改授名儒庶幾灝噩之文不墜典謨之體所有勅命不敢祗受

歷代名臣奏議卷之二百七十六

歷代名臣奏議卷之二百七十七

國史

宋高宗時起居舍人張孝祥上奏曰臣聞神宗皇帝相王安石用私意作日録一時政事美則歸已陳瓘以死爭之著為尊堯集日録辯等書忠臣義士感激增氣恭惟陛下躬履艱難濟登休治實慈與儉仁民愛物聖德之盛固已聿追先烈而故相信任之專禮遇之隆又非特如安石受知於神祖也臣竊謂政事舉措號令設施一皆裁自聖斷故相或能將順贊襄而已臣懼其作時政記亦如安石專用已意掠美自歸掩陛下之聖明私羣臣之褒貶日曆之官因取其說著於簡策大非尊戴君父傳信萬世之義臣實恐懼仰惟陛下既遴選史臣俾以論譔欲望駿發明詔再取去歲已前臣寮修過日曆詳加是正審訂事實貶黜私說發明聖德庶幾作宋一經襍六為七垂之無窮天下幸甚

起居郎兼中書舍人劉才邵上奏曰自昔有天下國家者所以記言動制作示勸戒以貽後世莫不有史動則左史書之若春秋是也言則右史書之若尚書是也至於禮樂刑政因革損益因時不同則後之人從復修之以備參訂若禮經所載是也三者之法相須以成闕一不可唐虞三代之盛典章文物炳然見於簡牘之間豈無所自而然哉至左丘明采諸國之史因經立傳而言動所記合為一書司馬遷網羅古今以作史記遂變編年之法班固而下因祖述之一代典章雖見於志而以理難詳載遺落者多至唐正元間蘇冕始為會要考其纂述之意豈非小補由此觀之後之為史者實録以存春秋編年之法正史以循遷固記事之舊而會要以追法禮經之意豈可偏廢哉恭惟國家聖聖相承制作明備陛下光昭先功欽若成憲累朝

大典既已全備。惟是會要肇自於建隆。續修於熙寧。凡三百卷。而元豐元年已後。近因邇臣建白。已須明詔命館職之臣。載加讎校矣。然自元祐元年以後。尚未修纂。臣愚欲望聖慈特降睿旨。許令館職讎校舊本畢日。接續編類。

史館脩撰常同上疏論神哲二史曰。章惇蔡京蔡卞之徒。積惡造謗。痛加誣詆。是非顛倒。循致亂危。在紹聖時。則章惇取王安石日録私書。改修神宗實録。在崇寧後。則蔡京盡焚毀時政記日曆。以私意修定哲宗實録。其間所載。悉出姦人之論。不可信於後世。恭惟宣仁保佑之德。豈容異辭。而蔡確貪天之功以為已力。厚誣聖后。收恩私門。陛下即位之初。嘗下詔明宣仁安社稷大功。令國史院摭實刊修。又復悠悠。望精擇史官。先修哲宗實録。候書成。取神宗朱墨史。考證修定。庶毀譽是非。皆得其實。上深嘉納。

起居舍人洪遵乞經筵編聖語狀曰。臣恭惟陛下濟身大統。希隆中興。萬機之暇。刻意稽古。大昕退朝。來臨便坐。延見儒臣。紬繹經史。競競業業。惟以典學為務。而臣不肖。幸得備數記注。周旋細氈之側。實為榮遇。但左右二史。襲沿近例。旅進旅退。於徽言善行。缺然無所紀述。大懼曠職。不足以稱聖天子隆儒監古之意。臣竊聞景祐中。崇政殿說書賈昌朝以經筵一言一事。總而成書。號曰邇英延義二閣記注。獻于仁宗皇帝。而章得象等被命相踵修纂。累聖丕承。其書具在。臣愚欲望睿慈遵用故事。應經筵中侍臣升絀封章進對燕會賜與。講讀問答。命載筆之臣。斷自今年八月秋講為始。悉行編録。以邇英記注為名。仍敕講讀官今後奏對之間。面得天語。即時以實具報。無得隱漏。庶幾一代盛典。大書特書。詒諸億世。與時政記日曆起居注相為表裏。金匱石室之藏。有以考信。誠非小補。臣固陋無識。昧死陳愚。惟陛下財赦。

遵又乞修起居注劄子曰。臣恭惟陛下勵精庶政。克啓中興。功德巍巍。視古聖王。不足進於前。是宜史冊大書特書。為萬世無窮休。臣待罪柱下。幸獲纂輯聖謨。入直以來。不敢少懈。但緣向者權臣用事。記注之官多缺不補。而起居注自紹興九年以後。前後積壓。今未修者殆十五年。諸處循習。遇本省取會貼子。不肯如期報應。竊慮歲月浸遠。難以考究。欲准紹興令。門下中書後省貼子取索急速者限一日供。餘三日。欲望聖慈特降睿旨。申嚴舊法。使之報應以時。不致違滯。仍乞令兩省除見修起居注按月進入外。所有紹興九年以來因循未畢者。每一月帶修兩月。庶幾天德地業。赫然與日星並傳。臣不勝幸願。

遵為吏部侍郎。又乞修續會要劄子曰。臣聞監于先王成憲。其永無愆。書曰。丕顯哉文王謨。丕承哉武王烈。詩曰。儀式刑文王之典。然則祖宗之訓。垂裕方來。俾之憑藉扶持有天下者。所不可後。恭惟國家聖聖相承。重規疊矩。度越古昔。延閣所藏金匱石室所載。固已暴白天下。至於大號令。大政事。撮其機要。以類相從。則國朝會要最為詳密。于以施之朝廷。達之天下。凡典禮設張之事。莫不一出於此。自元豐成書之後。政和中亦嘗續修。而視諸故府。但有吉禮百餘卷。不能五分之一。頃者顯仁皇后上僊。討論典故。有未登載者。不免倉卒講求。雖公卿大夫參合考議。而事成一時。豈能盡善。今國家閒暇。願及是時。一新隆典。區區管見。不必設置司存。只令國史院總其事。擇館閣官三數人掌之。斷自熙寧以迄于今。名之曰國朝續會要。館職月給已有校正會要食錢。微有所增。亦未為過。成書奏御。然後推賞。庶幾聖朝制度更相發揮。垂億萬年。實為大訓。臣不勝至願。

龍圖閣直學士知湖州汪藻乞修日曆䟽曰臣昨待罪禁林嘗於經筵面奏本朝實録自艱難以來金匱石室之藏無復存者伏觀列聖自哲宗皇帝而上皆有成書流傳人間頗有其本朝廷已訪而藏之御府矣若太上皇帝淵聖皇帝及陛下建炎改元至今三十餘年並無日曆乞詔有司纂述未見施行臣竊惟自古無國無史史未嘗一日無書晉謂之乘楚謂之檮杌魯謂之春秋以此見無國無史也春秋以事繫日以日繫月以月繫時以時繫年必四時具謂之編年以此見史未嘗一日無書也漢法太史公位丞相上天下計書先上太史公副上丞相唐及本朝宰相皆兼史官其重如此故書榻前議論之辭則有時政記録柱下見聞之實則有起居注類而次之謂之日曆修而成之謂之實録所以廣記備言垂一代之典也若曠三十年之久漫無一字之傳將何以示來世乎此其不可不纂述一也韓宣

子適魯見易象與春秋曰周禮盡在魯矣吾今乃知周公之德與周之所以王則國家守文者不可無史蕭何入秦先收丞相御史律令圖書藏之沛公具知天下阨塞戶口多少彊弱處民所疾苦以何得秦圖書也則國家創業者不可無史今陛下躬受天命雖名中興實兼創業守文之事乃一代典章殘缺如此恐於理未安此其不可不纂述二也恭惟太上皇帝聰明睿哲之資孝友溫恭之德疇咨臣下言必成文裁省事機動皆合道在位二十餘年未嘗刑一無罪殺一不辜涵養生靈耕桑萬里視唐虞三代無不及焉淵聖皇帝恭儉憂勤招延聽納雖登至尊之日淺而膏澤浹於人心止緣姦臣誤朝馴致遐狩今若無書紀實恐千載之後徒見一朝陵遲之禍亟不知二聖積累之功深茲事非輕羣臣當任其責此其不可不纂述三也自古史官無所不録況三十年之間朝廷之施設豪傑之謀謨戎事之

廢興人材之進退禮文之因革法度之罷行歲事之豐凶羌戎之服叛有本有末有源有流一法施而不書則一法熄一事畧而不載則一事隳且當時羣臣間有在者以為忠賢耶未條其懿行安知其可嘉以為邪佞耶不條其宿姦安知其可棄尚因散逸遂廢其書豈孔子闕文之義哉此其不可不纂述四也公羊傳曰所見異辭所聞異辭所傳聞異辭孔子作春秋於定哀則其事詳於隱莊則其事畧聖人猶爾況其他乎中原失平三見閏矣及今耳目相接尚可追求更數年間事將堙沒雖有良史莫知所憑況比年風俗之衰公論不立士大夫取予皆出愛憎因一事為一人而著書行世者多矣若不乘時訂正則數世之後信以傳信疑以傳疑是非渾殽白黑顛倒小人之說行而君子受其誣矣可不懼哉此其不可不纂述五也臣政和中為著作佐郎修太上皇帝日曆東觀凡例臣與聞焉今所領州

又幸經兵火之餘獨不殘燬視諸故府案牘具存如御筆手詔賞功罰罪之文尚班班可攷失今不輯臣實惜之古之有國家者雖顛沛中史官不廢況今邊烽稍息羣盜屛除正朝廷蒐補闕遺之時也伏望睿慈許臣群政之餘將本州所有御筆手詔賞功罰罪文字截自元符庚辰至建炎己酉三十年間分年編類仍量給官錢市紙札纂書工之類繕寫進呈以備修日曆官採擇

藻又進書劄子曰臣嘗聞作史之法始於編年故春秋二百四十二年之間凡事未嘗不謹歲月時日而書之蓋人君之治天下其大而見於史者不過政事弛張人材升黜弛張有本有末升黜有先有後不以歲月時日繫之將安所考乎於此而有秋毫之差不惟不足取信來世凡所謂邪說私意者皆得肆行而亂吾是非之實祖宗豐功盛德亦將欝而不伸故國朝置著作局專修日曆既取輔相時政記

為據。又責諸司供報。凡供報不實者坐之。其歲月時日可謂信而不差矣。然祗牾者亦時有焉。蓋業鉅事叢。其理然也。自乘輿南渡以來。史官無一字之傳。當時大臣時政記既不可復得。而諸司所謂案牘者盡委於兵火。朝廷每舉一事。率幽冥而莫知其原。往往臨時取決於胥史之口。謂之省記。況史官欲得其歲月之真哉。故臣於紹興二年待罪湖州日。力具奏陳。以為及今聞見尚新。宜亟加搜訪。失今不輯。後必悔之。蒙恩即以委臣。臣伏思一代鉅典。權輿於此。若歸之兵火。以為無可柰何。趣具目前。謂之成書亦可。顧今歲月見於殘編斷簡者。幸班班可尋。必欲編摩。措之列聖實錄之間而無愧者。非難。在加之意而已。故設為四類以求之。一曰年表。二曰官閥。三曰政迹。四曰凡例。何謂年表。以祖宗實錄考之。輔相之拜免。臺諫之去留。六曹寺監長貳之遷移。三京二十八帥之委任。皆事干政體者。書之不可少差。而徽宗臨御二十六年間。除目以千萬計。日異而月不同。非歲為旁通。何以見之。何謂官閥。以祖宗實錄考之。朝臣自館職而上。差除悉書。文臣自卿監。武臣自刺史。宗室自小將軍而上。皆當立傳。而徽宗臨御二十六年間。當書差除者八千餘人。當立傳者二千餘人。差除必首尾相續。方無缺遺。立傳必始終相參。方無舛誤。非人為累歷。何以見之。何謂政迹。以祖宗實錄考之。內而百度之廢興。外而四夷之服叛。皆當敘其源流以書。如黨論、舍選、禮制、河防、方田、市易、茶鹽、錢幣之類。皆百度之源流當敘者也。青唐之棄地、復地。金人之請盟、背盟。西夏之進築。高麗之遣使之類。皆四夷之源流當敘者也。何謂凡例。以祖宗實錄考之。有一月之例。有一季之例。有一年之例。有三年之例。缺一不錄。未為全書。如占星象、奏栽祥、賜高年、旌孝弟、與夫縣鎮之廢置、神祠之加封。率於月尾書之。一月之例也。原廟四時

酌獻。百官春秋大宴。雖有定月。而卜日不同。一季之例也。大遼、夏國賀正旦、生辰。及押賜夏國禮物官。皆當書其姓名。歲終戶部奏天下主客戶口增耗。刑部奏天下斷過大辟。宗正奏宗子命名授官。皆當書其人數。一年之例也。郊祀、明堂、夏祭、貢舉。前期降詔。郊祀肆赦。殿試正奏名、特奏名、武舉進士策問。皆當書其全文。大禮差五使、三獻官。后妃封贈三代。臣僚蕃國加恩。宣麻。貢院差知舉及殿試官。諸文武進士釋褐。皆當書其人數。榜首皆當書其姓名。受誓戒、宿齋、恭謝飲福。皆當書日。正進士釋褐三名前注授諸班直轉官。皆當書其恩數。三年之例也。其例之不可以年月見者。猶不與焉。臣自紹興二年承指揮編次。字字綴緝。七年于茲。本欲畢區區之愚。每類各為一書。以備史官採擇。既功力浩渺。非歲月可成。又恭聞近開史院。修徽宗皇帝實錄。事體宏大。非臣蹤外敢為。今於每類各修成一門。除凡例一門。已具重修元符庚辰以後三年詔旨。節次進呈訖。今修到年表門。具元符、建中、崇寧年臣僚旁通六冊。官閥門。具宰相十三人。執政三十三人。累歷十冊。政迹門。具青唐棄地、復地本末。金人請盟、背盟本末十二冊。共二十八冊。投進。通前總八百冊。伏乞聖慈特賜省覽。庶知臣所編歲月時日。皆多方訂正。務得其真。未嘗一字無據也。

翰林學士周麟之上奏曰。臣恭惟皇帝陛下駿惠先猷。丕昭孝治。近以實錄院修進徽宗皇帝實錄。慶大典之崇成。第史官之勞効。凡譔次編摩之士。下逮掌故。例霑醲賞。恩至渥也。繼又以故翰林學士汪藻嘗修元符以來詔旨等書八百餘卷。於實錄最為有力。特加褒贈。優卹其子。陛下此舉。可謂深合公論。明燭幽隱矣。然臣伏見紹興初。嘗降指揮。搜訪先朝文字。投獻之家。與斟酌高下推恩。今來實錄成書。竊慮二十餘年間。臣僚子弟有以其父祖遠事先朝。所得聖語等

獻事繫國體可以為萬世法者不可不少加甄録伏望聖慈申詔有司檢會元降指揮令實録院開具人數考覈事實擇其顯著者量與推恩以示勸奬是亦信賞不遺之義也

麟之又上奏曰臣仰惟皇帝陛下以天德地業再造區宇見獨朝徹聖欽日躋雖古之所謂盛帝顯王無以加此臣頃在東觀以修纂日曆為職因得歷覽陛下臨御以來三十餘年間事業之富謀斷之偉謨訓之大布在方冊赫然與日月爭光臣闚天之智狹而戴上之情切嘗考其間所載聖語大抵詳於前而畧於後臣深求其故蓋由頃歲左右史多缺起居注不修三省樞密院時政記於聖語亦或闊略而不致其詳近者陛下總攬權綱修廢振弊更化之道粲然一新睿訓發於九重容勿之間而風動乎天下贊襄之輔獻納之臣內對之官所得多矣臣區區之愚欲乞申嚴舊制自今凡與奏對録所聞毋致漏逸使史官皆得以具載仍令記時政者尤務其加以此授之國史著之日曆作宋一經艱舊六為七用傳信于億萬臣不勝至願

又論禁傳寫先朝實録疏曰臣伏見國朝會要嘉祐四年史館八歐陽脩言史之為書以紀朝廷政事得失及臣下善惡功過宜藏之有司往時史官書成進入則焚其稾已詔龍圖閣別寫一本下編修院以備討閱從之然則史事在祖宗朝其嚴如此豈容輕示人也今者徽宗皇帝實録成書奏篇既上儲於内閣中外士大夫欣聞盛事咸思以先觀為快臣竊惟先帝之盛德休烈良法美意布在方冊固當廣其傳以昭示天下後世然其間所載多涉國體與今日政論有相關者臣愚欲望聖慈申嚴舊制令副本之在有司者必謹其藏仍不許諸官司關借謄寫及臣僚之家私自傳謄庶可以嚴宗廟尊朝廷遵祖宗之成憲

孝宗隆興間起居郎胡銓論左右史四弊疏曰臣誤蒙親擢承乏左史自供職以來檢討記注故事竊見今之史職廢壞者非一其尤甚者有四焉一曰進史不當二曰立非其地三曰前殿不立四曰奏不直前何謂進史不當臣聞唐褚遂良知起居注太宗問人君得觀之否對曰史記善惡以為戒庶幾人主不為非法不聞帝王躬自觀史魏謩為起居舍人文宗遣中使取記注欲觀之謩請史官書事以存鑒戒陛下所為善無畏不書不善天下之人亦有以記之帝止遂良與謩可謂能守官矣至國朝梁周翰李宗諤為左右史乃建言每月起居注類先奏御後付史館國史書之以進起居注自周翰等始豈不媿唐二子哉慶曆中歐陽脩為起居注嘗論其失曰自古人君皆不自閱史今撰述既成必録本進呈前事有諱避史官雖欲書而不敢乞自今起居注更不進本仁宗皇帝從之厥後佞臣執筆乃復進史沿襲不革遂至于今欲望陛下遵仁宗之訓革周翰之失自今記注不必進呈庶使人主不觀史之美不專在於李唐二君也何謂立非其地臣按唐制每皇帝御殿則左右二史夾香案而立善惡必書其後許敬宗李義府用事動必懷姦懼為史官所記遂廢左右侍立之職凡謀議皆不與聞文宗復貞觀故事每入閤命左右執筆立于螭頭之下由是宰相奏事得以備録故開成之政詳於史書國朝故事天子坐朝則記注臣立於御座之後歐陽脩以謂起居者當視人君言色舉動而書若立於後則無以盡見乃徙立於御座之前至脩罷職脩注者乃復立於其後今立於殿之東南隅言動未嘗或聞可謂立非其地有愧於脩多矣臣又聞元豐三年脩起居注王存奏欲追貞觀故事使左右史得盡聞天子德音儻二府自有時政記即乞

自餘臣僚登對許記注侍立神宗皇帝曰人君與臣下言必關政理所言公公言之自非軍機何必秘密蓋人臣奏對或有頗僻或肆讒慝若史官書之則無所肆其姦矣大哉王言然未及施行至今議者惜之今史徒有左右之名而不知天子言動之實羣臣奏對並以無所得聖語關報職記注者但不過錄諸司供報公文而已何名曰史邪臣欲乞陛下復歐陽脩侍立故事庶幾言色舉動皆得以書如宰執造膝之日自有時政記亦乞如王存所請凡餘臣奏對許令侍立亦足以伸神宗之志也何謂前殿不立臣竊觀自古左右史未嘗不侍立於天子之側亦未嘗有前後之分唐制但云左右史分立於殿下螭頭之側和墨濡翰皆就螭之坳處有命則臨陛俯聽對而書之不聞後殿立而前殿不立也又聞歐陽脩奏請自今前後殿上殿臣僚退令少留殿門俟脩注出面錄聖語以此知國朝舊制前後殿皆侍立矣夫人主之言不獨後殿有之而前殿無也宰執奏事百官進對之言不獨後殿有之而前殿無也今獨後殿侍立而前殿不與義果安在邪夫後殿侍立雖立非地然獨立焉亦愛禮存羊之意前殿不立是餼羊亦去而禮意俱亡矣今左右史分日而立無言動之異臣欲乞於前後殿皆分日侍立庶幾一言一動皆得以書以備一朝之典謨光千載之史冊誠非細事何謂奏不直前臣聞唐文宗謂魏謩曰事有不當毋嫌論奏謩對曰臣頃為諫官故得有所陳今則記言動不敢侵官帝曰兩省屬皆可議朝廷事而毋辭也故國朝左右史皆許直前奏事雖以奏史事為名而朝廷事亦可議焉蓋亦文宗命魏謩之意也熙寧中修起居注張琥奏曰近日緣例須牒閤門然後上殿竊見樞密承旨每於侍立處尚得奏事起居注既得侍立或有敷奏乞便面陳詔從之臣自領職之後初欲直前奏事閤門以臣不

預牒却之臣又嘗預牒矣又謂今日無班次臣每見閤門奏事未嘗以班次為拘左右史職言動當日有數奏乃必欲預牒閤門又欲必有班次則事有當奏而不得奏其為失職多矣臣又聞皇祐中御史唐介論宰相文彥博仁宗怒之時蔡襄為起居注直前論救事出一時又曷嘗預牒閤門與必俟班次耶況今來後殿奏對未嘗無班次如是則記注之臣雖有直前之名而無可奏之時矣臣欲乞自今左右史奏事令直前不必預牒閤門及以有無班次為拘也臣所陳四事皆近日記注失職之大者臣濫居是職敢不盡言伏望陛下考古驗今循名責實斷然行之不勝幸甚

乾道中編脩官林光朝奏曰臣以才識短暗叨居史官執筆之後竊謂古之作史者是皆據事實而書之文獻不足雖孔子無如之何吳兢令狐德棻撰武德以來國史韋述因二家所作參之以後事列為紀傳當是時圖牒具在不過特書屢書之及開元而下文字散逸于休烈請徧求實錄及起居注并他書若干篇其後所得僅一二篇耳如柳芳所問高力士內廷可書之事今有唐曆四十卷以開元時事較之貞觀其用力何止十倍也臣竊惟四朝國史業鉅事叢自上章創議欲以神宗皇帝哲宗皇帝兩朝正史俟將來徽宗皇帝實錄已定却別行撰述即置國史院續次臣僚又以靖康繼宣和之後首尾相關當作一書通前書為四朝國史此實當代甚盛之典也然筆削之重逡巡十年欲問成編未見涯際昨來得旨又令重修徽宗皇帝實錄以前者訛舛無所取信耳目所接尚可更定今延閣所藏有太祖太宗真宗三朝國史實為一書往年修太祖太宗兩朝正史起景德四年迄于大中祥符九年是遠至十年而後成書也其後修真宗正史自天聖五年至八年是又歷四年而後成書是書相望何止二

十年而後合爲一書也今神宗哲宗兩朝實録纖悉具備而紀志列傳尚或斷缺崇寧大觀百度更張獨有汪藻所録元符以來詔旨而造膝之論不在此書此即唐人令狐氏所聚詔冊以備一時之闕耳其他書又多疎略自非徽宗實録裒綴已定之後即紛然載筆者何從措一辭也以臣之愚見四朝大典簡編浩汗欲乞聖慈許先次修神宗哲宗兩朝正史及徽宗實録令同日進呈徽宗實録已定之後即通欽宗實録續次修纂爲四朝國史正如景德天聖作兩項撰述而後合爲一書則雖以日月計之可也如臣之言髣髴爲可采即乞付國史院同共參酌越分而言不任戰慄之至

淳熙五年吏部侍郎周必大論史事劄子曰臣以非才被命纂修四朝正史賴同僚協力裒類事實粗見功緒今當下筆之際事體尤難竊觀前朝國史雖是衆人分撰然當時案牘可以稽據是非可以詢

問責成一手不至訛舛自南渡以來文籍殘缺往往搜求散軼考證同異若非參合衆智深慮不相照應抵捂者多臣嘗與衆議分手撰述每遇一志一傳成篇並令在院官互相脩潤庶幾首尾貫穿體製歸一無思慮不周之患如合聖意即乞特降指揮以憑遵守

孝宗時端明殿學士范成大上奏曰臣聞追孝莫大於顯親顯親莫大於述事恭惟高宗皇帝御歷三紀休功盛德陛下既已著之於聖政之編矣至退處德壽之後天旋日用豈無可紀如漢禁中起居注唐諸王所修内起居注之類向來闕此等一書使二十五年之間堯言堯行不得盡聞於世甚可惜也竊意陛下曩者久奉大養從容北宮慶溢庭闈事無家國必有授受之謨訓諒多慈愛之話言以至歲時燕喜曠儀盛事無非載籍之所未聞皆當志其大略以侈萬古今事雖已往日月尚新陛下孝思永慕見於羹墻恐有可以記憶者又參之以東朝東宮之所聞見與夫宮禁老成之所流傳特命親王悉加記録以付史氏則陛下述事之孝傳無窮而施罔極矣臣嘗考虞書堯典一篇紀陶唐行事備矣而魯論有堯曰咨舜之訓孟子有放勳勞來之言及莊列所記遊汾觀華康衢等事皆在堯典之外則知虞舜之世述堯遺事必有他書不止於僅存之一典而已伏惟陛下自留聖心

成大又論三朝國史劄子曰臣聞自古有國有家雖盛衰不同而未嘗無一代之史策以小喻之譬如士庶之家大則有家法小則有日記雖倥傯弗暇給之時决不可一日而闕非若其他翰墨文詞空言無用之比也恭惟國家五朝正史久已大成而神宗皇帝哲宗皇帝徽宗皇帝三朝史書始於紹興二十八年開院纂緝糜費帑廩九年于此惟帝紀略備之外其餘邈然無涯不惟舊聞失墜無書可攷亦

緣是非褒貶易招悔吝朝廷既不習諳有司率於因循加以席未及煖遽徙而去甚或提綱無官秉筆全闕動經旬月無復誰何人徒見館宇邃嚴吏胥芻午皆謂煌煌天朝必備史策而不知文具如此臣竊檢照景德中修太祖太宗兩史十年而成天聖中修真宗史四年而成熙寧中修仁宗英宗兩史六年而成今之三史若只用目前規摹更數十百年亦恐汗青無日何則自熙寧初元至今百年見聞所逮尚難追記只更一二十年殘編斷簡漸就散逸故家遺俗無可詢究雖悔向來之因循欲决意成之亦不可復得文謨武烈恐遂湮晦何以仰稱陛下追孝清廟羹墻祖宗之心臣每念至此震慄汗下伏望特賜聖裁亟命朝廷討論史事立之課程剋以期限其熙寧以來舊事本院無書可攷者許關取秘閣四庫所藏及搜訪士大夫家所存干照文字網羅參訂仍擇儒館優閑之臣數人增兼編撰庶得俯

工分力。結局有期成書之後薦之宗祐于以上慰三后在天之靈。燕寧歡喜。介福家邦與天無極。此臣所謂繫國體重大。前者親目其弊。今入再司其職。不敢緘默。且陛下家事也。伏望特留聖慮。

成。夫又論記注聖語劄子曰。臣聞帝者莫盛於堯舜。其事遠而其書存。二典所記都俞吁咈之詞。可以端拜而議。因其詞。知其所以聖。不然。雖堯舜之盛。無傳焉。後世設官以記言。旨意深矣。恭惟陛下天縱神聖。求治甚勤。露朝便坐。日有謨訓。凡紀綱法度之說。性命道德之蘊。有漢唐之君不得與於斯者。是宜史不絕書。以詔萬古。臣蒙恩待罪柱下。竊攷記注所載。十不一二。蓋緣進對臣僚循習故常。例以無所得聖語為報。紹興閒。史官屢有建明。三省出榜朝堂。而不報者自若也。其報到者。又務為簡畧。或止片言一字。且漫不及所奏因依。抽毫執簡。終無纂述。臣甚懼焉。按令文。親聞聖語。應記注事。不報後

省者。違制論。又應報聖語。而避者。修注官具申尚書省。若報到無聖語者。月終類聚以聞。雖有此法。前後未嘗申嚴。及不曾舉行類聚以聞之令。宜其諸所記注。多違舊章。臣愚欲望聖慈下臣此奏付閤門內侍省。遇有對班坐條告報。幷許史官依令舉行。將報到無聖語者月終類聚奏聞。萬機之暇。畧賜攷察。庶幾大哉王言無敢隱匿。聖謨洋洋。匹休二典。天下萬世幸甚。

成。大又論侍立劄子曰。臣近因奏陳記注不得盡紀聖語。伏蒙宣諭。正以史官侍立太遠。令臣討論典故。臣竊見今來左右史侍立乃在正殿東南隅朶殿之上。漠然並無所聞。誠乖書言記動之義。謹按唐制。凡御殿。則二史侍立於殿上。御坐左右。執筆以記言動。其紫宸入閤。天子臨軒。即立螭頭。逼階傾耳而聽之。或殿上。或螭頭。皆得密聞王言。即時記錄。證據甚明。許敬宗李義府李林甫為政時。其制方廢。文宗復之。至今以為盛舉。文宗嘗與宰相論當世奢靡。時史官執筆螭頭。帝謂曰。適所議論。卿記錄未。以此見雖立殿階螭頭之下。尚得有聞而記述。況侍殿上邪。本朝初復起居院。梁周翰等討論典故。雖未精詳。然亦但云直於崇政殿以記言。以至國史職官志諸書所載亦只云便殿侍立。而無今來東朶殿之說。所謂朶殿。本無經見。若謂與正殿一體。即容設置供奉官員。閤于幕次。憩坐自如。則不可全謂之殿也。如果與正殿事體不同。不應侍立左右者。却立於彼。此可謂失記注之地矣。又按王容季所載。稱本朝故事。侍立於御坐後。歐陽脩請侍立於御坐之前。脩罷。復立於後。此事雖不見會要。然世傳之久矣。會要獨載脩乞令上殿臣僚退。少留殿門。俟修注官出面錄聖語。仁宗從之。臣竊料國朝修注官雖立殿上。所謂立於御坐後者。聞見亦自不審。所以脩有留臣僚於殿門面錄聖語之請。而又有移立

御坐前之說。要之唐制為詳。而本朝之制為畧。其原出於建置之初。梁周翰等討論不精之故。當時尚無朶殿之說。今則不知閤門如何相承。却止令立於朶殿。隆興元年。左史胡銓等建言立非其地。閤門御史臺討論典故。欲令起居郎舍人起居訖。升殿宰執。幷臺諫奏事權暫就朶殿侍立。俟臣僚奏事時。依講筵例於御坐前侍立。其意以為宰相奏事所得聖訓。中書門下自有時政記。幷臺諫論事。亦恐難遽漏洩。其他臣僚奏對。初何妨嫌。而使記注之官不得記述以詔萬世。誠為漏典。臣竊見行在百司。皆得舉職。獨左右史職記言動。而職實不舉。王言既不得聞。而臣僚奏對又例以無所得聖語為報。則是記言之職。有名無實。所謂記動者。凡行幸出入。號令設施之類。只憑諸司關報。而國史日曆所亦同被受。已先修纂。則後省記注。幾成長物。二史之官。號為職清地近。班綴從臣。而瘝官曠職如此。臣所以

夙夜慙懼。不皇寧居。伏望聖慈參酌前古盛際。特賜檢會乾道元年閤門御史臺已討論到典故。斷自聖心。特制史官侍立之地。以爲聖代成法。

光宗紹熙元年。禮部郎中兼實錄院檢討陸游上奏曰。臣伏見真宗皇帝至道三年冬修太宗實錄。至明年咸平元年八月而畢。甫九閱月。修書者錢若水柴成務宗度吳淑楊億五人而已。書成。又詔重修太祖實錄。至明年六月而畢。亦甫九閱月。修書者王元之梁灝趙安仁李宗諤四人而已。臣竊考之。太祖討澤潞。取揚州。平吳滅蜀。定荊楚。下五嶺。太宗撫有吳越。蕩定汾晉。用師薊門。問罪夏臺。皆大舉動。業廣事叢。議論煩委。兵機戎政。攻守餽餉。功罪黜陟之事。可謂夥矣。至於制禮作樂。明刑治曆。修廢官。舉墜典。革五季之弊。復漢唐之盛。側席求治。可謂勤矣。宜其摹寫日月。形容造化。雖累歲不成。而奏書之速。不淹三時。上足以慰羹墻之思。下足以厭薦紳之望。非獨此數人者畢精竭思之力也。意者當時命令重。刑賞必。尊君體國之俗成。凡史官紬繹之所須者。上則中書密院。下則百司庶府。以至四方萬里郡國之遠。重編累牘。如水赴海。源源而集。然後以耳目所接。察隧碑行述之諛辭。以衆論所存。刋野史小說之謬妄。取天下之公。去一家之私。而史成矣。九閱月而奏書。臣誠未見其爲速也。臣乞身累年。忽蒙聖恩起之山澤之間。使與聞大典。既不累以他職。又特寬其朝謁責委之意。可謂重矣。然臣之愚慮。有欲陳者。未敢遽以仰瀆天聽。而略具梗槩於前。欲乞聖慈明詔大臣。俾臣供職有所陳請。擇其可者。出自朝廷主張施行。如臣不能自力。曠職守。負聖知。則竄殛之刑。所不敢避。

四年。起居舍人兼中書舍人陳傅良論史官劄子曰。臣嘗具奏。竊見

唐大順二年二月。勅吏部侍郎柳玭等修宣宗懿宗僖宗實錄。始丞相監修國史。杜遜能以三朝實錄未修。乃奏吏部侍郎柳玭。右補闕裴廷裕。左拾遺孫泰。駕部員外郎李徹。太常博士鄭光庭等十五人修之。踰年竟不能編一字。臣以此知史事至重。不宜以他官兼領。今史院檢討。皆是兼局。更出迭入。有同傳舍。至修撰亦以從臣兼之。往往多近上眷渥之人。率不淹久。去掌機政。大槩一年之間。方議立條例。均分卷帙。而出院多矣。則一朝鉅典。無由就緒。事大體重。豈容空過歲月。提領大臣。須至取旨。立限奏篇。臣恐未免逐急牽課。取具臨時。草草逃責。而無以發明盛德大業。傳信萬世。要亦非秉筆者稽古之罪。而其勢必至此者。無專官故也。近年李燾洪邁以待制相繼修史。不領他事。而後四朝國史方及成書。以臣愚見。兩制臣僚位望已貴。若委以史事。見謂冷局。不過一二年間。朝廷須更遷除。雖曰專官。未必久任。今職名中有秘閣修撰。右文殿修撰。并舊有史館校勘等。正是三館修書官名目。自郎察卿監補外之人。皆得除授。若將此二三職名置爲史官。以二年爲任。自史館校勘之類供職。稍遷秘閣修撰。又稍遷爲右文殿修撰。在院少亦已五七年。俟有勞績。雖就遷次對。如李燾洪邁兼領可也。則是史官與郎察卿監可以駢至從班。事體略同。有專官之効。無冷局之嫌。庶幾大典責成有人。況在祖宗朝雖諫議大夫以上皆帶出爲寄祿官。而以供職諫院者爲諫官。則今以修撰爲貼職。而以供職史院者爲史官。蓋舊章也。有何不可。臣愚不自度。妄論史事。惟陛下財幸。

五年。起居舍人彭龜年乞申飭奏事臣僚錄所得聖語報記注官疏曰。臣聞古者王前巫而後史。史官侍于王所。當不遠也。唐貞觀初。仗下議政。史官猶得執筆記之于前。本朝元豐中。嘗議臣僚前後殿登

對。許記注官侍立。著其所聞關於治體者。元祐中。復命邇英講讀罷。臣僚留身奏事。亦許記注官侍立。近時此等制度皆已不舉。獨有臣僚對聽錄所得聖語報記注官一節爾。然前後因循。或稱無所得聖語。是致載筆之書多所逸遺。陛下明謨睿斷。隱而弗彰。史官失職。莫此為甚。臣竊見本朝歐陽脩嘗奏請自今後前後殿上殿臣僚退。令少留殿門。俟修注出。面錄聖語。臣愚欲望聖慈用脩之言。特加申筋。每遇前後殿臣僚奏事退。許當日侍立官就殿門錄所得聖語。其有內引者。令移文取會。庶幾記注得以備載。俾聖謨洋洋嘉言孔彰。無愧三代。不勝幸甚。

龜年又奏曰。臣竊見起居注每於車駕過宮日分。必書其日車駕詣重華宮慈福宮。起居如不出。即書云恭承壽皇聖旨免到宮。如一月不出。即四次如此書。只如陛下去年半年不出。即如此書幾三十次。

恐非所以示後。自此望車駕每月一再朝北內。宣諭云。誰如此書。對云。起居注乃繫日之書。每日陛下舉動皆合記。况是車駕講定省之禮。安得不書。宣諭云。既是壽皇有旨教不來。只直書。對云。雖是壽皇有旨免到宮。陛下却豈可不去。今日以雨泥免。豈無晴日。今日以暑熱免。豈無涼日。今在朝士大夫見車駕不過宮。尚不知因由。何况天下。今日獲親事左右者尚不知因由。何况書之史冊以貽萬世。恐累盛德。臣猥居近列。唯望陛下盛德日新。凡所記注。使皆足以垂法萬世。乃是臣之志願足矣。若萬一書之史冊。或妄貽後之議。臣實不忍也。

寧宗嘉定二年。秘書郎真德秀上奏曰。臣伏見近者諫臣抗章論及史事。明詔亟俞其請。蓋將勒成大典。以示方來。非小補也。臣以非材。備數文館。玉牒會要皆預討論。敢緣所職。妄有陳述。臣恭惟陛下賢聖仁孝。自昔著聞。甲寅之秋。肇履大位。蓋出於光皇付託之誠。憲聖擁佑之力。而大臣寔奉行之。授受之間。粲然明白。秉史筆者固宜鋪張其實以詔萬世。而臣伏觀玉牒會要所書。大抵承迎侂胄之意。而誇大其功。欺天罔人。莫此為甚。昔紹聖中。姦臣用事。被宣仁以奪嫡之謗。加蔡確以定策之名。顛倒是非。終危宗社。今陛下躬膺祖宗神器之重。而簡冊所記。顧歸功一擯贊之小臣。傳之萬世。何以為法。况凡受恩之人。豈無報復之念。儻不亟加辨正。異時或得藉口以逞其私。紹聖崇寧之禍可鑒也。臣側聞嘉定元年二月。議臣有請。命史官取紹熙五年以後。至開禧三年以前。史院文字。并日曆時政記。凡涉誣罔。悉行改正。陛下既俞之矣。歷時寖久。必已成書。臣願特降睿旨。命國史實錄院具所修事節上之朝廷。看詳允當。即須下玉牒會要所參照重行修纂。上以光聖朝揖遜之美。下以杜姦黨窺覦之漸。天下

幸甚。臣又聞熙寧中。王珪建言。國朝會要。朝廷檢尋故事。未嘗不用此書。然止修至慶曆三年。又當時亟欲成書。及欲廣其部帙。故其間尚有遺事。而所載頗多吏文。恐不足行遠。乞自慶曆四年以後續修其舊書。因而畧加增損。庶成一代之典。制可其奏。迄書成。自建隆迄元豐。僅三百卷。紀載最為有法。後莫能及。臣伏觀皇帝會要自紹熙末至嘉泰初。才八年耳。而為卷已百五十。殆欲廣其部帙之過。觀珪所修。臣僚論奏。止撮其要。今或全篇紀錄。一字靡遺。至於文移行遣語涉俚近者。亦或未遑刪潤。臣恐難於傳遠。如珪所慮也。又嘉泰二年以來。凡八載矣。朝廷行事。可紀甚衆。必俟有旨進修。然後併力編摩。倉猝欲速。寧無苟簡。曷若從容纂次之為得。臣願特降睿旨。命提舉大臣申飭其屬。其未進者亟加修纂。已進者稍加損益。如神祖可王珪之奏。庶幾清朝鉅典煥然一新。臣之所陳。若緩實切。且皆職守

所在故敢不避煩黷冒昧以聞

十五年司封郎中魏了翁論實錄缺文疏曰臣曩者濫負東觀蓋嘗伏讀金匱玉板之藏每惟祖宗實錄自東都以前凡一百六十八年不過一千餘卷而南渡以後高宗孝宗皇帝兩朝實錄僅六十餘年遂至一千卷以三十六年事為五百卷猶之可也而二十七年為卷亦如之意其廣記備言無所殆遺而臣偶因當時所遭隨事檢閱則有不盡然往往一月而釐為二三卷往往州縣細故亦動是千餘言至事關大體頗反脫畧且如開禧元年虜使趙之傑要陛下起受國書臣時以館職獲陪獻著之後偶記乾道六年虞允文為相虜使烏林荅天錫倨慢與此相似時則允文前奏大駕還内放仗罷朝臣與在列誦言其事所冀速達有頃聞陛下徑還禁中一如乾道故事臣謂宰執必有援此以開陳者矣乃聞韓侂胄為宰執言此謝郭然為

之不知郭然秉政尚後此十餘年也臣既退朝即取乾道國史實錄會要聖朝日曆諸書徧加披閱則於此事或全無所載或畧及一二而實錄則仍循常比書垂拱殿賜茶酒不知是日茶酒未嘗設也又書知閤事王抃上疏詔明日引使人朝見乃似專美於抃而抃詞止議受書之儀亦不及放仗罷朝事此實錄之闕文有如此者是歲蘇師旦除安遠軍節度使明年六月師旦抵罪詞臣以草制罷去或謂内制未有封駁故事臣因記乾道七年三月巳卯張說除僉樞張栻等言其不可旋即反汗八年二月乙卯申命則周必大以直學士院繳還批詔且乞以宣徽命說臣即檢閱實錄諸書則己卯事無所載止於是月戊子書節度使萬壽觀制不書事始已當修正至八年乙卯事則又逸去夫主聖則臣直此最是先朝美事而前後皆不書此又見實錄之闕文有如此者開禧二年秋八月倪思與李壁爭論明

堂嚴父配天事朝論莫知所決臣因記淳熙三年三月丙午朔秘書監李燾奏乞舉行宗祀明堂之禮歷引神宗皇帝聖語及錢公輔司馬光李受諸儒之說詔下羣臣議雖不果行然實錄不當全脫其事至淳熙六年趙雄為相竟白行之實錄亦所不書亢降明堂詔書亦未嘗登載而閱樂等事亦皆失實又以見實錄之闕文有如此者臣因是三事每嘆孝宗皇帝明謨偉斷卓越前代者不可勝紀而臣偶記所聞輒逢脫畧夫卷帙猥繁若此而紀載脫畧乃爾若不及今距乾淳未遠文字未盡淪失老師宿齒故家遺裔尚可訪問亟與捜羅會粹則因循浸久必致是非失實無以傳示方來臣伏覩實錄院見遵詔旨改修孝宗光宗兩朝實錄增入列傳臣愚欲望睿旨併下本院令史官將兩朝實錄重加點校儻有闕失如上所陳者即採訪增入其冗濫重復及吏文不經去處悉與刪削庶幾文省而事詳足以

垂憲貽後仰副陛下寅念祖烈之意

理宗淳祐十二年秘書少監兼修注官高斯得進修史故事曰淳熙十年七月丁丑李燾奏臣蒙恩庇職史館事有當奏取聖裁者謹列于後

一從來修書必立年限今四朝正史開院已二十四年三次展限矣所幸紀及志並已奏篇未了者止諸臣列傳耳列傳既有底本稍加之意似不難了乞自今更與展限明年春季庶幾史官各務協心不致有淹日月

一裕陵諸臣列傳已經四次修改泰陵三次裕陵兩次靖康一次若舊本有誤處及有合添處即當明著其誤削去合添處仍具述所據何書考按無違乃聽修換仍錄出在考異不然則從舊更勿增改所有諸臣合立傳而事迹無可尋討者且附合附處不必強立庶幾後來尋討得見則不妨別立大抵只要信而有證

一臣聞操楫佐轅技不兩工故史官必久居其任少兼他職乃可責成若兼職太多用志必

分雖高才任職多多益辦然人之精力有限正恐詳於此則畧與彼今史官猶有闕負自今差除乞選兼職少者委任之庶幾專力速成大典

從之

臣嘗伏讀國史竊見祖宗修書故事帝紀志傳必一書成乃修一書未嘗有並修兩書者蓋國家大典關係至重非專心致志為之則不能紀載得實傳信後世且以神哲徽欽四朝正史言之乾道中史官李燾上帝紀既而補外及再還朝乃命修列傳故燾初至有此三項奏請列傳垂成而燾卒所謂展限來年春季者竟不果就遂召洪邁卒成之十三年十一月乃克登進曰紀曰志曰傳次第而修首尾二十七年四朝大典始備孝宗皇帝豈不欲其速具哉而責成有漸如此以燾良史之才無出其右亦不敢自詭並修志傳而二書之進後先相距其遠又如此以是言之崇成鉅典其可以易言哉臣伏見國史院被旨修纂高孝光寧四朝志傳限來年三月登進臣叨與載筆苟有管見不敢默已且詔修四朝志傳為日久矣趙以夫始專其事不知亟加纂輯乃欲先合九朝正史為一而後以四朝續之用力舛差遂墮汗漫迨以夫之去四朝志傳竟無一字汝騰繼之當其任矣而乃引嫌力辭尤焴又繼之亦復控避久乃就職更三史官虛度歲月幾及兩載實為可惜九月以來乃方分命僚屬然規模不立人情渙散既不照舊例奏請先立年限又不考故事分志傳為兩次以百餘年間歷史官二百八十餘人所不能成之書自詭速成於數月之內抑何其輕易乎夫神哲徽欽諸臣列傳至燾之時已經四修三修兩修一修可謂易於成書矣猶且踰四年而後奏篇今高孝光寧諸臣當立傳者人數猶未能定雜糅踈漏絕無倫次院吏所供初草大抵徒具私家所供誌狀全未經史官考按增入他書又安得有所謂

四修三修兩修一修者乃欲趣辦於四五月之間臣知其苟且滅裂務應期限希恩賞而不以傳信決矣雖然列傳粗有張本者也乃若諸志則從前未有片紙纂次今始創為其間天文地理選舉禮樂之屬猶可編類綴緝惟兵財二者乃百餘年建國之實政本末閎闊功力浩瀚非可鑿空為之者豈數月之所能辦乎兼史院官例多兼職往往一時繁劇之任叢于厥身有如燾所謂精力有限詳此略彼者而望其專力總領速成大典難矣臣非唱為異論苟欲遷延以逃瘝曠蓋考諸故實昭然不誣乃敢援據以為陛下告欲望聖慈宣諭提舉官及此編摩未定之初檢照孝宗皇帝修書故事改命史院官專一編纂四朝正史諸志俟奏篇畢續行纂次列傳庶幾修書次第既合舊典又使諸史官用志不分成篇可準不致苟且滅裂貽笑後世

金世宗時移剌傑上書言朝奏屏人議事史官亦不與聞無由紀錄上以問宰相石琚與右丞唐括安禮對曰古者史官天子言動必書以儆戒人君庶幾有畏也周成王翦桐葉為圭戲封叔虞史佚曰天子不可戲言言則史書之以此知人君言動史官皆得記錄不可避也上曰朕觀貞觀政要唐太宗與臣下議論始議如何後竟如何此政史臣在側記而書之耳若恐漏泄幾事則擇慎密者任之朝奏屏人議事記注官不避自此始

元世祖至元中翰林學士承旨王鶚上奏曰自古帝王得失興廢可考者以有史在也我國家以神武定四方天戈所臨無不臣服者皆出太祖皇帝廟謨雄斷所致若不乘時紀錄竊恐久而遺亡宜置局纂就實錄附修遼金二史又言唐太宗始定天下置弘文館學士十八人宋太宗承太祖開創之後設內外學士院史冊爛然號稱文治堂堂國朝豈無英才如唐宋者乎

成宗時翰林國史院檢閲官袁桷上修遼金宋史搜訪遺逸條列事
狀曰臣猥以非才備員史館幾二十年近復進直翰林仍兼史職竊
度歲月實為罔功伏覩先朝聖訓屢命史臣纂修遼金宋史因循未
就推原前代亡國之史皆係一統之後史官所成若齊梁陳隋周五
代正史李延壽南北史房玄齡等晉書或稱御撰或著史臣此皆唐
太宗右文稽古數百年分裂事志悉得全備至宋傚依唐世爰設官
局以成唐書是則先朝屢命有合太宗文明之盛桷生長南方遼金
舊事鮮所知聞中原諸老家有其書必能搜羅會粹以成信史竊伏
自念先高叔祖少傅正獻公燮當嘉定間以禮部侍郎秘書監專修
宋史具有成書曾祖太師樞密越公韶為秘書著作郎遷秘書丞同
預史事曾叔祖少傅正肅公甫吏部尚書商俱以尚書修撰實錄譾
薄弱息獲際聖朝以繼先躅宋世九朝雖有正史一時避忌今已易

代所宜改正昔司馬遷班固皆以父子相傳遂能成書劉知幾劉餗
劉贊咸以家世舊聞撰成史通史例輒不自揆庸用條析無本院宋
朝名臣文集及雜書紀載悉皆遺缺亦當著具書目以備采擇者
順帝時蘇天爵論修功臣列傳疏曰古者史官所以論著君臣善惡
得失以為監戒者也欽惟聖朝龍興朔方滅金平宋遂一華夏而閥
閱勳舊之臣謀猷材能之士苟不載之簡策何以垂示方來夫祖宗
大典既嚴金匱石室之藏而功臣列傳獨無片簡隻字之紀誠為關
典然自大德以來史臣屢請采輯有司視為泛常迄今未盡送官當
職昔嘗備員史官謹具四事以備采擇
一史有二體編年始於左氏紀傳始於太史公考一時之得失則
編年為優論一人之始終則紀傳為備要之二者皆不可闕近
代作為實錄大抵類乎編年又於諸臣薨卒之下復為傳以繫

之所以備二者之體也我國家至元間初撰祖宗實錄于時諸
臣多在及元貞初詔修世祖實錄命中外百司大小臣僚各具
事迹錄送史館蓋欲紀述一代之事寓修諸臣列傳然以進史
日期太迫諸臣事實不完遷延至今竟不果作向修經世大典
臣事之見于簡冊者十居二三矧今翰林職專筆削若復曠日
引年不復紀載將見勳舊盛烈泯沒無聞為史官者無所逃其
責矣此列傳之必當修也
一昔司馬遷為太史令網羅天下放佚舊聞遺文古事靡不畢集
於是據左氏國語采世本戰國策述楚漢春秋究天人之際通
古今之變成一家之言宣布于世其文直其事核不虛美不隱
惡故謂之實錄焉夫史固欲其核實事尤貴於網羅今史館修
書不過行之有司俾之采錄或功臣子孫衰替而無人供報或

有司憚煩而不盡施行事之卒不能具者此也今史官先當取
具國初以來至於某年中間功臣當立傳者若干人各具姓名
或即其子孫宗族或即其親舊故吏或即其居官之所指名取
索其人自當具報不許有司因而煩擾又諸公遺文各處或已
刊行開具模印未刊板者令有司即其家抄錄校讐無訛申達
史館嚴立程限違者罪及提調官吏庶幾事無所遺汗青有日
矣
一官品固有高低人材則無貴賤且作史者本欲紀載賢能以為
後世之法初豈別其貴賤而輒以為等差故趙閎既貴姓名止
見于當時黃憲雖微善行永傳于後世近自金原以來始以官
至三品者行事登于史是使忠烈隱逸之士凡在下位者皆不
得書又何以勸善乎其法之謬以至如此今二品以上雖有官

封別無事迹自可削去三品以下或守令之賢政績可紀或隱逸之善著述可傳或人子事親若王祥之孝感或義士赴難若南霽雲之殺身並宜登載于編以為將來之勸

一史之為書善惡並載蓋善者所以為勸惡者所以為戒也故春秋成而亂臣賊子懼後世史臣亦云誅姦諛于既死發潛德之幽光今修史條例止見采取嘉言善行則姦臣賊子之事將不復登于書歟彼姦臣者固不卹其書與否也今從而泯滅之是使姦計暴行得快于一時無所垂戒于後世彼又何憚而不為惡乎且如阿合馬桑哥怙失倒剌沙之流皆當明著其欺罔之罪獄迹之誅庶幾姦邪之徒有所警畏然諸家所具事迹多出於孝子慈孫之言門人故吏之手恐有不實又當參以刑曹之過簿吏部之行止如此則善惡備書而無虛美隱惡之譏矣

歷代名臣奏議卷之二百七十七

歷代名臣奏議卷之二百七十八

律曆

東漢和帝永元十四年待詔太史霍融上言曰官漏刻率九日增減一刻不與天相應或時差至二刻半不如夏曆密詔書下太常令史官與融以儀校天課度遠近太史令舒承梵等對案官所施漏法令甲第六常符漏品孝宣皇帝三年十二月乙酉下建武十年二月壬午詔書施行漏刻以日長短為數率日南北二度四分而增減一刻一氣俱十五日日去極各有多少今官漏率九日移一刻不隨日進退夏曆漏隨日南北為長短密近於官漏分明可施行

安帝延光二年中謁者亶誦上言曰當用甲寅元河南梁豐言當復用太初尚書郎張衡周興皆能曆數難誦豐或不對或言失誤衡興參案儀注者考往較今以為九道法最密詔書下公卿詳議太尉愷

等上侍中施延等議太初過天日一度弦望失正月以晦見西方食不與天相應元和改從四分四分雖密於太初復不正皆不可用甲寅元與天相應合圖讖可施行博士黃廣大行令任僉議如九道河南尹祉太子舍人李泓等四十人議即用甲寅元當除元命苞天地開闢獲麟中百一十四歲推閏月六直其日或朔晦弦望二十四氣宿度不相應者非一用九道為朔月有比三大二小皆疏遠元和變曆以應保乾圖三百歲斗曆改憲之文四分曆本起圖讖最得其正不宜易愷等八十四人議宜從太初尚書令忠上奏諸從太初者皆無效驗徒以世宗攘夷廓境享國久長為辭或云孝章改四分災異卒甚未有善應臣伏惟聖王興起各異正朔以通三統漢祖受命因秦之紀十月為年首閏常在歲後不稽先代違於帝典太宗遵修三階以平黃龍以至刑犴以錯五者以備哀平之際同承太初而妖孽

累仍痾禍非一議者不以成數相參考真求實而泛采妄說歸福太初致咎四分太初曆衆賢所立是非已定永平不審復革其弦望四分有謬不可施行元和鳳鳥不當應曆而翔集遠嘉前造則喪其休近讖後改則隱其福陋見曲論未可為是臣輒復重難衡興以為五紀論推步行度當時比諸術為近然猶未稽於古及劉向子歆欲以合春秋橫斷年數損夏益周考之表紀差謬數百兩曆相課六千一百五十六歲而太初多一日冬至日直斗而云在牽牛迂闊不可復用昭然如此史官所共見非獨衡興前以為九道密近今議者以為有闕及甲寅元復多遺失皆未可取正昔仲尼順假馬之名以崇君之義況天之曆數不可任疑從虛以非易是上納其言遂改曆事

順帝漢安二年尚書侍郎邊韶上言曰世微於數虧道盛於得常數虧則物衰得常則國昌孝武皇帝攄發聖思因元封七年十一月甲子朔旦冬至乃詔太史令司馬遷治曆鄧平等更建太初改元易朔行夏之正乾鑿度八十分之四十三為日法設清臺之候驗六異課效觕密太初為最其後劉歆研幾極深驗之春秋參以易道以河圖帝覽嬉雒書甄曜度推廣九道百七十一歲進退六十三分百四十四歲一超次與天相應少有闕謬從太初至永平十一年百七十歲進退餘分六十三治曆者不知處之推得十二度弦望不效挾廢術者得竄其說至永和二年小終之數寖過餘分稍增月不用晦朔而先見孝章皇帝以保乾圖三百年斗曆改憲既用四分以太白復樞甲子為癸亥引天從筭耦之目前更以庚申為元既無明文托之於獲麟之歲又不與感精符單閼之歲同史官相代因成習疑少能鉤深致遠案弦望足以知之詔書下三公百官雜議太史令虞恭治曆宗訢等議建曆之本必先立元元正然後定日法法定然後度周天以定分至三者有程則曆可成也四分曆仲紀之元起於孝文皇帝後元三年歲在庚辰上四十五歲歲在乙未則漢興元年也又上二百七十五歲歲在庚申則孔子獲麟二百七十六萬歲尋之上行復得庚申歲歲相承下尋上其執不誤此四分曆元明文圖讖所著也太初元年歲在丁丑上極其元當在庚戌而曰丙子言百四十四歲超一辰凡九百九十三超歲有空行八十二周有奇乃得丙子案歲所超於天元十一月甲子朔旦冬至日月俱起日行一度積三百六十五度四分度一而周天一匝名曰歲歲從一辰日不得空周天則歲無由超辰案百七十歲二部一章小餘六十三自然之數也夫數出於杪曶以成毫氂毫氂積累以成分寸兩儀既定日月始離初行生分積分成度日行一度一歲而周故為術者各生度法或以九百四十或以八十一法有細𢮦以生兩科其歸一也日法者日之所行分也日垂令明行有常節日法所該通遠無已損益毫氂差以千里自此言之數無緣得有虧棄之意也今欲飾平之失斷法垂分恐傷大道以步日月行度終數不同四章更不得朔餘一雖言九道去課進退恐不足以補其闕且課曆之法晦朔變弦以月食天驗昭著莫大焉今以去六十三分之法為曆驗章和元年以來日變二十事月食二十八事與四分曆更失定課相除四分尚得多而又便近孝章皇帝曆度審正圖儀晷漏與天相應不可復尚文曜鉤曰高辛受命重黎說文唐堯即位羲和立禪夏后制德昆吾列神成周改號萇弘分官運斗樞曰常占有經世史所明洪範五紀論曰民間亦有黃帝諸曆不如史官紀之明也自古及今聖帝明王莫不取言於羲和常占之官定精微於晷儀正衆疑於秘藏中書改行四分之原及光武皇帝數下詔書草創其端孝明皇帝課校其實孝章[illegible]帝宣行其法

君更三聖年歷數十。信而徵之舉而行之其元則上統開闢。其數則復古四分。宜如甲寅詔書故事。奏可。

靈帝熹平四年五官郎中馮光沛相上計掾陳晃上言曆元不正。故妖民叛寇。益州盜賊相續。為曆用甲寅為元而用庚申圖緯無以庚為元者。近秦所用代周之元。太史治曆郎中郭香劉固意造妄說。乞與本庚申元經緯有明受虛欺重誅。乙卯詔書下三府與儒林明道者詳議。務得道真。以羣臣會司徒府議。議郎蔡邕議以為曆數精微。去聖久遠。得失更迭。術術無常。是以承秦曆用顓頊元用乙卯。百有二歲。孝武皇帝始改正朔。曆用太初。元用丁丑。行之百八十九歲。孝章皇帝改從四分。元用庚申。今光晃各以庚申為非。甲寅為是。案曆法黃帝顓頊夏殷周魯凡六家各自有元。光晃所據則殷曆元也。他元雖不明於圖讖。各家術皆當有効於其當時。黃帝始用太初丁丑之元。有六家紛錯。爭訟是非。太史令張壽王挾甲寅元以非漢曆。雜候清臺。課在下第。卒以疏闊。連見劾奏。太初効驗無所漏失。是則雖非圖讖之元。而有効於前者也。及用四分以來。考之行度。密於太初。是又新元效於今者也。延光元年。中謁者亶誦亦非四分庚申。上言當用命曆序甲寅元。公卿百寮參議正處。竟不施行。且三光之行。遲速進退不必若一。術家以算追而求之。取合於當時而已。故有古今之術。今之不能上通於古。亦猶古術之不能下通於今也。元命苞乾鑿度皆以為開闢至獲麟二百七十六萬歲。及命曆序積獲麟至漢。起庚子蔀之二十三歲。竟已酉戊子及丁卯蔀六十九歲。合為二百七十五歲。漢元年歲在乙未。上至獲麟則歲在庚申。推此以上。上極開闢則不在庚申。讖雖無文。其數見存。而光晃以為開闢至獲麟二百七十五萬九千八百八十六歲。獲麟至漢百六十二歲。轉差少一

百十四歲。云當滿足。則上違乾鑿度元命苞。中使獲麟不得在哀公十四年。下不及命曆序獲麟漢相去四蔀年數。與奏記譜注不相應。當今曆正月癸亥朔。光晃以為乙丑朔。乙丑之與癸亥無題勒款識。可與眾共別者。須以弦望晦朔光魄虧滿可得而見者考其符驗。而光晃曆以考靈曜二十八宿度數及冬至日所在與今史官甘石舊文錯異。不可考校。以今渾天圖儀檢天文。亦不合於考靈曜。光晃誠能自依其術更造望儀以追天度。遠有驗於圖書。近有効於三光。可以易奪甘石。窮服諸術者。實宜用之。難問光晃但言圖讖所言不服。元和二年二月甲寅制書曰。朕聞古先聖王先天而天不違。後天而奉天時。史官用太初鄧平術。冬至之日日在斗二十二度。而曆以為牽牛中星先立春一日。則四分數之立春也。而以折獄斷大刑。於氣已迋。用望平和蓋亦遠矣。今改行四分以遵於堯。以順孔聖奉天之文。是始用四分曆庚申元之詔也。深引河雒圖讖以為符驗。非史官私意獨所興構。而光晃以為固意造妄說。違反經文。謬之甚者。昔堯命羲和曆象日月星辰。舜協時月正日。湯武革命。治曆明時。可謂正矣。且猶遇水遭旱。戎以蠻夷猾夏。寇賊姦宄。而光晃以為陰陽不和。姦臣盜賊皆元之咎。誠非其理。元和二年乃用庚申。至今九十二歲。而光晃言秦所用代周之元。不知從秦來漢三易元。不常庚申。光晃區區信用所學。亦妄虛無造欺語之愆。至於改朔易元。往者壽王之術已課不效。亶誦之議不用。元和詔書文備義著。非羣臣議者所能變易。太尉耽司徒隗司空訓以邕議劾光晃不敬。正鬼新法。詔書勿治。

靈帝時議郎蔡邕於朔方上書曰。論天體者三家。宣夜之學絕無師法。周髀術數具存。考驗天狀。多所違失。惟渾天僅得其情。今史官所

用候臺銅儀則其法也立八尺圓體而具天地之形以正黃道占察發斂以行日月以步五緯精微深妙百世不易之道也官有器而無本書前志亦闕而不論本欲寢伏儀下思惟微意按度成數以著篇章罪惡無狀投畀有北灰滅雨絕勢路無由宜問羣臣下及巖穴知渾天之意者使述其義時閹官用事邕議不行。

魏明帝景初間尚書郎楊偉上表曰臣覽載籍斷考曆數時以紀農月以紀事其所由來遐而尚矣乃自少昊則玄鳥司分顓頊帝嚳則重黎司天唐帝虞舜則羲和掌日三代因之則世有日官日官司歷則頒之諸侯諸侯受之則頒于境內夏后之世羲和湎淫廢時亂日則書載胤征由此觀之審農時而重人事歷代然之也逮至周室既衰戰國橫騖告朔之羊廢而不紹登臺之禮滅而不遵閏分乖次而不識孟陬失紀而莫悟大火猶西流而怪蟄虫之不藏也是時也天

子不恊時司歷不恊日諸侯不受職日御不分朔人事不恤廢棄農時仲尼之撥亂於春秋說褒貶糾黜司歷失閏則譏而書之登臺頒朔則謂之有禮自此以降暨于秦漢乃復以孟冬為歲首閏為後九月中節乖錯時月紕繆加時後天蝕不在朔累載相襲久而不革也至武帝元封七年始乃悟其繆焉於是改正朔更歷數使天才通人更造太初歷校中朔所差以正閏分課中星得度以考疎密以建寅之月為正朔以黃鍾之月為律曆初其歷斗分太多後遂疏闊至元和二年復用四分歷施而行之至于今日考察日蝕率常在晦是則斗分太多故先密後疎而不可用也是以臣前以制典餘日推考天路稽之前典驗之以蝕朔詳而精之更建密歷則不先不後古今中天以昔在唐帝協日正時允釐百工咸熙庶績也欲使當今國之典禮凡百制度皆韜合往古郁然備足乃改正朔更歷數以大呂之月為歲首以建子之月為歷初臣以為昔在往代則法日顓頊曩自軒轅則歷日黃帝暨至漢之孝武革正朔更歷數改元曰太初因名太初歷今改元為景初宜曰景初歷臣之所建景初歷法數則約要施用則近密治之則省功學之則易知雖復使研桑心算隸首運籌重黎司晷羲和察景以考天路步驗日月究極精微盡術數之極者皆未能並臣如此之妙也。

晉武帝時將作大匠陳勰掘地得古尺尚書奏今尺長於古尺宜以古為正潘岳以為習用已久不宜復改尚書郎摯虞駁曰昔聖人有以見天下之賾而擬其形容象物制器以存時用故參天兩地以正算數之紀依律計分以定短長之度其作之也有則故用之也有徵考步兩儀則天地無所隱其情準正三辰則懸象無所容其謬施之金石則音韻和諧措之規矩則器用合宜一本不差而萬物皆正

及其差也事皆反是今尺長於古尺幾於半寸樂府用之律呂不合史官用之曆象失占醫署用之孔穴乖錯此三者度量之所由生得失之所取徵皆絓閡而不得通故宜改今而從古也唐虞之際同律度量衡仲尼之計謹權審度今兩尺並用不可謂之同知失而行不可謂之謹不同不謹是謂謬法非所以軌物垂則示人之極凡物有多而易改有少而難變亦有改而致煩有變而之簡度量是人所常用而長短非人所戀惜是多而易改者也正失於得反邪於正一時之變永世無二是變而之簡者也憲章成式不失舊物季末苟合之制異端雜亂之用當以時釐改貞夫一者也臣以為宜如所奏。

宋文帝頗好曆數太子率更令何承天私撰新法元嘉二十年上表曰臣授性頑惰少所開解自昔幼年頗好曆數耽情注意迄于白首臣亡舅故祕書監徐廣素善其事有既往七曜曆每記其得失自太

和至泰元之末四十許年臣因比歲考校至今又四十載故其䟽密差會皆可知也夫圓極常動七曜運行離合去來雖有定勢以新故相涉自然有毫末之差連日累歲積微成著是以虞書著欽若之典周易明治曆之訓言當訓天以求合非爲合以驗天也漢代雜候清臺以昏明中星課日所在雖不可見月盈則蝕必當其衝以月推日則躔次可知焉捨易而不爲役心於難事此臣所不解也堯典云日永星火以正仲夏今季夏則火中又宵中星虛以殷仲秋今季秋則虛中爾來二千七百餘年以中星檢之所差二十七八度則堯冬令至日在須女十度左右也漢之太初曆冬至在牽牛初後漢四分及魏景初法同在斗二十一臣以月蝕檢之則景初今之冬至應在斗十七又史官受詔以土圭測景考校二至差三日有餘從來積歲及交州所上檢其增減亦相符驗然則今之二至非天之二至也天之

南日在斗十三四矣此則十九年七閏數微多差復改法易章則用算滋繁宜當隨時遷革以取其合案後漢志春分日長秋分日短差過半刻尋二分在二至之間而有長短因識春分近夏至故長秋分近冬至故短也揚偉不悟即用之上曆表云自古及今凡諸曆數皆未能並已之妙何此不曉亦何以云是故臣更建元嘉曆以六百八爲一紀半之爲度法七十五爲室分以建寅之月爲歲首雨水爲氣初以諸法閏餘一之歲爲章首冬至從上三日五時日之所在移舊四度又月有遲疾合朔月蝕不在朔望亦非曆意也故元嘉皆以盈縮定其小餘以正朔望之日伏惟陛下允迪聖哲先天不違劬勞庶政寅亮鴻業究淵思於往籍探妙旨於未聞窮神知化罔不該覽是以愚臣欣遇盛明効其管穴伏願以臣所上元嘉法下史官考其䟽密若謬有可採庶或補正門謬以備萬分詔曰何承天所陳殊有理

據可付外詳之太史令錢樂之兼丞嚴粲奏曰太子率更令領國子博士何承天表更改元嘉曆法以月蝕檢今冬至日在斗十七以土圭測影知冬至已差三日詔使付外檢署以元嘉十一年被勑使考月蝕土圭測影檢署由來用偉景初法冬至之日日在斗二十一度少檢十一年七月十六日望月蝕加時在卯到十五日四更二唱丑初始蝕到四唱蝕既在營室十五度末景初其日日在軫三度以月蝕所衝考之其日日應在翼十五度半又到十三年十二月十六日望月蝕加時在酉到亥初始食到一更三唱蝕既在鬼四度景初其日日在女三以衝考之其日日應在牛六度半又到十四年十二月十六日望月蝕加時在戌之半到二更四唱亥末始蝕到三更一唱食既在井三十八度景初其日日在斗二十五以衝考之其日日應在斗二十二度半到十五年五月十五日望月蝕加時在戌其日月

始生而已蝕光已生四分之一格在斗十六度許景初其日日在井二十四考取其衝其日日應在井二十又到十七年九月十六日望月蝕加時在子之少到十五日未二更一唱始蝕到三唱蝕十五分之十二格在卯一度半景初其日在房二以衝考之則其日日在氐十三度半凡在五蝕以月衝一百八十二度半考之冬至之日日並不在斗二十一度少並在斗十七度半間悉如承天所上又去十一年起以土圭測景其年景初法十一月七日冬至前後陰不見影到十二年十一月十八日冬至其十五日影極長到十三年十一月二十九日冬至其二十六日影極長到十四年十一月十一日冬至其前後並陰不見到十五年十一月二十一日冬至十八日影極長到十六年十一月二日冬至其十月二十九日影極長到十七年十一月十三日冬至其十日影極長到十八年十一月二十五日冬至二

十一日影極長到十九年十一月六日冬至其三日影極長到二十年十一月十六日冬至其前後陰不見影尋校前後以影極長爲冬至並差三日以月蝕檢日所在已差四度土圭測影冬至又差三日今之冬至乃在斗十四間又如承天所上又承天法每月朔望及絃皆定大小餘於推交會時刻雖審皆用盈縮則月有頻三大頻二小比舊法殊爲異舊日蝕不唯在朔亦有在晦及二日公羊傳所謂或失之前或失之後愚謂此一條自宜仍舊員外散騎郎皮延宗又難承天若晦朔定大小餘紀首值盈則退一日便應以故歲之晦爲新紀之首承天乃改新法依舊術不復每月定大小餘如延宗所難太史所上有司奏治曆改憲經國盛典爰及漢魏屢有變革良由術無常是取恊當時方今皇猷載暉舊域光被誠應綜覈晷度以播維新承天曆術合可施用宋二十二年普用元嘉曆詔可

孝武帝大明六年南徐州從事史祖冲之上表曰古曆疎舛頗不精密羣氏糾紛莫審其要何承天所奏意存改革而置法簡略今已乖遠以臣校之三覩厥謬日月所在差覺三度二至晷影幾失一日五星見伏至差四旬留逆進退或移兩宿分至乖失則節閏非正宿度違天則伺察無準臣生屬聖辰逮在昌運敢率愚瞽更刱新曆謹立改易之意有二設法之情有三改者其一以舊法一章十九歲有七閏閏數爲多經二百年輒差一日節閏既移則應改法曆紀屢遷寔由此條今改章法三百九十一年有一百四十四閏令卻合周漢則將來永用無復差動其二以堯典云日短星昴以正仲冬以此推之唐代冬至日在今宿之左五十許度漢代之初即用秦曆冬至日在牽牛六度漢武改立太初曆冬至日在牛初後漢四分法冬至日在斗二十二晉時姜岌以月蝕檢日知冬至在斗十七今參以中星課以蝕望冬至之日在斗十一通而計之未盈百載所差二度舊法並令冬至日有定處天數既差則七曜宿度漸與曆舛乖謬既著輒應改制僅合一時莫能通遠遷革不已又由此條今令冬至所在歲歲微差卻檢漢注並皆審密將來久用無煩屢改又設法者其一以子爲辰首位在正北爻應初九斗氣之端虛爲北方列宿之中元氣肇初宜在此次前儒虞喜備論其義今曆上元日度發自虛一其二以日辰之號甲子爲先曆法設元應在此歲而黃帝以來世代所用凡十一曆上元之歲莫値此名今曆上元歲在甲子其三以上元之歲曆中衆條並應以此爲始而景初曆交會遲疾亦置紀差裁合朔氣而已條序紛互不及古意今設法日月五緯交會遲疾悉以上元歲首爲始則合璧之曜信而有徵連珠之暉於是乎在羣流共源寔精古法若夫測以定形據以實效懸象著明尺表之驗可推動氣幽微寸

管之候不忒今臣所立易以取信但深練始終大存整密革新變舊有約有繁用約之條理不自懼用繁之意顧非謬然何者夫紀閏參差數各有分分之爲體非細不密臣是用深惜毫釐以全求妙之準不辭積累以成永定之制非爲思而莫悟知而不改也竊恐讚有然否妄崇遠而隨近論有是非或貴耳而遺目所以竭其管穴俯洗同異之嫌披心日月仰希葵藿之照若臣所上萬一可采伏願頒宣羣司賜垂詳究庶陳錙銖少增盛典世祖下之有司使內外博議時人少解曆數竟無異同之辯唯太子旅賁中郎將戴法興議以爲三精數微五緯會始自非深推測窮識晷變豈能刋古革今轉正圭宿案祖冲之所議每有違舛竊以愚見隨事辨問案冲之新推曆術今冬至所在歲歲微差臣法興議夫二至發斂南北之極日有恒度而宿無改位古曆冬至皆在建星戰國橫騖史官喪紀爰及漢初格候莫

審後雖覘知在南斗二十二度元和所用即與古曆相符也逮至景初而終無毫忒書云日短星昴以正仲冬直以月維四仲則中宿常在衛陽羲和所以正時取其萬世不易也沖之以為唐代冬至日在今宿之左五十許度遂虛加度分空撤天路其置法所在近違半次則四十五年九月率移一度在詩七月流火此夏正建申之時也定之方中又小雪之節也若冬至審差則豳公火流晷長一尺五寸楚宮之作晝漏五十三刻此詭之甚也仲尼曰丘聞之火伏而後蟄者畢今火猶西流司曆過也就如沖之所誤則星無定次卦有差方名號之正古今必殊典誥之音代不通軌堯之開閉今成建除今之壽星乃周之鶉尾即時東壁已非玄武軫星頓屬蒼龍誣天背經乃至於此沖之又改章法三百九十一年有一百四十四閏臣法興議夫日有緩急故斗有闊狹古人制章立為中格年積十九常有七閏晷

或虛盈此不可革沖之削閏壞章倍減餘數則一百三十九年二月於四分之料頓少一日七千四百二十九年輒失一閏夫日少則先時閏失則事悖竊聞時以作事事以厚生此乃生人之大本曆數之所先愚恐非沖之淺慮妄可穿鑿沖之又命上元日度發自虛一云虛為北方列宿之中臣法興議沖之既云冬至歲差又謂虛為北中舍形責影未足為迷何者凡在天非日不明居地以斗而辯借令冬至在虛則黃道彌遠東北當為黃鍾之宮室壁應屬玄枵之位虛宿豈得復為北中乎曲使分至屢遷而星次不改招搖易繩而律呂仍往則七政不以璣衡致齊建時亦非攝提所紀不知五行何居六屬安託沖之又令上元年在甲子臣法興議夫置元設紀各有所尚或據文於圖讖或取效於當時沖之云羣氏糾紛莫審其會昔黃帝辛卯日月不過顓頊乙卯四時不忒景初壬辰晦無差光元嘉庚辰

朔無錯景豈非承天者乎沖之苟存甲子可謂為合以求天也沖之又令日月五緯交會遲疾悉以上元為始臣法興議夫交會之元則食既可求遲疾之際非凡夫所測昔賈逵略見其差劉洪觕著其術至於疏密之數莫究其極且五緯所居有時盈縮即如歲星在軫見超七辰術家既追筭以會今則往之與來斷可知矣景初所以紀首置差元嘉兼又各設後元者其並省功於實用不虛推以為煩也沖之既違天於改易又設法以遂情愚謂此治曆之大過也臣法興議日有八行各成一道月有一道離為九行左交右疾倍半相違其一終之理日數宜同沖之通同與會相覺九千四十其陰陽七十九周有奇遲疾不及二帀此則當縮反盈應損更益沖之隨法興所難辯折之曰臣少鈍愚尚專功數術搜練古今博采沈奧唐篇夏典莫不揆量周正漢朔咸加該驗罄策籌之思究疏密之辨至若立員舊誤

張衡述而弗改漢時鮮銘劉歆詭謬其數此則筭氏之劇疵也乾象之弦望定數景初之交度周日匪謂測候不精遂乃乘除翻謬斯又曆家之甚失也及鄭玄闞澤王蕃劉徽並綜數藝而每多疏外臣昔以暇日撰正衆謬理據炳然易可詳密此臣以俯信偏識不虛推古人者也按何承天曆二至先天閏移一月五星見伏或違四旬列差安設當益反損皆前術之乖遠臣曆所改定也既沿波以討其源刪滯以暢其要能使躔次上通晷管下合反以譏詆不其惜乎尋法興所議六條並不造理難之關楗謹陳其目其一日度歲差前法所略臣據經史辨正此數而法興設難徵引詩書三事皆謬其二臣校晷景改舊章法法興立難不能有詰直云恐非淺慮所可穿鑿其三次改方移臣無此法求術意誤橫生嫌貶其四曆上元年甲子術體明整則苟合可疑其五臣其曆七曜咸始上元無隙可乘復云非凡所

測其六遲疾陰陽法與所未能該謂兩率日數宜同凡此衆條或
謬曰讖或空加抑絕未聞折正之談厭心之論也謹隨詰洗釋依源
徵對仰照天暉敢罄管穴法興議曰夫二至發斂南北之極日有恒
度而宿無改位故古曆冬至皆在建星沖之曰周漢之際疇人喪業
曲技競設圖緯實繁或借號帝王以崇其大或假名聖賢以神其說
是以讖記多虛桓譚知其矯妄古曆舛雜杜預疑其非直按五紀論
黃帝曆有四法顓頊夏周並有二術詭異紛然則孰識其正此古曆
可疑之據一也夏曆七曜西行特違衆法劉向以為後人所造此可
疑之據二也殷曆日法九百四十而乾鑿度云殷曆以八十一為日
法若易緯非差殷曆必妄此可疑之據三也顓頊曆元歲在乙卯而
命曆序云此術設元歲在甲寅此可疑之據四也春秋書食有日朔
者凡二十六其所據曆非周則魯以周曆考之檢其朔日失二十五

魯曆校之又失十三二曆並乖則必有一偽此可疑之據五也古之
六術並同四分四分之法久則後天以食檢之經三百年輒差一日
古曆課今其甚疏者朔後天過二日有餘以此推之古術之作皆在
漢初周末理不得遠且卻校春秋朔並先天此則非三代以前之明
徵矣此可疑之據六也尋律曆志前漢冬至日在斗牛之際度在建
星其勢相隣自非帝者有造則儀漏或闕豈能窮密盡微纖毫不失
建星之說未足證矣法興議曰戰國橫騖史官喪紀爰及漢初格候
莫審後雜覘知在南斗二十二度元和所用即與古曆相符也逮在
景初終無毫忒沖之曰古術訛雜其詳闕聞乙卯之曆秦代所用必
有効於當時故其言可徵也漢武改創檢課詳備正儀審漏事在前
史測星辨度理無乖遠今議者所是不實見所非徒為虛妄辨彼駭
此既非通談逮今背古所誣誠多偏據一說未若兼今之為長也景

初之法實錯五緯今則在衡曰至晷景已移日蓋略治朔望無事檢候
是以晷漏昏明並即元和二分異景尚不知革日度微差宜其謬矣
法興議曰書云日短星昴以正仲冬直以月推四仲則中宿常在衛
陽羲和所以正時取其萬代不易也沖之以為唐代冬至日在今宿
之左五十許度遂虛加度分空撤天路沖之曰書以四星昏中審分
至者據人君南面而言也且南北之正其詳易準流見之勢中天為
極先儒注述其義僉同而法興以為書說四星皆在衛陽之位自在
巳地進失向方退非始見迂迴經文以就所執違訓詭情此則甚矣
捨午稱巳午上非無星也必據中宿餘宿豈復不口以正時若謂舉
中語兼七列者觜參尚隱則不得言見昴星雖見當云伏矣奎婁已見
復不得言伏見伏皆不得以為辭則名將何附若中宿之通非允當
實謹檢經旨直云星昴不自衛陽衛陽無自顯之義此談何因而立

苟理無所依則可愚辭成說曾泉桑野皆為明證分至之辨竟在何
日循復再三竊深歎息法興議曰其置法所在近違半次則四十五
年九月率移一度沖之曰元和日度法興所是唯徵古曆在建星以
今考之臣法冬至亦在此宿斗二十二了無顯證而虛貶臣曆乖差
半次此愚情之所駭也又年數之餘有十一月而議云九月涉數每
乖皆此類也月盈則食必在日衝以檢日則宿度可辨請據效以課
疏密按太史註記元嘉十三年十二月十六日中夜月蝕盡在鬼四
度以衝計之日當在牛六依法興議曰在女七又十四年五月十五
日丁夜月蝕盡在斗二十六度以衝計之日當在井三十依法興議
曰日在柳二又二十八年八月十五日丁夜月蝕在奎十一度以衝
計之日當在角二依法興議曰日在角十二又大明三年九月十五
日乙夜月蝕盡在胃宿之末以衝計之日當在氐十二依法興議曰

日在心二。凡此四蝕皆與臣法符同。纖豪不爽。而法興所據頓差十度。違衡移宿。顯然易覩。故知天數漸差。則當式遵以為典。事驗昭哲。豈得信古而疑今。法興議曰。在詩七月流火。此夏正建申之時也。定之方中。又小雪之節也。若冬至審差。則豳公火流。晷長一尺五寸。楚宮之作。晝漏五十三刻。此詭之甚也。沖之曰。臣按此議三條皆謬。詩稱流火。蓋略舉西移之中。以為驚寒之候。流之為言。非始動之辭也。就如始說。冬至日度在斗二十二。則火星之中。當在大暑之前。豈隣建申之限。此專自攻糾。非謂矯失。夏小正五月昏大火中。此復在衛陽之地乎。又謂臣所立法。楚宮之作。在九月初。按詩傳箋皆謂定之方中者。室辟昏中。形四方也。然則中天之正。當在室之八度。臣曆推之。元年立冬後四日。此度昏中。乃自十月之初。又非寒露之日也。議者之意。蓋誤以周世為堯時。度差五十。故致此謬。小雪之節。自信之

談。非有明文可據也。法興議曰。仲尼曰。丘聞之。火伏而後蟄者畢。今火猶西流。司曆過也。就如沖之所誤。則星無定次。卦有差方。名號之正。古今必殊。典誥之音。時不通軌。堯之開閉。今成建除。今之壽星。乃周之鶉尾也。即時東壁。已非玄武。軫星頓屬蒼龍。誣天背經。乃至於此。沖之曰。臣以為辰極居中。而列曜貞觀。羣像殊體。而陰陽區別。故羽介咸陳。則水火有位。蒼素齊設。則東西可準。非以日之所在。定其名號也。何以明之。夫陽爻初九。氣始正北。玄武七列。虛當子位。若圓儀辨方。以日為主。冬至所舍。當在玄枵。而今之南極。乃處東維。違體失中。其義何附。若南北以冬夏稟稱。則卯酉以生殺定號。豈得春躔義方。秋麗仁域。名舛理乖。若此之反哉。因茲以言。固知天以列宿分方。而不在於四時。景緯環序。日不獨守。故轍矣。至於中星見伏。記籍每以審時者。蓋以曆數難詳。而天驗易顯。各據一代所合。以為簡易之政也。亦猶夏禮未通商典。護容豈襲韶節。誠天人之道同差。則藝之興因代而推移矣。月位稱建。諒以氣之所本。名隨實著。非謂斗杓所指。近校漢時。已差半次。審斗節時。其效安在。或義非經訓。依以成說。將緯候多詭。偽辭間設乎。次隨方名。義合宿體。分至雖遷。而厥位不改。豈謂龍火貿處。金水亂列。名號乖殊之譏。抑未詳究。至如壁非玄武。軫屬蒼龍。瞻度察晷。實效咸然。元嘉曆法。壽星之初。亦在翼限。參校晉注。顯驗甚衆。天數差移。百有餘載。議者誠能馳辭騁辯。令南極非冬至。望不在衛。則此談乃可守耳。若使日遷次留。則無事屢嫌。乃臣曆之良證。非難者所宜列也。尋臣所執。必據經史。遠考唐典。近徵漢籍。讖記碎言。不敢依述。竊謂循經之論也。月蝕檢日。度事驗昭著。史注詳論。文存禁閣。斯又稽天之說也。堯典四星。並在衛陽。今之日度。遠準元和。誣背之誚。實此之謂。法興議曰。夫日有緩急。故斗有

閏狹。古人制章。並為中格。年積十九。常有七閏。晷或盈虛。此不可革。沖之削閏。壞章倍減。餘數則一百三十九年二月。於四分之料。頓少一日。七千四百二十九年。輒失一閏。夫日少則先時。閏失則事悖。竊聞時以作事。事以厚生。此乃生民之所本。曆數之所先。愚恐非沖之淺慮。妄可穿鑿。沖之曰。按後漢書及乾象說。四分曆法雖分章設部。創自元和。而晷儀衆數。定於嘉平三年。四分志。立冬中影長一丈。立春中影九尺六寸。尋冬至南極。日晷最長。二氣去至日數既同。則中影應等。而前長後短。頓差四寸。此曆景冬至後天之驗也。二氣中影日差九分半弱。進退均調。略無盈縮。以率計之。二氣各退二日十二刻。則晷影之數。立冬更短。立春更長。並差二寸。二氣中影。俱長九尺八寸矣。即立冬立春之正日也。以此推之。曆置冬至後天亦二日十二刻也。熹平三年。時曆丁丑冬至。加時正在日中。以二日十二刻減

之天定以乙亥冬至加時在夜半後三十八刻又臣測景歷紀躬辨分寸銅表堅剛暴潤不動光晷明潔纖毫憭然據大明五年十月十日影一丈七寸七分半十一月二十五日一丈八寸一分太二十六日一丈七寸五分彊折取其中則中天冬至應在十一月三日求其蚤晚令後二日影相減則一日差率也倍之為法前二日減以百刻乘之為實以法除實得冬至加時在夜半後三十一刻在元嘉曆後一日天數之正也量檢竟年則數減均同異歲相課則遠近應率臣因此驗考正章法今以臣曆推之刻如前竊謂至密永為定式尋古曆法並同四分四分之數久則後天經三百年朔差一日是以漢載四百食率在晦魏代已來遂革斯法世莫之非者誠有效於天也章歲十九其疏尤甚同出前術非見經典而議云此法自古數不可移若古法雖疏永當循用謬論誠立則法興復欲施四分於當今矣理

容然乎臣所未譬也若謂今所革創違舛失衷者未聞顯據有以矯奪臣法也元嘉曆術減閏餘二直以襲舊分麤故進退未合至於棄盈求正非為乖理就如議意率不可易則分無增損承天置法復為違謬節氣蚤晚當循景初二至差三日曾不覺其非横謂臣曆為失知日少之先時未悟增月之甚惑也誠未覩天驗豈測曆數之要生民之本諒非率意所斷矣又法興始云窮識晷變可以刊舊今復謂晷數盈虛不可為準互自違伐罔識所依若推步不得准天功絕於心目未詳曆紀何因而立案春秋以來千有餘載以食檢朔曾無差失此則日行有恒之明徵也且臣考影彌年窮察毫微課驗以前合若符契孟子以為千歲之日至可坐而知斯言實矣日有緩急未見其證浮辭虛貶竊非所懼法興議曰沖之既云冬至歲差又謂虛為北中捨形責影未足為迷何者凡在天非日不明居地以斗而辨借

今冬至在虛則黃道彌遠東壁當為黃鍾之宮室壁應屬玄枵之位虛宿豈得復為北中乎曲使分至屢遷而星次不改招搖易繩而律呂仍往則七政不以機衡致齊建時亦非攝提所紀不知五行何居六屬安託沖之曰此條所嫌前牒已詳次改方移虛非中位繁辭廣證自構紛惑皆議者所謬誤非臣法之違設也七政致齊實謂天儀鄭王唱述厥訓明允雖有異說蓋非實義法興議曰夫置元設紀各有所尚或據文於圖讖或取效於當時沖之云羣氏糾紛莫審其會昔黃帝辛卯日月不過顓頊乙卯四時不忒景初壬辰晦無差光元嘉庚辰朔無錯景豈非承天者乎沖之苟存甲子可謂為合以求天也沖之曰夫曆存效密不容殊尚合讖乖說訓義非所取雖驗當時不能通遠又臣所未安也元值始名體明理正未詳辛卯之說何依古術詭謬事在前牒溺名喪實殆非索隱之謂也若以曆合一時理

無久用元在所會非有定歲者今以效明之夏殷以前載籍淪逸春秋漢史咸書月蝕正朔詳審顯然可徵以臣歷檢之數皆協同誠無虛設循密而至千載無殊則雖遠可知矣備閱曩法疏越實多或朔差三日氣移七晨未聞可以下通於今者也元在乙丑前說以為非正今值甲子議者復疑其苟合無名之歲自昔無之則推先者將何從乎歷紀之作幾於息矣夫為合必有不合願聞顯據以覈理實法興曰夫交會之元則蝕既可求遲疾之際非凡夫所測昔賢達畧見其差劉洪粗著其術至於疎密之數莫究其極且五緯所居有時盈縮即如歲星在軫見超七辰術家既追算以會今則往之與來斷可知矣景初所以紀首置差元嘉兼又各設後元者其並省功於實用不虛推以為煩也沖之既違天於改易又設法以遂情愚謂此治曆之大過也沖之曰遲疾之率非出神怪有形可檢有數可推劉賈能

述則可案功以求密矣議又云五緯所居有時盈縮歲星在軫見超七辰謂應年移一辰也案歲星之運年恒過次行天七币輒超一位代以求之曆凡十法並合一時此數咸同史注所記天驗又符此則盈次之行自其定准非爲衍度盈從頻過其衝也若審由盈縮豈得常疾無遲夫甄擢測象者必料分析度考往驗來准以實見據以經史曲辯碎說類多浮詭甘石之書互爲矛楯今以一句之經誣一字之謬堅執偏論以罔正理此愚情之所未厭也算自近始衆法可同但景初之二差承天之元定以奇偶不協故數無同盡爲遺前設後以從省易夫建言倡論豈尚矯異蓋令實以文顯言勢可極也稽元曩古羣數咸始斯誠術體理不可容識者以爲過謬之大者然則元値置元雖七率舛陳而猶紀協甲子氣朔俱終此又過謬之小者也必當虛立上元假稱曆始歲違名初日避辰首閏餘朔分月緯

七率並不得有盡乃爲允衷之製乖設法情寔謂意之所安改易違天未覩理之讖者也法興曰日有八行合成一道月有一道離爲九行左交右疾倍半相違其一終之理日數宜同沖之通同與會周相覺九千四十其陰陽七十九周有奇遲疾不及一币此則當縮反盈應損更益沖之曰此議雖游漫無據然言迹可檢按以日八行譬月九道此爲月行之軌當循一轍環币於天理無差動也然則交會之際當有定所豈容或斗或牛同麗一度去極應等安得南北無常若日月非例則八行之說是衍文邪左交右疾語甚未分爲交與疾對爲舍交即疾若舍交即疾即交在平率入曆七日及二十一日是也値交觸既當在盈縮之極豈得損益或多或少若交與疾對則在交之衝當爲遲疾之始豈得入曆或深或淺倍半相違新故所同復標此句欲以何明臣覽曆書古今略備至如此說所未前聞遠乖舊準近背天數求之愚情竊所深惑尋遲疾陰陽不相生故交會加時進退無常昔術著之久矣前儒言之詳矣而法興云日數同竊謂議者未曉此意乖謬自著無假驟辯既云盈縮失衷復不備記其數或自嫌所執故汎略其說乎又以全爲率當互因其分法興所列二數皆誤或以八十爲七十九當縮反盈應損更益此條之謂矣總檢其議豈但臣曆不密又謂何承天法乖謬彌甚若臣曆宜棄則承天術益不可用法興所見既審則應革創至非景極望非日衡凡諸新說必有妙辯乎時法興爲世祖所寵天下畏其權既立異議論者皆附之

後魏太武帝時崔浩上五寅元曆表曰太宗詔臣學天文星曆易式九宮無不盡看至今三十九年晝夜無廢臣稟性弱劣力不及健婦人更無餘能是以專心思書忘寢與食至乃夢共鬼爭義得周公孔子之要術始知古人有虛有實妄語者多眞正者少自秦始皇燒書

之後經典絕滅漢高祖以來世人妄造曆術者有十餘家皆不得天道之正大誤四千小誤甚多不可言盡臣愍其如此今遭陛下太平之世除僞從眞宜改誤曆以從天道是以臣前奏造曆今始成訖謹以奏呈唯恩省察以臣曆術宣示中書博士然後施用非但時人天地鬼神知臣得正可以益國家萬世之名過於三皇五帝矣

後周宣帝時達奚震及牛弘等上議曰竊惟權衡度量經邦懋軌誠須詳求故實考校得衷謹尋今之鐵尺是太祖遺尚書故蘇綽所造當時檢勘用爲前周之尺驗其長短與宋尺符同即以調鍾律并用均田度地今以上黨羊頭山黍依漢書律曆志度之若以大者稠累依數滿尺實於黃鍾之律須撼乃容若以中者累尺雖復小稀實於黃鍾之律不動而滿計此二事之殊良由消息未善其於鐵尺終有一會且上黨之黍有異他鄉其色至烏其形圜重用之爲量定不徒

然正以時有水旱之差地有肥瘠之異取黍大小未必得中案許慎解秬黍體大本異於常疑今之大者正是其中累百滿尺即是會古實籥之外纔剩十餘此恐圍徑或差造律未妙就如撼動取滿論理亦通今勘周漢古錢大小有合宋氏渾儀尺度無舛又依淮南累粟十二成寸明先王制法索隱鈎深以律計分義無差異漢書食貨志云黃金方寸其重一斤今鑄金校驗鐵尺爲近依文據理符會處多且平曆之始已用宣布今因而爲定彌合時宜至於玉尺累黍以廣爲長累既有剩實復不滿尋訪古今恐不可用其晉梁尺量過爲短小以黍實管彌復不容據律調聲必致高急且八音克諧明王盛軌同律度量指后通規臣等詳校前經斟量時事謂用鐵尺於理爲便

歷代名臣奏議卷之二百七十八

律曆

唐太宗貞觀初李淳風上言曰舜在璿璣玉衡以齊七政則渾天儀也周禮土圭正日景以求地中有以見日行黃道之驗也暨于周末此器乃亡漢洛下閎作閎儀其後賈逵張衡等亦各有之而推驗七曜並循赤道按冬至極南夏至極北而赤道常定於中國無南北之異蓋渾儀無黃道久矣太宗異其說詔爲之至七年儀成

十四年太宗將親祀南郊以十一月癸亥朔甲子冬至而李淳風新術以甲子合朔冬至乃上言曰古曆分日起於子半十一月當甲子合朔冬至故太史令傅仁均以減餘稍多子初爲朔遂差三刻司曆南宮子明太史令薛頤等言子初及半日月未離淳風之法較春秋已來晷度薄蝕事皆符合國子祭酒孔穎達等及尚書八座參議請從淳風又以平朔推之則二曆皆以朔日冬至於事彌合且平朔行之自古故春秋傳或失之前謂晦日也雖癸亥日月相及明日甲子爲朔可也從之十八年淳風又上言仁均曆有三大三小云日月之蝕必在朔望十九年九月後四朔頻大詔諸解曆者詳之不能定

玄宗開元九年僧一行受詔改治新曆欲知黃道進退而太史無黃道儀率府兵曹參軍梁令瓚以木爲游儀一行是之乃奏黃道游儀古有其術而無其器昔人潛思皆未能得今令瓚所爲日道月交皆自然契合於推步尤要請更鑄以銅鐵十一年儀成一行又曰靈臺鐵儀後魏斛蘭所作規制朴略度刻不均赤道不動乃如膠柱以考月行遲速多差或至十七度少不減十度不足以稽天象授人時李淳風黃道儀以玉衡旋規別帶日道傍列二百四十九交以攜月游法頗難術遂寢廢臣更造游儀使黃道運行以追列舍之變曰二

分之中以立黃道交於奎軫之間二至陟降各二十四度黃道內施白道月環用究陰陽朓朒動合天運簡而易從可以制器垂象永傳不朽於是玄宗嘉之自為之銘

初李淳風造曆定二十四氣中晷與祖冲之短長頗異然未知其孰是及一行作大衍曆詔太史測天下之晷求其土中以為定數其議曰周禮大司徒以土圭之法測土深日至之景尺有五寸謂之地中鄭氏以為日景於地千里而差一寸尺有五寸者南戴日下萬五千里地與星辰四游升降於三萬里內是以半之得地中今潁川陽城是也宋元嘉中南征林邑五月立表望之日在表北交州影在表南三寸林邑九寸一分交州去洛水陸之路九千里蓋山川回折使之然以表考其弦當五千乎

十二年測交州夏至在表南三寸三分與元嘉所測畧同使者大相元太言交州望極纔高二十餘度八月海中望老人星下列星粲然明大者甚衆古所未識乃渾天家以為常沒地中者也大率去南極二十度已上之星則見又鐵勒回紇在薛延陀之北去京師六千九百里其北又有骨利幹居澣海之北北距大海晝長而夜短既夜天如曛不暝夕胏羊髀纔熟而曙蓋近日出沒之所

僧一行作新曆較經史所書氣朔日名宿度可考者皆合十五年草成而一行卒詔特進張說與曆官陳玄景等次為曆術七篇略例一篇曆議十篇玄宗顧訪者則稱制旨明年說表上之其說皆是以為將來折衷畧其大要著于篇者十有二其一曆本議曰易天數五地數五五位相得而各有合所以成變化而行鬼神也天數始於一地數始於二合二始以位剛柔天數終於九地數終於十合二終以紀閏餘天數中於五地數中於六合二中以通律曆天有五音所

以司日也地有六律所以司辰也參伍相周究於六十聖人以此見天地之心也自五以降為五行生數自六以往為五材成數錯而乘之以生數衍成位一六而退極五十而增極一六為爻位之統五十為大衍之母成數乘生數其筭六百為天中之積生數乘成數其筭亦六百為地中之積合千有二百以五十約之則四象周六爻也二十四約之則太極包四十九用也綜成數約中積皆十五綜生數約中積皆四十兼而為天地之數以五位取之復得二中之合矣蓍數之變九六各一乾坤之象也七八各三六子之象也故爻數通乎六十策數行乎二百四十是以大衍為天地之樞如環之無端蓋律曆之大紀也夫數象微於三四而章於七八卦有三微策有四象故二微之合在始中之際焉蓍以七備卦以八周故二章之合而在中終之際焉中極居五六間由闢闔之交而在章微之際者人神之極也

天地中積千有二百揲之以四為爻率三百以十位乘之而二章之積三千以五材乘八象為二微之積四十兼章微之積則氣朔之分母也以三極參之倍六位除之凡七百六十是謂辰法而齊於代軌以十位乘之倍大衍除之凡三百四是謂刻法而齊于德運半氣朔之母千五百二十得天地出符之數因而三之凡四千五百六十當七精返初之會也易始于三微而生一象四象成而後八卦章三變皆剛太陽之象三變皆柔太陰之象一剛二柔少陽之象一柔二剛少陰之象少陽之剛有始有壯有究少陰之柔有始有壯有究兼三才而兩之神明動乎其中故四十九象而大策之用周矣數之德圓故紀之以三而變於七象之德方故紀之以四而變于八人在天地中以閱盈虛之變則閏餘之初而氣朔所虛也以終合通大衍之母虧其地十凡九百四十為通數終合除之得中率四十九餘十九分

之九終歲之弦而十分復初之朔也地於終極之際虧十而從天所以遠疑陽之戰也夫十九分之九盈九而虛十也乾盈九隱乎龍戰之中故不見其首坤虛十以導潛龍之氣故不見其成周日之朔分周歲之閏分與一章之弦一蔀之月皆合於九百四十蓋取諸中率也一策之分十九而章法生一揲之分七十六而蔀法生一蔀之日二萬七千七百五十七以通數約之凡二十九日餘四百九十九而日月相及於朔此六爻之紀也以卦當歲以爻當月以策當日凡三十二歲而小終二百八十五小終而與卦運大終二百八十五則參伍二終之合也數象既合而遯行之變在乎其間矣所謂遯行者以爻率乘朔餘為十四萬九千七百以四十九用二十四象虛之復以爻率約之為四百九十八微分七十五太半則章微之中率也二十四象象有四十九蓍凡千一百七十六故虛遯之數七十三半氣朔之母以三極乘參伍以兩儀乘二十四變因而弁之得千六百一十三為朔餘四揲氣朔之母以八氣九精遯其十七得七百四十三為氣餘歲八萬九千七百七十三所氣朔會是謂章率歲二億七千二百九十萬九百二十而無小餘合于夜半是謂蔀率歲百六十三億七千四百五十九萬五千二百而大餘與歲建俱終是謂元率此不易之道也策以紀日象以紀月故乾坤之策三百六十為日度之準乾坤之用四十九象為月弦之檢日之一度不盈全策月之一弦不盈全用故策餘萬五千九百四十二則十有二中所盈也用差萬七千一百二十四則十有二朔所虛也綜盈虛之數五歲而再閏中節相距皆當三五弦望相距皆當二七升降之應發斂之候皆紀之以策而從日者也表裏之行朓朒之變皆紀之以用而從月者也積筭曰演紀日法曰通法月氣曰中朔朔實曰揲法歲分曰策實周天曰乾實餘分曰虛分氣策曰三元一元之策則天一遯行也月策曰四象一象之策則朔弦望相距也五行用事曰發斂候策曰天中卦策曰地中率卦曰貞悔旬周曰爻數小分母曰象統日行曰躔其差曰盈縮積盈縮曰先後古者平朔月朝見曰朒夕見曰朓今以日之所盈縮月之所遲疾損益之或進退其日以為定朔舒亟之度乃數使然躔離相錯偕以損益故同謂之朓朒月行曰離遲疾曰轉度母曰轉法遲疾有衰其變者勢也月逶迤伸屈行不中道進退遲疾不率其常過中則為速不及中則為遲積遲謂之屈積速謂之伸陽執中以出令故曰先後陰含章以聽命故曰屈伸日不及中則損之過則益之月不及中則益之過則損之尊卑之用睽而及中之志同觀晷景之進退知軌道之升降軌與晷名舛而義合其差則水漏之所從也總名曰軌漏中晷長短謂之陟降景長則夜短景短則夜長積其陟降謂之消息遊交曰交會交而周曰交終交終不及朔謂之朔差交中不及望謂之望差日道表曰陽曆其裏曰陰曆五星見伏周謂之終率以分從日謂之終日其差為進退其二中氣議曰曆氣始于冬至稽其實蓋取諸晷景春秋傳僖公五年正月辛亥朔日南至以周曆推之入壬子蔀第四章以辛亥一分合朔冬至殷曆則壬子蔀首也昭公二十年二月己丑朔日南至魯史失閏至不在正左氏記之以懲司曆之罪周曆得己丑二分殷曆得庚寅一分殷曆南至常在十月晦則中氣後天也周曆蝕朔差經或二日則合朔先天也傳所據者周曆也緯所據者殷曆也氣合于傳朔合于緯斯得之矣戊寅曆月氣專合于緯麟德曆專合于傳偏取之又兩失之又命曆序以為孔子脩春秋用殷曆使其數可傳於後考其蝕朔不與殷曆合及開元十二年朔差五日矣氣差八日矣上不合於經下不足以傳

於後代。蓋哀平間治甲寅元曆者託之。非古也。又漢太史令張壽王說。黃帝調曆以非太初。有司劾官有黃帝調曆不與壽王同。壽王所謂乃殷曆也。漢自中興以來。圖讖漏泄。而考靈曜命曆序皆有甲寅元。其所起在四分曆庚申元後百一十四歲。延光初。中謁者亶誦盡帝時五官郎中馮光等皆請用之。卒不施行。緯所載壬子冬至則其遺術也。魯曆南至。又先周曆四分日之三。而朔後九百四十分日之五十一。故僖公五年辛亥為十二月晦。壬子為正月朔。又推日蝕密於殷曆。其以閏餘一為章首。亦取合於當時也。開元十二年十一月陽城測景。以癸未極長。較其前後所差。則夜半前尚有餘分。新曆大餘十九加時九十九刻。而皇極戊寅麟德曆皆得甲申。以玄始曆氣分二千四百四十三為率。推而上之。則失春秋辛亥。是減分太多也。以皇極曆氣分二千四百四十五為率。推而上之。雖合春秋。而失元

嘉十九年乙巳冬至。及開皇五年甲戌冬至。七年癸未夏至。若用麟德曆率二千四百四十七。又失春秋己丑。是減分太少也。故新曆以二千四百四十四為率。而舊所失者皆中矣。漢會稽東部尉劉洪以四分疎闊。由斗分多。更以五百八十九為紀法。百四十五為斗分。減餘太甚。是以不及四十年而加時漸覺先天。韓翊楊偉劉智等皆稍損益。更造新術。而皆依讖緯三百歲改憲之文。考經之合朔多中。較傳之南至則否。玄始曆以為十九年七閏皆有餘分。是以中氣漸差。據渾天二分為東西之中。而晷景不等。二至為南北之極。而進退不齊。此古人所未達也。更曰劉洪紀法增十一年以為章歲。而減閏餘十九分之一。春秋後五十四年歲在甲寅。直應鍾章首。與景初曆閏餘皆盡。雖減章閏。然中氣加時尚差。故未合于春秋。其斗分幾得中矣。後代曆家皆因循玄始。而損益或過差。大抵古曆未減斗分。其率

自二千五百以上。乾象至于元嘉曆未減閏餘。其率自二千四百六十以上。玄始大明至麟德曆皆減分破章。其率自二千四百二十九以上。較前代史官注記。惟元嘉十三年十一月甲戌景長。皇極麟德開元曆皆得癸酉。蓋日度變常爾。祖沖之既失甲戌冬至。以為加時太早。增小餘以附會之。而十二年戊辰景長得己巳。十七年甲午景長得乙未。十八年己亥景長得庚子。合一失三。其失愈多。劉孝孫張胄玄因之。小餘益強。又以十六年己丑景長為庚寅矣。治曆者糾合眾同以稽其所異。苟獨異焉。則失行可知。今曲其一而少者失三。多者失五。是捨常數而從失行也。周建德六年以壬辰景長。而麟德開元曆皆得癸巳。開皇七年以癸未景短。而麟德開元曆皆得壬午。先後相戾。不可叶也。皆日行盈縮使然。凡曆術在於常數。而不在於變行。既叶中行之率。則可以兩齊先後之變矣。麟德已前實錄所記。乃

依時曆書之。非候景所得。又比年候景長短不均。由加時有早晏。行度有盈縮也。自春秋以來。至開元十二年。冬夏至凡三十一事。戊寅曆得十六。麟德曆得二十三。開元曆得二十四。其三合朔議曰。日月合度謂之朔。無所取之。取之蝕也。春秋日蝕有甲乙者三十四。殷曆魯曆先一日者十三。後一日者三。周曆先一日者二十二。先二日者九。其偽可知矣。莊公三十年九月庚午朔。襄公二十一年九月庚戌朔。定公五年三月辛亥朔。當以盈縮遲速為定朔。殷曆雖合。適然耳。非正也。僖公五年正月辛亥朔。十二月丙子朔。十四年三月己丑朔。文公元年五月辛酉朔。十一年三月甲申晦。襄公十九年五月壬辰晦。昭公元年十二月甲辰朔。二十年二月己丑朔。二十三年正月壬寅朔。七月戊辰晦。皆與周曆合。其所記多周齊晉事。蓋周王所頒。齊晉用之。僖公十五年九月己卯晦。十六年正月戊申朔。成公十六年

六月甲午晦。襄公十八年十月丙寅晦。十一月丁卯朔。二十六年三月甲寅朔。二十七年六月丁未朔。與殷曆魯曆合。此非合蝕。故仲尼曰。循時史而所記多宋魯事。與齊晉不同可知矣。昭公十二年十月壬申朔。原輿人逐原伯絞。與魯曆周曆皆差一日。此丘明即其所聞書之也。僖公二十二年十一月己巳朔。宋楚戰于泓。周殷魯曆皆先一日。楚人所赴也。昭公二十年六月丁巳晦。衛侯與北宮喜盟。七月戊午朔。遂盟國人。三曆皆先二日。衛人所赴也。此則列國之曆不可以一術齊矣。而長曆日子不在其月。則改易閏餘。欲以求合。故閏月相距。近則十餘月。遠或七十餘月。此杜預所甚繆也。夫合朔先天。則經書日蝕以糾之。中氣後天。則傳書南至以明之。其在晦二日。則原乎定朔以得之。列國之曆或殊。則稽於六家之術以知之。此四者皆治曆之大端。而預所未曉故也。新曆本春秋日蝕。古史交會加時及

史官候簿所詳。稽其進退之中。以立常率。然後以日躔月離先後屈伸之變。稽損益之故。經朔雖得其中。而躔離或失其正。若躔離各得其度。而經朔或失其中。則參求累代。必有差矣。三者迭相為經。若權衡相持。使千有五百年間。朔必在晝。望必在夜。其加時又合。則三術之交。自然各當其正。此最微者也。若乾度盈虛與時消息。告譴於經數之表。變常於潛遯之中。則聖人且猶不質。非籌曆之所能及矣。昔人考天事多不知定朔。假蝕在二日。而常朔之晨。月見東方。食在晦日。則常朔之夕。月見西方。理數然也。而或以為朓朒變行。或以為曆術疏闊。遇常朔朝見。則增朔餘。夕見則減朔餘。此紀曆所以屢遷也。漢編訢李梵等又以晦猶月見。欲令蔀首先大。賈逵曰。春秋書朔晦者。朔必有朔。晦必有晦。晦朔必在其月前也。先大則一月再朔。後月無朔。是朔不可必也。訢梵等欲諧偶十六日月朓昏。晦當滅而已。又

晦與合朔同時。不得異日。考逵等所言。蓋知之矣。夫朔之交。始終相濟。則光盡明生之限。度數宜均。故合於子正。則晦日之朝。猶朔日之夕也。是以月皆不見。若合於午正。則晦日之晨。猶二日之昏也。是以月或皆見。若陰陽遲速。軌漏加時不同。舉其中數。率其日十三度以上。而月見乃其常也。且晦日之光未盡也。如二日之明已生也。一以為是。一以為非。又常朔進退。則定朔之晦二也。或以為變。或以為常。是未通於四三交質之論也。綜近代諸曆。以百萬為率齊之。其所差少或一分。多至十數。殊一分。考春秋纔差一刻。而百數年間不足成朓朒之異。施行未幾。旋復疏闊。由未知躔離經朔相求耳。李業興甄鸞等欲求天驗。輒加減月分。遷革不已。朓朒相戾。又未知昏明之限與定數故也。楊偉採乾象為遲疾陰陽曆。雖知加時後天。蝕不在朔。而未能有以更之也。何承天欲以盈縮定朔望小餘。錢樂之以為推

交會時刻雖審。而月頻三大二小。日蝕不唯在朔。亦有在晦二者。延宗又以為紀首合朔。大小餘當盡。若每月定之。則紀首位盈當退一日。便應以故歲之晦為新紀之首。立法之制。如為不便。承天止虞廣曰。所謂朔在會合。苟躔次既同。患於頻大也。日月相離。何患於頻小也。春秋日蝕不書朔者八。公羊曰。二日也。穀梁曰。晦也。左氏曰。官失之也。劉孝孫推俱得朔日。以丘明為是。乃與劉焯皆議定朔。為有司所抑。不得行。傅仁均始為定朔。而曰晦不東見。朔不西朓。以為昏晦當滅。亦訢梵之論。淳風因循皇極。皇極密於麟德。以朔餘乘三千四十。乃一萬除之。就全數得千六百一十三。又以九百四十乘之。以三千四十而一。得四百九十八。秒七十五太強。是為四分餘率。劉洪以古曆斗分太強。久當後天。乃先正斗分。而後求朔法。故朔餘之母煩矣。韓翊以乾象朔分太弱。久當先天。乃考朔分。而後覆求度法。故

度餘之毋煩矣何承天反覆相求使氣朔之母合簡易之率而星數不得同元矣李業興宋景業甄鸞張賓欲使六甲之首衆術同元而氣朔餘分其細甚矣麟德曆有總法開元曆有通法故積歲如月分之數而後閏餘偕盡考漢元光已來史官注記日蝕有加時者凡二十七事麟德曆得五開元曆得二十二其四沒滅略例曰古者以中氣所盈之日爲沒沒分偕盡者爲滅開元曆以中分所盈爲沒朔分所虛爲滅綜終歲沒分謂之策餘終歲滅分謂之用差皆歸于揲易再扐而後掛也其五卦候議曰七十二候原于周公時訓月令雖頗有增益然先後之次則同自後魏始載于曆乃依易軌所傳不合經義今改從古其六卦議曰十二月卦出於孟氏章句其說易本於氣而後以人事明之京氏又以卦爻配朞之日坎離震兌其用事自分至之首皆得八十分日之七十三頤晉井大畜皆五日十四分餘皆

六日七分止於占災眚與吉凶善敗之事至於觀陰陽之變則錯亂而不明自乾象曆以降皆因京氏惟天保曆依易通統軌圖自八十有二節五卦初爻相次用事及上爻而與中氣皆終非京氏本旨及七畧所傳按郎顗所傳卦皆六日七分不以初爻相次用事齊曆謬矣又京氏減七十三分爲四正之候其說不經欲附會緯文七日來復而已夫陽精道消靜而無跡不過極其正數至七而通矣七者陽之正也安在益其小餘令七日而後雷動地中乎當據孟氏自冬至初中孚用事一月之策九六七八是爲三十而卦以地六候以天五五六相乘消息一變十有二變而歲復初坎離震兌二十四氣次主一爻其初則二至二分也坎以陰包陽故自北正微陽動於下升而未達極於二月凝涸之氣消坎運終焉春分出於震始據萬物之元爲主於內則羣陰化而從之極于南正而豐大之變窮震功究焉離以陽包陰故自南正微陰生於地下積而未章至于八月文明之質衰離運終焉仲秋陰形于兌始循萬物之末爲主於內羣陽降而承之極於北正而天澤之施窮兌功究焉故陽七之靜始於坎陽九之動始于震陰八之靜始于離陰六之動始于兌故四象之變皆兼六爻而中節之應備矣易爻當日十有二中直全卦之初十有二節直全卦之中齊曆又以節在貞氣在悔非是其七日度議曰古曆日有常度天周爲歲終故係星度于節氣其說似是而非故久而益差虞喜覺之使天爲天歲爲歲乃立差以追其變使五十年退一度何承天以爲太過乃倍其年而反不及皇極取二家中數爲七十五年蓋近之矣考古史及日官候紀之端在虛一度及今開元甲子却三十六度而乾策復初矣日在虛一則鳥火昴虛皆以仲月昏中合于堯典劉焯依大明曆四十五年差一度則冬至在虛危而夏至火已過

中矣梁武帝據虞劆曆百八十六年差一度則唐虞之際日在斗牛間而冬至昴尚未中以爲皆承閏後節前月卻使然而此經終始一歲之事不容頓有四閏故淳風因爲之說曰若冬至昴中則夏至秋分星火星虛皆在未正之西若以夏至火中秋分虛中則冬至昴在巳正之東互有盈縮不足以爲歲差證是又不然今以四象分天北正玄枵中虛九度東正大火中房二度南正鶉火中星七度西正大梁中昴七度總晝夜刻以約周天命距中星則春分南正中天秋分北正中天冬至之昏西正在午東十八度夏至之昏東正在午西十八度軌漏使然也冬至日在虛一度則春分昏張一度中秋分虛九度中冬至胃二度中昴距星直午正之東十二度夏至尾十一度中心後星直午正之西十二度四序進退不逾午正間而淳風以爲不叶非也又王孝通云如歲差自昴至壁則堯前七千餘載冬至日

應在東井井極北故暑斗極南故寒寒暑易位必不然矣所謂歲差者自與黃道俱差也假冬至日躔大火之中則春分黃道交於虛九而南至之軌更出房心外距赤道亦二十四度設在東井差亦如之若日在東井猶去極最近表景最短則是分至常居其所黃道不遷日行不退又安得謂之歲差乎孝通及淳風以為冬至日在斗十三度昏東壁中昴在巽維之左向明之位非無星也水星昏正可以為仲冬之候何必援昴於始覿之際以惑民之視聽哉夏后氏四百三十二年日却差五度太康十二年戊子歲冬至應在女十一度書曰乃季秋月朔辰弗集于房劉炫曰房所舍之次也集會也會合也不合則日蝕可知或以房為房星知不然者且日之所在正可推而知之君子慎疑寧當以日在之宿為文近代善曆者推仲康時九月合朔已在房星北矣按古文集與輯義同日月嘉會而陰陽輯睦則陽不疚手位以常其明陰亦含章示冲以隱其形若變而相傷則不輯矣房者辰之所次星者亦次之名其揆一也又春秋傳辰在斗柄天策焞焞降婁之初辰尾之末君子言之不以為繆何獨慎疑於房星哉新曆仲康五年癸巳歲九月庚戌朔日蝕在房二度炫以五子之歌仲康當是其一肇位四海復脩大禹之典其五年羲和失職則王命徂征虞劆以為仲康元年非也國語單子曰辰角見而雨畢天根見而水涸本見而草木節解駟見而隕霜火見而清風戒寒韋昭以為夏后氏之令周人所因推夏后氏之初秋分後五日日在氐十三度龍角盡見時雨可以畢矣又先寒露三日天根朝覿時訓爰始收潦而月令亦云水涸後寒露十日日在尾八度而本見又五日而駟見故隕霜則蟄蟲墐戶鄭康成據當時所見謂天根朝見在季秋之末以月令為謬韋昭以仲秋水始涸天根見乃竭皆非是霜降六日

日在尾末火星初見營室昏中於是始脩城郭宮室故時儆曰營室之中土功其始火之初見期于司理麟德曆霜降後五日火伏小雪後十日晨見至大雪而後定星中日且南至冰壯地坼又非土功之始也夏曆十二次立春日在東壁三度於太初星距壁一度太也顓頊曆上元甲寅歲正月甲寅晨初合朔立春七曜皆直艮維之首蓋重黎受職於顓頊九黎亂德二官咸廢帝堯復其子孫命掌天地四時以及虞夏故本其所由生命曰顓頊其實夏曆也湯作殷曆更以十一月甲子合朔冬至為上元周人因之距羲和千祀昏明中星率差半次夏時直月節者皆當十有二中故曰循夏令其後呂不韋得之以為秦法更考中星斷取近距以乙卯歲正月己巳合朔立春為上元洪範傳曰曆記始於顓頊上元太始閼蒙攝提格之歲畢陬之月朔日己巳立春七曜俱在營室五度是也秦顓頊曆元起乙卯漢太初曆元起丁丑推而上之皆不值甲寅猶以日月五緯復上元本星度故命曰閼蒙攝提格之歲而實非甲寅夏曆章蔀紀首皆在立春故其課中星揆斗建與閏餘之所盈縮皆以十有二節為損益之中而殷周漢曆章蔀紀首皆直冬至故其名察發斂亦以中氣為主此其異也夏小正雖頗疎簡失傳乃羲和遺跡何承天循大戴之說復用夏時更以正月甲子夜半合朔雨水為上元進乖夏曆退非周正故近代推月令小正者皆不與古合開元曆推夏時立春日在營室之末昏東井二度中古曆以參右肩為距方當南正故小正曰正月初昏斗杓懸在下魁枕參首所以著參中也季春在昴十一度半去參距星十八度故曰三月參則伏立夏日在井四度昏角中南門右星入角距西五度其左星入角距東六度故曰四月初昏南門正昴則見五月節日在輿鬼一度半參去日道最遠以渾儀度之參體

始見其肩股猶在濁中房星正中故曰五月參則見初昏大火中八月參中則曙失傳也辰伏則參見非中也十月初昏南門見亦失傳也定星方中則南門伏非昏見也商六百二十八年日卻差八度太甲二年壬午歲冬至應在女六度國語曰武王伐商歲在鶉火月在天駟日在析木之津辰在斗柄星在天黿舊說歲在己卯推其朏魄迺文王崩武王成君之歲也其明年武王即位新曆孟春定朔丙辰於商爲二月故周書曰維王元祀二月丙辰朔武王訪于周公竹書十一年庚寅周始伐商而管子及家語以爲十二年蓋通成君之歲也先儒以文王受命九年而崩至十年武王觀兵盟津十三年復伐商推元祀二月丙辰朔距伐商日月不爲相距四年所說非是武王十年夏正十月戊子周師始起於歲差日在箕十度則析木津也晨初月在房四度於易雷乘乾曰大壯房心象焉心爲乾精而房升陽

之駟也房與歲星實相經緯以屬靈威仰之神后稷感之以生故國語曰月之所在辰馬農祥我祖后稷之所經緯也又三日得周正月庚寅朔日月會南斗一度故曰辰在斗柄壬辰辰星夕見在南斗二十度其明日武王自宗周次于師所凡月朔而未見曰死魄夕而成光則謂之朏朏或以二日或以三日故武成曰維一月壬辰旁死魄翌日癸巳王朝步自周于征伐商是時辰星與周師俱進由建星之末歷牽牛須女涉顓頊之虛戊午師度盟津而辰星伏于天黿辰星汁光紀之精所以告顓頊而終水行之運且木帝之所繇生也故國語曰星與日辰之位皆在北維顓頊之所建也帝嚳受之我周氏出自天黿及析木有建星牽牛焉則我皇妣太姜之姪伯陵之後逢公之所憑神也是歲歲星始及鶉火其明年周始革命歲又退行旅於鶉首而後進及鳥帑所以返復其道經綸周室鶉火直軒轅之虛以

爰稼穡稷星繫焉而成周之大萃也鶉首當山河之右太王以興后稷封焉而宗周之所宅也歲星與房實相經緯而相距七舍木與水代終而相及七月故國語曰歲之所在則我有周之分也自鶉及駟七列南北之揆七月其二月戊子朔哉生明王自克商還至于豐於周爲四月新曆推定望甲辰而乙巳旁之故武成曰維四月既旁生魄粵六日庚戌武王燎于周廟麟德曆周師始起歲在降婁月宿天根日躔心而合辰在尾水星伏於星紀不及天黿又周書革命六年而武王崩管子家語以爲七年蓋通克商之歲也周公攝政七年二月甲戌朔己丑望後六日乙未三月定朔甲辰三日丙午故召誥曰惟二月既望六日乙未王朝步自周至于豐三月惟丙午朏越三日戊申太保朝至于洛其明年成王正位三十年四月己酉朔甲子哉生魄故書曰惟四月才生魄甲子作顧命康王十二年歲在乙酉六

月戊辰朔三日庚午故畢命曰惟十有二年六月庚午朏越三日壬申王以成周之衆命畢公自伐紂及此五十六年朏魄日名上下無不合而三統曆以己卯爲克商之歲非也夫有效於古者宜合於今三統曆自太初至開元朔後天三日推而上之以至周初先天失之蓋益甚焉是以知合於歆者必非克商之歲自宗周訖春秋之季日卻差八度康王十一年甲申歲冬至應在牽牛六度周曆十二次星紀初南斗十四度於太初星距斗十七度少也古曆分率簡易歲久輒差達曆數者隨時遷革以合其變故三代之興皆揆測天行考正星次爲一代之制正朔既革而服色從之及繼體守文疇人代嗣則謹循先王舊制焉國語曰農祥晨正日月底于天廟土乃脈發先時九日太史告稷曰自今至于初吉陽氣俱蒸土膏其動弗震不渝脈其滿眚穀乃不殖周初先立春九日日至營室古曆距中九十一度

是曰晨初大火正中故曰農祥晨正日月底于天廟也於易象升氣究而臨受之自冬至後七日乾精始復乃大寒地統之中陽洽於萬物根柢而與萌芽俱升本在地中之象升氣已達則當推而大之故受之以臨於消息龍德在田得地道之和澤而動於地中升陽憤盈土氣震發故曰自今至於初吉陽氣初蒸土膏其動又先立春三日而小過用事陽好節止於內動作于外矯而過正然後返求中焉是以及于艮維則山澤通氣陽精闢戶甲坼之萌見而莩穀之際離故曰不震不渝脉其滿眚穀乃不殖君子之道必擬之而後言豈億度而已哉韋昭以為日及天廟在立春之初非也於麟德曆則又後立春十五日矣春秋桓公五年秋大雩傳曰書不時也凡祀啓蟄而郊龍見而雩周曆立夏日在觜觿二度於軌漏昏角一度中蒼龍畢見然則當在建巳之初周禮也至春秋時日已潛退五度節前月却猶

在建辰月令以為五月者呂氏以顓頊曆芒種亢中則龍以立夏昏見不知有歲差故雩祭失時然則唐禮當以建巳之初農祥始見而雩若據麟德曆以小滿後十三日則龍角過中為不時矣傳曰凡土功龍見而畢務戒事火見而致用水昏正而栽日至而畢十六年冬城向十有一月衛侯朔出奔齊冬城向書時也以歲差推之周初霜降日在心五度角亢晨見立冬火見營室中後七日水星昏正可以興板榦故祖冲之以為定之方中直營室八度是歲九月六日霜降二十一日立冬十月之前水星昏正故傳以為得時杜氏據晉曆小雪後定星乃中季秋城向似為太早因曰功役之事皆總指天象不與言曆數同引詩云定之方中乃未正中之辭非是麟德曆立冬後二十五日大見至大雪後營室乃中而春秋九月書時不已早乎大雪周之孟春陽氣靜復以繕城隍治宮室是謂發天地之房方於立

春斷獄所失多矣然則唐制宜以玄枵中天興土功僖公五年晉侯伐虢卜偃曰克之童謠云丙之辰龍尾伏辰均服振振取虢之旂鶉之賁賁天策焞焞火中成軍其九月十月之交乎丙子旦日在尾月在策鶉火中必是時策入尾十二度新曆是歲十月丙子定朔日月合尾十四度於黃道日在古曆尾而月在策故曰龍尾伏辰於古距張中而曙直鶉火之末始將西降故曰賁賁昭公七年四月甲辰朔日蝕士文伯曰去衛地如魯地於是有災魯實受之新曆是歲二月甲辰朔入常雨水後七日在奎十度周度為降婁之始則魯衛之交也自周初至是已退七度故入雨水七日方及降婁雖日度潛移而周禮未改其配神主祭之宿宜書於建國之初淳風駁戊寅曆曰漢志降婁初在奎五度今曆日蝕在降婁之中依無歲差法食於兩次之交是又不然議者曉十有二次之所由生然後可以明其得失且

劉歆等所定辰次非能有以覩陰陽之賾而得於鬼神各據當時中節星度耳歆以太初曆冬至日在牽牛前五度故降婁直東壁八度李業興正光曆冬至在牽牛前十二度故降婁退至東壁三度及祖冲之後以為日度漸差則當據列宿四正之中以定辰次不復係於中節淳風以冬至常在斗十三度則當以東壁二度為降婁之初安得守漢曆以駁仁均耶又三統曆昭公二十年己丑日南至與麟德曆及開元曆同然則入雨水後七日亦入降婁七度非魯衛之交也三十一年十二月辛亥朔日蝕史墨曰日月在辰尾庚午之日日始有謫開元曆是歲十月辛亥朔入常立冬五日日在尾十三度於古距辰尾之初麟德曆日在心三度於黃道退直于房矣哀公十二年冬十有二月螽開元曆推置閏當在十一年春至十二年冬失閏已久是歲九月已亥朔先寒露三日於定氣日在亢五度去心近一次

火星則大尚未當伏至霜降五日始潛曰下乃月令蟄蟲咸俯則火辰未伏當在霜降前雖節氣極晚不得十月昏見故仲尼曰丘聞之火伏而後蟄者畢今火猶西流司曆過也方夏后氏之初八月辰伏九月內火及霜降之後火已朝覿東方距春秋之季千五百餘年乃云火伏而後蟄者畢向使冬至常居其所則仲尼不得以西流未伏明是九月之初也自春秋至今又千五百歲麟德曆以霜降後五日日在氐八度房心初伏定增二日以月蝕衝校之猶差三度閏餘稍多則建亥之始火猶見西方向使宿度不移則仲尼不得以西流未伏明非十月之候也自羲和已來大辰見伏三覩厥變然則丘明之記欲令後之作者參求徵象以探仲尼之旨是歲失閏浸久季秋中氣後天三日比及明年仲冬又得一閏寤仲尼之言補正時曆而十二月猶可以螽至哀公十四年五月庚申朔日蝕以開元曆考之則

日蝕前又增一閏魯曆正矣長曆自哀公十年六月迄十四年二月纔置一閏非是戰國及秦日却退三度始皇十七年辛未歲冬至應在斗二十二度秦曆上元正月己巳朔晨初立春日月五星俱起營室五度蔀首日名皆直四孟假朔退十五日則閏在正月前朔進十五日則閏在正月後是以十有二節皆在盈縮之中而晨昏宿度隨之以顓頊曆依月令自十有二節推之與不韋所記合而穎子嚴之倫謂月令晨昏距宿當在中氣致雩祭太晚自乖左氏之文而杜預又據春秋以月令為否皆非是梁大同曆夏后氏之初冬至日在牽牛初以為明堂月令乃夏時之記據中氣推之不合更以中節之間為正廼稍相符不知進在節初自然契合自秦初及今又且千歲節初之宿皆當中氣淳風因為說曰今孟春中氣日在營室昏明中星與月令不殊按秦曆立春日在營室五度麟德曆以啓蟄之日廼至

營室其昏明中宿十有二建以為不差妄矣古曆冬至昏明中星去日九十二度春分秋分百度夏至百一十八度率一氣差三度九日差一刻秦曆十二次立春在營室五度於太初星距危十六度少也昏畢八度中月令參中謂肩股也晨心八度中月令尾中於太初星距尾也仲春昏東井十四度中月令弧中弧星入東井十八度晨南斗二度中月令建星中於太初星距西建也甄耀度及魯曆南方有狼弧無東井鬼北方有建星無南斗井斗度長弧建度短故以正昏明云古曆星度及漢洛下閎等所測其星距遠近不同然二十八之宿體不異古以牽牛上星為距太初改用中星入古曆牽牛太半度於氣法當三十二分日之二十一故洪範傳冬至日在牽牛一度減太初星距二十一分直南斗二十六度十九分也顓頊曆立春起營室五度冬至在牽牛一度少洪範傳冬至所起無餘分故立春在營

室四度太祖沖之自營室五度以太初星距命之因云秦曆冬至日在牽牛六度虞劆等襲沖之之誤為之說云夏時冬至日在斗末以歲差考之牽牛六度乃顓頊之代漢時雖覺其差頓移五度故冬至還在牛初按洪範古今星距僅差四分之三皆起牽牛一度劆等所說亦非是魯宣公十五年丁卯歲顓頊第十三蔀首與麟德曆俱以丁巳平旦立春至始皇三十三年丁亥凡三百八十歲得顓頊曆壬申蔀首是歲秦曆以壬申寅初立春而開元曆與麟德曆俱以庚午平旦差二日日當在南斗二十二度古曆後天二日又增二度然則秦曆冬至定在牛前二度氣後天二日日不及天二度微而難覺故呂氏循用之及漢興張蒼等亦以為顓頊曆比五家疎闊□最近密今考月蝕衝則開元冬至上及牛初正差一次淳風以為古術疎舛雖弦望昏明差天十五度而猶不知又引呂氏春秋黃帝以仲春乙

卯日在奎始奏十二鍾命之曰咸池至今三千餘年而春分亦在奎反謂秦曆與今不異按不韋所記以其月令孟春在奎謂黃帝之時亦在奎猶淳風曆冬至斗十三度因爲黃帝時亦在建星耳經籍所載合於歲差者淳風皆不取而專取於呂氏春秋若謂十二紀可以爲正則立春在營室五度固當不易安得頓移使當啓蟄之節此又其所不思也漢四百二十六年日卻差五度景帝中元三年甲午歲冬至應在斗二十一度太初元年三統曆及周曆皆以十一月夜半合朔冬至日月俱起牽牛一度古曆與近代密率相較二百年氣差一日三百年朔差一日推而上之久益先天引而下之久益後天僖公五年周曆正月辛亥朔餘四分之一南至以歲差推之日在牽牛初至宣公十一年癸亥周曆與麟德曆俱以庚戌日中冬至而月朔尚麟德曆十五辰至昭公二十年己卯周曆以正月己丑朔日中南

麟德曆以己丑平旦冬至哀公十一年丁巳周曆入己酉蔀首麟曆以戊申禺中冬至惠王四十三年己丑周曆入丁卯蔀首麟德以乙丑日昳冬至呂后八年辛酉周曆入乙酉蔀首麟德曆以壬午黃昏冬至其十二月甲申人定合朔太初元年周曆以甲子夜半合朔冬至麟德曆以辛酉禺中冬至十二月癸亥晡時合朔氣差三十二辰朔差四辰此疏密之大較也僖公五年周曆漢曆唐曆皆以辛亥南至後五百五十餘歲至太初元年周曆漢曆皆得甲子夜半冬至唐曆皆以辛酉則漢曆後天三日矣祖沖之張胄玄促上章歲至太初元年沖之以癸亥鷄鳴冬至而胄玄以癸亥日出欲令合於甲子而適與魯曆相合自此推僖公五年魯曆以庚戌冬至而二家皆以甲寅且僖公登觀臺以望而書雲物出於表晷天驗非時史億度乖丘明正時之意以就劉歆之失今考麟德元年甲子唐曆冬

甲子冬至而周曆漢曆皆以庚午然則自太初下至麟德差四日自太初上及僖公差三日不足疑也以歲差考太初元年辛酉冬至昏時日在斗二十二度漢曆氣後天三日而日先天三度所差尚少故洛下閎等雖後曆明中星步日所在猶未覺其差然洪範太初所揆冬至昏奎八度中夏至昏氐十三度中依漢曆冬至日在牽牛初太半度以昏距中命之奎十一度中夏至房一度中此皆閎等所測自差三度則劉向等殆已知太初冬至不及天三度矣及永平中治曆者考行事史官注日常不及太初曆五度然諸儒守讖緯以爲當在斗初故賈逵等議石氏星距黃道規牽牛初直斗二十度於赤道二十一度也尚書考靈耀斗二十二度無餘分冬至日在牽牛初者牽牛所起文編訢等據今日所去牽牛中星五度於斗二十一度四分一與考靈耀相近遂更曆從斗二十一度起然古曆以斗魁首爲距

至牽牛爲二十二度未聞移牽牛六度以就太初星距也逵等以末學僻於所傳而昧天象故以擬證之而後聽從他術以爲日在牛初者由此遂黜今歲差引而退之則辛酉冬至日在斗二十度合於密率而有驗於今推而進之則甲子冬至日在斗二十四度昏奎八度中而有証於古其虛退之度又適及牽牛之初而沖之雖促減氣分氣符漢曆猶差六度未及於天而麟德曆冬至不移則昏中向差半次淳風以爲太初元年得本星度日月合璧俱起建星賈逵考曆亦云古曆冬至皆起建星而漢冬至同皆後天故其宿度多在斗末今以儀測建星在斗十三四度間自古冬至無差審矣擬古之六術並同四分四分之法久則後天以古曆之作在漢初却較春秋朔並先天則非三代之前明矣古曆南斗至牽牛上星二十一度入太初星距四度上直西建之初故六家或以南斗命度或以建星命度方周

漢之交日已潛退其襲春秋舊曆者則以為在牽牛之首考當時之驗者則以為入建度中然氣朔前後不逾一日故漢曆冬至當在斗末以為建星上得太初本星度此其明據也四分法雖疏而先賢謹於天事其遷革之意俱有效於當時故太史公等觀二十八宿疏密立晷儀下漏刻以稽晦朔分至躔離弦望其赤道遺法後世無以非之故雖候清臺太初最密若當時日在建星已直斗十三度則壽王調曆宜允得其中豈容頓差一氣而未知其謬不能觀乎時變而欲厚誣古人也後百餘歲至永平十一年以麟德曆較之氣當後天二日半朔當後天半日是歲四分曆得辛酉蔀首已減太初曆四分日之三定後天二日太半開元曆以戊午禺中冬至日在斗十八度半弱潛退至午前八度進至辛酉夜半日在斗二十一度半弱續漢志云元和二年冬至日在斗二十一度四分之一是也祖冲之曰四分曆立冬景長一丈立春九尺六寸冬至南極日景最長二氣去至日數既同則中景應等而相差四寸此冬至後天之驗也二氣中景日差九分半弱進退調均略無盈縮各退二日十二刻則景皆九尺八寸以此推冬至後天亦二日十二刻矣東漢晷漏定於永元十四年則四分法施行後十五歲也二十四氣加時進退不等其去年止極遠者四十九刻有餘日中之晷頗有盈縮故治曆者皆就其中率以午正言之而開元曆所推氣及日度皆直子半之始其未及日中尚五十刻因加二日十二刻正得二日太半與冲之所算及破章二百年間輒差一日之數皆合自漢時辛酉冬至以後天之數減之則合於今曆歲差斗十八度自今曆戊午冬至以後天之數加之則合於賈逵所測斗二十一度反復僉同而淳風冬至常在斗十三度豈當時知不及牽牛五度而不知過建星八度耶晉武帝大始三年丁

亥歲冬至日當在斗十六度晉用魏景初曆其冬至亦在斗二十一度少太元九年姜岌更造三紀術退在斗十七度曰古曆斗分彊故不可施於今乾象斗分細故不可通於古景初雖得其中而日之所在乃差四度合朔虧盈皆不及其次假月在東井一度蝕以日檢之乃在參六度岌以月蝕衝知日度由是躔次遂正為後代治曆者宗宋文帝時何承天上元嘉曆曰四分景初曆冬至同在斗二十一度臣以月蝕檢之則今應在斗十七度又土圭測二至晷差三日有餘則天之南至日在斗十三四度矣事下太史考驗如承天所上以開元曆考元嘉十年冬至日在斗十四度與承天所測合大明八年祖冲之上大明曆冬至在斗十一度開元曆應在斗十三度梁天監八年冲之子員外散騎侍郎暅之上其家術詔太史令將作大匠道秀等較之上距大明又五十年日度益差其明年閏月十六日月蝕在虛十度日應在張四度承天曆在張六度冲之曆在張二度大同九年虞劆等議姜岌何承天俱以月蝕衝步日所在承天雖移岌三度然其冬至亦在岌三日承天在斗十三四度而岌在斗十七度其實非移祖冲之謂為實差以推今冬至日在斗九度用求中星不合自岌至今將二百年而冬至在斗十二度然日之所在難知驗以中星則漏刻不定漢世課昏明中星為法已淺今候夜半中星以求日衝近於得密而水有清濁壺有增減或積塵所擁故漏有遲疾臣等頻夜候中星而前後相差或至三度大暑冬至遠不過十十四度近不北十度又以九年三月十五日夜半月在房四度蝕九月十五日夜半月在昴三度蝕以其衝計冬至皆在斗十一度自姜岌何承天所測下及大同日已却差二度而淳風以為晉宋以來三百餘歲以月蝕衝考之固在斗十三四度間非矣劉孝孫甲子元曆推太初冬至

在牽牛初下及晉太元宋元嘉皆在斗十七度開皇十四年在斗十三度而劉焯曆仁壽四年冬至日在黃道斗十度於赤道斗十一度也其後孝孫改從焯法而仁壽四年冬至日亦在斗十度焯卒後胄玄以其前曆上元起虛五度推漢太初猶不及牽牛乃更起虛七度故太初在斗二十三度永平在斗二十一度並與今曆合而仁壽四年冬至在斗十三度以驗近事又不逮其前曆矣戊寅曆太初元年辛酉冬至進及甲子日在牽牛三度永平十一年得戊午冬至進及辛酉在斗二十六度至元嘉中氣上景初三日而以至猶在斗十七度欲以求合反更失之又曲循孝孫之論而不知孝孫已變從皇極故為淳風等所較歲差之術由此不行以太史注記月蝕衝考日度麟德元年九月庚申月蝕在婁十度至開元四年六月庚申月蝕在牛六度較麟德曆率差三度則今冬至定在赤道斗十度又皇極曆歲差皆自黃道命之其每歲周分常當南至之軌與赤道相較所減尤多計黃道差三十六度赤道差四十餘度雖每歲遯之不足為過然立法之體宜盡其原是以開元曆皆自赤道推之乃以今有術從變黃道其八日躔盈縮略例曰北齊張子信積候合蝕加時覺日行有入氣差然損益未得其正至劉焯立盈縮躔衰術與四象升降麟德曆因之更名躔差凡陰陽往來皆馴積而變日南至其行最急急而漸損至春分及中而後遲迨日北至其行最舒而漸益之以至秋分又及中而後益急急極而寒若舒極而燠若及中而雨暘之氣交自然之數也焯術於春分前一日最急後一日最舒秋分前一日最舒後一日最急舒急同于二至而中間一日平行其說非是當以二十四氣晷景考日躔盈縮而密於加時其九九道議曰洪範傳云日有中道月有九行中道謂黃道也九行者青道二出黃道東朱道二

出黃道南白道二出黃道西黑道二出黃道北立春春分月東從青道立夏夏至月南從朱道立秋秋分月西從白道立冬冬至月北從黃道漢史官舊事九道術廢久劉洪頗採以著遲疾陰陽曆然本以消息為奇而術不傳推陰陽曆代在冬至夏至則月行青道白道所交則同而出入之行異故青道至春分之宿及其所衝皆在黃道正東白道至秋分之宿及其所衝皆在黃道正西若陰陽曆交在立春立秋則月循朱黑道所交則同而出入之行異故朱道至立夏之宿及其所衝皆在黃道西南黑道至立冬之宿及其所衝皆在黃道東北若陰陽曆交在春分秋分之宿則月行朱道黑道所交則同而出入之行異故朱道至夏至之宿及其所衝皆在黃道正南黑道至冬至之宿及其所衝皆在黃道正北若陰陽曆交在立夏立冬則月循青道白道所交則同而出入之行異故青道至立春之宿及其所衝皆在黃道東南白道至立秋之宿及其所衝皆在黃道西北其大紀皆兼二道而實分主八節合于四正四維按陰陽曆中終之所交則月行正當黃道去交七日其行九十一度齊於一象之率而得八行之中八行與中道而九是謂九道凡八行正於春秋其去黃道六度則交在冬夏正於冬夏其去黃道六度則交在春秋易九六七八迭為終始之象也乾坤定位則八行各當其正及其寒暑相推晦朔相易則在南者變而居北在東者徙而為西屈伸消息之象也黃道之差始自春分秋分赤道所交前後各五度為限初黃道增多赤道二十四分之十二每限損一極九限數終于四率赤道四十五度而黃道四十八度至四立之際一度少彊依平復從四起初限五度赤道增多黃道二十四分之四每限益一極九限而止終于十二率赤道四十五度而黃道四十二度復得冬夏至之中矣月道之差始自交

初交中黃道所交亦距交前後五度為限初限月道增多黃道四十八分之十二每限損一極九限而止數終于四率黃道四十五度而月道四十六度半乃一度彊依平復從四起初限五度月道差少黃道四十八分之四每限益一極九限而止終于十二率黃道四十五度而月道四十三度半至陰陽曆二交之半矣凡近交初限增十二分者至半交末限減十二分去交四十六度得損益之平率夫日行與歲差僻還月行隨交限而變遲伏相消朓朒相補則九道之數可知矣其月道所交與二分同度則赤道黑道近交初限黃道增一十四分之十二月道增四十八分之十二至半夜之末其減亦如之故於九限之際黃道差三度月道差一度半蓋損益之數齊也若所交與四立同度則黃道在損益之中月道差四十八分之十一月道至損益之中黃道差二十四分之十二於九限之際黃道差三度月道

差四分度之三皆朓朒相補也若所交與二至同度則青道白道近交初限黃道減二十四分之十二月道增四十八分之十二至半夏之末黃道增二十四分之十二月道減四十八分之十二於九限之際黃道與月道差同蓋遲伏相消也日出入赤道二十四度月出入黃道六度相距則四分之一故於九道之變以四立為中交在二分增四分之一而與黃道度相半在二至減四分之一而與黃道度正均故推極其數引而伸之每氣移一候月道所差增損九分之一七十二候而九道究矣凡月交一終退前所交一度及餘八萬九千七百七十三分度之四萬二千五百三少半積二百二十一月及分七千七百五十三而交道周天矣因而半之將九年而九道終以四象考之各據合朔所交入七十二候則其八道之行也以朔交為交初望交為交中若交初在冬至初候而入陰曆則行青道又十三日七

十六分日之四十六至交中得所衝之宿變入陽曆亦行青道若交初入陽曆則白道也故考交初所入而周天之度可知若望交在冬至初候則十三日四十六分視大雪初候陰陽曆而正其行也其十晷漏中星略例曰日行有南北晷漏有長短然二十四氣晷差徐疾不同者句股使然也直規中則差遲與句股數齊則差急隨辰極高下所遇不同如黃道刻漏此乃數之淺者近代且猶未曉今推黃道去極與晷景漏刻昏距中星四術返覆相求消息同率旋相為中以合九服之變其十一日蝕議曰小雅十月之交朔日辛卯虞劇以曆推之在幽王六年開元曆定交分四萬三千四百二十九入蝕限加時在晝交會而蝕數之常也詩云彼月而食則維其常此日而食于何不臧日君道也無朏朒之變月臣道也遠日益明近日益虧望與日軌相會則從而浸遠遠極又從而近交所以著臣人之象也望

而正於黃道是謂臣干君明則陽斯蝕之矣朔而正於黃道是謂臣壅君明則陽為之蝕矣且十月之交於曆當蝕君子猶以為變詩人悼之然則古之太平日不蝕星不孛蓋有之矣若過上未分月或變行而避之或五星潛在日下禦侮而救之或涉交數淺或在陽曆陽盛陰微則不蝕或德之休明而有小眚焉則天為之隱雖交而不蝕此四者皆德教之所由生也四序之中分同道至相過交而有蝕則天道之常如劉歆賈逵皆近古大儒豈不知軌道所交朔望同術哉以日蝕非常故闕而不論黃初已來治曆者始課日蝕疏密及張子信而益詳劉焯張胄玄之徒自負其術謂日月皆可以密率求是專於曆紀者也以戊寅麟德曆推春秋日蝕大最皆入蝕限於曆應蝕而春秋不書者尚多則日蝕必在交限其入限者不必盡蝕開元十二年七月戊午朔於曆當蝕半彊自交趾至于朔方候之不蝕十二

年十二月庚戌朔於曆當蝕太半時東封泰山還次梁宋間皇帝徹饍不舉樂不蓋素服日亦不蝕時羣臣與八荒君長之來助祭者降物以需不可勝數皆奉壽稱慶肅然神服雖算術乖舛不宜如此然後知德之動天不俟終日矣若因開元二蝕曲變交限而從之則差者益多自開元治曆史官每歲較節氣中晷因檢加時小餘雖大數有常然亦與時推移每歲不等晷變而長則日行黃道南晷變而短則日行黃道北行而南則陰曆之交也或失行而北則陽曆之交也或失日在黃道之中且猶有變況月行九道乎杜預云日月動物雖行度有大量不能不小有盈縮故有雖交會而不蝕者或有頻交而蝕者是也故較曆必稽古史虧蝕深淺時刻朓朒陰陽其數相叶者反覆相求由曆數之中以合辰象之變觀辰象之變反求曆數之中類其所同而中可知矣辨其所異而變可知矣其循度則合于曆失

行則合于占占道順成常執中以追變曆道逆數常執中以俟變知此之說者天道如視諸掌略例曰舊曆考月蝕淺深皆自張子信所傳云積候所得而未曉其然也以圓儀度日月之徑乃以月徑之半減入交初限一度半餘為闇虛半徑以月去黃道每度差數命二徑相掩以驗蝕分以所入日遲疾乘徑為泛所用刻數大率去交不及二度即月行沒在闇虛皆入既限又半日月之徑減春分入交初限相去度數餘為斜射所差乃以差數為既限而優游進退於二度中間亦合一徑相掩以知日蝕分數月徑踰既限之南則雖在陰曆而所虧類同外道斜望使然也既限之外應向外蝕外道交分準用此例以較古今日蝕四十三事月蝕九十九事課皆第一使日蝕皆不可以常數求則無以稽曆數之疏密若皆可以常數求則無以知政教之休咎今更設考日蝕或限所得常則合于數又日月交會大

小相若而月在日下自京師斜射而望之假中國食既則南方戴日之下所虧纔半月外反觀則交而不蝕步九服日晷以定蝕分晨昏漏刻與地偕變則宇宙雖廣可以一術齊之矣其十二五星議曰歲星自商周迄春秋之季率百二十餘年而超一次戰國後其行寖急至漢尚微差及哀平間餘勢乃盡更八十四年而超一次因以為常此其與餘星異也姬氏出自靈威仰之精受木行正氣歲星主農祥后稷憑焉故周人常閱其禨祥而觀善敗其始王也次于鶉火以達天黿及其衰也淫于玄枵以害鳥帑其後羣雄力爭禮樂隕壞而從衡攻守之術興故歲星常贏行於上而侯王不寧於下則木縮失行之勢宜極於火運之謝理數然也開元十二年正月庚午歲星在進賢東北尺三寸直軫十二度於麟德曆在軫十五度推而上之至漢河平二年其十月下旬歲星在軒轅南耑大星西北尺所麟德曆在

張二度直軒轅大星上下相距七百五十年考其行度猶未甚盈縮則哀平後不復每歲漸差也又上百二十年至孝景中元三年五月星在東井鉞麟德曆在參三度又上六十年得漢元年十月五星聚于東井從歲星也於秦正歲在乙未夏正當在甲午麟德曆白露八日歲星留觜觿一度明年立夏伏于參由差行未盡而以常數求之使然也又上二百七十一年至哀公十七年歲在鶉火麟德曆初見在輿鬼二度立冬九日留星三度明年啓蟄十日退至柳五度猶不及鶉火又上百七十八年至僖公五年歲星當在大火麟德曆初見在張八度明年伏于翼十六度定在鶉火差三次矣哀公以後差行漸遲相去猶近哀公以前率常行遲而舊曆猶用急率不知合變故所差彌多武王革命歲星亦在大火而麟德曆在東壁三度則唐虞已上所差周天矣太初三統曆歲星十二周天超一次推商周間事

大抵皆合。驗開元注記。差九十餘度。蓋不知歲星後率故也。皇極麟德曆。七周天超一次。以推漢魏間事。尚未差。上驗春秋所載。亦差九十餘度。蓋不知歲星前率故也。天保天和曆得二率之中。故上合於春秋。下猶密於記注。以推永平黃初間事。遠者或差三十餘度。蓋不知戰國後歲星變行故也。自漢元始四年距開元十二年。凡十二甲子。上距隱公六年亦十二甲子。而二曆相合於其中。或差三次於古。或差三次於今。其兩合於古今者。中間亦乖。欲一術以求之。則不可得也。開元曆歲星前率三百九十八日。餘二千二百一十九。秒九十三。自哀公二十年丙寅後。每加度餘一分。盡四百三十九合。次合乃加秒十三而止。凡三百九十八日。餘二千六百五十九。秒六。而與日合。是為歲星後率。自此因以為常。入漢元始六年也。歲星差合術曰。置哀公二十年冬至合餘。加入差已來中積分。以前率約之為入差合數。不盡者如曆術入之。反求冬至後合日。乃副列入差合數。增下位二算。乘而半之。盈大衍通法為日。不盡為日餘。以加合日。即差合所在也。求歲星差行徑術。以後終率約上元以來中積分亦得所未盡。若稽其實行。當從元始六年置差步之。則前後相距。間不容髮。而上元之首。無忽微空積矣。成湯伐桀。歲在壬戌。開元曆星與日合于角。次于氐十度而後退行。其明年湯始建國為元祀。順行與日合于房。所以紀商人之命也。後六百一算至紂六祀。周文王初禴于畢。十二祀。歲在己卯。星在鶉火。武王嗣位。克商之年。進及輿鬼而退守東井。明年周始革命。順行與日合于柳。進留于張。考其分野。則分陝之間。與三監封域之際也。成王三年。歲在丙午。星在大火。唐叔始封。故國語曰。晉之始封。歲在大火。春秋傳僖公五年。歲在大火。晉公子重耳自蒲奔狄。十六年歲在壽星。適齊過衛。野人與之塊。子犯曰。天賜也。

天事必象。歲及鶉火。必有此乎。復于壽星。必獲諸侯。二十三年歲星在胃昴。秦伯納晉文公。董因曰。歲在大梁。將集天行。元年實沈之星。晉人是居。君之行也。歲在大火。閼伯之星也。是謂大辰。辰以善成。后稷是相。唐叔以封。且以辰出而以參入。皆晉祥也。二十七年歲在鶉火。晉侯伐衛取五鹿。敗楚師于城濮。始獲諸侯。歲適及壽星。皆與開元曆合。襄公十八年。歲星在陬訾之口。開元曆大寒三日。星與日合。在危三度。遂順行至營室八度。其明年。鄭子蟜卒。將葬。公孫子羽與裨竈晨會事焉。過伯有氏。其門上生莠。子羽曰。其莠猶在乎。於是歲在降婁中。而曙。裨竈指之曰。猶可以終歲。歲不及此次也。開元曆歲星在奎。奎。降婁也。麟德曆在危。危。玄枵也。二十八年春無冰。梓慎曰。歲在星紀。而淫於玄枵。裨竈曰。歲棄其次。而旅於明年之次。以害鳥帑。周楚惡之。開元曆歲星至南斗十七度。而退守西建間。復順行與日合于牛初。應在星紀。而盈行進及虛宿。故曰淫於玄枵。二年至三十年。開元曆歲星順行至營室十度留。距子蟜之卒一終矣。其年八月。鄭人殺良霄。故曰及其亡也。歲在陬訾之口。其明年乃及降婁。昭公八年十一月。楚滅陳。史趙曰。未也。陳。顓頊之族也。歲在鶉火。是以卒滅。今在析木之津。猶將復由。開元曆在箕八度。析木津也。十年春。進及婺女初。在玄枵之維首。傳曰。正月有星出于婺女。裨竈曰。今茲歲在顓頊之虛。是歲與日合于危。其明年進及營室。復得豕韋之次。景王問萇弘曰。今茲諸侯何實吉。何實凶。對曰。蔡凶。此蔡侯般殺其君之歲。歲在豕韋。弗過此矣。楚將有之。歲及大梁。蔡復楚凶。至十三年。歲星在昴畢。而楚弒靈王。陳蔡復封。初昭公九年。陳災。裨竈曰。後五年陳將復封。歲五及鶉火而後陳卒亡。自陳災五年而歲在大梁。陳復建國。哀公十七年。五及鶉火。而楚滅陳。是年歲星與日合在張。

六度昭公三十一年夏吳伐越。始用師於越也。史墨曰越得歲而吳伐之必受其凶。是歲星與日合于南斗二度。昔僖公六年歲陰在卯星在析木。昭公三十二年亦歲陰在卯而星紀。故三統曆因以爲超次之率。考其實猶百二十餘年。以此削曆。欲以八十四年齊之。此其所惑也。後三十八年而越滅吳。星三及斗牛已入差合二年矣。夫五星感於中而五行之祥應于下。五緯之變彰于上。若聲發而響和。形動而影隨。故王者失典刑之正。則星辰爲之亂行。汨彝倫之序。則天事爲之無象。當其亂行無象。又可以曆紀齊乎。故襄公二十八年歲在星紀。淫于玄枵。至三十年八月始及娵訾之口。超次而前。二年守之。漢元鼎中。太白入于天苑。失行在黃道南三十餘度。閒歲武帝北巡守。登單于臺。勒兵十八萬騎。又誅大苑。馬大死軍中。晉咸寧四年九月。太白當見不見。占曰是謂失舍。不有破軍。必有亡國。時將伐吳明年三月兵出。太白始夕見而吳亡。永寧元年正月。至閏月。五星經天。縱橫無常。永興二年四月丙午。太白犯狼星。失行在黃道南四十餘度。永嘉三年正月庚子。熒惑犯紫微。皆天變所未有也。終以二帝蒙禍。天下大亂。後魏神瑞二年十二月。熒惑在瓠瓜星中。一夕忽亡。不知所在。崔浩以日辰推之曰庚午之夕。辛未之朝。天有陰雲。熒惑之亡。在此二日。庚午辛未皆主秦。辛爲西夷。今姚興據咸陽。是熒惑入秦矣。其後熒惑果出東井。留守盤旋。秦中大旱。赤地昆明水竭。明年姚興死。二子交兵。三年國滅。齊永明九年八月十四日。火星應退在昴三度。先曆在畢二十一日。始逆行北轉。垂及立冬。形色漸盛。魏永平四年八月癸未。熒惑在氐。夕伏西方。亦先期五十餘日。雖時曆疎闊。不宜若此。隋大業九年五月丁丑。熒惑逆行入南斗。色赤如血。大如三斗器。光芒震耀。長七八尺。於斗中句已而行。亦天變所未有也。後楊玄感反。天下大亂。故五星留逆伏見之效。表裏盈縮之行皆係之於時而象之於政。政小失則小變。事微而象微。事章而象章。已示吉凶之象。則又變行襲其常度。不然則皇天何以陰騭下民。警悟人主哉。近代筭者昧於象。占者迷於數。覩五星失行。皆謂之曆舛。雖七曜循軌。猶或謂之天災。終以數象相蒙。兩喪其實。故較曆必稽古今注記。入氣均而行度齊。上下相距。反復相求。苟獨異於常。則失行可知矣。凡二星相近。多爲之失行。三星以上。失度彌甚。天竺曆以九執之情。皆有所好惡。遇其所好之星。則趣之行疾。捨之行遲。張子信曆辰星應見不見。術晨夕去日前後四十六度內十八度外有木火土金一星者見。無則不見。張胄玄曆朔望在交限。有星伏在日下。木土去見十日外。火去見四十日外。金去見二十二日外者並不加減差。皆精氣相感使然。夫日月所以著尊卑不易之象。五星所以示政教從時之義。故日月之失行也微而少。五行之失行也著而多。今略考常數。以課疏密。略例曰。其入氣加減。亦自張子信始。後人莫不遵用之。原始要終。多有不叶。今較麟德曆熒惑太白見伏。行度過與不及。熒惑凡四十八事。太白二十一事。餘星所差盡細。不足考。且盈縮之行。宜與四象潛合。而二十四氣加減不均。更推易數而正之。又各立歲差。以究五精運周二十八舍之變。較史官所記。歲星二十七事。熒惑二十八事。鎮星二十一事。太白二十二事。辰星二十四事。開元曆課皆第一。云。

歷代名臣奏議卷之二百七十九

歷代名臣奏議卷之二百八十

律曆

周世宗即位外伐僭叛內脩法度端明殿學士王朴通於曆數乃詔朴撰定歲餘朴奏曰臣聞聖人之作也在乎知天之變者也人情之動則可以言知之天道之動則當以數知之數之為用也聖人以之觀天道焉歲月日時由斯而成陰陽寒暑由斯而節四方之政由斯而行夫為國家者履端立極必體其元布政考績必因其歲禮動樂舉必正其朔三農百工必順其時五刑九伐必順其氣庶務有為必從其日月是以聖人受命必治曆數故五紀有常度庶徵有常應正朔行之於天下也自唐之季凡歷數朝亂日失天垂將百載天之曆數汩陳而已陛下順考古道寅畏上天咨詢庶官振舉墜典臣雖非能者敢不奉詔乃包萬象以為法齊七政以立元測圭箭以候氣審

朓朒以定朔明九道以步月校遲疾以推星考黃道之邪正辯天勢之昇降而交蝕詳焉夫立天之道曰陰與陽陰陽各有數合則化成矣陽之策三十六陰之策二十四奇偶相命兩陽三陰同得七十二同則陰陽之數合七十二者化成之數也化成則謂之五行之數五行之得朞數過之者謂之氣盈不及者謂之朔虛至於應變分用無所不通故以七十二為經法經者常用之法也百者數之節也隨法進退不失舊位故謂之通法以通法進經法得七千二百謂之統法自元入經先用此法統曆之諸法也以通法進統法得七十二萬氣朔之下數分必盡謂之全率以通法進全率得七千二百萬謂之大率而元紀生焉元者歲月日時皆甲子日月五星合在子當盈縮先後之中所謂七政齊矣古者植圭於陽城以其近洛也蓋尚慊其中乃在洛之東偏開元十二年遣使天下候影南距林邑北距橫野中

得浚儀之岳臺應南北弦居地之中大周建國定都於汴樹圭置箭測岳臺晷漏以為中數晷漏正則日之所至氣之所應得之矣日月皆有盈縮日盈月縮則後中而朔月盈日縮則先中而朔自古朓朒之法率皆平行之數入曆既有前次而又衰稍不倫皇極舊術則迂迴而難用降及諸曆則疎遠而多失今以月離朓朒隨曆校定日躔朓朒臨用加減所得者入離定日也一日之中分為九限每限損益衰稍有倫朓朒之法所謂審矣赤道者天之紘帶也其勢圜而平紀宿度之常數焉黃道者日軌也其半在赤道內半在赤道外去極二十四度當與赤道近則其勢斜當與赤道遠則其勢直當斜則日行宜遲當直則日行宜速故二分前後加其度二至前後減其度九道者月軌也其半在黃道內半在黃道外去極遠六度出黃道謂之正交入黃道謂之中交若正交在秋分之宿中交在春分之宿則比黃

道益斜若正交在春分之宿中交在秋分之宿則比黃道反直若正交中交在二至之宿則其勢差斜故校去二至二分遠近以考斜正乃得加減之數自古雖有九道之說蓋亦知而未詳徒有祖述之文而無推步之用今以黃道一周分為八節一節之中分為九道盡七十二道而使日月無所隱其斜正之勢焉九道之法可謂明矣星之行也近日而疾遠日而遲去日極遠勢盡而留自古諸曆分段失實隆降無準今日行分尚多次日便留自留而退惟用平行仍以入段行度為入曆之數皆非本理遂至乖戾今校遂日行分積以為變段然後自疾而漸遲勢盡而留自留而行亦積微而後多別立諸段變曆以推變差俾諸段變差際會相合星之遲疾可得而知之矣自古相傳皆謂去交十五度以下則日月有蝕殊不知日月之相揜與闇虛之所射其理有異今以日月徑度之大小校去交之遠近以黃道

之斜正天勢之昇降度仰視旁視之分數則交虧得其實矣臣考前世無食神首尾之文近自司天卜祝小術不能舉其大體遂為等接之法蓋從假用以求徑捷於是乎交有逆行之數後學者不能詳知因言曆有九曜以為注曆之常式今並削而去之謹以步日步月步星步發斂為四篇合為曆經一卷曆十一卷草三卷顯德三年七政細行曆一卷以為欽天曆昔在帝堯欽若昊天陛下考曆象日月星辰唐堯之道也天道玄遠非微臣之所盡知世宗嘉之詔司天監用之

宋太祖乾德中以雅樂聲高詔有司重加考正時判太常寺和峴上言曰古聖設法先立尺寸作為律呂三分損益上下相生取合真者謂之形器但以尺寸長短非書可傳故累秬黍求為準的後代試之或不符會西京銅望臬可校古法即今司天臺影表銅臬下石尺是也及以王朴所定比校短於石尺四分則聲樂之高蓋由於此況影表測於天地則管律可以準繩上乃令依古法以造新尺并黃鍾九寸之管命工人校其聲果下於朴所定管一律又內出上黨羊頭山秬黍累尺校律亦相符合遂下尚書省集官詳定眾議僉同由是重造十二律管自此雅音和暢

太宗雍熙元年四月布衣趙垂慶上書言本朝當越五代而上承唐統為金德若梁繼唐傳後唐至本朝亦合為金德矧自國初符瑞色白者不可勝紀皆金德之應也望改正朔易車旗服色以承天統事下尚書省集議常侍徐鉉與百官奏議曰五運相承國家大事著於前載具有明文頃以唐末喪亂朱梁篡弒莊宗早編屬籍親雪國讎中興唐祚重新土運以梁室比羿浞王莽不為正統自後數姓相傳晉以金漢以水周以木天造有宋運膺火德況國初祀赤帝為感生帝于今二十五年豈可輕議改易又云梁至周不合迭居五運欲國繼唐統為金德且五運迭遷親承曆數質文相次間不容髮豈可越數姓之上繼百年之運此不可之甚也按唐書天寶九載崔昌獻議自魏晉至周隋皆不得為正欲唐遠繼漢統立周漢子孫為王者後備三恪之禮是時朝議是非相半集賢院學士衛包上言符同李林甫遂行其事至十二載林甫卒復以魏周隋之後為三恪崔昌衛包由是遠貶此又前載之甚明也伏請祗守舊章以承天祐從之

端拱二年四月己未翰林祗候張玭夜直禁中太宗手詔曰覽乾元曆細行此夕熒惑當退軫宿乃順行今上到角宿即順行得非曆差否奏曰今夕一鼓占熒惑在軫末角初順行也據曆法合月甲寅至軫十六度乙卯順行驗天差二度臣占熒惑明潤軌道兼前歲逆出太微垣按曆法差疾者八日此皆上天祐德之應非曆法之可測也

至道二年屯田員外郎呂奉天上言按經史年曆自漢魏以降雖有編聯周秦以前多無甲子太史公司馬遷雖言歲次詳求朔閏則與經傳都不符合乃言周武王元年歲在乙酉唐兵部尚書王起撰五位圖言周桓王十年歲在甲子四月八日佛生常星不見又言孔子生於周靈王庚戌之歲卒於周悼王四十一年壬戌之歲皆非是也馬遷乃古之良史王起又近世名儒後人因循莫敢改易臣竊以史氏凡編一年則有一十二月月有晦朔氣閏則雖與歲次合同苟不合同何名歲次本朝文教聿興禮樂咸備惟此一事久未刊詳臣探索百家用心十載乃知唐堯即位之年歲在丙子迄太平興國元年亦在丙子凡三千三百一年矣虞夏之間未有甲子可證成湯既沒太甲元年始有二月乙丑朔旦冬至伊尹祀于先王至武王伐商之年正月辛卯朔二十有八日戊午二月五日甲子昧爽又康王十二

年六月戊夜朔三日庚午朏王命作册畢自堯即位年距春秋魯隱公九年凡一千六百七年從隱公元年距今至道二年凡一千七百一十五年從太甲元年距今至道二年凡二千七百三十二年從魯莊公七年四月辛卯夜常星不見距今至道二年凡一千六百八十一年從周靈王二十年孔子生其年九月庚戌十月庚辰兩朔頻食距今至道二年凡一千五百四十五年從魯哀公十六年四月乙丑孔子卒距今至道二年凡一千四百七十二年以上並據經傳正文用古曆推校無不符合乃知史記及五位圖所編之年殊為闊畧諸如此事觸類甚多若盡披陳恐煩聖覽臣耽研既久引證尤明起商王小甲七年二月甲申朔旦冬至自此之後每七十六年一得朔旦冬至此乃古曆一蔀每蔀積月九百四十積日二萬七千七百五十九率以為常直至春秋魯僖公五年正月辛亥朔旦冬至亦無差爽

用此為法以推經傳縱有小增減抑又經傳之誤皆可以發明也古曆到齊梁以來或差一日更用近曆校課亦得符合伏望聖慈許臣撰集不出百日其書必成儻有可觀願藏祕府詔許之書終不就又司天冬官正楊文鎰上言新曆甲子請以百二十年事下有司以其無所依據議寢不行太宗曰支干相承雖止於六十儻冊甲子成上壽之數使期頤之人得見所生之年不亦善乎遂詔新曆甲子所紀百二十歲

真宗大中祥符三年開封府功曹參軍張君房上言自唐室下衰土德隤圮朱梁氏彊稱金統而莊宗旋復舊邦則朱梁氏不入正統明矣晉氏又復稱金蓋謂乘于唐氏殊不知李昪建國于江南耳漢家二主共止三年絕晉而興是為水德洎廣順革命二主九年終于顯德以上三朝七主共止二十四年行運之間陰隱而難賾伏自太祖承周木德而王當於火行上繫于商開國在宋自是三朝迄今以為然矣愚臣詳而辨之若可疑者太祖禪周之歲歲在庚申夫庚者金也申亦金位納音是木蓋周氏稱木為二金所勝之象也太宗登極之後詔開金明池於金方之上此誰啓之乃天之靈符也陛下履極當彊圉之歲握符在作噩之春適宗道之隆興金天之正氣臣試以瑞應言之則當年冊徒貢白鹿姑蘇進白龜條支之雀來穎川之雉至臣又聞當封禪之時魯郊貢白兔鄆上得金龜皆金符之至驗也願以臣章下三事大臣參定其事疏奏不報

天禧四年光祿寺丞謝絳上書曰臣按古誌凡帝王之興必推五行之盛德所以配天地而符陰陽也故神農氏以火德聖祖以土德夏以木德商以金德周以火德自漢之興王火德者以謂承堯之後且漢堯之裔也五帝之大莫大於堯漢能因之是不墜其緒而善繼其

盛德也國家膺開光之慶執敦厚之德宜以土瑞而王天下然其推終始傳承周之木德而大當其次且朱梁不預正統者謂莊宗復興于後自石晉漢氏以及于周則李昪建國于江左而唐祚未絕是三代者亦不得正其統矣昔者秦祚促而德暴不入正統考諸五代之際亦是類矣國家誠能下黜五代絕唐之土德以繼聖祖亦猶漢之黜秦興周之火德以繼堯者也夫五行之位土德居中國家飛運于宋作京于汴誠萬國之中區矣傳曰土為羣物主故曰后土洪範曰土爰稼穡稼穡作甘方今四海給足嘉生蕃衍邇年京師甘露下泰山醴泉湧作甘之兆斯亦見矣矧靈木異卉資生於土千品萬類不可勝道非土德之驗乎臣又聞之太祖生于洛邑而胞絡惟黃鴻圖既建五緯聚於奎躔而鎮星是主及陛下升中之次日抱黃珥朝祀于太清宮有星曰含譽其色黃而潤澤斯皆凝命有表盛德攸屬天

意人事響效之大者則土德之符在矣是故天心之在茲陛下推而罔受民意之若是陛下謙而弗荅氣壅未宣河決遂潰豈不神哉然則天淵之勃流水德之浸患考六府之廞鎮驗五行之勝尅亦宜興土之運禦時之灾伏望順考符應詳習法度惟陛下時而行之幸甚

大理寺丞董行父又上言曰在昔泰昊以萬物生於東至仁體乎木故德始於木木以生火神農受之為火德火以生土黃帝受之為土德土以生金少昊受之為金德金以生水顓頊受之為水德水以生木高辛受之為木德木以生火唐堯受之為火德火以生土虞舜傳之為土德土以生金夏為金德金以生水商為水德水以生木周為木德木以生火漢應圖讖為火德火以生土唐受曆運為土德陛下紹天之統受天之命宜當上繼唐祚以金為德顯黃帝之嫡緒彰聖祖之丕烈臣又按聖祖先降於癸酉太祖受禪於庚申陛下即位於

丁酉天書下降於戊申庚金也申酉皆金也天之體也陛下紹唐漢之運繼黃帝之後三世變道應天之統正金之德斯又順也詔兩制詳議既而獻議曰竊詳謝絳所述以聖祖得瑞宜承土德且引漢承堯緒為火德之比雖班彪叙漢祖之興有五其一曰帝堯之苗裔及序承正統乃越秦而繼周非用堯之行今國家或用土德即當越唐上承於隋彌以非順失其五德傳襲之序又援董行父請越五代紹唐為金德若其廢越累世上承百代之統則晉漢洎周咸帝中夏太祖實受終於周室而陟于元后豈可弗遵傳繼之序續於遐邈之統三聖臨御六十餘載登封告成昭姓紀號率循火行之運以輝炎靈之曜茲事體大非容輕議矧雍熙中徐鉉等議之詳矣其謝絳董行父等所請難以施行詔可

仁宗初馮元等上新脩景祐廣樂記時鄧保信阮逸胡瑗等奏造鐘律詔翰林學士丁度知制誥胥偃右司諫高若訥韓琦取保信逸瑗等鐘律詳考得失度等上議曰保信所製尺用上黨秬黍圓者一黍之長累而成尺律管一枚尺裁九十黍之長空徑三分空圍九分容秬黍千二百遂用黍長為分再累成尺校保信尺律不同其龠合升斗深闊推以筭法類皆差舛不合周漢量法逸瑗所製亦上黨秬黍中者累廣求尺製黃鐘之律今用再累成尺比逸瑗所制又復不同至於律管龠合升斗斛豆區鬴亦率類是蓋黍有圓長大小而保信所用者圓黍又首尾相銜逸等止用大者故再考之即不同尺既有差故難以定鍾磬謹詳古今之制自晉至隋累黍之法但求尺裁管不以權量累黍校故歷代黃鐘之管容黍之數不同惟後周掘地得古玉斗據斗造律兼制權量亦不同周漢制度故漢志有備數和聲審度量權衡之說悉起於黃鍾今欲數器之制參互無失則班志

積分之法為近逸等以大黍累尺小黍實龠自戾本法保信黍尺以長為分雖合後魏公孫崇所說然當時已不施用況保信今尺以圓黍累之及首尾相銜有與實龠之黍再累成尺不同其量器分寸既不合古即權衡之法不可獨用詔悉罷之又詔丁度等詳定太府寺并保信逸瑗所制尺度度等言尺度之興尚矣周官璧羨以起度廣徑八寸袤一尺禮記布手為尺淮南子十二粟為一寸孫子十氂為分十分為寸雖存異說莫可適從漢志元始中召天下通知鍾律者百餘人使劉歆典領之是時周滅二百餘年古之律度當有考者以歆之博貫藝文曉達曆筭有所制作宜不凡近其審度之法云一黍之廣為分十分為寸十寸為尺先儒訓解經籍多引以為義歷世祖襲著之定法然而歲有豐儉地有磽肥就令一歲之中一境之內取以校驗亦復不齊是蓋天物之生理難均一古之立法存其大槩爾故前代

制尺。非特累黍必求古雅之器以雜校焉。晉泰始十年。荀勗等校定尺度以調鍾律。是為晉之前尺。勗等以古物七品勘之。一曰姑洗玉律。二曰小呂玉律。三曰西京銅望臬。四曰金錯望臬。五曰銅斛。六曰古錢。七曰建武銅尺。當時以勗尺。參校古器與本銘尺寸無差。前史稱其用意精密。隋志所載諸代尺度十有五等。然以晉之前尺為本。以其與姬周之尺。劉歆銅斛尺。建武銅尺相合。竊惟周漢二代享年永久。聖賢制作可取則焉。而隋氏銷毀金石。典正之物。罕復存者。夫古物之有分寸。明著史籍可以酬驗者。惟有法錢而已。周之圜法歷載曠遠莫得而詳。秦之半兩。實重八銖。漢初四銖。其文亦曰半兩。孝武之世。始行五銖。下暨隋朝。多以五銖為號。既歷代尺度屢改。故大小輕重鮮有同者。惟劉歆置銅斛世之所鑄錯刀。并大泉五十。王莽天鳳元年改鑄貨布貨泉之類。不聞後世復有兩者。臣等檢詳漢志通典。唐六典云。八泉五十。重十二銖。徑一寸二分。錯刀環如大泉。身形如刀。長二寸。貨布重二十五銖。長二寸五分。廣一寸。首長八分有奇。廣八分。足股長八分。間廣二分。圜好徑二分半。貨泉重五銖。徑一寸。今以大泉錯刀貨布貨泉四物相參校分寸正同。或有大小輕重。與本志微差者。蓋當時盜鑄既多。不必皆中法度。但當校其首足肉好長廣分寸皆合正史者用之。則銅斛之尺從可知矣。況經籍制度皆起周世。以劉歆術業之博。祖冲之筭數之妙。荀勗攈校之詳密。校之既合周尺。則最為可法。兼詳隋牛弘等議稱後周太祖敕蘇綽造鐵尺。與宋尺同。以調中律。以均田度地。唐祖孝孫云。隋平陳之後廢周玉[illegible]用此鐵尺律。然比晉前尺。長六分四釐。今司天監影表尺。和峴所謂西京銅望臬者。蓋以其洛都舊物也。今以貨布錯刀貨泉大泉等校之。則景表尺長六分有奇。略合宋周隋之尺。由此論之。銅斛

與貨布等尺寸。昭然可驗。有唐享國三百年。其間制作法度。雖未逮周漢。然亦可謂治安之世矣。今朝廷必求尺之中。依漢錢分寸。若以為太祖膺圖受禪。創制垂法。嘗詔和峴等用影表尺與典脩金石。七十年間。薦之郊廟。稽合唐制。以示詒謀。則可且依影表舊尺。俟有妙達鍾律之學者。俾考正之。以從周漢之制。王朴律準尺。比漢錢尺寸長二分有奇。比景表尺。短四分。既前代未嘗施用。復經太祖朝更易。其逸瑗保信及照所用太府寺等尺。其制彌長。出古遠甚。又逸進周禮度量法議。欲且鑄嘉量。然後取尺度權衡。其說疎舛。不可依用。謹考舊文。再造影表尺一。校漢錢尺二。并大泉錯刀貨布貨泉總十七枚上進。詔度等以錢尺影表尺各造律管。比驗逸瑗并太常新舊鍾磬。考定音之高下以聞。度等言。前承詔考太常等四尺。定可用者。止按典故。及以漢志古錢分寸參校影表尺。略合宋周隋之尺。謂宜準影表尺施用。今被旨造律管驗音高下。非素所習。乞別詔曉音者總領較定。詔乃罷之。而若訥卒用漢貨泉度尺寸。依隋書定尺十五種上之。藏于太常寺。

時朝臣宋祁田況薦益州進士房庶曉音。祁上其樂書補亡三卷。召詣闕。庶自言。嘗得古本漢志云。度起於黃鍾之長。以子穀秬黍中一黍之起積一千二百黍之廣。度之九十分。黃鍾之長。一為一分。今文脫之起積一千二百黍八字。故自前世以來。累黍為尺以製律。是律生於尺。尺非起於黃鍾也。且漢志一為一分者。蓋九十分之一。後儒誤以一黍為分。其法非是。當以秬黍中者一千二百實管中。黍盡得九十分。為黃鍾之長九寸。加一以為尺。則律定矣。直秘閣范鎮是之。乃為言曰。照以縱黍累尺管空徑三分。容黍千七百三十。瑗以橫黍累尺管容黍一千二百。而空徑三分四釐六毫。是皆以尺生律。不

合古法今庶所言實千二百黍於管以為黃鍾之長就取三分以為
空徑則無容受不合之差校前二說為是蓋累黍為尺始失之於隋
書當時議者以其容受不合棄而不用及隋平陳得古樂器高祖聞
而歎曰華夏舊聲也遂傳用之至唐祖孝孫張文收號稱知音亦不
能更造尺律止治隋之古樂制定聲器朝廷久以鍾律未正屢下詔
書博訪羣議冀有所獲今庶所言以律生尺誠衆論所不及請如其
法試造尺律更以古器參考當得其真乃詔王洙與鎮同於脩制所
如庶說造律尺龠律徑三分圍九分長九十分龠徑九分深一寸尺
起黃鍾之長加十分而律容千二百黍初庶言太常樂高古樂五律
比律成才下三律以為今所用黍非古所謂一稃二米黍也尺比橫
黍所累者長一寸四分庶又言古有五音而今無正徵音國家以火
德王徵屬火不宜闕今以五行旋相生法得徵音又言尚書同律度
量衡所以齊一風俗今太常教坊鈞容及天下州縣各自為律非書
同律之義且古者帝王巡狩方岳必考禮樂同異以行誅賞謂宜頒
格律自京師及州縣毋容輙異有擅高下者論之帝名輔臣觀庶所
進律尺龠又令庶自陳其法因問律呂旋相為宮事令撰圖以進其
說以五正二變配五音迭相為主衍之成八十四調舊以宮徵商羽
角五音次第配七聲然後加變宮變徵二聲以足其數推以旋相生
之法謂五行相戾非是當改變徵為變羽易變為閏隨音加之則十
二月各以其律為宮而五行相生終始無窮詔以其圖送詳定所庶
又論吹律以聽軍聲者謂以五行逆順可以知吉凶先儒之說畧矣
是時瑗逸制樂有定議乃補庶試秘書省校書郎遣之
慶曆四年范鎮上書曰陛下制樂以事天地宗廟以揚祖宗之休玆
盛德之事也然自下詔以來及今三年有司之論紛然未決蓋由不

議其本而爭其末也切惟樂者和氣也發和氣者聲音也聲音之生
生於無形故古人以有形之物傳其法俾後人參考之然後無形之
聲音得而和氣可道也有形者秬黍也律也尺也龠也鬴也斛也筭
數也權衡也鍾也磬也是十者必相合而不相戾然後為得今皆相
戾而不相合則為非是矣有形之物非是而欲求無形之聲音和安
可得哉謹條十者非是之驗惟裁擇焉按詩誕降嘉種維秬維秠誕
降者天降之也許慎云秬一稃二米又云一秬二米後漢任城縣產
秬黍三斛八斗實皆二米史官載之以為嘉瑞又古人以秬黍為酒
者謂之秬鬯宗廟降神惟用一尊諸侯有功惟賜一卣以明天降之
物世不常有而可貴也今秬黍取之民間者動至數百斛秠皆一米
河東之人謂之黑米設有真黍以為取數至多不敢送官此秬黍為
非是一也又按先儒皆言律空徑三分圍九分長九十分容千二百
黍積實八百一十分今律空徑三分四氂六毫圍十分三氂八毫
是圍九分外大其一分三氂八毫而后容千二百黍除其圍廣則其
長止七十六分二氂矣說者謂四氂六毫為方分古者以竹圍為律
竹形本圓而今以方分置筭此律之為非是二也又按漢書分寸尺
丈引本起黃鍾之長又云九十分黃鍾之長者據千二百黍而言也
千二百黍之施於量則曰黃鍾之龠施於權衡則曰黃鍾之重施於
尺則曰黃鍾之長今遺千二百之數而以百黍為尺又不起於黃鍾
此尺之為非是三也又按漢書言龠其狀似爵謂爵琖其體正圓故
龠當圓徑九分深十分容千二百黍積實八百一十分與律分正同
今龠乃方一寸深八分一氂容千二百黍是亦以方分置筭者此龠
之非是四也又按周禮鬴法方尺圜其外深尺容六斗四升方尺者
八寸之尺也深尺者十寸之尺也何以知尺有八寸十寸之別按周

禮辟義度尺好三寸以爲尺。辟義之制長十寸廣八寸。同謂之度尺。以爲尺。則八寸十寸俱爲尺矣。又王制云。古者以周尺八尺爲步。今以六尺四寸爲步。八尺者。八寸之尺也。六尺四寸者。十寸之尺也。同謂之周尺者。是周用八寸十寸尺明矣。故知八寸尺爲鬴之方。十寸尺爲鬴之深。而容六斗四升。千二百八十龠也。積實一百三萬六千八百分。今鬴方尺積千寸。此鬴之非是五也。又按漢書斛法方尺。圓其外。容十斗。旁有庣焉。當隋時漢斛尚在。故隋書載其銘曰。審律嘉量斛。方尺圓其外庣旁。九氂五毫。冪百六十二寸。深尺。容一斛。今斛方尺。深一尺六十二分。此斛之非是六也。又按算法圓分謂之徑圍。方分謂之方斜。所謂徑三圍九。方五斜七是也。今圓分而以方法算之。此算數非是七也。又按權衡者。起千二百黍而立法也。周之鬴其重一鈞。聲中黃鍾。漢之斛其重二鈞。聲中黃鍾。鬴斛之制。有容受有尺寸。又取其輕重者。欲見薄厚之法以考

其聲也。今黍之輕重未真。此權衡爲非是八也。又按鳧氏爲鍾。大鍾十分其鼓間之。以其一爲之厚。小鍾十分其鉦間之。以其一爲之厚。今無大小薄厚。而一以黃鍾爲率。此鍾之非是九也。又按磬氏爲磬。倨句一矩有半。其博爲一。股爲二。鼓爲三。蓋各以其律之長短爲法也。今亦以黃鍾爲率。而無長短厚薄之別。此磬之非是十也。前此者皆有形之物也。可見者也。使其一不合。則未可以爲法。況十者之皆相戾乎。臣固知其無形之聲音不可得而和也。請以臣章下有司。問黍之二米與一米孰是。律之空徑三分與三分四釐六毫孰是。律之起尺與尺之起律孰是。龠之圓制與方制孰是。鬴之方尺圓其外深尺與方尺孰是。斛之方尺圓其外庣旁九釐五毫與方尺六寸二分孰是。算數之圓分與方分孰是。權衡之重以二米秬黍與一米孰是。鍾磬依古法有大小輕重長短薄厚而中律孰是。是不是定。然後制龠合升斗鬴斛以校其容受。容

受合。然後下詔以求真黍。真黍至。然後可以爲量爲鍾磬。量與鍾磬合於律。然後可以爲樂也。今尺律本末未定。而詳定修制二局工作之費無慮千萬計矣。此議者所以云云也。然議者不言有司論議依違不決。而顧謂作樂爲過舉。又言當今宜先政令。而禮樂非所急。此臣之所大惑也。儻使有司合禮樂之論。是其所是。非其所非。陛下親臨決之。顧於政令不已大乎。昔漢儒議鹽鐵。後世傳鹽鐵論。方今定雅樂以求廢墜之法。而有司論議不著盛德之事。後世將何考焉。願令有司人人各以經史論議條上。合爲一書。則孰敢不自竭盡以副陛下之意。如以臣議爲然。伏請權罷詳定修制二局。俟真黍至。然後爲樂。則必至當而無事於浮費也。詔送詳定所。

慶曆中翰林學士宋祁論以尺定律奏曰。臣聞樂主於音。音生於律。律定於尺。尺成於黍。得黍不真。尺固不定。定尺無準。律亦自差。而望

聲調。是南舟沂燕。北轅走越。愈亟遠也。故尺短則律從而短。尺長則律從而長。短者聲清益上。長者聲濁益下。清濁不得其中。而至樂適矣。古者神瞽考中聲而量之以爲之律。所以立均出度也。黃帝命伶倫斷竹長三寸九分吹之。以爲黃鍾之宮。然後制十二律。以上下求而聽鳳鳴。司馬遷黃鍾之律長八寸七分之一。太蔟七寸七分之二。林鍾五寸七分之三。應鍾四寸三分之二。班固司馬彪說黃鍾長九寸。聲最濁。太蔟長八寸。林鍾長六寸。應鍾長四寸七分四釐。強聲最清。蔡邕鄭玄杜夔荀勗等所論尺有增損。而黃鍾之宮要以九寸爲定。始勗當武帝泰始中校太樂八音不和。知後漢至魏尺長於古四分有餘。勗乃部署作郎劉恭依周禮制尺。所謂古尺也。以古尺更鑄銅律調叶聲韻。後汲郡盜發六國時魏襄王冢。得古周時玉律及鍾磬。與新律聲韻闇同。于時郡國或得漢時故鍾。吹勗律以合之。其聲

皆應時人稱為精密惟散騎侍郎陳留阮咸譏其聲高聲高則悲非興國之音必古今尺有長短所致也武帝以勗律與周漢器合遂施用之後始平掘地得古銅尺歲久欲腐不知所出何代果長勗尺四分時人咸服其妙而莫能措意焉勗立千載之下推百代之法度數既合聲韻又諧亦可謂密切而有證也而時人掘地之一尺破周漢之二器亦近夫貴耳賤目也隋時始用木尺律而定律呂鑄壞前代金石以息物議大業中更詔用梁表律調八音之器比之前代最為合古惜其制度文議設於江都無聞焉耳是時有十五等一周尺二晉田父玉尺三梁表尺四漢官尺五魏尺六晉後尺七後魏前尺八中尺九後尺十東後魏尺十一蔡邕銅龠尺十二宋氏尺十三萬寶常水尺十四雜尺十五梁朝俗間尺後周時達奚震等議獨以鐵尺為允即十二宋氏尺也其說曰今以上黨羊頭山黍依漢書律歷志

度之若以大者稠累依數滿尺實於黃鍾之律須撼乃容若以中者累尺雖復小稀實於黃鍾不動而滿計此二事之殊良由消息未善其於鐵尺終有一會且上黨之黍有異他鄉其色罯烏其形圓重用之為量定不徒然正以時有水旱之殊地有肥瘠之異取黍大小未必得中案許慎解字黍體大本異於常疑今之大者正是其中累百滿尺非是會古實龠之外裁剩餘此恐圍徑或差造律未妙就如撼動取滿論理亦通今勘周漢古錢大小有合宋氏渾儀尺度無舛古者黃金方寸重一斤今鑄金校驗鐵尺為近未及詳定會高祖受命而止唐正觀中又詔張文收鑄銅斛秤尺咸得其數詔以其副藏於樂署至武延秀為太常卿用為奇玩以律與古玉尺玉斗升合獻焉開元中將考宗廟樂有司奏請出之勑惟以銅管付太常亡其九管

國朝金石傳自周代世宗常詔王朴累黍定尺以為律管管既不便

作準之尺寸乎今具在而當時實錄不論秬黍未知何用即加詶定且五代離亂古器蕩然雖欲制作靡所緣案時無神瞽孰敢取中獨非莫知獨是莫曉工乎音者不能言義工乎書者不能察聲信乎音聲之難不可以言曉者也故曰知之者欲教而無從心達者體之而無師方今去聖既遠知音又寡但取朴準調叶八音屬者太常臣燕肅以律準尺之三分欲為十二律管而黃鍾九寸遂不得聲更廣空道乃與律應雖管內均厚未患如法然深疑今尺比古差短太常鍾石遂及於清流至法部轉用高急臣以為宜求索上黨秬黍如達奚震之言選其精圓累定分寸尺定求管得管求聲以所管之聲合周時之準茍高下符會清濁無差即可遂為定法頒布方國是以示陛下同律度量權衡之制脫有與準未合即乞募知音別用新管參考中聲掄攟羣音制定雅樂庶乎正歷代之謬紕亦何憚焉

元世祖至元十三年命郭守敬與王恂率南北日官分掌測驗推於下命張文謙與樞密張易為之主領裁奏於上左丞許衡參預其事郭守敬首言曆之本在於測驗而測驗之器莫先儀表今司天渾儀宋皇祐中汴京所造不與此處天度相符比量南北二極約差四度表石年深亦復欹側守敬乃盡考其失而移置之又奏唐一行開元間令南宮說天下測景書中見者凡十三處今疆宇比唐尤大若不遠方測驗日月交食分數時刻不同晝夜長短不同日月星辰去天高下不同即目測驗人少可先南北立表取直測景帝可其奏十七年新曆告成郭守敬與諸臣同上奏曰臣等竊聞帝王之事莫重於曆自黃帝迎日推策帝堯以閏月定四時成歲舜在璇璣玉衡以齊七政爰及三代曆無定法周秦之間閏餘乖次西漢造三統曆百二十年而後是非始定東漢造四分曆七十餘年而儀式方備又

百二十一年劉洪造乾象曆始悟月行有遲速又百八十年姜岌造三紀甲子曆始悟以月食衝檢日宿度所在又五十七年何承天造元嘉曆始悟以朔望及弦皆定大小餘又六十五年祖沖之造大明曆始悟太陽有歲差之數極星去不動處一度餘又五十二年張子信始悟日月交道有表裏五星有遲疾留逆又三十三年劉焯造皇極曆始悟日行有盈縮又三十五年傅仁均造戊寅元曆頗采舊儀始用定朔又四十六年李淳風造麟德曆以古曆章蔀元首分度不齊始爲總法用進朔以避晦晨月見又六十三年一行造大衍曆始以朔有四大三小定九服交食之異又九十四年徐昂造宣明曆始悟日食有氣刻時三差又百三十六年姚舜輔造紀元曆始悟食甚泛餘差數以上計千一百八十二年曆經七十改其創法者十有三家自是又百七十四年聖朝專命臣等改治新曆臣等用創造簡儀

高表憑其測實數所考正者凡七事一曰冬至自丙子年立冬後依每日測到晷景逐日取對冬至前後日差同者爲準得丁丑年冬至在戊戌日夜半後八刻半又定丁丑夏至在庚午日夜半後七十刻又定戊寅冬至在癸卯日夜半後三十三刻己卯冬至在戊申日夜半後五十七刻庚辰冬至在癸丑日夜半後八十一刻各減大明曆十八刻遠近相符前後應準二曰歲餘自大明曆以來凡測景驗氣得冬至時刻真數者有六用以相距各得其時合用歲餘今考驗四年相符不差仍自宋大明壬寅年距至今日八百一十年每歲合得三百六十五日二十四刻二十五分其二十五分爲今曆歲餘合用之數三曰日躔用至元丁丑四月癸酉望月食既推求日躔得冬至日躔赤道箕宿十度黃道箕九度有奇仍憑每日測到太陽躔度或憑星測月或憑月測日或徑憑星度測日立術推算起自丁丑正月至己卯十二月凡三年共得一百三十四事皆躔於箕與日食相符四曰月離自丁丑以來至今憑每日測到逐時太陰行度推算變從黃道求入轉極遲疾并平行處前後凡十三轉計五十一事內除去不真的外有三十事得大明曆入轉後天又因考驗交食加大明曆三十刻與天道合五曰入交自丁丑五月以來憑每日測到太陰去極度數比擬黃道去極度得月道交於黃道共得八事仍依日食法度推求皆有食分得入交時刻與大明曆所差不多六曰二十八宿距度自漢太初曆以來距度不同互有損益大明曆則於度下餘分附以太半少皆私意牽就未嘗實測其數今新儀皆細刻周天度分每度爲三十六分以距線代管窺宿度餘分並依實測不以私意牽就七曰日出入晝夜刻大明曆日出入晝夜刻皆據汴京爲準其刻數與大都不同今更以本方北極出地高下黃道出入內外度立術

推求每日日出入晝夜刻得夏至極長日出寅正二刻日入戌初二刻晝六十二刻夜三十八刻冬至極短日出辰初二刻日入申正二刻晝三十八刻夜六十二刻永爲定式所創法凡五事一曰太陽盈縮用四正定氣立爲升降限依立招差求得每日行分初末極差積度比古爲密二曰月行遲疾古曆皆用二十八限今以萬分日之八百二十分爲一限凡析爲三百三十六限依垛疊招差求得轉分進退其遲疾度數逐時不同蓋前所未有三曰黃赤道差舊法以一百一度相減相乘今依算術句股弧矢方圓斜直所容求到度率積差率與天道實爲脗合四曰黃赤道內外度據累年實測內外極度二十三度九十分以圓容方直矢接句股爲法求每日去極與所測相符五曰白道交周舊法黃道變推白道以斜求斜今用立渾比量得月與赤道正交距春秋二正黃赤道正交一十四度六十六分擬以爲

法推遡月每交二十八宿度分於理爲盡。
處士楊恭懿進奏曰臣等徧考自漢以來曆書四十餘家精思推算舊儀難用而新者未備故日行盈縮月行遲疾五行周天其詳皆未精察今權以新儀木表與舊儀所測相較得今歲冬至晷景及日躔所在與列舍分度之差大都北極之高下晝夜刻長短參以古制創立新法推算成辛巳曆雖或未精然比之前改曆者附會元曆更日立法全踵故習顧亦無愧然必每歲測驗脩改積三十年庶盡其法可使如三代日官世專其職測驗良久無改歲之事矣又合朔議曰日行歷四時一周謂之一歲月踰一周復與日合謂之一月言一月之始日月相合故謂合朔自秦廢曆紀漢太初止用平朔法大小相間或有二大者故日食多在晦日或二日測驗時刻亦鮮中宋何承天測驗四十餘年進元嘉曆始以月行遲速定小餘以正朔望使食

必在朔名定朔法有三大二小時以異舊法罷之梁虞劇造大同曆隋劉焯造皇極曆皆用定朔爲時所阻唐傅仁均造戊寅曆定朔始得行貞觀十九年四月頻大人皆異之竟改從平朔李淳風造麟德曆雖不用平朔遇四大則避人言以平朔間之又希合當世爲進朔法使無元日之食至一行造大衍曆謂天事誠密四大二小何傷誠爲確論然亦循常不改臣等更造新曆一依前賢定論推算皆改從實今十九年曆自八月後四月併大實日月合朔之數也。

世祖時東平布衣趙天麟上策論同制度疏曰臣聞四海若一堂之上聖王無二上之尊須法制以爲先俾和同之咸若昔有虞之巡狩覲國君於四方先之以協時月正日次之以同律度量衡延及舊周之時立司市以平物價至於炎漢之世命張蒼以定章程究而言之由來尚矣粤自曹劉鼎峙南北瓜分前乎此則七雄之疆域參差後乎此則五季之風塵擾攘欲其同也不亦難乎古制猶存前書備載今國家堯天蕩蕩禹跡茫茫民莫非其臣也尺地莫非其有也然其曹奢魏褊楚急齊舒皆風土之漸摩習俗之常然欲移易而非他得乎中而止矣若夫方方異政縣縣殊俗不爲一新何成盛化且天爲繩而貴直地爲準而貴平東方之神其名勾芒執規司春南方之神其名祝融執衡司夏西方之神其名蓐收執矩司秋北方之神其名玄冥執權司冬由此觀之準繩規矩權衡所以爲六合之司職也臣考虞夏商周之法不可得而詳矣惟劉歆之義載在班書最爲詳悉臣試條之一曰備數二曰和聲三曰審度四曰嘉量五曰權衡參伍以變錯綜其數稽之於古今效之於氣物和之於心耳著之於經傳咸得其實靡不協同所謂備數者衡器規圓矩方權重衡平準繩嘉量而不失故紀於一協於十長於百大於千衍於萬也所謂

和聲者律呂以成之支干以該之故中於宮觸於角祉於徵章於商宇於羽也所謂審度者以子穀秬黍之中者一黍之廣度之九十分黃鍾之長一爲一分自分而上十爲差率故別於分忖於寸蒦於尺張於丈信於引也所謂嘉量者本起於黃鍾之龠以子穀秬黍之中者千有二百粒實其龠自龠而上十爲差率故躍於龠合於合登於升聚於斗角於斛也所謂權衡者亦起於黃鍾之龠每龠二十銖二十四銖成兩十六兩成斤三十斤成鈞四鈞成石故始於銖兩於兩明於斤均於鈞終於石也臣又以劉歆之法三十餘斤爲一斗今則不可從也然其理有可從方今數已宣於天下曆已職於太史樂已總於太常聲已協於協律其所以雖有未定雖定而未齊一者度量衡而已矣臣居山東但見山東數郡或隔一鎮或間一河其度之長短量之多寡衡之輕重已皆不相同矣則何以示四海一家之平

制式伏望陛下詔令都省昭立制度採劉歆之說監其可否定其高低既約黍粒之多寡勻長爲一尺復約黍粒之多寡平重爲一斤外但約今法以十有二斤爲斗五斗爲斛兩斛爲石石重百二十斤水平爲縣用銅則爲三者既定頒付行省散於隨路以爲各路之的可也截自令行之後違者有司治其罪庶乎自南自北知制度之昭彰于外于中等資財之出納聖人常謂謹權量四方之政行焉此之謂也

歷代名臣奏議卷之二百八十

歷代名臣奏議卷之二百八十一

諡號

漢哀帝時郎中令冷褒黃門郎段猶等奏言定陶共皇太后共皇后皆不宜復引定陶藩國之名以冠大號車馬衣服宜皆稱皇之意置吏二千石以下各供厥職又宜爲共皇立廟京師上復下其議有司皆以爲宜如褒猶言師丹議獨曰聖王制禮取法於天地故尊卑之禮明則人倫之序正人倫之序正則乾坤得其位而陰陽順其節人主與萬民俱蒙祐福尊卑者所以正天地之位不可亂也今定陶共皇太后共皇后以定陶共爲號者母從子妻從夫之義也欲立官置吏車服與太皇太后並非所以明尊卑無二上之義也定陶共皇號諡已前定義不得復改禮父爲士子爲天子祭以天子其尸服以士子無爵父之義尊父母也爲人後者爲之子故爲所後服斬衰三年而降其父母期明尊本祖而重正統也孝成皇帝聖恩深遠故爲共王立後奉承祭祀令共皇長爲一國太祖萬世不毀恩義已備陛下既繼體先帝持重大宗承宗廟天地社稷之祀義不得復奉定陶共皇祭入其廟今欲立廟於京師而使臣下祭之是無主也又親盡當毀空去一國太祖不墮之祀而就無主當毀不正之禮非所以尊厚共皇也

東漢沖帝時有司奏言孝順皇帝弘秉聖哲龍興統業稽乾則古欽奉鴻烈寬裕晏晏宣恩以極躬自菲薄以崇玄默遺詔貽約顧念萬國衣無製新玩好不飾塋陵損狹不起寢廟遵履前制敬勑慎終有始有卒孝經曰愛敬盡於事親而德教加於百姓詩云敬慎威儀惟民之則臣請上尊號曰敬宗廟天子世世獻奉藏主祫祭進武德之舞如祖宗故事露布奏可

靈帝熹平四年。小黃門趙祐議郎卑整上言。春秋之義。母以子貴。隆漢盛典。尊崇母氏。凡在外戚。莫不加寵。今沖帝母虞大家。質帝母陳夫人。皆誕生聖皇。而未有稱號。夫臣子雖賤。尚有追贈之典。況二母尚在。不蒙崇顯之次。無以述遵先世。垂示後世也。帝感其言。乃拜虞大家為憲陵貴人。陳夫人為渤海孝王妃。

蜀先主章武二年。追謚皇思夫人。遷葬於蜀。未至而先主殂隕。丞相諸葛亮上言。皇思夫人履行脩仁。淑慎其身。大行皇帝昔在上將。嬪配作合。載育聖躬。大命不融。大行皇帝存時。篤義垂恩。念皇思夫人神柩在遠飄颻。特遣使者奉迎。會大行皇帝崩。今皇思夫人神柩以到。又梓宮在道。園陵將成。安厝有期。臣輒與太常臣賴恭等議。禮記曰。立愛自親始。教民孝也。立敬自長始。教民順也。不忘其親所由生也。春秋之義。母以子貴。昔高皇帝追尊太上昭靈夫人為昭靈皇后。

孝和皇帝改葬其母梁貴人。尊號曰恭懷皇后。孝愍皇帝亦改葬其母王夫人。尊號曰靈懷皇后。今皇思夫人宜有尊號。以慰寒泉之思。輒與恭等案謚法。宜曰昭烈皇后。詩曰。穀則異室。死則同穴。禮云。上古無合葬。中古後因時方有。故昭烈皇后宜與大行皇帝合葬。臣請太尉告宗廟。布露天下。具禮儀別奏。制曰可。

魏明帝即位。詔曰。尊嚴祖考。所以崇孝表行也。追本敬始。所以篤教流化也。是以成湯文武。寔造商周。詩書之義。追尊稷契。歌頌有娀姜嫄之事。明盛德之源流。受命所由興也。自我魏室之承天序。既發迹於高皇大皇帝。而功隆於武皇文皇帝。至於高皇之父處士君。潛脩德讓。行動神明。斯乃乾坤所福饗。光靈所從來也。而精神幽遠。號稱罔記。非所謂崇孝重本也。其令公卿已下會議號謚。東亭侯劉曄議曰。聖帝孝孫之欲褒崇先祖。誠無量已。然親疏之數。遠近之降。蓋有

禋紀。所以割斷私情。克成公法。為萬世式也。周王所以上祖后稷。自以其佐唐有功。名在祀典故也。至於漢氏之初。追謚之義。不過其父。上比周室。則大魏發迹自高皇始。下論漢氏。則追謚之禮。不及其祖。此誠往代之成法。當今之明義也。陛下孝思中發。誠無已已。然君舉必書。所以慎於禮制也。以為追尊之義。宜齊高皇而已。尚書衛臻與曄議同。事遂施行。

明帝悼后崩。議書銘旌。或欲去姓而書魏。或欲兩書。尚書令侍中司馬孚以為經典正義。皆不應書。凡帝王皆因本國之名以為天下之號。而與往代相別耳。非為擇美名以自光也。天稱皇天。則帝稱皇帝。地稱后土。則后稱皇后。此乃所以同天地之大號。流無二之尊名。不待稱國號以自表。不俟稱氏族以自彰。是以春秋隱公三年經曰。三月庚戌天王崩。尊而稱天。不曰周王者。所以殊乎列國之君也。八月

庚辰宋公和卒。書國稱名。所以異乎天王也。襄公十五年。經曰。劉夏逆王后于齊。不云逆周王后姜氏者。所以異乎列國之夫人也。至乎列國。則曰夫人姜氏至自齊。又曰紀伯姬卒。書國稱姓。此所以異乎天王后也。由此攷之。尊稱皇帝。赫赫無二。何待於魏乎。尊稱皇后。彰以謚號。何待於姓乎。議者欲書魏者。此以天皇之尊。同於往古列國之君也。或欲書姓者。此以天皇之后。同於往古之夫人也。乖經典之大義。異乎聖人之明制。非所以垂訓將來。為萬世不易之式者也。遂從孚議。

明帝時。有司奏請追謚文昭甄皇后。使司空王朗持節奉策。以太牢告祠于陵。又別立寢廟。三公奏曰。蓋孝敬之道。篤乎其親。乃四海所以承化。天地所以明察。是謂生則致其養。歿則光其靈。誦述以盡其美。宣揚以顯其名者也。今陛下以聖懿之德。紹承洪業。至孝烝烝。通

於神明遭離殷憂每勞謙讓先帝遷祔山陵大禮既備正於先后未有顯謚伏惟先后恭讓著於幽微至行顯於不言化流邦國德侔二南故能膺神靈嘉祥為大魏世妃雖夙年登遐萬載之後永播融烈后妃之功莫得而尚也案謚法聖聞周達曰昭德明有功曰昭昭者光明之至盛久而不昧者也宜上尊謚曰文昭皇后

明帝青龍中散騎常侍王肅上疏曰昔唐禪虞虞禪夏皆終三年之喪然後踐天子之尊是以帝號無虧君禮猶存今山陽公承順天命允答民望進禪大魏退處賓位公之奉魏不敢不盡節魏之待公優崇而不臣既至其薨櫬歛之制輿徒之飾皆同之於王者是故遠近歸仁以為盛美且漢總帝皇之號號曰皇帝有別稱帝無別稱皇則皇是其差輕者也故當高祖之時土無二王其父見在而使稱皇明非二王之嫌也況今以贈終可使稱皇以配其謚明帝不從

東晉哀帝即位欲尊崇章皇太妃尚書江虨議曰虞舜體仁孝之性盡事親之禮貴為天王富有四海而瞽叟無立錐之地一級之爵蒸蒸之心昊天罔極寧當忍父卑賤不以徽號顯之豈不以子無爵父之道理窮義屈靡所厝情者哉春秋經曰紀季姜歸于京師傳曰父母之於子雖為天王后猶曰吾季姜言子尊不加父母也或以為子尊不加父母則武王何以追王太王王季文王乎周之三王德配天地王跡之興自此始也是以武王仰尋前緒遂奉天命追崇祖考明不以子尊加父母也按禮幼不誄長賤不誄貴幼賤猶不表彰長貴況敢錫之以榮命邪漢祖感家令之言而尊太公荀悅以為孝莫大於嚴父而以子貴加之父母家令之言過矣爰逮孝章不上賈貴人以尊號而厚其金寶幣帛非子道之不至也蓋聖典不可踰也當春秋時庶子承國其母得為夫人不審直子命母邪故當告於宗祧以先

君之命命之邪竊見詔書當臨軒拜授貴人為皇太妃今稱皇帝冊命命貴人斯則子爵母也貴人北面拜受斯則母臣子也天尊地卑名位定矣母貴子賤人倫序矣雖欲加崇貴人而實卑之雖顯明國典而實廢之且人主舉動史必書之如當載之方策以示後世無乃不順乎竊謂應告顯宗之廟稱貴人仁淑之至宜加殊禮以酬鞠育之惠奉先靈之命事不在己妃后雖是配君之名然自后以下有夫人九嬪無稱妃焉桓公謂宜進太夫人非不允也如以夫人為少可言皇太夫人皇君也君太夫人於名順矣

武帝太元中欲追崇庶祖母宣太后議者或謂宜配食中宗時臧燾為明教議曰陽秋之義母以子貴故仲子成風咸稱夫人經云考仲子之宮若配食惠廟則宮無緣別築前漢孝文孝昭太后並繫子為號祭於寢園不配於高祖孝武之廟後漢和帝之母曰恭懷皇后安

帝祖母曰恭愍皇后唯不繫子為號亦祭於陵寢不配章安二帝此則二漢雖有太后皇后之異至於並不配食義同陽秋唯光武追廢呂后故以薄后配高祖廟又衛后既廢霍光追尊李夫人為皇后配孝武廟此非母以子貴之例直以高武二廟無配故耳夫漢立寢於世自是晉制所異謂宜遠準陽秋考宮之義近摹二漢不配之典尊號既正則罔極之情申別建寢廟則嚴禰之義顯繫子為稱兼明母貴之所由一舉而允三義固哲王之高致也

南齊武帝時步兵校尉王慈以朝堂諱榜非古舊制上表曰夫帝后之德綢繆天地君人之亮蟬聯日月至於名族不著昭自方篆號謚聿宣載伊篇籍所以魏臣攄中以建議晉主依經以下詔朝堂榜誌諱字懸露義非綿古事殷中世空失資敬之情徒乖嚴配之道若乃式功鼎臣贊庸元吏或以勳崇或由姓表故孔悝見銘謂標叔舅子孟應圖

稱題霍氏。況以慶一之重。列尊名以止仁。無二之貴。黃冲文而止歆。昔東平即世。孝章巡宮而洒涕。新野云終。和熹見似而流涕。感循舊類。尚或深心。矧觀徽跡。能無惻隱。今扃禁崇邃。動延車蓋。若使鑾駕紆覽。四時臨閱。豈不重增聖慮。用感宸衷。愚謂空龜簡第。無益於匪躬。宜日朝寧寧。虧於夕惕。伏惟陛下保合萬國。齊聖群生。當刪前基之弊軌。啓皇齊之孝則。詔付外詳議。

後魏孝明帝正光五年。侍中甄琛卒。太常議謚文穆。吏部郎袁翻奏曰。案禮謚者。行之迹也。號者功之表也。車服者位之章也。是以大行受大名。細行受細名。行生於己。名生於人。故闔棺然後定謚。皆累其生時美惡。所以為將來勸戒。身雖死。使名常存也。凡薨亡者。屬所即言大鴻臚。移本郡大中正。條其行迹功過。承中正移言公府。下太常部博士評議。為謚列上。謚不應法者。博士坐。如選舉不以實論。若行狀

失實。中正坐。如博士。自古帝王莫不殷勤重慎。以為褒貶之實也。今之行狀皆出自其家。任其臣子自言君父之行。無復相是非之事。臣子之欲光揚君父。但苦迹之不高。行之不美。是以極辭肆意。無復限量。觀其狀也。則周孔聯鑣。伊顏接衽。論其謚也。雖窮文盡武。罔或加焉。然今之博士與古不同。唯知依其行狀。又先問其家人之意。臣子所求。便為議上。都不復斟酌與奪。商量是非。致號謚之加。與汎階莫異。專以極美為稱。無復貶降之名。禮官之失。一至於此。案甄琛行狀。至德與聖人齊蹤。鴻名共大賢比迹。文穆之謚。何足加焉。但比來贈謚。於例普重。如甄琛之流。無不復謚。謂宜依謚法慈惠愛民曰孝。宜謚曰孝穆公。自今已後。明勒太常司徒。有行狀如此。言辭流宕。無復節限者。悉請裁量。不聽為受。必準人立謚。不得甚加優越。復仍踵前來之失者。付法司科罪。從之。

莊帝追尊兄彭城王為孝宣皇帝。尚書令柘跋彧面諫曰。陛下中興。意欲憲章前古。作而不法。後世何觀。歷尋書籍。未有其事。願割友于之情。使名器無爽。帝不從。及神主入廟。復勑百官悉陪從。一依乘輿之式。彧上表以為爰自中古。迄於下葉。崇尚君親。褒明功懿。乃有皇號。終無帝名。今若去帝。直留皇名。求之古義。少有依準。

唐太宗初即位。謂侍臣曰。准禮名。終為諱之。前古帝王亦不生諱其名。故周文王名昌。周詩云克昌厥後。春秋時魯莊公名同。十六年經云齊侯宋公同盟于幽。惟近代諸帝皆妄為節制。特令生避其諱。理非通允。宜有改張。因詔曰。依禮二名義不偏諱。尼甫達聖。非無前指。近世以來。曲為節制。兩字兼避。廢闕已多。率意而行。有違經誥。今宜依據禮典。務從簡約。仰效先哲。垂法將來。其官號人名及公私文籍。有世及民兩字不連讀。並不須避。

睿宗時。改葬故太子重俊。有詔加謚。又詔雪李多祚等罪。議贈官。太府少

卿兼通事舍人韋湊上言。王者發號出令。必法天道。善善著。惡惡明也。賞罰所不加。則考行立謚以褒貶之。臣議其君。子議其父。曰靈曰厲者。不敢以私亂公也。臣伏見故太子與多祚等擁北軍犯宸居。破扉斬關。兵指黃屋。騎騰紫微。和帝御玄武門親諭逆順。太子據鞍自若。督衆不止。逆黨悔非。回兵執賊。多祚伏誅。太子乃遁去。明日帝見群臣涕數行下。曰幾不與公等相見。其為危甚矣。臣子之禮。過位必趨。蹙路馬芻有誅。昔漢成帝為太子。行不敢絕馳道。秦師免冑過周北門。王孫滿策其必敗。推此則太子稱兵宮中。為悖已甚。以斬三思父子而嘉之乎。則弄兵討逆以安君父可也。因欲自立。則是為逆。又奚可褒。此時韋氏逆未明。義未絕於太子。母也。子無廢母之理。非中宗命廢之。則又劫父廢母。且君或不君。臣安可不臣。父或不父。子安可不子。晉太子申生謚曰恭。漢太子據謚曰戾。今太子乃謚節閔。臣所未諭。願與議謚者執於御前。使臣言非耶。甘鼎鑊之誅。申大

義示天下臣言是耶咸豐永釋不復異議如曰未然奈何使後世亂臣賊
子資以為辭宜易謚以合經禮多祚等罷云免而不云雪帝瞿然引內閣
中勞曰誠如卿言業已爾奈何對曰太子實逆不可以褒請貸行以謚時大
臣亦重改唯羅多祚等贈官

德宗即位禮儀使顏真卿請復七聖謚號狀曰謹按禮記曰先王謚以尊
名節以一惠故行出於已而名生於人使夫善者勸而惡者懼也虞夏之
質殷周之文至矣而禹湯文武之君咸以一字為謚言文則不稱武言武
則不稱文豈聖德所不優乎蓋群臣稱其至者是以子不得議父臣不得
議君天子崩則臣下制謚於南郊明受之於天也諸侯薨則太子赴告於
天子明受之於君也至於周室卑夫朴散謚始以兩字為重人或以虛美
為榮漢承戰國餘烈參而用之君臣易名事歸至當少不以為貶多不以
為褒雖衆美所歸可一言而盡矣魏晋以降蓋不足徵聖唐欽明憲章周
漢爰初創業順考古道高祖謚太武用漢制太宗謚曰文行周道也名正
理順垂之無窮上元中政在宮壺亂名改作始建神堯文武大聖之號蓋
非高宗之所獲已泉玄宗之末姦臣竊柄析言而亂舊法輕議以改濫名
遂廣累聖之謚有加至十一字者皇帝則悉有大聖之號皇后則皆有順
聖之名使言之者惑於今行之者異於古非舊制也其後敕門下罷已之
詔敘高祖已下累聖悉用舊謚則玄宗悔既往之失亦以明矣寶應中二
聖山陵有司議謚事不師古變而行權去古質而尚浮華捨舊名而廣新
謚謂一名不足以節惠適十倍於古焉而累聖謚名悉以字多者為定是
廢高祖太宗之令豈曰愛君今制謚非古人皆知之有司因循其事而無
敢言者假使當今守之而不改後人議之以為非所失豈不大哉何者臣
子之於君父莫不欲廣其美稱先王制禮不敢過也故至敬無文至文尚
質質之數極於一堯舜之美足以彰矣文之數極於二孝文孝景之德亦

以明矣質則近古文則近今此高祖太宗所以更用其法後王所宜守之
法也非天下之至聖其孰能定之此天皇所以興聖主而正鴻名太宗所
以待孝孫而脩廢典徵臣所以守經義而崇聖朝陛下宜奉天心繼先太
宗之志使子孫蒙其法而萬代守之此天下之能事也臣愚以為高祖已
下累聖謚號悉宜取初謚為定謹按舊制宜上高祖為太武皇帝太宗為
文皇帝高宗為天皇大帝中宗為孝和皇帝睿宗為真聖皇帝其二聖謚
名字數太廣有逾古制臣愚請擇其美稱而正之謹按謚法秉德不回曰孝
照臨四方曰明宜上玄宗為孝明皇帝又按謚法聖善周聞曰宣宜上肅宗
為孝宣皇帝仍准漢魏及國朝故事於尚書省議定奏御夫文弊則救之以
質至敬也名惑而反之於正至明也祖作之而孫述之至孝也三者備矣然後能
立天下之大本正天下之大名建天下之大業能事畢矣伏惟陛下詳擇

翰林學士陸贄上奏曰右其寧奉宣聖旨往年百官請上尊號曰聖神文武
皇帝今緣經此寇難諸事並宜改變衆議欲得於朕舊號之中更加一兩字
卿宜商量事體穩便得否者伏以睿德神功參天配地巍巍蕩蕩無得而名
臣子之心務崇美號雖或增累盈百猶恐稱述未周陛下既越常情俯稽至
理思衷未諭安敢不言竊以尊號之興本非古制行於安泰之日已累謙沖
襲乎喪亂之時尤傷事體今者鑾輿播越未復宮闈宗祏震驚尚愆禋祀中
區多梗大憝猶存此乃人情向背之秋天意去就之際陛下誠宜深自懲勵
以收攬群心痛自貶損以荅謝靈譴豈可近從衆議重益美名既虧追咎之誠
必累中興之業以臣庸蔽未見其宜乞更詳思不為允許所幸此臣之至願也

贄又上奏曰右其寧奉宣聖旨卿所商量加尊號事雖則理體甚切
然時運必須小有改變亦不可執滯不信卿宜為朕更審思量應亦
無妨者臣聞德合天者謂之皇德合地者謂之帝德合人者謂之王
父天母地以養人理物各有其宜者謂之天子是皆至尊之殊號極

美之大名雖欲變更無踰於此故伏羲神農黄帝堯舜自生人已来
君德之最神聖者天下尊之美之亦已至矣而其指以為號者或曰
皇或曰帝唯目一字且猶不兼禹湯繼興莫匪大聖尚自菲薄降號
為王嬴秦德衰於殷周而名竊於羲皞兼皇與帝始總稱之流及後
代僭儗之君乃有聖劉天元之號是知人主輕重不在名稱崇其號
無補於徽猷損其名不傷於德美然而損之有謙光稽古之善崇之
獲矜能納謟之譏得失不侔居然可辨況今時遭屯否事屬艱難尤
宜懼思以自貶抑必也俯稽術數須有變更與其增美稱而失人心
不若黜舊號以祗天戒天時人事理必相扶人既好謙天亦助順陛
下誠能斷自宸鑒渙發德音降引咎名深自剋責惟謙與順一舉而
二美從之外可以收物情内可以應玄運上可以高德於負古下可
以垂法於無窮興廢典矯舊失至明也損虛飾收美利大智也前聖

之所以永保鴻名常為稱首者達於茲義而已矣陛下何惜而不革
反欲加冗號以受實患哉玄元之德經曰王侯自謂孤寡不穀以賤
為本也周襄王遭亂出居于鄭告於諸侯曰不穀不德鄙在鄭地春
秋禮之以其能降名也漢光武詔令上書者不得言聖史册稱之以
其能損已也臣顧以賤微獲承訪議伊尹耻其君不如堯舜臣亦耻
之是以誠發於中不復防慮忌諱赦其愚而鑒其理惟明主行焉

憲宗時國子博士韓愈請上尊號表曰臣某言臣得所管國子太學
廣文四門及書筭律等七館學士沈周等二百人狀稱身雖賤微然
皆以選擇得備學生讀六藝之文脩先王之道粗有知識皆由上恩
天子整齊乾坤出入神聖經營乎無為之業游息乎混元之宮不謀
於庭不戰於野坐收冀部旋定幽都析木天街星宿清潤北嶽醫閭
鬼神受職地弥天區界軼海外舜之十有二州周之七百餘國章亥
所步禹契所書四面輻輳各脩貢職西戎之首北虜之渠沮威愧德
失援狼狽收其種落逃遁遠去来獻羊馬千里不絶功既如此德又
如彼爰初嗣位首去姦孽隨所顧指應時清寧哀天下之鰥寡釋四
海之鬱結左右前後莫匪俊良小大之材咸盡其用無所誅詰一和
以仁由是五穀歲登百瑞時見六府三事惟序惟歌昔者媧皇殺黑
龍以濟冀州堯誅九嬰以定下土立兵刻力僅就厥功以方吾君一
何遠也堯之在位七十餘載戒飭咨嗟以致平治孔子之聖自云三
年有成今自嗣位以来歳有餘矣臻此功德何其捷哉置郵傳命未
足以喻以非常之功襲尋常之號以冠古之美屈守文之名臣子之
誠闕而不奏天號人稱不滿事實斯亦縉紳先生之過也謂臣官居
師養不言謂何考其所陳中於義理天人合顏不謀而同非臣之愚
所敢隱蔽輒冒死以聞伏乞天恩特允誠志令公卿大夫得竭愚慮

取正於經以定大號有司備禮擇日以頒天下幸甚

憲宗崩淮南李夷簡上言大行皇帝功高宜稱祖穆宗下其議博士
王彦威奏曰古者始封為太祖由太祖而降則又祖有功宗有德故
夏人祖顓頊而宗禹商人祖契而宗湯周人祖文王而宗武王魏晋
而下務欲推美自始祖外並建列祖之議叔世亂典未可以為訓唐
本周禮以景皇帝為太祖祖神堯而宗太宗自高宗後咸稱宗以為
成法不然太宗致升平玄宗清内難肅宗收復兩都皆撥亂反正猶
不稱祖今當本三代之制黜魏晋亂法大行廟號宜稱宗制可

穆宗時白居易上號曰臣某等言今月二十四日臣等已陳表章請
上尊號懇誠雖懇聖鑒未迴踏地跼天不勝大願臣等誠惶誠恐頓
首頓首臣聞大道者無求於物物尊而不辭至公者非欲其名名生
而不讓不讓故與天合德不辭故率土歸心斯所謂應乎天而順乎

人者也。伏惟皇帝陛下。嗣興一德。統牧萬方。致時俗之和平。納生靈
於富壽。金革已偃。銷七十載之厲階。玉燭方調。啓一千年之聖運。天
人合應。書軌混同。而鴻名未加。盛典猶缺。華夷失望。史策無光。此誠
君上之謙。然亦臣下之罪也。今臣所以上稽天意。下酌人情。再瀆皇
明。重陳丹懇。臣謹按書曰。思作睿。睿作聖。又曰。乃聖乃神。乃武乃文。
經曰。明王以孝治天下。凡此五者。歷覿列辟。雖甚盛德。莫能兼之。伏
以陛下自即大位及此二年。無巾車汗馬之勞。而坐平鎮冀。無亡弓
遺鏃之費。而立定幽燕。仁和一薰。獷驁盡化。可不謂睿文乎。剗平天
下。震耀八荒。北虜求婚以稟命。西戎乞盟而納欵。威靈四及。奔走來
賓。可不謂神武乎。陛下以萬乘之尊。四海之富。供養長樂。道光化成。
推而置之。可塞天地。可不謂孝德乎。故臣等敢冒死稽首上尊號曰。
睿文神武孝德。伏惟陛下略撝謙之小節。弘祖宗之大猷。惟十一聖

在天。豈忘繼其志。以億兆人為子。寧忍阻其心。特迴宸衷。俯受徽號。
在玄功不為主宰。於盛德有所形容。煥乎大烈。垂裕無極。此實天下
之幸。甚非獨臣之幸也。臣等無任誠願懇禱之至。
宋太宗端拱二年。翰林學士宋白上奏曰。臣等奉宰臣傳聖旨。以近
降御劄省去尊號。今欲只稱帝字。令臣等商量者。乍聆睿旨。仰測天
心。見陛下謙尊之誠。善下之意。寅畏天命。超越古先。固無得而稱也。
然則皇帝二字。典策昭然。數千百年。沿襲不改。蓋如天之有地。日之
有月。二儀成象。兩曜齊明。不可斯須而去之也。聖意以為非從上古。
起自嬴秦。鄙其兼名。欲歸一字。然肇于前漢。爰至近朝。唯此尊名不
能去者何哉。蓋天下行之已久。人臣呼之已熟。方今萬世一統。四海
為家。士馬精研。蠻夷率服。民物豐阜。前代無雙。至於徽號之稱。增加
即可。唯此至尊之字。減損實難。況夫今古異宜。質文互變。一定之制。

千載不刊。與其改作而誅新。曷若因俗而仍舊。臣等職塵內禁。丑事
明庭。凡在討論。未嘗請免。如此大事。不敢輕言。誓竭微軀。各以死請。
泰山可轉。此志不移。冒犯冕旒。甘當鼎鑊。
直集賢院王皡上奏曰。謚者。行之表也。善行有善謚。惡行有惡謚。蓋
聞謚知行。以為勸戒。六典太常博士掌王公以下擬謚。皆跡其功德
為之褒貶。近者臣僚薨卒。雖官該擬謚。其家自知父子別無善政。慮
定謚之際。斥其繆戾。皆不請謚。竊惟謚法。自周公以來。垂為不刊之
典。蓋以彰善癉惡。激濁揚清。使其身沒之後。是非較然。用為勸懲。今
若任其遷避。則為惡者肆志而不悛。乞自今後。不必候其請謚。並令
有司舉行。如此。則隱慝無行之人。有所沮勸。若須行狀申乞。方行擬
謚。考諸方冊。別無明證。惟衛公叔文子卒。其子戌請謚。臣謂春秋之
時。禮壞樂闕。公叔之卒。有司不能明舉舊典。故至將葬。始請謚於君。

且周制太史掌小喪賜謚。小史掌卿大夫之家賜謚讀誄。以此知有
司之職。自當舉行明矣。詔下有司詳定。如皡請焉。
仁宗寶元元年。右司諫供諫職韓琦上奏曰。臣竊以陛下至德合天
地。至仁越堯舜。雖徽號累百。亦無得而稱焉。蓋以三載一郊。陛下報
本之際。臣子之心。無以歸美君上。故恭薦盛名。以達惓惓之意。緣近
年以來。天地之變。比比而發。陛下亦嘗虛懷以來讜言。平刑以降罪
戾。今者圜丘展祀。所宜責躬引咎。仰荅天戒。其所加尊號。欲望不賜
恩可。如陛下已有聖意謙遜不從。莫若直降御劄申諭宰庭。具述宸
衷。便斷來表。若候章表五上。方示推拒。此乃從來俞允之例。似未協
宜。此事動于典策。望聖明熟慮之。
慶曆四年。翰林學士王堯臣等上奏曰。章獻明肅盛烈丕功。非一惠
可舉。謚告於廟。冊藏於陵。無容追減。章惠擁祐帝躬。並均顧復。故景

祐中膺保慶之册義專繫子禮須别祠章稍升祔歲月已深奉慈三室先後已定若再議升降則情有重輕請如舊制中書門下覆議成憲在前文考之意配食一體二慈之宜奉承無私陛下之孝請如禮官及學士議案祥符詔繫章聖特旨位叙先後乞聖制定數昭示無窮詔依所議

嘉祐四年知制誥劉敞上奏曰臣伏見宰臣率文武百官詣東上閤門拜表乞加上尊號今月十一日准批荅不允此誠見陛下恭讓持滿謙盈好謙之意且陛下自寶元以來不復加徽號迨二十餘年矣沖遜之德上通於天下信於民此上天所以保佑聖躬受福無疆萬民所以戴愛聖政日新一日者也今實不須稍增數字示人自滿臣願陛下固執推意群臣雖十上表堅讓勿受足以益明積年沖遜之實必大得天人之佑且陛下尊號既已云體天法道欽文聰武聖神

孝德叡善極美矣復加大仁不足增光而曰至治則有若自欲今百姓多困倉廩不實風俗未清賢不肖混淆獄訟繁多盜賊群輩水旱繼有四夷雖粗定然本以重賂厚利羈縻而服之非畏威慕義者也未可謂至治然則讓而不居於聖德彌高矣今群臣皆以加上徽號為請而臣獨望陛下回辭徽號為願其心則同欲尊君同欲愛君然望陛下裁之聖慮參之美志斷而行之則有高世之名與道同符豈數字可盡哉

敞又上奏曰臣近上封事欲望陛下堅讓尊號今已兩奉批荅不允願陛下遂執此意斷在不疑且陛下不加尊號已二十年謙沖之德超絕前古簡在上帝人臣歸心矣已二十年行之一旦改之於義不可蓋推善歸美以尊君父者臣子之常節也讓德謙盈以保天下者聖人之至道也臣謂陛下永執至道以當天心必有一謙四益之報增加數字未足發揚光輝實恐反累陛下二十年昭然之美又入今歲已來頗有災異日食地震雨雹大雪飛蝗涌水傷害廣遠以理論之陛下寅畏天命正當深自抑損豈可於此時加上尊號昔伊尹戒商王曰有言逆於汝心必求諸道有言遜于汝志必求諸非道今臣此言逆於心者也而群臣之請遜于志者也誠望陛下求諸道而已

敞又上奏曰臣兩貢愚忠欲望陛下辭不受所加尊號似未蒙采納臣豈敢沮衆人之意豈敢損主上之美實以謂崇陛下之稱號不如明陛下之謙讓循臣子歸美報上之心不如廣君父克己畏天之道此事至重至大在陛下力能行之不當復詢左右之臣今群臣已上五表聽之則頓失二十年謙遜之美不聽則合於嚴恭寅畏持盈克讓之義亦令四方無以窺聖德之淺深臣雖狂瞽竊重慎此舉不敢不再三陳聞

仁宗時知禮院韓維上奏曰司徒侍中杜公剛重不倚明果而斷秉事君之直節有保民之大德爰初服官以及謝政職無大小事無劇易必極其力不為苟然任提點刑獄屢決疑訟人以不冤治詮審官法明選公吏至謝賕不受開封號難治為尹者類以擊斷無壅為聲至公居之又以其餘力惠綏民人識向歌之在二府引義獻納有大臣風采私謁幸恩法所不可者一切裁罷聞人少善稱道如不及至論國事有所曲直雖平生厚善未為毫髮假借故其進而相也天子恨其用之晚退而老也士大夫惜其去之速公雖家居上尊禮焉比歲三遷其官爵至封國為公賜予勞問之使歲月不絕嗚呼可謂善始令終者矣謹按謚法清白守正曰正文質有成曰獻述公所以當大任享大名始終尊榮人無間言者亦其樹立所從來遠始諸父與公分財所得鉅萬悉推不受以予昆弟之貧者及富貴無聲樂妾御之

好居處故服如始仕惟其治身報國之不足是以爲憂故其德業所就章章如此謚曰正獻不亦宜哉

維又上奏曰贈太師兼侍中陳執中幸得以公卿子遭世承平因緣一時之言遂至貴顯皇祐之末天子以後宮之喪問所以葬祭之禮執中位爲上相不能總率羣司考正儀典以承荅天問知治喪皇儀非嬪御之禮追冊位於宮闈有嫡建廟用樂踰祖宗舊制執中白而行之曾不愧憚遂使聖朝大典著非禮之舉此不忠之大者閨門之內禮分不明夫人正室疏薄自絀庶妾賤人悍逸不制醜聲流布行路共知此又治家無足言者夫宰相所當秉道率禮以弼天子正身齊家以儀百官執中不務出此而方杜門深居謝絕賓客曰我無私也我不黨也豈不陋哉謹按謚法寵禄光大曰榮不勤成名曰靈執中出入將相以一品就第可謂寵禄光大矣得位行政不爲不逢死之日賢士大夫無述焉可謂不勤成名矣請合二法謚曰榮靈

維又上奏曰臣聞尊卑親疏賢不肖之辨所以立人倫也禮者所以維持人倫使不斁敗之具也朝廷之位廟寢之制車服之數金石俎豆之容皆有章也章不明則尊卑親疏賢不肖紛亂而人倫斁矣故有天下者不可不先禮也竊見國家受命百年而郊廟之位尚有未正朝廷之儀尚有未尊祭祀婚葬車服之等尚多不備所以然者患在棄禮而任人情也夫禮所以撙節人情使一於正今任人情而廢禮是以民俗無羞惡之風士大夫寡廉遜之節禮制雖繁而下不率法禁滋密而姦不勝蓋有當先而後宜興而廢者矣伏惟宋至陛下比之於周成康之世也方當脩起廢墜興造禮樂以成一家之制典章之有失者此臣所以不得默也臣聞温成之喪陛下疑所以處中喪命就宰相陳執中第問之明日遂裁喪而下禮之大不可者有四夫皇儀殿者先帝先后之所嘗治喪也雖宮禁給使之人知其不當處之而處之矣夫不可一也皇后者上配宸極天下之母也位號至重豈容僭瀆中宮在上而發冊毁廷且以后禮送之夫不可二也樂禁之內夫祀用樂者備而不作夫祀者三天地日月則宗廟社稷也而殺厭其禮夫不可三也殿而不廟不備四時之享者奉孝惠皇后之禮也孝惠皇后者非太宗之正配也猶以爲未足而立廟用樂遂與祖宗等夫不可四也別廟四后章惠皇后不立忌日久矣緣此而立之事已施行賴陛下聖明采諫者之言而復止不然又不可一也臣伏思温成皇后雖追冊位號其實陛下之後宮也今以真奉後宮而瀆臣主之分殺天地之祀僭祖宗之禮切計此非陛下本意何以言之臣伏見陛下謙儉寅畏謹於事神篤於奉先祠享常禮之外過自抑損以極孝恭不宜有此蓋當時臣下莫爲陛下正言者陳執

中位居師長曾無一言之補夫爲國謀事而至於瀆臣主之分僭祖宗之禮可謂乖戾矣生既竊陛下之爵位以厭其欲若死又得美謚以成其志是執中終始獲幸而獨留非理之名使後世有以議陛下也臣不勝憤懣謹因其家請謚貴其大節之失加以榮靈之謚言其寵禄則厚而令名不立也其義欲使天下知爲臣當盡忠事君當以禮又使阿諛竊位之臣知生雖苟一時之榮而死不免萬世之戮不然議虛名將朽之骨臣何獨爲此區區也且謚者周公所作萬世之公法也臣之所言天下之公議也陛下寵待大臣亦已至矣而使有司得以萬世之公法天下之公議貶之亦天下之至公也伏惟陛下幸聽臣言以成天下至公之法豈不大哉臣備位禮官凡儀典之遺闕得以討論又大臣之薨卒者得秉筆爲議以美惡謚之皆臣之職也義有所在不忍緘默

維又上奏曰。臣近與孫抃等議故太師、侍中陳執中之謚。論有異同。遂具狀申中書門下。臣以謂朝廷且將復下有司使議執中所以得謚恭之狀。然後決其是非。遽聞降勅考功以恭字爲定。臣伏思之。不勝惶惑。臣以榮靈謚執中者。正謂責其廢禮不恭。失爲臣之節。而朝廷遽用恭法。此臣不得不惑也。臣聞孟子曰。責難於君謂之恭。謂以難行之道。進於君而勉之也。孔子曰。恭近於禮。遠恥辱也。蓋禮之意。非恭不立。而恭不近禮。適足以招恥辱也。書曰。官師相規。工執藝事以諫。其或不恭。邦有常刑。此言治古之世。自公卿大夫以至百工。各以其職諫。有不如此。謂之不恭也。執中備位宰相。遭遇明主。以仁恕臨下。賦事行政。惟大臣是咨。惟古訓是式。前代人君之所難。陛下皆易之。此誠人人自竭盡之秋。而執中內懷阿倚苟援不正之說。僭瀆大禮。尚不能成明主之易。可謂責難乎。陛下中宮在上。而妃嬪之殁

治喪發冊。近在殿中。此雖宦者使令之人。猶知其不可。執中尚不能及使令之所知。可謂近禮乎。有司上孝惠祠殿之比。不享不樂。罷斥其議。而遂僭祖宗之制。執中表帥群司。縱不能遠復治古。各以職諫。而首自亂禮。此又常刑之所不赦也。且恭之法曰。不懈于位。夫位以宅才。才以治事。苟事之不治。雖脩潔其衣冠。莊嚴其色辭。終日危坐。無少懈之容。何益哉。執中犯不恭者三。而顧以恭爲謚。如此則是謚法可廢。而官守無用也。夫設法而至于可廢。命官而同於無用。臣愚不識朝廷處此於義何當。伏望陛下亟詔有司。格勅未行。復令禮官得盡謚恭之說。然後并以臣議下尚書都省。集百官參定。臣論有少屈。退伏妄言之誅。誠無所恨。

維又上奏曰。臣近兩上章。論故太師侍中陳執中不當謚恭。事至今未蒙朝廷俞允。竊聞勅在考功。有司以不應常法。未即奉行。故臣敢復進其愚說。臣聞聖人治天下。所以得人而用之。其大法有五。士之處也。則教育之。其將進也。則辨論之。其已仕也。則校其功罪而升黜之。既沒也。又作史以紀其善惡。制謚以著其賢不肖。所以教育奬勸懲懼者如此。故士之爲善也固。其遠惡也力。在上者總其才而用之。此天下之所以治也。後世苟簡。教育辨論之法。既蕩然矣。作史制謚。止以備官而不責其實。至於升黜。則非有成可考。或舉或廢。咎因其時在上者方患才之難得。官之不脩。不知所以教育奬勸懲懼之法不立也。臣請以執中一事明之。夫執中學問之不講。義理之不達。而遂至貴顯。此教育辨論已廢之驗也。既位宰相。首亂國典。瀆尊卑親疏之義。而優游壽寵。以一品自終。此升黜不行之効也。今臣區區欲加公議於已然之後。而同僚不以爲得。朝廷不以爲善。裡黜其論不少加參考。此又備官而不責其實也。所未知者。但史官耳。若史官又廢

其守。則是聖人之法都盡矣。方今風俗頹靡。百職隳惰。謂宜力加振肅。以消因循之弊。而乃奪有司之職。使不盡其法。退至公之論。使不極其理。臣恐非朝廷之福也。伏惟陛下觀聖人制法之意。鑒後世苟簡之弊。察當今之所宜。急使有司不失其職。公論得有所立。非臣之幸。實天下幸甚。

知太常禮院司馬光上奏曰。臣等伏覩故贈太師中書令夏竦以舊在東宮。特賜謚文正。臣聞大戴禮曰。謚者行之迹也。行出於己。名生於人。所以勸善沮惡。不可私也。臣等叨預禮官。謚有得失。職有當言。不敢隱嘿。謹按令文諸謚王公及職事官三品以上。皆錄行狀申省議定奏聞。所以重名實。示至公也。陛下聖德涵容。如天如地。哀愍舊臣。恩厚無已。知竦平生不協衆望。不欲委之有司。槩以公議。且將掩覆其短。推見所長。故定謚於中而後宣示于外。臣等謂猶宜擇中流

一諡。使與行實粗相應者。取以賜之。亦非羣臣所敢議也。今乃諡以文正二者諡之至美。無以復加。雖以周公之才不可兼取。況如竦者。豈易克當。所謂名與實爽。諡與行違。傳之永久。何以為法。伏以陛下睿智聰明。燭見微遠。如竦所為。豈不素聞。廼欲以恩澤之私。強加美諡。雖朝士大夫畏竦子孫居美仕。不敢顯言。四方之人。耳目炳然。豈可掩蔽。必曰夏竦之為如是。而諡文正。非以諡為公器也。蓋出於天子之恩耳。此其譏評國家之失。豈云細哉。臣等所以夙夜區區不敢避誅戮之辜。報讎之禍。狂僭妄言。正為此耳。伏乞陛下留神幸察。改賜一諡。庶協中外之論。以為萬世之法。

光又上奏曰。臣等近以故贈太師中書令夏竦賜諡文正。輙有奏陳乞賜改更。至今未奉俞旨。臣竊以凡為人臣。受祿不必多。受位不必高。苟當官不言。則刑戮之人也。是以夙夜惶懼。不敢默默。伏惟陛下不以鄙賤而忽其言。臣等切迹諡法本意。所謂道德博聞曰文者。非聞見雜博之謂也。蓋以所行所學不離於道德也。靖共其位曰正者。非柔懦苟媮之謂也。蓋詩云靖共爾位。好是正直也。今竦奢侈無度。聚斂無厭。內則不能制義於閨門。外則不能立效於邊鄙。言不副行。貌不應心。語其道德則貪淫矣。語其正直則回邪矣。此皆天下所共聞。非臣等所敢誣加也。陛下乃以文正諡之。臣等戇愚。不達大體。不知復以何諡待天下之正人良士哉。且陛下所以念竦如此之厚者。以竦嘗為東宮之臣故也。向者東宮之臣死而得諡者非一。陛下未嘗親有所定。至於竦獨不然。豈非知竦所為不合衆心邪。陛下必以竦為正直無疑。則何不委之有司。付以公議。然則陛下掩覆其短。遂所以彰之也。陛下念竦不已。則莫若厚撫其家。至於諡者先王所以勸善沮惡。非供恩澤之具也。議者將以諡為虛名。何害借人。臣等請試

言其害。凡國家所以馭臣下者。不過禍福榮辱而已。為善者生享其福。死受其榮。為不善者生遇其禍。死蒙其辱。天下雖欲不治安。何可得也。如有不令之臣。生則盜其祿位。死則盜其榮名。善者不知所勸。惡者不知所懼。臧否顛倒。不可復振。此其為害可勝道哉。虞書曰。兢兢業業。一日二日萬幾。孔安國傳曰。言當戒懼萬事之微。夫事之方微。治之易絕。及其既著。誰得治之。況天下之人皆知竦為大邪。陛下雖諡之以正。此不足以掩竦之惡。而適足以傷國家之至公耳。且諡法所以信於後人者。為其善善惡惡無私也。今以一臣之故而敗之。使忠良雋傑之士蒙美諡者。後世皆疑之。則諡法將安用哉。臣等所以冒犯天顏。區區不已。與人父子為怨者。誠惜國家勸沮大法。不可因循虧廢也。伏惟陛下憐察。少加采擇。特依前奏。所陳改賜竦諡。天下幸甚。

歷代名臣奏議卷之二百八十一

歷代名臣奏議卷之二百八十二

諡號

宋英宗治平二年中書請議濮安懿王尊號翰林學士王珪等上狀曰臣等參詳國朝崇奉尊屬故事今濮安懿王於仁宗皇帝其屬為兄於皇帝合稱皇伯而不名宰相韓琦奏言按儀禮為人後者為其父母報及按令文與五服年月勅並云為人後者為其所後父母斬衰三年為其所生父母齊衰期則出繼之子於所繼所生皆稱父母又漢宣帝光武皆稱其父為皇考今王珪等議稱皇伯於典禮未見明有引據請下尚書省集三省御史臺官定議有詔集議以聞時翰林學士知太常寺范鎮上奏曰竊以為父母天下莫隆焉至于繼大宗則殺其服何也大宗之統不可絶而父母有嫡長之奉也視其服紀之隆殺而知聖人制禮之意也知名之不可以貳也名也者天下之辨也所以別嫌明微而不可以不愼也為父母報去者記禮者之文其勢然也不可云為伯叔報也律令亦猶是也漢宣於昭帝為孫光武於平帝為祖容可以稱其父為皇考然議者咸以為非何也謂其以小宗而合大宗之統也陛下既稱仁宗皇帝為皇考又欲稱濮安懿王為皇考則是兩統而又二父又重於漢之失也非所以嚴宗廟也非聖人制禮之意也爾雅父之昆弟先生為世父後生為叔父國朝之制伯叔兄弟子姪加皇字今濮安懿王於仁宗皇帝為先生則陛下亦宜依爾雅及國朝故事稱皇伯而不名如前議為便至於漢之稱皇考稱帝稱皇立寢廟序昭穆皆非陛下聖明之所法今以儀禮及漢諸儒論議魏明帝詔凡五篇其間議有是非事有當否惟陛下裁處之大抵祖儀禮者為合乎禮經也

時知制誥判禮部宋敏求等亦上奏曰臣等謹按勅文稱儀禮為人後者為其父母報傳曰何以期也不貳斬也何以不貳斬也特重於大宗者降其小宗也為人後者孰後後大宗也曷為後大宗大宗者尊正統也此曰謂其子後人及来為父母在者欲其厚於所後薄於本親抑之故次在孫後也儀禮謂本親亦曰父母蓋追本其所自出若不明言父母則無辨別亦無以為言也勅又曰令文與五服年月勅皆曰為人後者為其所後父斬衰三年為人後者為其父母齊衰期即出繼之子於所生皆稱父母謹按令文五服年月皆出於儀禮也勅又曰漢宣帝光武皆稱其父為皇考謹按宣帝乃武帝之曾孫嗣昭帝後實孝昭孫屬也以其父為悼皇考宜也光武起於民間中興漢祚而推以世數上繼元帝固非元帝親命為子以南頓君為皇考宜也陛下既為仁宗皇帝親立為子矣仁宗乃陛下之皇考也今若又以皇考之名加於濮安懿王臣等以為甚非禮之不貳斬也尊無二上之義也勅又曰議稱皇伯於典禮未見明有引據臣等謹按出繼之君稱本生為皇伯叔則前世未聞也漢安帝紀載清河王薨但不名爾此范曄特變常例也至於袁宏紀則亦名之安帝即位清河王尚在當時別無殊禮按本朝眞宗謂秦王為皇叔仁宗謂楚王昭成太子並為皇伯是則皇伯叔之名在本朝稱之久矣蓋遵用舊文有所自也或以謂可加為皇伯父者謹按荀子與史記並載周公自稱我文王之為子武王之為弟成王之為叔父詩魯頌王曰叔父建爾元子俾侯于魯箋曰叔父謂周公也成王告周公曰叔父我立汝首子使為君於魯謂欲封伯禽也是詩人追述成王封伯禽時周公尚在故稱叔父者是生稱之辭既沒則未有稱為叔父者又經書稱伯父叔父同姓之臣也前代帝王多不通親屬冠於爵位之上西晉則封皇從伯父望為義陽王皇叔父幹為平原王亦生之稱又

或謂皇伯考者。謹按父與考存歿之稱。考者成也。言其德行之成。祖與考有君德而成之也。晉武帝稱景帝。明皇稱中宗。本朝真宗稱太祖。皆曰皇伯考。是與王業履尊位。乃可稱伯考也。又或謂可依漢宣帝故事。稱親。史皇孫。如淳曰。親謂父也。謹按禮大傳曰。親者屬也。王制注曰。周制太祖及文王武王二祧與親廟四。是自始祖至父皆稱親。漢宣為昭帝孫屬。仍得以悼皇考為親。與上皇考義同。蓋親者父也。皇考也。不可以稱也。臣等謂今來衆崇濮安懿王。宜如兩制禮官所議。以示萬世至公之法。

初執政請集百官議。意朝士必有希合。既而議者多是王珪。羣言洶洶。有旨權罷集議。侍御史知雜事呂誨上疏曰。臣伏覩近降勅命下尚書省集三省御史臺定議濮安懿王稱皇伯。不合典禮。未見明有引據。續准手詔以論議不一。權罷集議。當令有司博求典故。庶合禮

經者。臣切以朝廷既知議論不一。當辨正是非。參合衆意。明所適從。豈可事未有定。遽罷三省集議。還付所司。詔命反復。非所以示至公於天下也。輒伺愚見。敢以上聞。臣謹按儀禮。為人後者為其父母報。蓋為大宗後當為大宗斬。還為小宗周。不貳斬。明於彼而判於此也。又按令文與五服年月勅。出繼之子於所繼所生。皆稱父母。稱父母者。所以別其本。正於後也。在屬籍當行除附。斯令之意又可明也。如漢宣光武皆稱父為皇考者。二帝上承本宗。皆非旁繼。於今事體略不相類。據王珪等議。濮安懿王於仁宗皇帝其屬為兄。於皇帝合稱皇伯而不名。於禮得矣。又引元佐元儼稱皇叔皇兄之類。皆本朝典禮。安得謂之無據。臣切原敕意直欲加濮安懿王為皇考。與仁廟同稱。如是則尊有二上。而服有二斬。禮律之文皆相戾矣。臣恭以陛下緯躍潛邸。入繼大統。南面尊臨。皆先帝之德也。俯終祥禫。尚未遑廟謁。遽有斯議。搢紳之士皆未以為然。方陛下躬勤孝養。上奉慈闈。承顏猶懼其不足。矧復顧私恩。別親疎。而忘大義哉。就如有司循情酌禮。以濮安懿王為考。仙遊為妣。示於中外。得為安乎。臣切謂茲事非出清衷。必佞臣苟悅聖情。二三輔臣不能為陛下開陳正論。又將啓其間隙。違背禮義。惑亂人情。忘先帝之眷倚。陷陛下於非正。得謂之忠乎。臣伏望陛下開廣聖慮。精勤孝治。不作無益以害至公。既罷三省集議。當別降詔旨。以王珪等議為定。以前後所獻不一之論。盡降出外。辨正是非。明其罪罰。寘之於法。可以渙釋群疑。杜絕邪論。不然何以明陛下之無私。判中外之深惑。傳之永久。所損不細。臣備員臺憲。敢不盡言。唯冀睿哲斷之於中。早賜施行。以息浮議。

誨以樞府大臣宜同定論典禮是非。又上疏白。臣竊以國朝承五代餘弊。文武之政。二府分領。任重體均。其實一矣。然而軍國大事皆得

合議。今議崇奉濮王。此事體至大者。始欲集三省合議。而終不謀於樞府。臣所未諭。兩制及臺諫官論列者半年。外臣抗疏言者不一。而樞府大臣恬然自安。如不聞知。訖無一言以正朝廷典禮。豈所謂以道事君固如是耶。今佞人進說。惑亂宸聽。中書遂非。執守邪論。當有以發明經義。解釋羣疑。臣欲乞中旨下樞密院。及後來進任兩制臣寮。同共詳定典禮。以正是非。久而不決。非所以示至公於天下也。

侍御史趙瞻上奏曰。臣伏見比下兩制儒臣會議濮安懿王稱親。以仁宗皇帝早年鞠養陛下于宮掖。遂於往歲下明詔以陛下為皇子。嗣承顧命。柩前即位。故用為人後者為子之義。特重大宗。典禮甚明。則濮王實仁宗之兄。於陛下尊行為伯。昭然無疑。而議者復稱禮辨所生所養。猶有父母之文。以為論難。明知禮無兩父貳斬之義。乃取文辭一字以亂正典。且如文有去婦出母。去已非婦。出不為母。不害

其名將何以攷。又稱漢宣光武追尊父爲皇考。且執不知宣與光武遠繼祖世。不爲昭元之子。安傅爲義。詿誤聖朝。昔漢董宏阿附丁傅。開發邪議。師丹守正。終折僭號。至魏明帝敕戒公卿。則曰敢爲佞邪導諛時君。謬考爲皇。稱妣爲后。則股肱大臣誅之無赦。今夫爲臣而自爲董宏之行。復待陛下不以魏明之賢。上負先帝。下背所學。詭引文辭。諷爲詔意。遂下三省臺官集議。朝廷正士。莫不發憤。欲建正論。今且復頒手詔。以爲論議不一。權罷此會。仍俾有司博求典故。臣愚聞命。切謂未允。且衆議未上。安知不一。國家議事。本擇僉謀。委一有司。孰若多士。典章沿革。莫不講聞。今云博求。豈復如此。蓋由邪說直塞群言。不思據經。自欲作古。存著未定之意。沮格前議之端。中外讙驚。指名有在。趨嚮如此。心迹可察。伏乞陛下昭示不一之議。廷詰立異之黨。如彼於禮經爲是。即可施行。或臣與前議爲非。請從誅竄。況國之策命。不當因循。朝之縉紳。豈乏學問。願敕建議之者。使與臣等對辨。邪正一定。以慰天下之望。

監察御史裏行呂大防上奏曰。臣伏見自古人君臨御之始。施爲舉措。必有以厭服天下之心者。或以至公大義。或以深仁厚德。非此二者。不足以得天下之心。漢高祖除秦苛法。與民更始者。深仁厚德也。光武非平帝之親。以天下思劉氏。乃追繼元帝之後。不極尊其父祖者。至公大義也。至如太祖皇帝始即位。則除五代之苛酷。禁從兵之巷市。太宗皇帝始即位。則親試天下士。補京官者數百人。真宗皇帝即位。則放天下逋負數十萬緡。仁宗皇帝景祐親政之初。則亦用八士補官之法。四聖相繼。率用此法者。蓋知天下之心。不可以智巧得。而可以公義結也。伏自陛下臨御以來。除禫之始。天下之人顒顒觀望。乃陛下結天下人心之日。而大臣曾不思慮者。欲加濮安懿王非正之號。以惑天下之觀聽。有識之士。遠近驚歎。以爲大臣上負先帝顧託。而導人君於非義。臣已累狀奏陳。備其本末。未蒙施行。臣非不知阿順陛下聖意。乃爲自安之計。然臣荷陛下非次拔擢。置于言路。親加訓獎。形于誥諭。臣若不極于誠。使陛下由此失天下之心。臣復何顏以事陛下。伏惟少留聖意。以社稷爲計。以天下人心爲念。以四聖親政之始。皆有以得天下之心爲法。特頒手詔。出自聖斷。濮安懿王典禮。以兩制禮官之議爲定。則陛下以至公大義結天下人心。自今日始矣。

大防又上奏曰。臣等累具封章。爲濮安懿王典禮。乞依兩制臣寮定議。伏覩手詔。再下禮官詳求典故。切知太常禮院已具典故奏陳。臣等於今月二十一日同到中書咨議。執政臣寮皆稱禮官奏狀留中不下。兼臣等曾親奉德音。且候禮官檢討。至今多日。未聞施行。伏緣陛下臨御之初。敦叙皇族。自燕王已下。各加恩禮。更封進國。恩榮兼至。況濮安懿王於陛下有顧復之恩。封國優崇。宜極人臣之典。而不宜在諸王後矣。特以大臣立議太過。禮不時舉。致物論不同。中外驚歎。遂使追崇之禮。至今闕然。仰虧陛下孝思之義。而未厭四方顒顒之望。非所以榮親而廣盛德也。臣等愚陋。以爲濮安懿王典禮。揆禮而不舉。不若屈情而亟行。伏乞禮官所奏典故。早下有司施行。如禮。將使安懿如在之靈。樂於陛下之中禮。八廟降觀之喜。於陛下之至公。顒顒之望。四海如一。

治平三年。時濮議久不決。臺諫交章論琦。上以皇太后不悅。內出手詔切責琦等。且緩其事。太后復出手書曰。吾近聞羣臣議請皇帝封崇濮安懿王。至今多日未見施行。吾再閱前史。乃知自有故事。濮安懿王譙國太夫人王氏。襄國太夫人韓氏。仙遊縣君任氏。可令皇帝稱親仍尊濮安懿王為濮安懿皇王氏韓氏任氏並稱后詔曰朕面奉皇太后慈旨為議安懿濮王典禮久未施行已降手書付中書濮安懿王譙國夫人王氏襄國夫人韓氏仙遊縣君任氏令朕稱親仍尊濮安懿王為濮安懿皇王氏韓氏任氏並稱后朕以方承大統懼德不勝稱親之禮謹遵慈訓追崇之典豈易克當且欲以塋為園增置吏卒守衛即園立廟俾王子孫主奉祠事皇太后諒茲誠懇即賜允從宜令中書門下依此施行中書劄子奉聖旨宗朴候服闋與除節度觀察留後主奉濮王祠事改封濮國公時判太常歐陽脩上奏曰臣伏覩降敕下太常禮院濮安懿王皇帝稱親臣忝預禮司曉夕惟慮義有未安不敢自嘿切以稱親之說蓋用漢宣帝時有司奏請史皇孫故事謹按皇孫即宣帝所生之父宣帝為昭帝後是以兄孫遂繼祖統於漢家無貳考之嫌史皇孫初無爵謚有司奏請之始故

且稱親其後既已立謚秖稱悼園然則親字非仍以為稱謂且陛下以聖明之德仁宗皇帝拔自旁支入繼大統雖天下之人三尺童子皆知陛下濮王所生今但建立園廟以王子承祀是於安懿王無絕父之義於仁宗皇帝無兩考之嫌可謂兼得之矣其親字既稱謂難立且義理不安伏乞更不施行

呂誨等上奏曰臣等伏聞手詔節文稱親之禮謹遵慈訓追崇之典豈易克當因已見陛下守義徇公謹重之至也然稱親之禮殊未為安群口紛紛不勝嗟憤臣等切詳皇太后手書稱親之意蓋用漢宣故事欲行於今乃與中書門下元建皇考之議大體相依此不免為兩統二父之失所以議者喧然皆謂母后手書非出慈壽之本意皆建議之臣眩惑交結成就其謀欲自掩其惡而杜塞言者之口也臣覩陛下繼明之始與漢宣故事不同宣帝之時尚為有司所奏禮為人後者為之子請謹視孝昭所為未有卻命大宗正統之母追稱小宗所生為親者也錯亂禮法失其本意若欲准漢宣故事以濮王為親則襄國已降日當為母於皇太后豈得安哉恭惟陛下親受仁宗詔令而為之子故先帝遺詔誕告萬方謂陛下為皇太子即皇帝位四夷諸夏莫不共聞今乃復稱濮王為親則先帝治命之詔不行而陛下繼體之義不一況太后與政府大臣並受先帝顧託言猶在耳永昭陵土未乾止因一二姦臣之謀遽忘而弗顧陷兩宮於有過之地使四方夷狄感先帝之遺詔疑陛下之過舉移謳歌欣戴之心為忠憤不平之氣可不痛哉萬一黠虜姦民以有先帝遺詔為問則執政之臣其將何辭對之然則稱親之禮豈宜輕用首議之臣安得不誅臣等待罪于家屢蒙詔旨促令供職而蹤踏未敢承命者以此故也若必使臣等就職則當合班廷諍以救朝廷之失雖陛下容納直言

為天下所聞而臣等不能早悟明主之罪益深益重矣豈可復居言路為耳目之臣哉臣等之心有死無二伏望陛下留神聽納天下幸甚

誨等又上奏曰臣伏覩六月中敕下議濮王典禮引漢宣元二帝稱考故事今月二十三日詔不敢當皇太后追尊父皇母后之禮且欲以塋為園立廟俾王子孫以奉祠事臣愚以為今日與漢宣事體不同當時太子與皇孫俱死於外因其地葬之故曰戾園悼園即位後八年有司言父為士子為天子祭以天子悼園宜稱尊號曰皇考立廟因園為寢後議者以父為士子為天子祭、、入子者乃謂堯舜禹湯周文漢高受命之君非謂繼統為後者考廟悼園宜毀勿脩乃從其請今濮王陪葬煕陵々々子孫之序奉邑守衛皆已嚴具必欲別起園寢增廣制度當須改卜易其靈竁不惟煕陵隔絕亦與潤王分別

顧其典禮疑有未安。漢悼皇止一子。是爲宣帝。雖承大宗。不可絶小
宗之祀。故建立寢廟。不爲過矣。議者猶曰考廟悼園宜毁勿脩。蓋禮
不踰閑而當專意於昭帝也。況濮王嗣續衆多。奉祀何闕。陛下不專
意於仁廟而復顧於私親。示諸天下。其如公議何。臣切原二詔之意。
盡出首議之臣。全襲定陶之事。遂追哀帝之迹。而言權罷。人皆竊笑。
今日且欲誰其取信。衷誠接下。猶或違之。譎詭示人。何可久也。陛下
獨不念先帝恩德。七廟威靈。陟降在庭。禍福所繫。臣雖甚愚。內實寒
心。伏望聖慈克崇孝道。無惑邪説。黷亂典章。俯順人心。仰荅天意。其
園廟指揮特行追罷。首議之臣不可寬宥。慰安中外。茲爲急務。臣繳
納綸誥。擅去官守之罪。不敢苟避。早冀黜譴。
英宗時韓琦上尊號冊文曰。臣等聞天道育萬物而不責其報。然飛
走之微。必時而有薦者。以知其本也。君德被萬寓而不有其名。然臣
辟之衆。必崇而有號者。以獻其誠也。故報雖不責。薦而知其本者天
必享。名雖不有。號而獻其誠者君不違。是以上下之情通。而古今不
能以易也。恭惟皇帝陛下自然之性。得堯之仁。不聞而式。緝文之聖。
總百行而無不備。採六藝而無不達。粵在宗邸。德充而晦。令聞莫過。
四海係心。譬夫大明將升。光氣前發。萬目瞻望。不可韜戢。及乎膺受
聖託。纂隆皇緒。信默三祀。動謹先法。奉養長樂。孝惟克諧。內嚴宮闈。
而細大必脩。外正紀綱。而顯隱皆舉。攬威柄以歸已。斡神化而獨運。
下暨鰥寡。悉安其生。至于昆蟲。莫不被澤。其九族之睦也。俾先乎知
道。其百揆之敍也。本精乎任人。若夫延見近臣。咨訪不倦。有虞之好
問也。抑損浮費。用度日約。大禹之克儉也。緝熙光明。而德行以顯。周
成之保邦也。綜核名實。而賞罰必信。漢宣之圖治也。幷會衆美。嗣興
太平。故自舟車所通。日月所照。皆奉順聲教。無敢弗虔。固足以恢四
聖之闓休。極百王之盛。御者矣。廼者肇禋吉土。始見清廟。祭而受福。
慶將逮下。下之報上。安可無述。臣等所以合中外之志。叩閽屢請。
上丕稱以形容於萬一。而陛下持易之謙。執道之契。總貫三儀而不
自滿。功偕八世而無所矜。沖然弗居。可詒不下。自是輿情鬱邑。更相
責誚。以謂睿聖之烈赫赫如此。而不能發揚而增大之。是不若飛走
知本之著也。今三朝之吉。萬玉來會。重譯有貢。八音在庭。臣等幸於
此時。冀畢前懇。封奏五上。莫匪傾竭。陛下猶執謙數四。不得已而俞
之。夫道濟群生而不言所利。體乾也。躬享大命而若固有之。膺歷也。
化成天下而輝光日新。文也。守在四夷而兵革不試。武也。日用而百
姓不知。聖也。親寧而萬國以歡。孝也。臣等不勝大願。謹奉玉冊玉寶
上尊號曰體乾膺歷文武聖孝皇帝。伏惟陛下無前之蹟。本忘其名。
徇衆之欲。勉而是承。斯亦踵祖宗之舊。而慰乎夷夏之情。惟持其盈
以守其成。壽考萬年。以安以榮。臣某等誠懽誠忭。頓首頓首謹言。
時百官上尊號。知諫院司馬光上奏曰。臣聞謙德之泰尊而益光。施
之神人。無不悅順。竊見陛下將有事于南郊。群臣循襲故事。請上尊
號。以陛下睿智聰明。徽柔懿恭。享茲鴻名。去何不可。正以屬者暴雨
爲災。五稼漂沒。編戶失業。呼嗟之聲。盈於道路。迄今未息。陛下當此
之際。正宜深自抑損。以承荅天譴。慰釋衆心。況尊號非古。近出有唐。
陛下受而有之。不足以褒大聖功。而不居。足以發揮盛德。所有群
臣上尊號表。伏乞陛下拒而勿受。仍令更不得上表。此亦區區微誠
欲裨益萬分之一也。
光又上奏曰。臣聞王者父天母地。子育黎元。嚴恭鬼神。畏懼災異。故
能安靖國家。饗有多福。自生民以來。不易之道也。天雖至高。視聽甚
邇。朝夕不離王者左右。順吉逆凶。應若影響。此乃詩書所載。聖人所

言。豈可謂之漠然無知而簡忽不顧哉。臣伏見陛下踐阼已來太陽侵色中有黑子大風晝晦冬溫無冰連年大水漂没廬田今歲災異尤甚彗星彰見亢炎隆盛朝東暮西連月乃滅飛蝗害稼日有食之加之陝西河東夏秋乏雨禾既不收麥仍未種婦子栖惶流離滿路西戎內侮邊鄙未安當此之際群臣宜勸導陛下以祗畏天命勤恤民隱克己謙約博求至言以消復變咎延致善祥而朝廷晏然曾不為意或以為自有常數非關人事或以為景星嘉瑞更當有福今者又有佞臣建議請上尊號其為欺上天罔誣海內孰甚於此。是使上帝鬼神怫鬱不懌自拜表以來陛下嬰此疾疢久而未愈此皆群臣諂諛之罪陛下豈得不省寤而深思哉臣不勝區區忘生觸死伏望陛下自以聖意止群臣所上表章却尊號而勿受更下詔書深自咎責咨諏四方廣開言路求所以事天養民轉災為福之道。俟聖體康復政化流通天時豐穰人心悅豫然後推崇徽稱何晚之有。如此庶幾上帝收還威怒福祿大來聖躬和平勿藥有喜群生百姓莫不幸甚況陛下鄉者郊禮之前辭尊號不受天下稱誦盛德至今未已然則是棄虛名而得實名捨虛美而取實美也於陛下何損焉。臣荷國大恩承乏侍從誠見近日群臣皆以言為諱入則拜手稽首請加鴻名出則錯立族談腹非竊笑終無一人為陛下正言其不可者臣竊痛之是敢安進狂瞽惟聖明采察。

翰林學士王珪上仁宗謚號議曰臣謹按曾子問曰賤不誄貴幼不誄長禮也唯天子稱天以誄之春秋公羊說讀誄制謚於南郊若云受之於天然乾興元年夏既定真宗皇帝謚其秋始告天於圓丘史臣以為天子之謚當集中書門下御史臺五品以上尚書省四品以上諸司三品以上於南郊告天議定然後連奏以聞近制惟詞臣撰議即降詔命庶像不得參聞頗違稱天之義臣今擬上先帝尊謚欲望明詔有司稽詳舊典先之郊而後下臣之議庶先帝之茂德休烈有以信萬世之傳臣謹議。

珪又上議曰臣伏奉勅命以七月二十九日集官於南郊壇告天請到大行皇帝謚曰神文聖武明孝皇帝差臣撰謚議及廟號文者臣謹上議曰臣聞元精磅礴濟萬物而不昭其迹者薦名曰天至德汪洋澤萬世而不有其功者建謚于帝伏思在昔帝王生膺大名終紀大行使金聲而玉振之以詔悼無窮之聞者帝莫盛於堯舜王莫隆於禹湯也蓋易名之典下不得誄上古者將為至尊之謚必質于郊然後定之茲所以推天下之至美明天下之至公雖天子不得以自專也洪惟大行皇帝躬上主之姿承累聖之序流大漢之豈弟履放勛之欽明苞富有之業而能守以約攬泰定之執而弗恃以安固常邈然馳視所未形悅然積思所不及謂天命之匪易迺嚴恭戒懼庶以答靈心之顧謂民懷之靡常迺涵容煦沐庶以陶善類之歸知括萬慮而不可隤恩滲四垠而不可形如兩儀之無不燾載如三辰之無不臨燭于時脩廢官繼絕世禮高年勸力穡減常賦抑末游虛己以遇豪畯之材降志以從忠直之諫振立賞罰而權衡之章明典禮而黼黻之宥恕刑獄而蕩滌之惠哀困窮而衣食之人情莫不欲逸愛其力而不勞人情莫不欲壽輔其生而不傷群公庶尹罔弗夷正相與謀王之朝殊鄰絕區罔弗億寧相與慕王之境父父子子兄兄弟弟罔弗順祇相與立王之塗蓋仁政之施沛然其若是莫之能禦也矧復耕籍於千畝之田祫祭於先王之廟報天之誠篤則入奠于圜丘嚴父之志盡則再侑於明堂宗室既蕃則廣諸分王之愛邦統未昭則豫有主器之屬下議樂之詔以考鐘石之和置寫書之官

以綴經墳之學迎英敷席圖講藝也凝機衮宇資味道也藻思粹發窮聖作也飛毫灑落肆天縱也知聲色之靡伐於德義於是乎屏燕飲之娛絀雉兔之獲殫於精神於是乎絕盤游之欲念組織之瘽則鄙服御之華念土木之費則損宮室之麗西羌阻命不欲久戍勞師而遂納玉關之誓南蠻肆姦不欲深入瘴癘而自致藁街之戮時則有喻沙軼漢卓犖之貢委應圖合諜汾淪之瑞叢四十二年于茲可謂海內大治矣竊迹羲黃之前曼摩莫索其詳自詩書之載揆厥所元終都攸卒未有如茲之盛者也方將勤鴻休受永祐宣圖神機欻厭邦鄹上廷仙鼎已成不返荊山之御玉衣雖在空陳渭水之遊嘉原既新同軌迫至下華蓋於北極引龍輴之西巡此高國所以摧心三靈為之變色有司錄是飾舊典册丕稱皇哉鑠歟緩有以綏王靈而炳帝烈也謹按謚法一民無為曰神經緯天地曰文通達先知曰

聖保大定功曰武照臨四方曰明慈惠愛親曰孝若乃群生嗟嗟鼓之舞之不知至化之所自然非至神虖制作禮樂際天蟠地煥然而大備非至文虖求惟宗廟之奉實發先識以建大本非至聖虖戴白之老不識兵革之聲非至武虖遐末荒昧之情格于聰明而無所遺非至明虖惇序九族以述夫祖先之志非至孝虖粵廟號之建尚矣維其歷古聖賢之君莫不極所以尊明令顯之稱又或至于代相襲之夫仁者聖人之盛德豈獨未有以當之耶抑當時鴻儒鉅學乃略於稽求將天之所啓期以克配大行之廟虖詩云維天之命於穆不已此之謂歟惟功以創業為祖德以守成為宗皆尊尊之大誼也大行皇帝尊謚宜天錫之曰神文聖武明孝皇帝廟曰仁宗臣謹議

神宗熙寧元年翰林學士司馬光上奏曰臣今月十七日准內降曾公亮等上尊號第三表檢會舊例合降不允批荅已具牓子審取聖旨去訖臣竊惟上尊號之禮非先王令典起於唐武后中宗之世遂為故事因循至今伏見太祖開寶九年羣臣上尊號有一統太平字太祖以燕晉未平却而不受以是見聖人之志苟無其實終不肯有其名也太宗端拱二年詔曰前所加尊號盡從省去且曰以理言之皇帝二字亦未可蕪稱朕欲稱王但不可與諸子同耳羣臣懇請乃受法天崇道四字而已其後終身遂不復增益先帝治平二年辭尊號不受天下莫不稱頌聖德不幸次年有謟諛之臣建言國家與契丹常有往來書彼有尊號中國獨無足為深恥於是羣臣復以非時上尊號論者甚為朝廷惜之昔漢文帝遺單于書以尺一牘單于荅以尺二寸牘自稱天地所生日月所置匈奴大單于未聞文帝復為勝大之名以加之也學者至今稱文帝謙德之美未嘗以為可恥也此乃不識大體之言誠不足信耳今羣臣以故事上尊號臣愚以為陛下

聰明睿智雖享有鴻名然踐祚未久又在亮陰之中考之事體似未宜受陛下誠能斷以聖意推而不居既不允所請仍命更不得上表則頌歎之聲將洋溢四海此所謂一讓四益可以捨虛名而得實譽者也伏望陛下更加詳擇

二年判太常寺韓維上言曰臣昨日伏覩中書劄子下禮院以四月一日拜表上尊號夫尊號者非起於治古而生於後世人君之侈乎平居為之已累謙德施於寅畏消復之日實於義理有害何則比年地震徧天下而河北尤為已甚自前史故老傳罕有若此之異加以冬無宿雪春無嘉雨寒暑晦明反理失節今茲河北地震尚未止流民尚未復畿甸諸道尚未有得雨處而都下風霾日夕發作乃欲以此時褒頌功德崇上尊號臣竊以為非其時矣且陛下憂憫旱暵徧禱於天地廟社之司計其祝文必須引咎謝譴亦應未荅而遽舉推

崇之禮。雖陛下沖挹未必當之。然而事理相反有異誠一。恐不足以動天消變。假使此事是聖意切所欲得猶當痛自損抑以荅天戒。況陛下兼皇帝而稱之。尚何顧此數字之美乎。伏望聖慈深思災變之大務。以至誠為本。亟出手詔推而勿受。臣愚戇但知有益人君則為之。不識忌諱。惟陛下寬其言而取其意。則天下幸甚。

神宗時。知禮儀事蘇頌論前代帝王追尊本親號曰。漢宣繼昭帝即位。詔議故皇太子號謚園邑。有司奏請故皇太子宜謚曰戾。史良娣曰戾夫人。置守塚三十家。園置長丞。親史皇孫謚曰悼。親謂父也。母曰悼后。比諸侯王。漢諸侯王母夫人皆曰后。園置奉邑三百家。後八歲有司復請悼園宜稱尊號曰皇考。立廟。因園為寢。以時薦享。戾夫人曰戾后。皆益奉園民。光武中興。上承元帝。建武二年以皇祖皇考墓為昌陵。(後改曰章陵縣)置陵令守視。(皇祖考不加尊稱皇考仍舊稱南頓君)十九年尊宣帝為中宗。始祠昭帝元帝於太廟。(前此十一帝主皆納高廟)成帝哀帝平帝於長安。舂陵節侯以下四世於章陵。(節侯光武之高祖)東晉元帝由琅邪繼統。即位之後。以父恭王無他子。立皇子裒為琅邪王奉恭王祀。其後王薨琅邪皆更立王終晉王世。前代帝王自諸侯入奉大統。尊其本親不失禮者。三帝也。宣光於其父祖。惟塋墓置園邑令丞。所以異於諸侯者而不加尊稱。不封國邑。尊本恭親之義也。(不加尊稱尊正統也。不封國邑子無爵父之義也。文雖不著。其義可推也。亦見於師丹議)其曰親。曰皇祖。曰皇考者。有司之失也。何以言之。父祖之尊。不容改更稱謂。但以上承大宗。不得復顧其私恩。故服有降等而名無異稱。儀禮喪服傳齊衰期。為人後者為其父母。師丹議亦曰降其父母期。所以云者。取其別於他親。於義無嫌也。今不曰父而曰親。而與九族旁宗尊卑無所判異。於義安乎。不別加稱謂直曰史皇孫。則中外無嫌尊卑之義自見也。至若皇祖皇考之稱。是天子

諸侯大夫士奉祭祀之文。禮記祭法曰。王立七廟一壇一墠。曰考廟。曰王考廟。曰皇考廟。曰顯考廟。曰祖考廟。鄭康成云。王皇皆君也。顯明也。祖始也。名先人以君明始者。所以尊本之意也。若是則豈可稱於群臣論議之間乎。故宣帝詔直曰故皇太子是也。然則考與父豈有別乎。禮記曰。生曰父母。死曰考妣。(郭璞注爾雅不取此義。然則學者當從禮記為正)白虎通曰。父矩也。以度教子者也。考成也。言有成德也。廣雅云。母牧也。言育養子也。妣媲也。匹於父也。曰教曰養。親之之辭也。曰成德曰匹父。尊之之辭也。故禮有世父母叔父母之文。而無世考妣叔考妣之說。此其所以別也。宣光之世議者不能推本此意以開導時主。使盡禮意。故曰有司之失也。晉元帝雖越在江介。而能定其大義。不失統紀者。以當時諸儒若賀循輩非一皆有禮學。因辭。正本末不違越於先代。不致譏於後世。誠有由也。先帝紹位之始。深惟其故。追責宗室諸王。獨國爵濮安懿王無所加進。崇奉之禮不過置園陵立國廟而已。此合乎宣光尊本恭親之美也。初議稱親後亦罷寢。將封王之子為濮公使世世奉祀。以正其國統。此又德過於二帝。區區晉室不足擬倫也。(光武為皇祖南頓君立後。後世使群臣郡國奉祀。此師丹所謂無主不正之禮。光也。哀安桓尊其父祖為皇。而使王子孫奉祀。此失禮之大者也。其尊曰皇者。禮如天子。天子不敢臣之。高祖之於太上皇是也。今使諸侯群臣奉祀。神不歆非類。皇豈得享之哉。故三代所以尊王者後。猶以不臣。得用其國之儀物服色祀其先王者為此也。唐立孝敬皇帝。奉天皇帝廟京師。皆有司行事。追尊讓皇帝。以其子孫為嗣。率王奉祀事。亦因循前代之失也。)今欲因改封故王議。追尊之禮。莫若增陵廟以奉園之戶。加本國以嗣王之名。既合於古義。又不違先帝之本意也。先帝不追尊仙游縣君。益見聖慮之深遠也。(魏明帝詔曰。哀帝以外藩援立。而董宏等稱引亡秦。惑誤時朝。既尊恭皇。立廟京都。又寵藩妾。使比長信。僭差無度。人神弗祐。其令公卿有司。深以前世行事為戒。是哀帝一失禮。求請後來。本欲尊親。反詒重咎。如是豈得為孝乎。東晉孝武帝太元中。崇進所生母為太妃。范甯非曰。子不得爵命其母。妃是太子婦。必正名。宰可稱母。)今議尊崇。謂許其所生宗室子援群臣封育母之例。請

加封號朝廷以誕育先帝之故優詔褒述特進大國既緣宗室之請則不失正禮推以先帝私親則其他宗室不敢為比亦可以成先帝之志也

鄭獬上奏曰臣伏知梁泉縣令范亦顏者上書欲振前議追尊濮安懿王士大夫得其書而讀之莫不怪駭而痛疾之臣可無言乎亦顏謂談者言英宗皇帝不五年昇天寔在安懿王稱尊此仁宗之神靈譴之也談者未嘗有此語特出於亦顏私意其謗誣先皇帝以及仁宗尤逆不道於法不赦司馬光為中丞自以才選呂誨等復還緣於赦令亦顏乃謂陛下挈維議者以暴揚先帝之過而自取美名缺於子道雖羲皇不可以補完亦顏既謗誣先皇帝以及仁宗又毀陛下以不孝其可勝誅哉亦顏謂天子得議禮者豈謂天子不計曲直便可制禮乎是亦中文理而已以堯舜之聖猶曰稽古不聞率私意而為禮也其言舜禹之郊湯武之追王成王賜魯以天子禮樂牽合謬戾非與尊濮安懿王之事相類孔子之貶魯雉門兩觀宗廟丹楹不獨斥郊禘也奚高郢之不知經亦顏欲尊濮安懿王為濮安懿皇帝以明非天下之帝則大宋已帝天下又安有濮國之帝乎凡亦顏云云皆變皂為白真偽易言背祖宗之本統破聖王之大法孔子稱言偽而辯者其亦顏也哉臣聞曩日之議也獨歐陽脩唱其端大臣建附之其下引脰而陰相和者又數人於時號之於朝廷則朝廷之臣以為非號之於衢路則衢路之民以為非號之於國邑則國邑之人以為非至于海隅蟲獸草木如其能言亦必以為非矣賴忠藎之臣心下外顧疊章累疏力抗姦言於是大本正而天下之論息天下始灑然以為朝廷之清明矣今亦顏又欲遂前議再惑亂朝廷臣雖知陛下必不信然其端已唱矣不可不勦絕之先帝之初得備言亦不敢顓聽故俾近臣議議者為不可於是輟止之是先帝未嘗過舉也設以為過而輟止之是成湯之美行也烏足為說哉亦顏乃欲飾非於先帝致過於陛下阿附於宰相眩亂於愚俗臣聞造作姦言破律亂常者必誅請付有司以治其罪臣不勝憤懣

哲宗初畢仲游上言曰王者之興必有其德王者之數必有五行王者之起必有其地故有道德之號有五行之稱有地之名聖人王天下則三者不待求而有之矣後世淺聞鯫學强以謂三皇之德有餘五帝之德不足故曰少昊以前天下之號象其德顓頊以來天下之號因其名是以伏而化之謂之伏羲神而化之謂之神農得其中和謂之黃帝是象其德之號也若顓頊以高陽為氏帝嚳以高辛為氏堯以陶唐為氏則因其名之號也殊不知三皇之起必有其地有地則必有名五帝之興必有其德有德則必有號傳其德不傳其地遠而略也傳其德傳其地者近而詳也以其遠近詳略故少昊之起既以德為天下之號而又或稱窮桑者則尚傳其地之驗也不然以道之中始而為顓頊以巽善傳聖而為堯以仁盛聖明而為舜是豈非德之號哉先儒之妄可見矣如五行之相承則伏羲以木炎帝以火黃帝以土少昊以金顓頊以水推而至於萬世未有免於五行之數也若夫三代之正王者所以新民而變制也故夏以十三月為正平旦而為朔商以十二月為正雞鳴而為朔周以十一月為正夜半而為朔故三正三朔之相更如春夏秋冬之相易也然古今學者之說不至於太過則失於不及其太過者以謂車服旌旗章繪贄必更有所尚夏尚白商尚黑而周尚赤蓋象其萌牙之變也其不及者則謂天地四時生殺終始雖一日而不可易易則生殺失其常而終始亂其序是以三代之正未嘗相變也故信其說之太過而謂色更有

所尚則周官車服之制旗有大白冠有緇布稱物爲色爲在其赤之尚也若信其說之不及而謂三代未嘗相變則秦又以十月爲正矣三代果不變秦爲取而更之也故孔子曰行夏之時言其夏則與周之不同明矣是以三王之興不能用一正而尚白尚黑尚赤之謬亦不可取

哲宗元祐元年門下侍郎司馬光上奏曰臣伏見充媛董氏薨追贈婉儀又贈淑妃陛下親爲之輟朝掛服羣臣進名奉慰又命有司爲之定謚及行冊禮於葬日仍給鹵簿外廷之議皆以爲董氏名秩本微病亟之日方拜充媛今送終之禮太爲崇重臣按古者婦人無謚近世惟皇后有謚及有追加冊命者妃嬪以下未之有也鹵簿本以賞軍功未嘗施於婦人唯唐平陽公主有舉兵佐高祖定天下之功方給鼓吹後至中宗時韋后建議始令妃主葬日皆給鼓吹非明王之令典不足法也臣愚伏念陛下恭儉寡欲近歲以來後宮之寵絕無大盛過分著聞於外者此四方之人所以皆嗟頌詠歸仰聖德也不意今茲以既沒之董氏而有司諂曲妄崇虛飾以驟紊制度瀆慢名器使天下之人疑陛下隆於女寵甚非所以光益聖德也況禮數既崇則凡喪事所須用度必廣今明堂大禮新畢帑藏空虛賦斂日滋元元愁苦誠不宜更崇大後宮之喪以損增煩費夫亡者雖加之虛名盛飾豈能復知而足以仰累聖德臣竊惜之伏望陛下特詔有司悉罷議謚及冊禮事其葬日更不給鹵簿凡喪事所須務從減損不必盡一品之禮以明陛下薄於女寵而厚於元元也

八年禮部侍郎范祖禹上奏曰臣伏聞大行太皇太后擬謚曰宣仁聖烈臣恭以先太皇太后極功全德保佑皇家光越前人煌映千古雖究盡謚法不足以形容盛美上副陛下孝思欲報罔極之意臣竊懷愚見不敢不言謹按謚法聰明睿智曰獻若以獻字易烈字則功烈可從而知又明肅太后上二字曰章獻慈聖太后下二字曰光獻今謚先太皇太后下二字若曰聖獻則於稱號尤美伏望聖慈更與大臣詳酌以慰答神人之望

徽宗時御史中丞錢遹言元祐皇后得罪先朝昭告宗廟天下莫不知哲宗上賓太母聽政當國大臣盡欲變亂紹聖之事以逞私欲因一布衣何大正狂言復還廢后位號當時物議固已洶洶乃至踈逖小臣詣闕上書忠義激切則天下公議從可知矣今朝廷既已貶削忠彥等及追褫大正誤恩則元祐皇后義非所安孔子曰必也正名乎名不正則言不順夫在先朝則曰后今日則謂之元祐皇后於名爲不正先朝廢而陛下復於事爲不順考之典禮則古昔所無稽之本朝則故實未有詢之師言則人以爲不然況既爲先朝所廢則宗廟祭告歲時薦饗人事有嫌疑之迹神靈萌厭斁之心萬世之後配祔將安所施宜蚤正厥事斷以大義無牽於流俗非正之論以累聖朝明日又言典禮所在實朝廷治亂之所係雖人主之尊不得而擅又況區區臣下敢輕變易者哉元祐皇后得罪先朝廢處瑤華制誥一頒天下無間然者並后匹嫡春秋譏之豈宜明盛之朝而循衰世非禮之事於是尚書右僕射京門下侍郎將中書侍郎尚書左丞挺之右丞商英言元祐皇后再復位號考之典禮將來宗廟不可從享陵寢不可配祔揆諸禮制皆所未安請如紹聖三年九月詔書旨后由是復廢

翰林學士王覿上欽聖憲肅皇后謚議曰臣聞古之欲明明德於天下者先治其國欲治其國者先齊其家故舜帝之所以帝始於嬀汭之嬪文王之所以王本乎關雎之化蓋身脩而後家齊家齊而後國

治國治而後天下平者王道本末之序也恭惟大行皇太后生于慶
門世濟勳德在父母家已能躬儉好禮不以公卿之閥驕其心方神
宗皇帝龍潛潁邸天作之合共遵詩禮之訓交脩子婦之職及帝握
乾符御大寶憲章一祖四宗維國之具稽考二帝三代善俗之道登
延儒髦崇尚經術以隆萬世之業后亦正坤儀講內治上以奉慶壽
崇慶之懽下以廣兔罝麟趾之實恭承明祀述宣陰教以為六宮之
率故神考之休德盛烈澤於無窮慈德之徽音茂實光于不朽此家
齊國治而天下平之顯效也承天儷之極十有九年饗東朝之養十
有七載率履不越謙尊而光於求賢則懷輔佐之志於鞠子則推均
一之愛服御簡素不玩珠玉鑒觀圖書增益自得深戒私謁未嘗以
親屬干朝廷神宗每訪家事終無所言幾務未決或以試之從容析
理多出常情之表逮待日隆文簡盛族支派蕃衍纖芥偶聞切責隨

至於是有戒慎恐懼之福無驕奢傲慢之咎每歲推恩宗黨法有定
數以次及之間或偏厚哲宗繼統之初崇慶預政之際裨益宏多中
外陰受其賜哲宗富於春秋不憚未幾遷至大漸弗及憑玉几見羣
臣人情恟懼神器震搖獨伏大義靜重自若道揚末命援立仁聖措
天下於泰山之安其守正不惑有如此者皇帝踐祚權宜同政御後
殿近制也辭之而弗處避家諱常禮也戒之而毋諱事無易難克己
不吝心無違莫惟善是從曾未朞年之間數申退託之命皇帝泣涕
祈懇至于累旬確乎不從遂復明辟其委遠利勢有如此者還政故
事襃崇外氏宗回宗良議皆寵以異數詔旨欲定堅持不下帝雖屢
請懇意莫回後不得已纔聽易鎮其惡盈防患有如此者不豫之日
皇帝衣不解帶藥必親嘗沛恩多方禱福羣望疾稍間所語者軍國
遠慮而已言不及它固宜享萬世無疆之休而遽棄大養因山有期

晤行以禮臣竊嘗探風雅於古詩考紀傳於前史有后妃之德者或
無遭變之功有遭變之功者或致專威之誚至於功德兼隆始終無
玷奇偉倜儻未有大行太皇后之全也然則雖欲形容詎能髣髴惟
是乎於詔令頌於士民巍巍乎其著明者乃獲粗陳其梗槩焉若夫
精微妙容則何能名之有謹按謚法敬事節用曰欽威儀悉備曰欽
通達先知曰聖揚善賦謀曰聖刑政四方曰憲聖能法天曰憲剛德
克就曰肅執心決斷曰肅不加飾於簪珥惟致美於褘褕升降進退
皆有法度左右親信罕見惰容可謂敬事節用矣可謂威儀悉備矣
坐鎮危疑洞察情偽於天人相與之際有蓍龜先見之明其動也時
能斷大事可謂通達先知矣可謂揚善賦謀矣毋儀三世兢慎終身
淵嘿尊嚴嬪御自化海隅蒼生風靡誠服可謂刑政四方矣可謂聖
能法天矣內健外順好謀而成以天下之大公任天下之重責力安

宗社澤及生靈可謂剛德克就矣可謂執心決斷矣擅是衆美集為
大成質諸鬼神而無疑敍乎天地而無媿斯足以振盛典垂鴻名丕
有烈光以詔後世

欽宗時起居郎胡安國上奏曰臣昨列職經筵專以春秋進讀緣春
秋正文有淵聖御名方具奏劄未及進稟得罪去國後聞禮官建議
乞以它字易之定讀為威其經傳本字即不改易事已施行臣今奉
旨纂脩於經傳本字既有詔令可遵即未委臣所纂脩出於己見援
引他經子史有犯淵聖御名者亦許依本字書寫或當迴避有此疑
惑臣聞古者不以名為諱堯典稱有鰥在下曰虞舜則堯舜者固二
帝之名而堯典乃虞氏史官所作直載其君之名而不避也周人以
謚易名於是有諱禮然臨文不諱嫌名不諱二名不偏諱載在禮律
其義明白孔子作春秋凡書周魯事雖婉其文至於名諱並依本字

若襄王名鄭。而書衞侯鄭。正王名班。而書曹伯班。簡王名夷。而書晉侯夷。恭王名匄。而書晉士匄。莊公名同。而書同盟于幽。僖公名申。而書戊申朔。襄王名午。而書陳侯午。定公名宋。而書宋仲幾是也。按春秋書成。當恭王之朝。哀公之世。匄乃恭王之名也。夷即三世之祧也。宋即哀公之考也。午即皇考之廟諱也。而筆削之際並無回避。春秋爲尊君父而作。仲尼豈不恭者。書法如此。義亦可知。自漢以來。此義不行。臣子習爲諂諛。而不知恭順之實。則有易人之名以徹爲通者。易人之姓以莊爲嚴者。易甲乙之紀以丙爲景者。易郡縣之號以還淳爲青溪者。又其甚則有父名晉肅。而子不敢應進士舉者。忌諱既繁。名實愈亂。本朝沿襲漢唐故事。未暇盡革。恭惟陛下天縱聰明。既尊春秋之書以新聖德。宜用春秋之法以斷政事。凡所施設。動以春秋從事。即有撥亂反正之功。臣所纂脩繕寫進本。援引他經子史之類。欲乞應犯聖朝廟諱。不可遷避者。依太常博士王晳所進春秋解例。並依監本空缺點畫。於淵聖御名亦不改易本字。覆以黃紙。庶幾名實不亂。上遵春秋之法。亦以消臣子諂諛之端。尚孟軻氏欽王之義明恭順之實。

高宗時。黃次山上奏曰。恭惟道君太上皇帝。躬仁厚之資。覆明昌之運。自初即位。則收召耆俊。開訪落之基。既倦于勤。則祖述唐虞。內禪之策。在宥天下二十六年。揆厥所元。訖其畀付。豈不善始善終哉。若乃玩心神明。儲精窔奧。號令溫雅。儷古有光。蠲定刑法。與民更始。養生葬死。將使之無憾。既富而教。思底於有成。戴白垂髫。含飴擊壤。物衆地大。治久變生。雖天步方艱。而人心益固。天未絕晉。聖子勃興。民之戴商。眷命有僕。蒸泰諱問。而中外遐迩。號慟隕絕。不啻若喪其私親。此豈人力也哉。蓋有以得乎天矣。詩詠君德。樂舞后功。異經同言。明盛德之所隆也。歷選勛華。至于文武。繼昭夏崇謚號。豈獨七十有二君。垂世行遠。今烏敢已。夫惟稽古之君。煥其可述者文也。與子之志。斷以不疑者聖也。昭天禰泉其仁。無所不及。備道全美。其德無所不該。制禮作樂。極三王之顯。繼體守文。盡天子之孝。經曰。文王徽柔懿恭。懷保小民。蓋惠于宗公者。思齊之所謂徽也。浚以光大者。揚雄之所謂懿也。文王之美。徽妙元通。不可得而名。思齊之所以聖者幾是矣。憂患作易。用晦而明。嗣武受之。克昌厥後。對越在上。作周匹休。配三宗無逸之稱。接七世景炎之緒。探樂天之至德。揚清廟之幽光。不勝冒昧。擬上尊謚曰文聖仁德顯孝皇帝。廟號徽宗。

監察御史周必大上議曰。臣聞舉曠古所無之事者。不可泥歷代已陳之迹。昔堯之禪舜固美矣。然猶在既老之後。未有春秋鼎盛。視聽方彊。中外無事。而能脫屣萬乘。親授嗣聖。爲萬世法。如太上皇帝者也。陛下欲加上尊號。致推崇之誼。誠未爲過。然德之盛者。言雖多而不能盡。況區區數字乎。今天下之所傳誦者。太上難名之德也。天下之所願欲者。太上無疆之壽也。日者既合二美而名宮矣。因而用之其說蓋有三焉。不失熙寧却尊號之詔。又有以稱陛下尊太上之心一也。語簡而所該者備。誠至而請祝者大。二也。即所居而播鴻名。自我作古。三也。一舉而三美從。豈不增光太上巍巍之德。而盡陛下事親之孝乎。太上皇帝伏請上尊號曰。太上德壽皇帝。太上皇后伏請上尊號曰。太上德壽皇后。仍俟來秋奉上冊寶。庶幾聲容文物。得以備焉。

翰林學士綦崇禮上議曰。臣聞聖人之應世。方其紬身以退藏於密。則靜而無爲。晦而不彰。斂道德於一己。謝功名於當代。民無得而稱焉。及乎遭天下之變。履天下之危。智士失圖。勇夫拱手。當斯時也。洶㓜者待我而後定。岌岌者待我而後安。則感焉而不得不為之應。追焉而不得不為之動。於是起而赴之。不煩指麾。不動聲色。而天地之位奠。日月之翳銷。神器丕基既僨而復興。皇綱帝紀將絕而復續。所謂變而克正。危而克扶者。收功於俄頃之間。而垂裕有無窮之聞。非天下之至聖。其孰能與於此。鴻惟昭慈獻烈皇后。躬粹順之資。蘊神明之智。起家而儷宸極。若固有之。釋位而避宮闈。無可愧者。進退不失其正。造次不違於仁。此聖人之至德也。逮其遭變履危。從權濟難。天意所屬。人望如歸。擎祖宗之統而親授聖皇。除城社之妖而再還明辟。雍容房闥。計安邦家。倉卒一時。利澤萬世。此聖人之極功也。維德與功。咸本於聖。而容官罙符乃獨闕焉。宜乎上心以為未足。而群工有司得以追議也。夫升高而望天地。未能窮其大。當午而瞻日月。不能極其明。由盛德全功而觀聖人。亦烏得而盡名之。前日議者以明德有功曰昭。視民如子曰慈。聰明睿知曰獻。安民有功曰烈。節是四惠為應謚法。先后之美固兼有矣。雖然昭既主功。慈既主民。而又以烈。既不幾於重複。而言若有所未至者歟。是則無待於烈。而有闕於聖。烝嘗之際。稱謂之間。恐未足以對越神靈而下袪衆惑。雖更議無嫌也。維我皇朝母后之謚。由漢以來。蓋未之有。慈聖光獻皇后援立英祖。傳序裕陵。再御黼帷。退安大象。宣仁聖烈皇后擁佑哲宗。始終九載。元祐之政。至今稱仁。欽聖憲肅皇后當元符末命。定策宮中。扶翊上皇。決於獨斷。三后繼踵。如相授受。是以徽稱咸主夫聖主。昭慈獻烈皇后。逮事宣仁欽聖。率循婦道。取法母儀。丁時之艱。再安社稷。功齊德並。力則倍之。校美于茲。實同至聖。然則鴻名顯號極其推崇。雖舍是而有稱焉。臣知天下後世臣子之心為未厭也。竊嘗考之上古之時。人道未立。穴居而野處。飲血而茹毛。蓋夷狄禽獸如也。聖人者出。因時之宜而致其利。使人知所生養。而無不足之患。於是得自別於夷狄禽獸之群。而三綱五常之道興焉。易之繫辭曰。備物致用。立成器以為天下利。莫大乎聖人。言聖人之功其大如此。雖然聖人豈區區有心於造為者哉。時適至是。不得不然。是故由其血食而為之作罔罟。由其粒食而為之作耒耜。以有無之不齊。則合之以市易。以往來之不通。則濟之以舟楫。至於服牛乘馬。重門擊柝。臼杵弧矢。宮室書契之用。凡一物之設。一器之制。取給天下之求而已。不自為也。後世之亂。故有甚於民無生養之初。而聖人之功。固有出而棘之如古昔之為天下利者。由是推之。則先后之聖。可得而形容矣。當其失位而退處。視邦家之計何所容心。及夫時移而事變。應臣民之求。良非得已。於是時也。轉盼之際。呼吸之間。存亡禍福。所不可測。乃以柔弱之身。立危疑之地。重安龜鼎。再扶尊極。使祖宗舊物永有所傳。聖人大寶永有所定。天下神器永有所歸。元元之民還戴吾宋。而弗淪於夷狄禽獸之域。然則備是物成是器。以為利天下。方諸罔罟耒耜之作。不亦甚大矣哉。由所建立。要其成功。雖以母后之聖而上追犧農可也。彼塗山興夏。文母造周。內助稱賢。夫何足道。按謚法備物成器曰聖。今群工有司之議。更出于此。臣愚知不足以合天下之公願。而仰契孝心追報之萬一也。昭慈獻烈皇后尊謚。請以祖宗之命。改號曰昭慈聖獻皇后。

孝宗時。議高宗廟號。太常少卿尤袤與禮官定號高宗。洪邁獨請號世祖。袤率禮官顏師魯鄭僑上奏曰。宗廟之制。祖有功。宗有德。藝祖規創大業。為宋太祖。太宗混一區夏。為宋太宗。自真宗至欽宗。聖聖相傳。廟制一定。萬世不易。在禮。子為父屈。示有尊也。太上親為徽宗子。子為祖。而父為宗。失昭穆之序。議者不過以漢光武為比。光武以長沙王後。布衣崛起。不與哀平相繼。其稱與嬀。太上中興。雖同光武。然實繼徽宗正統。以子繼父。非光武比。將來祔廟。在徽宗下。而稱祖。恐在天之靈有所不安。詔羣臣集議。袞復上議如初。遵論遂屈

衛涇上繳裴良士乞父諡奏曰。臣聞傳曰。唯名與器。不可以假人。禮曰。諡以尊名。君子恥名之浮於行。蓋士大夫盡忠竭節。於國家者。生則有爵祿以榮其身。死則有褒諡以傳於世。所以示激勸之公。非以徇人情之私也。苟生無節行之顯著。已叨榮祿。既沒之後。聲迹湮晦。乃妄有攀援徼幸寵名。則朝廷典法殆成虛文。將無以昭示激勸。而為善者怠矣。裴希稷者。臣不知其何如人。徒聞以貲起家。甲於京邑。中興記錄。無所登載。據其子良士陳述。不過泛舉制詞數語。便謂曾有戰功。又稱嘗蒙高宗皇帝召到。詢及邊事。數陳韜略。一一無實迹之可考。不惟法不該諡。且不知所以易其名者。又輒引姚興為比。臣照得姚興當紹興之末。與逆虜力戰。死節著在國史。已經贈官立廟。昨因趙善堅論奏。再與賜諡。希稷可謂擬非其倫。兼朝廷比年以來。褒表忠義。如岳飛劉光世等。追贈王爵。中外有志功名之士。聞風興起。誠以理義。人心之所同。固易於感發也。今若以裴希稷姚興例得諡典。駑驥同皁。薰蕕共器。凡前日所以褒表之意。人反得而輕視之矣。事體所繫。顧不重歟。兼臣備數奉常。竊見裴良士累經禮部陳詞。下本寺勘當。臣以衆議不與。不敢保明。即具節次難以施行因依申上。案牘具在。今良士直以劄子要求特旨。是以有司職守為可廢。而朝廷之尊為可欺也。臣居本職。既謂不可。偶茲攝事。遂與書行。前後自相背馳。臣實無所逃罪。是敢不避誅斥。冒昧以聞。伏望聖慈。將裴希稷賜諡旨揮。特與寢罷。庶叶公論。在臣守官之義。得以少安。不勝幸

寧宗時。涇上太皇太后諡議曰。臣聞論母后之極致者。莫大乎盡事尊之孝。而饗重闈之養。備母道之純全者。莫難乎閱親傳之盛。而兼擁右之功。故禮義致化。周詩所以著二南之本。光大含弘。羲易所以贊坤之象。蓋后妃之德。始於閨門。刑於邦家。垂於來裔。其體則一。而其用有三。承順於上。則欲殫其婦道之勤。儆戒於中。則欲觀其內則之助。保艾爾後。則欲求其孫謀之詒。三者備而後二南無餘蘊。坤道無遺功矣。書契以來。位配於方祇。禮崇於東朝。為國壽母。就安長樂者。曠代無之。至於原始要終。善并美具。則在昔盛時。未有兹焉。故養莫嚴於舅姑。而或罕全乎逮事之敬。慶莫長於祚嗣。而或莫遂乎含飴之樂。二妃嬪于有虞。親逢授受之舉矣。而堯父非一門之美。大任媚于周姜。嘗為京室之婦矣。而文孫不亟世而隆。夫惟天功靳於渾全。人道難乎具備。簪纓族系。四世祖孫全者有幾。矧夫塗山沙麓之興。大明思齊之作。以言乎奉親。則克共孝敬於三朝之上。以言乎齊家。則輔佐憂勤於三紀之久。以言乎蔭佑。則翊扶神器於再傳之際。皇乎休哉。兼而全之。未有如太皇之盛者也。恭惟大行太皇太后。端靖而誠莊。淑聖而柔令。惠問光於彤管。慈儀冠乎六宮。遊娛之事。希從圖史之箴。自警紘綖。是則蘋藻必躬。化始閨闈。風行邦國。有廉退之節。有徽嘉之行。述其垂髫之初。體相多異。則有以著俔天之表。受冊之夕。日華宣明。則有以彰天作之合。母育累朝。壽盈七袠。禰榮衍於六字。瑤冊侈乎四上。尊崇之養。康寧之福。蔑乎不可尚已。若乃發揚其鮮儷之休。推美其難名之懿。則若此之類。殆未能髣髴其萬一焉。伊昔思陵。康強暇豫。克巽大位。無愧陶唐。重華協帝。晨昏定省。共為子職。行過曾閔。時惟太皇克脩壼職。雞鳴問安。而喜憂有常。盥櫛佐餕。而旨甘必進。紀千秋之節。則每從於鳳輦。上萬歲之觴。則克

悦於龍顏嚴君既樂聖嗣之無違永壽益喜椒塗之盡愛於是五日
一朝之禮風雨弗渝兩宮九閨之餘毫釐無間及乎飭華厭代慈福
永年傳歸於予已居太母之尊思媚諸姑猶執寢門之敬以至疾視
湯液喪執衰麻始終之際無遺恨焉此則送往事居婦道昭矣洪惟
阜陵朝聽夕訪如湯日新履華衣緣如禹服菲邸孫逮鰥如文懷保
時惟太皇基迹潛邸謹禮慶嚴內外脫簪之誠形於詭諧有以相勵
精之勤損常儀裁妄費三澣之衣數年不易有以佐克己之儉遵傷
生之戒推不忍之心日膳一羊上章懇免有以廣愛物之仁是以人
倫既正朝廷既治丕乾淳熙之政溥海仰宵旰之誠二十八年之間
當宁無聲色之迩遠夫贊乾剛之斷決震子之策相與齊欒於揖遜
而不以脫屣為太遽奉承高蹈於希夷而不以澹泊為難能三聖相
授千古同符此則自家刑國內助著矣紹熙五禩烈祖奄棄而遐升

光廟煢然而在疚慈皇獨斷於心慮聖協謀於內時惟太皇一德一
心是翊是保神孫御極式遵慈訓不緣不競無偏無詖皇嗣既立貴資
善肇開綠車娛侍聖情懌愉風流篤厚衣食滋殖暨至邊陲有警俱
億浩穰出私帑錢給戰士費其視衣大練衣無闕之政心殆有過焉
此則垂休罔極而詒謀遠矣是以初定長秋之序則稟命於庭闈再
舉鴻名之典則歸尊於儀範求原內禪之助則極言其保右斯三者
緜漢歷唐亘未前聞惟皇天佑于我家惟我宋代有賢后是以大行
太皇太后全前世之所未能全備昔人之所未能備易詩所載二南畫
坤之德聖人復起不可有加矣揆厥始初序冠四妃歲踰一紀和平
逮下父而始正位號則關雎之樂得淑女也泝分流本旨本高華而
述其世緒憮然形於挹損則葛覃之不忘母家也外門之無私謁也
蹈和率禮夫豈一端哉盛德至善則昉于前三者矣眷朝介壽將舉

縟儀忽驅馭之上賓痛仙游之莫返因山有制先遠告期皇上適繩
祖武躬執通喪申詔禮官稽經諏律節惠易名統於所尊率循彝典
謹按謚法婦德均一曰成夙夜警戒曰成能執婦道曰肅因嚴教敬
曰肅夫徽音懿鑠演迤四世垂範作則與宋無疆非成之大乎飭正
宮壼暢陰教上惠于宗公下庇於雲仍非肅之至乎竊惟繪畫日
月形容天地模擬有限而德美無窮揚厲鋪張姑述臣子之職而已
大行太皇太后宜以宗廟之命錫之曰成肅皇后
逕又上奏曰臣仰惟聖朝加惠臣下寵榮終始生有爵秩既顯其身
沒有易名俾垂不朽至於勳德節義聲實彰著不以官品亦特命謚
其緝德立圖雖無官爵聽所屬奏賜著為定令以詔來世如邵康節
之在元祐徐節孝之在政和是也二臣官不過學校幕屬亦而特得
賜謚者以其學術重於時孝行推於鄉名位雖卑道尊德隆貴視品

秩所以崇儒學獎操行厲風俗也臣竊見故承事郎右文殿脩撰張
栻魏國忠獻公浚之子家本廣漢隨父出蜀因居潭州師事南嶽胡
氏盡傳伊洛之秘遂以其道鳴於西南著書立言開迪後進四方士
子皆宗師之其學雖本於仁義誠敬而造理精微遇事昭徹更歷內
外治民訓兵理財聽訟所至有績可紀超出諸儒之右隆興初始以
軍事入奏首勸孝宗皇帝以明義復讎正名絕虜孝宗異其言而君
臣之契合凡奏對開陳忠義憤激未嘗不以讎恥未雪不共戴天為
憂此宜其銳意用兵輕舉躁動而時宰有以恢復為己任者謂虜衰
弱可圖廼遣泛使欲開兵隙栻又獨為上言兵弱財匱官吏誕謾未
有必勝之形而必勝之形當在早正素定之時不在決機兩陣之日
又引諸葛亮景延廣為喻在辨名實之分無令小人投隙以售其姦上
為歎息褒諭以為前所未聞及詔以知閤門事張說僉書樞密院事

栻為講官。初無言責。夜入手疏。極言不可。且詣宰相質之。宰相慚憤不堪。上獨不以為忤。親劄疏尾。使宰相諭旨。栻復再奏。上意感悟。命已中寢。宰相實陰附說。出知袁州。申說前命。言雖不盡用。說竟以罪謫。使開禧丙寅權姦擅朝妄起邊釁之時。有如栻者整機識變。守正不阿。沮其萌芽。則朝廷必不致有過舉矣。緬懷忠賢。若世可師。孝宗皇帝重其儒學。固已引為勸講。擢贊宰司。讒者忌嫉。寵眷不衰。運帥二藩。有意召用。而栻不幸歿於盛年。位不克究。然而學者至今尊其道德。相與私號為南軒先生。官未及謚。其家既不敢自有請。門人弟子又無通顯於朝者為之請。士論湮鬱。三十餘年。暨臣到任。列詞陳乞。臣今將去郡。若又隱嘿不為一言。則是上無以昭聖朝崇儒重道之公。下無以慰遠方尊師尚友之義。濫居所屬為吏曠職甚矣。臣愚謂宜下之太常。使博士狀其行。苟應得謚。錫以美名。使天下後世知儒學節義之貴。過於品秩。於以激勸。誠非小補。

袁說友擬大行至尊壽皇聖帝謚號議曰。比準尚書吏部牒。催坐都省劄子。今月十七日。令赴尚書省集議大行至尊壽皇聖帝謚號。具議狀。或各為之。或並為之議。某竊惟基厚者勢隆。位尊者名顯。載攷三代而下。垂光錫祚。赫奕蕃衍。功德隆厚。彌久彌昌。未有如我宋之盛也。故廟號稱美。極其尊崇。盡棄歷代之陳言。聳新臣民之耳目。萬世無極。四方歸尊。至若功高德大。巍巍蕩蕩而無能名。一字不足稱揚。羣臣無得名議。則太祖太宗高宗之廟號。實用萬古同尊之稱焉。太祖皇帝開基立極。太宗皇帝繼志述事。高宗皇帝撥亂中興。功高無紀極。德大無比擬。曰太曰高。以萬古同尊之稱。見該括形容之意。今來恭議大行至尊壽皇聖帝廟號。其獲以從列與聞其間。敢以愚言上裨末議。考之古昔。曰太。曰高。曰世。曰中。此四者實萬古同尊之稱。出於謚法之外也。曰太。曰高。謂功高德大。而莫能形容也。曰世一字。則與太字高字並行。蓋言祖功宗德已盛於前。而繼統之者復能以功德世之於後。故必以世字稱焉。古人有言曰。世世脩德。蓋能世其美也。世世獻于廟。蓋能世其祀也。天子之子曰世子。世天下而為天子也。諸侯之國曰世爵。世其國而有其爵也。命卿而曰世祿。官族而曰世功。雖尊卑事體之不同。而世之為言其意則一。歷稽往代。以世為廟號者。必其功德彰顯。克紹祖宗。臣民難以定名。不容與列廟等。西漢武帝為世宗廟。當時之謚則謂功德茂盛。不能盡宣。東漢光武為世祖廟。後世之釋則謂祖功宗德而能中興。於此見世之為號。既以當時功德之難名。且以祖功宗德之有繼。是故皆以世稱焉。下至唐太宗猶且因諱避就。以全其名。周世宗亦且修大武功以尊其號。豈非一代之主。皆合以世字同尊之稱。以嚴其廟。有不可已者。方

今曰太曰高之號既見於前矣。則世宗之稱。可使後有闕文乎。恭惟大行至尊壽皇聖帝神聖睿文。聰明英斷。有大有為之志。有君天下之德。在位二十七年。篤志愈勵。宵旰無闕。高宗上賓。終喪三年。孝於事親者極至也。水旱變異。則發政施仁。求言引咎。謹遂感格。誠於事天者極至也。春秋漸高。倦勤萬幾。靜處北宮。怡神澹泊。是以付託為重。不以天下為樂也。薄征省賦。蠲者什五。內帑儲偫。以助經常。是以民生為重。不以天下自奉也。恩被公族。義形閨門。總攬權綱。無有私謁。齊家如是其謹也。除授合人望。黜陟當功罪。羣下遵職。趨事赴功。官人如是其嚴也。夙興視朝。日昃訪問。夕召儒臣。講論幾務。勤政有如此者。食菲衣綈。不事華靡。臺囿無增。下無横賜。儉節有如此者。刑罰不殺。而比於死者悉議減貸。天下感壽皇之仁。綱理萬事。動中機會。而欺邪莫能遁。天下服壽皇之明。是以六府順序。百嘉鬯遂。銷鋒

灌燧天下無犬吠之警。枝戈緩馬。夷狄有鄉化之意。援提能言之靈。無不知戴。豚魚含氣之倫。無不均育。聖躬不豫。而天下之人籲天請命。以祈萬壽。升遐之日。而天下之人哀痛激切。如喪考妣。功大德盛。追迹祖武。如天地覆載。莫測帝力。如日月盤礴。弗探底止。雖欲多言擬稱。不可得也。不識何以謚號而能盡形容乎。求其說於一字之微。則恐得此失彼。涅一二。遺千百。求以稱美。或以狭小也。夫惟上以紹太祖太宗創守之規。中以繼列聖盈成之業。終以慰高宗付託之重。克世前人之續。對越在天之靈。功德盛大。角濟登茲。豈非祖有功宗有德而大行至尊壽皇聖帝又能以功德世之乎。其輒貢斯議。敢恭擬大行至尊壽皇聖帝廟號曰世宗。既以見祖功宗德無於前而孫謀之有繼。又以見大行至尊壽皇聖帝功德著於後而紹述之無愧。總括衆美於無得而言之中。全備功德於世世相承之際。雖曰前代已用之字。實與口太曰高並稱。是足為一代非常之主之謚。不避之議。世朝廷審擇焉。

理宗時。華子才上奏曰。臣聞謚者。行之表也。自周公以來無為不刊之典。蓋以是非。別邪正。而示懲勸也。考之周制。太史掌卜喪賜謚。小史掌卿大夫之家賜謚讀誄。夫曰賜曰讀。出於有司之舉行明矣。乃若公叔文子卒。其子戍請謚者。蓋春秋時周禮盡廢。有司不知舉行舊典禮經。故不免於戍之請。然非成周之初意也。夫定於太常。覆於考功。集議於尚書省。我國家禮亦宜之。初何待於子孫陳請耶。竊見近年有官品人品俱不應謚者。紛然祈請。至究轉要官以必遂其志。遂使國家節惠之典。幾為無用贅疣之物。其何以彰善癉惡。激濁揚清哉。臣愚欲望陛下推行周制。詔有司自今官品合該擬謚。及一節一行有關於國家法應節惠者。有司亟舉行之。不必候本家陳請。使為惡者無所還避。以伸國家懲惡之公。而使庸碌無聞之人。知所懲勸。不敢妄有所陳。以紊公朝褒貶之實。此非小補也。臣丁未歲備數博士。嘗蒐攷國朝盛時及中興以來節行應謚者尚多有之。而子孫湮微無力控請。有識之士每為慨嘆。方欲申明而行之。會去國不果。今茲待罪儀曹。不敢復有所隱。伏乞聖慈下都省公議而行之。公道幸甚。

遼興宗時。翰林都林牙蕭韓家奴上疏曰。臣聞先世遙輦可汗洼之後。國祚中絕。自夷離堇雅里立阻午。大位始定。然上世俗朴。未有尊稱。臣以為三皇禮文未備。正與遙輦氏同。後世之君以禮樂治天下。而崇本追遠之義興焉。近者唐高祖創立先廟。尊四世為帝。昔我太祖代遙輦即位。乃製文字。脩禮法。建天皇帝名號。制宮室以示威服。興利除害。混一海內。厥後累聖相承。自夷離堇湖烈以下。大號未加。天皇帝之考夷離堇的魯猶以名呼。臣以為宜依唐典。追崇四祖為皇帝。則陛下弘業有光。墜典復舉矣。疏奏。帝納之

金熙宗時。翰林待制兼右諫議大夫程寀上奏曰。臣伏讀唐史。追尊高祖以下謚號。或加至十八字。前宋大中祥符間。亦加至十六字。亡遼因之。近陛下亦受崇天體道欽明文武聖德十字。臣竊謂人臣以歸美報上為忠。天子以追崇祖考為孝。太祖武元皇帝受命開基。八年之間奄有天下。功德茂盛。振古無前。止謚武元二字。理或未安。何以示將來。臣願詔有司定議謚號。庶幾上慰祖宗在天之靈。使耿光丕烈傳於無窮。

時文武百僚太師宗翰等上廟號謚議曰。國家肇造區夏。西征弗庭。太祖武元皇帝受命撥亂。光啓大業。太宗文烈皇帝繼志卒伐。奮振皇威。原其積德累功所由來者遠矣。且禮多為貴。固前籍之美談。厚

德流於賓本朝之先務。伏惟皇九代祖。廓君人之量。挺御世之姿。虞舜生馮。遷於負夏。太王避狄。邑岐山。聖姚來歸天原。肇發。皇八代祖。皇七代祖。承家襲慶。裕後垂芳。不求赫赫之名。終大振振之族。皇六代祖。徙居得吉。播種是勤。去暴露。獲棟宇之安。釋負戴。興車輿之利。皇五代祖。孛堇雄姿。邁世美略。濟時。成百里日辟之功。戎車既飭著五教在寬之訓。人紀肇脩。皇高祖太師。質自天成。德為民望。蕪精騎射。往無不摧。始置官師。歸者益衆。皇曾祖太師。威稜震遠。機警絕人。雅善運籌。未嘗矜甲。臨敵愈奮。應變若神。皇曾叔祖太師。機獨運心。公無私物。四方肇勤。諸部歸懷。德威兩隆。風俗大定。皇伯祖太師友于盡愛。國爾惟忠。謀必同欲。舉無不濟。累代祖妣。婦道警戒。王業艱難。俱殫內助之勞。是著始基之漸。是宜采群臣之僉議。酌故事以遵行。欽帝于郊。稱天以誄。謹按謚法。布義行剛曰景。主義行德曰元。休氏。耆艾曰明。遏悉聖善曰懿。請上皇九代祖尊謚曰景元皇帝。廟號始祖。妣曰明懿皇后。中和純備曰德。道德純一曰思。請上皇八代祖尊謚曰德皇帝。妣曰思皇后。好和不爭曰安。好廉自克曰節。請上皇七代祖尊謚曰安皇帝。妣曰節皇后。安民治古曰定。明德有勞曰昭。尊賢讓善曰恭。柔德好衆曰靖。請上皇六代祖尊謚曰定昭皇帝。廟號獻祖。妣曰恭靖皇后。愛民在政曰成。辟土有德曰襄。強毅執政曰威。慈仁和民曰順。請上皇五代祖孛堇尊謚曰成襄皇帝。廟號昭祖。妣曰威順皇后。愛民好與曰惠。辟土兼國曰桓。明德有勞曰昭。執心斷決曰肅。請上皇高祖太師尊謚曰惠桓皇帝。廟號景祖。妣曰昭肅皇后。大而化之曰聖。剛德克就曰肅。思慮深遠曰翼。一德不懈曰簡。請上皇曾祖太師尊謚曰聖肅皇帝。廟號世祖。妣曰翼簡皇后。中情見貌曰穆。博聞多能曰憲。柔德好衆曰靜。聖善周聞曰宣。請上皇曾叔祖太師尊謚曰穆憲皇帝。廟號肅宗。妣曰靜宣皇后。慈愛忘勞曰孝。執事有制曰平。清白守節曰貞。愛民好與曰惠。請上皇曾叔祖太師尊謚曰孝平皇帝。廟號曰穆宗。妣曰貞惠皇后。愛民長悌曰恭。一德不懈曰簡。夙夜恭事曰敬。小心畏忌曰僖。請上皇伯祖太師尊謚曰恭簡皇帝。廟號康宗。妣曰敬僖皇后。仍請以始祖景元皇帝。景祖惠桓皇帝。世祖聖肅皇帝。太祖武元皇帝。太宗文烈皇帝。為永永不祧之廟。須廟室告成。涓日備物。奉上寶冊。藏于天府。施之罔極。

元仁宗語近臣曰。朕聞前代皆有太上皇之號。今皇太子且長。可居大位。朕欲為太上皇。與若等游觀西山。以終天年。御史中丞蠻子。翰林學士明里董阿。皆稱善。殿中侍御史月魯帖木兒獨起拜曰。臣聞昔之所謂太上皇。若唐玄宗宋徽宗。皆當禍亂。不得已而為之者也。願陛下正大位。以保萬世無疆之業。前代虛名何足慕哉。帝善其對。

文宗欲加號太后。曰太皇太后。命朝堂議之。吏部員外郎自當獨曰。太后稱太皇太后。於典禮不合。衆皆曰英宗時何以加皇太后號曰太皇太后。自當曰英宗孫也。今上子也。太皇太后之號。孫可以稱之。子不可以稱之也。議遂定。

歷代名臣奏議卷之二百八十二

歷代名臣奏議卷之二百八十三

褒贈

漢成帝時梅福以爲宜建三統封孔子之世以爲殷後乃上書曰臣聞不在其位不謀其政政者職也位卑而言高者罪也越職觸罪危言世患雖伏質橫分臣之願也守職不言沒齒身全死之日戶未腐而名滅雖有景公之位伏櫪千駟臣不貪也故願一登文石之陛涉赤墀之塗當戶牖之法坐盡平生之愚慮亡益於時有遺於世此臣寢所以不安食所以忘味也願陛下深省臣言臣聞存人所以自立也壅人所以自塞也善惡之報各如其事昔者秦滅二周夷六國隱士不顯佚民不舉絕三統滅天道是以身危子殺厥孫不嗣所謂壅人以自塞者也故武王克殷未下車存五帝之後封殷於宋紹夏於杞明著三統示不獨有也是以姬姓半天下遷廟之主流出於戶所謂存人以自立者也今成湯不祀殷人亡後陛下繼嗣久微殆爲此也春秋經曰宋殺其大夫穀梁傳曰其不稱名姓以其在祖位尊之也此言孔子故殷後也雖不正統封其子孫以爲殷後禮亦宜之何者諸侯奪宗聖庶奪適傳曰賢者子孫宜有土而況聖人又殷之後哉昔成王以諸侯禮葬周公而皇天動威雷風著災今仲尼之廟不出闕里孔氏子孫不免編戶以聖人而歆匹夫之祀非皇天之意也今陛下誠能據仲尼之素功以封其子孫則國家必獲其福又陛下之名與天亡極何者追聖人素功封其子孫未有法也後聖必以爲則不滅之名可不勉哉

谷永上疏曰臣聞聖主尊師傅褒賢儁顯有功生則致其爵祿死則異其禮謚昔周公薨成王葬以變禮而當天心公叔文子卒衛侯加以美謚著爲後法近事大司空朱邑右扶風翁歸德茂夭年孝宣皇帝愍冊厚賜贊命之臣靡不激揚關內侯鄭寬中有顏子之美質包商偃之文學嚴然總五經之眇論立師傅之顯位入則鄉唐虞之閎道王法納乎聖聽出則參冢宰之重職功列施乎政事退食自公私門不開散賜九族田畝不益德配周召忠合羔羊未得登司徒有家臣卒然早終尤可悼痛臣愚以爲宜加其葬禮賜之令謚以章尊師褒賢顯功之德上弔贈寬中甚厚

蜀後主時習隆等立諸葛亮廟表曰臣聞周人懷召伯之德甘棠爲之不伐越王思范蠡之功鑄金以存其像自漢興已來小善小德而圖形立廟者多矣況亮德範遐邇勳蓋季世興王室之不壞實斯人之是賴而烝嘗止於私門廟像闕而莫立使百姓巷祭戎夷野祀非所以存德念功述追在昔者也今若盡順民心則瀆而無典建之京師又偪宗廟此聖懷所以懷疑也臣愚以爲宜因近其墓立之於沔陽使所親屬以時賜祭凡其臣故吏欲奉祠者皆限至廟斷其私祀以崇正禮

晉武帝太康中議郎段灼上疏追理鄧艾曰故征西將軍鄧艾心懷至忠而荷反逆之名平定巴蜀而受三族之誅臣竊悼之惜哉言艾之反也以艾性剛急矜功伐善而不能協同朋類輕犯雅俗失君子之心故莫肯理之臣敢昧死言艾所以不反之狀艾本屯田掌犢人宣皇帝拔之於農吏之中顯之於宰府之職處內外之官據文武之任所在輒有名績固足以明宣皇帝之知人矣會值洮西之役官兵失利刺史王經困於圍城之中當爾之時二州危懼隴右懍懍幾非國家之有也先帝以爲深憂重慮思惟可以安邊殺敵莫賢於艾故授之以兵馬解狄道之圍圍解留屯上邽承官軍大敗之後士卒破膽將吏無氣倉庫空虛器械殫盡艾欲積穀彊兵以待有事是歲少

雨又為區種之法手執耒耜率先將士所統萬數而身不離僕虜之勞親執士卒之役故落門段谷之戰能以少擊多摧破彊賊斬首萬計遂委艾以廟勝成圖指授長策艾受命忘身龍驤麟振前無堅敵蜀地阻險山高谷深而艾步乘不滿二萬束馬懸車自投死地勇氣凌雲將士乘勢故能使劉禪震怖君臣面縛軍不踰時而巴蜀蕩定此又固足以彰先帝之善任矣艾功名已成亦當書之竹帛傳祚萬世七十老公復何所求哉艾以禪初降遠郡未附矯令承制權安社稷雖違常科有合古義原心定罪事可詳論故鎮西將軍鍾會有吞天下之心恐艾威名知必不同因其疑似構成其事艾被詔書即遣强兵束身就縛不敢顧望誠自知奉見先帝必無當死之理也會受誅之後艾參佐官屬部曲將吏愚戇相聚自共追艾破壞檻車解其囚執艾在困地是以狼狽失據夫反非小事若懷惡心即當謀及豪

傑然後乃能興動大衆未聞艾有腹心一人臨死口無惡言獨受腹背之誅豈不哀哉故見之者垂涕聞之者歎息此賈誼所以慷慨於漢文天下之事可為痛哭者良有以也陛下龍興闡弘大度受誅之家不拘敘用聽艾立後祭祀不絕昔秦人憐白起之無罪吳人傷子胥之冤酷皆為之立祠天下之人為艾悼心痛恨亦由是也謂可聽艾門生故吏收艾屍柩歸葬舊墓還其田宅以平蜀之功繼封其後使艾闔棺定謚死無所恨赦冤魂於黃泉收信義於後世則天下徇名之士思立功之臣必投湯火樂為陛下死矣帝省表甚嘉其意

惠帝時趙王倫誅解系并戮其妻子後齊王冏起義時以裴解為冤首倫秀既誅冏乃奏曰臣聞興微繼絕聖主之高政貶惡嘉善春秋之美談是以武王封比干之墓表商容之閭誠幽明之故有以相通也孫秀逆亂滅佐命之國誅骨鯁之臣以斲喪王室肆其虐戾功臣之後多見泯滅至如張華裴頠各以見憚取誅於時系結同以羔羊被害歐陽建等無罪而死百姓憐之陛下更日月之光照希惟新之明命然此等未蒙恩理昔欒郤降在皁隸而春秋傳其人幽王絕功臣之後棄賢者子孫而詩人以為刺臣備忝右職思竭股肱獻納愚誠若合聖意可群官通議八坐議以系等清公正直為奸邪所疾無罪橫戮冤痛已甚如大司馬所啓彰明枉直顯宣當否使冤魂無愧無恨為恩大矣永寧二年追贈光祿大夫改葬加弔祭焉

蕩陰之役侍中嵇紹為亂兵所害征虜將軍司馬王接議曰夫謀人之軍軍敗則死之謀人之國國危則亡之古之道也蕩陰之役百官奔北唯嵇紹守職以遇不道可謂臣矣又可稱痛矣今山東方欲大舉宜明高節以號令天下依春秋褒三累之義加紹致命之賞則遐迩向風莫敢不爾矣朝廷從之

東晉元帝時周札一門五侯王敦憚之遣參軍賀鸞盡掩殺札兄弟及敦死札等故吏並詣闕訟周氏之冤宜加贈謚事下八坐尚書卞壼議以札石頭之役開門延寇遂使賊敦恣亂札之責也追贈意所未安懋莚兄弟宜復本位司徒王導議以札在石頭忠存社稷義在亡身至於往年之事自臣等有識以上與札情豈有異此言實貫於聖鑒論者見姦逆既彰便欲徵往年已有不臣之漸即復使尒要當時衆所未悟其姦萌札與臣等便以身許國死而後已札亦尋取梟夷朝廷檄命既下大事既定便正以為逆黨邪正失所進退無據誠國體所宜深惜臣謂宜與周顗戴若思等同例尚書令郗鑒議曰夫褒貶臧否宜令體明例通今周戴以死節復位周札以開門同例事異賞均意所疑惑如司徒議謂往年之事自有識以上皆與札不異此為邪正坦然有在昔宋文失禮華樂荷不臣之罰齊靈嬖孽高厚

有從昏之戮。以古况今。譙王周戴宜受若此之責。何加贈復位之有乎。今揔已顯復。則札宜貶責明矣。導重議曰。省令君議。必札之開門與譙王周戴異。今札開門。直出風言。竟實事邪。便以風言定褒貶。意莫若原情考徵也。論者謂札知隗協亂政。信敦匡救。茍匡救信姦佞除。即所謂流四凶族。以隆人主巍巍之功耳。如此。札所以忠於社稷也。後敦悖謬。出所不圖。札亦闔門不同。以此滅族。是其死於爲義也。夫信敦當時之匡救。不圖將來之大逆。惡隗協之亂政。不失爲臣之貞節者。于時朝士豈惟周札邪。若盡謂不忠。懼有誣乎。譙王周戴各以死衞國。斯亦人臣之節也。但所見有同異。然期之於必忠。故宜申明耳。即如令君議。宋華齊高其在隗協矣。昔子糾之難。召忽死之。管仲不死。若以死爲賢。則管仲當貶。若以不死爲賢。則召忽死爲失。先與何以兩通之。明爲忠之情同也。死雖是忠之一節。亦不必爲忠。皆當死也。漢祖遺約。非劉氏不王。非功臣不侯。違命。天下共誅之。後呂后侯諸呂。周勃從之。王陵廷爭。奇不謂忠乎。周勃誅呂尊文。安漢社稷。忠莫尚焉。則王陵又何足言。而前史兩爲美談。固知死與不死。爭與不爭。茍原情盡意。不可定於一槩也。且札闔棺定論。違逆黨順。受戮凶邪。不負忠義明矣。鑒又駁不同。而朝廷竟從導議。

成帝時。蘇峻之難。光祿大夫散騎常侍卞壼率勵散衆。及左右吏數百人。與賊苦戰。死之。二子眕盱見父歿。相隨赴賊。同時見害。峻平。朝議贈壼左光祿大夫。加散騎常侍。尚書郎弘訥議。以爲死事之臣。古今所重。卞令忠貞之節。當書於竹帛。今之封贈。實未副衆望。謂宜加鼎司之號。以旌忠烈之勳。司徒王導見議。進贈驃騎將軍。加侍中。訥重議曰。夫事親莫大於孝。事君莫尚於忠。唯孝也故能盡敬竭誠。唯忠也故能見危授命。此在人之大節。臣子之極行也。案壼委質三朝。

盡規翼亮。遭世險難。存亡以之。受顧託之重。居端右之任。擁衞至尊。則有保傅之恩。正色在朝。則有匪躬之節。賊峻造逆。戮力致討。身當矢鏑。再對賊鋒。父子并命。可謂破家爲國。守死勤事。昔許男疾終。猶蒙二等之贈。况壼伏節國難者乎。夫賞疑從重。况在不疑。可謂上準許穆。下同嵇紹。則允合典謨。克厭衆望。於是改贈壼侍中驃騎將軍。開府儀同三司。謚曰忠貞。祠以太牢。贈世子眕散騎侍郎。眕弟盱奉車都尉。母裴氏撫二子屍哭曰。父爲忠臣。汝爲孝子。夫何恨乎。徵士翟湯聞之歎曰。父死於君。子死於父。忠孝之道。萃于一門。咸康六年。成帝追思壼。下詔曰。壼立朝忠恪。喪身凶寇。所封懸遠。租秩薄少。妻息不贍。以爲慨然。可給實口廩。其後盜發壼墓。屍僵鬢髮蒼白。面如生。兩手悉拳。爪甲穿達手背。安帝詔給錢十萬以脩塋兆。

東陽許孜郡察孝廉不起。巾褐終身。年八十餘。卒于家。邑人號其居爲孝順里。咸康中。太守張虞上疏曰。臣聞聖賢明訓。存乎舉善。褒貶所興。不遠千載。謹按所領吳寧縣牧故人許孜。至性孝友。立節清峻。與物恭讓。言行不貳。當其奉師。則在三之義盡。及其喪親。實古今之所難。咸稱殊類致感。猛獸弭害。雖臣不及見。然備聞斯語。竊謂蔡順董黯無以過之。孜沒積年。其子尚在。性行純愨。今亦家於墓側。臣以爲孜之履操。世所希逮。宜標其令跡。甄其後嗣。以酬既往。以獎方來。陽秋傳曰。善善及其子孫。臣不達大體。請臺量議。疏奏。詔旌表門閭。蠲復其子孫。

穆帝永和十二年。殷浩卒。後將改葬。其故吏顧悅之上疏訟浩曰。伏見故中軍將軍揚州刺史殷浩。體德沉粹。識理淹長。風流雅勝。聲蓋當時。再臨神州。萬里肅清。勳績茂著。聖朝欽嘉。遂授分陝。推轂之任。戎旗既建。出鎮壽陽。驅其豺狼。翦其荊棘。收羅向義。廣開屯田。沐雨擲風等勤埜僕。仰憑皇威。群醜革面。進軍河洛。脩復園陵。不虞之變。中路猖獗。遂令為山之功。崩於垂成。忠欵之志。於是而廢。既受削黜。自擯山海。杜門終身。與世兩絕。可謂克己復禮。窮而無怨者也。尋浩所犯。蓋負敗之常科。非即情之永責。論其名德。深誠則如彼。察其補過。罪已則如此。豈可棄而不恧。法有餘冤。方今宅兆已成。埏隧已閉。懸棺而窆。禮同庶人。存亡有非命之分。九泉無自訴之期。仰感三良。昊天罔極。若使明詔爰發。旌我善人。崇復本官。遠彰幽昧。斯則國家威恩有兼濟之美。死而可作。無負心之恨。疏奏。詔追復浩本官。

武帝初。吉挹為魏興太守。苻堅將韋鍾數攻魏興。挹屢敗之。後賊眾繼至。挹力不能支。城陷被執。不屈而死。車騎將軍桓冲上言曰。故輕車將軍魏興挹祖朗。西臺傾覆。隕身守節。挹世篤忠孝。乃心本朝。臣亡兄溫昔伐咸陽。軍次灞水。挹携將二弟。單馬來奔。錄其此誠。仍加擢授。自新野太守

轉在魏興。父蔭兵任委以邊戍。疆場歸懷。著稱所莅。前年狡氐縱逸。浮河而下。挹孤城獨立。眾無一旅。外摧凶銳。內固津要。虜賊舟船。俘馘千計。而賊并力攻圍。經歷時月。會襄陽失守。邊情沮喪。加眾寡勢殊。以至陷沒。挹辭氣慷慨。志在不辱。杖刃推戈。期之以隕。將吏持守。用不即斃。遂乃杜口無言。絕粒而死。挹參軍史穎近於賊中得還。賫挹臨終手疏。并具說意狀。挹之忠志。猶在可錄。若蒙天施垂曲宥之恩。則榮加枯朽。惠隆泉壤矣。帝嘉之。追贈益州刺史。

武帝太元中。封羊祜兄玄孫之子法興為鉅平侯。邑五千戶。以桓玄黨誅。國除。尚書祠部郎荀伯子上表訟之曰。臣聞咎繇無嗣。臧文以為深嘆。伯氏奪邑。管仲所以稱仁。功高可百世不泯。濫賞無得崇朝。故太傅鉅平侯羊祜明德通賢。國之宗主。勳參佐命。功成平吳。而後嗣闕然。烝嘗莫寄。漢以蕭何元功。故絕世輒繼。愚謂鉅平之封。宜同酇國。故太尉廣陵公靳準

黨翼賊倫。禍加淮南。因逆為利。竊饗大邦。值西朝政刑失裁。中興因而不奪。今王道維新。豈可不大判臧否。謂廣陵國宜在削除。故太保衛瓘本爵菑陽縣公。既被橫害。乃進茅土。始贈蘭陵。又轉江夏。中朝名臣。多非理終。瓘功德無殊。而獨受偏賞。謂宜罷其郡封。復邑菑陽。則與奪有倫。善惡分矣。竟寢不報。

王敦之難。刁協死。敦平。周顗戴若思等皆被顯贈。惟協以出奔不在其例。咸康中。協子彝上疏訟之。在位者多以明帝之世襃貶已定。非所得更議。且協不能抗節隕身。乃出奔遇害。不可復其官爵也。丹陽尹殷融議曰。王敦惡逆。罪不容誅。則協之善亦不容賞。若以忠非良圖。謀事失算。以此為責者。蓋此於譏議之閒耳。即凶殘之誅。以為國刑。將何以沮勸乎。當敦專逼之時。慶賞威刑專自己出。是以元帝慮深崇本。以協為比。事由國計。蓋不為私。昔孔寧儀行父從君於昏。楚復其位者。君之黨故也。況協之比君

在於義順。且中興四佐。位為朝首。于時事窮計屈。奉命違寇。非謂逃刑。謂宜顯贈。以明忠義。

恭帝時。傅季友代宋國公劉裕作求加贈劉穆之表曰。臣聞崇賢旌善。王化所先。念功簡勞。義深追遠。故司勳秉策。在勤必記。德之休明。沒而彌著。故尚書左僕射前軍將軍臣劉穆之。爰自布衣。協佐義始。內竭謀猷。外勤庶政。密勿軍國。心力俱盡。及登庸朝右。尹司京畿。敷讚百揆。翼新大猷。頃戎車遠役。居中作捍。撫寧之勳。實洽朝野。識量局致。棟幹之器也。方宣讚盛化。緝隆聖世。志績未究。遠邇悼心。皇恩褒述。班同三事。榮哀既備。寵靈已泰。臣伏思尋自義熙草創。艱患未弭。外虞既殷。內難亦荐。時屯世故。靡有寧歲。臣以寡劣。負荷國重。實賴穆之匡翼之勳。豈唯讜言嘉謀。溢于民聽。若乃忠規密謨。潛慮帷幕。造膝詭辭。莫見其際。事隔於皇朝。功隱於視聽者。不可勝記。所以陳力一紀。遂克有成。出征入輔。幸不辱命。微夫人之

左右未有寧濟其事者䝱謙居寡守之孫固每議及封爵輙深自抑絕所以勳高當年而茅土弗及撫事永念胡寧可昧謂宜加贈正司追甄土宇俾忠貞之烈不泯於身後大賚所及永秩於善人臣契闊屯夷備觀終始金蘭之分義深情感是以獻其乃懷希之朝聽啇啓上合請付外詳議。

齊高帝建元初故宋建平王景素秀才劉璡上書曰臣聞曾子孝於其親而沈乎水介生忠於其主而焚於火何則仁也不必可依信也不必可恃昔者墨翟議雲梯於荊臺之下宋人逐之衛叔為衛軍隱難於晉公子殰之季牧北逝彊胡之旗南拒全秦之卒趙君不圖其功賜以利劍陳蕃白首固義忘生事主漢靈不明其忠卒被刑戮彼數子者皆身栖青雲之上而困於泥塵之裏誠以危行不容於衰世孤立聚尤於衆人加讒諂蛆蠹其中誇隙蜂飛而至故也臣聞浸潤之行骨肉離絕疑似一至君臣易心此中山所以獻欷奏樂孟博所以慷慨囊頭者也臣每惟故舉將宋建平

王之禍悲傲骨髓氣凝霜霰今旋踵啓運天神改物生罪尚宥死冤必申臣誠不忍王之負謗而不雪故敢明言其理臣聞孝弟為志者不以犯上曾子不逆薪而爨知其不為暴也秦仁獲麑知其可為傅也臣聞王之事獻太妃也朝夕不違養甘苦不見色悵下進珍饌太妃未食王投箸輟飯太妃起居有不安王傍行蓬髮臣聞求忠臣者於孝子之門安有孝如王而不忠者乎其可明一也當泰始元徽中王公貴人無諂景寧陵者王獨杭情而行不以趨時榆義出鎮入朝必俛拜陵所王尚不棄先君豈背今君乎其可明二也王博聞而容衆與諫而愛士與人言呴呴若有傷聞人之善譽而進之見人之惡掩而誨之李蔚之蓬蘆之寒素也王枉駕而訊之何李稱等宣簡王之舅也王提挈以升之王虛己以厚天下之士尚不欲傷一人之心何乃親戚圖相菹醢乎其可明三也臣昔以法曹參軍奉訊於聽朝之末王每斷獄降聲辭和顏色以待士女之訟時見夏伯以童子縲紲王愴然改貌用不加刑。

徐州嘗歲飢王散秩粟俸帛以繼民之乏獨理冤疑咸息謠務所在皆有變於民臣聞善人國之紀也安有仁於民庶而虐其宗國者乎其可明四也王脩身潔行言無近雜內去聲酌之娛外無田弋之好每所臨踐未加穿築直衛不繁第宅無改荊州高齋刻楹柏構王廢而不處昔朝廷欲賜王東陵甲第又辭而不當兩宮所遺珍玩塵於笥篋無他嬖私不耽內寵姬嬙數人皆詔令所賜王身食不踰一肉器用瓦素時有獻鏤玉器王顧謂何昌寓曰我持此安所用哉乃謝而反之王恭己蹈義若此其可明五也王之在荊州也時獻太妃初薨宋明帝新棄天下京畿諸王又相繼非命王乃徵入為太常楚下人士並勸勿下王謂為臣而距先皇之命不忠為子不奉親之窀穸不孝於是棄西州之重而匍伏北闕王若志欲倔彊便應高枕江漢何為屈折而受制於人乎其可明六也王名高海內義重太山耆幼懷仁

士庶慕德故從昏者忌明同枉者毀正擲弦為鉤張一作百行坐欵噎皆生風塵會王季符負辠流謗事會讒人之心權醜相扇鴟梟奮翼王雖遘愍離凶而誠分弥款散情中宇揮席滿素虞玩之銜使歸旋世子入質京邑續解徐州請身東第後求會稽降階外撫虞玩般煥實為詮譯誠心殷勤備留聖聽王若俯張跋扈何事若斯其可明七也自是以後日同殊論蒼梧之衰德既彰群小之姦慝弥廣下盈其毒上不可依時長王並見誅鋤公卿如蹈虎尾衆人翕翕莫不注仰於王廂閣諸人同謀異志王心不從利忘不背本執周天賜而斬之以距王宜與等遣司馬孫謙歸欵朝廷王若欲擬非覬寧當如此乎其可明八也又是年五月以後道路皆謂阮佃夫等欲潛圖宮禁因兵北襲而黃回高道慶等傳構其事武人獎亂吏相恐脅至六月而京師徵賦車徒將講衆北壘都鄙疑駭僉言暴作坦祇祖因民情

豈蕩揚聲北弃紿辟惑衆窮亂極禍。會州人自都還擄門已閉外不知臺中安不。王既素籍異論謂為信然。收卒疲弱志在投散冰炭在懷位恐逆後何圖兵以順出。翻為逆動乎。夫往來之人諠譁幻惑皆出華轂非從徐州起也。且臺以六月晦夜無何呼北兵以至昏登陴抑不而未方七月朔猶綏帶從容其晚聞京都變亂始乃鳩兵簡甲耳。王豈先造禍哉。其可明九也。王聞京室有難坐不安。食不甘。言及太后未嘗不交巾掩涕。又臨危之際撫檻而嘆曰。吾恐三才於斯絕矣。茲豈不誠在本朝。以天下為憂乎。自非深忠遠慮。孰能身滅之不恤。獨眷眷國家安危哉。其可明十也。夫王起兵之日。止在匡救昏難於殛姦盜。非他故也。請較言之。當時君臣之道。治亂云何。楊運長阮佃夫為有辠邪。為無辠邪。若其無辠。何故為戮。若其有辠。討之何辜。王豈不知君親之無將乎。顧以救火之家。豈遑先白丈人。非不恭也。造以運屬陵喪。智力無所用之。蹉跌傾覆。此乃時也。豈謂反乎。果然今日王亡。明日宋亡。王何負於社稷。何媿於天下哉。臣聞武王克商未及下車而封王子之墓。漢高定天下。過大梁。歸燕。代脩信陵之祀存望諸之裔。晉世受命。赤追王陵之冤。而詔其孫為郎。夫比干殷辛之罪人也。無忌魏之疑臣也。樂毅燕之逃將也。彥雲齊之賊。而晉害也。達逢聖明之君革運創制。昭功誠蕩嫌怨。請議天下之善也。或殊世而相明。或四賢咸濟其令問。三后馳光於萬葉。君子榮其耀。小人服其義。今陛下尊英雄之高軌。振逸世之奇聲。何至仍襲世之異議。以掩賢人之名哉。若王之中外不明。終始蹈德。臣懼方今之人不復為善矣。且世之興衰。何代無有。今齊苗裔萬世之後。其能無污隆乎。苟前良可廢。何以勸後之能者。伏願上同周漢晉之如彼。下為來亂垂範之如此。倘能降明詔。蹉枉道。使往王得洗謗議。極冥塊賜以

王禮。反葬則民之從義。猶若回風之卷草也。臣聞鶴鳴臯埵。則降陰叫。雨騰蛇聳躍。而沈雲鬱冥。但傷臣言輕落毛。牙如横芥。神高聽邈終焉莫省。直欲内不負心。庶將來知王之意耳。

明帝建武中。任昉代范雲作表。求立太宰竟陵王子良碑。曰。臣雲言原夫存樹風猷。沒著徽烈。既絕故老之口。必資不刊之書。而藏諸名山。則陵谷遷貿。府之延閣。則青編落簡。然則配天之迹。存乎泗水之上。素王之道。紀於沂川之側。由是崇師之義。擬迹於西河。尊主之情致之於堯禹。故精廬安啓。必窮鐫勒之盛。君長一城。亦盡刊刻之美。況乎甄陶周召。孕育伊顏。故太宰竟陵文宣王臣某。與存與亡則義形社稷。嚴天配帝。則周公其人。體國端朝。出藩入守。進思必告之道。退無苟私之專。五教以倫。百揆時序。若夫一言一行。盛德之風。琴書藝業。述作之茂。道非兼濟。事止樂善。亦無得而稱焉。人之云亡。忽移歲序。鵾鵬東徙。松櫝成行。六府臣僚。三藩士女。人蓄油素。家懷鉛筆。瞻彼景山。徒然望慕。昔晉氏初禁立碑。魏舒之亡。亦從班列。而阮略既泯。故首冒嚴科。為之者竟免刑戮。置之者反蒙嘉歎。至於道被如仁。功參微管。本宜在常均之外。故太宰淵丞相嶷親賢並軌。即為成規。乞依二公前例。賜許刊立。寧容使長想九原。樵蘇罔識其禁。駐蹕長陵。輶軒不知所適。臣里閭孤賤。才無可甄。值齊綱之弘。弛賓客之禁。策名委質。忽焉二紀。憲先犬馬。厚恩不答。而薨帷毀蓋。未募螻蟻珠襦玉匣。遽飾幽泉。陛下弘獎名教。不隔微物。使臣得駿奔南浦。長號北陵。既曲逢前施。實仰覬後澤。倘錄杜預山頂之言。庶存馬駿必拜之感。臨表悲懼。言不自宣。

後魏孝文帝太和中。著作佐郎成淹上表曰。臣聞經疆啓宇。實良將之功。褒德酬庸。乃聖王之務。昔姜公杖鉞。開隆周之基。韓生秉旄興

鴻漢之業故能實超當時名垂前史若閫外功成而流言內作人主猜疑良將懷懼樂毅所以背燕章邯所以奔楚至如鄧艾懷忠矯命寧國赤心皎然幽顯同見而橫受屠戮良可悲哀及士治伐吳奮不顧命萬里浮江應機直指使孫皓君臣輿櫬入洛大功亦舉讒書驟至內外唱和負錦將成識晉武之鑒亦幾於顛沛矣每覽其事常為痛心聖主明君固宜深察臣伏見故征南大將軍開府儀同三司青州刺史濟南王慕容白曜祖父相資世酋東裔值皇運廓被委節臣妾白曜生長王國飲服道教爵列上階位登帝伯去天安初江陰夷楚敢拒王命三方阻兵連城岳峙海岱蒼生翹首拯援聖朝乃眷南顧思救荒黎大議廟堂顯舉元將百寮同音僉曰惟允遂推轂委誠授以專征之任擁兵十萬杖鉞一方威陵河濟則淮徐震懼師出無踰而中蔡授首濟北太原同時消潰麋溝垣畜相尋奔走及回麾東掃道固銜璧盤陽棄郛肉袒請命于時東陽未平人懷去就沈文靜高崇仁擁衆不朝扇擾邊服崔僧祐蓋次陽陳顯達連兵淮海水陸鋒起揚旌而争覘援青齊士民恟懼莫不南顧時兵役既久咸有歸心而白曜外宣皇風內盡方畧身擐甲冑與士卒同安撫初附示以恩厚三軍懷挾纊之温新民欣來蘇之澤遂使僧祐擁逵弭旆効順軍門文靜棄城竄海次陽顯達望塵奔散震江吳風偃荊漢及青州冠平文秀面縛海波清靜三齊克定遂彼東南永為國有使天府納六州之貢濟泗息烽警之虞開岱宗封禪之略闢山川望秩之序斯誠宗廟之靈神筭所授然抑亦白曜與有力矣及氛翳既靜爵命亦隆榮燭當時聲譽日遠而民惡其上妄生尤隙因其功高流言惑聽巧偽亂真朱紫難辨傷矣未豫合門屠戮鴻勳盛德蔑尔無聞有識之徒能不悽愴臣謂白曜策名王庭繫籍禁掖歷司出內世

載忠美秉鉞啓蕃折衝敵國衛禦千里拔城十二年勤於戎旅之勞契闊於矢石之間登鋒履危忠存靜亂及方難既夷身膺高賞榮祚河山與國昇降六十之年寵靈已極觀其立功之明機運豈容復倖更邀非望者乎且於時國家士馬屯積京南瑕州連鎮勢侔雲岳主將驍雄按鉚在所莫不殉忠死難効節奉時此之不可生姦白曜足知之矣況潛逆阻兵營岱厭亂加以王師仍舉州郡屠裂齊民勞止神膽俱喪亡燼之衆不可與圖存離敗之民不可與語勇哉白曜果毅習武體閑兵勢寧不知士民之不可藉將士之不同已據強兵之勢因塗炭之民而欲立非常之事此愚夫之所弗為也料此推之事可知矣伏惟陛下聖鑒自天仁孝宰世風冠宇宙道超百王開國以來諸有罪犯極刑不得骸骨者悉聽收葬大造之恩振古未有而白曜人舊功高嬰禍淪覆名滅國除爵命無紹天下衆庶咸共哀憐方之餘流聽有差異願陛下揚日月之光明勳臣之績垂天地之施愍僵屍之魂使合棺定謚殁有餘穢選其宗近才堪驅策錫以微爵継其絕嗣進可以獎勸將來退可以顯國恩澤使存者荷莫大之恩死者免骨肉之患豈不美哉仰惟聖明霈然昭覽狂瞽之言伏待刑憲

高祖覽表嘉愍之

唐太宗貞觀十一年行幸過漢太尉楊震墓傷其以忠非命親為文以祭之僕射房玄齡進曰楊震雖當夭枉數百年後方遇聖君停輿駐蹕親降神作此文可謂雖死猶生沒而不朽使伯起有靈當欣躍於九泉之下矣伏讀天文且感且慰凡百君子可不勗勵名節知為善之效乎

玄宗天寶末張巡死節睢陽人媢其功以為降賊肅宗未及知進士李翰傳巡功狀表上之曰臣聞聖主襃死難之士養死事之孤或親

推轜車或追建邑封墓死以慰生撫存以荅亡君不遺於臣臣亦不背其君也自逆胡構亂據雒陽引幽朔以吞河南故御史中丞贈揚州大都督張巡忠誼奮發率烏合守雍丘潰賊心腹及魯炅棄甲宛葉哥舒翰敗績潼關賊遂盜神器鴟峙二京南臨漢江西逼岐雍羣帥列城望風出奔巡守孤城不為却賊欲繞出巡後以擾江淮巡退軍睢陽扼東南咽領自春訖冬大戰數十小戰數百以弱制強出奇無窮殺賊兇醜凡十餘萬賊不敢越睢陽取江淮江淮以完巡之力也城孤糧盡外救不至猶奮羸起病摧鋒陷堅三軍嗷嗷而食知死不叛城陷見執卒無撓詞慢叱兇逆精貫白日雖古忠烈無以加焉議者罪巡以食人愚巡以守死臣竊痛之夫忠者臣之教恕者法之情巡握節而死非虧教也析骸以爨非本情也春秋以功覆過書赦過宥刑在易遏惡揚善為國者錄用棄瑕今者乃欲議巡之罪是廢

教紐節不以功掩過不以刑恕情善可遏惡可揚瑕錄而用棄非所以獎人倫明勸戒也且祿山背德大臣將相比肩從賊巡官不朝宴不坐無一伍之士一節之權起奮身死節以動義旅不謂忠乎以數千卒橫挫賊鋒若無巡則無睢陽無睢陽則無江淮有如賊因江淮之資兵廣而財積根結盤據西向以拒雖終殲滅其曠日持久必矣今陝鄗一戰犬羊駭北王師震其西巡扼其東此天使巡舉江淮以待陛下師至而巡死不謂功乎古者列國侵伐猶分災救患諸將同受國恩奉辭伐罪巡固守亦待外援援不至而食盡食盡而及人則巡之情可求矣假巡守城之初已計食人損數百衆以全天下臣尚謂功過相掩況非素志乎夫子制春秋明褒貶齊桓公將封禪畧不書晉文公召王河陽書而諱之巡蒼黃之罪輕於僭禪興復之功重於糾合今巡子亞夫雖待官不免飢寒江淮既巡所保戶口充完宜

割百戶俾食其子且彊死為厲有所歸則不為災巡身首分裂將士骸骼不掩宜於睢陽相擇高原起大冢招魂而葬旌善之義也臣少與巡游哀巡死難不覩休明唯令名其榮祿也若不時紀錄月日寖悠或掩而不傳或傳而不實巡生死不遇誠可悲悼謹撰傳一篇昧死上偹得列于史官死骨不朽帝錄是感悟而巡大節白於世義士多之。

德宗時中書侍郎同中書門下平章事陸贄奏曰右田緒使節度隨軍劉瞻送書與臣其書意緣奉進止令為其亡父承嗣撰遺愛碑文故送前件馬絹等以申情既臣先奉恩旨令撰碑文于今半年竟未綴緝良以勸戒之道忠義攸先褒貶之詞春秋所重爵位有僥倖而致名稱非詐力可求將使循軌轍者畏昭憲而莫渝恬姦妄者顧清議而知耻仲尼脩春秋而亂臣賊子懼豈必臨之以武脅之以刑哉

褒貶苟明亦足助理田承嗣阻兵犯命靡惡不為竟逭天誅全歸土壤此乃先朝所愧恨義士所惋嗟今田緒尚干宸嚴請頌遺愛儀臣溢踰實憤於心謬承恩光備位台輔既未能滌除姦慝匡益大猷而又飾其愧詞以贊兇德納彼重賂以虧貪風情所未安事固難強是以屢膺執翰不能措詞輒投所操太息而止緣承聖誨姑務懷柔昨見田緒使人臣亦婉為報荅但告云所為碑頌皆奉德音既異私情難承厚貺候稍休暇續當撰成既無拒絕之言計亦不至疑阻其來書謹封進所送馬及絹等令劉瞻便領却迴訖不敢不奏。

貞元中咸陽人或上言見白起云請為國家扞禦西陲既而吐番入寇邊將敗之上以為信然欲於京城立廟贈司徒李泌曰今將帥立功而陛下褒賞白起臣恐邊臣解體矣且立廟祈禱將長巫風今杜郵有舊祠請詔葺之則不至驚人耳目矣且起列國之將贈三公太

重贈兵部尚書可也。從之。

宣宗大中初。上與宰相論元和循吏孰為第一。周墀曰。臣嘗守土江西。聞觀察使韋丹功德被於八州。沒四十年。老稚歌思。如丹尚存。上即詔史館脩撰杜牧撰丹遺愛碑。仍擢其子宙為御史。

宋仁宗康定元年。知長垣縣蘇舜欽上疏曰。臣近到闕。聞黃德和以退軍妄奏劉平石元孫叛逆。朝廷已從軍法處分。然劉平石元孫以血戰陷沒。死於賊手。初朝廷未能辨明。即時以兵卒監圍其第。及德和既已伏辜。二族未霑恩澤。遠近累日。人頗疑惑。古者含爵策勲。貴其速也。此雖敗衂。是亦懃勞於時。伏望陛下斷自睿意。詔有司於西郊備禮致祭。陛下出次。素服西向舉哀。故禮云軍有憂。則素服哭於庫門之外。赴車不載櫜韔。蓋古者之義也。伏願即日降明。追贈賻其家族。爵其子弟。使死者有知。豈無冥助。生者懷感。必當盡忠。烈士義夫聞之。衆激。人人思為陛下用也。劉平子弟。臣雖不識。聞其頗知邊事。用敵西寇。必有成功。況國恥家讎。異於他將。則與用子胥唐拜田布。即其義也。

至和二年。知制誥劉敞奏曰。臣等據祠部員外郎直集賢院祖無擇奏。伏見至聖文宣王四十七代孫孔宗愿襲封文宣公。乃是其人未死。已賜謚矣。臣竊觀前史。孔子之後。襲封者衆。在漢魏則曰褒成褒聖宗聖。在晉宋亦曰奉聖。後魏曰崇聖。北齊曰恭聖。後周及隋封以鄒國。唐初曰褒聖。或為君。或為侯。為公。為大夫。使奉祭祀。唯漢平帝追謚孔子為褒成宣尼公。遂以均為褒成君。至唐開元二十七年。追謚為文宣王。又以其後為文宣公。是皆以祖之美謚而加後嗣生而謚之。不經甚矣。欲乞明詔有司。詳求古訓。或封以小國。或取尊儒褒聖之義。別定美號。加于封爵。著于令式。使千古之下。無以加於我朝之盛典也。右奉聖旨送兩制詳議者。臣等謹按漢元帝初元元年。以師孔霸為關內侯。食邑八百戶。號褒成君。而霸上書求奉孔子祭祀。元帝下詔曰。其令師褒成君關內侯霸以所食八百戶祀孔子。及霸卒。子福嗣。福卒。子房嗣。房卒。子莽嗣。皆稱褒成君。至平帝元始二年。始更以二千戶封莽為褒成侯。而追謚孔子曰褒成宣尼公。以此觀之。則褒成者國也。宣尼者謚也。公侯者爵也。褒成宣尼公者。猶曰河間獻王云尔。蓋推宣尼以為褒成祖。非用褒成以為宣尼謚也。唐世不深察此義。以褒成為夫子之謚。因疑霸等號封褒成者。皆襲其祖之舊耳。故遂封夫子文宣王。而爵其後文宣公。考校本末。甚失事理。因循承襲。至今不改。先帝既封泰山。親祠闕里。又加文宣以至聖之號。則人倫之極致。盛德之顯名。盡在此矣。尤非其子孫臣庶所宜襲處而稱之者也。臣等以謂無擇議是可用。其文宣王四十七代孫孔宗愿。伏乞改賜爵合若褒成奉聖之比。上是以尊顯先聖。有不可階之勢。下不失優異孔氏。使得守繼世之業。改唐之失。遵漢之舊。傳曰必也正名。又曰稽古立事。可以永年。此類之謂也。

嘉祐七年。知諫院司馬光上論后妃封贈劄子曰。臣伏覩學士院新定後宮封贈父祖制度。皇后與妃皆贈三代。臣竊以為不可。夫禮之所慎。在於尊卑之分。別嫌明微。故國君沐粱。大夫沐稷。士沐粱。蓋以大夫貴近於君。故推而遠之。以防僭偪之端。士賤遠於君。雖與之同物。無所嫌也。況后妃之際。實治亂之本。聖人於此尤兢兢焉。皇后敵體至尊。母儀四海。六宮之內。無與等夷。妃品秩雖貴。而皇后猶為女君。今封贈之典。混而為一。臣實懼焉。雖陛下聖明。宮壼之政。貴賤有倫。必無僭偪之憂。然非所以別嫌疑。防萌兆。垂法度。示子孫也。昔漢文帝幸郎署。慎夫人與皇后同坐。中郎將袁盎引卻慎夫人席。且

陛下既以立后慎夫人乃妾妾主豈可同坐哉文帝善其言彼必須
同席蓋猶以為不可而犯顏力爭況著之典策以為百世之法乎臣
謹按天聖中遇南郊大禮皇太后追贈三代太妃止贈二代然則妃
贈三代乃近歲之失不可以不正也議者或謂外廷之臣凡入兩府
者皆贈三代妃正一品禮不可以後之臣竊以為不然聖王制禮內
外異宜不可均一自宰相樞密副使名秩雖殊而比肩為臣共同職
業俱贈二代不足為嫌皇后與妃位次相亞而有妾主之分以此尤
宜分別名器使之著明以防後世之有僭差豈可鹵莽滅裂苟然而
已也臣愚欲望陛下特降聖旨改定新制自今後唯皇后得贈三代
自妃以下皆不過二代若以外廷之臣封贈太優則乞自今後唯宰
相樞密使得贈三代自參知政事以下止於二代庶幾得禮之宜
八年光又乞罷進奏補外親劄子曰臣竊見諸路轉運使提點刑獄
知州軍等各遣親屬進奏至京師朝廷不問官職高下親屬遠近一
例推恩乃至班行幕職權知州軍或所遣之人不係親屬者亦應齋
郎及差使殿侍此蓋國初承五代姑息藩鎮之弊故有此例後來人
主嗣位之初大臣因循故事不能革正然以理推之國家爵祿本待
賢才及有功效之人今使此等無故受官誠為太濫況近日官吏繁
冗十倍於國初之時朝廷深知其弊所以數年前別定條例減省諸
色奏蔭之數若進奏之人皆得一官則併又增數百入仕之人向來
減省蔭奏委為虛設今縱不能盡罷此等恩澤其進奏人若係五服
內親者或乞等授一官其五服外親及不係親屬者並量賜金帛罷
去庶幾少救濫官之失
光又乞矜恤陳洙遺孤狀曰右臣竊見殿中侍御史裏行陳洙資性
忠果奉公忘私稟命不永奄歸聖世垂沒之際猶上章眷搢紳之倫
靡不嗟惜宜有旌嘉異於諸臣家素貧乏孤遺煩衆歸葬閩越道塗
險遠伏望朝廷特賜矜憫依監察御史裏行張宗誼例除子男一人
官及乞降朝旨下衢信建三州候洙喪柩至彼差人防護津送前去
亦足以示朝廷褒直勸忠終始之恩也
知湖州胡宿乞為晉太傅謝安置守冢禁樵採表曰春秋之記太上
立德其次立功謂之不朽聖人之制能禦大災能捍大患則必見祭
至於封表閭墓禁止樵蘇尋所來而寔蓋難得而跡舉雖聖賢相
去事業有間迹其大指所以褒德旌功而已竊見晉太傅謚文靖公
謝安挺生江表忠存王室甫從衡門釆褫韋帶已積台輔之器便繫
蒼生之心及起東山相簡文帝摧桓溫九五之逼破苻堅百萬之衆
名蓋當世功濟諸華號文武之偉人為風流之稱首張文規所撰吳
興錄云墓在長城縣南六十五里初葬建康之梅山為陳始興王
叔陵發其冢裔孫夷吾為長城令徙於縣南三鴉崗按長城即今長
興縣臣昨受詔除出泰州任到官之日遂移本縣訪墳栢所在據大
理寺丞知縣事裴大亮狀於縣南萬安鄉三鴉崗訪得安冢舊地十
畝有畸古老相傳謂之謝墓田路去縣與吳興錄所載畧同墓旁杜
戶十六歲時祭拜舊有叢祠未堪其陋臣量破公省錢委大亮移置
佳處重建祠堂凡屋十二還工仕塑其像冠服儀衛悉用當時之制
然祠墓差僻人迹罕至若無給復之守恐罹樵牧之患昔信陵獨世
之公子漢初蒙守冢之給介推霸者之陪隸晉復綿山之封況如
安者高德卓然雖人隔本朝功訖前世豁然清風猶在庶物臣每見
郊丘所肆赦前代忠烈立廟所存莫不申飭長吏嚴加處奉欲乞聖
慈特降宸旨於安冢旁申禁樵採給復五家以備灑掃守護之役勑
州縣官吏歲時祠祭以明聖朝紀元功褒有德之意

歷代名臣奏議卷之二百八十三

歷代名臣奏議卷之二百八十四

褒贈

宋仁宗時包拯上疏曰臣竊覩太宗皇帝實錄載禮部侍郎王明傳言明之節義端勁功烈卓偉具始卒樹立冠於皇朝名臣當太祖太宗時戡靖亂略剗削僭偽駕馭英傑撫定區夏而明感會風雲之際周旋金革之間勤餉王師生擒偽將卒能下嶺表平江南繼成大功論籍第一臣每見其事迹想其風采歎惜明才未盡施而死於太平位未極顯而以不加謚名爛史牒德晦泉壤臣素欲表聞於朝屬中廢輟今忝過寄復睹明之曾孫雄州防禦推官臨所著家傳國書之外補完遺實利人及物咸足稱紀恭惟陛下奉艱難之業懷忠力之臣宜溢寵靈以慰幽魄至如楊億馮元嘗與明等或以文詞侍從於先帝或以經文勸講於東宮而皆崇以徽章追賜美謚矧明佐祖宗之休運垂竹帛之異勲既不霑贈爵之榮又未及易名之典使傑然大節殁有遺恨仰祈聖造特賜德音降付禮官俾定謚法庶發明於茂烈足垂勸於將來。

神宗時韓琦上奏曰臣讀唐史見魏元成之輔太宗能盡忠切諫卒致貞觀之治所以後代欲治之主知納諫為先是其功不止一時而實及百世也其裔孫乃夷民伍又本家見執前來州縣判憑得免差役今乃一刺義勇充衙門真可憐憫欲乞朝廷特與家長道嚴一官仍免本戶差役庶使為臣者聞異代忠賢之後猶蒙獎錄則今日能忠於朝廷者誠有所勸也兼臣據魏道嚴賚到遠祖慶哲洽官誥二道慶哲乃元成之孫洽乃重孫今道嚴等鄉里在臣官下既再有敘陳合具敷奏。

張方平上言曰臣奉勑撰故相陳執中神道碑銘今已繕寫上進執中器資毅重有大臣風節陛下察舉再登元宰直清公正始終不渝薨謝之日恩禮隆至昨者有司定謚甚駭天下聽聞臣聞古為謚

法。節以一惠。蓋君子成人之美。不成人之惡。責人之備。於義已甚。若又捨其所長。而專揚其短。則是朝廷之內。士無仔義之全。君臣之際恩無始終之篤。春秋傳曰。太平之君子。樂道人之善。夫禮讓之隆。人相稱善。此太平之風。教化之美也。昔魯哀公問孔子近世人君孰賢。孔子對曰。丘未之見也。抑有衛靈公乎。公曰。吾聞其閨門之內無別。而子以為賢何也。孔子曰。臣語其朝廷行事。不論其私家之際也。蓋聖人之是非如此。斯可謂不成人之惡者矣。臣竊惟陛下勵精燭理以凝化。朝廷推公存恕以求治。執中在相位。無交黨。侃然正色匪躬之故。干進好名者忌之。當議論之際。憎愛搏沓。比而不周。加之以惡名。苦忌有之。下凌則上替者。積衰之漸。不可長也。臣今所論著執中事狀。皆實錄。乞更付中書看詳。有所未安。不妨改定。免致降付本家。刊立之後。復招毀詆。重貽執中之累。亦以上全陛下君臣之分。下成國家風俗之和。

哲宗時侍御史劉摯乞褒贈呂誨上言曰。臣伏以辨大姦而救未萌。人臣之先識。褒遺忠而發潛德。國家之令典。臣常觀熙寧之初。王安石以道義文學起而輔政。先帝舉天下聽之。天下士民亦罔不指期以望太平。上下向之無異辭。當此之時。故諫議大夫呂誨為御史中丞。獨以為不然。屢有奏論其畧曰。安石居廟堂。天下必無安靜之理。又曰誤天下蒼生必此人。誨坐是貶官于外。未幾亡歿。其後安石與其朋黨變亂祖宗法度。專以聚斂為事。顛倒邪正。進退失其當。廢民之所同欲。興民之所同害。欺罔朝廷。天下被其患者十七八年。其間雖有踵事增虐之人。然要之權與造端。實自安石始。四海困擾。皆如誨言。誨可謂有前知之明矣。誨名臣之後。為人忠信剛正。立朝行己。有古人之節。大臣之風。在言路前後三黜。皆以擊姦邪忤權勢。最後尤以直道大義為公論所高。誨之死於散地。在熙寧四年。官至侍從。朝廷未嘗有所贈卹。誨之妻今在。生事微薄。有子皆碌碌小官。恭惟陛下臨御以來。惠綏生民。脩完庶政。以成就先帝求治本指。昭顯于世。而開獎言者。孜孜聽納。凡臣子在前日輸忠獻直。嘗有一言于朝者。莫不收拾褒用之。而誨不幸既亡。不見遇於今日。此天下有志之士。所以歎惜而不能已。臣不勝愚慮。欲望聖慈嘉誨之有識敢言不獲用。利不得及于世。哀其志節。特賜褒贈及賜謚以表顯之。錄其諸孫。稍賜任使。非獨以慰幽壤。蓋亦以勸天下之忠義。而愧人臣之為姦諛者。非小補也。

摯又上言曰。臣等聞有功而不見知。則無以勸天下之忠。有德而不及報。則無以勸天下之義。忠義息。心誰與為國。此自古明君賢主所以不敢一日忘於此。雖微必錄。雖久必伸。以為天下萬世忠義之勸也。伏見故贈尚書令忠獻公韓琦。當仁宗春秋高。儲嗣未立。琦位輔相。自任憂責。遺身忘家。觸嫌疑而犯忌諱。請建大本累年之間。其言不可勝記。又嘗挾孔光傳進。面指漢成帝立弟之子定陶王為太子事。卒能感動仁祖。天心開悟。英祖遂自宗藩立為皇子。曾未踰年纂紹大統。使琦猶豫畏縮。如衆人以全軀保妻子為計。遲佪數月之間安危大策。蓋未可知。此琦之功。萬世之功也。恭惟英宗皇帝。出潛膺籙。乃天之所命。以開佑無疆。顧人臣何功之有哉。而聖人以謂天命必假人以發之。故推功臣下。然則固當考是非。較難易。以覈其實。乃可以示天下。信後世也。琦與同時在位者。歿既久矣。乃有貪功徼幸之人。出而攘之。元豐三年。故參知政事王堯臣子同老上書言其父至和中與三四執政。請立皇嗣。大議已嘗定矣。願發明先臣忠烈書既入。朝廷疑之。有所詢考。卒無明證。確論可以信天下者。朝廷於是行疑賞於卒歿詔下之日公卿士大夫之知當時事者莫不謂朝廷過舉於時史官阿意迎合又請其事書之公論為之憤鬱今者伏遇編脩先帝一朝大典及纂述故臣以立傳臣等以謂不可不明辨直書傳信後世謹疏列九事以考是非按同老繳進家藏之文謂是堯臣議建儲日預擬詔草嘗懷之而進蓋俟仁祖開允即宣之以定其事今詔草非得於禁省而出於同老則其有無真偽猶未可知借令有之緣堯臣復懷之而退乃是未嘗得請議已格矣詔草雖在何功之有果有已定之旨則此詔用之矣不應懷而歸也然則至和之間大議未定此可明者一也按元豐詔書褒諸臣之功曰中外縉紳近臣莫有知者臣等竊觀英祖即位踰年范鎮行當獨還官制辭云往在至和之中嘗司冢宰之任屢陳計策請建國儲逮茲纘承乃出緒論則是當時縉紳近臣非不知鎮等有建儲之請而朝廷亦非不知

報其德矣但不聞大本已有所屬也故鎮自為辭官表云臣嘉祐中雖曾泛論建儲之事仁宗尚秘其請其於陛下如在茫昧杳冥之中未見形象安得如韓琦等後來功効之深切著明也鎮自言止曾泛議則明是當時所請別無主名又云尚秘其請則是仁祖未有允意至和之間大議未定此可明者二也今攘功者之言曰至和三年四月已有定議臣等按諫官范鎮其年五月初乞預建儲副以安國本比至十月凡十九疏言皆感切不見聽用遂待罪乞郡又兩移書執政責其不恤國計若四月已有定議則何至使鎮半年間懇懇如此安得無畧形已定之意止鎮再三之瀆至和之間大議未定此可明者三也御史中丞包拯言方今大務唯根本一事而猶豫不決惟祈聖心開悟斷而行之按拯此疏在嘉祐三年閏十二月則至和之間大議未定可明者四也仁祖末年二日降出諫官司馬光及知江州

呂誨請建儲章疏琦屢以光奏進說懇請甚力遂定大策故參知政事歐陽脩論光云自仁宗至和服藥之後群臣便以皇嗣為言五六年間言者雖多而未有定議最後光以諫官極論其事敷陳激切感動主聽仁宗遂決不疑考脩此言則至和之間大議未定可明者五也按諫官王陶乞仁宗遣親信中人就第督宗實赴宗正寺供職其疏云前日未命宗實人人上言早建儲嗣今日與一宗正寺差遣人人觀望陛下風旨不復肯言何哉非前日人忠今日人不忠也蓋前日未有主名泛為公言而陛下不疑也以此考之堯臣之時決未敢有所主名至和之間大議未定可明者六也堯臣筆言因樞府闕官乞召韓琦充樞密使以琦忠義必能當此重事此則不攻自破之語也既云上意已定又云謂無疑矣國當乘時決策成之於手何必引琦使成之夫冒嫉者之情見他人所就尚且奪之況功在其手可成

於呼吸俛仰之間而乃肯以屬人乎至和之間大議未定可明者七也琦自入為樞密使即有建儲之議及為宰相面謝之日首進劄子乞擇宗室為嗣其畧曰如陛下已得其人則望宣示中書樞密院便奉而行之以慰中外按琦為宰相去堯臣薨未甚遠儻前日已有定計則因琦進言必有宣示何緣尚歷數年請者百計而不聞一言哉至和之間大議未定可明者八也嘉祐末琦請愈切一日仁祖發言曰朕有意多時但未得其人因問琦宗室中誰可琦曰宗室不與外人接臣等何由知其人此在陛下聖擇耳仁祖曰宮中嘗養二子小者近不慧其大者今三十歲矣琦曰其一人既陛下知其不慧更不須論蓋琦之意欲專屬英宗也自此仁祖意有定歐陽脩時與琦同坐退而書之今其家親筆具在至和之間大議未定可明者九也大凡自皇祐至於嘉祐中間臣子以皇嗣為請者莫知其數不可蓋也

如兗臣輩在輔弼之地以此開導亦其宜也但其議紛紛終無敢有
所主名而請之者直至嘉祐六年十月琦輩進說於是英宗之名為
子之策始定於君臣都俞之間矣臣等載惟人臣之於廟社大計以
言之為難乎以成之為難乎以屬人為難乎以己任為難乎人為其
易琦為其難廟社之功不可忘也同老上私藏之虛文傲天下之實
功同時之人又助其懷是可歎也琦挺身危疑構立聖嗣以為宗廟
社稷計非以自為計也非以為子孫計也天下知之亦可不知亦可
於琦誠心足以貫天地列神明者無所加損而所惜者朝廷信賞可
以奇謀取而不中於懲勸之義忠賢勳烈可以單辭奪而輕變於存
亡之間使真忠失意於九泉公議乖望於四海至如歐陽脩以英偉
之才忠諒之節與琦協心決定大策其助最力皆勳効顯著天下共
知二人既歿衆從其後擇而有之豈不惜哉伏望聖慈特賜下詔辨
正是非褒顯琦及一時同列之功使之明白以慰士大夫之心仍乞
以臣等章付實錄院照會考正以成信史詔之當世而無疑垂之將
來而不謬非臣等之幸天下之幸

門下侍郎司馬光上奏曰臣伏覩祕書少監劉攽等奏故祕書丞劉
恕同編脩資治通鑑功力最多比及書成編脩屬官皆蒙甄錄惟恕
身亡其家獨未霑恩門戶單露子孫並無以食祿乞依黃鑑梅堯臣
例官其一子臣往歲初受勑編脩資治通鑑首先奏舉恕同脩恕博
聞強記尤精史學舉世少及臣脩上件書其討論編次多出於恕至
於十國五代之際羣雄競逐九土分裂傳記訛謬簡編缺落歲月交
互事迹差舛非恕精博他人莫能整治所以攽等衆共推先以為功
力最多不幸早夭不見書成未死之前未嘗一日捨書不脩今書成
奏御臣等皆蒙天恩褒賞甚厚獨恕一人不得霑頓降為編戶良可
矜憫欲乞如攽等所奏用黃鑑梅堯臣例除一子官使其平生苦心
竭力不為虛設

知樞密院事孫固等上奏曰臣等伏見故太子中允直集賢院石介
在仁宗朝文學行義名重一時經術博深議論堅正以扶持名教為
己任嘗與孫復胡瑗為國子監直講教養人才士風丕變故至今論
學校者稱慶曆之風然介志氣剛大不肯枉道以阿世而喜於分別
邪正疾惡太明以此忤權貴取怨擠逐傾陷至其死尤不已天下皆
冤之其後誣謗雖已明而歷年浸久無復為言之者今聞其子編于
民籍無生業日有飢寒之苦士議歎惜以謂盛朝尚賢不應使名
臣之後零落至于此極也臣等不勝拳拳欲望聖慈特詔有司錄介
之後以子若孫一人賜以一命使獲薄祿不墜厥世以副聖朝崇獎
善人之意而為天下守忠義者之勸

給事中范祖禹乞優恤司馬康家劄子曰臣等伏見直集賢院提舉
西京嵩山崇福宮司馬康操履端方學問深遠士大夫共推其賢以
為能繼其父陛下釆於人望置在經筵所補實多近擢諫職未克就
命不幸疾病遂至亡歿唯有一子承奉郎植纔十三歲二女幼稚家
世清貧一旦遭喪已闕窘乏伏望聖慈特優賜賻贈以恤忠賢之後
仍乞多差廂軍兵士津遣本家一行并差汴河坐船及兵梢載送行
李等並至西京候有葬期乞下合屬去處應副

殿中侍御史呂陶上奏曰臣伏見故樞密直學事知渭州劉庠志趣
高遠有古人之風論議堅正知大臣之體治平中嘗任御史多所建
明號為稱職當是時英宗皇帝富有春秋一旦不豫中外臣僚不敢
以東宮之議為獻獨庠拜疏乞早建儲貳神宗皇帝遂繼大統雖天
命與子神器有歸未假人言而後定臣子固不當掠以為功惟其忠

國之心。能慮大事。忠義之節貫於金石。而晦密不言。人無知者。一朝奔走四方。遭蹇流落。以至老死道路。稍歛之日私無餘積。士論惜之。臣嘗奏事黨前。恭聞德音嗟庠之死。伏望聖慈垂憫舊物。録庠之大節。褒庠之至廉。特推異恩。以慰存歿。

劉安世上奏曰。臣伏見故諫議大夫天章閣待制務恢清德懿行有聞於時。英宗柬拔。置之東宮。神考登極。遂列侍從。擢用未幾奄至淪謝。搢紳之士莫不惜之。而又三子繼亡。門緒衰替。臣竊惟先帝攀附之臣。如孫固邵亢韓維陳薦孫永等諸人子孫。前後例曾推恩。仍有已任館閣省寺者。獨恢未及有是矜閔。伏望聖慈念恢遭遇先朝。不幸早亡。訪求其後。量加獎進。庶有以稱陛下追遠恤舊之意。豈勝幸甚。

徽宗時。趙鼎臣上奏曰。本州管下會稽縣有夏禹之廟。去州城十里。載在祀典。千有餘年。祠旁有僧寺一所。掌廟之管鑰。及北埽除基趾勝絕。室宇具備。舊無勅額。止曰大禹之寺。因循相承。有失奏請。恭以朝廷方復禹績。疆理天下。會稽乃禹之所葬。圖諜具存。神靈馮依。不與他比。雖守吏承詔祭饗以時。齊民畏威祈報以禮。而主守不專。護治不嚴。未足以稱國家崇明祀奉禹功之意。今來欲乞朝廷詳酌。依崇寧二年十一月二十四日已降指揮。特賜本寺一勅額。歲許度僧一人。使之承續洒掃。世掌廟事。凡祠宇之脩繕。草木之封殖。責以歲時。毋敢有壞。郡守縣令時至而謹察之。有不如令。必罪主者。庶幾廟貌嚴飾。明靈顧懷。下以慰一方歸嚮之誠。仰以祝聖壽延長之慶。臣等不勝至願。

李復上奏曰。臣按孫路治平初以進士擢第。歷官中外四十餘年。遠識守義。昔通判河州。承景思立敗衂之後。綏輯蕃漢。人情懷附。後通判蘭州。夏賊攻圍。抗賊堅守。終能保完城壘。紹聖間為環慶經畧。傳進築橫山興平寨關土廣屯。皆據要害。又招納到強酋李訛哆。諭考虜情。皆得要領。元符初移帥熙河。築會川等城。直通涇原。前後措置。實而不華。未敢虛飾以為身利。又能愛惜民力。臣近以朝廷講究邊事。如路鮮有及者。曾具論奏。今被詔旨令赴闕奏事。然路雖已得病。以久懷邊事本末。乃欲力疾造朝。一陳所蘊。期有補於朝廷。西路士夫皆深歎仰。不幸瞑目。賚志歸於泉下。平生清白自持。家貧子幼。衆共傷惻。伏望朝廷優推贈典。例外官一子或孫。特給賻䘏。俾將來舉葬。令所在州縣量行應副。庶使天下知朝廷不忘有功。以為來者之勸。

欽宗靖康元年。御史中丞呂好問上奏曰。臣聞之孔子曰。示之以好惡而民知禁。書曰。王播告之脩。不匿厥指。夫惟不匿厥指。則莫若明示好惡。使民知禁而自從也。所謂好惡者。賞善而罰惡。勿任己之私意而已矣。臣竊見朝廷近日用人。賢不肖雜進。所以好惡不分。是非不別。臣謂陛下宜先推明以示四方。潛德隱惡。各有所處。以定民志。有不可緩者。元符之末。多士盈朝。故司諫陳瓘江公望。正言張廷堅任伯雨。殿中侍御史龔夬等。皆以忠直自奮。知無不言。捐軀徇國。不顧妻子。其後蔡京趙挺之等得志。首加擠陷。意欲使之必死。不遺餘力。巧發奇中。衆為寒心。賴太上皇仁恕。力為保全。得免誅戮。死亡之後。妻子窮困。至今未復。今京畧正典刑。而此數人尚在責籍。子孫凍餒。人皆憐憫。獨陳瓘已贈諫議大夫。任伯雨一子得官。外江公望張廷堅龔夬等並未昭敘。非所以示好惡而不匿厥旨也。伏望陛下特降睿旨。將公望等並行褒贈。仍各官其子孫。周恤其家。使天下後世為善報國者知所勸勉。而姦雄鉅惡常有畏懲。此誠所宜先也。

高宗時直祕閣俞汝礪上疏曰嘗謂忠臣義士如玉鎮大寶雖然雜於羣玉之府人莫知其所以為玉也及夫祭祀則陳之大朝會則陳之神鼎玉磬停儲粹清肅然有威神姦紕借亂寵靈社稷之氣忠義之士亦猶是也方無事時世人殆未有以名之也及遭變故臨大節蹈不測持義明壯截然不亂姦夫盜子望之失氣而宗廟社稷亟增泰山九鼎之重故為天下者雖有高城巨浸以為之防粟糧漕庾以為之備良夫選卒以為之戰而微忠臣義士以為之守是委社稷而付之敵也故曰忠臣義士朝廷之玉鎮大寶也臣竊念之自靖康建炎而來將帥守宰義人烈婦豈無捐軀徇國犯患觸諱負傑異之操如古人乎若不及時早加褒擢使忠魂埃滅義骨冰澌歲月荒老無所討正此有志之士所以濡涕而切嘆也伏願陛下申詔使臣祿自靖康而來蒙患死難暴人耳目較然不欺者書之為死節之士復撫

近日明詔之所蒐訪周行之所論薦者書之為守節之士議者以為靖康而來閱幾歲所矣何以研覈而論著之臣謂孔子立乎哀定之間而書乎隱公桓公之世至於宋史則上括魏朝隋書則遠包梁代是蓋詢搢紳記錄之所傳訪父老年月之所接信以傳信疑以傳疑而君子猶將取之也所謂今之史官是宜考郡縣之計書採史官之異說質文士之紀述參本家之行狀則邇鄙老卒豈無知段太尉之忠者乎書生詞人豈無記高愍女之烈者乎拾甲子年事豈無知李新聲之義者乎于以掇十一於千百振已沉之幽憤亦足以討僭叛懲不軌建宏規立大範也此正太史之烈而又何疑哉漢高祖制詔御史長沙王忠其定著令運元初永寧之末復徘徊引却不敢輒正號位者何也世之議者乃謂當操之時袁紹雖亡劉備猶在敵操有所畏避而未敢自臣爾操之權譎豈知畏孫劉者哉特畏李固陳

蕃李膺范滂孔融神明精爽凜凜尚在有以陰捽其膽而誅之耳孫劉曷足畏哉忠義之効如此願詔史臣時加記錄庶幾彰國家臨危有伏節之士勵世有消萌之術天聖中有顏似賢者唐魯公真卿之裔孫部使者以其名聞仁宗皇帝曰噫忠臣之後也其官之夫唐德宗投真卿於希烈虎吻猛沸之中如棄墜甑無復顧惜而我仁宗多真卿之義乃官其孫於數百年之後則仁宗之消萌壓難其意亦微矣

章誼上論桑成死事疏曰臣竊見今年三月五日勅荊湖南路提刑司保明到借補保義郎權衡州茶陵縣武尉桑成領兵迎殺群盜羅閙十等被賊圍掩陷陣聖旨桑成特贈保義郎與一子補甲頭切詳桑成既已贈官其子又蒙補援則死事之狀蓋明白矣然臣觀軍功八資之法甲頭僅出齊民一等謂之疏爵則非品謂之頒祿則無俸其為名目蓋為最下者也兼桑成本是借官又為權尉乃能守職以死此人情之所甚難也前人殺身為人之所甚難後嗣沒賞得時之所最下臣謂不足以為死事之勸也近世夷狄內侵盜賊竊發逃避之人多死事之官少今逃避之官朝廷未嘗顯戮其重者不過停罷編置其輕者止於罰金降官既更赦宥則安榮自若矣至於死事之人肝腦塗地身首異處父母妻子終天永訣或貧不能自存者又復飢寒以死則其酷有甚於劉誅之罰矣陛下若不重恤其孤優與官職則走而生者為得計戰而死者為失策豈社稷之福哉今論一桑成不足為時重輕臣區區及此者誠恐天下戰守之人默以桑成為戒無復死難之志耳伏幸聖旨裁察不勝幸甚

起居舍人洪遵上奏曰臣以愚戇無似世受國厚恩竊處從班常思補報輒進狂瞽上塵聖聰退就重誅無所伏竄臣比奉宰執宣諭聖

旨。以張俊艱難以來功冠諸將。小心恭順。終始一節。其子子正子顏並除待制。子仁除集英殿脩撰。繼讀除目。乃知陛下身濟大業。不忘舊勲。所以旌寵其子孫。無所不用其至。臣已即日奉承威命。且以所被旨意載之制書。使天下後世知陛下此舉非故以名器假人。所為然者。正以褒有禮奬元勲而已。然臣又讀別降指揮。自今功臣子孫序遷當至侍從。並令久任在京宮觀。永為定法。臣退而伏念有大不可。且陛下所以寘子正子顏於法從者。凡以為後而已。今乃泛言功臣子孫。開以序遷之路。然則簪筆持槖之列。自今遂可以累日積久得之。臣竊計內外將家子孫亡慮二十人。其任職事官者。姑以兩歲一遷為率。自寺監丞為郎。自郎為少卿。更少遷延則為卿。不過三四遷而極矣。帶職之人。自直秘閣而升內閣。自內閣而為脩撰。更少遷延則為殿撰。亦不過三四遷而極矣。五年之外。十年之內。此二十人者皆坐致西清次對之官。不唯輕用高爵。使人人有覬覦之心。且與陛下甄異元功之意。似不為稱。恭惟陛下厲精圖治。觸事抑損。業業乾乾。動以祖宗為法。而太祖皇帝之世。所與開國創業及南征西伐諸大功臣。如曹彬潘美王審琦石守信王全斌慕容延釗之徒。其子若孫用不過諸司使。惟彬之子璨瑋以功名自奮。審琦之子承衍守信之子保吉以聯姻帝室。皆為節度使。初不聞有序遷侍從之例。今指揮一出。使十年之間。清禨敞閣之地。類皆將種。實非朝廷昭示天下之美觀。欲望聖慈不以臣人微言拙。特賜留聽。不憚反汗。小攄收還前詔。上以遵太祖之成憲。中以慎國家之名器。下以合一時之公言。臣不勝惓惓憂國之至。

趙元鎮上奏曰。臣伏見故右奉直大夫提舉江州太平觀邵伯溫康節先生雍之子。伯溫自少出入富弼司馬光呂公著韓絳韓維范純

仁之門。程頤范祖禹深知之。元祐初。伯溫為布衣。韓維以十科薦可備講讀。後以經明行脩命官。維又薦學官。范祖禹薦於經筵。司馬光卒。其子康亦亡。乃特差伯溫西京教授。俾教其孫植。因以經紀光家事。紹聖初。章惇作相。意欲用伯溫。伯溫安於筦庫。澹如也。元符末。以上書得罪。名書黨籍。坐廢者四十年。靖康初召用。一時名士諫議大夫呂好問薦為諫官。宰相吳敏欲以東宮官處之。時戎事方興。不果用。建炎初。除利州路轉運判官。遂請宮祠以卒。臣官學關陝二十年。接其議論。熟其為人。嘗歎其不可企及也。竊惟陛下褒賢念舊。凡黨籍上書人皆被優恤。況伯溫大賢之後。行義顯著。平生所學迄不獲用。深為聖朝惜之。臣輒錄伯溫元符末所上書進呈。伏望聖慈特賜褒錄。優加追贈。以示寵光。豈獨伯溫九泉之榮。實為士夫名節之勸。臣不勝幸甚。

龍圖直學士知湖州汪藻上奏曰。伏見本州城東能仁院有唐顏真卿祠堂一所。謹按石刻。真卿以大曆七年自撫州除湖州刺史。逮今四百餘年。州人奉祠不衰。前此為湖州刺史者多矣。而此州獨拳拳於真卿者。豈非以忠義感人。有不能忘者耶。自艱難以來。州縣官吏日以乏興為憂。如真卿之祠。見謂不急。棟宇傾仆。將就泯滅。臣竊惜之。竊謂方今多事之時。所以昭勸群論者。忠義為首。而名節暴白。莫如真卿。昔章聖皇帝東巡嘉張巡許遠之節。至親幸其祠。所以旌異代之忠。示將來之訓。真卿風烈。誠不在巡遠之下。幸車駕駐蹕臨安。真卿之祠適在旁郡。若不特加崇奬。恐無以慰邦人之思。欲望聖慈量給度牒拾餘道付臣。市材葺治。顯遺直之魂。激懦夫之氣。誠非小補。

樞密行府參謀鄭剛中上奏曰。臣訪聞故文林郎前原州彭陽縣令

李喆建炎四年原州陷沒移治界上偽彭陽縣令執以獻虜虜三予官三辭其後指為歸附轉儒林郎喆持牒自言曰初因捕獲不敢受歸附之賞封還之劉麟聞其名委京兆府以禮津致終拒弗起臣入陝西或謂喆無恙下原州訪之則喆於今年六月已死遺孤尚幼生理蕭然志節分明衆所嗟憫伏望聖旨將喆特賜褒贈錄用其後庶幾存沒感恩尚知忠義之有報也

剛中又上奏曰臣初入陝西即訪問高行之士有奉議郎原州通判來璞朝請郎前知隴州劉化源奉議郎前僉書博州判官廳公事劉長孺士民衆口一辭謂璞當廢齊亂常群偽爭進之日杜門謝病終不受汙蘭映之人見璞則知有朝廷今雖童稚能道之化源守隴孤城既陷虜守視之不得死驅入河北竄跡果隱民間十年卒不屈辱以歸長孺當逆豫萌兇之日嘗致書備陳祖宗德澤勸其轉禍為福豫怒毀除告牒囚之百日後復起之以官長孺堅卧自若也三人皆本貫耀州業儒登科亂離以來糠豆不贍而高風善行藹然有聞臣於本州津致前來親加勞問而璞苦風痺右足幾廢化源等已老步履亦艱雖作聖旨行下發赴行在緣以老病各不能就道伏望聖慈憐其陷沒之久察其志節之高特與除宮觀差遣仍進官一二等償其閒廢之日使璞等優游祠祿為鄉曲門戶之榮賁聖朝激厲風俗之道也

宗正少卿史浩上奏曰臣仰惟陛下天錫聖性躬孝慈寧曩因慶壽推錫類之恩天下耄耋咸被爵邑婆娑聖時以樂餘景甚大惠也而有司奉行不體上意拘以歲月之限間有阻抑使萬古曠澤而有不徧之累臣甚惜之夫子欲親榮其誰敢後州縣剗發自為稽期彼同井里隔門牆年齒相若而獨不被其澤豈無向隅之歎乎臣愚欲望

聖慈特降睿旨應紹興二十九年正月一日慶壽恩合封祖父母諸州已具聞見下部未施行者並乞於今年九月明堂大禮赦內該載放行所貴破有司拘礙之文全陛下罔極之報鴻恩溥博億載愈光不勝天下幸甚

武義大夫曹勛上書曰竊以連年征伐略無虛月凡功烈死事之輩泯沒無聞致孝子孀婦無所旌顯昔太宗皇帝不忘勳臣猶次敘其列傳二百四家今建中興之功豈可不成一代之典人死留名賢愚所共而聖王之杞臣有五義欲乞令所在州縣有忠義報國當時功烈出衆所明知者許搢紳之儒作為傳記經所屬投陳然後州府繳進官付史館并嚴戒所在常優給其子孫不惟仰昭聖澤下慰幽冥遂可激勸方今死節之士

孝宗時胡寅上奏曰臣竊見陛下加惠元祐勲賢之族既昭雪其黨錮之冤又錄用其子孫以至公之義照臨百官風勵天下非為利也凡預錄用者所宜激昂節行思不辱其父祖以稱陛下之意而乃乘時僥倖犯義營私無所不至若范正國者是已謹按正國於故相忠宣公純仁為季子自廣東轉運判官被召既至行闕即獲賜對褒稱甚美錫以章服與江東見闕漕臣異恩稠疊皆以純仁之故在正國未有以堪之也既而畏江東漕事應辦之難請刺一郡既得桐廬則又以謂由監司為太守失其故步憤之不當遲回城外必欲陞擢每語人曰猶子直方尚得為郎而正國反不如也奔走半歲經營甚力乃有今來除命公論藉藉咸不謂然以外臺耳目之寄率勸列城非鮮廉寡恥者之所宜處也昔者純仁生存之時所得恩澤先及異姓次及孤貧比其薨謝子孫尚多未命世以是高其德今正國陳乞先世恩澤凡四資盡欲官其諸子之在襁抱者而親兄之子年長貧悴乃

不及爲其行已覆事如是亦可謂不肖子矣古者世祿而不世官祿以報功故其世可延建官惟賢故其人當擇是二者不可相貿易如正國以其父純仁之故使有祿足矣而爲之擇官至于再至于三不惟其人而惟其世此公論之所以不平也夫陛下以義行而正國以利報何其輕上施蔑大德乎此而不正餘風相傚亦非所以恤故家之門戶彰勳賢之遺烈也臣愚伏望聖慈詳酌別降指揮所有詞頭臣不敢撰行。

趙汝愚上奏曰臣伏見通直郎宋南強之父汝爲初建炎間淪陷僞境忠節凜凜著于北方後間關來歸朝廷授以處州通判未及顯用會故相秦檜欲復遣過虜中汝爲義不肯屈遂棄妻子逃去變姓名爲趙復其區區之志雖竄伏狼狽猶冀國家克復境土以雪前日之恥也其後流落蜀道飢餓困苦十有餘年竟死于蜀藁葬于永康軍青城山時人未有知者至乾道改元朝廷嘉其忠義詔與一子恩澤南強遂得補官見任知南劍州沙縣頗著政績淳熙十三年正月九日已降指揮候任滿日赴都堂審察臣昨蒙恩自閩移蜀經由南劍之境屢得南強書備言其父汝爲平生忠義之節逋逃危苦之狀又自言其方幼弱時與其父別音問隔絕竟不相聞以至于死雖蒙補官梢經祿仕緣官卑俸薄無力入蜀謀葬其父讀之令人慨然念非朝廷特加矜恤則忠臣孝子志願莫伸伏望聖慈特賜指揮除南強一蜀郡差遣俾得盡其子道非惟上廣聖朝孝治之美亦足感厲天下忠義之氣其於風化實非小補。

汝愚乞褒表孫松壽上奏曰臣仰惟聖上道隆德備恭默一心懋明孝治老老之澤數錫滲漉無有遠邇蒙被聖化民罔歸厚以行相高今其卓然者臣敢不推廣德意以所見聞之實表上姓名仰備采擇臣竊見成都府郫縣朝議大夫致仕孫松壽資稟純正內行素飭方其蚤歲奉事繼母雖屢空窮必致隆壽稱其歡心人服其難自爲小官至作郡守率以忠信慈惠爲主不爲赫赫之譽治行皆可稱述自嘉州除利路運判當朝廷擢用之初松壽齒殊未衰挂冠勇退雖親戚朋舊力挽不回識者高之家居幾二十年常廬先壟歲時薦享追慕哀切年垂八十尚以其母之亡屬方童幼乃議追服斟酌情義疏布慘戚于今三年見者無不敬而慕之臣考其始終一節不渝感有可觀欲望聖明特賜褒表以厲風俗使知純德至行爲世所重多所感化庶幾仰稱九重崇德廣孝之意。

光宗時起居舍人兼中書舍人陳傅良上奏曰臣竊覩近者贈岳霖煥章閣待制與張某一子官仰見公朝旌念舊臣苟有勞烈即錄其子孫不愛重爵以此勸士天下知尊君親上之報不滯而徇國者衆矣幸甚臣嘗論本朝聖聖相承每遇大事則有先見特立之臣奮不顧身爲國建事臣不暇遠論姑述宣和以來三朝所覩在徽宗時則有傅察以死事爲節義之功之首高宗中興時則有宗澤以留行爲翊戴之功之首壽皇入繼大統時則有婁寅亮以建儲爲定策之功之首然而傅察贈典雖甚優渥宗澤致仕亦頗通貴而兩家子孫未蒙推異棄善錄職令人於邑至於寅亮初以上虞縣丞敢建大議高宗嘉納擢爲御史其後時議不同竟死小官澤不及後家以乏祀若以至和嘉祐故事言之宜在褒崇之典一切勿問臣恐傷忠厚之風塞敢言之路上無以發明高宗至公之心下無以對敭壽皇善繼之美欲望聖慈以所以褒賞岳飛子孫之意推及三家以廣恩惠以勸忠力。

秘書郎彭龜年上疏曰臣等聞書曰官師相規工執藝事以諫古者

人臣各揚其職以輸忠於上如此。晉知悼子未葬平公擊鐘而飲酒。宰夫杜蕢揚觶以罰師曠蓋責其當言而不言也。臣等非材充員三館乃仲夏辛卯有旨令舉暴書故事置酒館中。恩至渥也。臣等豈不以拜賜為榮。屬以六月十三日知樞密院事胡晉臣卒。于位朝廷方議卹典未下。夫體大臣禮羣臣此陛下之本心也。羣臣若貪陛下欽賜之榮。致虧陛下軫卹之體。豈不有媿於蕢哉。是以願有言焉。臣聞祖宗優待大臣。備極其禮。至於死生之際。尤為隆厚。端拱中。簽書樞密院事楊守一卒。上親臨哭。送終之禮率加常數。咸平二年。樞密使曹彬病。上幸其第問之。踰月彬卒。臨其喪。哭之慟。未幾。樞密使楊礪卒。冒雨臨其喪。礪舍在委巷中。乘輿不能入。至步以進。景德三年。樞密使王繼英卒。上即臨哭。賜白金五千兩。遣內臣護葬。併為葬其祖宗。寶元元年。同知樞密院事王博文卒。時上宴金明池。既歸而奏訃至。即趣駕臨奠。如此之類。不可殫舉。且景德中嘗詔鴻臚寺入內內侍省太常禮院羣臣當賻贈者關移不得過兩日。慶曆中。太常又議天子臨喪。禮不可緩。若奏訃在未前。當日出。未後。次日出。其速如此。蓋君。父也。臣。子也。未有子喪而父不哀。君。元首也。臣。股肱也。未有股肱傷而元首不痛者。情之所鍾。政自應爾。臣等竊見胡晉臣卒已半月餘。而朝廷贈卹之典未下。陛下體貌大臣。無異祖宗。豈於死亡乃不追卹。近者士㒰之卒。即日輟朝。未應聖心賢戚遽異。人心惶惑。未免驚疑。得非大臣未敢以聞乎。抑太常不舉慶曆之議以告陛下乎。或鴻臚內省不能守景德之詔乎。不然。何以至此。夫贈卹之典不下在晉臣無所損。所損者國體耳。晉臣無可憾。所可憾者累陛下盛德耳。況大臣在殯。而小臣燕樂。死者未贈卹。而生者蒙飲賜。其於傷國體。累盛德。尤不細也。臣聞仁宗因宰臣張知白卒。為罷社燕。宮[illegible]以毋憂去倖時晏成裕知禮院亟言於上曰。君臣之義哀樂所同。請罷春燕以表優卹。仁宗從之。此陛下家法也。搜考典故。以備討論。此三館士之職分也。臣等輒冒昧緣事以請。欲望聖慈詔大臣早議胡晉臣卹典。所有暴書會乞照天聖罷社燕故事施行。庶幾典禮之行各當其宜。上可無愧於祖宗。下可免譏於天下。唯陛下留神垂聽

知漳州朱熹上奏曰。臣猥以塵賤。備員偏州。仰體聖明收用獎拔之意。思竭駑鈍。仰報萬分。故惟聽訟決獄之際。不敢不盡其愚。今幸踰年。自前人户些小曲直。粗得其情。獨有事在數十年之前。而其枉直之分。舉錯之重。或非州郡之所得為者。則在臣之職不敢不具以聞伏惟聖慈特垂聽察。臣伏見本州漳浦人故迪功郎高登。賦稟忠義。氣節孤高。少遊太學。值靖康之禍。嘗與陳東詣闕上書。力陳六賊之罪。且言金人不可和狀。至紹興間廷對。力陳闕失。無所顧避。復試官忌其直。降為下州文學。高宗皇帝嘉其忠而收之。調靜江府古縣令。是時秦檜當國。帥臣胡舜陟以其父嘗宰是邑。欲為立祠以悅其意。而登獨持不可。舜陟欲以危法中之。召致獄官。驗問訊掠。竟無罪狀可書。後為潮州試官。又使諸生論直言不聞之可畏。策閩浙水沴之所由。檜聞益怒。以為陰附趙鼎。削官徙容州以死。檜沒之後。諸以口語為檜所陷者。高宗皇帝深察其冤。巨細存亡無不甄錄。而登以遠人下士。獨無為言之者。至乾道間。近臣梁克家等始援紹興二十六年赦書以請。而有司拘文廢格弗下。近歲守臣傅伯壽又嘗具奏。如前。然今亦已踰年。未奉進止。是使登以抱恨沒身垂五十年。而姓名猶在罪籍。未蒙昭洗。雖其孤忠自信。獨立不懼。精爽凛然。必不以此為悔。而在聖朝伸冤雪枉。勸善懲惡之意。則議者猶慊恨焉。臣幸得蒙恩假守其鄉。目睹茲事。若又緘默不能具以上聞。則雖萬誅戮不

足償罪是以敢冒言之伏惟皇帝陛下御極以來虛心克己容納盡
言比以陰陽失和申詔近臣繼聞至論草茅之士雖有枉直過甚之
言姑雖忤旨終薄其罪竊揆聖志如登之忠直宜在矜奬欲望特發
德音復其官秩量加褒錄以慰九原且使天下之欲為忠義者知所
勸奏誠非小補臣不量疎遠干犯威嚴無任震懼隕越之至
寧宗時熹為煥章閣待制侍講奏為潭州創立晉譙王承及紹興死
事臣廟乞賜勅額疏曰臣前任知潭州日伏準紹熙五年七月七日
大赦內一項節文歷代忠臣烈士祠廟損壞令本州支係省錢脩葺
竊見東晉王敦之亂湘州刺史譙閔王司馬承起兵討賊不克而死
紹興初金賊犯順通判潭州事孟彥卿趙民彥督兵迎戰臨陣遇害
城陷之日將軍劉玠兵官趙聿之巷戰罵賊不克而死此五人者皆
以忠節沒於王事而從前未有廟貌無可脩葺無以仰稱聖朝褒顯

忠義之意遂牒本州於城隍廟內創立祠堂象五人者并考譙王本
傳并象其參佐數人立侍左右各立位版記其官職姓名奉祀如法
方行考究未及營表而臣忽被誤恩赴闕奏事計其功力不至甚多
本州必已起造了畢欲望聖慈特詔有司賜之廟額仍下本州照應
施行庶以慰答忠魂為天下萬世臣子之勸臣不勝大願
湖南安撫使真德秀奏曰臣等竊惟人材之優劣未易知也平居暇
日勉自脩飭夫誰弗能至於事變之來紛紜轇轕呼吸之頃安危係
焉乃能從容區畫摧群兇陸梁之氣成一方綏靖之功則其材始有
可稱者矣臣所部武岡軍近者有兵卒之變原其始也盖以守臣司
馬遵不善撫循致此紛擾臣其嘗劾奏以聞奉旨罷免矣遵雖去郡
然兇卒蔣宗著自知以軍伍之微已嘗淩犯郡守剽掠居民戕殺保
丁罪在不赦締交合黨其謀日深既脅取州郡文帖偽諸營之長且

以將領自稱擅出文引役使郡兵鳴擲集眾無敢後者方其鼓眾倡
亂之日已刦郡民三十餘家臣等移文撫定之後雖不復行刦但以
意諭富室借犒軍之名令輸錢於己所積日富氣燄愈張包藏禍心
實有叵測獨賴本軍簽判葉某者平時素以寬厚為兵民所信愛自
初變作司馬遵託疾在告莫能躬任撫諭之責使蔣宗等不敢大肆
其兇臣等得報亟令莫權攝郡事且密授計策使莫圖之又能沉深
弗露外示撫柔而中為規畫以措置火政為名選兵卒之可用者團
結什伍更番守宿區處既定即以臣所下賞榜及借補文帖密示其
中之可仗者數人使為之備於是群卒爭奮遂梟蔣宗等三人之首於
崇朝之頃自餘兇黨同時就縛無一漏網闔郡吏民歡若更生臣等
竊見宣教郎簽書武岡軍判官廳公事權軍事葉某學問該洽操行
潔脩早登儒科兩試邑令始在善化以和平為政潭人稱之繼在遂

昌脩復經界迄今猶賴其利及至武岡適會闕守攝承數月政譽藹
然捄荒春陵民被實惠今茲又能殄除兇逆震懾國威使軍律已壞
而復脩民情方搖而遽定其事雖止一方其利實及一路其効雖止
一時其功可及百年用敢合辭上干天聽伏望聖慈將莫優加褒賞
仍賜拔擢以風厲當世使凡為國竭力為民除患者知所勸勉實天
下幸甚
金章宗泰和初詔定功臣謚先海陵將伐宋太醫使祁宰上疏諫言
甚激切海陵怒命戮於市至是尚書省掾李秉鈞上言事有宜緩而急
若輕而重者名教是也伏見故贈資政大夫祁宰以忠言被誅義之
士爽傷厥心世宗即位贈之以官陛下錄用其子甚大惠也雖武王封
比干之墓孔子譽夷齊之仁何以異此而有司拘文以職非三品不在
議謚之例臣竊疑之若職至三品方得請謚當時居官食厚祿者不為

無人皆畏罪濡忍噤不敢申一喙畫一策以為社稷計。卒使立名死節之士頗出於醫卜之流。亦可以少愧矣。臣以謂非常之人當以非常之禮待之。乞詔有司將賜謚以旌其忠烈。亦助名教之一端也。制曰可

歷代名臣奏議卷之二百八十四

禮臣下

齊桓公設庭燎為士之欲造見者。朞年而士不至。於是東野鄙人有以九九之術見者。桓公曰。九九何足以見乎。鄙人對曰。臣非以九九為足以見也。臣聞主君設庭燎以待士。朞年而士不至。夫士之所以不至者。君天下賢君也。四方之士皆自以論而不及君。故不至也。夫九九薄能耳。而君猶禮之。況賢於九九乎。夫太山不辭壤石。江海不逆小流。所以成大也。詩云。先民有言。詢于芻蕘。言博謀也。桓公曰善。乃因禮之。朞月。四方之士相携而並至。詩曰。自堂徂基。自羊徂牛。言以內及外。以小及大也。

魏文侯從中山奔命安邑。田子方後。太子擊遇之。下車而趨。子方坐乘如故。告太子曰。為我請君。待我朝謌。太子不說。因謂子方曰。不識貧窮者驕人。富貴者驕人乎。子方曰。貧窮者驕人。富貴者安敢驕人。人主驕人而亡其國。吾未見以國待亡者也。大夫驕人而亡其家。吾未見以家待亡者也。貧窮者若不得意。納履而去。安往不得貧窮乎。貧窮者驕人。富貴者安敢驕人。太子及文侯。道田子方之語。文侯歎曰。微吾子之故。吾安得聞賢人之言。吾下子方以行。得而友之。自吾友子方也。君臣益親。百姓益附。吾是以得友士之功。我欲伐中山。吾以武下樂羊。三年而中山為獻於我。我是以得有武之功。吾所以不少進於此者。吾未見以智驕我者也。若得以智驕我者。豈不及古之人乎。

齊宣王見顏斶曰。斶前。斶亦曰。王前。宣王不悅。左右曰。王人君也。斶人臣也。王曰斶前。斶亦曰王前。可乎。斶對曰。夫斶前為慕勢。王前為趨士。與使斶為慕勢。不如使王前為趨士。王忿然作色曰。王者貴乎。

士貴乎對曰士貴耳堯有九佐舜有七友禹有五丞湯有三輔自古及今而能虛成名於天下者無有是以君王無羞亟問不愧下學是故成其道德而揚功名於後世者堯舜禹湯周文王是也故曰無形者形之君也無端者事之本也夫上見其原下通其流至聖明學何不吉之有哉老子曰雖貴必以賤為本雖高必以下為基是以侯王稱孤寡不穀是其賤之本歟非夫孤寡者人之困賤下位也而侯王以自謂豈非下人而尊貴士歟夫堯傳舜舜傳禹周成王任周公召而世世稱曰明主是以明乎士之貴也

漢孝文帝時絳侯為丞相朝罷趨出意甚得上禮之恭常目送之中郎袁盎進曰陛下以丞相何如人上曰社稷臣盎曰絳侯所謂功臣非社稷臣社稷臣主在與在主亡與亡方呂后時諸呂用事擅相王劉氏不絕如帶是時絳侯為太尉主兵柄弗能正呂后崩大臣相與共畔諸呂太尉主兵適會其成功所謂功臣非社稷臣丞相如有驕主色陛下謙讓臣主失禮竊為陛下不取也後朝上益莊丞相益畏

宣帝時大將軍霍光薨後數月御史大夫魏相上封事曰聖王褒有德以懷四方顯有功以勸百寮是以朝廷尊榮天下鄉風國家承祖宗之業制諸侯之重新失大將軍宜宣章盛德以示天下顯明功臣以填藩國毋空大位以塞爭權所以安社稷絕未萌也車騎將軍張安世事孝武皇帝三十餘年忠信謹厚勤勞政事夙夜不怠與大將軍定策天下受其福國家重臣也宜尊其位以為大將軍毋令領光祿勳事使專精神憂念天下思惟得失安世子延壽重厚可以為光祿勳領宿衛臣後數日竟拜安世為大司馬車騎將軍領尚書事

扶陽節侯韋賢卒長子弘有罪繫獄家人矯賢令以次子玄成為後玄成深知非賢雅意即陽狂不應召大鴻臚奏狀章下丞相御史案驗玄友人侍郎章亦上疏言聖王貴以禮讓為國宜優養玄成勿枉其志使得自安衡門之下而丞相御史以玄成實不病劾奏之有詔勿劾引拜玄成不得已受爵帝高其節以為河南太守

元帝時長安士伍尊上書言臣少時為郡邸小吏竊見孝宣皇帝以皇曾孫在郡邸獄是時治獄使者丙吉見皇曾孫遭離無辜吉仁心感動涕泣悽惻選擇復作胡組養視皇孫吉常從臣尊日再侍臥庭上後遭條獄之詔吉扞拒大難不避嚴刑峻法既遭大赦吉謂守丞誰如皇孫不當在官使誰如移書京兆尹遣與胡組俱送京兆尹不受復還及組日滿當去皇孫思慕吉以私錢顧組令與郭徵卿並養數月乃遣組去後少內嗇夫白吉曰食皇孫亡詔令時吉得食米肉月月以給皇孫吉即時病輒使臣尊朝夕請問皇孫視省席蓐燥濕候伺組徵卿不得令晨夜去皇孫敖盪數奏甘毳食物所以擁全神靈成育聖躬功德已亡量矣時豈豫知天下之福而徼其報哉誠其仁恩內結於心也雖介之推割肌以存君不足以比孝宣皇帝時臣上書言狀幸得下吉吉謙讓不敢自伐刪去臣辭專歸美於組徵卿組徵卿皆以受田宅賜錢吉封為博陽侯臣尊不得比組徵卿臣年老居貧死在旦暮欲終不言恐使有功不著吉子顯坐微文奪爵為關內侯臣愚以為宜復其爵邑以報先人功德

哀帝建平元年策免大司空高樂侯師丹為庶人罷歸尚書令唐林上疏曰竊見免大司空丹策書泰深痛切君子作文為賢者諱丹經為世儒宗德為國黃耇親傅聖躬位在三公所坐者微免爵泰重識者咸以為宜復丹邑爵使奉朝請唯陛下裁之詔復賜丹爵關內侯

時王嘉坐薦梁相等迷國罔上不道下廷尉詔獄永信少府張猛等十人以為聖王斷獄必先原心定罪探意立情故死者不抱恨而入

地生者不銜怨而受罪明主躬聖德重大臣刑辟廣延有司議欲使海內咸服嘉罪名雖應法聖主之於大臣在輿為下御坐則起疾病視之無數死刑則臨吊之廢宗廟之祭進之以禮退之以義誅之以行宜嘉本以相等為罪罪惡雖著大臣括髮關械裸躬就笞非所以重國家褒宗廟也今春月寒氣錯繆霜露數降宜示天下以寬和臣等不知大義唯陛下察焉

後漢光武建武九年春祭遵卒於軍中詔大長秋謁者河南尹護喪事大司農給費博士范升上疏追稱遵曰臣聞先王崇政尊美屏惡昔高祖大聖深見遠慮班爵割地與下分功著錄勳臣頌其德美生則寵以殊禮奏事不名入門不趨死則疇其爵邑世無絕嗣丹書鐵券傳於無窮斯誠大漢厚下安人長久之德所以累世十餘歷載數百廢而復興絕而復續者也陛下以至德受命先明漢道襃序輔佐

封賞功臣同符祖宗征虜將軍潁陽侯遵不幸早薨陛下仁恩為之感傷遠迎河南惻怛之慟形於聖躬喪事用度仰給縣官重賜妻子不可勝數送死有以加生厚亡有以過存矯俗厲化卓如日月古者臣疾君視臣卒君弔德之厚者也陵遲已來久矣及至陛下復興斯禮羣下感動莫不自勵臣竊見遵脩行積善竭忠於國北平漁陽西拒隴蜀先登坻上深取略陽衆兵既退獨守衝難制御士心不越法度所在吏人不知有軍清名聞於海內廉白著於當世所得賞賜輒盡與吏士身無奇衣家無私財同產兄午以遵無子娶妾送之遵乃使人逆而不受自以身任於國不敢圖生慮繼嗣之計臨死遺誡牛車載喪薄葬洛陽問以家事終無所言任重道遠死而後已遵為將軍取士皆用儒術對酒設樂必雅歌投壺又建為孔子立後奏置五經大夫雖在軍旅不忘俎豆可為好禮悅樂守死善道者也禮生有爵死有誄爵以殊尊卑諡以明善惡臣愚以為宜因遵薨論叙眾功詳案諡法以禮成之顯章國家篤古之制為後嗣法

光武時徵周黨為議郎以病去職遂將妻子居黽池復被徵不得已乃著短布單衣穀皮綃頭待見尚書及光武引見黨伏而不謁自陳願守所志帝乃許焉博士范升奏曰臣聞堯不須許由巢父而建號天下周不待伯夷叔齊而王道以成伏見太原周黨東海王良山陽王成等蒙受厚恩使者三聘乃肯就車及陛見帝庭黨不以禮屈伏而不謁偃蹇驕悍同時俱逝黨等文不能演義武不能死君釣采華名庶幾三公之位臣願與坐雲臺之下考試圖國之道不如臣言伏虛妄之罪而敢私竊虛名誇上求高皆大不敬書奏天子以示公卿詔曰自古明王聖主必有不賓之士伯夷叔齊不食周粟太原周黨不受朕祿亦各有志焉其賜帛四十匹黨遂隱居黽池著書上下篇

而終邑人賢而祠之

馬援前在交阯常餌薏苡實用能輕身省慾以勝瘴氣南方薏苡實大援欲為種軍還載之一車時人以為南土珍怪權貴皆望之援時方有寵故莫以聞及卒後有上書譖之者以為前所載還皆明珠大犀馬武與於陵侯侯昱等皆以章言其狀光武益怒援妻孥惶懼不敢以喪還舊塋裁買城西數畝地槀葬而已賓客故人莫敢弔會時前雲陽令同郡朱勃詣闕上書曰臣聞王德聖政不忘人之功採其一美不求備於衆故高祖赦蒯通而以王禮葬田橫大臣曠然咸不自疑夫大將在外讒言在內微過輒記大功不計誠為國之所慎也故章邯畏口而奔楚（章邯為秦將降項羽）燕將據聊而不下（燕將下聊人或讒之於燕燕將懼誅因保守聊城不敢歸）豈其甘心末規哉悼巧言之傷類也（末規猶下計也）竊見故伏波將軍新息侯馬援拔自西州欽慕聖義間關險難觸冒

萬死孤立羣貴之間傍無一言之佐馳深淵入虎口豈顧計哉(謂援使隗囂也)寧自知當要十郡之使徼封侯之福邪八年車駕西討隗囂國計狐疑衆營未集援建宜進之策卒破西州及吳漢下隴冀路斷隔唯獨狄道為國堅守士民飢困寄命漏刻援奉詔西使鎮慰邊衆乃招集豪傑曉誘羌戎謀如涌泉埶如轉規遂救倒懸之急存幾亡之城兵全師進因糧敵人隴冀略平而獨守空郡(守音式救反)兵動有功師進輒克誅鋤先零緣入山谷猛怒力戰飛矢貫脛又出征交阯土多瘴氣援與妻子生訣無悔吝之心遂斬滅徵側克平一州間復南討立陷臨鄉師已有業未竟而死吏士雖疫援不獨存夫戰或以久而立功或以速而致敗深入未必為得不進未必為非人情豈樂久屯絕地不生歸哉惟援得事朝廷二十二年北出塞漠南度江海觸冒害氣僵死軍事名滅爵絕國土不傳海內不知其過衆庶未聞其毀卒遇三夫之言橫被誣罔之讒家屬杜門葬不歸墓怨隙並興宗親怖慄死者不能自列生者莫為之訟臣竊傷之夫明主醲於用賞約於用刑高祖嘗與陳平金四萬斤以間楚軍不問出入所為豈復疑以錢穀間哉夫操孔父之忠而不能自免於讒此鄒陽之所悲也(魯聽季孫之說而逐孔子)詩云取彼譖人投畀豺虎豺虎不食投畀有北有北不受投畀有昊此言欲令上天而平其惡惟陛下留思豎儒之言無使功臣懷恨黃泉臣聞春秋之義罪以功除(公羊傳曰夏滅項孰滅之齊滅之曷為不言齊滅為桓公諱也以桓公嘗有繼絕存亡之功故君子為之諱也)聖王之祀臣有五義(禮記曰夫聖王之制祀也法施於人則祀之以死勤事則祀之以勞寧國則祀之能禦大災則祀之能捍大患則祀之)若援所謂以死勤事者也願下公卿平援功罪宜絕宜續以厭海內之望臣年已六十常伏田里竊感欒布哀彭越之義(前書曰彭越為梁王欒布為梁大夫使於齊越以誅反梟首洛陽詔有收視者捕之布使還奏事越頭下祠而哭之)冒陳悲憤戰慄闕庭

陳元以父任辟司空府時大司農江馮上言宜令司隸校尉督察三公事下三府元上疏曰臣聞師臣者帝賓臣者霸故武王以太公為師齊桓以夷吾為仲父孔子曰百官總己聽於冢宰近則高帝優相國之禮太宗假宰輔之權及亡新王莽遭漢中衰專操國柄以偷天下況以自喻不信群臣奪公輔之任損宰相之威以刺舉為明徼訐為直至乃陪僕告其君長子弟變其父兄罔密法峻大臣無所措手足然不能禁董忠之謀身為世戮故人君患在自驕不患驕臣失在自任不在任人是以文王有日昃之勞周公執吐握之恭不聞其崇刺舉務督察也方今四方尚擾天下未一百姓觀聽咸張耳目陛下宜修文武之聖典襲祖宗之遺德勞心下士屈節待賢誠不宜使有司察公輔之名帝從之

安帝以陳忠為尚書時三府任輕機事專委尚書而災眚變咎輒切免公台忠以為非國舊體上疏諫曰臣聞君使臣以禮臣事君以忠故三公稱曰冢宰王者待以殊敬在輿為下御坐為起入則參對而議政事出則監察而董是非漢典舊事丞相所請靡有不聽今之三公雖當其名而無其實選舉誅賞一由尚書尚書見任重於三公陵遲以來其漸久矣臣忠心常獨不安是故臨事戰懼不敢穴見所有興造又不敢希意庶幾以謬平典而謗讟日聞罪足萬死近以地震策免司空陳褒今者災異復欲切讓三公昔孝成皇帝以妖星守心移咎丞相使賁麗納說方進自引卒不蒙上天之福徒乖宋景之誠故知是非之分較然有歸矣又尚書決事多違故典罪法無例詆欺為先文慘言醜有乖章憲宜責求其意割而勿聽上順國典下防威福置方員於規矩審輕重於衡石誠國家之典萬世之法也忠意常在褒崇大臣待下以禮其九卿有疾使者臨問加賜錢帛皆忠所建

桓帝時。有詔公車徵楊秉及處士韋著二人。各稱疾不至。有司劾秉著大不敬。請下所屬正其罪。尚書令周景與尚書邊韶議。奏秉儒學侍講。常在謙虛。著隱居行義。以退讓為節。俱徵不至。誠違側席之望。然逡巡退食。足抑苟進之風。夫明王之世。必有不召之臣。聖朝弘養。宜用優游之禮。可告在所屬。喻以朝廷恩意。如遂不至。詳議賞罰。於是重徵。乃到。拜太常。

吳孫權時。周胤為都鄉侯。以罪徙廬陵郡。諸葛瑾步騭連名上疏曰。故將軍周瑜子胤。昔蒙粉飾。受封為將。不能養之以福。思立功効。至縱情欲。招速罪辟。臣竊以瑜昔見寵任。入作心膂。出為爪牙。銜命出征。身當矢石。盡節用命。視死如歸。故能摧曹操於烏林。走曹仁於郢都。揚國威德。華夏是震。蠢爾蠻荊。莫不賓服。雖周之方叔。漢之信布。誠無以尚也。夫折衝扞難之臣。自古帝王莫不貴重。故漢高帝封爵

之誓曰。使黃河如帶。泰山如礪。國以永存。爰及苗裔。申以丹書。重以盟詛。藏于宗廟。傳于無窮。欲使功臣之後。世世相踵。非徒子孫。乃關苗裔。報德明功。勤勤懇懇。如此之至。欲以勸戒後人。用命之臣。死而無悔也。況於瑜身沒未久。而其子胤降為匹夫。益可悼傷。竊惟陛下欽明稽古。隆於興繼。為胤歸訴。乞匄餘罪。還兵復爵。使失旦之雞。復得一鳴。抱罪之臣。展其後效。權答曰。腹心舊勳。與孤協事。公瑾有之。誠所不忘。昔胤年少。初無功勞。橫受精兵。爵以侯將。蓋念公瑾以及於胤也。而胤恃此。酗淫自恣。前後告諭。曾無悛改。孤於公瑾。義猶二君。樂胤成就。豈有已哉。迫胤罪惡。未宜便還。且欲苦之。使自知耳。今二君勤勤。援引漢高河山之誓。孤用恧然。雖德非其疇。猶欲庶幾。事亦如爾。故未順旨。以公瑾之子。而二君在中間。苟使能改。亦何患乎。瑾騭表比上。朱然及全琮亦俱陳乞。權乃許之。

晉惠帝時。河間王顒表立成都王穎為太弟。為王浚所破。挾天子還洛陽。征南將軍范陽王虓與東平王楙、鎮東將軍周馥等上言曰。自愍懷被害。皇儲不建。委重前相。輒失臣節。是以前年太宰與臣永為社稷之貳。不可久空。所以共啓成都王穎。以為國副。受重之後。而弗克負荷。小人勿用。而以為腹心。骨肉宜敦。而猜佻荐至。險詖宜遠。而讒說殄行。此皆臣等不聰不明。失所宗賴。遂令陛下謬於降授。雖戮臣等。不足以謝天下。今大駕還宮。文武空曠。制度荒破。靡有孑遺。臣等雖劣。足匡王室。而道路之言。謂張方與臣等不同。既惜所在興異。又以太宰惇德允元。著於具瞻。每當義節。輒為社稷宗盟之先。張方受其指教。為國效節。昔年之舉。有死無貳。此太宰之良將。陛下之忠臣。但以受性強毅。不達變通。遂守前志。已致紛紜。然退思惟。既是其不易之節。且應事翻之後。為天下所罪。故未卽西還耳。原其本實。

無深責。臣聞先代明主。未嘗不全護功臣。令福流子孫。自中間以來。陛下功臣初無全者。非獨人才皆劣。其於取禍。實由朝廷策之失宜。不相容恕。以一旦之咎。喪其積年之勳。既違周禮議功之典。且使天下之人。莫敢復為陛下致節者。臣等此言。豈獨為一張方。實為社稷遠計。欲令功臣長守富貴。臣愚以為宜委太宰以關右之任。一方事重。及自州郡已下。選舉授任。一皆仰成。若朝之大事。廢興損益。每輒疇諮。此則二伯述職。周召分陝之義。陛下復行於今時。遣方還郡。令群后申志。時定王室。所加方官。悉如舊。如此。則忠臣義士。有勸。功臣必全矣。司徒戎。異姓之賢。司空越。公族之望。並忠國愛主。小心翼翼。宜幹機事。委以朝政。安北將軍王浚。佐命之胤。率身履道。忠亮清正。遠近所推。如今日之大舉。實有定社稷之勳。此是臣等所以嘆息歸高也。浚宜特崇重之。以副群望。遂撫幽朔。長為北藩。臣等竭力扞城。

藩屏皇家陛下垂拱而四海自正則四祖之業必隆於今日月之暉昧而復曜乞垂至思察臣所言

成帝咸康四年帝臨軒遣使拜太傅太尉司空儀注大樂宿懸於殿庭門下奏非祭祀宴饗則無設樂之制太常蔡謨議曰凡敬其事則備其禮禮備則制有樂樂者所以敬事而明義為耳目之娛故冠亦用之不惟宴饗宴饗之有樂亦所以敬賓也故郤至使楚楚子饗之郤至辭曰不忘先君之好貺之以大禮重之以備樂尋斯辭也則宴樂之意可知矣公侯大臣人君所重故御坐為起在輿為下言稱伯舅傳曰國卿君之貳也是以命使之日御親臨軒百僚陪列此即敬事之意也古者天王饗下國之使及命將帥遣使臣皆有樂故詩序曰皇皇者華君遣使臣也又曰采薇以遣之出車以勞還杕杜以勤歸皆作樂而歌之今命大使拜輔相比於下國之臣輕重殊矣輕誠有之重亦宜然故謂臨軒遣使宜有金石之樂議奏從焉

唐太宗貞觀中特進魏徵上疏曰臣聞君為元首臣作股肱齊契同心合而成體體或不備未有成人然則首雖尊極必資手足以成體君雖明哲必藉股肱以致理故禮云人以君為心君以人為體心莊則體舒心肅則容敬書云元首明哉股肱良哉庶事康哉元首叢脞哉股肱惰哉萬事墮哉然則委棄股肱獨任胸臆具體成理非所聞也夫君臣相遇自古為難以石投水千載一合以水投石無時不有其能開至公之道申天下之用內盡心膂外竭股肱和若鹽梅固同金石者非唯高位厚秩在於禮之而已昔周文王遊於鳳凰之墟襪系解顧左右莫可使者乃自結之豈周文之朝盡為俊乂聖明之代獨無君子哉但知與不知禮與不禮耳是以伊尹有莘之媵臣韓信項氏之亡命殷湯致禮定王業於南巢漢祖登壇成帝功於垓下若

夏桀不棄於伊尹項羽垂恩於韓信寧肯敗已成之國為滅亡之虜乎又微子骨肉也受茅土於宋箕子良臣也陳洪範於周仲尼稱其仁莫有非之者禮記稱魯穆公問於子思曰為舊君反服古歟子思曰古之君子進人以禮退人以禮故有舊君反服之禮也今之君子進人若將加諸膝退人若將墜諸泉無為戎首不亦善乎又何反服之有齊景公問於晏子曰忠臣之事君如之何晏子對曰有難不死出亡不送公曰裂地以封之疏爵以待之有難不死出亡不送何也晏子曰言而見用終身無難臣何死焉諫而見納終身不亡臣何送焉若言不見用有難而死是妄死也諫不見納出亡而送是詐忠也春秋左氏傳曰崔杼弒齊莊公晏子立於崔氏之門外其人曰死乎曰獨吾君也乎哉吾死也曰行乎曰吾罪也乎哉吾亡也故君為社稷死則死之為社稷亡則亡之若為己死為己亡非其親暱誰任之門啓而入枕尸股而哭興三踴而出孟子曰君視臣如手足臣視君如腹心君視臣如犬馬臣視君如國人君視臣如糞土臣視君如寇讎雖臣之事君無有二志至於去就之節當緣恩之薄厚然則為人主者安可以無禮於下哉竊觀在朝群臣當樞機之寄者或地隣秦晉或業與經綸並立事立功皆一時之選處之衡軸為任重矣任之雖重信之未篤信之未篤則人或自疑人或自疑則心懷苟且心懷苟且則節義不立節義不立則名教不興名教不興而可與固太平之基保七百之祚未之有也又聞國家重惜功臣不念舊惡方之前聖一無所間然但寬於大事急於小罪臨時責怒未免愛憎之心不可以為政君嚴其禁臣或犯之況上啓其源下必有甚川壅而潰其傷必多欲使凡百黎元何所措其手足此則君開一源下生百端百端之變無有不亂者也禮記曰愛而知其惡憎而知其善若憎而不知

其善則為善者必懼愛而不知其惡則為惡者寔繁詩曰君子如怒亂庶遄沮然則古人之震怒將以懲惡當今之威罰足以長奸此非堯舜之心也非禹湯之事也書曰撫我則后虐我則讎孫卿子曰君舟也人水也水所以載舟亦所以覆舟孔子曰魚失水則死水失魚猶為水也故堯舜戰戰慄慄日愼一日安可不深思之乎安可不熟慮之乎夫委大臣以大體責小臣以小事為國之常也為理之道也今委之以職則重大臣而輕小臣至於有事則信小臣而疑大臣信其所輕疑其所重將求至理豈可得乎又政貴有恒不求屢易今或責小臣以大體或責大臣以小事小臣乘非其據大臣失其所守大臣或以小過獲罪小臣或以大體受罰職非其位罰非其辜欲其無私求其盡力不亦難乎小臣不可委以大事大臣不可責以小罪任以大官求其細過刀筆之吏順旨承風舞文弄法曲成其罪自陳也則以為心不伏辜不言也則以為所犯皆實進退惟咎莫能自明莫能自明則苟求免禍大臣苟免則譎詐萌生譎詐萌生則矯偽成俗矯偽成俗則不可以臻至理矣又委任大臣欲其盡力每官有所避忌不言則為不盡力若舉得其人何嫌於故舊若舉非其任何貴於疎遠待之不盡誠信何以責其忠恕哉臣雖或有失之君亦未為得也夫上之不信於下必以為下無可信矣若必下無可信則上亦有可疑矣禮云上人疑則百姓惑下難知則君長勞上下相疑則不可以言至理矣當今群臣之內遠在一方流言三至而不投杼者臣竊思度未見其人夫以四海之廣士庶之衆豈無一二可信之哉蓋信之則無不可疑之則無可信者豈獨臣之過乎夫以一介庸夫結為交友以身相許死且不渝況君臣契合寄同魚水若君為堯舜則臣為稷契豈有遇小事則變志見小利則易心哉此雖下之立忠未能明著亦由上懷不信待之過薄之所致也此豈君使臣以禮臣事君以忠乎以陛下之聖明以當今之功業誠能博求時俊上下同心則三皇可追而四五帝可俯而六夏殷周漢夫何足數

徵又上疏曰國基於德禮保於誠信誠信立則下無二心德禮形則遠者來格故德禮誠信國之大綱不可斯須廢也傳曰君使臣以禮臣事君以忠自古皆有死人無信不立又曰同言而信信在言前同令而行誠在令後然則言而不行言不信也令不而從令無誠也不信之言不誠之令君子不為也自王道休明綿十餘載倉廩愈積土地益廣然而道德不日博仁義不日厚何哉由待下之情未盡誠信雖有善始之勤而無克終之美故便佞之徒得肆其巧謂同心為朋黨告訐為至公強直為擅權忠讜為誹謗謂之朋黨雖忠信可疑謂之至公雖矯偽無咎強直者畏擅權而不得盡其力忠讜者慮誹謗而不敢與之爭熒惑視聽鬱於大道妨化損德今將致治則委之君子得失或訪諸小人是輿毀常在小人而督責常加君子也夫中智之人豈無小惠然慮不及遠雖使竭力盡誠猶未免傾敗況內懷奸利承顏順旨乎故孔子曰君子而不仁者有矣未有小人而仁者然則君子不能無小惡惡不積不害於正小人時有小善善不積不足為忠今謂之善人矣復慮其不信何異立直木而疑其影之曲乎故上不信則無以使下下不信則無以事上信之為義大矣哉昔齊桓公問管仲曰吾欲使酒腐於爵肉腐於俎得無害霸乎曰不能知人害霸也知而不能用害霸也用而不能任害霸也任而不能信害霸也既信而又使小人參之害霸也晉中行穆伯攻鼓經年而不能下鼓之嗇夫間倫知之請無疲士大夫而鼓可得穆伯不應左右曰不折一戟不傷一卒而鼓可得君奚為不取穆伯曰間倫之為人也佞

而不仁若使間倫下之吾不可以不賞若賞之是賞佞人也佞人得志是使晉國捨仁而為佞雖得鼓安用之夫穆伯列國大夫管仲霸者之佐猶慎於信佞遠避佞人況陛下之上聖乎若欲令君子小人是非不雜必懷之以德待之以信厲之以義節之以禮然後善善而惡惡審罰而明賞無為而化何遠之有善善而不能進惡惡而不能去罰不及有罪賞不加有功則危亡之期或未可保上賜手詔褒美曰昔晉武帝平吳之後志竟驕怠何曾位極台司不能直諫乃私語子孫自矜明智此不忠之大者也得公之諫朕知過矣當置之几案以比弦韋

徵嘗詣朝堂抗表讓左光祿大夫附崔雄奏稱臣在隋朝備經喪亂如臣流輩死亡略盡臣得奉太平又特蒙拔擢恩澤既深唯思報效但臣先有眼疾比加風痰轉加增劇天纔陰晦數步之外全不見人倉卒轉動即覺心識悶亂方今天下無事英彥如林無容痼疾之人久在樞近非但不可更加二品仍乞解侍中之職授臣一二品散官不離左右足申愚見拾遺補闕非敢虛飾此實臣志願太宗令崔敦禮謂之曰國之安危資於輔弼得其人則日隆日化失其人則敗不旋踵公寬以接下忠以奉上朕每有乖僻公未嘗不言社稷安危唯公是寄假使公全無兩目猶當畀公置於左右朝夕諮詢況公所患非重便欲拂衣高蹈匪獨乖於朕意僉議以為未可

時或告大將軍薛萬均平高昌日與高昌婦女有私勑大理卿孫伏伽推鞠萬均不服內出高昌婦女對問魏徵諫曰萬均兄弟誠欵蚤著姦私之事虛實難明若罪狀顯然錄付伏伽自了若事無指約萬均必是有辭遣大將軍與破亡婦女對辨姦穢辭既不伏聽者必疑臣聞君使臣以禮臣事君以忠實則所得者輕虛則所失者重故秦穆公賞盜馬之酒楚莊王赦絕纓之客且楚莊秦穆並夷狄之諸侯列名五伯每芳千祀況陛下以萬乘之主道高堯舜作之不法何以示遠帝納其言而罷焉帝謂侍臣曰狄人殺衛懿公盡食其肉獨留其肝懿公之臣弘演呼天大哭自出其肝而納懿公之肝於其腹中今覓此人而不可得魏徵對曰昔豫讓為智伯報讎欲刺趙襄子襄子執而獲之謂之曰子昔事范中行氏乎智伯盡滅之乃委質智伯不為報讎今即為智伯報讎何也讓曰臣昔事范中行范中行以衆人遇我我以衆人報之智伯以國士遇我我以國士報之在君禮之而已亦何為無人焉

諫議大夫張玄素少嘗為刑部令史帝對朝臣問之曰云云諫議大夫褚遂良上疏諫曰臣聞君子不失言於人聖主不戲言於臣言則史書之禮成之樂歌之居上能禮其臣臣始能盡力以奉其上近代宋孝武輕言肆口侮弄朝臣攻其門戶乃至狼狽良史書之以為非是陛下非見問張玄素云隋任何官奏云縣尉又問未為縣尉已前奏云流外又問在何曹司玄素將出閤門殆不能移步精爽頓盡色類死灰朝臣見之多所驚怪大唐創曆任官以才卜祝庸保量能使用陛下禮重玄素頻年任使擢授三品翼贊皇儲自不可更對群臣窮其門戶棄昔日之殊恩成一朝之愧恥人君之御臣下也禮義以導之惠澤以驅之使其負戴玄天磬竭臣節猶恐德禮不加人不自勵若無故忽略使其羞慚鬱結於懷衷心靡樂責其伏節死義其可得乎房玄齡嘗以微譴歸第遂良諫曰玄齡翼贊聖功冒死決策選賢立政勤力為多自非罪在不赦不可遐棄若以其衰老亦當退之以禮上然之因幸芙蓉園遂過其第載與還宮

張公謹卒上聞而嗟悼出次發哀有司奏言准陰陽書云日在辰不可哭泣此亦流俗所傳上曰君臣之義同於父子情發於衷安避日辰遂泣之

玄宗開元中廣州都督裴伷先下獄上與宰相議其罪張嘉貞請杖

之張說曰刑不上大夫為其近君且所以養廉恥也蓋士可殺不可辱臣嚮巡北邊聞姜皎杖於朝堂皎官登三品亦有微功柰何以卑隸待之事往不可返豈宜復蹈前失上深然之

時禮部尚書蘇頲卒帝猶視朝起居舍人韋述上疏曰貞觀永徽時大臣薨輒罷朝舉哀成終始恩上有旌賢錄舊之德下有生榮死哀之義昔晉知悼子卒平公宴樂杜蕢一言而悟春秋載之故禮部尚書頲累葉輔弼奉事軒陛二十餘年今奄忽不還邦人痛嗟惟惟蓋之舊股肱之戚宜節廢朝明君臣之誼帝曰固朕意也即日悵次哭洛城南門不朝詔贈右丞相謚曰文憲葬日帝游咸宜宮將獵聞之曰頲且葬我忍自娛哉半道而還

德宗在奉天聞段秀實為賊所害七日不朝宰相以為方多難時不宜壅萬機天下其謂何太常博士陳京曰丞相之言非也夫褒大節卹賢臣天下所以安況卓卓特異者乎帝曰善

宋太宗淳化二年左正言謝泌上奏曰臣竊見王禹偁上言請自今宰相樞密並不得於本廳接見賓客以防請託有詔從之仍令御史臺宣布中外臣以為如此是疑大臣以私也書云任賢勿貳去邪勿疑張說謂姚元崇外則踈而接物內則謹以事君此真得大臣之體今天下至廣萬機至繁陛下以聰明寄於輔臣苟非接見羣官何以盡知外事若令都堂候見則羣官請見咨事無時是大臣常須俟百執事於政事堂無解衣之暇古人有言曰疑則勿用用則勿疑若政在大夫祿去公室國祚衰季強臣擅權當此之時乃可為慮今日陛下鞭撻宇宙總攬豪傑朝廷有直言之士方面無姑息之臣禮樂征伐自天子出書曰無偏無黨王道蕩蕩今日之謂也柰何疑執政之臣為衰世之事乎昔孔光不言溫室中木顏雍封侯三日家人不知謝安石對客圍棊捷書至而客不覺大臣當謹密如此雖妻子猶不得聞況他人乎使非其人當斥而去之既得其人任之以政又何疑也設若杜公堂謁見之禮豈無私室乎塞相府請託之漸豈無他徑乎此非陛下持赤心以待大臣大臣展四體以報陛下之道也王禹偁識量廣淺昧於大體妄率胸臆以蔽聰明狂躁之言不可行用上覽之嘉歎即遣還前詔

仁宗天聖二年左正言劉隨乞優禮李允則晁迥狀曰臣伏覩近降除書以客省使康州防禦使李允則特授寧州防禦使仍放朝謝與假將治行恩加勳舊事出非常凡居將帥之臣各勵公忠之節竊以李允則素懷韜畧動有機權屢委邊防務期安輯未邀功以生事無縱敵而失謀雖古之名將無以加矣是以行命之日中外皆喜必若制置軍馬經略亭鄣樞近大臣成算之外若召而賜對詢以方畧則老將諳練必有所長臣又伏見太子少保致仕晁迥端莊[illegible]懦自居歷任三朝垂五十載徊翔兩制踰二十年先帝寵遇便蕃[illegible]詳正無不參預加以繼司文柄時謂得人今之臺閣清流[illegible]循吏過之[illegible]所以居多近者引年致政

斯為達禮五常五行蓋無闕焉文苑指為宗師朝野推為君子有茲儒雅之望未行優異之恩臣亦頗兩宮聖慈特同允則近例賜以全俸豐其燕居其或朝廷將行大禮時議大政宰司裁成之外特開延英訪以經史耆儒詳練必有可觀每遇萬機餘閒溫凉得所詳延二老賜之從容俾說往古治亂之因國初經制之務如此則文事武備盡義於昌朝養老乞言有光於古昔尊禮宿舊益厚於時風傳示方來用光史冊臣以為文武班中功名雅望終始一致以至高年者唯此二人允謂時賢恐須旌別

景祐二年御史中丞杜衍上奏曰臣聞三公之官至重所以經邦萬事之統實繫乎燭理故明主躬親庶政體貌大臣常於進見之間俾盡論思之道蓋君臣相遇則可致時雍上下不交則謂之否塞固在倚毗丞弼詢訪善謀使下情必通上澤無壅斯有國有家之大務也臣伏見中書樞密院之官是皆選自宸衷委之柄用領三事之職

佐萬機之劇古所謂坐而論道者也今乃每遇剛辰得親丹扆外朝始罷
延英次對中覆奉行祗循常務以天下之大民事之艱恐非數刻之中可
盡研幾之理欲望聖慈當清閑之燕延名兩府臣僚賜坐便殿俾其極獻
替之說酌古今之宜究治亂之源達幽隱之意上以成好問之裕下以申
納忠之誠明良之歌上下同體是故平時而論可明其體要之變臨事而
辨或近乎遊說之嫌以虞舜之明而云好察邇言以漢文之達亦曰無甚
高論此實通國體用衆智之大端也至於米鹽之細務叢脞之末節此特
有司之職耳不當取決於宸斷宜詔所司料簡之無其正大小之分遠權
義之中延納訏謨開益聖智提綱總要叶大德之不官遺滕虛懷明為善
之最樂臣猥以庸望輙磬愚衷干冒威嚴隕越無地
皇祐三年知諫院吳奎上奏曰臣伏以國家謹禮法以維君子明威罰以
御小人君子所顧者禮法也小人所畏者威罰也餘文武二選為士大夫

是皆君子之地也儻不以禮法待之即是廢名器而輕爵祿也七十而致
仕載之禮經臣下引年而自陳分之常也君上推恩而固留權之至也自
三代以來雖衰微之世未有不謹斯禮以塞貪冒昏廉隅也近者光祿卿
勾希仲吏部郎中直昭文館陸軫等並以年高特與分司杪欲風動群倫
而在位殊未有引去者乞早以臣前所奏施行
至和二年知諫院范鎮上奏曰臣伏覩御史臺告報百官立班郊迎宰相
文彥博富弼者誠隆禮也與夫隆之以虛禮孰若推之以至誠任之以實
權自陛下用文彥博富弼為宰相中外皆謂得人然近日有詔兩制臣僚
不得詣宰相居第百官不得闕見宰相是不推之以誠未任之以權而以
郊迎虛禮待之也伏乞罷百官郊迎而令兩制百官復得就第見執政以
訪天下之事而以達陛下之聰明則御大臣之術兩得之矣
嘉祐元年右司諫馬遵上奏曰臣伏覩近制兩省兩制官非公事不得與

執政之臣相見及臺諫往來兩地大臣非休假不得接見賓客徒彰陛
下有疑臣下之名而實無益於事已曾論列未奉指揮臣歷觀前代以
及漢唐之盛小大之臣往來相見並不曾有禁止之文唯唐德宗之時
朝政多僻臣僚或過從多令金吾伺察密奏故宰相不得於私第見客
徒示猜嫌無補奉天之難及憲宗英斷不疑委任裴度遂除其禁得延
英俊卒立淮西之功乃知馭臣之體在於明聽斷而不在於設防也陛
下聖明必照此理若謂新制已行未欲便改臣請以先朝故事言之淳
化二年用右司諫王禹偁奏請令兩府大臣不得於本廳見客以防請
託時有左正言謝泌上疏極陳其不可太宗覽奏即追前詔並令如舊
乃知事苟未便何憚而不改卻切緣此事本為大臣若非陛下特賜指
揮中書避嫌重於奏覆伏乞早賜聖斷以釋中外之疑
遵又上奏曰臣聞推隆耆年則民德歸厚崇勵高節則薄夫以敦此前

籍之通規而先王之達禮也竊見皇祐中明堂大赦曾名兩府舊臣
杜衍任布等陪位雖各人辭疾不預侍祠之列陛下降詔禮遣使輅
賜予備厚復恩其子殊榮異禮照耀一時陛下優賢養老之意白於
天下而人知勸矣今杜衍且八十德望愈隆使古禮復行當在更老
之位至如近侍致政而歸者張昷之公直劉夔之清方如此等皆
謂良士今陛下享壽安之福行恭謝之儀凡在高年正宜加禮臣愚
欲乞聖慈指揮中書候將來大慶禮畢檢會明堂恩例特賜施行使
衍等黃髮復見太平之事書之史冊足為美談庶幾冒榮越禮之人
睹而知愧化薄歸厚或出此塗
七年知諫院司馬光上奏曰臣聞古之聖王尊禮黃髮屬任以政者蓋
以其更歷天下之事練習為治之體故也昔鬻熊年九十見文王文王
曰老矣鬻熊曰君若使臣捕鬼逐麋臣已老矣使臣坐而策國事臣

年尚少也。近歲以來，大臣高年者皆不敢自安其倖，言事者又欲以
擊搏大臣為名，從而攻之。此豈為臣盡忠至公之道哉。凡言事者皆
為國家進賢退不肖，使其人無可取，雖少壯何為。果有益於時，雖老
何傷也。臣竊見樞密副使張昇屢以老疾辭位，臣平生與昇迹不相
接，無絲毫恩分，然竊聞其為人忠謹清直，不可干以私。臣不敢上避
聖主之疑，下畏世俗之謗，隱忠不言，以利其身。伏望陛下深念宥密
之地，不可任非其人，先以聖意機慮，若未能得賢於昇者，則使昇且
居其位，於事亦未有曠廢也。若昇必不可留，則願陛下慎選德望材
器為衆所服，知王體曉兵略者以代之，不可以不擇其人之可否，使
循資累叙而為之也。

光又上奏曰：臣等伏見朝廷鄉以福州處士陳烈好學篤行，動遵禮
法，樂道養志，名聞京師，故舉之閭閻之中，以為學官，烈辭讓未至，今
聞福建路提刑王陶奏，據福州勘到烈為妻林氏疾病廢疾，遣歸其
家，十年不視，陶因言烈貪汚險詐，行無細實，乞盡追奪前後所受恩
命。臣等素不識烈，不知其人果為如何，惟見國家常患士人不脩名
檢，故舉烈等以獎勵風俗。若烈平生操守出於誠實，雖有底滯迂闊
之行，不能合於中道，猶為守節之士，亦當保而全之，豈可毀壞挫辱
疾之如讎。書曰：不恊于極，不罹于咎，皇則受之。古人所以禮九九，市
駿骨，蓋以此也。若其內懷姦惡，斷敗名教，外飾詐偽，沽釣聲利，則朝
廷舉者以為有道之士，不次用之，今乃醜行布於四方，其為鬼心亦
不細矣。其始者薦舉之，今安可置其罪而不問。臣等欲望陛下委鄰
路監司再行體量本人平生事迹善惡虛實，或選差公正官吏通儒
術識大體者覆勘前件公事，若情理不至深重，止於夫妻不相安諧，
則使之離絕而已，湔洗其過，庶幾復伸眉於後，又使四方節行之士
不憂橫辱，得以安恬於閭里。若實有醜惡之迹，敗亂名教，則當嚴賜
刑誅，并治舉者之罪，以明至公。

光又奏曰：臣聞聖主之教，尚忠厚而貴愷悌，故詩有鹿鳴、伐木，既醉
行葦，美宴好之相樂，刺乾餱之失德，禮有幣帛饔餼，行於邦國，贄獻
飲酒，施於鄉黨，是以風俗純和，協氣流通。漢景帝詔曰：吏受所監臨
以飲食免重，其更議著令。丞相建、廷尉議曰：吏及諸有秩受其官屬所
監所治所行所將飲食，計償費勿論。卓茂為密令，民有言部亭長受
其米肉遺者，茂曰：凡人所以貴於禽獸者，以有仁愛也。鄰里饋遺，此
乃人道所以相親，汝獨不欲脩之，寧能高飛遠走，不在人間邪。民曰：
然則律何故禁之。茂曰：律設大法，禮順人情，今我以禮教汝，汝必無
怨惡，以律治汝，汝一門之內，小者可刑，大者可殺也。近歲以來，中外
有司喜以徼文刺舉苛細，至於宴飲相從，酒食相饋，皆集累成過，誣
以峻法。鄉聞知鎮戎軍曹脩受鄰州所送公用酒，已而自首，法官處
以贓罪。陝西都轉運使彭思永奏，樞密院剳子，費漸起請，除舊例送
酒食外，不得買置金帛作土風贈遺，并省司參詳，今後以公使錢買
置珍異等物，及見錢送與人者，並從違制定斷，其收受人坐贓論，其
有公使錢人受還答之物入己，准盜論。今曹脩因陳首，雖免書罰，尚
負贓名，使人疑惑。乞明立條約，朝廷命有司參議，至今未決。臣竊詳
舊條之意，明許以酒食相遺，其有公使錢人受還答之物，正謂珍異
見錢，今曹脩所受止於樽酒，隨而自首，已為刻薄，法官又以贓罪加
之，剖析一條以為二事，不察人情，不顧大體，若朝廷因之遂為著令，
臣恐忠厚之俗益衰，媮薄之風遂長，百司庶尹無所措其手足，虧損
聖朝堂堂之化，非細故也。臣今所言，非為曹脩除雪贓名，欲望朝廷
申明舊條，應以公使錢及財物贈遺人及受者，各坐贓論，其監臨之

官受所監臨或因使於使所及經過處受取者並準律文處分即贓遺人而受其還答入已者准盜論並須贓滿五疋以上方得科罪其不滿五疋及以飲食之物相饋餉者皆勿論如此則人情有以相接貪吏不能為姦有司有所循守矣

仁宗時傅堯俞上奏曰臣聞君之視臣如手足則臣視君如腹心然則上之待下也既重下之報上者必深此古今之通義而人情所必然也如武臣者尤資駕馭雖有典刑可以威制若使臨利害而無變踰鋒刃而不悔者臣謂非得其心未易論也況威武之令頗或寬弛而勇鷙之性非可遽懷朝廷狃於無患恬於用文武臣職任頗侵奪之數沮其心不能無怨方今夷異浸多民力困竭臣恐文治不常獨崇其他事權未敢論列如提點刑獄實為要任文吏不盡稱職武臣不皆曠官一旦不擇能否獨罷武列近又聞臣僚上言乞差文臣

知鼎州事臣竊觀之未見其便望陛下以職任還之稍加禮遇但精於選擇必得材實事或瘝闕未容苟貸無狀被黜其心自甘如此則畏威戴恩緩急可使幸陛下不以孤臣棄其言也至於武舉亦宜脩復今入仕之門雜而多者無如此時尚惜不以十數人恩寵四方跅弛不羈之材苟行之有常取之有法亦可以得士且誘人學兵惟陛下留意

河南府通判謝絳上論曰唐室麗正史官之局並在大明華清宮內太宗皇帝肇脩三館更立秘閣于昇龍門左親為飛白書額作贊刻石閣下景德中國書寖廣真宗皇帝益以內帑四庫二聖數嘗臨幸親加勞問遊宿廣內者有不時之召人人力道術究藝文知天子尊禮甚勤而名臣高位繇此其選也往者遭遘延燔未遑中葺或引兩省故事別建外館直舍卑喧民櫚叢接太官衛尉供儗濫削虧體傷風莫茲為甚陛下未嘗迂翠華降玉趾寥寥丹府不聞輿馬之音曠有日矣議者以謂慕道不篤於古待士少損於前士無延訪之勤而因循相尚不自激策文雅漸弊竊為聖朝惜之願闢內館以恢景德之制詔可

陝西經畧使范仲淹等奏曰臣竊見朝旨下陝西省罷同解乾耀等九州軍公使錢共一千八百貫文切以國家逐處置公使錢者蓋為士大夫出入及使命往還有行役之勞故令郡國饋以酒食或加宴勞蓋養賢之禮不可廢也謹按周禮地官有遺人掌郊里之委積以待賓客野鄙之委積以待羇旅凡國野之道十里有廬廬有飲食三十里有宿宿有路室路室有委五十里有市市有候館候館有積凡委積之事巡而比之以時頒之此則三王之世已有廚傳之禮尚獨聖朝顧小利而亡大體且今贍民兵一名歲不下百貫今減省得公

用錢一千八百貫只養得兵士一十八人以一十八人之資廢十餘郡之禮是朝廷未思之甚也況今來逐州使命之外各有軍營每年春後邊兵歇泊動經半年軍中人員並無宴犒之具雖係貫有旬設之名逐州每月一次舉行軍員各給得錢壹百文已來官務薄酒二升既無公用更不赴巡亦不張樂豈朝廷宴享將校之意州郡削弱道路咨嗟當全盛之朝豈宜如此或謂有公使錢處收買食物搔擾戶民殊不知郡守得人自能約束如非其人更出己俸買物虧民愈甚是見其小而不思其大也伏望聖慈速降指揮下陝西河北河東路轉運司昨來經減廢公用錢處並令依舊庶協典禮稍息物論況朝廷用武之際於此一事尤宜照管臣等久在邊任深知此事近貳樞廷豈當緘默

知諫院包拯上疏曰伏以人臣之義七十致仕著在禮經垂為明訓

所以優假老成遂其安逸既不違遠尊之教且開知足之端歷代所欽治宜敦切本朝典故尤所重之凡曰引年莫非近世推之半祿待以優恩其於敦勸之方可謂至乎其至也然而近歲寖成弊風搢紳之間貪冒相尚但顧子孫之計昧從羞退之心馳末景於桑榆負厚顏於鍾漏不知其過自以為得誠非朝廷所以待士大夫之意亦非士大夫所以遵禮義之常也臣思及此慷然汗下伏望特降指揮御史臺將文武班簿檢會應臣僚年及七十並令臺牒諷其致仕如牒舉後三兩日內未見抗章祈請乞自朝廷降令致仕所貴稍遏趨營之弊頗敦廉恥之風

御史中丞賈昌朝上奏曰臣伏見護國軍節度使兼侍中張耆赴河陽武勝軍節度使高化赴相州乞免衙辭河陽節度使楊崇勳得平章事乞免衙謝兼聞上件官等並乞只於後殿見謝辭者按近例臣僚見謝辭並合在前殿仍詣正衙除假故外若事急速或許於後殿或免過正衙並繫臨時特旨耆等位為節制久去朝闕辭見不由前殿出入不詣正衙或扶以拜君或揖而受賜既稱衰病且冒寵榮雖聖上眷待老臣特推異數猶宜避免以示恪恭豈可輒上奏封自求優便今國家外扞邊寇方任武臣所宜並示恩威未可專用姑息仍恐文武臣僚自此更輕慢朝廷之儀

歷代名臣奏議卷之二百八十五

歷代名臣奏議卷之二百八十六

禮臣下

宋英宗治平二年監察御史裏行呂大防上奏曰臣伏覩前古至治之世君臣相與之際必以至誠而無虛飾故光武能以赤心置人腹中而取天下唐太宗納魏鄭公之言不事形迹而開忠言之路竊見陛下待遇臣下禮數大隆雖使臣以禮聖人之所重然禮既過厚則誠有所不通至如富弼病足不能侍從請解機務章十餘上凡幾及一年莫非懇至至以牛馬自比而陛下不納張昇年幾八十體力已衰聰明已耗樞密之務紛然不舉昇哀乞骸骨而陛下不從吳奎有三年之喪自古人君不呼其門而陛下召其子而呼之者再遣使而召之者又再程戡辭老不能當邊事至恐死塞上免以屍柩還家為請而陛下不從外間物議衆皆以為不當然而臣亦以為過矣弼賢臣也陛下將用其人不止於今日使其病時得休於外則不病之日為報陛下深矣奎才臣也陛下將用其人亦不止於今使其服喪之日得盡其孝於所親則服除之日必能盡忠於陛下矣昇與戡既老衰又皆哀請而求去矣陛下欲盡君臣之分則皆與之閒務使盡其餘年如此非獨弼奎昇戡之幸抑使中外群臣皆知陛下優待大臣進退以禮亦何必過為虛飾曲事形迹使四人者之誠不得通於陛下哉伏惟留神財幸

侍御史趙瞻上奏曰臣伏聞國有大政必諮故老君所共事必任舊人是皆書傳據援歷代所尚至若田千秋乘小車入殿蔡義用兩吏持行斯漢史所最著者焉然於武昭之朝遇臣誠厚而若千秋及義則後世終不稱此為賢蓋於進退之分有所闕然也陛下自即大位已再周星將相大臣無不獲禮如張昇程戡屢上章疏情皆懇到諫

臣臺司。亦嘗論列。陛下皆未聽從。此乃復見大漢之盛事矣。然聖君
之恩遇為已厚矣。二臣之誠禮為已備矣。天下臣子亦莫不知之矣。
今機務浩繁。邊防要重。而陛下猶固留之。非欲用之。蓋欲用名位寵
祿以榮之。亦養者戡昇揚歷事任宰著聲迹帥府憲臺。威望甚壯。國
家得人。足備書錄。今乃於筋力衰朽之時。當內外將相之任。未即引
退。豈無虛曠。使天下士大夫之論不以為是。本欲榮之。終為陷辱。是
陛下待賢者之意未深。而為老成之患非至也。今之臣僚上書求去。
或亦聊塞物議。未能盡是本心。士論之疑。誰可曉也。然則陛下獨有
推恩之美。而戡昇難逃持祿之迹。惟陛下全二臣始終之善。辨天下
指目之謗。遂其勤請。成其令名。實亦戡昇之幸。莫大于此。
三年。翰林學士承旨張方平上言曰。臣聞君尊臣卑。人倫大義。所以
立朝廷之體。定上下之分。不易之道也。故君前臣名。著自上古。陛下

紹膺寶命。光宅萬邦。降意虛懷。優遇群下。小大之臣進對。率稱其官。
此乃等夷相推。民吏奉上之言。非所以正尊極而隆堂陛。明王制而
崇主威也。孔子曰。必也正名乎。名不正則言不順。言不順則事不成。
以至禮樂不興。刑罰不中。真宗嗣立之始。厚待先朝宰臣呂端李沆。
初不呼名。二臣上表固辭。尋如常禮。陛下應數在躬。及茲四年。君臣
之際。尊卑之分。別嫌明微。在乎言動。願陛下總攬權綱。威恩並用。呼
官過禮。乞從寢削。曰公曰卿。足正名分。長轡遠馭。使無遺力。則百職
並脩。庶務以濟。此遠者大者之體也。
神宗熙寧二年。翰林學士呂公著上奏曰。臣竊以古之仕者。七十而
致仕。雖有不得謝者。然年至而去。實禮之常制。蓋當其壯也。既竭勤
瘁以任其事。故及其老也。則使之優逸以終其身。此君上之至恩。而
臣下之極榮也。然自本朝以來。凡致仕者。雖例改官資。或推恩子弟。

年及而願退者常少。議者以疲癃老疾之人。其精神筋力不足以任
職。則或至於蠹政而害民。故著令應年及而不退者。自知州以下皆
降為監當。然比年以來。致仕者亦不加多矣。昔為守倅。而今釐務。雖
至愚之人。豈不以為辱。然所以祇辱而不去者。亦由朝廷立法有以
致之。何則。古之為仕者終身食其地。今之致政者即日奪其廩。古之
仕者不出鄉里。今則有奔走南北之勞。古之仕者常處其職。今則有
罷官待次之費。故自非貪吏及素有經產。則其祿已常苦不足。一日
歸老。則妻子不免凍餒。是以雖廉潔之士。猶或隱忍而不能引去。議
者不推其本。則曰此皆無恥之人。豈思所以重辱之。此朝廷之恩所
以愈薄。而臣下之節所以益壞也。臣愚欲乞應文武官致仕。非因過
犯及因體量者。並依外任官例與給四分俸錢。歲時州郡量致酒粟
之問。如此。則自非無恥之甚者。莫不感抱恩德。而爭自引去矣。朝廷

優之如此。而猶不能去。則雖重辱之。亦不為其過也。或曰。今國用方
患不足。則吏祿豈宜有增。臣切以為今日所議。止為年及而不退者。
彼若年及而不退。則其祿故未嘗絕。如自此人多引去。則今之去而
受祿者。乃向之不去而居官者也。臣所論者。其實國無所費。而足以
全遇下之恩。臣無重辱。而足以去瘝官之弊。伏惟陛下方以至仁厚
德風化天下。則於優養耆老固所先務。伏乞詳酌施行。
時宰相呂大防以旱乞罷位。右諫議大夫梁燾上奏曰。臣伏見陛下
眷遇大臣。極其恩禮。不忍聞其過惡。輕奪其位。使傷其進退之名。所
以委曲覆容。真有天地之賜。為大臣者。何以副陛下之深仁乎。祖宗
之時。宰相率二三年以禮去。今之宰相率二三年以罪去。禮去者顧
義重。雖有功而必去。罪去者顧利重。非有罪則不去。以禮去者可以
復用。以罪去者不可以再蓋。祖宗之大臣。皆以名節自重。一舉動必

作大體必副人望不敢專寵祿以自豢不敢挾權勢以自强曰思以得罪為憂以妨賢為懼故卒三二年自引避位朝廷褒荅自有恩數其優者為使相其次猶迫進數官為大學士其去位也名益重望益高眷益厚一旦復用則中外之民莫不以為宜皆為朝廷喜之此所以朝廷重也其間亦時有貪鄙之人當去而不去以固位戀祿清議已不容矣以之招致人言暴著過惡從而罷遣之殆不過一諫官一御史論之則已不能安矣如臺諫合攻連擊者甚少一有之則終身不得復用故以禮去者多以罪去者少大臣既以法小臣從而厲士大夫化之皆磨礪振潔以節操相高風俗純美由此道也比年以來大臣皆以竊祿偷安為計寖以成風雖有大過猶巧自掩蓋恐其失位一二人言之不知去臺諫官共言之又不肯去至於紛紛不已上不能止其言竟出其章疏然後請退聖恩因而聽之公議為之鄙薄

私友為之嘆惜喪其節守敗其名譽胃其過咎終以疏絕朝廷雖以之人而欲用之疑其姦心之不測畏其清議之不容卒不敢用必用其以次者安得人人衆多而為用乎朝廷將無人而用矣此不可不思也祖宗之時輔相之材非不多也然而進者必以其賢退者必以其禮去而復來所以用之有得也今輔相之材亦不多也然而進之不必以其賢退之必以其罪去而不可來所以用之不足也臣近嘗建言乞陛下許呂大防以自請罷去相位者正為其如此若陛下許大防令以禮去不惟大防得其進退之道且掩覆其罪狀不為言者之所指擿不為公議之所不容使之養望於外它日用之人必無敢議者設有議者其跡以無罪而去陛下主張之無累知人之明矣是於大防真有天地之賜足稱陛下眷禮之本意也非獨以安大防也又以示後來之人皆思以禮去位而漸以名節自重如祖宗之大臣

也朝廷由是尊矣伏望聖慈以安危為計以治亂為念以養大臣之譽望為意以勵精搢紳之廉隅為術保完大防今日之去存全大防它日之用競謝旱烈之徵銷厭愁怨之氣上敬天道下順民心中不失君臣之恩一舉而三善得豈不美歟伏惟聖神采納天下幸甚

同知太常禮院劉攽上奏曰臣等議以謂侍從之臣見於天子應對顧問講論古事不可安坐自若避席立語乃是常禮今公著等自以傳先王之道求異其禮是大不然何以明之凡九經章句之說出於近世諸儒訓故委瑣未必皆合於聖人侍讀之職傳道章句之學耳是使與舊史諸子雜陳於前而明主一采擇之然朝廷班制猶以侍講居侍讀之下祖宗建官之本意其可知也今忘其章句之細而自謂道德備已不察侍從之實而求以師賓見異不亦繆乎議者又謂天禧之時侍者講者皆坐天聖之後皆立至今侍者得坐而講者立

以謂有司之失臣等以謂侍從之臣預於間燕坐立不同人主可以專之而不可計校前後歸過有司至於人臣求自殊異取必於上則為不可昔仲尼正假馬之名而拜下違衆自事君盡禮人以為諂也今人主之待侍臣自始見以及畢講皆賜之坐而從容焉上意優厚亦以至矣不可復以暫立為歉如公著等議臣等以為不可許

張方平上奏曰臣讀春秋傳晉叔向被囚時祁奚老矣聞之乘馹而見執政韓起為言叔向謀而寡過惠訓不倦宜蒙寬宥之意起與之同乘以言諸公而免之祁奚不見叔向而歸蓋祁奚之言為國非私叔向也今日傳聞有使者追蘇軾過南京當屬吏臣不詳知軾之所坐而早嘗識其為人起遠方孤生遭遇盛明之世然其文學實天下之奇才向舉制策高等而猶碌碌無以異於流輩陛下振拔特加眷獎由是材譽益著軾自謂見知明主亦慨然有報上之心但其性資疏

率闕於慎重，出位多言，以速尤悔。頃年以來，聞軾屢有封章，特為陛下優容。四方聞之，莫不感嘆聖明寬大之德，而尤軾僭易輕發之性。今其得罪，必緣故態。恒陛下於四海生靈，譬如天之無不覆冒，如地之無不持載，如四時之無不化育。於一蘇軾，豈所好惡？伏惟英聖之主，方立非常之功，固在廣收材能，使之以器，若不棄瑕含垢，則人才有可惜者。昔季布親窘高祖，夏侯勝誹謗世宗，鮑永不從光武，陳琳毀詆魏武，魏成謀危太宗，此五臣者，罪至大而不可赦者也。遭遇明主，皆為曲法而全之，卒為忠臣，有補於世。自夫子刪詩，取諸諷刺，以為言之者無罪，聞之者足以戒，故詩人之作，其甚者以至指斥當世之事，語涉謗黷不恭，亦未聞見收而下獄也。唐韓愈上疏憲宗，以為人主事佛則壽促，此言最不順，憲宗怒而罪之，其後思之，曰：愈亦是愛我。今軾但以文辭為罪，非有過惡，臣恐付之狴犴，罪有不測，惟陛下聖慈，免其禁繫，以全始終之賜。雖重加譴謫，敢不甘心。臣自念朽質已倚與恩，今伏在田廬，無復涓埃之補，竊慕祁奚，雖老猶不忘公室而中請，敢向之義，僭越上言，自干鈇鉞，不任惶懼待罪之至。

知審刑院蘇頌上論祖無擇疏曰：臣聞古者命夫命婦不親坐獄，蓋不使妨常貴者與徒隸辯訟，所以養廉恥而崇禮節也。賈誼曰：廉恥禮節以治君子，故有賜死而無僇辱，是以黥劓之刑不及大夫，以其離主上不遠也。又曰：古者大臣有坐不廉而廢者，不曰不廉，曰簠簋不飾；坐汙穢淫亂者，不曰汙穢，曰帷薄不脩；坐罷軟不勝，不曰罷軟，曰下官不職。故貴大臣定有辠，猶未斥然正以謼之，尚遷就而為之諱也。古之所以待士大夫者，以禮義如此之重也。國朝推鞫之制，命官犯贓罪，亦先勘干連人證驗分明，方得追攝其餘。有犯，如事狀明白，三次拒抗，即勘令參對。是一命以上犯罪，與庶民有等差。若其職

列貴近，上嘗所加禮以待之者，誠宜寬其縲繫，以存事體也。近聞龍圖閣學士祖無擇昨知杭州日，有不公等事發，已降勑命就秀州置院推勘，仍差內臣押伴往彼。竊以無擇郡政因循，自貽物議，固當窮治以警具官。然以遭遇三朝，擢在近列，出典藩服，案轄一道，蒞郡未久，一旦有罪，便與嘗所統臨羣吏辭對曲直，不唯彼處吏民聽望不足，抑於朝廷事體頗有虧損。嘗聞祥符中樞密直學士邊肅知鎮州日，以公費錢貿易規利，又令部吏強市民羊及買女使，王嗣宗以其事聞，真宗皇帝以肅居近職，不欲屬吏，特命劉綜、任中正以嗣宗奏示之，肅即引伏，遂坐貶官。嘉祐中，觀文殿學士孫沔知杭州日，在任不法，諫官御史交章論列，仁宗皇帝止令本路體量得實而黜之。翰林侍讀學士呂溱知成德軍日，侵用公使錢，本路追劾，當時不令溱就鞫，直行責降。今無擇所犯，未甚於此三人者，仍該今來德音，自非贓汙，盡當原減，而不候取問，便令赴彼對獄，其為頓辱甚矣。況已有御史章奏，制院可以依憑根究，不必親令即訊，然後當罪也。臣等欲望聖慈以無擇職在近列，嘗為本路案轄之官，特許免赴秀州制勘，只令淮南州郡聽候指揮，俟彼獄具日，朝廷據案就問引伏，即依例責降。如其拒抗，自有常法。如此足以彰聖治之朝待遇臣下進退以禮，免令州郡長吏盧被困辱，在於朝體，抑有裨助也。

知杭州鄭獬亦上奏曰：臣竊觀漢有天下，習秦之弊，自宰相而下有罪皆繫之獄。文帝時賈生嘆惜而言之，自後文帝養臣下有節。本朝優寵近臣，雖有罪而就獄者亦鮮。近時如孫沔、呂溱，亦止於削官，未嘗就獄。今龍圖閣學士諫大夫祖無擇因御史言治杭州時事，詔令就秀州獄。臣嘗見制獄中文移及所出左證之人問之，頗知其大槩。無擇之所犯者，止以娼人薛希濤及屯田員外郎中任浩等請鑄

鐘事臣熟究希濤事皆云無之證左甚明就使有此朝廷不容不過
重削官而已請託鑄鐘事無擇亦不知任浩等受賂其餘請射屋地
給賣祠部及酒曆予富民錢出息以助公帑造介亭等事此皆前后
知杭州者常為之孫沔時人請地至多或連山林以予之造中和堂
雙門號為雄特梅摯造有美堂蔡襄造愷悌堂沈遘率民造南塔土
木之費豈特一介亭比賣祠部取羸錢以資寒士此處處皆然給酒
曆至今猶有請者至於稱曾祐受賂至萬餘緡臣見轉運司牓通衢
募人告祐事卒無告者惟造書廚不還十數緡而已未聞納賂者至
萬餘緡無擇所犯蓋如此若陛下用御史言小則黜官大則罷為民
皆可也乃令數千里冒寒雪馳驛就獄無擇官為諫大夫職為龍圖
閣學士兼一路鈐轄可謂貴臣矣一日猝就獄于纍囚駢頭辯訊問
供吞晝夜不得休息亦嘗臥病不許養疾至今五六十日獄猶未奏

如聞至京師追其家人以為證驗無擇孤老一身既無正室又無子
弟室家之內止有數婢妾之京師今若被追而來則是破其家矣罪
不至誅而破其一家其如公議何無擇之未就獄客寄僧舍隨行惟
一僕一指使家又素貧資用罄竭常將銀唾壺一隻質錢秀民畏恐
皆不敢留質日就僧寺假貸數百錢以供朝夕或有矜者為之具饌
獄因見之皆為號泣士大夫及庶民聞之亦為感慟涕下杭民相率
或就浮圖設齋以祈福祥亦嘗詣臣投訴臣已具事狀馳奏誠使無
擇有大惡雖在纍係笞掠亦天下所共嫉然其所坐不至於此所以
人心未能厭伏賈誼有言人主之尊如堂羣臣如陛衆庶如地堂高
則難攀卑則易陵今無擇係摩陛廉隳矣陛下得不念易陵之漸乎
今制獄所以稽留者以無擇所坐與言者不同故譏覆根究吹毛不
已務欲合御史之言轍管之下倘求而不得實恐獄成有鍛鍊之失

非所以盡獄情者也臣欲乞聖慈特賜省察出無擇令在外供答無
擇屈辱既久豈有拒抗惟恐不早得罪去爾至其成按陛下據其所
犯雖重黜之無擇何辭如此則處無擇亦有禮矣無擇無子孫無強
有力弟姪身在檻穽不見天日誰肯為言者臣不惟痛傷無擇一身
之辱而實念陛廉之陵非所以尊朝廷厲臣下示衆庶也豈敢誣罔陛
下私為無擇營救干冒旒扆無任激切俟罪

哲宗元祐元年御史中丞劉摯上言曰臣近見詔書以季秋大饗召
南京太子太保致仕張方平赴闕陪侍今聞方平已有辭免者臣謹
按方平盛德元老其學誼志蘊極高明而盡精微在仁宗時以文學
論議居風憲侍從之任啓沃獻替凜凜然而尤蒙英祖之知神考
之遇熙寧初擢為參知政事未及旬朔以家難去俟除服還朝而王
安石秉政矣方平論既不合又剛方不肯少屈於是去國在外以至

退老平生之才曾未少施天下所惜自陛下臨政以來收進耆舊凡
名德之老皆在朝廷出入陟降有以敦風俗而重廟社化姦慝而鎮
夷狄中外翕然復見祖宗人物之盛豈不休哉而於此時獨遺方平
未見及之士大夫竊以為疑焉臣載惟國家每遇郊饗大事必召舊
人故老使來侍祠乃君臣之間至恩盛典然從來止舉故事備禮一
詔之故其人亦備禮一辭之少有至者上下恩意滅裂施之虛文而
已今聖上春秋鼎盛太母簾闈施政於斯時也惟患舊德之不盡集
於朝也況陛下初展帝饗而方平天下之大老臣愚欲望聖慈特遣
中使稍加禮數以大禮陪位諭之則方平不應不至既至召見賜
之延問閱其議論考其志識或有可用則留之朝廷以自輔翼亦不
必嬰以職事若其無足以當聖心則祠事既畢以禮遣歸而已亦自
可以成就陛下貪賢貴齒鴻見老成之意臣不勝震越

摯又上言曰臣伏見陛下降詔遣使召太師文彥博赴闕惟彥博以勳名之重翊亮四朝可謂社稷元臣宜乎陛下思見其人而加禮起之甚盛事也臣竊觀自古以來莫不貴德而尚齒然宗工大老遇之必以禮處之必以道故或尊之以為師保或養之以為三老五更或使之朔望一朝或間趨朝廷平章重事或有大政就而咨決考於前載故事具存今彥博之來在聖謨神慮必有以處之將一見其儀形而已耶又將有所咨訪耶將留之朝廷以自輔耶又將任之以政耶今外議但見宰相虛位久未除人皆以謂陛下必將以三省長官命彥博矣雖臣愚意亦不免出於此然臣謂誠若議者所料付以三省之政緣有官則有職有職則有事四海之大萬務之繁大小無所不總日夕裁決朝會陟降殆恐非八十餘年老臣之聰明筋力所能宜也有職事則不能無得失使任其責則傷恩釋而不問則廢法又非

所以養元勳而尊舊老也彥博雖老矣然忠厚敦大足以慰士大夫心其氣略足以彈壓強悍其威望足以鎮服夷狄誠宜今日優游佐佑以為朝廷重古之人以老成有過於典刑蓋為是也臣欲望聖慈詔彥博以本官朝朔望遇有軍國大事特賜宣召詢以籌策不須以官政嬰之夫以三師之尊獨承天子清問獻納以決大議而不勞以事此陛下之所以尊禮舊德者至矣不親於權以進強君道不疲於職以休養老境而無累於出處之際此亦臣子之可以處而安也恩協義稱無以易此伏望決自聖心使天下無異辭臣不勝區區

摯又上言曰臣伏覩制命以布衣程頤為通直郎崇政殿說書者恭以尊儒重道振舉遺逸使天下歸心固聖朝之所宜為也然臣竊推進退者臣子之大節爵祿者天下之公器進退不失其義則人道立爵祿不輕所與則士心勸二者蓋不可不慎也始頤以節行自守不緊意於仕也陛下高其風故以州推官西京教授起之頤既力辭從而赴召而陛下又以宣德郎秘書省校書郎待之頤既至未即受命而陛下又賜之延對官之以通籍置之於經筵蓋頤之遜避不已而陛下恩命每有加焉臣恐頤於出處辭受之際義有難安者也孔子曰如有所譽其有所試矣孟子曰仕有時乎為貧辭尊居卑辭富居貧頤好學求志有君子之行遭際盛世其心豈徒欲以聲名自售哉固願有所就也頤親老家貧兄顥有賢行官不達而死在頤之義當仕也為貧而仕則若孟子所謂居卑者可也今有譽而不試每辭而加進臣於是知頤之不敢受也若夫紛紛之論致疑於頤者非獨如臣之言也直以謂自古以來先生處士皆盜虛名無益於用若頤者特以迂闊之學邀君索價而已天下節義之士樂道不出如頤等輩蓋亦不少彼無所援乎上故不聞爾又以謂頤辭免爵命之言曰前

朝召舉布衣故事具存是頤之志欲為种放常秩而亟欲得臺諫侍從者爾臣固知論者之或過也然而是非疑似陛下亦不可以不察也聖人自有中道過之則偏夫天下自有常理背之則亂伏望陛下審真偽重名器聞頤方辭恩制乞降指揮依頤所乞成就其節止授以初命之官既使得以祿養其親又使受之有義免於似是之謗而後日見其可用進擢蓋未晚也於陛下尊德舉遺之道無過不及者不亦休哉又聞頤有所建請數事如欲令經筵侍臣坐講之類又有非所宜言者衆傳以為笑未知有是事乎唯望速降聖旨依頤辭免但命之以初官試之以西京教授庶幾成頤之志完頤之節以息羣議而亦不害異日擢用也夫廉恥不立於天下也久矣今幸有一人焉若授受不當於義則使天下靡然益不以廉隅為志豈不重哉

門下侍郎司馬光上奏曰臣伏見皇祐二年陛下親祀明堂曾召前

兩府杜衍任布二人陪侍及禮畢陛下推恩特賜衍布子男各一人進士出身今陛下再舉希闊之典亦曾召前宰相龐籍陪位臣竊以籍鄉守西邊宣力實多懷柔凶渠復歸皇化其在宰府屬蠻寇憑陵震驚二廣翼贊聖謀廓清醜類及告老之年精力循壯堅辭榮祿去位家居貴朝家之碩臣方今之耆俊遇茲盛禮伏望陛下用杜衍任布前例特推恩於籍子男一人以慰其心足以示養老優賢增聖政之美。

侍御史王巖叟上奏曰臣伏覩近降聖旨令隔截門下中書兩省諫官別開門出入不得與給事中中書舍人相通傳聞之初臣不敢以為信蓋既謂之同省豈有異戶而出不相見之理及觀敕各乃是信然臣愚不諭朝廷此舉之意若以謂欲絕漏泄之弊則臣以謂漏泄在人不在門戶門戶之禁素已甚嚴今更加申敕足矣何必以隔異

門墻為事哉所隔異者乃二三諫官而已諫官為陛下耳目陛下每不惜推赤心以與之奈何於其所舍反若置疑也倘其人為可疑也則斥而遠之使勿居其地為可親也則宜與之無間者也陛下不與諫臣為密而與誰為密乎臣固知陛下無此意然事行則終累陛下耳自古置諫臣以能彌縫朝廷之闕使不見乎外為美故彌縫不厭早早則為功易而所全者多矣且朝廷之事終能使諫臣不知乎禁之雖嚴不過緩一二日終當聞耳苟有所未善能禁其勿言乎既不能使之不知又不能使之勿言則不若令早知而論之為有補也臣以謂廟堂之上精慮而審發政令一出天下無可得而議此乃所以為密也今外人皆云非所以嚴制敕院也乃欲以限隔諫官使不聞省中事此聲流傳恐非朝廷美事臣竊為陛下惜之伏以陛下誠心好諫而樂聞有過故一言一動天下莫不歌美以為中理不可誤信此事使天下有疑於聖德也伏望為國家愛惜大體以慰眾心特罷隔截兩省指揮且令仍舊幸甚。

五年給事中范祖禹上奏曰臣等伏見元祐元年九月司馬光薨十月降聖旨勘會司馬康將來在陝州夏縣墳所仰河南府常與照管本家骨肉及園宅等至十一月又降聖旨司馬光置到西京第宅園池及賜書令司馬康常切照管不得破動今司馬康身亡子植纔十三歲本家往陝州夏縣營葬却歸西京居住先有三班借職溫景純係司馬康居父喪日奏留本宅管勾理監當資任合至元祐六年十月任滿緣康妻子孤幼今來居喪營葬更不比康存日欲乞特再降聖旨下河南府令常與照管本家骨肉及園宅等并再降指揮所有西京第宅園池及賜書令本家常切照管不得破動及乞候溫景純滿日特再差管勾一次與理監當資任仍乞下西京帖付溫景純照

會遵守昔唐憲宗時魏徵子孫典宅於人淄青節度使李師道進絹請贖之翰林學士白居易上言太宗嘗輟殿材為魏徵起堂今其子孫貧乏自可官中為之收贖不宜令師道掠美憲宗深然之然則褒恤名臣之後貴其施之於上也今司馬光父子忠賢百姓追思不忘而妻子孤幼已蒙聖恩優恤備至其第宅及賜書本家必當保守更乞降一指揮并留一使臣再任則其家始終受賜皆出朝廷伏望聖慈特賜矜察。

祖禹又上乞留文彥博劄子曰臣伏聞陛下已許文彥博求退降詔俟至中春議從所欲者彥博年八十五爵位已極唯是得解重任歸休私第乃其幸也陛下憫其過老以其累請而從之為彥博身計私計則可謂美矣若為朝廷計則臣請試言之彥博為相四十餘年歷事四朝仁宗時平貝州之亂名聞夷狄英宗神宗時為樞密稍[illegible]九

年先帝已加優禮許其致仕陛下嗣位復召而起之蓋藉其威名宿
望以為朝廷之重也京師及四方軍民久服彥博之名以為在朝廷
則朝廷必重向若陛下不復召之則亦已矣今既起之則不可使輕
去朝廷彥博雖老精力尚强臥置京師是以為重外則西北二虜必
懷畏憚未以四海之大若常無事則人人皆可為大臣矣豈無萬一
非常之虞哉彥博在朝非謂日月有用蓋備緩急或有時而用之耳
當先帝之時是以容彥博閒退今二聖垂拱委政大臣尤宜得老成
之人以服天下之心詩曰雖無老成人尚有典刑言老成之人重於
國之典法也蓋以其經歷既多但問以累朝之事所知尤勝他人況
其別有所補哉今舊老唯彥博一人若去則其餘在朝者皆是後進
無復前輩矣老者任用之日不久國家所宜重惜臣自聞陛下許彥
博之去朝夕思慮竊謂陛下若欲彥博更得優逸但聽其解軍國重

事以太師就第留之京師以備訪問不必再除致仕朝廷有貴老貪
賢之美是以繫屬天下人心所得實多陛下進退元老臣不當預論
議然臣職在侍從苟有益於國不敢不言惟陛下深留聖思更賜裁
擇
祖禹又上言曰右臣近準樞密院錄白高陽關路兵馬鈐轄兼河北
第六將楊永節為母亡乞解官行服續據本路都總管司奏乞不許
本官解官行服所貴得人協力祗當奉聖旨依高陽關路總管司所
奏者臣檢會元祐編勑諸武臣丁憂者若係小使臣及元是軍班換
授并見任管軍或充緣邊路分總管鈐轄都監知州縣城都監寨主
都同巡檢雖係大使臣並不解官其乞解官行服者除緣邊任使奏
候朝旨外餘並聽臣竊以小使臣不解官行服已損孝治之風朝廷
恤小官非俸祿無以養不得已而未之改耳自大使臣以上官既升

朝祿亦足養而緣邊任使亦不解官其乞行服者又須奏候朝旨帥
臣因而奏留朝廷重違其請循例奪服唯狄詠是狄青之子帥臣為
之奏請特許解官當今緣邊無異內地帥臣遭喪者無不解官自餘
將領寄任輕於帥臣非有金革之事而無故奪其喪服全無義理若
言藉才則方今武臣常患員多豈至無人可使若恤其貧則在內地
者均是人也何獨於緣邊恤之若以解官為優恩必待如狄青之子
然後許之則父母之喪無貴賤一也古者庶人有喪三年不從征役
豈可仕至升朝以上而不使執親之喪臣愚欲乞今後大使臣以上
丁憂者雖係緣邊任使並解官行服如遇有邊事即許本路奏留起
自朝廷指揮庶使武臣皆知禮法有益風教而緩急藉才亦不失金
革從權之制如以臣言為然乞下有司脩立
貼黃臣竊以奪服之禮本非古典祖宗時文武官尚少故因襲前

代權制不許解官今承平日久吏員益多宜使人人知禮教或遇
有邊事藉武臣宣力則奪其喪服無所不可
七年十月日龍圖閣學士左朝奉郎守兵部尚書蘇軾狀奏右臣等
竊聞仁宗朝趙元昊寇延州危急環慶將官劉平以孤軍來援衆寡
不敵爲臣不救平遂戰殁竟罵賊不食而死詔贈侍中賜大第官其
諸子慶孫賠孫宜孫昌孫孝孫保孫季孫等七人諸子頗有異材而
皆不壽卒無顯者家事狼狽賜第易主獨季孫仕至文思副使年至
六十篤志好學博通史傳工詩能文輕利重害練達軍政至於忠義
勇烈識者以為有平之風性好異書古文石刻仕官四十餘年所得
祿賜盡於蔵書之費近蒙朝廷擢知隰州今年五月卒於官所家無
甔石妻子寒餓行路傷嗟今者寄食晉州旅櫬無歸臣等實與季孫
相知既哀其才氣如此死未半年而妻子流落又哀其父平以忠義

死事聲迹相接四十年間。而子孫淪替。不蒙收[illegible]豈朝廷之意哉。今
執政侍從多知季孫者。如加訪問。必得其實。欲[illegible]朝廷特詔有司優
與賻贈。以振其妻子朝夕飢寒之憂。亦使人知忠義死事之子孫雖
跨歷歲月。朝廷猶賜存卹。於勸獎之道不為小補。季孫之子三班借
職璨見在京師。乞早賜指揮

哲宗時。軾又上奏曰。臣近奉聖旨撰賜文彥博呂公著今後入朝
免拜詔書。今又准內降指揮撰不允彥博辭避免拜批答。臣謹按禮
經。八十拜君命一坐再至。所謂拜君命者。傳命而拜。非朝見也。然且
不免。周天子賜齊威公胙曰。伯父耋老無下拜。公曰。天威不違顏咫
尺。下拜登受。所謂無下拜者。拜於堂上。非不拜也。然且不敢。鍾繇以
足疾乘車就坐。疑若不拜。然亦無明文。君前乘車。豈足為法。而馬燧
延英不拜。蓋是臨時優禮。無今後遂不復拜之文。祖宗舊例。如呂端

之流。以老病進對。亦止於臨時傳宣不拜。今來彥博公著今後免拜
指麾。自是朝廷優賢貴老度越古今。無可議者。但是臣有司合守典
禮。兼恐彥博公著終不敢當。以臣愚見。不若允其所請。若聖恩優閔
老臣。眷眷不已。遇其朝見間。或傳宣不拜。足以為非常之恩。臣忝備
侍從。懷有所見。不敢不盡。所有不允批答。臣未敢撰

軾為翰林學士上論張方平奏曰。臣伏見太子太保致仕張方平。以
高才絕識。博學雄文。出入中外四十餘年。號稱名臣。仁宗皇帝眷遇
至重。特以受性剛簡。論高寡合。故齟齬於世。然趙元昊反。西方用兵
累歲不解。公私疲極。方平首建和戎之策。仁宗從之。民以息肩。書之
國史。又於熙寧之初首論王安石不可用。及新法之行。方平皆逆陳
其害。大節如此。其餘政事文學。有補於世。未易悉數。神宗皇帝知人
之明。擢為執政。會丁憂服除。為安石等不悅。而方平亦不為少屈。故

不復用。今已退老南都。以患眼不出。灰心槁形。與世相忘。臣竊以為
國之元老。歷事四朝。耄期稱道。為天下所服者。獨文彥博與方平范
鎮三人而已。今彥博在廷。鎮亦復用。方平雖老杜門。難以召致。猶當
加恩勞問。表異其人。以示二聖貴老尊賢之義。今獨置而不問。有識
共疑。以為闕典。願因大禮之後。以向者召陪祠不至。特出聖意少加
恩禮。或遣使就問國事。觀其所論。必有過人。臣忝備禁近。不敢自外。
昧冒陳列。戰越待罪。

殿中侍御史呂陶奏曰。臣聞三公者。上應台階。下同元首。表正萬邦。
儀刑四海。不必備其官。不可名以職。委任之重。則以論道經邦燮和
陰陽為事。體貌之隆。則御坐為起。在輿為下。非若六卿庶尹。分曹治
事而各有常責也。漢世以來。典章因革。與古不同。乃以丞相兼三公
之事。至成帝時。始從何武之議。特置此官。光武中興。孝明繼治。皆能

勵精以親庶政。然而不知稽古建官之本意。不明道揆法守之異宜。
乃以吏事課覈三公。其人或失。而其禮稍薄。甚者有至罪斥詰辱之。
累君臣始終。安得不戒。今太師文彥博弼亮四世。位冠一品。才業推
高。於朝廷威名取敬於夷狄。陛下接見儀刑。特降褒召。給供饋。許肩
舁。恩數優密。前代莫擬。深合古先聖人尊崇元老之義。有大論議。詢
之而後定可也。有大措置。審之而後行可也。經筵講道。接之則師範
嚴矣。虜使在廷。望之則國體重矣。若乃居以一官。責以庶事。則臣愚
猶以為未安。蓋三省之務。參總萬目。巨至於命令機權。細至於簿書
期會。紛總叢並。日交於前。而丞輔之職。無所不統。一有闕失。責亦隨
之。雖彥博康寧強健。材力裕然。獨若閑暇。而年過八十。無預齋喪。豈
可勉之以勞。惟宜待之以佚。且古之養老。以祝噎祝鯁。居其前後。豈
為所養之人皆至衰耄而設之。蓋情之所恤者深。則禮之所加者備。

安可因其康壯則必煩以事哉。恭惟先帝考古作法。更新官制。以三省大臣執國之柄。釐治萬務。惟師傅之官久虛其位。幸而有一人焉以四世輔弼之舊。適居此職。則固宜以論道經邦責之。不必累以官事。庶幾上顯朝廷褒崇勳德之意。下副四海具瞻之心。臣待罪言路。不敢以輕賤自默。惟陛下恕其狂瞽而裁之以義。

徽宗時陳瓘上奏曰。臣伏覩近降聖旨。六曹尚書獨員上殿。及文臣帶一路兵鈐及監司職任者。朝辭日並須上殿指揮。更不施行。臣竊惟尚書之職。其選甚高。自行官制以來。多自此官而除執政。朝廷所以待之。可謂厚矣。元豐之末。始有不得獨員上殿之法。紹聖之初。尋即改正。所以示優禮而去疑貳也。今復罷此指揮。其故何哉。監司當一路之寄。兵鈐受方面之託。以人主之好惡。達于遠方。未使一對清光。何由面稟聖訓。況先朝之法。行之已久。別無大害。未必輕改。臣今欲乞六曹尚書許獨員上殿。及文臣帶一路兵鈐及監司職任者。朝辭日並須上殿。皆依舊施行。

高宗紹興二年。吏部侍郎綦崇禮上奏曰。臣聞君使臣以禮。臣事君以忠。君之視臣如手足。則臣事君如腹心。施報之道。在古如此。方今國步艱難。需人共濟。正陛下任賢使能。以圖中興之時。收用人材。誠急先務。然於號召之際。或不能致欽盡禮以待之。所謂真賢實能。將卷懷而去。彼肯就者。非誘於利祿。則迫以威刑。欲其盡忠以為腹心之用。未可得也。臣伏見祖宗舊制。凡在外除授內任。及被召臣寮。若學士以上職任。及新舊宰執。必降詔書以為赴闕之信。至其下則或尚書省給劄。吏部給符。以聖旨行下。照會催促而已。所以別等威。示眷禮於貴近之臣也。自興兵以來。急於除用。降詔之禮。一切盡廢。乃或有如敢遷延。當重寘典憲之令矣。茲豈所以待賢能之道哉。臣愚欲

望聖慈舉行故事。凡六尚書及翰林端明殿學士以上職任。并新任與曾任宰相執政官。若自外除授。或被召應赴行在者。並令尚書省日下報學士院。須降詔書。以示待遇之禮。且使外任近臣有所取信。以離其官守。仰稱陛下任賢使能之意。

高宗時張浚奏曰。臣聞祖宗時優待臺諫之意。欲以正紀綱補闕失。實天下國家休戚所係。未可忽也。然祖宗施行賞罰。必務覈實。每有臣寮章疏論人。在外則必委監司體究。其大者遣使馳驛審驗。在內則必稽考公案。研窮取問。然後施行賞罰。縱有不實。置言者而不問。此祖宗優待臺諫許風聞言事之本意也。故當時臺諫所言。無非事實。未嘗指摭陰私以快己意。亦未嘗猥屑言辭致傷國體。未過論某事為是。某事為非。某為君子。某為小人。某為政有稱。某為政無狀而已。自崇觀以來。大臣各立朋黨。援引臺諫。去其異己者。每有章疏。朝廷不論虛實。一切施行。以無為有。以是為非。致有造不根之謗。織淫媟之辭。士大夫平生立身。一遭點汙。遂為廢人。況其間報宿怨。陷正人。情意百端。難以立辨。此最傷和氣。敗風俗。害教化之大者。今陛下選用賢才。任廢臺諫。以革前弊。臣愚欲望除二府大臣每有臣僚章疏。自合即日引去外。餘乞體究指實。然後施行。至如事屬陰私。別無跡狀。皆寢而不問。庶幾風俗漸厚。更乞睿察。

浚又上奏曰。臣聞孟子之言。所謂故國者。非謂有喬木之謂也。有世臣之謂也。王無親臣矣。臣以為大臣用捨進退。天下所視以為重輕。古之人君必待以禮貌。掩其過失。非區區私之也。謂不如是則朝廷不尊。人望不孚。天下不服。其用意蓋甚深也。後世貪利急仕之徒。專務指摘詆謗。求為速進。其自謀則至矣。使大臣不蹈之聲。悉暴露於天下。而啓敵人輕視朝廷之心。茲豈有國家者之利乎。臣仰惟陛下

天資神武知畧超越是必欲慨然有為於天下與時江淮之間非並用大臣則不能以鎮撫中原之地非列置大臣則不能以彈壓當平日無事遇之以禮結之以恩殆未可一日忘也臣竊見廣東西路及虔吉之間寇盜間作今已數年謂宜以大臣判虔州兼廣西路採訪使判潭州兼湖襄採訪使各許置親兵將佐明下詔書宣示置使之意民情利病得以上聞盜賊竊發得以處置事時猶建兩浙皆大臣總安撫使事陛下進而有為可以忘南顧之憂矣伏望聖慈出自睿斷詳度施行

浚又上奏曰先王制祿以代其耕用意深矣蓋倉廩實而知禮節衣食足而知榮辱非特百姓為然今使委質而事人者仰無以事父母俯無以育妻子且不有多寡之數厚薄之差以激勸勤勞獎勵才智何以風動在位使自立於無過之地耶夫合天下之衆而君之欲舉

得其歡心亦在乎本人情而為之制耳過制則紀綱亂不及則人心離是二者其失均也嗚呼仕宦不為利祿計者鮮矣儻夷齊之操人人為之則天下之士盡為山林之遊人主安得而器使之乎至於左右近習又宜深察而熟究者彼其生長富貴豢養有素日用不給何以責廉將自營其私耶則有侵漁細民之嫌而怨謗日益生將受遺於人耶則有請求納賄之罪而國體日益損臣謂不若省其員優其俸然後責之以善則其從之也輕茲有天下國家之大計人主不可忽也

權尚書禮部侍郎鄭剛中上奏曰臣嘗謂靜退廉恥百吏之所當勉然中人為善之心非聖人養成之無以自進故善治天下者制禮立法崇長禁戒未嘗不有勸沮之意焉臣伏聞祖宗舊制選人關陞令錄滿六考致仕與初等職官遇大禮許其封贈即滿六考而有贓罪者止以本官致仕遇大禮無復封贈之榮所以崇長禁戒成就中人而俾之為善也自舊法變廢選人致仕不得陞朝而此道亡矣何以言之郡邑之吏既粗更考第其榮親之念又不能一日忘苟前有致仕陞朝之路則性資靜退之人便可恬然自守謹俟掛冠而去寧復干求徼倖為得已不已之事乎有如鄙賤饕竊不自愛重則黜社之法繩於彼陞朝之念動於中審較重輕必知顧惜所謂崇長禁戒成就中人為善之道莫大乎此朝廷靳此一官之後念親求進者數計資品往往欲躐而未能日暮途遠者望絕朝路有至自棄而貪墨其傷多矣臣愚敢望聖慈下有司講明舊制應關陞令錄滿六考無贓罪致仕者與通直郎遇大禮得封贈如法上可以崇長廉靜之風下可以禁戒貪躁之吏是於朝廷之虛名雖畧有所費而於陛下之風化誠有補焉陸贄有言立國惟義與權誘人惟名與利惟陛下幸察

右正言陳淵經筵進故事曰前漢書汲黯傳大將軍青侍中上踞廁視之丞相弘宴見上或時不冠至如見黯不冠不見也上嘗坐武帳黯前奏事上不冠望見黯避帷中使人可其奏其見敬禮如此

臣聞汲黯在朝淮南王憚而寢謀世謂黯之忠知無不言言無不力故諸侯將叛畏之而不敢發黯於是為有功於漢矣臣竊以謂黯之忠古今鮮儷然使武帝棄而不用黯言何所發哉淮南寢謀雖曰憚黯亦武帝用之之功也何以言之方武帝欲崇儒術以興禮樂則用公孫弘為丞相欲定律令以根紀綱則用張湯為御史大夫欲攘夷狄以強中國則用衛青為大將軍丞相因上所親倚御史大夫尤為用事天下重足而立大將軍貴寵無二公卿以下皆卑奉之而黯嘗廷詰弘以為齊人多詐始與人建議後皆倍之又責湯不能安國富民何空取高帝約束紛更之為文或說黯以為大將軍尊重不可不

汲黯曰使大將軍有揖客反不重耶黯之正直不撓如此以故朝廷一時貴臣莫不憚之蓋不特如是而已武帝招延士大夫常若不足然性嚴峻或小有犯法或欺罔輒按誅之無所寬假當時在位誰不惴恐而黯面折廷諍終無所屈嘗謂武帝陛下內多欲而外施仁義奈何欲効唐虞之治帝爲之變色罷朝且以黯爲戇又以爲愚又以爲不學若不能堪者至其與嚴助論黯則必以社稷之臣目之此固武帝之所甚重而深與之也故史載武帝之待遇黯曰大將軍侍中上踞廁視之丞相宴見上或時不冠至如汲黯見上不冠不見也蓋武帝之欽禮黯其過於丞相大將軍如此則凡爲將相大臣者安得而不憚故淮南憚黯由將相大臣憚之也將相大臣憚黯由武帝欽禮之也然則淮南寢謀非武帝之功而何臣又聞人主據天下之利勢生殺予奪唯我所欲其誰敢抗之以其莫敢抗也泰然居於民上無所畏忌則賢者懼禍亦將遠引深藏不復爲世用矣賢者不爲世用而讒諂面諛之人得志其不及於危亂者無是道也故如武帝之好兵喜殺窮奢極侈實無足取至其欽禮汲黯以絕未萌之禍後世不可不法也祖宗之設臺諫官所以崇奬之者無所不至亦近於此雖無汲黯其誰敢不憚使常得其人又不亟除而輕去之臣知姦雄自茲屛息矣蘇軾有言曰姦雄之始以臺諫折之而有餘及其盛也以干戈取之而不足故崇奬臺諫莫尚於祖宗之法惟陛下念之

淵又上論宰執不和奏狀曰右臣近聞宰相秦檜與參知政事李光因御前奏對互有異同不知所爭何事而外議紛紛以爲大臣不和有累國體臣身在闕門之外得之傳聞恐非其實以此累日未敢論列今又聞檜以疾在告光亦乞去則是大臣果有不和之迹矣臣職在諫省豈可不言臣聞舜命九官濟濟相遜和之至也衆賢和於朝

則萬物和於野故簫韶九成而鳳凰來儀擊石拊石而百獸率舞夫功成作樂寫人心之和而已樂作而物應其理固然然所以感之則出於人心而非樂也子思子曰喜怒哀樂之未發謂之中發而皆中節謂之和致中和天地位焉萬物育焉夫中者和之隱於心而和者中之見於外者也此內外之符也通天下一氣耳動於此應於彼間不容髮矣致之有道則天地安得而不位萬物安得而不育蓋其所以爲舜之時乎且中無常位以偏而後見中足以召和而偏亦足以生乖和氣致祥乖氣致異各以類應而國之安危繫之蓋自古及今未有朝廷不和而能有爲於天下者也今陛下躬行孝弟而遠人請盟不以兵車而疆土自復臣雖愚憯亦知其所自矣而朝廷之上一二大臣陛下所與同心協謀以終中興之功者方且各持偏見不能共和以濟國事臣未見其可也且光與檜爭其事之小大緩急臣固不得而知之也然事小而緩亦當退而合議進而聽旨都俞之間一言可喻何至廟堂之上聲色俱厲取笑四方乎昔光爲小官已能力抗朱沖及陽朔之貶一時稱之逮守宣城譽望尤著然其性素剛不能下人屢進屢退皆緣難合而檜亦喜其爲人引與共事光又謂檜臨難嘗有不奪之節欣然肯來惟上所用亦既踰年矣今者不顧往日之契而驟起異同之論事之輕重有不及慮而分之上下有不暇恤則其意必有在矣恐非一朝夕之積也必欲其再合宜非他人所得與者在陛下訓諭之如何耳若復丁寧告戒以今日之所當務者使之忘私以徇公宜若可合而猶或不能無芥蔕於胷中則其不能相與久處也可見矣縱復可以久處其不能降氣以相從協力以濟務又可見矣夫事有是非理有曲直非獨二人者自知之陛下固已深知之矣大臣去就固自有義進退之際惟明主裁之

進士唐文若分教潼川府給事中勾濤薦自代詔赴行在所既至而濤出不得見文若奏書閣下畧曰昔漢高慢士四皓去之而西鄙少廉耻之人光武禮賢嚴光友之而東都多節義之士陛下屈萬乘之尊駐蹕東南而宮將歸五路初復正宜市朽骨式怒蛙以來豪傑與之共治寧遽惜此數刻之對耶書奏翌日召對便殿高宗大悅

殿中侍御史張守上奏曰臣仰惟陛下勤恤民隱戒勅貪吏至誠惻怛內外具孚德至渥也國家自真宗皇帝復圭田之制養廉息貪民用不擾伏覩建炎元年六月之詔並權住罷議者之意必謂國步方艱用度未給然計其所得數亦不多無益邦儲有傷國體竊惟仁宗皇帝朝固甞議罷范仲淹歷陳其不可慶曆之詔約為等差行之至今未見其害又況州縣小官俸有常格比年以來物價騰貴數倍曩時多藉職田仰事俯育一旦奪之則在官者必紐法以蠹民得替待闕者亦必犯義以奸利涓白之吏恐致損節殆非所以厚風俗與廉耻致富强也事雖至微為害甚廣伏望聖慈依舊給還庶幾仰稱陛下養廉愛民之意

孝宗乾道六年周必大上言曰臣觀漢詔有言吏所以治民也能盡其治則民賴之故重其祿所以為民也今治民之吏莫切於縣令而祿至薄往往墮中人於貪吏之域非古誼也按紹興令外縣知縣供給不得過十五貫仰事俯育何以糊口於是撰造名色並緣增加前後相承其數反多自非慕拔葵掛魚之廉安飯蔬飲水之儉則或懼違衆或樂用例鮮有能自立者一旦偶因他事為猾胥姦吏所持方且低首下心莫幸苟免望其抑豪強戢吏姦革蠹弊斯亦難矣臣伏見近制堂除知縣許支供給錢四十千夫邑有大小任責則均且以郡守言之有堂除有部闕有大藩有小郡供給之數皆為一等蓋於令宰而獨不然臣愚欲望聖慈送重脩勅令所將天下知縣縣令供給斟酌近制增其所當得而禁其所不當得既有以養其廉斯可以責其清庶幾人盡其治少副陛下為民之意

光宗紹熙四年起居舍人兼中書舍人陳傅良上劄子曰臣聞人主無職事以愛惜人才為職事夫愛惜人才徒貴之以爵位不若養其聲望之為美徒榮之以恩寵不若全其操履之為大凡立乎人之本朝爵位隆而聲望汚恩寵盛而操履闕此公論所甚不與也公論不與將為庸人則是貴之者適所以賤之榮之者適所以辱之也恭惟祖宗承五代之後士風極衰而一旦作興之至過漢唐而無愧三代無他道也養其聲望全其操履而已在仁宗時范仲淹歐陽脩余靖尹洙之徒嘗以論大臣除授不當去國矣已而仲淹脩等之賢果信於天下為時名臣向使當時不明諸臣去就之誼而苟留兩存之則雖仲淹脩不能暴白於世而況不如仲淹脩者乎在神宗時司馬光呂公著蘇軾之徒亦嘗以爭新法去國矣已而光公著等之賢果信於天下為時名臣向使當時不明諸臣去就之誼而苟留兩存之則雖光公著等不能暴白於世而況不如光公著者乎由是觀之愛惜人才必如是而後可不然將淪胥而為庸人夫庸人者一世所棄何鄉而立有臣如此國家何賴焉則亦非上之人之利也以臣所見近代人主覆護臣子容忍不棄未有如陛下者然以為愛惜人才則未也既曰覆護之而不謂之愛惜之者何也眷之於爵位恩寵之間而不務明其去就之誼故也比者有以臺官案朝士者矣陛下皆出之出之誠是也俄而並召兼用為卿將孰是孰非耶有以後省官駁從班者矣而陛下為罷給事中罷之可也已而並除職名一去為郡一降為王府官然則是均有罪耳有以諫官疏大臣者矣而陛下欲並

用之。大臣乞去不得請。諫官乞去又不得請。然則是與賢耳。雖然賢
否混殽。何以為國。猶可解者。則皆士大夫也。至如臣褒儒攝官詞掞
嘗不度銖較論奏內侍不當為知省官。雖蒙陛下納臣之章。不行詞
不賦祿。既而其人至今出入禁闥。與見任無異。近復有旨令兼他官
則中書後省與黃門相持而不決。號令自今可廢。此尤不可曉者。臣
故曰陛下可謂覆護群臣者矣。而非愛惜人才之謂也。臣不勝拳拳
欲望陛下務明人臣去就之誼。陛下誠以愛惜人才為職。而明其去
就之誼。請自不肖臣始。若以臣為可備使令。則當去內侍。以臣為不
足備使令。則當去臣。臣之誼明。則群臣亦各務明誼。群臣各務明誼
而後聲望不污。操履無闕。群臣之聲望不污。操履無闕。是不謂國有
人乎。然後陛下可以委任而責成。則亦非臣之私便也。
寧宗慶元元年。大府寺丞呂祖儉上奏曰。臣恭惟國家禍變。固在靖

康。而亂所從生。實自宣和之御筆。夫黜陟廢置。驟從中出。而不從外
庭。是誠可以快意自便。然宣和因是而成禍本者。蓋始因姦臣藉此
以鎮壓群議。復因左右假此以盜竊威權。由是忠直者獲罪。順從者
得親。言莫予違。而一言喪邦之禍。至不旋踵矣。若吳玠莫儔之徒與
虜為市。痛在人心。則又靖康覆轍也。陛下始政清明。講學不倦。登用
忠直。天下蓋將日望維新之政。今日月曾幾何。人之觀聽。矣為浸異
也。首相之去。豈為無罪。中旨直下。無復體貌。固非所以重股肱。講席
之臣。所謂耆艾者。片紙罷遣。視為常事。所謂舊學者。論及近倖。去之
靡疑。至或臺諫之官。或一旦而並遷。或以闕守而補外。御筆行下。復
見忽忽。近者次相亟罷。雖因論列。然其陳竭忠力。不為不多。而從臣
微有開陳者。則與郡之旨。曾無留難。仰惟陛下始欲威福操柄不假
諸人。庶可昭示總攬之意。然宣和深弊。則已莫不懷憂。蓋以陛下既

疑外廷。則腹心之謀。耳目之用。未容無所寄託。左右前後廷迎情窺
巧伺意指。而皆以順從為正。然其間豈無其人所說偶合聖心。黜陟
廢置。因而時得關預。怙恃恩寵。招勢弄權。旁若無人。從無顧忌。若使
其氣燄增長。而威福集於私門。則觀望趨附者浸多。鄉公盡忠者浸
寡。臣深恐陛下不得盡聞事理之真實。將孰與維持宗社哉。伏望陛
下鑒觀治體。或在宣和。黜陟廢置。益務審重。體貌大臣。以尊朝廷。容
養忠直。以壯士氣。有言逆于聖心。未宜遽罪。有言遜于聖志。未宜遽
褒。凡左右前後。過有將順。過有激發。則又願推原初念初政。尤未易
遷。從法仁祖之規模。用公議為予奪。庶幾忠直者獲用。順從者自疎。
而左右前後。守其常分。亦得保全寵祿。將見國勢日以尊強。實政日
以脩舉。雖有變故菑害。亦有所恃而不危矣。臣志在憂君。未遑他恤
唯陛下財赦

金宣宗貞祐初。丞相高琪立法。職官有犯。皆的決。右司諫許古及左
司諫抹撚胡魯剌上言曰。禮義廉恥。以治君子。刑罰威獄。以治小人。
此萬世不易論也。近者朝廷急於求治。有司奏請從權立法。職官有
犯應贖者。亦多的決。夫爵祿所以馭貴也。貴不免辱。則卑賤者又何
加焉。車駕所駐。非同征行。而凡科徵小過。皆以軍期罪之。不已甚乎。
陛下仁恕。決非本心。殆有司不思寬靜可以措安。而專事督責故耳。
且官皆朝廷遴選。多由文行武功閥閱而進。乃與凡庶等。則享爵祿
者亦不足為榮矣。抑又有大可慮者。為上者將曰。官猶不免。民復何
辭。則苛暴之政日行。為下者將曰。彼既亦然。吾復何恥。則陵犯之心
益肆。其弊豈勝言哉。伏願依元年赦恩刑不上大夫之文。削此一切
之法。幸甚。
元世祖時。東平布衣趙天麟上策曰。臣聞大易有云。天尊地卑。乾坤

定矣卑高以陳貴賤位矣夫有國之諸侯有家之大夫猶不可闕況於有天下者哉是以本乎天者親上本乎地者親下上有常尊下有常卑如此而已昔者聖人之立法也君以御臣臣以臨民民非君而雖安君非臣而孰輔方今內外諸官或班行於玉筍之中或宣化於黃麻之下或為四海之繩墨或為一方之表儀皆國家之所以委治者也皆陛下之所以仰成者也疑而勿用用而勿疑方其欲用則詢於左右暨諸大夫暨國人以盡其誠設其誤用而罪著則或降之下職或屏之遠方或黜之而不齒或賜之以自裁皆可也今國家立統以來百官犯罪上自宰輔下及守令決付之理官而例於小民以鞫訊之有械繫之於市井者有鞭笞之於官署者有梟其首以徼或遐逆者有醢其軀以薰蒸天地者甚非尊上卑下崇禮厚俗之方也古人有言曰人主之尊如堂群臣如陛衆庶如地故陛九級上廉遠地則堂高陛亡級廉近地則堂卑是以黥劓之罪不及大夫若令與衆庶同黥劓髡刖笞偶棄市之法然則堂不亡陛乎其卑賤者習知尊貴者之一旦吾亦乃可以加此也非所以習天下也臣自年十五六時讀漢書至賈誼傳未嘗不三復其文也此蓋係風俗之盛衰邦本之厚薄者也夫天下之治亂非細事也或者以為有罪之人今與衆棄之何足以恤以臣意言之彼但得其末節而不得其本者也臣建此議豈欲恤夫有罪之人哉但惜王政之大端也夫中人之心禮之則無地自容而為善之心興矣辱之則自暴自棄而廉恥之維缺矣以不廉無恥之人豈能興化不能興化則害非一端民心不和天災上應水旱相因下民困苦將何為哉伏望陛下載審方今之務定為悠久之規精選賢能處位居職凡百官有重罪而過誤則量等流之凡以上有罪者不宜令卒徒詈辱之凡大夫以上有死罪者不宜加刑但聽其自裁可也如此則官廉民化之政成而乾坤定矣

文宗至順二年河南河北道廉訪副使僧家奴言自古忠臣必於孝子之門今官於朝者十年不省覲者有之非無思親之心實由朝廷無給假省覲之制而有擅離官次之禁古律諸職官父母在三百里於三年聽一給定省假二十日無父母者五年聽一給拜墓假十日以此推之父母在三百里以至萬里宜計道里遠近定立假期其應省覲匿而不省覲者坐以罪若詐冒假規避以掩其罪與詐奔喪者同科御史臺臣以聞命中書省禮部刑部及翰林集賢奎章閣議之

順帝時御史臺臣言故右丞相脫脫有大臣之體向在中書政務脩舉深懼滿盈自求引退加封鄭王固辭不受再秉鈞軸克濟艱危統軍征進平徐州收六合大功垂成浮言構難奉詔謝兵就貶以沒乞蒙錄用其子還所籍田宅更乞憫其勳舊還其所授宣命從之

歷代名臣奏議卷之二百八十六

巡幸

魯莊公二十三年公如齊觀社曹劌諫曰不可夫禮所以整民也故會以訓上下之則制財用之節朝以正班爵之義率長幼之序征伐以討其不然諸侯有王王有巡守以大習之非是君不舉矣君舉必書書而不法後嗣何觀

漢元帝幸甘泉郊泰畤禮畢因留射獵薛廣德上書曰竊見關東困極人民流離陛下日撞亡秦之鐘聽鄭衛之樂臣誠悼之今士卒暴露從官勞倦願陛下亟反宮思與百姓同憂樂天下幸甚上即日還

東漢明帝永平四年春車駕近出觀覽城第尋聞當遂校獵河內東平王蒼上書諫曰臣聞時令盛春農事來聚衆興功傳曰田獵不宿食飲不享出入不節則木不曲直此失春令者也臣知車駕今出事

從約省所過吏人諷誦甘棠之德雖然動不以禮非所以示四方也惟陛下因行田野循視稼穡消搖仿佯弭節而旋至秋冬乃振威靈整法駕備周衞設羽旄詩云抑抑威儀惟德之隅臣不勝憤懣伏自手書乞詣行在所極陳至誠帝覽奏即還宮

桓帝延熹六年車駕幸廣城校獵光祿勳陳蕃上疏諫曰臣聞人君有事於苑囿唯仲秋西郊順時講武殺禽助祭以敦孝敬如或違此則為肆縱故皐陶戒舜無放逸遊周公戒成王無盤于遊田虞舜成王猶有此戒況德不及二主者乎夫安平之時尚宜有節況當今之世有三空之戹哉田野空朝廷空倉庫空是謂三空加兵戎未戢四方離散是陛下焦心毀顏坐以待旦之時也豈宜揚旗曜武騁心輿馬之觀乎又前秋多雨民始種麥今失其勸種之時而令給驅禽除路之役非賢聖恤民之意也齊景公欲觀於海放于琅邪晏子為陳百姓惡聞旌旗輿馬之音舉手顰眉之感景公為之不行周穆王欲肆車轍馬跡祭公謀父為誦祈招之詩以止其心誠惡逸遊之害人也書奏不納

後魏孝文帝車駕將水路幸鄴已詔都水回營構之材以造舟檝御史中尉高道悅表諫曰臣聞博納輿言君上之崇務規箴匡吾臣下之誠節是以置鼓設謗受自曩日虛襟博聽義屬今辰臣既蝶魯濫蒙榮貫司薦獻弼職當然否佩遇恩華猶陳聞見竊以都作營構之材部別科擬素有定所工治已訖回付都水用造舟艦闕永固居宇之功作暫時遊嬉之用損耗殊倍終為棄物且子來之誠本期營起宗乃脩繕舟檝更為非務公私回惶僉深怪愕又欲御泛龍舟經由石濟其沿河挽道久已荒蕪舟檝之人素不便習若欲委棹正流深薄之危古今共慎若欲挽牽取進授衣之月縣形水陸恐乖視人若子

之義且鄴洛相望陸路平直時乘沃若往來匪難更乃捨周道之安即涉川之殆此乃愚智等慮朝野俱惑進退伏思不見其可又從駕群寮聽將妻累舟檝之間更無限隔士女雜亂內外不分當今景御休明惟新式度裁禮調風軌物寰宇竊惟斯舉或損洪猷失溥天瞻則之望又氐胡犯順未殄西道偏戎旗冑仍襲南寇跨接近畿蠻民睞寮每造不軌闚覦閒隙或生慮外愚謂應妙選懿親撫寧後事今鑾回息覬覦之望遏寇絕闚疆之心臣稟性愚直知而無隱區區丹志冒昧以聞

宣武帝時車駕將幸鄴司徒左長史李平上表諫曰伏見已丑詔書雲軒鑾輅行幸有期鳳服龍驂赴駕近日將欲講武淇陽大習鄴魏馳驍駛於綠竹之區騁騂驥於漳滏之壤斯誠幽顯同忻人靈共悅臣之愚管竊有惑焉何者嵩京創構洛邑俶營雖年跨十稔根基未

就代民至洛始欲向盡貲產蠻於還務牛畜斃於輦運陵太行之險越長津之難辛勤備經得達京闕富者猶損太半貧者可以意知兼歷歲從戎不遑啟處自景明已來差得休息事農者未積二年之儲築室者裁有數間之屋莫不肆力伊瀍人急其務寔宜安靜新人勸其稼穡令國有九年之糧家有水旱之備若乘之以羈紲則所廢多矣一夫從役舉家失業今復秋稼盈田禾菽遍野鑾駕所幸騰踐必般未若端拱中天坐招四海耀武嵩原禮射伊洛士馬無跋涉之勞兆民有康哉之詠豈不美歟

唐太宗貞觀七年上將幸九成宮散騎常侍姚思廉進諫曰陛下高居紫極寧濟蒼生應須以欲從人不可以人從欲然則離宮遊幸此秦皇漢武之事故非堯舜禹湯之所為也言甚切至太宗諭之曰朕有氣疾熱便頓劇故非情好遊幸甚嘉卿意因賜帛五十段

十一年太宗東巡狩將入洛次於顯仁宮宮苑官司多被責罰侍中魏徵進

曰陛下今幸洛州為是舊征行處庶其安定故欲加恩故老城郭之民未蒙德惠官司苑監多及罪辜或以供奉之物不精又以不為獻食此則不思止足志在奢靡既乖行幸本心何以副百姓所望隋主先命在下多作獻食獻食不多則有威罰上之所好下必有甚競為無限遂至滅亡此非載籍所聞陛下目所親見為其無道故天命陛下代之當戰戰慄慄每事省約參蹤盛列昭訓子孫奈何今日欲在人之下陛下若以為足今日不啻足矣若以為不足萬倍於此亦不足也太宗大驚曰非公朕不聞此言自今已後庶幾無如此事

太宗幸洛陽宮泛舟于積翠池顧謂侍臣曰此宮苑臺沼是煬帝所為驅役生人窮此雕麗復不能守此一都以萬人為慮好行幸不息人所不堪昔詩人云何日不行何草不黃大東小東杼軸其空正謂此也遂使天下怨叛身死國滅今其宮苑盡為我有隋氏傾覆者豈惟其君無道亦由股肱無良如

宇文述虞世基裴蘊之徒居高官食厚祿受人委任惟行諂佞蔽塞聰明欲令其國無危亡理不可得也司空長孫無忌奏言隋氏之亡其君則杜塞忠讜之言臣則苟欲自全有過初不糾舉寇盜滋蔓亦不實陳據此即不惟天道實由君臣不相匡弼太宗曰朕與卿等承其餘弊惟須弘道移風使萬代永賴矣

十四年上幸同州沙苑親格猛獸復晨出夜還特進魏徵奏曰臣聞書美文王不敢盤于遊畋傳述虞箴稱夷羿以為誡昔漢文臨霸坂馳下袁盎攬轡曰聖主不乘危不徼幸今陛下騁六飛馳不測之山如有馬驚車覆陛下縱欲自輕奈高廟何孝武好格猛獸相如進諫曰力稱烏獲捷言慶忌人誠有之獸亦宜然卒遇逸材之獸駭不存之地雖烏獲逢蒙之技不得用而枯木朽株盡為難矣雖萬全而無患然本非天子所宜近也孝元郊泰畤因留射獵薛廣德奏稱竊見關東困極百姓罹災今日撞亡秦之鐘歌鄭衛之樂士

卒暴露從官勞倦欲安宗廟社稷何憑河暴虎未之比也臣竊思此數帝心豈木石獨不好馳騁之樂而割情屈己從臣下之言者志存為國不為身也臣伏聞車駕近出親格猛獸晨出夜還以萬乘之尊闇行荒野踐深林涉豐草甚非萬全之計願陛下割私情之娛罷格獸之樂上為宗廟社稷下慰群寮兆庶太宗曰昨日之事偶屬塵昏非故然也自今深用為戒

太宗嘗校獵同州時秋斂未訖咸陽丞劉仁軌諫曰今茲澍澤霑足百穀熾茂收纔十一二常日贅調已有所妨又供獵事繕橋治道役雖簡省猶不損數萬少延一旬使場圃畢勞陛下六飛徐驅公私交泰璽書褒納

玄宗開元五年帝幸東都國子祭酒褚無量上言昔虞舜之狩秋山川徧群神漢孝景祠黃帝橋山孝武祠舜九疑高祖過魏祭信陵君墓過趙封樂毅後孝章祠桓譚冢願陛下所過名山大川丘陵墳衍古帝王賢臣在祀典者並詔致祭訪古受命之君必興滅繼絕崇德報功故存人之國大於救人之

災立人之後重於封人之墓顯到東都收叙唐初逮今功臣世絕者雖在支庶咸得承襲帝納其言

十三年帝東封泰山道中數馳射為樂太子左庶子吳競諫曰方登岱告成不當逐狡獸使有垂堂之危朽株之殆帝納之

玄宗將西幸已復有旨與宰相云西幸有日般運已去仍聞京畿百姓猶有未安儻來歲非熟下人無向朕雖至彼復有何情欲延期至來冬待看穀麥卿等商度以為何似時張九齡等具奏曰洛陽城闕雖曰皇都至於宮苑之間制度本狹然風土氣候亦甚宜人陛下以萬姓為心萬姓以陛下為命億兆所繫誠在聖躬聖躬若安倚顧小小陛下遂當宁動色再降德音昔利於人朕何顧惜發言惻隱感動神祇臣等幸聞至言不覺承睫聖恩愛育遂及於此又勅臣等商量進來者湛恩至德焉可使朝臣不知聖君鴻名不可令史官無述臣望宣聖旨改用來年十月幸西京仍望具將本狀編示朝列并宣付史官

玄宗將幸東都而太廟屋自壞帝問宰相宋璟蘇頲同對曰三年之喪未終不可以行幸壞壓之變天所以示教戒陛下宜停東巡脩德以答至譴帝以問姚崇對曰臣聞隋取符堅故殿以營廟而唐因之且山有朽壤乃崩況木積年而木自當蠹朽但壞與行會不緣行而壞且陛下以關中無年輸餉告勞因以幸東都所以為人不為已也百司已戒供擬既具請車駕如行期舊廟難復完盡奉神主舍太極殿更作新廟申奉誠大孝之德也帝曰卿言正契朕意賜絹二百匹詔所司如崇言天子遂東

玄宗自東都還李林甫牛仙客知上厭巡幸乃增近道粟賦及和糴以實關中數年蓄積稍豐上謂高力士曰朕不出長安近十年天下無事朕欲悉以政事委林甫何如對曰天子巡狩古之制也且天下大柄不可假人彼威勢既成誰復敢議之者上不悅力士頓首謝罪上意乃解力士自是亦不敢深言天下事矣

肅宗時史思明陷洛陽有詔幸東京將親征考功郎中知制誥蘇源明上疏曰淫雨積時道路方梗甚不可一也自春大旱秋苗耗半斂穫未畢先之以清道之役申之以供頓之苦甚不可二也每立殿廊見旌旗之下餓夫執殳仆于行間自見二三市井餧殍求食死于路旁自見四五甚不可三也其大盜兇逋擒接揀磨礪以須陛下之出御史大夫必不能澄清禁止甚不可四也聖皇巡蜀之初都內財貨吏民資產糜散于道路之手至有乘馬䮗驢入宣政紫宸者況陛下初有四海威制不及曩時遠矣今茲東行殆賊臣誘掖陛下而已詩曰三星在霤謂危亡在於須臾臣不勝嗚咽為陛下痛之願速罷幸不然翦眊樂禍已扼腕於下甚不可五也方今河洛繹騷江湖叛渙詩

曰中原有菽庶民采之彼思明之徒兇皆采菽之人也陛下何遽輕萬乘而速成之邪甚不可六也大河南北舉為寇盜王公以下稟稍匱絕將士糧賜僅支日月而中官冗食不減往年梨園雜伎愈盛今日陛下未得撫然高枕殆緣此也自非中當指使太常正樂外願一切放歸給長牒勿事須五六年後道寧謁者令聚而仰給甚不可七也李光弼按河陽主思禮下晉原衛伯玉掃馬肴過析支不日可至御史大夫王玄志壓巫閭臨幽都汝州刺史田南金踰闕口過二室鄉景山凌淮泗慓然而西狂賊失勢處于緱山之下北不敢逾孟津東不敢過覽子計日反接而至矣陛下不坐而受之乃欲親征倘一朝之怒甚不可八也王者之於天地神祇享之以牲幣而已記曰不祈方士彼淼巫愚祝妄有闡說甚不可九也天子順動人皆幸之之謂幸人皆病之之謂不幸臣等屢怫視聽聯伏赤墀之下頓顙流涕而

出。雖陛下優容貸罪，凡百之臣，必昌言于朝，萬口謗于外，甚不可十也。臣聞子不諍於父，不孝也；臣不諍於君，不忠也。不孝不忠，為苟榮冒祿，圄牢之物不若也。臣雖至賤，不能委身圄牢之中，將使樵夫指而笑之。帝嘉其切直，遂罷東幸。

德宗時，翰林學士陸贄奏言：右先須勅旨已定行期，所司供承，亦聞粗備。但以霖潦方甚，道路阻艱，衆情同憂，莫敢論奏。今發日漸逼，陰雲尚繁，小大嗷嗷，愁懼轉甚。臣雖闇鈍，亦竊揣量，豈不知元惡初平，餘氛未殄，乃是逆順將分之際，吉凶多變之時，須速鎮安，理宜促駕。向使霖潦為害，人功可施，其備禦由於智能，其役用止於煩費，其所患不及於性命，其可憂但在於人臣，則當公私罄財，上下竭力，務寧大業，矣卹暫勞，各應叶奉聖規，安敢復忤成命。良以褒斜峻阻，素號畏途，緣側逕於巔巖，綴危棧於絕壁，或百里之內，廢險且千，或一程之中，涉水數四。若過積雨滯浸，羣峯澍流，巨石崩奔，訇殷相繼，深谷瀰漫，往來不通，愁非功力之所支，籌略之所過。斯須之頃，跬步之間，倉黃遷殃，皆不可測。匹夫單騎，尚且過防，況萬乘時行，千官景從，而可以蹈不存之險，冒無禦之災乎。如或礙路淼崩，閣道淪圮，環衛之儀少闕，屬車之馬微驚，縱有億徒，何所為用。陛下欲無駭慮，其可得乎。又或霖滯更深，谿澗皆溢，遷路既絕，傳送無由，連山萬重，進退不可，一日乏食，將如之何。陛下欲無軫憂，固亦難矣。凡舉措宜圖萬全，必先事以防危，不臨危而求幸。幸而獲濟，貽愧已深，不幸罹災，追悔何及。孔子曰：欲速則不達。誠哉是言。臣今非敢阻陛下欲速之情，但願以不達為慮耳。儻迴睿旨，少俟開晴，則發期雖延，涉路無滯，不疾而速，允叶乾行，知幾其神，是謂天鑒。竊聞羣議，輒以上陳，懔懔懇誠，實冀昭納。

奏議卷之三百八十七　七

敬宗欲幸東都，諫者甚衆，上皆不聽。已使按脩宮闕，裴度從容言曰：國家本設兩都以備巡幸，然自多難以來，宮闕營壘百司廨舍率已荒弛，陛下儻欲行幸，宜命有司徐加完葺，然後可往。上曰：從來言事者皆謂不當往，如卿所言，不往亦可。乃敕罷脩。

宋真宗大中祥符四年，將祀汾陰。是時大旱，京師近郡穀價踊貴。龍圖閣待制孫奭上疏諫曰：先王卜征五年，歲習其祥，祥習則行，不習則增脩德而改卜。陛下始畢東封，更議西幸，殆非先王卜征五年慎重之意，其不可一也。夫汾陰后土事不經見，昔漢武帝將封禪，故先封中嶽祠汾陰，始巡幸郡縣，遂有事於泰山。今陛下既已登封，復欲幸汾陰，其不可二也。古者圜丘方澤，所以郊祀天地，今南北郊是也。漢初承秦，唯立五時以祀天，而后土無祀，故武帝立祠於汾陰。自元成以來，從公卿之議，遂徙汾陰后土於北郊，後之王者多不祀汾陰。今陛下已建北郊，乃舍之而遠祀汾陰，其不可三也。西漢都雍，去汾陰至近，今陛下經重關，越險阻，輕棄京師根本，而慕西漢之虛名，其不可四也。河東，唐王業之所起也，唐又都雍，故明皇間幸河東，因祠后土，聖朝之興，事與唐異，而陛下無故欲祀汾陰，其不可五也。昔者周宣王遇災而懼，故詩人美其中興，以為賢主。比年以來，水旱相繼，陛下宜側身脩德以荅天譴，豈宜下徇姦回，遠勞民庶，盤游不已，忘社稷之大計，其不可六也。夫雷以二月啓蟄，八月收聲，育養萬物，失時則為異。今震雷在冬，為異尤甚，此天意丁寧以戒陛下，而反未悟，殆失天意，其不可七也。夫民，神之主也，是以聖王先成民而後致力於神。今國家土木之功，累年未息，水旱滲沴，饑饉居多，乃欲勞民事神，神其享之乎，此其不可八也。陛下必欲為此者，不過效漢武帝、唐明皇巡幸所至，刻石頌功，以崇虛名，夸示後世爾。陛下天資聖明，當

奏議卷之三百八十七　八

纂二帝三王何為下襲漢唐之虛名其不可九也唐明皇以嬖寵姦邪內外交害身播國屯兵交闕下亡亂之迹如此由狃於承平肆行非義稔致禍敗今議者引開元故事以為盛烈乃欲倡導陛下而為之臣切為陛下不取此其不可十也臣言不逮意陛下以臣言為可取願少賜清閒以畢臣說帝遣內侍皇甫繼明就問又上疏曰陛下將幸汾陰而京師民心弗寧江淮之眾困於調發理須鎮安而矜存之且土木之功未息而奪攘之盜公行外國治兵不遠邊境使者雖至寧可保其心乎昔陳勝起於徭戍黃巢出於凶饑隋煬帝勤遠畧而唐高祖興於晉陽晉少主惑小人而耶律德光長驅中國陛下俯從姦佞遠棄京師涉仍歲荐饑之墟脩違經久廢之祠不念民疾不恤邊患安知今日戍卒無陳勝饑民無黃巢英雄將無窺伺於肘腋外敵將無觀釁於邊陲乎先帝嘗議封禪寅畏天災尋詔停寢今姦

臣乃贊陛下力行東封以為繼成先志先帝嘗欲北平幽朔西取繼遷大勳未集用付陛下則羣臣未嘗獻一謀畫一策以佐陛下繼先帝之志者反務卑辭重幣求和於契丹蹙國縻爵姑息於繼遷曾不思主辱臣死為可戒誣下罔上為可羞撰造祥瑞假託鬼神纔畢東封便議西幸輕勞車駕虐害饑民冀其無事往還便謂成大勳績是陛下以祖宗艱難之業為姦邪僥倖之資臣所以長嘆而痛哭也夫天地神祇聰明正直作善降之百祥作不善降之百殃未聞專事籩豆簠簋可邀福祥春秋傳曰國之將興聽於民將亡聽於神愚臣非敢妄議惟陛下終賜裁擇

六年奭又上疏曰陛下封泰山祀汾陰躬謁陵寢今又將祠于太清宮外議籍籍以謂陛下事事慕效唐明皇豈以明皇為令德之主耶甚不然也明皇禍敗之迹有足為深戒者非獨臣能知之近臣不言者此懷姦以事陛下也明皇之無道亦無敢言者及奔至馬嵬軍士已誅楊國忠請矯詔之罪乃始諭以識理不明寄任失所當時雖有罪己之言覺寤已晚何所及也臣願陛下早自覺寤抑損虛華斥遠邪佞罷興土木不襲危亂之迹無為明皇不及之悔此天下之幸社稷之福也

真宗時翰林學士李迪上言陛下東封時敕所過毋伐木除道即驛舍或州治為行宮裁令加塗壁而已及幸汾亳土木之役過往時幾百倍今蝗旱之災殆天意所以儆陛下也帝深然之

哲宗時監察御史陳次升奏曰臣伏聞有旨今月二十日幸金明池者臣竊觀孟子之言曰吾王不遊吾何以休吾王不豫吾何以助一遊一豫為諸侯度則知天子遊幸與民同樂適天下無事之時也今聞聖駕幸金明池有旨不過御橋是以主器至重社稷所繫其出入

起居兢慎如此實天下之福也臣竊觀與議以所造龍舟窮極工巧華麗尤甚陛下必須乘御以臣愚見乘船危乘橋安陛下尚不乘橋豈肯乘船耶雖然陛下若不乘船臣先事而言亦無所害萬一有之可為未然之戒臣安可以緘默傳有之曰千金之子不垂堂百金之子不倚衡聖主不乘危不徼倖又曰乘船危聖主不乘危伏願陛下念之哉

徽宗政和後多微行曹輔時為秘書省正字上疏曰陛下厭居法宮時乘小輿出入廛陌之中郊坰之外極遊樂而後反道塗之言始猶有忌今乃談以為常某日由某路適某所某時而歸又云輿飾可辨而避臣不意陛下當宗廟社稷付託之重玩安忽危一至於此夫君與民本以人合合則為腹心離則為楚越畔服之際在於斯須甚可畏也昔者仁祖視民如子憫然惟恐其或傷一旦宮闈不禁衛士輙

踰禁城幾觸寶瑟荷天之休帝躬保佑倖語有之盜憎主人主人何負於盜哉況今華冗負所濫奉告浮屠誅胥吏蚩愚之民豈能一一引咎安分萬一當乘輿不戒之初一夫不逞包藏禍心發蠭蠆之毒奮獸窮之計雖神靈垂護然亦損威傷重矣又況有臣子不忍言者可不戒哉臣願陛下深居高拱淵默雷聲臨之以穹昊至高之勢行之以日月有常之度及其出也太史擇日有司除道三衛百官以前以後若曰省煩約費以便公私則臨時降旨有所不可闕損所未嘗用雖非祖宗舊制比諸微服晦迹下同臣庶堂陛陵夷民生姦望不猶愈乎

高宗建炎初將駐蹕建康車駕詣神主船燒香畢次幸普照寺尚書右丞許景衡上奏曰臣竊惟陛下巡幸恭迎太祖太宗神主載之前舟有司嚴奉如在太廟而陛下未敢升舟燒香者誠以非時瀆神恐失禮也意者當俟駐蹕恭行奉安之儀然後禮文為稱今來道出淮泗方謁神主枉駕佛祠臣深恐天下議者以陛下緣致恭於僧伽款神靈於宗廟不獨誠意有所未專而於禮文亦未為得也若以為行幸祈福耶則天子之行風伯清塵雨師洒道天地神明所共扶持豈若商旅細民每過淮泗則徼福塔廟耶又況祖宗巡幸並無臨佛祠款浮屠故事唯章聖皇帝東封道過睢陽見張巡許遠廟為之嘆賞表其忠義之節以為臣下之勸而已於此有以見帝王一顰一笑豈無謂而發哉臣愚欲望聖明一意奉先之孝謹守祖宗之制無惑乎議者之謂而為有識者之所非也臣不勝拳拳揭忠愛君之至所有臨幸普照寺塔下燒香指揮伏乞特賜寢罷

紹興三十一年權吏部侍郎汪應辰上言曰臣伏見漢章帝幸河內詔曰精騎輕行無他輜重不得輒修道橋遠離城郭遣吏逢迎刺探起居出入前後以為煩擾動務省約但恐不能脫粟瓢飲耳又南幸詔曰所經道上郡縣無得設儲跱命司空自將徒支柱橋梁有遣使奉迎探知起居二千石當坐又見唐太宗脩洛陽宮以備巡幸張元素極諫太宗謂房玄齡曰元素所言有理宜即罷役後日或以事至雖露居亦無傷也夫以章帝太宗當安平無事之時而行幸之際務從簡省至於如此恭惟陛下清心約己無所嗜好仁民愛物惟恐傷之比以虜人敗盟將士冒犯矢石之故寢不安席食不甘味為之避殿減膳今將親御戎輅大巡六師而臣竊聞沿路州縣自詔令下即已預為之備供辦之物名色猥衆其未必它日所當用者十居七八往往裒斂賒貸於民而胥吏又得夤緣以濟其貪至於填塞田畝毀撤廬舍以開廣道路甚非所以仰稱聖德欲望明降詔旨嚴行禁約有不奉承者坐之以示陛下恭儉仁厚與夫今日行幸之本意天下幸甚

孝宗時羅願奏曰臣聞帝王之出必嚴扈從故有大駕法駕千乘萬騎煩而不可省所以示尊嚴致兢懼也陛下留心典禮出入有節自郊祀孟享之外惟德壽宮溫凊之奉一月屢出兩宮相距不遠既不欲數蹕煩民往往駕輿行者未止而扈從之人積習生常恬然不戒至於已事還宮左右禁旅喘汗而相見小黃門諠哄於馬上此何為者也天下又安君臣簡易不過於觀美為不足今北有強敵方窺伺人誠不可以不戒又每春游豫與民同樂雖亦頗陳禁旅然鑾輿不御以萬乘之尊幅巾四馬雜於扈騎之中繞出湖山數十里夾道觀者密近天威臣子之心不能不懼又健馬之設雖以閑習武事然皆昧爽期入宮掖奔突馳驟揮霍紛紜雖武將胡今素精此技有如乾分一馬不受鞚手不應節跬步之間何以相及願明詔有司出入之

際中巖危從奏其尤不爾者謹游豫之防省鐩馬之會陛下安則九廟安矣

理宗時牟子才上奏曰臣恭覩旨揮車駕以十月三日詣西太乙行欵謁恭謝之禮臣切謂自漢武帝始祠太乙其後或隨太乙所在築室迎祠大率皆因方士雜引道經星曆之學而爲之比者國家以五福太乙臨蜀分乃建西太乙於西湖之濱以爲禬祈之地雖厥有故事然是役也土木鉅麗一時囊封匭奏已交言其非而或者又切議陛下他日必因欵謁而爲湖山游幸之舉今宗祀禮成親行恭謝陛下蓋將敬休神天禔福庶民夫豈以觀游爲意然道塗之言皆謂有司飭橋梁除道路辦供給過爲勞擾又傳是日欲張水嬉陳樂伎萬一果出於此豈不實或者游幸之說而有失陛下敬天憂民之初意乎逢迎者之論不過謂祖宗嘗屢詣西太乙而南渡以來亦有湖山

之幸臣以爲此承平時事今邊警未清事大單屈爲何如時豈可盡循承平之盛觀以啓豐亨豫大之心乎恭惟陛下踐阼之始一欵圜丘其後未嘗輕出郊也三十年間嚴恭寅畏動無過舉則今日之出臣尤以爲不可不謹况乘輿出郊非它時比臣之隱憂又有在於言之外者陛下其可不爲宗廟社稷深長思乎臣非不知聖意已定未易挽回觸忤威顏必取誅斥而區區忠愛不能自已用敢覩書此奏昧死以聞伏惟陛下察臣愚衷深入宸慮自以其意特召大臣詳議其事明詔有司亟止此行庶幾舉動合宜靑史書之可爲萬世法而疑慮潛消宗廟社稷幸甚

子才又上奏曰臣比者西太乙指揮初下之時嘗密告陛下乞自以聖意明詔有司亟止此行蓋區區忠愛之志欲救正於未然力量淺薄未能感動繼聞諸臣陸續亦有奏疏是公議不謀而同非臣一人之私言也二十四日伏覩內批陛下非不欲悟此意而欵謁之行終未即止是猶以臣等之言爲未然也其曰爲國祈祥初無其它臨幸去處此意固甚明白但湖山嬉游歌舞之地民庶蕩於此士夫溺志於此堂堂人主存一敬心隨寓皆福初無分於東西也又何必親出郊以勞千乘萬騎而啓諸人游幸之疑乎其曰應干排辦禮文務從簡約此意固亦甚善但乘輿出郊十里而遠所至除道斫木毀室寧免勞民與其省約於道塗之間曷若動循禮義謹重一出之爲安且遠乎陛下之意不過曰畿輔之盜近已肅清及今一出亦未爲過不思淮哨未定蜀圍未解並邊赤子殞命鋒鏑者不知幾千萬億陛下苟念及此切念聖心未嘗不淒然蹙頞也又不過曰百穀順成在豐稔及今一出亦未爲過抑不思湖湘襄蜀皆以旱告赤地千里民無宿儲公私之積良可哀痛陛下苟念及此切料聖意未嘗不慨

然動心也又不過曰裸享太宮陰雲閣雨宗祀世室晧魄當空天地祖宗眷佑昭著也今以冬享行恭謝欵謁之禮亦未爲過抑不思景星慶雲非福我者也淒風苦雨殆儆予者也敬肆之念一分治忽之幾攸係前日畏威夙夜不敢荒寧是以有佑順之眷今以一晴霽之故遂謂之得天而肆以繼之庸詎知眷顧可長保乎陛下識見超邁遠覽古今其亦知臨幸之爲害乎車轍亡周驪山覆秦此遠幸也華林早晉梨園衰唐此近幸也今陛下鳴鑾蹕於湖山間亦隣乎近幸矣安知近幸不已它日不轉而爲遠幸耶又有一說於聖躬頗有關係宣和間車駕時出正字曹輔諫曰萬一乘輿既駕之初一夫不逞發蜂蠆之微逞窮獸之計雖皇天后土宗廟靈神並垂護佑然亦傷威損重又況有臣子不忍言者此所謂胡虜起於轂下也可不戒哉臣讀史至此未嘗不痛恨於當時而深哀輔之忠也今陛下仁慈

立國君民一心萬無如輔所言亦有不容不慮者四郊多壘時多艱危賊臣之孽嗣竄於舊海弄兵之餘黨伏於近畿禁衛何所而僞符得入宮闈何地而妖訛相恐重以連歲土木民怨載塗則曹輔之言臣以為未宜忽之也此一身之慮也又當為子孫萬世之慮作法於涼其弊猶貪作法於貪其弊若何今陛下臨幸西宮乘輿一出遂為故事傳之後世又則習為常矣以陛下聖明閱歷既久艱難備知游幸之樂猶不能自制忠讜之論猶不能盡容後世子孫豈能皆賢臣恐必有以今日藉口而窮靡麗極盤遊於湖山之間而又有甚焉者矣方是之時國力困於供億民力疲於土木忠臣議士死於諫諍未必今日之舉有以啓之古之人君抑情制欲以為子孫貽謀陛下不此之意獨奈何開而縱之乎陛下一幸西宮而開子孫奢縱之禍亦豈忍其至此也陛下試於燕閒之際超然遠覽穆然深思旨一身之慮及子孫之慮以及天下國家之慮籌惟利害亟罷此行所抑者甚微而所存者甚大苟狃於左右逢迎之說玩細娛而忘大慮臣未知其可也臣又按漢史武帝元鼎五年立泰畤於甘泉親祠太乙武帝即位至此纔三十年而有此舉措蓋其學不足以明理理不足以制欲無足怪者陛下講學于今三十餘年此乃聖德成就之日所當同符堯舜而方欲效武帝親祠太乙之舉臣實惜之始武帝既祠太乙遂下詔稱揚以為望見太乙若景光十有二洒心修然其後益封太山祠后土幸建章巡海上作甘泉通天甚靡殆無虛歲蓋其侈心一萌不能自止可不懼哉即祠太乙所以致福而臣以漢史考之其初祠太乙之年日有食之自是旱蝗河決蛇鬬無歲無有而南越之叛匈奴之寇方在是年至於東方盜起巫蠱禍作干戈相尋所謂福者乃如此武帝晚年始悟下詔以為平生所為狂悖時嘆

亦已晚矣武帝自謂其所為狂悖陛下試觀其所為豈不真狂悖可笑而奈何欲效之乎武帝猶知所悔而陛下豈甘在武帝下乎豈必晚而後悔乎晚而悔之豈有及乎故臣願陛下以三十年講學之功同符堯舜而不願陛下與漢武比也臣既效密啓之忠敢忘建寧之議用敢直前繳奏以聞欲望陛下痛察臣衷改降指揮特寢前命以弭人言夫從諫者帝王之盛德陛下欲駕幸西宮而止以人言屈己從人之美度越古今其愈於執迷不復使後之執筆而議者皆得以歸咎於今日遠矣惟陛下亟圖之

貼黃祥符間王欽若等建議封泰山祠汾陰是時王旦方相真宗心憚之曰王旦得無不可欽若曰臣得以聖意喻旦宜無不可旦既面而從之其後天書之事不復異議議者非之今日之事臣切料陛下必無畏相之心而二三大臣相與逢迎亦必不待諭而後從也然則亦何賴焉孟子曰逢君之惡其罪大二三大臣尚可以王旦藉口乎臣以為非陛下銳然以理制欲自止此行則二三大臣決不能力陳正義以回聖意也

太學生劉黻上諫游幸疏曰天下有道人主以憂勤而忘逸樂天下無道人主以逸樂而忘憂勤自昔國家又安四夷賓服享國日久侈心漸生若漢武帝之單于震讋而有千門萬戶之觀唐明皇之北邊無事而有驪山溫泉之幸至於隋之煬帝陳之後主危亡日迫遊觀無度不足效也堯舜禹湯文武之兢業祗懼終始憂勤無逸言遊畋則不敢卬昃則不暇食曷嘗借祈禳之說以事遊觀之適比年以來以幸為利以玩為常未免有輕視世故盼忽天下之心單于未嘗震讋而有武帝多欲之費耗北邊未嘗無事而有明皇宴安之鴆毒陛下春秋尚少貽謀垂憲之機悉在陛下作而不法後嗣何觀自十數

年間劍龍翔劍集慶劍西太乙而又示之以遊幸導之以禱祠蠱之以虛誕不經之說孔子曰少成若天性習慣如自然積久貫熟牢不可破誰得而正之且西太乙之役倡者進曰太乙所臨分野則為福近歲自吳移蜀信如祈禳之說西北坤維按堵可也今五六十州安全者不能十數敗降者相繼福何在耶武帝祠太乙於長安至晚年以虛耗受禍而後悔方士之繆雖其悔之弗早猶愈於終不知悔者也夫凡人主不能無過脫有過書過行宰執侍從當言之給舍臺諫當言之搢紳士大夫當言之皆所以納君於當道者也今陛下未為不知道未為不受人言宰執以下希寵而不言與夫言之而不力皆非所以愛陛下也其心豈以此為當而不必言哉直以陛下為不足以望堯舜禹湯文武之主而以漢武明皇待陛下也

金熙宗時翰林待制兼右諫議大夫程寀上奏曰古者天子皆有巡狩無非事者或省察風俗或審理冤獄或問民疾苦以布宣德澤皆巡狩之名也國家肇興誠恐郡國新民逐末棄本習舊染之汙奢侈詐偽或有不明之獄僭濫之刑或役無時四民失業今鑾輅省方將憲古行事臣願天心洞照委之長貳鑒正風俗或置匭匣以申冤枉或遣使郡國問民無告如古巡狩之事昔漢昭帝問疾苦求民瘼如此則和氣宣通天下丕平可坐而待也

世宗將幸金蓮川有司具辦薛王府掾梁襄上疏極諫曰金蓮川在重山之北地積陰冷五穀不殖郡縣難建蓋自古極邊荒棄之壤也氣候殊異中夏降霜一日之間寒暑交至特與上京中都不同尤非聖躬將攝之所凡奉養之具無不遠勞飛輓越山踰嶮其費數倍至於頓舍之處軍騎闐塞主客不分馬牛風逸以難收臧獲逋逃而莫得奪攘蹂躪未易禁止公卿百官衛士富者車帳僅容貧者穴居露處輿臺皁隸不免困踣飢不得食寒不得衣一夫致疾染及眾人夭傷無辜何異刃殺此特細故耳更有大於此者臣聞高城峻池深居邃禁帝王之藩籬也壯士健馬堅甲利兵帝王之爪牙也今行宮之所非有高殿廣宇城池之固是廢其藩籬也掛甲常坐之馬日暴雨蝕臣知其必羸瘠矣禦侮待用之軍穴居野處冷啖寒眠臣知其必疲瘵矣衛宮周廬才容數人一旦霖潦積旬衣甲弓刀霑濕朽脆豈堪為用是失其爪牙也秋杪將歸人已疲矣馬已弱矣裹糧已空糗衣已弊猶且遠幸松林以從畋獵行於不測之地往來之間動踰旬月轉輸移徙之勞更倍於前矣以陛下神武善騎射舉世莫及若夫銜橛之變猛鷙之虞姑置勿論設於行獵之際烈風暴至塵埃漲天宿霧四塞跬步不辨以致翠華有崤陵之避襄城之迷百官狼狽於道途衛士參錯於隊伍當此之時寧無或悔神龍不可以失所人主不可以輕行良謂此也所次之宮草略尤甚殿宇周垣唯用氊布押宿之官上番之士終日驅馳加之飢渴已不勝倦更使徹曙巡警露坐不眠精神有限何以克堪雖陛下悅以使人勞而不怨豈若不勞之為愈也故君人者不可恃人無異謀要在處已於無憂患之域也燕都地處雄要北倚山嶮南壓區夏若坐堂隍俯視庭宇本地所生人馬勇勁亡遼雖小止以得燕故能控制南北坐致宋幣燕蓋京都之選首也況今又有宮闕井邑之繁麗倉府武庫之充實百官家屬皆處其內非同曩日之陪京也居庸古北松亭榆林等關東西千里山峻相連近在都畿易於據守皇天本以限中外開大金萬世之基而設也奈何無事之日越居草莽輕不貲之聖躬愛沙磧之微涼忽祖宗之大業此臣所惜也又行幸所過山徑阻脩林谷晻靄上有懸崖下多深壑垂堂之戒不可不思臣聞漢唐離宮去長安才百許

里。然武帝幸甘泉遂中江充之姦太宗居九成鐵致結社之變太康畋於洛汭后羿拒河而失邦魏帝拜陵近郊司馬懿竊權而篡國隋煬海陵雖惡德貫盈人誰敢議止以離棄宮闕遠事巡征其禍遂速皆可爲殷鑒也臣嘗論之安民濟衆唐虞猶難之而今日之民賴陛下之英武無兵革之憂賴陛下之聖明無官吏之虐賴陛下之寬仁無刑罰之枉賴陛下之節儉無賦斂之繁可謂能安濟矣而遊畋納涼之樂出於富貴之餘靜而思動非如衣食切身有不可去者罷之至易耳唐太宗將行闕南畏魏徵而停漢文帝欲馳霸陵袁盎諫而還止是陛下能行唐虞之難行尚未能罷中主之易罷臣所未諭也且燕京之涼非濟南之比陛下牧濟南日每遇炎蒸不離府署今九重之內臺榭高明宴安穆清何暑得到議者謂陛下北幸久矣每歲隨駕大小前歌後舞而歸今茲再出寧有遽不可乎臣愚以為患生於不戒者多矣西漢崇用外戚而有王莽之禍梁武好納叛降而有侯景之變今者累歲北幸狃於無虞往而不止臣甚懼焉夫事知其不可猶冒為之則有後難必矣議者又謂往年遼國之君春水秋山冬夏捺鉢舊人猶喜談之以為真得快樂之趣陛下效之耳臣愚以謂三代之政今有不可行者況遼之過舉哉且本朝與遼室異遼之基業根本在山北之臨潢臣知其所遊不過臨潢之旁亦無重山之隔冬猶處於燕京契丹之人以逐水草牧畜為業穹廬為居遷徙無常又壤地褊小儀物殊簡輜重不多然隔三五歲方能一行非歲歲皆如此也我本朝皇業根本在山南之燕豈可捨燕而之山北乎上京之人棟宇是居不便遷徙方今幅員萬里惟奉一君承平日久制度殊異文物增廣輜重浩穰隨駕生聚殆逾於百萬如何歲歲而行以一身之樂歲使百萬之人困於役傷於財不得其所陛下其忍之

歟臣又聞陛下於合圍之際麋鹿充牣圍中大而壯者才取數十以奉宗廟餘皆縱之不欲多殺是陛下恩及於禽獸未及於隨駕衆多之臣庶也議者謂前世守文之主生長深宮畏見風日彎弧上馬皆所不能志氣銷懦筋力拘柔臨難戰懼束手就亡陛下監其如此不憚勤身遠幸金蓮至於松漠名為坐夏打圍實欲服勞講武臣愚以為武不可忘畋獵不可廢宴安鴆毒亦不可懷然事貴遵中不可過當亦須防驕情之患先趨萬有一危之途何異無病而服藥也況欲習武不必度關涿易雄保順薊之境地廣又平且在邦域之中獵田以時誰曰不可伏乞陛下發如綸之旨回北轅之車塞雞鳴之路安處中都不復北幸則宗社無疆之休天下莫大之願也方今海內安治朝廷尊嚴聖人作事固臣下將順之時而臣以螻蟻之命進危切之言仰犯雷霆之威陷於吏議小則名位削除大則身首分磔其為身計豈不思謬惟陛下深思博慮不以人廢言以宗廟天下為心俯垂聽納則小臣素願遂獲雖死猶生他非所覬望也世宗納之遂為罷行。

章宗明昌四年將幸景明宮御史中丞董師中及侍御史賈鉉治書侍御史粘割遵古諫以謂勞人費財蓋其小者變生不虞所繫非輕聖人法天地以順動故萬舉萬全今邊鄙不馴反側無定必里哥孛瓦貪暴強悍深可為慮陛下若問諸左右必有容悅而言者謂堂堂大國何彼之恤蠭蠆有毒患起所忽今都邑壯麗內外苑囿足以優佚皇情近畿山川飛走充牣足以閱習武事何必千車萬騎草居霜宿逼介邊陲遠煩偵候以冒不測之悔哉上不納師中等又上疏曰近年以來為診明詔罷已求言罷不急之役省無名之費天下欣幸今[illegible]而亟遣有司脩建行宮揆之於事似為不急況西北二

京臨潢諸路比歲不登。加以民有養馬簽軍挑壕之役。財力大困。流移未復。米價甚貴。若扈從至彼。又必增價曰糴。升合者口以萬數。舊藉北京等路商販給之。倘以物貴。或不時至。則飢餓之徒將復有如曩歲殺太尉馬毀太府瓜菓出忿怨言起而為亂者矣。書曰。民情大可見。小人難保。況南北兩屬部數十年捍邊者。今為必里哥孛瓦誘脅。傾族隨去。邊境蕩搖。如此可虞。若忽之而徒豈聖人萬舉萬全之道哉。迺者太白晝見。京師地震。又北方有赤色。連明始散。天之示象。蓋有以警悟聖意。脩德銷變。矧夫逸遊。古人所戒。遠自周秦。近逮隋唐與遼。皆以是生釁。可不慎哉。可不畏哉。

泰和二年。將幸長樂川。刑部尚書李愈切諫曰。方今戍卒貧弱。百姓騷然。三叉尤近北陲。恒防外患。兼聞泰和宮在兩山間。地形狹隘。雨潦遄集。固不若北宮池臺之勝。優游閑適也。上不從。夏四月。愈復諫曰。北部侵我舊疆千有餘里。不謀雪恥。復欲北幸。一旦有警。臣恐丞相襄樞密副使闍母等不足恃也。況皇嗣未立。群心未定。豈可遠事逸游哉。上異其言。

元世祖時。趙天麟上策曰。臣聞先王之臨制也。馬上得之。而不以馬上治之。順天取之。而又以順天守之。然其四邊有警。中夏未寧。方方興偃伯之心。在在冀更生之日。有天吏之濟世。不得已而用兵。事在合宜。心非自豫。迨乎荊榛絕柝。烽火沉光。安不忘危。因時講武。故春夏秋冬之事。有蒐苗獮狩之名。轅置旌以為門。裼纏質以為槸。前會遂失。即鹿由虞。不常陳屬飾之文。氣歇三鼓。載聖紀合圍之戒。禮用三驅。且根旅茇舍。治兵大閱。于以順少長而習威儀。于以辨號名而讀書契。表田萊而是務。防戰事之不虞。豈耽嗜云乎哉。亦舉儀而已矣。今國家起統于玄冥之域。習俗于弓矢之中。在潛龍之時。而泝天潢之尊。馳志於斯。猶為未可。況飛龍之後。而承大器之重。存情于此。云何自輕。國家每春日載陽。乘輿北邁。金風薦爽。大駕南迴。因田事以選車徒。乘珍異以供食膳。臣竊太甚。敢罄愚衷。庶陛下之思之。顧翳薈而不齊。夫弥旬延月。出伏從禽。並細柳之龍臺。接長楊之熊館。霓旌拂日。靈鼓震天。九重之兵衛森森。萬乘之儀鑾凜凜。馳驅迅速。回互騰驤。天馬紛飛。斜衝橫騖。加之以崇崗峻阜。積藪長林。路不但於千盤。域同於九折。竊以千金之子。坐不垂堂。今陛下富無倫貫。無敵。豈宜頻冒此險哉。夫敦弓楛矢。長戟利戈。窮山澤以設置。罘合周圍而縱鷹犬。雲霄杳漠。無可避之捷禽。陵谷交雜。無得逃之鷙獸。莫不摧翎御羽。絓角羈蹄。濺血漬於荒蕪。號聲慟於人耳。竊以君子見其生而不忍見其死。諸侯哀觳觫而行仁術。今陛下稟聖人之資。居聖人之位。貴洽好生之德。用推不忍之心。豈宜屢為此事哉。文王不敢盤於遊畋。周公美之。漢文日射獵。免賈山諫之。至於俎豆之實。固當親射。庖廚之奉。則有司存。伏望陛下游神太素。端應施仁。常存愛物之心。簡夫遊畋之事。革延月弥旬之例。戒光武夜歸之失。虞德被動植之物。湯羅寬鳥獸之生。如此則承恩聿致於告祥。聞樂臣之而率舞。使有知之民傾心感戴。未服之國嚮化來賓。且如廣廈之下。細旃之上。公卿在後。師保居前。諮治道以調化機。計公論以和玉燭。周旋揖讓。不其樂哉。又何須親勞耳目。逞雄心於兵馬之間。屈犯塵埃。取微樂於衢糜之上。故曰好動不及好靜。有為不若無為。斯天下之想聞。乃聖王之大道也。

御史大夫脫脫扈從上都。還至鷄鳴山之渾河。帝將畋于保安州。馬蹶。脫脫諫曰。古者帝王端居九重之上。日與大臣宿儒講求治道。至於飛鷹走狗。非其事也。帝納其言世祖車駕巡幸上都監察御史崔敬上疏曰太祖以上都爲淸暑之地車駕行幸歲以爲常闕有大安閣殿有鴻禧睿思所以保養聖躬遠起居之宜存畏敬之心也今失剌斡耳朶思乃先皇所以備宴游非常時臨御之所今陛下方以孝治天下屢降德音祗行宗廟親祀之禮雖動植無知罔不歡悅而國家多故天道變更臣備員風紀以言爲職願大駕還大內居深宮嚴宿衛與宰臣謀治道萬機之暇則命經筵進講究古今盛衰之由緝熙聖學乃宗廟之福也

成宗元貞二年監察御史李元禮上諫幸五臺疏曰臣聞古人有言曰天下之得失生民之利害社稷之大計惟所見聞而不繫職司者宰相得行之諫官得言之今朝廷雖不設諫官監察御史職當言路即諫官也烏可坐視得失而無一言以裨益聖治萬分之一哉伏見五臺創建寺宇土木旣興工匠夫役不下數萬人附近數路州縣供億煩重男不暇耕女不暇織百物踊貴則民將有不聊生者矣又聞太后親臨五臺布施金幣廣資福利其不可行者有五何則時當盛夏禾稼方茂百姓歲計全仰秋成扈從經過千乘萬騎不無蹂躪其不可一也太后春秋已高親勞聖體往復暑途數千里山川險惡不避風日輕冒霧露萬一調養失宜悔之無及其不可二也陛下即位以來遵守祖宗成憲正當兢業持盈之日凡上舉動必書簡冊以貽萬世之則書而不法將焉用之其不可三也夫財不天來皆出於民今朝廷費用百倍昔時而又勞民傷財以奉土木其不可四也佛者本西方聖人以慈悲方便爲敎不與物競雖窮天下珍玩供養不爲喜雖無一物爲獻亦不爲怒今太后爲國家爲蒼生崇奉祈福福未獲受而先勞聖體聖天子曠定省之禮軫思親之懷其不可五也伏願中途回轅端居深宮儉以養德靜以順神上以循先皇后之懿範次以盡聖天子之孝心下以慰元元之望如此則不待祈福而福自至矣臣元禮謬當言路不避僭越而惓惓不已者誠以臣子愛君之心切冀其一悟聖聰與其受不言之責寧獲敢言之罪天下幸甚

武宗初即位上都即巡狩三不剌之地翰林學士王大用上奏曰先帝新棄天下陛下巡狩不以時還無以慰安元元宜輒還京師且臣聞人君猶北辰然居其所而衆星拱之不在勤遠畧也帝悟即日可其奏

仁宗幸護國仁王寺泛舟玉泉監察御史蓋苗進曰今頻年不登邊陲不靖政當恐懼脩省何暇逸游以臨不測之淵乎帝嘉納之賜以對衣上尊即日還宮

順帝時車駕將田于柳林御史臺臣諫曰陛下春秋鼎盛宜思文皇付托之重致天下於隆平況今赤縣之民供給繁勞農務方興而馳騁氷雪之地倘有銜橛之變奈宗廟社稷何

歷代名臣奏議卷之二百八十七

外戚

漢高后立諸呂為三王。擅權用事。朱虛侯劉章年二十。有氣力。忿劉氏不得職。嘗入侍高后燕飲。高后令章為酒吏。章自請曰。臣將種也。請得以軍法行酒。高后曰可。酒酣。章進飲歌舞。已而曰。請為太后言耕田歌。高后兒子畜之。笑曰。顧而父知田耳。若生而為王子。安知田乎。章曰。臣知之。太后曰。試為我言田。章曰。深耕穊種。立苗欲疏。非其種者。鉏而去之。呂后默然。

惠帝元年。太后稱制。議欲立諸呂為王。問右丞相王陵。王陵曰。高帝刑白馬盟曰。非劉氏而王。天下共擊之。今王呂氏。非約也。太后不悅。問左丞相陳平絳侯周勃。勃等對曰。高帝定天下。王子弟。今太后稱制。王昆弟諸呂。無所不可。太后喜。罷朝。王陵讓陳平絳侯曰。始與高帝啑血盟。諸君不在邪。今高帝崩。太后女主。欲王呂氏。諸君縱欲阿意背約。何面目見高帝地下。陳平絳侯曰。於今面折廷爭。臣不如君。夫全社稷。定劉氏之後。君亦不如臣。王陵無以應之。

宣帝即位。霍光薨。封光兄孫山雲皆為列侯。以光子禹為大司馬。霍氏諸婿親屬頗出補吏。山陽太守張敞上封事曰。臣聞公子季友有功於魯。大夫趙衰有功於晉。大夫田完有功於齊。皆疇其官邑。延及子孫。終後田氏篡齊。趙氏分晉。季氏顓魯。故仲尼作春秋。迹盛衰。譏世卿最甚。迺者大將軍決大計。安宗廟。定天下。功亦不細矣。夫周公七年耳。大將軍二十歲。海內之命。斷於掌握。方其隆時。感動天地。侵迫陰陽。月朓日蝕。晝冥宵光。地大震裂。火生地中。天文失度。祅祥變怪。不可勝記。皆陰類盛長。臣下顓制之所生也。朝臣宜有明言曰。陛下褒寵故大將軍以報功德。足矣。間者輔臣顓政。貴戚大盛。君臣之分不明。請罷霍氏三侯。皆就第。及衛將軍張安世。宜賜几杖歸休。時存問召見。以列侯為天子師。明詔以恩。不聽。群臣以義固爭而後許。天下必以陛下為不忘功德。而朝臣為知禮。霍氏世世無所患苦。今朝廷不聞直聲。而令明詔自親其文。非策之得者也。今兩侯以出。人情不相遠。以臣心度之。大司馬及其枝屬必有畏懼之心。夫近臣自危。非完計也。臣敞願於廣朝白發其端。直守遠郡。其路無由。夫心之精微。口不能言也。言之微眇。書不能文也。故伊尹五就桀。五就湯。蕭相國薦淮陰。累歲乃得通。況乎千里之外。因書文諭事指哉。唯陛下省察。上甚善其計。然不召也。後禹山等謀不軌。事覺。禹要斬。夫人顯及諸女昆弟皆棄市。與霍氏相連坐誅滅者數十家。皇后霍氏廢處昭臺宮。封告者皆為列侯。初霍氏奢侈。茂陵徐福曰。霍氏必亡。夫奢則不遜。不遜必侮上。侮上者。逆道也。霍氏秉權日久。天下害之。而又

行以逆道。不亡何待。乃上疏言霍氏太盛。陛下即愛厚之。宜以時抑制。無使至亡。書三上。輒報聞。至是人為徐福上書曰。臣聞客有過主人者。見其竈直突。傍有積薪。客謂主人。更為曲突。遠徙其薪。不者且有火患。主人不應。俄而失火。鄰里共救之。幸而得息。於是殺牛置酒。謝其鄰人。灼爛者在於上行。餘各以功次坐。而不錄言曲突者。人謂主人曰。鄉使聽客之言。不費牛酒。終亡火患。今論功而請賓。曲突徙薪無恩澤。燋頭爛額為上客耶。主人乃寤而請之。今茂陵徐福數上書言霍氏且有變。宜防絕之。鄉使福說得行。則國無裂土出爵之費。臣無逆亂誅滅之敗。往事既已。而福獨不蒙其功。唯陛下察之。

宣帝思報大將軍霍光德。乃封光兄孫山為樂平侯。使以奉車都尉領尚書事。魏相因許廣漢奏封事言。春秋譏世卿。惡宋三世為大夫。及魯季孫之專權。皆危亂國家。自後元以來。祿去王室。政由冢宰。今

尤死子復為右將軍兄子秉樞機昆弟諸壻據權勢在兵官夫人顯
及諸女皆通籍長信宮或夜詔門出入驕奢放縱恐寖不制宜有以
損奪其權破散陰謀以固萬世之基全功臣之世
成帝時王鳳專政災異寖甚劉向以宗室遺老遂上封事諫曰臣聞
人君莫不欲安然而常危莫不欲存然而常亡失御臣之術也夫大
臣操權柄持國政未有不為害者也昔晉有六卿齊有田崔衛有孫
甯魯有季孟常掌國事世執朝柄然後田氏取齊六卿分晉崔杼弒
其君光孫林父甯殖出其君衎弒其君剽季氏八佾舞於庭三家者
以雍徹並專國政卒逐昭公周大夫尹氏筦朝事濁亂王室子朝子
猛更立連年乃定故經曰王室亂又曰尹氏殺王子克甚之也春秋
舉成敗錄禍福如此類甚衆皆陰盛而陽微下失臣道之所致也故
書曰臣之有作威作福害于而家凶于而國孔子曰祿去公室政逮

大夫危亡之兆秦昭王舅穰侯及涇陽葉陽君專國擅埶上假太后
之威三人者權重於昭王家富於秦國國甚危殆賴寤范雎言而秦
復存二世委任趙高專權自恣壅蔽大臣終有閻樂望夷之禍秦遂
以亡近事不遠即漢所代也漢興諸呂無道擅相尊王呂產呂祿席
太后之寵據將相之位兼南北軍之衆擁梁趙王之尊驕盈無厭欲危
劉氏賴忠正大臣絳侯朱虛侯等竭誠盡節以誅滅之然後劉氏復
安今王氏一姓乘朱輪華轂者二十三人青紫貂蟬充盈幄內魚鱗
左右大將軍秉事用權五侯驕奢僭盛並作威福擊斷自恣行汙而寄
治身私而託公依東宮之尊假甥舅之親以為威重尚書九卿州牧
郡守皆出其門筦執樞機朋黨比周稱譽者登進忤恨者誅傷游談
者助之說執政者為之言排擯宗室孤弱公族其有智能者尤非毀
而不進遠絕宗室之任不令得給事朝省恐其與己分權數稱燕王

蓋主以疑上心避諱呂霍而弗肯稱內有管蔡之萌外假周公之論
兄弟據重宗族磐互歷上古至秦漢外戚僭貴未有如王氏者也雖
周皇甫秦穰侯漢武安呂霍上官之屬皆不及也物盛必有非常之
變先見為其人微象孝昭帝時冠石立於泰山仆柳起於上林而孝
宣即位今王氏先祖墳墓在濟南者其梓柱生枝葉扶疏出屋根垂
地中雖立石起柳無以過此之明也事埶不兩大王氏與劉氏亦且
不並立如下有泰山之安則上有累卵之危陛下為人子孫守持宗
廟而令國祚移於外親降為皁隸縱不為身奈宗廟何婦人內夫家
外父母家此亦非太后之福也孝宣皇帝不與舅平昌侯權所以全
安之也夫明者起福於無形銷患於未然宜發明詔吐德音援近宗
室親而納信黜遠外戚毋授以政皆罷令就第以則效先帝之所行
厚安外戚全其宗族誠東宮之意外家之福也王氏永存保其爵祿

劉氏長安不失社稷所以褒睦外內之姓子子孫孫無疆之計也如
不行此策田氏復見於今六卿必起於漢為後嗣憂昭昭甚明不可
不深圖不可不蚤慮易曰君不密則失臣臣不密則失身幾事不密
則害成惟陛下深留聖思審固幾密覽往來之戒以折中取信居萬
安之實用保宗廟久承皇太后天下幸甚
哀帝少在國見成帝委政外家王氏僭盛常內邑邑即位多欲有所
匡正封拜丁傅奪王氏權師丹自以師傅居三公位得信於上上書
言古者諒闇不言聽於冢宰三年無改於父之道前大行尸柩在堂
而官爵臣等以及親屬赫然皆貴封舅為陽安侯皇后尊號未定豫
封父為孔鄉侯出侍中王邑射聲校尉王邯等詔書比下變動政事
卒暴無漸臣縱不能明陳大義復曾不能牢讓爵位相隨空受封侯
增益陛下之過間者郡國多地動水出流殺人民日月不明五星失

行此皆舉錯失中。疏令不定。法度失理。陰陽溷濁之應也。臣伏惟人情無子。年雖六七十。猶博取而廣求。孝成皇帝深見天命。燭知至德。以壯年克己立陛下為嗣。先帝暴棄天下。而陛下繼體。四海安寧。百姓不懼。此先帝聖德。當合天人之功也。臣聞天威不違顏咫尺。願陛下深思先帝所以建立陛下之意。且克己躬行。以觀群下之從化。天下者陛下之家也。胏附何患不富貴。不宜倉卒。先帝不量臣愚。以為太傅。陛下以臣託師傅。故亡功德而備鼎足。封大國。加賜黃金。位為三公。職在左右。不能盡忠補過。而令庶人竊議。災異數見。此臣之大罪也。臣不敢言乞骸骨歸於海濱。恐嫌於偽誠。慙負重責。義不得不盡死。書數十上。多切直之言。

哀帝少而聞知王氏驕盛。心不能善。以初立故優之。後月餘。司隸校尉解光奏曲陽侯根宗重身尊。三世據權。五將秉政。天下輻湊自效。

根行貪邪。臧累鉅萬。縱橫恣意。大治室第。第中起土山。立兩市。殿上赤墀戶青瑣。遊觀射獵。使奴從者被甲持弓弩。陳為步兵。止宿離宮。水衡供張。發民治道。百姓苦其役。內懷姦邪。欲筦朝政。推親近吏主簿張業以為尚書。蔽上壅下。內塞王路。外交藩臣。驕奢僭上。壞亂制度。案根骨肉至親。社稷大臣。先帝棄天下。根不悲哀思慕。山陵未成。公聘取故掖庭女樂五官殷嚴王飛君等。置酒歌舞。捐忘先帝厚恩。背臣子義。及根兄子成都侯況幸得以外親繼父為列侯侍中。不思報厚恩。亦聘取故掖庭貴人以為妻。皆無人臣禮。大不敬不道。於是天子曰。先帝遇根況父子至厚也。今迺背恩忘義。以根嘗建社稷之策。遣就國。免況為庶人。歸故郡。

哀帝欲封祖母傅太后從弟商。鄭崇諫曰。孝成皇帝封親舅五侯。天為赤黃晝昏。日中有黑氣。今祖母從昆弟二人已侯。孔鄉侯皇后父。高武侯以三公封。尚有因緣。今無故欲復封商。壞亂制度。逆天人心。非傅氏之福也。臣聞師曰。逆陽者厥極弱。逆陰者厥極凶短折。犯人者有亂亡之患。犯神者有疾夭之禍。故周公著戒曰。惟王不知艱難。唯耽樂是從。時亦罔有克壽。故衰世之君夭折蚤沒。此皆犯陰之害也。臣願以身命當國咎。

哀帝時鮑宣上書諫曰。竊見孝成皇帝時。外親持權。人人牽引所私。以充塞朝廷。妨賢人路。濁亂天下。奢泰亡度。窮困百姓。是以日蝕且十。彗星四起。危亡之徵。陛下所親見也。今奈何反覆劇於前乎。朝臣亡有大儒骨鯁白首耆艾魁壘之士。論議通古今。喟然動眾心。憂國如飢渴者。臣未見也。敦外親小童及幸臣董賢等在公門省戶下。陛下欲與此共承天地。安海內。甚難。今世俗謂不智者為能。謂智者為不能。昔堯放四罪而天下服。今除一吏而眾皆惑。古刑人尚服。今賞

人反惑。請寄為姦。群小日進。國家空虛。用度不足。民流亡去城郭。盜賊並起。吏為殘賊。歲增於前。凡民有七亡。陰陽不和。水旱為災。一亡也。縣官重責更賦租稅。二亡也。貪吏並公。受取不已。三亡也。豪強大姓蠶食亡厭。四亡也。苛吏繇役。失農桑時。五亡也。部落鼓鳴。男女遮迣。六亡也。盜賊劫略。取民財物。七亡也。七亡尚可。又有七死。酷吏毆殺。一死也。治獄深刻。二死也。冤陷亡辜。三死也。盜賊橫發。四死也。怨讎相殘。五死也。歲惡飢餓。六死也。時氣疾疫。七死也。民有七亡而無一得。欲望國安。誠難。民有七死而無一生。欲望刑措。誠難。此非公卿守相貪殘成化之所致邪。群臣幸得居尊官。食重祿。豈有肯加惻隱於細民。助陛下流教化者邪。志但在營私家。稱賓客。為姦利而已。以苟容曲從為賢。以拱默尸祿為智。謂如臣宣等為愚。陛下擢臣巖穴。誠冀有益毫毛。豈徒欲使臣美食大官。重高門之地哉。天下乃皇天之

天下也陛下上爲皇天子下爲黎庶父母爲天牧養元元視之當如一合尸鳩之詩今貧民菜食不厭衣又穿空父子夫婦不能相保誠可爲酸鼻陛下不救將安所歸命乎柰何獨私養外親與幸臣董賢多賞賜以大萬數使奴從賓客漿酒霍肉蒼頭廬兒皆用致富非天意也及汝昌侯傅商亡功而封夫官爵非陛下之官爵乃天下之官爵也陛下取非其官官非其人而望天說民服豈不難哉方陽侯孫寵宜陵侯息夫躬辯足以移衆彊可用獨立姦人之雄或世尤劇者也宜以時罷退及外親幼童未通經術者皆宜令休就師傅急徵故大司馬傅喜使領外親故大司空何武師丹故丞相孔光故左將軍彭宣經皆更博士位皆歷三公智謀威信可與建教化圖安危龔勝爲司直郡國皆慎選舉三輔委輸官不敢爲姦可大委任也陛下前以小不忍退武等海內失望陛下尚能容亡功德者甚衆曾不能忍武等邪治天下者當用天下之心爲心不得自專快意而已也上之皇天見譴下之黎庶怨恨次有諫爭之臣陛下苟欲自薄而厚惡臣天下猶不聽也臣雖愚戇獨不知多受祿賜美食大官廣田宅厚妻子不與惡人結仇怨以安身邪誠迫大義官以諫爭爲職不敢不竭愚惟陛下少留神明覽五經之文原聖人之至意深思天地之戒臣宣吶鈍於辭不勝惓惓盡死而已

平帝時申屠剛仕郡功曹時王莽專政朝多猜忌遂隔絕帝外家馮衛二族不得交宮剛常疾之及舉賢良方正因對策曰臣聞王事失則神祇怨怒姦邪亂政故陰陽謬錯此天所以譴告王者欲令失道之君曠然覺悟懷邪之臣懼然自刻者也今朝廷不考功校德而虛納毀譽數下詔書張設重法抑斷誹謗禁割論議罪之重者乃至腰斬傷忠臣之情挫直士之銳殆乖建進善之旌縣敢諫之鼓闢四門

之路明四目之義也臣聞成王幼少周公攝政聽言下賢均權布寵無舊無新唯仁是親動順天地舉措不失然近則召公不悅遠則四國流言夫子母之性天道至親今聖主幼少始免襁褓即位以來至親分離外戚杜隔恩不得通且漢家之制雖任英賢猶援姻戚親疏相錯杜塞間隙誠所以安宗廟重社稷也今馮衛無罪久廢不錄或處窮僻不若民庶誠非慈愛忠孝承上之意夫爲人後者自有正義至尊至卑其勢不嫌是以人無賢愚莫不爲怨姦臣賊子以之爲便不諱之變誠難其慮今之保傅非古之周公周公至聖猶尚有累何況事失其衷不合天心者哉昔周公先遣伯禽守封於魯以義割恩寵不加後故配天郊祀三十餘世霍光秉政輔翼少主修善進士名爲忠直而尊其宗黨摧抑外戚結貴據權至堅至固終没之後受禍滅門方今師傅皆以伊周之位據賢保之任以此思化則功何不至不思其危則禍何不到損益之際孔父攸歎持滿之戒老氏所慎蓋功冠天下者不安威震人主者不全今承衰亂之後繼重敝之世公家屈竭賦斂重數苛吏奪其時貪夫侵其財百姓困乏疾疫夭命盜賊群輩且以萬數軍行衆止竊號自立攻犯京師燔燒縣邑至乃訛言積弩入宮宿衛驚懼自漢興以來誠未有也國家微弱姦謀不禁六極之效危於累卵王者承天順地典爵主刑不敢以天官私其宗不敢以天罰輕其親陛下宜遂聖明之德昭然覺悟遠述帝王之迹近遵孝文之業差五品之屬納至親之序亟遣使者徵中山太后置之別宮令時朝見又召馮衛二族裁與冗職使得執戟親奉宿衛以防未然之符以抑患禍之端上安社稷下全保傅內和親戚外絕邪謀

東漢光武時蔡茂爲廣漢大守時陰氏賓客在廣漢郡界多犯吏禁

輙糾案無所回避。會洛陽令董宣舉糾湖陽公主。帝始怒收宣。既而赦之。茂嘉宣剛正。欲令朝廷禁制貴戚。乃上書曰。臣聞興化致教。必由進善。康國寧人。莫大理惡。頃者貴戚椒房之家。數因恩勢。干犯吏禁。殺人不死。傷人不論。臣恐繩墨棄而不用。斧斤廢而不舉。近湖陽公主奴殺人西市。而與主共輿。出入宮省。逋罪積日。寃魂不報。洛陽令董宣直道不顧。干主討姦。陛下不先澄審。召欲加箠。當宣受怒之初。京師側耳。及其蒙宥。天下拭目。今者外戚憍逸。賓客放濫。宜勑有司案理姦罪。使執平之吏。求申其用。以厭遠近不緝之情。光武納之。

章帝初立。以明德太后故。尊崇舅氏馬廖兄弟。並居職任。廖等傾身交結。冠蓋之士。爭赴趣之。司空第五倫以后族過盛。欲令朝廷抑損其權。上疏曰。臣聞忠不隱諱。直不避害。不勝愚狷。昧死自表。書曰。臣無作威作福。其害于而家。凶于而國。傳曰。大夫無境外之交。束脩之饋。

近代先烈皇后。雖友愛天至。而卒使陰就歸國。徙廢陰興賓客。其後梁竇之家。互有非法。明帝即位。竟多誅之。自是洛中無復權戚。書記請託。一皆斷絕。又譬諸外戚曰。若身待士。不如爲國。戴盆望天。事不兩施。臣常刻著五臧。書諸紳帶。而今之議者。復以馬氏爲言。竊聞衛尉廖以布三千匹。城門校尉防以錢三百萬。私贍三輔衣冠。知與不知。莫不畢給。又聞臘日亦遺其在洛中者錢各五千。越騎校尉光。臘用羊三百頭。米四百斛。肉五千斤。臣愚以不應經義。惶恐不敢以不聞。陛下情欲厚之。亦宜所以安之。臣今言此。誠欲上忠陛下。下全后家。冀蒙省察。及馬防爲車騎將軍。當出征西羌。倫又上疏曰。臣愚以爲貴戚可封侯以富之。不當職事以任之。何者。繩以法則傷恩。私以親則違憲。伏聞馬防今當西征。臣以太后恩仁。陛下至孝。恐卒有纖介。難爲意愛。聞防請杜篤爲從事中郎。多賜財帛。篤。鄉里所廢。客居美陽。女弟爲馬氏妻。恃此交通。在所縣令。苦其不法。收繫論之。今來防所。議者咸致疑怪。況乃以爲從事。將恐議及朝廷。今宜爲選賢能以輔助之。不可復令防自請人。有損事望。苟有所懷。敢不自聞。及諸馬得罪歸國。而竇氏始貴。倫復上疏曰。臣得以空虛之質。當輔弼之任。素性駑怯。位尊爵重。抱迫大義。思自策厲。雖遭百死。不敢擇地。又況親遇危言之世哉。今承百王之敝。人尚文巧。咸趨邪路。莫能守正。伏見虎賁中郎將竇憲。椒房之親。典司禁兵。出入省闥。年盛志美。卑謙樂善。此誠其好士交結之方。然諸出入貴戚者。類多瑕釁禁錮之人。尤少守約安貧之節。士大夫無志之徒。更相販賣。雲集其門。衆呴飄山。聚蚊成雷。蓋驕佚所從生也。三輔論議者至云。以貴戚廢錮。當復以貴戚浣濯之。猶解酲當以酒也。詖險趨埶之徒。誠不可親近。臣愚願陛下中宮嚴勑憲等閉門自守。無妄交通士大夫。防其未萌。

慮於無形。令憲永保福祿。君臣交歡。無纖介之隙。此臣之至所願也。

元和三年。太尉鄭弘病篤。上書曰。竇憲姦惡。貫天達地。海內疑惑。謂憲何術以迷主上。近日王氏之禍。昞然可見。陛下處天子之尊。保萬世之祚。而信讒佞之臣。不計存亡之機。臣雖命在晷刻。死不忘忠。願陛下誅四凶之罪。以厭人鬼憤結之望。

和帝永元二年。以竇憲爲車騎將軍。詔使者爲憲弟篤景並起邸第。興造勞役。百姓愁苦。侍御史何敞上疏諫曰。臣聞匈奴爲之桀逆久矣。平城之圍。慢書之恥。此二辱者。臣子所爲捐軀而必死。高祖呂后忍怒還忿。舍而不誅。伏惟皇太后秉文母之操。陛下履晏晏之姿。匈奴無逆節之罪。漢朝無可慙之恥。而盛春東作。興動大役。元元怨恨。咸懷不悅。而猥復爲衛尉篤奉車都尉景繕脩館第。彌街絕里。臣雖斗筲之人。誠竊懷怪。以爲篤景親近貴臣。當爲百僚表儀。今衆軍在道。朝廷焦脣。百姓愁苦。縣官無用。而遷起大第。崇飾玩好。非所以垂令德。示無窮也。宜且罷工匠。專憂北邊。恤人之困。書奏不省。後拜爲尚書。復上封事曰。夫忠臣憂世。犯主嚴顏。譏刺貴臣。至以殺身滅家而猶爲之者。何邪。君臣義重。有不得已也。臣伏見往事。國之危亂。家之將亡。皆有所由。較然易知。昔鄭武姜之幸叔段。衞莊公之寵州吁。愛而不教。終至亡戾。由是觀之。愛子若此。猶飢而食之以毒。適所以害之也。伏見大將軍竇憲。始遭大憂。公卿比奏。欲令典幹國事。憲深執謙退。固辭盛位。懇懇勤勤。言以深至。天下聞之。莫不悅喜。今踰年無幾。大禮未終。卒然中改。兄弟專朝。憲秉三軍之重。篤景總宮衞之權。而虐用百姓。奢侈僭偪。誅戮無罪。肆心自快。今者論議洶洶。咸謂叔段州吁復生於漢。臣觀公卿懷持兩端。不肯極言者。以爲憲等若有匪懈之志。則已受吉甫褒申伯之功。如憲等陷於罪辜。則自取陳平周勃順呂后之權。終不以憲等吉凶爲憂也。臣敞區區誠欲計策兩安。絕其綿綿。塞其涓涓。上不欲令皇太后損文母之稱。陛下有誓泉之譏。下使憲等得長保其福祐。然臧獲之謀。上安主父。下存主母。猶不免於嚴怒。臣伏惟累祖蒙恩。至臣八世。復以愚陋。旬年之間。歷顯位。備機近。每念厚德。怒然忘生。雖知言必夷滅。而冒死自盡者。誠不忍目見其禍而懷默苟全。駙馬都尉瓌雖在弱冠。有不隱之忠。比請退身。願抑家權。可與參謀。聽順其意。成宗廟至計。竇氏之福。時樂恢爲尚書僕射。見憲兄弟放縱。亦上疏諫曰。臣聞百王之失。皆由權移於下。大臣持國。常以勢盛爲咎。伏念先帝聖德未永。早棄萬國。陛下富於春秋。纂承大業。諸舅不宜幹正王室。以示天下之私。經曰。天地乖互。衆物夭傷。君臣失序。萬人受殃。政失不救。其極不測。方今之宜。上以義自割。下以謙自引。四舅可長保爵土之榮。皇太后永無慙

負宗廟之憂。誠策之上者也。

四年。大將軍竇憲誅。河南尹張酺上疏曰。方憲等寵貴。群下阿附唯恐不及。今嚴威既行。皆言當死。不復顧其前後。臣伏見夏陽侯瓌每存忠善。檢敕賓客。未嘗犯法。臣聞王政骨肉之刑。有三宥之義。過厚不過薄。宜加貸宥。以崇厚德。帝感其言。瓌遂得全。

安帝始親政事。追感祖母宋貴人。悉封其家。又元舅耿寶及皇后兄弟閻顯等並用威權。尚書翟酺上疏諫曰。臣聞微子佯狂而去殷。叔孫通背秦而歸漢。彼非自疎其君。時不可也。臣荷殊絕之恩。蒙值不諱之政。豈敢雷同受寵。而以戴天履地。伏惟陛下應天履祚。歷值中興。當建太平之功。而未聞致化之道。蓋遠者難明。請以近事徵之。昔竇鄧之寵。傾動四方。兼官兼綬。盈金積貨。至使議弄神器。改更社稷。豈不以埶尊威廣。以致斯患乎。及其破壞。頭顙墮地。願爲孤豚。豈可得哉。夫致貴無漸失必暴。受爵非道殃必疾。今外戚寵幸。功均造化。漢元以來。未有等比。陛下誠仁恩周洽。以親九族。然祿去公室。政移私門。覆車重尋。寧無摧折。而朝臣在位。莫肯正議。翁翁訾訾。更相佐附。臣恐威權外假。歸之良難。虎翼一奮。卒不可制。故孔子曰。吐珠於澤。誰能不含。老子稱國之利器。不可以示人。此最安危之極戒。社稷之深計也。夫儉德之恭。政存約節。故文帝愛百金於露臺。飾帷帳於皁囊。或有譏其儉者。上曰。朕爲天下守財耳。豈得妄用之哉。至倉穀腐而不可食。錢貫朽而不可校。今自初政已來。日月未久。費用賞賜已不可筭。斂天之財。積無功之家。帑藏單盡。民物彫傷。卒有不虞。復當重賦百姓。怨叛既生。危亂可待也。昔成王之政。周公在前。邵公在後。畢公在左。史佚在右。四子挾而維之。目見正容。耳聞正言。一日即位。天下曠然。言其法度素定也。今陛下有成王之尊。而無數子之佐。

雖欲崇雍熙致太平。其可得乎。自去年已來。災譴頻數。地坼天崩。高岸為谷。脩身恐懼。則轉禍為福。輕慢天戒。則其害彌深。願陛下親自勞恤。研精致思。勉求忠貞之臣。誅遠佞諂之黨。損玉堂之盛。尊天爵之重。割情欲之歡。罷宴私之好。帝王圖籍。陳列左右。心存亡國所以失之鑒。觀興王所以得之。庶災害可息。豐年可招矣。奏書不省。而外戚寵臣咸畏惡之。

永初中。鄧太后兄大將軍騭以母憂上書乞身。太后不欲許。以問班昭。昭因上疏曰。伏惟皇太后陛下躬盛德之美。隆唐虞之政。闢四門而開四聰。采狂夫之瞽言。納芻蕘之謀慮。妾昭得以愚朽身當盛明。敢不披露肝膽以効萬一。妾聞謙讓之風。德莫大焉。故典墳述美。神祇降福。昔夷齊去國。天下服其廉高。太伯違邠。孔子稱為三讓。所以光昭令德。揚名于後者也。論語曰。能以禮讓為國。於從政乎何有。由是言之。推讓之誠。其致遠矣。今四舅深執忠孝。引身自退。而以方垂未靜。拒而不許。如後有毫毛加於今日。誠恐推讓之名不可再得。緣見逮及。故敢昧死竭其愚情。自知言不足采。以示蟲螘之赤心。太后從而許之。於是騭等各還里第焉。

質帝本初元年。益封梁冀萬三千戶。又封其子弟及宦者劉廣等皆為列侯。太尉杜喬諫曰。陛下即位。不急忠賢之禮。而先左右之封。梁氏一門。宦者微孽。並帶無功之紱。裂勞臣之土。其為乖濫。胡可勝言。苟遂斯道。豈伊傷政為亂而已。喪身亡國。可不慎哉。

恒帝元嘉中。郎中汝南袁著年十九。見梁冀凶縱。不勝其憤。乃詣闕上書曰。臣聞仲尼歎鳳鳥不至。河不出圖。自傷卑賤不能致也。今陛下居得致之位。又有能致之資。而和氣未應。賢愚失序者。勢分權臣。上下壅隔之故也。夫四時之運。功成則退。高爵厚寵。鮮不致災。今大

將軍位極功成。可為至戒。宜遵懸車之禮。高枕頤神。傳曰。木實繁者披枝。害心。若不抑損權盛。將無以全其身矣。左右聞臣言。將側目切齒。臣特以童蒙見拔。故敢忘忌諱。昔舜禹相戒。無若丹朱。周公戒成王。無如殷王紂。願除誹謗之罪。以開天下之口。

晉武帝太康中。遷裴頠為尚書左僕射侍中。俄而使頠專任門下事。固讓不聽。頠上言。賈模適亡。復以臣代。崇外戚之望。彰偏私之舉。后族何嘗有能自保。皆知重親無脆者也。然漢二十四帝。惟孝文光武明帝不重外戚。皆保其宗。豈將獨賢。實以安理故也。昔穆叔不拜越禮之饗。臣亦不敢聞殊常之詔。又表云。咎繇謨虞。伊尹相商。呂望翊周。蕭張佐漢。咸播功化。光格四極。暨于繼體。咎單傳說。祖己樊仲。亦隆中興。或明揚側陋。或起自庶族。豈非尚德之舉。以臻斯美哉。歷觀近世。不能慕遠。溺於近情。多任后親。以致不靜。昔疏廣戒太子以舅氏為官屬。前世以為知禮。況朝廷何取於外戚。正復才均。尚當先其疏者。以明至公。漢世不用馮野王。即其事也。

東晉明帝即位。以明穆皇后兄庾亮為中書監。上疏讓曰。臣凡庸固陋。少無殊操。昔以中州多故。舊邦喪亂。隨侍先臣遠庇有道。爰容逃難。求食而已。不悟微時之福。遭遇嘉運。先帝龍興。垂異常之顧。既眷同國士。又申以婚姻。遂階親寵。累忝非服。弱冠濯纓。沐浴芳風。頻煩省闥。出總六軍。十餘年間。位超先達。無勞受遇。無與臣比。小人祿薄。福過災生。止足之分。臣所宜守。而偷榮昧進。日爾一日。謗讟既集。上塵聖朝。始欲自聞。而先帝登遐。區區微誠。竟未上達。陛下踐阼。聖政惟新。宰輔賢明。庶僚咸允。康哉之歌。實存于至公。而國恩不已。復以臣領中書。臣領中書。則示天下以私矣。何者。臣於陛下。后之兄也。姻婭之嫌。與骨肉中表不同。雖太上至公。聖德無私。然世之喪道。有自

來矣悠悠六合皆私其姻人皆有私則天下無公矣是以前後二漢咸以抑后黨安進婚族危向使西京七族東京六姓皆非姻族各以平進縱不悉全決不盡敗今之盡敗由姻昵臣歷觀庶姓在世無黨於朝無援於時植根之本輕也薄也苟無大瑕猶或見容至於外戚憑託天地連勢四時根援扶疏重矣大矣而或居權寵四海側目事有不允罪不容誅身既招殃國為之敝其故何耶由姻嫌之私群情之所不能免是以疏附則信姻進則疑疑積於百姓之心則禍成於重闈之內矣此皆往代成鑒可為寒心者也夫萬物之所不通聖賢因而不奪冒親以求一寸之用未若防嫌以明至公今以臣之才兼如此之嫌而使內處心膂外總兵權以此求治未之聞也以此招禍可立待也雖陛下二相明其愚款朝士百僚頗識其情天下之人安可門到戶說使皆坦然邪夫富貴榮寵臣所不能忘也刑罰貧賤

臣所不能甘也今恭命則愈違命則苦臣雖不達何事背時違上自貽患責邪實仰覽殷鑒量已知弊身不足惜為國取悔是以悾悾屢陳丹欵而微誠淺薄未垂察諒憂惶屏營不知所措願陛下垂天地之鑒察臣之愚則臣雖死之日猶生之年矣疏奏帝納其言而止

成帝時蘇峻平護軍將軍庾亮上疏曰臣凡鄙小人才不經世階緣戚屬累忝非服叨竊彌重謗議彌興皇家多難未敢告退遂隨輾轉便煩顯任先帝不豫臣參侍醫藥登遐顧命又豫聞後事豈云德授蓋以親也臣知其不可而不敢逃命實以田夫之交猶有寄託況君臣之道義貫自然哀悲眷戀不敢違距且先帝謬顧情同布衣既今恩重命輕遂感遇忘身加以陛下初在諒闇先后親覽萬機宣通外內臣當其地是以激節驅馳不敢依違雖知無補志以死報而才下位高知進忘退乘寵驕盈漸不自覺進不能撫寧外內退不能推賢宗長遂使四海側心謗議沸騰祖約蘇峻不堪其憤縱肆兇逆事由臣發社稷傾覆宗廟虛廢先后以憂逼登遐陛下旰食踰年四海哀惶肝腦塗地臣之招也臣之罪也朝廷寸斬之屠戮之不足以謝祖宗七廟之靈臣灰身滅族不足以塞四海之責臣負國家其罪莫大實天所不覆地所不載陛下矜而不誅有司縱而不戮自古及今豈有不孝不忠如臣之甚不能伏劍北闕偷存視息雖生之日亦猶死之年朝廷復何理齒臣於人次臣亦何顏自次於人理臣欲自投草澤思愆之心也而明詔謂之獨善其身聖旨不垂矜察所以重其罪也願陛下覽先朝謬授之失雖垂寬宥全其首領猶宜棄之任其自存自沒則天下粗知勸戒之綱矣

隋文帝仁壽二年兵部尚書柳述尚蘭陵公主怙寵使氣帝問符璽直長韋雲起以外間不便事述時侍側雲起曰柳述驕豪未嘗經事

兵機重要非其所堪臣恐物議以為陛下官不擇賢專私所愛斯亦不便之大者帝甚然之

唐太宗貞觀七年蜀王妃父楊譽在省競婢都官郎中薛仁方留身勘問未及予奪其子為千牛於殿廷陳訴云五品以上非反逆不合留身以是國親故生節目不肯決斷淹留歲月太宗聞之怒曰知是我親戚故作如此艱難即令杖仁方一百解所任官魏徵進曰城狐社鼠皆微物為其有所憑恃故除之猶不易況世家貴戚舊號難理漢晉以來不能禁禦武德之中以多驕縱陛下登極方始肅條仁方既是職司能為國家守法豈可枉加刑罰以成外戚之私乎此源一開萬端爭起後必悔之將無所及自古能禁斷此事惟陛下一[illegible]豫不虞為國常道豈可以水未橫流便欲自毀隄防臣竊思[illegible]其可太宗曰誠如公言向者不思[illegible]仁方輒禁不言頗是專[illegible]

重罪宜少加懲肅。乃令杖二十而赦之。

武后已持政。稍自肆。於是武承嗣請立七廟。追王其先。中書令裴炎諫曰。太后天下母。以盛德臨朝。宜存至公。不容追王祖考。示自私。且獨不見呂氏事乎。后曰。呂氏之王。權屬生人。今追崇先世。在亡迹異。安得同哉。炎曰。蔓草難圖。漸不可長。后不悅而罷。

中宗神龍元年。立韋氏爲后。贈后父玄真上洛王。左拾遺賈虛已上疏曰。異姓不王。古今通制。今中興之始。萬姓仰觀。而先王后族。非所以廣德美於天下也。且先朝贈后父太原王。殷鑒不遠。須防其漸。

玄宗開元中。皇后父王仁皎卒。將葬。用昭成皇后家竇孝諶故事。墳高五丈一尺。侍中宋璟等請如著令。帝已然可。明日復詔如孝諶者。璟還詔曰。儉德之恭。侈惡之大也。僭禮厚葬。前世所誡。故古墓而不墳。人子於哀迷。則未皇以禮自制。故聖人制齊斬緦免。衣衾棺槨。各

有度數。雖有賢者。斷其私懷。衆皆務奢。獨能以儉。所謂至德要道者。中宮若謂孝諶踰制。初無非者。一切之令。固不足以法。貞觀時。嫁長樂公主。魏徵謂不可加長公主。太宗欣納。而文德皇后降使厚謝。韋庶人追王其父。擅作酆陵。而禍不旋踵。國家知人情無窮。故爲制度。不因人以搖動。不變法以愛憎。比來人間競務靡葬。今以后父重戚。不憂乏用。高冢大寢。不畏無人。百事官給。一朝可就。而區區屢聞者。欲成朝廷之政。中宮之美爾。儻中宮情不可奪。請準令一品陪陵墳四丈。差合所宜。帝曰。朕常欲正身紀綱天下。於后容有私邪。然人所難言。公等乃能之。即可其奏。又遣使賚綵絹四百匹。

憲宗時。宰臣延英奏事畢。因言及前古外戚專寵害政。上曰。朕每以此爲監。外戚不惟止於無權。未嘗假其顏色。正爲此也。宰臣李絳等曰。鑒往古之失。立當今之制。事光千古。道冠百王。今妃后家外戚之勢。向外都不知有祗畏恭慎。常恐有違。至於職位賜與。賓客聚會。豈惟無敢踰制。實亦不逮常人。所以自陛下臨御已來。后族戚里之家無一人有犯法懲責。蓋制於未然之所致也。上甚悅曰。今豈得如此乎。若有踰越。朕必寬捨。此卻是安全外戚之道也。宰臣陳賀曰。陛下檢御外戚之道。從古帝王無及。今者聖旨引遠。睿政光昭。可垂萬代之法也。

文宗開成三年。以郭旼爲邠寧節度使。上問柳公權以外議。對曰。郭旼除邠寧。外間頗以爲疑。上曰。旼尚父之姪。太后叔父。自金吾作小鎮。外間何尤焉。對曰。非謂旼不應爲節度使也。聞陛下近取旼二女入宮。有之乎。上曰。然。入參太皇太后耳。公權曰。外間不知。皆云旼納女後宮。故得方鎮。上曰。然則柰何。對曰。獨有自南內遣歸其家。則外議自息矣。上即日從之。

歷代名臣奏議卷之二百八十八

歷代名臣奏議卷之二百八十九

外戚

宋仁宗天聖七年群牧判官龎籍上奏曰帝王行法必從近始使左右貴戚畏而不犯犯而不捨則天下孰敢輕重哉夫左右之臣貴寵之戚出入禁闥綢繆寵遇凡常之見所望惟恩望恩不已驕怨漸積諸葛亮所謂寵之以位位極則賤順之以恩恩竭則慢夫有賤位之心繼以慢恩之意未有不猖蹶踰檢縱肆無憚者矣過惡既盈然後寘之以法此前代之亡身覆族者皆由驕之大過制之不早故也所謂將欲掐之道是偶之不若以義而斷其恩以法而制其漸知有過於則大禍矣知無故不賞則僥望自息矣諸葛亮所謂威之以法法行則知恩限之以爵爵加則知榮是也使其操履自守常有……之心纖塵所被必懷感恩之意求保元吉與國同休豈非王者待左右親戚之至仁乎孰若養成癰疽使至決潰亡臣頃為開封府兵曹參軍伏見王世融因毆本府客司軍將仇以法當贖銅特勒勒注且仇保京府一走卒耳世融貴戚之子也陛下責其橫恣越法停官此實國家用法之至當而保全戚里之深心也若陛下制馭左右貴戚皆如世融則何患法不行而人不畏乎況此數年事耳固未忘於聖心近聞作坊料物庫監官連宮掖之戚侵盜官物事發而逃三司案捕之訴降旨不令窮究此非臣本職得自風傳萬一有之未為美事陛下不知不使推窮其事付之於外矣其知過後或因赦文稍加收敘或以衣食養不使任職若因而浚改是陛下再造其身也此乃公法不屈私恩亦隆臣切感聖斷異於尋常時也計過則此至而彼輕此論屬則彼親而此疎也議罪則彼加法而此貸刑也臣恐中外有或效之者繩之以法是同罪異罰矣因而寬之是法寖廢矣昔漢武時隆慮公主病困以金千斤錢千萬為子昭平君豫贖死罪上許之隆慮公主卒昭平君驕醉殺人廷尉請論武帝曰法令者先帝所造也用弟故而誣先帝之法吾何面目入高廟乎又下負萬民乃可其奏哀不能自止且隆慮帝妹也昭平帝婿也復已許其贖死而終不貸貫者蓋食言之媿小而廢法之失大也故臣願陛下謹法制以齊中外也

景祐三年右司諫供諫職韓琦上奏曰臣歷觀方牘㮣見后黨率從憑藉罕務撿修是故抑其勢則獲安縱其欲則招禍矧屬聖神御宇慈愛及親既務全恩誠宜杜漸臣竊以新授成州防禦使楊景宗起於寒悴本無勳績特緣戚里遂冒貴階荐警盜於列城復總戎於要地肆情犯法所在奏論矜貸實多豪暴無改近者莊惠皇太后上僊乘驛歸闕所宜哀號夙夜以極追懷而乃未及解裝遽思廣第丁謂故宅昔已賜給制度宏壯宇室延袤都畿之下鮮克倫比況乎左右民舍已從安處一旦驟令移徙不容尋卜所居遂至毀撃閭閻驚驅老幼悉令暴露咸使怨嗟復近於殿廷恐其忿讟輒成喧屬必達上聰恭惟密禁至嚴清光甚邇臣下所履蹈踏為常在於宮掖之間猶無畏忌使之州郡之內孰遏侵陵苟不舉劾其非誠勉於後是使無知之性居職任寖為小過謂親寵而不問稔成巨愆豈憲律之當捨是則有漸而故滋其蔓推恩而不保其終徒惻上仁是傷醲化臣欲乞詔下有司明按其罪或屈法以俾之嚮善或申罰以懲其不恭盡繁宸衷少塞輿議臣猥參諫職但罄所聞固不敢乘隙以傾人相時而言事蓋欲陛下全外族而隆孝治存國體也

慶曆四年右司諫供諫職余靖上奏曰臣竊聞已降敕命差職方員外郎張堯佐提點府界諸縣鎮公事外議皆言堯佐識見淺近依託

後宮嬪嬙之勢。已得內降指揮改賜章服。又從內批與省府差遣。大臣依違不能堅執。遂與府界提點。伏惟陛下損節浮費。放減後宮。絕斜封之官。無私謁之寵。此皆日來親行至美之事。安得更使人言籍籍如此。臣深為陛下惜之。大凡嬪御親姻。但多與財帛。足表恩意。至如堯佐進士出身。自當隨其才望。與之差遣。何必躐等待之。以騰物議。府界提點比省府判官。固是降等。其如呂公弼亦是辭三司判官就此差遣。未及半年。早已遷陟。議者不論其才。但言是故相之子。所以進用太速。將來堯佐若循此例昇進。外議亦只謂是斜封私謁之類。竊恐上累聖德。若陛下必欲愛之。不若與有職田一近郡。正以表陛下屈己從人之德。於堯佐資序亦無所損也。

八年。殿中侍御史何郯上奏曰。臣伏覩近日后族戚里。非次改官稍多。朝廷爵賞。本以寵待勞臣。非素有勳績。即須循年考。今橫恩過寵

輕授無度。竊恐近戚之家。迭相攀援。人懷異望。若各從所求。即是名器高下。皆以恩授。陛下至公在御。凡一爵賞。皆循典制。推此恩澤。必是近歲戚姻。入內有所干求。聖心念親親之故。不欲拒絕。所以致冒賞貪進之人。衆而煩黷聖聽。況舊有條約。外親命婦。不許因入內投進文字。求內批旨揮差遣及非次改轉恩澤。如有內批指揮。即令樞密院進呈。具此條貫執奏。不得輒便施行。朝廷著令如此明白。臣下尚不遵此。若從而遂之。即是啓僥倖之門。塞公平之路。此風寖行。為害不細。伏望聖慈以義斷恩。特賜指揮。其近戚干求非次改轉恩澤。一切止絕。所貴重惜爵秩。以允公議。

皇祐元年。郯又奏曰。臣伏聞祖宗典故。宗室姻戚。未嘗委之典禁兵及任要官。近年因李昭亮授管幹殿前馬步軍都指揮使公事。郭承祐相繼被用。遂成此例。緣自先朝至今。宗室諸院尚未有預領民事者。今以兵權付之近戚。竊恐競相扳援。漸干國政。至公任使。雖無親疎。然於防微杜漸之道。固為遠慮。伏望詔中書門下樞密院稽求列聖故事。自今與宗室連姻臣僚。更不得除授典掌侍衛及樞要之任。仍立為永制。以絕後來非異之人。

三年。郯出知漢州。又奏曰。臣伏見三司使禮部侍郎張堯佐慶曆三年冬。從開州來。是時猶作南宮散郎。自頃至今。不五六年間。遂歷盡要近。洎尹京邑。乃司計籍。緣堯佐雖由進士登第。歷官無他過。然驟被寵用。人情皆以止緣後宮之親。非復以才能許之。況三司使位望任使。為二府之亞。跂步便至。今堯佐充三司使已踰年。若大饗訖事。衆議謂陛下以酬勞為名。必當進用堯佐在兩府。果如衆議。命行之日。言事之臣。必以死爭。當是之時。陛下欲決用堯佐。則當黜言者。聽用言者。即須罷堯佐。酌之兩塗。必難並立。然用堯佐而黜言者。則累

德。聽言者而罷堯佐。則傷恩。累德則損歸聖躬。傷恩則怨起近戚。欲聖躬無所損。外戚無所怨。莫如富貴堯佐而不假之以權。如李用和處之。正得宜也。前古近戚成敗之間。其鑒不遠。崇寵過當。則不免禍敗。抑損得所。則必能安全。禍敗安全。不唯其家繫之。抑亦國隨而興衰也。此書傳所載。不可悉數。陛下聰明。固宜監觀往事。以為社稷之計。前歲陛下備禮冊命貴妃。外廷紛紜。已有物議。然臣當時未嘗論列者。蓋以天子列嬪妃之位。明有典章。若不干預政事。置亦無害。今用堯佐至三司使。已是預政事。況於進處二府。則天下之議。當以為如何。堯佐進用與否。固亦未測陛下之意。然而已進用而後言。縱能追罷。其人臣頗獲直名。於陛下已損盛德。固莫若先事而言。冀陛下審處其事。使無過差。則君臣上下之道兩得之矣。臣以言責在陛下左右。周旋四五年。但事干朝廷大體。及大姦大蠹。無不論列。蒙陛下

多賜采納。今以親老方將外補。唯於堯佐一事。心知不可而遂不建一言。則與時臣負懷情不盡之責。故於將行不敢默默。而復布腹心。焉伏望陛下幸採臣章。俯從公議。不徇一時之愛。以全千古之名。則雖盡南山之竹。不足載德美之盛。與夫寵一人而失天下之心者。不可同日而語也。

皇祐間。知諫院錢彥遠上奏曰。臣風聞閤門使李璋欲除軍中職名。竊以李璋本由戚屬恩澤入官。三五年間。坐躋顯仕。未補邊防經歷事任。加以人才懦弱。別無勳勞。委之師旅。未協公議。安危之本。所繫非輕。且諸將有久戍沙漠。卓立勳績者。及外戚貴屬在李璋上者。引李璋為比。乞軍中職名。則朝廷何以却之。與之則恩賞失宜。不與之則中心觖望。可否之際。措置頗難。且李璋既主兵馬。即須出屯疆埸。素無韜略之蘊。訓練之嚴。萬一胡虜小出。斯人何以捍禦。本謂愛之實以害之也。或朝廷以李璋戚屬。宜加恩禮。不若俟其少有勳勞。擢進官資。則事體兩全。名實相副。欲乞出自聖意。特賜寢罷李璋管軍指揮。庶合中外公議。

知諫院包拯上奏曰。臣伏睹陛下即位僅三十年。奉承祖宗謨訓。未有反道敗德之事。陛下固知之。乃五六年。超擢張堯佐。群臣皆切議于下。然而迹其過不在陛下。在女謁近習及執政大臣也。何以言之。蓋女謁近習。動伺陛下之所為。知陛下繼嗣未立而有所私。莫不潛有趨向而附結之。執政大臣不思規陛下以大義。乃從諛順指。高官要職。惟恐堯佐不滿其意。使陛下有私昵後宮之過也。此豈愛君之心哉。且以本朝故事言之。昭憲皇太后誕生祖宗。有基命之烈。其諸弟杜審肇。窮老纔有得一節度使者。雷有終以工部侍郎討平西川。得宣徽使。李至於先朝有東宮之舊。自工部尚書參知政事。才用

為武勝軍節度使。錢若水任樞密副使。李士衡以尚書左丞為三司使。以及陛下之朝。李維為翰林學士承旨刑部尚書。陳堯咨為翰林學士知開封府。並止換觀察使。夏竦立兩府。自三司使戶部尚書上得散節度使。後二年。方加宣徽使。鄭戩亦嘗任樞密副使。以資政殿大學士知并州。後方加宣徽使。又一年。乃除節度使。今堯佐謂之親。則孰若杜審肇兄弟乎。謂之賢而功。孰若雷有終李至錢若水乎。而宣徽節度使并以與之。若非內外協應。蒙惑擾竊。寧至此哉。堯佐叨據如此。慙羞不知。真清朝之穢污。白晝之魑魅也。況下制之日。陽精闇塞。氛霧繼起。天道固於人事不遠。伏望陛下斷以大義。稍割愛情。追寢堯佐過越之恩。必不得已。宣徽節度使擇與其一。仍罷群牧制置使之命。俾之外郡。以安全之。如此。則仰合天意。俯順人情。而重新盛德矣。

拯又奏曰。臣等伏見張堯佐除授宣徽南院使。制命復下。物議騰沸。況臣等以言為職。豈敢私自顧慮。各為身謀哉。直以誕告再行。若固守前議。復乞追奪。於朝廷事體。亦似未安。所以進退惶惑。不即論列。雖然事體有必須裁制者。不可不深察。臣等不得不極陳也。張堯佐怙恩寵之厚。僥求覬望。不知紀極。始欲得宣徽使。今詭行前命。付與之矣。雖出領外鎮。將來必求入覲。即圖本院供職。以至使相重任。名器之大者。盡可皆緣恩私。無求而不獲。必快已欲。以熏灼天下。此不可不深察也。伏望恩已然之失。為杜漸之制。特降詔旨。申敕中書門下。諭以堯佐止緣恩私。不次超擢。享此名位。已為過越。將來更不令濫使相之任。及不許本院供職。仍趣赴河陽任所。庶幾壓塞人情。防杜間隙。臣等不勝為國納忠激切之至。

拯又奏曰。臣等伏以陛下凡事克己。鮮有過舉。止於堯佐眷甚。不無

口交非若厭物情違須栽抑然自去冬力爭此事幸賜開納天下
皆仰聖度能虛懷而徇諫也今來重申前命所以不即論列乞行追
奪者蓋為朝廷曲全事體爾其如大恩不可頻假羣心不可固違假
之頻則損威違之固則兆亂伏望以國家至計為念檢會臣等前後
劄子必賜施行不勝懇激之極

御史中丞王舉正上奏曰臣伏覩張堯佐優異之恩無有其比竊以
堯佐素乏材能徒以夤緣後宮僥倖驟進國家計府須材以辦經費
堯佐猥尸其職中外咸謂非據近者臺諫繼有論列陛下雖罷其任
使而復加崇寵轉踰于前併授四使又賜二子科名賢愚一詞無不
嗟駭夫爵賞名數天下之公器不當以後宮踈戚庸常之材過授寵
渥使忠臣義士無所激勸且堯佐居職物論紛紜固當引分辭避而
晏然恃賴曾無一言自陳叨竊居位日覬大用及異恩既出復託以
假告未祗受其意尚若不足繼有邀求不虞君命莫甚於此者昔漢
元帝時馮野王以昭儀之兄在位多舉其行能帝曰吾用野王後世
必謂我私後宮親戚本朝太宗皇帝孫妃之父止授南班散秩蓋保
全後宮戚屬不令事勢僭盛以取顛覆伏望陛下遠鑒前古美事近
守太宗皇帝聖範追取堯佐新命除與一郡以熄中外之議伏以陛
下自臨馭以來孜孜勤政無有失德今忽行此事有損聖明若濫賞
必行則朝綱威柄由此隳紊四方駭任人之失二鄙萌輕國之心臣
方叨司憲適覩除命事干國體不敢緘默望聖慈開納速降指揮或
臣言之不行即乞罷臣憲司出補遠郡

舉正又奏曰臣近以張堯佐再除宣徽使三嘗論奏且人君御天下
惟爵賞為大公受授非當則天下竊議堯佐本常才但以夤緣後宮
叨擬非分自去年冬罷三司使除宣徽使制命方出中外莫不駭聽

其時臣與諫官御史至留班欲廷議而爭之尋罷宣徽使尚忝節度
名品今四方多虞災異數見若非獎擢有功任用賢直則何以上答
天戒下慰民望哉堯佐自罷宣徽使方逾半年端坐京師以尸厚祿
今復授之益增鄙誚此乃執政不念祖宗基業之重順顏固寵不能
執奏制命既行有損聖德若陛下不納臣盡忠愛君之請必行堯佐
濫賞竊位之典即乞黜臣以誡不識忌諱愚直之人

殿中丞同知禮院司馬光上奏曰臣聞明主勞心力以求諫和顏色
而受之士猶畏懦而不敢進又況震之以威壓之以重而望忠臣之
至直言之入難矣臣之不忠言之不直而天下安萬事治者未之有
也臣竊見臺諫官屢以張堯佐事上言而陛下執之益堅拒之益固
前日臺諫官等守閤請對陛下却而不內中外之人莫不駭愕以為
興事昔漢元帝欲用馮昭儀兄野王為御史大夫既而疑曰吾恐後
世謂吾私於後宮遂不用今堯佐有野王之嫌而無其才陛下不次
用之數年間自散郎至宣徽使彼雖實有可稱天下之人安可家至
戶曉使謂陛下不私後宮哉抑又聞之人有種木而甚愛之者盛夏
日方中而灌之木不旋踵而萎種而愛之非不勤也然灌之不以其
時適所以敗之也今陛下貴用堯佐遠過其分天下已側目扼腕而
疾之又復摧折忠諫以重其罪是正日中而灌木也臣竊為堯佐寒
心而陛下獨不為之深思遠慮哉非獨如是而已前者臺諫官不得
對之日陰霧冥冥跬步相失寒氷著木終日不解臣謹按洪範五行
傳聽之不聰是謂不謀厥咎急厥罰常寒又按京房書謂之蒙氣此
皆陰氣太盛壅蔽陽明上下否塞疑惑不決之象天意昭然有如教
語行道之人皆知其異陛下純孝嚴恭天命容納直言深明得失此
非臣之諫乃天下所共知也獨柰何以堯佐之故忽天戒而不顧棄

人言而不從輕祖宗之爵祿違古今之明鑒書之簡策使天下之人有以議聖德之萬一或累於光融高大之美此臣所以日夜痛心疾首寢不能安食不能飽深為陛下重惜者也臣聞臣之事君猶子事父也豈有父獲大謗於外而子不以告且不諫哉惟陛下亟召諫臣使竭其所聞采納其言而慰安其意以厭上天之心解外廷之惑闢忠讜之路塞寵倖之門則天下歡然歌頌盛德豈有窮哉昔漢明帝作德陽殿鍾離意諫即時罷之後乃復作殿成謂群臣曰鍾離尚書在此殿不成矣然明帝非不欲為殿也所以屈意罷之者欲全諫臣之節而開直言之端也今臺諫官前後言堯佐者數矣陛下曾不留神省察少為裁減以慰其心夫人主所欲為人臣豈能強變之哉顧自今以往事復有大於堯佐者在列之臣喋嘿拱手視之而已矣此非朝廷之福也不然群臣猶朽木陛下猶雷電安可以力校哉惟陛

下察之而已矣

光又論李瑋知衛州狀曰右臣竊聞駙馬都尉李瑋出知衛州兗國公主入居禁中瑋所生母楊氏歸瑋兄璋之宅其公主宅祗應人等悉令散遣外議籍籍無不怪愕伏以陛下始者追念章懿太后選瑋使之尚主欲以申固姻戚富貴其家今以公主之故使李氏母子離析家事流落大小憂懼殆不聊生豈始所以結婚之意哉近者章懿太后忌日陛下閱奩中之故物思平生之居處獨能無雨露之感悽愴之心乎臣愚以為陛下宜且留李瑋在京師其公主宅祗應人等除作過者遠加竄逐出外其餘並令如舊儲偫什物皆安堵不移以俟歲月之間徐以義理曉諭公主庶幾回意易慮率德遵禮復歸本宅則中外之情無不釋然不然公主必無復歸李氏之志者則今日致此衆議紛紜煩瀆聖聽皆由公主縱恣胸臆無所畏憚斁違君父之命陵蔑夫家豈可使李瑋獨蒙斥逐出外而公主爵邑請受全無貶損非所以示天下至公之道也

嘉祐元年知諫院范鎮上奏曰臣伏見駙馬都尉李瑋家指使小底已及四五十人至今不住傳宣差送又門下出入舉人皆豪室子弟僥倖無賴者又修建主第功役過甚伏以陛下只有公主一人其駙馬所宜愛之納之於善不可陷之於不善今李瑋年少正當向學而多使僥倖無賴之人在其左右修建居室復大僭侈非所謂納之於善也欲乞指揮約定指使小底人數量留外其餘人放令逐便所有出入舉人亦宜慎選免致將來僥求恩澤別招人言仍定居室之制以防僭侈之萌此皆愛惜李瑋之事伏惟必賜施行

四年江休復上奏曰臣伏見陛下躬親大祫之禮祗見祖宗之靈所以崇祖妣之恩識昭穆之叙凡在宗屬莫不助祭至於配祔之坐毋

后之家年祀浸深子孫替墜薦奠之際其何以慰神靈之想哉臣竊見漢章帝詔曰四時陵廟無人助祭先后者朕甚傷之此肅宗所以發德音也今駿奔在廟者不過一二近戚至於杜賀之家宋符之族興微紹絶未有聞焉唐開元初除昭成皇后四從叔太子洗馬仍令檢校本宗子弟此亦前代之令典也昭憲皇太后誕育二聖為一代姜任今子弟失序宅宇蕩析唐旌直言尚猶贖第還付其家矧先后之近屬乎臣謂宜因祫享大慶應先后之家子孫替墜者糾合資譜隨材擢叙量其厚薄遞加恩恤臣苟有所見不敢緘默

五年知制誥楊畋上奏曰臣竊覩祖宗故事郭進戍西山董遵誨姚內斌守環慶與彊寇對壘十餘年未嘗有轉官之寵蓋謹重名器必須平寇難靜邊隅然後俾之遷授今李珣等無尺寸裨補之功特以外戚故除之臣恐天下謂陛下忽祖宗謹重名器之訓開親戚僥倖

之門。由緣私恩。輕用王爵。後有扞冦立功者。復以何官而賞之。是以不敢命詞。

七年。御史中丞王疇上奏曰。臣聞爲國之要。號令必信。賞罰必當。而後治。若號令雖具而不行。爵賞雖行而不中。欲求貴倖斂縮。紀綱振舉。不可得已。近制武臣刺史以上。非有功不得遷。此實陛下謹守祖宗故事。欲使爵賞之柄不濫而不私也。今劉永年特以章獻太后故。過推恩澤。使餘人不得援例。抑以條例爲不足守。而朝廷可以自作而自廢耶。法令因公於一人而作之。又私於一人而廢之。何以取信於天下。苟謂永年以次而當遷。則刺史以上。豈更無一人歲月稍深於永年者。今日指揮。但使孤寒之人隔在恩外。不得與永年爲比。豈至公之意乎。

英宗治平元年。知諫院司馬光上奏曰。臣竊聞陛下欲加曹佾使相。

皇太后再三不許。又聞有聖旨令入后本家分析親的骨肉聞奏。亦與推恩。臣愚以爲皇太后既深執謙遜。抑損外親。則后族亦恐未宜褒進。伏望陛下宣諭兩府。后族恩澤。並未可施行。且俟他時徐議其事。一則示人子恭孝之心。不敢使后族先於母黨。二則示人君即政之初。不可以爵祿待賢之具。獨私椒房之親。其於聖德。益有光榮。

神宗時。知諫院楊繪上奏曰。臣竊以人主之於恩命。不可不謹其源。其源一開。攀援其例者。數十年猶汎濫而不可止矣。向氏之宗。於陛下爲后族也。高氏之宗。於陛下爲母族也。曹氏之宗。於陛下爲祖母族也。伏覩差防禦使向傳範知澶州。未行間。外皆傳向傳範嘗廉車之命。于東平之守。臣獨不信之。未幾。果有改差。雖不轉觀察使。果知鄆州。兼一路安撫使之任。臣誠不諳國朝典故。然耳目所接近制。未省有防禦使知鄆州者。亦罕記有防禦使兼一路安撫使者。如果無之。則是爲不次之恩矣。陛下始即位一年。而后族中已有不次爲雄職者。若更五七年。不惟向氏之宗而已矣。設高氏之宗有至防禦使者。攀今日之例而乞之。陛下其得不從乎。或不從之。是厚於后族而不厚於母族矣。曹氏之宗有至防禦使者。攀今日之例而乞之。則陛下又不可以不從也。如此。則天下如鄆州者凡幾州。而可以爲外戚之地乎。外戚之任。皆擬要藩。於理得爲便乎。若曰傳範之用。自以才者。則他人何肯自謂不才乎。臣忝諫職。其敢畏避而不言也。伏乞陛下謹其源。塞其例。勿徇一時之易。而難於五七載之後。幸甚。

哲宗元祐四年。中書舍人曾肇上奏曰。臣伏覩內降指揮。皇太妃親屬滑州韋城縣百姓侯偁。昨因斷撲酒務。少欠下官中課利并本息錢等。認納前界少欠錢。可與均作七年送納。所有已拘收抵當契書

子利等。並特先次給於本人。餘人不得援例。仍與免差人監催。臣竊伏思皇帝陛下。太皇太后陛下。以百姓侯偁是皇太妃親屬之故。特爲寬展納錢年限。給還契書子利等。在於縣官事至爲末。然此令既行。竊恐因緣戚屬。轉相扳援。日月積累。寖紊朝政。長干請之風。開僥倖之路。故先王立事。必慮其微。忠臣事君。常諫其漸。蓋以此也。況皇太妃位號隆重。海內承仰。必不肯以私親小故。侵隳紀綱。塵玷德美。蓋是迫於人情。有不得已者。然臣竊謂皇太妃儻哀彼困窮。予之金帛可也。恐不足以上煩詔令。啓此倖門。使天下聞之。有以窺測。此臣尤爲皇太妃愛惜事體也。伏望聖慈詳思臣言。如萬有一得。宜及指揮未出。猶可追還。庶使道路之人。無所竊議。增廣宮闈盛德。所裨不細。傳曰。君子之愛人也以德。細人之愛人也以姑息。臣心無他。竊抱惓惓愛君之忠。不敢爲姑息而已。唯聖明照察。幸甚。

諫議大夫范祖禹上奏曰臣竊聞韓嘉彥已選尚公主此先帝遺意而陛下成之韓琦勳在王室其子尚主天下之人誰曰不宜此於太皇太后陛下爲至慈在皇帝陛下爲至孝然臣伏見國朝以來祖宗諸公主婚姻之家皆無預政事者今嘉彥已選定宣繫而忠彥執政此非祖宗故事不可爲子孫法使後世姻戚預政自陛下始臣竊惜之陛下一言一動當以祖宗爲法況執政繫安危治亂最爲大事一開此例後不可止陛下自聽政以來於親戚無毫髮之私天下之人無不服陛下之至公今獨於韓琦如此非以報功也陛下念琦之功富貴其家可也至於執政必選天下之望不可專以勳舊如是趙普曹彬子孫何嘗執政豈是祖宗不念功乎自用忠彥以來外議籍籍至今未已今國家既與之爲婚罷之有名陛下欲富貴之但使魯歷執政與之前執政官無所不可若必待其有過然後黜之則已傷恩是欲厚韓琦之家反薄之也不若保全忠彥無使至於滿盈顛覆臣今已蒙除新職罷言職不當更論執政然臣前殿已嘗面論今又變祖宗故事所繫甚大雖欲去職不敢不爲陛下一言臣與忠彥是親素無嫌隙但不忍上負陛下任使不欲陛下有所不知耳今在朝廷之人多出於韓琦之門雖忠彥不協人望以琦之故皆莫肯言亦乞陛下知察祖宗以來無彊族根據朝廷今忠彥執政弟尚公主恐權戚大甚宜防其漸

紹聖元年吏部侍郎彭汝礪上奏曰臣聞治國者自家始治家者自夫婦始夫夫婦婦天地之道也陰陽之義也夫婦之分不可欲其家治家之政不行欲其國治未之有也周之王姬下嫁於諸侯車服不係其夫猶執婦道以成肅雍之德詩人美之曰曷不肅雝王姬之車言王姬車服之盛宜以貴驕人而猶執婦道乃所以爲美也其事在下然本乃在乎上故其詩曰平王之孫齊侯之子惟有乎德故其人化之而有所不能踰惟有齊德故其人畏之而有所不敢違周之盛蓋始乎此夫夫婦婦父父君臣其義一也今嘉彥以不能下長公主而廢是婦得以勝夫矣婦得以勝夫是子可以勝父臣可以勝君其源一開其流有至於不可塞此不可不慎此聞朝廷無故而除三團練今又以私事而竄一都尉人皆以爲政在房闥矣賞罰天之命也故雖朝廷之大人君之尊有不得而專之者天命何在至公而已詩曰無曰高高在上陟降厥士日監在茲事至微者天猶監之況其大者乎此不可不畏或曰皇帝陛下仁孝深至出於天性內思所以致皇太妃之敬外思所以致長公主之愛故有此行遣臣聞以其道事其親之謂孝以其義而愛其骨肉之謂仁今使婦得以蒙其夫則人倫諄於上風俗壞於下必非皇太妃所欲爲者也今雖能逐一嘉彥然使謗議歸於朝廷議誚行於後世所謂愛之適所以傷之也夫婦之情貴賤一也故雖有朝夕之小隙實未傷終身之大愛此惟陛下有以矜而察之而已夫天下至大一安一危指顧之間而已今陛下欲拂於親而安行之大臣不敢拂陛下而順承之如此而欲安天下國家未之有也惟陛下慎之毋忽

元符三年御史中丞豐稷上欽聖皇后疏曰臣竊觀自古母后臨朝危社稷亂天下載在史冊可考而知手書還政未有如聖母退抑謙遜之盛德可爲萬世法諫官陳瓘何從而知尚與政事臣嘗具奏非宮省親近之臣即外戚招權者妄傳於外臣今外則唯聞向宗回宗良藉勢妄作欺惑於人內則唯聞張琳裴彥臣等以謟媚熾翰林學士承旨蔡京交通其間宮禁預政之言中外喧傳人誰不知諫官陳瓘不勝哀憤獨先抗章冀開寤二聖之心臣愚欲乞戒飭外家竄逐

琳等黜京於外聖母燕處宮闈清心養性小大之事不關啓慮安享聖子晨昏之奉四海之養恬澹無爲以永萬壽而宮禁肅朝廷清明非特援立功德輝映古今抑亦合易之謙卦天道虧盈益謙鬼神害盈福謙之義坐致五福流令聞於無窮豈不至善至美乎臣自蹤遠伏遇也簪拔擢至此不敢緘默孤負明恩惓惓愚誠伏乞俯垂聽察

哲宗時陳次升上奏曰臣竊聞以堆垛場賜孟在爲宅者恭惟皇后配儷宸極母儀天下賜父之第孰曰不宜然堆垛場密邇宮禁其方在東其卦爲震東方青龍之宅也震長子位也常人之家猶忌侵犯況國家社稷之重乎兼聖嗣未立長子之位臣庶居之尤非所宜熙寧間欲就彼建東西府日者言其不便先帝罷之今若賜在爲宅則在之宅居其東禁城居其西以尊卑言之則未順以陰陽言之則失宜況祖宗以來所賜戚里第未有如此近者亦防微杜漸之意也伏望聖慈別賜在宅先來所賜堆垛場指揮乞行追寢

奏議卷之二百八十九　十五

徽宗即位初右正言陳瓘上奏曰臣聞知幾而預戒則君無過舉先帝而早諫則臣無智名君明臣良上下兩得治道所以隆也臣以駑散之材猥廁言職適遭明聖之主竊慕良臣之義事有臨機不當默者妄可有待不早言乎宋有天下一百四十一年矣太平之久堯舜三代乃至漢唐皆不及也譬如安樂之人年過百歲猶當兢兢畏慎護養元氣無使疾恙乘間而入則愈老愈健永保康寧之福矣祖宗以聖繼聖古無有也母后繼有聖德亦古無有也天覆地載一健一順萬物生成各遂其性至神考而治道益隆至皇太后而家道益光可謂盛之極矣盛必有衰安可不預戒乎漢之衰也以外家太盛人不敢言以至亡國陛下守祖宗之成法監衰漢之覆轍宋德方隆內外無患然以臣所聞宜預戒者有一事焉恐陛下未知也恐皇太后未知也向宗良兄弟交通賓客漏泄機密陛下知乎皇太后知乎皇太后功隆德備格于皇天陛下極天下養未足以報維使我宋固萬年不拔之基外家享與國無窮之福然後足以爲報漢唐母后稱制有至終身或欲威福之柄久出于己或因左右之請貪戀權勢惟我皇太后恬寂是以外威福嚴明足以戢左右不待祔廟果於還政事光前古名垂後世陛下所以報皇太后者宜如何哉臣恐假借外家不足以爲報也迺者還政以前陛下欲除向宗良等開府儀同三司將鎖學士院矣而皇太后詔寢此命中外傳聞咨嗟歎仰知皇太后以撝謙爲德而陛下以養志爲孝也漢章帝欲加恩三舅馬后曰吾觀富貴之家祿位重疊猶再實之木其根必傷何必營外家之封違慈母之拳拳至孝之行安親爲主此吾家之事故得專之吾當含飴弄孫不能復關政矣於是章帝不封其舅今皇太后盛德全備與天

奏議卷之二百八十九　十六

同功非馬后之比臣之所言但欲有補於外家而已想亦皇太后之所樂聞也若不達聖母之心而自爲猜嫌之慮當言不言臣所不忍臣謂馬后之所以詔其子章帝之所以順其親仁慈孝兩得之矣陛下及皇太后前日之事撝謙養志正與此同天下之所以服也漢哀帝之初急封諸舅孔光諫曰天下者陛下之家也肺腑何患不富貴不宜倉猝若是其不久長矣帝以逼於傅太后不能從也今皇太后詔寢成命不待孔光之言陛下恭稟慈訓遂無倉猝之舉此乃前古難行之事於今見之皇太后之聖德可勝言乎陛下所以報皇太后者宜如何哉臣恐假借外家不足以爲報也陛下雖受天眷命曆數在躬然而力排異議獨定大策者皇太后也蓋有功於陛下者天及皇太后而已天道公而不私陛下之所以報天者宜如何哉皇太后爲而不恃功成不居陛下之所以報皇太后者宜如何哉陛下以

道制情無一毫之私則可以服人之心服人之心則可以得天之心得天之心則可以合皇太后之意矣神考之所以報慈聖者用此道也治平之末韓琦為相中外協心定策不為易前日之事章惇秉政首唱異議定策為難然則皇太后之功比之慈聖又為光矣陛下之所以報皇太后者宜如何哉唐之衰也大以定策之功付于矜伐之臣於是責報不已而有負心門生之語主道之強弱可見於此矣今者功出聖母國本既正唯陛下永思所以圖報而已大公之報報之上也假借外家豈足以為報乎宗良兄弟依倚國恩憑藉慈蔭今有曰前之榮盛不念倚伏之可畏所與游者連及侍從希寵之士願出其門裴彥臣無甚幹才但能交通內外漏泄機密遂使物議籍籍或者以謂萬幾之事黜陟差除皇太后至今與也良由中外關通未有禁戒故好事之人得以溢傳耳若非皇太后明諭聖意嚴加約束則籍

籍之口未易塞也仁宗篤於舅家尤以李瑋為賢詔瑋舉官為將領瑋言家有賓客之禁無以知士人之賢否仁宗特許瑋見賓客而命日抄所見賓客名氏以聞蓋仁宗之所以保全外家者委曲周旋至於如此神宗敬厚曹佾加以王爵然而佾口不敢薦一人佾門不敢接一士日飲醇酒以自娛樂而已神考所以厚佾而無厭者以其得外戚之體也宣仁聖烈皇后戒訓外家尤為切至紹聖時利口之禍幾及門戶然而高氏之族終獲免者則亦宣仁訓戒之明効也皇太后功德之大光於前人念保持之艱為無疆之慮事戒其漸正在今日老子曰為之其未有也治之其未亂也凡未有之事今雖無之後或漸有既有而後圖不如未有而先戒也漢之馬廖章帝之舅也傾身交結冠蓋之士爭趨赴之遂至於私贍三輔第五倫之所言者是也今雖未有此事安可以不戒其漸乎王氏依東宮之尊假甥舅之

親以為威重內外要官皆出其門推譽者登進忤恨者誅傷劉向之所言者是也今雖未有此事安可以不戒其漸乎杜欽谷永自託於外戚專攻人主之身而無一言敢及王鳳遇有災變則返推天異歸之他人以為外戚之地懷二心之士如欽永者何代無之今雖未有此事安可以不戒其漸乎成帝之時外家子弟據勢滿朝成帝欲以劉歆為中常侍臨欲拜官而左右奏曰未白大將軍不肯奉詔帝雖堅執終不能奪由是朝廷之事只由外家不由成帝今雖未有此事安可以不戒其漸乎王音工根奢僭不法天子怒之於是兄弟欲自黥劓以謝太后封后之日黃霧四塞諫大夫楊興等以丁氏為言於是大將軍惶懼乞骸辭職然而外家強盛故人主之威終不得行今雖未有此事安可不以戒其漸乎神考有言曰荒墜顛危可見前車之失亂賊姦宄厥有履霜之漸臣愚以謂欲見前車之失則往古之

事不可以不考欲辨履霜之漸則方今之事未可以不戒老子曰合抱之木生於毫末九層之臺起於累土事之有漸者無不然也漢之王商王章皆當時之賢臣因為王鳳所惡一則死于暗昧之過一則死于縲紲之中當此之時外家之勢已如合抱之木九層之臺豈一手之所能拔豈一鍤之所能平哉商等區區可憐而諫諍後時戒之不早何益於事今臣所論乃在於累土毫末之初遏萌杜漸何難之有在陛下從容之請皇太后一言之詔而已自古戚里侵權便為衰世之象外家干政即是亡國之本亦如州縣之政只要權出於一若使守令家子弟親戚交通賓客關節無禁如此則姦人鼓舞良民咨嗟此亦陛下及皇太后之所不取也以小喻大有以異乎臣願陛下採芻蕘之言念老子之說遵神考之訓合太母之心以臣此疏達于慈闈若蒙皇太后察臣愚直以慈衛之則自今日以往憂國亡身之

士皆欲竭忠自効而無所畏矣臣下盡樂告之忠朝廷有不諱之美善察如虞舜不吝如成湯聖德日躋治道日隆我宋固萬年不拔之基外家享與國無疆之福豈特賤臣一身之幸乎如其不然則臣有僭易妄言之罪罷黜投竄理不可逃在陛下命之而已臣以孤遠寒賤之迹誤蒙陛下過有拔擢責臣不輕眷臣方厚臣是以及時而言先事而諫豈敢以身之不肖而自廢其所當言乎孔子曰君子不以言舉人不以人廢言臣雖不肖而區區之言有益於朝廷有補於外家若不以臣之不肖而取臣之言則忠言由此而盡進若以臣之不肖而廢臣之言則謟言由此而交入聽言治之基也信謟亂之本也國家治亂之機在此一舉臣一身螻蟻之命安危生死豈足道哉臣不勝惶懼待罪之至

右正言鄒浩上奏曰臣伏見陛下即位之初皇太后權同聽政所以協行艱難爲宗廟社稷無窮之計本朝故事惟慈聖光獻皇后垂簾之日與章獻明肅皇后宣仁聖烈皇后事體稍異然猶久之方始復辟今皇太后乃深自退託不敢引三后爲比初降手書期以祔廟禮畢不復與政既又不俟祔廟亟踐初言自古以來方冊所載母后之美未有如皇太后功德如此之盛者也易曰進退不失其正者其唯聖人乎皇太后可謂不失其正矣普天之下雖三尺童子尚知歌舞稱頌況忠義有識之士哉陛下天性仁孝思所以報功德者甚切是以向宗回等以次超擢莫不曲盡其厚雖非陛下以此爲私而宮禁之間所以奉皇太后之歡心者無所不至蓋可推此而知也今士大夫或不深惟陛下厚待母族之意往往奔走其門務相交結甚者陰使腹心密致誠欵似欲因緣勢力以爲進身固位之地一時公議頗亦疑之然臣聞舊來向族子弟所爲稍有不善皇太后必遣使切責以此人人畏懼唯務寡過而向宗回等又素以脩飾見稱于時縱使士大夫切於自謀決不爲之改操但恐向族子弟至多其間豈無思慮不審之人萬一爲士大夫所誤不能遠嫌以動公議臣寮有以聞者不知陛下何以處之若不行則無以正祖宗之法度若行之則無以慰慈闈之至念不唯陛下難處在皇太后處之亦甚難也且陛下之立也大臣固有異議者賴皇太后以宗廟社稷爲心斷然不搖大計以定而陛下既立之後天地協應人心自歸六合之間盡爲和氣故雖蠻夷戎狄遠在聲教之外亦莫不稽首面内幸不世出之遭遇是則皇太后之功德又孰得而形容之邪功德如此皇太后乃委而弗居深自退託雖帝堯之克遜大禹之不伐何以復加方且含飴弄孫尊享太平之福與陛下同之如天長地久安可使難處之事輒有聞於天下乎臣愚伏願陛下於從容省侍之際密以此事稟皇太后乞自皇太后密加覺察若外議無實則已果有其實乞自皇太后密加訓敕以杜其漸庶幾外則不廢祖宗之法度内則不動慈闈之至念使天下咸仰陛下奉親之聖孝咸仰皇太后立子之功德永永萬年無有窮已而向族子弟保其令名亦有無窮之顯豈不美歟臣昨以罪遠竄分死瘴鄉蒙恩生還復以舊職實在陛下即位之初皇太后垂簾之日今身體髮膚皆陛下皇太后之所再造所以圖報大恩尤非其餘臣寮之比若於此時有所見聞噤不啓口至它日臣寮有奮不顧身而言者然後亦從而言之則臣之罪大矣敢不豫以奏陳伏望聖慈赦其狂妄而納其愚忠不勝幸甚不勝幸甚

大觀二年御史中丞吳執中上疏曰臣竊惟祖宗垂訓百有餘年戚里宗屬不以與政非待之薄遇之不厚也其憂深慮遠可謂至矣養之以豐祿高爵而不使之招權擅事從容進退以永保其安榮誠所

以厚之不薄也乃者陛下降德音下明詔追述成憲戒前世禍亂之失俾自今勿復援韓忠彥例以戚里宗屬爲三省執政官世世守之著爲甲令布之天下孰不以爲至當繼嘗以鄭居中同知樞密院事而後宮恐懼知詔旨之不可違也懇請罷免陛下以其陳義堅懇終不可奪即以居中爲中太一宮使詔書傳播聞者欣欣有以見陛下正家以治天下之效也曾未半歲乃復以前命擢用居中自此中外未免疑矣臣竊爲陛下惜之陛下手詔當與典謨並傳示萬世而遽自改易以開他日外戚任事之端非所宜也後宮承陛下道化乃能推遠權勢以祖宗典則屢陳義懇請居中儒者也不知出此偃然居位曾莫之避獨不愧於心乎祖宗遺訓著之金石陛下明詔爛如日星衆目所視不可掩也爲居中計者宜深自警懼以遠嫌疑優游祠宮涵泳聖世坐享寵禄長無憂虞世豈復有居中比者伏願陛下勉

徇公論申明丁亥二月詔旨罷居中政事俾復以宮使奉朝請信示萬世以釋群疑臣不勝幸甚

高宗時后父邢煥除徽猷閣待制太后兄子孟忠厚顯謨閣直學士侍讀衛膚敏言非祖宗法煥尋換武職忠厚自若俄遷膚敏中書舍人膚敏懇奏曰昔司馬光論張方平不當參知政事自御史中丞還翰林學士光言以臣爲是則方平當罷以臣爲非則臣當貶今兩無所問而還臣臣所未諭臣雖不肖願附於司馬光又言事毋后莫若孝待戚屬莫若恩勸臣下莫若賞今陛下順太毋以非法非所謂孝勉忠厚以非分非所謂恩不用臣言而還其官非所謂賞一舉而三失矣帝命宰相諭膚敏曰朝廷以次還官非因論事也膚敏猶不拜

翰林學士汪藻上奏曰臣近准中書省送到録黃一道三省同奉聖旨邢煥係朕之后父即令換武職忠厚係隆祐太后之親兼前朝悲后父亦有任文臣者宜體朕優奉太后之意書讀行下者右臣聞人主之政公與私不並行恩與法不兩立以公滅私以法奪恩者治以私害公以恩撓法者亂茲古今不易之道也陛下以邢煥爲中宮之父易文資從武中外之人莫不以爲當而稱贊聖德不已者以其出於公法也至以孟忠厚爲係隆祐太后之親命依舊文資中外之人閧然不息致臣僚交章論奏雖煩聖訓諄諄誨諭終莫能弭者以其出於私恩也昔漢明帝馬后爲章帝之母帝欲封其家太后屢辭不許帝重請曰漢興舅氏之封侯猶皇子之爲王也太后誠存謙虛柰何令臣獨不加恩三舅乎其言可謂切至而后終不從至數年僅許封關內侯而已彼外戚封侯漢法也而明德拳拳如此豈不以婦人內夫家外父母家宗族太寵非已之福耶故自古欲觀母后之賢否者無他在於能遠外家之寵與不能耳隆祐太后盛德著聞天下三

十年于茲矣今一旦以忠厚之故使陛下屈公法而隆私恩臣恐海內之人非特得以議陛下而於隆祐亦不能無疑非所以成隆祐遠嫌之德而全陛下孝養之誠也此事所係非輕臣不敢緘默伏乞睿慈檢會以前臣僚章疏詳加省覽早賜施行所有邢煥孟忠厚書讀行下指揮臣未敢施行謹録奏聞

御史中丞廖剛上奏曰臣聞王制曰爵人於朝與士共之傳說曰監于先王成憲其永無愆夫爵人於朝而稽之於士夫或非公論稽之於先王或非舊制則議者必以爲過舉可不謹哉臣伏見近日戚里除授每加優異往往不用祖宗故事豈以比年以來外族凋疎於是深軫聖慈務極恩意而然歟此固陛下睦姻之厚德也然而德陛下之賜者甚寡而不以爲然者天下皆是此不可不知也前日孟忠厚以郡王出守鎮江今潘正夫又以駙馬都尉除開府儀同三司是已

歷考祖宗朝駙馬都尉惟石保吉以屢歷外任嘗著成效於行營乃
於晚年纔得使相自餘皆無此除如以郡王出守則未之有也忠厚
正夫儻於艱難時嘗有勳勞在人耳目則越常制而寵異之其誰曰不
然今徒以存撫之故而廢祖宗之法以啓僥倖於後人無惟乎與議
之未孚也然開府者既已數告大庭日傳千里矣分符者又已就郡
臣亦嘗以爲請蒙陛下爲臣道其所以矣臣之區區固知其無及於
事然執法臣之職也陛下嘗謂臣祖宗之法不可輒改臣以謂上行
法則下知所從上廢法則下亦莫之守矣臣願陛下特降處分孟忠
厚潘正夫差除係一時特恩後人不得援例仍自今除授有非祖宗
舊制並許給舍臺諫論駁當不憚改如此庶幾倖門杜絕而天下皆
知陛下如天之無心也

武義大夫曹勛上書曰臣竊以聖王御極總攬人群股肱之政固賴
英賢其左右任使必援姻戚以居肺腑使之親踈相錯杜塞姦邪周
漢之法雖不可全用而加恩戚屬俾典宿衛似猶勝四海之人且子
母之性天道至親母以子貴自古皆爾陛下即位以來至親分離外
戚杜隔使恩禮不得兼宣非所以安宗廟重社稷宣德澤導至親也
今母后之屬久廢不錄散在遐遠不得日望清光誠非慈愛承上之
意況離亂日久人肆異謀威令不行叛逆僭號至或訛言憸行驚懼
宿衛此誠可慮儻追召一二姻戚任以散官使奉朝請防未然之患
察群下之端爲陛下肘腋之親豈不恩禮兩全聖孝俱至哉伏望斷
自聖心幸甚

孝宗時左司諫陳良祐言陛下躬行節儉弗殖貨利或者託肺腑之
親爲市井之行以公侯之貴牟商賈之利占田疇擅山澤甚者發舶
舟招蕃賈貿易寶貨糜費金錢或假德壽或託椒房犯法冒禁專利
無厭非所以維持紀綱保全戚畹願嚴戒敕苟能改過富貴可保如
其不悛以義斷恩

理宗時劉克莊進故事曰乾德四年上宴紫雲樓謂趙普等曰下愚
之民不分菽麥若藩侯不爲撫養務行苛虐朕斷不容之紹興二十
五年御批孟忠厚宮觀奉朝請魏良臣奏忠厚戚里中最賢上曰朕
深不欲以外戚任朝廷之事萬一有過治之則傷恩釋之則廢法但
可加以爵祿奉祠

臣恭惟藝祖皇帝以神武削平僭僞六合一家乃漢祖思猛士守
四方之日而乾德之宴顧以藩侯不能撫養愚民爲憂識者謂本
朝國祚靈長民心固結皆紫雲樓數語有以基之陛下視邦選侯
尤不輕畀偏州小壘亦必朝辭豈不欲得良二千石與之共理乎
朝家調守不過兩塗一曰才望二曰資格如其當得孰不謂宜苟
二者之俱無忽一朝而濫予游談聚議寧免紛紛曰其戚畹家也
曰其貴介子也纔齒仕版即登鵷序甫踰弱冠已佩虎符至有大
馮代者昔人以四十專城爲榮今不待四十矣雖重侯累將之家
固多英妙然牧人御衆之任必屬老成臣嘗爲郎銓部見年未三
十人不許注三萬貫場務郡寄重於場務多矣奈何以千里之赤
子付之四姓之小侯乎士大夫除在朝清望官外必三考宰邑兩
任佐州歲月推移蒼顏白髮乃敢請麾幸而得之率三數人共守
一闕遂指瓜熟如俟河清凡江浙近裏稍可屈指之郡昔以待近
臣之均佚名流之補外庶僚之賢勞者今多以處左戚勳閥世冑
爭趨便安寒門素族甘就遐遠風憲紀綱之地間有論執除擢臨
遣之際中難輅回臣謂乾德四年之詔萬世人主待藩侯之法也
紹興二十五年之詔萬世人主待外戚之法也陛下各書一通置

之座右則岳牧之選不及私昵勛戚之恩有所限止矣臣謂陛下天性至仁已予者不可奪繼是勿予可也已遣者不可返繼是勿遣可也許大臣爭執有司論駁可也昔者棸蹶番楀並列膴仕而周衰許史丁傅稍有聲聞而漢微獨本朝戚畹謙下損抑異於前代蓋祖宗但賦以祿而不任以事乃所以深愛之也豈必使之與寒士爭進哉惟陛下垂聽

歷代名臣奏議卷之二百八十九

歷代名臣奏議卷之二百九十

寵倖

漢文帝時太中大夫鄧通方隆愛幸丞相申屠嘉入朝而通居上傍有怠慢之禮丞相奏事畢因言曰陛下愛幸群臣則富貴之至於朝廷之禮不可以不肅

武帝元光五年上嘗置酒竇太主家主見所幸賣珠兒董偃上使之侍飲常從游戲馳逐觀雞鞠角狗馬上大歡樂之因為主置酒宣室使謁者引內偃中郎東方朔辟戟而前曰董偃有斬罪三安得入乎上曰何也朔曰偃以人臣私侍公主一也敗男女之化亂婚姻之禮傷王制二也陛下富於春秋方積思於六經而偃以靡麗奢侈極耳目之欲乃國家之大賊人主之大蜮三也上默然良久曰吾業已設飲後而自改朔曰不可夫宣室者先帝之正處也非法度之政不得入焉淫亂之漸其變為篡上曰善詔更置酒北宮引偃從東司馬門入賜朔黃金三十斤偃寵由是日衰

哀帝時息夫躬孫寵等因中常侍宋弘上書告東平王雲謀逆擢為吏二千石時侍中董賢愛幸於上上欲侯之傅嘉勸上因東平事以封賢宋弘更言因董賢以聞欲以其功侯之皆先賜爵關內侯頃之欲封賢等上心憚王嘉乃先使皇后父孔鄉侯傅晏持詔書視丞相御史於是嘉與御史賈延上封事言竊見董賢等三人始賜爵眾庶匈匈咸曰賢貴其餘蒙恩至今流言未解陛下仁恩於賢等不已宜暴賢等本奏語言延問公卿大夫博士議郎考合古今明正其義然後乃加爵土不然恐大失眾心海內引領而議暴平其事必有言當封者在陛下所從天下雖不說咎有所分不獨在陛下前定陵侯淳于長初封其事亦議大司農谷永以長當封眾人歸咎於永先帝不

獨蒙其譏臣嘉等材駑不稱死有餘責知順指不迕可得容身須臾所以不敢者思報厚恩也上感其言而止

時帝愛幸侍中董賢欲封高安侯後數月日食舉直言丞相王嘉因奏封事曰臣聞咎繇戒帝舜曰亡教佚欲有國兢兢業業一日二日萬機箕子戒武王曰臣無有作威作福亡有玉食臣之有作威作福玉食害于而家凶于而國人用側頗辟民用僭慝言如此則逆尊卑之序亂陰陽之統而害及王者其國極危國人傾仄不正民用僭差不壹此君不由法度上下失序之敗也武王躬履此道隆至成康自是以後縱心恣欲法度陵遲至於臣弑君子弑父父子至親失禮患生何況異姓之臣孔子曰道千乘之國敬事而信節用而愛人使民以時孝文皇帝備行此道海内蒙恩為漢太宗孝宣皇帝賞罰信明施與有節記人之功忽於小過以致治平孝元皇帝奉承大業溫恭少欲都内錢四十萬萬水衡錢二十五萬萬少府錢十八萬萬嘗幸上林後宫馮貴人從臨獸圈猛獸驚出貴人前當之元帝嘉美其義賜錢五萬掖庭見親有加賞賜屬其人勿眾謝示平惡偏重失人心賞賜節約是時外戚貲千萬者少耳故少府水衡見錢多也雖遭初元永光凶年饑饉加有西羌之變外奉師旅内振貧民終無傾危之憂以府藏内充實也孝成皇帝時諫臣多言燕出之害及女寵專愛耽於酒色損德傷年其言甚切然終不怨怒也寵臣淳于長張放史育育數貶退家貲不滿千萬放斥逐就國長榜死於獄不以私愛害公義故雖多内譏朝廷安平傳業陛下陛下在國之時好詩書上儉節徵來所過道上稱誦德美此天下所以回心也初即位易帷帳去錦繡乘輿席緣綈繒而已共皇寢廟比當作憂閔元元惟用度不足以義割恩輒且止息今始作治而駙馬都尉董賢亦起官寺上林中又為賢治大第開門鄉北闕引王渠灌園池使者護作賞賜吏卒甚於治宗廟賢母病長安廚給祠具道中過者皆飲食為賢治器器成奏御迺行或物好特賜其工自貢獻宗廟三宮猶不至此賢家有賓婚及見親諸官並共賜及倉頭奴婢人十萬錢使者護視發取市物百賈震動道路讙譁羣臣惶惑詔書罷苑而以賜賢二千餘頃均田之制從此墮壞奢僭放縱變亂陰陽災異眾多百姓訛言持籌相驚被髮徒跣而走乘馬者馳天惑其意不能自止或以為籌者策失之戒也陛下素仁智慎事今而有此大譏孔子曰危而不持顛而不扶則將安用彼相矣臣嘉幸得備位竊内悲傷不能通愚忠之信身死有益於國不敢自惜唯陛下慎己之所獨鄉察眾人之所共疑往者寵臣鄧通韓嫣驕貴失度逸豫無厭小人不勝情欲卒陷罪辜亂國亡軀不終其祿所謂愛之適足以害之者也宜深監前世以節賢寵全安其命於是上寖不說而愈愛賢不能自勝會祖母傅太后薨上因託傅太后遺詔令成帝母王太后下丞相御史益封賢二千户及賜孔鄉侯汝昌侯陽新侯國嘉封還詔書因奏封事諫上及太后曰臣聞爵祿土地天之有也書曰天命有德五服五章哉王者代天爵人尤宜慎之裂地而封不得其宜則眾庶不服感動陰陽其害疾自深今聖體久不平此臣嘉所内懼也高安侯賢佞幸之臣陛下傾爵位以貴之單貨財以富之損至尊以寵之主威已黜府藏已竭唯恐不足財皆民力所為孝文皇帝欲起露臺重百金之費克己不作今賢散公賦以施私惠一家至受千金往古以來貴臣未嘗有此流聞四方皆同怨之里諺曰千人所指無病而死臣常為之寒心今大皇太后以永信太后遺詔詔丞相御史益賢户賜三侯國臣嘉竊惑山崩地動日食於三朝皆陰侵陽之戒也前賢已再封晏商再易邑

綦緣私橫求恩已過厚求索自恣不知厭足甚傷尊尊之義不可以示天下為害痛矣臣驕侵罔陰陽失節氣感相動害及身體陛下寢疾久不平繼嗣未立宜思正萬事順天人之心以求福祐奈何輕身肆意不念高祖之勤苦垂立制度欲傳之於無窮孔孝經曰天子有爭臣七人雖無道不失其天下臣謹封上詔書不敢露見非愛死而不自法恐天下聞之故不敢自劾愚戇數犯忌諱唯陛下省察

哀帝時置酒麒麟殿上在酒所從容視董賢笑曰吾欲法堯禪舜何如中常侍王閎進曰天下乃高皇帝天下非陛下之有也陛下承宗廟當傳子孫於無窮統業至重天子無戲言上默然左右遣閎出閎遂上書曰昔文帝幸鄧通不過中大夫武帝幸韓嫣賞賜而已皆不在大位今董賢無功封侯列備鼎足橫蒙賞賜空竭帑藏讙譁道路不當天心上不從亦不罪也

哀帝發武庫兵送董賢及上乳母王阿舍執金吾毋將隆奏言武庫兵器天下公用國家武備繕治造作皆度大司農錢大司農錢自乘輿不以給共養共養勞賜一出少府蓋不以本藏給末用不以民力供浮費別公私視正路也古者諸侯方伯得專征伐乃賜斧鉞漢家邊吏職在距寇亦賜武庫兵皆任其事然後蒙之春秋之誼家不藏甲所以抑臣威損私力也今賢等便僻弄臣私恩微妾而以天下公用給其私門契國威器共其家備民力分於弄臣武兵設於微妾建立非宜以廣驕奢非所以示四方也孔子曰奚取於三家之堂臣請收還武庫

東漢安帝建光元年帝乳母王聖因保養之勤緣恩放恣至子女伯榮出入宮掖傳通姦賂司徒楊震上疏曰臣聞政以得賢為本理以去穢為務是以唐虞俊乂在官四凶流放天下咸服以致雍熙方今九德未事嬖倖充庭阿母王聖出自賤微得遭千載奉養聖躬雖有推燥居濕之勤前後賞惠過報勞苦而無厭之心不知紀極外交屬託擾亂天下損辱清朝塵點日月書誡牝雞晨鳴詩刺哲婦喪國昔鄭莊公從母氏之欲恣驕弟之情幾至危國然後加討春秋貶之以為失教夫女子小人近之喜遠之怨實為難養易曰無攸遂在中饋言婦人不得與於政事也宜速出阿母令居外舍斷絕伯榮莫使往來令恩德兩隆上下俱美惟陛下絕婉孌之私割不忍之心留神萬機誡慎拜爵減省獻御損節徵發令野無鶴鳴之歎朝無小明之悔大東不興於今勞止不怨於下擬蹤往古比德哲王豈不休哉奏御帝以示阿母等內倖皆懷忿恚而伯榮驕淫尤甚與故朝陽侯劉護從兄瓌交通瓌遂以為妻得襲護爵位至侍中震深疾之震復詣闕上疏曰臣聞高祖與羣臣約非功臣不得封故經制父死子繼兄亡

弟及以防篡也伏見詔書封故朝陽侯劉護再從兄瓌襲護爵為侯護同產弟威今猶見在臣聞天子專封封有功諸侯專爵爵有德今瓌無他功行但以配阿母女一時之間既位侍中又至封侯不稽舊制不合經義行人讙譁百姓不安陛下宜覽鏡既往順帝之則

安帝詔遣使者大為阿母脩第震為太尉上疏曰臣聞古者九年耕必有三年之儲故堯遭洪水人無菜色臣伏念方今災害發起彌彌滋甚百姓空虛不能自贍重以螟蝗羌虜鈔掠三邊震擾戰鬬之役至今未息兵甲軍糧不能復給大司農帑藏匱乏殆非社稷安寧之時伏見詔書為阿母興起津城門內第舍合兩為一連里竟街雕修繕飾窮極巧伎今盛夏土王而攻山採石其大匠左校別部將作合數十處轉相迫促為費巨億周廣謝惲兄弟與國無肺腑枝葉之屬依倚近倖姦佞之人與樊豐王永等分威共權屬託州郡傾動大臣

宰司辟召承望旨意招徠海內貪汙之人受其貨賂至有臧錮棄世之徒復得見用白黑溷淆清濁同源天下讙譁咸曰財貨上流為朝結譏臣聞師言上之所取財盡則怨力盡則叛怨叛之人不可復使故曰百姓不足君誰與足惟陛下度之

順帝以乳母宋娥有援立功封為山陽君邑五千戶又封大將軍梁商子冀襄邑侯尚書令左雄上封事曰夫裂土封侯王制所重高皇帝約非劉氏不王非有功不侯孝安皇帝封江京王聖等遂致地震之異永建二年封陰謀之功又有日食之變數術之士咸歸咎於封爵今青州飢虛盜賊未息民有乏絕上求稟貸陛下乾乾勞思以濟民為務宜循古法寧靜無為以求天意以消災異誠不宜追錄小恩虧失大典帝不聽雄復諫曰臣聞人君莫不好忠正而惡讒諛然而歷世之患莫不以忠正得罪讒諛蒙倖者蓋聽忠難從諛易也夫刑

罪人情之所甚惡賞寵人情之所甚欲是以時俗為忠者少而習諛者多故令人主數聞其美稀知其過迷而不悟至於危亡臣伏見詔書顧念阿母舊德宿恩欲特加顯賞案尚書故事無乳母爵邑之制唯先帝時阿母王聖為野王君聖造生讒賊廢立之禍生為天下所咀嚼死為海內所歡快桀紂貴為天子而庸僕羞與為比者以其無義也夷齊賤為匹夫而王侯爭與為伍者以其有德也今阿母躬蹈約儉以身率下羣僚蒸庶莫不向風而與王聖並同爵號懼違本操失其常願臣愚以為凡人之心理不相遠其所不安古今一也百姓深懲王聖傾覆之禍民萌之命危於累卵常懼時世復有此類怵惕之念未離於心恐懼之言未絕於口乞如前議歲以千萬給奉阿母內足以盡恩愛之歡外可不為吏民所怪梁冀之封事非機急宜過災厄之運然後平議可否會復有地震緱氏山崩之異雄復上疏諫曰先帝封野王君漢陽地震今封山陽君而京城復震專政在陰其災尤大臣前後瞽言封爵至重王者可私人以財不可以官宜還阿母之封以塞災異今冀已高讓山陽君亦宜崇其本節雄言數切至娥亦畏懼辭讓而帝戀戀不能已卒封之

梁太后臨朝皇甫規舉賢良方正對策曰伏惟孝順皇帝初勤王政紀綱四方幾以獲安後遭姦偽威分近習畜貨聚馬戲謔是聞又因緣嬖倖受賂賣爵輕使賓客交錯其間天下擾擾從亂如歸故每有征戰鮮不挫傷官民並竭上下窮虛臣在關西竊聽風聲未聞國家有所先後而威福之來咸歸權倖陛下體兼乾坤聰哲純茂攝政之初拔用忠貞其餘維綱多所改正遠近翕然望見太平而地震之後霧氣白濁日月不光旱魃為虐大賊從橫流血丹野庶品不安譴誡累至殆以姦臣權重之所致也其常侍尤無狀者亟使黜遣披埽凶

黨收入財賂以塞痛怨以荅天誡今大將軍梁冀河南尹不疑處周召之任為社稷之鎮加與王室世為姻族今日立號雖尊可也實宜增修謙節輔以儒術省去遊娛不急之務割減廬第無益之飾夫君者舟也人者水也羣臣乘舟者也將軍兄弟操檝者也若平志畢力以度元元所謂福也如其怠弛將淪波濤可不慎乎夫德不稱祿猶鑿墉之趾以益其高豈量力審功安固之道哉凡諸宿猾酒徒戲客皆耳納邪聲口出諂言甘心逸遊唱造不義亦宜貶斥以懲不軌令冀等深思得賢之福失人之累又在位素餐尚書怠職有司依違莫肯糾察故使陛下專受諂諛之言不聞戶牖之外臣誠知阿諛有福深言近禍豈敢隱心以避誅責乎臣生長邊遠希涉紫庭怖慴失守言不盡心

桓帝時太尉楊秉奏中常侍侯覽貢璦曰臣案國舊典宦豎之官本

莊給使省闥司昏守夜而今猥受過寵執政操權其阿諛取容者則因公襃舉以報私恩有忤逆於心者必求事中傷肆其凶忿居法王公富擬國家飲食極肴膳僕妾盈紈素雖季氏專魯穰侯擅秦何以尚茲案中常侍侯覽弟參貪殘元惡自取禍滅覽顧知釁重必有自疑之意臣愚以為不宜復見親近昔懿公刑邴歜之父奪閻職之妻而使二人參乘卒有竹中之難春秋書之以為至戒蓋鄭詹來而國亂四佞放而衆服以此觀之脩可近乎覽宜亟屏斥投畀有虎若斯之人非恩所有請免官送歸本郡書奏尚書召對秉掾屬曰公府外職而奏劾近官經典漢制有故事乎秉使對曰春秋趙鞅以晉陽之甲逐君側之惡傳曰除君之惡惟力是視鄧通懈慢申屠嘉召通詰責文帝從而請之漢世故事三公之職無所不統尚書不能詰帝不得已竟免覽官而削瓊國

靈帝時中常侍呂強上疏曰臣聞諸侯上象四七下裂王土高祖重約非功臣不侯所以重天爵明勸戒也伏聞中常侍曹節王甫張讓等及侍中許相並為列侯節等宦官祐薄品卑人賤讒諂媚主佞邪徼寵放毒人物疾妒忠良有趙高之禍未被轘裂之誅掩朝廷之明成私樹之黨而陛下不悟妄授茅土開國承家小人是用又并及家人重金兼紫相繼為蕃輔受國重恩不念爾祖述修厥德而交結邪黨下比羣佞陛下或其瑣才特蒙恩澤又授位乖越賢才不升素餐私倖必加榮擢陰陽乖刺稼穡荒蔬人用不康罔不由茲臣誠知封事已行言之無逮所以冒死干觸陳愚忠者實願陛下損改既謬從此一止臣又聞後宮采女數千餘人衣食之費日數百金比穀雖賤而戶有飢色案法當貴而今更賤者由賦發繁數以解縣官寒不敢衣飢不敢食民有斯厄而莫之恤宮女無用填積後庭天下雖復盡力耕桑猶不能供昔楚女悲愁則西宮致災況終年積聚豈無憂怨乎夫天生烝民立君以牧之君道得則民戴之如父母仰之如日月雖時有征稅猶望其仁恩之惠易曰悅以使民民忘其勞悅以犯難民忘其死儲君副主宜諷誦斯言南面當國宜履行其事又承詔書當於河間故國起解瀆之館陛下龍飛即位雖從蕃國然既處九天之高豈宜有顧戀之意且河間疏遠解瀆邈絕而當勞民單力未見其便又今外戚四姓貴倖之家及中官公族無功德者造起館舍凡有萬數樓閣連接丹青素堊雕刻之飾不可單言喪葬踰制奢麗過禮競相放效莫肯矯拂穀梁傳曰財盡則怨力盡則懟尸子曰君如杅民如水杅方則水方杅圓則水圓上之化下猶風之靡草今上無去奢之儉下有縱欲之敝至使禽獸食民之甘土木衣民之帛昔師曠諫晉平公曰梁柱衣繡民無褐衣池有棄酒士有渴死廄馬秣粟

民有飢色近臣不敢諫遠臣不得暢此之謂也又聞前召議郎蔡邕對問於金商門而令中常侍曹節王甫等以詔書喻旨邕不敢懷道迷國而切言極對毁刺貴臣譏呵宦官陛下不密其言至令宣露羣邪項領膏脣拭舌競欲咀嚼造作飛條陛下回受誹謗致邕刑罪室家徙放老幼流離豈不負忠臣哉今羣臣以邕為戒上畏不測之難下懼劍客之害臣知朝廷不復得聞忠言矣故太尉段熲武勇冠世習於邊事垂髮服戎功成皓首歷事二主勳烈獨昭陛下既已式序位登台司而為司隸校尉陽球所見誣脅一身既斃而妻子遠播天下惆悵功臣失望宜徵邕更授任反熲家屬則忠貞路開衆怨以弭矣

靈帝以張讓趙忠等十二人為中常侍封侯貴寵父兄子弟布列州郡所在貪殘黃巾既作盜賊糜沸郎中中山張鈞上書曰竊惟張角

所以能興兵作亂萬人所以樂附之者其源皆由十常侍多放父兄子弟婚親賓客典據州郡辜榷財利侵掠百姓百姓之冤無所告訴故謀議不軌聚爲盜賊宜斬十常侍縣頭南郊以謝百姓又遣使者布告天下可不須師旅而大寇自消

隋文帝仁壽二年大理卿梁毗見楊素專權恐爲國患乃上封事曰臣聞臣無有作威作福其害于而家凶于而國今楊素幸遇愈重權勢日隆所私皆非忠讜所進咸是親戚子弟布列兼州連縣天下無事容息異圖四海有虞必爲禍始陛下若以素爲阿衡臣恐其心未必伊尹也伏願揆鑒古今量爲處置俾洪基永固率土幸甚書奏帝大怒收毗繫獄親詰之毗極言素擅寵弄權殺戮無道又太子及蜀王罪廢之日百寮無不震悚惟素揚眉奮肘喜見容色利國家有事以爲身幸帝乃釋之

唐中宗景龍元年蕭至忠上疏曰恩倖者止可富之金帛不可以公器爲私用今列位已廣干求未厭陛下數降不貲之澤近戚有無涯之請貴官黷法公違憲章徒忝官曹無益時用上不聽

玄宗開元十九年開府儀同三司王毛仲以嚴察幹力有寵與龍武將軍葛福順爲婚吏部侍郎齊澣言於上曰福順典禁兵不宜與毛仲爲婚且毛仲小人寵過生姦不早爲之所恐成後患上然其言澣曰君不密則失臣臣願陛下密之因以語大理丞麻察察遽奏之上怒制澣察交構將相離間君臣皆貶嶺南

憲宗時以吐突承璀討王承宗議者皆言古無以宦人統師者翰林學士知制誥李絳當制書固爭帝不能奪止詔宰相授敕承璀果無功還加開府儀同三司絳奏曰承璀喪師當抵罪今寵以崇秩後有奔軍之將蹈利干賞陛下何以處之帝怒絳謝曰陛下憐臣愚處之

腹心之地而惜身不言乃臣負陛下若上犯聖顏旁忤貴倖而獲罪乃陛下負臣於是帝動容曰卿告朕以人所難言者疾風知勁草卿當之矣

宋仁宗時後宮周氏董氏生公主諸閤女御多遷擢知諫院范師道上疏曰禮以制情義以奪愛常人之所難惟聰明睿哲之主然後能之近以宮人數多而出之此盛德事也然而事有繫風化治亂之大而未以留意臣敢爲陛下言之竊聞諸閤女御以周董育公主御寶白制並爲才人不自中書出詔而掖庭覬覦遷拜者甚多周董之遷可矣女御何名而遷乎才人品秩既高古有定員唐制止七人而已祖宗朝宮閣給侍不過二三百居五品之列者無幾若使諸閤皆遷則不復更有員數矣外人不能詳知止謂陛下於寵幸太過恩澤不節耳夫婦人女子與小人之性同寵幸太過則瀆慢之心生恩澤不節則無厭之怨起御之不可不以其道也且用度太煩須索大廣一才人之奉月直中戶百家之賦歲時賜與不在焉況誥命之出不自有司豈盛時之事耶恐斜封墨敕復見於今日矣

理宗寶祐三年兵部侍郎兼中書舍人牟子才繳吳子聰閤門事奏曰臣聞官不及私昵爵罔及惡德所以重其官也閤門掌朝儀之事客省四方館掌四方賓客之事是爲華要禮均侍從舊來多用戚畹世族性行淵均者居之今天筆除授乃屬之吳子聰臣考子聰胄係既非戚畹又非世族特以宮媼族子夤緣姻婭冒得此職不厭公論甚矣況子聰雖猥雜庸下而稔惡實深方其憑依城社之時蓋有熏灼宇宙之勢凡所以交通關節轉輸貨賂干撓府縣濁亂政經者無所不爲至以爵祿爲市而一種無恥之縉紳奔走其門往往而售此皆公議所切齒非臣之私言也緣何比歲稍失憑依而踪跡尚存氣

脉未斷陛下奈何加之寵光是崇是長使復出為惡乎昔隆興初龍大淵知閤門事曾覿權知閤門事中書舍人張震周必大疊繳其命由是二人遂罷其後再除旋寢二人繼斥于外天下以是誦孝宗之明然二人者皆孝宗潛邸之舊非子聰比也欲望陛下以孝宗之法特降睿旨罷子聰知閤事是亦官不及私昵爵罔及惡德之義臣待罪西掖職分所關公論不容自難隱嘿所有錄黃臣未敢書行

子方又上奏曰伏準宮苑使麥欽傳奉聖旨宣諭臣吳子聰之除已一月矣今日方行繳奏子聰舊元為知閤門事在三年前此番乃歸舊班想是未曾稽考可與書行仍具聞奏臣伏讀聖訓不勝皇懼臣照得吳子聰除知閤門事乃十一日御筆也今月二日黃甫過臣書行臣祖宗以來給舍守百刻條限今回遲凡二十餘日而後至大有可疑臣竊意其必延引日月以待子聰之供職使臣不得而繳之今

子聰朝供職而錄黃暮下則子聰之計行矣給舍紀綱之地所以為國家憑藉扶持者在是乃使此輩得以行私計於其間或遲或速一惟其意則紀綱掃地矣況子聰係既供職而後書黃若人人如此事事如此則何用給舍為哉臣昨具申都省乞與勘施行正欲治其稽遲之罪以振紀綱非是臣稽延二十餘日於其供職之後方行繳奏也子聰舊雖除知閤一時給舍輕於放行遂使子聰謂恩寵為可濫肆然無忌輕視陛下之給舍蔑棄祖宗之成憲今豈無他職可以處之而再此誇玷是知閤之職必子聰而後可何乏材如是耶陛下舍己從人如堯從諫弗咈如湯近者臺臣論列陛下一一從行畧無遴莫獨於此人乃為委曲遷就殆非舍己從人從諫弗咈之義臣若奉明詔則臣負中外之責若不開陳則大臣受中外之責陛下若不俯從則恐貪祿攀附之徒肆生勢長遂滋中外之紛紜也欲望陛下以堯湯之心為心亟賜從行不致私情愈熾公道湮微紀綱大壞天下幸甚所有錄黃臣未敢書行謹同前奏再以奏聞

歷代名臣奏議卷之二百九十

歷代名臣奏議卷之二百九十一

近習

齊桓公問於管仲曰國何患管仲對曰患夫社鼠桓公曰何謂也管仲對曰夫社束木而塗之鼠因往託焉燻之則恐燒其木灌之則恐敗其塗此鼠所以不可得殺者以社故也夫國亦有社鼠人主左右是也內則蔽善惡於君上外則賣權重於百姓不誅之則為亂誅之則為人主所察據腹而有之此亦國之社鼠也人有酤酒者為器甚潔清置表甚長而酒酸不售問之里人其故里人云公之狗猛人挈器而入且酤公酒狗迎而噬之此酒所以酸不售之故也夫國亦有猛狗用事者也有道術之士欲明萬乘之主而用事者迎而齕之此亦國之猛狗也左右為社鼠用事者為猛狗則道術之士不得用矣此治國之所患

也

漢文帝出宦者趙談參乘中郎袁盎伏車前曰臣聞天子所與共六尺輿者皆天下豪英今漢雖乏人陛下獨奈何與刀鋸餘人共載於是上笑下談

元帝初元中以石顯為中書令委以政事前將軍蕭望之及光祿大夫周堪宗正劉更生皆給事中望之領尚書事知顯專權邪辟建白以為尚書百官之本國家樞機宜以通明公正處之武帝游宴後庭故用宦者非古制也宜罷中書宦官應古不近刑人

東漢順帝委縱宦官有識危心御史張綱常感激慨然嘆曰穢惡滿朝不能奮身出命掃國家之難雖生吾不願也退而上書曰詩曰不愆不忘率由舊章尋大漢初隆及中興之世文明二帝德化尤盛觀其理為易循易見但恭儉守節約身尚德而已中官常侍不過兩人近倖賞賜纔滿數金惜費重人故家給人足夷狄聞中國優富任信道德所以姦謀自消而和氣感應而頃者以來不遵舊典無功小人皆有官爵富之驕之而復害之非重人重器承天順道者也伏願陛下少留聖恩割損左右以奉天心

時中常侍張防特用權勢每請託受取司隸校尉虞詡輒案之而屢寢不報詡不勝其憤乃自繫廷尉奏言曰昔孝安皇帝任用樊豐遂交亂嫡統幾亡社稷今者張防復弄威柄國家之禍將重至矣臣不忍與防同朝謹自繫以聞無令臣襲楊震之跡書奏防流涕訴帝詡坐論輸左校宦者孫程張賢等知詡以忠獲罪乃相率奏乞見程曰陛下始與臣等造事之時常疾姦臣知其傾國今者即位而復自為何以非先帝乎司隸校尉虞詡為陛下盡忠而更被拘繫常侍張防贓罪明正反構忠良今客星守羽林其占宮中有姦臣宜急收防送

獄以塞天變下詔出詡還假印綬

朱穆為冀州刺史宦者趙忠喪父歸葬安平僭為璵璠玉匣偶人穆聞之下郡案驗吏畏其嚴明遂發墓剖棺陳尸出之而收其家屬帝聞大怒徵穆詣廷尉輸作左校太學書生劉陶等數千人詣闕上書訟穆曰伏見施刑徒朱穆處公憂國拜州之日志清姦惡誠以常侍貴寵父子兄弟布在州郡競為虎狼噬食小人故穆張理天綱補綴漏目羅取殘禍以塞天意由是內官咸共恚疾謗讟煩興讒隙仍作極其刑謫輸作左校天下有識皆以穆同勤禹稷而被共鯀之戾若死者有知則唐帝怒於崇山重華忿於蒼墓矣當今中官近習竊持國柄手握王爵口含天憲運掌則使餓隸富於季孫呼噏則令伊顏化為桀跖而穆獨亢然不顧身害非惡榮而好辱惡生而好死也徒感王綱之不攝懼天綱之久失故竭心懷憂為上深計臣願黥首繫

趾代穆校作帝覽其奏乃赦之

桓帝延熹六年尚書朱穆上疏曰案漢故事中常侍參選士人建武以後乃悉用宦者自延平以來浸益貴盛假貂璫之飾處常伯之任天朝政事一更其手權傾海內寵貴無極子弟親戚並荷榮任故放濫驕溢莫能禁禦凶狡無行之徒媚以求官恃勢怙寵之輩漁食百姓窮破天下空竭小人愚臣以為可悉罷省遵復往初率由舊章更選海內清淳之士明達國體者以補其處即陛下可為堯舜之君衆僚皆為稷契之臣庶黎毗蒙被聖化矣

穆後復口陳曰臣聞漢家舊典置侍中中常侍各一人省尚書事黃門侍郎一人傳發書奏皆用姓族自和熹太后以女主稱制不接公卿乃以閹人為常侍小黃門通命兩宮自此以來權傾人主窮困天下宜皆罷遣博選耆儒宿德與參政事帝怒不應

八年以李膺為司隸校尉時小黃門張讓弟朔為野王令貪殘無道畏膺威嚴逃還京師匿於兄家合柱中膺率吏卒破柱取朔付獄受辭畢即殺之讓訴冤帝召膺詰之對曰昔仲尼為魯司寇七日而誅少正卯今臣到官已積一旬私懼以稽留為愆不意獲速疾之罪自知釁責死不旋踵乞留五日尅殄元惡退就鼎鑊始生之願也帝顧讓曰汝弟之罪司隸何愆自此諸宦官皆鞠躬屏氣休沐不敢出宮省帝問其故並扣頭泣曰畏李校尉

太尉楊秉上奏曰臣案舊典宦官本任給使省闥司昏守夜而今猥受過寵執政操權中常侍侯覽弟參貪殘元惡自取禍滅覽知釁重必有自疑之意臣愚以為覽宜急屏斥遣歸本郡

桓帝時國政多失內官專寵李膺杜密等為黨事考逮城門校尉竇武上疏諫曰臣聞明主不諱譏刺之言以探幽暗之實忠臣不卹諫

諍之患以暢萬端之事是以君臣並熙名奮百世臣幸得遭盛明之世逢文武之化豈敢懷祿逃罪不竭其誠陛下初從藩國爰登聖祚天下逸豫謂當中興自即位以來未聞善政梁孫寇鄧雖或誅滅而常侍黃門續為禍虐欺罔陛下競行譎詐自造制度妄爵非人朝政日衰姦臣日彊伏尋西京放恣王氏佞臣執政終喪天下今不慮前事之失復循覆車之軌臣恐二世之難必將復及趙高之變不朝則夕近者姦臣牢脩造設黨議遂收前司隸校尉李膺太僕杜密御史中丞陳翔太尉掾范滂等逮考連及數百人曠年拘錄事無效驗臣惟膺等建忠抗節志經王室此誠陛下稷契伊呂之佐而虛為姦臣賊子之所誣枉天下寒心海內失望惟陛下留神澄省時見理出以厭人鬼喁喁之心臣聞古之明君必須賢佐以成政道今臺閣近臣尚書令陳蕃僕射胡廣尚書朱寓荀緄劉祐魏朗劉矩尹勳等皆國之貞士朝之良佐尚書郎張陵嬀皓苑康楊喬邊韶戴恢等文質彬彬明達國典內外之職羣才並列而陛下委任近習專樹饕餮外典州郡內幹心膂宜以次貶黜案罪糾罰抑奪宦官欺國之封案其無狀誣罔之罪信任忠良平決臧否使邪正毀譽各得其所寶愛天官唯善是授如此咎徵可消天應可待間者有嘉禾芝草黃龍之見夫瑞生必於嘉士福至實由善人在德為瑞無德為災陛下所行不合天意不宜稱慶

時小黃門趙津南陽大猾張汜等奉事中官乘勢犯法太原太守劉瓆南陽太守成瑨考案其罪雖經赦令而並竟考殺之宦官怨恚有司承旨遂奏瓆瑨罪當棄市又山陽太守翟超沒入中常侍侯覽財產東海相黃浮誅殺下邳令徐宣超浮並坐髡鉗輸作左校太尉陳蕃上疏曰臣聞齊桓修霸務為內政春秋於魯小惡必書宜先自整

切。後以及人。令寇賊在外。四支之疾。內政不理。心腹之患。臣寢不能寐。食不能飽。實憂左右日親。忠言以疏。內患漸積。外難方深。陛下超從列侯。繼承天位。小家畜產百萬之資。子孫尚恥愧失其先業。況乃產兼天下。受之先帝。而欲懈怠以自輕忽乎。誠不愛己。不當念先帝得之勤苦邪。前梁氏五侯。毒徧海內。天啟聖意。收而戮之。天下之議。冀當小平。明鑒未遠。覆車如昨。而近習之權。復相扇結。小黃門趙津大猾張汜等。肆行貪虐。姦媚左右。前太原太守劉瓆。南陽太守成瑨糾而戮之。雖言赦後不當誅殺。原其誠心。在乎去惡。至於陛下有何悁悁。而小人道長。熒惑聖聽。遂使天威為之發怒。如加刑謫。已為過甚。況乃重罰。令伏歐刀乎。又前山陽太守翟超。東海相黃浮。奉公不撓。疾惡如讎。超沒侯覽財物。浮誅徐宣之罪。至蒙刑坐。不逢赦恕。覽之從橫。沒財已幸。宣犯衅過。死有餘辜。昔丞相申屠嘉召責鄧通。洛陽令董宣折辱公主。而文帝從而請之。光武加以重賞。未聞二臣有專命之誅。而今左右羣豎惡傷黨類。妄相交構。致此刑譴。聞臣是言。當復嗁訴。陛下深宜割塞近習豫政之源。引納尚書朝省之事。公卿大臣。五日一朝。簡練清高。斥黜佞邪。如是天和於上。地洽於下。休徵符瑞。豈遠乎哉。陛下雖厭毒臣言。凡人主有自勉強。敢以死陳。

靈帝建寧元年。竇太后臨朝。竇武白太后曰。故事黃門常侍但當給事省內門戶。主近署財物耳。今乃使與政事。任重權。子弟布列。專為貪暴。天下匈匈。正以此故。宜悉誅廢。以清朝廷。太后曰。故事世有宦官。但當誅其有罪者。豈可盡廢耶。

時陳蕃為太傅。志誅宦官。會竇武亦有謀。蕃自以既從人望。而德於太后。必謂其志可申。乃先上疏曰。臣聞言不直而行不正。則為欺乎天而負乎人。危言極意。則羣凶側目。禍不旋踵。鈞此二者。臣寧得禍不敢欺天也。今京師囂囂。道路諠譁。言侯覽曹節公乘昕王甫鄭颯等與趙夫人諸女尚書並亂天下。附從者升進。忤逆者中傷。方今一朝羣臣如河中木耳。汎汎東西。耽祿畏害。陛下前始攝位。順天行誅。蘇康管霸並伏其辜。是時天地清明。人鬼歡喜。奈何數月。復縱左右。元惡大姦莫此之甚。今不急誅。必生變亂。傾危社稷。其禍難量。願出臣章宣示左右。并令天下諸姦知臣疾之。太后不納。朝廷聞者莫不震恐。

光和元年。封中常侍呂強為都鄉侯。不受。因上疏曰。宦官品卑人賤。妄授茅土。開國承家。小人是用。陰陽乖剌。國不由茲。采女數千。衣食之費日數百金。終年積聚。豈無憂怨。蔡邕對問。譏刺貴臣。譏呵宦官。陛下不容其言。令羣邪咀嚼。致邕刑罪。令羣臣皆以邕為戒。臣知朝廷不復得聞忠言矣。段熲武勇冠世。勳烈獨昭。一身既斃。而妻子遠播天下。惆悵功臣失望。宜徵熲授任。反其家屬。則忠貞路開。衆怨弭矣。帝知其忠而不能用。

中平元年。郎中張鈞上書曰。張角所以能興兵作亂。萬民所以樂附之者。其源皆由十常侍。宗親賓客典據州郡。辜榷財利。侵掠百姓。百姓冤無所訴。故聚為盜賊。宜斬十常侍。懸頭南郊。以謝百姓。遣使者布告天下。可不須師旅而大寇自消。帝怒鈞曰。此真狂子也。十常侍固當有一人善者不。御史遂誣奏鈞學黃巾道。收掠死獄中。

靈帝時傅燮為護軍司馬。素疾中官。因上疏曰。臣聞天下之禍。不由於外。皆興於內。是故虞舜升朝。先除四凶。然後用十六相。明惡人不去。則善人無由進也。臣之所懼。在於治水。不自其源。末流彌增其廣耳。陛下仁德寬容。多所不忍。故閹豎弄權。忠臣不進。何者。夫邪正之人。不宜共國。亦猶冰炭不可同器。彼知正人之功顯。而危亡之兆見。

咍將巧辭飾說共長虛僞夫孝子疑於屢至市虎成於三夫若不詳察眞僞忠臣將復有杜郵之戮矣陛下宜思虞舜四罪之舉速行讒佞放殛之誅則善人思進姦凶自息臣聞忠臣之事君猶孝子之事父焉得不盡其情使臣身備鈇鉞之戮陛下少用其言國之福也

魏齊王正始八年尚書何晏奏曰善爲國者必先治其身治其身者愼其所習所習正則其身正其身正則不令而行所習不正則其身不正其身不正則雖令不從是故爲人君者所與游必擇正人所觀覽必察正象放鄭聲而弗聽遠佞人而弗近然後邪心不生而正道可弘也季末闇主不知損益斥遠君子引近小人忠良疏遠便辟褻狎亂生近暱辟之社鼠考其昏明所積以然故聖賢諄諄以爲至慮舜戒禹曰鄰哉鄰哉言愼所近也周公戒成王曰其朋其朋言愼所與也詩云一人有慶兆民賴之可自今以後御幸式乾殿及游豫後

園皆大臣侍從因從容戲宴兼省文書詢謀政事講論經義爲萬世法

吳烏程侯時何定弄權閹官預政大將軍陸抗上疏曰臣聞開國承家小人勿用靖譖庸回唐書攸戒是以雅人所以怨刺仲尼所以歎息也春秋已來爰及秦漢傾覆之釁未有不由斯者也小人不明理道所見既淺雖使竭情盡節猶不足任況其姦心素篤而憎愛移易哉苟患失之無所不至今委以聰明之任假以專制之威而冀雍熙之聲作肅清之化立不可得也方今見吏殊才雖少然或冠冕之胄少漸道教或清苦自立資通足用可隨才授職抑黜羣小然後俗化可清庶政無穢也

漢主劉聰時羣閹用事殺尚書王琰等太宰劉易大將軍劉敷御史大夫陳元達金紫光祿大夫王延等詣闕諫曰臣聞善人者乾坤之紀政教之本也邪佞者宇宙之螟蠈王化之蟊賊也故文王以多士基周桓靈以羣閹亡漢國之興亡未有不由此也自古明王之世未嘗有宦者與政武元安順豈足爲故事乎今王沈等乃處常伯之位握生死予奪於中勢傾海內愛憎任之矯弄詔旨欺誣日月內諂陛下外佞相國威權之重侔於人主矣王公見之駭目卿宰望塵下車銓衡迫之選舉不復以實士以屬舉政以賄成多樹姦黨毒忠善知王琰等忠臣必盡節於陛下懼其姦萌發露陷之極刑陛下不垂三察猥加誅戮怨感穹蒼痛入九泉四海悲惋賢愚傷懼沈等皆刀鋸之餘背恩忘義之類豈能如士人君子感恩展效以答乾澤也陛下何故親近之何故貴任之昔齊桓公任易牙而亂孝懷委黃皓而滅此皆覆車於前殷鑒不遠比年地震日蝕兩血火災皆沈等之由願陛下割翦凶醜與政之流引尚書御史朝省萬機相國與公卿五

日一入會議政事使大臣得極其言忠臣得逞其意則衆災自弭和氣呈祥今遺晉未殄巴蜀未賓石勒潛有跨趙魏之志曹嶷有王全齊之心而復以沈等助亂大政陛下心腹四支何處無患後誅巫咸戮扁鵲臣恐遂成桓侯膏肓之疾後雖欲療之其如病何請免沈等官付有司定罪

唐太宗貞觀十年謂侍臣曰太子師保古難其選成王幼小以周召爲保傅左右皆賢足以長仁致化稱爲聖主及秦之胡亥始皇所愛趙高作傅教以刑法及其篡也誅功臣殺親戚酷烈不已旋踵亦亡以此而言人之善惡誠由近習朕弱冠交游惟柴紹竇誕然則誕等爲人既非三益及朕居寶位經理天下雖不及堯禹之明庶免乎孫皓高緯之暴以此言之復不由染何也魏徵對曰中人可與爲善亦可與爲惡然上智之人自無所染陛下受命自天平定寇亂救兆人

之命旋致昇平豈謟諛之徒能累聖德但傳云放鄭聲遠佞人近習
之間尤宜深慎太宗稱善
太宗時閹豎使還妄有所奏發太宗甚怒魏徵進諫曰閹豎雖微狎
近左右時有言語輕而易信浸潤之譖為患特深以今日之明必無
所慮為子孫教不可不杜絕其原太宗笑曰非公朕安得聞此言
德宗時蕭復上言曰宦官為監軍恃恩縱橫此屬但應掌宮掖之事
不宜委以兵權國政上不悅
憲宗元和五年河南尹房式有不法事東臺監察御史元稹奏攝之
擅命停務朝廷以為不可罰俸召還至敷水驛有內侍後至破驛門
入擊稹傷面上復引稹前過貶之李絳崔羣言稹無罪白居易言中
使陵辱朝士中使不問而稹先貶恐自今中使出外益暴橫人無敢
言者又稹為御史多所舉奏不避權勢切齒者衆恐自今無人肯為

陛下當官執法有大姦猾陛下無從得知上不聽
六年出知內侍省事吐突承璀為淮南監軍上問李絳曰朕出承璀
何如對曰外人不意陛下遽能如是上曰此家奴耳向以其驅使之
乆故假以恩私若有違犯朕去之輕如一毛耳
憲宗時任宦人為館驛使恃恩倨傲宰相李吉甫奏罷之會伐蔡復
以中人領使左補闕裴潾諫曰凡驛有官專尸之畿內以京兆尹道
以[illegible]使刺史相監臨臺又御史為之使以察過闕猶有不職則宜
明條督責之誰不惕懼若復以宮闈臣領之則內人而及外事職
侵亂矣夫事不善誡於初體有非不必大方開太平澄本正末宜塞
侵官之原出位之漸
翰林學士李絳極論宦官[illegible]侵害政事構毀忠良以謟惑聖聰上曰
此輩從古而有非朕特置其何敢謟惑構致[illegible]豈用其言哉絳對

曰陛下不信試取聖意素所羨之事假以上旨為惡聞之即為不傾
事實好惡便隨順聖心而言此豈忠信所為實傾邪也中人太性唯
在財利若趨邪行賄者雖事類蹻跖智如豺狼而因便陳啓悉謂賢
才若守正不通者雖行同顏閔理等龔黃因事中傷譖為貪冒不知
仁義不分邪正此其天性也臣不敢言聖意知其如此遂其喜怒蓋
以常在左右積於狎習能用傾巧之智構成疑似之端上聞而怒之
因而信之卻謂之為公也如此事狀備載史言巧拙為真今古同病
上曰此等是朕奴豈有信其毀譖如有此事卿等一一奏論朕當處
置勿希朕旨
宣宗大中八年有敕使過陝右怒餅惡鞭驛吏見血高少逸以聞上責
敕使謫配恭陵其後上召翰林學士韋澳屏左右問之曰近日內侍
權勢如何對曰陛下威斷非前朝之比上閉目搖首曰全未全未尚

畏之在策將安出對曰若與外廷議之恐有太和之變不若就其中
擇有才識者與之謀上曰此乃末策朕已試之矣自衣緋已下皆感
恩纔衣紫則相與為一矣上又與令狐綯謀盡誅宦官綯恐濫及無
辜密奏曰但有罪勿捨有闕勿補自然漸耗至於盡矣
僖宗時黃頭將郭琪夜燒營剽城邑帝與田令孜保東城自守羣臣
不得見左拾遺孟昭圖請對不召因上疏極陳君與臣一體相成安
則同寧危則共難昔日西幸不告南司故宰相御史中丞京兆尹悉
碎于賊唯兩軍中尉以邑乘輿得全今百官之在者率冒重險出百
死者也昨昔黃頭亂火照前殿陛下唯與令孜閉城自守不召宰相
不謀羣臣欲入不得求對不許且天下者高祖太宗之天下非北司
之天下陛下固九州天子非北司之天子北司豈悉忠於南司廷臣
豈無用於敕使文宗時宮中災左右巡使不到皆被顯責安有天子

僭越而宰相無所豫羣司百官棄若路人已事誠不足諫而來者冀可追也疏入令孜匿不奏

昭宗龍紀元年宦者楊復恭常乘肩輿至太極殿是日上與宰相言及四方反者孔緯曰陛下左右有將反者況四方乎上矍然問之緯指復恭曰復恭陛下家奴乃肩輿造前殿多養壯士為假子使典禁兵或為方鎮非反而何復恭曰子壯士欲以收士心衛國家豈反邪上曰然則何不使姓李而姓楊乎復恭無以對

天復元年上悉以軍國事委崔胤宦官側目胤欲盡除之韓偓曰事禁太甚此輩亦不可全無恐其黨迫切更生他變胤不從上獨召偓問之對曰東內之難敕使誰非同惡處之當在正旦今已失其時矣上曰當是時卿何不為崔胤言之對曰陛下詔書云四家之外餘無所問夫人主所重莫大於信既下此詔則守之宜堅若復戮一人則人人懼死矣然後來所去已為不少此其所以恟恟不安也今不若擇其尤無良者數人明示其罪寘之於法然後撫諭其餘擇其忠厚者使為之長有善則獎有罪則懲則咸自安矣此曹在公私者以萬數豈可盡誅邪夫帝王之道當以重厚鎮之公正御之至於瑣細機巧此機生則彼機應矣終不能成大功所謂理絲而棼之者也況今朝廷之權散在四方苟能先收此權則事無不可為者矣上深以為然

宋仁宗慶曆元年右正言孫沔上奏曰臣竊聞內侍別立主司中官自通禁省有唐四品不過於典制五局無置於令丞所以分中闈之政不使挾外廷之議如此檢節尚至侵陵故聖宋以來明制斯在太宗著令式之文真皇述箴規之訓能詔近習各守行[illegible]豈令輕干國柄竊弄天機一言成於毀譽三事出於吹噓所繫安危尤加約束是以先朝秦翰等數人履行端謹節義深厚心皆好善意不害人出則揔邊方之寄歸則守內庭之職俾之無領亦不侵官止守伎名終無殊命今聞欲以都知押班之資外干閤門引進之上隳國家之舊典起宦寺之威權況內殿起居則別班外朝集會則不預安用異數竊據橫行蓋因幹當局務之間多與文武官員同事爭列名銜自尊位號遂欲改革品秩僥冀寵榮誰啓厲階輒敗經制今邊陲用武賞罰是先遴揀官資尚難激勸豈宜閹寺之人更居侯伯之上竊恐將帥之臣恥居其下策勳之際不重此官大桼紀綱事亦非細伏望陛下守祖宗之規式戒左右之權倖則朝廷之福天下之幸也所有先降劄子下閤門重定都知押班立次乞更不施行

知諫院張方平上奏曰臣昨聞重定二省都知押班等著在閤門使之上物議雜起深以為非當時有司無人論執苟從其請既已失之今又聞二省陳乞奏授子孫恩澤於常秩上更加一等此事若行不唯盡越祖宗法度瀆紊朝廷典章必致陛下有私近習之名大臣有阿親倖之醜內侍有恣橫之議諫官御史有隱默之尤且都知押班地處親近宜為朝廷愛惜事體動循軌度孜孜徇公如此僥求何以示外易曰履霜堅冰至言當戒其漸也漢之事臣嘗為陛下言之矣伏望聖斷深賜察納其都知押班奏蔭恩例伏乞一仍舊制

方平又上宦者論曰臣聞三代之制凡在君側皆卿大夫士夏商之世未聞有宦者周官雖有閹人之職止乎掌王宮中門之禁幾出入時啓閉掃門庭而已非所以預政令總權務者也周道衰微宦紀紊亂而寺人巷伯稍見乎詩傳至于秦漢列為近職然惟幄親密之地省闥左右之任宣受詔命陪從輿輦自諸常侍謁者之職多為士人儒者之選自武帝臨御長久留連盤娛數燕遊乎後庭頗踈隔乎朝

士故請奏機事多由宦者而始得政矣遂為兩京喪敗之基焉東漢自孝安之後繼以女主臨朝陰勢相乘中官遂大專斷國命掌握衡軸賢才死於鉤黨黎民弊於塗炭三綱錯亂四海鱗離害徧生靈姦濁區夏而桓帝乃始比超悺於伊呂靈帝方更指讓忠為翁母書傳所載覆亡之迹未若桓靈之際也唐太宗定制內省官階不得逾四品而其數不及百員但分掌五局及在閤門守衛黃衣廩食而已後明皇纘御崇重宦臣乃至爵為國公門施棨戟中官之數遂及三千則有銜命四方監軍諸道宣傳密旨主當要務詣一郡至一軍誅索貨賕必千萬計搖動天下紊亂朝經內則思藝為林甫之腹心外則璆琳為祿山之耳目以至養成禍變傾覆基祚于後肅宗有輔國之逼而不得全父子孝慈之性代宗為元振所制而不能庇將相股肱之臣德宗自山南蒙塵而還不欲武臣典親兵乃置兩中尉分掌左右神策天威等軍而委宦者主之由是禁衛兵權之重悉歸於中官矣蘭錡將臣藩嶽戎帥自其蓄育由之遣置威福之柄非復天子所執元和神武之功猶不書葬昭愍童昏之亂宜難自全士良虎視於太和之朝令孜鴟張於乾符之後逮其季世王室如燬南北朋比中外乖疑內則陰邪惡類秉樞機外則險賊姦人居相位爭權交噬刺骨相復故崔昌遐輩連結強帥鄉導全忠本為自援之謀遂成移國之禍是非一朝一夕之故所由來者漸矣或曰三代而下一統承平之治國惟漢唐焉而其顛覆喪敗之禍同由此迹歷世則不然何歟臣對曰是惟一統承平之治國而後同此禍也何歟曰夫為國者不在外難必有內憂自非聖人孰能戒慎乎無患憂惕於既安當其一統為大無艱虞之急承平久治有驕汰之志匪勤惟懈逸欲是尋幾務密猷委之近習大臣從容而議存大體而略細故險人窺伺其隙

乘機會而竊事權故弊積於甚微感生乎所忽此漢唐之所以亂也夫魏氏至于江左疆事外擾朝廷多虞雖有暴慢之君荒殘淫辟危窘篡滅勢不得長嬖倖奸孽旋亦夷殄故上權之墜于下也無滋蔓深固之勢抑時有緩急其間不足容乎因循之暇爾臣故曰是惟一統承平之治國乃同此禍也噫弊之來也既久矣其亦奈何姑可取戒乎漢桓靈之事勿使預乎刑獄以免其誣染善良之虐乎姑可以戒乎唐明皇之事勿使銜命出使以省其怖動郡縣之威乎姑可取戒乎肅代德之事勿使侵盜軍旅以收其把握天下之柄乎是三者不失則人君之所以據圖御世士大夫之所以輸忠事主蒸民之所以宅生託命可以保全而不陷于非道矣

三年知諫院歐陽脩上疏曰臣伏見內官馮承用近因過失為臣寮論奏陛下親發睿斷不私小人聽納羣言逐去左右中外之士莫不相慶然初聞朝議將與外任至今多日未見指揮近日外面虛傳云却得教坊勾當留在京師竊以方今內外臣寮若有罪犯便須勘劾依法行遣令承用本因有過趁轉官資只與外任尚為優幸若更遲留不遣則使今後伏事陛下左右者恣為過惡無以戒勸承用從來過犯甚衆人皆畏懼不敢明言自其罷却入內已來舊跡漸多彰露內庭之事臣不細知外邊作過頗有實狀今若未行遠黜則言事臣寮不免再有論奏勾連獄訟生事轉多其馮承用伏乞早與一外任閑慢差遣便令出京可以戒勵後人外弭物論

皇祐元年侍御史何郯上奏曰臣伏聞近日入內內侍省都知職次有闕例當遞遷緣此職任日夕在陛下左右最為親近所宜遴選擇循謹無過之人充選其有罪累降出之流不可復議除授況朝廷近日申明內臣條約曾經落職更不許充入內內侍省都知等職次自

所立此條約今方第一次遷改。切宜遵行。以明命令之信。其或自弃

定制。除授失當。竊恐命行之後。羣情不允。必致人言煩黷聖聽。臣所

以先事論列者。欲冀朝廷採擇。凡一爵賞無有過差。以厭人心。伏望

聖慈特賜宣諭中書樞密院大臣。今來逐年入內內侍省都知等職

次。並令依近日申明條貫施行。其過犯曾經落職內臣。不在進擬之

限。所貴遴擇親侍預選必屬。

歷代名臣奏議卷之二百九十一